TRAITÉ

DE L'ÉTAT CIVIL

ET DES

ACTES QUI S'Y RATTACHENT

NANCY, IMPRIMERIE BERGER-LEVRAULT ET Cie

TRAITÉ

DE

L'ÉTAT CIVIL

ET DES

ACTES QUI S'Y RATTACHENT

ANNOTÉ ET COMMENTÉ

PAR ÉDOUARD BÉQUET

ANCIEN PRINCIPAL CLERC DE NOTAIRE
CHEF DE L'ÉTAT CIVIL A LA MAIRIE DE SAINT-GERMAIN-EN-LAYE

« Il faut aider à tout ce qui est utile.
« Il faut attacher son nom à tout ce qui est bon. »
DUC DE LA ROCHEFOUCAULD-LIANCOURT,
à la Chambre des Pairs.

PARIS
BERGER-LEVRAULT ET Cie, LIBRAIRES-ÉDITEURS
5, Rue des Beaux-Arts, 5
MÊME MAISON A NANCY

1883

PRÉFACE

> « Il y a des livres que l'homme qui a le plus
> « d'esprit ne saurait faire..... sans consul-
> « ter les hommes, les choses, les bibliothè-
> « ques, les manuscrits. »
>
> CHAMFORT.

Notre but unique en publiant ce traité a été de nous rendre utile à nos concitoyens.

En effet, ce n'est pas savoir les lois que d'en connaître les termes, il faut en saisir l'esprit et l'étendue [1].

Nos études pendant seize années dans le notariat et pendant vingt-trois années à la mairie de Saint-Germain-en-Laye, en nous permettant de joindre la pratique à la théorie, nous ont donné la facilité d'entreprendre ce travail, auquel nous avons apporté tout le soin qu'il réclamait [2].

Nous osons espérer que cet ouvrage méritera l'approbation de l'autorité supérieure et pourra être utilement consulté par MM. les *Procureurs de la République, Substituts, Juges, Préfets, Sous-Préfets, Consuls, Intendants et Sous-Intendants militaires, Maires, Adjoints,*

---

1. Rogron, *Codes expliqués.*
2. « La théorie unie à la pratique, c'est une alliance souvent cherchée, souvent promise, mais rarement réalisée. » (Defrénois, *Formulaire du notariat.*)

Greffiers, Secrétaires de mairie et, en général, par tous ceux qui, à un titre quelconque, ont à s'occuper des questions d'état civil, parfois si ardues et toujours si graves dans leurs conséquences. Ils y trouveront sous chaque disposition de la loi, les décisions qui en sont l'application et l'interprétation que les jurisconsultes, les auteurs et les tribunaux en ont donnée, en un mot, un *résumé succinct,* mais pourtant aussi complet que possible, de la législation, de la doctrine et de la jurisprudence: nous avons cru devoir y ajouter, pour plus de clarté, nos observations pratiques sur toutes les principales questions qui intéressent l'état civil.

« La conservation des registres de l'état civil » (écrivait M. le Ministre de l'Intérieur, au préfet de la Seine, le 27 août 1840) « est du plus haut in-« térêt pour la sûreté des familles. Il n'importe pas « moins que ces registres soient tenus avec la *régula-« rité* et l'*exactitude* prescrites par la loi, et il est du « devoir de l'administration de concourir, *de tout son « pouvoir,* vers ce double but. Cette partie si impor-« tante du service public laisse encore beaucoup à dé-« sirer, soit sous le rapport de la bonne et intelligente « rédaction des actes, soit sous le rapport de la con-« servation même de ces précieuses archives de la « société......

« Trop souvent les maires et les secrétaires de mairie « n'ont d'autre guide que les prescriptions bien suc-« cinctes du Code civil ou des formulaires plus ou moins « bien rédigés.....

« En semblable matière surtout, on ne peut pas

« toujours faire ce qui paraîtrait le mieux pos-
« sible ; dans un très-grand nombre de communes
« rurales, les officiers de l'état civil sont des hommes
« fort recommandables sans doute, mais à qui manque
« souvent l'expérience des affaires, qui ont peu de
« temps à donner à l'accomplissement de leurs fonc-
« tions publiques, et qui n'ont pas toujours à leur
« disposition un secrétaire de mairie très-capable ; il
« importe, par conséquent, à la bonne tenue des regis-
« tres que les causes d'erreur dans la rédaction des
« actes soient évitées autant que possible...... »

Encouragé par un grand nombre de précieuses adhésions, c'est avec confiance que nous publions cet ouvrage, sur le succès duquel nous osons compter, en raison de son utilité incontestable, succès qui sera pour nous la meilleure récompense, la seule que nous ambitionnions.

ÉDOUARD BÉQUET.

Saint-Germain-en-Laye, le 14 juillet 1882.

INTRODUCTION

« L'état civil est là base fondamentale de
« la société et de la constitution des familles. »

THIBAUDEAU (*Exposé des motifs*).

Il n'existe dans les diverses législations des peuples de l'antiquité, si ce n'est chez les *Grecs* et les *Romains*, aucun texte ordonnant la constatation publique des naissances, mariages et décès.

Chez les *Grecs*, on allait déclarer les naissances au *phratriarque* [1]. L'enfant était inscrit dans l'une des phratries, soit dès sa naissance, soit à l'âge de trois ou quatre ans, rarement après la septième année.

Suidas et quelques autres lexicographes nous apprennent que cette inscription avait lieu le plus ordinairement à la fin de chaque année, aux fêtes appelées, peut-être à cause de cela même, *Apaturies* et, aux fêtes *Thargélies*, pour les enfants adoptifs, et que cette inscription, faite avec mention expresse du nom paternel, était le signe ou certificat dé la parenté.

1. Magistrat chargé de conserver les registres de l'état civil et qui était à la tête de chacune des divisions de tribu. Chaque division de tribu se nommait phratrie et se subdivisait en trente classes. Les habitants de l'Attique formaient des tribus qui étaient elles-mêmes divisées en un certain nombre de districts.

L'acte qui plaçait ainsi un enfant dans telle tribu, était le seul qui constatât la légitimité de sa naissance et lui donnât des droits à la succession de ses parents [1].

Lorsque ceux de la tribu refusaient de l'agréger à leur corps, le père avait la liberté de les poursuivre en justice [2].

La réunion des phratores recevait et consacrait les déclarations de naissance et de mariage.

Les déclarations de naissance étaient tout à fait distinctes de la reconnaissance et de l'imposition du nom, qui avaient lieu en présence de la famille et de ses amis, tantôt sept jours, tantôt dix jours après la naissance de l'enfant [3].

L'enfant naturel pouvait être également reconnu par son père et inscrit devant les phratores sur le registre de l'état civil, c'est ce qui résulte du premier discours de Démosthène contre Béotus, et, dans les cas où la légitimité n'était ni admise, ni soutenue, la loi assurait encore à l'enfant illégitime une sorte d'inscription régulière avec des formalités toutes spéciales [4].

Les Athéniens âgés de dix-huit ans étaient ensuite inscrits sur le registre de majorité tenu par six magistrats appelés *démarques*, comme capables d'exercer

1. Démosthène, *in Beotum*, p. 1005.
2. Ibid., *in Neæram*, p. 870, §§ 59 et 60. (Plaidoyer civil contre Nééra.)
3. Démosthène, contre Béotus, I, §§ 22 et 24; Isée, succ. de Pyrrhus, §§ 30 et 33.
4. Diogenianus, *Proverbia*, V, 94; Nonnus, dans un texte cité par S. Petit, *De Legibus Atticis*, p. 224.

leurs droits politiques, de recueillir une succession et d'administrer leur fortune [1].

. Chez les *Romains*, les pères de famille constataient les naissances par une inscription sur les registres domestiques, et la preuve de la filiation, de l'âge, de la légitimité, pouvait être faite, soit par ces écrits, soit par témoins, et même par de simples lettres adressées par le père à la mère. Les familles constituées en dignité avaient l'usage de faire mentionner les naissances dans les registres publics [2].

Le nouveau-né était placé aux pieds de son père, qui pouvait le relever ou l'abandonner à son gré, et n'était légitimé que quand le père l'avait levé de terre (*terrâ levaverat*). De là le mot *élever* [3].

C'était au moment de la naissance que les premiers Romains donnaient à leurs enfants le nom de famille, afin qu'ils fussent reconnus par tous les membres de la race. Dans la suite, ce ne fut plus que le jour de la purification de l'enfant, le neuvième jour après la naissance pour les garçons et le huitième pour les filles. Cette cérémonie, appelée *Nominalia*, se faisait en présence de toute la famille, sous les auspices de la déesse *Nondina*.

La constatation anuelle des naissances, des majorités et des décès remonte au règne de *Servius Tullius*. Dès le premier siècle de l'Empire, le registre des nais-

1. Isée, discours VII, succ. d'Apollodore, §§ 27 et 28; Eschine contre Timarque, § 18.
2. Suétone, *Vie de Tibère*, nº 5, et *de Caligula*, nº 8.
3. Adam, *Antiquités romaines*, t. I, p. 176; Denys d'Halicarnasse, livre VIII.

sances était tenu par le préteur et déposé aux archives publiques. Ce registre portait, d'après un texte précis d'Apulée, outre le nom des parents et celui de l'enfant, la date marquée par le nom des consuls et la signature de l'officier public[1].

Marc-Aurèle, vers la fin du deuxième siècle de l'ère chrétienne, fit observer cette pratique par tous les citoyens[2].

Il garantit l'état des hommes libres en ordonnant que tout citoyen fît auprès du préfet du trésor de Saturne la déclaration de naissance de ses enfants dans les trente jours, en leur donnant un nom. Dans les provinces, il établit des officiers publics instrumentaires, chargés, quant aux naissances, des mêmes fonctions que le préfet du trésor à Rome.

Il décida, dans un rescrit adressé à Claudius Apollinaris, que la filiation ne se prouverait point par la seule déclaration ou affirmation de témoins[3].

Pendant longtemps, chez les peuples modernes, les naissances n'étaient pas mentionnées sur des registres tenus *ad hoc* par des officiers publics.

En France, l'Ordonnance de François Ier, datée de Villers-Cotterets, du mois d'août 1539, fut le premier acte législatif qui prescrivit aux chapitres, colléges, monastères et curés de tenir registre des sépultures des personnes tenant bénéfices, et des baptêmes de tous, avec mention du temps et de l'heure de la nativité,

---

1. Leclerc, *Sur les journaux chez les Romains*, p. 200.
2. Duranton, *Cours de droit français,* t. I, p. 275, et la note.
3. Scévola, loi 29, §§ *De Probationibus et Præsumptionibus.*

pour établir le temps de majorité et de minorité (art. 50 et 51). Mais ces registres ne faisaient preuve que du fait matériel de la naissance et du baptême, et n'établissaient jamais l'état ni la filiation [1].

En février 1556, Henri II rendit un édit sur les mariages clandestins.

L'Ordonnance de Henri III, datée de Blois (mai 1579, art. 181), décida que les registres tenus par les curés seraient déposés aux greffes des tribunaux, feraient foi en justice et remplaceraient la preuve par témoins à l'égard des naissances, mariages, morts et enterrements. Enfin, ce système fut adopté par l'Ordonnance d'avril 1667 (tit. XX, art. 7 et suivants) et par la déclaration de Louis XV, du 9 avril 1736, qui exigea que ces registres fussent tenus en deux originaux dont l'un resterait à la paroisse et l'autre au greffe du bailliage.

A l'égard des *protestants*, leur état civil était constaté par leurs ministres, dont les registres se tenaient aux consistoires. Ils perdirent ces droits spéciaux lors de la révocation de l'édit de Nantes (22 octobre 1685), époque à partir de laquelle il était censé n'y avoir en France que la religion catholique; la naissance des enfants baptisés n'était inscrite sur aucun registre ; les mariages étaient célébrés et constatés seulement par les prêtres catholiques [2]; quant aux décès, ils étaient constatés, suivant la déclaration du Roi, du 11 dé-

1. Danty, *Traité de la preuve par témoins, sur l'art.* 55 *de l'ordonnance de Moulins,* nº 10.
2. V. Déclaration du 15 juin 1697.

cembre 1685, par les juges royaux en présence de deux témoins. Néanmoins, malgré ces dispositions, les Parlements validèrent des mariages de protestants célébrés sans le concours des prêtres catholiques[1].

L'état civil des protestants leur fut rendu par l'édit de Louis XVI, du 28 novembre 1787, qui permit à ceux de ses sujets, et aux étrangers établis dans le royaume, qui ne professeraient pas la religion catholique, de s'adresser aux officiers de justice de leur domicile pour constater les naissances, mariages et décès, et régla la tenue des registres et les extraits à en délivrer.

A partir de cette époque, les registres de l'état civil furent tenus, pour les catholiques, par le clergé, et, pour les non-catholiques, par les officiers de l'état civil.

La Constitution des 3-14 septembre 1791 (tit. II, art. 7) fit disparaître cette distinction en promettant un mode universel pour la constatation des naissances, mariages et décès. En effet, la loi des 20-25 septembre 1792 (tit. I, art. 1er) attribua aux municipalités la garde des actes constituant l'état civil des citoyens, et la réception de ces actes à des officiers publics nommés par les conseils généraux des communes. Aux termes de l'article 2 de cette loi, ces derniers devaient nommer, suivant l'étendue et la population des lieux, un ou plusieurs de leurs membres chargés de ce soin.

1. Desclozeaux, *Encycl. du dr.*, v° *Act. de l'ét. civ.*, n° 9.

La loi du 7 vendémiaire an IV (29 septembre 1795) défendit à tous juges, administrateurs et fonctionnaires publics, d'avoir aucun égard aux attestations que des ministres du culte pourraient donner relativement à l'état civil des citoyens, et punit d'une amende de *cent à cinq cents livres* et d'un emprisonnement d'*un mois à deux ans*, les parties qui les produiraient devant les tribunaux ou les administrations, les fonctionnaires publics qui y auraient égard, et tous officiers de l'état civil qui feraient mention des cérémonies religieuses dans les actes qu'ils recevraient, ou qui exigeraient la preuve qu'elles auraient été observées.

Celle du 19 vendémiaire an IV (11 octobre 1795) conféra les fonctions d'officier de l'état civil à l'agent municipal dans les communes de moinsde 5,000 âmes, et, dans les autres communes, ces fonctions continuèrent à être exercées par un membre de la municipalité, conformément à la loi du 20 septembre 1792. Elles furent définitivement conférées aux maires et adjoints des communes, quelle qu'en fût la population, par la loi du 28 pluviôse an VIII (17 février 1800).

Le concordat du 18 germinal an X (8 avril 1802, art. 55) décida que les registres tenus par les ministres du culte n'étant et ne pouvant être relatifs qu'à l'administration des sacrements, ne suppléeraient, dans aucun cas, les registres ordonnés par la loi pour constater l'état civil des Français.

En mars 1803, furent décrétées les lois relatives aux actes et à l'état civil des citoyens. Enfin, ces lois, qui forment l'objet du présent ouvrage, furent réunies à d'autres lois civiles par la loi du 30 ventôse an XII, pour ne former qu'un seul corps de lois, sous le titre de *Code civil des Français*[1].

1. Les lois françaises furent rendues exécutoires en Savoie et dans l'arrondissement de Nice, à partir du 1er janvier 1861. Sénatus-consulte 14 juin 1860 (art. 2) et Déc. 22 août 1860 (art 2).

AVIS DE L'AUTEUR

Sur l'utilité de certaines mentions qui pourraient être inscrites en marge des actes de naissance.

Nous prenons la respectueuse liberté d'appeler la bienveillante attention de M. le Ministre de la Justice sur une mesure dont il appréciera sans doute toute l'importance, et dont l'exécution est des plus simples et partant des plus pratiques : il s'agirait de prescrire qu'à l'avenir les lieux et dates des mariages et des décès fussent mentionnés, dans les 8 jours de la rédaction des actes, en marge de l'acte de naissance de chaque époux, ou de la personne décédée ; et que tous dépositaires des registres de l'état civil ne pussent délivrer aucune expédition d'acte de naissance sans reproduire *en marge*, lorsqu'il y aurait lieu, les mentions relatives aux mariages et décès.

Il est bien entendu que ces mentions seraient faites tant sur les registres déposés aux archives de la mairie, que sur ceux déposés au greffe du tribunal civil, conformément aux dispositions de l'article 49 du Code civil.

Par ce moyen, il n'y aurait plus, dans un certain laps de temps, de bigamie possible, puisqu'en marge de l'expédition de l'acte de naissance produite pour contracter mariage par une personne déjà mariée, existerait la preuve d'un précédent mariage ; d'un autre côté, les familles pourraient facilement s'assurer du décès de leurs membres à leur domicile d'origine, ce qui éviterait souvent des frais de jugements ou d'actes de notoriété pour constater l'absence, et permettrait à la femme abandonnée par son mari, d'acquérir la certitude de l'existence ou du décès de son conjoint.

Cette mesure aurait, en outre, l'avantage de faciliter la confection des listes de recrutement pour le service militaire et d'en assurer l'exactitude.

DIVISION DE L'OUVRAGE

Cet ouvrage est divisé en *quatre parties* comprenant, savoir :

La *première,* les notions générales ;

La *seconde,* les actes de naissance, de reconnaissance, d'adoption, de publications de mariage, de mariage et de décès ;

La *troisième,* les actes de l'état civil hors du territoire français ;

Et la *quatrième,* le mode de constater l'état civil des indigènes musulmans.

A la suite, et comme complément, se trouve un *Appendice* contenant : 1° un formulaire des actes de l'état civil en général et le tableau des communes cédées à la Prusse, par suite du traité de Francfort ; 2° le mode de correspondance; 3° un tableau de concordance des calendriers Grégorien et Républicain; et 4° un dictionnaire des prénoms à donner aux enfants en exécution de la loi du 11 germinal an XI et du décret du 20 juillet 1808 [1].

Et, pour faciliter les recherches, ce travail est terminé par les tables suivantes :

1° Table des articles des Codes correspondant aux numéros de l'ouvrage.

2° Table chronologique des Lois, Décrets, Ordonnances, Déclarations, Arrêtés, Édits, Sénatus-consultes et Statuts.

3° Table chronologique des Avis du Conseil d'État et des Circulaires ministérielles.

4° Table des titres et chapitres.

5° Table alphabétique des formules.

6° Table générale alphabétique et méthodique des matières.

1. Ce dictionnaire est composé de plus de 6,000 prénoms.

PRINCIPALES ABRÉVIATIONS

CONTENUES DANS CET OUVRAGE

A. G. . . . . Arrêté du Gouvernement.
Art. . . . . Article.
Av. Cons. d'Ét. . . . . . Avis du Conseil d'État.
Bull. off. Int. ou. Just . . Bulletin officiel du ministère de l'Intérieur ou de la Justice.
Cass . . . . Arrêt de la Cour de cassation.
Circ. min. Aff. ét . . . . Circulaire du ministre des Affaires étrangères.
Circ. min. Agric . . . . Circulaire du ministre de l'Agriculture.
Circ. min. Fin. . . . . Circulaire du ministre des Finances.
Circ. min. G. . . . . Circulaire du ministre de la Guerre.
Circ. min. Int. . . . . Circulaire du ministre de l'Intérieur.
Circ. min. Just. (ou g. des sc.) . . . Circulaire du ministre de la Justice (ou garde des sceaux.)
Circ. min. Mar . . . . Circulaire du ministre de la Marine.
C. civ. . . . . . . Code civil.
C. inst. cr. . . . . Code d'instruction criminelle.
C. p. . . . . Code pénal.
C. pr. . . . . Code de procédure civile.
Déc. . . . . Décret.
Décis. . . . . Décision.
Délib. . . . . Délibération.
Éd. . . . . Édit.
Exp. des mot. . . Exposé des motifs.
Fav. . . . . Favard de Langlade.
Inst. gén. . . . . Instruction générale.
J. C. . . . . Journal des communes.
J. E. . . . . Journal de l'enregistrement.
J. N. . . . . Journal du notariat.
Ord. . . . . Ordonnance.
P. R. G. . . . . . Répertoire général du Palais.
R. n. . . . . Répertoire du notariat.
Roll . . . . Rolland de Villargues.
Sén.-cons. . . . . Sénatus-consulte.
Sol. enreg. . . . . Solution de l'administration de l'enregistrement.
Stat. . . . . Statut.
V. . . . . Voyez.

PREMIÈRE PARTIE

Notions générales.

CHAPITRE PREMIER.

DES OFFICIERS DE L'ÉTAT CIVIL EN FRANCE ET DE LEURS INCOMPATIBILITÉS.

SECTION Ire.

Des officiers de l'état civil en France.

1. L'officier de l'état civil est un fonctionnaire qui est chargé, dans chaque commune, de la tenue et du dépôt des *registres de l'état civil*. Ces fonctions ont été attribuées aux maires par la loi du 28 pluviôse an VIII (art. 13).

2. Le maire est seul chargé de l'administration de sa commune, il a la faculté d'assembler ses adjoints pour les consulter, et de leur déléguer une partie de ses fonctions [1].

Il n'a de pouvoir que dans le ressort de sa commune; hors de cette limite, il est sans qualité pour recevoir ou rédiger un acte de l'état civil, ses fonctions étant circonscrites par les limites de sa commune [2], sauf l'exception dont il sera parlé ci-après, n° 731.

3. Dans tous les lieux où un adjoint est chargé des fonctions de l'état civil, il fait les actes en son propre nom, quoique le maire soit présent; mais cet adjoint ne pouvant

---

1. Déc. 4 juin 1806, art. 5. — Mais, au préalable, il doit prêter le serment prescrit par la loi. V. *infrà*, n° 280 et la note.
2. Hutteau d'Origny, *Act. de l'ét. civ.*, liv. II, chap. 1 § 2.

remplir ces fonctions qu'en vertu d'une délégation du maire, *seul administrateur et officier de l'état civil*, les actes qu'il rédigerait et les expéditions qu'il en délivrerait seraient vicieux, s'il n'y était pas fait *mention de cette délégation* [1].

Malgré cette délégation, le maire peut continuer à recevoir les actes qu'il juge à propos de rédiger ; et, lorsque son délégué est empêché, il doit reprendre l'entier exercice de ses fonctions [2].

La délégation a lieu en vertu d'un arrêté spécial du maire, dont l'original doit être déposé aux archives de la commune [3]. Une expédition de cet arrêté est ensuite déposée à la fin de l'année, avec les doubles registres, au greffe du tribunal civil.

4. En cas d'absence ou d'empêchement du maire, il est remplacé par un de ses adjoints dans l'ordre des nominations.

En cas d'absence ou d'empêchement du maire et des adjoints, le maire est remplacé par un conseiller municipal désigné par le préfet, ou, à défaut de cette désignation, par le conseiller municipal le premier dans l'ordre du tableau.

Ce tableau est dressé d'après le nombre des suffrages obtenus, et en suivant l'ordre des scrutins [4].

Dans ces deux cas, l'adjoint, ou le conseiller municipal, doit faire connaître dans les actes reçus par lui qu'il agit, dans le premier cas, pour cause d'absence ou d'empêchement du maire, et dans le second cas, pour cause d'absence ou d'empêchement du maire et de ses adjoints.

5. Dans le cas où le conseiller municipal, quoique le premier inscrit au tableau, se trouverait atteint de l'une des causes d'exclusion prévues par la loi, et désignées ci-après, section II, n° 15, il ne pourrait remplir, *même*

---

1. Circ. min. Int. aux préfets, 30 juillet 1807. V. *infrà*, n° 207, avant-dernier alinéa.
2. *Ibid.* (rappelée dans une Circ. min. Just. 21 déc. 1822).
3. V. *Formulaire des actes* à la fin de cet ouvrage.
4. Loi du 5 mai 1855, art. 4. Jugé qu'un adjoint est compétent pour dresser les actes de l'état civil, en l'absence ou en cas d'empêchement du maire, sans qu'il ait besoin d'une délégation expresse. Angers, 25 mai 1822.

temporairement, les fonctions d'officier de l'état civil. En conséquence, il faudrait appeler le conseiller municipal qui viendrait immédiatement après lui.

6. L'adjoint qui, de droit, supplée le maire absent ou empêché, peut lui-même déléguer ses fonctions, mais s'il n'agissait qu'en vertu d'une délégation, il ne le pourrait pas, à moins d'une autorisation *expresse*, par la raison que cette délégation est considérée comme un *mandat* et qu'aux termes de l'article 1994 du Code civil, le mandataire n'a le droit de se substituer quelqu'un dans sa gestion que si le pouvoir lui en a été conféré par son mandant.

7. A Paris, les adjoints aux maires sont autorisés à recevoir les actes de l'état civil sans qu'il soit besoin de délégation du maire [1].

8. A Lyon, un maire et deux adjoints pour chacun des six arrondissements municipaux sont chargés de la tenue des registres de l'état civil et ont les mêmes attributions que celles expressément conférées par des lois spéciales aux maires et adjoints de la ville de Paris [2].

9. L'officier de l'état civil doit s'abstenir de dresser tout acte dans lequel lui-même devrait intervenir par son témoignage ou sa déclaration, et de constater la naissance, le mariage et le décès de ses propres enfants, ainsi que le décès de sa femme ; mais cette interdiction ne s'étend pas aux actes de l'état civil qui concernent ses parents et alliés [3].

10. Lorsque la mer, ou quelque obstacle, rend difficiles, dangereuses ou momentanément impossibles, les communications entre le chef-lieu et une fraction de commune, un adjoint spécial, pris parmi les habitants de cette fraction, est nommé en sus du nombre ordinaire : cet adjoint spécial remplit les fonctions d'officier de l'état civil et peut être chargé de l'exécution des lois et règlements de police dans cette partie de la commune [4].

---

1. Avis du Cons. d'Ét. 8 mars 1808.
2. Loi du 4 avril 1873, art. 2.
3. Lettre du Garde des Sceaux, 21 juillet 1818. Déc. min. Just., 21 déc. 1822.
4. Loi du 5 mai 1855, art. 3, 2e alinéa.

Est valable l'élection d'un adjoint pour une section où il n'habite pas, les maires et les adjoints étant pris dans le conseil municipal et les adjoints pouvant dès lors être choisis indistinctement parmi tous les membres du conseil municipal[1].

11. Les officiers de l'état civil, en leur qualité de maire ou d'adjoint, sont chargés de la police judiciaire de leur commune[2].

En conséquence, lorsqu'ils acquerront la connaissance d'un crime ou d'un délit, *en matière d'état civil*, ils seront tenus d'en donner avis *sur-le-champ* au procureur de la République près le tribunal dans le ressort duquel ce crime ou délit aura été commis, ou dans lequel le prévenu pourrait être trouvé, et de transmettre à ce magistrat tous les renseignements, procès-verbaux et actes qui y sont relatifs[3].

De plus, ils recevront les déclarations des témoins et feront les visites et les autres actes qui sont, auxdits cas, de la compétence des procureurs de la République, le tout dans les formes et suivant les règles établies au chapitre IV, section II, du Code d'instruction criminelle[4].

12. Les maires et les adjoints ne sont point, en ce qui concerne leurs fonctions d'officier de l'état civil, des agents administratifs ou agents du Gouvernement[5], mais bien des *délégués de la loi* et des *fonctionnaires de l'ordre judiciaire*. Ils sont, en cette qualité, placés sous la surveillance du procureur de la République près le tribunal civil de première instance de leur ressort, et de ses délégués, du procureur général et du garde des sceaux, ministre de la justice[6]; mais ils n'en restent pas moins soumis à celle de l'administration qui s'exerce par le ministre de l'intérieur, les préfets et les sous-préfets.

13. Les fonctions d'officier de l'état civil sont remplies, dans les *colonies*, par le directeur général de l'administra-

---

1. Arrêté du 4 avril 1879; *Bull. off. Int.*, 1879, p. 146.
2. Art. 9, C. inst. cr.
3. Art. 29, *ibid.*
4. Art. 49, *ibid.*
5. Cass. 3 septembre 1807. — Av. Cons. d'Ét. 30 nivôse an XII et 26 juin 1806.
6. Av. du Cons. d'Ét. 30 nivôse an XII et 31 juillet 1806.

tion intérieure[1], et dans les *lazarets*, par le directeur de la santé, assisté d'un agent ou employé du service sanitaire faisant les fonctions de secrétaire[2].

On appelle *lazaret*, l'établissement maritime spécialement destiné à séquestrer, pour un temps plus ou moins long et qu'on a coutume d'appeler *quarantaine*, les personnes soupçonnées de pouvoir communiquer une maladie épidémique contagieuse, telle que la peste, le typhus, la fièvre jaune, etc.[3].

14. Les fonctions attribuées aux officiers de l'état civil étaient exercées, pour constater l'état civil des *familles souveraines*, savoir :

Sous le premier Empire, par l'archi-chancelier[4] ;

Sous la Restauration, par le chancelier[5] ;

Sous le Gouvernement de Juillet, par le président de la Chambre des pairs[6] ;

Et sous le second Empire, par le ministre d'État[7].

---

1. Ord. 9 fév. 1827, art. 120, § 51, et 27 août 1828, art. 108, § 52. Le directeur de l'administration pénitentiaire tient les matricules et l'état civil des condamnés. — Déc. du 12 déc. 1874, relatif à la Nouvelle-Calédonie.
2. Déc. 24 déc. 1850, 15 janv. 1851, art. 45, et 22 fév. 1876, art 123.
3. Lazaret vient du mot latin *lazarus* (ladre, lépreux). Les premiers lazarets furent établis à Venise en 1348, sous la dénomination de providiteurs de la santé. Ce n'est qu'en 1476 que Marseille fut redevable au roi René des premières mesures prises à l'occasion de la peste qui y fit son apparition à cette époque.
« Le choléra, la fièvre jaune et la peste sont les seules maladies « pestilentielles exotiques qui, en France, déterminent l'application « de mesures sanitaires permanentes contre les provenances par mer « des pays où règnent ces maladies. (Déc. concernant la Police sanitaire maritime, 22 fév. 1876, art. 1er.)
« D'autres maladies graves, transmissibles et importables, notam« ment le typhus, la variole, peuvent toutefois être l'objet de précau« tions exceptionnelles; mais, dans ce cas, les mesures prises ne sont « applicables qu'à la provenance contaminée. (*Ibid.*, art. 2.)
« Des mesures de précaution peuvent toujours être prises contre « un navire dont les conditions hygiéniques sont jugées dangereuses, « quelle que soit la provenance de ce navire. » (*Ibid.*, art. 3.)
4. Stat. 30 mars 1806, art 14.
5. Ord. roy. 23 mars 1816, art. 1er.
6. *Ibid.*, 27 août 1830.
7. Sén.-cons. 25 déc. 1852, art. 8; Stat. 21 juin 1853, art. 13 et 15.

SECTION II.

Des incompatibilités relatives aux officiers de l'état civil.

15. Les incompatibilités relatives aux officiers de l'état civil avaient été déterminées par la loi du 21 mars 1831 (art. 6, 7 et 8), abrogée par celle du 5 mai 1855, dont les dispositions vont être rapportées ci-après.

16. Ne peuvent être ni *maires* ni *adjoints :*

1° Les préfets, sous-préfets, secrétaires généraux et conseillers de préfecture ;

2° Les membres des cours [1], des tribunaux de première instance et des justices de paix [2] ;

3° Les ministres des cultes [3] ;

4° Les militaires et employés des armées de terre et de mer en activité de service ou en disponibilité [4] ;

5° Les ingénieurs des ponts et chaussées et des mines en activité de service, les conducteurs des ponts et chaussées et les agents voyers ;

6° Les agents et employés des administrations financières [5] et des forêts, ainsi que les gardes des établissements publics et des particuliers ;

7° Les commissaires et agents de police ;

8° Les fonctionnaires et employés des colléges communaux et les instituteurs communaux ou libres ;

9° Les comptables et les fermiers des revenus communaux et les agents salariés par la commune.

Néanmoins, les juges suppléants aux tribunaux de première instance et les suppléants de juges de paix peuvent être maires ou adjoints.

Les agents salariés du maire ne peuvent être ses adjoints [6].

---

1. Cette expression comprend les cours d'appel, la Cour de cassation et celle des comptes. (Circ. min. Just., 6 juin 1843.)
2. Les greffiers sont compris parmi ces membres. (*Ibid.*)
3. Cet article a en vue les personnes revêtues d'un caractère sacerdotal, soient qu'elles exercent ou non leur ministère dans la commune. (*Ibid.*)
4. Cette incompatibilité s'étend aux agents commissionnés des vivres, des hôpitaux, des transports, aux commis de la marine, etc. (*Ibid.*)
5. Cette exception ne s'étend pas aux chefs et employés des bureaux du ministère des finances et des administrations qui en dépendent, ces employés n'ayant aucun caractère public. (*Ibid.*)
6. Loi du 5 mai 1855, art. 5.

17. Ne peuvent être *conseillers municipaux :*

1° Les comptables de deniers communaux et les agents salariés de la commune ;

2° Les entrepreneurs de services communaux ;

3° Les domestiques attachés à la personne ;

4° Les individus dispensés de subvenir aux charges communales, et ceux qui sont secourus par les bureaux de bienfaisance [1].

Jugé que celui qui est inscrit au rôle des contributions directes et supporte sa part des centimes additionnels affectés à l'acquittement des charges communales, est éligible comme conseiller municipal, s'il n'est pas établi qu'antérieurement à l'élection il ait reçu un secours du bureau de bienfaisance. (Arrêt du 21 fév. 1879 ; *Bull. off. Int.*, 1879, p. 67.)

Mais l'entrepreneur des travaux d'entretien à exécuter sur les chemins vicinaux de grande communication ne peut être, à raison de ce marché, considéré comme entrepreneur d'un service communal dans le sens de cet article.

L'incompatibilité qui frappe les entrepreneurs de services communaux ne s'applique qu'aux services qui créent entre les communes et les entrepreneurs des rapports d'intérêt et de dépendance constants et journaliers. Or, les entreprises relatives aux chemins vicinaux de grande communication n'ont pas ce caractère. L'autorité municipale, en effet, n'a aucun droit de surveillance sur les travaux de ces chemins qui s'exécutent sous la direction exclusive de l'autorité départementale. Les communes votent les ressources destinées à assurer le paiement de leur contingent ; mais elles n'ont pas à intervenir dans l'emploi de ces contingents ni dans la détermination des travaux d'entretien à exécuter chaque année. Dès lors, le conseiller municipal d'une commune devenu entrepreneur des travaux d'entretien de chemins vicinaux de grande communication situés en partie sur le territoire de la commune qu'il représente, ne saurait être, pour ce fait, déclaré déchu de son mandat.

De même, il n'y a pas incompatibilité entre les fonctions de conseiller municipal et celles du médecin chargé de donner des soins aux indigents dans plusieurs communes parmi lesquelles se trouve la commune qu'il représente,

---

1. Loi du 5 mai 1855, art. 5.

lorsque ce médecin a reçu sa commission du préfet et non du maire de la commune, et que l'indemnité qu'il reçoit est inscrite au budget du bureau de bienfaisance [1].

18. Les fonctions de conseiller municipal sont incompatibles avec celles :

1° De préfets, sous-préfets, secrétaires généraux, conseillers de préfecture ;

2° De commissaires et d'agents de police ;

3° De militaires ou employés des armées de terre et de mer en activité de service ;

4° De ministres des divers cultes en exercice dans la commune.

Nul ne peut être membre de plusieurs conseils municipaux [2].

19. Dans les communes de cinq cents âmes et au-dessus, les parents au degré de père, de fils, de frère, et les alliés au même degré, ne peuvent être en même temps membres du conseil municipal [3].

Il en est de même de l'aïeul et du petit-fils [4].

20. Tout conseiller municipal qui, par une cause survenue postérieurement à sa nomination, se trouve dans un des cas prévus par les articles 9, 10 et 11, est déclaré *démissionnaire* par le préfet, sauf recours au conseil de préfecture [5].

---

1. Avis du Cons. d'Ét. 23 mars 1877.
2. Loi du 5 mai 1855, art. 10.
3. *Ibid.*, art. 11.
4. Cons. d'Ét. 18 mai 1877.
5. Loi précitée, art. 12.

CHAPITRE II.

DES ACTES DE L'ÉTAT CIVIL.

SECTION Ire.

Définition des actes de l'état civil et énonciations qu'ils doivent contenir.

21. *Définition.* — On appelle *actes de l'état civil,* les actes ayant pour but de constater les naissances, reconnaissances d'enfants naturels, publications de mariage, mariages et décès inscrits, dans chaque commune, sur un ou plusieurs registres tenus doubles [1].

22. *Énonciations générales.* — Les actes de l'état civil énonceront l'*année,* le *jour* et l'*heure* où ils seront reçus, les *prénoms, noms, âge, profession* et *domicile* de tous ceux qui y seront dénommés [2].

23. *Du jour.* — Il faut entendre par le mot jour : *la date de l'acte* (c'est-à-dire *le quantième du mois*), autrement la désignation du jour sans la date ne remplirait pas le but de la loi.

Les actes de l'état civil qui doivent énoncer, en outre de la date, le jour de la semaine, sont :

Ceux de publications de mariage, qui ne peuvent être faits que le dimanche [3] ;

Et les actes de naissance, dont le délai de trois jours accordé pour faire la déclaration [4] expirerait un dimanche, un jour de fête légale, ou le premier jour de l'année [5]. C'est

---

1. V. *infrà,* n° 52.
2. Art. 34, C. civ. V. *infrà,* nos 267 et 295.
3. Art. 63, C. civ.
4. Art. 55, C. civ.
5. Le repos des fonctionnaires publics est fixé par l'article 57 de la loi du 18 germinal an X aux jours de dimanches et de fêtes reconnues par le Concordat. Les jours légalement fériés sont, d'après l'indult donné à Paris le 9 avril 1802, publié le 29 germinal an X, les jours

par oubli que ce cas n'a pas été prévu ; le législateur aurait dû dire, comme dans l'article 25 de la loi du 22 frimaire an VII : « *que si le dernier jour du délai se trouvait être un dimanche ou un jour de fête légale, ce jour-là ne serait pas compté.* »

Lorsque plusieurs actes sont inscrits à la même date, l'officier de l'état civil ne doit pas seulement dater le premier et commencer les autres par ces mots : Le même jour. Ces actes n'étant point corrélatifs entre eux, ils doivent être tous complets et contenir explicitement toutes les énonciations qui leur sont propres.

24. *De l'heure.* — L'énonciation de l'heure a paru nécessaire en ce qu'en cas d'inscription de faux elle peut faciliter la preuve qu'une des personnes désignées comme présentes n'y assistait pas réellement [1], et aussi pour indiquer que les actes ont été reçus dans les délais prescrits par la loi [2].

25. *Des noms et prénoms.* — Aucun citoyen ne peut porter de nom ni de prénoms autres que ceux exprimés dans son acte de naissance.

La particule *de,* pour être admise, doit indispensablement précéder le nom propre. C'est à tort qu'on la considère comme devant ou pouvant être naturellement ajoutée au nom de ceux qui ont obtenu des titres ou l'anoblissement. Elle fait partie du nom, et n'a point légalement un caractère distinctif de la noblesse. En effet, la plupart du temps, elle ne fait qu'indiquer un rapport d'origine et de lieu [3].

Quant aux surnoms donnés à tort dans les actes, ils doivent être supprimés [4].

26. *De l'âge.* — Il est d'usage d'indiquer le nombre d'années écoulées sans tenir compte de celle courante.

---

de l'*Ascension,* de l'*Assomption,* de la *Toussaint* et de *Noël,* et d'après la loi du 6 juillet 1880, la *fête Nationale du 14 juillet.* — Le 1er janvier a toujours été considéré comme *fête légale* par un usage ancien et général. Cet usage a été consacré par un avis du Conseil d'État du 13 mars 1810.

1. Toulier, t. 1, n° 308; Duranton, t. 1, n° 242; Coin-Delisle, sur l'article 34, n° 1.
2. V. *infrà,* n° 79.
3. Cir. min. Just., 28 mai 1815.
4. Loi du 6 fruct. an II, art. 2.

27. *De la profession.* — La profession des personnes désignées dans l'acte doit toujours être indiquée. Si l'une d'elles est sans profession, l'officier de l'état civil doit en faire mention ou indiquer si elle est propriétaire ou rentière.

28. *Du domicile.* — Le domicile de tout Français quant à l'exercice de ses droits civils, est au lieu où il a son *principal établissement* [1].

29. *Des personnes dénommées dans les actes.* — Ces personnes sont de trois espèces que l'on désigne ainsi : *Parties,* quand l'acte les concerne directement, comme les époux dans un acte de mariage, ou quand elles ont un intérêt direct à la rédaction de l'acte, comme les pères et mères des époux ; *déclarants,* quand elles viennent demander la constatation d'un fait, comme celles que la loi oblige à déclarer une naissance ; *témoins,* quand elles assistent à la rédaction de l'acte.

SECTION II.

Des titres et qualités.

§ 1er. — *Des titres nobiliaires.*

30. Toute personne possédant un titre ou une particule nobiliaire devra en justifier la possession par un acte *authentique,* lorsqu'elle en sera requise, et les officiers de l'état civil ne devront lui attribuer, dans les actes authentiques, que les titres et les noms qu'elle justifiera être en droit de porter [2].

« Lorsqu'une personne qui se présente a obtenu un *titre nobiliaire,* la preuve légale résulte de la représentation des *lettres patentes* et de la production de l'acte de naissance pour constater l'identité ; mais lorsqu'il s'agit de fils ou de descendants de personnes titrées, des com-

---

1. V. *infrà,* n° 705. — Quand une personne qui figure dans un acte de l'état civil demeure dans une commune peu connue, il est d'usage d'indiquer au moins le département.

2. Cir. min. Just. 19 juin 1858, en exécution de la loi du 28 mai précédent.

plications existent souvent à ce sujet, car de ce qu'une qualification de titre est donnée à un père dans l'acte de naissance de son fils, il n'en résulte pas nécessairement que ce fils soit en possession de ce même titre. Dans ce cas, il y a à faire certaines vérifications, certains examens qui sont du domaine exclusif de la Chancellerie. Il est donc nécessaire qu'il en soit référé au ministre de la justice[1].

Les titres se divisent aujourd'hui en deux classes distinctes :

Les titres dont l'existence est antérieure à 1789 ;

Les titres qui ont été conférés depuis les statuts du 1er mars 1808.

La régularité de ces derniers titres peut facilement être constatée, la Chancellerie étant en possession des registres sur lesquels a eu lieu l'inscription des lettres patentes constitutives ou des décrets qui ont remplacé ces lettres patentes, des décisions constatant la transmission régulière des titres héréditaires.

Les personnes munies de l'acte qui les concerne, peuvent, en représentant cet acte, prouver leur droit ; et, si elles ne sont pas en possession de cet acte, leur situation peut être vérifiée et constatée par la Chancellerie.

Parmi les membres de l'ancienne noblesse, un certain nombre s'est pourvu en reconnaissance, confirmation ou renouvellement de titres, sous la Restauration ou sous les gouvernements qui se sont succédé depuis ; d'autres ont fait constater leurs droits par des décisions judiciaires.

Les uns et les autres peuvent, sans difficulté, appuyer leurs déclarations de documents authentiques s'appliquant à eux personnellement.

Mais la plupart ont négligé ce moyen de régulariser leur situation.

Pour ceux-ci, les officiers de l'état civil ne doivent accepter que les désignations mentionnées dans des actes d'une *authenticité incontestable*, antérieurs à 1789, et constatées par des *actes réguliers de l'état civil* concernant la personne même qui intervient dans l'acte à rédiger ; en cas de doute, ils auraient à en référer à la Chancellerie.

A part de rares exceptions créées par les lettres patentes

---

1. Déc. min. Just. 28 mai 1815.

originaires ou résultant de dispositions spéciales[1], les titres reposent sur une seule tête, et les fils d'un titulaire appartenant à l'ancienne noblesse ou décoré d'un titre postérieur à 1808, n'ont droit ni à un titre d'un degré inférieur, ni, à plus forte raison, au titre même porté par leur père.

Les mêmes règles sont applicables aux personnes d'origine étrangère se prétendant en possession d'un titre qui aurait appartenu à leur famille ou à elles-mêmes, avant qu'elles fussent devenues françaises soit par l'annexion des territoires, soit par la naturalisation.

Quant aux titres étrangers, un Français ne peut les porter en France qu'en vertu d'une autorisation spéciale par application du décret du 5 mars 1859, autorisation essentiellement personnelle et qui ne peut s'étendre aux enfants de celui qui l'a obtenue.

Aucune partie ne doit donc recevoir, dans les actes de l'état civil, d'autres titres que ceux qui lui sont attribués à elle *personnellement* par des actes réguliers tels que : *lettres patentes, décrets, brevets ou actes d'investiture, décisions judiciaires, actes de l'état civil reproduisant les énonciations d'actes antérieurs à 1789, autorisations spéciales et personnelles accordées par le chef du Gouvernement.* L'usage, les traditions de famille, ne sauraient suppléer à la reproduction d'actes réguliers s'appliquant à la personne même qui figure dans l'acte de l'état civil soit comme partie, soit comme déclarant, soit comme témoin[2].

31. Toute personne qui, sans droit et en vue de s'attribuer une distinction honorifique, aura publiquement pris un titre, changé, altéré ou modifié le nom que lui assignent les actes de l'état civil sera punie d'une amende de cinq cents francs à dix mille francs. Le tribunal ordonnera la mention du jugement en marge des actes authentiques ou des actes de l'état civil dans lesquels le titre aura été pris indûment ou le nom altéré. — Dans tous les cas, le tribunal pourra ordonner l'insertion intégrale, ou par extrait, du jugement dans les journaux qu'il désignera. Le tout aux frais du condamné[3].

---

1. Stat. 1er mars 1808, art 2, 3 et 7; Déc. 3 juin 1809, art. 5, et 3 mars 1810, art. 10; Ord. roy. 25 août 1817, art. 12.
2. Circ. G. des sc. aux proc. gén., 8 juillet 1874.
3. C. p., art. 259, modifié par la loi du 28 mai 1858. « Cette loi a eu

A ce sujet, M. le ministre de la justice, dans une circulaire qu'il adressait aux procureurs généraux, le 22 novembre 1859, disait : « Le nouvel article 259 du Code « pénal attache le caractère de délit au changement, à l'al- « tération, à la modification du nom inscrit dans les actes « de l'état civil.

« La conséquence de cette disposition, c'est que, pour « se soustraire aux peines qu'elle édicte, tous ceux qui « portent ou des noms ou des titres que ne leur attribuent « pas les actes de l'état civil doivent obtenir de l'autorité « compétente la faculté de les conserver.

« Mais quelle est cette autorité? Deux cas peuvent se « présenter :

« 1° Il se peut que des erreurs, des omissions, des irré- « gularités aient eu lieu dans la rédaction des actes de l'état « civil, ou encore que, les circonstances politiques ne per- « mettant pas au père de donner à ses enfants son nom « tout entier, il en ait retranché des qualifications ou par- « ticules que condamnait la législation existante, et que, « plus tard, encouragés par l'apaisement des passions, par « le retour d'idées un instant proscrites, par les tendances « des lois nouvelles, les enfants aient, de leur chef et sans « s'assujettir aux formalités légales, repris ce qu'ils con- « sidéraient comme leur propriété : le nom de leurs aïeux;

« 2° Il se peut aussi que l'altération des noms consignés « en l'acte de naissance n'ait eu pour cause que la vanité, « l'intérêt, un calcul coupable; qu'elle n'ait d'autre expli- « cation que le désir de substituer à un état civil régulier « une situation mensongère, et de conférer à l'auteur de « la fraude une apparence nobiliaire.

« Dans le premier cas, la connaissance du fait est dévo- « lue aux tribunaux ordinaires. La loi leur confère expres- « sément la mission de rechercher, de constater ce qu'était, « avant la naissance du réclamant, l'état légal de sa fa-

---

« pour but de réprimer les entreprises et les usurpations d'une vanité « coupable, de maintenir le respect et l'inviolabilité des titres légale- « ment conférés ou glorieusement acquis, de protéger l'intégrité de « l'état civil et de mettre un terme à la modification arbitraire et illi- « cite des noms de famille. Mais cette loi doit être appliquée avec « autant de prudence que de fermeté. » V. Circ. min. Just. 19 juin 1858, prescrivant aux officiers de l'état civil de n'attribuer aux parties, dans les actes authentiques, que les titres et les noms qu'elles justifieront être en droit de porter.

« mille, de le reconstituer, de le lui rendre intact. Ils ne « créent pas de droits à son profit; en cette matière, « comme en toute autre, ils déclarent le droit existant; ils « proclament que si ce droit, antérieur à la naissance de « l'enfant, a été compromis par des circonstances étran- « gères à celui-ci, il n'en peut porter la responsabilité, et « qu'en demandant que son état civil soit régularisé il ne « fait que revendiquer sa chose.

« Dans le second cas, la compétence n'est pas moins « certaine. S'il s'agit de changement et d'addition de nom, « c'est au Gouvernement qu'il faut s'adresser. Les usurpa- « tions de titres ou formules affectant une prétention à la « noblesse ressortissent à la commission du sceau. La sa- « gesse de ces règles est évidente. Qui peut admettre que, « dans un État bien ordonné, un citoyen change de nom, « ajoute à celui qu'il porte ou s'attribue des titres sans en « avoir reçu l'autorisation de l'administration supérieure ?

« Cependant, cette distinction si simple entre la compé- « tence des tribunaux ordinaires et celle de l'administra- « tion a été méconnue. Des individus, qui ont augmenté « leur nom patronymique d'une appellation d'emprunt ou « qui, pour dissimuler leur roture originelle, ont imaginé « de séparer de l'ensemble d'un nom jusqu'alors écrit « d'un seul mot, la particule qui le précédait, désespérant « de tromper la vigilance du Conseil d'État ou de la com- « mission du sceau, accoutumés à déjouer ces superche- « ries, ont eu recours aux tribunaux; ils ont demandé que « leur acte de naissance fût rectifié, et des juges surpris, « accueillant cette réclamation, ont ordonné que tout ce « bagage de contrebande figurerait à l'avenir dans l'acte « de l'état civil.

« On ne peut faire une plus fausse application des lois « de la matière. Une procédure à fin de rectification d'un « acte de naissance ne peut avoir d'autre fondement que « l'état civil officiel de la famille dont le réclamant est « issu. Tout se réduit à comparer son acte de naissance « avec celui de ses auteurs, et, s'il s'y rencontre des diffé- « rences que le malheur des temps explique ou la négli- « gence de l'officier de l'état civil, à les faire disparaître; « il n'est besoin de rien de plus pour maintenir l'indivi- « dualité des familles.

« Mais quand il est reconnu que l'acte de naissance du

« réclamant contient tout ce qu'il devait contenir; que sa « filiation est régulièrement et sincèrement établie; qu'il « n'y a eu ni altération, ni erreur, ni omission; quand la « question est de savoir si le réclamant a pu s'arroger des « distinctions que ne lui conférait pas son origine, quel- « ques raisons qu'il allègue pour justifier sa conduite, « quelque possession qu'il invoque, ce ne peut être une « action en rectification. Le sens grammatical du mot y « répugne autant que la raison de droit. Rectifier, c'est « redresser ce qui est défectueux, réparer ce qui n'est pas « régulier, remettre, en un mot, les choses dans l'état où « elles auraient dû être si on y eût apporté plus de soin. « Or ce n'est pas la régularité de l'acte qui est contestée ; « le réclamant ne s'en plaint pas. Ce qu'il soutient, c'est « que de son fait personnel, postérieur conséquemment à « sa naissance, est né un droit qu'il entend conserver; c'est « qu'il a acquis ou le nom qu'il a ajouté au sien, ou le titre « dont il est affublé, ou la particule qu'il considère comme « signe de noblesse. Or, évidemment, ce n'est plus une rec- « tification mais une modification de son état civil réguliè- « rement établi qu'il poursuit, et dès lors la connaissance « du litige ne peut appartenir qu'à l'admnistration chargée « de prévenir toute confusion dans les familles et dans la « société.

« Vous comprenez, Monsieur le Procureur général, « combien il importe de ne pas se laisser former une juris- « prudence dont l'effet inévitable serait de paralyser l'ac- « tion de la loi. Ne souffrez pas que, par des procédures « obscurément suivies et qui, selon les lieux et les per- « sonnes, pourraient rencontrer un trop facile accueil, les « compétences soient déplacées. Que vos substituts reçoi- « vent l'ordre formel de surveiller toute instance parais- « sant avoir pour objet une rectification d'acte de l'état « civil, et qu'ils s'assurent, d'après les distinctions ci- « dessus exprimées, si ce n'est pas une enseigne trompeuse « et le moyen d'éluder la loi.

« Le ministère public est, dans les questions de rectifi- « cation d'actes de naissance, le contradicteur naturel des « parties qui réclament. C'est une mission qu'il doit rem- « plir avec autant de fermeté que de vigilance[1].

1. En dehors de l'action pénale autorisée par l'article 259 du Code

« Le Gouvernement n'entend pas que l'exécution de « l'article 259 du Code pénal porte le trouble dans les « familles; mais il ne veut pas davantage que des ruses de « procédure en détruisent l'effet.

« Je vous prie de me tenir au courant de toutes les affai- « res de ce genre qui se présenteront, et de me faire con- « naître celles qui ont déjà reçu solution, afin que j'avise « au moyen de venger la loi des atteintes qu'elle a pu re- « cevoir. »

§. II.

Des qualités.

32. La qualité de membre de l'ordre de la Légion d'honneur doit toujours être mentionnée dans les actes de l'état civil.

Cette mention est prescrite par M. le ministre de la justice dans une circulaire, adressée aux procureurs impériaux près les tribunaux de première instance le 3 juin 1807, ainsi conçue :

« J'apprends, Messieurs, que dans quelques communes « de l'Empire, des malentendus ou des négligences ont « privé les légionnaires ou leur famille de voir insérer la « qualité de membre de la Légion d'honneur, dans les « actes de leur mariage, ou du décès de leurs parents, ou « de la naissance de leurs enfants.

« La qualité de membre de la Légion d'honneur est un « témoignage trop précieux de la bienveillance de sa « Majesté Impériale et Royale, et une preuve trop honora- « ble des services rendus à l'État pour que les officiers de « l'état civil ne doivent pas apporter la plus grande exacti- « tude à en faire mention dans leurs actes, toutes les fois « qu'il y a lieu.

« Vous voudrez donc bien prendre les mesures conve-

---

pénal, il a été reconnu, après une longue et vive controverse, que le ministère public, ayant le droit et le devoir d'agir d'office en matière de rectification des actes de l'état civil dans toutes les circonstances qui intéressent l'ordre public, peut demander que ceux de ces actes qui attribuent à des particuliers des qualifications qui ne leur appartiennent pas soient rectifiés, et interjeter appel du jugement qui, sur la demande d'une partie, lui attribue un nom ou un titre qu'elle réclame sans une preuve décisive. (Cass. civ. 22 janv. et 24 nov. 1862.) V. *infrà*, nº 92, note 2.

« nables pour que cette qualité soit toujours énoncée, et « adresser en conséquence aux maires et adjoints, chacun « dans votre arrondissement, les instructions nécessaires à « ce sujet [1]. »

33. Il doit en être de même relativement aux membres des autres ordres royaux et militaires reconnus, et aux personnes qui exercent des *fonctions honorifiques* comme celles de *ministre, consul, sénateur, député, procureur, préfet, sous-préfet, juge, etc.*

34. Les titres de chevalerie étrangère pris par des Français ne pourront être insérés dans les actes qu'autant qu'ils justifieront à l'officier de l'état civil de l'autorisation de les porter [2].

35. Les actes de l'état civil concernant les étrangers devront toujours mentionner le lieu de leur origine [3].

SECTION III.

Des énonciations interdites dans les actes.

36. Les officiers de l'état civil ne pourront rien insérer dans les actes qu'ils recevront, soit par note, soit par énonciation quelconque, que ce qui doit être déclaré par les comparants [4].

Ils sont rédacteurs et conservateurs de ce que les parties leur déclarent. Ils n'ont qu'un ministère passif à remplir. Quelques formalités leur sont imposées pour la clarté et la perfection des actes, mais aucune énonciation, aucune note ne leur est permise.

Ils ne sont point juges, ils sont greffiers, commissaires enquêteurs; ils ne peuvent écrire que ce qu'on leur dit et même uniquement ce qu'on doit leur dire.

---

1. V. Circ. min. Just. 10 juillet 1817. — Une circulaire du 19 déc. 1874 prescrit aux procureurs de la République de relever les décès des légionnaires lors de la vérification des registres de l'état civil.
2. Déc. 1er mars 1808; Lettre min. Just. 20 déc. 1821. — V. *suprà*, nos 30 et 31.
3. Circ. min. Int. 28 juin 1876. V. *infrà*, no 1040-VII.
4. Exposé des motifs, séance du Corps législatif, 20 ventôse an XI. C. civ., art. 35. V. *infrà*, no 267.

Souvent par un zèle inconsidéré, d'autres fois par un sentiment plus répréhensible, les rédacteurs des actes de l'état civil s'étaient permis de contrarier ou d'affaiblir les déclarations qui leur étaient faites. On en a vu suspecter la légitimité qui leur était confiée, nier ou révoquer en doute le mariage dont on leur disait qu'un enfant était né, en demander les preuves et changer en inquisition des fonctions simples qui se bornent à recueillir des déclarations[1].

Leur ministère consiste donc simplement à recevoir les déclarations telles qu'elles sont faites, lorsqu'elles sont conformes à la loi : ils ne doivent se permettre aucune interpellation, ni recherche, ni inquisition sur des faits qui ne doivent pas être consignés ou sur la vérité des déclarations faites par les parties; ils n'ont le droit ni de les contredire, ni de les commenter, ni de les juger[2].

Néanmoins, les déclarations ne devant contenir que les énonciations exigées par la loi, c'est-à-dire le fait même que l'acte doit constater, si les déclarants voulaient aller au delà, l'officier de l'état civil pourrait et devrait refuser de transcrire ce qui s'écarterait du but légal[3].

De même que dans le cas où un homme marié se présenterait, soit pour contracter une nouvelle union, soit pour reconnaître un enfant naturel né pendant son mariage, l'officier de l'état civil devrait également s'y refuser[4].

Mais il ne pourrait refuser de recevoir une déclaration de paternité sous prétexte que le fait ne serait pas possible, comme, par exemple, la reconnaissance par un homme de vingt ans d'un enfant âgé de cinq ans, sauf d'ailleurs les droits des tiers d'attaquer cette déclaration dans les formes de droit[5].

---

1. Exposé des motifs, séance du Corps législatif, 20 ventôse an XI. C. civ., art. 35. V. *infrà*, n° 267.
2. Chabot, Exp. des mot.; Locré, *Esprit du C. civ.*, t. II, p. 14; Toullier, t. I, p. 219 et 220 (6e éd.); Rieff, sur l'article 35, n° 28; Grün, n° 19.
3. Toullier, t. I, n° 308; Coin-Delisle, sur l'article 35, n° 1; Duranton, t. I, nos 283 et suiv.
4. Desclozeaux, *Encycl. du dr.*, v° *Act. de l'ét. civ.*, n° 28.
5. Lettre du proc. de la Rép. près le tribunal de la Seine, 17 sept. 1849. Avec ce système il pourrait arriver qu'un enfant fût plus âgé que son père, par exemple, si un homme de 30 ans épousait une fille de 50 ans, et qu'il voulut légitimer un enfant âgé de 32 ans et issu des œuvres de celle-ci; dans ce cas, le fait ne serait pas possible non plus, et pourtant il est bien certain que l'officier de l'état civil devrait

37. L'officier de l'état civil qui, sans motif légitime, se refuserait à recevoir une déclaration, s'exposerait à des poursuites criminelles[1], sans préjudice des dommages-intérêts dus aux parties.

SECTION IV.

Des mandataires.

38. Dans le cas où les *parties intéressées* ne seront point obligées de comparaître en personne, elles pourront se faire représenter par un fondé de procuration *spéciale et authentique*[2].

Par les mots *parties intéressées,* la loi n'entend pas seulement celles que l'acte concerne directement; elle comprend toutes celles qui ont un intérêt direct à sa rédaction, ainsi qu'il est dit *suprà* sous le n° 29, d'où il résulte que les pères et mères des époux peuvent constituer un mandataire par acte authentique pour se faire représenter à l'acte de mariage[3].

Le mandataire peut lui-même se dispenser d'assister en personne au mariage en donnant son consentement par écrit[4].

Nous sommes d'avis que l'officier de l'état civil ne peut, au contraire, procéder légalement à la célébration d'un mariage lorsque les pères et mères des époux sont représentés par un mandataire, attendu qu'aux termes de l'article 148 du Code civil le fils qui n'a pas atteint l'âge de 25 ans accomplis, la fille qui n'a pas atteint l'âge de 21 ans accomplis, ne peuvent contracter mariage *sans le consentement de leurs père et mère,* et que, dans ce cas, ceux-ci feraient acte d'abdication de *puissance paternelle*[5], à moins

---

s'y refuser. La loi étant muette sur ce point, il serait à désirer qu'une circulaire ministérielle fixât, en pareil cas, une règle de conduite à l'officier de l'état civil. — V. *infrà,* n° 428.

1. Duranton, t. I, n° 283.
2. C. civ., art. 36. V. *infrà,* nos 173 et 267.
3. Roll., n° 30; Vazeille, n° 117
4. Hutteau d'Origny, p. 229.
5. La puissance paternelle est l'autorité que la loi donne au père ou à la mère sur la personne et les biens de leurs enfants. Cette puissance, qui dérive du droit naturel, est consacrée et réglée par le titre neuvième du Code civil. En principe, il n'est pas plus permis de l'abdiquer que de s'y soustraire.

que le mandat ne soit renfermé dans l'acte même de consentement bien que ce soit complétement inutile, puisque la loi n'exige pas que le consentement soit réitéré verbalement par un tiers.

Le père ou la mère d'un enfant naturel peut donner pouvoir de le reconnaître en son nom dans l'acte de naissance [1].

Le mandataire qui représente une partie dans un acte de l'état civil est considéré lui-même comme partie à l'acte, et dès lors les énonciations prescrites par l'article 34 du Code civil doivent avoir lieu à son égard [2].

39. Le mandat ou procuration est un acte par lequel une personne donne à une autre le pouvoir de faire quelque chose pour le mandant ou en son nom. *Le contrat ne se forme que par l'acceptation du mandataire* [3].

La procuration est *spéciale* lorsqu'elle est donnée pour une affaire désignée particulièrement; elle peut être faite en brevet [4], excepté lorsqu'elle est donnée pour reconnaître un enfant naturel [5].

La procuration peut être donnée en blanc [6].

40. L'acte authentique est celui qui a été reçu par officiers publics ayant le droit d'instrumenter dans le lieu où l'acte a été rédigé, et avec les solennités requises [7], ou pardevant le chancelier d'un consulat français en pays étranger [8].

41. Le seul cas dans lequel les parties sont obligées de comparaître en personne est l'acte de mariage, qui ne peut être célébré en vertu de procuration donnée par l'un des époux, sauf à l'officier de l'état civil à se présenter à leur

---

1. Duranton, t. I, n° 287.
2. Siméon, Exp. des mot. Locré, t. III, p. 206; Coin-Delisle, sur l'article 34; art. 29, arrêt du 29 déc. 1840.
3. C. civ., art. 1984.
4. Les actes en brevet sont ceux dont il n'est pas conservé minute, et qu'on délivre en original.
5. V. *infrà*, n° 446 et la note.
6. On appelle procuration en blanc, celle où le nom du mandataire est laissé en blanc.
7. C. civ., art 1317. Lois des 25 vent. an XI, art. 1er, et 21 juin 1843.
8. Ord. sur la marine, mars 1661; encore en vigueur, suivant inst. minist. 30 novembre 1833.

domicile, lorsque ceux-ci se trouvent dans l'impossibilité de satisfaire au vœu de la loi, qui prescrit la célébration dans la maison commune du lieu de ce domicile [1].

SECTION V.

Des témoins.

42. Les témoins produits aux actes de l'état civil ne pourront être que du *sexe masculin*, âgés de *vingt-un ans au moins*, *parents ou autres*; et ils seront choisis par les personnes intéressées [2].

Leur nombre varie suivant la nature des actes. Ainsi il en faut deux pour les actes de naissance [3], de reconnaissance [4], et de décès [5], et quatre pour les actes de mariage [6].

Il pourrait arriver que les personnes intéressées ne pussent trouver de témoins qui voulussent les assister [7]. En pareil cas, nous pensons que l'officier de l'état civil pourrait, dans l'intérêt du déclarant, ou de la constatation du fait, requérir *d'office* les témoins, ou à la rigueur, comme à l'impossible nul n'est tenu, mentionner la cause qui aurait pu empêcher de les produire, sauf aux tribunaux à statuer si l'acte venait à être attaqué pour *vice de forme* [8].

43. Ne peuvent être admis comme témoins, ceux qui ont encouru la privation de leurs droits civils en exécution des articles 28, 34 et 42 du Code pénal [9].

---

1. Décis. min. Just. 15 oct. 1852. — Duranton, t. I, nº 287; Delvincourt, t. I, p. 29, note 3; Marcadé, sur l'article 36 C. civ.; Locré, t. I, p. 206; Hutteau d'Origny, tit. VII, § 1er, nº 12. — Dans les conférences tenues au Conseil d'État, Bonaparte disait que le mariage n'avait plus lieu qu'entre personnes présentes. V. *infrà*, nos 761 et 762.
2. C. civ., art 37. V. *infrà*, nos 267 et 751.
3. *Ibid.*, art 56, 2e alinéa.
4. *Ibid.*, art. 1317; Lois des 25 vent. an XI, art. 1er, et 21 juin 1843, art. 2.
5. C. civ., art. 78.
6. *Ibid.*, art. 75.
7. Dans la séance du Conseil d'État du 6 fruct. an IX, le comte Regnaud de Saint-Jean-d'Angély était d'avis qu'on ajoutât ces mots à l'article 37 du Code civil : « ou appelés par l'officier public », afin que ce dernier eût, dans ce cas, une règle sûre. Cette proposition n'ayant pas été discutée, ne fut pas admise dans la rédaction de cet article.
8. Lorsqu'il y a impossibilité dans l'exécution de la loi, on en est dispensé par le fait même; il suffit seulement de constater que cette impossibilité existe. (Circ. min. Just., 11 messidor an XII.)
9. Ces articles sont ainsi conçus : « Art. 28. La condamnation à la

44. Les étrangers peuvent être appelés comme témoins, la loi n'ayant fait aucune exclusion à leur égard, par la raison qu'ils peuvent être proches parents ou voisins des parties [1]; en outre, parce qu'il ne s'agit que de la constatation d'un fait purement matériel [2]; mais il faut qu'ils comprennent le français, sinon qu'ils soient assistés d'un interprète [3].

SECTION VI.

De la rédaction et de l'inscription des actes sur les registres.

§ Ier. — *De la rédaction des actes.*

45. Les actes de l'état civil seront rédigés en langue française [4]; néanmoins, les officiers de l'état civil pour-

---

« peine des travaux forcés à temps, de la détention, de la réclusion et du « bannissement, emportera la dégradation civique. — Art 34. La dégra- « dation civique consiste : 1° . . . . . ; 2° . . . . . ; 3° dans l'incapacité « d'être juré-expert, d'être employé comme témoin dans les actes et « de déposer en justice autrement que pour y donner de simples ren- « seignements. — Art 42. Les tribunaux jugeant correctionnellement « pourront, dans certains cas, interdire en tout ou en partie, l'exercice « des droits civiques, civils et de famille suivants : 1° . . . . ; 2° . . . . ; « 3° . . . . ; 4° . . . . ; 5° . . . . ; 6° . . . . ; 7° d'être expert ou employé « comme témoin dans les actes. »

1. V. *infrà*, nos 753 et 828.

2. Delvincourt, t. I, p. 31, note 7; Duranton, t. I, n° 138. Rogron, C. civ. expl. sur l'article 37 C. civ; Hutteau d'Origny, tit. III, ch. I, § 1, n° 9; Rieff, n° 34; Demolombe, t. I, n° 281, p. 461; Aubry et Rau, t. I, p. 180; Coin-Delisle, art. 37, n° 3; Valette sur Proudhon, t. I, p. 208.

3. Du moment où les étrangers sont admis comme témoins, il n'est pas douteux que lorsqu'ils ne comprennent pas le français, il y a lieu alors, comme dans le cas où c'est la partie elle-même qui ne connaît pas la langue française, de recourir à un interprète. Merlin, ***Rép.***, v° ***Témoins inst.***, § 2, n° 24; Grenier, ***Des donat.***, t. I, n° 225; Delvincourt, t. II, p. 313, note; Fav., v° *Langue française;* Dalloz, t. V, p. 7 91, n° 2. — V. *infrà*, n° 638.

4. Déc. 2 therm. an II, art. 1er; A. G. 24 prair. an XI, art. 1er. Ces décret et arrêté ne disposent pas à peine de nullité. Cass. 1er mars 1830; Bastia, 14 déc. 1874; 17 janv. 1876; Cass. 12 août 1868 et 22 janv. 1879. *Contrà* : Cass. 4 août 1859. — L'emploi de la langue française était également exigé par une ordonnance de François Ier (1539), dont l'article III portait : « Et, pour ce telles choses sont souvent advenues sur « l'intelligence des mots latins contenus ès dits arrêts, nous voulons « dorénavant que tous arrests, ensemble toutes autres procédures, soit « de nos Cours souveraines et autres subalternes et inférieures, soit « des registres, enquestes, contrats, commissions, sentences, testa- « ments et autres quelconques actes et exploicts de justice, ou qui en « dépendent, soient prononcés, enregistrés et délivrés aux parties en « langage maternel français, et non autrement. »

ront, lorsqu'ils en seront requis par les parties, écrire à mi-marge de ces actes leur traduction en idiome du pays[1].

46. Il n'est rien dû pour la confection (rédaction) des actes de l'état civil[2].

§ 2. — *De l'inscription des actes.*

47. Les actes de l'état civil seront inscrits, dans chaque commune, sur un ou plusieurs registres tenus doubles[3].

48. Les actes seront inscrits sur les registres, *de suite, sans aucun blanc*. Les *ratures* et les *renvois* seront approuvés et signés de la même manière que le corps de l'acte[4]. Il n'y sera rien écrit par *abréviation*, et aucune *date* ne sera mise en *chiffres*[5]; le tout ainsi qu'il va être expliqué ci-après.

1° Des blancs.

49. La défense de laisser des blancs dans les actes n'entraîne pas celle d'établir des alinéas[6], et par conséquent de laisser incomplète la dernière ligne d'un alinéa.

L'interprétation de la loi ne doit pas être poussée à cette rigueur; mais, pour éviter des abus, il est d'usage de tirer des barres dans les blancs formés par les alinéas, et de ne pas laisser d'intervalle trop grand entre les signatures d'un acte et le commencement de l'autre.

2° Des ratures.

50. On entend par *rature* l'annulation d'un chiffre ou d'un mot sur lequel on passe un trait de plume, afin de

---

1. A. G. 24 prair. an XI, art. 2.
2. Déc. 12 juillet 1807, art. 4, 2e alinéa.
3 C. civ., art. 40. V. *infrà*, nos 151 et 267. Ces actes doivent être inscrits à la suite les uns des autres et à leur date. Il est interdit aux maires de rédiger ou faire rédiger les actes en masse à certaines époques de l'année. Cette habitude est aussi contraire à leurs devoirs qu'à l'intérêt des familles. Cir. min. Just. 6 juin 1843.
4. Jugé que les ratures non approuvées doivent être considérées comme nulles et non avenues; que les mots rayés doivent être rétablis dans leur état primitif, et être censés avoir toujours fait partie de l'acte. Montpellier, 23 février 1829.
5. C. civ., art. 42. V. *infrà*, nos 267 et 269.
6. Oleron, 15 mars 1838.

pouvoir compter et distinguer plus facilement le nombre des ratures [1].

51. On ne doit considérer que comme un seul mot les mots composés, tels que beau-frère, belle-sœur, sage-femme, etc.; on ne pourrait les compter séparément, sans leur donner un sens entièrement différent de celui que présente leur réunion [2].

52. La mention de l'approbation des ratures doit exprimer le nombre des chiffres et mots rayés; elle doit être mise en marge, en regard de la clôture de l'acte.

53. L'approbation des mots rayés dans un renvoi est *nulle* si elle se trouve faite dans le renvoi lui-même [3].

54. Lorsqu'un acte présente des lignes entières raturées, le but de la loi semble rempli si l'on énonce le nombre de lignes rayées et celui des mots épars rayés dans l'acte [4]; cependant si cet acte reste inachevé, l'officier de l'état civil doit en faire connaître la cause [5].

3° Des renvois.

55. Le renvoi consiste dans l'addition de mots ou de chiffres omis dans le corps de l'acte [6]. Il est généralement indiqué par une petite ligne horizontale traversée par une ligne verticale ou oblique formant une espèce de croix (+) placée dans le corps de l'acte à l'endroit où se trouve l'omission.

Ce signe est ensuite reproduit en tête de la marge, sauf la ligne horizontale qui est tirée sur toute la longueur de la marge au-dessus des chiffres ou des mots à ajouter.

Lorsqu'il y a plusieurs renvois, le nombre en est indi-

---

1. Roll., vº *Ratures*, nº 3. — La rature entière d'un mot qui reste illisible doit être assimilée à une surcharge. Bruxelles, 28 juillet 1830.
2. Fav., *Id.*
3. Bourges, 19 janvier 1838.
4. Roll., vº *Ratures*, nº 5. — Dans ce cas, il est bon de les numéroter afin d'éviter toute méprise.
5. Lettre du proc. du Roi près le tribunal civil de la Seine, à un maire de Paris, 18 février 1818.
6. Les renvois doivent être écrits comme le corps de l'acte sans aucun blanc ni abréviation, et aucune date ne peut y être mise en chiffres.

qué comme suit + ++ +++, c'est-à-dire par autant de lignes verticales ou obliques qu'il y a de renvois; et l'officier de l'état civil doit laisser entre chaque renvoi un espace suffisant pour recevoir les signatures.

56. Les renvois doivent toujours être piqués en marge de l'acte, à moins que leur longueur n'exige qu'ils soient transportés à la fin, auquel cas ils doivent être *expressément approuvés* [1], sous peine de nullité [2].

57. Chaque renvoi doit porter la mention de son approbation et la signature entière des parties, des témoins et de l'officier de l'état civil. De simples paraphes seraient insuffisants et constitueraient une irrégularité [3].

58. C'est au moment de la rédaction ou de la lecture de l'acte que les renvois doivent être faits, et non après sa perfection; cependant, si dans l'instant qui suit son inscription sur les registres, on s'aperçoit qu'une erreur à été commise, et que toutes les personnes ayant concouru à sa rédaction soient encore présentes, il est possible de la rectifier en raturant les mots erronés et en portant les mots rectifiés (ou omis) en marge de l'acte [4]. Hors ce cas, il est interdit de rectifier un acte, quelque peu importante que soit l'erreur commise [5].

4° Des abréviations.

59. L'abréviation est le retranchement d'une ou plusieurs syllabes d'un mot.

60. La défense des abréviations ne s'étend pas à celles que l'usage a consacrées, comme, par exemple, celles de

---

1. Lettre du proc. gén. près la Cour roy. Paris, au maire de Coulommiers, 5 décembre 1822. — La mention doit être ainsi conçue : Renvoi expressément approuvé.
2. Paris, 25 mai 1826.
3. L'opinion que l'approbation doit être écrite par les parties a été émise par divers auteurs, mais l'opinion contraire est plus généralement admise et suivie dans l'usage; elle est en effet plus pratique, car beaucoup de personnes ne savent écrire que leurs noms. — Il est également d'usage de ne piquer qu'un seul renvoi pour rectifier un nom mal orthographié différentes fois dans une même page.
4. Lettre min. Just. à un maire de Paris, 29 prair. an XIII.
5. Av. Cons. d'Ét. 13 niv. an X. V. *infrà*, nos 80 et 87.

M^{r}, Mme, Melle, le S^{r}, la D^{e}, la D^{elle}, M^{e},[1] N^{o}, pour Monsieur, Madame, Mademoiselle, le Sieur, la Dame, la Demoiselle, Maître, Numéro.

Ces abréviations ayant une désignation spéciale ont toujours été considérées sans importance. Il en est de même des lettres, etc., qui indiquent suffisamment l'expression *et cætera*, alors surtout que la phrase qui précède a un sens complet[2]. Cependant il est préférable de n'en pas faire usage.

5° Des grattages et des surcharges.

61. On appelle grattage un mot enlevé au moyen d'un grattoir, d'une gomme ou d'un procédé chimique, et remplacé par un autre mot.

62. La surcharge est un mot nouveau formé avec ou sur l'ancien, c'est-à-dire la substitution d'un mot à un autre par le changement opéré avec de nouvelles lettres.

63. Les grattages et les surcharges ne sont autre chose que des *altérations* qui peuvent donner lieu à des dommages-intérêts envers les parties, sans préjudice des peines portées au Code pénal[3].

« L'une des infractions les plus graves que l'on puisse « commettre dans les formalités matérielles et générales « (disait M. le procureur impérial près le tribunal civil « de la Seine) sont les *grattages* et les *surcharges*. « Comment distinguer, en effet, ces surcharges et gratta- « ges qui sont l'œuvre de l'officier de l'état civil, de ceux « qui seraient le résultat d'altérations frauduleuses?

« Lorsqu'en rédigeant un acte, on a, par inadvertance « ou autrement, écrit un mot pour l'autre, il n'y a point « à hésiter; il faut immédiatement faire une rature et un « renvoi, s'il y il a lieu; la netteté du registre n'est qu'un « point secondaire, le point essentiel, c'est la régularité de « l'acte[4]. »

Jugé qu'il n'y a point de contravention lorsque la sur-

1. Titre donné aux notaires, avoués, huissiers, avocats, etc.
2. Roll., v° *Abréviations*, n°s 5 et 7.
3. V. *infrà*, n° 268. — Colmar, 1er février 1831.
4. Lettre du 20 septembre 1859.

charge n'a pas eu pour but de substituer un mot à un autre et n'a eu pour objet qu'une simple correction d'écriture ou d'orthographe [1].

6° Des interlignes.

64. On entend par interligne, non pas des mots formant une ligne qui fait suite au corps de la phrase, quoique cette ligne soit plus serrée que les autres, mais seulement des mots placés au-dessus des expressions de la phrase pour en parachever le sens [2].

65. Les interlignes étant considérées comme une contravention, les officiers de l'état civil ne peuvent interligner, ni dans les actes qu'ils reçoivent, ni dans les expéditions qu'ils en délivrent.

7° Des chiffres.

66. Les seuls chiffres qu'il soit permis de porter dans les actes de l'état civil sont les numéros des maisons et les articles des Codes, parce que l'article 42 du Code civil ne fait d'exclusion que pour les dates, lesquelles doivent toujours être écrites en toutes lettres.

67. Il n'est rien dû pour l'inscription des actes de l'état civil dans les registres [3].

SECTION VII.

De la lecture des actes.

68. L'officier de l'état civil donnera lecture des actes aux parties comparantes, ou à leur fondé de procuration, et aux témoins.

Il y sera fait mention de l'accomplissement de cette formalité [4]. Cette mention est la sanction de la disposition elle-même.

---

1. Cass. 3 août 1808.
2. Angers, 20 mai 1825.
3. Déc. 12 juillet 1807, art 4, 2e alinéa. V. *infrà*, no 271.
4. C. civ., art. 38. V. *infrà*, no 267.

La nécessité de la lecture et de la mention que cette formalité a été remplie est exigée pour assurer la constatation du fait, c'est là une disposition générale commune à tous les actes authentiques [1], et qui permet de rectifier, *séance tenante,* les erreurs ou omissions qui ont pu être faites; l'officier de l'état civil ne saurait donc apporter trop d'attention à la lecture des actes, car souvent ces erreurs ou omissions peuvent porter préjudice aux parties et par suite aux officiers de l'état civil [2].

SECTION VIII.

De la signature des actes.

69. Les actes de l'état civil seront signés par l'officier de l'état civil, par les comparants et les témoins ; ou mention sera faite de la cause qui empêchera les comparants et les témoins de signer [3].

C'est la signature de l'officier de l'état civil qui donne le complément matériel à l'acte ; et elle doit être apposée après que les comparants et les témoins ont eux-mêmes donné leur signature ou qu'il a été constaté qu'ils ne savaient ou ne pouvaient signer [4].

70. La signature consiste dans l'apposition du *nom de famille,* avec ou sans prénoms et paraphe. Elle établit l'individualité : or, dans l'état actuel de la société, la marque la plus distinctive d'un individu, c'est son nom de famille [5]; en général, le nom patronymique forme la signature [6]. Si c'est un étranger qui signe dans les caractères de sa langue, il en sera fait mention.

71. On ne peut admettre comme signature de simples initiales de noms, et moins encore des croix; lorsque les

---

1. Toullier, t. I, n° 309; Delvincourt, t. I, p. 31 ; roudhon, *Dr. fr.*, t. I, p. 102.
2. V. *infrà,* n° 150, note 2.
3. C. civ., art. 39. — Cette dernière disposition est tirée des lois anciennes : Ord. 1667, tit. XX, art 10; Decl. 9 avril 1738 et 29 sept. 1792, sect. 4, tit. V, art 8. V. *infrà,* n° 267.
4. Pandectes.
5. V. *infrà,* n° 346, note 4.
6. Duranton, t. XIX, n° 48; Dalloz, n° 5,050. V. *infrà,* n° 754.

parties ou les témoins ne savent pas signer autrement, l'acte doit constater qu'ils ne savent pas signer [1].

72. Lorsqu'un maire a omis de signer un acte de l'état civil reçu par lui, il est possible, dans la plupart des cas, de réparer cette omission, en faisant apposer après coup par le maire sa signature sur l'acte où elle manque. Mais il peut arriver que l'officier de l'état civil vienne à décéder dans l'intervalle. Quelques procureurs de la République ont cru pouvoir, dans cette hypothèse, s'adresser aux tribunaux pour obtenir un jugement autorisant le nouveau maire à signer les actes restés imparfaits par suite de défaut de signature de son prédécesseur. A l'appui de cette procédure on a invoqué l'avis du Conseil d'État du 30 frimaire an XII. Cet avis se borne à indiquer que les *lacunes, omissions ou erreurs doivent être réparées par jugement* [2]; il n'apporte aucune modification aux règles du droit civil concernant la rectification des actes.

Lorsqu'un acte de l'état civil n'a pas été revêtu de la signature du maire, et que celui-ci ne peut plus, pour une raison quelconque, réparer cette omission, cet acte, auquel manque une condition essentielle à sa validité, doit être considéré comme *inexistant* [3]. Le nouveau maire n'a nullement qualité pour dresser et signer, même avec l'autorisation du tribunal, un acte ou une série d'actes qu'il n'a pas reçus, dont les constatations lui sont étrangères, et dont il ne peut par conséquent, en aucune façon, certifier

---

1. Circ. min. Just. 12 janvier 1831. — Lorsqu'un aveugle figure dans un acte de l'état civil, doit-il le signer? Il ne peut y être obligé. Dans l'usage, il en a toujours été dispensé, à cause de l'abus que l'on pourrait faire de sa signature. La déclaration motivée par l'officier de l'état civil doit alors suppléer à la signature.

2. V. *infrà,* nº 81.

3. Jugé dans le sens contraire que les actes de l'état civil, et particulièrement un acte de célébration de mariage, ne sont pas nuls faute de signature de l'officier de l'état civil devant lequel ils ont été dressés. Dans tous les cas, cette nullité ne peut être prononcée alors que l'acte contient toutes les mentions et formalités prescrites par les articles 75 et 76 du Code civil, qu'il a été signé par les pères et mères des époux, ainsi que par les témoins, et qu'il a été suivi d'une longue possession d'état. Grenoble, 5 avril 1824; Douai, 18 mars 1850, rapporté avec Cass. 10 février 1851 (P. R. G.).

Jugé également qu'un acte de naissance n'est pas nul pour défaut de signature du père de l'enfant, qui en fait la déclaration : les juges peuvent considérer cette irrégularité comme sans portée, si elle n'est que le résultat d'un oubli non intentionnel. Cass. 23 juin 1869. Coin-Delisle, sur l'article 39 du C. civ., nº 2; Demolombe, nº 283.

l'authenticité. Des actes dressés dans ces conditions pourraient compromettre sérieusement les intérêts des particuliers, car on serait en droit d'en contester ultérieurement la validité (art. 100 du Code civil).

Il convient donc, en cette matière, de procéder conformément au principe posé par l'article 46 du Code civil, et de suivre la marche indiquée par les articles 99 et 100 du même Code [1].

SECTION IX.

Du numérotage des actes.

73. Chaque acte de l'état civil sera numéroté en marge, et portera sous le numéro d'ordre les noms et prénoms des personnes qu'il concernera, afin que les procureurs près les tribunaux de première instance puissent désigner les actes défectueux lors de la vérification des registres [2].

Cette mention est aussi d'une grande utilité pour la confection des tables alphabétiques annuelles dont il sera question plus loin [3].

74. La marge doit avoir au moins la largeur du quart de la page afin de pouvoir y insérer la mention dont s'agit et, le cas échéant, les mentions de reconnaissance, de légitimation, d'enregistrement, d'adoption et de rectification prescrites par la loi [4].

SECTION X.

De la foi inhérente aux actes de l'état civil.

75. Les actes de l'état civil font foi jusqu'à inscription de faux des faits qui se passent devant l'officier de l'état civil, et dont la réalité est constatée par lui ; quant aux déclarations émanant des parties et aux faits qu'elles cons-

---

1. Lettres min. Just. aux proc. gén. de Toulouse, de Limoges et de Nîmes, 14 et 20 août 1877 (7,027 — 7,014 — 7,019, B, 4), et au proc. gén. de Chambéry, 9 sept. 1878 (1,082, B, 78).
2. V. *infrà*, nº 183. — Il ne doit y avoir qu'une seule série de numéros pour chaque registre.
3. *Ibid.*, nºs 158 et suiv.
4. V. *infrà*, nºs 143 et suiv., et 258.

tatent, ils peuvent être combattus par la preuve testimoniale[1], sans qu'il soit nécessaire de recourir à l'inscription de faux[2].

En conséquence, ces actes font preuve complète de tous les faits qu'ils contiennent et qui se sont passés en présence de l'officier de l'état civil, c'est-à-dire de ce que celui-ci déclare avoir vu et entendu[3]. La partie qui veut attaquer l'acte sous ce rapport doit donc recourir à la voie de l'inscription de faux.

Mais il en est autrement des faits dont l'officier de l'état civil n'a pas une connaissance personnelle et qu'il constate d'après un ouï-dire : par exemple, s'il atteste que telle personne lui a déclaré que l'enfant est né de tel père ou de telle mère, tel jour, à telle heure, dans tel lieu ; ces faits ne doivent pas être tenus pour vrais jusqu'à inscription de faux. L'acte prouve bien que cette déclaration a été faite, mais non pas qu'elle soit sincère[4].

76. Tout acte de naissance contenant, sur la déclaration d'un médecin accoucheur ou du directeur de la maison hospitalière dans laquelle l'accouchement a eu lieu, la désignation de la mère avec indication de ses noms, âge, domicile, etc., fait pleine foi *à l'égard des tiers,* des faits qui y sont énoncés, et constitue une *preuve complète* de l'accouchement[5].

77. Quant aux énonciations relatives au lieu, au jour et à l'heure de la naissance, bien qu'elles résultent de la déclaration des personnes auxquelles la loi donne spécialement mission à cet effet, elles peuvent être combattues par la *preuve testimoniale*[6].

---

1. C'est celle qui résulte du témoignage reçu en justice avec les solennités requises.

2. P. R. G. table complém., t. I, p. 25 ; Marcadé, sur l'article 45 du C. civ., nº 4 ; Demolombe, nºs 319 et 320 ; Demante, *Cours analyt. du C. civ.,* t. I, nº 90 *bis* V. ; Valette sur Proudhon, *État des pers.,* t. I, p. 206, note *b*, et t. II, p. 80 ; Aubry et Rau, t. I, § 65, p. 219 et 220, texte et notes 2 et 5 ; Richelot, *Principes du dr. civ.,* t. I, nºs 151 et 152 ; Mourlon, Rép. écrit, t. I, p. 262 ; Ducaurroy, Bonnier et Roustaing, t. I, nº 123 ; Massé et Vergé sur Zachariæ, § 80.

3. Cass. 12 juin 1823 et 16 mars 1841 ; Nîmes, 13 juin 1860 ; Cass. 22 nov. 1869 ; Aix, 18 août 1870.

4. Toullier, t. I, p. 218, note 2.

5. Limoges, 4 avril 1848 ; Cass. 1er juin 1853 et 19 nov. 1856 ; Paris, 4 février 1867 ; Cass., 23 nov. 1868 et 1er déc. 1869.

6. Nîmes, 13 juin 1860. — Delvincourt, t. I, p. 28, note 6 ; Duranton, t. I, nºs 305 à 308 ; Coin-Delisle sur l'article 46 du C. civ., nº 1.

SECTION XI.

Mode de suppléer à l'inscription des actes omis sur l'un des registres.

78. Lorsqu'un acte de l'état civil, inscrit sur l'un des doubles registres prescrits par l'article 40 du Code civil, a été omis sur l'autre, le ministère public ne peut faire procéder *d'office* à l'inscription de l'acte manquant. C'est au tribunal qu'il appartient d'ordonner cette inscription, sur les réquisitions du procureur de la République, par application des circulaires des 4 novembre 1814 et 19 octobre 1871[1].

Mais si le nombre des actes est assez considérable pour que l'ordre public soit intéressé à leur rétablissement, le ministère public peut agir *d'office,* conformément à l'avis du Conseil d'État du 12 brumaire an XI. Le jugement doit, dans tous les cas, être rendu en présence des parties intéressées. (Art. 99 et 100 du Code civil[2].)

SECTION XII.

Mode de suppléer à l'inscription des actes non portés aux registres dans les délais prescrits.

79. Les actes de l'état civil qui n'auront pas été portés sur les registres dans les délais prescrits ne pourront y être inscrits qu'en vertu de jugements rendus en grande connaissance de cause de l'omission, conformément à l'avis du Conseil d'État du 12 brumaire an XI (3 novembre 1802), ainsi conçu :

« Le Conseil d'État qui, d'après le renvoi des Consuls, « a entendu le rapport de la section de législation sur ceux

1. Lettres min. Just. aux proc. gén. de Rennes et de Caen, 19 mars 1877 (153, B, 77) et 18 juillet suivant (786, B, 77). — V. *infrà,* n° 196 — 1 et V.

2. *Ibid.*, aux proc. gén. de Toulouse, de Dijon et de Rennes, 11 déc. 1876, 24 et 30 avril 1877. — V. *infrà,* n° 79.

« des ministres de la justice et de l'intérieur, relatifs aux « questions de savoir :

« 1° Si l'officier de l'état civil peut rédiger et inscrire, « d'après les déclarations des parties, les actes de l'état « civil non inscrits sur les registres dans les délais pres- « crits par la loi, ou s'il est nécessaire que cette inscrip- « tion soit autorisée par un jugement ;

« 2° Si, dans ce cas, il ne conviendrait pas que les com- « missaires du Gouvernement (*procureurs de la République*) « intervinssent d'office pour requérir les jugements, afin « d'en éviter les frais aux parties ;

« Est d'avis :

« *Sur la première question*, que les principes qui ont mo- « tivé l'avis du 13 nivôse an X, sur la rectification des « actes de l'état civil, sont, à plus forte raison, applicables « au cas de l'omission de ces actes sur les registres, puis- « que la rectification n'a pour objet que de substituer la « vérité à une erreur dans un acte déjà existant, et que « lorsqu'on demande à réparer une omission d'acte, il s'agit « évidemment de donner un état ; que s'il était permis à « l'officier de l'état civil de recevoir, sans aucune forma- « lité, des déclarations tardives, et de leur donner de l'au- « thenticité, on pourrait introduire des étrangers dans les « familles, et que cette faculté serait la source des plus « grands désordres ; que les actes omis ne peuvent être « inscrits sur les registres, qu'en vertu de jugements ren- « dus en grande connaissance de cause de l'omission, con- « tradictoirement avec les parties intéressées, ou telles « appelées, et sur les conclusions du ministère public ; et « que ces jugements ne peuvent même être attaqués, en « tout état, par les parties qui n'y auraient pas été appe- « lées ;

« *Sur la seconde question*, qu'il est plus convenable de « laisser aux parties intéressées à faire réparer l'omission « des actes de l'état civil, le soin de provoquer les juge- « ments, sauf le droit qu'ont incontestablement les com- « missaires du Gouvernement (*procureurs de la République*), « d'agir d'office en cette matière dans les circonstances qui « intéressent l'*ordre public*. »

CHAPITRE III.

DE LA RECTIFICATION DES ACTES DE L'ÉTAT CIVIL.

SECTION I.

Dispositions générales.

80. Les principes sur lesquels repose l'état civil des citoyens s'opposent à toute rectification qui n'est pas le résultat d'un jugement provoqué par les parties intéressées à demander ou à contredire la rectification ; ces principes, solennellement proclamés par l'ordonnance de 1667, ont toujours été respectés, comme la plus ferme garantie de l'ordre social, attendu qu'on ne pourrait y déroger sans porter le trouble dans les familles et préjudicier à des droits acquis[1].

81. Les lacunes, omissions, erreurs dans les actes de l'état civil ne pourront être remplies, suppléées ou réparées, que d'après un jugement des tribunaux, provoqué, ou par les particuliers qui y ont intérêt, ou par le ministère public[2].

82. Lorsque la rectification d'un acte de l'état civil sera demandée, il y sera statué, sauf l'appel, par le tribunal compétent, et sur les conclusions du procureur de la République. Les parties intéressées seront appelées, s'il y a lieu[3].

---

1. Avis Cons. d'Ét. 13 nivôse an X. — « L'état civil des citoyens (disait Chabot au Corps législatif, dans la séance du 11 mars 1803.) « est leur propriété, et cette propriété, inviolable comme toutes les « autres, ne doit être soumise qu'aux mêmes règles et aux mêmes « formes. »

2. Avis Cons. d'Ét. 13 nivôse an X, 12 brum. an XI, 30 frim. an XII et 26 juin 1806. — Décis. min. Just. 16 sept. 1823. — V. *infrà*, n° 991

3. C. civ., art. 99.

83. Il y sera statué sur rapport et sur les conclusions du ministère public. Les juges pourront ordonner que les parties intéressées seront appelées, et que le conseil de famille sera préalablement convoqué.

S'il y a lieu d'appeler les parties intéressées, la demande sera formée par exploit, sans préliminaire de conciliation.

Elle le sera par acte d'avoué, si les parties sont en instance[1].

84. L'acte de naissance d'un individu existant ne peut être rectifié que de son consentement[2].

85. Les héritiers ont, en matière de rectification, le même droit que leur auteur.

Par conséquent, des enfants sont recevables à poursuivre la rectification de l'acte de naissance de leur mère décédée en possession de son état de fille légitime, surtout si le décès a eu lieu avant le Code, et cette demande peut être faite même après le délai de cinq ans fixé par l'article 329 du Code civil[3].

86. En principe, aucune rectification ne peut être faite d'office. Il faut qu'elle soit demandée par les parties intéressées. Même lorsqu'elle intéresse l'ordre public le ministère public n'a le droit de la provoquer que dans les cas expressément déterminés par la loi[4].

SECTION II.

De la demande en rectification d'actes de l'état civil.

87. Celui qui voudra faire ordonner la rectification d'un acte de l'état civil présentera requête au président du tribunal de première instance[5].

Si la partie requérante est mineure, la demande sera faite par ceux qui la représenteront légalement[6].

---

1. C. pr., art. 856.
2. Lyon, 11 mars 1842.
3. *Ibid.*
4. V. *infrà*, nos 91 et suiv. – C. p., art. 855. Avis du Cons. d'Ét. 13 nivôse an X.
5. C. pr., art. 855.
6. Lyon, 11 mars 1842.

88. La partie requérante produira à l'appui de sa demande les pièces établissant l'erreur *commise,* savoir :

1° *Pour l'inscription omise sur les registres de l'état civil d'un acte de naissance :* si l'enfant est *légitime,* une expédition de l'acte de naissance de ses père et mère et de leur acte de mariage ; si l'enfant est *naturel,* une expédition de l'acte de naissance de ses père et mère, ou de celui qui l'aura reconnu, et une expédition de l'acte de reconnaissance faite en sa faveur ;

2° *Pour la rectification d'un acte de naissance :* en outre des pièces susénoncées, une expédition de l'acte de naissance dont la rectification est demandée ;

3° *Pour la rectification d'un acte de mariage :* une expédition des actes de naissance des époux et des actes de naissance et de mariage de leurs pères et mères, selon les cas ;

4° *Pour l'inscription omise sur les registres de l'état civil d'un acte de décès :* une expédition de l'acte de naissance de la personne décédée et de l'acte de son mariage ;

5° *Pour la rectification d'un acte de décès :* en outre des pièces énoncées au dernier paragraphe qui précède, une expédition de l'acte de décès dont la rectification est demandée.

89. Lorsqu'il s'agira d'obtenir, par voie judiciaire, la rectification ou l'inscription d'un acte relatif à l'état civil d'une personne indigente, en vue de contracter mariage, l'officier de l'état civil devra adresser au procureur de la République de son arrondissement une demande contenant les faits qui motivent la nécessité d'un jugement; il joindra à sa demande, avec les pièces à l'appui, le certificat d'indigence prescrit par l'article 6 de la loi du 10 décembre 1850 [1].

Néanmoins, l'assistance judiciaire pourra être réclamée pour poursuivre la rectification des actes de l'état civil, bien que cette rectification puisse également avoir lieu gratuitement, sur l'action du ministère public [2].

90. L'omission prétendue d'un titre nobiliaire dans un acte de l'état civil ne peut donner lieu à une demande en

---

1. Loi du 10 déc. 1850, art. 1 et 2. V. *infrà,* nos 601, 602 et 606.
2. Lois des 25 mars 1817, art. 75, et 22 janv. 1851, art. 1er ; Bureau d'assistance judiciaire, avis des 8 août 1854 et 25 mai 1869.

rectification de cet acte, qu'autant que le droit au titre est justifié par un acte régulier de collation ou de confirmation et que les tribunaux n'ont, pour réparer cette omission, qu'à constater une possession constante et à reconnaître des faits ou des titres non susceptibles de contestation.

A défaut d'une telle justification, la partie intéressée doit se pourvoir devant le Conseil du sceau des titres pour faire statuer sur sa prétention [1].

Mais on peut demander la rectification d'un acte de l'état civil dans lequel le nom de celui que cet acte concerne et la particule nobiliaire qui précède ce nom ont été fondus en un seul mot, au lieu d'être écrits en deux mots [2].

De même, lorsqu'il est constant que la famille du réclamant était depuis de longues années en possession de cette particule, qui n'a été omise que par erreur, ou à cause des lois de la Révolution française défendant l'emploi des titres de noblesse et qualifications nobiliaires [3].

SECTION III.

Des circonstances dans lesquelles le ministère public a le droit d'agir d'office.

91. En matière de rectification d'actes de l'état civil, le ministère public a le droit d'agir d'office dans toutes les circonstances où l'ordre public est *directement et principalement intéressé* [4], comme par exemple :

1. Bordeaux, 14 janv. et 4 fév. 1861 ; Rouen, 18 mars 1861 ; Cass. 1er juin 1863 ; Nancy, 7 mai 1864 ; Rennes, 13 juin 1864. — Jugé dans le sens contraire, Douai, 10 août 1852 et 12 août 1863. (P. R. G.)

2. Paris, 3 mai 1864.

3. Agen, 28 déc. 1857 ; Paris, 15 nov. 1858 ; Limoges, 24 nov. 1858 ; Dijon, 23 mars 1859 ; Nîmes, 11 juin 1860 ; Douai, 18 août 1860 ; Bordeaux, 28 août 1860 ; Pau, 8 déc. 1862 ; Lyon, 24 mai 1865 ; Angers, 23 mars 1876 ; Limoges, 9 avril 1878 ; Rennes, 4 juin 1878.

4. Av. Cons. d'Ét. 12 brum. an XI ; Loi du 20 avril 1810, art. 46 ; Décis. min. Just. 27 nov. 1821. — Toulouse, 1er août 1836 ; Poitiers, 9 mai 1843 et 26 mai 1846 ; Orléans, 17 mars 1860 ; Angers, 27 mars 1860 ; Paris, 5 juin 1860 ; Nîmes, 11 juin 1860 ; Metz, 31 juillet 1860 ; Nîmes, 9 août 1860 ; Angers, 5 déc. 1860 ; Limoges. 5 déc. 1860 (joint à Cass. 29 juin 1863) ; Orléans, 29 déc. 1860 ; Paris, 22 fév. 1861 ; Nîmes, 6 mai 1861 ; Cass. (2 arrêts) 22 janv. 1862 ; Cass. 24 nov. 1862 ; Besançon, 6 fév. 1866 ; Cass. 25 mars 1867 ; Langres, 5 fév. 1868. — Ortolan et Ledeau, *Du Min. publ.*, t. I, nº 101 ; Debacq, *Action du min. publ. en mat. civ.*, p. 194 à 261 ; Massabiau, *Man. du min. publ.*, t. I, nº 216 ; Aubry et Rau, t. I, § 63, p. 210 ; Dutruc, *Journ. du min. publ.*, t. III ; p. 115 et 159.

1° Le cas où les registres d'une ou plusieurs communes ont été perdus ou incendiés par les événements de la guerre; le cas où ils n'ont pas été tenus; enfin, les circonstances analogues et fortuites et les cas de force majeure qui ont pu entraîner la perte totale des registres [1].

2° Celui où les actes concernent des individus appelés par la loi au service militaire qui voudraient tenter de s'y soustraire par suite d'omissions sur les registres ou d'erreurs commises dans les actes inscrits [2].

92. Le ministère public peut demander d'office la rectification des actes de l'état civil attribuant à des particuliers des noms, titres ou qualifications nobiliaires qui ne leur appartiennent pas [3], encore bien qu'il ne se soit pas porté partie principale ou intervenante en première instance [4].

Dans ce cas, le délai d'appel est le délai de trois mois à dater du jugement, fixé par l'article 858 du Code de procédure civile [5].

93. Il peut également poursuivre d'office la rectification des erreurs commises dans les actes de l'état civil concernant des indigents [6], mais cette rectification ne peut être poursuivie que dans les cas indispensables [7].

Il en est de même au cas où, dans un acte de célébration de mariage, la déclaration relative au contrat, prescrite par la loi du 10 juillet 1850, aurait été omise ou serait erronée [8].

---

1. Avis Cons. d'Ét., 12 brumaire an XI; L. 24 août 1790, art. 2, titre 8; 20 avril 1810, art. 46; 25 mars 1817, art. 75; décret, 13 juin 1811, art. 122. Toulouse, 1er août 1836. — Circ. des 4 nov. 1814, 19 octobre 1871 et 11 sept. 1872. V. *infrà*, n° 197, — I, — V.
2. Circ. min. Just. 22 brum. an XIV et 27 nov. 1821.
3. Angers, 3 déc. 1860; Limoges, 5 déc. 1860; Agen, 23 avril 1861; Besançon, 6 fév. 1866; Cass. 25 mars 1867 et 25 mai 1869.
4. Agen, 18 juin 1860; Metz, 31 juillet 1860; Orléans, 29 déc. 1860;
5. Metz, 31 juillet 1860, précité. V. *infrà*, n° 102.
6. Avis Cons. d'Et. 18 juin 1811. Circ. du grand juge, 22 brum. an XIV. V. Locré, t. III, p. 389. — Toulouse, 1er août 1836. Poitiers, 9 mai 1843. Loi du 10 déc. 1850, art. 3.
7. Décis. min. Just. 19 avril 1815.
8. V. *infrà*, n° 753, dernier alinéa. — Le même droit appartiendra aux parties, avec cette différence que les frais, d'ailleurs peu considérables, de la procédure resteront à la charge de l'Etat, conformément à l'article 122 du décret du 18 juin 1811, quand la rectification sera provoquée d'office, tandis que les parties devront les acquitter

94. Tous jugements de rectification ou d'inscription des actes de l'état civil, toutes homologations d'actes de notoriété, et généralement tous actes judiciaires ou procédures nécessaires au mariage des indigents, seront poursuivis et exécutés d'office par le ministère public [1].

SECTION IV.

Des tribunaux compétents.

95. Les demandes en rectification d'actes de l'état civil doivent être portées devant le tribunal du lieu où ces actes ont été dressés et au greffe duquel sont déposés les registres, et non devant le tribunal du domicile des demandeurs [2].

96. Cette règle est applicable même au cas où il s'agit de la rectification de plusieurs actes dressés dans des ressorts différents, si ces actes sont indépendants les uns des autres, entachés d'erreurs différentes, et sans corrélation entre eux [3].

Mais, s'il existe entre les actes une sorte d'indivisibilité résultant de ce que les erreurs contenues dans les uns proviennent de celles commises dans les autres, le seul tribunal compétent est celui dans le ressort duquel a été reçu l'acte *générateur* auquel les autres se trouvent liés ; la demande, dans ce cas, ne peut pas être portée indifféremment devant l'un ou l'autre des tribunaux dans le ressort duquel ont été reçus les actes à rectifier [4].

97. Une personne qui n'a pas d'acte de naissance ou dont l'acte de naissance est inconnu, peut s'adresser au tribunal du ressort du lieu de sa naissance pour qu'il lui

---

lorsqu'elles poursuivront cette rectification. Cette différence dans l'acquittement des frais résulte tant du décret précité que de la discussion devant l'Assemblée nationale. Circ. min. Just. 13 nov. 1850. *Bull. off.* t. II, p. 165.

1. Loi du 10 déc. 1850, art. 3. V. *infrà*, n° 603.

2. Orléans, 17 mars 1860 ; Metz, 25 avril 1861 ; Paris, 6 mai 1861 ; Metz, 25 août 1863 ; P. R. G., 527 et s. ; Bertin, *Chambre du Cons.*, t. I, n° 154. V. *infrà*, nos 113 et 138.

3. Metz, 25 août 1863.

4. Orléans, 17 mars 1860 ; Metz, 25 août 1863 ; P. R. Table complém., p. 28 et 29. Jugé cependant que, dans tous les cas, le jugement doit être prononcé par l'un des tribunaux dont le greffe possède un registre renfermant un des actes à rectifier. Paris, 6 mai 1861.

en soit donné un par jugement, mais elle doit avant tout établir la preuve de sa naissance dans ce ressort ; à défaut de quoi le tribunal compétent, *aux termes du droit commun*, est celui de la résidence ou du domicile de cette personne [1].

98. Les tribunaux français sont compétents pour rectifier l'acte de mariage d'un Français reçu en pays étranger et transcrit sur les registres en France conformément à l'article 171 du Code civil [2].

SECTION V.

Des effets de la rectification.

99. Le jugement de rectification ne pourra, dans aucun temps, être opposé aux parties intéressées qui ne l'auraient point requis, ou qui n'y auraient pas été appelées [3].

Ces dispositions confirment la règle générale qui veut qu'un jugement n'ait l'autorité de la *chose jugée* que vis-à-vis des parties en cause [4].

D'où il résulte que le jugement de rectification d'un acte de naissance est nul, *de plein droit*, à l'égard de l'enfant qui le désavoue, s'il ne l'a pas requis ou s'il n'y a pas été appelé [5], et qu'il n'est pas nécessaire d'attaquer ce jugement, soit par la voie de l'appel, soit par la voie de la tierce opposition.

SECTION VI.

De l'exécution des jugements de rectification.

100. Nul jugement ne pourra être mis à exécution, s'il ne porte le même intitulé que les lois et n'est terminé par un mandement aux officiers de justice [6].

---

1. Cass. 14 juin 1858 ; Rouen, 8 déc. 1858.
2. Circ. min. Just. 10 août 1836. Toulouse, 25 août 1873. — Jugé dans le sens contraire, Paris, 3 mai 1864.
3. C. civ., art. 100.
4. *Ibid.*, art. 1351.
5. Cass. 28 juin 1815. V. *suprà*, n° 84.
6. C. pr., art. 545.

101. Les jugements de rectification seront inscrits sur les registres par l'officier de l'état civil, *aussitôt* qu'ils lui auront été remis ; et mention en sera faite en marge de l'acte réformé [1].

SECTION VII.

Du pourvoi des parties.

102. Dans tous les cas où un tribunal de première instance connaîtra des actes relatifs à l'état civil, les parties intéressées pourront *se pourvoir contre le jugement* [2].

On ne doit pas par ces mots : *se pourvoir contre le jugement*, entendre le pourvoi par appel ; tout au contraire, les mots *parties intéressées* s'appliquant ici, comme dans l'article 100 du Code civil, aux personnes intéressées à l'existence de l'acte, et non pas aux parties en cause, que l'on ne désigne jamais dans le langage légal par cette dénomination. La loi n'entend, en effet, parler ici que de la *tierce opposition* et non de l'appel.

Il n'y a donc lieu à appel que dans les limites du droit commun [3].

103. Dans le cas où il n'y aurait d'autre partie que le demandeur en rectification, et où il croirait avoir à se plaindre du jugement, il pourra, dans les trois mois depuis la date de ce jugement, se pourvoir à la cour d'appel, en présentant au président une requête, sur laquelle sera indiqué un jour auquel il sera statué à l'audience sur les conclusions du ministère public [4].

1. C. civ., art. 101. V. *infrà*, nos 146, 147, 148 et 149.
2. *Ibid.*, art. 54.
3. Teulet, d'Auvilliers et Sulpicy, *Codes annotés*, sur l'article 54.
4. C. pr., art. 858.

CHAPITRE IV.

DES CAS DANS LESQUELS LA RECTIFICATION DES ACTES DE L'ÉTAT CIVIL, PAR LES TRIBUNAUX, N'EST PAS NÉCESSAIRE.

---

104. Les cas dans lesquels la rectification des actes de l'état civil par les tribunaux n'est pas nécessaire ont été spécifiés par un avis du Conseil d'État du 30 mars 1808, dont la teneur littérale suit :

« *Le Conseil d'État* qui, d'après le renvoi ordonné par « Sa Majesté, a entendu le rapport de la section de législa- « tion sur celui du grand-juge, ministre de la justice, « tendant à prévenir les inconvénients qui résultent, pour « les personnes qui veulent se marier, de l'obligation de « faire rectifier par les tribunaux les actes qu'elles sont « obligées de produire dans plusieurs occasions où cepen- « dant la rectification sur les registres n'est pas nécessaire ;

« Considérant que, s'il est important de ne procéder à « la rectification des actes de l'état civil que par l'autorité « de la justice, et en vertu de jugements rendus à cet effet, « il n'est pas moins convenable de ne pas jeter les citoyens « dans les frais d'une rectification sur les registres lors- « qu'elle n'est pas absolument nécessaire ;

« *Est d'avis* que, dans le cas où le nom d'un des futurs « ne serait pas orthographié dans son acte de naissance « comme celui de son père, et dans celui où l'on aurait « omis quelqu'un des prénoms de ses parents, le témoi- « gnage des pères et mères ou aïeux assistant au mariage « et attestant l'identité doit suffire pour procéder à la célé- « bration du mariage ;

« Qu'il doit en être de même dans le cas d'absence des « pères et mères ou aïeux, s'ils attestent l'identité dans « leur consentement donné en la forme légale ;

« Qu'en cas de décès des pères, mères ou aïeux, l'iden- « tité est valablement attestée, *pour les mineurs*, par le con-

« seil de famille ou par le tuteur *ad hoc*, et *pour les majeurs*, « par les quatre témoins de l'acte de mariage ;

« Qu'enfin, dans le cas où les omissions d'une lettre ou « d'un prénom se trouvent dans l'acte de décès des pères, « mères ou aïeux, la déclaration à serment des personnes « dont le consentement est nécessaire pour les mineurs, et « celle des parties et témoins pour les majeurs, doivent « aussi être suffisantes, sans qu'il soit nécessaire, dans tous « ces cas, de toucher aux registres de l'état civil, qui ne « peuvent jamais être rectifiés qu'en vertu d'un jugement.

« Les formalités susdites ne sont exigibles que lors de « l'acte de célébration, et non pour les publications qui « doivent toujours être faites *conformément aux notes remises « par les parties aux officiers de l'état civil.*

« En aucun cas, conformément à l'article 100 du Code « civil, les déclarations faites par les parents ou témoins « ne peuvent nuire aux parties qui ne les ont point requises « et qui n'y ont point concouru. »

105. L'avis qui précède ne pourra être invoqué pour rectifier une erreur dans le nom patronymique, qu'autant qu'il y aura consonnance entre le nom erroné et le nom réel ; autrement, l'erreur devra être rectifiée par un jugement [1].

106. L'erreur provenant de l'omission ou de l'addition d'un prénom des pères, mères ou aïeux, pourra être rectifiée ainsi qu'il est dit ci-dessus, mais on ne pourra changer le prénom donné à un enfant par son acte de naissance, sous prétexte que cet enfant a, depuis et constamment, été désigné sous un autre prénom dans sa famille et dans le public ; alors que rien n'indique et qu'on n'articule même point qu'il y ait eu erreur de la part de l'officier de l'état civil rédacteur de l'acte dont on demande la rectification et qu'il ait inscrit un prénom autre que celui qui lui était déclaré [2].

---

1. Avis du proc. du roi à Paris, 12 sept. 1835, et du proc. imp. à Paris, 13 déc. 1853. — Nous ferons remarquer ici que nous ne partageons pas cette opinion, par la raison que le législateur a voulu, dans ce cas, éviter aux citoyens les frais d'une rectification judiciaire, qu'il n'a pas jugée absolument nécessaire, et qu'il n'est point permis de créer une semblable restriction, par voie d'interprétation.
2. Colmar, 15 juin 1859.

107. Lorsque, dans l'acte de naissance d'un enfant, il ne lui aura pas été donné de prénom, et qu'il ne voudra pas demander aux tribunaux la rectification de cette omission, l'officier de l'état civil pourra célébrer le mariage en ne donnant à cet enfant que son nom de famille [1].

108. Celui qui aura été déclaré, à tort, enfant légitime dans son acte de naissance devra être marié avec cette dénomination ; l'acte de naissance constitue l'état apparent de l'enfant, et il n'appartient pas à l'officier de l'état civil d'exiger une rectification que les parties intéressées ont seules qualité pour réclamer [2].

109. Il en sera de même d'un futur époux qui présentera, avec l'expédition de son acte de naissance, celle de l'acte de décès de son père, faisant connaître qu'il est né plus de trois cents jours après son décès, l'époux devant conserver dans son acte de mariage le nom et la filiation que lui donne son acte de naissance. Les intéressés seuls peuvent contester la légitimité en vertu de l'article 315 du Code civil, et l'on ne peut exiger d'un futur qu'il fasse rectifier son acte de naissance pour se faire déclarer illégitime [3].

110. Quand l'un des futurs époux présentera des expéditions d'actes dans lesquels les mêmes noms seront orthographiés de différentes manières, et qu'il ignorera quelle est la véritable orthographe, l'acte de naissance sera considéré comme le seul exact, si l'acte de mariage des ascendants n'est pas représenté [4].

En conséquence, l'officier de l'état civil devra engager le futur époux à produire une expédition de cet acte de mariage, qui demeurera annexée aux registres à l'appui de sa déclaration, mais il ne pourra exiger cette production.

111. La déclaration à serment ne pourra être faite par l'un des futurs époux quand il s'agira de rectifier son acte

1. Lettre du proc. imp. à Paris, 30 mai 1857.
2. Avis du proc. imp. à Paris, 28 juin 1854, et du proc. du roi à Paris, 11 août 1842. Alger, 16 déc. 1878.
3. Paris, 19 juin 1840.
4. V. *suprà*, n° 25.

de naissance, attendu qu'on ne peut soi-même affirmer son identité. Dans ce cas, cette déclaration sera valablement faite, si l'époux est mineur, par son conseil de famille ou son tuteur *ad hoc*, et, s'il est majeur, par les quatre témoins de l'acte de mariage [1].

---

1. V. l'avis du Cons. d'Ét. précité, nº 104.

CHAPITRE V.

DES CHANGEMENTS DE PRÉNOMS ET DE NOMS.

SECTION I.

Des changements de prénoms.

112. L'autorisation de changer ses prénoms ne peut être accordée que dans les cas où ils n'auraient pas été pris, conformément à la loi du 11 germinal an XI, dans les noms en usage dans les différents calendriers, ou dans ceux des personnages connus de l'histoire ancienne. Hors ce cas, on ne peut être autorisé à changer ses prénoms [1].

113. Le changement aura lieu d'après un jugement du tribunal d'arrondissement, qui prescrira la rectification de l'acte de l'état civil.

Ce jugement sera rendu, le procureur de la République entendu, sur simple requête présentée par celui qui demandera le changement, s'il est majeur ou émancipé, et par ses père et mère ou tuteur, s'il est mineur [2].

114. Les tribunaux civils n'ont pas qualité pour autoriser une personne à réunir un de ses prénoms à son nom de famille. Le Chef de l'État a seul le droit d'autoriser cette addition [3].

115. Toute personne à laquelle il n'aura pas été donné de prénoms dans son acte de naissance pourra demander au tribunal de lui en accorder un, pourvu que le prénom choisi se trouve compris dans les noms en usage dans les différents calendriers, ou dans ceux des personnages connus de l'histoire ancienne [4].

---

1. L. 11 germ. an XI, art. 2. — Lettre min. Just. 20 mars 1858. V. *suprà*, n° 105.
2. *Ibid.*, art. 3.
3. Décis. de la ch. du cons. du trib. civ. de la Seine, 9 fév. 1850.
4. V. *infrà*, n° 119.

SECTION II.

Des changements de noms.

116. Toute personne qui aura quelque raison de changer de nom, en adressera la demande motivée au Gouvernement[1].

Il en sera de même pour les personnes demandant à ajouter un nom au leur[2], et dans le cas où elles pourront prouver que ce nom leur appartient par les actes de l'état civil de leurs ascendants, les tribunaux seront seuls compétents pour ordonner cette rectification[3].

Dans ces deux cas, la demande en changement ou addition de nom devra être formée, par le réclamant, s'il est majeur ou émancipé, et par ses père et mère ou tuteur, s'il est mineur.

A l'appui de cette demande, le réclamant devra produire, s'il s'agit d'un changement de nom : son acte de naissance et toutes les pièces justifiant les motifs qu'il invoquera; èt, s'il s'agit d'une addition de nom : son acte de naissance, celui de la personne dont il désirera prendre le nom, le consentement de celle-ci, ainsi que tous les actes établissant la parenté ou l'alliance existant entre eux.

117. La demande sera faite en double expédition, l'une sur papier timbré, l'autre sur papier libre, et adressée au Chef de l'État par l'entremise d'un référendaire au Sceau de France.

118. Cette demande sera insérée, aux frais du réclamant, dans le *Moniteur* (*Journal officiel*) et dans un journal autorisé à recevoir les annonces judiciaires, s'imprimant aux lieux de sa naissance et de son domicile[4].

119. L'examen de cette demande ne pourra avoir lieu à la Chancellerie qu'après la justification de son insertion par la production d'exemplaires légalisés des journaux[5].

---

1. L. 11 germ. an XI, art. 4.
2. Circ. min. Just. 9 nov. 1821.
3. Décis. de la ch. du cons. du trib. civ. de la Seine, 29 juillet 1852.
4. Circ. min. Just. 9 nov. 1821, précitée.
5. Décis. min. Just. 26 oct. 1815, 10 avril 1818 et 25 juin 1828.

120. Le Gouvernement prononcera dans la forme prescrite pour les règlements d'administration publique[1].

121. S'il admet la demande, il autorisera le changement de nom, par un arrêté rendu dans la même forme, mais qui n'aura son exécution qu'après la révolution d'une année, à compter du jour de son insertion au *Bulletin des lois*[2].

122. Pendant le cours de cette année, toute personne y ayant droit sera admise à présenter requête au Gouvernement pour obtenir la révocation de l'arrêté autorisant le changement de nom, et cette révocation sera prononcée par le Gouvernement s'il juge l'opposition fondée[3].

123. S'il n'y a pas eu d'opposition, ou si celles qui ont été faites n'ont point été admises, l'arrêté autorisant le changement de nom aura son plein et entier effet à l'expiration de l'année[4].

124. La partie intéressée, sur la délivrance par le maître des requêtes, secrétaire général du Conseil d'État, d'un certificat attestant qu'aucune requête ou opposition à l'exécution de l'arrêté ayant permis le changement de nom, ne s'est présentée dans le délai légal, fera présenter par un avoué une requête à la chambre du conseil du tribunal civil compétent, afin d'obtenir un jugement ordonnant que le changement ou l'addition de nom sera opéré sur les registres de l'état civil contenant les actes à rectifier en conformité de cet arrêté.

125. Le droit de sceau à percevoir pour les autorisations relatives aux changements et additions de nom est fixé à six cents francs. Néanmoins, ce droit peut être remis en tout ou en partie, conformément aux dispositions de la loi du 21 avril 1832[5].

126. Afin de pourvoir légalement à la prompte expédition des demandes en changement, substitution ou addition de nom, considérant que ces demandes sont extrêmement multipliées ; que la plupart ne sont appuyées d'autre motif que le vœu exprimé par le réclamant, et n'ont pas été

1. L. 11 germ. an XI, art. 5.
2. *Ibid.*, art. 6.
3. *Ibid.*, art. 7.
4. *Ibid.*, art. 8.
5. V. *infrà*, n° 518.

d'ailleurs précédées de l'accomplissement des formalités prescrites pour qu'elles reçoivent la publicité désirable; que les motifs allégués à l'appui d'autres demandes n'ont aucune gravité et dès lors ne sont pas de nature à provoquer l'exercice de la prérogative du Chef de l'État en cette matière, M. le garde des sceaux, ministre de la justice prit, le 25 juin 1828, l'arrêté suivant :

« Art. 1er. — Les demandes à fins de changement, sub« stitution ou addition de nom seront, après examen, sur la « proposition du directeur des affaires civiles, et de l'avis « du secrétaire général de notre département, classées, « sans autre suite : 1° si elles n'ont pas été précédées des pu« blications requises; 2° si elles n'énoncent aucun motif « grave et légitime; 3° ou enfin si elles n'ont point été « accompagnées des pièces nécessaires pour justifier l'in« térêt du réclamant, et il en sera donné purement et « simplement avis aux parties.

« Art. 2. — Celles de ces demandes qui auront été pré« cédées des publications prescrites, qui seront accompa« gnées des pièces nécessaires et qui énonceront des *motifs* « *graves*, plausibles et de nature à être pris en considéra« tion, nous seront présentées par le directeur des affaires « civiles, avec un rapport à l'appui, accompagné de l'avis « du secrétaire général; elles seront par nous envoyées, « avec les pièces jointes, à l'examen du Conseil d'État, « comité du contentieux, *sections réunies*, pour avoir son avis.

« Art. 3. — L'avis du Conseil d'État nous sera présenté, « et il sera préparé un projet d'ordonnance tendant à « proposer au roi, suivant les circonstances, d'accueillir « ou de rejeter la demande.

« Art. 4. — Il sera donné avis aux réclamants des « oppositions qui seront parvenues dans les bureaux de « notre département à leurs demandes, durant les trois « mois postérieurs à la publication qu'ils en auront faite « par la voie des journaux; dans cet état de choses, il sera « sursis à toute instruction et à toute décision jusqu'à ce « que les parties intéressées se soient entendues pour faire « cesser l'opposition, ou qu'il ait été statué sur cette « opposition en justice réglée, le tout sans préjudice du « droit d'opposition réservé par l'article 7 de la loi du 1er « avril 1803 (11 germinal an XI). »

CHAPITRE VI.

DES TRANSCRIPTIONS ET DES MENTIONS A OPÉRER SUR LES REGISTRES.

SECTION I.

Des transcriptions à opérer sur les registres.

§ 1er. — *Définition de la transcription et de sa forme.*

127. On entend par transcription la *copie littérale* de certains actes et jugements, faite par l'officier de l'état civil sur les registres de l'*année courante,* soit d'office, soit sur la réquisition des parties intéressées, ou en vertu de signification faite à leur requête par le ministère d'un huissier.

En principe, la transcription ne peut avoir lieu que dans les cas prévus par la loi.

L'officier de l'état civil a, par lui seul, qualité pour opérer cette transcription sans l'assistance de témoins. Elle doit être faite, soit sur les registres de naissance, soit sur ceux de mariage, soit sur ceux de décès, selon la nature de l'acte ou de jugement qui en est l'objet.

Lorsque la transcription est requise par les parties intéressées, l'officier de l'état civil doit en dresser acte à la date du jour de cette réquisition.

Cet acte doit contenir : 1° l'année, le jour et l'heure où il est dressé; 2° les prénoms, noms, âge, profession et domicile de la personne ou des personnes requérantes; 3° l'énonciation de leur réquisition et de l'obtention de l'officier de l'état civil; 4° la copie littérale de l'acte ou du jugement formant l'objet de cette réquisition; 5° la mention de la lecture de l'acte; 6° la mention de la signature des parties, ou de la cause qui les empêchera de signer, et de celle de l'officier de l'état civil.

128. Les pièces soumises à la formalité de la transcription demeureront annexées aux registres après avoir été dûment paraphées, excepté cependant lorsqu'il s'agira d'un jugement ordonnant la rectification d'actes de l'état civil dressés dans des ressorts différents, auquel cas ce jugement sera revêtu d'une mention constatant l'accomplissement de cette formalité, puis restitué à la partie requérante par l'officier de l'état civil, qui énoncera dans l'acte de transcription : *que la pièce représentée a été par lui à l'instant rendue.*

§ 2. — *Des actes de décès et de naissance.*

129. En cas de décès dans les hôpitaux militaires, civils ou *autres maisons publiques* [1], l'officier de l'état civil renverra l'acte de décès à celui du dernier domicile de la personne décédée, qui l'inscrira sur les registres [2].

« Cette formalité (écrivait M. le ministre de la justice) « n'est pas toujours remplie avec exactitude. Beaucoup « d'officiers de l'état civil négligent, notamment, d'envoyer « des actes mortuaires aux officiers de l'état civil du lieu « du dernier domicile qui doivent les transcrire sur leurs « registres, ou ils ne le font qu'à une époque bien postérieure « au décès des individus : en sorte que les familles ou les « personnes qui ont besoin d'une expédition de ces actes « éprouvent des difficultés et des retards extrêmement pré- « judiciables à leurs intérêts.

« Ces inconvénients se font surtout sentir à l'occasion « des décès des *militaires* et des *marins* traités dans les hô- « pitaux, loin du lieu de leur dernier domicile, et ils ont « motivé, de la part des ministres de la guerre et de la « marine de justes réclamations.

« Pour prévenir les réclamations et abréger les recher- « ches, il serait même convenable que les officiers de l'état « civil informassent directement les familles des individus « décédés dans les hôpitaux, toutes les fois que ces famil-

1. Par ces mots : autres maisons publiques, il faut entendre les séminaires, couvents, collèges nationaux, écoles entretenues aux frais de l'État, etc. Mais on n'y doit point comprendre les prisons ou maisons de réclusion ou de détention et les lazarets, pour lesquels l'article 84 du Code civil et la loi du 3 mars 1822 contiennent des dispositions spéciales.

2. C. civ., art. 80. V. *infrà,* nº 832, note 3.

« les seraient connues. Mais cette formalité, quelquefois « impossible à remplir, n'a point d'ailleurs un caractère « légal ou obligatoire ; et l'on ne peut que s'en rapporter à « cet égard, au zèle et à la bonne volonté des magistrats « municipaux en leur faisant cette recommandation [1]. »

130. En cas de décès par suite de *mort violente*, l'officier de l'état civil enverra une expédition de l'acte de décès à celui du domicile de la personne décédée, s'il est connu : cette expédition sera inscrite sur les registres [2].

On entend par *mort violente*, celle causée par un suicide, un assassinat, une exécution capitale ou un accident, et non par une cause naturelle et ordinaire.

131. En cas de décès ou de naissance dans un lazaret, une expédition de ces actes sera adressée, *dans les vingt-quatre heures*, par le directeur de la santé, qui remplit les fonctions d'officier de l'état civil, à l'officier ordinaire de l'état civil de la commune où sera situé l'établissement, lequel en fera la transcription [3].

132. En ce qui concerne le décès des *individus transportés*, les officiers de l'état civil devront suivre les instructions données par M. le ministre de l'intérieur dans une circulaire du 3 juillet 1869, ainsi conçue :

« Le département de la marine, à l'origine de la trans- « portation, transmettait aux préfets une expédition de tous « les actes de décès de transportés pour être transcrits au « lieu du dernier domicile du décédé. Mais comme dans le « plus grand nombre de cas des indications erronées ren- « daient la transcription impossible, il en résultait que « la communication faite demeurait sans objet comme « sans utilité, le ministère de la marine crut devoir se bor- « ner dès lors à adresser chaque trimestre une liste des « transportés décédés dans les colonies pénitentiaires de « la Guyane et de la Nouvelle-Calédonie aux préfets des « départements auxquels les transportés décédés sont sup- « posés appartenir d'après les renseignements fournis par « les dossiers.

---

1. Circ. min. Just. 22 nov. 1829, 10 mai 1844 et 27 mars 1865.
2. C. civ., art. 82.
3. Loi relative à la police sanitaire, 3 mars 1822, art. 19. V. *suprà*, n° 13.

« En cet état de choses et afin de donner au mode de « procéder adopté par le département de la marine toute « son efficacité, les avis sommaires dont il s'agit sont « communiqués aux municipalités intéressées afin de les « mettre à même de réclamer, s'il y a lieu, pour être « transcrites ultérieurement sur les registres de l'état « civil, les pièces dont le ministre de la marine ne vou« drait se dessaisir qu'après avoir acquis la certitude « qu'elles ne sont point exposées à recevoir une fausse di« rection.

« Cette communication peut être faite au besoin, et en « l'absence de désignation précise du domicile, par la voie « du *Recueil des actes administratifs*, avec recommandation « spéciale aux officiers de l'état civil de ne pas négliger « de réclamer, par l'entremise des préfets, l'envoi des actes « mortuaires applicables à des personnes qui avaient leur « dernier domicile dans leur commune. Lorsqu'il s'agira « d'un individu dont le décès sera survenu pendant le « cours de sa peine, le dernier domicile peut, dans ce « cas, être celui du tuteur qui aurait été chargé de gérer « et d'administrer ses biens conformément aux dispositions « combinées des articles 29 du Code pénal et 108 du Code « civil. »

§ 3. — *Des jugements de rectification d'actes de l'état civil.*

133. Les jugements de rectification seront inscrits sur les registres par l'officier de l'état civil, *aussitôt* qu'ils lui auront été remis; et mention en sera faite en marge de l'acte réformé [1]; mais aucune rectification, aucun changement ne pourront être faits sur l'acte [2].

Il en sera de même des jugements prononcés par les tribunaux, soit pour cause de nullité de mariage ou de reconnaissance d'enfant naturel, soit pour cause de changement de nom ou de désaveu de paternité [3].

---

1. C. civ., art. 101.
2. V. *infrà*, nos 147 et 992.
3. Lorsqu'il s'agit d'un jugement de première instance, rendu sans contradicteur, ou d'un arrêt de cour d'appel, l'inscription doit en être faite de suite sur les registres par l'officier de l'état civil; mais s'il existe un contradicteur dans la cause, l'officier de l'état civil ne peut opérer cette inscription, aux termes de l'article 48 du Code de

134. L'arrêt de la cour d'appel qui réforme un jugement rectificatif doit être transcrit de la même manière que ce jugement.

§ 4. — *De l'adoption.*

135. Dans les trois mois qui suivront le jugement confirmatif rendu par la cour d'appel, l'adoption sera inscrite, à la réquisition de l'une ou de l'autre des parties, sur le registre de l'état civil du lieu où l'adoptant sera domicilié.

Cette inscription n'aura lieu que sur le vu d'une expédition, *en forme*, du jugement de la cour d'appel; et l'adoption restera *sans effet*, si elle n'a été inscrite dans ce délai [1].

L'inscription dont il s'agit devra être faite sur le *registre des naissances* et non sur celui des mariages [2].

136. L'officier de l'état civil du lieu où l'adoptant a son domicile est seul compétent pour opérer cette inscription sur les registres de l'état civil.

L'adoption serait nulle si, au lieu d'être inscrite au domicile de l'adoptant, elle l'était sur les registres de l'état civil du domicile de l'adopté [3]. Mais il en sera fait mention en marge de l'acte de naissance de celui-ci, conformément à l'article 857 du Code de procédure civile [4].

137. La transcription de l'arrêt qui a admis une adoption, faite sur les registres de l'état civil du domicile de l'adoptant, satisfait pleinement au vœu de la loi, sans qu'il soit nécessaire de transcrire également l'acte passé devant le juge de paix [5], *ni de faire mention de la réquisition de l'une des parties* [6].

---

procédure civile, que sur le vu d'un certificat de l'avoué de la partie poursuivante, contenant la date de la signification du jugement faite au domicile de la partie condamnée, et sur l'attestation du greffier constatant qu'il n'existe contre le jugement ni opposition ni appel.

1. C. civ., art. 359. — Nous ferons remarquer ici que la loi n'exige pas la présence de témoins pour l'inscription de ce jugement sur les registres de l'état civil.
2. Circ. min. Int. 3 nivôse an IX.
3. Montpellier, 19 avril 1842.
4. V. *infrà*, nº 147.
5. Poitiers, 28 nov. 1859; Demolombe, nº 107; Toulier, t. I, p. 143; P. R. G. nº 119.
6. Cass. 23 nov. 1847.

La disposition relative à cette transcription n'est pas prescrite à peine de nullité : l'adoption serait donc valable quoique la transcription eût été faite sur la présentation seulement de la copie signifiée de l'arrêt d'adoption [1].

Dans tous les cas, de ce que cette transcription ne mentionnerait pas qu'elle a eu lieu sur le vu d'une expédition de l'arrêt, il n'en résulterait pas que cette expédition n'aurait pas été représentée à l'officier de l'état civil, alors d'ailleurs que l'arrêt d'adoption aurait été signifié à ce dernier avec sommation d'en opérer la transcription sur les registres de l'état civil [2].

138. La formalité de la transcription sur les registres de l'état civil n'étant pas prescrite par la loi pour l'adoption testamentaire, l'officier de l'état civil doit refuser de faire une semblable transcription lorsqu'il en est requis par une personne qui lui représente un testament. Mais l'adopté testamentaire est autorisé à provoquer la rectification de son acte de naissance en suivant la procédure prescrite par les articles 99 du Code civil et 855 et suivants du Code de procédure [3].

En effet, l'adoption testamentaire n'est soumise à aucune autre forme qu'à celle des testaments. Ainsi il n'est pas nécessaire d'obtenir le consentement des père et mère ni de requérir leur conseil. Il n'est pas nécessaire non plus que le tuteur officieux, s'il est marié, obtienne le consentement de son conjoint, ni que l'adoption soit homologuée en justice, *ni qu'elle soit inscrite sur les registres de l'état civil.* Et le mineur parvenu à son âge de majorité, peut accepter cette adoption ou la répudier, sans cependant que le défaut d'acceptation emporte aucune déchéance.

§ 5. — *Des actes de l'état civil dressés en pays étranger et concernant des Français.*

139. En cas de naissance ou de décès pendant un voyage de mer, il en est dressé un acte dont une expédition est transmise à l'officier de l'état civil, soit du domicile du père de l'enfant ou de la mère si le père est inconnu, soit

1. Cass. 1er avril 1863.
2. *Ibid.*, 1er avril 1863.
3. Paris, 8 mai 1874.

du domicile de la personne décédée. Cette expédition doit être inscrite de suite sur les registres [1].

140. Dans les trois mois après le retour du Français sur le territoire français, l'acte de célébration du mariage contracté en pays étranger sera transcrit sur le registre public des mariages du lieu du domicile [2].

141. Les actes de l'état civil dressés en pays étranger et concernant des Français seront transcrits sur les registres de l'état civil aux lieux d'origine des Français que ces actes concerneront [3].

142. L'officier de l'état civil du domicile des parties auquel il aura été envoyé de l'armée expédition d'un acte de l'état civil, sera tenu de l'inscrire de suite sur les registres [4].

SECTION II.

Des mentions à opérer sur les registres.

143. Les mentions à opérer sur les registres ne peuvent être faites que dans les cas prévus par la loi ; telles que les mentions de reconnaissance et de légitimation d'enfants naturels, d'oppositions à mariage et de leur mainlevée, de jugements d'inscription, d'annulation ou de rectification d'actes de l'état civil, et d'adoption [5].

144. L'acte de reconnaissance d'un enfant sera inscrit sur les registres à sa date ; et il en sera fait mention en marge de l'acte de naissance, s'il en existe un [6], de même que si cet enfant est reconnu et légitimé par ses père et mère dans l'acte même de célébration de leur mariage.

« Pour assurer cette mention marginale, l'officier de « l'état civil qui dresse l'acte de reconnaissance ou l'acte

1. C. civ., art. 61, 62 et 87. V. *infrà*, nos 974 à 983.
2. C. civ., art. 171. V. *infrà*, no 1008.
3. Ord. roy. 23 oct. 1833, art. 2 ; Circ. min. Just. 11 mai 1875 ; Circ. min. Int. 30 juin 1875. V. *infrà*, no 1040.
4. C. civ., art. 98. V. *infrà*, nos 1022 à 1031.
5. En ce qui concerne les mentions relatives à l'enregistrement des expéditions d'actes contenant reconnaissance ou légitimation d'enfant naturel, voir *infrà*, no 258.
6. C. civ., art. 62. V. *infrà*, no 444.

« de mariage envoie au maire de la commune où l'enfant « est né, un certificat de reconnaissance, sous le couvert « du préfet ou du sous-préfet.

« Ce mode de transmission ne sera plus possible aujour- « d'hui lorsqu'il s'agira d'enfants nés *en Alsace* ou dans « la partie de la *Lorraine* possédée par l'Allemagne, et l'en- « voi, dans ce cas, devra avoir lieu par l'intermédiaire des « autorités allemandes[1].

« Ces certificats de reconnaissance et de légitimation « qui intéressent les enfants nés dans les départements « cédés devront être adressés aux préfets, qui les feront « parvenir à M. le ministre des affaires étrangères[2]. »

Dans le cas où l'avis de la reconnaissance ou de la légitimation d'un enfant naturel n'aura pas été adressé administrativement, et que les parties intéressées produiront elles-mêmes une expédition, en due forme, de l'acte de reconnaissance ou de mariage énonçant qu'il y a eu légitimation, l'officier de l'état civil ne pourra refuser de recevoir cette expédition et d'en faire en marge de l'acte de naissance de l'enfant, la mention requise.

145. Lorsque la reconnaissance aura été faite par acte passé devant notaire et qu'il en sera représenté une expédition à l'officier de l'état civil, celui-ci en fera mention de suite en marge de l'acte de naissance et transmettra, dans les trois jours, copie de cette mention au procureur de la République, conformément à l'article 49 du Code civil[3].

Il en sera de même si la reconnaissance provient d'une décision judiciaire.

Dans ces deux cas, l'officier de l'état civil annexera l'expédition de l'acte notarié, ou du jugement, au registre des naissances dont le dépôt doit être fait au greffe du tribunal.

146. L'officier de l'état civil fera, *sans délai*, une mention sommaire sur le registre des publications, des oppositions à mariage qui lui auront été signifiées ; il fera aussi mention, en marge de l'inscription desdites oppositions,

---

1. V. *infrà*, n° 1043, le tableau des communes cédées à l'Allemagne.
2. Circ. min. Int. 10 août 1871.
3. V. *infrà*, n° 148.

des jugements ou des actes de mainlevée dont expédition lui aura été remise [1].

147. Aucune rectification, aucun changement, ne pourront être faits sur l'acte; mais les jugements de rectification d'actes de l'état civil seront inscrits sur les registres par l'officier de l'état civil *aussitôt qu'ils lui auront été remis :* mention en sera faite en marge de l'acte réformé; et l'acte ne sera plus délivré qu'avec les rectifications ordonnées, à peine de tous dommages-intérêts contre l'officier qui l'aurait délivré [2].

148. Il sera fait *mention expresse* de la rectification en marge de l'acte réformé, et non par *simple renvoi au jugement;* cet acte ne pourra plus être délivré aux parties qu'avec cette mention, et le ministère public devra veiller à ce que la mention de rectification soit faite uniformément sur les deux registres, conformément à l'article 49 du Code civil. Ainsi l'a décidé un avis du Conseil d'État du 4 mars 1808, ainsi conçu :

« Le Conseil d'État, qui a entendu le rapport de la sec« tion de législation sur celui du grand-juge, ministre de « la justice, tendant à faire statuer sur la difficulté qui « existe à Paris, entre l'autorité administrative et l'auto« rité judiciaire, relativement au mode de transcription « sur les registres de l'état civil des jugements de rectifi« cation, et à la délivrance des actes rectifiés;

« Considérant qu'aux termes de l'article 101 du Code « civil, les jugements de rectification des actes de l'état « civil doivent être inscrits sur les registres, *aussitôt qu'ils « ont été remis à l'officier de l'état civil,* et que mention en doit « être faite en marge de l'acte réformé;

« Que le greffier du tribunal de première instance, d'un « côté, et de l'autre les maires de Paris et le préposé au « dépôt des registres qui existent à la préfecture suivent « un mode différent dans l'exécution de cet article;

« Que le greffier, après avoir, conformément à la dispo« sition du Code, fait mention de la rectification en marge « de l'acte réformé, le délivre aux parties avec la *mention « expresse* de sa rectification;

1. C. civ., art. 67. V. *infrà*, nos 689 et 992.
2. C. pr., art. 857.

« Qu'au contraire les maires et le préposé au dépôt de « la préfecture se bornent à indiquer la date du jugement « de rectification en marge de l'acte réformé et délivrent cet « acte dans son état primitif, en sorte que les parties ne « sont point dispensées de lever une expédition du juge- « ment de rectification;

« Que le mode adopté par le greffier du tribunal de pre- « mière instance est incontestablement plus expéditif et « plus économique ;

« Est d'avis que les maires de Paris et le préposé au « dépôt de la préfecture doivent se conformer, dans les « transcriptions, sur leurs registres, des jugements de recti- « fication des actes de l'état civil, et dans la délivrance des « actes rectifiés, à la méthode adoptée par le greffier du « tribunal de première instance du département de la « Seine ;

« Que le procureur du roi près le tribunal de première « instance doit veiller, conformément à l'article 49 du « Code civil, à ce que la mention de la rectification soit « faite uniformément sur les deux registres. »

149. La mention de rectification devra être rédigée de telle sorte qu'elle ne laisse aucun doute sur la rectification ordonnée, et elle devra être datée et signée par l'officier de l'état civil.

Quand la marge de l'acte sera remplie par une précédente mention ou par des renvois, la mention devra être faite soit en haut, soit au bas de la page sur laquelle l'acte sera inscrit; l'indication de ce renvoi sera faite alors en marge ou à la suite de l'acte et signée par l'officier de l'état civil.

Dans le cas où l'acte n'aurait pas été inscrit sur les registres, la mention sera faite en marge des registres à la date à laquelle cet acte aurait dû être inscrit.

150. Dans tous les cas où la mention d'un acte relatif à l'état civil devra avoir lieu en marge d'un autre acte déjà inscrit, elle sera faite à la requête des parties intéressées, par l'officier de l'état civil, sur les *registres courants* ou sur ceux qui auront été déposés aux *archives de la commune*, et par le greffier du tribunal civil de première instance, sur les registres déposés au *greffe*; à l'effet de quoi l'officier de l'état civil en donnera avis, *dans les trois jours,* au procureur de la République près ledit tribunal, qui veillera à ce que la mention soit faite d'une manière *uniforme sur les deux registres* [1].

L'état civil d'une personne se trouvant changé ou modifié par l'une des mentions indiquées ci-dessus, l'omission de leur inscription pourrait lui porter un grave préjudice et par suite engager la responsabilité de l'officier de l'état civil. Ce dernier ne saurait donc trop veiller à la stricte exécution des prescriptions qui précèdent, leur inobservation étant considérée comme une contravention, qui peut être poursuivie devant le tribunal de première instance, et punie d'une amende dont le maximum est fixé à cent francs [2], sans préjudice des dommages-intérêts dus aux parties [3].

Afin de mettre leur responsabilité à couvert, les officiers de l'état civil qui recevront avis d'une mention à faire sur les registres, l'inscriront *de suite* en marge de l'acte réformé; enverront copie de cette mention, dans les trois jours, au procureur de la République, s'il y a lieu; et feront parvenir à leur collègue expéditeur un accusé de réception qui lui tiendra lieu de décharge.

---

1. C. civ., art. 49. V. *infrà,* n° 267.
2. V. *suprà,* n° 147, et *infrà,* n° 267.
3. C. civ., art. 1382 : « Tout fait quelconque de l'homme, qui cause à autrui un dommage, oblige celui par la faute duquel il est arrivé à le réparer. »

CHAPITRE VII.

DES REGISTRES DE L'ÉTAT CIVIL [1].

—

SECTION I.

De la tenue des registres.

151. Les registres de l'état civil seront tenus *doubles*[2], sauf celui des publications de mariage [3].

Le nombre des registres étant un objet purement réglementaire, il appartient au Gouvernement de décider si les actes seront inscrits sur un ou plusieurs registres. Dans les lieux où la population n'est pas très-nombreuse la division des registres serait plus embarrassante qu'utile[4].

Le double d'un registre de l'état civil ne peut être considéré comme étant la copie de l'autre : il sont tous deux *originaux* ou *registres-minute* et doivent être absolument semblables.

Ces registres doivent être tenus avec la plus grande régularité.

Par une circulaire, en date du 20 septembre 1875, M. le garde des sceaux informait les préfets que dans beaucoup de communes les registres de l'état civil n'étaient pas tenus *régulièrement*. « L'état matériel des registres (disait-il) « laisse à désirer; les tables sont incomplètes ou mal clas- « sées, la rédaction même des actes est incorrecte; plusieurs « des mentions exigées par la loi sont omises; dans cer-

---

1. Ces registres sont communs à toutes les familles, par quelque rang, quelques fonctions, quelques richesses qu'elles soient distinguées. Destinés à marquer les trois grandes époques de la vie, ils nous rappellent que nous naissons, que nous nous reproduisons, que nous mourons tous selon les mêmes lois; que la nature nous crée égaux, sans nous faire pourtant semblables. Siméon, rapport au Tribunat, et Tenet, *Travaux préparatoires*, t. VIII, p. 1.
2. C. civ., art. 40. V. *suprà*, n° 47, et *infrà*, nos 297 et 298.
3. *Ibid.*, art. 63.
4. Le Molt, *Man. des off. de l'ét. civ.*, p. 19.

« taines mairies enfin le double des registres n'est pas « tenu à jour.

« Ces négligences n'ont pas seulement l'inconvénient « grave d'exposer les intéressés à un préjudice sérieux, « elles peuvent, en outre, vous ne l'ignorez pas, Monsieur « le Préfet, motiver des *poursuites judiciaires* contre les « officiers municipaux qui s'en rendent coupables.

« Je vous prie, en conséquence, Monsieur le Préfet, de « rappeler aux maires de votre département, par la voie du « *Recueil des actes administratifs de la préfecture*, que la *tenue* « *des registres de l'état civil* constitue un de leurs devoirs « essentiels et qu'ils engagent leur responsabilité *person-* « *nelle* en n'observant pas *rigoureusement* les prescriptions « légales. »

152. Les registres seront *cotés* par première et dernière, et *paraphés* sur chaque feuille, par le président du tribunal de première instance, ou par le juge qui le remplacera [1].

La réunion de ces deux formalités est nécessaire : *cotés* pour qu'on ne puisse ni ajouter ni retrancher de feuillets ; *paraphés*, pour qu'on ne puisse pas les changer.

Par une circulaire, en date du 13 mai 1810, M. le ministre de l'intérieur disait : « Comme, d'un côté, cette for- « malité est indispensable pour assurer l'intégrité des « registres, et que, de l'autre, il convient d'épargner aux « présidents une peine dont la loi ne leur fait pas une « obligation expresse, mais qui en est pourtant une consé- « quence nécessaire, les préfets donneront des ordres pour « qu'en tête de chaque registre de l'état civil, on fasse im- « primer le procès-verbal de cote et paraphe [2]. »

153. Les registres de l'état civil seront reliés afin de mieux assurer leur conservation, qui est du plus haut inté- rêt pour la sûreté des familles [3]. En effet, ces registres ren- ferment les titres les plus précieux des citoyens : *leur état légal dans la société.*

En ce qui concerne cette reliure, M. le ministre de l'In- térieur adressait aux préfets, le 7 août 1872, une circu- laire ainsi conçue :

---

1. C. civ., art. 41. V. *infrà*, n° 267.
2. Coin-Delisle, sur cet art., n° 3.
3. Circ. G. des sc. 31 décembre 1823. — Cette dépense est obliga- toire pour les communes et peut justifier le recours à des mesures coercitives. *Bull. off. Int.*, 1859, p. 206, n° 60.

« Monsieur le Préfet, on m'informe que, dans certaines « communes, les actes de l'état civil sont inscrits sur de « simples cahiers qui ne sont protégés ni par une reliure, « ni même par un cartonnage. Il en résulte que ces docu- « ments sont exposés à une détérioration rapide.

« Je vous invite, Monsieur le Préfet, à veiller à l'avenir « à ce que toutes les municipalités fassent au moins car- « tonner les registres de l'état civil. La dépense, d'ailleurs « peu considérable, de ce travail incombe aux communes « en vertu de l'article 30, § 5, de la loi du 18 juillet 1837. « L'obligation de pourvoir aux frais des registres com- « prend, en effet, non-seulement la fourniture des feuilles, « mais encore la reliure.

« Vous voudrez bien, Monsieur le Préfet, donner des ins- « tructions en ce sens aux maires de votre département.

« M. le garde des sceaux se propose d'adresser de son « côté une circulaire pour inviter les parquets à exiger, « avant de recevoir le dépôt prescrit par la loi, que les re- « gistres de l'état civil destinés aux greffes soient présen- « tés dans des conditions qui en assurent la conserva- « tion [1]. »

154. Les registres de l'état civil seront transmis aux officiers de l'état civil à la fin de chaque année par les préfets ou sous-préfets, et les dépenses qu'entraîneront leur confection seront à la charge des communes [2].

« Toutes les fois qu'avant la fin de l'année des registres « supplémentaires deviendront nécessaires pour y inscrire « les actes de l'état civil, l'officier de l'état civil ne devra « pas attendre pour les demander que les précédents soient « remplis [3]. »

SECTION II.

De la clôture des registres.

155. Les registres seront clos et arrêtés par l'officier de l'état civil, à la fin de chaque année [4], sauf l'exception portée au n° 157 ci-après.

1. Ces registres sont maintenant transmis reliés.
2. L. 22 frim. an VII, art. 52 et 54, et 18 juillet 1837, art. 30, n° 5.
3. Circ. min. Just. 31 déc. 1823.
4. C. civ., art. 43. V. *infrà,* n° 267.

156. L'arrêté de clôture sera fait sur chaque registre immédiatement après le dernier acte, *le dernier jour de l'année (c'est-à-dire le* 31 *décembre)*, et mentionnera le nombre des actes inscrits [1].

Cet arrêté sera fait alors même qu'il n'y aurait aucun acte de porté sur les registres [2].

157. La clôture des registres pourra avoir lieu avant la fin de l'année dans le cas où les cours et tribunaux en ordonneraient l'apport au greffe [3], en conformité des articles 1er et 2 de l'ordonnance royale du 18 août 1819, dont la teneur suit :

« Art. 1er. — Lorsque des cours ou des tribunaux au« ront ordonné l'apport au greffe des registres de l'état « civil, les officiers de l'état civil, sur la signification qui « leur en sera faite, se procureront *dans la quinzaine, au « plus tard*, de nouveaux registres.

« Art. 2. — Aussitôt qu'ils en seront munis, ils cloront « et arrêteront les registres dont l'apport aura été ordonné, « et ils mentionneront la cause pour laquelle ils sont clos « avant la fin de l'année. »

SECTION III.

Des tables alphabétiques annuelles et décennales.

158. Les tables alphabétiques des actes de l'état civil continueront à être faites annuellement, et refondues tous les dix ans pour n'en faire qu'une seule par commune, à compter du dernier jour complémentaire an X (21 septembre 1802), jusqu'au 1er janvier 1813, et ainsi successivement de dix ans en dix ans [4].

---

1. Lettre min. Just. 5 déc. 1822.
2. Hutteau d'Origny, tit. III, ch. II, § 3, n° 1; Lagarde, nos 368 et 369; Coin-Delisle, sur l'article 43, n° 1.
3. Les cours et tribunaux comprendront les frais des nouveaux registres dans la liquidation des frais et dépens auxquels doit être condamnée la partie qui succombe. En cas d'insolvabilité du condamné, la dépense faite pour ses nouveaux registres sera remboursée par la régie du domaine et de l'enregistrement (art. 3 et 4 de lad. ord.).
4. Déc. 20 juillet 1807, art. 1er. — La loi du 20 sept. 1792, pour faciliter les recherches sur les registres de l'état civil, avait déjà ordonné la formation des tables alphabétiques.

159. Les tables annuelles seront faites par les officiers de l'état civil, dans le mois qui suivra la clôture du registre de l'année précédente : elles seront annexées à chacun des doubles registres ; et, à cet effet, les procureurs de la République veilleront à ce qu'une double expédition soit adressée par les maires au greffe du tribunal, dans les trois mois du délai [1].

160. Les tables décennales seront faites dans les six premiers mois de la onzième année, par les greffiers des tribunaux de première instance [2].

161. Les tables annuelles et décennales seront faites sur papier timbré, et certifiées par les dépositaires respectifs [3].

162. Les tables décennales seront faites en triple expédition pour chaque commune : l'une restera au greffe ; la seconde sera adressée au préfet du département, et la troisième à chaque mairie du ressort du tribunal [4].

163. Les expéditions faites pour la préfecture seront payées aux greffiers des tribunaux sur les fonds destinés aux dépenses administratives du département, à raison d'un centime par nom, non compris le prix du timbre. Chaque feuille contiendra quatre-vingt-seize noms ou lignes [5].

164. Les expéditions destinées aux communes seront payées par chacune d'elles, et seront conformes aux autres [6].

165. Pour l'expédition de celle qui doit rester au

---

1. Déc. précité, art. 2. — Les tables alphabétiques annuelles doivent fixer sérieusement l'attention des procureurs de la République. Ces tables bien faites et régulièrement déposées rendraient très-facile l'exécution des tables décennales auxquelles le Gouvernement attache tant d'importance. (Circ. min. Just. aux proc. gén., 20 avril 1820.)

2. *Ibid.*, art. 3.

3. *Ibid.*, art. 4. — Les tables décennales dont le dépôt est fait au greffe du tribunal sont exemptes du droit de timbre. V. *infrà*, nº 244, 33º.

4. *Ibid.*, art. 5. — Les greffiers des tribunaux de première instance sont autorisés à faire ces envois en franchise aux préfets et aux maires, sous le contre-seing des procureurs de la République. Déc. min. Fin. 31 juillet 1847 ; Circ. min. Int. 2 août suivant.

5. *Ibid.*, art. 6.

6. *Ibid.*, art. 7. — Circ. min. Just. 4 fév. 1823.

tribunal, il ne sera remboursé au greffier, à titre de frais judiciaires, que le prix du papier timbré [1].

166. Il sera fait des tables distinctives, mais à la suite les unes des autres, des actes de naissance, de mariage et de décès, soit annuelles, soit décennales [2].

La loi ne contient aucune prescription relative à la formation de la table des actes de publication de mariage. L'utilité de cette table ayant été reconnue, il est d'usage de la faire annuellement.

167. Les tables des actes de l'état civil comprendront les noms et prénoms des parties, ainsi que le numéro d'ordre des actes qui les concerneront [3].

168. L'ordre alphabétique y sera rigoureusement suivi depuis la première jusqu'à la dernière lettre des noms [4].

169. Lorsque dans une commune il n'existera qu'un seul registre pour tous les actes de l'état civil de l'année, il ne sera formé qu'une seule table qui sera divisée par les espèces d'actes. Cette table comprendra, dans l'ordre alphabétique, d'abord les naissances, ensuite les mariages et après les décès [5].

170. Dans les communes où il y aura autant de registres que d'espèces d'actes, les tables de l'année seront séparées et annexées à chacun des registres-doubles qu'elles concerneront [6].

171. Les préfets doivent prêter leur concours aux greffiers des tribunaux de première instance, soit en ce qui tou-

---

1. Décret précité, art. 8.
2. *Ibid.*, art. 10. — Les tables annuelles doivent être mises séparément à la suite de chaque registre. Circ. min. Int. 4 déc. 1812. — V. *infrà*, n° 170.
3. Lettre G. des sc. 10 juin 1822.
4. Circ. min. Just. 25 janvier 1853. — La meilleure méthode pour arriver à ce résultat est d'établir ces tables au moyen de bulletins que l'on classe ensuite par lettres forcées, c'est-à-dire en suivant l'ordre alphabétique comme il est dit ci-dessus, et que l'on transcrit par ordre sur les registres immédiatement après l'arrêté de clôture; rien n'est plus simple ni plus élémentaire.
5. Circ. min. Int., 4 déc. 1812.
6. Circ. min. Int. aux préfets 4 déc. 1812. V. *infrà*, n° 698. — En général, il est d'usage d'employer, pour la confection des tables, les feuilles de papier timbré restées en blanc après l'arrêté de clôture, ainsi que le prescrivait la loi de 1792.

che le paiement du prix des expéditions des tables, soit en ce qui est relatif à l'avance du prix du papier timbré dont les greffiers pourraient faire la demande.

La comptabilité de cette dépense, comme celle des frais de registres de l'état civil, est réglée par l'instruction du 25 novembre 1836 sur les fonds des cotisations municipales[1].

SECTION IV.

Du dépôt des registres et des annexes.

172. Dans le mois de janvier de chaque année, l'un des doubles registres de l'année précédente sera déposé aux archives de la commune, l'autre au greffe du tribunal de première instance[2].

173. Ce dépôt sera constaté sur un registre tenu à cet effet[3]. Le greffier en délivrera un récépissé[4].

174. Les procurations et les autres pièces qui doivent demeurer annexées aux actes de l'état civil seront déposées, après qu'elles auront été paraphées par la personne qui les aura produites, et par l'officier de l'état civil, au greffe du tribunal, avec le double des registres dont le dépôt doit avoir lieu audit greffe[5].

175. Il ne sera rien dû au greffier du tribunal civil de

1. Déc. 20 juillet 1807; Circ. minist. des 7 août 1813, 10 déc. 1822, et 28 janv. 1833.

2. C. civ., art. 43. — Cette dernière disposition a pour objet de prévenir la perte totale de registres aussi précieux, par un incendie ou quelque autre accident. (Rogron, *C. civ. expl.*, sur l'art. 43. — V. *infrà*, n° 267.)

3. Lettre du grand chancelier 24 déc. 1814.

4. Décis. min. Just. 9 therm. an XI. L'article 18 de la décl. de 1736 était formel sur ce point. — Les registres tenus aux colonies par les curés et desservants, pour constater les naissances, mariages et décès des personnes non libres antérieurement au décret d'abolition de l'esclavage (27 avril 1848) ont été déposés au greffe de chaque municipalité, en exécution de la loi des 6-15 décembre 1850.

5. C. civ., art. 44. V. *infrà*, n° 267. — C'est au moment même de la signature de l'acte auquel elles sont annexées, et non au moment du dépôt, qu'elles doivent être revêtues d'une mention d'annexe et paraphées comme il est dit ci-dessus.

Il y a annexe quand la pièce produite est relative à l'acte passé, en forme un accessoire et doit, en quelque sorte, ne faire qu'un avec lui.

première instance pour le dépôt des registres et des pièces qui y seront annexées. Ce dépôt n'entraînera ni droit de rédaction ni aucun autre droit de greffe [1].

176. Le procureur de la République veillera à ce que le dépôt au greffe soit effectué dans le délai prescrit. A cet effet, il adressera des invitations aux maires et aux juges de paix, et, au besoin, il se concertera avec les préfets ou sous-préfets [2].

177. L'officier de l'état civil qui n'aura pas fait le dépôt de ses registres dans le délai prescrit sera poursuivi sans ménagements [3]. S'il y a nécessité, un nouveau délai, qui ne pourra jamais excéder deux mois, lui sera accordé [4].

A l'expiration de ce délai, les procureurs de la République poursuivront les retardataires devant le tribunal de première instance, conformément à l'article 50 du Code civil, sans être obligés, dans ce cas, de recourir à l'autorisation prescrite par une circulaire du 10 septembre 1806 [5].

178. Lorsqu'un adjoint spécial aura été nommé pour remplir les fonctions d'officier de l'état civil dans une section de commune, cet adjoint devra remettre, à la fin de chaque année, les registres clos et arrêtés, ainsi que les pièces y annexées, au maire de la commune, chargé d'en effectuer le dépôt.

SECTION V.

Du mode d'opérer le dépôt des registres et de leurs annexes.

179. Les mesures à prendre pour régler l'envoi des registres de l'état civil et de leurs annexes, dont le dépôt doit être fait aux greffes des tribunaux de première instance, ont été prescrites le 2 mai 1843, par M. le ministre de l'intérieur, de la manière suivante :

---

1. Décis. min. Fin. 24 sept. 1808.
2. Circ. min. Just. 20 avril 1820 et 31 déc. 1823.
3. *Ibid.*, 9 avril 1822.
4. Circ. min. 20 avril 1820.
5. Circ. G. des sc. 31 déc. 1823. V. *infrà*, n° 267.

« Monsieur le Préfet, les maires sont tenus, aux termes « de l'article 43 du Code civil, de déposer, dans le mois « de janvier de chaque année, un double des registres de « l'état civil au greffe du tribunal civil de première ins- « tance, et le procureur du roi (de la République) doit « vérifier l'état de ces registres lors du dépôt, suivant « l'article 53 du même Code.

« Il est essentiel pour le service des parquets et des « officiers de l'état civil que, dans les communes hors du « chef-lieu judiciaire, les registres soient expédiés à ce « chef-lieu d'une manière régulière et uniforme ; c'est sur « les mesures à prendre pour en régulariser le transport « que je viens appeler votre attention.

« Les maires doivent toujours envoyer les registres de « l'état civil *par la poste* et les adresser directement au « procureur du roi (de la République) près du tribunal du « ressort. Il arrive parfois que des envois sont faits par les « maires, tantôt aux présidents, tantôt aux greffiers des « tribunaux; ce mode est défectueux. Les maires, en effet, « n'ont pas la franchise de correspondance à l'égard de « ces destinataires; il en résulte que les paquets qu'on leur « adresse sont taxés, puis refusés et renvoyés à l'adminis- « tration centrale des postes à Paris, d'où ils sont réexpé- « diés, pour cause d'invalidité de contre-seing, aux maires « expéditeurs. Ce sont des inconvénients qu'il est impor- « tant d'éviter. Les maires sont autorisés à correspondre « en franchise avec les procureurs du roi ; c'est donc à « ces magistrats que les registres doivent être adressés.

« La circulaire du ministre de l'intérieur, en date du 18 « avril 1825, qui indiquait les mesures à prendre pour le « transport des registres de l'état civil, prescrivait de con- « fier ce transport aux messagers ou piétons des préfectu- « res. Cette disposition est devenue inapplicable depuis « que la loi du 3 juin 1829 a amené la suppression des « agents dont il s'agit. D'ailleurs, les règlements ayant « admis les maires à correspondre en franchise avec les « procureurs du roi (de la République), il n'existe plus « de motif pour choisir d'autre moyen d'expédition que « celui de la poste.

« Je pense, Monsieur le Préfet, qu'il est inutile d'insis- « ter auprès de MM. les maires pour leur recommander « d'apporter le plus grand soin à l'envoi des registres de

« l'état civil, et de ne négliger aucune précaution, afin « d'éviter qu'ils se détériorent dans le transport. Ils com- « prennent tous de quel intérêt est la conservation de ces « précieux documents. »

Cette circulaire ne s'applique qu'aux registres, mais il est bien évident que leurs annexes doivent être expédiées de la même façon [1].

SECTION VI.

De la vérification des registres.

180. Le procureur de la République près le tribunal de première instance sera tenu de vérifier l'état des registres lors du dépôt qui en sera fait au greffe; il dressera un procès-verbal sommaire de la vérification, dénoncera les contraventions ou délits commis par les officiers de l'état civil, et requerra contre eux la condamnation aux amendes [2].

Toutefois, les circulaires ministérielles, et notamment un avis du Conseil d'État, du 31 juillet 1806, recommandent aux procureurs de n'exercer de poursuites contre les officiers de l'état civil qu'après avoir pris l'avis du procureur général et du garde des sceaux.

On s'explique très-bien, en effet, que de simples négligences ou inadvertances ne puissent point suffire

1. Depuis 1854, l'administration des postes a décidé que les registres de l'état civil ne seraient plus transportés par le service de cette administration. — Cette décision est d'autant plus regrettable que le transport des registres de l'état civil par la poste est le mode de transport qui présente le plus de sécurité.

2. C. civ., art. 53. — C'est un droit de police qu'il exerce, et non pas un droit de réformation. Chabot (séance du 20 ventôse an XI). — Les tribunaux en prononçant la condamnation ne peuvent pas même requérir d'office la rectification des registres (Duranton, t. I, n° 280), si ce n'est dans les cas prévus par la loi. V. *suprà*, nos 91 à 94. Si la vérification que prescrit cet article était faite exactement, si elle était faite avec soin, le procureur de la République, en découvrant les irrégularités à mesure qu'elles se commettent, pourrait jusqu'à certain point empêcher qu'elles ne se renouvelassent, en donnant aux officiers de l'état civil les instructions dont ils peuvent avoir besoin. En répétant ces instructions, on finirait en peu de temps par approcher de très-près, en cette partie, d'une perfection qu'il serait si fort à désirer qu'on pût atteindre. (Circ. min. Just. aux proc. gén. 20 avril 1820.)

pour provoquer les rigueurs de la loi, contre des hommes fort honorables qui n'ont, en général, accepté que par pur dévouement les fonctions toutes gratuites et souvent onéreuses d'officier de l'état civil[1]. C'est pourquoi l'avis du Conseil d'État précité autorise le ministre de la justice à prescrire aux procureurs de la République de lui faire connaître les poursuites qu'ils sont dans l'intention d'exercer, et à arrêter celles qui n'auraient pas pour objet des faits vraiment coupables par leur gravité[2].

181. La vérification prescrite par l'article 53 du Code civil doit porter sur le double registre destiné à rester aux archives communales, aussi bien que sur celui déposé au greffe[3].

Consulté à ce sujet, M. le garde des sceaux, ministre de la justice, écrivait au procureur général près la cour royale de Riom, le 24 août 1832 :

« Monsieur le Procureur général, vous me consultez sur « la question de savoir si la vérification annuelle des re- « gistres de l'état civil doit porter sur les deux doubles ou « seulement sur ceux dont la loi prescrit le dépôt au greffe. « Après un examen attentif. . . . , je crois devoir me ran- « ger à l'avis de mes prédécesseurs.

« D'abord, il est clair que l'ordonnance du 26 novembre « 1823 ordonne implicitement la vérification simultanée « des deux doubles, puisque le modèle du procès-verbal « qui s'y trouve annexé mentionne la contravention résul- « tant de ce que l'inscription des actes n'aurait pas été « faite d'une manière uniforme sur les deux registres de « même nature.

« Si l'article 5 suppose un transport, soit des procureurs « du roi, soit des juges de paix, c'est uniquement pour « les cas extraordinaires où il paraîtrait utile de vérifier

1. Rigaud et Maulde, *Rep gén. d'admin. munic.*

2. Mais l'acte irrégulier n'est point déclaré nul. Il eût été injuste de faire dépendre l'état des citoyens de la négligence ou de la malveillance des officiers de l'état civil ; il faut donc que ces actes soient faux pour qu'ils cessent, malgré leurs imperfections, de former un titre légal. Rogron, *C. civ. expl.*, sur l'article 53. — V. Circ. min. Just. 10 sept. 1806.

3. Il est essentiel que ces registres soient envoyés séparément. Circ. min. Just. 6 juin 1843; Lettre min. Just. au proc. gén. d'Angers, 15 juin 1880. — 789, B, 80. *Bull. off.*, p. 126 et 127.

« les registres de l'année courante. — Quant aux registres de l'année précédente, pour que la conformité des « deux doubles puisse être constatée, il faut bien qu'ils se « trouvent en même temps à la disposition des magistrats « du parquet. Ce mode de contrôle n'est pas, d'ailleurs, « repoussé par les termes de la loi. L'article 53 fixe, à la « vérité, pour l'époque de la vérification, celle du dépôt « des registres qui doivent rester au greffe ; mais cette « vérification devant porter sur toutes les contraventions « signalées dans les articles précédents, il est nécessaire « qu'elle comprenne les deux doubles, car les irrégularités « peuvent être différentes, et il serait à craindre que les « registres destinés aux archives des communes fussent « tenus avec plus de négligence que les autres, s'ils étaient « affranchis de toute inspection. Ce sont pourtant ceux dont « il importe le plus d'assurer la régularité, puisqu'ils servent « plus fréquemment à la délivrance des expéditions. C'est « enfin sur ces registres que les omissions de signatures « peuvent être plus facilement réparées par les personnes « habitant sur les lieux, qui ne se déterminent pas sans « peine à faire une démarche jusqu'au chef-lieu de l'arrondissement pour rectifier les registres déposés au greffe.

« Ainsi la disposition de l'article 53 du Code civil « motive suffisamment pour son exécution, non pas le « dépôt aux greffes, mais la communication momentanée « aux parquets des doubles destinés aux archives des « communes. Je sais que l'article 43 du Code civil fixe « un même délai pour le double dépôt; mais quand le « retard est produit par une impossibilité *matérielle*, les « maires n'en sauraient être responsables. — Au surplus, « les procureurs du roi sont dans l'erreur, s'ils se croient « autorisés à conserver pendant les quatre mois accordés « pour la vérification, les registres qui doivent être renvoyés aux maires.

« Il arrive le plus ordinairement que les deux doubles « présentent un très-petit nombre de dissemblances. Le « procureur du roi ou ceux de ses auxiliaires qu'il aura « chargés de ce soin, tels que les substituts ou même les « juges suppléants, doivent s'empresser d'en prendre note « en faisant procéder immédiatement sous leurs yeux à la « collation des deux doubles, afin d'en renvoyer un sans « retard, après avoir toutefois mandé, s'il est possible, au

« parquet, les officiers de l'état civil, pour la rectification « des contraventions susceptibles d'être réparées, et notam- « ment de celles résultant du défaut de signatures, ou du « moins, après les avoir signalées aux maires, soit directe- « ment, soit par l'entremise des juges de paix, sauf à « différer l'envoi d'instructions plus étendues, jusqu'à la « vérification des registres restés en dépôt au greffe........

« Dans les grandes villes, si le déplacement simultané « des deux doubles entraînait de trop graves inconvénients « pour le service de la mairie, il faudrait qu'un membre « du parquet se transportât sur les lieux pour la collation « et la vérification dont je viens de parler. »

En effet, cette vérification ne peut être utilement et sérieusement faite qu'avec la confrontation des deux registres, mais si ce déplacement était simultané toute délivrance d'extraits deviendrait impossible, c'est pourquoi il est recommandé aux officiers de l'état civil de n'envoyer d'abord qu'un registre (*celui de la mairie*) au procureur de la République et à ce magistrat de ne le conserver que pendant le temps *strictement nécessaire* à l'opération, ce qui comporte un délai d'environ *quinze jours* [1].

Thibaudeau, lors de l'exposé des motifs [2], s'exprimait ainsi au sujet de cette vérification : « La vérification ne « donne pas au ministère public ni au tribunal, le droit de « rien changer d'office à l'état des registres. Ils doivent « demeurer avec leurs omissions et leurs imperfections. « Il serait d'un trop grand danger que, même sous pré- « texte de régulariser, de corriger, de perfectionner, « aucune autorité pût porter la main sur les registres. »

Siméon, dans un rapport au Tribunat [3], était du même avis. « Cette rectification (*disait-il*) que des erreurs, des « négligences, quelquefois même des délits, peuvent ren- « dre nécessaire, ne dépendra jamais de ceux qui dressent « les actes, ni de ceux qui les conservent. *Ce qui est écrit* « *est écrit.* Les tribunaux seuls, en grande connaissance « de cause, à la réquisition des parties, après avoir appelé « tous ceux qui ont intérêt, et entendu le commissaire du

---

1. Circ. min. Just. 6 juin 1843; Cass. 23 fév. 1847; J. C., t. 20, p. 288.
2. Séance du corps législatif, 9 vent. an XI.
3. Séance du corps législatif, 17 ventôse an XI.

« Gouvernement pour l'intérêt public, peuvent ordonner la « rectification. »

182. La vérification des registres de l'état civil, prescrite par l'article 53 du Code civil, sera faite par les procureurs près les tribunaux de première instance, dans les quatre premiers mois de chaque année [1].

183. Le procès-verbal destiné à constater cette vérification sera rédigé conformément au modèle annexé à l'ordonnance royale du 26 novembre 1823 [2].

Ce procès-verbal sera divisé par cantons, et subdivisé par communes et par nature de registres.

Il désignera les actes défectueux par le numéro correspondant du registre dont ils feront partie, et indiquera les contraventions en énonçant les articles du Code civil dont les dispositions auront été violées [3].

184. Les procès-verbaux de vérification seront adressés, dans la première quinzaine du mois de mai, aux procureurs généraux, qui les transmettront, *avec leurs observations*, au garde des sceaux, dans la première quinzaine du mois suivant [4].

185. Aussitôt que cette vérification aura été terminée, les procureurs adresseront aux officiers de l'état civil de leur arrondissement, des instructions sur les contraven-

---

1. Ord. roy. 26 nov. 1823, art. 1er, 1er alinéa.
2. Ce modèle a été remplacé par celui que nous donnons dans notre formulaire, nº 74.
3. Ord. roy. précitée, art. 1er. — Les magistrats chargés de cette vérification devront s'assurer si tous les actes de mariage contiennent la mention de la nouvelle interpellation prescrite aux officiers de l'état civil par la loi du 10 juillet 1850; en cas d'omission, ils en rechercheront la cause, et s'il faut l'attribuer à la négligence du notaire aussi bien qu'à celle de l'officier de l'état civil, ils devront les poursuivre à raison des contraventions respectives qu'ils auront commises. (Circ. min. Just. 13 nov. 1850.)
4. Ord. roy. précitée, art. 2. — MM. les procureurs généraux ne doivent pas se borner à une simple transmission du travail de leurs substituts : d'après cet article, ils doivent y joindre leurs observations, c'est-à-dire un rapport détaillé, relevant les irrégularités les plus graves, signalant les améliorations réalisées, et permettant d'apprécier les soins apportés, dans les différents arrondissements du ressort, à la tenue des registres. (Circ. G. des sceaux 31 déc. 1823, et Lettres à des proc. gén. juillet-août 1877.)

tions qui auront été commises dans les actes de l'année précédente et sur les moyens de les éviter.

Ils enverront copie de ces instructions aux procureurs généraux [1].

186. Afin que la vérification puisse être achevée dans le délai ci-dessus fixé, les procureurs près les tribunaux de première instance veilleront à ce que les registres soient déposés au greffe dans le mois de janvier de chaque année, conformément aux articles 43, 44 et 63 du Code civil. Ils avertiront, et, en cas de retard, ils poursuivront devant le tribunal les maires qui n'auraient pas déposé les registres de leur commune.

Ils apporteront le même soin pour le dépôt de la table alphabétique annuelle des actes, prescrite par l'article 2 du règlement du 20 juillet 1807 [2].

187. Les procureurs pourront, lorsqu'ils le jugeront nécessaire, se transporter sur les lieux et vérifier les registres de l'année courante.

Ils pourront, dans le même cas, déléguer le juge de paix du canton dans lequel sera située la commune dont les registres devront être vérifiés [3].

En ce qui concerne l'exécution de l'ordonnance royale précitée, M. le garde des sceaux adressa, le 31 décembre 1823, à MM. les procureurs généraux, la circulaire dont la teneur littérale suit :

« Monsieur le Procureur général, l'article 53 du Code « civil, en imposant aux procureurs du roi près les tribu« naux de première instance, l'obligation de vérifier « annuellement les registres de l'état civil, n'avait ni dé« terminé le mode suivant lequel cette vérification devait « être faite, ni fixé le délai dans lequel elle devait être

1. Ord. roy. 26 nov. 1823, art. 3. — MM. les procureurs de la République sont invités à ne pas faire des copies des instructions destinées aux officiers de l'état civil, mais à communiquer les originaux mêmes aux procureurs généraux, qui doivent les renvoyer après les avoir examinés. Les juges de paix peuvent être chargés de remettre ces instructions aux officiers de l'état civil et de leur donner les explications qui deviendraient nécessaires. (Lettre G. des sc. au proc. gén. près la cour royale de Riom, 12 déc. 1829.)

2. *Ibid.*, art. 4.

3. *Ibid.*, art. 5. — Cette vérification est indépendante de celle prescrite par l'article 53 du C. civ. — Cass. 23 février 1847.

« terminée ; il était donc important de remplir cette lacune, « pour mieux atteindre le but de cette vérification, et de « soumettre celle-ci à des règles uniformes, afin de mettre « plus facilement un terme aux inconvénients que produit « chaque jour la négligence d'un grand nombre de maires. « C'est à quoi l'ordonnance du 26 novembre dernier a « voulu pourvoir.

« Désormais, cette vérification devra être faite dans les « *quatre premiers mois de chaque année*, et le procès-verbal « destiné à la constater sera rédigé partout sur un même « modèle. Les procureurs du roi et leurs substituts se « conformeront à celui qui est annexé à l'ordonnance [1].

« Ils indiqueront d'abord la cour royale du ressort, le « département et l'arrondissement, le canton et la com- « mune dont ils vérifieront les registres ; ils feront connaî- « tre si la vérification est annuelle ou accidentelle, et la « nature du registre, lorsque chaque espèce d'acte aura le « sien. Ils constateront ensuite les contraventions maté- « rielles à la tenue des registres et ces contraventions « sont faciles à reconnaître ; les registres doivent être « reliés, timbrés, cotés et paraphés, et les maires seraient « inexcusables si cette formalité n'était par remplie, puis- « que les registres leur sont envoyés à la fin de chaque « année par les préfectures et qu'on leur en délivre de « nouveaux, ou du moins des feuilles additionnelles qu'on « ajoute aux registres en cas d'insuffisance de ceux-ci.

« Ils signaleront les contraventions générales et spécia- « les à la rédaction des actes, en désignant les actes « défectueux par le numéro correspondant du registre « dont ils feront partie, et par l'indication des articles du « Code civil dont les dispositions auraient été violées. Ce « procédé remplira bien mieux l'objet du procès-verbal, « que des locutions vagues, telles que *souvent*, *quelques- « uns*, *plusieurs*, etc., qui n'ont pas la précision qu'il exige. « Le modèle présente d'ailleurs le détail des principales « contraventions et fait connaître l'ordre dans lequel il « serait utile de les constater. Je ne doute pas qu'en s'y « conformant on ne parvienne à l'exactitude nécessaire « pour donner une idée complète de l'état des registres.

« Si les registres et tous les actes qu'ils contiennent sont

1. V. *suprà*, n° 182, note 3.

« bien tenus et réguliers, on l'énoncera par ces mots : « *point de contravention.*

« Lorsque les officiers de l'état civil ne porteront pas « de naissances, de mariages ou de décès sur leurs regis- « tres, les procureurs du roi devront énoncer si ces « officiers ont négligé d'en tenir ou d'en déposer une « partie ; ou bien, s'ils veulent exprimer qu'il n'y a point « eu de naissances, qu'il n'a été célébré aucun mariage, « ou qu'on n'a eu à regretter la mort d'aucun habitant. Ce « fait est tellement extraordinaire, qu'ils ne pourront se « dispenser d'indiquer quelles mesures ils ont prises, « indépendamment de l'inspection des registres, pour « s'assurer de sa réalité.

« Ils veilleront d'une manière toute spéciale à ce que « les registres et les tables alphabétiques annuelles soient « déposés au greffe par la voie administrative[1] et sans « frais pour le greffier, dans le mois de janvier de chaque « année. En cas de retard, ils devront rappeler aux maires « l'obligation où ils sont de faire ce dépôt, et leur accorder « (*Circulaire du* 20 *avril* 1820), s'il y a nécessité, un « nouveau délai, mais qui ne pourra jamais excéder deux « mois. A l'expiration de ce délai, ils poursuivront les « retardataires devant le tribunal de première instance, « conformément à l'article 50 du Code civil, sans être « obligés, dans ce cas, de recourir à l'autorisation pres- « crite par une circulaire du 10 septembre 1806[2].

« C'est de l'exactitude des maires à effectuer le dépôt de « leurs registres dans le délai prescrit que dépendra la « possibilité de faire la vérification pour l'époque indiquée. « Il convient donc que, dès le commencement de l'année, « MM. les procureurs du roi adressent aux maires et aux

---

1. V. *suprà*, n° 178.

2. Le travail de vérification doit porter également sur les actes ou certificats transcrits ou déposés avec les registres et tendant à établir l'état civil des militaires ou marins absents au service de l'État, s'assurer s'ils présentent des traces de fraudes ou de faux, et poursuivre la punition des agents qui les auraient fournis. Loi du 13 janvier 1817 ; Circ. du 19 mai 1823, relative aux certificats émanés du ministre de la guerre, et Circ. non insérée du 7 janvier 1824. Consulter également la circulaire du 11 mai 1875, relative à la transmission réciproque entre la France et divers États des actes de l'état civil dûment légalisés. (V. *infrà*, n° 1040-11.) — En ce qui concerne les actes de l'état civil contenant énonciation de la qualité de membre de la Légion d'honneur, voir Circ. du 3 juin 1807 et du 19 déc. 1874.

« juges de paix des invitations, et qu'ils se concertent avec « MM. les préfets et sous-préfets, pour que le dépôt des « registres soit effectué dans le moindre délai possible.

« Je ne me dissimule pas que la vérification détaillée et « soignée des registres de l'état civil entraînera un sur- « croît de travail dans les lieux où il n'était pas d'usage « de la faire avec scrupule. Je ne pourrai, toutefois, « tolérer de négligence sur ce point. Le zèle et la bonne « volonté trouveront dans la répartition du travail entre « tous les officiers du parquet et les juges auditeurs, s'il y « en a, comme aussi dans le bon emploi du temps, des res- « sources suffisantes pour remplir cette tâche aussi utile « qu'elle est indispensable. Cette tâche s'allégera, d'ail- « leurs, par l'habitude et par les améliorations que l'on est « en droit d'attendre de la mesure adoptée.

« Les procès-verbaux de vérification seront adressés « par les procureurs du roi, dans la *première quinzaine du « mois de mai,* aux procureurs généraux, qui me les trans- « mettront, avec leurs observations, dans la *première quin- « zaine du mois de juin.* Ainsi, les procureurs généraux « n'auront pas à me faire un simple envoi des procès-ver- « baux de leurs substituts; ils devront m'adresser *un « rapport sur le résultat des vérifications partielles,* afin « d'éclairer et de faciliter ainsi, en ce qui les concerne, « le travail général sur l'état civil.

« Les procureurs du roi adresseront par suite de leur « vérification, des instructions aux maires de leur ressort; « mais ils se borneront à en donner à ceux d'entre eux qui « auront commis des irrégularités. Ces instructions de- « vront être *spéciales* pour chaque maire et porter sur les « contraventions les plus graves et sur celles qu'ils ont « commises le plus fréquemment. Copie en sera envoyée « aux procureurs généraux.

« Les procureurs du roi pourront se transporter sur les « lieux et vérifier les registres *de l'année courante,* ou, dans « ce cas, déléguer le juge de paix du canton dans lequel « sera située la commune dont les registres seront à « vérifier[1]. Ils devront faire ou déléguer cette vérification

1. Cette délégation ne peut avoir lieu que sur l'ordre ou sur l'autorisation du procureur général, lorsque, pour son exécution, le juge de paix délégué est obligé de se transporter à plus de 5 kilomètres de sa résidence ou du chef-lieu de son canton. (Ord. 10 mars 1825, art. 6.)

« accidentelle, lorsqu'ils sauront que les registres sont « habituellement *mal tenus*, ou que (*art.* 31 *de la déclaration* « *de* 1736), par le décès ou la démission d'un maire, il « deviendra nécessaire de constater l'état où il les aura « laissés et les irrégularités qui s'y trouvent, afin qu'elles « soient réparées au plus tôt, si elles sont susceptibles de « l'être.

« Telles sont les règles auxquelles Sa Majesté a jugé à « propos d'assujettir la vérification des registres de l'état « civil. Elles n'excluent point celles que le zèle et les « lumières des officiers du ministère public pourront « leur suggérer, pourvu qu'elles ne changent rien à l'uni- « formité de rédaction que l'ordonnance établit pour les « procès-verbaux. »

SECTION VII.

Du déplacement des registres.

188. Les registres de l'état civil ne pourront être déplacés que dans les trois cas suivants :

1° Pour constater la naissance d'un enfant qu'il y aurait danger à transporter [1];

2° Pour la célébration d'un mariage *in extremis* [2];

3° Lorsque leur apport en justice aura été ordonné, en exécution de l'article 1er de l'ordonnance royale du 18 août 1819 [3].

189. Les tribunaux auront seuls le droit d'ordonner le déplacement des registres (sauf les exceptions indiquées en l'article qui précède, nos 1 et 2). Si une pareille demande était formée par un préfet, le dépositaire des registres devrait refuser de s'y soumettre; il doit seulement les communiquer librement, à toute réquisition, à ce fonctionnaire, *mais sans déplacement* [4].

---

1. L. 20 sept. 1792, tit. III, art. 6; Circ. G. des sc. 31 décembre 1823. — Cette constatation peut être faite maintenant à domicile sans déplacer les registres. V. *infrà*, n° 335.
2. Décis. min. Just. 11 mai 1811. V. *infrà*, n° 761.
3. V. *suprà*, n° 156.
4. Circ. min. Just. 29 mars 1806. Rec. off., t. I, p. 33.

SECTION VIII.

Du mode de suppléer aux registres manquants.

190. Lorsqu'il n'aura pas existé de registres, ou qu'ils seront perdus, la preuve en sera reçue *tant par titres que par témoins*; et dans ces cas, les mariages, naissances et décès, pourront être prouvés *tant par les registres et papiers émanés des pères et mères décédés, que par témoins* [1].

Quoique les termes de cet article semblent impératifs, les juges ne sont point tenus d'admettre, dans tous les cas indistinctement, la preuve offerte par les parties de la non-existence ou de la perte des registres. Ils peuvent l'accueillir ou la rejeter selon les circonstances de la cause [2]; et soit qu'ils l'admettent, soit qu'ils la rejettent, leur appréciation est *souveraine*, attendu qu'ils sont investis d'un pouvoir *discrétionnaire* [3].

Cet article n'est pas non plus limitatif et l'on peut prouver par témoins qu'il y a eu erreur ou inexactitude dans la rédaction d'un acte de décès [4].

« Il est nécessaire (dit *Toullier*, t. I, p. 235) de suppléer « aux registres de l'état civil, soit parce qu'il n'en a pas « été tenu, soit parce qu'ils sont perdus ou déchirés en « tout ou en partie. On y supplée alors par la *preuve testimo-* « *niale*, par des papiers domestiques, par des feuilles « volantes, ou par la possession d'état. Mais ces différents « genres de preuve ne sont admis pour suppléer aux « registres, que dans certains cas et sous certaines condi- « tions. »

La preuve peut être également faite par les déclarations de l'officier de l'état civil et du greffier du tribunal, ou par un procès-verbal de recherches constatant qu'on n'a pu trou-

---

1. C. civ., art. 46; Ord. de 1667, titre 20, art. 4.

2. Cass., 12 déc. 1827 et 8 août 1864. — Demolombe, *Act. de l'ét. civ.*, n° 325; Aubry et Rau, t. I, § 64, p. 216, texte et note 9; Mourlon, Rép. écrit, t. I, n° 206.

3. Cass. 27 déc. 1837 (dans les motifs). — En tout cas, les tribunaux ne peuvent admettre comme supplétifs d'une enquête, des certificats de notoriété reçus par le juge de paix avant toute décision préalable sur la nécessité de recourir à la preuve testimoniale. Trèves, 19 janv. 1807.

4. Cass. 12 déc. 1827, précité; Bourges, 31 août 1829.

ver les registres ni dans les archives communales, ni au greffe du tribunal [1]. Mais les tribunaux doivent examiner les preuves avec soin, car il est arrivé quelquefois que des registres qu'on croyait perdus ont été retrouvés, même après la preuve faite.

191. La preuve qu'un mariage, *ou tout autre acte de l'état civil*, n'a pas été inscrit sur les registres de l'état civil peut être admise [2].

Spécialement la preuve testimoniale peut être admise pour prouver l'existence d'un mariage, encore bien que les registres aient été bien tenus, si elle tend à établir que ce mariage a été réellement célébré devant l'officier de l'état civil [3].

192. Les actes de l'état civil peuvent encore être suppléés, lorsque la preuve d'une naissance, d'un mariage ou d'un décès, se trouve acquise par le résultat d'une procédure criminelle, comme dans le cas des articles 198 et 199 du Code civil [4], ou dans le cas de crime de suppression d'état (art. 327 du même Code) [5]. L'inscription du jugement sur les registres de l'état civil tient alors lieu d'acte de l'état civil [6].

193. Lorsque les actes de l'état civil d'un étranger, par suite d'un cas de force majeure reconnue, ne sont pas reproduits, ils peuvent, de même que pour un Français, être remplacés par la preuve testimoniale [7].

194. La soustraction d'une seule feuille d'un registre de l'état civil peut être assimilée à la perte du registre même [8].

---

1. Rodier, *Questions sur l'ord. de* 1667, p. 384 et suiv. (éd. de 1769). V. formule n° 104.
2. Riom, 20 janv. 1810 ; Cass. 1er juin 1830 et 22 août 1831 ; Limoges, 26 juillet 1832.
3. Cass. 22 déc. 1819.
4. V. *infrà*, nos 813 et 814.
5. *Ibid.*, n° 423.
6. Toullier, t. I, p. 241, n° 261.
7. La Martinique, 18 mai 1878.
8. Cass. 21 juin 1814. — Malleville, p. 75 ; Locré, t. II, p. 66 et 68 ; Toullier, t. 1er, p. 237, n° 349 ; Merlin, *Rép. add.*, t. XV, sect. 4, § 3 ; Fav., *Rép.*, v° *Act. de l'ét. civ.*, sect. 1re, § 4, n° 2 ; Rodier, *Questions sur l'ord. de* 1667, p. 384 (éd. de 1769).

195. Au cas où l'un des doubles de ces registres seul a été détruit, le ministère public peut faire procéder d'office à la reconstitution de ce registre, mais c'est au tribunal qu'il appartient de vérifier la fidélité de la copie et de déclarer qu'elle suppléera au double manquant. Cette procédure, implicitement prévue par la circulaire ministérielle du 4 novembre 1814, a été plus directement indiquée dans les instructions contenues en celle du 19 octobre 1871 [1].

196. Lorsque les deux doubles des registres d'une commune ont été détruits, le ministère public doit toujours agir d'office et appeler en cause les parties intéressées [2].

Dans ce cas, il est alloué au greffier vingt centimes par acte copié. Les frais de reconstitution des registres sont à la charge de la commune [3].

197. Dans les cas de destruction totale des registres, il a été reconnu qu'il était impossible de s'en tenir aux dispositions de l'article 46 du Code civil; c'est pourquoi nous avons cru devoir reproduire ici les circulaires ministérielles et les lois qui sont intervenues depuis sur le mode de suppléer aux registres perdus ou détruits :

I. Circulaire du Chancelier de France aux procureurs généraux, sur le mode de suppléer aux registres manquants. (4 novembre 1814.)

« Monsieur, parmi les désordres qu'a occasionnés la « Révolution que nous venons de terminer d'une manière « si heureuse, un des plus funestes pour l'ordre social est « celui qui a régné dans la tenue des registres de l'état ci- « vil. Il n'en existe point dans certains lieux; ils ont été « détruits, dans d'autres, par la guerre civile ou étrangère. « Une infinité d'individus éprouveraient à la longue les

1. Lettres min. Just. aux proc. gén. de Toulouse et de Rouen, 16 juillet 1877 (715, 848 et 1,258, B, 76) et au proc. gén. de Douai, 10 mars 1879 — 254, B, 79. — V. *infrà*, circ. du 19 oct. 1871. (§ V.)

2. Lettre min. Just. au proc. gén. de Toulouse, 27 fév. 1877 (264, B, 77). — Dans ce cas, on doit suivre les formalités prescrites par la circulaire du 4 nov. 1814 et ne pas s'arrêter à l'ordonnance du 9 janvier 1815, spéciale à la recomposition des registres de la ville de Soissons. Circ. G. des sc., 29 déc. 1848.

3. Décis. G. des sc. 29 déc. 1848.

« plus grands embarras pour constater leur état ou établir « leur filiation.

« Il faut donc se hâter de remédier, autant qu'il sera « possible, à un mal que le temps qui s'écoule rend cha- « que jour plus difficile à réparer; mais, en voulant « faciliter la preuve de leur état aux personnes que le « défaut de registres pourrait mettre en danger de le per- « dre, il faut éviter de donner à la fraude ou à l'intrigue « des occasions d'en usurper un qui ne lui appartiendrait « pas. Les erreurs, dans ces matières, seraient d'une grave « conséquence; on ne doit rien oublier pour les prévenir. « C'est dans cette vue que les lois anciennes, comme les « modernes, ont soumis aux formes judiciaires tout ce « qui concerne les actes de l'état civil. L'intervention « des tribunaux a été jugée nécessaire, soit qu'il fallût « créer des registres là où l'on n'en avait point tenu, « soit qu'il fallût insérer des actes omis dans des registres « existants, ou en rectifier les erreurs. Les formes judi- « ciaires assurent la marche de la justice, en l'éclairant; « elles préviennent les erreurs par leur lenteur même et « par la faculté qu'elles laissent à chacun de faire entendre « et juger ses réclamations. Une loi du 2 floréal an III « avait voulu tenter de faire établir des registres qui « avaient été perdus ou non tenus, par des moyens dans « lesquels l'intervention des tribunaux n'était, en quelque « sorte, que subsidiaire; mais cette tentative, trouvée sans « doute impraticable, n'eut pas d'exécution.

« Il faut donc en revenir à une méthode plus simple et « plus légale, et, pour peu que le ministère public veuille « y mettre de suite et de zèle, il ne sera point impossible « de guérir, dans peu de temps, cette plaie de l'ordre « social.

« Beaucoup de familles avaient négligé, jusqu'à présent, « de faire rétablir les actes concernant les individus qui « leur appartenaient, à cause des frais de timbre et d'en- « registrement auxquels étaient soumis les jugements « qu'il fallait obtenir. M. le secrétaire d'État des finances, « avec lequel je me suis concerté pour cela, me marque, « dans une lettre du 24 septembre dernier, qu'il a donné « des ordres pour qu'il ne fût rien exigé de ceux qui, vou- « lant faire constater ou rétablir un acte de l'état civil, « rapporteraient un certificat d'indigence, attesté par le

« maire de leur résidence, et que, pour eux, tous frais « d'instance, d'information, expédition et signification de « jugement, seraient à la charge du Trésor public, comme « les frais de justice en matière criminelle, lorsqu'il n'y « a pas de partie civile. Il ne reste donc plus d'excuse à « ceux qui, sous prétexte d'indigence, négligeraient de « faire rétablir des actes dont le défaut peut, tôt ou tard, « leur être préjudiciable. D'ailleurs, dans les matières « d'état, le ministère public est toujours la partie princi- « pale; les intérêts privés ne sont que subsidiaires; ainsi, « s'agissant d'une opération qui tient essentiellement à « l'ordre général, puisqu'elle tend à rétablir en masse un « grand nombre d'actes de l'état civil, le ministère public « en est le surveillant naturel, et les parties n'y concou- « rent que pour la conservation de leurs droits indi- « viduels; or, pour tout ce qui se fait au nom du « ministère public, les frais sont toujours à la charge « de l'État, sauf le recours contre ceux dont la fortune ne « demande pas une exemption et dont la portion ne peut, « d'ailleurs, être que très-modique.

« Cet obstacle levé, il reste à savoir de quelle manière « on doit procéder pour arriver au but qu'on se propose.

« Il faut bien distinguer les différents cas qui peuvent « se présenter : dans quelques localités, l'un des doubles « registres qu'on doit tenir a seulement été perdu ou « détruit. Il est aisé alors de le remplacer par une copie « faite et collationnée sur le double existant. Le registre « sur lequel cette copie se fera sera paraphé préalable- « ment par le président du tribunal civil de l'arrondisse- « ment[1].

« Mais s'il n'a pas été tenu de registres, ou si les deux « originaux ont été détruits, l'entreprise devient plus « difficile; elle exige surtout une plus grande circonspec- « tion : voici, à ce que je pense, comment on doit y « procéder. A la réception de ces instructions, chaque « procureur du Roi en donnera avis aux maires des « communes de son arrondissement où il saura qu'il n'y a « pas de registre ; il les chargera de faire dresser un état, « année par année, des personnes qui, d'après la notoriété

---

1. Le procureur de la République doit, en outre, apposer son visa sur ce registre, après avoir comparé la copie à l'original. — V. *infrà*, circ. du 14 fév. 1818. (§ III.)

« publique ou les renseignements qu'on pourra avoir, « seront nées, mariées ou décédées pendant le courant de « chacune d'elles ; cet état ne remontera pas au delà de « l'époque à laquelle les maires furent chargés de la « rédaction des actes de l'état civil. Quand il sera dressé, « les maires l'enverront au procureur du Roi, qui, après « l'avoir examiné, requerra le rétablissement des actes de « l'état civil de leurs communes et fera ordonner qu'il « sera fait une enquête pour constater les naissances et « les décès dont l'acte a été omis ou détruit. Pour éviter « les déplacements des témoins et les frais qui en seraient « la suite, l'enquête sera prise par un juge commis par le « tribunal pour les communes qui ne sont pas à une « grande distance du lieu de sa résidence ; pour celles qui « en sont éloignées, il pourra commettre le juge de paix ; « l'enquête sera faite sommairement.

« S'il est question de constater la naissance d'une per- « sonne encore vivante, on la fera appeler, si elle est à « portée de l'être, pour recevoir sa déclaration à laquelle « on joindra celles de ses plus proches parents ; si elle « est absente ou morte, on constatera sa naissance et son « décès, par la déposition de ses parents, amis ou voisins, « à qui on demandera la communication des titres et « documents qui seront à leur disposition et propres à « appuyer leur témoignage. On aura soin d'entendre les « curés et desservants, dont les registres particuliers, « quoique ne faisant pas une preuve légale, peuvent du « moins servir d'indication.

« Lorsque l'enquête sera achevée, elle restera déposée « pendant un mois au greffe du tribunal où elle aura été « faite. Les personnes intéressées auront la liberté d'en « prendre connaissance et la faculté d'indiquer les erreurs « qu'elles croiraient s'y être glissées. L'enquête sera « ensuite communiquée au procureur du Roi, qui, après « l'avoir examinée, fera les réquisitions que les circons- « tances exigeront. Le tribunal, s'il le juge nécessaire, « nommera un de ses membres, pour faire le rapport avec « le pouvoir, s'il en est requis, de prendre de nouveaux « éclaircissements et d'entendre de nouveaux témoins.

« Quand l'instruction sera terminée, le tribunal, sur les « conclusions du procureur du Roi, ordonnera le rétablis- « sement des actes de naissance, de mariage et de décès

« qui seront constatés par l'enquête ou les titres et documents qui auront été fournis. Le jugement contiendra « les actes d'une année entière pour chaque commune ; « les expéditions qui en seront faites serviront de registres « pour cette année.

« S'il s'élève des difficultés sur un ou plusieurs articles, « le tribunal en suspendra la décision en prononçant sur « ceux qui ne seront pas contestés. On pourra procéder « sur les autres à une plus ample instruction et ordonner « même que le conseil de famille sera assemblé. (*Code de « procédure civile, art.* 856.)

« Les personnes qui auront concouru aux jugements « pourront en déclarer appel si elles croyaient avoir lieu « de s'en plaindre. (*Ibid., art.* 858.) La voie de l'opposition « restera ouverte à ceux qui n'y auraient point pris part.

« Il me reste une observation importante à faire : les « actes de naissance ou de décès ne peuvent guère « occasionner d'autres difficultés que celles qui résulteraient de l'incertitude de leur époque. La naissance et « le décès d'une personne sont toujours des faits certains ; « il ne s'agit que d'en connaître la date. Il n'en est pas de « même des mariages et des divorces ; on peut être induit en « erreur sur le fait de leur existence par des apparences « trompeuses. C'est ici que les magistrats doivent redoubler « d'attention ; il faut nécessairement entendre les parties « intéressées, ou leurs descendants, si elles n'existent « plus ; ce n'est même que sur une intervention spéciale « de leur part que le tribunal doit statuer. Des aveux « réciproques, qui pourraient être concertés, ne doivent « pas toujours suffire pour les déterminer dans les cas de « cette espèce ; il faut d'autres preuves non suspectes, et « il ne peut en manquer dans des matières où il est presque impossible qu'il n'y ait pas un commencement de « preuve par écrit.

« Telles sont les règles générales qui m'ont paru devoir « être suivies pour parvenir à l'heureux résultat que nous « avons en vue ; elles n'excluent point celles que la sagesse « et les lumières des magistrats pourront leur suggérer ; « et, pourvu qu'ils ne sortent point de la route tracée par « la loi, tout moyen sera bon pour découvrir la vérité. »

II. Ordonnance du Roi sur la reconstitution des registres de l'état civil de l'arrondissement et de la ville de Soissons. (9 janvier 1815.)

« Louis, par la grâce de Dieu, etc. :

« Sur ce qui nous a été exposé que, par suite des der-« niers événements de la guerre, les registres de l'état « civil pour la ville et partie de l'arrondissement de « Soissons, ont été perdus ou détruits, et que les autorités « locales demandent qu'il soit pris des mesures pour y « suppléer;

« Nous nous sommes fait représenter les lois existantes « sur cette matière, et notamment les articles 46, 53, 54, « 99, 100 et 101 du Code civil;

« Nous avons reconnu que, conformément aux anciens « principes, les rectifications ou omissions, ainsi que « toutes les questions qui concernent l'état des personnes, « ne peuvent être décidées que par l'autorité de la justice;

« Mais, dans les circonstances extraordinaires où se « trouvent les habitants de l'arrondissement de Soissons, « il est de l'intérêt de la société de prendre des moyens « qui, sans déroger aux dispositions du Code civil, con-« servent des renseignements utiles pour constater l'état « des familles;

« Voulant réparer, autant qu'il est en notre pouvoir, les « pertes qu'éprouvent nos sujets de la ville et arrondisse-« ment de Soissons, sans nuire aux intérêts des tiers, et « par des mesures en harmonie avec les dispositions du « Code civil;

« Sur le rapport de notre amé et féal chevalier, chan-« celier de France, et notre Conseil d'État entendu,

« Nous avons ordonné et ordonnons ce qui suit :

« *Art.* 1er. — Les registres de l'état civil qui avaient été « déposés au greffe du tribunal de première instance de « Soissons, et qui se trouvent aujourd'hui perdus ou dé-« truits, seront remplacés de la manière prescrite par « l'article suivant.

« *Art.* 2. — Lorsque les doubles desdits registres « auront été conservés dans les communes de l'arrondis-« sement, il en sera fait, à la diligence des maires, des « expéditions : ces expéditions, signées par le maire, seront « portées au greffe du tribunal de première instance de

« Soissons pour être collationnées par notre procureur « près ce tribunal, sur les originaux qui lui seront ap- « portés à cet effet; il dressera procès-verbal sommaire « de la vérification, conformément à l'article 53 du Code « civil. L'expédition ainsi collationnée sera déposée au « greffe du tribunal.

« *Art.* 3. — Dans le cas où les deux originaux des « registres auraient été perdus ou détruits, il sera nommé « par notre chancelier une commission composée du maire « de la commune, de deux notaires, de deux hommes de « loi et d'un secrétaire-greffier.

« *Art.* 4. — Cette commission correspondra avec notre « procureur près le tribunal de première instance; elle en « recevra les instructions dont elle aura besoin, et lui « rendra compte, tous les huit jours, du progrès de son « travail.

« A la fin de chaque mois, notre procureur rendra le « même compte à notre chancelier, qui pourra, s'il le juge « nécessaire, envoyer sur les lieux un maître des requêtes « pour surveiller et activer les opérations des commissaires. « Dans ce cas, le maître des requêtes présidera la com- « mission.

« *Art.* 5. — Elle sera chargée de dresser un double des « registres conservatoires de l'état civil, pour les naissan- « ces, les mariages, les divorces et les décès.

« *Art.* 6. — Ces registres contiendront, avec toute « l'exactitude possible, les dates des naissances, mariages, « divorces et décès, les prénoms, noms, surnoms et pro- « fessions des individus et de leurs pères et mères; le tout « conformément à l'article 34 du Code civil.

« *Art.* 7. — Les commissaires formeront ces registres, « soit d'après les renseignements que leur fourniront les « papiers de famille et registres des paroisses, soit d'après « les documents qu'ils recueilleront dans tous les dépôts « publics, soit d'après les déclarations des ascendants des « époux, des frères et sœurs, soit enfin d'après celles des « autres parents ou des anciens de la commune.

« Les déclarations seront signées par les déclarants : « s'ils ne savent ou ne peuvent signer, il en sera fait men- « tion expresse.

« *Art.* 8. — Lorsque les registres seront terminés et « signés de tous les membres de la commission, ils seront

« envoyés à notre procureur près notre tribunal de pre-« mière instance, qui les vérifiera et dressera procès-verbal « de sa vérification, conformément à l'article 53 du Code « civil.

« Un des doubles sera déposé au greffe du tribunal de « première instance de Soissons.

« L'autre double sera déposé aux archives de la com-« mune dont les registres ont été détruits.

« *Art.* 9. — Ces registres, ainsi déposés, tiendront lieu « des registres perdus ou détruits, toutes les fois qu'un « acte ne sera pas contesté : dans le cas contraire, les ré-« clamations seront portées devant les tribunaux pour y « être instruites et jugées, conformément aux articles 46, « 99, 100 et 101 du Code civil.

« *Art.* 10. — Tous actes faits en vertu de la présente « Ordonnance seront inscrits sur papier libre, visés gratis « et enregistrés de même.

« *Art.* 11. — Tous les autres frais auxquels les opéra-« tions prescrites par les articles précédents pourront don-« ner lieu, seront pris sur les fonds provenant des centimes « additionnels affectés aux non-valeurs du département de « l'Aisne, d'après l'état qui en sera arrêté de la manière « accoutumée. »

III. Circulaire de M. le procureur général près la Cour royale de Paris à MM. les procureurs du Roi du ressort, sur la confection des copies des registres de l'état civil dont un double a été perdu. (14 février 1818.)

« Monsieur le Procureur du Roi, je viens de recevoir de « M. le Garde des sceaux les instructions que j'attendais « sur la confection des registres de l'état civil dont un des « doubles a été perdu soit dans le dépôt du greffe, soit dans « les mairies, par suite des événements de la guerre ou « par l'effet d'autres accidents. Je m'empresse de vous les « faire connaître. J'y joins quelques observations sur des « difficultés qui peuvent naître dans cet important travail « et qu'il est essentiel de résoudre à l'avance, afin que « vous ne soyez plus arrêté par aucun obstacle.

« Trois questions principales avaient été soumises à « M. le Garde des sceaux : les copies des registres, dans

« les cas prévus par la circulaire du 4 novembre 1814 « devaient-elles être faites sur papier timbré ? quel était le « salaire qui devait être accordé aux greffiers pour la « confection de ces copies? par qui devaient être rem- « boursées les dépenses occasionnées par ce travail?

« L'article 75 de la loi sur les finances, du 25 mars « 1817, porte que les actes et jugements ayant pour objet « de remplacer les registres de l'état civil perdus, ou in- « cendiés par les événements de la guerre, seront visés « pour timbre et enregistrés en débet. M. le Ministre des « finances a décidé que, par une conséquence de cette « disposition, les greffiers pouvaient faire sur papier libre « les copies de ces registres, et il a fait connaître cette « décision à M. le Directeur général de l'enregistrement.

« Les frais qui doivent être alloués aux greffiers pour « ces copies, ont été fixés à *vingt centimes par acte,* sans « distinction entre les actes de naissance et de décès et « ceux de mariage.

« Enfin, des instructions ont été adressées à MM. les « préfets pour faire pourvoir par les communes au rem- « boursement des sommes qui sont dues aux greffiers, à « raison de la confection de ces copies.

« Rien ne s'oppose donc plus à ce que l'on se livre à ce « travail. . . . .

« . . . .

« Les registres sur papier libre, destinés à ces copies, « seront préalablement cotés et paraphés par le président « du tribunal, qui fera mention, en tête, de leur destination « et de la cause qui donne lieu à leur confection. Ce pro- « cès-verbal sera signé, tant par le président que par le « procureur du Roi.

« Après la confection de chaque copie de registre, cette « copie sera collationnée par le procureur du Roi et par « le greffier sur le double qui avait été conservé. Le pro- « cureur du Roi mettra son visa au bas du nouveau « registre et certifiera son exactitude. La copie de chaque « registre sera, en outre, certifiée et signée par le greffier.

« Ces formalités sont indispensables pour donner à ces « copies le degré d'authenticité qu'elles doivent avoir et « pour prévenir les inconvénients auxquels une opération « de cette nature pourrait facilement donner lieu. . . . .

« . . . . »

IV. Loi relative au mode de suppléer aux actes de l'état civil du département de la Seine, détruits pendant la dernière insurrection. (10 juillet 1871.)

« L'Assemblée nationale a adopté, le Président du « conseil des Ministres, chef du pouvoir exécutif de la « République française, promulgue la loi dont la teneur « suit :

« *Art.* 1er. — Provisoirement et jusqu'à ce que les actes « de l'état civil du département de la Seine, détruits par « le feu durant la dernière insurrection, aient été recons- « titués, l'acte de naissance dont l'article 70 du Code civil « prescrit la remise et que les futurs époux, par suite de « cette destruction des registres, seraient dans l'impossi- « bilité de reproduire pourra être suppléé par l'attestation « des père et mère, aïeuls et aïeules présents au mariage, « jointe soit au bulletin délivré par les maires au moment « de la déclaration de la naissance, soit à l'extrait des re- « gistres tenus par les ministres des différents cultes, soit « à toute autre pièce ou document rendant vraisemblable « la date de la naissance indiquée.

« En cas de décès des père et mère, aïeuls et aïeules, « ou si aucun d'eux n'assiste au mariage, il pourra être « procédé à la célébration sur la déclaration des futurs « époux, quant à l'époque de leur naissance, jointe à quel- « qu'une des pièces mentionnées ci-dessus, rendant « vraisemblable la date indiquée et certifiée par les « témoins du mariage.

« A défaut de toute pièce ou de tout document rendant « vraisemblable la date de la naissance, il y sera suppléé « par un acte de notoriété, dressé par le juge de paix, soit « du domicile, soit du lieu de la naissance, sur la déclara- « tion de quatre témoins de l'un ou de l'autre sexe, parents « ou non parents. Cet acte de notoriété sera délivré en « *minute*, visé pour timbre, enregistré gratis et affranchi « de toute homologation.

« *Art.* 2. — Jusqu'à la reconstitution desdits registres, « il pourra être suppléé à leurs extraits, quant aux actes « de décès des père et mère, aïeuls et aïeules, par la « déclaration des futurs époux et des quatre témoins,

« selon les formes indiquées par l'avis du Conseil d'État « du 4 thermidor an XIII.

« *Art.* 3. — Dans les cas prévus aux articles précédents, « l'officier de l'état civil fera mention, dans l'acte de « mariage, des attestations ou déclarations qu'il aura « reçues et des pièces et documents produits à l'appui.

« *Art.* 4. — Provisoirement et jusqu'à ce que les actes « de l'état civil du département de la Seine aient été « reconstitués, les procédures intentées aux termes de « l'article 46 du Code civil, relativement aux naissances, « mariages ou décès dont la preuve aurait été détruite par « les causes indiquées ci-dessus, seront dispensées des frais « d'enregistrement et de timbre. Le ministère d'un avoué « ne sera pas obligatoire. Dans le cas où le tribunal croi- « rait devoir faire comparaître des parties intéressées ou « des témoins, le greffier les appellera par simples lettres « chargées. »

V. Circulaire de M. le Ministre de la justice, relative aux mesures à prendre pour réparer les dégâts éprouvés pendant la guerre par les dépôts d'actes civils. (19 octobre 1871.)

« Monsieur le Procureur général, dès les premiers jours « du mois d'avril, avant que des incendies allumés par « des mains criminelles eussent détruit dans Paris les plus « grands dépôts d'actes civils qu'il y eût dans le monde, « j'étais inquiet du trouble que les événements de 1870 « avaient pu jeter dans cette partie ordinairement régulière « de notre administration. Par ma circulaire du 22 avril, « je vous demandais, ainsi qu'à vos collègues, de faire « constater, par vos substituts, dans tous les arrondisse- « ments de votre ressort, les irrégularités ou les lacunes « que pourraient présenter ces registres, précieux monu- « ments de l'état civil de toutes les familles françaises. « J'ai reçu successivement, sur quelques points avec une « lenteur que je comprends et que j'excuse, les rapports « que j'attendais. Je puis maintenant me faire une idée « de l'état où ils se trouvent après la crise sans précédents « que nous venons de traverser.

« Nous devons nous féliciter que, dans la moitié de nos « ressorts judiciaires, le nombre des irrégularités consta-

« tées n'ait guère dépassé la moyenne habituelle ; malheu « reusement, ainsi qu'il y avait lieu de le prévoir, le mal « a été beaucoup plus grand ailleurs, et il importe à l'ordre « public et à la sécurité des familles d'y apporter un « prompt remède.

« Je vais parcourir avec vous la nomenclature des prin- « cipales atteintes portées à l'état civil en France pendant « les derniers mois de 1870 et les premiers de 1871. J'y « trouverai l'occasion de vous indiquer la marche qui « me paraît la meilleure à suivre pour en obtenir la « réparation; j'appellerai en même temps vos observations « sur le projet de loi que j'aurai à présenter à l'Assemblée « nationale pour valider des actes que l'intervention seule « des tribunaux serait, d'un avis unanime, impuissante à « régulariser.

« Les actes de l'état civil tenus pendant la période que « je viens d'indiquer ne sont pas les seuls qui aient souffert. « Un assez grand nombre de communes, victimes de l'in- « vasion, ont vu leurs archives incendiées, pillées, lacérées « en totalité ou en partie. Heureusement, pour aucune « des communes qui ont perdu les registres antérieurs à « 1870, il n'est arrivé que le double déposé au greffe du « tribunal ait en même temps disparu. Il sera donc aisé de « remplacer le registre manquant par une copie faite et « collationnée sur le double existant. Cette copie sera faite « au greffe, par les soins du greffier, sur un registre para- « phé préalablement par le président du tribunal civil de « l'arrondissement : le procureur de la République en « vérifiera la fidélité, puis il provoquera du tribunal un « jugement qui ordonnera que la copie ainsi faite servira « pour remplacer le double manquant. Ces prescriptions, « empruntées à une circulaire du 4 novembre 1814, que « j'aurai plus d'une fois à citer, et à une circulaire du 29 « décembre 1848, ne peuvent donner lieu à aucune diffi- « culté, et leur accomplissement rétablira dans son intégra- « lité et sans chance d'erreur l'état civil antérieur à 1870.

« La même précaution sera prise dans les communes « qui auront perdu un des registres tenus depuis le 4 sep- « tembre 1870. On le remplacera par une copie du regis- « tre conservé.

« La difficulté s'accroît singulièrement pour les com- « munes dont les deux registres, depuis le 4 septembre

« 1870, ont disparu en tout ou en partie. Là il faut « reconstituer et se hâter d'agir pendant que le souvenir « des causes de ce désordre est encore récent. La circu- « laire du 4 novembre 1814 trace pour ce cas une « procédure très-sage, excellente à suivre, sauf de très- « légères modifications : le procureur de la République « invitera sans retard les maires à dresser par ordre de « date, autant que possible, un état des personnes qui, « d'après la notoriété publique, les registres des ministres « du culte et tous renseignements dont ils pourront s'en- « tourer, seront nées, mariées ou décédées dans la pé- « riode dont les registres sont perdus. Le maire transmettra « cet état au procureur de la République, qui, après « l'avoir examiné, requerra le tribunal d'ordonner une « enquête sommaire. Cette enquête sera faite par un juge « là où le tribunal pourra en déléguer un, et, dans les « autres communes, par le juge de paix du canton délégué « à cet effet par le tribunal.

« L'état dressé par le maire et l'enquête resteront dépo- « sés au greffe du tribunal pendant un mois. Toute « personne aura la liberté d'en prendre connaissance et la « faculté d'indiquer les erreurs qu'elle croirait s'y être « glissées; l'enquête sera ensuite communiquée au pro- « cureur de la République, qui, après l'avoir examinée, « fera les réquisitions que les circonstances exigeront. « Le tribunal, s'il le juge nécessaire, nommera un de « ses membres pour faire le rapport, avec le pouvoir de « prendre de nouveaux éclaircissements et d'entendre de « nouveaux témoins. Quand l'instruction sera terminée, « le tribunal, sur les conclusions du procureur de la « République, ordonnera le rétablissement des actes de « naissance, de mariage et de décès qui seront constatés « par l'enquête, ou les titres et documents qui auront été « recueillis. (*Circulaire du 4 novembre* 1814.)

« Un seul jugement comprendra, autant que possible, « les actes d'une année entière pour chaque commune; « toutefois, si quelques actes soulevaient des difficultés « sérieuses et nécessitaient des suppléments d'enquête, « le tribunal les réserverait pour une décision ultérieure « et statuerait sur tous les actes non contestés. Les « expéditions du ou des jugements rendus serviront de « registres.

« Telle est, sauf des modifications de détail peu impor- « tantes, la procédure tracée par la circulaire du 4 no- « vembre 1814. Je l'ai préférée à celle prescrite par « l'ordonnance du 14 janvier 1815 pour la reconstitution « des registres de l'arrondissement de Soissons, et la « principale raison qui m'y a décidé est que la circulaire « de 1814 fait une part plus large à l'action judiciaire. Or, « il est évidemment dans l'esprit de nos lois que tout ce « qui concerne l'état civil soit placé le plus possible sous « la surveillance et la sauvegarde de l'autorité judiciaire. « Je sais que celle-ci ne faillira pas à sa mission, et j'ai « l'espoir, favorisé par cette double circonstance, d'une « part, que les communes, heureusement peu nombreuses, « dont les deux registres sont perdus n'ont qu'une faible « population, et, d'autre part, que les mariages, naissan- « ces, décès, qu'il s'agit de constater, ne remontent pas « plus haut que 1870, j'ai l'espoir que vous parviendrez, « Monsieur le Procureur général, à reconstituer à ces « communes un état civil d'une parfaite exactitude.

« Dans d'autres communes, aucun des deux registres « de 1870 ne manque; mais il est arrivé, surtout pendant « l'invasion, que des actes de l'état civil n'ont pas été « inscrits sur ces registres : tantôt on les a consignés sur « des registres improvisés qui n'étaient ni timbrés, ni « cotés, ni paraphés; tantôt on les a inscrits sur des feuil- « les volantes; tantôt on n'a même pas dressé d'acte, « mais de simples notes ont été prises en vue d'une ré- « daction ultérieure de l'acte; rédaction qui parfois a été « faite, qui d'autres fois a été complétement négligée.

« Pour remédier à ces irrégularités, vous êtes armé de « pouvoirs suffisants. Si les actes ont été intégralement « dressés et inscrits par ordre de date sur des registres « qui n'ont d'autre défaut que de n'être ni timbrés, ni cotés, « ni paraphés, vous aurez à apprécier, suivant leur nombre, « s'il convient de requérir un jugement qui ordonne « qu'ils seront reportés et transcrits à nouveau sur les « registres officiels, ou s'il n'est pas préférable, pour éviter « des frais inutiles, de faire ordonner simplement par « le tribunal que les registres dont l'unique défaut est de « n'être ni timbrés, ni cotés, ni paraphés, seront cotés « et paraphés par le président du tribunal et seront visés « pour timbre, puis qu'après ces formalités remplies ils

« deviendront le complément nécessaire des registres « officiels.

« Lorsque les actes ont été inscrits sur des feuilles vo- « lantes et n'ont pas été reportés depuis sur les registres, ou « lorsqu'il n'a été pris que de simples notes qui n'ont pas « été depuis converties en actes transcrits sur les registres, « il y aura lieu de procéder de la même manière qu'il est « prescrit ci-dessus de le faire pour le cas où les registres « n'ont pas été tenus ou ont été détruits, c'est-à-dire qu'on « se conformera à la circulaire du 4 novembre 1814. Ces « actes inscrits sur feuilles volantes ou ces simples notes ser- « viront aux maires à dresser l'état qu'ils devront soumettre « au Procureur de la République, et celui-ci requerra le « tribunal d'ordonner une enquête après laquelle il sera « statué par un seul jugement, s'il se peut, sur tous les « actes d'une même commune qui présenteront les mêmes « irrégularités.

« Lorsqu'au contraire les actes inscrits sur feuilles « volantes ont été depuis transcrits sur les registres, ou « lorsque les simples notes prises au début ont été ulté- « rieurement converties en actes dont l'inscription a été « faite, ces actes sont devenus réguliers en la forme. Elle « pourra rendre plus suspectes les énonciations qui y sont « contenues au cas où elles viendraient à être l'objet de « contestation, mais, tant qu'un jugement n'aura pas pro- « noncé la nullité de ces actes, ils produiront tous leurs « effets.

« On peut, dès lors, se demander s'il y a intérêt à ce « que le ministère provoque d'office une révision judiciaire « qui n'est pas nécessaire pour valider les actes dont il « s'agit et qui, n'étant pas contradictoire, n'empêchera pas « les parties qui y auraient intérêt de les contester ulté- « rieurement. Dans les cas ordinaires, il y aurait lieu, en « effet, pour le ministère public de s'abstenir ; mais, s'il « résultait du rapprochement des dates que les actes n'ont « été tardivement dressés que par suite de force majeure, « comme, par exemple, l'envahissement et l'occupation « des communes par l'ennemi, j'estimerais qu'il serait sage « de soumettre d'office les actes tardivement dressés à la « révision actuelle de la justice, afin qu'elle constatât les « véritables causes du retard et rendît ainsi plus difficiles « pour l'avenir de mauvaises contestations.

« La plus grande irrégularité, celle qui s'est le plus « souvent présentée, résulte du défaut de qualité des offi- « ciers publics qui ont reçu les actes de l'état civil en « 1870.

« En effet, après la révolution du 4 septembre, les « maires et adjoints d'un grand nombre de communes « cessèrent volontairement ou furent forcés de cesser leurs « fonctions, ils furent remplacés en certains lieux par des « membres des anciens conseils municipaux, dans d'autres « par des présidents de comités qui s'étaient donnés à eux- « mêmes la mission de succéder aux conseils municipaux; « ailleurs, les préfets et sous-préfets nommèrent de nou- « veaux maires avant d'en avoir reçu l'autorisation par le « décret du 24 novembre 1870 ; dans quelques malheu- « reuses communes enfin, l'ennemi qui les occupait imposa « les fonctions de maire à des habitants désignés par lui.

« Mais tous les actes reçus par des officiers publics ainsi « institués ne sont pas seulement irréguliers, ils sont radi- « calement nuls. Vainement on s'adresserait aux tribunaux « pour les régulariser. Ceux-ci seraient obligés par la loi, « dont ils ne sont que les interprètes, d'en déclarer la « nullité. Le remède n'est donc pas là, et, cependant, il « en faut un. La nullité de ces actes ne saurait être « maintenue sans jeter dans la France entière la plus « cruelle perturbation.

« On peut bien annuler un acte de naissance ou de « décès ; c'est la preuve qu'on annule, le fait n'en subsiste « pas moins et pourra être prouvé autrement ; mais annuler « dans un nombre considérable de communes tous les « mariages qu'on y a contractés de bonne foi devant le « seul officier municipal qui fût alors en exercice et priver « par là les enfants issus de ces mariages du bienfait de la « légitimité serait évidemment impossible. Le législateur « doit donc intervenir pour remédier à cette situation, et « aussitôt la réunion de l'Assemblée nationale, je dépo- « serai un projet de loi à cet effet. Les dispositions en « devront être très-larges afin de protéger tout citoyen de « bonne foi, et je serais disposé à n'exiger qu'une seule « condition pour la validation, c'est que l'officier incompé- « tent qui a reçu les actes eût, au moment où il les a reçus, « l'exercice public des fonctions municipales, à quelque « nom que ce fût. Cela suffit pour que les comparants aient

« pu être de bonne foi. J'appelle, toutefois, vos observa-« tions, Monsieur le Procureur général, sur la rédaction de « ce projet de loi : je serai heureux de les recevoir.

« Une dernière question a dû me préoccuper, c'est celle « des frais qui résulteront pour les communes des diverses « procédures que je viens d'indiquer. L'intérêt public est « tellement dominant dans toutes les questions qui tou-« chent à la constitution de l'état civil, que je ferai tous « mes efforts pour obtenir que les communes soient affran-« chies de toutes les perceptions qui n'ont qu'un intérêt « fiscal et qui ne seraient que la répétition de charges déjà « acquittées une première fois par elles. L'article 75 de la « loi du 25 mars 1817 nous sera d'un puissant secours, il « porte que : sont visés pour timbre et enregistrés gratis « les actes de procédure et les jugements à la requête « du ministère public ; ayant pour objet de remplacer les « registres de l'état civil perdus ou incendiés par les évé-« nements de la guerre, et de suppléer aux registres qui « n'auraient pas été tenus. Je ne doute pas que mon « honorable collègue, M. le ministre des finances, n'inter-« prète largement cet article, et qu'il n'en fasse sortir, « pour toutes les procédures que j'ai successivement exa-« minées, une exemption complète des droits d'enregis-« trement et de timbre au profit des communes ; au besoin, « d'ailleurs, je le prierais d'en demander l'autorisation à « l'Assemblée nationale par un projet de loi spécial.

« Mais il ne m'appartient pas d'affranchir les communes « des frais qui sont la rémunération d'un travail accompli : « tels sont les honoraires attribués aux greffiers pour « l'expédition des jugements ; tel est le droit de vingt cen-« times qu'une décision ministérielle du 29 décembre « 1848 alloue aux greffiers par acte copié pour une com-« mune sur le double déposé au greffe. Cette question de « frais ne saurait en aucun cas motiver des retards dans « l'exécution de mes instructions.

« Je compte sur votre diligence, Monsieur le Procureur « général, et sur le zèle de vos substituts, pour imprimer « à ce travail de reconstitution de l'état civil dans votre « ressort la plus ferme impulsion. Il y a urgence à le « compléter.

« D'autres mesures sont nécessaires pour réparer le « désastre sans égal que les insurgés du 18 mars ont

« infligé à Paris et au département de la Seine. L'Assemblée nationale votera, je l'espère, dans les premiers jours qui suivront sa prorogation, la loi que je lui ai présentée à ce sujet. J'obtiendrai, je le pense, peu de jours après, la loi qui pourvoira aux nécessités que vous m'avez signalées et qui font l'objet de cette circulaire. »

VI. Loi relative à la réorganisation des actes de l'état civil dans les départements. (6 janvier 1872.)

« L'Assemblée nationale a adopté,

« Le Président de la République française promulgue la loi dont la teneur suit :

« Art. 1er. — Les actes inscrits sur les registres de l'état civil, depuis le 4 septembre 1870 jusqu'à ce jour, ne pourront être annulés à raison du seul défaut de qualité des personnes qui les ont reçus, pourvu que ces personnes aient eu, à ce moment, l'exercice public des fonctions municipales ou de celles d'officier d'état civil, à quelque titre et sous quel nom que ce soit.

« Art. 2. — La disposition de l'article précédent n'est pas applicable aux actes reçus à Paris et dans les autres communes du département de la Seine, pendant la période insurrectionnelle.

« Art. 3. — Seront visés pour timbre et enregistrés gratis les procédures et les jugements à la requête du ministère public, ayant pour objet soit de reconstituer des registres perdus, soit de rétablir ou de compléter des actes se rapportant à la période écoulée du 4 septembre 1870 jusqu'à ce jour [1].

« Les registres destinés à remplacer des registres perdus sont exemptés du timbre. »

---

1. La procédure dont il est question ici ne saurait être confondue avec celle prescrite par la loi du 13 janvier 1817 relative aux moyens de constater le sort des militaires absents pendant les guerres qui ont eu lieu depuis le 21 avril 1792 jusqu'au traité de paix du 20 novembre 1815. — L'intervention du ministère public agissant d'office dans un intérêt d'ordre public, en vertu de la loi de 1872, a précisément pour but d'éviter les lenteurs de la loi de 1817 quand les pièces ou les renseignements produits ne peuvent laisser aucun doute sur le décès. (Lyon, 2 juillet 1875.)

VII. Loi relative à la reconstitution des actes de l'état civil de Paris. (12 février 1872[1].)

« L'Assemblée nationale a adopté,

« Le Président de la République française promulgue la « loi dont la teneur suit :

« Art. 1er. — Les actes de l'état civil de Paris et des « communes y annexées en 1859, dont les registres ont « été détruits pendant la dernière insurrection, seront « reconstitués.

« Ce travail portera sur tous les actes antérieurs ou pos- « térieurs à la loi de 1792 jusqu'en 1860, et pour la mairie « du douzième arrondissement (Bercy), depuis le 1er jan- « vier 1870 jusqu'au 25 mai 1871.

« Art. 2. — Une commission, nommée par le ministre « de la justice, sera chargée de la reconstitution des actes « mentionnés en l'article précédent.

« Ces actes seront rétablis :

« 1° D'après les extraits des anciens registres délivrés « conformes ;

« 2° Sur les déclarations des personnes intéressées ou « des tiers et d'après les documents qui auront été déposés « à l'appui ;

« 3° D'après les registres tenus par les ministres des « différents cultes, les registres des hôpitaux et des cime- « tières, les tables de décès rédigées par l'administration « des domaines, et toutes les pièces qui peuvent reproduire « la substance des actes authentiques.

« La commission surveillera et contrôlera les travaux « préparatoires faits par les soins de l'administration.

« Pour prendre ses décisions, elle pourra se diviser en « sections de trois membres au moins[2].

« Art. 3. — Il sera dressé procès-verbal de chaque « séance tenue par la commission ou par une section de la « commission.

« Ce procès-verbal, écrit sur un registre spécial et signé « du président de la commission ou de la section, mention-

1. Cette loi a été rendue applicable à l'Algérie et aux colonies par l'article 4 de la loi du 13 février 1873. V. *infrà,* art. 6, note 1.

2. Cet article a été modifié par la loi du 3 août 1875, art. 2. V. *infrà* XI (même numéro).

« nera sommairement chacune des décisions prises dans la « séance.

« Les actes admis par la commission seront signés par « un de ses membres. Ceux dont l'authenticité aura été « reconnue auront toute la valeur probante que leur « attribue le Code civil ; les actes rétablis par la commis- « sion feront foi jusqu'à preuve contraire.

« Art. 4. — En cas de rejet par la commission, soit des « extraits produits, soit des demandes en rétablissement « d'actes, avis en sera donné dans la huitaine au déposant « ou déclarant. En cas de contestation, il sera statué par « le tribunal de première instance qui pourra être saisi par « les parties intéressées ou d'office par le ministère public.

« Art. 5. — Toute contestation sera instruite sans frais « et jugée conformément aux articles 46, 99, 100 et 101 « du Code civil et 855 et suivants du Code de procédure.

« Art. 6. — Toute personne qui détient, à quelque titre « que ce soit, un extrait authentique d'un acte de nais- « sance, de reconnaissance d'enfant naturel, de mariage, « de divorce ou de décès, dressé dans le temps et dans les « lieux ci-dessus marqués, devra, dans le délai d'un an[1], « à partir de la promulgation de la présente loi, en effec- « tuer la remise ou l'envoi au dépôt central établi à cet « effet à Paris.

« Un récépissé sera délivré au moment de la remise. « Après que la pièce aura été soumise à la commission et « au plus tard dans le délai d'un mois, ce récépissé sera « échangé gratuitement contre une expédition sur papier « libre, qui fera la même foi que la pièce déposée.

« Ce récépissé contiendra les énonciations suivantes :

« 1° Le numéro de l'arrondissement, ou le nom de « l'ancienne commune ou de l'ancienne paroisse ;

« 2° Pour les actes de naissance, l'année et le jour de « la naissance, les nom et prénoms de l'enfant, les noms « et prénoms de ses père et mère légitimes ou naturels ;

« Pour les actes de mariage ou de divorce, l'année et le « jour du mariage ou du divorce, les noms et prénoms des « époux et de leurs pères et mères ;

---

1. Ce délai a été prorogé jusqu'au 1er janvier 1873 par la loi du 25 mai 1872, jusqu'au 1er janvier 1874 par celle du 13 février 1873, et jusqu'au 1er janvier 1875 par décret du 30 décembre 1873.

« Pour les actes de décès, l'année et le jour de la mort, « les nom, prénoms et âge du défunt ; s'il était marié, « veuf ou célibataire.

« Si, à la suite de l'acte déposé, il y a une mention de « reconnaissance, d'adoption, de rectification ordonnée « par jugement, le récépissé contiendra l'extrait de cette « mention.

« Dans les départements autres que celui de la Seine, « le détenteur pourra faire la remise des extraits ci-dessus « mentionnés, soit à la mairie, soit à la justice de paix, « soit au greffe du tribunal civil du lieu de sa résidence, « et, à l'étranger, aux chancelleries des ambassades ou des « consulats. Il lui en sera donné, sur papier libre, une « copie dûment certifiée qui servira de récépissé et qui « sera échangée contre l'expédition dont il est parlé au « deuxième paragraphe du présent article.

« Art. 7. — Toute personne qui détient plusieurs « extraits du même acte de l'état civil, dressés dans les « lieux et dans les périodes ci-dessus indiqués, devra, « dans le délai fixé et selon le mode déterminé par l'ar- « ticle précédent, les remettre ou les envoyer tous au « dépôt central. Un de ces extraits sera gardé afin de « servir d'original pour la confection des nouveaux regis- « tres. Les autres seront rendus au détenteur après avoir « été marqués d'une estampille.

« Art. 8. — Les administrations et tous les établisse- « ments publics, tels que lycées, colléges, facultés, « écoles spéciales qui ont dans leurs archives des extraits « d'actes de l'état civil énoncés en l'article 1er, devront les « remettre ou les faire parvenir au dépôt central dans les « formes ci-dessus indiquées [1].

« Art. 9. — Tout fonctionnaire de l'ordre administratif, « ou judiciaire, tout officier public ou ministériel, tout « greffier [2], tout séquestre et administrateur judiciaire « auquel sera remis, pour en faire usage, un extrait, non « revêtu de l'estampille, d'un des actes indiqués dans l'ar-

1. Cet article a été modifié par l'article 3 de la loi du 3 août 1875. V. *infrà* XI (même numéro).

2. Les substituts ont été invités à s'assurer par eux-mêmes si les greffiers des tribunaux avaient satisfait scrupuleusement à ces dispositions, et à signaler, le cas échéant, les noms de ceux dont l'incurie aurait été plus particulièrement constatée. (Lettre min. Just. aux proc. gén., 23 janvier 1876.)

« ticle 1er, devra en effectuer la remise ou l'envoi, conformément à l'article 6, dans le délai de trente jours.

« Art. 10. — Tout juge de paix qui, en dressant un « procès-verbal de description après décès, tout notaire ou « tout syndic de faillite, qui, en procédant à la confection « d'un inventaire, trouvera un extrait d'un des actes indiqués en l'article 1er, sera tenu d'en effectuer la remise « ou l'envoi, conformément à l'article 6, dans les trente « jours de la clôture des opérations.

« Art. 11. — Si l'extrait d'un des actes de l'état civil « indiqués dans l'article 1er est trouvé dans les papiers « d'une personne décédée avant ou sans qu'il y ait eu « procès-verbal de description ou d'inventaire, les héritiers « ou ayants cause à titre universel du défunt devront en « effectuer la remise ou l'envoi, conformément à l'article 6, dans le délai de six mois à partir de l'ouverture « de la succession.

« Dans tous les cas prévus par les articles 7, 9, 10 et 11, « des récépissés ou des copies, selon les distinctions établies dans l'article 6, seront délivrés au moment du « dépôt et échangés, dans le délai d'un mois, contre des « expéditions sur papier libre qui feront la même foi que « les pièces déposées. Quant aux dépôts faits par les administrations ou les établissements dont il est question « dans l'article 8, il leur en sera donné récépissé ; les « expéditions ne seront échangées contre ces récépissés, « que sur une demande spéciale.

« Art. 12. — Les notaires tiendront leurs minutes à la « disposition des vérificateurs ou employés de l'enregistrement qui auront le droit d'y rechercher les extraits « d'actes de l'état civil déposés pour minutes ou annexés à « d'autres actes antérieurement à la présente loi. Une « copie certifiée des extraits signalés par ces employés, « ou réclamés par la commission, sera délivrée sur papier « libre et sans honoraires par le notaire, et remise au « dépôt central, où elle restera [1].

« Art. 13. — Un recensement sera fait à Paris, par les « soins des maires de chacun des vingt arrondissements, à « l'effet de recueillir dans chaque famille, en ce qui la

---

1. Cet article a été modifié par l'article 4 de la loi du 3 août 1875. V. *infrà* XI (même numéro).

« concerne, la déclaration des naissances, mariages ou « décès dont les actes ont été détruits, avec l'indication « des pièces qui peuvent aider à les refaire, ou des « registres, tels que ceux des paroisses, qui en ont gardé « la mention.

« A la suite de ce recensement, les chefs de famille ou « toutes autres personnes pourront être appelés, et, dans « ce cas, devront se rendre devant la commission pour com- « pléter leur déclaration et produire les pièces à l'appui.

« Dans les départements, toute personne majeure, née « ou ayant contracté mariage à Paris ou dans les com- « munes annexées, devra, dans le délai de trois mois, à « partir de la promulgation de la présente loi, se présenter « devant l'officier de l'état civil du lieu de son domicile « ou de sa résidence, pour y faire une déclaration sur son « état civil.

« Les père et mère d'enfants naturels devront faire sem- « blable déclaration.

« La déclaration pour les mineurs, les femmes mariées « et les autres incapables, sera faite par les tuteurs, maris « ou représentants légaux.

« Art. 14. — Ces déclarations contiendront les men- « tions essentielles aux divers actes de l'état civil qu'elles « auront pour objet de reproduire. Il y sera dit si la trace « peut en être retrouvée dans les registres tenus par les « ministres des différents cultes. Elles seront signées, « après lecture, par la personne comparante, par le « délégué ou par l'officier civil ; et, si le déclarant ne peut « signer, mention en sera faite.

« Elles seront adressées, avec copie ou extrait des pièces « qui seraient présentées à l'appui, au dépôt central dont « il est parlé ci-dessus.

« Il sera donné au déclarant certificat de sa déclaration.

« Hors de France, les déclarations seront reçues aux « ambassades, légations ou consulats, et expédiées à Paris « dans les mêmes formes.

« Art. 15. — L'envoi des extraits et des pièces ou décla- « rations susmentionnés sera fait par la poste, sans frais, « avec toutes les garanties assurées aux lettres chargées.

« Art. 16. — Indépendamment des extraits produits ou « des déclarations faites par les particuliers, il sera pro- « cédé à la reconstitution des actes de l'état civil au

« moyen des papiers publics que l'administration possède « ou des registres qu'elle se fera céder.

« A cet effet, les doubles des registres tenus par les mi- « nistres des différents cultes seront remis en communica- « tion au dépôt central, pendant le temps nécessaire pour « en prendre copie.

« Art. 17. — Tout extrait authentique, toute déclaration « reçue, toute pièce déposée ou envoyée du dehors pour la « reconstitution des actes de l'état civil, sera, à la date « de l'arrivée, mentionnée sommairement sur un livre « d'entrée avec un numéro d'ordre qui sera reproduit sur « la pièce.

« Art. 18. — Les extraits dont l'authenticité aura été « reconnue, les déclarations admises par décision de la « commission et les actes rétablis d'office seront divisés en « trois grandes divisions : 1° naissances, reconnaissances « d'enfants et adoptions ; 2° mariages et divorces ; 3° décès ; « et rangés, selon leur date, en des portefeuilles corres- « pondant, pour chacune de ces divisions, à chaque année « ou partie d'année, en attendant que le travail soit assez « avancé pour qu'ils soient reliés en registres.

« Ces portefeuilles et ces registres constitueront le « dépôt de l'Hôtel de Ville.

« Les doubles de ces actes, quand il en existera, ou les « copies qui en seront faites, ainsi que les copies des actes « rétablis de la commission formeront une seconde collec- « tion qui sera déposée au greffe du tribunal de première « instance. Après la confection des registres, les tables « décennales seront rédigées d'après les fiches qui auront « été dressées à mesure que les actes auront été admis.

« Art. 19. — Toute personne qui aura sciemment retenu « un extrait authentique, contrairement à l'article 6, ou qui « aura négligé de remplir les prescriptions des articles 8, « 9, 10 et 11, sera punie d'une amende de seize francs à « trois cents francs.

« Toute personne qui n'aura pas fait les déclarations pres- « crites par les articles 13 et 14 pourra être punie de la « même peine, sans préjudice de l'application de l'ar- « ticle 21 ci-après, s'il y a lieu [1].

1. Cet article a été abrogé par la loi du 5 juin 1875, pour tous les cas prévus aux articles 6, 11 et 13 qui précèdent.

« Art. 20. — Quiconque aura caché, recélé, soustrait « ou détruit un extrait d'un des actes indiqués dans « l'article 1er, en vue de modifier ou de supprimer l'état « civil d'une personne, sera puni de la réclusion.

« Si l'acte a été caché, recélé, soustrait ou détruit dans « le dessein d'intervertir l'ordre de dévolution d'une suc- « cession ou en vue d'une combinaison frauduleuse quel- « conque, sans toutefois qu'il en résulte une modification « ou une suppression d'état civil, la peine sera d'un an à « cinq ans d'emprisonnement et d'une amende de cin- « quante francs à trois mille francs.

« Les mêmes peines seront prononcées, d'après les « mêmes distinctions, contre tout individu qui, dans le « dessein de modifier ou de supprimer l'état civil d'une « personne ou en vue d'une autre combinaison fraudu- « leuse, aura fait une fausse déclaration;

« Sans préjudice de l'application des dispositions du « Code pénal, dans le cas où une infraction aux pres- « criptions de la présente loi se rattacherait à un acte « qualifié crime ou délit.

« Art. 21. — Les pères, mères ou tuteurs sont tenus de « déclarer à la mairie de leurs communes respectives la « date de la naissance de leurs enfants ou pupilles soumis « aux lois sur le recrutement de l'armée, et dont les actes « de naissance, incendiés ou détruits, n'auraient pas été « rétablis en vertu de la présente loi.

« Cette déclaration aura lieu dans l'année qui précédera « celle de l'obligation, sous les peines portées en l'ar- « ticle 38, titre IV, de la loi du 21 mars 1832 [1].

« Pour la classe de 1871, la déclaration sera faite dans « le délai de quinze jours, à partir de la date de la pro- « mulgation de la loi d'appel.

« Il n'est rien innové en ce qui touche les obligations « résultant pour les pères, mères, tuteurs et jeunes gens, « des dispositions des lois sur le recrutement.

---

1. Cet article est ainsi conçu : « Toutes fraudes ou manœuvres par « suite desquelles un jeune homme aura été omis sur les tableaux de « recensement seront déférées aux tribunaux ordinaires, et punies « d'un emprisonnement d'un mois à un an.

« Le jeune homme omis, s'il a été condamné comme auteur ou « complice desdites fraudes ou manœuvres, sera, à l'expiration de sa « peine, inscrit sur la liste du tirage ainsi que le prescrit l'article 11. »

« Art. 22. — L'article 463 du Code pénal est applicable « aux peines édictées par la présente loi [1].

« Art. 23. — Il sera fait, par les soins des maires des « arrondissements de Paris, une copie littérale des registres « de l'état civil des années 1860 à 1871 conservés dans les « mairies, et dont le double a été détruit dans l'incendie « du Palais de Justice.

« Chacun des actes recopiés sera signé par le maire ou « par l'un des adjoints. La signature du maire ou adjoint « sera précédée des mots : « Pour copie conforme, *en « remplacement de la minute détruite pendant l'insurrection « de* 1871. »

« Après l'achèvement du travail, les doubles colla- « tionnés seront déposés au greffe du tribunal civil.

« Il sera également fait par les soins des maires des « communes des arrondissements de Saint-Denis et de « Sceaux, une copie littérale des registres de l'état civil « dont l'un des doubles est resté en leur possession, copie « qui sera déposée au palais de Justice à l'effet de rem- « placer la copie incendiée.

« Art. 24. — Les registres destinés à recevoir les actes « transcrits ou refaits en exécution de la présente loi seront « exempts du timbre.

« Art. 25. — Les dépenses auxquelles donnera lieu « l'exécution de la présente loi seront supportées pour moitié « par l'État et pour moitié par la ville de Paris et par les « communes des arrondissements de Sceaux et de Saint- « Denis, en ce qui les concerne.

« Art. 26. — Un arrêté ministériel déterminera le mode « d'exécution de la présente loi et fixera les indemnités à « allouer aux officiers publics, en raison des obligations « qu'elle leur impose. »

VIII. Circulaire du ministre de la justice, relative à l'exécution de la loi du 12 février 1872. (30 avril 1872.)

« Monsieur le Maire,

« La loi du 12 février 1872, sur la reconstitution des « actes de l'état civil de Paris détruits par l'insurrection

---

1. V. *infrà*, n° 313, note 1.

« au mois de mai 1871, impose aux maires des obligations « dont il est nécessaire de bien déterminer la nature et « d'assurer l'accomplissement.

« Aux termes de l'article 6 de cette loi, toute personne « qui détient, à quelque titre que ce soit, un extrait authen- « tique d'un acte de l'état civil de Paris, antérieur à 1860, « ou dressé à la mairie du onzième arrondissement depuis « le 1er janvier 1870 jusqu'au 25 mai 1871, doit en effec- « tuer la remise ou l'envoi au dépôt central.

« Ce dépôt central a été établi à Paris, au palais de la « Bourse.

« Vous aurez donc à faire rechercher dans les archives « de votre mairie les actes de cette nature qui peuvent être « annexés à d'autres actes ou qui, pour toute autre cause, « pourraient s'y trouver. Vous aurez à examiner notam- « ment les annexes aux actes de mariage qui n'auraient « pas encore été transmises au greffe du tribunal de « votre arrondissement, conformément à l'article 44 du « Code civil. Vous pouvez trouver, parmi ces annexes, « des actes de naissance, de reconnaissance d'enfant « naturel ou de décès dressés à Paris.

« L'envoi des actes que vous aurez ainsi recueillis doit « être fait au dépôt central, dans l'année, à partir du jour « de la promulgation de la loi, c'est-à-dire avant le 25 « février 1873, la loi du 12 février 1872 ayant été promul- « guée par son insertion au *Journal officiel* du 25 février « dernier.

« La loi exige l'envoi de ces extraits authentiques, et « non de copies; vous n'aurez donc point à les faire « copier, c'est l'extrait authentique même qui doit être « adressé au dépôt central [1]. Cet envoi doit être fait en « franchise, conformément à l'article 15 de la loi du 12 « février 1872, qui dispense ces sortes d'envois de tous « frais de poste. Il sera bon de remplacer dans les dossiers « chaque extrait authentique que vous en aurez tiré, par « une fiche qui en relatera les énonciations principales, et « indiquera la date de l'envoi au dépôt central.

« L'article 9 de la loi du 12 février 1872 prescrit à « tout fonctionnaire de l'ordre administratif ou judiciaire

1. Cette disposition a été modifiée par l'article 3 de la loi du 3 août 1875. V. *infrà* XI (même numéro).

« d'effectuer la remise ou l'envoi au dépôt central de tout « extrait des actes de l'état civil de Paris qui lui sera remis « pour en faire usage, lorsque cet extrait ne sera pas revêtu « de l'estampille indiquant qu'il a déjà été soumis à la « commission chargée de la reconstitution des actes. Les « maires, officiers de l'état civil, sont évidemment au « nombre des fonctionnaires auxquels cette obligation est « imposée. Aux termes du même article, l'envoi de ces « extraits doit être fait dans le délai de trente jours. Ce « délai doit courir naturellement à partir du jour où il a « été fait usage de l'extrait déposé.

« Ainsi, Monsieur le Maire, lorsque, en vue d'un ma« riage à contracter, un extrait des actes de l'état civil de « Paris aura été déposé entre vos mains, vous devrez, « après avoir procédé au mariage, s'il y a lieu, envoyer « l'extrait au dépôt central. Dans ce cas encore, vous n'avez « pas à faire faire de copie, et c'est l'extrait lui-même que « vous devez envoyer dans le délai de trente jours. Comme « dans le cas précédent, il sera bon de remplacer momen« tanément l'extrait par une fiche reproduisant les énon« ciations principales et indiquant la date de l'envoi. Le « dépôt central vous enverra, dans le mois, un récépissé « que vous devrez annexer à l'acte de mariage, pour être « déposé, conformément à l'article 44 du Code civil, au « greffe du tribunal de votre arrondissement, avec le « double des registres dont le dépôt doit avoir lieu audit « greffe.

« Aux termes de l'article 6, 9e alinéa, de la loi du 12 « février 1872, dans les départements autres que celui de la « Seine, tout détenteur des extraits d'actes de l'état civil « ci-dessus mentionnés pourra en faire la remise à la « mairie de la commune où il se trouve. Il lui en sera « donné une copie dûment certifiée, qui servira de récé« pissé, et qui, plus tard, sera échangée gratuitement « contre une expédition sur papier libre, certifiée par la « commission, et qui fera la même foi que la pièce « déposée.

« Lorsque des extraits authentiques seront déposés à « votre mairie en exécution de cette disposition, vous « devrez donc en faire faire la copie, la certifier, la remet« tre au déposant à titre de récépissé, retenir l'extrait au« thentique et l'envoyer au dépôt central. La commission,

« après avoir examiné l'extrait et en avoir constaté l'au-
« thenticité, vous adressera, dans le mois, une expédition « sur papier libre, faisant la même foi que la pièce « déposée. Cette expédition sera remise par vous au déposant en échange de la copie que vous lui aurez délivrée « à titre provisoire.

« Il ne me reste plus qu'à vous parler des dispositions « de l'article 13, alinéas 3, 4 et 5, et de l'article 14 de la « loi du 12 février 1872. Dans les départements, toute « personne majeure, née ou ayant contracté mariage à Paris « ou dans les communes annexées, doit, dans le délai de « trois mois, à partir de la promulgation de la loi, se présenter devant l'officier de l'état civil du lieu de son « domicile ou de sa résidence, pour y faire une déclaration sur son état civil. Les père et mère d'enfant naturel devront faire semblable déclaration. La déclaration, « pour les mineurs, les femmes mariées et les autres incapables sera faite par les tuteurs, maris ou représentants « légaux.

« Les trois mois impartis pour faire ces déclarations « expirant le 25 mai prochain, je vous invite, Monsieur le « Maire, à faire publier dans votre commune, en la forme « accoutumée, et au moins à deux reprises différentes, les « dispositions que je viens de vous rappeler.

« L'article 14 de la loi du 12 février 1872 s'occupe de « la rédaction des déclarations que vous êtes appelé à « recueillir. Elles contiendront les mentions essentielles « aux divers actes de l'état civil qu'elles auront pour objet « de reproduire. Il y sera dit si la trace peut en être « retrouvée dans les registres tenus par les ministres des « différents cultes. Il vous appartient, Monsieur le Maire, « d'interpeller les déclarants, et de les interroger avec « soin pour obtenir d'eux ces précieux renseignements. La « personne comparante devra signer, ainsi que vous, la « déclaration.

« Les déclarations seront adressées par vous au dépôt « central, avec copie ou extrait des pièces présentées à « l'appui. Cet envoi sera fait en franchise.

« Vous donnerez au déclarant un certificat constatant la « déclaration faite par lui.

« La commission a rédigé, pour la réception des déclarations, des formules que vous trouverez à la suite de

« cette circulaire [1]. Je vous invite à vous y conformer. Ce « sera un excellent moyen de donner l'uniformité néces- « saire à la grande et difficile opération de la reconstitu- « tion des actes, dont vous appréciez certainement l'impor- « tance, et à laquelle vous apporterez, je n'en doute pas, « un concours actif et éclairé. »

IX. Arrêté du ministre de la justice fixant les indemnités dues aux officiers publics pour la recherche et l'envoi des extraits des actes de l'état civil de Paris. (6 mai 1872.)

« Le Garde des sceaux, ministre de la justice ;

« Vu la loi du 12 février 1872 relative à la reconstitu- « tion des actes de l'état civil de Paris ;

« Considérant que, conformément à l'article 26 de la- « dite loi, il y a lieu de fixer les indemnités à allouer aux « officiers publics en raison des obligations que la loi leur « impose ;

« Après avoir pris l'avis de la commission chargée de « la reconstitution des actes de l'état civil ;

ARRÊTE :

« Art. 1er. — L'indemnité due aux greffiers des tribu- « naux civils pour la recherche des extraits authentiques « des actes de l'état civil de Paris, prescrite par l'article 6, « 1er paragraphe, de la loi du 12 février 1872, est fixée à « un demi-centime pour chaque liasse de pièces annexées « aux actes de mariage et déposées au greffe, en exécution « de l'article 44 du Code civil. Les pièces annexées à « chaque acte de mariage seront considérées comme for- « mant une liasse. Le greffier constatera, en présence du « Procureur de la République, l'existence dans les archi- « ves de son greffe desdites liasses. Le procès-verbal sera « signé par le Procureur de la République et par le « greffier.

« Art. 2. — Les greffiers auront droit, en outre, à un « centime par chaque extrait authentique tiré des liasses « et envoyé au dépôt central à Paris, conformément à l'ar- « ticle 6 précité, 1er paragraphe.

---

1. V. ces formules à la suite du Formulaire des actes, 3e partie § 1er, no 75.

« Art. 3. — Les greffiers des tribunaux civils et des « justices de paix auront droit à quinze centimes pour « chaque copie d'acte de naissance, de reconnaissance « d'enfant naturel et de décès, et à trente centimes pour « chaque copie d'acte de mariage délivrée à titre de récé- « pissé aux détenteurs d'extraits authentiques qui en auront « effectué le dépôt conformément à l'article 6, 9e para- « graphe de la loi du 12 février 1872.

« Art. 4. — Il est alloué aux notaires à titre d'indemnité « pour les copies sur le papier libre qu'ils doivent délivrer « pour être remises au dépôt central, conformément à l'ar- « ticle 12 de la loi précitée, quinze centimes par acte de « naissance, de reconnaissance d'enfant naturel et de « décès, et trente centimes par acte de mariage. »

X. Loi relative à la reconstitution des actes de l'état civil de Paris et des communes y annexées. (5 juin 1875.)

« L'Assemblée nationale a adopté la loi dont la teneur « suit :

« Art. 1er. — L'article 19 de la loi du 12 février 1872 « est abrogé pour tous les cas prévus aux articles 6, 11 et « 13 de ladite loi.

« Art. 2. — A partir de la promulgation de la présente « loi, il sera perçu sur les expéditions des extraits authen- « tiques déposés, en exécution de la loi du 12 février 1872, « postérieurement au 31 décembre 1874, un droit fixe de « un franc vingt centimes en sus des droits ordinaires de « timbre et d'expédition.

« Art. 3. — A partir de la même époque, les mêmes « droits seront perçus sur les expéditions des actes recons- « titués d'office ou sur la demande des parties intéressées.

« Art. 4. — Les expéditions des extraits authentiques « déposés antérieurement au 31 décembre 1874 continue- « ront à être délivrées gratuitement et sur papier libre, « conformément à l'article 6 de la loi du 12 février 1872, « mais seulement lorsqu'elles auront été réclamées dans le « mois qui suivra la promulgation de la présente loi.

« Passé ce délai, elles seront soumises au droit fixe de « un franc vingt centimes en sus des droits ordinaires de « timbre et d'expédition.

« Art. 5. — Les sommes produites par le droit fixe de « un franc vingt centimes perçu en vertu des dispositions « qui précèdent seront versées à la caisse municipale et « viendront en déduction des dépenses de reconstitution « des actes de l'état civil. »

XI. Loi qui modifie certaines dispositions de la loi du 12 février 1872, précitée. (3 août 1875.)

« L'Assemblée nationale a adopté la loi dont la teneur « suit :

« Art. 1er. — Les articles 2, 8 et 12 de la loi du 12 fé- « vrier 1872 sont interprétés ou modifiés ainsi qu'il est « dit dans les articles suivants :

« Art. 2. — La commission instituée par l'article 2 de la- « dite loi pourra reconstituer les actes de l'état civil sur la « simple déclaration des parties ou des tiers, confirmée « par celle d'autres personnes qui seront entendues comme « témoins.

« Les dispositions pénales du troisième paragraphe de « l'article 20 seront applicables aux témoins comme aux « déclarants.

« Art. 3. — La commission pourra, par une délibération « spéciale et motivée, dispenser les administrations et « établissements publics de remettre au dépôt central les « extraits authentiques dont ils sont détenteurs, à la charge « d'en délivrer, sur papier libre, une copie certifiée con- « forme.

« La même dispense pourra être accordée à des parti- « culiers.

« Art. 4. — Les notaires devront rechercher d'office les « extraits d'actes de l'état civil déposés pour minutes dans « leurs études ou annexés à d'autres actes, et en adresser « copie, certifiée par eux, au dépôt central, dans le délai « d'un an, à compter de la promulgation de la présente « loi.

« Les chambres de discipline sont chargées de veiller à « l'exécution de la présente disposition[1]. »

---

1. V. Circ. min. Just. 29 octobre 1875 et 9 avril 1877.

CHAPITRE VIII.

DES EXTRAITS DES REGISTRES.

SECTION I.

De la délivrance des extraits et de leur contenu.

198. Toute personne pourra se faire délivrer par les dépositaires des registres de l'état civil, des extraits de ces registres [1].

Par *dépositaires*, la loi entend les maires, adjoints et les greffiers, et non les employés auxquels ils en confient la rédaction et la garde, sous leur surveillance et leur responsabilité personnelle [2].

199. Les greffiers et dépositaires des registres publics en délivreront, *sans ordonnance de justice*, expédition, copie ou extrait, *à tous requérants*, à la charge de leurs droits, à peine de *dépens, dommages et intérêts* [3].

200. Les extraits des registres ne pourront être délivrés que sur papier timbré, du format appelé *moyen papier, dont le prix est fixé à un franc quatre-vingts centimes* par la loi du 23 août 1871 [4], sauf dans les cas prévus par la loi [5];

---

1. C. civ., art. 45. — L'ordonnance de 1667, tit. XX, art. 18, permettait de délivrer des actes de l'état civil à toutes personnes qui en auraient besoin. La déclaration du 9 avril 1736, art. 33, restreignit cette faculté aux personnes qui auraient le droit de lever ces actes. Cette disposition fut ensuite modifiée et établie d'une manière définitive et absolue par l'article 18, tit. II, de la loi du 20 sept. 1792 et par l'article 45 du Code civil. — « Les lois qui semblaient avoir « limité cette faculté (disait Thibaudeau) étaient injustes : l'état civil « des hommes doit être *public*, et il y avait de l'inconvénient à laisser « les officiers civils juges des motifs sur lesquels pouvait être fondée « la demande d'une expédition. » (Exp. des motifs.) V. *infrà*, n° 267.
2. V. *infrà*, n°s 207 et 299.
3. C. pr. civ., art. 853.
4. V. *infrà*, n°s 243, 8° (2e alinéa), 305 et suiv.
5. *Ibid.*, n° 244.

et ils ne pourront contenir plus de vingt-cinq lignes par page[1].

201. Ils ne pourront être délivrés en forme de *certificats*, le mot *extrait* s'appliquant aux registres et non aux actes[2].

202. Ces extraits doivent être conformes aux registres, c'est-à-dire qu'ils doivent contenir la teneur *littérale et fidèle* des actes que l'on expédie[3], ainsi que des mentions qui peuvent se trouver en marge de ces actes.

En outre, ils doivent être écrits sans aucun blanc, sans surcharges ni abréviations; aucune date n'y doit être mise en chiffres; et ils doivent être collationnés avec le plus grand soin avant d'être signés. S'il y a erreur sur la minute, l'erreur doit être copiée; si l'erreur est assez grave pour entraver les affaires des parties requérantes, celles-ci peuvent en demander la rectification[4].

Lorsque des mentions existeront en marge de l'acte elles seront rapportées à la suite de l'expédition qui en sera faite; dans ce cas, on ajoutera ces mots: « En marge est écrit » :...(ou : « En marge se trouve cette mention »:...). Si une seconde mention vient rectifier la première, toutes les deux seront copiées[5].

L'approbation des renvois et des mots nuls existant dans les extraits doit être signée de la même manière que le corps de l'acte, c'est-à-dire en toutes lettres; et le cachet doit être apposé à gauche de la signature, à la fin de chaque extrait.

---

1. V. *infrà*, nº 307.
2. Inst. de la dir. gén. de l'enreg. 24 mars 1866. — L'usage suivi à Paris et dans quelques départements de délivrer, en dehors des cas spécialement prévus par la législation, sur papier non timbré des bulletins de l'état civil, revêtus du sceau de la mairie ou de l'empreinte d'une griffe figurant la signature de l'officier de l'état civil, constitue une contravention aux lois fiscales. (Lettre du min. Just. au préfet de la Seine, 9 avril 1880. — 106, B., 79. *Bull. off.*, p. 91. Déc. min. Fin. 21 janvier 1879.)
3. Le mot *expédition*, pris dans ce sens, est la transcription d'un acte inscrit sur les registres; aussi est-ce à tort qu'on le confond avec le mot *extrait* qui ne s'applique qu'aux registres ou avec le mot *copie* qui s'applique, en général, à toute transcription de titres et pièces quelconques. — Ces extraits doivent être écrits et signés lisiblement. [Cir. min. Just. 30 juillet 1850 (*Bull. off. Just.*, t. II, p. 144) et 21 mai 1861 (*Bull. off. Just.*, t. II, p. 508).]
4. Lettre G. des sc. 20 fév. 1814.
5. Avis Cons. d'Ét. 4 mars 1808. V. *suprà*, nº 146.

203. Toute modification ou suppression est interdite dans les expéditions d'actes anciens : on doit même y laisser subsister la mention des cérémonies de baptême[1], ainsi que des qualifications féodales, malgré les lois qui les ont proscrites[2].

204. L'expédition d'un acte qui n'est pas revêtu de la signature de l'officier de l'état civil, doit être délivrée à la partie qui la réclame en l'état où cet acte se trouve, sauf à celle-ci à se pourvoir, par les voies judiciaires, pour obtenir la rectification[3].

205. Les officiers de l'état civil et les greffiers ont aussi le droit de délivrer des copies conformes aux expéditions produites à l'appui des actes inscrits sur les registres. Ces copies doivent être faites littéralement et mention doit y être faite de la nature et de la date des actes auxquels lesdites expéditions sont annexées, de la commune sur les registres de laquelle ces actes ont été inscrits, ainsi que de la date de leur inscription, afin qu'on puisse retrouver au besoin le dossier auquel se réfère la copie délivrée[4].

206. Les notaires ne peuvent délivrer copie des expéditions d'actes de l'état civil qui leur auront été déposées pour minutes, ou qui se trouvent annexées à leurs minutes. En conséquence, les officiers de l'état civil ne recevront aucune copie de ce genre lorsqu'ils procéderont à un mariage ou à tout autre acte de leur ministère. Ainsi l'a décidé M. le ministre de la justice par une circulaire adressée aux procureurs généraux, le 23 mai 1862, laquelle est ainsi conçue :

« La régularité des registres de l'état civil intéresse au « plus haut degré l'ordre public.

« Depuis le rétablissement de l'article 259 du Code pé« nal qui punit les usurpations de titres et de distinctions « honorifiques, ces registres ont acquis une importance « plus grande encore ; il est donc essentiel qu'ils soient te« nus avec la plus scrupuleuse exactitude, et le ministère

---

1. Circ. min. Just. 21 avril 1806. — Gillet, p. 86.
2. Coin-Delisle, sur l'article 45 ; Desclozeaux, *Encycl. du dr.*, v° *Actes de l'ét. civ.*, n° 96.
3. Décis. min. Just. 28 floréal an XIII.
4. Décis. min. Just. oct. 1848.

« ne saurait apporter trop de soin à leur vérification. Vous « voudrez bien rappeler à vos substituts que je compte en « ce point sur toute leur vigilance [1].

« Mais l'intérêt privé se montre trop souvent habile à « déjouer l'active surveillance des magistrats. J'ai récem- « ment été appelé à constater à quelle fraude une pratique « vicieuse pouvait conduire. Plusieurs personnes, au lieu « de produire des extraits d'actes de l'état civil tirés des « registres eux-mêmes et dressés, soit par le greffier, soit « par le maire de la commune, ont imaginé le moyen le « plus criminel de tromper la justice. Après s'être fait dé- « livrer, par les officiers compétents, les extraits des regis- « tres, elles n'ont pas craint de falsifier ces extraits, d'y « introduire un nom, un titre, une particule ; elles ont en- « suite déposé ces pièces, ainsi altérées, chez des notaires « qui, sur leur demande, leur ont délivré des expéditions « entachées de toutes les falsifications imaginées par les « déposants.

« Sans rechercher si les notaires peuvent recevoir l'ex- « pédition d'un acte de l'état civil, pour la déposer comme « minute au rang des actes de leur étude et en délivrer des « copies en conformité de l'article 21 de la loi du 25 ven- « tôse an XI, je n'hésite pas, en condamnant cette pratique « comme dangereuse et contraire à l'esprit de la loi, à pen- « ser que de pareilles copies ne peuvent avoir aucune foi « en justice, et qu'elles ne peuvent être admises, comme « pièces probantes, à l'appui d'aucune demande, soit judi- « ciaire, soit administrative ; simples copies de copies, « elles ne doivent, suivant les circonstances, être considé- « rées que comme de *simples renseignements* [2].

« En conséquence, je vous prie, Monsieur le Procureur « général : 1° de signaler aux chambres des notaires de « votre ressort le danger qui s'attache au dépôt dans leurs « offices d'extraits d'actes de l'état civil, dont ils ne peu- « vent reconnaître ni l'exactitude ni la sincérité, et l'abus « criminel qu'on peut faire des expéditions délivrées par « eux ;

« 2° D'inviter vos substituts à rejeter de tous dossiers,

---

1. Consulter les circulaires des 19 juin 1858, 22 nov. 1859 et 22 juillet 1874, relatives aux usurpations de noms et de titres, ainsi qu'aux mentions inexactes inscrites dans les actes de l'état civil.

2. Art. 135, § 4, C. civ.

« concernant les demandes soumises à leur examen, soit « judiciairement, soit administrativement, des copies délivrées par les notaires, et de n'admettre que les expéditions, en bonne forme, dressées sur les registres originaux par les greffiers et par les maires ;

« 3° Enfin, de prescrire aux *maires* de ne recevoir aucune copie de ce genre lorsqu'ils procéderont à un mariage ou à tout autre acte de leur ministère. »

207. Les employés attachés aux mairies sous la qualification de secrétaires n'ont aucun caractère public ; ils ne peuvent rendre authentique aucun acte, aucune expédition ni aucun extrait des actes de l'autorité, et notamment les expéditions des actes de l'état civil, qui ne peuvent être délivrées que par le fonctionnaire public dépositaire des registres. Aucun acte délivré par les employés des mairies ne sera légalisé par les présidents des tribunaux [1].

Il leur est expressément interdit de délivrer des extraits des registres, sous peine d'être poursuivis, soit d'office, soit par les parties qui n'en pourraient faire usage [2].

A l'égard des extraits délivrés par les employés dits secrétaires ou secrétaires généraux de mairie, depuis la loi du 28 pluviôse an VIII jusqu'au jour de la publication de l'avis du Conseil d'État du 6 juin 1807, approuvé au camp impérial de Tilsit, le 2 juillet suivant, ils doivent être considérés comme *authentiques*, s'ils sont revêtus de la légalisation indiquée en l'avis du Conseil d'État susénoncé et dont la teneur suit :

« Le Conseil d'État, qui a pris connaissance d'un rapport fait à Sa Majesté l'Empereur et Roi par le ministre « de l'intérieur, et par lequel ce ministre demande que le « Conseil d'État prononce sur la validité des extraits des « registres de l'état civil et des actes de mairie délivrés « et certifiés par des employés des mairies, qualifiés de « secrétaires ;

« Considérant : 1° que la loi du 28 pluviôse an VIII n'a « point recréé les secrétaires des administrations municipales supprimées, ni donné de signature publique à aucun des employés des mairies actuelles, et que consé-

1. Circ. min. Int. 30 juillet 1807; circ. min. Just. 27 août 1807.
2. *Ibid.* — V. Circ. min. Inst. publ. 24 juillet 1875, relative au cumul des fonctions d'instituteur et de secrétaire de mairie.

« quemment ces employés ne peuvent rendre authentiques « aucun acte, aucune expédition ni aucun extrait des actes « des autorités, parce qu'il est de principe que personne « n'a de caractère public qu'autant que la loi le lui a con- « féré ;

« 2° Que néanmoins, et depuis la loi du 28 pluviôse, il a « été délivré un grand nombre d'extraits des registres de « l'état civil, sous le certificat et la signature d'employés « qui se qualifient de *secrétaires* ou de *secrétaires généraux* « de mairie; que plusieurs de ces actes ont été reçus en « justice, et ont servi de base ou de pièces justificatives à « des jugements, ou à des procédures non terminées, qui « seraient dans le cas d'être recommencées si ces extraits « n'étaient pas admis comme authentiques;

« 3° Que ces extraits ont été délivrés par ces employés « et reçus par les parties avec bonne foi de part et d'autre; « de la part des employés, qui ont pu conclure de quelques « actes du Gouvernement qu'on leur reconnaissait un ca- « ractère public ; de la part des parties, qui pouvaient d'au- « tant moins reconnaître l'erreur commune, que la très- « grande majorité de ces extraits ont été légalisés, soit par « les présidents des tribunaux de première instance depuis « la loi du 20 ventôse an XI, soit antérieurement par les « préfets des départements, ou les autres fonctionnaires « qui les remplaçaient en cas d'absence ou d'empêche- « ment ;

« 4° Et qu'enfin de tout temps, et dans toutes les légis- « lations, l'erreur commune et la bonne foi ont suffi pour « couvrir, dans les actes et même dans les jugements, des « irrégularités que les parties n'avaient pu ni prévoir ni « empêcher ;

« Est d'avis :

« 1° Que tous les extraits des registres des actes de l'état « civil délivrés depuis la loi du 28 pluviôse an VIII, sous « le certificat et la signature des employés dits *secrétaires* « ou *secrétaires généraux* de mairie, jusqu'au jour de la « publication du présent avis, doivent être considérés « comme *authentiques*, si cette signature a été, avant cette « dernière époque, légalisée soit par les maires et les pré- « fets de département avant la loi du 20 ventôse an XI, « soit depuis par les présidents des tribunaux de première « instance, ou par les fonctionnaires publics qui rem-

« plissaient momentanément les fonctions des uns et des « autres, sauf les inscriptions en faux en cas de droit ;

« 2° Que le ministre de l'intérieur doit rappeler de nou- « veau, par une instruction, que les employés des mairies « qui se qualifient de *secrétaires* ou de *secrétaires généraux* « n'ont point de caractère public ; qu'ils ne peuvent rendre « authentique aucun acte, aucune expédition ni aucun ex- « trait des actes des autorités; que, notamment, les extraits « des actes de l'état civil ne peuvent être délivrés que par « le fonctionnaire public dépositaire des registres ;

« 3° Et qu'en général, et pour prévenir toute équivoque à « l'avenir, le ministre doit rappeler aux maires que, dans « les actes où l'administrateur est le seul responsable, sa « signature seule est nécessaire, et qu'il ne doit point y en « être apposé d'autres ;

« 4° Que le présent avis soit inséré au *Bulletin des lois*. ».

En exécution de l'avis du Conseil d'État qui précède, le ministre de l'intérieur adressa, le 30 juillet 1807, aux préfets des départements, la circulaire suivante :

« J'ai rendu compte au Gouvernement de l'usage abusif « dans lequel sont les employés de mairies, qualifiés de « secrétaires, non-seulement d'apposer leur signature aux « différents actes faits par les maires, mais même d'en « délivrer des expéditions en leur nom, et notamment des « actes de l'état civil, sous la légalisation des maires ou des « adjoints qui les remplacent, seuls fonctionnaires muni- « cipaux dont la signature soit publique.

« D'après un avis du Conseil d'État, approuvé le 2 de « ce mois, je dois vous rappeler que les employés des mai- « ries, qui se qualifient de *secrétaires* ou de *secrétaires géné-* « *raux* n'ont point de caractère public ; que conséquemment « ils ne peuvent rendre authentique aucun acte, aucune « expédition, ni aucun extrait des actes des autorités ; que « notamment les extraits des actes de l'état civil ne doivent « être délivrés que par le fonctionnaire public qui est dé- « positaire des registres ; et qu'enfin les maires étant seuls « responsables des actes de leur administration, leur signa- « ture seule est nécessaire, et qu'il ne doit point y en être « apposé d'autres.

« Je vous invite à recommander aux maires de se con- « former scrupuleusement à ces principes. Vous leur ferez « observer, d'ailleurs, que les actes de l'état civil délivrés

« par des employés de mairies ne seront plus légalisés p
« les présidents des tribunaux. Les employés qui se per
« mettraient d'apposer encore leur signature à des acte
« quelconques d'administration seraient donc répréhens·
« bles, et susceptibles d'être poursuivis, soit d'office, so
« par les parties qui n'auraient pu faire usage de ces acte

« Il reste encore, relativement à l'état civil, un vice
« réformer. Dans beaucoup de villes, un adjoint au mair
« est chargé de l'état civil, et il fait les actes en son no
« quoique le maire soit présent. L'adjoint ne peut remp
« cette fonction qu'en vertu d'une délégation *spéciale* d
« maire, parce que ce dernier est *seul* administrateur
« officier de l'état civil chargé du dépôt des registres ; p
« cette raison, l'acte est vicieux, ainsi que les expéditio
« ou extraits qu'on en délivre, s'il n'y est pas fait menti
« de la délégation faite par le maire.

« Veuillez faire aux maires, pour l'exécution de c
« différentes dispositions, toutes les injonctions nécess
« res. Vous leur ferez observer, en même temps, que
« prohibition faite aux secrétaires de mairies, concerna
« tous les actes des maires, doit avoir son effet, malg
« toutes les instructions, avis ou modèles donnés antérie
« rement sur cet objet. »

SECTION II.

Des droits d'expédition des actes de l'état civil.

208. Les droits à percevoir pour expédition d'actes l'état civil avaient été primitivement fixés par les lois d 20 septembre et 21 décembre 1792 et 3 ventôse an I Ces droits furent définitivement établis par un déc impérial en date, au camp de Kœnigsberg, du 12 ju let 1807.

Aux termes de ce décret, il doit être perçu par les o ciers de l'état civil, savoir :

1° Pour chaque expédition d'un acte de *naissance*, de *cès* ou de *publication de mariage :*

Dans les villes au-dessous de 50,000 âmes	0f 30c
Dans celles de 50,000 âmes et au-dessus.	0 50
A Paris	0 75

2° Pour chaque expédition d'un acte de *mariage*, d'*adoption* ou de *divorce :*

Dans les villes au-dessous de 50,000 âmes	0f 60c
Dans celles de 50,000 âmes et au-dessus.	1 00
A Paris	1 50

Indépendamment de ces droits, les officiers de l'état civil doivent percevoir : 1° le prix de la feuille de papier timbré (1 fr. 80 c.)[1]; 2° le coût de la légalisation (25 cent.)[2], lorsque cette formalité sera nécessaire, ou 20 centimes si l'expédition est requise pour un mariage entre indigents[3]; et 3° les droits d'enregistrement, lorsque l'expédition sera assujettie à cette formalité[4].

209. La taxe des expéditions des actes de l'état civil requises pour le mariage des indigents, la légitimation ou le retrait de leurs enfants naturels déposés dans les hospices, a été réduite, quels que soient les détenteurs de ces pièces, à 30 centimes lorsqu'il n'y aura pas lieu à légalisation, à 50 centimes lorsque cette dernière formalité devra être remplie. Mais, si cette légalisation est donnée par un juge de paix, il ne doit être perçu que 30 centimes, les greffiers de justice de paix ne pouvant exiger, dans ce cas, le droit de légalisation[5].

Ces expéditions mentionneront expressément qu'elles sont destinées à servir à la célébration du mariage entre indigents, à la légitimation ou au retrait de leurs enfants naturels déposés dans les hospices.

Elles ne pourront servir à autres fins, sous peine de 25 francs d'amende, outre le paiement des droits, contre ceux qui en auront fait usage, ou qui les auront indûment délivrées ou reçues.

Le recouvrement des droits et des amendes de contravention sera poursuivi par voie de contrainte, comme en matière d'enregistrement[6].

---

1. V. *suprà*, n° 200.
2. V. *infrà*, n° 227.
3. *Ibid.*, n° 209.
4. *Ibid.*, n° 253.
5. Lois des 10 déc. 1850, art. 5, et 20 avril 1861, art. 3, 2e alinéa. V. *infrà*, n° 227, dernier alinéa.
6. Loi du 10 déc. 1850, art. 7.

210. Il est défendu d'exiger d'autres taxes et droits que ceux fixés par la loi, à peine de concussion[1].

211. Le décret précité du 12 juillet 1807 doit être constamment affiché en *placard* et en *gros caractères*, dans chacun des bureaux ou lieux où les déclarations relatives à l'état civil sont reçues, et dans tous les dépôts des registres[2].

212. Le produit des expéditions des actes de l'état civil constitue une des recettes ordinaires des communes[3].

Un registre doit être tenu pour l'inscription des sommes reçues, avec l'indication de la nature des actes. A l'expiration de chaque trimestre, un extrait de ce registre doit être remis, en même temps que les sommes reçues, au receveur municipal qui le joint à son compte comme justification de recette.

Ce produit ne peut jamais être abandonné aux employés ou secrétaires de mairie.

Une circulaire de M. le ministre de l'intérieur, adressée aux préfets le 16 août 1880, contient ce qui suit :

« Monsieur le Préfet, aux termes de la loi du 18 juil« let 1837 (art. 31, § 11) et du décret du 31 mai 1862, sur « la comptabilité publique (art. 484, § 12), le produit des « expéditions des actes administratifs et des actes de l'état « civil fait partie des recettes ordinaires des communes.

« Contrairement à ces dispositions, ce produit ne figure « pas parmi les recettes ordinaires de certaines commu« nes ; il n'est même pas prévu aux budgets, et il est « abandonné aux secrétaires ou aux employés des mai« ries, à titre de supplément de traitement ou de gratifi« cations.

« Il importe, Monsieur le Préfet, d'éviter le retour de « ces irrégularités. Vous devrez en conséquence, en ré« glant les budgets des communes de votre département, « vous assurer que, conformément aux prescriptions des « circulaires ministérielles des 26 mai 1808 et 16 juin 1842, « les droits d'expéditions dont il s'agit figurent en recette

---

1. Déc. 12 juillet 1807, art. 4, § 1. V. *infrà*, n° 271.
2. *Ibid.*, art. 5 ; circ. min. Int. aux préfets, 6 août 1807.
3. Loi du 18 janv. 1837, art. 31, n° 11 ; déc. 31 mai 1862, art. 484, § 12.

« auxdits budgets, afin que la perception s'effectue au profit des caisses municipales et non des employés des mairies [1]. »

213. En sus des droits ordinaires de timbre et d'expédition, il sera perçu par les officiers de l'état civil de la ville de Paris, un droit fixe de 1 fr. 20 c. tant sur les expéditions des extraits authentiques déposés, en exécution de la loi du 12 février 1872, postérieurement au 31 décembre 1874, que sur les expéditions des actes reconstitués d'office ou sur la demande des parties intéressées [2].

214. Les sommes produites par ce droit fixe seront versées à la caisse municipale et viendront en déduction des dépenses de reconstitution des actes de l'état civil [3].

215. Il n'est dû aucun droit pour les deux publications de mariage qui se font dans chacune des municipalités où résident les parties, parce que ces publications sont dans les devoirs gratuits des officiers publics, comme la réception de toute autre déclaration en matière d'état civil; mais les parties doivent rembourser le prix du timbre de chaque affiche, s'il est décidé que ces affiches doivent être sur papier timbré.

Les parties ne doivent, relativement à ces publications et affiches, aucun droit d'expédition à la municipalité où le mariage doit être proclamé, puisque cette expédition n'est pas nécessaire et n'est pas délivrée pour cette proclamation ; mais elles doivent payer cette expédition pour chacune des autres municipalités où les publications et affiches ont eu lieu, parce qu'elle leur est effectivement délivrée pour les mettre à portée de justifier à celle où le mariage doit être proclamé, que ces formalités ont été remplies dans les autres communes où les parties résident, ou ont résidé depuis moins de six mois [4].

---

1. Il avait déjà été recommandé aux préfets de veiller à ce que les maires inscrivissent, dans chaque budget, le produit présumé de la délivrance des expéditions d'actes de l'état civil. (Circ. min. Int., 20 avril 1807.)
2. Loi du 12 fév. 1872, art. 2 et 3.
3. *Ibid.*, art. 5.
4. Circ. min. Int. aux préfets, 6 août 1807.

SECTION III.

Des expéditions d'actes de l'état civil non soumises aux droits.

216. Les expéditions d'actes de l'état civil non soumises aux droits sont celles exemptes du droit de timbre[1], sauf l'exception indiquée *suprà*, n° 209. En effet, en exonérant ces expéditions du droit de timbre, la pensée du législateur a été qu'elles fussent délivrées *sans frais*; c'est pourquoi nous sommes d'avis que les officiers de l'état civil ne doivent, dans ce cas, réclamer aucun droit d'expédition; il est regrettable que les indigents surtout n'aient pas été exonérés de ce droit.

SECTION IV.

Des droits de recherche et de greffe concernant les expéditions d'actes de l'état civil.

217. Il est expressément interdit aux secrétaires et employés de mairie de percevoir aucun droit pour recherche dans les registres de l'état civil [2]. Toute infraction à cette prescription serait considérée comme une concussion[3].

218. Le droit de greffe n'est pas dû sur les expéditions d'actes de l'état civil délivrées par les greffiers des tribunaux de première instance[4].

219. Les greffiers ne pourront exiger aucun droit de recherche des actes, jugements et ordonnances faits ou rendus *dans l'année*, ni de ceux dont ils feront les expéditions; mais, lorsqu'il n'y aura pas d'expéditions, il leur est attribué un droit de recherche qui demeure fixé à 50 centimes pour la première année indiquée[5], et à 25 centimes pour chacune des années suivantes[6].

1. V. *infrà*, n° 244.
2. Circ. min. Just. 10 mars 1812; lettre min. Just. 27 juin 1839.
3. V. *infrà*, n° 271.
4. Décis. min. Fin. 2 janvier 1836; I. G. 1,528, § 22.
5. Loi du 21 vent. an VII, art. 14; déc. 24 mai 1854, art. 9.
6. Décret précité, art. 9.

220. Le droit de recherche alloué aux greffiers par l'article 14 de la loi du 21 ventôse an VII est supprimé en ce qui concerne l'application de la loi du 10 décembre 1850, relative au mariage des indigents, à la légitimation de leurs enfants naturels et au retrait de ces enfants déposés dans les hospices [1].

SECTION V.

De la foi due aux expéditions d'actes de l'état civil.

221. Les extraits délivrés *conformes* aux registres, et légalisés par le président du tribunal de première instance, par le juge qui le remplace, ou par un juge de paix, *font foi jusqu'à inscription de faux* [2].

C'est avec intention que cet article ne parle que de la foi due aux extraits et non point de celle due aux actes [3]. Par là, il exprime d'une manière précise qu'il n'y a point lieu de distinguer ce qui est de l'essence de l'acte ou ce qui est accidentel, ce qui est direct ou énonciatif [4]. Ainsi, les tribunaux ne peuvent admettre la preuve testimoniale outre et contre ce qui y est contenu [5].

En effet, les mots *délivrés conformes aux registres* sont synonymes de ceux-ci : *certifiés, affirmés conformes aux registres* par le dépositaire qui les délivre. Cette affirmation mérite tout autant de confiance que les énonciations qui ont été insérées sur le registre même. Elle émane, comme elles, d'un officier public : donc, de même qu'à ces énonciations, foi lui est due jusqu'à inscription de faux. Si la loi exige que les extraits soient délivrés par l'officier public lui-même, et que sa signature soit légalisée, c'est précisément parce qu'elle veut qu'ils fassent foi par eux-mêmes, et indépendamment des registres d'où ils sont tirés [6].

---

1. Loi du 10 déc. 1850, art. 5, 2e alinéa.
2. C. civ., art. 45; loi du 20 avril 1861, art. 1er. — V. *infrà*, no 226. V. art. 214 et suiv. du C. de pr.
3. V. *suprà*, no 75.
4. Coin-Delisle, sur l'article 45. — V. C. civ., art. 1334 et 1335.
5. Locré, t. II, p. 56.
6. Mourlon, t. I, no 264; Marcadé, sur l'article 45; Demante, t. I, no 90 *bis*, 1 et 2; Bonnain, *Traité des preuves*, no 794; Aubry et Rau, t. I, § 65, note 7; Demolombe, t. I, no 318. — Cass. 17 mess. an X. —

222. Les extraits des registres tenus aux colonies par les curés et desservants antérieurement au décret d'abolition de l'esclavage (27 avril 1848), auront la même foi que ceux des autres registres de l'état civil[1].

D'où il faut conclure que la disposition de l'article 1334 du C. civ. n'est pas applicable aux extraits des registres de l'état civil. *Contrà:* Duranton, t. I, p. 222, n° 299; Richelot, t. I, n° 152; Vazeille, *Du Mariage,* t. I, n° 299; Rieff, n° 66.

1. Loi des 6-15 déc. 1850, art. 1er. V. *suprà,* n° 173, note 2.

CHAPITRE IX.

DE LA LÉGALISATION.

SECTION I.

De la légalisation des expéditions d'actes de l'état civil.

223. *Définition de la légalisation.* — La légalisation est l'attestation donnée par un fonctionnaire public, auquel la loi a conféré ce droit, que la signature qu'il légalise émane réellement de l'officier public qui l'a apposée.

Son but est de garantir l'*authenticité* de cette signature et non celle de l'acte[1].

224. Par analogie aux dispositions de l'article 49 de la loi du 25 ventôse an XI, sur le notariat, les officiers de l'état civil doivent, avant d'entrer en fonctions, déposer leurs signatures et leurs paraphes au greffe de chaque tribunal de première instance de leur département.

Ceux qui exercent leurs fonctions en dehors du chef-lieu du ressort d'un tribunal de première instance doivent également faire ce dépôt au greffe de la justice de paix de leur canton.

Ces actes de dépôt seront portés sur un registre spécial ouvert au greffe de chaque justice de paix; ce registre sera sur papier non timbré (art. 16, § 2, de la loi du 13 brumaire an VII); il sera coté par le juge de paix, qui veillera à ce qu'il soit ouvert et tenu avec exactitude.

1. Toullier, t. VIII, p. 58; Dalloz, t. X, p. 668, nº 69; Roll., vº *Légalisation*, nº 2. — Cass. 22 oct. 1812. — Les signatures des fonctionnaires doivent être lisibles, notamment celles apposées sur les actes dont l'authenticité doit être incontestable. Une signature apposée avec peu de soin semble dénoter d'ailleurs qu'on n'attache pas suffisamment d'importance à l'acte en lui-même. Circ. min. Int. aux préfets, 6 juillet 1875.

Le greffier ne pourra réclamer aucune rétribution pour l'acte de dépôt [1].

225. Les expéditions d'actes de l'état civil dont il sera fait usage hors de l'arrondissement dans lequel elles auront été délivrées, devront être légalisées soit par le président du tribunal de première instance, soit par le juge qui le remplacera [2].

226. Les juges de paix qui ne siégent pas au chef-lieu du ressort d'un tribunal de première instance sont autorisés à légaliser, concurremment avec le président du tribunal, les signatures des officiers de l'état civil des communes qui en dépendent, soit en totalité, soit en partie [3].

227. Il est alloué une rétribution de *vingt-cinq centimes* aux greffiers des tribunaux de première instance et aux greffiers de justice de paix, pour chaque légalisation d'acte des officiers publics [4].

Cette rétribution est réduite à *vingt centimes* pour les expéditions d'actes délivrées en conformité de l'article 5 de la loi du 10 décembre 1850 [5].

Elle ne peut être exigée par les greffiers de justice de paix si l'acte, la copie ou l'extrait sont dispensés du timbre [6].

228. En principe, la légalisation est inutile lorsqu'il est fait usage de l'expédition dans une commune dépendant de l'arrondissement où elle a été délivrée [7].

---

1. Loi du 20 avril 1861, art. 2; Circ. min. Just. 9 sept. 1861 (*Bull. off.*, t. 2, p. 512.)
2. Loi du 25 ventôse an XI, art. 28; C. civ., art. 45; Circ. min. Just. 8 sept. 1848. V. *infrà*, n° 228, 2e alinéa.
3. Loi du 20 avril 1861, art. 1er.
4. Lois des 21 vent. an VII, art. 14, et 20 avril 1861, art. 3.
5. Loi du 10 déc. 1850, art. 5. V. *suprà*, n° 209.
6. Loi du 20 avril 1861, art. 3, 2e alinéa.
7. Dans la séance du Corps législatif du 22 fruct. an X, M. Jolivet fit observer que les actes authentiques, non revêtus de la légalisation, avaient toujours fait foi en justice dans l'étendue de l'arrondissement où ils avaient été reçus. M. Emmery répondit que la loi ne contredisait pas ce principe. — Demante, t. I, p. 161; Toullier, t. I, n° 307, et Rieff, n° 68, sont également de cet avis. — Divers auteurs pensent au contraire que la légalisation est toujours nécessaire: l'article 45 du Code civil ne faisant pas de distinction et étant général. Coin-Delisle, sur l'article 45, n° 7; Aubry et Rau, t. I, p. 220, § 65; Demolombe, n° 317; Mersier, n° 55.

Ainsi la légalisation n'est obligatoire pour les expéditions d'actes de l'état civil produites pour contracter mariage, que lorsqu'il en est fait usage dans une commune dépendant d'un autre arrondissement que celui dans lequel se trouve la commune où ces expéditions ont été délivrées [1].

Aucune prescription de la loi ne fait connaître qu'une expédition d'acte délivrée par un officier de l'état civil puisse être arguée de faux par un autre officier de l'état civil, par la raison que l'expédition qui lui est présentée n'est pas légalisée ; il a même été décidé qu'une pareille expédition pouvait être acceptée *en cas d'urgence, spécialement pour un mariage,* lorsqu'elle présentait tout caractère d'authenticité et que rien ne pouvait en faire suspecter la sincérité [2].

229. L'expédition d'un acte de l'état civil dont il devra être fait usage dans les colonies françaises sera légalisée comme il est dit *suprà* n°s 225 et 226, et, de plus, par les ministres de la justice et de la marine [3].

230. Il en est des actes passés en France et qui doivent être produits en Algérie comme des mêmes actes à produire dans une autre colonie ; à la différence seulement qu'au lieu du visa du ministre de la marine, ils doivent encore recevoir celui du ministre de l'intérieur, de l'administration duquel dépendent les possessions françaises du nord de l'Afrique et la nomination des fonctionnaires qui y sont en exercice.

231. Les actes qui viennent des colonies doivent être légalisés par l'autorité locale compétente, c'est-à-dire par le président du tribunal civil et par le gouverneur de la colonie [4] ; ils sont ensuite visés par le ministre de la marine, ou, s'ils viennent de l'Algérie, par le ministre de l'intérieur.

---

1. Circ. min. Just. 8 sept. 1848.
2. *Ibid.*, 10 nov. 1809.
3. Ces dernières légalisations sont délivrées gratis, savoir : au ministère de la justice, place Vendôme, n° 13, de midi à 2 heures, et à celui de la marine, rue Royale, de 11 heures à 1 heure.
4. Ord. 21 août 1825, 9 fév. 1827, art. 53, § 1, et 27 août 1828, art. 52, § 1er.

232. Les actes qui devront être produits par les Français pour contracter mariage dans le grand-duché de Luxembourg, en Alsace-Lorraine ou en Belgique, seront légalisés soit par le président d'un tribunal civil, soit par un juge de paix ou son suppléant. Aucune autre légalisation ne pourra être exigée, hormis le cas où il y aurait lieu de mettre en doute l'authenticité des pièces produites[1].

233. Sauf les exceptions portées au numéro qui précède, lorsqu'une expédition d'acte de l'état civil devra servir en pays étranger, la signature du président du tribunal civil, ou celle du juge de paix, sera légalisée : 1° par le ministre de la justice; 2° par le ministre des affaires étrangères; 3° par le consul, résidant à Paris, du pays où l'acte devra être produit[2].

234. Les légalisations données par les agents diplomatiques étrangers résidant à Paris sont soumises aux droits suivants :

ALLEMAGNE, rue de Lille, n° 78 (de midi à 2 heures). .	Gratis.
ANGLETERRE. V. Grande-Bretagne.	
ARGENTINE (Rép. et Conféd.), rue Grange-Batelière, n° 13 (de 1 heure à 3 heures).	10f00
AUTRICHE-HONGRIE, rue Las-Cases, n° 7 (de 1 heure à 3 heures)	12 »
BADE, rue de Lille, n° 78 (de 1 heure à 3 heures). . .	Gratis.
BAVIÈRE, rue de Berri, n° 5 (de midi à 2 heures) . . .	10 »
BELGIQUE, rue du Faubourg-Saint-Honoré, n° 153 (de midi à 2 heures)	10 »
BOLIVIE, rue de l'Échiquier, n° 27	10 »
BRÉSIL, avenue Marceau, n° 39 (de midi à 3 heures). .	5 50
BRUNSWICK, rue Taitbout, n° 29	Gratis.

1. Déclarations signées à Paris, le 24 déc. 1867, entre la France et le grand-duché de Luxembourg (approuvée par déc. du 28 du même mois), le 14 juin 1872, entre la France et l'Allemagne (approuvée par déc. du 5 juillet suivant) et le 18 octobre 1879, entre la France et la Belgique (approuvée par déc. du 22 du même mois). *Bull. off. Just.* 1879, p. 269. — Circ. min. Int. 20 octobre 1874. V. *infrà*, 3e partie, le dictionnaire des communes cédées à la Prusse.

2. Ord. 25 octobre 1833, art. 10. — Les droits de légalisation perçus au ministère des affaires étrangères ou dans les chancelleries de France à l'étranger, sont supprimés en ce qui concerne les pièces nécessaires au mariage des indigents. (Loi du 10 déc. 1850, art. 5, 2e alinéa.) La légalisation au ministère des affaires étrangères est donnée rue de l'Université, n° 130, de midi à 4 heures (coût 1 fr.).

CHILI, rue Rude, n° 5	5f »
CHINE, avenue Kléber, n° 5	5 »
COLOMBIE, rue de Rennes, n° 105	10 »
COSTA-RICA, rue d'Enghien, n° 23	10 »
DANEMARK, rue de Courcelles, n° 29 (de 1 heure à 3 heures)	Gratis.
DOMINICAINE (RÉP.), rue d'Enghien, n° 16	—
ÉGYPTE, rue Laffitte, n° 17	4 50
ÉQUATEUR (RÉP. DE L'), boulevard Haussmann, n° 46	Gratis.
ESPAGNE, quai d'Orsay, n° 25, et avenue des Champs-Élysées, n° 125 (de 10 heures à 4 heures)	11 »
ÉTATS-UNIS, rue Scribe, n° 3 (de 10 heures à 3 heures)	10 50
GRANDE-BRETAGNE, rue du Faubourg-Saint-Honoré, n° 39 (de 11 heures à 3 heures)	5 50
GRÈCE, rue Taitbout, n° 20	10 »
GUATÉMALA, rue Le Pelletier, n° 14	Gratis.
HAITI, rue Montaigne, n° 9	10 »
HAWAI, avenue Hoche, n° 13	» »
HESSE-ÉLECTORALE; HESSE (GRAND-DUCHÉ DE) } rue de Lille, n° 78	Gratis.
HONDURAS, rue des Sablons, n° 47 (de 10 heures à midi)	—
ITALIE, rue de Lisbonne, n° 74 (de 1 heure à 3 heures)	6 »
JAPON, avenue Marceau, n° 75	Gratis.
LUXEMBOURG (GRAND-DUCHÉ DE), Faubourg-Saint-Honoré, n° 153	
MADAGASCAR, boulevard Haussmann, n° 77	
MECKLEMBOURG-SCHWÉRIN; MECKLEMBOURG-STRÉLITZ } V. Allemagne.	
MEXIQUE, rue Notre-Dame-de-Lorette, n° 10	10 90
MONACO, rue Latour-Maubourg, n° 5	Gratis.
NASSAU. V. Allemagne.	
NICARAGUA, rue de Provence, n° 34	5 »
NOUVELLE-GRENADE. V. Colombie.	
OLDENBOURG, rue de la Chaussée-d'Antin, n° 15	2 10
ORANGE (RÉP. D'), rue d'Enghien, n° 24	
PARAGUAY, avenue de Neuilly, n° 32	13 »
PAYS-BAS, avenue Bosquet, n° 2 (de midi à 2 heures)	2 10
PÉROU, rue des Écuries-d'Artois, n° 36	10 »
PERSE, rue Pierre-Charron, n° 126	Gratis.
PORTUGAL, avenue Lincoln, n° 10	8 33
PRUSSE. V. Allemagne.	
ROUMANIE, rue de la Boëtie, n° 126	5 25
RUSSIE, rue de Grenelle-Saint-Germain, n° 79 (de midi à 2 heures)	8 »
SANDWICH (ILES), avenue de la Reine-Hortense, n° 13 (de midi à 2 heures)	10 »
SAN-MARINO, rue de la Tour, n° 38 (de midi à 3 heures)	Gratis.

San-Salvador, Faubourg-Poissonnière, n° 20		6f »
Saxe (Royaume de). .	V. Allemagne.	
Saxe-Cobourg-Gotha .		
Saxe-Weimar		
Serbie, rue de la Paix		
Siam, rue d'Amsterdam, n° 18.		Gratis.
Suède et Norvége, rue Auber, n° 21.		—
Suisse, rue Blanche, n° 3 (de 10 heures à 3 heures). .		5 »
Turquie, rue Laffitte, n° 17 (de midi à 3 heures) . . .		4 50
Uruguay, boulevard Haussmann, n° 31		5 40
Venezuella, rue d'Hauteville, n° 34		11 »
Villes libres .	rue de Lille, n° 78 (de 10 heur. à 2 heur.)	Gratis.
Wurtemberg. .	V. Allemagne (de 11 heures à 1 heure).	—
Zanzibar, boulevard Haussmann, n° 77		

235. Les expéditions des actes de décès adressées, en conformité des articles 80 et 82 du Code civil, à l'officier de l'état civil du dernier domicile de la personne décédée, seront légalisées, *sans frais*, par les préfets et les sous-préfets, de même que les actes administratifs des maires[1].

Consulté à ce sujet, M. le ministre de la justice répondit : « Que si ces expéditions devaient nécessairement « être légalisées par les présidents des tribunaux de pre- « mière instance, les émoluments réclamés par les gref- « fiers ne pourraient leur être refusés ; que ne s'agissant « pas, dans l'espèce, d'actes à délivrer à des particuliers, « dans leur intérêt privé et pour servir, au besoin, en « justice, mais d'une mesure de service général, qui a « un caractère purement *administratif*, il ne voyait aucun « obstacle à ce que les expéditions dont il s'agit fussent lé- « galisées, sans frais, par les préfets et les sous-préfets[2]. »

SECTION II.

De la légalisation des actes notariés.

236. Les actes notariés seront légalisés, savoir : ceux des notaires, à la résidence des tribunaux d'appel, lors-

1. Avis du Cons. d'Ét. 26 nov. 1819. — Il en est de même des expéditions d'actes de l'état civil à fournir aux gouvernements étrangers. V. *infrà*, nos 847 et 1039.

2. Circ. min. Int. 29 octobre 1844. — Les préfets n'ont plus besoin de légaliser les signatures des sous-préfets : l'article 6 du déc. de

qu'on s'en servira *hors de leur ressort*, et ceux des autres notaires, lorsqu'on s'en servira *hors de leur département*.

La légalisation sera faite par le président du tribunal de première instance de la résidence du notaire, ou du lieu où sera délivré l'acte ou l'expédition[1], ou par le juge de paix, conformément à l'article 1er de la loi 20 avril 1861[2].

Les officiers de l'état civil ne pouvant exiger la légalisation des actes notariés dont il est fait usage dans le ressort des tribunaux d'appel, ils trouveront dans le tableau suivant la désignation des départements ressortissants des cours d'appel.

SIÉGES des COURS D'APPEL.	RESSORT DES COURS D'APPEL.
AGEN.	Lot-et-Garonne, Lot, Gers.
AIX.	Bouches-du-Rhône, Basses-Alpes, Var, Alpes-Maritimes.
AMIENS.	Somme, Oise, Aisne.
ANGERS.	Maine-et-Loire, Mayenne, Sarthe.
BASTIA. . . .	Corse.
BESANÇON . . .	Doubs, Haute-Saône, Jura, Haut-Rhin.
BORDEAUX . . .	Gironde, Dordogne, Charente.
BOURGES. . . .	Cher, Indre, Nièvre.
CAEN.	Calvados, Manche, Orne.
CHAMBÉRY . . .	Savoie, Haute-Savoie.
DIJON	Côte-d'Or, Haute-Marne, Saône-et-Loire.
DOUAI	Nord, Pas-de-Calais.
GRENOBLE . . .	Isère, Drôme, Hautes-Alpes.
LIMOGES	Haute-Vienne, Creuse, Corrèze.
LYON.	Rhône, Loire, Ain.
MONTPELLIER. .	Hérault, Aveyron, Aude, Pyrénées-Orientales.
NANCY.	Meurthe-et-Moselle, Ardennes, Meuse, Vosges.
NÎMES	Gard, Ardèche, Lozère, Vaucluse.
ORLÉANS. . . .	Loiret, Loir-et-Cher, Indre-et-Loire.
PARIS.	Seine, Seine-et-Oise, Eure-et-Loir, Seine-et-Marne, Marne, Aube, Yonne.
PAU	Basses-Pyrénées, Landes, Hautes-Pyrénées.
POITIERS. . . .	Vienne, Deux-Sèvres, Vendée, Charente-Inférieure.
RENNES.	Ille-et-Vilaine, Côtes-du-Nord, Finistère, Morbihan, Loire-Inférieure.
RIOM.	Puy-de-Dôme, Allier, Cantal, Haute-Loire.
ROUEN.	Seine-Inférieure, Eure.
TOULOUSE . . .	Haute-Garonne, Tarn-et-Garonne, Tarn, Ariége.

décentralisation du 13 avril 1861 attribue à ceux-ci le droit de statuer, soit directement, soit par voie de délégation, sur divers objets et notamment sur la légalisation des signatures concernant les actes de l'état civil. Cette règle ne souffre exception qu'à l'égard des actes légalisés en l'absence des sous-préfets par des membres du conseil d'arrondissement délégués. Circ. min. Int. 17 déc. 1861.

1. Loi du 25 vent. an XI, art. 28.
2. V. *suprà*, n° 226.

CHAPITRE X.

DES DROITS DE TIMBRE ET D'ENREGISTREMENT.

SECTION I.

Des droits de timbre.

237. *Définition.* — Le timbre est une contribution représentée par une marque imprimée ou apposée sur les papiers et parchemins destinés aux actes civils, judiciaires et administratifs, aux actes privés susceptibles d'être produits en justice, ainsi qu'aux journaux, affiches, avis et annonces, etc. Cette contribution résulte de l'obligation établie par la loi d'employer, dans certains cas, le papier revêtu de cette empreinte[1].

§ 1er. — *Espèces de droits.*

238. La contribution dont il s'agit est de deux sortes : la première est le droit de timbre imposé et tarifé en raison de la dimension du papier dont il est fait emploi ;

La seconde est le droit de timbre, créé pour les effets de commerce, et gradué en raison des sommes à y exprimer, sans égard à la dimension du papier[2].

§ 2. — *Timbre de dimension.*

239. La quotité du timbre de dimension établie par la loi du 13 brumaire an VII a été augmentée par les lois des 28 avril 1816, 2 juillet 1862 et 23 août 1871.

---

1. Loi du 13 brumaire an VII, art. 1er. — Cette contribution fut établie en France par un édit rendu par Louis XIV (avril 1674), qui obligeait les officiers publics à employer, pour leurs actes, des papiers marqués.
2. *Ibid.*, art. 2.

Les droits de timbre sont actuellement fixés comme suit :

Demi-feuille de petit papier	0f 60c
Feuille de petit papier	1 20
Feuille de moyen papier.	1 80
Feuille de grand papier.	2 40
Feuille de dimensions supérieures.	3 60

§ 3. — *Timbre extraordinaire.*

240. Le timbre extraordinaire est un *timbre noir* qui été établi par un arrêté du Gouvernement en date du prairial an IX.

Ce timbre peut être appliqué dans tous les chefs-lieux e départements sur les papiers de dimension présentés, oit par les administrations publiques, soit par les particuiers, lorsque l'emploi du papier fabriqué par la régie n'est as obligatoire [1]. Cependant les expéditions d'actes de l'éat civil peuvent être délivrées sur papier timbré à l'exraordinaire [2].

Depuis la création des timbres mobiles dont il va être arlé, le timbre extraordinaire est rarement employé.

§ 4. — *Timbres mobiles.*

241. Les timbres mobiles ont été établis par l'article 4 u décret du 3 juillet 1862.

Les receveurs de l'enregistrement peuvent suppléer à la ormalité du visa, pour les timbres de dimension, au moyen e l'apposition de ces timbres, lesquels seront apposés et nnulés (*oblitérés*) au moyen d'une griffe, soit par lesdits eceveurs, soit par les fonctionnaires désignés à cet effet ar le ministre des finances pour suppléer ces préposés [3]. ette disposition s'applique exclusivement au papier de imension [4], notamment aux formules imprimées destinées

1. Aux termes de l'article 1er du déc. du 7 oct. 1862, les formes et s effigies, ainsi que le mode d'apposition des empreintes du timbre l'extraordinaire, sont les mêmes au Sénégal que ceux en usage en rance d'après le déc. du 7 avril 1853.
2. Sol. 24 janvier 1855.
3. Arrêté min. Fin. 20 juillet 1863.
4. Inst. dir. de l'enreg. 10 sept. 1863. — Les timbres mobiles peu-

à la rédaction des minutes d'actes administratifs[1], mais non aux expéditions des actes de l'état civil, lesquelles doivent toujours être délivrées sur du papier fourni par la régie[2].

Sont considérés comme *non timbrés*, les actes ou écrits sur lesquels un *timbre mobile* a été apposé en dehors des cas pour lesquels il est autorisé[3].

§ 5. — *Emploi du timbre.*

242. Les officiers et fonctionnaires publics ne pourront employer, pour les actes qu'ils rédigeront, et leurs copies et expéditions, d'autre papier que celui timbré du département où ils exerceront leurs fonctions[4]; cependant les administrations publiques auront la faculté d'employer d'autre papier que celui fourni par la régie, en le faisant timbrer avant d'en faire usage, et les notaires et *autres officiers publics* pourront faire timbrer, à l'extraordinaire, du parchemin, lorsqu'ils seront dans le cas d'en employer[5].

§ 6. — *De l'application des droits.*

243. Sont assujettis au droit de timbre établi en raison de la dimension, tous les papiers à employer pour les actes et écritures, soit publics, soit privés, et notamment ceux ci-après indiqués, savoir :

1° *Actes*. Les actes des autorités constituées administratives, qui sont assujettis à l'enregistrement, ou qui se délivrent aux citoyens, et toutes les expéditions et extraits des actes, arrêtés et délibérations desdites autorités, qui sont délivrés aux citoyens, ne peuvent être écrits que sur

---

vent être apposés sur les formules d'actes administratifs ou sous seings privés et sur les plans non signés. Sol. adm. de l'enreg. 11 juin 1866, 12 janv. 1867 et 6 août 1869. — Ils ne peuvent être oblitérés avec le cachet de la mairie ou avec la griffe. Circ. compt. 25 mars 1865.

1. Sol. 11 juin 1866; Rép. périod., 3,076.
2. L. 11 juin 1859, art. 20; 2 juillet 1862, art. 27; 13 mai 1863, art. 9.
3. Loi du 13 brum. an VII, art. 17 et 18; Sol. 17 mai 1873. — Il avait été déjà reconnu que les timbres mobiles ne pouvaient servir à timbrer les tables des registres de l'état civil. (Sol. 12 oct. 1864; Rép. gén., 17, 313.) V. *suprà*, n° 240, 2e alinéa.
4. L. 13 brum. an VII, art. 17.
5. *Ibid.*, art. 18.

papier timbré. Il en de même généralement de tous actes et écritures, extraits, copies et expéditions, soit publics, soit privés, devant ou pouvant faire titre, ou être produits pour obligation, décharge, justification, demande ou défense [1].

2° *Annexes*. Les maires agissant en qualité d'officiers de l'état civil ne peuvent annexer aux actes de l'état civil aucun acte, même passé en pays étranger, sans qu'il ait été, préalablement à cette annexe, revêtu de la formalité du timbre, s'il n'en est pas exempt par sa nature. Mais la contravention à cette disposition ne donne lieu à aucune amende contre les maires et ne leur fait encourir aucune reponsabilité au sujet du paiement des droits, attendu qu'aucune disposition de loi ne s'applique aux maires qui exercent des fonctions gratuites [2].

2° bis *Bulletins de naissance, mariage ou décès*. Les bulletins délivrés par les officiers de l'état civil pour constater des naissances, mariages ou décès, et rédigés sur des formules non signées portant l'empreinte de la griffe du maire et le sceau de la mairie, sont assujettis au timbre [3].

3° *Caisses d'épargne*. Les extraits des registres de l'état civil produits pour le retrait des sommes déposées dans les caisses d'épargne doivent être délivrés sur papier timbré[4].

4° *Certificats de mariage civil*. Les certificats de mariage délivrés aux ministres des cultes, en conformité de l'article 1er du décret du 9 décembre 1810, sont assujettis au timbre, par application de l'article 12 de la loi du 13 brumaire an VII [5].

---

1. Loi du 13 brum. an VII, art. 12-1°.

Les expéditions d'actes de l'état civil produites à l'appui d'une demande en liquidation de pension relative à un fonctionnaire, employé ou agent du service pénitentiaire, doivent être sur papier timbré et légalisées. Sont seuls dispensés du timbre les indigents. Dans ce cas, la demande doit être appuyée d'un certificat d'indigence délivré par le maire.

Lorsque les énonciations des divers actes ne concordent pas entre elles ou que l'orthographe des noms de famille n'est point la même, il est indispensable de joindre un acte de notoriété rédigé par le juge de paix et établissant l'identité des personnes désignées différemment dans les actes. (Circ. min. Int. aux préfets, 12 octobre 1880.)

2. Avis Cons. fin. 20 sept. 1833, approuvé le 17 oct. suiv. J. E., 9,507 et 10,764. Loi du 13 brum. an VII, art. 13.

3. Déc. min. Fin. 21 janv. 1879.

4. Sol. adm. enreg. 16 octobre 1868.

5. I. G. enreg., 501. Circ. min. Just., 5 août 1848, concertée avec les min. des Fin., de l'Inst. publ. et des Cultes. (*Bull. off. Just.*, t. 2, p. 105.)

Cette disposition avait cessé d'être en vigueur, d'après deux décisions du ministre des finances des 7 juin 1832 et 28 septembre 1833, mais deux autres décisions des ministres des finances et de la justice, des 27 avril 1839 et 5 août 1848, et une instruction de la direction générale de l'enregistrement, du 24 mars 1866, n° 2,329, ont rappelé que ce certificat est sujet au timbre [1].

5° *Certificats de non-opposition à mariage.* Les certificats qui se délivrent aux parties pour justifier à l'officier de l'état civil qui doit procéder à la célébration du mariage, que les publications et affiches ont eu lieu sans qu'il soit survenu d'opposition, dans les autres communes où les parties résident ou ont résidé depuis moins de six mois, et dans celles où résident les personnes sous la puissance desquelles elles se trouvent, peuvent être écrits sur papier de petite dimension (60 cent.); mais si ces certificats renferment la copie littérale des publications de promesses de mariage, ils doivent, dans ce cas, être écrits sur papier d'expédition (1 fr. 80 c.), attendu qu'ils sont alors de véritables extraits [2].

6° *Consentement à mariage passé à l'étranger.* Le consentement à mariage passé à l'étranger, annexé à un acte de mariage, doit être timbré, avant tout usage, en France; mais aucune amende de timbre ne doit être relevée contre la partie qui profite de ce consentement [3].

7° *Dispense d'âge, de parenté et d'alliance.* Les expéditions des lettres patentes portant dispenses d'âge, de parenté et d'alliance, et constatant leur transcription au greffe, doivent être délivrées sur papier timbré. Elles sont soumises au droit de greffe d'un franc par rôle, y compris la remise du greffier [4].

8° *Expéditions, copies ou extraits d'actes.* Aucune expédition, copie ou extrait d'actes reçus par des notaires, *greffiers ou autres dépositaires publics,* ne pourra être délivré que sur

---

1. J. E., 12,524-4 et 14,537-1; I. G., 1,822.
2. Décis. min. Fin. 27 oct. 1807.
3. Sol. adm. enreg. 11 mars 1873. — En effet, l'article 47 du Code civil dispose que tout acte de l'état civil des Français et des étrangers, fait en pays étrangers, fera foi s'il a été rédigé dans les formes usitées dans ledit pays.
4. Décis. min. Fin. 25 mars 1829; Inst. 1282, § 4. V. *infrà,* 13°, dernier alinéa.

papier timbré, du format appelé *moyen papier*, et dont le prix actuel est de 1 fr. 80 c.[1].

Les papiers employés à des expéditions ne pourront contenir, compensation faite d'une feuille à l'autre, plus de *vingt-cinq lignes* par page de moyen papier, soit cinquante lignes pour deux pages[2].

9° *Fabrique d'église*. L'expédition d'un acte de l'état civil délivrée au trésorier d'une fabrique, dans l'intérêt de cette fabrique, doit être rédigée sur papier timbré, car un trésorier de fabrique n'étant pas un fonctionnaire public, et une fabrique n'étant pas une administration publique, l'article 16 de la loi du 13 brumaire an VII est, dans ce cas, sans application[3].

10° *Formules imprimées*. Lorsque, pour la commodité du service, on se sert d'imprimés pour faire des expéditions d'actes de l'état civil, on peut employer du papier de *petit format*, pourvu toutefois qu'il ait été timbré à raison de 1 fr. 80 c. comme papier destiné aux expéditions, en évitant que l'imprimeur se serve de petits caractères qui diminueraient le nombre des feuilles, contre la disposition de l'article 20 de la loi du 13 brumaire an VII[4].

11° *Procès-verbaux de cote et paraphe*. Les procès-verbaux de cote et paraphe des registres de l'état civil, dressés en exécution de l'article 41 du Code civil, sont assujettis au timbre[5]. Il est d'usage de les dresser en tête des registres.

12° *Publications de mariage*. Les publications de promesses de mariage sont, aux termes des articles 1 et 12 de la loi du 13 brumaire an VII, assujetties au timbre, attendu qu'elles appartiennent à la classe des actes qui peuvent faire titre à des particuliers[6].

Ces publications peuvent être écrites sur du papier timbré de toute espèce de dimension[7], mais elles sont ordinairement rédigées sur papier timbré à 60 cent.

---

1. Lois des 13 brum. an VII, art. 19, 28 avril 1816, art. 63, et 23 août 1871. V. *infrà*, n° 303.
2. Loi du 13 brum. an VII, art. 20.
3. Cass., 6 nov. 1832. — J. E., 10,497.
4. Décis. min. Fin. 12 pluv. an VII.
5. Loi du 13 brum. an VII, art. 24, dernier alinéa; I. G. 2,195; Décis. min. Fin. 7 fév. 1823 et 10 oct. 1827; J. E., 7,385 et 8,842.
6. Décis. min. Fin. 6 niv. an VII et 13 fruct. an X.
7. J. E., 5,533.

Les officiers de l'état civil ne peuvent, sans contrevenir à l'article 23 de ladite loi, réunir dans une même affiche, et sur la même feuille de papier, plusieurs publications de mariage [1].

Les extraits qui en sont délivrés doivent être rédigés sur papier timbré à 60 cent. [2].

13° *Registres*. Les registres tenus doubles par les officiers de l'état civil pour l'inscription des actes de naissance, mariage et décès sont, aux termes de l'article 2 de la loi du 20 septembre 1792, assujettis au timbre. Ces dispositions ont été confirmées par l'article 12 de la loi du 13 brumaire an VII qui assujettit au timbre généralement tous registres qui sont de nature à être produits en justice et dans le cas d'y faire foi, ainsi que les extraits, copies et expéditions desdits registres.

Ce principe s'applique également aux registres concernant les publications de mariage et des actes d'adoption [3].

Les registres de l'état civil ne peuvent être formés avec des papiers timbrés à l'extraordinaire [4].

Les communes sont tenues de payer comptant le papier timbré nécessaire pour la formation de ces registres [5].

Les registres tenus aux greffes des tribunaux pour la transcription des lettres patentes portant dispenses d'âge, de parenté et d'alliance pour contracter mariage doivent être sur papier timbré [6].

14° *Tables annuelles et décennales*. Les tables annuelles et décennales doivent être faites sur papier timbré, et certifiées par les dépositaires respectifs [7].

La dimension du papier, pour ces tables, doit être égale à celle des registres de l'état civil. Le droit de timbre doit donc être réglé d'après la dimension du papier employé pour les registres [8]. Mais l'administration a reconnu que cette injonction ne pouvait être absolue [9].

---

1. J. E., 4,306 et 16,537-3.
2. Décis. min. Fin. 27 avril 1839 et 5 août 1848.
3. *Ibid.*, 20 nivôse an IX.
4. I. G., 750, 754 et 1,064.
5. Décis. min. Fin. 20 déc. 1832.
6. *Ibid.*, 25 mars 1829; Inst. 1,282, § 4. V. *infrà*, n° 248-2°.
7. Déc. 20 juillet 1807, art. 4; Inst. du dir. de l'enreg. 16 juillet 1861. V. *infrà*, n° 244-33 *bis*.
8. Décis. min. Fin. 15 mars 1808; I. G., 377.
9. Sol. 28 déc. 1861.

En effet, la loi n'ayant édicté aucune règle sur ce point, les officiers de l'état civil ne commettraient pas de contravention aux lois du timbre en prenant pour les tables, du papier d'une dimension inférieure à celle des registres eux-mêmes, mais ce serait contraire à l'usage.

Les tables peuvent d'ailleurs être divisées en cahiers par arrondissement[1].

15° *Traductions*. Les traductions faites par un traducteur-juré doivent être faites sur papier timbré[2]. Ces traductions peuvent être écrites sur papier de toute dimension[3].

§ 7. — *Des actes et registres non assujettis au droit de timbre.*

244. Sont exceptés du droit et de la formalité du timbre, savoir :

1° *Acte de naissance et de décès en mer*. Les deux expéditions des actes de naissance et de décès qui ont eu lieu à bord des navires, dont l'une doit, aux termes des articles 60 et 87 du Code civil, rester déposée au bureau de l'inscription maritime, ou à la chancellerie du commissariat si le vaisseau aborde dans un port étranger, et l'autre être envoyée au ministère de la marine[4].

2° *Actes de décès arrivés dans les hôpitaux militaires, civils, ou autres maisons publiques, ou par suite de mort violente*. Les expéditions des actes de décès délivrées, en conformité des articles 80 et 82 du Code civil, à l'officier de l'état civil du dernier domicile de la personne décédée[5].

3° *Administrations publiques*. Les extraits, copies et expéditions qui s'expédient ou se délivrent par une administration ou un fonctionnaire public à une autre administration publique ou à un fonctionnaire public, lorsqu'il y est fait mention de cette destination[6].

4° *Alsace-Lorraine*. Les expéditions d'actes de l'état civil

---

1. Décis. min. Fin. 11 juin 1823; J. E., 7,474.
2. *Ibid.*, 30 floréal an XII; J. E., 1,797.
3. Sol. 13 oct. 1819; J. E., 6,671.
4. J. E., 1,487.
5. Inst., 1,422, § 18.
6. Loi du 13 brum. an VII, art. 16. — Les conseils de fabrique doivent être considérés comme étant des établissements publics, et non des administrations publiques. Cass., 6 nov. 1832. — V. *suprà*, n° 243-9°.

demandées par les autorités d'Alsace-Lorraine et délivrées en France, et celles demandées par les autorités françaises et délivrées en Alsace-Lorraine [1].

5° *Caisse des retraites pour la vieillesse.* Les expéditions d'actes de l'état civil délivrées en exécution de la loi du 18 juin 1850, sur la caisse des retraites pour la vieillesse [2].

6° *Cantonniers.* L'expédition d'un acte de décès produit par les héritiers d'un cantonnier ou d'un ouvrier, pour obtenir paiement d'un décompte de salaire s'élevant à 50 fr. et au-dessous, lorsque les droits des héritiers ne sont pas constatés par des actes notariés, mais seulement par un certificat de propriété délivré par le greffier du juge de paix [3].

7° *Certificat de contrat de mariage.* Le certificat que le notaire délivre aux parties, au moment de la signature du contrat de mariage, pour être remis à l'officier de l'état civil avant la célébration du mariage [4].

8° *Certificat de dépôt des registres de l'état civil.* Le certifi-

---

1. Convention conclue entre la France et l'Allemagne, le 4 nov. 1872, pour une durée de 5 ans, renouvelable de plein droit si aucune des deux parties n'a notifié à l'autre une intention contraire 3 mois au moins avant l'expiration de ce terme. Inst. du dir. de l'enreg., 21 nov. 1872, n° 2,458. V. 3e partie de cet ouvrage le dictionnaire des communes cédées à la Prusse.

2. Lois des 18 juin 1850, art. 11, et 11 juillet 1868, art. 19. Circ. min. Just. 14 nov. 1861.

D'après une circulaire du directeur général de la Caisse des dépôts et consignations aux receveurs généraux et particuliers chargés, dans les départements, du service de la caisse de retraite pour la vieillesse, « les actes de l'état civil dont la production est exigée en vertu des articles 3, 4 et 7 du décret réglementaire du 27 mars-11 avril 1851, à l'appui des versements effectués à la caisse de retraite pour la vieillesse, doivent être libellés *in extenso;* des extraits ou des bulletins de ces actes n'auraient pas un caractère suffisant d'exactitude et d'authenticité ».

3. Circ. compt. fin. 30 janvier 1857, n° 618, § 2. — Aux termes de l'instruction générale sur la comptabilité, art. 1,542, note 3, « en cas « de décès du titulaire d'une créance, la somme due est payée aux « héritiers sur la production soit d'un certificat de propriété (loi « du 28 flor. an VII et déc. du 18 sept. 1806), soit des pièces d'hérédité, d'après les règles du droit commun. Pour les sommes de 50 fr. « et au-dessous, il suffit du certificat du maire (instructions de la « Caisse des dépôts du 1er déc. 1851, notamment sur les pensions de « retraite, art. 50). Chaque ayant droit peut toucher séparément la « somme qui lui revient. Circ. aux payeurs du 30 déc. 1854. » — V. *infrà,* formule n° 95.

4. Loi du 10 juillet 1850; art. 1,394 C. civ.; I. G., 1,872; J. E., 14,994.

cat délivré par le greffier à l'officier de l'état civil pour constater la remise, faite au greffe, des registres de l'état civil et les actes de dépôt de ces registres [1].

9° *Certificats d'indigence.* Les certificats délivrés par les maires ou les commissaires de police pour constater l'indigence [2].

10° *Colonies.* Les instances en constatation ou rectification des actes de l'état civil des personnes non libres antérieurement au décret d'abolition de l'esclavage du 27 avril 1848 [3].

11° *Débits de tabac.* Les certificats de naissance, mariage et décès délivrés par les maires pour l'obtention des débits de tabac, et énonçant sommairement les indications substantielles des actes [4].

12° *Dépôt des registres de l'état civil.* V. Certificat de dépôt.

13° *Dépôt de signatures et paraphes.* Les dépôts de signatures et paraphes des officiers de l'état civil faits aux greffes des justices de paix, en conformité de l'article 2 de la loi du 3 avril 1861 [5].

14° *Dispenses d'âge, de parenté et d'alliance.* Les décrets ou lettres patentes portant dispenses d'âge, de parenté ou d'alliance [6].

15° *Dispense de seconde publication de mariage.* L'ordonnance du procureur de la République portant dispense de la seconde publication de mariage [7].

16° *Élections.* Les extraits des actes de naissance pour établir l'âge des électeurs, lorsqu'il y est fait mention de cette destination [8].

17° *Émigrations.* Les extraits d'actes de l'état civil nécessaires aux ouvriers et cultivateurs européens qui émigrent pour les colonies françaises, à condition qu'il y soit fait mention de leur destination [9].

---

1. Déc. min. Fin. 24 sept. 1808 ; Int. 405, § 5. Décis. min. Fin. 28 juin 1822 ; I. G., 1,051, § 2 ; J. E., 7,210.
2. Loi du 13 brumaire an VII, art. 16.
3. Loi du 6-15 déc. 1850, art. 2.
4. Lettre commune, n° 1, du dir. des cont. ind., 15 janv. 1878 ; Décis. min. Fin.
5. Décis. min. Fin. et Just. 26 juillet et 9 sept. 1861 ; I. G. 14 août 1861.
6. Loi du 13 brumaire an VII, art. 16-1°.
7. Sol. 14 nov. 1842.
8. Délib. 10 mars 1848, 14,439-4 J. E. Loi du 15 mars 1849, art. 13 ; Inst., 1833. Déc. organique du 2 fév. 1852, art. 24.
9. Décis. min. Fin. 27 mai 1850 ; J. E., 14,956-8°.

18° *Enfants abandonnés.* Le consentement donné par un membre de la commission administrative d'un hospice, exerçant les fonctions de tuteur, au mariage de son pupille [1], ainsi que les expéditions des actes de l'état civil destinées à faire admettre ces enfants dans les hospices, ou à leur retrait desdits hospices.

19° *Enfants employés dans les manufactures.* Les extraits d'actes de naissance délivrés pour le placement des enfants dans les manufactures [2].

20° *Enfants trouvés.* Les extraits d'actes de l'état civil délivrés pour faire admettre à l'hospice les enfants trouvés [3].

21° *Engagements volontaires.* Les expéditions d'actes de l'état civil délivrées pour engagement volontaire et portant en tête de leur texte, leur destination spéciale [4].

22° *Étrangers.* Les expéditions d'actes de l'état civil concernant les étrangers et transmises aux agents diplomatiques de leur nation, en exécution des circulaires ministérielles des 26 janvier 1836, 20 mars 1855, 17 mai 1864 et 30 juin 1875 [5].

23° *Gendarmerie.* Les expéditions des actes de naissance délivrées aux gendarmes pour être admis au serment, ou à des militaires qui demandent à entrer dans la gendarmerie ; ces expéditions doivent porter la mention de leur destination [6].

24° *Indigents.* Les publications civiles et certificats constatant la célébration civile du mariage des indigents [7].

25° *Inhumations.* L'autorisation d'inhumer, prescrite par l'article 77 du Code civil.

26° *Légion d'honneur.* Les expéditions d'actes de l'état civil délivrées pour le service de la Légion d'honneur, lorsqu'il y sera fait mention de leur destination [8].

---

1. Décis. min. Fin. 3 et 8 fév. 1836; J. E., 11,504. Loi du 10 déc. 1850, art. 7.
2. Lois des 22 mars 1841, art. 2, et 19 mai 1874, art. 10.
3. Décis. min. Fin. 3 fév. 1836; J. E., 11,504.
4. Déc. 1er fév. 1872, art. 3.
5. Instructions concertées entre les départements des Fin. et de la Just. — Lettre min. Just. au min. Int. 20 janvier 1879. — 379, B, 78 et 9,006, B, 3. — V. *infrà,* 1041.
6. Décis. min. Fin. 8 mars 1836; J. E., 11,460.
7. Loi du 10 déc. 1850, art. 4, 2e alinéa.
8. Circ. min. Just. 10 juillet 1817.

27° *Livrets de famille*. Le livret de famille délivré aux époux par l'officier de l'état civil, lors de la célébration du mariage [1].

28° *Livrets d'ouvriers*. Les extraits d'actes de naissance délivrés aux ouvriers pour l'obtention d'un livret [2].

29° *Militaires des armées de terre et de mer*. Les expéditions d'actes de l'état civil, portant mention de leur destination, et délivrées : pour service militaire [3], pour établir le registre matricule du corps [4], pour obtenir les dispenses du service militaire [5], ainsi que des pensions ou des secours du Gouvernement au profit de veuves et enfants de militaires, et pour recevoir les arrérages de ces pensions [6] et ceux échus lors du décès des militaires pensionnés [7].

Les expéditions d'actes de mariage des militaires en activité, en congé, ou renvoyés dans leurs foyers en attendant leur passage dans la réserve [8].

Les permissions de mariage accordées aux militaires [9] et les expéditions d'actes de décès des créanciers de l'établissement des Invalides de la marine, pour les successions dont le produit est de 150 francs ou inférieur à ce chiffre [10].

30° *Notice des décès*. La notice des décès que les officiers de l'état civil doivent remettre aux receveurs de l'enregistrement, en exécution de l'article 5 de la loi du 13 fructidor an VI, et les récépissés qui en seront donnés par ces derniers [11].

---

1. Circ. min. Just. 18 nov. 1876.
2. Inst. préf. août 1839. Loi du 22 mars 1841, art. 2.
3. Décis. min. 2 mai 1847, 26 mai 1857 et 17 déc. 1866. Loi du 13 brum. an VII, art. 16; Inst. 856, et loi de finances du 15 mai 1818, art. 80; voir également Circ. des 28 août 1829 et 30 mai 1849.
4. Décis. min. Fin. 17 déc. 1819. J. E., 6,600. Loi du 13 brum. an VII, art. 16.
5. *Ibid.*, 5 sept. 1818. J. E., 856.
6. Décis. min. Fin. 27 oct. 1807 et 15 janv. 1823. J. E., 2,737 et Inst. 1,073. V. *infrà* formule n° 95.
7. *Ibid.*
8. Ces expéditions doivent être adressées par les maires aux conseils d'administration des corps de troupe dont ces militaires font partie. Circ. min. Int. 8 janvier 1874.
9. Loi du 13 brum. an VII, art. 16, n° 1. J. E., 3,761.
10. Inst. gén. sur la comptabilité de l'établissement des Invalides de la marine, 19 déc. 1859, art. 121. — Ces actes doivent être délivrés *in extenso* (Circ. du 30 mai 1849) et ne peuvent être remplacés par de simples extraits ou certificats. (Inst. du min. de la Marine et des Colonies 21 nov. 1854.)
11. Loi du 13 brumaire an VII, art. 16, n° 1; J. E., 3,761.

31° *Nourrissons.* Les extraits d'actes de naissance pour placer les enfants en nourrice[1].

32° *Registres de l'état civil.* Les registres de l'état civil destinés à remplacer ceux perdus ou détruits[2], et les registres nouveaux destinés à une section de commune érigée en commune distincte, de même que les copies et expéditions d'actes de l'état civil délivrées à la nouvelle commune[3].

33° *Tables décennales des registres de l'état civil.* Les tables décennales devant rester en dépôt aux greffes des tribunaux de première instance, en exécution de l'article 5 du décret du 20 juillet 1807[4].

33° *bis. Tables des registres des actes de publication de mariage.* Ces tables n'étant dressées que pour faciliter aux membres du parquet les recherches qu'ils peuvent avoir à faire, constituent de simples documents d'ordre intérieur, auxquels ne sont pas applicables les dispositions de la loi du 20 septembre 1792 ni celles du décret du 20 juillet 1807 assujettissant à l'impôt du timbre les tables décennales et annales des registres destinés à constater les naissances, mariages et décès[5].

34° *Ville de Paris.* Les expéditions d'actes de l'état civil délivrées dans les mairies des départements pour la reconstitution des actes de l'état civil de la ville de Paris, incendiés lors de la commune, à la seule condition qu'il sera fait mention sur ces expéditions de leur destination spéciale[6].

SECTION II.

Du visa pour timbre.

245. *Définition.* — Le visa pour timbre consiste en une mention mise par les préposés de l'enregistrement, en tête

---

1. Inst. préf. 9 août 1828; J. E., 7,261.
2. Décis. min. Fin. 14 avril 1817; I. G., 774; Loi du 6 janv. 1872, art. 3, dernier alinéa.
3. *Ibid.*, 27 oct. 1807. V. *infrà*, n° 248-3°. — Sont aussi exemptes du timbre les quittances délivrées par les recev. de l'enreg. des sommes dues pour le papier des reg. de l'ét. civ. Déc. min. Fin. 28 juin 1832; Inst. min. Fin. 20 juin 1859, art. 631.
4. Décis. min. Just. et Fin. 13 et 29 avril 1813.
5. Déc. min. Fin. 19 août 1875. *Bull. off. Int.*, année 1881, p. 368.
6. Circ. min. Int. 7 mars 1873.

ou en marge de papiers destinés à de certains actes, pour tenir lieu de l'empreinte du timbre.

Ce visa, limité à des cas *spéciaux* prescrits par les lois, est de trois sortes : 1° le visa pour timbre au comptant ; 2° le visa pour timbre en débet ; 3° le visa pour timbre gratis.

§ 1er. — *Du visa pour timbre au comptant.*

246. Ce visa est aujourd'hui remplacé par l'application des timbres mobiles dont il est parlé *suprà*, n° 241 [1].

§ 2. — *Du visa pour timbre en débet.*

247. Ce visa est ordinairement accordé aux actes que la loi a soumis à la formalité de l'enregistrement également en débet.

248. Sont assujettis au visa pour timbre en débet, notamment les actes ci-après indiqués, savoir :

1° *Assistance judiciaire.* Les extraits et copies d'actes de l'état civil délivrés à une personne ayant obtenu l'assistance judiciaire et portant mention de la date de l'admission au bénéfice de l'assistance judiciaire. Mais ces pièces n'ont d'effet que pour le procès à l'occasion duquel elles sont demandées [2].

2° *Dispenses d'âge, de parenté et d'alliance.* La requête du procureur de la République à fin de transcription de ces dispenses, et l'ordonnance du président qui prescrit cette transcription [3].

3° *Ministère public.* Les actes de procédure et les jugements relatifs à la rectification d'un acte de mariage, demandée d'office par le procureur de la République, dans le cas prévu par l'article 76 du Code civil [4] et généralement tous actes de poursuites faits à la requête du ministère public [5].

---

1. Les actes venant de l'étranger, dont il est fait usage hors du chef-lieu du département, peuvent être visés pour timbre par le receveur de l'enregistrement du canton. Circ. 1,419.
2. I. G., 1879.
3. Décis. min. Fin. 25 mars 1820 ; I. G., 398 et 1,282, § 4.
4. I. G., 1872.
5. Décis. des 6 et 12 germ. an VII, 26 pluv. et 26 germ. an VIII. (Circ. 1,155, 1,502 et 1,566.)

249. En général, les actes qui jouissent de la faculté du visa pour timbre en débet, peuvent n'être soumis à cette formalité qu'après leur rédaction, en même temps qu'ils sont présentés à l'enregistrement, de même que ceux assujettis au visa pour timbre gratis [1].

§ 3. — *Du visa pour timbre gratis.*

250. Sont assujettis à la formalité du visa pour timbre gratis, savoir :

1° *Indigents.* Les extraits des registres de l'état civil, les actes de notoriété, de consentement, de publications, les délibérations de conseil de famille, les certificats de libération du service militaire, les dispenses pour cause de parenté, d'alliance ou d'âge, les actes de reconnaissance des enfants naturels, les actes de procédure, les jugements et arrêts dont la production sera nécessaire au mariage des indigents, à la légitimation de leurs enfants naturels et au retrait de ces enfants déposés dans les hospices.

Ces pièces devront faire mention de leur destination et être appuyées d'un certificat délivré par le commissaire de police ou par le maire, dans les communes où il n'existe pas de commissaire de police, sur le vu d'un extrait du rôle des contributions constatant que les parties intéressées paient moins de 10 fr., ou d'un certificat du percepteur de la commune portant qu'elles ne sont pas imposées.

Le certificat d'indigence sera visé et approuvé par le juge de paix du canton. Il sera fait mention, dans le visa, de l'extrait des rôles ou du certificat négatif du percepteur [2].

Ce certificat sera délivré en plusieurs originaux lorsqu'il devra être produit à divers bureaux d'enregistrement. Cependant, les réquisitions des procureurs de la République tiendront lieu des originaux, pourvu qu'elles mentionnent le dépôt du certificat d'indigence à leur parquet [3].

2° *Mariages de Français indigents à l'étranger.* Les pièces

1. Décis. min. Fin. 20 mars 1843.
2. Loi du 10 déc. 1850, art. 4, 6 et 7 ; I. G., 1876 ; J. E., 15,094. — Cette loi a abrogé l'article 8 de la loi du 3 juillet 1846. — Ces pièces peuvent être visées pour timbre après leur rédaction. Délib. du 25 nov. 1853, app. le 28 ; Inst. 2,003, § 10. — V. *Infrà,* n° 604, note 7.
3. *Ibid.,* art. 8.

nécessaires pour le mariage des Français indigents à célébrer à l'étranger, portant mention de leur destination et accompagnées du certificat d'indigence délivré par les autorités françaises, conformément à l'article 6 de la loi du 10 décembre 1850[1], ou dans les formes usitées dans le pays, à la condition qu'il soit revêtu du visa de l'agent consulaire français[2].

3° *Ministère public.* Les actes de procédure et les jugements à la requête du ministère public, ayant pour objet : 1° de réparer les omissions et faire les rectifications sur les registres de l'état civil, d'actes qui intéressent les individus notoirement indigents ; 2° de remplacer les registres de l'état civil perdus ou incendiés par les événements de la guerre, et de suppléer aux registres qui n'auraient pas été tenus, ou qui auraient été détruits par des événements de force majeure (incendie ou inondation)[3].

4° *Registres de l'état civil.* V. Ministère public.

5° *Sociétés de secours mutuels.* Les expéditions d'actes de l'état civil délivrées aux présidents des sociétés de secours mutuels dans l'intérêt des associations, et indiquant leur destination[4], notamment pour le décompte des arrérages de rentes viagères sur la vieillesse[5].

SECTION III.

De l'enregistrement.

251. *Définition.* — L'enregistrement est la relation des actes et des mutations de propriétés sur un registre public, moyennant un droit que l'on paie au Trésor.

Cette formalité a pour objet d'assurer l'existence des actes, de leur donner une date certaine et de procurer des ressources à l'État.

---

1. Décis. min. Fin. 3 sept. 1861. I. G. 30 nov. 1861, 2,204, § 2.
2. *Ibid.*, 25 juin 1870.
3. Loi du 5 janv. 1872, art. 3, dernier alinéa. Lettres du min. Fin. des 13 et 29 juin 1877. — 715 et 1,258, B, 76. V. L. 25 mars 1817, art. 75.
4. Décis. min. Fin. 25 fév. 1854, 21 février et 12 novembre 1873. Déc. 26 mars 1852, art. 11.
5. Loi du 10 juin 1850. Décis. min. du 7 fév. 1853. Circ. min. Int. 19 nov. 1874.

Les droits d'enregistrement sont *fixes* ou *proportionnels*, suivant la nature des actes et mutations qui y sont assujettis[1].

§ 1er. — *Actes de l'état civil assujettis à la formalité de l'enregistrement.*

252. Les greffiers et les officiers de l'état civil doivent faire enregistrer les actes qu'ils sont tenus de soumettre à cette formalité, aux bureaux dans l'arrondissement desquels ils exercent leurs fonctions.

Les actes passés en pays étranger pourront être enregistrés dans tous les bureaux indistinctement[2].

253. Les actes de l'état civil assujettis à cette formalité sont ceux contenant reconnaissance ou légitimation d'enfants naturels[3], et les actes d'adoption et de divorce.

Les droits d'enregistrement établis sur ces actes, non compris le double décime et demi dont il va être parlé, sont ainsi fixés :

1° Expédition d'acte de reconnaissance d'enfants naturels, quel qu'en soit le nombre[4], — 7 fr. 50 c.

2° Expédition d'acte de naissance avec mention de reconnaissance faite devant un officier de l'état civil[5], ou avec reconnaissance dans l'acte de naissance même[6], — 7 fr. 50 c.

---

1. Loi du 22 frim. an VII, art. 2.
2. *Ibid.*, art. 26; Décis. min. Fin. 17 déc. 1819; J. E., 6,625. — V. *infrà*, n° 259-3°.
3. V. *infrà*, n° 1041.
4. Lois des 28 avril 1816, art. 45, n° 7, et 28 fév. 1872, art. 4. Décis. min. Fin. 17 décembre 1819. Délib. de l'adm. de l'Enreg. 8 fév. 1826.
5. Lois des 28 avril 1816 et 28 fév. 1872. Cette expédition n'est pas assujettie à la formalité de l'enregistrement si la reconnaissance a eu lieu par acte passé par-devant notaire.
6. J. E., 12,828, § 2, et 12,847; Garnier, n° 5,616. La loi du 28 avril 1816, art. 45, n° 7, porte que les reconnaissances d'enfants naturels, autrement que par acte de mariage, sont assujetties au droit fixe de 5 fr. (augmenté de moitié par la loi du 28 fév. 1872, art 4). Le mot *autrement* dont le législateur s'est servi s'applique à l'acte authentique et à l'acte de naissance. (C. civ., art. 334.) Telle est la règle adoptée par l'administration de l'enregistrement. (Lettre du dir. de l'Enreg. à Versailles, au maire de Saint-Germain-en-Laye, 24 juin 1878.) Cependant aux termes d'une décis. min. Fin. du 17 déc. 1819, ce droit ne serait pas dû. V. J. E., 6,625, et une délibération du conseil d'administration du timbre et de l'enreg. du 16 mai 1821, por-

3° Expédition d'acte de mariage contenant légitimation d'enfants naturels, quel qu'en soit le nombre [1], — 3 fr.

4° Expédition d'acte de naissance avec mention de légitimation [2], — 3 fr.

5° Expédition d'acte d'adoption passé devant l'officier de l'état civil, antérieurement au Code civil [3], — 1 fr.

6° Expédition d'acte de divorce prononcé avec ou sans l'intervention judiciaire, antérieurement à la loi du 28 avril 1816 [4], — 15 fr.

7° Expédition d'acte de divorce prononcé depuis cette loi jusqu'à la publication de la loi du 8 mai 1816 qui a aboli le divorce, si le jugement est demeuré sans appel [5], — 100 fr.

En outre des droits fixes qui précèdent, il est dû un double décime et demi par franc, à titre de *subvention extraordinaire de guerre* [6].

254. Les droits d'enregistrement sont dus pour chaque acte de reconnaissance, mais la reconnaissance de plusieurs enfants naturels, soit par les père et mère, soit par l'un d'eux, dans un même acte, ne constitue qu'une disposition et n'opère qu'un droit [7].

255. Lorsque l'enfant est reconnu par ses père et mère en vertu d'un même acte, le droit n'est dû qu'autant que la reconnaissance est *spéciale, formelle* et *irrécusable;* tel n'est pas le cas où un contrat de mariage se borne à qualifier le futur d'enfant naturel d'un individu, bien que celui-ci soit présent à l'acte [8].

---

tant « que toutes les fois qu'un acte de naissance d'enfant naturel établit la reconnaissance de cet enfant par ses père et mère, l'acte ne porte que le véritable caractère de l'acte de naissance, qui a pour objet d'établir la qualité de l'enfant; qu'il demeure, en ce cas, exempt de la formalité de l'enregistrement, parce qu'alors la reconnaissance forme une partie essentielle et intégrante de l'acte de naissance. »

1. Lois des 28 avril 1816, art. 43, n° 22, et 28 fév. 1872, art. 4.
2. *Ibid.*
3. Loi du 22 frim. an VII, art. 68, n° 9.
4. *Ibid.*
5. Loi du 28 avril 1816, art. 49, n° 2.
6. Loi des 6 prair. an VII, art. 1er; 2 juillet 1852, art. 14; 8 juin 1864, art. 13, et 23 août 1871, art. 1er.
7. Décis. min. Fin. 17 décembre 1819; J. E., 6,625. Délib. 8 fév. 1826. Sol. de l'adm. de l'Enreg. 6 nov. 1856.
8. Sol. 22 juillet 1868.

256. Il ne doit être également perçu que le droit fixe de 7 fr. 50 c. quand l'expédition d'un acte de naissance porte une mention de reconnaissance et une mention de légitimation[1], mais il doit être perçu deux droits si cette expédition porte deux mentions de reconnaissance faite par le père et la mère par actes séparés.

257. Les reconnaissances antérieures à la promulgation de la loi du 28 avril 1816, faites par acte de célébration de mariage ou autrement, seront soumises aux mêmes règles de perception lorsque les expéditions auront été délivrées postérieurement[2].

258. La première expédition des actes susénoncés est seule sujette à l'enregistrement; l'officier de l'état civil devra, *sous sa responsabilité personnelle*, faire mention en marge de la minute de l'acte, de la formalité qui aura été remplie sur la première expédition; il devra aussi rappeler cette mention sur toutes les expéditions subséquentes qu'il sera requis de délivrer, et le droit d'enregistrement sera exigible sur ces expéditions lorsqu'elles seront dépourvues de cette mention[3].

Il importe donc que cette obligation ne soit pas perdue de vue. On se prémunira facilement contre toute omission de ce genre en faisant consigner par les personnes qui lèveront ces expéditions, le montant des droits de timbre et d'enregistrement afférents à la première expédition, et en ne délivrant celle-ci que revêtue de cette formalité[4].

Lorsqu'une première expédition aura été ainsi soumise à la formalité de l'enregistrement, l'officier de l'état civil en donnera avis de suite, s'il y a lieu, au procureur de la République, qui veillera à ce que la mention relative à l'accomplissement de cette formalité soit faite d'une manière uniforme sur les deux registres, conformément à l'article 49 du Code civil, afin d'éviter de nouveaux droits

1. Avis du dir. de l'Enregistr. à Versailles, 30 avril 1876. — Garnier est d'avis, au contraire, que la loi de 1816, en tarifant au droit de 2 fr. la reconnaissance faite par l'acte de célébration, suppose nécessairement qu'une reconnaissance a pu exister. Qu'il a donc été dans la pensée du législateur que la perception du droit de 5 fr. n'est pas exclusive de celle de 2 fr. (R. E., n° 5,614, 2e éd.)
2. Décis. min. Fin. 5 août 1816; J. E., 12,847.
3. *Ibid.*, 9 juin 1856.
4. Décis. min. Fin. 9 juin 1856 précitée.

dans le cas où une expédition subséquente serait levée au greffe du tribunal.

259. Sont également assujettis à la formalité de l'enregistrement, savoir :

1° Les dispenses d'âge, de parenté et d'alliance pour le mariage : les premières sont sujettes à un droit fixe de 30 fr.[1], et les secondes, au droit fixe de 60 fr.[2].

2° Les jugements de première instance admettant une adoption et les arrêts de cour d'appel qui la confirment : les premiers sont sujets au droit fixe de 75 fr.[3], et les seconds, au droit fixe de 150 fr.[4]. Ces jugements et arrêts donnent lieu à autant de droits fixes qu'il y a d'adoptés[5].

3° Les actes faits ou passés en pays étrangers ou dans les îles et colonies françaises où l'enregistrement n'a pas été établi, doivent être soumis à cette formalité avant qu'il en soit fait usage en France[6], s'ils n'en sont exempts par leur nature.

§ 2. — *Enregistrement en débet.*

260. Sont enregistrés en débet, les actes de procédure et les jugements relatifs à la rectification d'un acte de mariage demandée d'office par le procureur de la République, dans le cas prévu par l'article 76 du Code civil[7] ; et les actes et procès-verbaux faits à la requête du ministère public[8].

§ 3. — *Enregistrement gratis.*

261. Sont assujettis à la formalité de l'enregistrement gratis, savoir :

1° *Indigents.* Les extraits des registres de l'état civil, les actes de notoriété, de consentement, les délibérations de

---

1. Loi du 28 avril 1816, art. 55, et 28 fév. 1872, art. 4.
2. *Ibid.*, art. 65. —
3. *Ibid.*, art. 48. — 2°. —
4. *Ibid.*, art. 49. — 1°. —
5. Sol. de l'adm. de l'enreg., 15 déc. 1818.
6. Loi du 22 frim. an VII, art. 42, v. *suprà* n° 252, 2° alinéa. Ces actes doivent être accompagnés d'une traduction faite par un traducteur assermenté. Décis. Min. Fin., 7 mars 1833. I. G. 1,425 § 1.
7. Loi du 28 avril 1816, art. 48, n° 2.
8. Loi du 22 frim. an VII, art. 70, n° 2.

conseil de famille, les dispenses pour cause de parenté, d'alliance ou d'âge, les actes de reconnaissance des enfants naturels, les actes de procédure, les jugements et arrêts dont la production sera nécessaire au mariage des indigents, à la légitimation de leurs enfants naturels et au retrait de ces enfants déposés dans les hospices[1]; ainsi que les lettres patentes de dispense d'âge pour mariage, délivrées aux personnes reconnues indigentes, et les actes de reconnaissance d'enfants naturels appartenant à des individus notoirement indigents[2].

2° *Mariage de Français indigents à l'étranger*. Les pièces nécessaires pour le mariage des Français indigents à l'étranger, portant mention de leur destination et accompagnées du certificat d'indigence délivré par les autorités françaises, conformément à l'article 6 de la loi du 10 décembre 1850, ou dans les formes usitées dans le pays, à la condition qu'il soit revêtu du visa de l'agent consulaire français[3].

3° *Ministère public*. Les actes de procédure et les jugements à la requête du ministère public, ayant pour objet: 1° de réparer les omissions et faire les rectifications sur les registres de l'état civil, d'actes qui intéressent les individus notoirement indigents ; 2° de remplacer les registres de l'état civil perdus ou incendiés par les événements de la guerre, et 3° de suppléer aux registres qui n'auraient pas été tenus[4].

§ 4. — *Actes de l'état civil non assujettis à la formalité de l'enregistrement.*

262. Sont exempts de la formalité de l'enregistrement, savoir :

1° *Actes de l'état civil*. Les actes de naissance, sépulture (décès) et mariages reçus par les officiers de l'état civil, les extraits qui en sont délivrés[5] (sauf l'exception portée

---

1. Loi du 10 déc. 1850, art. 4. — Ces pièces doivent faire mention de leur destination et être appuyées du certificat d'indigence, ainsi qu'il est dit *suprà*, n° 250, 2e et 3e alinéas. — V. *infrà*, n° 604, note 7.
2. Loi du 15 mai 1818, art. 77.
3. Décis. min. Fin. 25 juin 1870.
4. Loi du 25 mars 1817, art. 75.
5. Loi du 22 frim. an VII, art. 70, § 3, n° 8.

suprà, n° 253), les actes de publication de mariage et les extraits qui en sont affichés [1].

2° *Certificat de mariage civil*. Le certificat délivré par l'officier de l'état civil pour justifier aux ministres des cultes de la célébration du mariage civil [2].

3° *Certificat de non-inscription d'actes ou d'absence de registres*. Le certificat délivré par les dépositaires des registres de l'état civil pour constater, soit la non-inscription sur ces registres d'actes de naissance, de mariage ou de décès, soit l'absence même de ces registres [3].

4° *Certificat de non-opposition à mariage*. Le certificat délivré par l'officier de l'état civil pour constater que les publications de mariage ont eu lieu, sans qu'il soit survenu d'opposition [4].

5° *Colonies*. Les instances en constatation ou rectification des actes de l'état civil des personnes non libres antérieurement au décret du 27 avril 1848 sur l'abolition de l'esclavage [5].

6° *Dépôt des registres de l'état civil*. Le dépôt des registres de l'état civil au greffe du tribunal, en exécution de l'article 43 du Code civil [6].

7° *Dépôt de signatures et paraphes*. Les actes de dépôt des signatures et paraphes des officiers de l'état civil, en conformité de la loi du 2 mai 1861, sur les légalisations [7].

8° *Enfants abandonnés*. Le consentement donné par un membre de la commission administrative d'un hospice, exerçant les fonctions de tuteur, au mariage de son pupille [8].

9° *Étrangers*. Les expéditions des actes de naissance ou de mariage contenant reconnaissance d'enfant naturel, dressés à l'étranger et concernant des nationaux français, lorsque ces expéditions ont été délivrées pour l'usage exclusif de l'administration française [9], et, réciproquement, celles transmises aux agents diplomatiques étrangers.

---

1. Circ. 1692 ; J. E., 282.
2. *Ibid.*
3. Décis. min. Fin. 4 juillet 1820 et 25 juin 1823.
4. J. E. 1,089 et 1,589.
5. Loi du 6-15 déc. 1850, art. 2.
6. Décis. min. Fin. 24 sept. 1808. I. G., 1,051, § 2.
7. Décis. min. Fin. et Just. 26 juillet et 9 sept. 1861. L. 15 mai 1818, art. 80.
8. *Ibid.*, 3 et 8 fév. 1836 ; J. E., 11,504. Loi du 10 déc. 1850, art. 7.
9. V. *infrà*, n° 1041.

10° *Légalisations.* Les légalisations de signature d'officiers publics [1].

11° *Procès-verbaux de cote et paraphe.* Les procès-verbaux de cote et paraphe des registres de l'état civil dressés en exécution de l'article 41 du Code civil [2].

12° *Traductions.* Les traductions d'actes de l'état civil passés en pays étranger, certifiées et signées par un traducteur-juré, alors même qu'elles sont annexées à un acte de l'état civil français [3].

---

1. Loi du 22 frim. an VII, art 70, § 3, n° 11.
2. Décis. min. Fin. 16 déc. 1816 et 3 sept. 1817; I. G., 758; J. E., 5,879.
3. Strasbourg, 10 août 1857. Sol. 29 sept. 1857. Délib. 27 août 1858. I. G., 2,132, § 7.

CHAPITRE XI.

DE LA RESPONSABILITÉ DES OFFICIERS DE L'ÉTAT CIVIL ET DES PÉNALITÉS QUI LEUR SONT APPLICABLES.

---

263. Les officiers de l'état civil sont soumis, à raison de leurs fonctions mêmes, à des dispositions pénales exceptionnelles qu'il leur importe de bien connaître. Cependant, il faut bien l'avouer, il y en a peu à qui les différents textes des lois soient familiers. En général, ils s'en préoccupent peu parce que, forts de leur conscience, ils espèrent invoquer leur ignorance ou leur bonne foi. Mais cette trop grande sécurité peut leur devenir préjudiciable, car *nul n'est censé ignorer la loi,* et il a été jugé que l'officier de l'état civil qui contrevient aux lois concernant les actes de son ministère ne peut s'excuser sur son ignorance ou sa bonne foi (*ignorantia juris non excusat*) [1].

C'est afin de mieux faire connaître aux officiers de l'état civil les dispositions pénales qui leur sont applicables que nous les avons groupées et analysées sous ce titre.

§ 1er. — *Dispositions préliminaires.*

264. Les infractions aux lois sont de trois espèces : la première, que les lois punissent des *peines de police,* est une *contravention ;*

La seconde, que les lois punissent de *peines correctionnelles,* est un *délit ;*

Et la troisième, que les lois punissent d'une *peine afflictive ou infamante,* est un *crime* [2].

---

1. Turin, 6 avril 1808. — Ce principe est d'autant plus applicable à un fonctionnaire public, que celui-ci se trouve strictement lié par le devoir de bien connaître les lois relatives à son ministère.
2. C. p., art. 1er. V. art. 9 de ce Code.

265. Toute tentative de *crime* qui aura été manifestée par un commencement d'exécution, si elle n'a été suspendue ou si elle n'a manqué son effet que par des circonstances indépendantes de la volonté de son auteur, est considérée comme le crime même [1].

266. Les tentatives de *délits* ne sont considérées comme délits que dans les cas déterminés par une disposition spéciale de la loi [2].

§ 2. — *Actes de l'état civil.*

267. Toute contravention aux articles 34, 35, 36, 37, 38 [3], 39, 40, 41, 42, 43, 44, 45, 49 [4] et 76 [5] du Code civil sera poursuivie devant le tribunal de première instance et punie d'une amende qui ne pourra excéder *cent francs* [6].

Ces poursuites auront lieu devant les tribunaux de première instance, par *voie civile* et non par voie correctionnelle [7].

268. Toute altération, tout faux dans les actes de l'état civil, toute inscription de ces actes sur *une feuille volante* et autrement que sur les registres, donneront lieu aux dommages-intérêts des parties, sans préjudice des peines portées au Code pénal [8].

On entend par altération tout fait volontaire de l'homme qui aurait dénaturé la substance de l'acte ; aussi un changement arrivé dans l'état matériel du registre, qui ne serait

---

1. C. p., art. 2. V. art. 6, 7 et 8 de ce Code.
2. C. p., art. 3.
3. Ces articles concernent la rédaction des actes.
4. Ces articles concernent la tenue et le dépôt des registres, les extraits à en délivrer et les mentions.
5. Cet article est relatif aux énonciations que l'acte de mariage doit contenir. V. *infrà*, nº 753.
6. C. civ., art. 50 et 76.
7. Un avis du Conseil d'État du 4 pluviôse an XII a décidé : 1º que les officiers de l'état civil seront poursuivis devant la juridiction civile et non devant la justice correctionnelle ; 2º que ces officiers ne pouvaient se prévaloir de l'article 75 de la Constitution de l'an VIII et exciper de leur qualité de fonctionnaires. — L'action du ministère public en pareille matière ne se prescrit que par 30 ans, comme toute autre action civile. L'appel est toujours recevable. (Cass. crim. 30 juin 1814.)
8. C. civ., art. 52. V. *infrà*, nºs 269, 277 et suiv.

dû qu'à un état de vétusté ou à un accident indépendant de la surveillance de l'officier de l'état civil, ne donnerait-il lieu contre celui-ci à aucune action de la part des parties intéressées.

Toutefois, les dispositions qui précèdent seraient applicables si l'accident qui a produit l'altération avait pu être prévenu par la prudence de ce fonctionnaire, attendu que chacun est responsable du dommage qu'il a causé, non-seulement par son fait, mais encore par sa négligence ou son imprudence, et que les commettants sont responsables du dommage causé par leurs préposés dans les fonctions auxquelles ils les ont employés[1].

En conséquence, la plus grande surveillance doit être exercée par les officiers de l'état civil ou leurs employés, lors de la communication des registres à des personnes étrangères.

269. Les officiers de l'état civil qui auront inscrit leurs actes sur de simples feuilles volantes, seront punis d'un emprisonnement d'un mois au moins et de trois mois au plus, et d'une amende de 16 fr. à 200 fr.[2], lors même que la nullité de leurs actes n'aurait pas été demandée ou aurait été couverte ; le tout sans préjudice des peines plus fortes prononcées en cas de collusion, et sans préjudice aussi des autres dispositions pénales du titre V du livre Ier du Code civil (art. 156, 157, 192 et 193)[3], et des dommages-intérêts dus aux parties intéressées.

En principe, les officiers de l'état civil peuvent être poursuivis sans autorisation préalable du Gouvernement, pour délits relatifs aux actes de l'état civil[4].

§ 3. — *Amendes.*

270. L'exécution des condamnations à l'amende, aux restitutions, aux dommages-intérêts et aux frais, pourra être poursuivie par la voie de la contrainte par corps[5].

Il ne faut pas confondre l'amende avec les réparations

1. C. civ., art. 1383 et 1384.
2. C. p., art. 192.
3. C. p., art. 195. V. *infrà*, nos 285, 287, 288 et 292.
4. Cass. 3 messidor an IX.
5. C. p., art. 52.

civiles : l'amende est une véritable peine qui est essentiellement personnelle et ne peut atteindre que le délinquant.

§ 4. — *Concussion.*

271. Tous fonctionnaires, tous officiers publics, leurs commis ou préposés qui se seront rendus coupables du crime de *concussion,* en ordonnant de percevoir ou en exigeant ou en recevant ce qu'ils savaient n'être pas dû, ou excéder ce qui était dû pour droits, seront punis, savoir : les fonctionnaires ou les officiers publics, de la peine de la *réclusion,* et leurs commis ou préposés d'un *emprisonnement de deux ans au moins et de cinq ans au plus,* lorsque la totalité des sommes indûment exigées ou reçues a été supérieure à 300 fr.

Toutes les fois que la totalité de ces sommes n'excédera pas 300 fr., les fonctionnaires ou les officiers publics seront punis d'un *emprisonnement de deux à cinq ans,* et leurs commis ou préposés d'un *emprisonnement d'une année au moins et de quatre ans au plus.*

La tentative de ce délit sera punie comme le délit lui-même.

Dans tous les cas où la peine d'emprisonnement sera prononcée, les coupables pourront, en outre, être privés des droits mentionnés en l'article 42 du Code pénal[1] pendant cinq ans au moins et dix ans au plus, à compter du jour où ils auront subi leur peine, ils pourront aussi être mis, par l'arrêt ou le jugement, sous la surveillance de la haute police pendant le même nombre d'années.

Dans tous les cas prévus par le présent article, les coupables seront condamnés à une amende dont le maximum

1. Cet article est ainsi conçu : « Les tribunaux jugeant correctionnellement pourront, dans certains cas, interdire, en tout ou en partie, l'exercice des droits civiques, civils et de famille suivants : 1° de vote et d'élection ; 2° d'éligibilité ; 3° d'être appelé ou nommé aux fonctions de juré ou autres fonctions publiques, ou aux emplois de l'administration, ou d'exercer ces fonctions ou emplois ; 4° du port d'armes ; 5° de vote et de suffrage dans les délibérations de famille ; 6° d'être tuteur, curateur, si ce n'est de ses enfants et sur l'avis seulement de la famille ; 7° d'être expert ou employé comme témoin dans les actes ; 8° de témoigner en justice, autrement que pour y faire de simples déclarations. »

sera le quart des restitutions et des dommages-intérêts et le minimum le douzième.

Les dispositions du présent article sont applicables aux greffiers et officiers ministériels, lorsque le fait a été commis à l'occasion des recettes dont ils sont chargés par la la loi [1].

§ 5. — *Corruption.*

272. Tout fonctionnaire public de l'ordre *administratif ou judiciaire*, tout agent ou préposé d'une administration publique, qui aura agréé des offres ou promesses, ou reçu des dons ou présents, pour faire un acte de sa fonction ou de son emploi, *même juste*, mais non sujet à salaire, sera puni de la *dégradation civique*, et condamné à une amende double de la valeur des promesses agréées ou des choses reçues, sans que ladite amende puisse être inférieure à *deux cents francs*.

La présente disposition est applicable à tout fonctionnaire, agent ou préposé de la qualité ci-dessus exprimée, qui, par offres ou promesses agréées, dons ou présents reçus, se sera abstenu de faire un acte qui entrait dans l'ordre de ses devoirs [2].

273. Dans le cas où la corruption aurait pour objet un fait *criminel* emportant une peine plus forte que celle de la dégradation civique, cette peine plus forte sera appliquée aux coupables [3].

§ 6. — *Décès.*

274. Dans chaque commune où ne réside pas un juge de paix, l'agent municipal (le maire) et, à son défaut, son adjoint, sont tenus de donner avis, *sans aucun délai*, au juge de paix résidant dans le canton, ou, à son défaut, au suppléant le plus voisin, de la mort de toute personne de son arrondissement qui laisse pour héritiers, des *pupilles*, des *mineurs* ou des *absents* [4].

---

1. C. p., art. 174. (Loi du 13 mai 1863.)
2. C. p., art. 177. (Loi du 13 mai 1863.)
3. C. p., art. 178. (Loi du 28 avril 1832.)
4. A. G. du 22 prairial an V, art. 1er. V. *infrà*, nos 844 et 845.

Les agents et adjoints municipaux qui négligeront cette partie importante de leurs devoirs seront dénoncés à l'administration centrale de leur département pour être procédé à leur égard, conformément à l'article 193 de l'acte constitutionnel du 5 fructidor an III[1], lequel est ainsi conçu : « Les ministres peuvent aussi suspendre les administrations « du département qui ont contrevenu aux lois ou aux ordres « des autorités supérieures ; et les administrations de dé« partement ont le même droit à l'égard des membres des « *administrations municipales.* »

Mais aux termes des articles 197 et 195 dudit acte constitutionnel l'arrêté de suspension doit être motivé, et la suspension ne devient définitive que par la confirmation formelle du pouvoir exécutif.

§ 7. — *Dommages-intérêts.*

275. La condamnation aux peines établies par la loi est toujours prononcée sans préjudice des restitutions et dommages-intérêts qui peuvent être dus aux parties[2].

276. Les dommages-intérêts ne peuvent être prononcés que sur la demande des parties ; ils peuvent être demandés en vertu des dispositions générales du droit (art. 1382 et suivants du Code civil), encore bien qu'ils n'aient pas été réservés par un texte spécial de la loi ; enfin, l'action à laquelle ils donnent lieu ne s'éteint pas par la mort du prévenu[3].

§ 8. — *Faux en écritures publiques ou authentiques.*

277. Tout fonctionnaire ou officier public qui, dans l'exercice de ses fonctions, aura commis un faux,

Soit par fausses signatures,

Soit par altération des actes, écritures ou signatures,

Soit par supposition de personnes,

Soit par des écritures faites ou intercalées sur des re-

---

1. A. G. du 22 prair. an V, art. 2.
2. C. p., art. 10.
3. Hutteau d'Origny, p. 445 et 446.

gistres ou d'autres actes publics, depuis leur confection ou clôture,

Sera puni des *travaux forcés à perpétuité*[1].

278. Tout fonctionnaire ou officier public qui, en rédigeant des actes de son ministère, en aura frauduleusement dénaturé la substance ou les circonstances, soit en écrivant des conventions autres que celles qui auraient été tracées ou dictées par les parties, soit en constatant comme vrais des faits faux, ou comme avoués des faits qui ne l'étaient pas, sera également puni des *travaux forcés à perpétuité*[2].

Jugé, par application des dispositions portées aux deux numéros qui précèdent :

1° Qu'un maire qui inscrit sur les registres de l'état civil un acte de naissance, de mariage ou de décès sous une autre date que celle du jour où il a été rédigé, commet le *crime de faux*[3] ;

2° Qu'il en est de même au cas où, dans un acte de naissance, une date a été substituée à une autre, à dessein de soustraire un individu aux lois du recrutement ou de la conscription[4] ;

3° Que les énonciations qui déclarent faussement, dans les actes publics, l'observation des formalités prescrites par la loi pour leur validité, constituent le *crime de faux*[5] ;

4° Qu'il n'y a pas faux lorsque, dans un acte de décès, on n'énonce pas les véritables noms et prénoms des père et mère de la personne décédée[6].

§ 9. — *Fonctions publiques exercées illégalement.*

279. Tout fonctionnaire public qui sera entré en exercice de ses fonctions sans avoir prêté le serment prescrit par la loi, pourra être poursuivi, et sera puni d'une amende de *seize francs à cent cinquante francs*[7].

---

1. C. p., art. 145.
2. C. p., art. 146.
3. Cass. 4 mai 1810.
4. Cass. 25 juin 1812.
5. Cass. 16 juillet 1809 et 21 avril 1827.
6. Cass. 28 juillet 1808.
7. C. p., art. 196. (Ord., 28 avril 1832.) — Les fonctionnaires publics ne peuvent commencer l'exercice de leurs fonctions ou emplois que préalablement ils n'aient prêté serment. L. 21 nivôse an VIII.

280. Tout fonctionnaire révoqué, destitué, suspendu ou interdit légalement, qui, après en avoir eu la connaissance officielle, aura continué l'exercice de ses fonctions, ou qui, étant électif ou temporaire, les aura exercées après avoir été remplacé, sera puni d'un emprisonnement de *six mois au moins* et de *deux ans au plus*, et d'une amende de *cent francs à cinq cents francs*. Il sera interdit de l'exercice de toute fonction publique pour cinq ans au moins et dix ans au plus, à compter du jour où il aura subi sa peine[1].

281. La peine prononcée par l'article 145 du Code pénal est applicable à celui qui, n'ayant plus la qualité de fonctionnaire public, a signé un acte et l'a reporté par une antidate à l'époque où il était encore en fonctions[2].

§ 10. — *Forfaiture.*

282. Tout crime commis par un fonctionnaire public dans l'exercice de ses fonctions est une *forfaiture*[3].

283. Toute forfaiture pour laquelle la loi ne prononce pas de peines plus graves, est punie de la dégradation civique[4].

284. Les simples délits ne constituent pas les fonctionnaires en forfaiture[5].

§ 11. — *Mariages.*

1° Actes respectueux.

285. Lorsqu'il n'y aura pas eu d'actes respectueux, dans les cas où ils sont prescrits, l'officier de l'état civil qui aurait célébré le mariage, sera condamné à une amende qui ne pourra excéder *trois cents francs*, et à un emprisonnement qui ne pourra être moindre d'*un mois*[6].

---

1. C. p., art. 197.
2. Cass. 4 mai 1810. V. *suprà*, n° 727.
3. C. p., art. 166.
4. C. p., art. 167. V., art. 34 du même Code, en quoi consiste cette dégradation.
5. C. p., art. 168.
6. C. civ., art. 157. — Par application de l'article 463 du Code pénal, la cour royale de Bastia, par arrêt du 1er oct. 1844, a condamné à

2° Bigamie.

286. Quiconque étant engagé dans les liens du mariage en aura contracté un autre avant la dissolution du précédent, sera puni de la peine des *travaux forcés à temps*.

L'officier public qui aura prêté son ministère à ce mariage, connaissant l'existence du précédent, sera condamné à la même peine [1].

3° Célébration de mariage à domicile.

287. Le fait par l'officier de l'état civil d'avoir, *sans nécessité absolue*, célébré un mariage au domicile privé de l'un des deux époux, constitue une infraction aux prescriptions relatives à la publicité du mariage, qui le rend passible, ainsi que les parties, des peines portées par les articles 192 et 193 du Code civil [2] ; mais ce fait n'entraîne pas la nullité du mariage [3].

4° Consentement à mariage.

288. Lorsque, pour la validité d'un mariage, la loi prescrit le consentement des père, mère ou autres personnes, et que l'officier de l'état civil ne se sera point assuré de l'existence de ce consentement, il sera puni d'une amende de *seize francs à trois cents francs* et d'un emprisonnement de *six mois au moins et d'un an au plus* [4].

289. Les officiers de l'état civil qui auraient procédé à la célébration des mariages contractés par des fils n'ayant pas atteint l'âge de 25 ans accomplis, ou par des filles n'ayant pas atteint l'âge de 21 ans accomplis, sans que le consentement des pères et mères, celui des aïeuls et aïeules,

---

5 fr. d'amende et aux frais, un officier de l'état civil qui avait procédé au mariage d'un fils majeur de 30 ans, sans qu'il lui ait été justifié du consentement de la mère survivante ou d'un acte respectueux. — V. *infrà*, n° 313, dernier alinéa.

1. C. p., art. 340. V. *infrà*, n° 521.

2. Langres, 5 fév. 1868. — Marcadé, t. I, sur l'art. 191 du C. civ., n° 2 ; Demante, t. I, n° 275 *bis*-1 ; Malleville sur l'art. 74, n° 97. V. *infrà*, n°s 293 et 729.

3. V. *infrà*, n° 750.

4. C. p., art. 196.

et celui de la famille, dans le cas où ils sont requis, soient énoncés dans l'acte de mariage, seront, à la diligence des parties intéressées et du procureur de la République près le tribunal de première instance du lieu où le mariage aura été célébré, condamnés à l'amende portée par l'article 192 du Code civil, et, en outre, à un emprisonnement dont la durée ne pourra être moindre de *six mois* [1].

5° Incompétence de l'officier de l'état civil.

290. Le mariage sera célébré publiquement devant l'officier de l'état civil du domicile de l'une des deux parties [2].

En cas de contravention, le procureur de la République fera prononcer contre l'officier public une amende qui ne pourra excéder trois cents francs ; et contre les parties contractantes, ou ceux sous la puissance desquels elles ont agi, une amende proportionnée à leur fortune ; lors même que cette contravention ne serait pas jugée suffisante pour faire prononcer la nullité du mariage [3].

En principe, lorsqu'une action en nullité n'est accordée que pour l'intérêt des mœurs et de l'ordre public, elle doit être exercée pendant la durée du mariage ; elle est éteinte et prohibée après sa dissolution, puisqu'elle devient sans objet [4].

6° Militaires.

291. Tout officier de l'état civil qui sciemment aura célébré le mariage d'un officier, sous-officier ou soldat en activité de service, sans s'être fait remettre les permissions exigées par les règlements militaires, ou qui aura négligé de les joindre à l'acte de célébration, sera *destitué de ses fonctions* [5].

---

1. C. civ., art. 156. V. *infrà*, n° 293.
2. *Ibid.*, art. 165. *Ibid.*, n° 729.
3. *Ibid.*, art. 193.
4. V. Locré, t. III, p. 388, 391 et 395.
5. Déc. 16 juin 1808, art. 3. Circ. min. G. 26 sept. 1836. V. *infrà*, nos 620 et suivants.

7° Oppositions.

292. En cas d'opposition, l'officier de l'état civil ne pourra célébrer le mariage avant qu'on lui en ait remis la mainlevée, sous peine de *trois cents francs d'amende* et de tous dommages-intérêts [1].

8° Publications.

293. Si le mariage n'a point été précédé des deux publications requises, ou s'il n'a pas été obtenu des dispenses permises par la loi, ou si les intervalles prescrits dans les publications et célébrations n'ont point été observés, le procureur de la République fera prononcer contre l'officier public une amende qui ne pourra excéder *trois cents francs;* et contre les parties contractantes, ou ceux sous la puissance desquels elles ont agi, une amende proportionnée à leur fortune [2].

9° Viduité.

294. L'officier de l'état civil sera aussi puni de *seize francs à trois cents francs* d'amende, lorsqu'il aura reçu, avant le temps prescrit par l'article 228 du Code civil, l'acte de mariage d'une femme ayant déjà été mariée [3]; lors même que la nullité de cet acte n'aurait pas été demandée ou aurait été couverte; le tout sans préjudice des peines plus fortes prononcées en cas de collusion, et sans préju-

---

1. C. civ., art. 68. V. *infrà,* n° 687. — Aux termes d'un arrêt de règlement du Parlement de Paris, en date du 15 juin 1691, il était également défendu de passer outre, dans ce cas, à la célébration du mariage, sous peine, par les lois canoniques, d'une suspension de trois années, sans préjudice de l'action civile en dommages-intérêts. — En principe, tout acte d'opposition doit arrêter l'officier de l'état civil, et il n'appartient qu'aux tribunaux de prononcer sur le mérite de cet acte, soit pour le fond, soit pour la forme. Demolombe, t. I, p. 263 et 264. C'est donc à ses risques et périls que l'officier de l'état civil appréciera le parti qu'il devra prendre suivant les circonstances. Hutteau d'Origny, ch. 3, t. 7, § 3, n° 2; Coin-Delisle, art. 68, n° 1; Duranton, t. II, n° 203; Richelot, t. I, p. 242, n° 6; Massé et Vergé, t. I, p. 194; Rieff, n°s 167 et 179; Demante, t. I, n° 252 *bis*.
2. C. civ., art. 192. V. *infrà,* n°s 698, 725 et suiv.
3. C. p., art. 194. V. *infrà,* n° 522.

dice aussi des autres dispositions pénales du titre V du livre Ier du Code civil (art. 156, 157, 192, 193)[1].

§ 12. — *Noms et prénoms.*

295. Il est expressément défendu à tous fonctionnaires publics de désigner les citoyens autrement que par le nom de famille, les prénoms portés en l'acte de naissance[2], ou les surnoms maintenus par l'article 2 de la loi du 6 fructidor an II[3]; et d'en exprimer d'autres dans les expéditions et extraits qu'ils délivreront[4].

Les fonctionnaires qui contreviendraient aux dispositions qui précèdent, seront *destitués,* déclarés incapables d'exercer aucune fonction publique, et condamnés à une amende égale au quart de leurs revenus[5].

§ 13. — *Notice des décès.*

296. Les officiers publics ou les agents de communes faisant fonctions d'officiers publics sont passibles d'une amende de dix francs, non compris le double décime et demi, pour chaque mois de retard qu'ils apporteront dans l'envoi qu'ils sont tenus de faire chaque trimestre, du relevé des actes de décès, aux receveurs de l'enregistrement[6].

§ 14. — *Registres de l'état civil.*

297. Tout dépositaire des registres sera civilement responsable des altérations qui y surviendront, sauf son recours, s'il y a lieu, contre les auteurs desdites altérations[7].

---

1. C. p., art. 195.
2. Loi du 6 fructidor an II, art. 1er.
3. Cet article est ainsi conçu : « Il est également défendu d'ajouter « aucun surnom à son nom propre, à moins qu'il n'ait servi jusqu'ici « à distinguer les membres d'une même famille, sans rappeler des « qualifications féodales ou nobiliaires. »
4. Loi du 6 fruct. an II, art. 4.
5. *Ibid.*, art. 5.
6. Lois des 22 frim. an VII, art. 55, et 16 juin 1824, art. 10. V. *infrà*, no 858.
7. C. civ., art. 51. — Les poursuites doivent être exercées par les parties intéressées, soit par voie principale devant la juridiction civile, soit par voie incidente devant la juridiction criminelle si elle est saisie du délit.

L'officier de l'état civil répond du fait même de ses employés, mais il n'est pas responsable des événements de *force majeure*, lorsqu'il a pris toutes les précautions que lui conseillait la prudence [1].

En principe, les officiers de l'état civil sont soumis à la juridiction des tribunaux en ce qui concerne la tenue des registres de l'état civil, et par une conséquence nécessaire pour la répression des délits qu'ils peuvent commettre dans le *matériel* de ces registres : telle est d'ailleurs la jurisprudence de la Cour suprême [2].

298. Les dépositaires des registres de l'état civil et tous autres chargés des archives et dépôts de titres publics, seront tenus de les communiquer, sans déplacer, aux préposés de l'enregistrement, à toute réquisition, et de leur laisser prendre, *sans frais*, les renseignements, extraits et copies qui leur seront nécessaires pour l'intérêt de la République, à peine de dix francs d'amende, non compris les décimes, pour refus constaté par procès-verbal du préposé qui se fera accompagner, dans ce cas, d'un officier municipal, de l'agent (du maire) ou de l'adjoint de la commune du lieu, chez les détenteurs et dépositaires qui auront fait refus.

Ces dispositions s'appliquent aussi aux greffiers et secrétaires d'administrations centrales et municipales, pour les actes dont ils sont détenteurs.

Les communications ci-dessus ne pourront être exigées les jours de repos [3] ; et les séances, dans chaque autre jour, ne pourront durer plus de quatre heures, de la part des préposés, dans les dépôts où ils feront leurs recherches [4].

§ 15. — *Soustractions commises par les dépositaires publics, leurs préposés ou commis.*

299. Tout fonctionnaire ou officier public qui aura détruit, supprimé, soustrait ou détourné les actes et titres dont il était dépositaire en cette qualité, ou qui lui auront

---

1. V. *suprà*, n° 268.
2. Besançon, 3 juin 1808.
3. V. *suprà*, n° 23, note 5.
4. Lois des 22 frim. an VII, art. 54, et 16 juin 1824, art. 10.

été remis ou communiqués à raison de ses fonctions, sera puni des *travaux forcés à temps*.

Tous agents, préposés ou commis, soit du Gouvernement, soit des dépositaires publics, qui se seront rendus coupables des mêmes soustractions, seront soumis à la même peine [1].

§ 16. — *Timbre et enregistrement.*

1° Acte à la suite d'un autre.

300. Il ne pourra être fait ni *expédié* deux actes à la suite l'un de l'autre sur la même feuille de papier timbré, nonobstant tout usage ou règlement contraire, sous peine d'une amende de *cinq francs* [2].

La contravention existe par le fait de la rédaction d'un nouvel acte, lors même qu'il n'y aurait eu que quelques lignes écrites [3].

L'emploi d'une feuille de papier timbré qui a déjà servi et qui a été lavée au moyen d'un produit chimique, constitue également une contravention [4].

2° Acte en conséquence d'un autre.

301. Les notaires, huissiers, greffiers, secrétaires et *maires* ne pourront délivrer, en brevet, copie ou expédition, aucun acte *soumis à l'enregistrement*, sur la minute ou l'original, *ni faire aucun acte en conséquence*, avant qu'il ait été enregistré, quand même le délai pour l'enregistrement ne serait pas expiré, à peine de *dix francs d'amende*, outre le paiement du droit [5].

On entend par acte passé en conséquence ou en vertu d'un autre acte, tout acte qui se réfère à un acte préexistant, quand même il ne le rappellerait pas d'une manière explicite. Il n'est pas nécessaire que l'acte relaté soit la cause unique et indispensable de l'acte qui en contient la mention, pour que l'officier public qui en fait usage doive le

---

1. C. p., art. 173.
2. Lois des 13 brum. an VII, art. 23 et 26, et 16 juin 1824, art. 10.
3. Cass. 1er frimaire an X et 19 juillet 1838 ; J. E., 12,156-1.
4. Rouen, 8 juillet 1841 et 16 nov. 1842.
5. Loi du 22 frim. an VII, art. 41.

soumettre à la formalité de l'enregistrement avant ou en même temps que son acte. Il suffit qu'il en soit un des éléments constitutifs [1].

3° Acte inachevé.

302. Le papier qui aura été employé à un acte quelconque ne pourra plus servir pour un autre acte, quand même le premier n'aurait pas été achevé, sous peine de *cinq francs d'amende* [2].

4° Acte rédigé sur papier non timbré.

303. Il est prononcé contre les officiers et fonctionnaires publics, une amende de *vingt francs* pour chaque acte public, ou expédition, écrit sur papier non timbré [3], sauf dans les cas prévus par la loi [4].

5° Altération du timbre.

304. L'empreinte du timbre ne pourra être couverte d'écriture ni altérée, sous peine de *cinq francs d'amende* [5].

Ce n'est pas seulement l'altération du *timbre noir* qui donne naissance à la contravention, mais encore celle du *timbre sec* [6].

Dans tous les cas, l'altération ne peut s'entendre que de tout fait qui tend à changer la physionomie des empreintes, en un mot à les dénaturer. Mais rien de semblable n'a lieu lorsque l'on écrit sur le verso du timbre. Aussi a-t-il été décidé qu'on pouvait, sans contravention, écrire sur le verso de chaque timbre [7].

---

1. Cass. 26 janv. 1831; Bar-sur-Aube, 11 juillet 1837; Versailles, 21 avril 1842; Péronne, 29 mars 1844; Seine, 27 juin 1868; I. G., 1,370, § 2.
2. Lois des 22 frim. an VII, art. 28, et 16 juin 1824, art. 10.
3. *Ibid.*, art. 26-5.
4. V. *suprà*, n° 244.
5. Lois précitées, art. 21, 26, et 10.
6. Cass. 4 juillet 1825; J. E., 5,457.
7. Décis. min. 16 juin 1807.

6° Expéditions.

305. Les officiers et fonctionnaires publics ne pourront employer d'autre papier que celui timbré du département où ils exercent leurs fonctions, sous peine d'une amende de *vingt francs*. Cependant les administrations publiques auront la faculté d'employer d'autre papier que celui fourni par la régie, en le faisant timbrer avant d'en faire usage [1].

306. Ils ne pourront employer, pour les expéditions qu'ils délivreront des actes retenus en minute, et de ceux déposés ou annexés, de papier timbré d'un format inférieur à celui appelé moyen papier, sous peine d'une amende de *dix francs* [2].

307. Les papiers employés à des expéditions ne pourront contenir, compensation faite d'une feuille à l'autre, sous peine d'une amende de *cinq francs*, plus de 25 lignes par page de moyen papier [3].

308. La suppression du second feuillet d'une expédition d'acte de l'état civil, produit pour être annexé à un acte de mariage, ne peut être considérée comme une contravention au timbre [4].

309. Il est prononcé une amende de *vingt francs* pour chaque acte public, ou expédition, écrit sur papier non timbré, si ce n'est dans les cas prévus par la loi, contre tous officiers et fonctionnaires publics qui l'auront délivré [5].

310. Les actes, extraits, copies ou *expéditions* délivrés sur papier libre, en exécution de la loi du 10 décembre 1850, mentionneront *expressément* qu'ils sont destinés à servir à la célébration du mariage entre indigents, à la légitimation ou au retrait de leurs enfants naturels déposés dans les hospices.

---

1. Lois des 13 brum. an VII, art. 17, 18 et 26, et 16 juin 1824, art. 10.
2. *Ibid.*, art. 19 et 26, et 16 juin 1824. V. *suprà*, nos 200 et 243-15°.
3. *Ibid.*, art. 20 et 26, et 16 juin 1824. V. *suprà*, n° 243-8°.
4. Cass. 10 avril 1839.
5. Lois des 13 brum. an VII, art. 26-5°, et 16 juin 1824, art. 10.

Ils ne pourront servir à autres fins, sous peine de *vingt-cinq francs d'amende*, outre le paiement des droits, contre ceux qui en auront fait usage, ou qui les auront indûment délivrés ou reçus [1].

17. — *Cumul des peines.*

311. En cas de conviction de plusieurs crimes ou délits, la peine la plus forte sera seule prononcée [2].

C'est un principe général de droit criminel que les peines ne se cumulent pas ; cependant il faut remarquer que cette règle ne s'applique pas au cas où l'amende est prononcée concurremment avec l'emprisonnement, toutes les fois que l'amende est considérée par la loi comme peine accessoire de celle corporelle [3]. Mais il en serait autrement si l'amende avait été appliquée à l'un des délits comme peine *principale*.

§ 18. — *Disposition particulière.*

312. Hors les cas où la loi règle spécialement les peines encourues pour crimes ou délits commis par les fonctionnaires ou officiers publics, ceux d'entre eux qui auront participé à d'autres crimes ou délits qu'ils étaient chargés de surveiller ou de réprimer, seront punis comme il suit :

S'il s'agit d'un délit de police correctionnelle, ils subiront toujours le *maximum* de la peine attachée à l'espèce de délit ;

Et s'il s'agit de crime, ils seront condamnés savoir : à la réclusion, si le crime emporte contre tout autre coupable la peine du bannissement ou de la dégradation civique ;

Aux travaux forcés à temps, si le crime emporte contre tout autre coupable la peine de la réclusion ou de la détention ;

Et aux travaux forcés à perpétuité, lorsque le crime emportera contre tout autre coupable la peine de la déportation ou celle des travaux forcés à temps.

---

1. Loi du 10 déc. 1850, art. 7.
2. C. inst. cr., art. 365, 2e alinéa.
3. Cass. 7 déc. 1832.

Au delà des cas qui viennent d'être exprimés, la peine commune sera appliquée sans aggravation[1].

§ 19. — *Dispositions générales.*

313. Les peines prononcées par la loi contre celui ou ceux des accusés reconnus coupables, en faveur de qui le jury aura déclaré les circonstances atténuantes, seront modifiées ainsi qu'il suit :

Si la peine prononcée par la loi est celle des travaux forcés à perpétuité, la cour appliquera la peine des travaux forcés à temps ou celle de la réclusion.

Si la peine est celle de la déportation dans une enceinte fortifiée, la cour appliquera celle de la déportation simple ou celle de la détention ; mais dans les cas prévus par les articles 96 et 97, la peine de la déportation simple sera appliquée.

Si la peine est celle de la déportation, la cour appliquera la peine de la détention ou celle du bannissement.

Si la peine est celle des travaux forcés à temps, la cour appliquera la peine de la réclusion ou les dispositions de l'article 401[2], sans toutefois pouvoir réduire la durée de l'emprisonnement au-dessous de deux ans.

Si la peine est celle de la réclusion, de la détention, du bannissement ou de la dégradation civique, la cour appliquera les dispositions de l'article 401, sans toutefois pouvoir réduire la durée de l'emprisonnement au-dessous d'un an.

Dans le cas où le Code prononce le maximum d'une peine afflictive, s'il existe des circonstances atténuantes, la cour appliquera le minimum de la peine ou même la peine inférieure.

Dans tous les cas où la peine de l'emprisonnement et celle de l'amende sont prononcées par le Code pénal, si

---

1. C. p., art. 198.
2. Aux termes de cet article, les coupables seront punis d'un emprisonnement d'un an au moins et de 5 ans au plus, et pourront même l'être d'une amende qui sera de 16 fr. au moins et de 500 fr. au plus. — Ils pourront encore être interdits des droits mentionnés en l'art. 42 du Code pénal (V. *suprà*, n° 271, note 1), pendant 5 ans au moins et 10 ans au plus, à compter du jour où ils auront subi leur peine. — Ils pourront aussi être mis, par l'arrêt ou le jugement, sous la surveillance de la haute police pendant le même nombre d'années.

les circonstances paraissent atténuantes, les tribunaux correctionnels sont autorisés, même en cas de récidive, à réduire ces deux peines comme suit :

Si la peine prononcée par la loi, soit à raison de la nature du délit, soit à raison de l'état de récidive du prévenu, est un emprisonnement dont le minimum ne soit pas inférieur à un an ou une amende dont le minimum ne soit pas inférieur à cinq cents francs, les tribunaux pourront réduire l'emprisonnement jusqu'à six jours et l'amende jusqu'à seize francs.

Dans tous les autres cas, ils pourront réduire l'emprisonnement même au-dessous de six jours et l'amende même au-dessous de seize francs. Ils pourront aussi prononcer séparément l'une ou l'autre de ces peines et même substituer l'amende à l'emprisonnement, sans qu'en aucun cas elle puisse être au-dessous des peines de *simple police* [1].

§ 20. — *De la prescription.*

314. La prescription se compte par *jours* et non par heures [2].

315. Elle est acquise lorsque le dernier jour du terme est accompli [3].

316. L'action du ministère public pour l'application des peines prononcées par les *tribunaux civils* en vertu du Code civil, dure *trente ans* [4]. Les dispositions de l'article 638 du Code d'instruction criminelle sont, dans ce cas, inapplicables [5].

317. Les peines portées par les arrêts ou jugements rendus en *matière criminelle* se prescriront par *vingt années révolues*, à compter de la date des arrêts ou jugements.

Néanmoins, le condamné ne pourra résider dans le département où demeureraient, soit celui sur lequel ou contre

1. C. p., art. 463. — Les peines de simple police consistent en un emprisonnement d'un jour au moins et de cinq jours au plus (art. 465) ou une amende d'un franc à quinze francs inclusivement (art. 466).
2. C. civ., art. 2260.
3. C. civ., art. 2261.
4. *Ibid.*, 2262. V. *infrà*, n° 324.
5. Cass. 30 juin 1814. V. *infrà*, n° 320.

la propriété duquel le crime aurait été commis, soit ses héritiers directs.

Le Gouvernement pourra assigner au condamné le lieu de son domicile [1].

318. Les peines portées par les arrêts ou jugements rendus en *matière correctionnelle* se prescriront par *cinq années révolues*, à compter de la date de l'arrêt ou du jugement rendu en dernier ressort; et à l'égard des peines prononcées par les *tribunaux de première instance*, à compter du jour où ils ne pourront plus être attaqués par la voie de l'appel [2].

319. L'*action publique* et l'*action civile* résultant d'un crime de nature à entraîner la peine de mort ou des peines afflictives perpétuelles, ou de tout autre crime emportant peine afflictive ou infamante, se prescriront après *dix années révolues*, à compter du jour où le crime aura été commis, si dans cet intervalle il n'a été fait aucun acte d'instruction ni de poursuite.

S'il a été fait, dans cet intervalle, des actes d'instruction ou de poursuites non suivis de jugement, l'*action publique* et l'*action civile* ne se prescriront qu'après *dix années révolues*, à compter du dernier acte, à l'égard même des personnes qui ne seraient pas impliquées dans cet acte d'instruction ou de poursuite [3].

320. Dans les deux cas exprimés en l'article précédent, et suivant les distinctions d'époque qui y sont établies, la durée de la prescription sera réduite à *trois années révolues* s'il s'agit d'un délit de nature à être puni *correctionnellement* [4].

321. Les peines portées par les jugements rendus pour *contraventions de police* seront prescrites après *deux années révolues*, savoir, pour les peines prononcées par arrêt ou jugement en dernier ressort, à compter du jour de l'arrêt; et, à l'égard des peines prononcées par les tribunaux de première instance, à compter du jour où ils ne pourront plus être attaqués par la voie de l'appel [5].

---

1. C. inst. cr., art. 635.
2. *Ibid.*, art. 636.
3. *Ibid.*, art. 637.
4. *Ibid.*, art. 638.
5. *Ibid.*, art. 639.

322. L'action publique et l'action civile pour une *contravention de police* seront prescrites après *une année révolue*, à compter du jour où elle aura été commise, même lorsqu'il y aura eu procès-verbal, saisie, instruction ou poursuite, si dans cet intervalle il n'est point intervenu de condamnation ; s'il y a eu un jugement définitif de première instance, de nature à être attaqué par la voie de l'appel, l'action publique et l'action civile se prescriront après *une année révolue*, à compter de la notification de l'appel qui en aura été interjeté [1].

323. En aucun cas, les condamnés par défaut ou par contumace, dont la peine est prescrite, ne pourront être admis à se présenter pour purger le défaut ou la contumace [2].

324. Les condamnations civiles portées par les arrêts ou par les jugements rendus en *matière criminelle, correctionnelle ou de police,* et devenus irrévocables, se prescriront d'après les règles établies par le Code civil [3].

325. En matière criminelle, correctionnelle et de police, les juges peuvent suppléer d'office la prescription. Ici la prescription n'a plus rien à démêler avec la conscience. Il s'agit, pour un homme, de son honneur, de sa vie, dont il ne saurait être le maître absolu. On conçoit donc que les magistrats puissent le protéger malgré lui par la prescription [4].

---

1. C. inst. cr., art. 640.
2. *Ibid.*, art. 641.
3. *Ibid.*, art. 642.
4. Cass. 3 juin 1830, 1er juillet 1837 et 28 janv. 1843. — Duranton, t. XX, n° 110 ; Troplong, n° 94 ; Garnier, R. E., n° 9,791 (4e éd.).

DEUXIÈME PARTIE

Des Actes de l'état civil.

TITRE Ier.

De la naissance.

« Lorsqu'un individu reçoit le jour, il y a
« deux choses qu'il importe de constater : le
« fait de la naissance et la filiation. »
(THIBAUDEAU, *Exp. des mot.*)

CHAPITRE Ier.

DES ACTES DE NAISSANCE[1].

SECTION I.

Des déclarations et du délai dans lequel elles doivent être faites.

326. Les déclarations de naissance seront faites, dans les *trois jours de l'accouchement*, à l'officier de l'état civil du lieu ; *l'enfant lui sera présenté* [2].

Le jour de l'accouchement n'est pas compris dans ce délai, attendu : que dans le langage du droit comme dans

---

1. Les actes de naissance sont destinés à prouver deux faits très-importants, la naissance et la filiation : c'est-à-dire 1° qu'un enfant est né ; 2° qu'il est fils de tel père et de telle mère. Toullier, t. 2, n° 849.

2. C. civ., art. 55. — L'ordonnance de 1667 et la loi 20 sept. 1792 ne fixaient pas de délai pour les déclarations de naissance. V. *infrà*, n° 335.

l'acception usuelle, le mot *jour*, quand il désigne une division du temps, ne s'entend que de cet intervalle de vingt-quatre heures, qui, compris entre deux minuits, se distingue par son nom dans la semaine et par son quantième dans le mois ; que c'est là ce qui constitue le jour civil, et que c'est une règle générale et constante de déterminer par un nombre de jours ainsi définis tous les délais qui se composent d'un certain nombre de jours ; que la loi n'admet la supputation par heures que lorsqu'il s'agit de délais très-brefs, et que, dans ce cas, elle dispose toujours en termes exprès[1].

327. Lorsque le troisième jour du délai accordé pour faire la déclaration tombera un dimanche ou un jour férié, cette déclaration, par analogie aux dispositions de l'article 25 de la loi du 22 frimaire an VII, pourra être valablement reçue le cinquième jour[2].

328. L'officier de l'état civil doit refuser de recevoir et d'inscrire la déclaration faite après le délai prescrit, sauf à la partie intéressée à faire statuer par le tribunal sur sa réclamation[3].

Cependant, l'inscription, quoique tardive, n'en est pas moins valable. Et, faite sans l'intention de nuire, elle ne constitue qu'une irrégularité susceptible de rectification[4]. Dans ce cas, l'officier de l'état civil qui a reçu la déclaration n'est passible d'aucune peine[5].

Jugé qu'un acte de naissance reçu en pays étranger fait foi en France, jusqu'à preuve contraire, de la date assignée à la naissance de l'enfant, si d'ailleurs cet acte est conforme aux règles admises dans le pays où il a été reçu[6].

---

1. Cass. 8 fév. 1869. — Hutteau d'Origny, tit. IV, p. 1, § 1, n° 9 ; Lagarde, n° 417 ; Coin-Delisle, sur l'art. 55, n° 2 ; Desclozeaux, *Encycl. du dr.*, v° *Act. de l'ét. civ.*, n° 58 ; Garnier-Dubourgneuf, *Nouv. Man. des off. de l'ét. civ.*, p. 65, n° 101 ; de Puibusque, *Nouv. Man. des maires*, p. 475 ; Collier, *Tenue de l'ét. civ. en France*, p. 91, n° 101.
2. V. *suprà*, n° 23, note 5.
3. Avis du Cons. d'Ét. 12 brum. an XI. V. *suprà*, n° 81. — Colmar, 25 juillet 1828. — Marcadé, *Élém. du dr. civ.*, sur l'art. 55 ; Hutteau d'Origny, tit. IV, ch. 1, n° 12 ; Garnier-Dubourgneuf, n° 101 ; Le Molt, *Man. des off. de l'ét. civ.*, ch. 2, p. 38 ; de Puibusque, p. 475 ; Collier, p. 92, n° 103 ; J. C., t. I, p. 338, et t. IX, p. 23.
4. Cass. 3 mess. an XII ; Colmar, 25 juillet 1828, précité.
5. J. C., t. IX, p. 63.
6. Paris, 6 mai 1850, joint à Cass. 8 déc. 1851. C. civ., art. 47.

329. Toute personne qui aura omis de faire la déclaration dans le délai prescrit par l'article 55 du Code civil, devra présenter une requête au tribunal, dans laquelle elle exposera l'objet de sa demande.

Cette requête sera communiquée au ministère public et, sur ses conclusions, il interviendra un jugement dont la transcription sur les registres de l'état civil tiendra lieu d'acte de naissance à l'enfant.

En pareil cas, il y a lieu, par le père et la mère de l'enfant, de procéder par voie d'action contre l'officier de l'état civil, et non selon les formes spéciales prescrites par les articles 855 et suivants du Code de procédure civile, qui ne concernent que le cas de rectification d'un acte de l'état civil déjà existant [1].

Si le requérant se trouve dans l'indigence, sa requête sera adressée au procureur de la République qui provoquera lui-même, d'office, le jugement à intervenir pour suppléer à l'acte de naissance. C'est ce qu'il est bon de faire connaître aux gens peu aisés, que la crainte de faire des frais pourraient empêcher d'agir : il ne faut pas que la misère ou l'incurie leur fasse compromettre l'état de leurs enfants [2], qui est pour eux le titre le plus précieux. D'ailleurs, comme le disait Siméon, lors de l'exposé des motifs : « La grande famille s'est constituée gardienne et dépo-« sitaire des premiers et des *plus essentiels titres de l'homme*. « Il ne naît point, en effet, pour lui seul ni pour sa famille, « mais pour l'État. En constatant sa naissance, l'État pour-« voit à la fois à l'intérêt public de la société et à l'intérêt « privé de l'individu. »

330. L'obligation de déclarer dans les trois jours la naissance d'un enfant, existe même pour les enfants *mort-nés*.

Jugé en conséquence :

1° Que la personne, et notamment l'officier de santé, qui a assisté à la naissance d'un enfant, sans en avoir fait la déclaration à l'officier de l'état civil, ne peut être affranchie de la peine prononcée par l'article 346 du Code pénal [3],

---

1. Pau, 16 mai 1853.
2. J. C., t. IX, p. 27.
3. V. *infrà*, n° 390.

sous prétexte que cet enfant était *mort-né*, et, par suite, n'avait pas eu d'existence réelle dans le sens légal[1].

2° Que l'inscription de la déclaration au registre des décès, faite en conformité du décret du 4 juillet 1806, n'est qu'une simple mesure d'ordre et ne modifie en rien les obligations résultant des articles 55 et 56 du Code civil et 346 du Code pénal[2].

331. Lorsque plusieurs enfants sont nés d'un même accouchement, il doit être dressé un acte séparé pour chacun d'eux. Quelles qu'aient été sur ce point les controverses de la physiologie, celui de plusieurs jumeaux qui vient au monde le premier, doit être considéré comme l'aîné et inscrit, à ce titre, le premier sur les registres[3].

Dans ce cas, l'officier de l'état civil doit constater avec soin l'heure de la naissance de chaque jumeau[4] et indiquer, au besoin, les signes particuliers qui pourraient les distinguer, afin que l'acte de naissance de l'un ne puisse être appliqué à l'autre; et par la même raison, ils ne doivent pas être inscrits sous les mêmes prénoms[5].

332. Lorsqu'à la naissance de deux jumeaux, il n'a été dressé qu'un acte unique, et que cet acte n'indique pas l'heure à laquelle chaque enfant a vu le jour, l'action tendant à réparer cette omission dans le but de constater lequel des deux est le premier-né, constitue une action ordinaire en rectification d'acte de l'état civil, qui est valablement formée et instruite conformément aux articles 99 du Code civil et 855 du Code de procédure[6].

333. La loi n'a pas prévu le cas d'*hermaphrodisme*[7]. Dans le Code bavarois il est dit : « *Les hermaphrodites auront* « *l'état que les experts leur assigneront, ou celui qu'ils se seront* « *attribué.* »

---

1. Cass. 2 sept. 1843; Grenoble, 22 janv. 1844; Cass. 2 août 1844. V. en sens contraire : Nancy, 17 sept. 1839. — V. *infrà*, n° 831.
2. Cass. 27 juillet 1872.
3. Caen, 17 août 1843. — Grün, n° 157; Claparède, n°s 121 et suiv.; Denisart, v° *Aîné*, n° 58; Roll., v° *Jumeaux*; Ferrière, v° *Aîné*; Coin-Delisle, sur l'art. 57; Hutteau d'Origny, tit. IV, § 3, n° 9.
4. Fourcroy, séance du Cons. d'Ét., 6 fruct. an IX.
5. J. C., t. XLI, p. 217. V. à la 3e partie le n° 15 du Formulaire.
6. V. *suprà*, n°s 82 et 87.
7. Terme de tératologie. Réunion de quelques-uns des caractères des deux sexes dans un seul individu.

En pareil cas, et à défaut de toute disposition y relative, nous pensons que l'officier de l'état civil doit indiquer que le sexe de l'enfant n'a pu être déterminé.

334. Il peut également se présenter un cas plus rare et non prévu : celui de la naissance d'*un monstre*. Dans ce cas, l'officier de l'état civil devra faire dresser, par un médecin de sa commune, un procès-verbal définissant la monstruosité, et le transmettra immédiatement au procureur de la République, qui donnera ses instructions à l'égard de l'acte à dresser, s'il y a lieu [1].

On doit entendre par monstre, le nouveau-né dont la conformation est anormale, telles que la grosseur excessive de la tête, les difformités de la face, etc.

Ces diverses indications pourront être portées en marge de l'acte de naissance ou recueillies sur des bulletins spéciaux [2].

SECTION II.

De la présentation de l'enfant.

335. L'article 55 du Code civil porte que *l'enfant sera présenté à l'officier de l'état civil,* mais n'indique point dans quel lieu, parce que, dans le cas d'un péril évident, l'officier de l'état civil peut se transporter au lieu où l'enfant est né [3].

Nous croyons utile de rapporter ici quelques critiques, savamment faites, sur les dispositions de l'article 55 du Code civil, relatives à la présentation de l'enfant.

Dans un intéressant mémoire lu à l'Académie des sciences morales et politiques le 19 juillet 1845, le docteur Loir s'exprimait ainsi : « Dans les villes et les grands « centres de population, la présentation de l'enfant à « l'officier de l'état civil se fait à la mairie dans toutes les « saisons.

« Mais il n'est réservé qu'à quelques classes fortunées

---

1. Collier, n° 107, 2e alinéa ; Hutteau d'Origny, p. 155 ; Rieff, n° 132.
2. Circ. min. Int. 29 déc 1852.
3. Toullier, t. I, p. 223, note 1. V. *suprà,* n° 187. — La loi du 20 sept. 1792, tit. III, art. 6, autorisait le transport de l'officier de l'état civil en cas de péril imminent. — La présentation de l'enfant a pour but de constater son sexe.

« d'obtenir la vérification de la naissance à domicile, ainsi « qu'on en observe souvent des exemples chaque année; « tandis que, dans les classes peu aisées et à plus forte « raison dans les classes indigentes qui ont moins de res- « sources pour se garantir de l'intempérie des saisons, « quelles que soient les circonstances dans lesquelles l'en- « fant se trouve, qu'il soit à terme ou avant terme, qu'il « soit débile ou robuste, malade ou bien portant, il doit « toujours être transporté à la mairie. Cette coutume est « nuisible à beaucoup d'entre eux, d'autant plus que les « parents de ces pauvres enfants sont souvent privés des « moyens nécessaires pour les défendre contre l'intem- « périe des saisons et entretenir autour d'eux une tempéra- « ture convenable à la débilité de leur constitution. . . .

« . . . .

« L'éloignement de la municipalité est souvent d'une à « plusieurs lieues, et nécessite un voyage de plusieurs « heures. . . . .

« La grande distance exige un temps long, pendant lequel « l'enfant est éloigné du logis, de sa mère, et manifeste par « des cris, ses impressions pénibles; souvent le refroidis- « sement qu'il éprouve l'engourdit. Et dans quel moment « est-il éloigné de sa mère, et exposé à des impressions « qui peuvent être funestes? C'est lorsqu'il n'a pas encore « pris domicile dans la vie, lorsqu'il n'a pas encore com- « mencé son allaitement, lorsqu'il est sous l'influence de « l'*ictère* résultant du changement qui s'opère dans sa cir- « culation, et pendant lequel l'impression du froid est sou- « vent la cause, dans nos pays, d'une affection particulière « aux nouveau-nés, et que l'on connaît sous le nom d'en- « durcissement du tissu cellulaire. Si l'on expose sans « motifs l'enfant à des influences nuisibles, dont les effets, « bien que peu éloignés, ne sont pas instantanés et appa- « rents, à l'exception du tétanos et de la pneumonie des « nouveau-nés, on expose aussi la mère nourrice aux acci- « dents pouvant être la conséquence d'une lactation com- « mencée, qu'on est obligé de supprimer tout d'un coup, « si l'enfant vient à succomber. . . . .

« . . . .

« Dans les campagnes et surtout dans les pays de mon- « tagnes, les distances à franchir sont plus grandes, les « chemins en hiver sont souvent impraticables. La loi ne

« peut pas raisonnablement recevoir exécution. Le délai « de trois jours est insuffisant, en supposant même que « l'enfant puisse être transporté sans danger. . . . . .

« *La législation qui a rapport à la vie organique des-êtres « doit surtout avoir pour bases les lois naturelles; seules elles « conviennent non-seulement à la conservation, mais encore au « développement des espèces.* »

Aujourd'hui que l'on a reconnu les conséquences funestes que peut occasionner le transport des enfants nouveau-nés devant l'officier de l'état civil, la constatation des naissances peut être faite à domicile dans la ville de Paris, en exécution d'un arrêté du préfet de la Seine, en date du 29 décembre 1868 [1], ainsi conçu :

« Le Sénateur, préfet de la Seine, etc.,

« Vu la dépêche de M. le ministre de l'intérieur, en « date du 1er février 1868, relative à la constatation des « naissances à domicile ;

« Vu la lettre de M. le procureur impérial près le tri« bunal de première instance de la Seine, en date du « 26 octobre 1868, approuvant le principe de la mesure;

« Vu les avis des maires des vingt arrondissements de « Paris ;

« Sur la proposition du conseiller d'État, secrétaire gé« néral ;

« ARRÊTE :

« ART. 1er. — A partir du 1er janvier 1869, les parents « qui désireront faire constater, à domicile, la naissance « d'un enfant, devront en faire la demande *par écrit,* dans « les *vingt-quatre heures* de la naissance, à la mairie de « leur arrondissement, avec indication :

« 1° Des noms, prénoms et domicile des parents ;

« 2° Des jour et heure où la naissance a eu lieu ;

« 3° Du sexe de l'enfant.

« ART. 2. — La constatation à domicile sera faite, sans « frais d'aucune espèce pour les parents, par un médecin « de l'état civil [2].

« ART. 3. — Le bulletin de constatation déposé à la

---

1. Annexé à la Circ. Min. Int., 9 avril 1870.
2. Ce mode de constatation avait déjà été proposé par le docteur Loir dans son mémoire précité.

« mairie par le médecin de l'état civil, tiendra lieu de pré-
« sentation de l'enfant, pour la déclaration de naissance,
« qui devra toujours y être faite dans les termes et délais
« des articles 55 et suivants du Code Napoléon.

« Art. 4. — Le présent arrêté sera inséré au *Recueil des*
« *actes administratifs* de la préfecture de la Seine. Il sera,
« en outre, affiché dans les vingt arrondissements de
« Paris.

« Art. 5. — Ampliation en sera adressée :

« 1° Aux maires des vingt arrondissements de Paris ;

« 2° A la direction des affaires municipales.

« Art. 6. — Le conseiller d'État, secrétaire général,
« est chargé de l'exécution du présent arrêté. »

Cet arrêté fut suivi d'un avis au public, relatif à son exécution et portant ce qui suit :

« Depuis la mise à exécution des nouvelles mesures re-
« latives à la constatation des naissances à domicile, au-
« torisée à Paris, par l'arrêté préfectoral du 29 décembre
« dernier, il s'est produit dans le sens et l'application des
« dispositions de cet arrêté des erreurs, à l'égard des-
« quelles il importe d'éclairer le public pour en prévenir
« le retour.

« Des parents ont cru pouvoir se borner à adresser par
« la poste, au maire de leur arrondissement, une demande
« à l'effet d'obtenir la visite à domicile du médecin de l'é-
« tat civil.

« Cette manière de procéder serait de nature à entraîner
« de graves inconvénients.

« Dans un grand nombre de lettres qui ont été ainsi
« adressées aux maires, certaines des indications substan-
« tielles requises par l'arrêté préfectoral, savoir : les noms,
« prénoms et domicile des parents, les jour et heure où
« la naissance a eu lieu, le sexe de l'enfant, avaient été
« omises ; plusieurs ont été envoyées tardivement aux mai-
« res, passé le délai réglementaire des vingt-quatre heures
« de la naissance. D'autres ont été adressées à des mairies
« étrangères à l'arrondissement où la naissance a eu lieu,
« et le renvoi à la destination véritable a occasionné des
« retards.

« Il est nécessaire que le public soit bien averti que les
« parents qui veulent obtenir la visite du médecin, pour
« constater une naissance à domicile, doivent présenter ou

« faire présenter à la mairie de leur arrondissement (*bu-* « *reau des naissances*), leur demande signée, contenant les « indications requises. Lorsque les parents se présenteront « sans cette demande, l'employé chargé du service rem- « plira, sur leur indication, un imprimé destiné à recevoir « leurs déclaration et demande, et qui sera signé par eux. « Si les parents ne savent pas signer ou sont dans l'impos- « sibilité de le faire, mention sera faite sur l'imprimé, « qu'ils ne peuvent ou ne savent signer.

« Toutes les demandes adressées par la poste aux mai- « ries, pour obtenir des constatations de naissance à domi- « cile, seront considérées comme non avenues et aucune « suite n'y sera donnée.

« Après le délai de vingt-quatre heures, à partir du mo- « ment de la naissance, les parents ne pourront plus de- « mander la visite du médecin. L'enfant devra être pré- « senté à la mairie comme par le passé.

« La constatation à domicile, par le médecin de l'état « civil, tient seulement lieu de la présentation de l'enfant, « mais ne dispense pas de l'obligation de la déclaration à « la mairie, qui doit toujours y être faite par le père ou, à « son défaut, par les personnes désignées dans l'article 56 « du Code Napoléon, avec l'assistance de deux témoins et « dans le délai de trois jours, pour faire rédiger l'acte de « l'état civil.

« Les parents qui ne désireraient pas profiter de la fa- « culté qui leur est offerte de faire constater à domicile les « naissances qu'ils ont à déclarer, ne sont aucunement « tenus d'en user ; ils restent libres de présenter l'enfant « à la mairie, comme par le passé, au moment de la décla- « ration. »

Cette constatation est faite à Paris par des médecins *ad hoc*, conformément à un arrêté du préfet de la Seine, en date du 29 décembre 1868, dont la teneur suit :

« Le Sénateur, préfet du département de la Seine, etc.,

« Sur le rapport du conseiller d'État, secrétaire général,

« ARRÊTE :

« ART. 1er. — Il est institué à Paris des médecins de « l'état civil chargés de constater à domicile comme délé- « gués des maires :

« 1° Les naissances des enfants pour lesquels les pa-

« rents en auront fait la demande par écrit à la mairie de « leur arrondissement;

« 2° Tous les décès.

« Art. 2. — Il y aura quatre médecins de l'état civil « par arrondissement, un par quartier.

« Art. 3. — Ils recevront, pour l'ensemble de leurs « services, comprenant la constatation des naissances à « domicile et la vérification des décès, un traitement fixe « de 1,800 à 2,400 fr., selon la population du quartier.

« Ce traitement pourra être exceptionnellement porté à « 3,000 fr. dans les quartiers où le service sera le plus « chargé et où cette augmentation sera reconnue néces- « saire.

« Art. 4. — Les médecins de l'état civil, dans chaque « arrondissement, sont nommés par le préfet, sur la pro- « position du maire.

« Art. 5. — Le service actuel de la vérification des dé- « cès est supprimé.

« Art. 6. — Le présent arrêté sera inséré au *Recueil des « actes administratifs* de la préfecture de la Seine.

« Art. 7. — Ampliation en sera adressée :

« 1° Aux maires des vingt arrondissements de Paris;

« 2° A la direction des affaires municipales. »

Le mode de faire constater les naissances à domicile a d'ailleurs été prescrit par M. le ministre de l'intérieur, dans une circulaire adressée aux préfets le 9 avril 1870, et ainsi conçue :

« Monsieur le Préfet, les dispositions de l'article 55 du « Code Napoléon, qui prescrivent de déclarer les nais- « sances dans les trois jours de l'accouchement et de pré- « senter l'enfant à l'officier de l'état civil, ont été longtemps « interprétées comme imposant aux familles l'obligation « de transporter les nouveau-nés à la mairie. C'est ainsi « que la loi s'exécute aujourd'hui dans la plupart des com- « munes.

« Cependant les enseignements de la science tendraient « à prouver que, pendant les premiers jours qui suivent la « naissance, il peut être dangereux d'exposer les enfants à « l'impression de l'air extérieur. L'inobservation de cette « règle d'hygiène serait même, dans l'opinion de beaucoup « de médecins, une des causes de la mortalité qui frappe « les nouveau-nés.

« Le législateur n'a jamais méconnu les précautions que « réclame l'intérêt de la santé des enfants. Ainsi les lois « des 20 septembre et 19 décembre 1792 font un devoir « au maire de se transporter au domicile de l'accouchée, « lorsque l'enfant ne peut, sans danger, être transporté à « la mairie ; de même les lois municipales, depuis l'an X, « autorisent la création d'officiers supplémentaires de l'état « civil dans les sections qui communiquent difficilement « avec le chef-lieu de la commune. Mais ces facilités sont « forcément restreintes à des cas exceptionnels, et, il faut « bien le reconnaître, elles ne satisfont pas complétement « aux légitimes préoccupations des familles.

« C'est pour répondre aux vœux pressants exprimés à ce « sujet par les corps médicaux et par l'opinion publique « que les maires de plusieurs villes ont cru devoir, dans « ces dernières années, organiser un service de constatation « des naissances à domicile.

« Cette innovation, qui avait d'abord soulevé quelques « objections au point de vue de la légalité, est acceptée au- « jourd'hui comme un fait accompli. On a reconnu, en « effet, qu'à la différence de la loi de 1792, le Code Napo- « léon n'exige pas que l'enfant soit transporté à la mai- « son commune; il suffit qu'il soit présenté à l'officier de « l'état civil ; or, aucune disposition légale ne s'oppose « à ce que la présentation ait lieu au domicile de l'ac- « couchée.

« Depuis le 1er janvier 1869, ce mode a été mis en pra- « tique à Paris, il n'est pas d'ailleurs obligatoire. La cons- « tatation est faite, sans frais, par un médecin délégué de « l'autorité municipale ; les familles, si elles le préfèrent, « présentent l'enfant à la mairie. Dans aucun cas, elles « ne sont dispensées de la déclaration, qui doit toujours « être faite suivant les prescriptions des articles 55 et 56 « du Code Napoléon.

« Le désir du Gouvernement, Monsieur le Préfet, est « que cet exemple soit suivi dans toutes les localités où un « service semblable pourra être convenablement organisé. « C'est une question d'humanité, et les maires n'hésiteront « pas, j'en ai la confiance, à l'étudier avec le sentiment « d'une vive sollicitude.

« Il sera nécessaire que des allocations soient votées « pour la rémunération des médecins vérificateurs; des

« propositions pourront être soumises à cet effet aux con-
« seils municipaux dans la session de mai.

« Vous voudrez bien, Monsieur le Préfet, me signaler « les localités qui auront répondu à votre appel et me trans- « mettre une copie des arrêtés pris par les maires. Ces ar- « rêtés devront être communiqués au procureur impérial « avant d'être mis à exécution.

« A titre de *renseignement*, j'ai l'honneur de vous com- « muniquer l'arrêté de M. le préfet de la Seine, en date « du 29 décembre 1868, et, comme annexes, un modèle : « 1° de la demande de constatation par la famille ; 2° du « mandat de visite ; 3° du certificat de médecin[1].

« Recevez, etc. »

Dans les grandes villes il est possible de créer un semblable service, mais les petites villes et les communes rurales ne voudront pas s'astreindre à grever leur budget pour allouer un traitement à des médecins chargés de la constatation des naissances à domicile, par conséquent cette mesure ne pourra se généraliser.

A Saint-Germain-en-Laye, et dans beaucoup d'autres localités, la naissance est constatée par le docteur ou la sage-femme qui a procédé à l'accouchement, sur un bulletin imprimé fourni par la mairie, lequel tient lieu de la présentation de l'enfant[2]. Dans ce cas, il est utile que les signatures des docteurs en médecine et des sages-femmes soient déposées dans les mairies des communes où ils exercent leur profession, sur un registre tenu *ad hoc*.

Ce mode nous a toujours paru le plus simple et le plus praticable, aussi avons-nous l'espoir de le voir adopter d'une manière uniforme dans toutes les communes.

En tout cas, l'article 57 du Code civil prescrit l'énonciation du sexe, et non celle de la présentation de l'enfant; puisque la loi ne l'exige pas, il est plus convenable de ne pas énoncer que l'enfant a été présenté, alors surtout que le fait est faux[3].

Jugé, au surplus, que l'acte de naissance n'est pas nul par le défaut de présentation de l'enfant à l'officier de l'état

1. V. *infrà*, au Formulaire, n°s 4, 5 et 6.
2. V. *infrà* le Formulaire.
3. V. *supra*, n° 279-3°.

civil[1]. Cet acte, en effet, tire sa force de la déclaration appuyée de deux témoins, et non de la présence de l'enfant[2].

SECTION III.

Par qui les déclarations de naissance doivent être faites.

336. La naissance de l'enfant sera déclarée par le père, ou, à défaut du père, par les docteurs en médecine ou en chirurgie, sages-femmes, officiers de santé ou autres personnes qui auront assisté à l'accouchement; et lorsque la mère sera accouchée hors de son domicile, par la personne chez qui elle sera accouchée.

L'acte de naissance sera rédigé de *suite*, en présence de deux témoins[3]. Ces témoins ne pourront être que du *sexe masculin*, âgés de *vingt-un ans au moins*, parents ou autres[4], mais la déclaration pourra être faite par une femme, même par une personne mineure.

337. L'obligation de déclarer la naissance de l'enfant, que l'article 56 du Code civil impose aux personnes qui ont procédé ou assisté à l'accouchement, pèse sur toutes ces personnes *indistinctement et sans ordre successif*[5].

En conséquence, la présence d'une sage-femme ou d'un docteur ne dispense point les autres personnes qui y ont

---

1. Angers, 25 mai 1822.
2. Locré, *Esprit du Code Napoléon.* — Réal, lors de l'exposé des motifs, était également d'avis qu'en général la présentation de l'enfant à l'officier de l'état civil est inutile, parce que l'acte ne tire sa force que de la déclaration.
3. C. civ., art. 56.
4. *Ibid,* art. 37. — Autrefois, on ne distinguait pas, dans les actes de naissance, les témoins d'avec les déclarants; le parrain et la marraine remplissaient les deux ministères : c'était la disposition formelle de l'article 4 de la déclaration de 1736. Mais depuis, la loi du 20 septembre 1792 a établi un nouveau système; elle a exigé la déclaration de la naissance, et la présence de témoins pour la solennité de l'acte. La déclaration peut être faite par une femme, mais la loi veut que les témoins soient mâles. Il n'y a aucun motif de changer ces dispositions; les actes de l'état civil sont aussi importants que les testaments, pour lesquels les lois l'ont ainsi ordonné. (Thibaudeau, séance du 6 fruct. an IX.)
5. Cass. 12 nov. 1859; Rennes, 30 déc. 1863; Cass. 28 fév. 1867; Agen, 1er mai 1867. — Mais la mère de l'enfant n'est pas soumise à cette obligation. Cass. 10 sept. 1847. — Lorsque l'accouchement a eu lieu chez un tiers, le père de l'enfant n'y est soumis qu'autant qu'il a assisté à l'accouchement. Cass. 12 déc. 1862. V. *infrà,* nº 340.

assisté, de faire la déclaration de la naissance et ne saurait avoir pour effet de les soustraire à la pénalité [1].

338. En cas de présence du père, les personnes de l'art, notamment, n'y sont point soumises simultanément avec lui ; en sorte qu'elles ne sauraient être relaxées des poursuites dirigées contre elles pour défaut de déclaration, sous prétexte que le père aurait dû être poursuivi lui-même [2].

339. Le médecin ou la sage-femme qui a procédé à un accouchement n'est pas tenu de déclarer le nom et le domicile de la mère de l'enfant, qu'il affirme n'avoir connus que sous le *sceau du secret* [3], attendu que l'article 56 du Code civil n'impose aux personnes y dénommées qu'une obligation formelle : celle de déclarer la naissance de l'enfant à laquelle elles auront assisté ; que cet article n'exige pas que l'on déclare les noms des père et mère de l'enfant, et que les dispositions de cet article ne sauraient être étendues, alors surtout qu'il s'agit d'appliquer l'article 346 du Code pénal qui leur sert de sanction [4].

340. Lorsque l'accouchement a eu lieu hors du domicile de la mère, la personne chez qui l'accouchement a eu lieu est, si le père n'y assistait pas, *seule tenue* d'en faire la déclaration, et elle ne saurait être affranchie de cette obligation, même par le motif que le père, absent au moment de l'accouchement, serait de retour assez tôt pour faire lui-même utilement cette déclaration, attendu que, dans le cas d'un accouchement chez un tiers, le père n'est personnellement tenu d'en faire la déclaration qu'autant qu'il y a assisté [5].

---

1. Cass. 12 nov. 1859, précité.
2. Rennes, 30 déc. 1863, précité.
3. Les médecins, chirurgiens et autres officiers de santé, ainsi que les pharmaciens, les sages-femmes, et toutes autres personnes dépositaires, par état ou profession, des secrets qu'on leur confie, qui, hors le cas où la loi les oblige à se porter dénonciateurs, auront révélé ces secrets, seront punis d'un emprisonnement d'un mois à six mois, et d'une amende de cent francs à cinq cents francs (art. 378 du Code pénal).
4. Caen, 17 août 1843 ; Cass. 16 sept. 1843, 1er juin 1844 et 1er août 1845 ; Agen, 20 avril 1844 ; Paris, 30 déc. 1875. — Jugé dans le sens contraire : Dijon, 14 août 1840 ; Cour de Gand, 9 août 1853.
5. Cass. 12 déc. 1862 ; Merlin, *Rép.*, v° *Décl.*, p. 1 ; Valette, sur

341. Une fille *majeure* qui accouche dans une maison où elle est en place, est considérée comme étant dans son *domicile propre;* en conséquence, la sage-femme est tenue d'en faire la déclaration sous les peines portées en l'article 346 du Code pénal[1].

Cette obligation est également imposée au maître de la servante, encore bien qu'il n'ait pas assisté à l'accouchement même, s'il est établi que cet accouchement a eu lieu chez lui et qu'il en a eu connaissance aussitôt après[2].

342. Le père de la mère d'un enfant naturel (c'est-à-dire l'aïeul de cet enfant) n'est pas, comme le père d'un enfant légitime, obligé, *avant tous autres,* à faire la déclaration de naissance. Cette obligation ne lui incombe qu'autant qu'il a assisté à l'accouchement et au même titre que ceux qui y assistaient[3].

343. En cas de naissance d'enfants dans un dépôt de mendicité, le directeur est tenu d'en faire la déclaration, et d'assurer l'exécution des articles 4 et 6 du titre III de la loi du 20 septembre 1792 et des articles 55, 56, 57 et 58 du Code civil[4].

Il doit en être de même en cas de naissance d'enfants dans les prisons.

SECTION IV.

Des énonciations à insérer dans les actes de naissance.

344. L'acte de naissance énoncera le jour, l'heure et le lieu de la naissance, le sexe de l'enfant, et les prénoms qui lui seront donnés, les prénoms, noms, profession et domicile des père et mère, et ceux des témoins[5].

Proudhon, *État des pers.*, t. I, p. 222; Coin-Delisle, sur l'art. 56, C. civ.; Ducaurroy, Bonnier et Roustaing, t. I, n° 134; Demante, t. I, n° 101 *bis*. — Jugé en sens contraire : Cass. 7 sept. 1823; Lyon, 19 juillet 1827.

1. Cass. 10 mars 1865.
2. Chambéry, 19 sept. 1868.
3. Metz, 23 juin 1858.
4. Règlem. int. des dépôts de mendicité, adressé par le ministre de l'intérieur aux préfets, le 19 déc. 1808, art. 39.
5. C. civ., art. 57.

L'officier de l'état civil ne doit point omettre d'inscrire dans un acte de naissance, avec la plus sérieuse attention, le jour et l'heure où l'enfant est né.

La preuve de l'heure à laquelle est né un enfant peut, lorsque cette indication a été omise dans son acte de naissance, être faite par témoins[1]; mais les erreurs dans l'orthographe des noms ne pouvant être rectifiées que par voie judiciaire, l'officier de l'état civil doit demander, dans l'intérêt de l'enfant, la production de pièces authentiques établissant l'état civil de ses père et mère, mais il ne peut l'exiger.

Lorsque les père et mère n'auront ni le même domicile, ni la même profession, l'officier de l'état civil devra indiquer le domicile et la profession de chacun d'eux.

345. Les noms en usage dans les différents calendriers, et ceux des personnages connus de l'histoire ancienne, pourront seuls, être reçus, *comme prénoms*, sur les registres de l'état civil destinés à constater les naissances des enfants; il est interdit aux officiers publics d'en admettre aucun autre dans leurs actes[2].

Les officiers de l'état civil ne peuvent se refuser à admettre pour prénoms, sur les actes de naissance des enfants israélites, les noms des personnages de la Bible, laquelle fait partie de l'histoire ancienne. L'article 3 du décret en date, à Bayonne, du 20 juillet 1808, obligeant les juifs à prendre comme prénoms ceux autorisés par la loi du 11 germinal an XI, ils ont donc la faculté de choisir parmi les personnages de la Bible les prénoms qu'ils veulent donner à leurs enfants[3].

Il est très-important de ne donner qu'un seul, ou au plus deux prénoms aux enfants. Lorsqu'ils en ont davantage, il en résulte presque toujours pour eux beaucoup d'embarras, parce qu'il est fréquent d'en omettre un, ou de les intervertir dans les différents actes de la vie civile, et que l'omission ou l'interversion des prénoms semble détruire l'identité des personnes qui se présentent avec des noms différents, ou avec des prénoms qui ne sont

---

1. Caen, 17 août 1843.
2. Loi du 11 germinal an XI, art. 1er. V. *infrà*, 3e partie, le Dictionnaire des prénoms.
3. Circ. min. Int. aux préfets, 28 sept. 1813.

pas rangés dans le même ordre [1]. Telles sont les principales raisons que les officiers de l'état civil doivent faire valoir aux déclarants. Il serait même à désirer que le nombre des prénoms fût limité.

Par ces mêmes motifs, les officiers de l'état civil doivent recommander aux déclarants de faire baptiser leurs enfants sous les mêmes prénoms que ceux inscrits dans les actes de naissance, sans en ajouter d'autres.

Quant aux surnoms, ils doivent refuser de les insérer, attendu qu'ils ont été prohibés par l'article 2 de la loi du 6 fructidor an II [2].

346. Les officiers de l'état civil doivent également refuser d'ajouter au nom du père ou à celui de la mère, le nom de la commune où l'enfant est né, comme, par exemple, Fournier *de la Bastide*, car avec son acte de naissance, l'enfant pourrait plus tard afficher des prétentions nobiliaires; le ministère public serait alors en droit de demander d'office la rectification de l'acte, et de poursuivre l'officier de l'état civil qui aurait inscrit, en connaissance de cause, une telle déclaration [3].

En principe, le nom de famille est une propriété qui ne se transmet que par *filiation* [4].

En conséquence, les officiers de l'état civil ne doivent recevoir aucune déclaration de paternité, lorsque le mariage n'est point constant, ou que le père n'est point présent, si ce n'est dans les cas prévus par la loi [5], comme, par exemple, la déclaration faite par un fondé de procuration *spéciale et authentique*, ou, en cas d'absence du père, par les personnes que la loi oblige à faire cette déclaration.

---

1. Toullier, t. I, nº 319. Afin d'éviter toute interversion dans l'ordre des prénoms, l'officier de l'état civil doit engager le déclarant à les classer par ordre alphabétique.
2. V. *suprà*, nºs 25, dernier alinéa, et 295.
3. Cass. 22 janvier 1862. V. *suprà*, nº 92 et la note 2.
4. Avis du Cons. d'Ét. 22 déc. 1815, 18 avril 1816 et 12 mai 1819; Paris, 7 germ. an XII ; Douai, 26 déc. 1835; Cass. 16 mars 1841 ; Orléans, 14 août 1860. « Notre nom, c'est nous-même, dans notre pen« sée, dans la pensée de ceux qui nous connaissent, rien ne peut en « séparer notre être ». (Eugène de Salverte, *Essai historique et philosophique sur les noms*.)
5. Avis du min. Int. 27 ventôse an VII. Locré, t. III, p. 209 ; Toullier, t. I, nº 316 ; Duranton, t. I, nº 284 ; Fav., vº *Nais.*, nº 3 ; Coin-Delisle et Marcadé, sur l'art. 57, C. civ.

SECTION V.

Des actes de naissance des enfants légitimes.

347. On appelle enfant légitime celui qui est né pendant le mariage de ses père et mère et qui n'a pas été désavoué[1], ou avant le trois-centième jour qui suit la dissolution de ce mariage, le temps de la gestation étant de trois cents jours[2].

348. L'enfant né pendant le mariage, mais conçu antérieurement à la célébration, n'est pas réputé légitime, à défaut de désaveu par le mari, si le rapprochement des dates de la conception et de la naissance, établit que cet enfant est d'un commerce adultérin[3].

349. L'enfant conçu pendant le mariage ayant pour père le mari[4], cet enfant ne peut porter d'autre nom que celui de son père légal. En conséquence, l'officier de l'état civil ne doit jamais omettre de donner à la mère la qualité d'épouse, à moins qu'il n'indique le lieu où a été célébré le mariage des père et mère de l'enfant, car l'acte de naissance, quoique n'ayant pour effet que d'établir la filiation, peut cependant concourir à établir la légitimité suivant l'article 197 du Code civil, par cela même qu'il ne contredit pas la possession d'état lorsqu'il en est accompagné.

Cambacérès, dans la séance du 6 fructidor an IX, était d'avis : « qu'il était utile d'ordonner que, dans l'acte de « naissance, il serait fait mention du mariage, l'omission « de cette formalité pouvant donner lieu de supposer à « l'enfant un autre père que le sien. » Nous regrettons que cet avis n'ait pas prévalu, car cette énonciation est d'une très-grande importance et son utilité est incontestable, notamment pour établir la généalogie des familles. C'est pourquoi nous engageons les officiers de l'état civil à indiquer le lieu où le mariage a été célébré, et, autant que

1. V. *infrà*, n° 400.
2. *Ibid.*
3. Cass. 28 juin 1869; Dijon, 31 mars 1870; Lyon, 6 avril 1870. — Jugé en sens contraire : Grenoble, 2 fév. 1868 (arrêt cassé le 28 juin 1869); Chambéry, 15 juin 1869. V. *infrà*, n° 355.
4. *Ibid.*, n° 404.

possible, la date de la célébration, à moins qu'elle ne fasse ressortir que l'enfant dont la naissance est déclarée, a été conçu antérieurement au mariage.

350. L'enfant présenté comme né d'une femme mariée, quoique *incestueux* ou *adultérin*, doit être inscrit comme enfant légitime, malgré la dénégation du mari. Celui-ci pourra toujours former une demande en désaveu de paternité, s'il se trouve dans les conditions prescrites par la loi ; mais l'enfant continuera à porter le nom de son père légal jusqu'à ce qu'une décision des tribunaux le lui retire[1].

351. Lorsque la naissance de l'enfant a lieu dans les trois cents jours après le décès de son père, cet enfant doit être inscrit comme enfant *posthume*, et son acte de naissance doit énoncer la date de ce décès[2].

SECTION VI.

Des actes de naissance des enfants naturels.

352. On appelle *enfant naturel*, par opposition à l'enfant légitime, celui qui est né *hors mariage*.

353. On divise les enfants naturels en deux classes :

La première comprend ceux dont le père et la mère n'étaient engagés ni l'un ni l'autre, lors de la conception, dans les liens du mariage, mais auxquels il était permis par la loi de se marier ensemble ;

La seconde comprend ceux qui sont nés d'un commerce *incestueux* ou *adultérin*.

354. L'enfant est *incestueux* lorsqu'il est issu des œuvres de personnes entre lesquelles le mariage est prohibé par la loi.

355. L'enfant est *adultérin* lorsqu'il est issu des œuvres de personnes dont l'une était mariée lors de la conception, ou qui toutes deux étaient mariées, mais non ensemble. Il est adultérin non-seulement à l'égard de la personne mariée, mais encore à l'égard de celle qui ne l'était pas.

---

1. V. *infrà*, n° 400. — Loi du 19 flor. an II (8 mai 1794).
2. V. *infrà*, le n° 9 du Formulaire.

C'est l'époque de la conception qui fixe l'état de l'enfant; en sorte que si, depuis la conception, mais avant sa naissance, son père se mariait à une autre femme que la mère, l'enfant ne serait pas adultérin, quoique né pendant le mariage de son père; et si, au contraire, le père était marié à l'époque de la conception, l'enfant resterait adultérin, quoique le père fût libre au moment de sa naissance[1].

356. L'officier de l'état civil, dans la rédaction de l'acte de naissance d'un enfant naturel, ne doit y insérer le nom du père qu'autant que celui-ci se présente pour faire la déclaration et le reconnaître pour être de ses œuvres, ou qu'il se fait représenter par un fondé de procuration *spéciale et authentique*[2].

La mère d'un enfant naturel et l'officier de l'état civil qui a dressé l'acte de naissance de cet enfant, peuvent être condamnés à des dommages-intérêts, ou tout au moins aux dépens de la procédure et du jugement de rectification, envers l'individu déclaré, *sans son aveu*, père de l'enfant, ou même envers ses héritiers; mais il n'en est pas de même des témoins[3].

357. Lorsque le père de l'enfant n'est pas déclaré, l'officier de l'état civil ne doit point chercher à le connaître, et l'enfant doit être inscrit comme né de père *non dénommé*[4].

Siméon, dans son rapport au Tribunat (*séance du 17 ventôse an XI*), disait à ce sujet : « Si l'enfant présenté aux « officiers civils est né de parents qu'on dit mariés, ils le « déclareront; s'il est né *hors mariage*, d'un père qui ne « l'avoue pas, ils ne feront pas mention du père, car ce qui « doit être déclaré par les parties, c'est un père certain ou « par le mariage, ou par son aveu; ce n'est point un père « qui se cache et dont la loi ne permet pas la recherche. »

358. Il est interdit de donner pour *prénom* à un enfant

---

1. Toullier, t. I, p. 917; Merlin, *Nouv. Rép.*, v° *Légitim.*, p. 760, n° 7.
2. V. *infrà*, n° 446, 2e alinéa. — L'officier de l'état civil est passible de dommages-intérêts envers l'individu déclaré à tort père de l'enfant naturel. Besançon, 3 juin 1808.
3. Besançon, 3 juin 1808.
4. V. *suprà*, n° 36.

naturel, le nom de famille d'un individu qui ne reconnaît pas en être le père.

Celui dont le nom a été ainsi usurpé a action pour en obtenir la suppression, et peut même demander des dommages-intérêts contre ceux qui l'ont donné à l'enfant, surtout s'il paraît qu'il n'a été donné que dans l'intention de désigner le réclamant comme père de l'enfant.

Cette action doit être dirigée non-seulement contre l'auteur de l'usurpation, mais encore contre la mère, tant comme partie principale, que comme tutrice de l'enfant[1].

359. La fausse déclaration faite par le père, dans l'acte de naissance d'un enfant, que la mère est sa femme légitime, quoiqu'elle ne soit que sa concubine, ne constitue pas le crime de *faux*.

Cette déclaration ne constitue qu'un mensonge et non le crime de faux, attendu que l'acte de naissance n'est point destiné à fournir la preuve complète du mariage et de la légitimité [2].

Un juge qui a fait une semblable déclaration peut être suspendu de ses fonctions, en vertu du sénatus-consulte du 16 thermidor an X [3].

360. Les officiers de l'état civil ne peuvent exiger du déclarant l'indication du nom de la mère de l'enfant naturel, lorsque celle-ci veut cacher sa maternité [4].

On a pensé qu'il serait dangereux d'obliger la mère à révéler son secret : elle ne quitte ordinairement son domicile que pour cacher son accouchement, et l'officier de l'état civil n'a même pas le droit de rechercher si le nom déclaré est celui véritable de la mère[5]. « Cette révélation, « dit Mourlon (t. I, p. 125, n° 287), pourrait compromettre « la vie de l'enfant, car c'est indirectement pousser la mère « à l'infanticide, qu'imposer à ceux qu'elle appelle près

---

1. Bruxelles, 5 janvier 1807 (P. R. G.). V. aussi en ce sens : Paris, 7 germ. an XII.
2. Cass. 24 fév. 1870. — Jugé en sens contraire : Cass. 10 mes. an XII et 28 déc. 1809.
3. Cass. 2 germ. an XIII.
4. Cass. 16 sept. 1843 et 1er août 1845. — Jugé en sens contraire : Dijon, 14 août 1840 ; Paris, 20 avril 1843.
5. Besançon, 3 juin 1808, Demolombe, t. I, n° 297, p. 481.

« d'elle l'obligation de divulguer le secret qu'elle leur « confie : la crainte du déshonneur, d'un déshonneur « public dont il doit rester une trace perpétuelle, la porte « au *crime.* »

D'où il résulte que si les père et mère d'un enfant naturel ne veulent pas se faire connaître, l'officier de l'état civil doit inscrire cet enfant comme étant né de *père* et *mère non dénommés.*

361. Lorsque la naissance d'un enfant d'une femme veuve a lieu plus de trois cents jours après le décès du mari, cet enfant doit être inscrit comme enfant naturel[1].

362. La reconnaissance des enfants *incestueux* et *adultérins* étant interdite par la loi[2], l'officier de l'état civil doit refuser d'inscrire, dans l'acte de naissance, les noms des père et mère de ces enfants.

En conséquence, un enfant incestueux ou adultérin ne peut être inscrit sur les registres comme étant né : de père et mère auxquels la loi ne permet pas de contracter mariage ensemble ; d'une femme non mariée et du mari d'une autre femme ; ou d'une femme mariée et d'un autre homme que son mari.

363. La filiation de ces enfants doit, en règle générale et suivant le vœu de la loi, rester ignorée, et ils doivent dès lors être considérés comme étant nés de *père et mère inconnus,* aussi l'officier de l'état civil qui énoncerait cette filiation, en connaissance de cause, pourrait être condamné à des dommages-intérêts[3].

Il en serait cependant autrement si l'enfant était né de personnes entre lesquelles le mariage n'est pas prohibé d'une manière absolue, mais qui auraient besoin de dispense, à cause de la parenté existant entre elles : la déclaration du père ou de son fondé de procuration *spéciale et authentique,* pourrait alors être insérée dans l'acte de naissance[4].

364. L'enfant adultérin (ou incestueux) est sans droit

1. Argument de l'art. 315, C. civ. V. *infrà,* n° 404.
2. V. *infrà,* n° 427.
3. Toullier, t. I, n° 316 ; Duranton, t. I, n° 283 ; Rieff, n° 128.
4. V. *infrà,* n° 404.

pour porter le nom de son père, alors même que celui-ci l'aurait reconnu dans son acte de naissance, et les enfants légitimes peuvent s'opposer à ce qu'il prenne ce nom, encore bien qu'ils lui eussent précédemment reconnu le droit de le porter[1].

SECTION VII.

Des actes de naissance des enfants trouvés.

365. Il ne faut pas confondre les *enfants trouvés* avec les *enfants abandonnés :*

Les *enfants trouvés* sont ceux qui, nés de pères et mères inconnus, ont été trouvés *exposés* dans un lieu quelconque, ou portés dans les hospices destinés à les recevoir[2].

Les *enfants abandonnés* sont ceux qui, nés de pères et mères connus, et d'abord élevés par eux, ou par d'autres personnes à leur décharge, en sont *délaissés* sans qu'on sache ce que les pères et mères sont devenus, ou sans qu'on puisse recourir à eux[3].

366. Toute personne qui aura trouvé un enfant *nouveau-né* sera tenue de le remettre à l'officier de l'état civil, ainsi que les vêtements et autres effets trouvés avec l'enfant, et de déclarer toutes les circonstances du temps et du lieu où il aura été trouvé.

Il en sera dressé un procès-verbal détaillé, qui énoncera, en outre, l'âge apparent de l'enfant, son sexe, les noms qui lui seront donnés, l'autorité civile à laquelle

---

1. Bordeaux, 4 juin 1861.
2. Déc. 19 janv. 1811, art. 2. — La loi du 17 décembre 1796 ordonnait que les enfants trouvés fussent portés à l'hospice le plus voisin ; ainsi tous les hospices pouvaient recevoir ces enfants. Cette disposition favorisait naturellement l'abandon des enfants, et de la multiplicité des asiles qui leur étaient ouverts, il résultait évidemment plus d'abus dans les admissions et plus de difficultés à surveiller le régime de l'administration. C'est donc par une sage prévoyance, également dans l'intérêt des enfants, des hospices et des départements qu'il a été décidé qu'il n'y aurait au plus dans chaque arrondissement, qu'un hospice destiné à recevoir les enfants trouvés, et que des registres constateraient, jour par jour, leur arrivée, leur sexe, leur âge apparent, et décriraient les marques naturelles et les langes qui pourraient servir à les faire connaître (art. 4).
3. *Ibid.*, art. 5.

il sera remis. Ce procès-verbal sera inscrit sur les registres[1].

Lorsque l'enfant trouvé est porteur d'une note énonçant les noms que l'on veut lui donner, ou la date et le lieu de sa naissance, l'officier de l'état civil ne doit jamais omettre d'inscrire, dans son procès-verbal, les énonciations insérées dans cette note et qui pourraient servir plus tard aux père et mère à reconnaître l'enfant.

Le procès-verbal doit être inscrit *de suite* sur les registres; mais il n'y a pas de délai fatal pour opérer cette inscription, les prescriptions de l'article 55 du Code civil étant, dans ce cas, inapplicables[2].

Dans la séance du Tribunat, du 27 ventôse an XI, Siméon disait à ce sujet : « Appartenir à une famille, être « légitimé, être reconnu par un père hors du mariage, ce « sont là des modifications de l'état et des distinctions purement « civiles et arbitraires, uniquement fondées sur les « mœurs de chaque peuple, ou sur la volonté absolue des « législateurs ; c'est l'état particulier ou l'état de chaque « individu. Mais avoir droit à la liberté, à la cité, à la protection « de ses lois, c'est l'état public, l'état du citoyen. « Tous les membres de la société en sont investis, de quelque « manière qu'ils y viennent; c'est dans ce sens qu'ils « sont *égaux*.

« C'est pour cela que la loi ordonne d'énoncer avec le « même soin et dans les mêmes registres la naissance des « enfants *légitimes ou illégitimes* présentés par leurs parents, « quels qu'ils soient, ou recueillis par une main bienfaisante « ou par la commisération publique.

« Si une rigueur justement adoptée pour l'intérêt et le « repos des familles, interdit à ces enfants la recherche de « leur père, la loi ne prescrit pas moins de décrire, avec « exactitude tout ce qui leur a été laissé dans l'abandon. « Un simple vêtement, un haillon, pourra quelquefois aider « à un retour de tendresse ou de remords, et à rendre « des enfants à des parents qui les voudraient retrouver, et « auxquels un heureux hasard les fera reconnaître; ici la

1. C. civ., art. 58. — Bonaparte (séance du 6 fruct. an IX) disait : « Il est indispensable d'exprimer, dans le procès-verbal, où l'enfant a « été déposé, afin que sa famille pût le recouvrer. »

2. Inst. du proc. imp. à Paris, janvier et mars 1853.

« loi n'est pas seulement prévoyante, elle est *affectueuse et* « *paternelle.* »

367. L'article 58 du Code civil ne parlant que des enfants *nouveau-nés,* la question s'est élevée de savoir s'il s'appliquait aux enfants en *bas âge* dont l'état civil aurait déjà été constaté sans que la certitude pût en être acquise.

Cette question a été résolue de la manière suivante par M. le ministre de l'intérieur, dans une circulaire en date du 25 novembre 1835 :

« Le titre III de la loi du 20 septembre 1792 contient « ces dispositions :

« ART. 9. — En cas d'exposition d'enfant, le juge de « paix ou l'officier de police qui en aura été instruit sera « tenu de se rendre sur le lieu de l'exposition, de dresser « procès-verbal de l'état de l'enfant, de son âge apparent, « des marques extérieures, vêtements et autres indices qui « peuvent éclairer sa naissance ; il recevra aussi les déclarations de ceux qui auraient quelques connaissances re- « latives à l'exposition de l'enfant.

« ART. 10. — Le juge de paix ou l'officier de police sera « tenu de remettre dans les *vingt-quatre heures,* à l'officier « public, une expédition du procès-verbal, qui sera trans- « crit sur le registre double des actes de naissance.

« ART. 11. — L'officier de l'état civil donnera un nom « à l'enfant. »

« M. le ministre de la justice pense que les dispositions « ci-dessus rapportées sont toujours en vigueur, et comme « elles ne font aucune distinction entre les enfants nou- « veau-nés et les enfants en bas âge, il est d'avis que, « dans le cas même où l'enfant abandonné n'est pas nou- « vellement né, il y a toujours lieu, pour l'officier de « police, de dresser procès-verbal des circonstances de « l'abandon, et, pour l'officier municipal, de fixer l'état « civil de l'enfant abandonné.

« En effet, l'article 7 de la loi du 30 ventôse an XII, sur « la réunion des lois qui forment le Code civil, prononce « l'abrogation des lois romaines, des ordonnances, des « coutumes générales et locales, des statuts et des règle- « ments qui font l'objet des lois composant le Code civil.

« Or, d'une part, il ne s'agit pas dans cet article des « lois postérieures à la Révolution de 1789, qui doivent être

« considérées comme en vigueur sur tous les points qui « n'ont pas été réglés par des lois plus récentes, et, d'autre « part, le Code civil ne s'est point occupé de la question « de savoir comment devra être réglé l'état civil des enfants « en bas âge qui sont abandonnés.

« Il peut arriver que l'enfant abandonné ait déjà un état « civil; mais en général cet état sera mal fixé, et les offi- « ciers de l'état civil auront soin de donner aux enfants les « noms qu'indiqueront ou eux-mêmes ou les papiers trou- « vés sur eux. Ainsi les deux actes ne se contrarieront « presque jamais. Cet inconvénient, d'ailleurs, est moins « grand que l'absence de tout état civil. »

La marche à suivre en pareille circonstance a été indiquée par le préfet de police dans une circulaire, en date du 27 octobre 1837, adressée aux commissaires de police du département de la Seine, et applicable aux officiers de l'état civil, lorsqu'il n'y a pas de commissaire de police dans leur commune.

« Lorsque vous êtes informés (*y est-il dit*), soit par la « clameur publique, soit autrement, qu'un enfant *nouveau-né* « ou âgé de *moins de sept ans* a été exposé dans un lieu « quelconque, vous devez vous rendre sur le lieu de l'ex- « position, dresser procès-verbal de l'état de l'enfant, de « son âge apparent, des marques extérieures, vêtements et « autres indices qui peuvent éclairer sur sa naissance, re- « cevoir les déclarations de ceux qui auraient quelque con- « naissance relative à l'exposition de l'enfant, et faire tout « ce qui dépendra de vous pour découvrir les auteurs ou « complices de ladite exposition.

« Si, comme il arrive assez souvent, l'enfant est apporté « ou amené à votre bureau, il importe que, indépendam- « ment des constatations ci-dessus, vous vous assuriez, « avec le plus grand soin, s'il y a eu réellement exposition, « délaissement; car il se pourra que la mère, que les pa- « rents de l'enfant, voulant échapper, sans compromettre « son existence, à l'obligation de faire connaître son ori- « gine, le fassent porter ou conduire à votre commissariat, « par une personne qui, d'intelligence avec eux, déclarera « l'avoir trouvé dans tel ou tel endroit et ne pouvoir four- « nir aucun indice, ni sur les auteurs de ses jours, ni sur « les circonstances de l'exposition.

« Il est présumable même que ces sortes de fraudes se

« commettent assez fréquemment, et vous ne sauriez trop « vous appliquer à les déjouer, soit en interrogeant avec « beaucoup d'attention l'auteur du dépôt et en vérifiant ses « dires, soit en le faisant suivre à la sortie de votre bu- « reau, soit en vous livrant à une enquête minutieuse et « dans la maison qu'il habite et sur le lieu prétendu de « l'exposition.

« Dans toutes les hypothèses, vous devez, si l'âge de « l'enfant le permet, employer tous les moyens convena- « bles pour obtenir de lui des indices sur l'état civil, sur « les noms et la demeure des parents, de ses parrain ou « marraine, ou enfin des personnes dont il pourrait être « connu.

« S'il vous est démontré que l'état d'abandon où il s'est « trouvé est le résultat d'un acte volontaire de la part de « ses parents, tuteurs, etc., vous prendrez contre qui il « appartiendra, telles conclusions que réclameront les cir- « constances du délit, c'est-à-dire l'âge de l'enfant, la « qualité des personnes qui s'en sont rendues coupables, « le lieu de l'exposition et les conséquences qui en seront « résultées pour lui.

« Quant à l'enfant, vous l'enverrez à l'hospice destiné à « le recevoir.

« Vous transmettrez sur-le-champ à l'officier de l'état « civil de l'arrondissement ou de la commune où l'exposi- « tion aura eu lieu, un extrait du procès-verbal que vous « aurez rédigé, afin que cet officier transcrive cet extrait « sur les registres des actes de naissance et donne un état « civil à l'enfant. »

368. L'officier de l'état civil étant chargé, par l'article 11 de la loi du 20 septembre 1792, de donner un nom à l'enfant, doit se conformer, à cet égard, aux prescriptions suivantes :

« Il est d'usage de désigner tous les enfants trouvés par « un surnom commun. Cette sorte de désignation vague, « jointe à un nom de baptême qui lui-même peut être com- « mun à plusieurs individus de la même classe, ne suffit « pas pour les indiquer; il en résulte que les mêmes noms « abondent sur les listes de conscription de toutes les clas- « ses, sur celles des déserteurs et des conscrits réfractaires, « des forçats libérés et des condamnés placés sous la sur-

« veillance de la haute police, des fugitifs et condamnés « en contumace, etc. Le défaut de noms distinctifs multi- « plie singulièrement les embarras de la surveillance et « des recherches, et donne lieu à de fréquentes méprises. « Le Gouvernement s'occupera de remédier aux inconvé- « nients que pourrait produire encore, pendant quelque « temps, l'identité du nom donné jusqu'à présent aux en- « fants trouvés ; mais la loi fournit les moyens d'y obvier « pour l'avenir.

« Le Code civil porte (art. 58) que toute personne qui « aura trouvé un enfant nouveau-né, sera tenue de le re- « mettre à l'officier de l'état civil, ainsi que les vêtements et « autres objets trouvés avec l'enfant ; de déclarer toutes les « circonstances du lieu où il aura été trouvé ; qu'il en sera « dressé un procès-verbal détaillé, lequel énoncera en ou- « tre, l'âge apparent de l'enfant, son sexe, et les noms qui « lui auront été donnés par l'autorité civile à laquelle il sera « remis ; et que ce procès-verbal sera inscrit sur les regis- « tres. Ces dispositions sont précises.

« Il doit être donné des noms à l'enfant trouvé présenté « à l'officier public ; ces noms doivent être tels, par exem- « ple, que s'il n'y en a que deux, le premier soit considéré « comme *nom de baptême*, et l'autre devienne, pour l'enfant « qui le reçoit, un *nom de famille* transmissible à ses pro- « pres descendants.

« Pour le choix du nom de baptême, on doit suivre les « usages et les règles ordinaires. Quant au nom de famille, « il faut avoir le soin de ne pas donner le même à plusieurs « individus.

« Pour prévenir des confusions et des réclamations très- « fondées, on doit éviter de donner aux enfants trouvés « des noms connus pour appartenir à des familles exis- « tantes, et qui sont pour elles une sorte de propriété, sou- « vent très-précieuse. Il faut donc chercher ces noms, soit « dans l'histoire des temps passés, soit dans les circons- « tances particulières à l'enfant, comme sa conformation, « ses traits, son teint, le pays, le lieu, l'heure où il a été « trouvé. Il convient néanmoins d'observer qu'il faut re- « jeter avec soin toute dénomination qui serait indécente « ou ridicule, ou propre à rappeler, en toute occasion, que « celui à qui on la donne est un enfant trouvé. Mais ces « noms ne doivent pas être deux ou trois noms communs à

« tous les enfants trouvés du même lieu, ou même à plu-
« sieurs d'entre eux; il convient que ce soient des noms
« différents pour les divers individus[1]. »

369. Une instruction générale, en date du 8 février 1823, relative à l'état civil des enfants confiés à la charité publique, obligeait les préposés des hospices à faire inscrire, dans les vingt-quatre heures, à l'état civil de la situation de l'hospice dépositaire, les enfants apportés dans ces établissements. Ce délai ayant paru trop court fut porté à *dix jours* par une circulaire de M. le ministre de l'intérieur, aux préfets, en date du 7 août 1852, dont la teneur suit :

« Monsieur le Préfet, l'article 55 du Code civil est, vous « le savez, ainsi conçu : Les déclarations de naissance se« ront faites, dans les trois jours de l'accouchement, à « l'officier de l'état civil du lieu : l'enfant lui sera pré« senté.

« Cette prescription est générale et absolue. Elle doit « recevoir son exécution aussi bien à l'égard des enfants « destinés à l'abandon, *en quelque forme que cet abandon « doive avoir lieu*, qu'à l'égard des enfants que leurs fa« milles sont dans l'intention de conserver. Tous les en« fants doivent donc, sans exception, être inscrits à l'état « civil de la commune où ils sont nés[2].

« Mais ces dispositions législatives m'ont amené à re« connaître que le délai de vingt-quatre heures, que l'ins« truction générale du 8 février 1823 accorde aux préposés « des hospices pour faire inscrire à l'état civil de la situa« tion de l'hospice dépositaire les enfants apportés dans « ces établissements, est trop court. En effet, il ne permet « pas à ces préposés, de rechercher la commune à laquelle « ces enfants appartiennent, et de s'assurer que les dispo« sitions de l'article 55 du Code Napoléon ont été accom« plies à leur égard. Il résulte de là qu'un grand nombre « des enfants confiés à la charité publique se trouvent avoir « un double état civil ; l'un dans la commune où ils sont

---

1. Circ. min. Int. aux préfets, 30 juin 1812.
2. « La tranquillité des familles, l'ordre des successions, les relations « de parenté, et tant d'autres rapports intéressants, exigent que « l'existence des citoyens soit constatée sans confusion et sans incer« titude. » (Circ. min. Just. 3 vendémiaire an XI).

« nés, l'autre, dans celle où ils ont été apportés pour être « déposés à l'hospice[1].

« Il devient ainsi fort difficile de rechercher plus tard « leur filiation. Il en résulte encore que, dans certaines « localités, le nombre des naissances, et surtout celui des « naissances naturelles, excède le chiffre réel.

« Pour obvier à ces inconvénients, je me suis concerté « avec M. le ministre de la justice et des cultes, et nous « avons reconnu qu'il convient de porter à dix jours le « délai de vingt-quatre heures précité. Ce délai suffira pour « que les préposés des hospices dépositaires, lorsqu'ils « croiront connaître la commune à laquelle un enfant ap- « partient, puissent s'en assurer auprès de l'autorité muni- « cipale, et s'informer, en même temps, si cet enfant y a « été déclaré à l'état civil. En cas d'insuccès de leurs dé- « marches, ils devront, à l'expiration du délai précité, « faire inscrire l'enfant à l'état civil de la situation de « l'hospice. »

370. Les préposés des hospices sont tenus de porter les enfants à la mairie pour les présenter à l'officier de l'état civil chargé de dresser leur acte de naissance[2].

371. Les enfants nés dans les hospices, de femmes admises à y faire leurs couches, sont assimilés aux enfants trouvés si la mère est reconnue dans l'impossibilité de s'en charger[3].

372. Les enfants trouvés et les enfants abandonnés autres que les élèves des hospices de Paris sont sous la tutelle des commissions administratives des hospices, conformément aux règlements existants. Un membre de cette commission est spécialement chargé de cette tutelle.

Quant aux enfants mineurs élèves des hospices de Paris, ils sont sous la tutelle du directeur de l'administration générale de l'assistance publique[4].

---

1. Les préfets ont été invités à prendre toutes les précautions nécessaires pour empêcher que ces enfants fussent l'objet d'un double acte de naissance. Circ. min. Int. 29 déc. 1852.
2. Décis. min. Just., 12 janvier 1829.
3. Inst. 8 fév. 1823, 4e partie, ch. 1.
4. Loi du 15 pluv. an XIII, art. 1er et 5. Déc. 19 janv. 1811, art. 15.

La tutelle des enfants admis dans les hospices dure jusqu'à leur majorité ou émancipation par mariage ou autrement[1], excepté cependant lorsqu'ils ont été reconnus par leurs parents[2].

---

1. Loi du 15 pluv. an XIII, art. 3.
2. V. *infrà*, nº 600.

CHAPITRE II.

DE LA PROTECTION ACCORDÉE AUX ENFANTS DU PREMIER AGE ET, EN PARTICULIER, AUX NOURRISSONS.

---

373. Tout enfant, âgé de moins de deux ans, qui est placé, moyennant salaire, en nourrice, en sevrage ou en garde, hors du domicile de ses parents, devient, par ce fait, l'objet d'une *surveillance de l'autorité publique*, ayant pour but de protéger sa vie et sa santé [1].

374. Cette surveillance est confiée, dans le département de la Seine, au préfet de police, et, dans les autres départements, aux préfets.

Ces fonctionnaires sont assistés d'un comité ayant pour

1. Loi du 23 déc. 1874, art. 1er. — Pour bien faire comprendre l'utilité et l'importance de cette loi, nous avons cru devoir en reproduire ici les motifs : « En France, dit le rapport, dans des conditions « générales qui semblent constituer un milieu favorable à la vie, un « calcul de M. Bertillon donne, pour l'âge de 0 à 1 an, une moyenne « de décès de 21,7 p. 100, c'est-à-dire que plus d'un cinquième des « enfants qui naissent est mort au bout de la première année. A Paris, « avant 4 ans, et, en comptant à part les enfants envoyés en nour- « rice, on trouve que la moitié au moins (51,6 p. 100) a péri avant un « an révolu. Enfin, si l'on classe les enfants d'après leur origine et « les conditions de leur placement en nourrice, on arrive à ces chiffres « de mortalité de 75 à 80 p. 100, qui semblent fabuleux, lorsqu'on les « lit même dans les statistiques officielles. — A moins de nier ces « résultats, il faut admettre que, sous des dehors polis, notre société « souffre encore beaucoup trop de pratiques grossières ou inhumaines. « Si l'on recherche, en effet, quelle est la mortalité normale du pre- « mier âge, non dans une société idéale, mais dans les conditions les « plus communes de la vie de province, on trouve que dans certains « départements pris en entier, la Creuse par exemple, la mortalité de « 0 à 1 an ne dépasse pas 13 p. 100. Dans un grand nombre de loca- « lités qui n'ont entre elles qu'un seul point de ressemblance : l'allai- « tement maternel comme pratique générale, cette proportion se main- « tient au-dessous de 10 p. 100 et descend jusqu'à 5 p. 100 ; en sorte « qu'on est fondé à dire que là où des lois de l'hygiène sont convena- « blement observées, la mortalité moyenne du premier âge ne dépasse « pas 10 p. 100. »

mission d'étudier et de proposer les mesures à prendre, et composé comme il suit :

Deux membres du conseil général désignés par ce conseil ;

Dans le département de la Seine, le directeur de l'assistance publique, et, dans les autres départements, l'inspecteur du service des enfants assistés ;

Six autres membres, nommés par le préfet, dont un pris parmi les médecins membres du conseil départemental d'hygiène publique et trois pris parmi les administrateurs des sociétés légalement reconnues qui s'occupent de l'enfance, notamment des sociétés protectrices de l'enfance, des sociétés de charité maternelle, des crèches ou des sociétés des crèches, ou, à leur défaut, parmi les membres des commissions administratives des hospices et des bureaux de bienfaisance.

Des commissions locales sont instituées, par un arrêté du préfet, après avis du comité départemental, dans les parties du département où l'utilité en sera reconnue, pour concourir à l'application des mesures de protection des enfants et de surveillance des nourrices et gardeuses d'enfants.

Deux mères de famille font partie de chaque commission locale.

Les fonctions instituées par le présent article sont gratuites [1].

375. Il est institué, près le ministère de l'intérieur, un comité supérieur de protection des enfants du premier âge, qui a pour mission de réunir et coordonner les documents transmis par les comités départementaux, d'adresser chaque année au ministre, un rapport sur les travaux de ces comités, sur la mortalité des enfants et sur les mesures les plus propres à assurer et étendre les bienfaits de la loi, et de proposer, s'il y a lieu, d'accorder des récompenses honorifiques aux personnes qui se sont distinguées par leur dévouement et leurs services.

Un membre de l'Académie de médecine, désigné par

1. Loi du 23 déc. 1874, art. 2. V. Circ. min. Int. aux préfets, 29 mars et 18 août 1875, et 20 mars 1877, et une Instr. du min. Int. 8 août 1881 (*Bull. off.*, p. 347) sur l'organisation des comités départementaux, l'inspection médicale et les commissions locales.

cette Académie, les présidents de la Société protectrice de l'enfance de Paris, de la Société de charité maternelle et de la Société des crèches font partie de ce comité.

Les autres membres, au nombre de sept, sont nommés par décret du Président de la République [1].

Les fonctions de membre du Comité supérieur sont gratuites [2].

376. Il est publié, chaque année, par les soins du ministre de l'intérieur, une statistique détaillée de la mortalité des enfants du premier âge, et, spécialement, des enfants placés en nourrice, en sevrage ou en garde.

Le ministre adresse, en outre, chaque année, au Président de la République, un rapport officiel sur l'exécution de la loi [3].

377. Dans les départements où l'utilité d'établir une inspection médicale des enfants en nourrice, en sevrage ou en garde est reconnue par le ministre de l'intérieur, le Comité supérieur consulté, un ou plusieurs médecins sont chargés de cette inspection.

La nomination de ces inspecteurs appartient aux préfets [4].

378. Sont soumis à la surveillance instituée par la loi: toute personne ayant un nourrisson ou un ou plusieurs enfants en sevrage ou en garde, placés chez elle moyennant salaire ; les bureaux de placement et tous les intermédiaires qui s'emploient au placement des enfants en nourrice, en sevrage ou en garde.

Le refus de recevoir la visite du médecin inspecteur, du maire de la commune, ou de toutes autres personnes déléguées ou autorisées en vertu de la loi, est puni d'une amende de cinq à quinze francs.

Un emprisonnement de un à cinq jours peut être prononcé si le refus dont il s'agit est accompagné d'injures ou de violence [5].

---

1. V. déc. 26 mai 1875.
2. Loi du 23 déc. 1874, art. 3.
3. *Ibid.*, art. 4.
4. *Ibid.*, art. 5.
5. *Ibid.*, art. 6.

379. Toute personne qui place un enfant en nourrice, en sevrage ou en garde, moyennant salaire, est tenue, sous les peines portées par l'article 346 du Code pénal [1], d'en faire la déclaration à la mairie de la commune où a été faite la déclaration de naissance de l'enfant, ou à la mairie de la résidence actuelle du déclarant, en indiquant, dans ce cas, le lieu de la naissance de l'enfant, et de remettre à la nourrice ou à la gardeuse un bulletin contenant un extrait de l'acte de naissance de l'enfant qui lui est confié [2].

380. Toute personne qui veut se procurer un nourrisson ou un ou plusieurs enfants en sevrage ou en garde, est tenue de se munir préalablement des certificats exigés par les règlements pour indiquer son état civil et justifier de son aptitude à nourrir ou à recevoir des enfants en sevrage ou en garde [3].

Toute personne qui veut se placer comme nourrice sur lieu est tenue de se munir d'un certificat du maire de sa résidence, indiquant si son dernier enfant est vivant et constatant qu'il est âgé de sept mois révolus, ou, s'il n'a pas atteint cet âge, qu'il est allaité par une autre femme remplissant les conditions qui seront déterminées par le règlement d'administration publique prescrit par l'article 12 de la loi [4].

Toute déclaration ou énonciation reconnue fausse dans lesdits certificats entraîne l'application au certificateur des peines portées au paragraphe 1er de l'article 155 du Code pénal [5].

381. Toute personne qui a reçu chez elle, moyennant salaire, un nourrisson ou un enfant en sevrage ou en garde, est tenue, sous les peines portées à l'article 346 du Code pénal [6]:

1° D'en faire la déclaration à la mairie de la commune de son domicile dans les trois jours de l'arrivée de l'enfant, et de remettre le bulletin mentionné en l'article 7 ;

---

1. V. *Infrà*, n° 381, note 5.
2. Loi du 23 déc. 1874, art. 7. — V *infrà*, n° 388, Règlem. du 27 fév. 1877, art. 24.
3. V. *infrà*, n° 388, Règlem. du 27 fév. 1877, art. 25 et suiv.
4. *Ibid.*
5. Loi précitée, art. 8. — Ces peines consistent en un emprisonnement d'un mois à six mois.
6. V. *infrà*, n° 390.

2° De faire, en cas de changement de résidence, la même déclaration à la mairie de sa nouvelle résidence ;

3° De déclarer, dans le même délai, le retrait de l'enfant par ses parents ou la remise de cet enfant à une autre personne, pour quelque cause que cette remise ait lieu ;

4° En cas de décès de l'enfant, de déclarer ce décès dans les vingt-quatre heures.

Après avoir inscrit ces déclarations au registre mentionné à l'article suivant, le maire en donne avis, dans le délai de trois jours, au maire de la commune où a été faite la déclaration prescrite par l'article 7.

Le maire de cette dernière commune donne avis, dans le même délai, des déclarations prescrites par les numéros 2, 3 et 4 ci-dessus, aux auteurs de la déclaration de mise en nourrice, en sevrage ou en garde [1].

382. Il est ouvert dans les mairies un registre spécial pour les déclarations ci-dessus prescrites.

Ce registre est coté, paraphé et vérifié tous les ans par le juge de paix. Ce magistrat fait un rapport annuel au procureur de la République, qui le transmet au préfet, sur les résultats de cette vérification.

En cas d'absence ou de tenue irrégulière du registre, le maire est passible de la peine édictée à l'article 50 du Code civil [2].

383. Nul ne peut ouvrir ou diriger un bureau de nourrices, ni exercer la profession d'intermédiaire pour le placement des enfants en nourrice, en sevrage ou en garde, et le louage des nourrices, sans en avoir obtenu l'autorisation préalable du préfet de police, dans le département de la Seine, ou du préfet, dans les autres départements.

Toute personne qui exerce, sans autorisation, l'une ou l'autre de ces professions, ou qui néglige de se conformer aux conditions de l'autorisation ou aux prescriptions des règlements, est punie d'une amende de *seize* à *cent francs*. En cas de récidive, la peine d'emprisonnement prévue par l'article 480 du Code pénal peut être prononcée [3].

---

1. Loi précitée, art. 9. — V. *infrà*, n° 388, art, 24 du règlement.
2. *Ibid.*, art. 10. — V. *suprà*, n° 267, et *infrà*, n° 388, art. 21 du règlement.
3. Cette peine consiste en un emprisonnement de cinq jours au plus.

Ces mêmes peines sont applicables à toute sage-femme et à tout autre intermédiaire qui entreprend, sans autorisation, de placer des enfants en nourrice, en sevrage ou en garde.

Si, par suite de la contravention ou par suite d'une négligence de la part d'une nourrice ou d'une gardeuse, il est résulté un dommage pour la santé d'un ou de plusieurs enfants, l'emprisonnement de un à cinq jours peut être prononcé.

En cas de décès d'un enfant, l'application des peines portées à l'article 319 du Code pénal peut être prononcée[1].

384. Un règlement d'administration publique déterminera :

1° Les modes d'organisation du service de surveillance institué par la loi ; l'organisation de l'inspection médicale, les attributions et les devoirs des médecins inspecteurs, le traitement de ces inspecteurs, les attributions et devoirs de toutes les personnes chargées des visites ;

2° Les obligations imposées aux nourrices, aux directeurs des bureaux de placement et à tous les intermédiaires du placement des enfants ;

3° La forme des déclarations, registres, certificats des maires et des médecins, et autres pièces exigées par les règlements.

Le préfet peut, après avis du comité départemental, prescrire, par un règlement particulier, des dispositions en rapport avec les circonstances et les besoins locaux[2].

385. En dehors des pénalités spécifiées dans les articles précédents, toute infraction aux dispositions de la loi et des règlements d'administration publique qui s'y rattachent est punie d'une amende de cinq à quinze francs.

Sont applicables à tous les cas prévus par la loi, le dernier paragraphe de l'article 463 du Code pénal et les articles 482 et 483 du même Code[3].

---

1. Loi précitée, art. 11. — Cette peine consiste en un emprisonnement de trois mois à deux ans et en une amende de 50 à 600 fr.
2. *Ibid.*, art. 12.
3. *Ibid.*, art. 13. — V. *suprà*, n° 313. — En cas de récidive, la peine d'emprisonnement pendant cinq jours aura toujours lieu (art. 482, C. p.). Il y a récidive lorsqu'il a été rendu contre le contrevenant, dans les douze mois précédents, un premier jugement pour contravention de police commise dans le ressort du même tribunal (art. 483, C. p.).

386. Les mois de nourrice dus par les parents ou par toute autre personne font partie des créances privilégiées et prennent rang entre les numéros 3 et 4 de l'article 2101 du Code civil[1].

387. Les dépenses auxquelles l'exécution de la loi dont s'agit donnera lieu, sont mises, par moitié, à la charge de l'État et des départements intéressés.

La portion à la charge des départements est supportée par les départements d'origine des enfants et par ceux où les enfants sont placés en nourrice, en sevrage ou en garde, proportionnellement au nombre desdits enfants.

Les bases de cette répartition sont arrêtées, tous les trois ans, par le ministre de l'intérieur[2].

388. Le règlement d'administration publique sur l'organisation du service de surveillance institué par la loi du 23 décembre 1874 a été établi par un décret du 27 février 1877, dont la teneur suit :

« Le Président de la République,

« Vu la loi du 23 décembre 1874 sur la protection des « enfants du premier âge, et notamment l'article 12 de la- « dite loi, ainsi conçu :

« Un règlement d'administration publique déterminera, « etc.[3];

« Sur le rapport du ministre de l'intérieur,

« Le Conseil d'État entendu,

« DÉCRÈTE :

TITRE I. — ORGANISATION DU SERVICE.

« ART. 1er. — La surveillance instituée par la loi du « 23 décembre 1874 en faveur des enfants au-dessous de « deux ans, placés moyennant *salaire*, en nourrice, en se- « vrage ou en garde *hors du domicile de leurs parents*, est « exercée, sous l'autorité du préfet assisté du comité dépar- « temental, par des commissions locales, par les maires,

1. Loi précitée, art. 14.
2. *Ibid.*, art. 15. — Aux termes de cet article, la première répartition devait être faite d'après le nombre des enfants en nourrice, en sevrage ou en garde existant dans chaque département, au moment de la promulgation de cette loi.
3. V. *suprà*, no 384.

« par des médecins inspecteurs, et par l'inspecteur des « enfants assistés du département.

1re Section. — Des commissions locales.

« ART. 2. — Les commissions locales instituées confor« mément à l'article 2 de la loi du 23 décembre 1874 sont « présidées par le maire de la commune.

« L'arrêté préfectoral qui institue la commission fixe « le nombre de ses membres.

« La commission comprend nécessairement deux mères « de famille, le curé, et, dans les communes où siége un « conseil presbytéral ou un consistoire israélite, un délé« gué de chacun de ces conseils.

« Le médecin inspecteur, nommé en exécution de l'ar« ticle 5 de la loi, est convoqué aux séances des commis« sions de sa circonscription ; il a voix consultative.

« ART. 3. — Les membres des commissions sont nom« més et révoqués par le préfet.

« ART. 4. — A Paris et à Lyon, il y aura dans chaque « arrondissement municipal une commission instituée con« formément aux articles qui précèdent et présidée par le « maire de l'arrondissement.

« Il pourra être adjoint à la commission, des visiteurs « rétribués ; leur nombre et le taux de leur traitement se« ront déterminés par le ministre de l'intérieur, sur la pro« position du préfet de police pour Paris et du préfet du « Rhône pour Lyon.

« Ces visiteurs assisteront aux délibérations de la com« mission d'arrondissement, avec voix consultative.

« Le ministre de l'intérieur pourra également instituer, « sur la proposition du préfet, des visiteurs rétribués dans « les autres communes où la nécessité en sera reconnue.

« ART. 5. — La commission se réunit au moins une fois « par mois ; elle peut être convoquée extraordinairement « par le maire, soit d'office, soit sur la demande d'un des « membres de la commission ou du médecin inspecteur.

« Les séances de la commission se tiennent à la mairie.

« ART. 6. — La commission répartit entre ses membres « la surveillance des enfants à visiter au domicile de la « nourrice, sevreuse ou gardeuse.

« Chaque membre doit rendre compte à la commis-

« sion des faits qu'il a constatés dans ses visites pério-
« diques.

« Art. 7. — Si la commission juge que la vie ou la « santé d'un enfant est compromise, elle peut, après avoir « mis en demeure les parents et pris l'avis du médecin « inspecteur, retirer l'enfant à la nourrice, sevreuse ou « gardeuse, et le placer provisoirement chez une autre « personne. Elle doit, dans les *vingt-quatre heures*, rendre « compte de sa décision au préfet et prévenir de nouveau « les parents.

« En cas de péril imminent, le président de la commis- « sion prend d'urgence et provisoirement les mesures né- « cessaires ; il doit, dans les *vingt-quatre heures*, informer « de sa décision la commission locale, le médecin inspec- « teur et le préfet, et avertir les parents.

« Dans les communes où il n'a pas été institué de com- « mission locale, le maire exerce les pouvoirs conférés à « ces commissions par le présent article.

« Les mesures prises par les autorités locales, en vertu « du présent article, sont purement provisoires ; le préfet « statue.

« Art. 8. — La commission signale au préfet, dans un « rapport annuel, les nourrices qui mériteraient une men- « tion spéciale à raison des bons soins qu'elles donnent aux « enfants qui leur sont confiés.

2e Section. — Médecins inspecteurs.

« Art. 9. — Des médecins inspecteurs, institués con- « formément à l'article 5 de la loi, sont chargés de visiter « les enfants placés en nourrice, en sevrage ou en garde « dans leur circonscription.

« Art. 10. — Le médecin inspecteur doit se transporter « au domicile de la nourrice, sevreuse ou gardeuse, pour « voir l'enfant, dans la *huitaine du jour* où, en exécution de « l'article 24 ci-après, il est prévenu par le maire de l'ar- « rivée de l'enfant dans la commune.

« Il doit ensuite visiter l'enfant au moins *une fois par* « *mois* et à toute réquisition du maire.

« Art. 11. — Après chaque visite, le médecin inspec- « teur vise le carnet délivré à la nourrice, sevreuse ou

« gardeuse, en exécution de l'article 30 ci-après, et il y « inscrit ses observations ; il transmet au maire un bulle- « tin indiquant la date et les résultats de sa visite. Ce bul- « letin est communiqué à la commission locale.

« En cas de décès de l'enfant, il mentionne sur le bullé- « tin la date et les causes du décès.

« Art. 12. — Le médecin inspecteur rend compte im- « médiatement au maire et au préfet des faits qu'il aurait « constatés dans ses visites et qui mériteraient leur atten- « tion.

« Chaque année, il adresse un rapport sur l'état général « de sa circonscription au préfet, qui le communique à « l'inspecteur départemental du service des enfants assis- « tés et au comité départemental.

« Art. 13. — Si le médecin reconnaît, soit chez la « nourrice, soit chez l'enfant, les symptômes d'une mala- « die *contagieuse*, il constate l'état de l'enfant et celui de « la nourrice, et il peut faire cesser l'allaitement naturel.

« Dans ce cas, ainsi que lorsqu'il constate une grossesse, « il en informe le maire, qui doit aviser les parents, sans « préjudice, s'il y a lieu, des mesures autorisées par l'ar- « ticle 7.

« Art. 14. — Dès que le maire apprend qu'un enfant « placé en nourrice ou en garde dans la commune est ma- « lade et manque de soins médicaux, il prévient le méde- « cin inspecteur de la circonscription, et si celui-ci est « empêché, il requiert le médecin le moins éloigné de la « résidence de l'enfant. Ce dernier doit, si l'enfant suc- « combe, mentionner les causes du décès dans un bulletin « spécial, ainsi qu'il est prescrit à l'article 11 pour le mé- « decin inspecteur.

« Art. 15. — Les médecins inspecteurs reçoivent, à « titre d'honoraires, des émoluments qui sont fixés par le « ministre, sur la proposition du préfet, après avis du « conseil général.

3e Section. — De l'inspection départementale.

« Art. 16. — L'inspecteur du service des enfants as- « sistés est chargé, sous l'autorité du préfet, de centraliser « tous les documents relatifs à la surveillance instituée par « la loi.

« Chaque année, il présente un rapport sur l'exécution « du service dans le département, et il rend compte du ré- « sultat de ses tournées.

4e Section. — Des comités départementaux.

« Art. 17. — Les membres des comités départementaux « sont nommés pour trois ans.

« Le membre qui sera nommé à la suite d'une vacance « sortira du comité au moment où serait sorti le membre « qu'il a remplacé.

« Les membres sortants sont rééligibles.

« Art. 18. — Le comité départemental élit un prési- « dent et un secrétaire.

« Il se réunit au moins une fois par mois. Il peut être « convoqué extraordinairement par son président ou par « le préfet, soit d'office, soit sur la demande d'un de ses « membres.

« Art. 19. — Le préfet lui communique les rapports « qui lui sont envoyés par les commissions locales et par « les médecins inspecteurs, ainsi que le rapport d'en- « semble présenté annuellement par l'inspecteur départe- « mental.

Titre II. — Placements.

1re Section. — De la déclaration imposée à toute personne qui place un enfant en nourrice, en sevrage ou en garde, moyennant salaire.

« Art. 20. — Tout officier de l'état civil qui reçoit une « déclaration de naissance doit rappeler au déclarant les « dispositions édictées par l'article 7 de la loi du 23 dé- « cembre 1874.

« Art. 21. — La déclaration prescrite par ledit article à « toute personne qui place un enfant en nourrice, en se- « vrage ou en garde, moyennant salaire, est inscrite sur le « registre spécial prévu par l'article 10 de la loi.

« Elle est signée par le déclarant.

« Elle fait connaître :

« 1° Les nom et prénoms, le sexe, la date et le lieu de « naissance de l'enfant ;

« 2° S'il est baptisé ou non ;

« 3° Les nom, prénoms, profession et domicile des pa- « rents ;

« 4° Les nom, prénoms et domicile de la nourrice, sevreuse ou gardeuse à laquelle l'enfant est confié ;

« 5° Les conditions du contrat intervenu avec la nourrice, sevreuse ou gardeuse.

« Art. 22. — Le déclarant doit produire le carnet délivré à la nourrice.

« Le maire qui reçoit la déclaration transcrit sur le carnet de la nourrice les indications portées sous les n°s 1, 2, 3 et 5 de l'article précédent.

« Art. 23. — Si l'enfant est envoyé dans une commune autre que celle où la déclaration est faite, le maire qui reçoit la déclaration en transmet copie, dans les trois jours, au maire de la commune où l'enfant doit être conduit.

« Art. 24. — Le maire, averti par suite d'une déclaration faite, soit par les parents, en exécution de l'article 7 de la loi, soit par la nourrice, en exécution de l'article 9, qu'un enfant est placé dans sa commune, en nourrice, en sevrage ou en garde, moyennant salaire, doit, dans les trois jours, transmettre une copie de la déclaration au médecin inspecteur de la circonscription.

2e Section. — Des obligations imposées aux nourrices, sevreuses et gardeuses qui prennent des enfants chez elles moyennant salaire

« Art. 25. — Il est interdit à toute nourrice d'allaiter un autre enfant que son nourrisson, à moins d'une autorisation spéciale et écrite donnée par le médecin inspecteur, ou, s'il n'existe pas de médecin inspecteur dans le canton, par un docteur en médecine ou un officier de santé.

« Art. 26. — Nulle sevreuse ou gardeuse ne peut se charger de plus de deux enfants à la fois, à moins d'une autorisation spéciale et écrite, donnée par la commission locale et, à défaut de commission locale, par le maire.

« Art. 27. — Toute femme qui veut prendre chez elle un enfant en nourrice doit préalablement obtenir un certificat du maire de sa commune et un certificat médical. Elle doit, en outre, se munir du carnet spécifié à l'article 30.

« Art. 28. — Le certificat délivré par le maire doit être revêtu du sceau de la mairie et contenir les indications suivantes :

« 1° Nom, prénoms, signalement, domicile et profession « de la nourrice, date et lieu de sa naissance ;

« 2° État civil de la nourrice, nom, prénoms et profes- « sion de son mari ;

« 3° Date de la naissance de son dernier enfant, et si cet « enfant est vivant.

« Le certificat fera connaître si le mari a donné son con- « sentement ; il contiendra les renseignements que pourra « fournir le maire sur la conduite et les moyens d'exis- « tence de la nourrice, sur la salubrité et la propreté « de son habitation. Il constatera la déclaration de la nour- « rice qu'elle est pourvue d'un garde-feu et d'un ber- « ceau.

« Sur l'interpellation du maire, la nourrice déclarera si « elle a déjà élevé un ou plusieurs enfants moyennant sa- « laire ; elle indiquera l'époque à laquelle elle a été char- « gée de ces enfants, la date et la cause des retraits, et si « elle est restée munie des carnets qui lui avaient été pré- « cédemment délivrés. Le maire mentionnera dans le cer- « tificat les réponses de la nourrice.

« Art. 29. — Le certificat médical est délivré par le « médecin inspecteur, ou, à défaut de médecin inspecteur « habitant la commune où réside la nourrice, par un doc- « teur en médecine ou par un officier de santé ; il peut éga- « lement être délivré dans la commune où la nourrice vient « prendre l'enfant ; il est dûment légalisé et visé par le « maire ; il doit attester :

« 1° Que la nourrice remplit les conditions désirables « pour élever un nourrisson ;

« 2° Qu'elle n'a ni infirmité ni maladie contagieuse ; « qu'elle est vaccinée.

« Art. 30. — Le carnet est délivré gratuitement, à Paris, « par le préfet de police ; à Lyon, par le préfet du Rhône ; « dans les autres communes, par le maire.

« La nourrice peut l'obtenir soit dans la commune où « elle réside, soit dans celle où elle vient chercher un en- « fant ; dans ce dernier cas, elle doit produire le certificat « du maire de sa commune.

« Elle doit se pourvoir d'un carnet nouveau chaque fois « qu'elle prend un nouveau nourrisson.

« Le certificat délivré à la nourrice par le maire de sa « commune et le certificat médical sont inscrits sur le car-

« net. S'ils ont été délivrés à part, ils y sont textuellement « transcrits.

« Le carnet est disposé de manière à recevoir, en outre, « les mentions suivantes :

« 1° L'extrait de l'acte de naissance de l'enfant, la date « et le lieu de son baptême, les noms, profession et de- « meure des parents ou des ayants droit, à défaut de pa- « rents connus, la date et le lieu de la déclaration faite en « exécution de l'article 7 de la loi ;

« 2° La composition de la layette remise à la nourrice ;

« 3° Les dates des paiements des salaires ;

« 4° Le certificat de vaccine ;

« 5° Les dates des visites du médecin inspecteur et des « membres de la commission locale avec leurs observa- « tions ;

« 6° Les déclarations prescrites par l'article 9 de la loi.

« Le carnet reproduit le texte des articles du Code pénal, « du règlement d'administration publique et du règlement « particulier fait par le préfet, en exécution de l'article 12 « de la loi, qui intéressent directement les nourrices, se- « vreuses ou gardeuses, les intermédiaires et les directeurs « de bureau de placement.

« Il contient en outre des notions élémentaires sur l'hy- « giène du premier âge.

« Art. 31. — Les conditions concernant les certificats, « l'inscription et le carnet sont applicables aux femmes « qui veulent se charger d'enfants en sevrage ou en garde, « à l'exception de la condition d'aptitude à l'allaitement au « sein.

« Art. 32. — Si l'enfant n'a pas été vacciné, la nour- « rice doit le faire vacciner dans les trois mois du jour où « il lui a été confié.

« Art. 33. — La nourrice, sevreuse ou gardeuse ne « peut, sous aucun prétexte, se décharger, même tempo- « rairement, du soin d'élever l'enfant qui lui a été confié, « en le remettant à une autre nourrice, sevreuse ou gar- « deuse, à moins d'une autorisation écrite donnée par les « parents ou par le maire, après avis du médecin inspec- « teur.

« Art. 34. — La nourrice, sevreuse ou gardeuse qui « veut rendre l'enfant confié à ses soins avant qu'il lui ait « été réclamé, doit en prévenir le maire.

3e Section. — Des bureaux de nourrices, des meneurs et meneuses.

« Art. 35. — La demande en autorisation d'ouvrir un « bureau de nourrices ou d'exercer la profession de placer « des enfants en nourrice, en sevrage ou en garde, est « adressée au préfet du département où le pétitionnaire « est domicilié. Elle fait connaître les départements dans « lesquels celui-ci se propose de prendre ou de placer des « enfants.

« Le préfet communique la demande aux préfets des au- « tres départements intéressés, et s'assure de la moralité « du demandeur. Il fait examiner les locaux affectés aux « nourrices et aux enfants, s'il s'agit d'un bureau de pla- « cement, ou les voitures affectées au transport des nour- « rices et de leurs nourrissons, s'il s'agit de meneurs ou « de meneuses.

« L'arrêté d'autorisation détermine les conditions parti- « culières auxquelles le permissionnaire est astreint dans « l'intérêt de la salubrité, des mœurs et de l'ordre public.

« Ces conditions sont affichées dans l'intérieur des bu- « reaux ainsi que les prescriptions légales et réglemen- « taires imposées aux directeurs de bureaux et aux meneurs « ou meneuses, et les peines édictées par l'article 6 de la « loi contre ceux qui refuseraient de recevoir la visite des « personnes autorisées en vertu de ladite loi.

« L'autorisation peut toujours être retirée.

« Dans le cas où l'industrie doit être exercée dans plu- « sieurs départements, il est donné avis de l'arrêté d'auto- « risation ou de l'arrêté de retrait aux préfets de tous les « départements intéressés.

« Art. 36. — Il est interdit aux directeurs des bureaux « de nourrices et à leurs agents de s'entremettre pour pro- « curer des nourrissons à des nourrices qui ne seraient pas « munies des pièces mentionnées aux articles 27, 28, 29, « et 30.

« Il est défendu aux meneurs et aux meneuses de recon- « duire des nourrices dans leurs communes avec des nour- « rissons, sans qu'elles soient munies de ces pièces.

« Art. 37. — Les directeurs de bureaux et les logeurs « de nourrices sont tenus d'avoir un registre *coté et paraphé*, « à Paris et à Lyon, par le commissaire de police de leur

« quartier, et dans les autres communes, par le maire. Sur « ce registre doivent être inscrits les nom et prénoms, le « lieu et la date de naissance, la profession et le domicile « de la nourrice, le nom et la profession de son mari.

« Art. 38. — Aucun établissement destiné à recevoir « en nourrice ou en garde des enfants au-dessous de deux « ans ne peut subsister ni s'ouvrir sans l'autorisation du « préfet de police dans le département de la Seine, et des « préfets dans les autres départements.

« L'autorisation peut toujours être retirée.

« Les nourrices employées dans ces établissements sont « assimilées aux nourrices sur lieu.

Titre III. — Registres.

1re Section. — Registres des mairies.

« Art. 39. — Il est ouvert dans chaque mairie deux « registres destinés à recevoir, le premier, les déclarations « imposées par l'article 7 de la loi à toute personne qui « place, moyennant salaire, un enfant en nourrice, en se- « vrage ou en garde, le second, les déclarations imposées « par l'article 9 à toute personne qui se charge d'un en- « fant dans ces conditions.

2e Section. — Registres des médecins inspecteurs.

« Art. 40. — Le médecin inspecteur tient à jour un « livre sur lequel il inscrit les nourrices, sevreuses ou gar- « deuses, et les enfants qui leur sont confiés.

« Ce livre mentionne dans des colonnes spéciales :

« 1° Les noms, prénoms, professions et adresses des « nourrices, sevreuses ou gardeuses ;

« 2° La date des deux certificats et du carnet mentionnés « à l'article 27 du présent règlement ;

« 3° Les nom, prénoms, sexe, état civil de l'enfant, ainsi « que la date et le lieu de sa naissance ;

« 4° La date de son placement ;

« 5° La date et le motif des visites du médecin, étranger « au service, qui aurait été appelé par la nourrice, ainsi « que la date et le résultat de ses visites personnelles ;

« 6° La date et les causes du retrait de l'enfant ou du dé- « cès, s'il a eu lieu chez la nourrice ;

« 7° Les observations concernant l'enfant et la nourrice, « sevreuse ou gardeuse.

3e Section. — Registre des commissions locales.

« Art. 41. — Le secrétaire de la commission locale « devra tenir au courant, un registre en deux parties, con- « tenant, d'une part, les délibérations et les décisions de « la commission, et, d'autre part, les noms et adresses de « toutes les nourrices, sevreuses ou gardeuses de la com- « mune, les noms des enfants qui leur sont confiés et la « date des visites faites aux nourrices, sevreuses ou gar- « deuses, par les membres de la commission.

« Le médecin inspecteur appose mensuellement son « visa sur ce registre.

« Art. 42. — Le ministre de l'intérieur et le garde des « sceaux, ministre de la justice et des cultes, sont chargés, « chacun en ce qui le concerne, de l'exécution du présent « décret. »

Dans le but de faciliter la tâche de MM. les préfets, sur l'exécution de la loi du 23 décembre 1874, M. le ministre de l'intérieur leur fit parvenir, le 15 juin 1877, l'instruction générale suivante :

« Monsieur le Préfet, à la date du 20 mars 1877, je vous « ai transmis un exemplaire du règlement d'administration « publique élaboré en exécution de l'article 12 de la loi « du 23 décembre 1874, sur la protection des enfants du « premier âge, et promulgué au *Journal officiel* du 28 février « dernier.

« Ainsi se trouve complétée cette législation nouvelle « réclamée depuis longtemps par l'opinion publique, votée « par l'Assemblée nationale, et dont l'application doit mé- « riter de votre part la plus vive sollicitude.

« Pour faciliter votre tâche, j'ai jugé opportun de join- « dre au décret du 27 février 1877 les éclaircissements de « détail qui ressortent tant des travaux préparatoires du « Comité supérieur que de la discussion du projet au sein « du Conseil d'État.

« Si, malgré ces explications, quelque doute vous arrê- « tait dans l'application d'une des dispositions réglemen- « taires, vous devriez, Monsieur le Préfet, m'en référer « immédiatement.

TITRE I. — ORGANISATION DU SERVICE.

« Avant d'entrer dans le détail des attributions de cha-« cune des autorités que la loi appelle à concourir à la « protection des enfants du premier âge, le règlement énu-« mère ces autorités dans un article unique, de manière à « bien déterminer l'étendue du service et à en faire nette-« ment ressortir l'économie. Vous savez, dès à présent, « Monsieur le Préfet, quels sont les auxiliaires que vous « donne la loi ; les autres sections du titre Ier vous indi-« queront le rôle qui est assigné à chacun d'eux et la part « d'action qui leur est réservée.

1re Section. — Commissions locales.

« Pour être efficace, la charité doit être localisée ; plus « le champ sur lequel elle s'exerce est restreint, plus son « heureuse influence se fait sentir. Cette pensée a cons-« tamment présidé à l'organisation du service nouveau « dont je dois vous entretenir.

« L'enfant a besoin pour vivre et pour grandir d'être en-« touré de soins de chaque instant ; ceux qui sont chargés « de veiller sur lui ne doivent pour ainsi dire pas le quitter « des yeux. Il fallait donc que la surveillance organisée « par la loi fût confiée à une autorité qui, placée près des « nourrices, pût, par des visites fréquentes et imprévues, « surprendre le genre de vie fait à l'enfant, et s'assurer « que la nourrice comprend et pratique réellement ses de-« voirs.

« A cet effet, il a été décidé que, partout où les enfants « placés en nourrice ou en sevrage seront assez nombreux « pour justifier la création d'un service de surveillance, ce « service aura pour premier organe une commission insti-« tuée dans la commune même, et dont les pouvoirs seront « limités à la circonscription communale. Cette commis-« sion sera composée, en dehors des membres de droit, de « personnes nommées et révocables par vous [1].

---

1. Dans les communes où il n'y aura pas de commission, et où cependant des enfants seront placés moyennant salaire, le maire remplira d'office les attributions mentionnées aux deux premiers paragraphes de l'article 7 du règlement. En conséquence, il devra visiter

« Il vous appartiendra, Monsieur le Préfet, d'apprécier, « d'après la connaissance des besoins locaux, quelles sont « les communes de votre département où une commission « devra être constituée. Ma circulaire du 20 mars contient, « à cet égard, des recommandations générales auxquelles « je me réfère. Vous n'oublierez pas cependant que la « commission locale est, de tous vos auxiliaires, le plus « puissant et le plus direct, et que là où vos renseigne- « ments vous auront signalé la présence d'un certain nom- « bre de femmes exerçant la profession de nourrice, se- « vreuse ou gardeuse, vous devrez vous assurer le concours « de cette commission, dont l'organisation, déterminée par « l'article 2 du règlement, vous rendra d'ailleurs le recru- « tement toujours facile.

Composition de la commission.

« La commission comprend tout d'abord, aux termes « mêmes de la loi, deux mères de famille. Il n'est guère « de communes où ne se rencontrent quelques femmes dé- « vouées au bien, habituées aux soins que réclame l'en- « fance : l'opinion locale vous les désignera ; au besoin, « vous vous éclairerez des indications des maires, des « curés et desservants.

Membres de droit.

« L'article 2 du règlement indique, en effet, comme « membres de droit, à côté des deux mères de famille, « le maire, président, et le curé. Je n'ai pas besoin de « vous rappeler que, s'il existe plusieurs prêtres dans la « commune, il y a lieu, suivant la jurisprudence de mon « ministère, d'accord avec celle des cultes, de désigner

---

les enfants et s'assurer que le médecin inspecteur les visite à son tour. Chargé de visiter le carnet de la nourrice, de recevoir et de mentionner la déclaration de celle-ci, sur l'un des deux registres dont parle l'article 39 du règlement, il ne pourra ignorer aucun des placements effectués dans sa commune. Pour s'acquitter plus facilement de sa mission, il jugera sans doute utile de réclamer le concours d'une mère de famille. Je m'empresse, d'ailleurs, d'ajouter que cette délégation exceptionnelle faite au maire n'est autorisée par le règlement que pour le cas où la commune ne compterait qu'un nombre très-restreint d'enfants placés moyennant salaire. (Extrait de la Circ. du 20 mars 1877).

« l'ecclésiastique le plus élevé en grade, et s'ils sont du « même grade, le titulaire le plus ancien.

« La même doctrine s'applique aux membres du clergé « protestant ou israélite, dans le cas prévu par l'article 2, « § 3.

Nomination du secrétaire.

« D'après le projet primitif, l'instituteur faisait partie « de la commission comme membre de droit, au titre et « avec les fonctions de secrétaire, et, à moins de circons- « tances dont vous seul serez juge, il sera bon de le nom- « mer membre de cette commission. Mais le Conseil d'É- « tat, tout en approuvant en principe la désignation de « l'instituteur aux fonctions de secrétaire, a prévu le cas « où le choix ne serait pas possible ; il a été entendu, en « conséquence, dans la discussion, que la commission « resterait maîtresse de la nomination de son secrétaire : « elle devra y procéder dans la séance ordinaire du mois « de janvier de chaque année.

« Telle est, Monsieur le Préfet, la composition normale « de la commission. Vous demeurez libre d'augmenter le « nombre de ses membres suivant les besoins locaux ; pour « le fixer, vous tiendrez compte de l'étendue de la cir- « conscription communale, du nombre des hameaux dont « elle se compose et de la distance qui les sépare, du « nombre d'enfants à surveiller ; en un mot, de tous les « éléments qui peuvent rendre le rôle des visiteurs plus « nécessaire ou plus difficile à remplir.

Réunions des commissions. — Réunions ordinaires.

« En ce qui touche les réunions de la commission, l'ar- « ticle 5 porte qu'elles doivent avoir lieu une fois par mois. « Il serait à souhaiter que le jour des réunions fût fixé au « début de l'année ; car, vous le savez, le médecin inspec- « teur a droit d'entrée aux séances des commissions de la « circonscription, avec voix consultative. La détermination « d'un jour fixe lui permettrait de s'y préparer à l'avance « et de distribuer ses occupations de manière à avoir la « libre disposition de son temps. Lorsque les communes « seront peu distantes les unes des autres, vous pourrez « inviter les maires de ces communes à choisir le même

« jour pour la tenue des séances. Le médecin inspecteur « trouverait souvent dans cette combinaison un allége- « ment à sa mission.

Réunions extraordinaires.

« En dehors des réunions mensuelles ordinaires, la « commission peut être convoquée extraordinairement par « le maire, soit d'office, soit sur la demande du médecin « inspecteur ou d'un membre de la commission (art. 5).

Convocations.

« Dans ce cas, une convocation devra être adressée, un « jour au moins à l'avance, aux médecins inspecteurs et « aux membres titulaires.

Lieu de réunion.

« Le décret fixe également le lieu de réunion de la com- « mission : c'est à la mairie que devront être tenues les « séances (art. 5, § 2).

Procès-verbaux.

« Les procès-verbaux, signés par tous les membres pré- « sents, seront transcrits sur le registre dont il est fait « mention à l'article 41.

« Le registre demeurera aux archives de la mairie ; le « maire pourra en autoriser la communication, sans dé- « placement, à toute personne qui lui en fera la demande.

« Copie de la délibération vous sera transmise dans la « huitaine.

Attributions des commissions.

« Les réunions de la commission présenteront le double « avantage de stimuler le zèle de chacun, et, lorsque les « mesures de rigueur deviendront nécessaires, de donner « à ses résolutions une plus grande autorité. En effet, le « règlement prévoit dans son article 7 le cas où la vie, la « santé même de l'enfant nécessiterait son déplacement. « Le même article indique la procédure à suivre ; saisie « de la question, la commission avisera. Si le retrait du

« nourrisson est prononcé, le maire devra aussitôt mettre « les parents en demeure d'avoir à reprendre leur enfant. « Si le médecin est présent à la délibération, son avis, « consigné au procès-verbal, sera joint à la mise en de- « meure. Copie de la décision vous sera en même temps « adressée. Suivant le degré d'urgence et sur l'avis de la « commission, le maire effectuera immédiatement le retrait « de l'enfant, ou attendra la réponse des parents et les ins- « tructions que vous jugeriez à propos de lui transmettre. « En cas d'exécution de la mesure, les parents en seront « aussitôt informés et vous devrez en recevoir avis.

« Vous remarquerez, Monsieur le Préfet, que, confor- « mément à la volonté du législateur, le règlement vous « réserve la décision définitive. Les mesures prises par les « autorités locales sont purement provisoires (art. 7, der- « nier alinéa).

« Vous aurez à vous préoccuper, en cas de silence des « parents, du sort de l'enfant, objet du retrait ; vous devrez « exiger du médecin inspecteur un rapport indiquant les « conditions dans lesquelles le retrait aura été opéré, et si « le choix que le maire aura fait d'une nouvelle nourrice, « sevreuse ou gardeuse, devra être maintenu. Vous con- « serverez toujours le droit, en face d'une nécessité dé- « montrée, de prescrire le placement de l'enfant chez une « autre femme de la localité ou d'une localité voisine.

« Dans l'application de ces mesures délicates, les auto- « rités locales devront faire preuve de la plus grande dis- « crétion. Ce n'est qu'à défaut d'intervention possible des « parents en temps utile que l'autorité publique a le droit « de se substituer à eux dans l'intérêt de l'enfant. Le règle- « ment a mis en lumière ce principe, en exigeant du maire « qu'il adresse une mise en demeure aux parents, avant « d'opérer le retrait, et qu'il les informe, sans délai, de la « mesure prise.

« Il est d'ailleurs permis d'espérer, Monsieur le Préfet, « que l'exercice régulier et consciencieux de la surveillance « confiée aux membres de la commission rendra très-rare « la nécessité de pareilles déterminations de la part de « l'autorité.

« Soumises à un contrôle de tous les jours, exposées à « des visites fréquentes du médecin et des membres de la « commission, retenues par la crainte des pénalités qu'é-

« dicte la loi nouvelle, encouragées aussi par l'espoir des « récompenses qu'il vous appartiendra de proposer en leur « faveur, les nourrices, sevreuses ou gardeuses éviteront « avec soin tout ce qui serait de nature à compromettre la « santé de l'enfant.

« Avant la première réunion, le maire aura dû préparer « un travail destiné à assurer entre tous les membres une « égale répartition des enfants à surveiller. Il tiendra « compte du lieu d'habitation des visiteurs et s'efforcera, « pour rendre les visites plus faciles et, par là, plus fré- « quentes, de confier à chacun d'eux les enfants placés « dans son voisinage. Ce travail sera soumis à la commis- « sion, qui statuera (art. 6 du décret).

« Lorsqu'un enfant arrivera dans la commune dans l'in- « tervalle de deux séances, le maire en attribuera provi- « soirement la surveillance à l'un des membres.

« Il me serait difficile, Monsieur le Préfet, de formuler « ici des prescriptions ayant un caractère absolu. Certains « points essentiels méritent cependant votre attention.

« Les membres de la commission devront s'enquérir « par tous les moyens en leur pouvoir du genre de vie ha- « bituel de la nourrice et de la famille, tant au point de « vue moral qu'au point de vue matériel, de manière à « pouvoir éclairer sur ce point le médecin et leurs collè- « gues. Lors des visites, ils constateront l'état de propreté « de l'enfant; ils examineront avec soin, sous le rapport « de la salubrité et de l'aération, la pièce où il couche, « l'état des vêtements qui composent la layette et les objets « servant à son usage; ils veilleront à ce que le berceau « soit tenu proprement et pourvu de tous les objets néces- « saires; à ce que les cheminées ou les poêles soient mu- « nis d'un garde-feu; ils s'occuperont, en un mot, de tous « ces détails qu'il serait impossible d'énumérer limita- « tivement, mais qui, familiers à tous ceux qui ont vu de « près l'enfance, ont une si grande importance dans les « premières années de la vie. Lorsque l'enfant sera ma- « lade, le membre visiteur s'assurera que le médecin a été « appelé, veillera à ce que ses prescriptions soient suivies « et les remèdes intelligemment administrés; enfin, il se « rappellera que si la nourrice s'est engagée par contrat « vis-à-vis des parents à nourrir et à élever leur enfant, il « est tenu, par devoir, de suppléer au défaut de présence

« du père et de la mère ; qu'il est investi par la loi des « pouvoirs de surveillance qui découlent de l'autorité pa- « ternelle.

« Ces indications sont forcément incomplètes. Mais « elles suffiront pour servir de guide aux maires dans le « cas où vous ne croiriez pas devoir instituer de commis- « sion dans leur commune.

« Comme président de la commission, le maire en est, « pour ainsi dire, le pouvoir exécutif. C'est à lui qu'il ap- « partient d'appliquer les décisions prises. Le règlement « lui reconnaît même le droit d'agir seul, en cas de péril « imminent, à condition toutefois de vous rendre compte « immédiatement.

« Comme représentant du pouvoir central dans la com- « mune, s'il n'y existe pas de commission, le maire exer- « cera la surveillance organisée par la loi. Ses devoirs « seront alors d'autant plus étroits qu'il supportera seul la « responsabilité des accidents qui pourraient survenir [1].

2e Section. — Médecins inspecteurs. — Organisation.

« Comme pour les commissions locales, la loi laisse « l'administration juge de l'opportunité de créer une ins- « pection médicale dans telle ou telle partie du départe- « ment (art. 5). Vous aurez donc à m'adresser vos proposi- « tions sur ce point. Alors même que certaines communes « n'auraient pas de commissions locales, il pourra être « utile de s'assurer le concours d'un médecin, car l'ac- « tion de celui-ci s'étendra sur toute une circonscription, « et quel que soit le petit nombre des enfants qui y seront « placés, les garanties doivent rester les mêmes. Vous « choisirez de préférence les praticiens que leurs études « antérieures et les fonctions qu'ils auraient déjà rem- « plies vous paraîtraient rendre plus particulièrement « aptes à la mission protectrice que leur confierait l'ad- « ministration.

Attributions.

« Dès qu'un enfant sera placé en nourrice, en sevrage « ou en garde dans la commune, et que le maire l'en aura

---

1. V. *suprà*, Comm. loc., 3e alinéa, note 1.

« avisé, le médecin inspecteur devra se rendre au domicile « de la nourrice. Le délai de huitaine indiqué dans l'ar- « ticle 10 n'est qu'un délai maximum, et il n'échappera « pas au médecin que de cette première visite peut dépen- « dre la vie ou la santé, soit de l'enfant, soit de la femme « qui vient de le recevoir. Si, en effet, le médecin recon- « naît chez la nourrice ou chez l'enfant des symptômes « d'une maladie contagieuse, syphilitique ou autre, il peut « et doit faire cesser l'allaitement (art. 13) ; dans certains « cas, il devra provoquer le retrait de l'enfant. Après « chaque visite, ses prescriptions devront être indiquées « sur le carnet de la nourrice et consignées sur un bulletin « qui sera communiqué au maire et à la commission « (art. 11).

« Lorsque le médecin le jugera nécessaire, il adressera, « soit verbalement, soit par écrit, au membre de la com- « mission chargé de surveiller l'enfant, les observations « spéciales que la première visite lui aura suggérées. Dans « les cas graves, il devra vous faire immédiatement par- « venir copie du bulletin remis au maire, en y joignant, « s'il y a lieu, un rapport spécial. Les autres bulletins « remplis par lui, conformément à la règle générale de « l'article 11, feront l'objet d'un rapport trimestriel qui « vous sera adressé et dont vous pourrez transmettre des « extraits aux parents qui en feraient la demande. A la fin « de chaque année, le médecin inspecteur résumera dans « un rapport d'ensemble l'état général de sa circonscription, « en insistant, pour les premières années du moins, sur « les résultats obtenus par l'application de la loi nouvelle. « Aux termes de l'article 10, le médecin inspecteur doit « visiter chaque enfant une fois par mois. Le règlement « ne pouvait fixer qu'un minimum, mais le médecin trou- « vera, dans le sentiment de ses devoirs et dans les néces- « sités du service, la seule règle qui puisse le guider en « pareille matière ; il devra, d'ailleurs, visiter l'enfant à « toute réquisition du maire (art. 10 *in fine*).

« Les soins immédiats à donner aux enfants ne seront « pas non plus la seule préoccupation du médecin inspec- « teur dans ses tournées de visites ; il se rappellera qu'il peut « être appelé à provoquer le retrait de l'enfant dans les « conditions réglées par l'article 7 et dans les cas prévus « par l'article 13. Pour parer à toutes les éventualités, le

« médecin devra dresser, par commune, une liste des « femmes les plus aptes à recevoir un enfant en nourrice, « en sevrage ou en garde. Cette liste sera communiquée « au maire, afin qu'il puisse, au besoin, effectuer les dé- « placements qu'il prescrira d'office.

« Le règlement devrait prévoir le cas où le médecin « inspecteur de la circonscription, appelé auprès d'un en- « fant en danger, serait empêché par une raison de force « majeure, de se rendre à la réquisition du maire : l'article « 14 autorise en effet le maire à réclamer alors le concours « d'un autre médecin. Celui-ci se fera présenter le carnet « de la nourrice. Les prescriptions qu'il y consignera por- « teront, avec sa signature, la mention suivante : *En l'ab- « sence du médecin inspecteur et sur la réquisition du maire.*

« L'article 15 s'occupe des émoluments que recevront « les médecins inspecteurs ; le règlement me laisse le soin « d'en fixer le taux d'après les bases arrêtées par le con- « seil général, sur votre proposition. La plupart du temps « le mode de rémunération le plus équitable consistera à « allouer aux médecins inspecteurs une somme annuelle « et fixe par enfant. Dans les circonscriptions où l'indus- « trie nourricière est développée, ce système assurera aux « médecins une rémunération suffisante. Pour les circons- « criptions renfermant peu d'enfants soumis à la surveil- « lance, il sera nécessaire d'accorder aux médecins inspec- « teurs un traitement fixe et indépendant du nombre de « nourrissons à visiter.

« Je vous rappellerai enfin, Monsieur le Préfet, que « placés hiérarchiquement sous votre direction immédiate, « les médecins inspecteurs ne dépendent que de vous ; que « leur rôle, exclusivement médical, doit se borner à pro- « voquer les décisions administratives, qu'ils ne doivent « jamais en prendre personnellement ; que les mesures « ayant un caractère obligatoire doivent, en effet, toujours « émaner soit de votre autorité, soit de celle du maire, « avec ou sans avis de la commission locale, suivant qu'il « y a ou non péril imminent.

3e Section. — Inspecteur des enfants assistés.

« Une disposition spéciale de la loi appelle l'inspecteur « des enfants assistés, à faire partie du comité départe-

« mental, où son expérience et sa compétence spéciale « rendront son concours très-utile. Les rapports qui existent entre son service ordinaire et l'organisation créée « par la loi du 23 décembre 1874, ont inspiré aux rédacteurs du règlement la pensée d'associer plus intimement « ce fonctionnaire à l'œuvre nouvelle, en le chargeant de « centraliser sous votre autorité tous les documents relatifs « à la surveillance, et d'exercer sur l'ensemble du service « un contrôle général. A cet effet, lors de ses tournées périodiques, l'inspecteur devra interroger toutes les sources « d'information et il prendra note des faits saillants que « vous aurez intérêt à connaître. Ces renseignements, « joints aux rapports des médecins inspecteurs que vous « lui communiquerez, conformément à l'article 12 du règlement, constitueront les éléments du rapport annuel « qu'il doit vous présenter (art. 16, 2e alinéa).

4e Section. — Comité départemental.

« Les articles suivants ont trait à la composition du comité départemental. Mes précédentes circulaires rendent « inutiles de longues explications sur ce point.

« Le comité élit, chaque année, un président (art. 18); « il nomme un vice-président s'il le juge à propos ; quant « aux fonctions de secrétaire, elles paraîtraient naturellement dévolues à l'inspecteur des enfants assistés, qui, « résidant au chef-lieu et se trouvant quotidiennement en « rapport de service avec vos bureaux, serait plus à même « que tout autre d'accomplir cette tâche.

« Le comité se réunit au moins une fois par mois, mais « il peut être convoqué extraordinairement par vous ou par « son président, soit d'office, soit sur la demande d'un de « ses membres (même article).

« Ses attributions sont consultatives. Vous lui communiquerez les rapports des commissions, ceux des médecins inspecteurs, et le travail de l'inspecteur départemental (art. 19).

« Lorsqu'il vous paraîtra nécessaire d'instituer des commissions locales, vous devrez prendre son avis avant de « statuer ; vous le consulterez de même s'il s'agit de créer « une nouvelle circonscription médicale. En un mot, vous « devrez avoir recours aux lumières du comité, toutes les

« fois qu'une question grave, intéressant le service, se « présentera dans l'application de la loi ou du règle- « ment.

TITRE II. — PLACEMENTS.

1re Section.

« L'article 7 de la loi porte que toute personne qui place « un enfant en nourrice, en sevrage ou en garde, moyen- « nant salaire, est tenue, sous les peines édictées par l'ar- « ticle 346 du Code pénal, d'en faire la déclaration à la « mairie de la commune où a été déclarée la naissance, et « de remettre à la nourrice ou gardeuse un bulletin conte- « nant un extrait de l'acte dressé à la mairie.

« Tout officier de l'état civil qui reçoit une déclaration « de naissance devra rappeler ses prescriptions aux dé- « clarants (art. 20 du décret). Ma dernière circulaire vous « indiquait qu'il conviendrait, pour éviter les omissions, « de reproduire sur les bulletins de naissance le texte de « l'article 7 de la loi. Je ne puis que renouveler ici la « même recommandation.

« L'article 21 du règlement caractérise la déclaration « exigée par la loi, en énumérant les mentions qu'elle doit « contenir.

« Elle doit être reçue par l'officier de l'état civil et ins- « crite sur le registre ouvert à cet effet dans chaque com- « mune, et dont je vous envoie ci-joint le modèle.

« Les devoirs du maire en cette matière varieront sui- « vant les cas. En effet, quatre hypothèses peuvent se pré- « senter :

1° *L'enfant né dans la commune où a lieu la déclaration doit « être placé en nourrice dans la même commune.* Dans ce cas, « la mission du maire se borne à recevoir la déclaration « conformément à l'article 21, et à prévenir le médecin « (art. 24) ;

« 2° *L'enfant né dans la commune où est faite la déclaration « doit être envoyé en nourrice dans une autre commune.* Le « maire transmet alors copie de la déclaration, dans les « *trois jours*, au maire de la commune où l'enfant doit être « conduit (art. 23) ;

« 3° *L'enfant doit être placé en nourrice dans la commune « où est faite la déclaration, mais il n'y est pas né.* Le maire

« de la commune où ont lieu tout à la fois la déclaration « et le placement doit en aviser son collègue de la com- « mune de naissance et prévenir en même temps le méde- « cin, comme il a été dit ci-dessus ;

« 4° *L'enfant n'est pas né et il ne doit pas être placé dans la « commune où est faite la déclaration*. Dans cette hypothèse, « l'administration municipale de trois communes est éga- « lement intéressée à connaître la déclaration, et le maire « de la commune où elle a été enregistrée doit immédia- « tement aviser ses deux collègues.

« L'article 22 du décret exige du déclarant la production « du carnet dont toute nourrice, sevreuse ou gardeuse, « doit être munie, avant de se charger d'un enfant (art. 27 « du règlement).

« Cette production était nécessaire, puisqu'aux termes « du même article 22, le maire, après avoir reçu la décla- « ration, doit transcrire sur le carnet les mentions indi- « quées aux nos 1, 2, 3 et 5 de l'article 21 ; le maire *devra « donc se refuser à recevoir la déclaration si la nourrice n'est « pas munie du carnet.*

« Averti qu'un enfant est placé dans sa commune en « nourrice, en sevrage ou en garde, le maire doit, dans les « *trois jours*, adresser copie de la déclaration au médecin « inspecteur (art. 24) ; cette disposition a pour but d'in- « former le médecin qu'il ait à visiter l'enfant dans un dé- « lai qui ne peut excéder *huit jours* (art. 10). Dans le cas « où l'état de l'enfant nécessiterait d'urgence la présence « du médecin, le maire joindrait à l'envoi de la déclaration « une note spéciale. Ce point a déjà été traité à propos des « devoirs des médecins de circonscription.

2e Section.

« Les dispositions de cette section, Monsieur le Préfet, « devront faire de votre part l'objet d'une *attention parti- « culière*, et les instructions que vous adresserez aux maires « à cet égard devront être très-précises. Il s'agit, en effet, « des formalités destinées à s'assurer de *l'aptitude physique « et morale de la femme qui veut se charger d'un enfant*; de « leur observation peut dépendre l'existence de celui-ci.

« Parmi ces formalités, les unes sont préalables au pla- « cement ; telles sont, par exemple, la délivrance du cer-

« tificat du maire, du certificat médical et du carnet; « d'autres sont imposées à la nourrice lorsque l'enfant lui « est déjà confié (art. 9 de la loi, art. 25, 27, 28, 29 et 30 « du règlement).

Certificat du maire.

« L'article 27 exige de toute femme qui veut se charger « d'un enfant qu'elle ait obtenu du maire un certificat fai- « sant connaître le signalement de la nourrice, ses nom, « prénoms, domicile et profession, la date et le lieu de sa « naissance, l'état civil, les nom, prénoms et profession « de son mari, la date de la naissance de son dernier en- « fant, et indiquant si cet enfant est vivant (art. 28). Telles « sont les mentions essentielles que doit contenir le certi- « ficat, et dont l'absence entraînerait pour le maire l'ap- « plication de la peine édictée à l'article 50 du Code civil « (art. 10 de la loi). Cette première partie du certificat ne « comprend d'ailleurs que la constatation de faits dont le « maire pourra aisément contrôler et affirmer l'authen- « ticité.

« L'article 28 ajoute que le maire devra indiquer dans « le certificat les renseignements qu'il aura pu recueillir, « après enquête, sur la conduite et les moyens d'existence « de la nourrice; c'est à ce titre que le certificat fera con- « naître si la nourrice est mariée, si son mari l'a autorisée « à se charger d'un enfant, si elle a déjà élevé un ou plu- « sieurs enfants moyennant salaire, à quelle époque elle « a été chargée de ces enfants, comment elle s'est com- « portée à leur égard, etc. Mais vous remarquerez, Mon- « sieur le Préfet, qu'il s'agit ici de simples renseigne- « ments; que le maire doit interpeller la nourrice et se « borner à mentionner ses réponses. Il était, en effet, « impossible d'exiger du maire qu'il certifiât, sous sa res- « ponsabilité personnelle, l'exactitude de renseignements « de la nature de ceux que je viens d'indiquer. Sans doute « il devra user de tous les moyens d'investigation qui « seront en son pouvoir pour s'assurer des garanties « qu'offrira le placement; il s'efforcera de vérifier, soit « par lui-même, soit par un de ses agents, l'état de salu- « brité et de propreté de l'habitation. Dans les communes « où une commission locale aura été instituée, le maire

« pourra aussi charger un de ses membres de contrôler les « assertions de la nourrice ; mais, je le répète, il serait « aussi contraire à la lettre qu'à l'esprit du règlement, de « rendre ce fonctionnaire personnellement responsable de « l'exactitude de faits souvent difficiles à constater et lais- « sant toujours une certaine place à l'appréciation.

« Dans le cas où l'enquête relèverait des faits graves, « de nature à compromettre la santé d'un nourrisson, le « maire devra surseoir à la délivrance du certificat. Il « vous adressera alors, dans le plus bref délai possible, « un rapport relatant les motifs de sa détermination ; vous « transmettrez, s'il y a lieu, ce rapport au médecin ins- « pecteur de la circonscription pour avoir son avis. Sui- « vant les cas, vous enjoindrez au maire de délivrer le « certificat ou vous l'informerez au contraire qu'il y a lieu « de maintenir son refus.

Certificat médical.

« La nourrice doit être, en outre, munie d'un certifi- « cat médical (art. 27), attestant qu'elle remplit les con- « ditions désirables pour élever un nourrisson, qu'elle « n'a ni infirmités, ni maladies contagieuses, qu'elle est « vaccinée (art. 29).

« Ce certificat doit être délivré par un médecin ou un « officier de santé, soit au lieu de résidence de la nourrice, « soit dans la commune où elle vient chercher l'enfant. Si « le médecin croyait ne pas devoir délivrer le certificat, il « vous en référerait aussitôt.

Carnet.

« Munie des deux certificats ci-dessus indiqués, la « nourrice devra obtenir le carnet spécifié à l'article 30 « du règlement, qui lui sera délivré gratuitement, à Paris « par le préfet de police, à Lyon par le préfet du Rhône, « et dans les autres communes par le maire (art. 30). Je « joins à ma circulaire un modèle de carnet.

« Le décret laisse à la nourrice la faculté d'obtenir le « carnet, soit à la mairie de sa résidence, soit dans la « commune où elle reçoit l'enfant (art. 30, § 2). Dans ce « dernier cas, le carnet ne lui sera délivré que sur le vu

« du certificat du maire de sa commune. Le règlement a « voulu lui éviter ainsi les retards et les frais qu'auraient « entraînés l'obligation de retourner, en cas d'oubli, à la « commune d'origine. Mais les maires devront veiller « autant que possible à ce que les femmes qui quitteront leur « commune pour aller chercher un enfant se munissent « par avance du carnet. En leur délivrant le certificat « exigé par l'article 28, ils s'efforceront de leur faire « comprendre qu'il est de leur propre intérêt de ne se « présenter, soit au bureau de placement, soit chez les « parents eux-mêmes, que munies de toutes les pièces « exigées par la loi et le règlement.

« Les conditions auxquelles sont soumises les nour-« rices, au point de vue des certificats et du carnet, « s'appliquent aussi aux sevreuses et gardeuses, sauf, bien « entendu, la condition d'aptitude à l'allaitement au sein « (art. 31).

« Une nourrice ne peut allaiter d'autre enfant que son « nourrisson ; tel est le principe général posé par l'article « 25. Le maire devra donc, lorsqu'il aura reçu la décla-« ration prescrite par l'article 9 de la loi, s'assurer que « l'enfant de la déclarante est lui-même pourvu d'une « nourrice, ou bien qu'il est sevré. Si la nourrice contre-« venait aux prescriptions réglementaires de l'article 25, « le maire préviendrait aussitôt les parents, et pourrait, en « cas de silence de ceux-ci, provoquer ou prononcer, sui-« vant les circonstances, le retrait du nourrisson.

« Le règlement admet cependant la possibilité d'une « exception à ce principe. Mais il faudra, pour qu'une « femme puisse se charger de deux nourrissons, qu'elle « obtienne une autorisation spéciale délivrée par le mé-« decin inspecteur, ou, s'il n'en existe pas dans le canton, « par un docteur ou par un officier de santé. L'autorisation « ne devra être accordée par le médecin que sur le vu du « consentement écrit des parents de l'un et de l'autre « enfant.

« Pour les sevreuses et gardeuses, la règle devait être « moins sévère. Les conditions d'hygiène et de salubrité « sont les seules considérations qui doivent alors préoccu-« per l'autorité publique ; on comprend aisément qu'une « même femme puisse, lorsque le lieu d'habitation le « permettra, prendre en garde ou en sevrage plusieurs

« enfants. Cependant, au delà de deux enfants, une autori-« sation spéciale devient nécessaire. Elle doit être délivrée « après examen préalable par la commission locale et, à « défaut de commission, par le maire (art. 26).

« Lorsqu'une nourrice, sevreuse ou gardeuse, reçoit « chez elle un enfant, elle est tenue d'en faire la décla-« ration à la mairie de son domicile, *dans les trois jours de « l'arrivée*, et de remettre le bulletin mentionné à l'article « 7 de la loi.

« Elle devra, en cas de changement de résidence, « renouveler la déclaration à la mairie de son nouveau « domicile (art. 9 de la loi).

« Une des premières obligations de la nourrice sera de « faire vacciner l'enfant, s'il ne l'a pas encore été (art. 32 « du décret). Les maires veilleront à ce que cette prescrip-« tion formelle du règlement reçoive son application. « Certains préjugés subsistent parfois dans les campagnes « contre la vaccine; l'administration devra s'efforcer de « les dissiper. Les maires rappelleront aux nourrices que, « faute par elles de se conformer aux prescriptions de l'arti-« cle 32, elles engageraient gravement leur responsabilité.

« Au moment où les travaux des champs obligent les « femmes à des déplacements qui durent quelquefois « plusieurs jours, il arrive qu'elles confient leur nourris-« son à une voisine ou à une parente. Ce fait peut avoir « des conséquences fâcheuses pour la santé de l'enfant; de « plus, il suspend momentanément l'exécution du contrat « intervenu entre les parents et la nourrice. A ce double « titre, l'intervention de l'autorité publique est nécessaire. « Le maire doit être averti, et s'il juge que le placement « projeté, bien que provisoire, n'offre pas des garanties « suffisantes, il pourra s'opposer à ce que la nourrice « l'effectue.

« Enfin, lorsqu'une femme voudra rendre l'enfant « avant qu'il lui ait été réclamé, elle devra informer le « maire de son intention (art. 34). Généralement, le mo-« tif qui la déterminera sera le *non-paiement du salaire « convenu*, l'apparition ou le développement d'une maladie « grave. Dans l'un et l'autre cas, le maire en instruira les « parents et le maire de leur domicile : en cas d'abandon, « il suivra la procédure ordinaire pour faire admettre « l'enfant au nombre des enfants assistés.

3e Section.

« Les dispositions de cette section sont relatives aux « bureaux de nourrices et aux meneurs et meneuses. Les « articles 35, 36 et 37 sont assez explicites pour rendre « tout commentaire inutile. Vous n'ignorez pas, Monsieur « le Préfet, à combien de plaintes souvent justifiées les « établissements visés par le règlement ont donné lieu. « Ce n'est que par une surveillance sévère que l'autorité « publique peut prévenir les abus. La loi (art. 11) vous « met entre les mains les moyens d'exercer efficacement « cette surveillance.

« Vous êtes, dès aujourd'hui, investi d'un pouvoir dis- « crétionnaire qui vous permet de refuser l'autorisation et « de la retirer ; à l'aide de votre sanction et des pénalités « édictées à l'article 11, le retour des anciens abus ne sera « plus à craindre. Mais c'était peu d'assurer dans l'avenir « une réglementation sévère. Le décret veut que les éta- « blissements actuellement existants obtiennent une auto- « risation nouvelle ; vous ne la leur accorderez qu'après « une enquête portant sur tous les points qui peuvent « intéresser la salubrité, les mœurs ou l'ordre public. En « conséquence, vous ferez dresser, dans le plus bref délai « possible, la liste de tous les établissements de ce genre « ouverts dans votre département ; vous chargerez les « médecins inspecteurs ou, à leur défaut, des médecins « commis par vous à cet effet, de les visiter, d'examiner « les voitures servant au transport des nourrices et des « enfants, et de vous signaler les inconvénients graves « auxquels il leur paraîtrait nécessaire de remédier. Vous « inviterez en même temps MM. les sous-préfets à vous « transmettre des renseignements sur la moralité du per- « sonnel employé dans ces établissements ; vous pourrez « aussi utilement consulter le conseil d'hygiène.

« Lorsque les faits relatés dans les rapports des méde- « cins ou des sous-préfets le comporteront, vous mettrez « le directeur de l'établissement en demeure d'opérer, « dans un délai déterminé, les changements jugés néces- « saires. Vous communiquerez cette mise en demeure au « médecin chargé de la première visite, lequel devra, « avant le terme fixé, visiter de nouveau l'établissement et

« constater, dans un rapport qu'il vous adressera, que « vos instructions ont été suivies. Ce rapport devra être « visé dans l'arrêté par lequel vous accorderez ou vous « refuserez l'autorisation.

« Il est bien entendu que vous devrez exiger les mêmes « garanties des nourrisseries et en général de tous les « établissements, de quelque nom qu'ils s'appellent, où « seront reçus les enfants en nourrice ou en garde (art. 38 « du règlement).

Titre III. — Registres.

« L'article 10 de la loi porte qu'il doit être ouvert dans « les mairies un registre spécial pour les déclarations « prescrites aux parents et aux nourrices. Le Conseil « d'État a pensé que, pour éviter toute confusion d'écri- « tures, il y avait lieu d'affecter à ces déclarations des « registres distincts : toute mairie devra donc être pour- « vue de deux registres, qu'il y ait ou non actuellement « dans la commune des enfants en nourrice, en sevrage « ou en garde.

« Les registres sont cotés, paraphés et vérifiés par le « juge de paix, qui fera chaque année un rapport au pro- « cureur de la République sur les résultats de cette véri- « fication. Ce rapport vous sera transmis (art. 10 de la loi).

« En cas d'absence ou de tenue irrégulière du registre, « le maire est passible de la peine édictée par l'article 50 « du Code civil.

« Ce serait à tort, Monsieur le Préfet, que, dans cette « disposition de la loi du 23 décembre 1874, on voudrait « reconnaître l'indice d'une assimilation quelconque avec « les règles qui sont spécialement applicables à l'état civil. « Si le législateur a édicté la même peine, c'est par voie « de référence et par raison d'analogie entre les moyens « de constatation employés dans les deux cas. Mais l'objet « des deux textes, comme leur conséquence légale, n'en « reste pas moins distinct.

« L'article 40 ordonne au médecin de tenir à jour un « livre portant un certain nombre de mentions relatives à « la condition de l'enfant et de la nourrice. Ce livre devra « être coté et paraphé par le juge de paix, comme il est « dit pour le registre tenu par les maires. Le médecin le

« communiquera aux commissions locales toutes les fois « que celles-ci le demanderont. Les parents pourront aussi « en obtenir des extraits.

« De son côté, le secrétaire de la commission locale de- « vra tenir un registre en deux parties : l'une contenant « les procès-verbaux des réunions et consignant les déci- « sions prises; l'autre indiquant les noms et adresses des « nourrices, sevreuses ou gardeuses, ainsi que les noms « et l'âge des enfants qui leur sont confiés. Les membres de « la commission y inscriront la date des visites faites par « eux. Le médecin inspecteur prendra connaissance du re- « gistre lors de ses visites dans la commune et y apposera « son visa (art. 41).

« Enfin, les directeurs de bureaux et logeurs de nour- « rices sont tenus d'avoir un registre coté et paraphé, à « Paris et à Lyon, par le commissaire de police de leur « quartier; dans les autres communes, par le maire. « L'article 37 indique les mentions que ce registre doit « contenir. Les commissaires de police et les maires de- « vront en vérifier la tenue et signaler l'inobservation des « prescriptions réglementaires. Ils provoqueraient, s'il y « avait lieu, de votre part, le retrait d'autorisation.

« C'est à vous, Monsieur le Préfet, que la loi confie la « direction du service dans le département; c'est à vous « qu'incombe le soin d'habituer les populations au régime « nouveau, de les familiariser avec les prescriptions de la « loi et du règlement, de veiller à ce que chacune des « autorités locales comprenne son devoir sans l'exagérer, « remplisse sa mission tout entière sans la dépasser. Au- « tant il importe en effet que la loi nouvelle soit partout stric- « tement appliquée, autant il est nécessaire, en présence « d'une matière si délicate et d'une réglementation néces- « sairement compliquée, d'user de ménagement et de pru- « dence. Les maires, armés déjà d'un pouvoir de surveil- « lance sur les nourrices, en vertu des lois de police « générale, ont reçu de la loi du 23 décembre 1874 une « autorité plus étendue. Les études auxquelles se sont livrés « mes prédécesseurs, les enquêtes dont la protection du « premier âge a été l'objet, ont démontré qu'une surveil- « lance de chaque jour sur les nourrices est le seul remède « efficace contre la mortalité des nourrissons. C'est cette « surveillance que la loi a voulu organiser, mais il est un

« principe que le législateur a entendu respecter, c'est le « principe de l'autorité paternelle. Si l'administration « publique a le droit d'intervenir, ce n'est qu'en cas de « négligence coupable de la part de la famille, ou « lorsque les parents, éloignés de leur enfant, ne pour- « raient, en temps utile, le protéger dans sa santé ou dans « sa vie. Cette pensée fondamentale ressort de la lettre « comme de l'esprit de la loi. Elle devra servir de ligne « de conduite aux agents placés sous vos ordres et vous ins- « pirer dans les instructions que vous aurez à leur trans- « mettre. »

CHAPITRE III.

DES CRIMES ET DÉLITS ENVERS L'ENFANT, TENDANT A EMPÊCHER OU DÉTRUIRE SON ÉTAT CIVIL, OU A COMPROMETTRE SON EXISTENCE.

---

389. Les coupables d'enlèvement, de recélé ou de suppression d'un enfant, de substitution d'un enfant à un autre, ou de supposition d'un enfant à une femme qui ne sera pas accouchée, seront punis de la réclusion.

S'il n'est pas établi que l'enfant ait vécu, la peine sera d'un mois à cinq ans d'emprisonnement.

S'il est établi que l'enfant n'a pas vécu, la peine sera de six jours à deux mois d'emprisonnement.

Seront punis de la réclusion ceux qui, étant chargés d'un enfant, ne le représenteront point aux personnes qui ont droit de le réclamer[1].

390. Toute personne qui, ayant *assisté* à un accouchement, n'aura pas fait la déclaration à elle prescrite par l'article 56 du Code civil, et dans les délais fixés par l'article 55 du même Code, sera punie d'un emprisonnement de six jours à six mois, et d'une amende de seize francs à trois cents francs[2].

Jugé, en conséquence, que la personne chez laquelle un accouchement a eu lieu, n'est passible des peines portées en cet article, faute d'en avoir fait la déclaration, qu'autant qu'elle a assisté à cet accouchement[3].

391. Toute personne qui, ayant trouvé un nouveau-né,

---

1. C. p., art. 345. (Loi du 13 mai 1863.)
2. *Ibid.*, art. 346. V. *suprà*, nos 326, 330 et suiv.
3. Montpellier, 20 mai 1872.

ne l'aura pas remis à l'officier de l'état civil, ainsi qu'il est prescrit par l'article 58 du Code civil, sera punie des peines portées au précédent article.

La présente disposition n'est point applicable à celui qui aurait consenti à se charger de l'enfant, et qui aurait fait sa déclaration à cet égard devant la municipalité du lieu où l'enfant a été trouvé [1].

392. Ceux qui auront porté à un hospice un enfant au-dessous de l'âge de sept ans accomplis, qui leur aurait été confié afin qu'ils en prissent soin ou pour toute autre cause, seront punis d'un emprisonnement de six semaines à six mois, et d'une amende de seize francs à cinquante francs.

Toutefois, aucune peine ne sera prononcée s'ils n'étaient pas tenus ou ne s'étaient pas obligés de pourvoir gratuitement à la nourriture et à l'entretien de l'enfant, et si personne n'y avait pourvu [2].

393. Ceux qui auront exposé et délaissé en un *lieu solitaire* un enfant au-dessous de l'âge de sept ans accomplis, ceux qui auront donné l'ordre de l'exposer ainsi, si cet ordre a été exécuté, seront, pour ce seul fait, condamnés à un emprisonnement de six mois à deux ans, et à une amende de seize francs à deux cents francs [3].

Les deux circonstances d'exposition et de délaissement doivent concourir simultanément pour donner lieu à l'application de ces pénalités [4].

394. La peine portée au précédent article sera de deux ans à cinq ans, et l'amende de cinquante francs à quatre cents francs, contre les tuteurs ou tutrices, instituteurs ou institutrices de l'enfant exposé et délaissé par eux ou par leur ordre [5].

395. Si, par suite de l'exposition et du délaissement prévus par les articles 349 et 350, l'enfant est demeuré mutilé ou estropié, l'action sera considérée comme bles-

---

1. C. p., art. 347. V. *suprà*, n° 330.
2. *Ibid.*, art. 348.
3. *Ibid.*, art. 349.
4. Cass., 7 juin 1834, 4 juin 1841 et 22 décembre 1847; Besançon, 5 février 1879.
5. C. p., art. 350.

sures volontaires à lui faites par la personne qui l'a exposé et délaissé ; et si la mort s'en est suivie, l'action sera considérée comme meurtre : au premier cas, les coupables subiront la peine applicable aux blessures volontaires ; et au second cas, celle du meurtre [1].

396. Ceux qui auront exposé et délaissé en un *lieu non solitaire* un enfant au-dessous de l'âge de sept ans accomplis, seront punis d'un emprisonnement de trois mois à un an, et d'une amende de seize francs à cent francs [2].

Ces pénalités ne sont pas applicables seulement à la mère, mais à tous les individus qui ont commis le fait [3]. Cependant, elles ne sont pas applicables à ceux qui ont donné l'ordre du dépôt sans l'effectuer eux-mêmes [4], à moins que cet ordre ne soit accompagné des caractères de complicité prévus par l'article 60 du Code pénal.

397. Le délit prévu par le précédent article sera puni d'un emprisonnement de six mois à deux ans, et d'une amende de vingt-cinq francs à deux cents francs, s'il a été commis par les tuteurs ou tutrices, instituteurs ou institutrices de l'enfant [5].

398. Quiconque, par aliments, breuvages, médicaments, violences, ou par tout autre moyen, aura procuré l'avortement d'une femme enceinte, soit qu'elle y ait consenti ou non, sera puni de la réclusion.

La même peine sera prononcée contre la femme qui se sera procuré l'avortement à elle-même, ou qui aura consenti à faire usage des moyens à elle indiqués ou administrés à cet effet, si l'avortement s'en est suivi.

Les médecins, chirurgiens et autres officiers de santé, ainsi que les pharmaciens qui auront indiqué ou administré ces moyens, seront condamnés à la peine des travaux forcés à temps, dans le cas où l'avortement aurait eu lieu..... [6].

Les sages-femmes sont comprises dans la généralité des

---

1. C. p., art. 351.
2. C. p., art. 352.
3. Cass., 19 juillet 1838.
4. Grenoble, 5 mai 1838 ; Orléans, 4 juin 1841.
5. C. p., art. 353.
6. *Ibid.*, art. 317.

termes du paragraphe 3 de cet article, qui édicte une aggravation de peine contre une certaine catégorie de personnes ayant procuré un avortement. La jurisprudence est constante sur ce point[1].

399. La tentative d'avortement n'est pas plus punissable à l'égard des tiers qu'à l'égard de la femme enceinte elle-même[2].

1. Cass., 9 janv. 1847 et 10 déc. 1868.
2. Meurthe, 7 mai 1858 (Cour d'assises).

TITRE II.

De la Paternité et de la Filiation.

CHAPITRE Ier.

DE LA FILIATION DES ENFANTS LÉGITIMES OU NÉS DANS LE MARIAGE.

---

400. L'enfant conçu pendant le mariage a pour père le mari.

Néanmoins, celui-ci pourra désavouer l'enfant s'il prouve que, pendant le temps qui a couru depuis le *trois-centième* jusqu'au *cent quatre-vingtième jour* avant la naissance de cet enfant, il était, soit par cause d'éloignement, soit par l'effet de quelque accident, dans l'impossibilité physique de cohabiter avec sa femme[1].

L'éloignement du mari ne peut être invoqué comme constituant une impossibilité physique de cohabition de nature à justifier l'action en désaveu, si cet éloignement ou les empêchements ou difficultés de rapprochement n'étaient pas tels que l'on en dût nécessairement inférer l'impossibilité d'une cohabitation *accidentelle* entre les époux[2].

La jurisprudence et la doctrine accordent plein pouvoir

---

1. C. civ., art. 312. — Jugé que l'enfant conçu pendant le mariage a également pour père le mari lorsque le double fait de l'accouchement de la mère et de l'identité de l'enfant est reconnu ; alors même que ce dernier est inscrit comme enfant naturel et reconnu comme tel par un père naturel. Cass., 13 juin 1865, 1er février 1876 et 9 juillet 1879.

2. Bourges, 6 juillet 1868. (P. R. G.)

aux tribunaux pour apprécier les faits constitutifs de l'impossibilité physique de cohabitation[1].

401. Le mari peut valablement désavouer l'enfant dont sa femme est enceinte. Dans ce cas, si le mari meurt avant la naissance de l'enfant, l'action en désaveu passe aux héritiers qui peuvent continuer l'action intentée par lui, sans être obligés d'attendre que l'enfant contre lequel ils réclament soit mis en possession de l'hérédité ou les ait troublés dans la possession qu'ils en auraient eux-mêmes[2].

402. Le mari ne pourra, en alléguant son impuissance naturelle, désavouer l'enfant; il ne pourra le désavouer même pour cause d'adultère, à moins que la naissance ne lui ait été cachée, auquel cas il sera admis à proposer tous les faits propres à justifier qu'il n'en est pas le père[3].

En cas de séparation de corps prononcée, ou même demandée, le mari pourra désavouer l'enfant qui sera né *trois cents jours* après l'ordonnance du président, rendue aux termes de l'article 878 du Code de procédure civile, et moins de *cent quatre-vingts jours* depuis le rejet définitif de la demande, ou depuis la réconciliation. L'action en désaveu ne sera pas admise s'il y a eu réunion de fait entre les époux[4].

Dans ce cas, le désaveu doit être formé dans les délais fixés pour les cas ordinaires par l'article 316 du Code civil; il ne suffit pas, pour faire courir le délai de l'action en désaveu, que le mari ait eu un soupçon de la naissance: il faut qu'il en ait une connaissance *positive et certaine*[5].

L'adultère de la femme et le recel de la grossesse ne suffisent pas pour justifier l'action en désaveu de paternité, si la naissance n'a pas été cachée au mari[6].

---

1. Alger, 12 nov. 1866.
2. Liége, 12 fruct. an XIII. Dans ce cas, il n'est pas nécessaire que le désaveu soit soutenu de la preuve de l'impossibilité physique de cohabitation.
3. C. civ., art. 313.
4. *Ibid.* (Loi des 6-15 déc. 1850.)
5. La jurisprudence est constante sur ce point. V. Angers, 18 juin 1807; Bordeaux, 5 mai 1836; Cass., 9 déc. 1857. V. *infrà*, n° 405.
6. Paris, 18 fév. 1843; Alger, 18 nov. 1858; Bourges, 6 juillet 1868. En sens contraire: Cass., 7 janv. 1850. — Demante, t. II, n° 39 *bis*-8°; Massé et Vergé, sur Zachariæ, t. IV, § 545, p. 577; Demolombe, *Pat. et fil.*, n° 48.

403. L'enfant né avant le *cent quatre-vingtième jour* du mariage ne pourra être désavoué par le mari, dans les cas suivants :

1° S'il a eu connaissance de la grossesse avant le mariage ;

2° S'il a assisté à l'acte de naissance, et si cet acte est signé de lui, ou contient sa déclaration qu'il ne sait signer ;

3° Si l'enfant n'est pas né viable [1].

La disposition du paragraphe 1er de l'article qui précède est *absolue et exclusive de toute preuve contraire.* Ainsi le mari ne saurait, pour désavouer l'enfant, être admis à prouver qu'il a été, à l'époque correspondante à la conception, dans l'impossibilité de cohabiter avec la mère [2]. Il n'est donc pas nécessaire que le désaveu soit soutenu de la preuve de l'impossibilité *physique* de cohabitation.

404. La légitimité de l'enfant né *trois cents jours* après la dissolution du mariage pourra être contestée [3].

Ce délai doit se compter *de die ad diem,* c'est-à-dire par durée de *vingt quatre heures,* de minuit à minuit, et non *de momento ad momentum* [4].

405. Dans les divers cas où le mari est autorisé à réclamer, il devra le faire, *dans le mois,* s'il se trouve sur les lieux de la naissance de l'enfant ;

Dans les *deux mois* après son retour, si, à la même époque, il est absent ;

---

1. C. civ., art. 314. — Jugé que l'enfant né avant le 180e jour du mariage est légitime et non légitimé. Sa filiation paternelle et sa légitimité ne peuvent être déniées que par le désaveu, conformément à l'art. 314 du C. civ. Poitiers, 19 juillet 1875.
2. Liège, 12 fruct. an XIII ; Cass., 14 fév. 1854 et 28 déc. 1869.
3. C. civ., art. 315. Les termes de cet article ne sont pas absolus, il y est constamment dérogé par la jurisprudence, lorsqu'il s'agit de l'enfant d'un second mariage contracté dans les 10 mois du veuvage, et né dans les 300 jours qui ont suivi le décès du premier mari, et après 180 jours écoulés depuis son décès. Cass., 23 nov. 1842 ; Orléans, 10 août 1843.
4. Cass., 8 fév. 1869 ; Orléans, 3 juin 1869. — Duranton, t. III ; n° 44 ; Demolombe, n° 19 ; Massé et Vergé, sur Zachariæ, t. II, § 161, note 17, p. 296 ; Marcadé, sur l'art. 312, n° 3 ; Demante, t. II, n° 38 *bis* ; Duvergier, sur Toullier, t. II, n° 792, note *a* ; Ducaurroy, Bonnier et Roustaing, t. I, n° 430. — En sens contraire : Angers, 12 déc. 1867 (cassé le 8 fév. 1869) ; Poitiers, 24 juillet 1865 ; Arras, 6 mai 1857.

Dans les *deux mois* après la découverte de la fraude, si on lui avait caché la naissance de l'enfant [1] ;

Ces délais sont applicables au désaveu autorisé, en cas de séparation de corps, par la loi des 6-15 décembre 1850 [2].

Après l'expiration de ces délais, l'action du mari n'est plus recevable.

Il ne s'agit pas seulement ici de l'absence déclarée ou présumée, mais de l'absence improprement dite, ou de la non-présence, il suffit que le mari ne se trouve pas sur les lieux de la naissance de l'enfant [3].

406. Si le mari est mort avant d'avoir fait sa réclamation, mais étant encore dans le délai utile pour la faire, les héritiers auront *deux mois* pour contester la légitimité de l'enfant, à compter de l'époque où cet enfant se serait mis en possession des biens du mari, ou de l'époque où les héritiers seraient troublés par l'enfant dans cette possession [4].

407. Tout acte extrajudiciaire contenant le désaveu de la part du mari ou de ses héritiers, sera *comme non avenu*, s'il n'est suivi, dans le délai d'*un mois*, d'une action en justice, dirigée contre un tuteur *ad hoc* donné à l'enfant (ou contre l'enfant lui-même s'il est majeur), et en présence de sa mère [5].

Cet article ne s'applique qu'à l'enfant issu d'un *mariage légitime*, l'enfant naturel dont la reconnaissance est contestée ne cessant pas d'être placé sous le patronage et la tutelle de son père ou de sa mère [6].

C'est devant le tribunal du domicile du tuteur *ad hoc*, et

---

1. C. civ., art. 316. Marcadé, t. II, p. 17; Demolombe, t. V, nos 139 et 140.

2. V. *suprà*, no 402, 3e alinéa, note 4. Cass., 9 déc. 1857.

3. Au cas de désaveu après recel de la naissance, c'est à la femme qui articule que son mari avait découvert la fraude ou le recel depuis plus de 2 mois au moment où il a intenté l'action en désaveu, à prouver son exception; ce n'est pas au mari à prouver l'époque où il a connu la fraude ou le recel. Cass., 14 fév. 1854.

4. C. civ., art. 317. — Cass., 25 août 1806, et 8 déc. 1851.

5. *Ibid.*, art. 318. — Duranton, t. III, p. 94; Zachariæ, § 161, note 53. — On doit suivre, dans ce cas, les règles établies par les art. 406 et suiv. du C. civ. Cass., 14 fév. 1854. V. *infrà*, nos 577 et suiv.

6. Caen, 17 fév. 1847; Cass., 27 janv. 1857; Nîmes, 30 avril 1879.

non devant celui du domicile du mari désavouant, que doit être portée l'action en désaveu[1].

Le désaveu se forme par acte devant notaire, ou sous seing privé, ou même par un simple acte extrajudiciaire contenant désaveu par le mari ou ses successeurs, avec indication des faits à l'appui ; cet acte est signifié par huissier à l'enfant ou à son représentant.

408. L'appel interjeté au nom d'une personne décédée est valable s'il a été signifié sur la demande d'un mandataire du défunt, agissant dans l'ignorance de ce décès[2].

1. Caen, 18 mars 1857. — Le jugement qui admet le désaveu sera inscrit sur les registres courants des actes de naissance, et mention en sera faite en marge de l'acte de naissance de l'enfant. V. *suprà*, nos 147 et 148.

2. C. civ., art. 2,008 : « Si le mandataire ignore la mort du mandant, « ou l'une des autres causes qui font cesser le mandat, ce qu'il a fait « dans cette ignorance est valide. » V. C. pr., art. 443 et suiv.

CHAPITRE II.

DE LA PREUVE DE LA FILIATION DES ENFANTS LÉGITIMES.

---

409. La filiation est la qualité d'une personne née de tel père ou de telle mère. La filiation est donc *parfaite ou imparfaite :* elle est parfaite si le père et la mère sont connus ; mais elle est imparfaite si la paternité n'est pas prouvée aussi bien que la maternité.

410. La filiation des *enfants légitimes* se prouve par les actes de *naissance* inscrits sur le *registre de l'état civil*[1].

411. L'acte de naissance prouve la filiation, mais il ne prouve pas la *légitimité*[2].

412. L'acte de baptême est insuffisant pour établir la *filiation légitime* d'un enfant[3].

413. A défaut d'acte de naissance, la possession constante de l'état d'enfant légitime suffit pour prouver la filia-

---

1. C. civ., art. 319. — « Ces actes, dit d'Aguesseau (t. IV, p. 271), « sont la grande et presque l'unique preuve que l'on puisse avoir de « l'état des hommes. Qu'on renverse cette preuve, tous les fonde- « ments de la société civile sont ébranlés ; il n'y a plus rien de certain « parmi les citoyens, si l'on retranche cet argument. Qu'on dise tant « qu'on voudra que ce principe est douteux, que rien n'est plus facile « à altérer, à dissimuler, à changer même, que le contenu de ces « actes de naissance, toutes ces réflexions sont justes ; mais quelque « douteuse que puisse être cette preuve, tout sera encore plus dou- « teux, si on ne l'admet pas, si on la rejette sans des preuves convain- « cantes de fausseté. »

Les parents qui ont signé l'acte de naissance de l'enfant deviennent par la suite non recevables à contester sa légitimité qui résulte de cet acte même. Montpellier, 4 fév. 1824 ; Cass., 13-18 avril 1820 ; Angers, 11 avril 1821 ; Cass., 28 juin 1824 ; Montpellier, 2 mars 1832 ; Cass., 24 juillet 1835 ; Limoges, 5 janv. 1842.

2. V. *suprà*, nos 400 et suiv.

3. Bastia, 2 fév. 1857.

tion[1]. D'où il faut conclure que la force de la *possession d'état* est telle, qu'elle peut tenir lieu de l'acte de naissance. Mais ce principe est inapplicable en matière de *filiation naturelle*[2].

414. L'état de l'enfant est fixé au moment de sa naissance et avant même qu'elle ait été déclarée. « Ce sont la « nature et la loi qui lui défèrent l'état de légitimité ; la « nature, en lui donnant pour mère une femme mariée ; « la loi, en prononçant impérativement que l'enfant *conçu* « pendant le mariage a pour père le mari. Cet état qu'il « reçut même avant que de naître, cet état dans lequel il « est né, la volonté des hommes ne peut le lui ravir ; et l'un « des premiers principes sur l'état des enfants conçus pen- « dant le mariage, est de ne pas le faire dépendre de la « déclaration de leurs père et mère[3]. »

« Les père et mère (dit d'Aguesseau) peuvent bien assu- « rer par leur témoignage l'état de leurs enfants, mais ils « ne peuvent jamais le détruire. »

415. La possession d'état s'établit par une réunion suffisante de faits qui indiquent le rapport de filiation et de parenté entre un individu et la famille à laquelle il prétend appartenir.

Les principaux de ces faits sont :

Que l'individu a toujours porté le nom du père auquel il prétend appartenir ;

Que le père l'a traité comme son enfant, et a pourvu, en cette qualité, à son éducation, à son entretien et à son établissement ;

Qu'il a été reconnu constamment pour tel dans la société ;

Qu'il a été reconnu pour tel par la famille[4].

Cet article qui indique les faits principaux desquels peut résulter la possession d'état, a laissé nécessairement aux juges du fond un pouvoir d'appréciation très-étendu quant

---

1. C. civ., art. 320.
2. Cass., 17 fév. 1851 ; Paris, 17 juillet 1858 ; Cass., 16 déc. 1861 ; Rouen, 23 juillet 1862 ; Nîmes, 7 nov. 1864 ; Douai, 14 déc. 1864 ; Agen, 27 nov. 1866 ; Cass., 12 fév. 1868. — En sens contraire : Cass., 10 fév. 1847.
3. Toullier, t. I, n° 859.
4. C. civ., art. 321.

à la suffisance des faits propres à établir cette possession. Ainsi, les juges peuvent déclarer que cette possession existe, bien que, d'une part, l'acte de naissance de l'enfant, comparé avec celui de sa mère, présente une erreur d'orthographe, et que, d'autre part, dans plusieurs actes dressés après la mort du père, il n'ait pas été indiqué comme l'un de ses enfants légitimes[1].

Mais la disposition de cet article qui garantit de toute contestation l'état de celui qui a une possession conforme à son titre de naissance, ne peut être invoquée par les enfants naturels, même par ceux qui ont été légitimés[2].

416. Nul ne peut réclamer un état contraire à celui que lui donnent son titre de naissance et la possession conforme à ce titre;

Et réciproquement, nul ne peut contester l'état de celui qui a une possession conforme à son titre de naissance[3].

Cette dernière disposition n'est pas applicable au cas où l'identité de la personne à laquelle s'applique le titre est contestée[4].

Cet article n'est applicable qu'aux *enfants légitimes* dont l'état est ainsi fixé : il ne peut être opposé à l'enfant dont les père et mère seraient restés jusqu'alors inconnus et qui revendique sa filiation légitime[5].

417. L'enfant issu de père et mère décédés et dont l'acte de mariage n'est pas représenté, doit, pour prouver sa *légitimité,* non-seulement justifier de sa possession d'état d'*enfant légitime* non contredite par son acte de naissance, mais encore établir que ses père et mère avaient la possession d'état d'*époux,* c'est-à-dire ayant vécu publiquement comme mari et femme: une seule de ces deux preuves ne suffirait pas[6].

---

1. Cass., 23 juin 1869. V. sur le pouvoir d'appréciation qui appartient aux juges en pareille matière, P. R. G., table décennale, n° 7 *bis*.
2. Cass., 3 fév. 1851 ; Douai, 6 juin 1851 ; Lyon, 20 avril 1853 ; Pau, 28 juin 1855 ; Paris, 17 juillet 1858 ; Caen, 1er mars 1860 ; Orléans, 10 mars 1860 ; Cass., 12 fév. 1868 ; Grenoble, 10 avril 1869.
3. C. civ., art. 322.
4. Orléans, 8 juillet 1875.
5. Cass., 13 fév. 1839 ; Caen, 8 mars 1866 ; Cass., 9 juillet 1879. — Duranton, t. III, n° 133 ; Demolombe, n° 481 ; Demante, t. II, n° 48 *bis*-4° et 67 *bis*-3° ; Aubry et Rau, t. IV, § 568 *ter*, note 33.
6. Cass., 19 juin 1867 et 18 mars 1868 ; Lyon, 29 mai 1869. C. civ., art. 197.

418. A défaut de titre et de possession constante, ou si l'enfant a été inscrit, soit sous de faux noms, soit comme né de père et mère inconnus, la preuve de filiation peut se faire par *témoins*.

Néanmoins cette preuve ne peut être admise que lorsqu'il y a commencement de preuve par *écrit*, où lorsque les présomptions ou indices résultant de faits dès lors constants sont assez graves pour déterminer l'admission [1].

Cet article est inapplicable au cas où celui à qui son acte de naissance attribue pour mère une femme mariée, peut, à l'effet de revendiquer sa filiation légitime, prouver par témoins et sans avoir besoin d'un commencement de preuve par écrit, son identité avec l'enfant dont cette femme est accouchée [2].

En pareil cas, le mari ne peut être admis à prouver par tous moyens qu'il n'est pas le père de l'enfant dont sa femme est accouchée, sauf l'action en désaveu dans les termes et délais impartis par la loi [3].

La disposition de cet article, relative à la preuve de filiation, n'est pas non plus applicable à la constatation de la filiation des *enfants naturels* [4].

419. *Le commencement de preuve par écrit* résulte des titres de famille, des registres et papiers domestiques du père ou de la mère, des actes publics et même privés émanés d'une partie engagée dans la contestation, ou qui y aurait intérêt si elle était vivante [5].

On appelle ainsi tout acte par écrit qui est émané de celui contre lequel la demande est formée, ou de celui qu'il représente et qui rend vraisemblable le fait allégué [6]. Il faut donc que le commencement de preuve par écrit ait un rapport *direct* aux faits en question, tels que la *naissance ou le mariage* [7].

---

1. C. civ., art. 323.
2. Caen, 8 mars 1866, précité. — Toullier, t. II, nos 880 et 883 ; Duranton, t. III, nos 123 et suiv., Demolombe, no 203 ; Taulier, t. I, p. 391 ; Demante, t. II, no 46 *bis*-4o ; Valette, sur Proudhon, t. II, p. 80, note ; Aubry et Rau, 3e édit., t. IV, § 544, p. 546, texte et note 6 ; Massé et Vergé, sur Zachariæ, t. I, § 162, p. 305, note 4, et p. 308, note 20.
3. Caen, 8 mars 1866, précité.
4. Toulouse, 13 juillet 1846.
5. C. civ., art. 324.
6. *Ibid.*, art. 1,347.
7. Cochin, t. IV, p. 358 ; Rodier, question 6, sur l'art. 14, tit. XX de l'ord. de 1667.

420. La preuve contraire pourra se faire par tous les moyens propres à établir que le réclamant n'est pas l'enfant de la mère qu'il prétend avoir, ou même, la maternité prouvée, qu'il n'est pas l'enfant du mari de la mère[1].

Cet article n'est pas applicable au cas où la maternité se trouve prouvée par un acte de naissance : le mari ne peut alors enlever à l'enfant le bénéfice de la filiation légitime que par l'action en désaveu[2].

Mais la présomption légale de paternité résultant, pour l'enfant qui, en l'absence de titre de naissance ou de possession d'état lui conférant la légitimité, a recherché la maternité, de ce que la mère était mariée, n'est pas telle que le mari ou ses héritiers soient irrecevables à contester cette paternité par tous les moyens autorisés par ledit article[3].

421. A défaut de registres de l'état civil, les *mariages, naissances et décès* pourront être prouvés tant par les registres et papiers émanés des pères et mères décédés, que par témoins[4].

Dans ce cas, la preuve de la filiation peut être faite, tant par titres privés (*actes de famille*), pourvu qu'ils aient acquis date certaine, que par titres authentiques[5].

L'enfant naturel est également recevable à prouver même par témoins ou par présomptions, que son acte de naissance, inscrit sur des registres perdus ou détruits, contenait une reconnaissance en sa faveur. Il en est ainsi spécialement dans le cas où cet acte, détruit pendant l'insurrection de la Commune et rétabli en exécution de la loi du 12 février 1872, ne fait pas une mention régulière et complète de la reconnaissance : l'acte de naissance rétabli ne faisant foi que jusqu'à preuve contraire, tous les modes de preuve autorisés par l'article 46 du Code civil sont admis pour rétablir cette reconnaissance[6].

---

1. C. civ., art. 325.
2. Paris, 11 juin 1864. — Toullier, t. II, nos 895 et 896 ; Demante, t. II, no 52 *bis*-4o ; Marcadé, t. II, sur l'art. 325 ; Demolombe, no 235 ; Valette, sur Proudhon, t. II, p. 77 ; Aubry et Rau, t. IV, § 544, p. 548, note 11.
3. Aix, 14 juin 1866. V. aussi Cass., 11 avril 1854.
4. C. civ., art. 46. V. *suprà*, no 189.
5. Cass., 9 nov. 1820, 23 mars 1825, 29 nov. 1826, 10 juin 1833 et 18 déc. 1838. V. *suprà*, no 190.
6. Cass., 13 mars 1827 et 16 fév. 1837 ; Riom, 2 janv. 1874. (I. R. G.)

422. Les tribunaux civils seront seuls compétents pour statuer sur les réclamations d'état[1].

La décision des juges du fond sur la pertinence et l'admissibilité de faits dont la preuve est offerte, est *souveraine* et ne saurait tomber sous la censure de la Cour de cassation[2].

Il en est de même de la décision des juges du fond qui rejette une offre de preuve sur le motif, que les faits articulés ne sont ni pertinents, ni concluants[3], ou que cette preuve n'amènerait que des faits inutiles[4].

423. L'action criminelle contre un délit de suppression d'état, ne pourra commencer qu'après le jugement définitif sur la question d'état[5].

424. L'action en réclamation d'état est imprescriptible à l'égard de l'enfant[6].

425. L'action ne peut être intentée par les héritiers de l'enfant qui n'a pas réclamé, qu'autant qu'il est décédé mineur, ou dans les cinq années après sa majorité[7].

Après ces délais ses héritiers ne sont plus recevables à exercer l'action en réclamation d'état proprement dite, c'est-à-dire lorsqu'ils viennent, du chef de l'enfant, réclamer un état dont celui-ci n'était pas en possession pendant sa vie; et cette fin de non-recevoir est opposable aussi bien aux descendants de l'enfant qu'à ses autres héritiers[8].

Les délais fixés par cet article ne concernent pas le cas où les héritiers de l'enfant qui a toujours passé pour le fils d'une personne, demandent la simple rectification

---

1. C. civ., art. 326.
2. Cass., 27 déc. 1837 (dans les motifs) et 20 fév. 1866.
3. Cass., 11 nov. 1861.
4. Cass., 13 juin 1864.
5. C. civ., art. 327. Ces dispositions sont applicables même au cas des poursuites d'office par le ministère public. Arrêts des 10 mess. an XII; Cass., 2 mars 1809, 9 fév. 1810, 3 mars 1813, 21 juill. 1831. — V. aussi Cass., 16 fév. 1854.
6. *Ibid.*, art. 328.
7. *Ibid.*, art. 329. — Cet article est opposable aussi bien aux descendants de l'enfant qu'à ses autres héritiers. Cass., 9 janvier 1854; 30 déc. 1868.
8. Rouen, 16 nov. 1867; Cass., 30 déc. 1868. — Toullier, t. II, n° 910; Duranton, t. III, n° 151; Delvincourt, t. I, n° 371, note, p. 86, n° 7; Demante, t. II, n° 55 *bis*-6°.

d'une erreur *orthographique,* renfermée dans son acte de naissance[1].

Mais l'action intentée, sous forme de demande en rectification d'un acte de l'état civil, par les héritiers d'un enfant inscrit sur les registres comme illégitime né d'une mère désignée et de père inconnu, et ayant une possession d'état conforme, tandis que, en réalité, cette mère était, au moment de l'accouchement, engagée dans les liens du mariage, constitue, non une simple demande en rectification d'acte de l'état civil, mais une véritable action en réclamation d'état soumise aux délais de l'article 329 du Code civil, la rectification demandée devant avoir pour conséquence, dans ce cas, de faire substituer à la filiation illégitime résultant de l'acte de naissance, la filiation légitime résultant de la présomption de paternité du mari de la mère[2].

426. Les héritiers peuvent suivre cette action lorsqu'elle a été commencée par l'enfant, à moins qu'il ne s'en fût désisté formellement, ou qu'il n'eût laissé passer *trois années* sans poursuites, à compter du dernier acte de la procédure[3].

1. Cass., 23 juin 1869.
2. Cass., 30 déc. 1868, précité.
3. C. civ., art. 330.

CHAPITRE III.

DES ENFANTS NATURELS.

SECTION Ire.

De la légitimation des enfants naturels.

427. Les enfants nés *hors mariage*, autres que ceux nés d'un commerce *incestueux* ou *adultérin*, pourront être légitimés par le mariage subséquent de leurs père et mère, lorsque ceux-ci les auront légalement reconnus avant leur mariage, ou qu'ils les reconnaîtront dans l'acte même de célébration[1].

Cet article n'est pas applicable à des Français qui se marient dans un pays, comme la Californie, où le mariage des père et mère, joint à la possession d'état des enfants, suffit pour légitimer ceux-ci[2].

428. L'officier de l'état civil ne peut refuser de recevoir dans l'acte de mariage la déclaration de reconnaissance d'un enfant, et par suite sa légitimation, sous prétexte que la paternité ne serait pas possible eu égard à l'âge du futur époux. C'est ce qui résulte d'une lettre de M. le procureur de la République près le tribunal civil

---

1. C. civ., art. 331. « La légitimation (dit Garnier) est une fiction qui « fait réputer conçu dans le mariage de ses père et mère, et par consé- « quent légitime, l'enfant né avant ce mariage. » — Elle peut avoir lieu alors même qu'il y aurait eu un mariage intermédiaire entre la conception des enfants naturels et le mariage des père et mère, l'article 331 du Code civil ne faisant aucune exception à cet égard. Merlin, *Nouv. Rép.*, v° *Légitimation*, p. 766, n° 11 ; Toullier, t. I, n° 923.
2. Besançon, 25 juillet 1876. — Contrà : 2 août 1876, quant il ressort des circonstances qu'il n'y pas eu acquisition régulière d'une nationalité étrangère, mais seulement intention de frauder la loi française et d'écarter une de ses dispositions essentielles.

de la Seine au maire de Batignolles-Monceaux, du 17 septembre 1849, ainsi conçue :

« Monsieur le Maire, vous me priez de vous dire si je « pense qu'un jeune homme de 19 ans puisse reconnaître « en se mariant et légitimer un enfant de quatre ans et « demi.

« Bien que ce jeune homme ait dû n'avoir que treize « ans et quelques mois quand l'enfant a été conçu, mon « avis est qu'il y a lieu de recevoir la déclaration de « reconnaissance qu'il veut faire. On peut douter qu'il « soit le père ; mais est-ce absolument impossible? Dans « le doute, il importe de constater le fait de la reconnais- « sance, pour deux raisons. La première est que si une « reconnaissance était en pareille circonstance reconnue va- « lable et qu'on s'abstînt de constater le fait de la décla- « ration de l'individu qui se dit le père, la légitimation de « l'enfant ne serait plus possible après le mariage, parce « que la reconnaissance postérieure que ferait le père, « même en la jugeant valable, serait tardive, et on aurait « à jamais compromis l'état de l'enfant. La seconde rai- « son, c'est que la reconnaissance et ses effets, par consé- « quent la légitimation de l'enfant, sont toujours appré- « ciables et ne sont point à l'abri de la critique de la part « de tous les intéressés à contester. La question de légiti- « mation resterait donc entière.

« Je ne crois pas qu'il y ait nécessité de faire décider « par les tribunaux, préalablement au mariage, si on « devra ou non recevoir la déclaration de reconnaissance; « car ce n'est point à celui qui se déclare le père à aller « chercher des adversaires et des contradicteurs. L'action « peut, il est vrai, s'engager avec l'officier de l'état civil « sur le refus qu'il ferait de recevoir la déclaration ; mais, « outre qu'on ne peut voir dans l'officier de l'état civil « une partie qui soit véritablement intéressée à contester, « il faut considérer que le jugement qui interviendrait « avec cet officier public ne serait pas opposable à des « tiers, et que la contestation sur la question de légiti- « mation pourrait plus tard s'engager avec eux, nonobstant « le jugement qui aurait décidé que la déclaration du « père serait reçue. »

429. Le mariage des père et mère d'un enfant naturel

non reconnu antérieurement n'opère pas la légitimation de celui-ci, si la reconnaissance, au lieu d'être faite dans l'acte même de célébration, est faite par un acte séparé et postérieur, quoique du même jour[1].

La possession d'état d'enfant naturel de tel père et de telle mère ne saurait suppléer à la reconnaissance exigée par la loi, pour que le mariage des parents opère la légitimation[2].

430. L'officier de l'état civil ne peut refuser de recevoir la déclaration de légitimation faite par les père et mère d'un enfant naturel, quoiqu'ils ne produisent pas son acte de naissance[3]. S'ils se trompent sur ses prénoms, ou sur la date et le lieu de sa naissance, un jugement pourra toujours rectifier ces erreurs[4].

La différence qui existerait entre les noms énoncés dans l'acte de reconnaissance et ceux donnés à l'enfant dans son acte de naissance ne vicie pas cette reconnaissance, si d'ailleurs l'identité est constante ou résulte même d'indices ou de présomptions[5].

Il en est de même si, dans l'acte de naissance de l'enfant, il se trouve des erreurs dans les noms ou prénoms des père et mère. A ce sujet, M. le procureur impérial, à Paris, écrivait le 23 juin 1853 : « Quelles que « soient ces erreurs, et fussent-elles plus graves encore, « elles ne sont pas de nature à mettre obstacle à la célébra- « tion du mariage. En effet, elles ne se trouvent que dans « les actes de naissance des enfants que les futurs époux « se proposent de légitimer. Or, en constatant que les « futurs époux déclarent reconnaître comme étant nés « d'eux tels enfants inscrits sous tels noms, l'acte de ma- « riage laisse intacts les droits de tous ceux qui auraient « intérêt à contester cette reconnaissance. L'officier de « l'état civil n'est pas, sous ce rapport, juge des décla- « rations qui lui sont faites ; il les reçoit, il les consigne. »

431. L'officier de l'état civil ne peut non plus refuser

1. Metz, 11 janv. 1870. V. *suprà*, n° 427.
2. Metz, 21 juin 1869 et 11 janv. 1870, précité.
3. Lettres du proc. imp., à Paris, du 27 mai 1854 et de janv. 1860.
4. Trib. civ. de 1re inst. de la Seine, 28 fév. 1861.
5. Corse, 17 août 1829.

de recevoir la déclaration de légitimation d'un enfant, sous le prétexte que, dans son acte de naissance, il lui a été donné la qualité d'enfant légitime. Cette déclaration, qui était fausse, doit être validée par le mariage subséquent de ses père et mère[1].

432. Lorsqu'un enfant naturel a été désigné à tort, dans son acte de naissance, comme né de tel ou telle, l'officier de l'état civil doit, lorsque ceux-ci ne l'ont pas reconnu, admettre la reconnaissance, aussi bien que la légitimation faite par les personnes qui lui déclarent en être les père et mère[2].

De même, la reconnaissance d'un enfant naturel ne fait pas obstacle à ce que cet enfant soit déclaré enfant légitime de personnes autres que celles qui l'ont reconnu. Il appartient aux juges du fond d'apprécier souverainement, d'après les faits de la cause, la sincérité et, par suite, la validité d'une telle reconnaissance, et de décider si elle est ou non fondée[3]. S'il y a fraude dans la déclaration, tout tiers qui y aura intérêt pourra contester la légitimation, en prouvant qu'elle a été le résultat de machinations frauduleuses employées envers le mari ou le prétendu père[4].

433. L'enfant né cent quatre-vingt-un jours après la dissolution du mariage peut être légitimé par mariage subséquent, attendu que le temps le plus court de la gestation est de cent quatre-vingts jours, et que l'article 315 du Code civil n'établit une présomption de légitimité de l'enfant né dans les trois cents jours, qu'en faveur et au profit de cet enfant, et non une présomption *absolue* de légitimité, telle qu'elle puisse être imposée à l'enfant qui la repousse, et cela même au cas où il veut conserver l'état naturel reconnu d'un autre père et légitimé plus tard par mariage subséquent. D'où il résulte qu'il peut, pour conserver cet état d'enfant légitime du second mariage, repousser la présomption résultant de l'article 315 du Code civil qui

1. Lettre du proc. imp., à Paris, 30 mars 1857.
2. Paris, 2 juin 1809.
3. Cass., 8 déc. 1829; Caen, 10 fév. 1847; Paris, 12 juillet 1856; Cass., 27 janv. 1857 et 9 juillet 1879.
4. Bordeaux, 10 avril 1843.

lui attribue la qualité d'enfant légitime du premier mariage [1].

434. Les enfants nés d'un commerce incestueux entre personnes telles que beau-frère et belle-sœur, oncle et nièce, pouvant contracter mariage ensemble avec l'autorisation préalable du chef de l'État, sont légitimés de plein droit par le mariage ultérieur de leurs père et mère lorsque ceux-ci les ont légalement reconnus avant le mariage ou qu'ils les reconnaissent dans l'acte même de célébration [2].

« L'effet de la dispense étant de remonter au jour de la « naissance (dit M. Moreau, conseiller à la cour impé« riale de Paris), l'empêchement est réputé n'avoir jamais « existé. Telle est la fiction qui a toujours été le fonde« ment principal et essentiel de la légitimation par *mariage* « *subséquent*. Il ne se peut pas que le père et la mère « soient habilités par des dispenses à se marier, sans que « l'union ainsi autorisée ait pour conséquence la légiti« mation des enfants issus d'eux antérieurement et recon« nus par eux en vue de cette légitimation. La pensée du « législateur en autorisant les dispenses en faveur des « beaux-frères et belles-sœurs a certainement voulu qu'au « mariage qu'il leur serait permis de contracter fussent « attachés tous les effets du mariage régulier. Entendre « ainsi la loi de 1832 ce n'est pas lui donner une portée « rétroactive, c'est seulement admettre qu'une union con« tractée sous son empire opérera la légitimation de la « même manière que les autres mariages contractés dans « le même temps entre époux ayant des enfants nés de « leurs liaisons antérieures. C'est d'ailleurs assurer un « sort pareil aux enfants nés d'un même père et d'une « même mère, et épargner à la famille et à la société le « scandale que, dans le système opposé, on rendrait per-

---

1. Cass., 23 nov. 1842 ; Orléans, 10 août 1843 ; Cass., 27 janv. 1874 ; Rennes, 17 juin 1879. — Cette jurisprudence est, selon nous, contraire aux bonnes mœurs. V. *infrà*, nº 473.

2. Melun, 18 mars 1858 ; Paris, 14 juin 1858 ; Amiens, 14 janv. 1864 ; Cass., 22 janv. 1867 (3 arrêts) ; Aix, 22 août 1867 et 27 janv. 1874. — En sens contraire, Orléans, 25 août 1833 ; Douai, 1er juillet 1864 ; Colmar, 13 mai 1866. — Toullier, t. II, nº 933 ; Merlin, *Nouv. Rép.*, vº *Légitimation*, p. 764, nº 9 ; Valette, sur Proudhon, t. II, p. 165 et 169 ; Delvincourt, t. I, p. 91, note 4 ; Zachariæ, t. III, § 548.

« manent malgré le mariage subséquent qui, dans la saine « entente de la loi, a pour but d'y mettre fin [1]. »

Nous partageons complétement cette opinion, mais nous sommes d'avis que la reconnaissance ne devrait avoir lieu que dans l'acte même de célébration de mariage des père et mère de l'enfant incestueux et non avant, car si les dispenses d'alliance leur étaient refusées, ou si le mariage, après l'obtention de ces dispenses, n'avait pas lieu, la reconnaissance serait radicalement nulle.

435. L'enfant conçu et né dans l'adultère ne peut être légitimé par mariage subséquent, alors même que l'inscription de sa naissance n'aurait eu lieu sur les registres de l'ètat civil qu'à une époque où ses père et mère se trouvaient tous les deux libres [2].

436. L'acte de naissance d'un enfant naturel qui désigne la mère de cet enfant, mais auquel celle-ci n'a pas assisté, ne fait point preuve contre elle ou ses représentants de la filiation maternelle [3]. Il ne fait foi que de l'accouchement [4].

Au contraire, l'indication de la mère, faite par le père, dans l'acte de naissance de l'enfant, et corroborée par l'aveu de la mère, fait preuve de la filiation à l'égard de celle-ci, encore bien que le père ait déclaré devant l'officier de l'état civil que l'enfant était né de leur mariage, alors que le mariage n'existait pas [5].

Jugé même que cet acte fait preuve à l'égard des tiers, de la filiation maternelle de l'enfant, lorsque d'ailleurs l'identité de ce dernier n'est pas contestée ou lorsque cet

---

1. V. Sirey, année 1867, p. 52, note.

2. Angers, 13 août 1806; Le Hâvre, 23 mai 1838. Il en était ainsi sous l'empire du droit romain, des lois canoniques et de l'ancien droit français. V. Merlin, *Nouv. Rép.*, vº *Légitimation*, sect. II, § 2, nºs 6 et 7; Fav., Rép.; Duranton, t. II, nºs 334 et suiv., et t. III, nº 174.

3. Metz, 21 juin 1853; Pau, 28 juin 1855; Besançon, 12 juillet 1855; Paris, 17 juillet 1858; Caen, 1er mars 1860; Cass., 13 avril 1864. — *Contrà*, Cass., 19 nov. 1856.

4. Bordeaux, 19 janv. 1830; Paris, 7 juillet 1838; Limoges, 4 avril 1848; Grenoble, 12 déc. 1850; Cass., 1er juin 1853 et 19 nov. 1856; Caen, 24 mai 1858; Douai, 29 janv. 1879. Toullier, t. I, nº 317; Duranton, t. I, nº 315; Coin-Delisle, art. 57, nº 10; Rieff, nº 131; Desclozeaux, nº 63; Valette, sur Proudhon, t. I, p. 209 et 222; Demolombe, t. I, nº 297, p. 483.

5. Paris, 21 nov. 1853; Dijon, 28 fév. 1873.

acte est corroboré par l'aveu de la mère joint à une possession d'état conforme[1]; et que cette possession d'état, lorsqu'elle est conforme à l'acte de naissance, suffit pour l'établissement de la filiation naturelle[2].

Cet aveu n'est même soumis à aucune forme de constatation spéciale : il peut s'induire des faits qui ont précédé, accompagné ou suivi cette reconnaissance, ou résulter notamment des soins donnés par la mère à l'enfant et de la possession d'état de celui-ci. Il peut également résulter du consentement au mariage de l'enfant donné par sa mère dans un acte authentique[3].

L'enfant naturel ainsi reconnu par son père est donc légitimé *de plein droit* par le mariage subséquent de ses père et mère, bien qu'il n'existe aucune reconnaissance écrite de la part de cette dernière, et que l'acte de célébration de mariage soit muet sur cet enfant[4].

437. Les enfants naturels nés, en France, d'un étranger et d'une Française peuvent être légalement légitimés par le mariage subséquent de leurs père et mère, quand même la législation du pays auquel appartient le père n'admettrait pas ce mode de légitimation. Mais, dans ce cas, la légitimation est sans effet en pays étranger[5].

438. La légitimation par mariage subséquent d'un enfant naturel que l'époux avait eu avant un premier mariage ne peut nuire aux enfants issus de ce premier mariage : le principe de l'article 337 du Code civil est applicable en pareil cas[6].

439. La légitimation peut avoir lieu, même en faveur des enfants *décédés* qui ont laissé des descendants; et, dans ce cas, elle profite à ces descendants[7].

---

1. Grenoble, 12 déc. 1850; Cass. 7 juin 1852.
2. Paris, 10 mai 1851.
3. Riom, 29 juillet 1809. — La reconnaissance par acte postérieur n'est donc pas nécessaire.
4. Bordeaux, 19 janv. 1831; Caen, 4 janv. 1838, joint à Cass., 22 janv. 1839; Paris, 20 avril 1839; Bordeaux, 11 mars 1853; Metz, 21 juin 1853; Paris, 21 nov. 1853. Duranton, t. III, nos 179 et 180.
5. Cass., 17 nov. 1852 et 23 nov. 1857; Bourges, 26 mai 1858; Bordeaux, 27 août 1877.
6. Lyon, 17 mars 1863 (dans les motifs). — En sens contraire, Pau, 3 prairial an XIII.
7. C. civ., art. 332.

440. Les enfants légitimés par le mariage subséquent auront les mêmes droits que s'ils étaient nés de ce mariage[1].

Néanmoins nous ferons remarquer ici que l'effet de la légitimation n'est point *rétroactif*. D'où il s'ensuit que l'enfant légitimé par le mariage subséquent ne devient capable de succéder qu'à compter du jour de la célébration du mariage de ses père et mère : il ne peut prétendre aucun droit aux successions ouvertes avant cette époque. Ceux qui étaient habiles à les recueillir au moment de leur ouverture, en sont de plein droit et irrévocablement saisis ; or ce qui est une fois entré dans notre patrimoine, n'en peut sortir par le fait d'autrui. C'est à l'instant physique où s'ouvre une succession, qu'on doit s'arrêter pour déterminer à qui elle appartient, si l'enfant conçu est réputé né pour tout ce qui est avantageux ; tout ce qu'on peut de plus en sa faveur, c'est de lui accorder tous les droits qu'il aurait eus, s'il eût été existant au moment de l'ouverture de ces successions. Or, il eût été alors un enfant naturel, capable d'être légitimé par mariage subséquent, mais non capable de succéder par représentation[2].

441. La légitimation d'un enfant peut être contestée par toute personne ayant droit de contester la reconnaissance de cet enfant, c'est-à-dire par toute personne y ayant intérêt[3], *notamment par le mari de la mère de cet enfant*[4].

C'est à ceux qui contestent la légitimation à prouver que l'enfant n'a pu être légitimé comme *bâtard adultérin* ou *incestueux* ; on ne doit pas exiger de l'enfant qu'il justifie par acte de naissance ou par possession d'état qu'il était bâtard simple, et par suite susceptible de légitimation[5].

---

1. C. civ., art. 333.
2. Toullier, t. II, n° 930-2°. Ces principes ont été consacrés par la jurisprudence. Cass., 11 mars 1811 ; Paris. 21 déc. 1812.
3. Toulouse, 13 mars 1845 ; Agen, 29 juin 1864. — Aubry et Rau, t. IV, § 546, p. 597 et suiv.; Demolombe, n° 366 (*pat. et fil.*).
4. Besançon, 29 prair. an XIII ; Cass., 1er juin 1808.
5. Bruxelles, 19 janvier 1813 ; Cass., 8 déc. 1829.

SECTION II.

De la reconnaissance des enfants naturels.

§ Ier. — *De la reconnaissance volontaire et de ses formes.*

442. La reconnaissance est *volontaire* lorsqu'elle est faite *librement*, et dans ce cas, elle est *irrévocable* [1].

443. La reconnaissance d'un enfant *naturel* sera faite par un *acte authentique* [2], lorsqu'elle ne l'aura pas été dans son acte de naissance [3].

La loi n'indiquant pas dans quel lieu cet acte devra être reçu, l'officier de l'état civil ne peut refuser de recevoir la déclaration de reconnaissance faite par une personne étrangère à sa commune ; car il peut arriver (dit Collier) « que des père et mère vivant en concubinage et consi- « dérés comme étant mariés dans la commune qu'ils habi- « tent, n'osent se présenter à leur mairie pour donner un « nom légal à leurs enfants, dans la crainte de faire con- « naître leur position irrégulière. »

444. L'acte de reconnaissance d'un enfant sera inscrit sur les registres, à sa date ; et il en sera fait mention en marge de l'acte de naissance, s'il en existe un [4].

Il est bien entendu que cette inscription *ne doit être faite* qu'au cas où la reconnaissance a lieu devant l'officier de l'état civil.

445. La reconnaissance d'un enfant naturel peut résulter de toutes les énonciations d'un *acte authentique quelconque*, manifestant clairement l'intention du père ou de la mère de reconnaître leur enfant [5]. En effet, le Code n'a prescrit, pour la validité d'une telle reconnaissance, que l'*authenticité* de l'acte, mais il n'a pas déterminé l'officier

---

1. Cass., 8 janvier 1808; Toulouse, 24 juillet 1810; Cass., 27 août 1811; Corse, 5 juillet 1826. Duranton, t. I, n° 2. Mais la reconnaissance pourrait être annulée s'il y avait dol. Cass., 27 août 1811, précité.
2. V. *suprà*, n° 40 et la note.
3. C. civ., art. 334.
4. *Ibid.*, art. 62. V. *suprà*, n° 142. Cette inscription doit être faite sur les registres de naissance.
5. Colmar, 25 janv. 1859.

public qui recevrait cet acte, ni les termes dans lesquels il devrait être conçu :

Ainsi la reconnaissance faite dans un contrat de mariage est valable malgré la caducité de ce contrat résultant du défaut de célébration du mariage projeté [1].

Elle subsiste également en cas de révocation de testament *authentique* qui la contient [2].

Mais elle n'est pas valable lorsqu'elle est faite par testament *olographe :* un tel acte ne pouvant être considéré comme authentique [3].

Cependant si la reconnaissance est faite par acte sous seing privé, et qu'ensuite le père en fasse lui-même le dépôt en l'étude d'un notaire en reconnaissant sa signature, cette reconnaissance devient authentique [4]. Il est bien entendu que l'acte de dépôt devra constater la présence réelle du second notaire ou des deux témoins.

Jugé que la reconnaissance d'un enfant naturel, lorsqu'elle n'a pas été faite par acte authentique, ne peut résulter ni de l'acte, devant le maire, par lequel la mère aurait autorisé l'enfant à s'engager dans l'armée, ni de l'acte d'engagement militaire contracté par l'enfant en vertu de cette autorisation; qu'il n'y a pas là l'acte authentique exigé par l'article 334 du Code civil [5].

446. Les notaires étant les *fonctionnaires publics* établis pour recevoir tous les actes et contrats auxquels les parties doivent ou veulent faire donner le caractère d'*authenticité* attaché aux actes de l'autorité publique, et, pour en assurer la date, en conserver le dépôt, en délivrer des grosses et expéditions [6], ces fonctionnaires ont donc qualité, de même que les officiers de l'état civil, pour recevoir les actes de reconnaissance d'enfants naturels; c'est ce qui résulte d'ailleurs de l'article 2 de la loi du 21 juin 1843, ainsi conçu : « A l'avenir, les actes notariés contenant « *reconnaissance d'enfants naturels* et les procurations pour « consentir à ces actes, seront, à peine de *nullité*, reçus con-

---

1. Grenoble, 6 août 1861.
2. Cass., 17 août 1829.
3. Alger, 4 juin 1857 ; Aix, 7 juin 1860 ; Bordeaux, 30 avril 1861 ; Cass., 18 mars 1862 ; Paris, 11 août 1866 ; Agen, 27 nov. 1866.
4. Cass., 11 août 1808. — Fav., Rép., t. III, n° 218, Toull., t. II, n° 953.
5. Nancy, 17 nov. 1877 ; Cass., 23 juillet 1878.
6. Loi du 25 vent. an XI, art. 1er.

« jointement par deux notaires, ou par un notaire en pré-
« sence de deux témoins.

« La présence du notaire en second ou des deux témoins « n'est requise qu'au moment de la lecture des actes par « le notaire, et de la signature par les parties. Elle sera « mentionnée à peine de *nullité*. »

Ces actes doivent être reçus en *minute*[1] et la procuration donnée à l'effet de reconnaître un enfant naturel doit être à la fois *authentique et spéciale*[2], et soumise aux solennités exigées pour l'acte lui-même. La reconnaissance d'un enfant naturel ne peut donc être valablement faite par un acte en brevet, un tel acte, en pareil cas, étant dépourvu du caractère d'authenticité[3]. Il en est de même de celle faite par acte sous seing privé[4], à moins que le dépôt n'en ait été fait chez un notaire, ainsi qu'il est dit *suprà*, n° 445, dernier alinéa.

447. La reconnaissance d'un enfant naturel peut avoir lieu en faveur d'un enfant simplement conçu[5].

---

1. Loi du 25 ventôse an XI, art. 20. — La minute est l'original que le notaire garde en sa possession pour en délivrer des grosses, des expéditions ou des extraits. « Au nombre des actes dont il doit être « gardé minute (dit Rolland de Villargues) se placent, en première « ligne, les actes qui ont trait à l'état civil des hommes et à leurs tran- « sactions de famille : ces actes ont un intérêt permanent, perpétuel. « Telle est la reconnaissance de l'enfant naturel que la loi du 21 juin « 1843 range parmi les actes qui exigent la présence de deux notaires « ou d'un notaire et de deux témoins, au moment où ils sont passés. »

2. Cass., 12 fév. 1868 ; Grenoble, 10 avril 1869. V. *suprà*, n°s 39 et 40.

3. Bourges, 6 juin 1860. — Demolombe, n° 396 ; Massé et Vergé, t. I, p. 324, note 22.

4. Amiens, 9 niv. an XII ; Paris, 25 prair. an XIII ; Aix, 10 fév. 1806 ; Bruxelles, 3 déc. 1807. — Loiseau, *Traité des enf. nat.*, p. 464 ; Duranton, t. III, n°s 210 et suiv. ; Proudhon, t. II, p. 98. C'est donc à tort que Toullier (t. II, n° 951) soutient le contraire en se fondant sur ce que l'article 334 ne prononce point la peine de nullité et n'est même pas conçu en forme de disposition prohibitive.

En ce qui concerne le droit aux aliments et résultant d'une semblable reconnaissance, cette question a été diversement résolue. Pour l'affirmative : Paris, 25 prair. an XIII ; Agen ; 25 therm. an XIII ; Proudhon, t. II, p. 112. Pour la négative : Cass., 5 niv. an XII et 26 mars 1806 ; Rouen, 18 fév. 1809 ; Cass., 16 mai 1809 ; Pau, 18 juillet 1810 ; Paris, 22 juillet 1811 ; Limoges, 27 août 1811 ; Cass., 4 oct. 1812 ; Dijon, 24 mai 1817. Loiseau, p. 561.

5. Paris, 25 prairial an XIII, précité ; Agen, 10 fév. 1806 ; Aix, 3 déc. 1807 ; Cass., 16 déc. 1811 ; Paris, 1er fév. 1812 ; Colmar, 11 mars 1819 ; Metz, 19 août 1824 ; Grenoble, 13 janv. 1840 ; Orléans, 16 janv. 1847 ; Colmar, 25 janv. 1859 ; Paris, 6 mars 1861. — Loiseau, *Traité des enf. nat.*, p. 421 ; Duranton, t. III, n° 211 ; Toullier, t. II, n° 955 ; Roll., v° *Enf. nat.* ; Delvincourt, t. I, p. 235 ; Fav., § 2, n° 5. — Jugé même

Dans ce cas, la procuration donnée pour consentir à la reconnaissance manque du double caractère d'authenticité et de spécialité, si elle ne contient pas la désignation individuelle de l'enfant par l'indication de la personne enceinte des œuvres du mandant, et si cette désignation n'a été exprimée qu'en dehors de l'acte par une simple communication verbale faite confidentiellement par le mandant à son mandataire. En conséquence, est nulle la reconnaissance de l'enfant faite par le mandataire en vertu d'une telle procuration[1].

La reconnaissance en faveur d'un enfant simplement conçu est valable, bien que, loin d'être renouvelée depuis la naissance, elle ait au contraire été l'objet d'un désaveu[2].

448. La reconnaissance d'un enfant naturel peut aussi avoir lieu, même à une date postérieure à son décès[3].

Il n'importe que cette reconnaissance ait été faite dans un intérêt autre que celui de l'enfant, spécialement pour exonérer un de ses frères du service militaire[4].

Elle produit ses effets au profit du père et de la mère qui l'ont faite, sauf, bien entendu, le cas où elle serait frauduleuse[5].

449. La reconnaissance d'un enfant naturel faite devant l'adjoint, sans que l'empêchement du maire soit constaté, n'est pas nulle, elle est même valable, quoique écrite sur une feuille volante et non transcrite sur les registres[6].

450. La reconnaissance d'un enfant naturel ne pourra avoir lieu au profit des enfants nés d'un commerce *incestueux* ou *adultérin*[7].

---

qu'une déclaration de grossesse faite devant notaire par une femme enceinte d'un enfant naturel, vaut reconnaissance de cet enfant. Grenoble, 13 janv. 1840.

1. Cass., 12 fév. 1868; Grenoble, 10 avril 1869. (P. R. G.)

2. La reconnaissance est irrévocable lorsqu'elle a été faite librement. V. *suprà,* nº 442.

3. Cass., 22 juin 1813; Douai, 23 janv. 1819; Cass., 7 janv. 1852; Douai, 20 juillet 1852; Cass., 24 mai 1858. — En sens contraire : Paris, 26 avril 1852.

4. Caen, 24 mai 1858.

5. Douai, 20 juillet 1852, précité.

6. Metz, 19 août 1824. V. *suprà,* nºs 52 et 53 pour l'inscription des actes. Rief, nºs 106-107; Toullier, t. IV, nº 348; Coin-Delisle, art. 52, nº 3; Richelot, t. I, p. 185, note 1; Ducaurroy, t. I, nºs 337 et 338.

7. C. civ., art. 335. — Cette reconnaissance serait sans effet. Cass., 28 juin 1815; 4 déc. 1837.

La loi n'a pas voulu permettre que l'on consignât volontairement, dans un acte public, le souvenir d'un tel commerce : c'est l'aveu d'un crime (disait-on au Conseil d'État) que les mœurs défendent de révéler. Ainsi, l'officier de l'état civil, aussi bien que le notaire, doit refuser de recevoir une déclaration de semblable reconnaissance[1].

Jugé que la reconnaissance d'un enfant naturel, dans son acte de naissance, par un individu qui indique pour mère une femme dont il est le parent au degré *prohibé* pour le mariage est *radicalement nulle*, comme ayant le caractère d'une reconnaissance de filiation incestueuse; qu'il n'est pas permis de diviser et d'en annuler seulement la partie qui renferme la désignation de la mère, pour la maintenir, quant au surplus, comme reconnaissance d'une filiation naturelle[2].

Il n'importe que l'auteur de la reconnaissance ait gardé le silence sur la parenté au degré prohibé existant entre lui et la femme qu'il a indiquée comme mère; en d'autres termes, qu'il n'ait désigné celle-ci que par ses nom et prénoms[3].

451. Les tribunaux ne peuvent attribuer à un enfant l'état d'enfant adultérin (ou incestueux), si la preuve de cet état n'est pas exclusive de toute recherche de paternité[4].

§ 2. — *Par qui les reconnaissances peuvent être faites.*

452. Toute personne peut reconnaître un enfant naturel, sauf la prohibition portée en l'article 335 du Code civil[5]. C'est la déclaration d'un fait personnel, pour laquelle aucune capacité n'est requise.

453. L'officier de l'état civil ne peut refuser de recevoir la déclaration de reconnaissance faite par une personne mineure, même si elle n'a pas atteint l'âge requis pour contracter mariage ; attendu que le mineur ne peut

---

1. Cette question est très-controversée. V. *suprà*, n° 434 et la note.
2. Cass., 1er mai 1861 ; Limoges, 19 mars 1862. (P. R. G.)
3. Limoges, 19 mars 1862, précité.
4. Cass., 4 brum. et 25 flor. an X, 8 fév. 1809, 17 déc. 1816 et 8 nov. 1820.
5. V. *suprà*, n° 450.

attaquer, pour cause d'incapacité, suivant l'article 1125 du Code civil, des engagements que dans les cas prévus par la loi ; que les articles 334 et suivants du même Code ne distinguent pas entre les majeurs et les mineurs pour n'admettre la reconnaissance qu'autant que le père qui la consent est majeur ; et qu'ainsi la loi n'interdisant pas cette reconnaissance au père mineur, elle ne peut, aux termes de l'article 1125 précité, être attaquée pour cause de son incapacité, qui ne peut être opposée que dans les cas prévus par la loi[1].

Jugé même que l'inconduite de la mère, qui pourrait faire douter de la paternité, ne doit pas être une cause qui fasse refuser à une personne mineure le droit de reconnaître son enfant ; que cette circonstance ne peut servir que d'élément à l'appréciation des moyens de nullité pour dol et fraude[2].

454. La reconnaissance faite par un mineur, même *non émancipé,* est valide pourvu qu'elle soit faite librement et que le mineur jouisse de la plénitude de sa raison[3].

455. L'*interdit* étant assimilé au mineur par l'article 1125 du Code civil, peut également reconnaître son enfant naturel ; et cette reconnaissance ne peut être attaquée si elle a été *libre et spontanée*[4].

Il en est de même d'une personne pourvue d'un *conseil judiciaire :* aucune disposition de loi ne lui défend de faire une telle reconnaissance[5].

456. L'officier de l'état civil ne peut refuser à une personne condamnée à une peine afflictive perpétuelle ou temporaire la faculté de reconnaître son enfant : l'article 29 du Code pénal prononce son interdiction légale, pen-

---

1. Ces principes ont été consacrés par la jurisprudence. — Aix, 3 déc. 1807 ; Toulouse, 19 janv. 1813 ; Cass., 22 juin 1813 ; Cour suprême, 22 juin 1813 ; Cass., 4 nov. 1835.

2. Arrêts de la Cour suprême du 27 août 1811, et de la Cour de Paris du 14 déc. 1833.

3. Bruxelles, 4 fév. 1811 ; Cass., 22 juin 1813 ; Toulouse, 29 janv. 1813 ; Cass., 4 nov. 1835 ; Douai, 17 mars 1840.

4. Caen, 19 janv. 1843 ; Orléans, 8 fév. 1852. — Hutteau d'Origny, p. 186.

5. Douai, 23 janv. 1819 ; V. art. 523 du Code civil qui fixe les cas où l'interdit ne peut agir sans l'assistance de son conseil.

dant la durée de sa peine, mais ne lui retire pas cette faculté [1].

457. La reconnaissance peut être faite pendant le mariage, par l'un des époux, au profit d'un enfant naturel qu'il aurait eu, avant son mariage, d'un autre que de son conjoint [2]. A plus forte raison deux époux ont-ils la faculté de reconnaître, pendant leur mariage, l'enfant naturel issu de leurs œuvres communes.

Dans ces deux cas, la reconnaissance faite par la femme mariée, sans l'autorisation de son mari, est valable, par la raison qu'il s'agit ici d'une obligation naturelle et de la constatation d'un fait qui lui est entièrement personnel [3].

§ 3. — *De la reconnaissance forcée.*

458. La reconnaissance est forcée lorsque l'enfant est obligé de recourir à la justice pour contraindre son père ou sa mère à le reconnaître.

459. La recherche de la paternité est interdite [4]. Dans le cas d'enlèvement, lorsque l'époque de cet enlèvement se rapportera à celle de la conception, le ravisseur pourra être, sur la demande des parties intéressées, déclaré *père de l'enfant* [5].

La disposition de cet article est *absolue*, et la recherche de la paternité est interdite, sans distinction entre la voie d'action et celle d'exception ; par exemple, des héritiers ne seraient pas reçus à contester un legs universel fait à des enfants en demandant à prouver qu'ils sont enfants

1. Cet article est ainsi conçu : « Quiconque aura été condamné à « une peine afflictive perpétuelle, à la peine des travaux forcés à « temps, de la détention ou de la réclusion, sera, de plus, pendant la « durée de sa peine, en état d'interdiction légale ; il lui sera nommé « un tuteur et un subrogé-tuteur pour gérer et administrer ses biens « dans les formes prescrites pour les nominations des tuteurs et su- « brogés-tuteurs aux interdits. » — Mourlon, t. I, p. 131 ; Collier, n° 124, dernier alinéa.

2. Argument de l'art. 337 du C. civ. — V. *infrà*, n° 469.

3. Proudhon, t. II, p. 102 ; Delvincourt, t. I, p. 94, note 2 ; Duranton, t. III, n° 257 ; Malleville, sur l'art. 337 ; Zachariæ, t. IV, § 568 ; Toullier, t. II, n° 961.

4. Elle est interdite alors même qu'elle n'a pour but que d'obtenir des aliments au profit de l'enfant. Cass., 26 mars 1806.

5. C. civ., art. 340.

du testateur, quoiqu'en ce cas il en résulte une fraude à la loi [1].

Cet article s'applique au cas de viol [2] comme au cas où la femme mineure a consenti à l'enlèvement, mais il n'exige pas que le rapt soit jugé préalablement par un tribunal de justice répressive [3].

460. La recherche de la maternité est admise.

L'enfant qui réclamera sa mère sera tenu de prouver qu'il est identiquement le même que l'enfant dont elle est accouchée.

Il ne sera reçu à faire cette preuve par témoins, que lorsqu'il aura déjà un commencement de preuve par écrit [4].

Il est bien entendu que cet article se réfère, non à l'article 1347 du Code civil, mais à l'article 324 du même Code. Ainsi, le commencement de preuve par écrit peut s'induire d'une lettre écrite à l'enfant naturel après le décès de la mère par l'un des enfants légitimes, partie engagée dans la contestation [5].

De son côté, la mère ne peut désavouer l'enfant qu'elle a mis au monde, parce que la maternité est toujours certaine ; elle peut seulement contester l'identité de l'enfant qui prétend lui appartenir [6].

Jugé que la reconnaissance de l'enfant naturel à l'égard de la mère résulte suffisamment de l'indication de celle-ci faite dans l'acte de naissance, soit par le père de l'enfant, soit par toutes les autres personnes ayant légalement mission de déclarer l'accouchement, alors même que cette femme aurait été faussement déclarée comme *femme légitime* [7].

461. La recherche de la maternité n'est permise qu'en

1. Cass., 24 mai 1810 et 17 février 1851. (P. R. G.)
2. Toullier, t. II, n° 941 ; Delvincourt, t. I, p. 89 ; Loiseau, p. 418 ; Marcadé, sur l'art. 340, n° 2 ; Demolombe, t. V, n° 491 ; Richefort, t. II, n° 306 ; Ducaurroy, Bonnier et Roustaing, t. I, n° 498.
3. Paris, 28 juillet 1821. — Valette, sur Proudhon, t. II, p. 139 ; Zachariæ, t. IV, § 569.
4. C. civ., art. 341. V. *suprà*, n° 419.
5. Douai, 29 janvier 1879.
6. Locré, t. V, p. 92.
7. Dijon, 28 fév. 1873 ; Cass., 7 janv. 1852 ; Bordeaux, 27 août 1877 ; Douai, 29 janv. 1879 ; Dijon, 7 mai 1879. — En sens contraire : Aix, 21 vent. an XII. V. Sirey, an XII, p. 187.

faveur de l'enfant et jamais contre lui [1]. C'est un droit exclusivement attaché à sa personne. Par suite, l'héritier de l'enfant naturel n'est pas, comme le serait l'enfant naturel lui-même, admissible à la recherche de la maternité, à l'effet d'exercer des droits dans la succession de la prétendue mère [2].

462. La recherche de la maternité d'un enfant naturel décédé n'est pas non plus admissible de la part d'un autre enfant de la prétendue mère, à l'effet d'établir son droit dans la succession du défunt [3].

463. Un enfant ne sera jamais admis à la recherche soit de la paternité, soit de la maternité, dans les cas où, suivant l'article 335 du Code civil, la reconnaissance n'est pas admise [4].

Ainsi l'action formée par les héritiers d'une femme mariée, tendant à faire déclarer l'identité de cette femme avec celle qui est accouchée d'un enfant reconnu par un tiers dans l'acte de naissance, est non recevable comme aboutissant à la recherche d'une maternité adultérine [5].

Mais si l'enfant reconnu dans son acte de naissance par un individu qui a indiqué pour mère une femme dont il est le parent au degré prohibé pour le mariage, conteste l'identité de la mère ainsi désignée avec la parente de son père à laquelle on prétend que s'applique cette désignation, la preuve de cette identité doit être admise, comme ayant pour but unique de déterminer le caractère donné par l'auteur de la reconnaissance à sa paternité, et non de faire une recherche de maternité incestueuse, interdite par la loi [6].

---

1. Cass., 3 fév. 1851 ; Orléans, 8 fév. 1855 ; Caen, 1er mars 1860. — Duranton, t. III, nº 242 ; Marcadé, sur l'art. 341 ; Demolombe, t. V, nº 527 ; Massé et Vergé, sur Zachariæ, t. I, p. 331, § 170, note 1 ; Merlin, Rép., vº *Maternité*, nº 5 ; Chardon, *Dol et fraude*, t. III, nº 392 ; Valette, sur Proudhon, t. II, p. 140 ; Richefort, t. II, nº 336 ; Pont, *Rev. de législ.*, t. XIX, nº 555.
2. Aix, 25 vent. an IX ; Paris, 13 mars 1837 ; Cass., 29 juillet 1861 ; Rouen, 23 juillet 1862 ; Cass., 10 août 1864 ; Grenoble, 26 déc. 1867. — Marcadé, t. II, p. 480 ; Merlin, vº *Mat.*, nº 5 add. ; Richefort, t. II, nº 357.
3. Rouen, 7 juillet 1871.
4. C. civ., art. 342.
5. Cass., 18 nov. 1862.
6. Limoges, 19 mars 1862.

Quant à la preuve de la reconnaissance d'un enfant naturel, elle ne peut résulter à l'égard du père que de son aveu constaté par l'acte même de reconnaissance, sans qu'il soit permis de modifier ou de compléter les énonciations contenues en cet acte, à l'aide soit des moyens ordinaires d'instruction, soit de présomptions tirées de circonstances ou de documents extérieurs.

En conséquence, l'enfant qui prétend que le père qui l'a reconnu a dissimulé son identité en ne faisant connaître que ses prénoms et en supprimant ou omettant son nom patronymique, ne peut être recevable à faire la preuve de cette identité, même au moyen d'une vérification d'écritures : cette preuve constituerait une recherche de paternité [1].

§ 4. — *Des effets de la reconnaissance.*

464. Les effets de la reconnaissance *volontaire* ou *forcée* sont les mêmes. Ils ne donnent pas à l'enfant naturel les mêmes avantages que s'il était légitime ; ils donnent ouverture non à de simples aliments, mais aux droits successifs accordés aux enfants naturels par les articles 756 et suivants du Code civil [2].

465. L'enfant naturel qui n'est pas reconnu légalement par son père ne peut porter que le nom de la mère déclarée dans son acte de naissance [3] ; mais lorsque la mère ne veut pas que son enfant porte son nom, elle a la faculté de ne pas se faire connaître [4] ; sinon, son aveu doit être considéré, selon nous, comme une reconnaissance tacite.

Il ne peut prendre le nom de son père que du moment où il est légalement reconnu par ce dernier.

L'enfant adultérin est au contraire sans droit pour porter

---

1. Cass., 18 juin 1851 ; Paris, 11 juillet 1868.
2. Paris, 27 juin 1812 ; Rouen, 17 mars 1813 ; Besançon, 11 déc. 1828 ; Cass., 27 avril 1830 et 27 juin 1831 ; Toulouse, 15 mars 1834. — Proudhon, t. II, p. 97 et 100 ; Delvincourt, t. I, p. 90, note 1 ; Duranton, t. III, nº 239 ; Marcadé, sur l'art. 756, note 1.
3. V. *suprà*, nºs 436, 1er alinéa, et 460, 5e alinéa. — Massé, *Parfait notaire*, t. III, p. 296.
4. V. *suprà*, nºs 360 et 460. — V. aussi arrêt de la cour d'assises de la Seine en 1879 (aff. Baloche).

le nom de son père, alors même que celui-ci l'aurait reconnu dans son acte de naissance [1].

A l'égard des enfants incestueux, ils ont le droit de porter le nom de leur père lorsqu'ils ont été reconnus et légitimés par mariage subséquent, ainsi qu'il est dit *suprà*, n° 434.

466. La reconnaissance du père, sans l'indication et l'aveu de la mère, n'a d'effet qu'à l'égard du père [2].

467. La possession d'état ne peut suppléer une reconnaissance authentique à l'égard du père [3].

468. L'enfant naturel reconnu ne pourra réclamer les droits d'enfant *légitime*. Les droits des enfants naturels sont réglés au titre des *Successions* [4].

469. La reconnaissance faite pendant le mariage, par l'un des époux, au profit d'un enfant naturel qu'il aurait eu, avant son mariage, d'un autre que de son conjoint, ne pourra nuire ni à celui-ci, ni aux enfants nés de ce mariage.

Néanmoins, elle produira son effet après la dissolution de ce mariage, s'il n'en reste pas d'enfants [5].

En conséquence, un enfant naturel reconnu ne peut, dans le cas prévu par cet article, réclamer, au préjudice des enfants légitimes (ni même au préjudice de l'époux survivant), les droits qui lui auraient été accordés par les articles 756 et 757 du Code civil, s'il avait été reconnu antérieurement au mariage [6].

La disposition de cet article est expressément limitée au

---

1. V. *suprà*, n° 450 et la note.
2. C. civ., art. 336.
3. Bordeaux, 4 juin 1861. — *Contrà :* Cass., 10 fév. 1847. — Jugé que la filiation naturelle ne peut pas se prouver par la possession d'état. Paris, 2 août 1876.
4. C. civ., art. 338. V. art. 723, 724, 756 à 766, 769 à 773, et 908 du même Code.
5. *Ibid.*, art. 337. — « Il ne peut dépendre de l'un des époux de « changer, après son mariage, le sort de sa famille légitime, en appe- « lant des enfants naturels qui demanderaient une part dans ses biens ; « ce serait violer la foi sous laquelle le mariage aurait été contracté. » [Bigot de Préameneu (Exp. des mot.).] — Cet article est applicable au cas de reconnaissance ou déclaration judiciaire, comme au cas de reconnaissance volontaire. Cass., 16 déc. 1861.
6. Cass., 24 nov. 1830.

cas où les enfants reconnus pendant le mariage de leurs père ou mère seraient nés, avant le mariage, d'un autre que de son époux. Ainsi, la reconnaissance aurait tout son effet à l'égard des enfants naturels issus des deux époux avant le mariage; elle n'opérerait pas leur légitimation, mais elle leur conférerait les droits que la loi attribue aux enfants naturels [1].

Mais si la reconnaissance a été faite après la dissolution du mariage, les dispositions de cet article sont inapplicables [2], à moins que la déclaration de maternité n'ait été obtenue judiciairement [3].

470. L'enfant naturel reconnu a le droit de réclamer des aliments à ses père et mère [4].

La mère de cet enfant a qualité pour réclamer les aliments dus à celui-ci par le père qui l'a reconnu [5].

471. Lorsqu'un enfant naturel anglais est appelé à recueillir la succession d'un Français, il n'a pas à prouver qu'il a été reconnu, puisque la loi de son pays prohibe la reconnaissance des enfants naturels; il doit seulement établir sa filiation, par la raison que les étrangers sont régis en France par leurs statuts personnels [6].

472. La reconnaissance d'un enfant naturel est un acte essentiellement personnel et volontaire qui ne peut, en thèse générale, être opposée qu'à son auteur [7].

473. L'enfant naturel est recevable à contester la reconnaissance de paternité faite en sa faveur [8].

---

1. Toullier, t. II, nº 960; Garnier, nº 5,644-3º.
2. Paris, 6 janv. 1808, 17 juillet 1841, et 23 janv. 1860; Caen, 19 janv. 1867. — Toullier, t. II, p. 429; Demolombe, t. V, nº 461; Delvincourt, t. I, p. 399; Toullier, t. II, nº 959; Proudhon, t. I, p. 147; Duranton, t. III, nº 254; Chabot, sur l'art. 756; Ducaurroy, Bonnier et Roustaing, t. I, nº 491; Marcadé, sur l'art. 337, nº 4; Zachariæ, t. IV, p. 65. — En sens contraire : Lyon, 17 mars 1863; Metz, 10 août 1864.
3. Trib. civ. de la Seine, 26 avril 1859, joint à Paris, 23 janvier 1860, précité. — Toullier, t. II, nº 958; Duranton, t. III, nºs 255 et 256; Marcadé, sur l'art. 337, nº 7.
4. Montpellier, 28 janv. 1806; Cass., 16 nov. 1808 et 27 août 1811; Toulouse, 19 janv. 1813.
5. Grenoble, 15 therm. an XIII; Rennes, 30 juillet 1812; Toulouse, 19 janv. 1813, précité.
6. Besançon, 25 juill. 1876; La Martinique, 18 mai 1878.
7. Colmar, 30 déc. 1856.
8. Nîmes, 2 mai 1837. — Proudhon, t. II, p. 119; Richefort, t. II, nº 300; Toullier, t. II, nº 264; Zachariæ, § 568 *ter*, note 20.

L'acte de reconnaissance ainsi contesté n'établit sur la paternité qu'une simple présomption qui peut être détruite par d'autres présomptions de même nature. En ce cas, la preuve de la paternité ou de la non-paternité ne doit pas être mise à la charge exclusive de l'une ou de l'autre partie; les juges doivent surtout avoir égard aux circonstances de la cause [1].

474. Toute reconnaissance de la part du père ou de la mère, de même que toute réclamation de la part de l'enfant, pourra être contestée par tous ceux qui y auront intérêt [2].

Ainsi, elle peut l'être par tous héritiers, par tous donataires et légataires universels ou à titre universel, et par l'enfant même qui a été reconnu. Elle peut aussi être contestée par l'époux et par les légataires particuliers lorsqu'ils trouvent un avantage à la faire déclarer nulle, comme, par exemple, si l'enfant réclame une réserve légale.

L'intérêt auquel cet article subordonne le droit de contester la reconnaissance doit s'entendre non pas seulement d'un intérêt pécuniaire né et actuel, mais aussi d'un *intérêt moral* fondé sur les liens et les rapports de famille et sur l'honneur du nom [3]. Ainsi cette reconnaissance, bien qu'inattaquable en principe par les tiers comme acte émanant spontanément de la volonté libre de son auteur, n'en peut pas moins, si elle est prétendue dolosive et mensongère, être contestée par ceux qui y ont intérêt, alors surtout qu'elle a été suivie d'une légitimation par mariage subséquent, dolosive de même que la reconnaissance, et ayant pour effet de placer l'enfant reconnu au même rang qu'un enfant légitime [4].

Jugé que le père a intérêt et qualité pour attaquer, aussi bien du vivant qu'après la mort de son fils, la reconnaissance d'un enfant naturel faite par celui-ci, et que cette reconnaissance doit être annulée s'il prouve qu'elle était mensongère [5].

---

1. Rouen, 15 mars 1826. (P. R. G.)
2. C. civ., art. 339.
3. Cass., 17 mars 1870.
4. Bastia, 10 déc. 1864; Cass., 17 mars 1870, précité (P. R. G.); Nîmes, 30 avril 1879.
5. Lyon, 13 mars 1856 et 22 mai 1862.

475. L'arrêt qui, au cas où l'identité de celui qui a reconnu un enfant naturel dans un acte de naissance est contestée, décide par appréciation des circonstances de la cause que la reconnaissance de l'enfant naturel comme enfant du *de cujus* est complétement établie par cet acte, ne peut être considéré, soit comme ayant attribué un caractère d'authenticité absolue à la déclaration faite dans l'acte de naissance, soit comme s'étant livré à une recherche de paternité interdite par la loi. Cet arrêt ne renferme qu'une appréciation des faits qui échappe à la censure de la Cour de cassation[1].

---

1. Cass., 7 nov. 1855. (P. R. G.)

TITRE III.

De l'adoption et de la tutelle officieuse.

CHAPITRE Ier.

DE L'ADOPTION.

SECTION I.

De l'adoption et de ses effets.

476. L'adoption n'est permise qu'aux personnes de l'un ou de l'autre sexe, âgés de plus de *cinquante ans,* qui n'auront, à l'époque de l'adoption, ni enfants, ni descendants légitimes, et qui auront au moins *quinze ans* de plus que les individus qu'elles se proposent d'adopter [1].

477. Nul ne peut être adopté par plusieurs, si ce n'est pas deux époux.

Hors le cas de l'article 366, nul époux ne peut adopter qu'avec le consentement de l'autre conjoint [2].

478. La faculté d'adopter ne pourra être exercée

---

1. C. Civ., art. 343. — « L'adoption dans les principes du Code civil « est un acte solennel qui, sans faire changer de famille à l'adopté, « établit entre lui et l'adoptant plusieurs des droits et des devoirs « attachés à la paternité et à la filiation. » Toullier, t. II, n° 984. — L'origine de l'adoption remonte aux temps les plus reculés. Chez les anciens Germains, l'adoption se faisait par les armes. C'est d'après cette coutume que Gontran, roi d'Orléans et de Bourgogne, adopta son neveu Childebert (6e siècle).

2. C. civ., art. 344. — Ce consentement n'est pas nécessaire au moment de l'acte passé devant le juge de paix : il suffit qu'il intervienne avant que le tribunal de 1re instance soit appelé à vérifier si toutes les formalités prescrites par la loi ont été remplies. Cass., 1er mai 1861.

qu'envers l'individu à qui l'on aura, dans sa minorité et pendant *six ans au moins*, fourni des secours et donné des soins non interrompus, ou envers celui qui aurait *sauvé la vie à l'adoptant*, soit dans un combat, soit en le retirant des flammes ou des flots.

Il suffira, dans ce deuxième cas, que l'adoptant soit majeur, plus âgé que l'adopté, sans enfants ni descendants légitimes; et, s'il est marié, que son conjoint consente à l'adoption[1].

479. L'adoption ne pourra, en aucun cas, avoir lieu avant la majorité de l'adopté. Si l'adopté, ayant encore ses père et mère, ou l'un des deux, n'a point accompli sa vingt-cinquième année, il sera tenu de rapporter le consentement donné à l'adoption par ses père et mère, ou par le survivant; et s'il est majeur de vingt-cinq ans, de requérir leur conseil[2].

480. L'enfant naturel peut être adopté même par les père et mère qui l'ont reconnu, attendu que les incapacités, pour être appliquées, doivent résulter d'un texte précis de la loi; que le titre du Code civil qui détermine les formes, les conditions de l'adoption et les personnes qui peuvent être adoptées, ne frappe d'aucune incapacité l'enfant naturel reconnu; et que si on invalidait l'adoption des enfants naturels, par le motif qu'ils ont été reconnus, ce serait compromettre l'avenir de ces enfants en encourageant les parents à ne pas les reconnaître, dans l'espoir de pouvoir les adopter un jour, subordonnant ainsi leur sort à la chance très-incertaine de la vie plus ou moins longue de ces derniers[3].

---

1. C. civ., art. 345. — Le consentement du conjoint de l'adoptant est nécessaire, même au cas de séparation de corps.

2. *Ibid.*, art. 346.

3. Dijon, 30 mars 1844; Angers, 12 juillet 1844; Cass., 1er avril 1846; Douai, 24 mars 1860; Cass., 3 juin 1861; Aix, 12 juin 1866; Toulouse, 26 nov. 1867; Cass., 13 mai et 8 déc. 1868; Montpellier, 10 déc. 1868. — La jurisprudence a longtemps été indécise sur la solution de cette importante question, mais on peut aujourd'hui la considérer comme fixée d'une manière définitive dans le sens de l'affirmative. P. R. C., an. 1868, p. 893; Duranton, n° 293; Grenier, *Adoption*, n° 35; Toullier. t. II, n° 988.

En 1879, il y a eu en France 116 adoptions, dont 49 concernaient des enfants naturels des adoptants, savoir : 38 enfants reconnus et 11 non reconnus. (*Bull. off. Just.*, 1881, p. 97.)

Cette adoption confère à cet enfant, même vis-à-vis des autres enfants naturels reconnus de l'adoptant, tous les droits d'un enfant légitime : on objecterait à tort que le père ou la mère ne peut, par une semblable adoption, diminuer les droits attribués à ses autres enfants naturels par les articles 757 et 758 du Code civil (Cass. 3 juin 1861).

La légitimation d'un enfant naturel survenue postérieurement à l'adoption ne produirait aucun effet rétroactif et n'empêcherait pas cette adoption d'être valable[1].

481. L'adoption est permise au prêtre catholique, par la raison qu'on ne trouve, soit dans le Code civil, soit dans les lois organiques du Concordat, soit dans ceux des canons de l'Église qui, reçus en France, ont force de loi, aucune disposition qui défende une semblable adoption et prive ainsi le prêtre catholique du droit que tout citoyen tient de la loi, lorsque, d'ailleurs, il réunit toutes les conditions voulues en pareil cas[2].

482. L'adoption est également permise à celui qui a des enfants naturels reconnus : la disposition prohibitive résultant de l'article 343 du Code civil ne saurait être étendue au cas d'existence d'enfants naturels[3].

483. Les enfants *incestueux* ou *adultérins* ne peuvent être adoptés par leurs père et mère[4].

484. L'adoption conférera le nom de l'adoptant à l'adopté, en l'ajoutant au nom propre de ce dernier[5]. Ainsi, l'enfant naturel adopté (de même que l'enfant légitime) est tenu de joindre le nom de son père adoptif, que lui

---

1. Duranton, t. III, n° 278; Marcadé, sur l'article 343, n° 5; Demolombe, n° 19.
2. Cass., 26 nov. 1844. — La légalité de l'adoption par le prêtre a été défendue avec une clarté et une profondeur remarquables dans une érudite consultation de Me Bonjean, avocat aux Conseils du Roi et à la Cour de cassation, à laquelle ont adhéré MM. Blondeau, doyen de la Faculté de droit de Paris, Valette et Demante, professeurs de la même Faculté, Loiseau, Billequin, de Vatimesnil et Pardessus. V. Sirey, année 1844, p. 810. Pour l'affirmative, V. Demolombe, t. VI, p. 66.
3. Paris, 20 avril 1860; Cass., 3 juin 1861. — Demolombe, n° 18; Locré, sur l'article 343.
4. Cass., 13 juillet 1826. — En sens contraire : Rouen, 15 fév. 1813.
5. C. civ., art. 347. — Suivant le Code prussien (t. II, p. 216, n° 688), si l'adoptant est une femme, l'adopté n'en prend pas moins son nom. Le Code civil ne fait aucune exception à cet égard.

confère l'adoption, au nom propre qu'il portait auparavant[1].

485. L'adopté restera dans sa famille naturelle, et y conservera tous ses droits[2].

486. L'obligation naturelle, qui continuera d'exister entre l'adopté et ses père et mère, de se fournir des aliments dans les cas déterminés par la loi, sera considérée commune à l'adoptant et à l'adopté, l'un envers l'autre[3].

487. L'adopté n'acquerra aucun droit de successibilité sur les biens du parent de l'adoptant ; mais il aura sur la succession de l'adoptant les mêmes droits que ceux qu'y aurait l'enfant né en mariage, même quand il y aurait d'autres enfants de cette dernière qualité nés depuis l'adoption[4].

D'où il faut conclure que les ascendants de l'adoptant ne peuvent prétendre à sa succession lorsqu'il existe un enfant adoptif[5], et que les enfants de ce dernier ont même le droit de recueillir cette succession par représentation de leur père[6].

488. Si l'adopté meurt sans descendants légitimes, les choses données par l'adoptant, ou recueillies dans sa succession, et qui existeront en nature lors du décès de l'adopté, retourneront à l'adoptant ou à ses descendants, à la charge de contribuer aux dettes, et sans préjudice des droits des tiers.

Le surplus des biens de l'adopté appartiendra à ses propres parents ; et ceux-ci excluront toujours, pour les objets même spécifiés au présent article, tous héritiers de l'adoptant autres que ses descendants[7].

---

1. Bordeaux, 4 juin 1862.
2. C. civ., art. 318. V. *infrà,* les dispositions prohibitives au mariage, n°s 658 et suiv.
3. C. civ., art 349.
4. C. civ., art. 350.
5. Delvincourt, t. I, p. 100, note 6 ; Duranton, t. III, n° 312 ; Zachariæ, t. IV, § 560.
6. Cass., 2 déc. 1822 ; Paris, 27 janv. 1824. — La représentation est une fiction de la loi, dont l'effet est de faire entrer les représentants dans la place, dans le degré et dans les droits du représenté (art. 739, C. civ.).
7. C. civ., art. 351. — Mais le droit de retour établi par cet article ne peut être exercé, en cas de décès de l'adoptant, par un autre enfant adoptif de ce dernier : l'adopté ne pouvant être considéré comme un descendant. Cass., 14 fév. 1855.

489. Si, du vivant de l'adoptant, et après le décès de l'adopté, les enfants ou descendants laissés par celui-ci mouraient eux-mêmes sans postérité, l'adoptant succédera aux choses par lui données, comme il est dit en l'article précédent ; mais ce droit sera inhérent à la personne de l'adoptant, et non transmissible à ses héritiers, même en ligne descendante [1].

SECTION II.

Des formes de l'adoption.

490. La personne qui se proposera d'adopter, et celle qui voudra être adoptée, se présenteront devant le *juge de paix* du domicile de l'adoptant, pour y passer acte de leurs consentements respectifs [2].

491. Une expédition de cet acte sera remise, dans les *dix jours suivants*, par la partie la plus diligente, au procureur de la République, près le tribunal de première instance dans le ressort duquel se trouvera le domicile de l'adoptant, pour être soumis à l'homologation de ce tribunal [3].

492. Le tribunal réuni en la chambre du conseil, et après s'être procuré les renseignements convenables, vérifiera : 1° si toutes les conditions de la loi sont remplies ; 2° si la personne qui se propose d'adopter jouit d'une bonne réputation [4].

493. Après avoir entendu le procureur de la République, et sans aucune autre forme de procédure, le tribunal prononcera, sans énoncer de motifs, en ces termes : *Il y a lieu*, ou *Il n'y a pas lieu à l'adoption* [5].

L'arrêt déclarant qu'il n'y a pas lieu à l'adoption est nul s'il est prononcé *en audience publique*, à la différence de

1. C. civ., art. 352.
2. *Ibid.*, art. 353. — L'adopté peut se faire représenter par un fondé de pouvoirs, devant le juge de paix du domicile de l'adoptant, pour y passer acte de son consentement à l'adoption. Bruxelles, 22 avril 1807.
3. *Ibid.*, art. 354.
4. *Ibid.*, art. 355.
5. *Ibid.*, art. 356.

celui qui admet l'adoption, lequel doit toujours être prononcé publiquement [1].

494. Dans le mois qui suivra le jugement du tribunal de première instance, ce jugement sera, sur les poursuites de la partie la plus diligente, soumis à la cour d'appel, qui instruira dans les mêmes formes que le tribunal de première instance, et prononcera sans énoncer de motifs: *Le jugement est confirmé,* ou *Le jugement est réformé ; en conséquence, il y a lieu,* ou *il n'y a pas lieu à l'adoption* [2].

495. Tout arrêt de la cour d'appel qui admettra une adoption, sera prononcé à l'audience et affiché en tels lieux et en tel nombre d'exemplaires que la cour jugera convenable [3].

496. Cet arrêt ne met pas obstacle à l'action en nullité intentée contre l'adoption après la mort de l'adoptant par les tiers qui n'y ont pas été parties [4].

497. Dans les trois mois qui suivront ce jugement, l'adoption sera inscrite, à la réquisition de l'une ou de l'autre des parties, sur le registre de l'état civil du lieu où l'*adoptant* sera domicilié [5].

498. Si l'adoptant venait à mourir après que l'acte constatant la volonté de former le contrat d'adoption a été reçu par le juge de paix et porté devant les tribunaux, et avant que ceux-ci eussent définitivement prononcé, l'instruction sera continuée et l'adoption admise, s'il y a lieu.

Les héritiers de l'adoptant pourront, s'ils croient l'adoption inadmissible, remettre au procureur de la République tous mémoires et observations à ce sujet [6].

499. Lorsque l'adoption est devenue parfaite, par l'accomplissement de toutes les conditions requises, elle ne peut être anéantie par le commun accord de l'adoptant et

1. Cass., 24 août 1852 et 28 fév. 1866. — Marcadé, t. II, sur l'art. 358; Duranton, t. III, nº 299 ; Demante, t. II, nº 93 ; Demolombe, nº 92.
2. C. civ., art. 357.
3. *Ibid.*, art. 358.
4. Cass., 13 mai 1868.
5. V. *suprà*, nos 135 et suiv.
6. C. civ., art. 360.

de l'adopté. En vain objecterait-on que l'adoption n'est qu'un contrat, et qu'un contrat peut toujours se dissoudre par les moyens qui ont pu le former : le mariage aussi n'est qu'un contrat, et il n'a jamais été permis de le rompre par les moyens offerts pour le former, même quand le divorce était permis [1].

Elle ne peut même être révoquée soit pour ingratitude, soit pour survenance d'enfants.

Mais si l'adoption ne peut jamais être révoquée, il est clair qu'elle peut être déclarée nulle comme ayant eu lieu en dehors des conditions de la loi [2]. Les auteurs sont unanimes sur ce point [3].

---

1. Dalloz, *Jurisp. gén.*, v° *Adoption*, n° 217 ; Duranton, n° 328 ; Marcadé, sur les art. 359 et 360.
2. Paris, 13 mai 1854. (I. R. G.)
3. V. Locré, t. V, p. 450.

CHAPITRE II.

DE LA TUTELLE OFFICIEUSE.

---

500. La tutelle officieuse est un contrat de bienfaisance en vertu duquel une personne se charge d'élever gratuitement un enfant et de le mettre en état de gagner sa vie.

501. Tout individu âgé de plus de cinquante ans, et sans enfants ni descendants légitimes, qui voudra, durant la minorité d'un individu, se l'attacher par un titre légal, pourra devenir son *tuteur officieux,* en obtenant le consentement des père et mère de l'enfant, ou du survivant d'entre eux, ou, à leur défaut, d'un conseil de famille, ou enfin, si l'enfant n'a point de parents connus, en obtenant le consentement des administrateurs de l'hospice où il aura été recueilli, ou de la municipalité du lieu de sa résidence[1].

502. Un époux ne peut devenir *tuteur officieux* qu'avec le consentement de l'autre conjoint[2]. D'où il résulte qu'à la différence de la tutelle ordinaire, la tutelle officieuse n'est pas interdite aux femmes.

Il n'est pas nécessaire que ce consentement soit donné au moment de l'acte passé devant le juge de paix : il suffit que ce consentement intervienne avant que le tribunal de première instance soit appelé à vérifier si toutes les conditions prescrites par la loi ont été remplies[3].

503. Le juge de paix du domicile de l'enfant dressera procès-verbal des demandes et consentements relatifs à la tutelle officieuse[4].

---

1. C. civ., art. 361.
2. *Ibid.,* art. 362.
3. Poitiers, 28 nov. 1859; Cass., 1er mai 1861.
4. C. civ., art. 363.

504. Cette tutelle ne pourra avoir lieu qu'au profit d'enfants âgés de moins de quinze ans.

Elle emportera avec soi, sans préjudice de toutes stipulations particulières, l'obligation de nourrir le pupille, de l'élever, de le mettre en état de gagner sa vie [1].

505. Si le pupille a quelque bien, et s'il était antérieurement en tutelle, l'administration de ses biens, comme celle de sa personne, passera au tuteur officieux, qui ne pourra néanmoins imputer les dépenses de l'éducation sur les revenus du pupille [2].

506. Si le tuteur officieux, après cinq ans révolus depuis la tutelle, et dans la prévoyance de son décès avant la majorité du pupille, lui confère l'*adoption par acte testamentaire*, cette disposition sera valable, pourvu que le tuteur officieux ne laisse point d'enfants *légitimes* [3].

Néanmoins, l'adoption testamentaire reste sans effet si le tuteur est encore vivant au moment où le pupille arrive à sa majorité ; l'adoption ne peut plus avoir lieu que selon la forme ordinaire [4].

Elle n'est valable qu'autant que, au jour du testament, il s'est écoulé cinq ans depuis le commencement de la tutelle officieuse : il n'importe que le tuteur ne soit mort qu'après ce délai sans l'avoir révoquée [5].

Jugé que la reconnaissance d'un enfant naturel n'équivaut pas à la tutelle officieuse, et ne donne pas au père qui a reconnu l'enfant le droit de l'adopter par testament [6].

507. Dans le cas où le tuteur officieux mourrait soit avant les cinq ans, soit après ce temps, sans avoir adopté son pupille, il sera fourni à celui-ci, durant sa minorité, des moyens de subsister, dont la quotité et l'espèce, s'il

---

1. C. civ., art. 364.
2. *Ibid.*, art. 365.
3. *Ibid.*, art. 366. — Cette adoption peut être faite par un acte testamentaire, soit public, soit mystique ou olographe. — Toullier, t. Ier, n° 992.
4. Cass., 26 nov. 1856. — Marcadé, sur l'art. 366, n° 1 ; Demolombe, v° *Adopt.*, n° 74 ; Demante, t. II, n° 105 *bis*.
5. Même arrêt. — Demolombe, n° 73, dit que la révocabilité d'une pareille adoption est de l'essence de toute disposition testamentaire, que par conséquent cette révocation peut avoir lieu tant que le testateur existe.
6. Cass., 23 juin 1857.

n'y a été antérieurement pourvu par une convention formelle, seront réglées soit amiablement entre les représentants respectifs du tuteur et du pupille, soit judiciairement en cas de contestation [1].

508. Si, à la majorité du pupille, son tuteur officieux veut l'adopter, et que le premier y consente, il sera procédé à l'adoption selon les formes prescrites au chapitre précédent, et les effets en seront, en tous points, les mêmes [2].

509. Si, dans les trois mois qui suivront la majorité du pupille, les réquisitions par lui faites à son tuteur officieux à fin d'adoption sont restées sans effet, et que le pupille ne se trouve point en état de gagner sa vie, le tuteur officieux *pourra être condamné* à indemniser le pupille de l'incapacité où celui-ci pourrait se trouver de pourvoir à sa subsistance.

Cette indemnité se résoudra en secours propres à lui procurer un métier ; le tout sans préjudice des stipulations qui auraient pu avoir lieu dans la prévoyance de ce cas [3].

Le pupille devenu majeur est censé avoir renoncé à l'adoption s'il ne l'a pas requise dans les trois mois qui suivent sa majorité, et alors il ne lui est dû aucune indemnité [4].

Il faut aussi remarquer que cet article dit que le tuteur *pourra être condamné* à une indemnité, et non pas qu'il y *sera* condamné ; d'où résulte que le tuteur ne doit pas être condamné s'il n'y a de sa part ni faute ni négligence ; par exemple, si l'indocilité et la mauvaise conduite du pupille l'ont l'empêché de profiter de l'éducation que lui a donnée le tuteur et des dépenses faites pour lui donner un état [5].

510. Le tuteur officieux qui aurait eu l'administration de quelques biens pupillaires, en devra rendre compte dans tous les cas [6].

1. C. civ., art. 367.
2. *Ibid.*, art. 368.
3. *Ibid.*, art. 369.
4. Toullier, t. II, nº 1,035.
5. *Ibid.*, nº 1,036.
6. C. civ., art. 370.

TITRE IV.

Du mariage.

« Le mariage est l'union légitime de l'homme « et de la femme. La loi ne le considère que « comme contrat civil[1].

« Son but (dit THIBAUDEAU) est de perpétuer « régulièrement l'espèce et de distinguer les « familles ; il faut donc des règles qui impriment « à ce contrat un caractère uniforme et légal. »

Il nous a paru convenable de réunir ici sous un même titre le chapitre III du titre II et le titre V du Code civil. Il est regrettable que, pour connaître les règles à observer dans les actes de mariage, on soit obligé de recourir à deux titres différents : c'est une imperfection remarquée par divers auteurs et notamment par M. Malleville, l'un des rédacteurs du projet du Code. En effet, « réunir toutes les « dispositions de la matière (disait Cambacérès), c'est les « faire mieux connaître et en mieux assurer l'exécution ».

---

1. Const. 3-14 sept. 1791, tit. II, art. 7.

CHAPITRE Ier.

DES QUALITÉS ET CONDITIONS REQUISES POUR POUVOIR CONTRACTER MARIAGE.

SECTION I.

De l'âge auquel on peut contracter mariage et des dispenses d'âge.

511. L'homme avant *dix-huit ans révolus*, la femme avant *quinze ans révolus*, ne peuvent contracter *mariage*[1].

Mais ils peuvent faire faire les publications avant[2], à la condition qu'elles ne pourront être faites avant les deux dimanches qui précèdent l'époque à laquelle il leur est permis de contracter mariage[3].

512. Néanmoins, il est loisible au Président de la République d'accorder des *dispenses d'âge* pour des motifs graves[4].

Les dispenses d'âge ont pour objet de protéger l'honneur compromis ou menacé des familles.

Elles ne doivent généralement être accordées à l'homme qu'après dix-sept ans accomplis, et à la femme qu'après quatorze ans révolus : cette règle n'est pas absolue, mais

---

1. C. civ., art. 144.
2. Lettre du proc. du roi à Paris, 27 fév. 1829.
3. Collier, n° 284. — Cependant, comme, aux termes de l'article 65 du Code civil, le mariage peut être célébré dans l'année, à compter de l'expiration du délai des publications, nous pensons que ces publications pourraient être légalement faites dans l'année qui précède la célébration du mariage. V. *infrà*, n° 701.
4. C. civ., art. 145. — En 1879, il a été accordé en France 16 dispenses d'âge. (*Bull. off. Just.*, 1881, p. 110.)

on ne pourrait y déroger que dans des circonstances très-rares et pour des causes exceptionnelles.

Cette dispense est le plus souvent réclamée dans l'intérêt de la jeune femme ; aussi lorsque la future épouse est plus âgée que celui qu'elle désire épouser, on craint qu'elle n'ait abusé de l'influence que son âge lui donnait, et la demande est difficilement accueillie [1].

513. Ces dispenses seront délivrées par le Gouvernement, sur le rapport du grand-juge, ministre de la justice [2].

514. Le procureur de la République près le tribunal de première instance de l'arrondissement dans lequel l'impétrant a son domicile, mettra son avis au pied de la pétition tendant à obtenir ces dispenses, et elle sera de suite adressée au grand-juge, ministre de la justice, par l'intermédiaire du procureur général [3].

515. L'arrêté du Gouvernement portant la dispense d'âge sera, à la diligence du procureur de la République, et en vertu de l'ordonnance du Président, enregistré sur un registre timbré, tenu au greffe du tribunal civil de l'arrondissement dans lequel le mariage sera célébré. Une expédition de cet arrêté, dans laquelle il sera fait mention de l'enregistrement, demeurera annexée à l'acte de célébration de mariage [4]. Cette expédition ne pourra être délivrée par le conseil du sceau des titres, que le droit d'enregistrement n'ait préalablement été payé [5].

516. Les dispenses d'âge ne seront accordées que pour des *motifs sérieux*. Ainsi le faisait connaître M. le ministre de la justice par une circulaire, en date du 10 mai 1824, adressée aux procureurs généraux, et ainsi conçue :

« Le ministère public est appelé à donner son avis motivé « sur les faits exposés et sur les causes graves alléguées à

---

1. Circ. min. Just. 11 nov. 1875.
2. A. G. 20 prair. an XI (9 juin 1803), art. 1er.
3. *Ibid.*, art. 2.
4. *Ibid.*, art. 5.
5. Loi du 28 avril 1816, art. 55, dernier alinéa.

« l'appui des dispenses d'âge. Ces demandes sont fondées, « pour la plupart, sur des motifs qui tiennent à l'intérêt et « à la tranquillité des familles, quelquefois même à l'hon« neur des individus qui les forment. Il n'est jamais ac« cordé de dispenses d'âge aux hommes avant *dix-sept ans* « *accomplis*, et aux femmes avant *quatorze ans*, sauf le cas « de grossesse qui doit être constaté par une personne de « l'art, assermentée, dont le rapport net et concluant sera « annexé aux pièces. Il n'y a pas de dispenses d'âge lors« que l'homme est de quelques années plus jeune que la « femme[1]. Il faut apprécier avec une sage sévérité les cir« constances qui donnent lieu à des dispenses. La gros« sesse est la plus grave ; mais elle n'est pas la seule qui « puisse les motiver. Si le mariage projeté doit assurer à « l'individu dispensé un état et des moyens d'existence, « s'il doit mettre ses mœurs à l'abri du danger auquel il « serait exposé, il peut y avoir cause de dispenses. »

517. Lorsque les futurs voudront obtenir des dispenses d'âge, ils adresseront une pétition *collective*, sur papier timbré, légalisée, au garde des sceaux, ministre de la justice, à laquelle ils joindront, suivant les cas :

1° Leur acte de naissance, ou si ces actes n'ont pas été inscrits sur les registres de l'état civil, des actes de notoriété délivrés en conformité des articles 70, 71 et 72 du Code civil[2], ou de l'article 1er de la loi du 10 juillet 1871[3];

2° Le consentement de leurs père et mère, ou s'ils sont morts, absents ou incapables, le consentement des aïeuls[4];

3° Si les pères, mères et aïeuls sont décédés, absents ou incapables, et que les futurs soient mineurs, le consentement du conseil de famille prescrit par l'article 160 du Code civil; et s'ils sont enfants naturels, le consentement d'un tuteur *ad hoc*, conformément à l'article 159 du même Code, ou s'ils sont élèves des hospices, le consentement

---

1. Parce qu'on doit présumer qu'il y a séduction de la part de la femme, et qu'il ne faut pas favoriser des unions disproportionnées. (Circ. min. Just. 10 mai 1824.)
2. V. *infrà*, nos 732, 733 et 735.
3. V. *suprà*, no 196-IV.
4. Dans ce cas, l'absence ou l'incapacité des père et mère doit être dûment constatée. Ce consentement peut être consigné seulement sur la demande même de dispenses. (Circ. min. Just. 11 nov. 1875.)

du conseil d'administration ou du directeur de l'administration générale de l'Assistance publique[1] ;

4° Et s'il est issu un enfant des œuvres communes des futurs, les actes de naissance, de reconnaissance ou de décès de cet enfant[2].

Toutes ces pièces devront être établies sur papier timbré, sauf l'exception portée en l'article 4 de la loi du 10 décembre 1850[3], et revêtues de la légalisation[4].

Le dépôt en sera fait par les impétrants au parquet du procureur de la République près le tribunal de l'arrondissement dans lequel ils auront leur domicile, ou dans celui de la commune où le mariage devra être célébré. Ce magistrat les transmettra au garde des sceaux par l'intermédiaire du procureur général, après avoir mis son avis sur la requête, comme il est dit ci-dessus[5].

518. Les futurs époux qui auront obtenu des dispenses d'âge auront à payer, par l'intermédiaire d'un référendaire aux sceaux, savoir :

1° Droit de sceau	100f »[6]
2° Honoraires du référendaire	50 »[7]
3° Droit d'enregistrement, y compris le double décime et demi.	37 50[8]
Soit au total.	187f 50

La remise de tout ou partie des droits de sceau pourra être accordée par ordonnance du Président de la République, sur la proposition du garde des sceaux, ministre de la justice, lorsque les impétrants auront dûment justifié qu'ils sont hors d'état d'acquitter les droits fixés par la loi du 28 avril 1816[9]. Le droit d'enregistrement établi pour

1. V. *suprà*, n° 372.
2. Décis. min. Just. 26 janvier 1835.
3. V. *suprà*, n° 250-1°.
4. *Ibid.*, nos 225 et 226.
5. Circ. min. Just. 10 mai 1824. A. G. 20 prair. an XI (9 juin 1803), art. 1er.
6. Ord. du roi 8 oct. 1814, art. 4. Loi du 28 avril 1816, art. 55.
7. *Ibid.*
8. V. *suprà*, n° 259-1°.
9. Loi du 21 avril 1832, art. 1er, 1er alinéa, rappelée par Circ. min. Just. 16 juillet 1839 et 22 oct. 1848.

ces dispenses sera réduit proportionnellement à la remise prononcée sur le droit du sceau [1].

Pour obtenir la remise totale des droits, les impétrants devront produire, à l'appui de leur demande, un certificat d'indigence à eux délivré en conformité de l'article 6 de la loi du 10 décembre 1850 [2].

Pour obtenir une remise partielle des droits, ils devront joindre à leur demande la justification : 1° du revenu réel des propriétés ; 2° des impôts dont elles sont grevées ; 3° du produit de l'industrie qu'ils exercent ; 4° des autres ressources possédées par eux à un titre quelconque. Les impétrants indiqueront aussi les charges qu'ils auraient à supporter envers leurs enfants ou leurs auteurs, et exprimeront avec soin si ces charges ne sont pas atténuées ou compensées par les produits des travaux que ceux-ci apporteraient en échange dans le ménage commun [3].

519. Les dispenses d'âge, dans le cas prévu par l'article 145 du Code civil, seront accordées, conformément aux règles établies, par le gouverneur,

1° A la Guyane [4] ;

2° A l'île Bourbon [5] ;

3° Aux îles de la Martinique et de la Guadeloupe [6] ;

4° Dans les établissements français dans l'Inde [7] ;

5° Au Sénégal et dépendances [8].

---

1. Loi du 21 avril 1832, art. 1er, 2e alinéa.

2. V. *suprà*, n° 250 et la note. V. Circ. min. Just. aux proc. du roi, du 16 août 1817, dans laquelle il est dit : « Sa Majesté, considé-« rant que ces dispenses sont souvent accordées à des personnes pau-« vres, et qu'il serait difficile de les assujettir au paiement d'un droit « que la plupart d'entre elles ne pourraient peut-être pas acquitter « sans qu'il en résultât quelques préjudices pour la morale publique, « a ordonné qu'à l'avenir les dispenses d'âge pour mariage seront dé-« livrées gratuitement, lorsqu'il aura été reconnu que les parties sont « hors d'état d'acquitter le droit. »

3. Les certificats concernant ces faits doivent être délivrés séparément pour chacun des futurs par le maire de la commune et par le percepteur des contrib. (Lettre min. Just. 16 juillet 1839.) Dans ce cas, la quotité de la remise à accorder doit toujours être fixée par dixièmes ou vingtièmes. (Circ. min. Just. 11 nov. 1875. V. *infrà*, n° 674.)

4. Ord. royale 27 août 1828, art. 38, § 1.

5. Déc. 22 août 1833, art. 37, § 1.

6. Ord. royale 9 fév. 1827, art. 39, § 1.

7. *Ibid.*, 23 juillet 1840, art. 22, § 1.

8. *Ibid.*, 7 sept. 1840, art. 27.

SECTION II.

De la capacité des parties contractantes.

520. Toute personne peut contracter mariage, si elle n'en est pas déclarée *incapable par la loi*[1].

521. On ne peut contracter un second mariage avant la dissolution du premier[2].

En conséquence, l'officier de l'état civil doit demander aux futurs époux s'ils ont déjà contracté mariage ; et, dans le cas de l'affirmative, il doit exiger la production d'une expédition de l'acte de décès du conjoint de la personne qui se présente pour convoler.

Le 17 germinal an XIII, le Conseil d'État émettait, à ce sujet, un avis ainsi conçu :

« Considérant, 1° qu'il y aurait, comme l'observe le « grand-juge lui même, un extrême danger à admettre, « comme preuve de décès, de simples actes de notoriété « fournis après coup, et résultant le plus souvent de quel- « ques témoignages achetés ou arrachés à la faiblesse, « qu'ainsi cette voie est impraticable ; 2° qu'à l'égard de « l'absence, ses effets sont réglés par le Code civil en tout « ce qui concerne les biens, mais qu'on ne peut aller au « delà, ni déclarer le mariage de l'absent dissous après un « certain nombre d'années.

« Le Conseil d'État est d'avis qu'il n'y a pas lieu de dé- « roger au droit commun, ni d'y introduire une exception « que la législation n'a jamais admise. »

D'où il résulte que si l'époux d'un absent voulait contracter mariage, sans rapporter la preuve de la dissolution du précédent, toutes les personnes que la loi admet à for-

---

1. C. civ., art. 1123 : « Toute personne peut contracter, si elle n'en « est pas déclarée incapable par la loi. »

2. *Ibid.*, art. 147. V. *suprà*, n° 286. — Lorsque la femme qui se remarie est tutrice de ses enfants, il est utile de lui donner lecture de l'article 395 du Code civil ainsi conçu : « Si la mère tutrice veut se « remarier, elle devra, avant l'acte de mariage, convoquer le conseil « de famille, qui décidera si la tutelle doit lui être conservée.

« A défaut de cette convocation, elle perdra la tutelle de plein « droit ; et son nouveau mari sera solidairement responsable de toutes « les suites de la tutelle qu'elle aura indûment conservée. »

mer des oppositions au mariage, et même le ministère public, pourraient s'y opposer[1].

522. La femme ne peut contracter un nouveau mariage qu'après *dix mois révolus* depuis la dissolution du mariage précédent[2], quand même ce mariage aurait été déclaré *nul*[3].

Ce délai se compte de *quantième à quantième*, c'est-à-dire qu'il faut que les dix mois soient complets. Il n'y a pas de dispenses possibles pour l'abréger[4].

Néanmoins, la femme dont le mariage est dissous, qui désire contracter une nouvelle union, peut en faire faire les publications avant que les dix mois se soient écoulés depuis la dissolution de son précédent mariage[5].

La défense portée en l'article 228 du Code civil doit être considérée, non comme un empêchement *dirimant*, mais comme un empêchement simplement *prohibitif*[6].

La loi ne prononce aucune peine contre la femme qui contrevient aux dispositions de cet article. Mais l'officier de l'état civil qui procéderait à la célébration d'un pareil mariage avant le délai prescrit, serait passible d'une amende de *seize francs à trois cents francs*[7].

523. La loi ne considérant le mariage que comme contrat civil, il semble que le *prêtre*, ou toute autre personne engagée dans les *ordres sacrés*, qui demande à se marier, ne puisse être légalement repoussé, par la raison que la loi du 13 février 1790, qui ne reconnaît plus les vœux, n'a été rapportée par aucune loi et qu'on ne trouve ni dans la loi du 20 septembre 1792, ni dans le Code civil, aucune disposition prohibitive au mariage des prêtres. Lors de l'exposé des motifs du Code, Portalis s'exprimait ainsi à ce sujet :

« L'engagement dans les ordres, le vœu monastique et « la disparité du culte qui, dans l'ancienne jurisprudence, « étaient des empêchements dirimants, ne le sont plus. »

---

1. Cass., 2 déc. 1851 et 21 mai 1856.
2. C. civ., art. 228. V. *suprà*, n° 294.
3. Trèves, 30 avril 1806. V. Sirey, an. 1806, p. 139.
4. Lettre min. Just. 30 juin 1813.
5. Lettre proc. imp. à Paris, juin 1860.
6. Colmar, 7 juillet 1808 ; Cass., 29 octobre 1811. V. Sirey, t. XII, p. 46.
7. V. *suprà*, n° 294.

Cette opinion a été consacrée par trois arrêts de la Cour de cassation des 3 floréal an XIII, 16 octobre 1809 et 22 janvier 1812, et par un jugement du tribunal civil de première instance de la Seine, du 5 février 1876.

Toutefois, il résulte d'une instruction de M. le ministre de la justice, en date du 8 mars 1831, donnée à un maire de Paris, par l'intermédiaire du procureur du roi, que l'officier de l'état civil doit refuser de procéder à la célébration d'un pareil mariage, tant qu'une décision des tribunaux n'est pas intervenue en sa faveur. « La « question soulevée par cette prétention (*y est-il dit*), ayant « toujours été soumise aux tribunaux, M. le garde des « sceaux est d'avis que la marche suivie jusqu'à ce jour « ne paraît pas devoir être abandonnée, nonobstant l'abro- « gation de l'article 6 de la Charte de 1814, parce que, « s'il est vrai que quelques tribunaux ont fondé leurs « décisions sur le principe consacré par la disposition de « cet article, d'autres ont invoqué la loi organique du « Concordat; en sorte que M. le garde des sceaux pense « qu'il peut encore exister des doutes, et que c'est aux tri- « bunaux seuls qu'il appartient de les dissiper [1]. »

En effet, la Cour de cassation a décidé depuis que le mariage du prêtre est *nul*; elle se fonde sur les motifs suivants : « Il résulte des articles 6 et 26 du Concordat, que « les *prêtres catholiques* sont soumis aux canons qui étaient « alors reçus en France et, par conséquent, à ceux qui « prohibaient le mariage aux ecclésiastiques engagés dans « les ordres sacrés et déclaraient nuls les mariages con- « tractés au mépris de cette prohibition. Le Code civil et « les lois constitutionnelles ne renfermant aucune déroga- « tion à cette loi spéciale, l'arrêt qui annule le mariage « d'un prêtre ne viole aucune loi [2].

---

1. Cette instruction a été rappelée en 1837 et en 1854 par le proc. du roi et le proc. imp. à Paris.

2. Cass. 26 fév. 1878 (ch. des req.). — V. *infrà*, n° 695. *Pour l'affirmative* : Merlin, *Rép.*, v° *Célibat*, n° 2, et *Mar.*, sect. 3, § 1, n° 4; Toullier, t. I, n° 560; Vazeille, *Du Mar.*, t. I, n°s 94 et 95; Dalloz aîné, *Mar.*, sect. 2, art. 5; Cerati, *Du Célib. et du Mar. des prêtres*; Nachet, *De la Liberté relig.*, ch. 14, p. 320; Richefort, *De l'État des fam. lég. et nat.*, t. I, n°s 217 et suiv., Fred. Portalis, Propos. à la Chambre des députés, du 23 fév. 1833, *Monit.*, p. 501; Valette, *Notes sur Proudhon, Des Pers.*, t. I, n° 415; Serrigny, *Traité de dr. publ. français*, t. I, p. 567 et suiv.; Vuillefroy, *Traité de l'administ. du culte cath.*, p. 425, note c; Paillet, *Collect. des lois anc.*, t. I, p. 8,

En présence d'une semblable controverse, nous pensons que l'officier de l'état civil doit se conformer à l'instruction de M. le garde des sceaux tant qu'une loi n'aura pas tranché cette question d'ordre public et de morale[1].

524. A l'égard des personnes engagées dans les *ordres sacrés* et qui ont été relevées de leurs vœux par un bref du Pape, elles peuvent légalement contracter mariage sans que ce bref soit soumis à la formalité de l'enregistrement prescrite par l'article 1er de la loi du 28 germinal an X[2], les brefs de la Pénitencerie, pour le *for intérieur* seulement, pouvant être exécutés sans aucune autorisation[3].

A ce sujet, M. le ministre de la justice et des cultes adressa la lettre suivante, en date du 24 novembre 1875, à un avocat chargé d'obtenir l'autorisation de légitimer un pareil mariage à cause du défaut d'enregistrement du bref du Pape.

« Monsieur, au nom de M. X..., vous me demandez « l'application de l'article 1er de la loi du 28 germinal an « X à un décret pontifical du 6 août 1865, qui a relevé « votre mandant des engagements qu'il avait contractés en « recevant l'ordre du sous-diaconat, et l'a dispensé du vœu « de chasteté, en vue d'un mariage projeté, sous la condi- « tion d'accomplir certaines pénitences déterminées.

« L'article 1er de la loi du 28 germinal an X n'a fait que « reproduire la doctrine de notre ancienne jurisprudence,

---

note sur la disp. prohibit. du concile de Trente ; Persil, Concl. dans l'aff. Dumonteil, lors du second arrêt de Paris du 14 janv. 1832; Dupin, Concl. dans la même aff., lors de l'arrêt de reject du 21 fév. 1833; Bonjean, Blondeau, Valette, Pinart, Consult. sur l'aff. Houel, Cass. 26 nov. 1834. — *Pour la négative :* Nougarède, *Jurisp. sur le mar. des prêtres* (Paris 1834); Pezzani, *Empêch. du mar.*, nos 192 et suiv., et 206; Fav., *Nouv. Rép.*, vo *Mar.*, sect. 1, § 2, no 9; Loiseau, *Des Enf. nat.*, p. 274; Dalloz jeune, *Dict. gén., Mar.*, no 219; Mailher de Chassat, *Traité des statuts,* no 175, p. 235 et suiv.; Marcadé, t. II, p. 51.

1. Cette question étant restée indécise, elle doit, comme par le passé, être soumise aux tribunaux; il n'appartient pas aux officiers de l'état civil de la trancher. Des instructions ministérielles ont été adressées dans ce sens aux procureurs du roi (mars 1831) pour être transmises aux officiers de l'état civil.

2. Cet article est ainsi conçu : « Aucune bulle, bref, rescrit, décret, « mandat, provision, signature servant de provision, ni autres expédi- « tions de la Cour de Rome, même ne concernant que les particuliers, « ne pourront être reçus, publiés, imprimés, ni autrement mis à exé- « cution, sans l'autorisation du Gouvernement. »

3. Déc. 28 fév. 1810, art. 1er.

« il doit être interprété, d'après les règles de notre « ancien droit. Or, la déclaration du 8 mars 1872 porte « que les bulles, brefs et autres expéditions de la Cour de « Rome qui concernent les *dispenses pour mariage* sont « exempts de *présentation et d'enregistrement par les Cours « de parlement;* d'autre part, le décret du 28 février 1810 « (art. 1er), conforme à la jurisprudence de l'ancien « Conseil d'État et des parlements (V. notamment arrêt « du Conseil du 14 décembre 1739), reconnaît que les « brefs de la Pénitencerie peuvent être exécutés sans « aucune autorisation.

« La décision pontificale du 6 août 1865, concernant le « sieur X..., est tout à la fois une dispense pour mariage « et un indult de Pénitencerie; elle rentre dans les con- « ditions de la déclaration du 8 mars 1772 et du décret du « 28 février 1810.

« Cette décision a été déposée dans les archives de « l'*ordinaire*[1] de l'impétrant, et l'exécution en a été remise « à cet ordinaire. Elle présente aussi les conditions de « forme requises par les parlements dans les espèces ana- « logues, et notamment par le parlement de Paris dans son « arrêt du 18 mars 1666, relatif à la validité du mariage « du sieur Chauvelin, sous-diacre, relevé de ses vœux, et « de dame Edmée de Bridières, abbesse de Saint-Remy- « des-Landes (V. le *Journal des audiences,* t. II, p. 429).

« Il n'y a donc pas lieu de faire enregistrer et publier « cette décision du 6 août 1865 concernant le sieur X... »

525. Le *sourd-muet* pouvant manifester sa volonté et donner un consentement libre et éclairé est, même alors qu'il ne sait ni lire ni écrire, habile à contracter mariage[2]. Ainsi l'a décidé M. le ministre de la justice dans une circulaire du 17 juin 1822, portant que : « L'of- « ficier de l'état civil peut procéder au mariage du *sourd- « muet,* pourvu que celui-ci soit en état de donner son

---

1. On appelle ainsi le supérieur immédiat.

2. Toulouse, 26 mars 1824; Paris, 3 août 1855. — Toullier, t. I, nº 503; Vazeille, *Mar.*, t. I, nºs 92 et 98; Massé et Vergé, sur Zachariæ, t. I, § 110, p. 170; Roll. *Rép. du not.*, 2e éd., vº *Sourd-Muet,* nº 10; Gillet, p. 214; Collier, nº 136; Duranton, t. II, nº 39; Richelot, t. I, p. 250, note 14; Ducaurroy, Bonnier et Roustaing, t. I, nº 246; Demolombe, t. I, p. 37, nº 24.

« consentement en connaissance de cause. S'il sait écrire, « il doit le donner par écrit ; s'il ne sait pas écrire, mais « qu'il ait été élevé dans une institution fondée pour des « sourds-muets, le futur se fera assister de son professeur « ou instituteur qui lui expliquera les questions et trans- « mettra les réponses à l'officier de l'état civil. S'il ne con- « naît pas les signes qu'on enseigne dans une de ces ins- « titutions, ses parents ou autres personnes familiarisées « avec lui deviendront ses interprètes naturels. Ce sera « d'ailleurs toujours à l'officier de l'état civil à s'assurer « par lui-même de la volonté et du degré d'intelligence « du sourd-muet. »

526. La personne pourvue d'un conseil judiciaire a qualité pour contracter mariage sans le consentement de ce dernier : l'article 513 du Code civil, qui détermine sa capacité, ne contient aucune prohibition à cet égard[1].

527. L'interdit étant assimilé au mineur par l'article 509 du Code civil, le mariage qu'il contracte avec le consentement de son conseil de famille ne peut être attaqué[2].

528. Toute personne en état habituel de *démence* ou de *fureur* peut contracter mariage pendant un intervalle lucide. Tout se réduit à cette question de fait : les parties ont-elles ou non donné en connaissance de cause leur consentement au mariage[3] ?

529. Le *condamné* à la peine de l'*emprisonnement* prononcée par les tribunaux correctionnels peut contracter mariage pendant la durée de sa peine, par la raison qu'il n'est point, pendant ce temps, en état d'interdiction légale, comme le condamné à une peine afflictive perpétuelle ou temporaire, et que, par conséquent, il conserve la jouissance de ses droits naturels.

530. Le *condamné* à la *dégradation civique* est également habile à contracter mariage : aucune des prescriptions de l'article 34 du Code pénal ne lui retire cette faculté.

---

1. Cass., 12 nov. 1844. — Aubry et Rau, t. IV, p. 82, 83 ; Vazeille, t. I, nº 90.
2. Nancy, 3 déc. 1838 ; Caen, 19 mars 1839.
3. Mourlon, t. I, nº 532-2º.

531. Le conjoint de l'époux condamné à une peine emportant *mort civile* peut contracter une nouvelle union lorsque cette peine a été prononcée antérieurement à la loi du 31 mai 1854 qui a aboli la mort civile : la loi ne dispose que pour l'avenir et n'a point d'effet rétroactif[1], et, aux termes de l'article 25 du Code civil, le mariage de ce condamné est dissous, quant à tous ses effets civils, et son époux peut exercer les droits auxquels sa mort naturelle aurait donné ouverture, c'est-à-dire que ce dernier est devenu veuf par l'autorité de la loi, comme il le serait devenu par la mort naturelle. D'où il résulte que le mariage dissous ne peut plus revivre après la dissolution, et que, pour rester unis, les époux doivent en contracter un second[2].

532. Aucun fonctionnaire public ou agent salarié ne peut contracter mariage sans l'autorisation du gouverneur, à peine de révocation, savoir :

1° A la Guyane[3];

2° Dans les colonies françaises établies dans l'Inde[4];

3° Au Sénégal et dépendances[5].

533. Le mariage des nègres avec des blancs avait été interdit par deux circulaires du ministre de la justice, des 18 nivôse an XI et 27 juillet 1810; cette interdiction fut levée par deux circulaires du ministre de la justice, des 7 mars 1817 et 20 août 1821, comme n'étant pas d'accord avec la jouissance des droits civils accordés en France aux hommes de couleur.

534. Un Français divorcé en France avant la loi du 8 mai 1816, qui a aboli le divorce, peut contracter un nouveau mariage en France. Il en est de même d'un étranger divorcé dans son pays où le divorce est permis. Ce principe a été consacré par la jurisprudence[6].

---

1. C. civ., art. 2.
2. Bar-sur-Aube, 26 mars 1857, confirmé le 11 juillet suivant par la cour de Paris ; Cass., 21 juin 1858.
3. Ord. royale, 27 août 1828, art. 59.
4. *Ibid.*, 23 juillet 1840, art. 41.
5. Ord. roy., 7 sept. 1840, art. 6.
6. Cass., 25 fév. 1810; Aix, 6 avril 1826; Nancy, 30 mai 1826; Cass., 16 janv. 1860 et 15 juillet 1878. En sens contraire : Paris, 28 mars 1843. V. *infrà*, n° 644.

Néanmoins, tout Français marié dans un pays où le divorce est admis, qui profiterait de cette législation pour faire dissoudre son mariage, ne pourrait contracter une nouvelle union en France que si la nullité de la précédente était prononcée par les tribunaux français.

Mais tout Français non engagé dans les liens du mariage peut se marier en France ou à l'étranger avec toute femme également libre, soit qu'elle n'ait jamais été mariée, soit que, l'ayant été, elle ait cessé de l'être par un divorce légalement prononcé, soit en France, à l'époque où cela se pouvait, soit dans les pays où la législation qui règle l'état de leurs nationaux, n'a pas cessé de le permettre[1].

535. Il n'y a pas de mariage lorsqu'il n'y a point de consentement[2].

536. Il n'y a point de consentement valable si le consentement n'a été donné que par erreur, ou s'il a été extorqué par violence ou surpris par dol[3].

SECTION III.

Du mariage des enfants légitimes.

§ 1er. — *Du consentement de leurs ascendants et de sa forme.*

537. Le *fils* qui n'a pas atteint l'âge de *vingt-cinq ans accomplis*, la *fille* qui n'a pas atteint l'âge de *vingt-un ans accomplis*, ne peuvent contracter *mariage* sans le consentement de leurs père et mère : en cas de dissentiment, le consentement du père suffit[4].

538. Lorsque le père d'un enfant *majeur* ou *mineur* est *disparu*, l'officier de l'état civil ne doit pas exiger que la mère de cet enfant soit autorisée par le tribunal pour consentir au mariage; telle est, du reste, la jurisprudence

1. Cass., 16 janv. 1860.
2. C. civ., art. 146. — L'article 12 de la sect. 1, tit. IV, de la loi du 20 sept. 1792, portait : « Ceux qui sont incapables de consentement, « ne peuvent se marier. »
3. *Ibid.*, art. 1109. V. *infrà*, nos 788 et suiv.
4. *Ibid.*, art. 148. V. *infrà*, nos 543, 555 et 682, note 8, et *suprà*, no 289.

constante de la chambre du conseil du tribunal de la Seine[1].

Mais si cet enfant était mineur et qu'il n'eût aucun autre ascendant, il ne pourrait contracter mariage sans produire soit un jugement, soit un acte de notoriété constatant l'absence de son père, et le consentement du conseil de famille[2]. D'où il résulte que s'il était enfant naturel, il devrait produire le consentement d'un tuteur *ad hoc*[3].

539. La femme remariée n'a pas besoin de l'autorisation de son second mari pour consentir au mariage d'un enfant de son premier lit ; c'est un droit qui lui est personnel et une capacité qu'elle a par elle-même en sa qualité de *mère* et non de tutrice.

540. L'enfant porté sur son acte de naissance comme né de *père inconnu* doit, même en l'absence de possession d'état, être considéré comme légitime, par application de l'article 312 du Code civil, s'il est établi qu'à l'époque de sa naissance sa mère était mariée. Lorsque cet enfant veut contracter mariage, il doit justifier du consentement de son père[4], de son décès, de sa disparition, de son incapacité.

541. Le condamné à huit ans de travaux forcés, qui a subi sa peine, mais qui est assujetti à la résidence perpétuelle à la Guyane ou à la Nouvelle-Calédonie, conformément à l'article 6 de la loi du 30 mai 1854, fait acte de *puissance paternelle* en consentant au mariage de ses enfants restés en France, et ce consentement doit lui être demandé. Pendant qu'il subissait la peine principale, l'interdiction légale s'opposait à ce qu'il exerçât ce droit; mais la peine des travaux forcés une fois subie, l'obstacle disparaît; d'un autre côté, la dégradation civique qui survit à l'exécution de la peine ne frappe pas le condamné d'incapacité à cet égard, par la raison que les effets de cette peine doivent être limités à la privation des droits énumérés dans l'article 34 du Code pénal[5].

---

1. Lettre du proc. imp. à Paris, 13 octobre 1853.
2. Pau, 15 oct. 1872.
3. V. *infrà*, n° 594.
4. Lettre min. Just. au proc. gén. d'Agen, 27 avril 1876 (191, B. 76). V. *suprà*, nos 108 à 111, et n° 400, note 1.
5. *Ibid.*, au proc. gén. de Caen, 10 fév. 1876 (189, A. 76), et au proc. de la Rép. à Paris, 16 août 1878 (1069, B. 78). V. *suprà*, n° 43, note 4.

542. En cas d'interdiction légale ou de condamnation des père et mère, ou de l'un d'eux, à la réclusion ou aux travaux forcés, la représentation du jugement suffira pour qu'il puisse être passé outre à la célébration, si, toutefois, il n'y a pas d'autre ascendant dont l'enfant doive demander le consentement ou le conseil[1].

Dans ce cas, l'officier de l'état civil ne doit pas énoncer dans l'acte de mariage les motifs de l'interdiction. Il doit se borner à énoncer que l'ascendant est non présent et incapable de manifester sa volonté[2].

543. Le consentement donné par le père ne peut pas dispenser l'enfant de demander conseil à sa mère dans la forme tracée par loi, c'est-à-dire par des actes respectueux[3].

544. Si l'un des deux est mort, ou s'il est dans l'impossibilité de manifester sa volonté, le consentement de l'autre suffit[4].

545. Si le père et la mère sont morts, ou s'ils sont dans l'impossibilité de manifester leur volonté, les aïeuls et aïeules les remplacent : s'il y a dissentiment entre l'aïeul et l'aïeule de la même ligne, il suffit du consentement de l'aïeul.

S'il y a dissentiment entre les deux lignes, ce partage emportera consentement[5].

Les dispositions contenues en cet article ne sont pas applicables au cas où le futur époux est enfant naturel, ou dont les père et mère sont eux-mêmes enfants naturels, parce que les aïeuls naturels n'ont pas qualité pour former opposition au mariage, ni pour y consentir. En effet, l'enfant naturel n'a point de famille, la parenté qui naît entre l'enfant naturel légalement reconnu et ses père et mère s'arrête à ces derniers[6].

---

1. Pezzani, n° 317 ; Toullier, t. I, n° 543 ; Coffinières, 23. — Lettres min. Just. au proc. imp. de Bône, 26 déc. 1863 (5,968, B. 2), et au proc. de la Rép. à Gray, 24 mai 1878 (600, B. 78).
2. Lettre du proc. imp. à Paris, 13 oct. 1855.
3. Caen, 22 déc. 1812 ; Douai, 25 janv. 1815. V. *infrà*, n° 555.
4. C. civ., art. 149.
5. *Ibid.*, art. 150. — Il en serait de même s'il n'existait que des bisaïeuls. — Marcadé, t. II, p. 150, n° 3 ; Demolombe, t. I, p. 77, n° 50.
6. Lettre du proc. imp. à Paris, 10 mai 1853. V. *infrà*, n° 573.

546. Le consentement des père et mère ou aïeuls et aïeules ne peut être donné que par *acte authentique*[1], sauf l'exception portée *infrà*, n° 551, à moins qu'ils n'assistent à la célébration du mariage, auquel cas l'officier de l'état civil reçoit leur consentement verbal et en fait mention dans l'acte.

547. L'acte authentique du consentement des père et mère ou aïeuls et aïeules, ou, à leur défaut, celui de la famille, contiendra les prénoms, noms, professions et domicile du futur époux et de tous ceux qui auront concouru à l'acte, ainsi que leur degré de parenté[2].

Il pourra être délivré en brevet[3].

Ce consentement doit être *spécial*, c'est-à-dire qu'il doit désigner les nom, prénoms, profession et domicile de la personne avec laquelle le futur auquel il est donné, se propose de contracter mariage. Il ne doit pas énoncer qu'il est donné au futur époux pour contracter mariage avec telle personne qu'il lui plaira de choisir[4]; car cette énonciation aurait pour conséquence de tromper la surveillance des parents et les vues du législateur, qui a compté sur leur prudence pour éclairer leurs enfants dans une circonstance aussi importante, et les préserver à temps d'un engagement malheureux et irréparable[5]. D'ailleurs les notaires ont été invités à rappeler aux parents qui se présentaient pour faire constater leur consentement à un mariage, que, pour satisfaire à la loi et maintenir l'autorité qu'elle leur confère, ce consentement doit être spécial, et indiquer la personne en vue de laquelle il a été demandé[6].

---

1. V. *suprà*, n° 40.
2. C. civ., art. 73.
3. V. *suprà*, n° 39.
4. Lettre min. Just. 9 juin 1836 et 29 oct. 1852. Pezzani, n° 260; Vazeille, nos 116 et 117; Duranton, t. II, n° 91; Delvincourt, t. I, p. 70; Demolombe, t. III, n° 53; Massé et Verger, § 112, note 8; Marcadé, sur l'art. 73.
5. Lettre min. Just. 27 avril 1807 et 29 oct. 1852. Mourlon, n° 552.
6. *Ibid.*, 29 oct. 1852, rappelée par le proc. imp. à Paris, le 3 sept. 1860. — « L'intention évidente du législateur (est-il dit dans cette circu-« laire), en exigeant le consentement des parents au mariage de leurs « enfants, a été de fortifier l'autorité paternelle et de prévenir des « alliances qui seraient contraires aux véritables intérêts de ceux qui « voudraient les contracter. — Il importe donc que les parents con-« naissent les personnes avec lesquelles leurs enfants veulent s'unir, « et qu'ils désignent ces personnes, de manière que leur consente-« ment ne puisse servir qu'à l'union dont ils ont apprécié la conve-« nance et les avantages. » V. Rec. off. min. Just., t. II, p. 213.

La négative est soutenue par divers auteurs. « L'article « 73 du Code civil, disent-ils, n'exige pas cette énonciation ; or, il n'est point permis de créer, par voie d'interprétation, des prescriptions que la loi n'exige pas. » Cette doctrine est d'ailleurs commandée par la nécessité même. Des entreprises lointaines peuvent, en effet, séparer l'enfant de ses ascendants et, en pareil cas, il faut bien, si l'on ne veut pas retarder indéfiniment le mariage, permettre à l'ascendant de donner à son enfant, lorsqu'il a confiance en sa sagesse, un consentement indéterminé et général[1].

« Il me semble, au contraire, dit Demolombe (t. I, p. « 81), que l'ascendant qui donne un tel consentement, ne « remplit, sous aucun rapport, la mission que la loi lui a « confiée. Que veut la loi? Que l'expérience du père profite à l'enfant; qu'elle l'éclaire, qu'elle le dirige, qu'elle « puisse le préserver à temps d'un engagement malheureux et irréparable! Or, il est évident que cette mission « ne peut être remplie par le père qu'autant qu'il connaît « la personne avec laquelle son enfant se propose de se « marier; donc le père trompe le vœu de la loi lorsqu'il « dit à son enfant : Va te marier avec qui tu voudras! — « Ce n'est pas là exercer la puissance paternelle, c'est la « résigner, c'est l'abdiquer au grand détriment de l'enfant, « de la famille et de la société elle-même! »

Un semblable consentement serait aussi, selon nous, une sorte d'abdication de la puissance paternelle; cependant, nous ne verrions aucun inconvénient à ce qu'il soit valide lorsqu'il concerne des enfants de famille ayant atteint la majorité fixée par l'article 148 du Code civil, par la raison qu'ils peuvent, dans ce cas, se marier sans le consentement de leurs ascendants après leur avoir demandé conseil, et que cette puissance n'est plus que de conseil et d'assistance[2].

548. Lorsque l'acte de consentement fait connaître que

---

1. Mourlon, t. I, n° 552; Aubry et Rau, t. IV, p. 96, 97 et t. V, § 466, note 6; Ducaurroy, Bonnier et Roustaing, sur l'art. 73; Coin-Delisle, sur l'art. 73, n° 4; Allemand, t. I, n° 223; Roll., *Cons. à mar.*, n° 26; Chardon, *Puiss. pat.*, n° 204.

2. Toullier, t. II, n° 1049. V. *suprà*, n° 38, note 5. — Cet acte de soumission n'est plus qu'un hommage et une déférence rendus à la puissance paternelle.

les futurs époux demeurent dans une commune autre que celle dans laquelle ils ont déclaré résider, l'officier de l'état civil, sans exiger la production d'un nouvel acte de consentement, peut procéder à la célébration du mariage s'il a acquis la certitude que les futurs époux sont réellement domiciliés dans sa commune[1].

549. Toutes les fois que, dans un acte de consentement, des noms et des dates ont été surchargés, l'officier de l'état civil doit rigoureusement le refuser[2].

550. Lorsque les ascendants résident en pays étranger, et qu'il y a un consulat français dans la ville qu'ils habitent ou dans ses environs, ils doivent donner leur consentement devant le chancelier du consulat, qui remplit les fonctions de notaire[3].

L'officier de l'état civil ne peut refuser ce consentement lorsqu'il a été visé par le consul, dont la signature est elle-même légalisée par le ministre des affaires étrangères, à Paris[4].

551. Si les ascendants ne peuvent donner leur consentement, ni devant le chancelier du consulat, parce qu'il n'y en a pas dans le pays ou parce que sa résidence est trop éloignée de leur demeure, ni devant aucune des autorités du pays, parce qu'elles se refusent à le recevoir, le consentement sous seing privé doit être accepté[5].

La validité du mariage célébré dans cette condition ne sera pas attaquable, car aucune prescription des articles 73 et 182 du Code civil ne prononce la nullité du mariage pour le cas d'inobservation des règles qu'ils posent concernant l'authenticité du consentement[6].

552. L'officier de l'état civil ne peut refuser de recevoir un acte de consentement à mariage donné depuis un assez long espace de temps, la loi n'ayant prescrit aucun délai

1. Avis du proc. imp. à Paris, janvier 1855.
2. Lettres min. Just. 27 janv. 1838, et du proc. imp. à Paris, 17 mai 1856.
3. Ord. sur la marine de 1681, encore en vigueur suivant instruct. minist. du 30 nov. 1833.
4. Lettre du proc. imp. à Paris, 28 août 1856.
5. Avis du proc. imp. à Paris, 28 sept. 1853 et janv. 1856.
6. Pau, 24 mars 1859.

après lequel il serait sans effet[1]. Mais, dans ce cas, il doit exiger la production d'un certificat constatant l'existence de l'ascendant qui a donné le consentement, car il pourrait arriver que, par la mort de celui-ci, l'enfant se trouvât placé sous l'autorité d'autres personnes.

553. Les dispositions du Code civil relatives au consentement des ascendants pour le mariage sont applicables à toutes les personnes qui voudront contracter mariage à l'île de la Réunion[2].

554. L'enfant adoptif n'a pas besoin du consentement de la personne qui l'a adopté : il reste dans sa famille naturelle et y conserve tous ses droits[3].

555. Le dissentiment qui existe entre le père et la mère, les aïeuls et aïeules, relativement au mariage de leurs enfants ou petits-enfants doit être constaté par *acte notarié*[4].

Il n'est point nécessaire d'attendre, comme pour les actes respectueux dont il sera parlé au paragraphe suivant, que le mois soit écoulé après cet acte pour procéder à la célébration du mariage.

Ce dissentiment peut être également constaté dans l'acte même de mariage par l'officier de l'état civil, lorsque la personne qui refuse de donner son consentement lui en fait la déclaration au moment de la célébration[5].

556. Lorsque les ascendants se trouvent dans l'impossibilité de manifester leur volonté, ce fait doit être constaté, soit par un extrait de jugement contenant leur interdiction, soit par un certificat délivré, sur papier timbré à 60 cent., par un médecin nommé d'office en vertu d'un arrêté dans lequel l'officier de l'état civil indiquera les faits articulés, pour que ce médecin puisse répondre positi-

---

1. Avis du proc. du roi à Paris, 2 sept. 1830, du proc. imp. à Paris, 19 oct. 1855, et du proc. de la Rép. à Versailles, 3 fév. 1877.
2. Sénatus-consulte, 22 avril 1862.
3. C. civ., art. 348. V. *suprà*, n° 485.
4. Delvincourt, t. I, note 4 de la page 58 ; Duranton, t. II, n° 77 ; Valette, sur Proudhon, p. 396. — Dans ce cas, l'acte notarié doit être annexé avec les autres pièces déposées à l'appui du mariage, et l'officier de l'état civil doit en faire mention dans l'acte de célébration. Collier, p. 215, n° 239. V. *infrà*, n° 682.
5. J. C., t. III, p. 192 ; t. XIV, p. 224 ; t. XXXII, p. 359 ; t. XXXVII, p. 213 ; t. XXXIX, p. 68.

vement sur chacun d'eux[1]. La signature du médecin doit être légalisée par le maire de son domicile.

557. Dans les cas prévus par les articles 148, 149 et 150 du Code civil, lorsque les ascendants des personnes qui voudront contracter mariage aux îles de la Société, à la Nouvelle-Calédonie et dans les autres établissements français de l'Océanie, résideront en Europe, il pourra être suppléé à leur consentement par l'autorisation du conseil du gouvernement de la colonie, sans lequel les officiers de l'état civil ne pourront procéder au mariage[2].

§ 2. — *Des actes respectueux et de leur forme.*

558. Les enfants de famille ayant atteint la majorité fixée par l'article 148 du Code civil, sont tenus, avant de contracter mariage, de demander, par un acte respectueux et formel, le conseil de leur père et de leur mère, ou celui de leurs aïeuls et aïeules, lorsque leur père et leur mère sont décédés, ou dans l'impossibilité de manifester leur volonté[3].

Les mots *demander le conseil* indiqués en cet article ne sont pas tellement sacramentels qu'ils ne puissent pas être remplacés par ceux-ci : *demander le consentement*[4].

Les mots : *sommé, requis, interpellé,* quoique impropres, n'annulent pas l'acte respectueux, lorsque d'ailleurs le vœu de la loi paraît rempli[5].

---

1. Décis. G. des sc., min. de la Just., 10 fév. 1818.

2. Décret des 24 mars 1852 et 28 juin 1877, art. 2. — En cas de mort, d'absence ou autre empêchement, et lorsqu'il n'y a pas été pourvu d'avance, le gouverneur, dans nos colonies, est remplacé provisoirement par l'ordonnateur et, à son défaut, par le directeur de l'intérieur (déc. du 29 août 1855). Dans les colonies où il existe un commandant militaire, ce chef de service remplace le gouverneur absent.

3. C. civ., art. 151. — L'usage et la nécessité de l'acte respectueux ont été consacrés par l'édit de Henri II, en fév. 1556, la déclaration de Louis XIII, du 26 nov. 1639, un arrêt de règlement, du 26 nov. 1692, et un édit de Louis XIV, en nov. 1697. On appelait alors ces actes : *sommations respectueuses*. V. *suprà,* n° 285 et *infrà,* n° 574.

4. Bordeaux, 22 mai 1806 ; Liège, 20 janv. 1813 ; Toulouse, 27 juin 1821 ; Besançon, 30 juillet 1822 ; Bruxelles, 4 nov. 1824 ; Amiens, 8 avril 1825.

5. Rouen, 6 mars 1806 ; Cass., 4 nov. et 24 déc. 1807. — Fav., *Rép.,* v° *Actes resp.*; Vazeille, *Traité du mar.*, t. I, n° 137 ; Merlin, *Rép.,* v° *Som. resp.*, n° 1 ; Marcadé, sur l'art. 151.

559. L'acte respectueux fait à la mère remariée ne peut s'adresser qu'à elle et non au nouveau mari, dont l'autorisation ne lui est pas nécessaire, celui-ci ne participant en rien à ses droits sur les enfants du premier mariage.

Cet acte doit être fait à la mère remariée, même dans le cas où elle n'aurait pas été maintenue dans la tutelle, attendu que cette disposition, relative seulement aux intérêts civils de l'enfant, ne porte aucune atteinte à ses devoirs filiaux [1].

560. L'enfant qui est placé sous l'assistance d'un conseil judiciaire peut faire, sans le concours de ce conseil, des actes respectueux à ses ascendants, cet enfant ayant la faculté de contracter mariage de sa propre volonté [2].

561. La veuve peut procéder aux actes respectueux dans le délai de viduité de dix mois qu'elle doit laisser écouler avant de contracter un second mariage [3].

562. Depuis la majorité fixée par l'article 148 du Code civil jusqu'à l'âge de *trente ans accomplis* pour les fils, et jusqu'à l'âge de *vingt-cinq ans accomplis* pour les filles, l'acte respectueux prescrit par l'article 151, et sur lequel il n'y aurait pas de consentement au mariage, sera *renouvelé* deux autres fois, de mois en mois; et un mois après le troisième acte, il pourra être passé outre à la célébration du mariage [4].

Le délai d'un mois qui doit exister d'un acte respectueux à l'autre, et du dernier acte à la célébration du mariage est de rigueur et doit s'entendre de quantième à quantième, c'est-à-dire du jour où le précédent acte a été fait au jour correspondant du mois suivant [5]. Ainsi, un mariage pour lequel il a été notifié aux ascendants un acte respectueux le 1er février pourra être célébré le 1er mars, les dispositions de l'article 1033 du Code de procédure n'étant pas applicables aux actes respectueux [6].

---

1. *Dict. du not.*, t. I, p. 411 et 421.
2. V. *suprà*, n° 526.
3. Paris, 18 juin 1873.
4. C. civ., art. 152.
5. Paris, 19 oct. 1809; Cass., 27 déc. 1811; Bruxelles, 29 mars 1820; Lyon, 23 déc. 1831; Bordeaux, 19 juin 1844. Vazeille, t. I, n° 135; Duranton, t. II, p. 47.
6. Paris, 19 oct. 1809 précité; Lyon, 23 déc. 1831; Bordeaux, 19 juin

Le renouvellement des actes respectueux n'est nécessaire qu'autant qu'il n'intervient pas de consentement de la part des parents auxquels ils sont adressés.

Si même le père seul consentait, il ne serait pas nécessaire de notifier d'autres actes à la mère, puisqu'en cas de dissentiment entre eux le consentement du père suffit. Il en serait autrement si le refus venait du père, bien que la mère donnât son consentement. C'est ce qui résulte de la combinaison des articles 148 et 150 du Code civil.

De même, s'il y a consentement de la part d'un aïeul de la ligne paternelle et maternelle, ou même d'une aïeule qui est seule dans sa ligne, le mariage peut être célébré sans délai et sans autres actes respectueux [1].

563. Les actes respectueux signifiés à son père par un fils majeur de vingt-cinq ans peuvent être déclarés nuls si, à la date de ces actes, la personne avec laquelle celui-ci doit contracter mariage n'avait pas encore atteint l'âge légal [2].

564. Après l'âge de *trente ans,* il pourra être, à défaut de consentement sur un acte respectueux, passé outre, *un mois* après, à la célébration du mariage [3].

565. La fille majeure de *vingt-cinq ans révolus,* mais âgée de moins de trente ans, n'est pas tenue de réitérer deux fois l'acte respectueux : l'âge de trente ans fixé en l'article précédent ne s'applique qu'aux fils [4].

566. L'acte respectueux sera notifié à celui ou ceux des

1844. — Art. 1033 du Code de procédure : « Le jour de la notification « ni celui de l'échéance ne sont point comptés pour le délai général « fixé pour les ajournements, les licitations, sommations et autres actes « faits à personne au domicile...... » Duranton, t. II, n° 107, Aubry et Rau, t. IV. p. 79 ; Merlin, *Quest. de dr.*, v° *Act. respect.,* § 2, quest. 1 et 2.

1. Argument de l'art. 150 du Code civil.
2. Montpellier, 12 avril 1869.
3. C. civ., art. 153. — Il s'agit ici d'un devoir filial qui est imposé par la loi, quel que soit l'âge de l'enfant, et soit qu'il ait été ou n'ait pas encore été engagé dans les liens d'un premier mariage. (Exp. des mot.)
4. Grenoble, 18 fév. 1806 ; Bordeaux, 22 mai 1806 ; Besançon, 24 mai 1808 ; Bourges, 2 janv. 1810 ; Paris, 19 sept. 1815 ; Bordeaux, 29 sept. 1838. — Bigot de Préameneu, *Exp. des mot.,* p. 306 ; Toullier, t. I, n° 548 ; Vazeille, t. I, n° 135 ; Duranton, t. II, n° 108 ; Hutteau d'Origny, p. 234.

ascendants désignés en l'article 151 du Code civil, par deux notaires, ou par un notaire et deux témoins ; et, dans le procès-verbal qui doit en être dressé, il sera fait *mention de la réponse*[1].

Cet acte doit être notifié à chacun des ascendants dont le consentement est nécessaire, et copie doit leur en être laissée séparément, parce que ce sont des personnes *distinctes*, ayant ou pouvant avoir un conseil différent à donner, et qu'il est alors indispensable de constater leur dissentiment[2].

Jugé que la notification doit également être faite aux mères et aïeules qui ne résident pas avec leurs maris[3].

Mais cet article n'impose pas de dresser deux actes *distincts et séparés* pour constater, l'un le mandat donné par l'enfant au notaire, et l'autre la démarche faite par celui-ci auprès de l'ascendant. Ces deux opérations peuvent être réunies en un seul acte que les tribunaux sont fondés à envisager dans son ensemble, pour apprécier si toutes les formalités voulues par la loi ont été remplies[4].

L'obligation d'énoncer les réponses des ascendants dans le procès-verbal de notification ne doit s'entendre que des cas où les notaires trouvent les ascendants à leur domicile[5]. Il n'est donc pas indispensable que la notification soit faite aux ascendants en parlant à leurs personnes. C'est ce qui résulte d'ailleurs d'une lettre du procureur impérial à Paris, du 10 décembre 1858, dans laquelle il est dit : « Il est bien évident que les père et mère ne peu-
« vent, soit en interdisant l'entrée de leur domicile, soit
« en le désertant, placer l'enfant majeur, mais qui est en-
« core sous leur autorité relativement au mariage, et qui
« veut leur demander conseil conformément aux articles 151
« et suivants du Code Napoléon, dans l'impossibilité de
« remplir les formalités prescrites en pareil cas par la loi,
« et par conséquent dans l'impossibilité de contracter ma-
« riage à quelque âge que ce soit. Aussi est-il de jurispru-

1. C. civ., art. 154. — La présence réelle du notaire en second ou des deux témoins est indispensable. Paris, 12 fév. 1811 ; Rennes, 1er juin 1859.
2. Bruxelles, 5 mai 1808. J. N., art. 117.
3. Amiens, 18 janv. 1840.
4. Orléans, 3 juin 1871.
5. Toulouse, 21 juil. 1821. — Sirey, 1821, II, 99.

« dence constante qu'il n'est point indispensable que la « notification des actes respectueux soit faite aux ascen- « dants *en parlant à leurs personnes*, pourvu qu'il soit établi « que le notaire a fait tous ses efforts pour parvenir jus- « qu'à eux[1]. »

567. Il n'est pas nécessaire que l'enfant soit présent à la notification de l'acte respectueux. La jurisprudence est constante sur ce point, malgré quelques décisions contraires[2].

L'article 154 du Code civil n'impose même pas à l'enfant l'obligation de se faire représenter par un mandataire autre que les officiers ministériels ou l'officier ministériel, assisté de deux témoins, qui doivent faire cette notification, et consigner dans le procès-verbal la réponse de l'ascendant[3].

Jugé au contraire que la notification ne peut être faite à la requête du mandataire de l'enfant[4].

568. Il est nécessaire que les actes respectueux soient notifiés au nouveau domicile des père et mère, transporté dans une autre commune, bien que ces derniers n'aient point fait les déclarations exigées par la loi pour constater le changement de domicile, si, d'ailleurs, l'enfant en avait connaissance[5].

569. Lorsque les ascendants sont absents ou que le notaire ne peut parvenir jusqu'à eux, la copie des actes respectueux peut être remise au *maire* de la commune de

1. V. dans ce sens, Douai, 22 avril 1819; Amiens, 8 avril 1825; Cass., 11 juill. 1827; Nîmes, 8 juill. 1830; Paris, 26 avril 1836; Riom, 28 janv. 1839.

2. Amiens, 17 frim. an XII; conf. Rouen, 6 mars 1806; Cass., 4 nov., 1807; Liège, 20 janv. 1813; Agen, 1er fév. 1817; Caen, 27 juillet 1818; Douai, 22 avril 1819; Toulouse, 27 juin et 21 juillet 1821; Amiens, 10 mai 1821; Besançon, 30 juillet 1822; Rouen, 7 oct. 1824; Lyon, 28 oct. 1827; Douai, 8 janv. 1828, 27 mai 1835 et 15 fév. 1841. — Merlin, *Quest, de dr.*, vo *Actes resp.;* Malleville, t. I, p. 174; Toullier, t. I, p. 549; Fav., vo *Actes resp.:* Duranton, t. II, no 111; Vazeille, t. I, no 138. — En sens contraire, Caen, 1er prair. an XIII; Angers, 20 janv. 1806. Pothier, *Traité du cont. de mar.*, no 340; Delvincourt, t. I, p. 118.

3. Douai, 27 mai 1835 et 15 fév. 1841, précités.

4. Bruxelles, 5 mai 1808. J. N. 117. *Contrà*, Bourges, 14 mai 1878.

5. Paris, 10 mars 1825; Cass., 4 avril 1837. — Toullier, t. I, no 549; Duranton, t. II, no 106; Merlin, vo *Actes resp.;* Delvincourt, t. I, p. 56, note 9; Vazeille, t. I, p. 134; Pezzani, *Trait. des emp. au mar.*, no 362; Coffinières, no 37.

préférence à un voisin[1]. En effet, comme il s'agit ici d'un acte d'une nature toute particulière, le maire présente plus de garantie qu'un voisin.

Dans ce cas, il n'est pas nécessaire que l'original soit revêtu du visa exigé pour les exploits par les articles 68 et 70 du Code de procédure civile[2].

Jugé cependant que la copie des actes respectueux peut être valablement remise : 1° aux parents, serviteurs ou voisins[3], même mineurs ; 2° à leur défaut, au maire ou adjoint[4] ; 3° à la personne qui n'est que temporairement au service de l'ascendant ; 4° au portier[5].

570. Lorsque les ascendants habitent un pays étranger dans lequel il y a un consulat français, l'acte respectueux doit être notifié par le chancelier de ce consulat qui remplit les fonctions de notaire[6].

571. Les actes respectueux adressés à un père par sa fille, ne sauraient être annulés par le motif que celle-ci se serait retirée chez les parents de celui qu'elle veut épouser, et, dans ce cas, les tribunaux ne peuvent lui ordonner de se retirer, pendant un certain laps de temps, dans un endroit déterminé, pour y attendre librement les conseils de son père[7].

572. Les dispositions du Code civil relatives aux actes respectueux sont applicables à toutes les personnes qui voudront contracter mariage à l'île de la Réunion[8].

573. Ces dispositions ne sont pas applicables aux en-

---

1. Caen, 12 déc. 1812 ; Agen, 1er fév. 1817 ; Montpellier, 7 août 1855 ; Amiens, 8 juin 1869. — Demolombe, t. III, p. 112, n° 81 ; Merlin, v° *Actes resp.*, § 3, quest. 12 ; Chardon, *Puiss. pat.*, p. 222, n° 246. — En sens contraire, Montpellier, 1er juillet 1817.
2. Rouen, 8 oct. 1824. — Aux termes de ces articles tous exploits seront faits à personne ou domicile : mais si l'huissier ne trouve au domicile ni la partie, ni aucun de ses parents ou serviteurs, il remettra de suite la copie à un voisin, qui signera l'original ; si ce voisin ne peut ou ne veut signer, l'huissier remettra la copie au maire ou adjoint de la commune, lequel visera l'original sans frais. L'huissier fera mention du tout, tant sur l'original que sur la copie, à peine de nullité.
3. Montpellier, 1er juillet 1817, précité.
4. Pau, 20 janv. 1824.
5. Bruxelles, 11 avril 1810.
6. Paris, 16 avril 1836.
7. V. *suprà*, n° 550.
8. Amiens, 8 juin 1869.

fants adoptifs qui, d'après l'article 348 du Code civil, restent dans leur famille naturelle, et y conservent tous leurs droits[1].

Elles ne sont pas non plus applicables à l'enfant légitime, mineur ou majeur, dont les père et mère, *enfants naturels*, sont morts, absents ou incapables, par la raison qu'il n'est pas sous la puissance de ses aïeuls *naturels*. Le procureur impérial, à Paris, dans une lettre en date du 10 mai 1853, disait au sujet d'un enfant mineur qui se trouvait dans l'un de ces cas : « La loi civile, en effet, a « créé une position tout à fait exceptionnelle aux enfants « naturels, même lorsqu'ils sont reconnus ; ainsi il n'existe « entre eux et les alliés de leurs père et mère aucun lien « de parenté ; le fait de la reconnaissance confère, il est « vrai, aux père et mère naturels une certaine autorité ; « mais ce n'est là encore qu'une puissance exceptionnelle « limitée aux droits qui découlent des devoirs d'éducation « ou de protection, droits moins étendus que ceux qui ap- « partiennent aux enfants légitimes, et que les tribunaux « ont le pouvoir de restreindre encore lorsque l'intérêt de « l'enfant l'exige. Ce pouvoir si borné pendant la vie de « l'enfant se perpétuera-t-il indéfiniment ? Le père ou la « mère de l'enfant naturel seront-ils appelés à exercer l'au- « torité paternelle sur les descendants de cet enfant ? Je « ne le pense pas, et aucun texte de la loi ne permet de le « supposer. Or, je le répète, les droits concédés aux pa- « rents naturels sont des droits exceptionnels qui ne sau- « raient être étendus arbitrairement. Quelles sont donc les « conditions que devra remplir le futur pour pouvoir con- « tracter mariage ? Je pense qu'il se trouve dans le cas « prévu par l'article 160[2] ; il n'y a ni père, ni mère, ni « aïeuls *légitimes*, il faut dès lors qu'il obtienne le consen- « tement de son *conseil de famille*. »

574. En cas d'absence de l'ascendant auquel eût dû être fait l'acte respectueux, il sera passé outre à la célébration

---

1. Sénatus-consulte du 9 avril 1862, abrogeant les art. 14, 23, la 2e disposition du § 1er de l'art. 28, les art. 30 et 33, et toutes autres dispositions contraires de l'arrêté supplém. du capitaine général des établissements français à l'est du cap de Bonne-Espérance, en date du 1er brum. an XIV. V. *suprà*, n° 485.
2. V. *infrà*, n° 576.

du mariage, en représentant le jugement qui aurait été rendu pour déclarer l'absence, ou, à défaut de ce jugement, celui qui aurait ordonné l'enquête, ou, s'il n'y a point encore eu de jugement, un acte de notoriété délivré par le juge de paix du lieu où l'ascendant a eu son dernier domicile connu. Cet acte contiendra la déclaration de quatre témoins appelés d'office par ce juge de paix[1].

Cet acte de notoriété n'a pas besoin d'être homologué[2].

Il ne peut faire foi aux yeux des tribunaux lorsqu'il est présenté par une personne qui veut prouver ses droits à une succession, en raison de sa parenté[3].

Au sujet des actes de notoriété qui peuvent et doivent remplacer les actes exigés par le Code civil pour les mariages, M. le ministre de la justice adressa le 11 messidor an XII, à MM. les procureurs généraux près les cours d'appel et procureurs près les tribunaux de première instance, la circulaire dont la teneur littérale suit :

« Je reçois de toutes parts, Monsieur, des observations « sur les difficultés que l'on rencontre dans l'exécution de « l'article 151 du Code civil, qui oblige les mâles au-des- « sus de vingt-cinq ans et les filles au-dessus de vingt-un « ans, avant de contracter mariage, de requérir le conseil « de leur père et de leur mère, ou celui de leurs aïeux ou « aïeules, dans le cas où leur père et leur mère sont décé- « dés ou se trouvent dans l'impossibilité de manifester leur « volonté[4].

« La loi, en imposant cette obligation aux enfants, a eu « un but très-moral et très-respectable ; elle a voulu leur « rappeler qu'en aucun âge ils ne sont dispensés du res- « pect et de la déférence qu'ils doivent à ceux de qui ils « ont reçu le jour : mais, d'un autre côté, on ne peut lui « supposer l'intention d'avoir voulu mettre des entraves à « la conclusion des mariages et dégoûter par des difficul- « tés déplacées les citoyens d'une union qui est tout à la « fois la source des bonnes mœurs et la base de la so- « ciété.

« Ainsi, lorsqu'il y a impossibilité dans l'exécution de

1. C. civ., art. 155.
2. Décision de la chambre du conseil de la Seine, 5 fév. 1847.
3. Trèves, 19 janv. 1807.
4. V. *suprà* nº 547, note 4.

« la loi, on en est donc dispensé par le fait même ; il suf- « fit seulement de faire constater que cette impossibilité « existe : c'est ce qui résulte bien évidemment des diverses « dispositions du Code à ce sujet, comme on peut le voir « par les articles 70, 149, 150, 151, 159, 160, où il parle « des divers cas où les ascendants peuvent se trouver dans « l'impossibilité d'exprimer leur volonté sur les mariages « projetés de leurs enfants.

« Mais les cas qui peuvent donner lieu à des difficultés, « me paraissent se réduire à trois principaux :

« Le premier est celui où les enfants ignorent absolu- « ment quel était le domicile de leurs père et mère, aïeux « ou aïeules ;

« L'autre est celui où, en connaissant ce domicile, ils « n'y retrouvent plus leurs ascendants qui en ont disparu, « sans qu'on ait eu depuis lors de leurs nouvelles ;

« Le troisième, enfin, est celui où ils sont dans l'impos- « sibilité absolue de communiquer avec leurs ascendants, « soit parce que le domicile de ces derniers se trouve en « pays étranger ou dans les colonies avec lesquels la guerre, « ou toute autre circonstance, rend la communication dif- « ficile et souvent impossible.

« Le Code ne statue d'une manière positive que pour le « cas où, le domicile des ascendants étant connu, ils en ont « disparu sans avoir donné de leurs nouvelles depuis leur « disparition. Il permet, dans ce cas, de passer outre à la « célébration du mariage, en représentant le jugement qui « aurait été rendu pour déclarer l'absence, ou, à défaut de « ce jugement, celui qui aurait ordonné l'enquête, ou, s'il « n'y a pas encore eu de jugement, un acte de notoriété « dressé par le juge de paix du lieu où l'ascendant a eu son « dernier domicile connu. Cet acte contiendra la déclaration « de quatre témoins appelés d'office par ce juge de paix « (art. 155).

« Mais ce procédé ne saurait avoir lieu dans les deux « autres cas dont j'ai parlé. Le jugement ou l'enquête sur « l'absence suppose nécessairement que le domicile de « l'absent est connu et qu'on peut y avoir un accès facile ; « mais il n'en est plus de même lorsque le domicile des « ascendants est ignoré, ou que l'accès en est impraticable. « Dans un pareil état de choses, on ne saurait suppléer « aux actes qu'on est dans l'impossibilité de faire, qu'en

« recourant à un acte de notoriété dans la forme prescrite « par l'article 71 du Code civil.

« Il est vrai que cet acte de notoriété semble, d'après « l'article 70, ne devoir être fait que dans le cas où l'un « des deux époux se trouve dans l'impossibilité de produire « son acte de naissance.

« Mais la règle que le Code établit dans un pareil cas « doit, par analogie, s'appliquer à ceux de la même espèce; « car, s'il est permis de remplacer par un acte de notoriété « un acte de naissance qui peut décider quelquefois de la « validité du mariage, à plus forte raison on doit pouvoir « recourir au même expédient pour remplacer des actes « dont la production n'est en quelque sorte qu'un acces- « soire du contrat de mariage et ne touche nullement à « son essence.

« On voit d'ailleurs que, lorsque les circonstances obli- « gent de recourir à des actes de notoriété, on se propose « moins par là de prouver la naissance ou le décès de tel « ou tel individu que de constater l'impossibilité où l'on « est d'en acquérir la preuve.

« Ces observations suffiront sans doute pour guider la « marche des officiers de l'état civil et pour dissiper les « doutes qu'ils pourraient se former dans l'exercice de « leurs fonctions. C'est à vous qu'il appartient surtout « d'éclairer leur inexpérience, vous aurez donc soin, lors- « que l'occasion s'en présentera, de leur communiquer ces « instructions, et de m'en accuser la réception. »

A défaut d'acte de notoriété, lorsque le lieu du décès et celui du dernier domicile des ascendants sont inconnus, les enfants *majeurs* peuvent maintenant invoquer l'avis du Conseil d'État, en date du 4 thermidor an XIII (23 juillet 1085), lequel est ainsi conçu :

« Le Conseil d'État, auquel Sa Majesté a renvoyé un « rapport du grand-juge, ministre de la justice, sur les « difficultés que rencontrent beaucoup de mariages dans « l'application de divers articles du Code civil ;

« Après avoir ouï le rapport de la section de législation;

« Considérant que les difficultés naissent de ce que les « officiers de l'état civil ne discernent pas assez soigneuse- « ment les divers cas que la loi a voulu régler, de ceux « qu'elle a laissés à la disposition des principes généraux « et du droit commun ;

« Que, quoique l'acte de naissance des futurs mariés soit « nécessaire, il est pourtant permis de le remplacer par les « formalités mentionnées dans l'article 71 ; mais que « ces formalités, prescrites lorsqu'il s'agit de suppléer au « titre constitutif de l'état des personnes, ne peuvent être « exigées en remplacement d'actes moins essentiels ; qu'il « ne faut donc pas, pour remplacer l'acte de décès des pères « et mères ou ascendants, un acte de notoriété contenant « la déclaration de sept témoins et homologué par le tri- « bunal ;

« Que le supplément de l'acte de décès des pères et « mères est dans la présence des aïeuls et aïeules, et dans « l'attestation qu'on peut leur demander de ce décès ;

« Que si, par l'ignorance du lieu où sont décédés les « pères et mères et ascendants, on ne peut produire leur « acte de décès ; que si, comme cela arrive souvent dans « les classes pauvres, par l'ignorance du dernier domicile, « on ne peut recourir à l'acte de notoriété prescrit par l'ar- « ticle 155 et destiné à constater l'absence d'un domicile « connu, dans ce cas, la raison suggère de se contenter de « la déclaration des témoins ; que déjà, dans beaucoup « d'occasions semblables, les officiers de l'état civil de « Paris ont procédé aux mariages sur des actes de noto- « riété passés ou devant notaires ou devant les juges de « paix, par des témoins que les parties ont produits ;

« Qu'il n'en est résulté aucun inconvénient ni plainte ; « qu'il en est au contraire résulté beaucoup, lorsque, dans « des cas pareils, on a voulu être plus rigoureux et exiger « davantage ;

« Que même plusieurs fois on a suivi une voie plus sim- « ple et encore moins coûteuse que celle des actes de no- « toriété, et qui mérite d'être préférée et de devenir gé- « nérale : on s'est contenté de la déclaration des quatre « témoins nécessaires à l'acte de mariage, faites à l'officier « public et mentionnée dans cet acte ;

« Que cette déclaration, aussi solennelle qu'un acte de « notoriété, est sans danger relativement au mariage des « majeurs, pour lequel le consentement ou le conseil des « ascendants n'est pas d'une nécessité absolue et diri- « mante ;

« Que rien n'est à craindre relativement au mariage des « mineurs, puisqu'en force de l'article 160 du Code civil,

« toutes les fois qu'il n'y a ni pères, ni mères, ni aïeuls « ou aïeules, ou qu'ils se trouvent dans l'impossibilité de « manifester leur volonté, les fils ou filles mineurs de « vingt-un ans ne peuvent contracter mariage sans le con- « sentement du conseil de famille ;

« Est d'avis :

« 1° Qu'il n'est pas nécessaire de produire les actes de « décès des pères et mères des futurs mariés, lorsque les « aïeuls ou aïeules attestent ce décès ; et, dans ce cas, il « doit être fait mention de leur attestation dans l'acte de « mariage ;

« 2° Que si les pères, mères, aïeuls ou aïeules, dont le « consentement ou conseil est requis, sont décédés, et si « l'on est dans l'impossibilité de produire l'acte de leur « décès ou la preuve de leur absence, faute de connaître « leur dernier domicile, il peut être procédé à la célébra- « tion du mariage des *majeurs*, sur leur déclaration à ser- « ment que le lieu du décès et celui du dernier domicile « de leurs ascendants leur sont inconnus. Cette déclaration « doit être certifiée aussi par serment des quatre témoins « de l'acte de mariage, lesquels affirment que, quoiqu'ils « connaissent les futurs époux, ils ignorent le lieu du dé- « cès de leurs ascendants et leur dernier domicile. Les of- « ficiers de l'état civil doivent faire mention, dans l'acte de « mariage, desdites déclarations. »

D'après le contenu de l'avis du Conseil d'État qui précède, un acte de notoriété constatant l'absence de l'ascendant d'un enfant *majeur* n'est pas nécessaire lorsque son dernier domicile est inconnu ; aussi, toutes les fois que ce fait se présente, l'officier de l'état civil doit faire connaître à celui-ci la faveur qui peut lui être accordée[1], quand il n'y a aucun doute pour lui sur la sincérité de sa déclaration[2]. Dans tous les cas, l'officier de l'état civil doit faire connaître aux personnes appelées à faire une semblable déclaration, que si cette déclaration était fausse, elles se rendraient passibles des peines édictées par les ar-

1. Lettres du min. de la just., 13 nov. 1841, et du proc. imp. à Paris, fév. 1855.
2. Avis du proc. imp. à Paris, 28 oct. 1856.

ticles 363, 364 et 365 du Code pénal[1], et que le mariage pourrait être attaqué, tant par ceux dont le consentement était requis, que par celui des deux époux qui avait besoin de ce consentement[2].

Il n'en est pas de même de l'enfant *mineur* dont le dernier domicile des ascendants est inconnu. Ainsi, lorsque le père ou les aïeuls de cet enfant sont absents, et que la mère ou les aïeules sont seules présentes au mariage, l'absence doit être dûment constatée soit par un jugement, soit par un acte de notoriété[3].

575. Toute personne résidant à la Nouvelle-Calédonie, aux îles de la Société et dans les autres établissements français de l'Océanie, qui voudra contracter mariage sera dispensée, lorsque ses ascendants auront leur domicile en Europe, des obligations imposées par les articles 151, 152 et 153 du Code civil, relativement aux actes respectueux[4].

§ 3. — *Du consentement à donner par le conseil de famille.*

576. S'il n'y a ni père, ni mère, ni aïeuls, ni aïeules, ou s'ils se trouvent tous dans l'impossibilité de manifester leur volonté, les fils ou filles mineurs de *vingt et un ans* ne peuvent contracter mariage sans le consentement du *conseil de famille*[5]. D'où il résulte qu'après l'âge de vingt et un ans le consentement du conseil de famille n'est plus nécessaire, même aux fils.

577. Le tuteur nommé au mineur, en exécution de l'ar-

---

1. Le coupable de faux témoignage, en matière civile, sera puni d'un emprisonnement de 2 à 5 ans et d'une amende de 50 fr. à 2,000 fr. Il pourra, en outre, être privé des droits mentionnés en l'article 42 du Code pénal, pendant 5 ans au moins et 10 ans au plus, à compter du jour où il aura subi sa peine, et être placé sous la surveillance de la haute police pendant le même nombre d'années. (Art. 363 C. pén.) — Le faux témoin, en matière civile, qui aura reçu de l'argent, une récompense quelconque ou des promesses, sera puni de la réclusion. (Art. 364 C. pén.) — Le coupable de subornation de témoins sera passible des mêmes peines que le faux témoin... (Art. 365 C. pén.)
2. C. civ., art. 182. V. *infrà*, n° 797.
3. Collier, n° 206.
4. Déc. 24 mars 1852 et 28 juin 1877, art. 1er. — La France est entrée en possession de la Nouvelle-Calédonie le 24 septembre 1823.
5. C. civ., art. 160. V. *suprà*, n° 289.

ticle 405 du Code civil[1], n'a pas qualité pour consentir au mariage de son pupille. L'article qui précède exige que ce consentement soit donné par le conseil de famille.

Ce conseil sera convoqué soit sur la réquisition et à la diligence des parents du mineur, ou d'autres parties intéressées, soit même d'office et à la poursuite du juge de paix du domicile du mineur.....[2].

578. Le conseil de famille sera composé, non compris le juge de paix, de six parents ou alliés, pris tant dans la commune *où la tutelle sera ouverte* que dans la distance de deux myriamètres, moitié du côté paternel, moitié du côté maternel, et en suivant l'ordre de proximité dans chaque ligne.

Le parent sera préféré à l'allié du même degré; et, parmi les parents de même degré, le plus âgé à celui qui le sera le moins[3].

579. La tutelle s'ouvre par le décès du *premier mourant* des père et mère; c'est donc le lieu du domicile qu'avait à cette époque le père du mineur, qui doit rester celui de la tutelle.

Le tuteur ne peut à son gré, par son seul caprice ou dans un but d'intérêt illicite, se soustraire à la juridiction du juge de paix dans le ressort duquel la tutelle s'est ouverte et conférer ainsi la compétence à celui de son nouveau domicile[4].

580. Les frères germains du mineur et les maris des sœurs germaines sont seuls exceptés de la limitation de nombre posée en l'article 407 du Code civil.

---

1. Cet article est ainsi conçu : « Lorsqu'un enfant mineur et non « émancipé restera sans père ni mère, ni tuteur élu par ses père et « mère, ni ascendants mâles, comme aussi lorsque le tuteur de l'une « des qualités ci-dessus exprimées se trouvera ou dans le cas des ex- « clusions dont il sera parlé ci-après, ou valablement excusé, il sera « pourvu, par un conseil de famille, à la nomination d'un tuteur. »
2. C. civ., art. 406.
3. *Ibid.*, art. 407.
4. Angers, 22 nov. 1809; Cass., 29 nov. 1809, 13 mai 1811 et 23 mars 1819; ch. des req. 25 nov. 1835; Cass., 11 mai 1842; Aix, 9 mai 1846; Nancy, 1er juillet 1853; Cass., 2 mars 1869. — Toullier, t. II, n° 1114; Duranton, t. III, n° 453; Fav., *Rép.*, v° *Tut.*, § 4, n° 4; Carré, t. III, p. 251; Berriat, p. 678; Delvincourt, t. I, p. 431. — Jugé en sens contraire, Cass., 10 août 1825; Metz, 7 mars 1867.

S'ils sont six ou au delà, ils seront tous membres du conseil de famille qu'ils composeront seuls, avec les veuves d'ascendants et les ascendants valablement excusés, s'il y en a.

S'ils sont en nombre inférieur, les autres parents ne seront appelés que pour compléter le conseil [1].

581. Lorsque les parents ou alliés de l'une ou de l'autre ligne se trouveront en nombre insuffisant sur les lieux, ou dans la distance désignée par ledit article 407, le juge de paix appellera soit des parents ou alliés domiciliés à de plus grandes distances, soit, dans la commune même, des citoyens connus pour avoir eu des relations habituelles d'amitié avec le père ou la mère du mineur [2].

582. Le juge de paix pourra, lors même qu'il y aurait sur les lieux un nombre suffisant de parents ou alliés, permettre de citer, à quelque distance qu'ils soient domiciliés, des parents ou alliés plus proches en degrés ou de mêmes degrés que les parents ou alliés présents ; de manière toutefois que cela s'opère en retranchant quelques-uns de ces derniers, et sans excéder le nombre réglé par les précédents articles [3].

583. Le délai pour comparaître sera réglé par le juge de paix à jour fixe, mais de manière qu'il y ait toujours, entre la citation notifiée et le jour indiqué pour la réunion du conseil, un intervalle de trois jours au moins, quand toutes les parties citées résideront dans la commune ou dans la distance de deux myriamètres.

Toutes les fois que, parmi les parties citées, il s'en trouvera de domiciliées au delà de cette distance, le délai sera augmenté d'un jour par cinq myriamètres [4].

Les fractions de moins de 4 myriamètres ne seront pas comptées ; les fractions de 4 myriamètres et au-dessus augmenteront ce délai d'un jour entier [5].

---

1. C. civ., art. 408.
2. *Ibid.*, art. 409. — Locré, t. V, p. 72.
3. *Ibid.*, art. 410.
4. *Ibid.*, art. 411 ; C. pr., art. 1033. (Loi du 3 mai 1862, art. 4, 2e alinéa.)
5. C. pr., art. 1033. (Loi du 3 mai 1862, art. 4, 4e alinéa.)

Si le dernier jour du délai est un jour *férié*, le délai sera prorogé au lendemain [1].

584. Le jour de la signification et celui de l'échéance ne sont point comptés dans le délai général fixé pour les ajournements, les *citations*, sommations et *autres actes faits à personne ou domicile* [2].

585. Les parents, alliés ou amis, ainsi convoqués, seront tenus de se rendre en personne, ou de se faire représenter par un mandataire *spécial* [3].

Le fondé de pouvoir ne peut représenter plus d'une personne [4].

586. Tout parent, allié ou ami, convoqué, et qui, sans excuse légitime, ne comparaîtra point, encourra une amende qui ne pourra excéder *cinquante francs*, et sera prononcée sans appel par le juge de paix [5].

587. S'il y a excuse suffisante, et qu'il convienne, soit d'attendre le membre absent, soit de le remplacer, en ce cas, comme en tout autre où l'intérêt du mineur semblera l'exiger, le juge de paix pourra ajourner l'assemblée ou la proroger [6].

588. Cette assemblée se tiendra de plein droit chez le juge de paix, à moins qu'il ne désigne lui-même un autre local. La présence des trois quarts au moins de ses membres convoqués sera nécessaire pour qu'elle délibère [7].

589. Le conseil de famille sera présidé par le juge de paix, qui y aura voix délibérative, et prépondérante en cas de partage [8].

Jugé que la délibération à laquelle le juge de paix n'a pas voté est nulle [9].

590. Les mineurs, les interdits, les femmes...., et tous

---

1. C. pr., 1033. (Loi du 3 mai 1862, art. 4, dernier alinéa.)
2. *Ibid.*, premier alinéa.
3. V. *suprà*, n° 39.
4. C. civ., art. 412.
5. *Ibid.*, art. 413.
6. *Ibid.*, art. 414.
7. *Ibid.*, art. 415.
8. *Ibid.*, art. 416.
9. Conf. Bordeaux, 21 juillet 1808 ; Metz, 6 août 1818.

ceux qui ont ou dont les père ou mère ont avec le mineur un procès dans lequel l'état de ce mineur, sa fortune ou une partie notable de ses biens, sont compromis, ne peuvent être membres de ce conseil de famille [1].

591. Dans le cas prévu par l'article 160 du Code civil, lorsque les membres du conseil de famille du mineur qui voudra contracter mariage à la Nouvelle-Calédonie et dans les établissements français de l'Océanie résideront en Europe, il pourra être suppléé au consentement du conseil de famille par l'autorisation du conseil du gouvernement de la colonie [2].

SECTION IV.

Du mariage des enfants naturels.

592. Les dispositions contenues aux articles 148 et 149 du Code civil [3], et les dispositions des articles 151, 152, 153, 154 et 155 du même Code [4], relatives à l'acte respectueux qui doit être fait aux *père et mère* dans le cas prévu par ces articles, sont applicables aux *enfants naturels légalement reconnus* [5].

593. L'enfant naturel qui n'a été légalement reconnu que par l'un de ses père et mère, est dispensé du consentement ou de l'acte respectueux à l'égard de l'autre [6], car le père ou la mère qui ne l'a pas légalement reconnu, n'a aucune autorité civile sur lui. Il en est également dispensé quant à ses aïeuls et aïeules, qu'il soit ou non reconnu, attendu qu'il n'est point réputé leur appartenir, comme étant exclu de la famille par l'article 756 du Code civil.

Ainsi, lorsque dans l'acte de naissance d'un enfant naturel la mère a été dénommée, cet enfant peut contracter mariage sans avoir à produire ni l'acte de son consentement, ni l'acte de son décès, s'il n'a pas été reconnu par

---

1. C. civ., art. 442.
2. Décret 28 juin 1877, art. 2.
3. V. *suprà*, nos 537 et 544.
4. *Ibid.*, nos 558, 562, 564, 566 et 574.
5. C. civ., art. 158. V. *suprà*, nos 285, 537, 544, 558, 562, 564, 566 et 574.
6. Lettre du proc. imp. à Paris, août 1853.

elle ; il est complétement affranchi de toute autorité[1]. Cependant s'il peut obtenir le consentement de sa mère, l'officier de l'état civil ne peut refuser de le recevoir : un tel consentement pouvant être considéré comme une reconnaissance[2].

594. L'enfant naturel qui n'a point été reconnu, et celui qui, après l'avoir été, a perdu ses père et mère, ou dont les père et mère ne peuvent manifester leur volonté, ne pourra, avant l'âge de *vingt et un ans révolus,* se marier qu'après avoir obtenu le consentement d'un tuteur *ad hoc* qui lui sera nommé[3].

Cet enfant n'ayant aucun lien de parenté avec la famille du père ou de la mère qui l'a légalement reconnu, le tuteur *ad hoc* est nommé par un conseil composé d'amis et convoqué par le juge de paix.

Il résulte de cet article qu'après l'âge de *vingt et un ans,* le consentement d'un tuteur *ad hoc* n'est plus nécessaire, même aux fils.

595. Dans le cas prévu par l'article qui précède, lorsque les membres dudit conseil résideront en Europe et que le mineur voudra contracter mariage à la Nouvelle-Calédonie ou dans les établissements français de l'Océanie, il pourra être suppléé au consentement du tuteur *ad hoc* par l'autorisation du conseil du gouvernement de la colonie[4].

596. Les dispositions de l'article 159 du Code civil sont applicables à l'enfant adultérin, mineur de moins de vingt et un ans, qui a perdu la qualité d'enfant légitime par suite d'un jugement[5].

597. Lorsqu'un enfant désigné à tort dans son acte de naissance comme enfant légitime, produit pour son mariage, avec l'expédition de cet acte, le consentement ou les actes de décès de ceux qui y sont désignés comme étant

---

1. Lettres du proc. imp. à Paris, mai 1853 et 8 fév. 1856.
2. Riom, 29 juillet 1809 ; Cass., 26 avril 1824 ; Bruxelles, 19 janv. 1813 ; Cass., 8 déc. 1829.
3. C. civ., art. 159. V. *suprà,* n° 289.
4. Décret 28 juin 1877, art. 2.
5. Paris, 27 fév. 1819 ; Colmar, 14 juin 1832 ; Liège, 3 mai 1853 ; Paris, 21 fév. 1863 ; Dijon, 24 janv. 1872 ; Toulouse, 11 juin 1874.

ses père et mère, il a rempli toutes les conditions légales qui lui sont imposées [1]. La validité du mariage ne dépendra pas de savoir si l'enfant a été valablement ou non reconnu [2]. C'est à l'héritier du sang qui oppose l'invalidité de la reconnaissance et une filiation adultérine, à prouver ses allégations [3]. L'officier de l'état civil n'a pas qualité, malgré ses doutes sur la filiation de l'enfant, pour exiger la rectification de l'acte de naissance ; mais s'il résulte de la déclaration des parties ou des actes produits que la naissance de cet enfant soit le fruit de l'adultère, il doit, en sa qualité d'officier de police judiciaire, faire connaître le fait au procureur de la République, qui a le droit, dans ce cas, de demander d'office la rectification d'un tel acte [4].

598. Les enfants abandonnés âgés de moins de vingt et un ans, qui ont été recueillis et élevés dans les hospices ne peuvent contracter mariage sans le consentement de la commission administrative de l'hospice où ils ont été élevés, ou du directeur général de l'assistance publique, s'ils sont élèves des hospices de Paris [5].

Ces consentements sont donnés sans l'assistance des notaires [6]. Ils sont exempts des droits de timbre et d'enregistrement [7].

599. Les consentements dont s'agit ne sont plus nécessaires lorsque les enfants abandonnés ont atteint leur vingt et unième année. C'est ce qui résulte d'une décision prise le 13 avril 1851, par la commission administrative des hospices de Paris, dans laquelle il est dit :

« L'administration ne pense pas que, dans l'état actuel

---

1. Avis du proc. imp. à Paris, du 4 juin 1858.
2. Lettres du parquet de la Seine, juin 1828, déc. 1851, fév. 1852 et 4 juin 1858.
3. Paris, 27 fév. 1819, précité.
4. Paris, 13 août 1851 ; Cass., 22 janv. 1862.
5. V. *suprà*, n° 372.
6. Lettre du proc. imp. à Paris, 2 mars 1853.
7. V. *suprà*, nos 244-18° et 262-8°. — Les élèves mineurs (âgés de moins de vingt et un ans) doivent s'adresser, pour obtenir ce consentement, au directeur de l'administration générale de l'assistance publique à Paris, quai Lepelletier, n° 4, et joindre à l'appui de leur demande : 1° un certificat du maire de la commune constatant qu'ils sont de bonnes vie et mœurs ; 2° un certificat du maire de la commune où demeure la personne qu'ils se proposent d'épouser, indiquant ses nom, prénoms, son âge, sa profession et son domicile, ainsi que l'état de fortune de ses père et mère, et attestant sa moralité.

« de la législation, elle ait à donner son consentement à « ceux de ses élèves qui ont atteint leur vingt et unième « année.

« Autrefois la commission administrative des hospices « de Paris se considérait comme appelée, en vertu de la « loi du 15 pluviôse an XIII, à exercer sur les enfants ad- « mis dans ses établissements les droits de la puissance « paternelle ; elle puisait sa conviction dans l'exposé des « motifs de cette loi portant que le Gouvernement voulait « créer pour les enfants trouvés, à la place des parents « qu'ils ne connurent jamais ou qu'ils ont perdus, une pa- « ternité sociale qui exerçât tous les droits, toute la puis- « sance de la paternité naturelle, et qui en suppléât les « soins, la vigilance et la protection.

« Mais aujourd'hui la commission administrative n'existe « plus ; la loi du 10 janvier 1849, en confiant à un direc- « teur l'administration générale de l'assistance publique, « à Paris, lui attribue seulement la tutelle des enfants.

« Dans cette disposition nouvelle, rien n'indique que « les droits de l'administration, vis-à-vis de ses élèves, « puissent s'étendre au delà de leur majorité. En consé- « quence l'administration ne délivre plus de consentement « que pour les mineurs, et elle se borne, pour les majeurs « de vingt et un ans, à leur remettre un certificat d'ori- « gine. »

600. A l'égard de l'enfant mineur, élève des hospices, réclamé par son père ou sa mère, et reconnu par acte authentique, le droit de consentir à son mariage appartient de droit à ceux-ci, à l'exclusion de l'administration qui l'a élevé[1].

SECTION V.

Du mariage des indigents[2].

601. Les pièces nécessaires au mariage des indigents, à la légitimation de leurs enfants naturels et au retrait de

1. Lettre du proc. du roi à Paris, 17 juin 1821.
2. Nous avons cru devoir reproduire ici dans san ensemble la loi du 10 décembre 1850, bien qu'une grande partie de ses dispositions soient déjà rapportées dans cet ouvrage, parce que, comme nous l'avons rappelé *suprà,* tit. IV, réunir toutes les dispositions de la matière, c'est les faire mieux connaître et en mieux assurer l'exécution.

ces enfants déposés dans les hospices, seront réclamées et réunies par les soins de l'officier de l'état civil de la commune dans laquelle les parties auront déclaré vouloir se marier.

Les expéditions de ces pièces pourront, sur la demande du maire, être réclamées et transmises par les procureurs de la République [1].

602. Les procureurs de la République pourront, dans les mêmes cas, agir d'office et procéder à tous les actes d'instruction préalables à la célébration du mariage [2].

603. Tous jugements de rectification ou d'inscription des actes de l'état civil, toutes homologations d'actes de notoriété, et généralement tous actes judiciaires ou procédures nécessaires au mariage des indigents, seront poursuivis et exécutés d'office par le ministère public [3].

604. Les extraits des registres de l'état civil, les actes de notoriété, de consentement, de publications, les délibérations du conseil de famille, les certificats de libération du service militaire, les dispenses pour cause de parenté, d'alliance ou d'âge, les actes de reconnaissance des enfants naturels, les actes de procédure, les jugements et arrêts dont la production sera nécessaire dans les cas prévus par l'article 1er seront visés pour timbre et enregistrés gratis, lorsqu'il y aura lieu à l'enrègistrement [4]. Il ne sera perçu aucun droit de greffe ni aucun droit de sceau au profit du Trésor sur les minutes et originaux, ainsi que sur les copies ou expéditions qui en seront passibles [5].

L'obligation du visa pour timbre n'est pas applicable aux publications civiles ni aux certificats constatant la célébration civile du mariage [6].

Quant aux actes respectueux, il a été jugé qu'ils ne tombaient pas sous l'application de la loi de 1850 [7].

---

1. Loi du 10 déc. 1850, art. 1er.
2. *Ibid.*, art. 2.
3. *Ibid.*, art. 3. V. *suprà*, no 94.
4. V. *suprà*, no 250-1o et les notes, et no 261-1o.
5. *Ibid.*, nos 220 et 518, et *infrà*, no 606.
6. Loi du 10 déc. 1850, art. 4.
7. Avignon, 15 déc. 1859. — L'opinion contraire (17,797-I, J. E.) ne doit pas être suivie. V. Garnier, *Répertoire de l'enregt.*, 5e édit., no 9,624. — J. N. 17,722.

En effet, le rapport fait à l'Assemblée législative sur cette loi s'exprime ainsi :

« .... C'est à dessein que nous avons omis les actes res- « pectueux. Si la loi a dû prévoir la résistance arbitraire « ou inconsidérée de quelques parents, si, dans cette vue, « elle a toléré une sorte de violence à l'autorité paternelle, « il nous a paru sage de ne pas élargir une exception re- « grettable, bien qu'elle soit légitimée. »

605. La taxe des expéditions des actes de l'état civil requises pour le mariage des indigents est réduite, quels que soient les détenteurs de ces pièces, à trente centimes lorsqu'il n'y aura pas lieu à légalisation, à cinquante centimes lorsque cette dernière formalité devra être accomplie [1].

Le droit de recherche alloué aux greffiers par l'article 14 de la loi du 21 ventôse an VII, les droits de légalisation perçus au ministère des affaires étrangères [2] ou dans les chancelleries de France à l'étranger [3], sont supprimés en ce qui concerne l'application de la loi du 10 décembre 1850 [4].

606. Seront admises au bénéfice de cette loi les personnes qui justifieront d'un certificat d'indigence à elles délivré par le commissaire de police ou par le maire, dans les communes où il n'existe pas de commissaire de police, sur le vu d'un extrait du rôle des contributions constatant que les parties intéressées paient moins de dix francs, ou d'un certificat du percepteur de leur commune portant qu'elles ne sont pas imposées.

Le certificat d'indigence sera visé et approuvé par le juge de paix du canton. Il sera fait mention dans le visa, de l'extrait des rôles ou du certificat négatif du percepteur [5].

607. Les actes, extraits, copies ou expéditions ainsi délivrés mentionneront expressément qu'ils sont destinés

---

1. V. *suprà*, n° 209.
2. V. *infrà*, n° 984, 2e alinéa.
3. *Ibid.*, n° 982.
4. Loi du 10 déc. 1850, art. 5.
5. *Ibid.*, art. 6. V. *suprà*, n° 250-1° et les notes.

à servir à la célébration du mariage entre indigents, à la légitimation ou au retrait de leurs enfants naturels déposés dans les hospices.

Ils ne pourront servir à autres fins sous peine de vingt-cinq francs d'amende, outre le paiement des droits, contre ceux qui en auront fait usage, ou qui les auront indûment délivrés ou reçus.

Le recouvrement des droits et des amendes de contravention sera poursuivi par voie de contrainte, comme en matière d'enregistrement[1].

608. Le certificat prescrit par l'article 6 sera délivré en plusieurs originaux, lorsqu'il devra être produit à divers bureaux d'enregistrement. Il sera remis au bureau de l'enregistrement où les actes, extraits, copies ou expéditions devront être visés pour timbre et enregistrés gratis. Le receveur en fera mention dans le visa pour timbre et dans la relation de l'enregistrement.

Néanmoins, les réquisitions des procureurs de la République tiendront lieu des originaux ci-dessus prescrits, pourvu qu'elles mentionnent le dépôt du certificat d'indigence à leur parquet.

L'extrait du rôle ou le certificat négatif du percepteur sera annexé aux pièces déposées pour la célébration du mariage[2].

609. Cette loi est applicable au mariage entre Français et étrangers[3]; mais ses dispositions ne peuvent être invoquées au cas où les deux conjoints sont étrangers[4].

Elle sera exécutoire aux colonies[5].

« Bien que la loi du 10 décembre 1850 n'impose pas « spécialement l'obligation du visa diplomatique pour les « pièces nécessaires au mariage des indigents résidant à « l'étranger, en l'absence d'une convention diplomatique « spéciale, il est indispensable que le certificat d'indigence « délivré par les autorités étrangères soit revêtu de ce visa. « En effet, toute personne qui veut faire usage en France

---

1. Loi du 10 déc. 1850, art. 7. *Ibid.*, n° 209.
2. *Ibid.*, art. 8. V. *suprà*, n° 250.
3. *Ibid.*, art. 9, 1er alinéa.
4. Lettre du min. Just. au proc. gén. d'Amiens, 18 juillet 1877. (1809, X, 77.)
5. Loi précitée, art. 9, 2e alinéa.

« d'un acte passé à l'étranger, doit établir que cet acte est « conforme aux lois du pays dans lequel il a été dressé, et « que le signataire de l'acte avait qualité pour le délivrer; « cette double preuve résulte de la légalisation donnée par « l'agent diplomatique français [1]. »

610. L'article 8 de la loi du 3 juillet 1846, l'ordonnance du 30 décembre suivant et toutes dispositions contraires à cette loi sont abrogés [2].

611. Pour obvier aux difficultés que les officiers de l'état civil pouvaient rencontrer dans l'application de la loi du 10 décembre 1850, M. le ministre de la justice adressa le 29 mars 1851, aux procureurs généraux, la circulaire explicative dont la teneur littérale suit :

« Monsieur le Procureur général, la loi du 10 décembre « 1850 a établi le principe de l'assistance publique en ce « qui concerne le mariage des indigents, la légitimation « de leurs enfants naturels, et le retrait de ces enfants dé-« posés dans les hospices.

« Depuis longtemps, des sociétés charitables s'étaient « chargées de l'œuvre de bienfaisance que la loi vient « d'organiser. Ces sociétés, sans autre autorité que celle « qu'elles puisaient dans leur zèle, ont vu très-souvent « leurs soins couronnés de succès, malgré de nombreuses « difficultés et des frais quelquefois considérables. Main-« tenant elles seront les utiles auxiliaires de l'autorité pu-« blique, soit, comme elles l'ont fait jusqu'ici, pour la « réparation des torts d'une union illégitime, soit pour « lever tout obstacle au mariage des indigents qui, sans « avoir de fautes à se reprocher, désireraient sérieusement « entrer dans la vie de famille.

« Mais ces sociétés ne sont établies que dans les grands

1. Lettre min. Just. au proc. de la Rép. à Versailles, 9 août 1878. (1019, B, 78.) *Bull. off.*, p. 83.

2. Loi précitée, art. 10. — La loi du 10 déc. 1850 ne s'applique qu'à une catégorie particulière de citoyens assimilés aux indigents pour les cas y spécifiés ; par conséquent il n'est aucunement dérogé aux dispositions de l'arrêté du 30 ventôse an XIII, qui assure aux indigents inscrits au bureau de bienfaisance la gratuité complète pour les expéditions des actes de l'état civil dans tous les cas. (Arrêté du préfet de la Seine, du 31 janvier 1851.) Nous ferons remarquer ici que l'arrêté précité est spécial au droit d'expédition des actes de l'état civil à Paris. V. Loi 8 pluv. an XIII.

« centres de population, et leur concours est purement « volontaire. Il fallait donc, indépendamment de ce concours, assurer partout et toujours le bienfait de la nouvelle loi à ceux qui sont appelés à en profiter.

« Tel est le but des dispositions sur lesquelles je viens « appeler votre sérieuse attention. Ces dispositions trouvent un excellent commentaire dans le rapport qui a servi « de base à la discussion législative.

« L'article 1er de la loi charge l'officier de l'état civil de la « commune dans laquelle les parties auront déclaré vouloir se marier du soin de réclamer et de réunir les pièces « nécessaires au mariage.

« Ce fonctionnaire devra exiger d'abord que les réclamants justifient régulièrement de leur indigence. Les « règles tracées à cet égard par l'article 6 sont simples et « d'une exécution facile.

« Le certificat d'indigence sera délivré par le commissaire de police, dans les villes où il en existe un; par le « maire, dans les communes où il n'existe pas de commissaire de police. Il sera visé et approuvé par le juge « de paix du canton, et il sera fait mention dans le visa « de l'extrait des rôles ou du certificat négatif du percepteur.

« Avant de délivrer le certificat, le commissaire de police ou le maire de la commune se fera représenter un « extrait du rôle des contributions constatant que les parties intéressées payent moins de dix francs, ou un certificat du percepteur de leur commune portant qu'elles ne « sont pas imposées.

« Ces pièces doivent être produites par ceux qui invoquent le bénéfice de la loi. L'officier de l'état civil peut, « néanmoins, éclairer de ses conseils les parties intéressées, et faire, dans leur intérêt, les démarches qui lui « paraîtront utiles pour faciliter la constatation de leur « indigence.

« Il réunira ensuite les documents nécessaires au mariage. Les termes généraux dans lesquels l'article 1er est « conçu ne permettent de faire aucune distinction. Il y « aura donc lieu de réclamer, soit en France, soit à l'étranger, non-seulement les pièces relatives à la célébration même du mariage, mais encore les actes indispensables pour lever les obstacles qui s'opposeraient à l'union

« des parties. Les demandes en dispenses d'âge, de pa-« renté ou d'alliance seront instruites de cette manière.

« La loi a confié à l'officier de l'état civil la protection « des indigents ; mais les moyens d'action de ce fonction-« naire sont très-bornés, et il y avait lieu de craindre que « son intervention ne demeurât souvent inefficace. Le « deuxième paragraphe de l'article 1er a eu pour objet de « remédier à cet inconvénient, en conférant aux procureurs « de la République le droit de réclamer et de transmettre, « sur la demande du maire, les expéditions des pièces né-« cessaires au mariage. Les relations entre les maires et « les officiers du ministère public sont ainsi précisées dans « le rapport de la commission : « Nous ne nous sommes « pas dissimulé que, plus d'une fois, ces soins pourront « être au-dessus des habitudes des maires des communes « rurales ou autres, et, pour atténuer cet inconvénient, « nous avons admis une sorte de second degré, en éten-« dant à la fois les attributions des procureurs de la Répu-« blique dans leurs rapports administratifs avec les maires « et dans leurs rapports judiciaires avec les tribunaux : « tel est l'objet des *articles 2 et 3*.

« Que le maire soit arrêté par une difficulté, aussitôt il « consulte, il se décharge d'une correspondance trop épi-« neuse : le procureur de la République intervient et « prend la place administrative du maire si, toutefois, il « ne lui suffit pas d'éclairer ce fonctionnaire sur la ligne « de conduite qu'il doit suivre. »

« L'article 2 autorise, en effet, les procureurs de la Répu-« blique à agir d'office et à procéder à tous les actes « d'instruction préalables à la célébration du mariage.

« Dans ces diverses circonstances, l'intervention du « ministère public n'est, à proprement parler, qu'acces-« soire et facultative. Elle est indispensable dès qu'il « devient nécessaire de recourir à une décision judiciaire; « l'article 3 porte, en effet, que « *tous jugements de rectifi-« cation ou d'inscription des actes de l'état civil, toutes homo-« logations d'actes de notoriété, et généralement tous actes « judiciaires, ou procédures nécessaires au mariage des indi-« gents, seront poursuivis et exécutés d'office par le ministère « public.* »

« Désormais, disait le rapporteur de la commission « (pour le fait du mariage seulement), *le ministère public*

« *aura la charge de poursuivre les intérêts de l'indigent, sans* « *qu'il puisse y avoir lieu, dans aucun cas, à l'intervention* « *des avoués.* »

« L'*article* 4 répète, en les complétant, les dispositions « de l'article 8 de la loi du 3 juillet 1846, et fait remise, « en ce qui concerne le mariage des indigents, de tous les « droits perçus au profit du Trésor public; il s'étend aux « dispenses d'âge, de parenté et d'alliance, dont la loi « précitée ne faisait pas mention. Les personnes qui ont « régulièrement justifié de leur indigence ne sont donc « pas astreintes au paiement des droits de sceau et d'enre- « gistrement. Cette disposition ne fait que consacrer un « usage déjà ancien.

« Quant à la taxe des expéditions des actes de l'état « civil nécessaires pour le mariage des indigents, l'*article* 5 « a fixé un droit uniforme et aussi faible que possible. « Le législateur a concilié ainsi l'intérêt des dépositaires « des registres de l'état civil et celui des parties inté- « ressées.

« Le même article supprime les droits de recherche « établis par l'article 14 de la loi du 21 ventôse an VII, « ainsi que les droits de légalisation perçus au ministère « des affaires étrangères ou dans les chancelleries de « France à l'étranger.

« Nous avons examiné plus haut les principales dis- « positions de l'article 6. Il convient de remarquer ce- « pendant que cet article, en maintenant la forme des « certificats d'indigence établis par l'ordonnance du 30 « septembre 1846, a substitué au contrôle des préfets « celui des juges de paix.

« Ces derniers, plus rapprochés des parties, peuvent « vérifier facilement la sincérité des énonçiations du cer- « tificat, et fournir sur la position des réclamants des ren- « seignements exacts. On ne peut donc attendre de leur « intervention que des résultats utiles.

« C'est à vous, Monsieur le Procureur général, qu'il « appartient de fixer leur attention d'une manière spé- « ciale sur les nouvelles obligations qui leur sont im- « posées.

« L'*article* 7 prescrit de mentionner expressément, dans « tous les actes, extraits, copies ou expéditions délivrés « en vertu des dispositions précédentes, qu'ils sont des-

« tinés exclusivement au mariage des indigents qui les ont « réclamés. Tout autre usage entraînerait l'application des « pénalités que la même disposition a édictées.

« Aux termes de l'*article 8*, le certificat d'indigence est « délivré en autant d'originaux qu'il y a de bureaux d'en- « registrement où ce certificat doit être déposé. Chaque « receveur en fera mention dans le visa pour timbre et dans « la relation de l'enregistrement.

« Néanmoins, ce dépôt ne sera pas obligatoire lorsque « le certificat d'indigence aura été remis au procureur de « la République et que ce magistrat attestera ce fait dans « ses réquisitions.

« Quant à l'extrait du rôle ou au certificat négatif du « percepteur, cette pièce restera annexée à celles qui doi- « vent être déposées pour la célébration du mariage.

« L'*article 9* porte que la loi est applicable au mariage « entre Français et étrangers. Il ne doit pas être étendu « au delà de ses limites naturelles.

« Nous avons consacré par une disposition formelle, « disait le rapporteur, l'application de la loi à l'étranger « qui contractera mariage en France avec un Français ou « une Française. »

« Aux termes du même article, la loi est exécutoire aux « colonies. Elle doit également recevoir son application « en Algérie, car on ne peut douter que l'intention du « législateur n'ait été d'en assurer le bienfait à toutes les « possessions françaises.

« Nous devons faire une dernière observation.

« Le but de la loi est de faciliter le mariage des indi- « gents et la légitimation de leurs enfants naturels. Si « elle autorise l'officier de l'état civil à réunir les pièces « nécessaires au retrait de ces enfants déposés dans les « hospices, c'est pour ne pas entraver la célébration du « mariage par la difficulté de faire rentrer dans la famille « l'enfant auquel les parents donnent un état par leur « union. Mais cette disposition ne s'applique point aux « enfants légitimes; cela résulte et des termes mêmes de « l'article 1er et de la discussion qui a eu lieu dans le sein « de la commission, et que le rapporteur a résumée en ces « termes :

« *La commission n'a pas cru devoir admettre l'extension* « *donnée à la gratuité des pièces à fournir pour le retrait des*

« *enfants légitimes qui auraient pu être déposés après le ma-*
« *riage dans les hospices;* . . . .

. . . .

« *il ne lui a point paru moral d'encourager en quelque sorte* « *l'abandon de ces enfants, en offrant aux indigents une* « *sorte de prime pour les retirer un peu plus tard.* »

« Cette loi est à la fois un acte de haute bienfaisance et « une mesure de moralisation : elle tend à assurer aux « classes peu aisées de la société la constante et efficace « protection des fonctionnaires publics. Les rapports nou- « veaux qui résulteront de cet état de choses sont de nature « à exercer sur l'esprit de la population une salutaire et lé- « gitime influence.

« Comme toutes les lois nouvelles, celle-ci rencontrera « quelques difficultés dans son application. Je ne saurais « trop appeler sur cette première expérience votre attention « et votre sollicitude.

« Dans l'accomplissement des devoirs que la loi leur « confie, les officiers de l'état civil devront trouver auprès « de MM. les procureurs de la République un concours et « des conseils toujours assurés.

« Je vous prie également de recommander à vos substi- « tuts d'apporter dans les procédures qu'ils sont chargés de « suivre d'office, cette exactitude et cette activité qui sont, « plus que jamais, un devoir lorsqu'il s'agit de venir en « aide aux indigents.

« Vous voudrez bien m'accuser réception de cette cir- « culaire et faire parvenir à chacun des parquets de votre « ressort un des exemplaires que je vous transmets. »

612. La loi du 10 décembre 1850 précitée a été rendue applicable à l'Algérie, sous les modifications suivantes, par décret des 19 mars-2 avril 1852 (art. 1er).

613. Les attributions conférées aux maires par ladite loi seront remplies, en territoire civil, par les commissaires civils dans les localités non érigées en communes, et en territoire militaire, par les commandants de place ou les officiers qui remplissent les fonctions de maire [1].

614. Toute demande en rectification ou inscription des

---

[1] Décret précité, art. 2.

actes de l'état civil, en homologation d'actes de notoriété, et généralement toutes procédures nécessaires au mariage des indigents domiciliés en territoire militaire seront portées devant le tribunal civil le plus rapproché de la province[1].

615. Les procureurs de la République agiront, en ce qui concerne le territoire militaire, comme il est dit aux articles 2 et 3 de la loi[2].

616. La délivrance du certificat d'indigence n'est subordonnée à la production d'aucun extrait de rôle ou certificat de contributions.

L'extrait de rôle ou certificat de contributions sera remplacé par une déclaration constatant que le demandeur est indigent, déclaration faite par deux témoins en présence du commissaire de police, et dans les localités où il n'existe pas de commissaire de police, en présence du maire ou de l'officier qui en remplit les fonctions.

Le commissaire de police ou, à son défaut, le maire ou l'officier qui en remplit les fonctions, délivrera le certificat d'indigence, qui devra, en outre, être visé par le juge de paix en territoire civil, et par le commandant supérieur du cercle, en territoire militaire[3].

617. Le certificat d'indigence délivré comme il est dit à l'article précédent suppléera au certificat prescrit par l'article 6 de la loi, même pour assurer aux indigents fixés en Algérie le bénéfice de l'exécution de l'article 4 dans la métropole, toutes les fois qu'ils auront besoin d'y recourir pour l'obtention des pièces et l'accomplissement des formalités et des actes indiqués à l'article 4[4].

618. Le dépôt préalable de l'extrait du rôle ou du certificat négatif du percepteur prescrit par le dernier paragraphe de l'article 8 pour la célébration du mariage ne sera pas exigible en Algérie[5].

---

1. Décret précité, art. 3.
2. *Ibid.*, art. 4.
3. *Ibid.*, art. 5.
4. *Ibid.*, art. 6.
5. *Ibid.*, art. 7.

619. Les dispositions de la loi du 10 décembre 1850 et celles du décret précité sont applicables aux *israélites* et aux *étrangers*, pour tous actes, formalités, productions de pièces et décisions judiciaires émanant de l'autorité administrative ou judiciaire de l'Algérie [1].

SECTION VI.

Du mariage des militaires des armées de terre et de mer.

§ 1er. — *Des permissions de mariage à accorder aux militaires de l'armée de terre.*

620. Les officiers de tout genre, en activité de service, ne pourront se marier qu'après en avoir obtenu la *permission par écrit* du ministre de la guerre.

Ceux d'entre eux qui auront contracté mariage sans cette permission encourront la destitution et la perte de leurs droits, tant pour eux que pour leurs veuves et leurs enfants, à toute pension ou récompense militaire [2].

Ces dispositions sont applicables aux officiers réformés jouissant d'un traitement de réforme [3] ou en instance de retraite [4], ainsi qu'aux gardes d'artillerie et adjoints du génie, qui, d'après les articles 11 et 12 de la loi du 13 mars 1875, ont le rang d'officier [5].

---

1. Décret précité, art. 8.
2. Décret en date, à Bayonne, du 16 juin 1808, art. 1er. — Ce décret a toujours force de loi. Avis du Cons. d'Ét. du 16 mars 1836, ainsi conçu : « Le Conseil d'État a adopté, dans sa séance du 16 mars 1836, « l'avis : 1° que le décret du 16 juin 1808 a encore force de loi ; 2° que « M. le ministre de la guerre, s'il estime qu'il y a lieu de prononcer « la destitution, doit traduire devant un conseil de guerre l'officier « qui s'est marié sans sa permission, pour lui être fait application de « l'art. 1er du décret du 16 juin 1808 ; 3° que M. le ministre de la guerre « peut d'ailleurs, suivant les circonstances ou après avoir pris l'avis « du conseil d'enquête mentionné par la loi du 19 mai 1834, proposer « au roi la mise en réforme de l'officier, ou proposer sa mise en non-« activité, ou infliger quelque autre peine disciplinaire, ou même user « d'indulgence. » V. *suprà*, n° 291, la pénalité applicable à l'officier de l'état civil qui sciemment aura célébré le mariage d'un officier, sous-officier ou soldat en activité de service, sans s'être fait remettre les permissions exigées par les règlements militaires, ou qui aura négligé de les joindre à l'acte de célébration.
3. Décret du 21 décembre 1808.
4. Décis. min. de la Guerre en date, à Trouville, du 20 août 1872.
5. V. *infrà*, Circ. min. G. 13 avril 1876 et 22 janv. 1879, n° 624-XI et XII.

621. Les dispositions du décret du 16 juin 1808, relatif au mariage des militaires en activité de service, sont également applicables aux commissaires ordonnateurs et ordinaires des guerres et aux adjoints, aux officiers de santé, militaires de toutes classes et de tous grades, aux officiers des bataillons des équipages.

En conséquence, nul d'entre eux ne pourra désormais se marier sans en avoir obtenu la *permission par écrit* du ministre directeur de l'administration de la guerre[1].

622. Les sous-officiers et soldats en activité de service, ne pourront de même se marier qu'après en avoir obtenu la permission du conseil d'administration de leurs corps[2].

623. Les sous-officiers et soldats en activité de service dans les bataillons des équipages, ne pourront de même se marier qu'après en avoir obtenu la permission du conseil d'administration de leurs bataillons[3].

624. Les permissions de mariage à accorder aux militaires de l'armée de terre seront délivrées et transmises conformément aux instructions ministérielles suivantes:

I. Dispositions relatives aux permissions à obtenir par les officiers qui désirent se marier[4].

« Le Président du Conseil, ministre secrétaire d'État de « la guerre, à MM. les généraux commandant les divisions « et subdivisions territoriales et actives ; les intendants et « sous-intendants militaires ; les chefs de corps de toutes « armes. (*Bur. de la Corresp. gén.*)

« Paris, le 17 décembre 1843.

« Messieurs, l'expérience a démontré l'insuffisance des

1. Décret en date, au palais de Saint-Cloud, du 28 août 1808 (art. 1er). — Les corps des commissaires des guerres ont été supprimés par ord. roy. du 29 juillet 1817. V. *infrà*, n° 1010, note.

2. Décret du 16 juin 1808, précité, art. 2. V. *suprà*, n° 291.

3. *Ibid.*, art. 2. — Le train des équipages a été constitué en dernier lieu en 20 escadrons par la loi du 13 mars 1875, relative à la constitution des cadres et des effectifs de l'armée active et de l'armée territoriale.

4. Ces dispositions sont applicables aux officiers de gendarmerie (Circ. du 7 janv. 1844) et aux vétérinaires (art. 34 du règlement du 12 juin 1852).

« prescriptions réglementaires en vigueur concernant les « conditions et justifications imposées aux officiers qui dé- « sirent obtenir l'autorisation de se marier.

« Dans le but de faire cesser les graves inconvénients « auxquels cet état de choses donne lieu, tant pour l'ar- « mée que pour les officiers eux-mêmes, j'ai arrêté les « dispositions suivantes, qui ne sont, d'ailleurs, que la « conséquence des prescriptions du décret du 16 juin 1808, « de la loi du 11 avril 1831 sur les pensions, de celle du « 19 mai 1834 sur l'état des officiers, et de l'avis du Con- « seil d'État du 16 mars 1836 :

« 1° Les officiers de tous grades et de toutes armes ne « pourront obtenir la permission de se marier qu'autant « que la personne qu'ils rechercheront leur apportera en dot « un revenu, non viager, de douze cents francs au moins [1].

« 2° Toute demande d'un officier tendant à obtenir la per- « mission de se marier devra être transmise au ministre « de la guerre par la voie hiérarchique [2].

« 3° Chaque demande sera accompagnée :

« D'un certificat (modèle ci-joint) constatant l'état des « parents de la future, le sien, la réputation dont elle jouit « ainsi que sa famille, le montant et la nature de la dot « qu'elle doit recevoir, et la fortune à laquelle elle peut « prétendre ; ce certificat sera délivré par le maire du do- « micile de la future, et approuvé par le sous-préfet de « l'arrondissement [3] ;

« D'un extrait du projet de contrat de mariage relatant « l'apport de la future.

« 4° Le chef de corps, le maréchal de camp subdivision- « naire et le lieutenant-général divisionnaire devront, en « transmettant la demande, y joindre leur avis motivé sur « la moralité de la future épouse, sur la constitution de sa « dot et sur la convenance de l'union projetée. A cet effet, « ils devront recueillir, par l'intermédiaire de l'autorité « militaire du domicile de la future, et donner des rensei- « gnements analogues à ceux que doit constater l'autorité « civile.

---

1. Exception pour les filles d'officiers membres de la Légion d'honneur. V. *infrà*, II, décision du 17 juin 1847, et III, Circ. du 21 août 1852.
2. V. Circ. min. G. 8 mars 1823, p. 15 et 16.
3. L'apport doit être, en outre, constaté par acte notarié. V. *infrà*, V (même numéro).

« Les demandes des officiers de troupes employés dans « un service spécial, sans cesser d'appartenir à leur corps, « seront accompagnées, en outre, de l'avis motivé du chef « de ce service.

« 5° Lorsque la future résidera dans une division autre « que celle du futur, le lieutenant-général de cette dernière « division se concertera avec celui de l'autre division, « pour obtenir les renseignements indiqués plus haut.

« 6° Dans tous les cas, les documents qu'aura obtenus « l'autorité militaire devront être transmis au ministre, « en même temps que la demande à laquelle ils se ratta- « cheront.

« 7° Dans le mois de la célébration du mariage, l'officier « fera parvenir, par la voie hiérarchique, au ministre de « la guerre un extrait du contrat de mariage, en ce qui « concerne l'apport de sa femme, délivré par le notaire « dépositaire de l'acte[1].

« 8° Les permissions de mariage qui auront été obte- « nues ne seront valables que pendant *six mois* à partir de « leur date, sauf au titulaire à en demander le renouvelle- « ment, s'il y a lieu, par la voie hiérarchique.

« Cette dernière demande indiquera les rectifications « que devraient subir les premiers renseignements fournis « et dont, suivant la nature, il serait justifié dans la forme « voulue.

« 9° Les officiers qui auraient contrevenu aux prescrip- « tions ci-dessus ou produit sciemment des pièces dont « l'énoncé serait reconnu inexact encourraient une peine « sévère, conformément à la législation en vigueur.

« 10° Ces diverses dispositions, qui abrogent les circu- « laires ou décisions des 10 août 1808, 15 février 1815, « 23 novembre 1817 et 30 mai 1818, sont applicables à « l'*intendance militaire*, ainsi qu'aux *officiers de santé* et *d'ad- « ministration*. Les chefs de service se conformeront à ce « qui est prescrit ci-dessus aux chefs de corps, et les in- « tendants divisionnaires aux règles tracées aux généraux « commandants.

« Je doute pas pas que l'autorité civile n'apporte l'atten- « tion la plus scrupuleuse dans l'établissement des certifi-

---

1. V. *infrà*, n° 625, les circulaires relatives à l'envoi du certificat de célébration de mariage.

« cats qu'elle aura à délivrer[1] et je compte que MM. les « chefs de corps ou de service, les généraux et intendants « militaires, chacun en ce qui le concerne, concourront « également d'une manière efficace au but des instructions « qui précèdent, par le soin qu'ils mettront à instruire « les demandes de permission de mariage qui devront « m'être soumises[2]. »

DÉPARTEMENT
d

ARRONDISSEMENT
d

COMMUNE
d

MODÈLE DU CERTIFICAT

A JOINDRE AUX DEMANDES DE PERMISSION DE MARIAGE PAR LES OFFICIERS.

Nous, Maire de la commune d , département d , certifions qu'il résulte des renseignements exacts que nous nous sommes procurés, que Mad[a] *, âgée de ans, fille de*[b] *et de*[c] *, demandée en mariage par M*[d] *, jouit d'une bonne réputation ainsi que sa famille, et qu'elle aura en mariage*[e] *et que ses espérances de fortune peuvent être évaluées à environ*[f] *.*

En foi de quoi nous avons délivré le présent certificat.

Fait à , le

(Signature du maire.)

Vu et approuvé par nous, Sous-Préfet de l'arrondissement d

A , le .

(Signature du sous-préfet.)

[a] Indiquer le nom, les prénoms et la profession.
[b] Nom, prénoms et profession du père de la future.
[c] Nom, prénoms et profession, s'il y a lieu, de la mère.
[d] Nom, prénoms, grade et corps de l'officier qui doit épouser la future.
[e] Indiquer le montant et la nature de la dot de la future.
[f] Indiquer la nature des espérances et en préciser la somme.

1. A cet égard, comme dans tous les actes de leurs fonctions, les maires ne doivent rien affirmer dont ils n'aient acquis la preuve, ou dont ils n'aient la conviction. C'est là un devoir de loyauté que rend plus obligatoire encore le caractère dont ils sont revêtus. — Ils se doivent donc à eux-mêmes, ils doivent à leur position vis-à-vis de leurs administrés, de ne pas prêter, par négligence ou par une complaisance coupable, leur concours à des irrégularités..... — MM. les sous-préfets sont chargés de viser et d'approuver ces certificats. En s'associant aux affirmations des magistrats placés sous leurs ordres, ils en assument en partie la responsabilité et doivent par conséquent agir avec la plus grande réserve. (Circ. min. de l'Int. 25 janv. 1844.)

2. Un exemplaire de cette circulaire a été adressé à MM. les préfets par M. le min. de l'Int., le 25 janv. 1844.

II. Décision relative à une modification apportée aux conditions de mariage des officiers. (Bur. des Op. milit. et de la Corresp. gén.)

« Paris, le 17 juin 1847.

« Le Pair de France, ministre secrétaire d'État de la « guerre, a pris, le 17 juin 1847, la décision suivante :

« Lorsqu'un officier supérieur ou un capitaine demandera l'autorisation d'épouser la fille d'un *officier membre* « *de la Légion d'honneur*, et que cette personne n'apportera « point en dot un revenu, non viager, de douze cents francs « au moins, ainsi qu'il est exigé par l'arrêté ministériel « du 17 décembre 1843, la demande accompagnée de toutes « les pièces indiquées par ledit arrêté, devra être adressée « au ministre de la guerre avec l'opinion explicite et motivée du chef de corps, du maréchal de camp et du lieutenant-général, sur la suite à donner à la demande. »

III. Des demandes en autorisation de mariage formées par des officiers.

« Le Ministre de la guerre à MM. les généraux commandant les divisions et subdivisions territoriales et actives ; « les intendants et sous-intendants militaires, les chefs de « corps de toutes armes. (*Bur. de la Corresp. gén. et des Op.* « *milit.*)

« Paris, le 21 août 1852.

« Messieurs, la disposition de l'instruction ministérielle « du 17 décembre 1843, qui détermine que les officiers de « tous grades et de toutes armes ne pourront obtenir la « permission de se marier qu'autant que la personne qu'ils « rechercheront leur apportera en dot un revenu, non viager, de douze cents francs au moins, a été interprétée « très-diversement par les délégués ministériels appelés à « l'appliquer.

« Les uns ont admis que la justification de l'existence « réelle d'un revenu, non viager, de douze cents francs ou « du capital le représentant était suffisante, sous quelque « forme que fût constitué, d'ailleurs, ce capital ou ce revenu.

« D'autres ont jugé que le revenu de douze cents francs

« devait être garanti par un capital constitué exclusivement « en immeubles ou en rentes sur l'État.

« L'expérience a démontré qu'il n'était ni rationnel, ni « nécessaire de soumettre l'interprétation et l'application « de cette disposition à des règles absolues et invariables.

« Le décret du 16 juin 1808, en établissant que les offi- « ciers ne pourraient se marier qu'avec l'autorisation du « ministre, et l'instruction précitée du 17 décembre 1843, « en déterminant les conditions de fortune et de moralité « qu'une personne recherchée en mariage par un officier « devait remplir pour que cette autorisation pût être accor- « dée, ont voulu empêcher que les officiers ne contractas- « sent des unions peu convenables et susceptibles de porter « atteinte à la considération due à leur caractère aussi bien « qu'à leur futur bien-être.

« En se plaçant à ce point de vue, il est évident que, « dans des questions de cette nature, il est beaucoup de « circonstances qui doivent être prises en sérieuse consi- « dération et exercer une influence déterminée sur la dé- « cision à intervenir. Ainsi, par exemple, une demande en « autorisation de mariage formée par un officier tout à fait « dépourvu de fortune, dont la future apporterait en dot le « capital de vingt-quatre mille francs, pourrait être repous- « sée parce que le revenu, non viager, de douze cents francs « représenté par ce capital ne paraîtrait pas suffisamment « garanti, tandis qu'elle pourrait, au contraire, être accueil- « lie favorablement si elle était formée par un officier se « trouvant dans de bonnes conditions d'aisance person- « nelle.

« Vous devez donc, Messieurs, bien vous pénétrer de « cette idée que, quand un officier demande à se marier, « la justification, par sa future, de la possession d'un re- « venu, non viager, de douze cents francs n'implique nul- « lement pour l'autorité supérieure l'obligation d'autoriser « le mariage. Il est, au contraire, indispensable que vous « examiniez avec le plus grand soin si la fortune dont il a « été justifié n'est pas soumise à des éventualités dont la « réalisation placerait l'officier dans la position à laquelle « le législateur a précisément voulu le soustraire ; il n'est « pas moins important que vous preniez tous les rensei- « gnements nécessaires pour vous édifier sur la moralité « de la future, sur la position de sa famille, et aussi sur la

« fortune personnelle de l'officier en instance. En un mot, « vous devez examiner, non-seulement si les conditions « réglementaires sont remplies, mais encore et surtout, si « l'union projetée est convenable au point de vue du « grade et de la position de l'officier.

« Vous devez, Messieurs, éprouver d'autant moins d'hé- « sitation à m'exprimer, dans les termes indiqués, votre « opinion sur les demandes en autorisation de mariage que « vous avez à me transmettre, que vous n'êtes pas, en pa- « reille matière, juges en dernier ressort, et que votre de- « voir se borne à édifier le ministre, auquel incombe la « responsabilité de la décision définitive.

« Il demeure donc entendu que toute demande de ma- « riage formée par un officier doit être instruite suivant la « marche tracée par l'instruction du 17 décembre 1843, « du moment où la future justifie du revenu de douze « cents francs, de quelque manière que ce revenu soit « constitué, et être ensuite soumise à l'examen du minis- « tre, avec tous les renseignements et avis des chefs mili- « taires de nature à éclairer complétement sa religion sur « la convenance de l'union projetée.

« Les recommandations qui font l'objet de la présente « reposent sur des principes à l'observation desquels sont « intimement liés l'intérêt des officiers et la considération « de l'armée tout entière. »

IV. Renseignements à prendre par l'autorité militaire lorsqu'il s'agit d'autoriser le mariage d'un officier.

« Le Ministre secrétaire d'État de la guerre à MM. les « généraux commandant les divisions militaires. (*Bur. de* « *la Corresp. gén.*)

« Paris, le 25 juin 1863.

« Général, la circulaire du 17 décembre 1843, relative « aux permissions à obtenir pour les officiers qui désirent « se marier, porte, à l'article 4, que le chef de corps, le « général subdivisionnaire et le général divisionnaire de- « vront, en transmettant la demande d'autorisation, y « joindre leur avis motivé sur la moralité de la future « épouse, sur la constitution de sa dot et sur la convenance « de l'union projetée.

« A cet effet, il leur est prescrit de recueillir, par l'in-« termédiaire *de l'autorité militaire du domicile de la future,* « des renseignements analogues à ceux que doit constater « l'autorité civile.

« Pour obtenir ces renseignements, l'autorité militaire « dont il s'agit ne peut s'adresser ni aux préfets, ni aux « sous-préfets, ni aux maires, car elle risquerait de ne re-« cevoir qu'un double du certificat exigé de la future par « l'article 3 de la circulaire précitée ; or, il s'agit précisé-« ment de contrôler ce certificat.

« L'autorité militaire a donc l'habitude (lorsque des cir-« constances fortuites, des relations de société ou la posi-« tion de famille de la future ne fournissent pas les moyens « de répondre directement et sans plus ample informé) d'a-« voir recours à la gendarmerie, et c'est, par le fait, la « seule voie qui lui soit ouverte.

« Seulement, j'ai eu le regret de constater, à plusieurs « reprises, que ces renseignements ne se prenaient pas tou-« jours avec tout le tact que commande une matière aussi « délicate. J'appelle donc toute votre attention sur ce point « important, et je vous prie de veiller à ce que la mission « de prendre ces informations ne soit jamais confiée qu'à « des officiers ou à des sous-officiers, qui, par leur instruc-« tion, par leur éducation et par la connaissance qu'ils ont « des localités où ils sont employés, offrent toutes les ga-« ranties voulues de réserve et de discrétion. Il est essen-« tiel que chacun se rappelle que ces investigations ne « doivent jamais revêtir une forme officielle et qu'elles doi-« vent toujours rester *confidentielles*. »

V. De la déclaration d'apport de la future épouse des officiers et assimilés, et de la forme de cette déclaration.

« Le Ministre de la guerre à MM. les Gouverneurs mili-« taires de Paris et Lyon ; le Gouverneur général civil de « l'Algérie ; les généraux commandant les corps d'armée ; « les généraux de division et de brigade ; les chefs de corps « de toutes armes ; les intendants et les sous-intendants « militaires. (*Dir. gén. du Pers. et du Mat. ; Bur. de la Cor-« resp. gén.*)

« Versailles, le 18 février 1875.

« Messieurs, il m'a paru utile de compléter par les dis-

« positions suivantes les prescriptions de la circulaire du « 17 décembre 1843 (*Journal militaire*, édition refondue, « tome IV, p. 218), relative aux permissions de mariage « des officiers et assimilés :

« 1° Les déclarations d'apport de la future, *avant comme* « *après le mariage*, seront faites désormais par *acte notarié*.

« Cet acte n'exclura pas la production du certificat men- « tionné au paragraphe 3 de la circulaire précitée.

« 2° Il ne sera pas tenu compte, dans la composition de « l'apport de la future, de la valeur attribuée aux effets, « bijoux ou autres objets mobiliers composant son trous- « seau, ou qui pourront lui être donnés à l'occasion de son « mariage.

« 3° L'apport dotal ne pourra être constitué ni en argent « comptant, ni en valeurs au porteur.

« 4° La dot de la future ne saurait jamais être inférieure « à un revenu *personnel et non viager de douze cents francs* « *au minimum*.

« Le ministre de la guerre, d'accord avec le ministre de « la justice, a arrêté que l'acte notarié à produire à l'ave- « nir par les officiers et assimilés, lorsqu'ils désirent obte- « nir l'autorisation de se marier, et qui est exigé par la « circulaire du 18 février 1875, susénoncée, pour les dé- « clarations d'apport de la future, devra être rédigé d'a- « près la formule ci-après :

DÉCLARATION D'APPORT

(à délivrer en brevet).

Par-devant *ont comparu :*

M. (nom, prénoms, grade et domicile du futur époux), *d'une part ;*

Et Mad. (nom, prénoms, qualité et domicile de la future épouse), *d'autre part ;*

Lesquels pour se conformer aux prescriptions des circulaires de M. le Ministre de la guerre du 17 décembre 1843 et du 18 février 1875, ont, dans la vue du mariage projeté entre eux, établi ainsi qu'il suit l'apport de Mad , future épouse :

Dans le contrat qui doit régler les clauses et conditions civiles de son mariage avec M , Mad , comparante, apportera en mariage et se constituera en dot les biens et valeurs dont la désignation suit :

(Désigner les biens composant l'apport de la future.)

Déclarant et affirmant sur l'honneur, *ici, les comparants, ès mains des notaires soussignés, l'existence des biens et valeurs ci-dessus désignés, lesquels seront et demeureront affectés réellement à la constitution de dot, et n'ont été empruntés ni en totalité ni en partie, en vue du mariage projeté.*

Dont acte.

Fait et passé, etc.

« Si la future épouse était mineure, elle devrait, dans la « déclaration dont le modèle précède, être assistée de ceux « dont le consentement est nécessaire pour la validité du « mariage.

« Si une dot devait être constituée ou une donation faite « à la future épouse, il y aurait lieu de faire comparaître « le donateur avec les futurs époux.

« Et dans ce cas, après l'apport personnel constaté comme « dessus on ajouterait :

« De son côté, M. (*le donateur*) se propose, dans le même « contrat qui doit régler les conditions civiles du mariage « de M..... avec Mad....., de faire à cette dernière une « donation dans les termes suivants :

« En considération du mariage projeté, M..... donne « et constitue en dot à Mad....., future épouse,

« Les biens et valeurs dont la désignation suit :

« (*Désigner les biens et valeurs donnés.*)

« Les chambres de notaires reçoivent les instructions « nécessaires en vue de l'emploi du modèle de formule « dont il s'agit.

« Les prescriptions des circulaires des 3 et 23 juillet « 1840[1] et du § 7 de la décision ministérielle du 17 dé- « cembre 1843[2] sont d'ailleurs maintenues. »

VI. Solutions de diverses questions relatives à la rédaction des actes notariés à produire par les officiers qui demandent l'autorisation de se marier.

Décision ministérielle du 14 juillet 1875. (*Dir. gén. du Pers. et du Mat.; Bur. de la Corresp. gén.*)

« 1° Est-il indispensable que l'officier qui désire se ma-

---

1. V. *infrà*, n° 636-I et III.
2. V. *suprà*, n° 624-I.

« rier *comparaisse en personne* devant le notaire rédacteur « de la déclaration d'apports?

« 2° Faut-il absolument que la future épouse se consti- « tue *personnellement* la dot réglementaire, et le capital ou « la rente que le donateur (*ascendant, parent ou ami de la* « *future*) déclare vouloir lui constituer en dot à l'occasion « du mariage projeté, s'ils reposent sur de bonnes valeurs « bien garanties, mais inscrites au nom du donateur, doi- « vent-ils être absolument, avant que le mariage soit effec- « tué, transférés au nom de la future épouse?

« Après s'être concerté à ce sujet avec son collègue le « garde des sceaux, ministre de la justice, le ministre de « la guerre a décidé en réponse à ces deux questions:

« 1° Que l'officier, futur époux, pourrait, lorsqu'il lui « serait impossible d'assister lui-même à la passation de « l'acte de déclaration d'apports, être dispensé de cette « formalité. Dans ce cas, il suffira de l'affirmation *sur l'hon-* « *neur* faite par la future et par ses assistants, s'il y a lieu, « que les biens et valeurs énoncés dans ladite déclaration, « lesquels doivent demeurer affectés *réellement* à la consti- « tution de sa dot, n'ont été empruntés ni en totalité ni en « partie, en vue du mariage projeté (*Décis. minist. du* « 14 *avril* 1875);

« 2° Il n'est pas indispensable que la future se constitue « *personnellement* la dot réglementaire. De plus, les valeurs « reposant sur de bonnes garanties, mais inscrites au nom « du donateur et qu'il déclare affecter à la constitution de « la dot de la future épouse, doivent être acceptées dans la « déclaration d'apports et la constitution de dot de la future « épouse. »

VII. Dispositions relatives aux permissions de mariage à délivrer aux officiers, sous-officiers, brigadiers et gendarmes.

Décret impérial du 1er mars 1854, portant règlement sur l'organisation et le service de la gendarmerie.

« Art. 537. Les officiers de tout grade de la gendarmerie « ne peuvent se marier sans en avoir obtenu préalablement « l'autorisation du ministre la guerre.

« Art. 538. Toute demande d'un officier de gendarmerie « tendant à obtenir l'autorisation de se marier doit être « transmise au ministre avec les pièces à l'appui, par le

« chef de légion, qui fait connaître son avis motivé sur la « moralité de la personne que l'officier se propose d'épou- « ser, sur la constitution de la dot, et sur la convenance « de l'union projetée.

« Si la future n'habite pas dans la circonscription de la « légion, le colonel prend ces renseignements près du chef « de la légion où elle réside.

« Les conditions de dot sont les mêmes que celles qui « sont exigées pour les officiers de l'armée.

« Art. 539. Les sous-officiers, brigadiers et gendarmes « ne peuvent également se marier sans en avoir obtenu la « permission du conseil d'administration de la compagnie « à laquelle ils appartiennent, approuvée par le chef de « légion. Indépendamment des garanties de moralité exi- « gées en pareil cas, le conseil d'administration doit s'as- « surer que la future possède des ressources suffisantes « pour ne pas être à la charge du militaire qui désire l'é- « pouser.

« Dans le cas où le conseil d'administration croit devoir « refuser son consentement, il est tenu de faire connaître « les motifs de son refus au chef de légion ou de corps, « qui en réfère au ministre.

« Si le chef de légion ou de corps refuse son approbation, « il est tenu d'en rendre compte au ministre. »

VIII. Transmission des demandes de permission de mariage pour les officiers du corps de la gendarmerie.

« Le Président du Conseil, ministre secrétaire d'État de « la guerre à MM. les chefs de légion de gendarmerie. « (*Bur. de la Gend.*)

« Paris, le 7 janvier 1844.

« Messieurs, ma circulaire du 17 décembre 1843 fait « connaître les nouvelles dispositions que j'ai adoptées au « sujet des permissions à obtenir par les officiers qui dé- « sirent se marier.

« Ces dispositions, quant au fond, sont applicables au « corps de la gendarmerie.

« En conséquence, et d'après le principe établi par l'ar-

« ticle 46 de l'ordonnance du 29 octobre 1820[1], vous au-« rez à vous conformer aux prescriptions générales de la-« dite circulaire en me transmettant, avec les pièces et « renseignements exigés par les articles 2, 4 et 6, les de-« mandes des officiers sous vos ordres qui solliciteraient « l'autorisation de se marier, et en y joignant votre avis « motivé sur la moralité des personnes qu'ils désireraient « épouser, sur les constitutions de dots et sur la convenance « des unions projetées.

« Par analogie avec ce qui est indiqué en l'article 5, « lorsque la future résidera dans l'étendue d'une légion « autre que celle où le futur se trouvera employé, vous « vous concerterez avec le chef de la légion à laquelle res-« sortira le département où la future sera domiciliée, pour « obtenir les renseignements voulus par l'article 4, et vous « me les transmettrez conformément à l'article 6 de la cir-« culaire précitée. »

IX. Mode de transmission des demandes en autorisation de mariage des officiers de troupe détachés de leur corps dans un des services spéciaux prévus par la loi des cadres.

Décision ministérielle du 14 juillet 1875. (*Dir. gén. du Pers. et du Mat.; Bur. de la Corresp. gén.*)

« Les demandes en autorisation de mariage, formées par « des officiers de corps de troupe *détachés* de leur corps « dans un service spécial, en vertu de la loi du 13 mars « 1875, seront instruites et transmises au ministre par l'in-« termédiaire des autorités militaires sous les ordres des-« quelles ces officiers se trouvent momentanément placés.

« Cependant, comme ces officiers peuvent être appelés, « d'un moment à l'autre, à rentrer au corps dont ils conti-« nuent à faire partie, il importe que le chef de ce corps « soit appelé à donner son avis sur leur demande. Ce chef « de corps formulera cet avis, tant d'après les renseigne-« ments qu'il se sera procurés personnellement, que sur le « vu des pièces jointes au dossier de la demande, qui lui « sera, à cet effet, communiqué par le chef de service spé-

1. Aujourd'hui art. 537 et 538 du décret du 1er mars précité. V. *suprà*, n° 624-VII.

« cial sous les ordres duquel l'officier qui demande à se « marier est momentanément placé.

« Le dossier complété, suivant les prescriptions de la « décision ministérielle du 17 décembre 1843, par l'ex- « posé de l'opinion des diverses autorités militaires sur le « territoire desquelles l'officier est stationné sera, comme « il est dit plus haut, transmis, avec cet avis, au ministre, « qui statuera. (*Bur. de l'arme.*)

« Cette décision annule toutes celles qui y seraient con- « traires. »

X. Conditions de mariage des adjoints du génie.

Décision ministérielle du 13 avril 1876. (*Dir. gén. du Pers. et du Mat.; 10e Bur., Pers. du génie.*)

« Conformément à l'article 12 de la loi du 13 mars 1875, « qui donne aux adjoints du génie le rang d'*officiers*, le mi- « nistre a décidé à la date de ce jour :

« 1° Que les mariages des adjoints du génie seront sou- « mis aux mêmes conditions que ceux des officiers ;

« 2° Que, dans l'intérêt des projets de mariage déjà for- « més aujourd'hui, cette mesure n'aura d'effet qu'à partir « du 1er janvier 1877. »

XI. Dispositions relatives aux permissions de mariage à délivrer aux gardes du génie et sous-chefs ouvriers d'état.

« Le Président du Conseil, ministre secrétaire d'État « de la guerre, à MM. les directeurs des fortifications et « MM. les chefs d'établissements du génie. (*Serv. du « Génie; Pers.*)

« Paris, le 13 mars 1844.

« Messieurs, je vous préviens qu'à l'instar de ce qui a « été prescrit par ma circulaire du 17 décembre 1843, con- « cernant les demandes en permission de mariage formées « par les officiers des différentes armes, j'ai arrêté les dis- « positions suivantes relativement aux permissions de la « même nature que vous êtes autorisés à délivrer aux « gardes du génie, en exécution de la circulaire ministé- « rielle du 4 avril 1829.

« A l'avenir, vous n'accorderez aucune permission de

« mariage aux *gardes, chefs et sous-chefs ouvriers d'état* placés « sous vos ordres, que sur la présentation :

« 1° D'un certificat exactement semblable au modèle « annexé à la circulaire du 17 décembre 1843 [1], constatant « que la femme que l'employé militaire désire épouser lui « apporte en dot un revenu annuel de *quatre cents francs* « *au moins* ;

« 2° D'un extrait du projet de contrat de mariage relatant « l'apport de la future.

« Lorsque la future résidera dans une direction autre « que celle où est employé le futur, le titulaire de cette « direction se concertera avec celui de l'autre direction, « pour obtenir les renseignements indiqués plus haut.

« Dans le mois de la célébration du mariage, l'employé « militaire fera parvenir au ministre de la guerre, par la voie « hiérarchique, un extrait dudit contrat, délivré par le no- « taire dépositaire de l'acte, en ce qui concerne l'apport de « la femme.

« Les permissions de mariage, ainsi délivrées, ne se- « ront valables que pendant *six mois* à partir de leur date, « sauf au titulaire à en demander le renouvellement à qui « de droit.

« Les gardes du génie, chefs et sous-chefs ouvriers d'é- « tat qui auraient contrevenu aux prescriptions de la pré- « sente circulaire, ou produit sciemment des pièces dont « l'énoncé serait reconnu inexact, encourraient une *peine* « *sévère,* conformément à la législation en vigueur.

« Ces diverses dispositions abrogent les circulaires mi- « nistérielles des 25 octobre 1808 et 4 avril 1829. »

XII. Conditions de mariage des gardes d'artillerie.

Décision ministérielle du 22 janvier 1879. (3° *Dir.*; 1er *Bur., Pers. de l'art. et des équip. milit.*)

« Le ministre de la guerre a décidé, à la date de ce jour, « que les prescriptions relatives à l'instruction des deman- « des de mariage des officiers seront désormais appliquées « aux gardes d'artillerie, qui ne pourront se marier qu'après « autorisation du ministre.

---

1. V. *suprà*, n° 624-I.

« Toutefois, le minimum de la dot à exiger de la future « sera, jusqu'à nouvel ordre, fixé à *six cents francs de re-« venu*.

« L'autorisation ministérielle sera également nécessaire « et ne pourra être obtenue que dans les mêmes conditions « pour le mariage des *sous-officiers, ouvriers d'état et gardiens « de batterie* portés au tableau d'avancement pour le grade « de *garde de 3e classe*.

« Les conseils d'administration des corps et les direc-« teurs des établissements ne devront délivrer qu'avec la « plus grande réserve des permissions de mariage aux « sous-officiers et employés susceptibles de devenir gardes.

« Comme mesure transitoire, les autorisations délivrées « par les directeurs des établissements antérieurement « au 1er mars 1879 seront valables jusqu'au 1er mai sui-« vant. »

XIII. Dispositions relatives aux permissions de mariage à délivrer aux agents principaux, gardes, maîtres et chefs artificiers, chefs et sous-chefs ouvriers d'état, contrôleurs des manufactures d'armes, des directions et des fonderies, réviseurs d'armes et contrôleurs adjoints des fonderies.

« Le Président du Conseil, ministre secrétaire d'État « de la guerre, à MM. les maréchaux de camp comman-« dant les écoles d'artillerie ; les directeurs d'artillerie, « des manufactures d'armes, des fonderies ; les sous-ins-« pecteurs des forges et les inspecteurs des poudreries « et raffineries. (*Serv. de l'Art.; Pers.*)

« Paris, le 13 mars 1844.

(Cette circulaire reproduit littéralement les dispositions de celle du même jour, relatives aux gardes du génie et sous-chefs ouvriers d'état. V. *suprà*, XI.)

« A l'égard des *ouvriers* employés dans les *manufactures « d'armes*, nous ferons remarquer ici qu'ils sont divisés en « trois classes, savoir :

« 1° Les jeunes soldats spécialement désignés lors de la « formation du contingent pour être employés dans ces « manufactures ;

« 2° Les militaires en activité de service détachés du « corps auquel ils appartiennent et qui ne sont employés « que temporairement dans les ateliers ;

« 3° Et les ouvriers proprement dits attachés aux ma-
« nufactures par un engagement libre et indépendant du
« service militaire.

« Les ouvriers compris dans les deux premières catégo-
« ries sont soumis, en ce qui concerne les permissions de
« mariage, aux prescriptions du décret du 16 juin 1808;
« quant à ceux compris dans la troisième catégorie, qui
« sont des ouvriers purement *civils* et comme tels non as-
« treints à ces prescriptions, ils peuvent contracter mariage
« sans la permission de l'autorité militaire. En consé-
« quence, il suffit, pour savoir s'il y a lieu d'exiger cette
« permission, de vérifier la situation de l'ouvrier qui dé-
« sire se marier, et de s'assurer qu'il ne fait plus partie
« du contingent militaire. »

XIV. Dispositions relatives aux permissions de mariage à délivrer aux sous-officiers et soldats. (Bur. de la Corresp. gén.)

Note ministérielle.

« Saint-Amans-la-Bastide, le 6 septembre 1843.

« Quelques chefs de corps ont interprété l'ordonnance
« du 14 avril 1832, relative aux enfants et femmes de
« troupe, comme ayant abrogé l'article 2 du décret du
« 16 juin 1808, et leur donnant le droit d'accorder ou de
« refuser eux-mêmes des permissions de mariage aux
« *sous-officiers et soldats*, sans la participation des conseils
« d'administration.

« Cette interprétation n'est pas exacte ; l'ordonnance du
« 14 avril 1832 ne contient aucune disposition relative à
« la compétence en matière de permission de mariage et
« son objet exclusif est de limiter le nombre des blanchis-
« seuses, des vivandières et des enfants de troupe qui
« peuvent exister dans les corps ; d'un autre côté, le décret
« du 16 juin 1808, dont les prescriptions ont été consacrées
« par l'article 19 de la loi du 11 avril 1831, sur les pen-
« sions, a acquis aujourd'hui force de loi. (*Avis du Conseil*
« *d'État du* 16 *mars* 1836.)

« En conséquence, le Président du Conseil, ministre se-
« crétaire d'État de la guerre, rappelle que, conformément
« au décret et à la loi précités, les permissions de mariage
« aux sous-officiers, caporaux, brigadiers et soldats en ac-

« tivité de service, doivent être délivrées par les conseils « d'administration des corps.

« Toutefois, les chefs de corps ne doivent pas moins « continuer, en cette qualité et comme présidents des con- « seils d'administration, à tenir la main à ce qu'il ne soit « accordé aucune permission de mariage qui aurait pour « résultat d'excéder le complet déterminé par l'ordonnance « du 14 avril 1832. »

XV. Dispositions relatives aux permissions de mariage à délivrer aux sous-officiers et soldats faisant partie d'un corps de troupe fractionné.

« Paris, le 2 février 1845.

« Le Président du Conseil, ministre secrétaire d'État de « la guerre,

« Considérant que, dans un *corps de troupe fractionné,* il « existe, dans certains cas, plusieurs conseils d'adminis- « tration; que de là résultent des doutes sur l'application « du décret du 16 juin 1808, relatif à la délivrance des per- « missions de mariage pour les sous-officiers et soldats;

« Considérant que l'ordonnance du 14 avril 1832 et la « note ministérielle du 6 septembre 1843 ont remis aux « chefs de corps, comme présidents du conseil d'adminis- « tration, le soin de surveiller l'exercice du droit donné à « ces conseils par le décret précité;

« A décidé, le 20 janvier 1845, que les permissions de « mariage, pour les *sous-officiers et soldats, à quelque portion « de corps qu'ils appartiennent,* seront délivrées par le con- « seil d'administration, soit *central,* soit *éventuel,* que pré- « side le chef de corps. »

XVI. Dispositions relatives aux permissions de mariage à délivrer aux sous-officiers et soldats servant en vertu d'une commission.

Note ministérielle. (*Dir. gén. du Pers. et du Mat.; Bur. de la Corresp. gén.*)

« Versailles, le 14 août 1877.

« Le ministre de la guerre rappelle que les sous-officiers « ou soldats servant en qualité de *commissionnés,* en vertu « des dispositions de l'article 35 de la loi du 13 mars 1875

« (*modifiée par la loi du* 15 *décembre* 1875), sur les cadres « et les effectifs de l'armée, ne peuvent, ainsi que les sous-« officiers et soldats servant à tout autre titre, contracter « mariage qu'après en avoir obtenu l'autorisation du con-« seil d'administration du corps dont ils font partie, con-« formément aux prescriptions de l'article 2 du décret du « 16 juin 1808. »

XVII. Instruction relative aux permissions de mariage à délivrer aux sous-officiers élèves d'administration militaire.

« Le Ministre de la guerre à MM. les généraux com-« mandant les divisions territoriales de l'intérieur et de « l'Algérie. (*Bur. de l'Intend. mil. et des Pers. administ.*)

« Paris, le 20 avril 1851.

« Général, aux termes du titre II de l'ordonnance du « 28 février 1838 [1], le corps des officiers d'administra-« tion militaire se recrute principalement, en temps ordi-« naire, parmi les sous-officiers de l'armée en activité de « service, proposés pour l'emploi d'*élève*.

« Aux conditions d'admission exigées de ces derniers « par l'ordonnance précitée, les instructions ministérielles « sur les inspections générales ont ajouté, depuis plusieurs « années, celle que les candidats seront *célibataires*.

« Les élèves doivent, en effet, être libres de toute préoc-« cupation en embrassant une carrière où ils ont beaucoup « à apprendre, et où ils peuvent être assujettis, au début, « à de très-nombreux déplacements. En outre, destinés à « gérer ultérieurement un service, ils trouveraient un « obstacle à réaliser le cautionnement auquel ils seront « astreints, dans des charges anticipées de famille, incom-« patibles avec leurs devoirs et avec leur avenir. C'est « donc lorsque leur position est assurée comme officiers « d'administration, que l'autorisation de mariage peut « leur être le plus convenablement accordée ; une union « sortable contribuera alors à compléter les ressources « dont ils auront besoin.

« Il est arrivé cependant que des sous-officiers élèves

1. Remplacée par le décret du 1er décembre 1862, 2e et 3e parties.

« ont demandé à leurs chefs de corps et ont obtenu des permissions de mariage.

« Je vous invite, en conséquence, à adresser à tous les chefs de corps placés dans votre division les recommandations nécessaires pour que les conseils d'administration ne délivrent plus, à l'avenir, de permission de mariage aux sous-officiers employés comme élèves d'administration. Lorsque de pareilles demandes leur seront adressées, ils les transmettront aux intendants divisionnaires, qui m'en rendront compte. Je me réserve d'autoriser, s'il y a lieu, les conseils d'administration à les accueillir. »

VIII. Instruction relative à la délivrance des autorisations de mariage aux sous-officiers du personnel de la justice militaire.

« Le Ministre de la guerre à MM. les Gouverneurs militaires de Paris et de Lyon, les généraux commandant les corps d'armée. (2e *Dir. cav.; Bur. de la Just. mil. et de la Gend.*)

« Paris, le 17 mai 1879.

« Mon cher Général,

« J'ai décidé qu'à l'avenir, et par modification aux dispositions de la circulaire et du règlement du 16 septembre 1854 (*Journ. mil.*, édit. refondue, t. VI, p. 427), les autorisations de mariage, ainsi que les certificats de bonne conduite (n° 1 ou n° 2), seront accordés par MM. les généraux commandant les corps d'armée et par MM. les gouverneurs militaires de Paris et de Lyon aux *sous-officiers du personnel de la justice militaire* placés sous leurs ordres.

« A cet effet, les formules nécessaires vous seront adressées.

« Vous voudrez bien m'informer exactement de la délivrance soit des autorisations de mariage, soit des certificats de bonne conduite, afin qu'il en soit pris note au dossier des intéressés.

« En cas de refus d'autorisation de mariage, vous devrez me faire connaître les motifs de ce refus, afin que je puisse statuer sur les réclamations qui me seraient adressées.

« Quant aux certificats de bonne conduite. . . . . .
« . . . . »

XIX. Marche à suivre pour la transmission au ministre des demandes d'autorisation de mariage formées par les membres des personnels administratifs. (Bur. de la Corresp. gén. et des Op. milit.)

« Le Ministre, secrétaire d'État de la guerre à MM. les « généraux commandant les divisions militaires.

« Paris, le 14 juillet 1870.

« Général, j'ai été consulté sur la question de savoir s'il « y a lieu de modifier la marche à suivre pour la trans- « mission au ministre de demandes d'autorisation de ma- « riage formées par les membres des divers *services admi-* « *nistratifs.*

« Cette question doit être résolue par l'affirmative.

« En conséquence, les intendants militaires donneront, « comme par le passé, leur avis sur les demandes d'auto- « risation de mariage formées par les membres des divers « *personnels administratifs,* mais ces demandes seront trans- « mises au ministre par les *généraux divisionnaires,* et c'est « également par l'intermédiaire de ces derniers que la dé- « cision intervenue sera notifiée aux intéressés. »

XX. Marche à suivre pour la délivrance des permissions de mariage aux hommes de troupe dans les compagnies formant corps ou s'administrant séparément. (Décis. minist. Bur. de la Corresp. gén.)

« Paris, le 18 décembre 1860.

« Le ministre de la guerre, dans le but d'entourer la « délivrance des permissions de mariage, dans les *compa-* « *gnies formant corps,* de garanties analogues à celles qu'of- « fre dans les régiments l'action d'un conseil d'adminis- « tration composé de plusieurs officiers, opérant sous la « présidence et sous le contrôle du chef de corps,

« Décide qu'à l'avenir, dans les compagnies, batteries « et sections formant corps, ou s'administrant séparément « (lesquelles n'ont pas de conseil d'administration), les « permissions de mariage à accorder aux sous-officiers, « caporaux ou brigadiers et soldats ne seront plus délivrées « directement par les chefs de ces compagnies, batteries et

« sections, mais devront être préalablement soumises à la « sanction :

« Du général commandant la subdivision territoriale, « *pour les compagnies de sous-officiers et de fusiliers vété-* « *rans*[1];

« Du chef de la légion de gendarmerie, *pour la compa-* « *gnie de gendarmes vétérans*[1];

« Du commandant de dépôt de remonte, *pour les com-* « *pagnies de cavaliers de remonte*;

« Du général commandant l'artillerie de la garde impé- « riale, pour la batterie et la compagnie à pied et les com- « pagnies du train de la garde[1];

« Du colonel directeur d'artillerie, pour les compagnies « d'ouvriers d'artillerie et armuriers[1];

« Du directeur de l'arsenal, ou, à défaut, du directeur « des fortifications, pour les compagnies d'ouvriers du « génie[1];

« Du sous-directeur du parc de construction, *pour les* « *compagnies d'ouvriers constructeurs des équipages*;

« De l'intendant militaire, pour les *infirmiers*[2] *et ouvriers* « *d'administration*;

« A l'égard des *fusiliers* et des *pionniers de discipline*, ils « peuvent se marier sur la présentation d'une permission « régulière délivrée par l'officier commandant. (*Art.* 1er, § 2, « *de l'ord. roy. du* 10 *mai* 1844, *sur l'administ. int. des corps* « *de troupes*[3].) »

XXI. Décision relative aux permissions de mariage à délivrer aux portiers-consignes.

« L'instruction du 16 novembre 1833 a autorisé les ma- « réchaux de camp commandant les subdivisions militaires « à délivrer des autorisations de mariage aux sous-officiers « et soldats en activité et à ceux en congé illimité faisant « partie de la réserve ; mais elle n'a rien statué à l'égard

1. Corps supprimés.
2. Décis. minist. 20 oct. 1862.
3. Cette ordonnance dispose, en effet (art. 1er), que les corps organisés sous le titre de compagnie sont administrés par l'officier commandant. Il s'ensuit par conséquent que cet officier remplit seul toutes ces fonctions et réunit tous les pouvoirs dévolus, dans les autres corps, aux conseils d'administration. Circ. min. Int. 27 déc. 1844.

« des sous-officiers employés dans les places de guerre en « qualité de *portiers-consignes*.

« Pour remplir cette lacune, M. le ministre de la guerre « a décidé, le 8 décembre 1836, qu'à l'avenir les permis-« sions de mariage à accorder aux *portiers-consignes* seront « délivrées par les généraux commandant les divisions « militaires. »

XXII. Dispositions relatives au mariage des jeunes soldats des classes inscrites sur la 1re partie de la liste du recrutement cantonal et aux militaires en congé.

« Le Vice-Président du Conseil, ministre de la guerre, « à MM. les Gouverneurs militaires de Paris et de Lyon; « les généraux commandant les corps d'armée ; les préfets « des départements. (*Dir. gén. du Pers. et du Mat.*; 3e *bur.*, « *Recrut.*)

« Paris, le 8 août 1874.

« Messieurs, j'ai décidé que les généraux commandant « les corps d'armée pourront désormais accorder directe-« ment l'autorisation de contracter mariage aux jeunes « gens inscrits sur la 1re partie des listes du recrutement, « tant que leur classe n'aura pas été appelée à l'activité.

« L'intérêt de l'armée exige que les demandes de ma-« riage formées par les jeunes gens que leurs numéros de « tirage appellent à faire partie de la 1re portion de la « classe ne soient accueillies que dans des cas extrêmement « rares, et lorsque des informations précises auront per-« mis de reconnaître que les pétitionnaires sont réellement « dans une position de famille très-digne d'intérêt.

« Quant aux hommes désignés pour faire partie de la « 2e portion, ils pourront être admis plus facilement à se « marier avant l'accomplissement du temps qu'ils doivent « passer au drapeau aux termes des articles 40 et 41 de la « loi du 27 juillet 1872. Mais il n'en conviendra pas moins « d'exiger que leurs demandes soient motivées sur quel-« que fait exceptionnel, tel, par exemple, que la nécessité « de sauvegarder l'honneur d'une famille ou la preuve « qu'une amélioration notable de position doit résulter du « mariage pour le jeune homme ou pour ses parents.

« Dans tous les cas, et quelle que soit la portion de la « classe à laquelle appartiennent les jeunes gens, ils de-

« vront bien être prévenus que l'autorisation de mariage « qui leur est accordée ne modifie en rien leur situation « militaire, et, qu'en conséquence, ils ne sauraient en au- « cune circonstance s'en prévaloir pour se soustraire aux « obligations qui leur sont imposées par la loi.

« Je vous prie d'assurer, chacun en ce qui vous con- « cerne, l'exécution de ces dispositions. »

§ 2. — *Des permissions de mariage à accorder aux militaires de l'armée de mer.*

625. Les dispositions du décret du 16 juin 1808, relatif au mariage des militaires en activité de service, sont applicables aux *officiers et aspirants de marine*, aux *officiers de troupes d'artillerie de la marine*, aux *officiers du génie maritime*, aux *administrateurs de la marine*, et enfin à *tout officier militaire et civil du département de la marine.*

En conséquence, nul desdits officiers ne pourra désormais se marier sans en avoir obtenu la permission *par écrit* du ministre de la marine[1].

626. Toutefois, les capitaines généraux des colonies et les chefs coloniaux sont autorisés à consentir au mariage des officiers qui leur sont respectivement subordonnés, si les circonstances ne permettaient pas d'attendre la permission du ministre, à la charge par eux de lui en rendre compte par la plus prochaine occasion[2].

627. Les sous-officiers et soldats des troupes appartenant au département de la marine ne pourront de même se marier qu'après en avoir obtenu la permission du conseil d'administration de leur corps[3].

628. Les permissions de mariage des militaires de l'armée de mer doivent être délivrées en conformité des instructions ministérielles suivantes :

---

1. Décret en date, à Bordeaux, du 3 août 1808, art. 1er. Circ. min. Mar. 5 déc. 1808 ; Circ. min. Int. 18 janv. 1860.
2. *Ibid.*, art. 2. Circ. précitée.
3. Déc. précité, art. 3.

I. Des autorités qui ont qualité pour délivrer des permissions de mariage au personnel de la marine.

Circulaire du ministre de la marine et des colonies aux préfets maritimes.

« Paris, le 1er juin 1866.

« Messieurs, l'autorité municipale de l'un des ports « chefs-lieux d'arrondissement maritime a demandé si les « catégories du personnel de la marine indiquées ci-après « sont assujetties à fournir, pour contracter mariage, l'au- « torisation exigée par les décrets des 16 juin et 3 août « 1808, ainsi que par la circulaire du 16 décembre de la « même année et, dans le cas de l'affirmative, quelles sont « les autorités qui ont qualité pour la délivrer.

« Pour qu'il soit partout procédé d'une manière uni- « forme à cet égard, j'ai l'honneur de vous faire remarquer « qu'en principe l'autorisation de mariage doit être exigée, « au-dessous du grade d'officier, de tout agent appartenant « à l'une des catégories du personnel *entretenu de la ma-* « *rine.*

« Cette autorisation sera accordée :

« 1° *Aux commis et aux écrivains titulaires des différents* « *corps,*

« Par le préfet maritime, le gouverneur de la colonie, « ou le directeur de l'établissement ;

« 2° *Aux magasiniers, distributeurs et préposés au dépôt* « *du corps et des comptables,*

« Par le préfet maritime ou le directeur de l'établisse- « ment ;

« 3° *Aux maîtres principaux et aux maîtres entretenus des* « *arsenaux,*

« Par le préfet maritime ou le directeur de l'établisse- « ment ;

« 4° *Aux conducteurs et dessinateurs des travaux hydrau-* « *liques,*

« Par le préfet maritime ou le directeur de l'établisse- « ment ;

« 5° *Aux magasiniers et aux commis aux vivres entretenus* « *de la flotte,*

« A terre, par le préfet maritime ;

« A la mer, par le conseil d'administration du bâtiment

« ou le capitaine comptable, avec visa du préfet maritime « ou du commandant en chef ;

« 6° *Aux chefs guetteurs et aux guetteurs du service électro-« sémaphorique,*

« Par le préfet maritime ;

« 7° *Aux pompiers de la marine, liés en vertu d'un engage-« ment,*

« Par le directeur des mouvements du port, avec visa « du préfet maritime. »

II. Dispositions relatives aux permissions de mariage à délivrer aux marins de l'inscription maritime.

Circulaire du ministre de la marine et des colonies à MM. les préfets maritimes, officiers généraux supérieurs et autres, commandants à la mer; commissaires généraux, et chefs du service de la marine ; directeurs des établissements hors des ports ; commissaires de l'inscription maritime ; conseils d'administration des divisions des équipages de la flotte et des corps de troupes de la marine.

« Paris, le 19 mars 1870.

« Les permissions de mariage sont accordées exclusive-« ment par les conseils d'administration des bâtiments et « des divisions, pour les *marins de l'inscription maritime « présents au service.*

« Il en est de même pour les *inscrits en permission, congé « renouvelable*[1], *congé temporaire*, etc.

« Mais les demandes de ces hommes doivent être trans-« mises par les commissaires de l'inscription maritime « avec avis motivé. »

§ 3. — *Des militaires des armées de terre et de mer qui peuvent contracter mariage sans permission de l'autorité militaire.*

629. Les officiers de l'état civil doivent avoir soin d'exiger de *tout homme* qui se présente pour contracter mariage la production du titre constatant sa position sous

1. Les inscrits maritimes en congé renouvelable peuvent aujourd'hui se marier sans la permission du conseil d'administration. V. *infrà*, n° 630, 2ent, 1o.

le rapport du recrutement; ils le préviendront d'ailleurs, avant le mariage, qu'il ne saurait, dans aucun cas, se prévaloir de sa position d'homme marié pour se soustraire aux obligations qui lui sont imposées par la loi sur le recrutement[1].

Cependant ils ne peuvent se refuser à procéder au mariage lorsque le futur ne peut produire son certificat de libération, et ce par la raison qu'aucune disposition du Code civil, qui a réglé seul la capacité pour contracter mariage, ne lui impose pas cette obligation[2].

630. Les militaires qui, d'après la loi du 27 juillet 1872 sur le recrutement, peuvent contracter mariage sans permission préalable de l'autorité militaire, sont:

1° Dans l'armée de terre.

1° Tous les hommes de la *disponibilité*, de la *réserve de l'armée active*, de l'*armée territoriale et de sa réserve*, les hommes dits *à la disposition* (art. 17), les *ajournés* (art. 18), les *dispensés* (art. 19 et 20), les *soutiens de famille* (art. 22), les hommes en sursis d'appel (art. 23), les *engagés conditionnels d'un an en sursis de départ* (art. 57), les hommes classés dans les services *auxiliaires*, ainsi que les militaires envoyés en *congé* en attendant leur *passage dans la réserve*.

Ils présentent leur livret individuel au maire de la commune où ils doivent contracter mariage.

Quant aux inspecteurs des finances et adjoints pourvus du grade d'officier, les généraux commandant les corps d'armée délivrent à ces fonctionnaires un titre de dispense sur le vu d'un bulletin d'avis individuel d'ordre de ser-

---

1. Circ. min. G. 3 déc. 1873. Les préfets ont seuls les éléments nécessaires pour délivrer des certificats constatant la position, sous le rapport du recrutement, des jeunes gens dispensés en vertu des articles 17, 20 et 22 de la loi du 27 juillet 1872, ainsi que de ceux qui ont été classés dans le service auxiliaire, ajournés à un nouvel examen du conseil de révision, ou qui ont obtenu des sursis d'appel. Quant aux engagés conditionnels en sursis de départ et aux hommes de l'armée de mer en congé renouvelable, ils justifieront de leur position en produisant leur titre de sursis ou de congé (même circ.). V. *infrà*, n° 630, 2ent, 1°.

2. Seine, 3 janv. 1856. Avis du proc. du roi à Paris, 27 juin 1838, et du proc. imp. à Paris, 31 mars 1852 et 16 fév. 1861. — V. *infrà*, n° 632.

vice adressé par M. le ministre des finances, auquel le titre de dispense est directement envoyé. (*Bureau de l'Inspection générale*[1].)

2° Les officiers de réserve et les officiers de l'armée territoriale, mais ils doivent en informer leur chef de corps ou de service.

Lorsqu'un officier de l'armée territoriale a contracté mariage, le capitaine-major du corps auquel il appartient doit en inscrire la mention sur le registre matricule et en rendre compte au ministre en lui adressant, par analogie avec les prescriptions de la circulaire du 3 juillet 1840, un certificat spécial constatant la célébration dudit mariage.

MM. les capitaines-majors doivent également se renseigner auprès des officiers de l'armée territoriale de leur corps sur la question de savoir s'ils ont contracté mariage avant leur nomination. Ils procèdent à l'égard de ces derniers comme il est indiqué ci-dessus[2].

3° *Les officiers en retraite employés dans les services de l'armée.*

Toutefois, comme tout ce qui touche à la dignité et à la situation de ces officiers intéresse l'armée à laquelle ils se rattachent encore temporairement par la commission dont ils sont titulaires, ceux d'entre eux qui voudront contracter mariage seront tenus de faire connaître, au préalable, à l'autorité militaire sous les ordres de laquelle ils sont placés, le nom et le domicile de la personne qu'ils veulent épouser, et s'il arrivait que l'alliance dont il s'agit ne présentât pas les conditions d'honorabilité désirables, l'autorité militaire devrait en prévenir le général commandant le corps d'armée dont relève l'intéressé; sur la proposition de cet officier supérieur, il serait immédiatement privé de son emploi par décision ministérielle[3].

4° Le futur époux qui a satisfait à la loi sur le recrutement, mais qui n'a pas encore passé devant le *conseil de révision*, ou qui y ayant passé, se marie avant le jour où commence à courir le temps de son service militaire[4].

---

1. Inst. min. G. 28 déc. 1879, art. 88.
2. Circ. min. G. 10 juillet 1879 (n° 261).
3. *Ibid.*, 27 janv. 1876, et Inst. min. G. 28 déc. 1879 (n° 143).
4. Lettre du préfet de Seine-et-Oise au maire de Saint-Germain-en-Laye, 6 mars 1876. Lempfrit de Saint-Venant, *Guide man. de l'Off.*,

2° Dans l'armée de mer.

1° Les marins en congé renouvelable, attendu qu'ils sont dans une position analogue à la *disponibilité*[1].

2° Les inscrits *maritimes*, tels que les chefs, sous-chefs et musiciens gagistes, employés sur les bâtiments amiraux, dans les escadres et les divisions navales qui, de même que les cuisiniers et les domestiques de l'état-major, ne sont liés à aucun titre, au service de la marine, qu'ils quittent ou reprennent selon les besoins du moment[2].

631. La faculté de se marier sans permission préalable de l'autorité militaire est suspendue par le fait de l'appel à l'activité ou de la mobilisation[3].

§ 4. — *Des publications de mariage des militaires des armées de terre et de mer.*

632. L'article 74 du Code civil fixe à six mois le temps de domicile de l'un des deux époux dans une commune pour y célébrer leur mariage ; mais comme un militaire, obligé de suivre ses drapeaux, peut se trouver pendant longtemps dans la nécessité de ne pas résider six mois de suite dans le même lieu, il suffira qu'il justifie qu'il est au corps depuis plus de six mois, et l'officier public en fera mention sur ses registres, ainsi que du temps depuis lequel le corps est en garnison dans la commune. S'il s'agit d'un officier sans troupe, il suffira qu'il justifie de la date de l'ordre qui l'a appelé, pour le service, dans la commune où il est.

Dans tous les cas, la publication devra aussi être faite dans la commune où était la dernière résidence, ainsi que dans celle où est le domicile des parents sous l'autorisation desquels on se marie[4].

---

de l'ét. civ., p. 40. *Contrà :* J. C., année 1880, p. 215. — La durée du service ne compte en effet que du 1er juillet de l'année du tirage au sort (art. 38 de la loi du 27 janv. 1872).

1. Circ. min. G. 3 déc. 1873 ; Inst. min. G. 28 déc. 1879, n° 88.
2. Circ. min. Mar. 8 mai 1872, dernier alinéa.
3. Circ. min. G. 3 déc. 1873.
4. Circ. min. G. 8 mars 1823, p. 15 ; Décis. min. Just. 27 juillet 1831 et 29 mai 1832. V. *infrà*, n° 743.

Si la résidence de six mois s'était continuée dans différents lieux, les publications seraient encore à faire en chacun de ces lieux[1].

Mais avant de procéder aux publications, l'officier de l'état civil ne peut exiger la production de la permission de mariage accordée au futur par l'autorité militaire. Il n'a pas, en règle générale, qualité pour examiner si celui qui veut contracter mariage fournit, à cet effet, toutes les justifications nécessaires, c'est à l'officier qui doit célébrer le mariage qu'il appartient de faire cette vérification.

Spécialement, un maire ne peut se refuser aux publications du mariage d'un *déserteur* de l'armée française. Le décret du 16 juin 1808 ne prescrit pas aux officiers de l'état civil de se faire remettre, *avant la publication des bans*, le consentement de l'autorité militaire au mariage d'un homme lié au service, mais dispose seulement que ces officiers ne doivent pas procéder au mariage tant que ce certificat ne leur a pas été présenté[2].

Quant aux enfants de troupe, n'ayant jamais eu d'autre domicile que le drapeau, les publications de mariage faites dans l'endroit où se trouve le corps sont seules exigibles à leur égard[3].

633. Le domicile réel d'un militaire ne se transporte pas avec lui dans les diverses villes où il est appelé successivement à tenir garnison ; il subsiste au lieu dont il a été fait choix par lui dans des actes réguliers ou authentiques, tant que l'indication d'un autre domicile ne résulte pas d'un acte ultérieur[4]. D'où il s'ensuit que le lieu de garnison ne doit être considéré que comme une simple résidence et que les publications de mariage doivent aussi être faites au domicile réel[5].

634. L'officier en non-activité n'appartient à aucun corps, il reste à la disposition du ministre de la guerre ;

1. Inst. G. des Sc. 19 mai 1821. Hallez d'Arroz, p. 51 ; J. C., t. XXX, p. 41.

2. Lettre du min. G. au G. des Sc. 6 oct. 1879 ; Lettre du G. des Sc., au proc. de la Rép. à Aix, 16 oct. 1879 (1300, B, 791) ; *Bull. off.*, p. 233.

3. Inst. min. G. 24 brumaire an XII et 8 mars 1823. — Agen, 7 juin 1854. — V. *infrà*, n° 1,025.

4. Paris, 6 août 1866.

5. V. *infrà*, n°s 708 et 709.

dans ce cas, comme il n'a pas de domicile fixe, il conserve toujours son domicile *d'origine,* à moins qu'il n'ait manifesté l'intention de le transporter ailleurs, et, s'il s'y rend pour contracter mariage, l'officier de l'état civil ne peut se refuser à célébrer son union, quoique la future n'y ait pas elle-même six mois de résidence, quand les publications en ont été faites aux résidences quittées depuis moins de six mois. S'il en était autrement, un militaire placé dans cette condition ne pourrait se marier nulle part, puisque par son état il est exposé à chaque instant à quitter son domicile[1].

635. Le futur époux qui, après sa libération du service militaire, retourne au domicile qu'il avait lors de son entrée au service, n'est pas censé l'avoir quitté, s'il n'a manifesté nulle part l'intention de le changer[2]. Par conséquent, il peut s'y marier sans attendre un délai de six mois et, dans ce cas, les publications faites à son domicile sont suffisantes[3] ; c'est-à-dire qu'il n'est pas obligé de faire de publications dans les communes où il était en garnison.

Il en est de même des marins, lesquels conservent leur domicile d'origine jusqu'à manifestation de leur intention de le remplacer par un autre ; et cette intention ne saurait résulter de faits caractéristiques de la simple résidence[4].

§ 5. — *Des avis de mariage des militaires des armées de terre et de mer.*

636. L'officier de l'état civil qui procède à la célébration du mariage d'un militaire est tenu d'en adresser un extrait, sur papier libre, au conseil d'administration du corps de troupe dont ce militaire fait partie, et le conseil d'administration doit en donner avis au ministre de la guerre, ainsi qu'il est prescrit par les circulaires suivantes :

---

1. Avis du proc. du roi à Paris, 16 février 1848.
2. Cass., 11 vend. an XIII ; Agen. 10 déc. 1806,
3. Collier, nº 167.
4. Bordeaux, 4 juin 1862,

I. Arrêté concernant les mariages contractés par des officiers.

« Le Pair de France, ministre secrétaire d'État de la « guerre, à MM. les lieutenants-généraux et maréchaux « de camp commandant les divisions et subdivisions mi« litaires ; les membres des conseils d'administration des « corps. (*Bur. de l'Inf.*)

« Paris, le 3 juillet 1840.

« Messieurs, l'instruction du 19 mars 1830, sur la véri« fication des services des officiers, insérée au *Journal « militaire*, a réglé que les conseils d'administration des « corps doivent adresser au ministre des certificats consta« tant la célébration des mariages que les officiers ont été « autorisés à contracter.

« Pour l'exécution de cette instruction, les conseils « d'administration envoient, tantôt des copies des actes de « mariage, tantôt des certificats délivrés par les maires « devant lesquels les mariages ont été contractés, et ces « pièces, remises au maréchal de camp commandant la « subdivision dans laquelle les régiments sont stationnés, « sont ensuite adressées au général commandant la division, « qui en fait l'envoi au ministre par une lettre de trans« mission.

« Pour diminuer les écritures et établir un mode uni« forme de justification, j'ai arrêté que les *avis de mariage* « me seront donnés, à l'avenir, au moyen de *simples certi« ficats, sans lettre d'envoi*, dans la quinzaine [1] qui suivra la « célébration de chaque mariage ; ces certificats, dont le « modèle est ci-joint, seront délivrés par les conseils d'ad« ministration des corps dont les officiers font partie, « d'après un *extrait* [2] des actes de l'état civil signé par le « maire de la commune où le mariage a eu lieu, et dûment « légalisé [3].

« La même marche sera suivie pour me donner avis des « mariages contractés par les *officiers en non-activité* ; dans « ce cas, ces certificats seront délivrés par les chefs d'état« major des divisions militaires où résident ces officiers. »

---

1. Dans le délai d'un mois. V. *infrà*, Circ. minist. 19 avril 1844.
2. Un extrait et non une expédition littérale.
3. V. *suprà*, n° 235.

MODÈLE DE CERTIFICAT DE MARIAGE.

Nous soussignés[a] *certifions d'après l'extrait des registres de l'état civil, qui est déposé dans les archives*[b] *que M.* (nom, prénoms et grade)[c] *s'est marié le* *à la mairie de* , *arrondissement de* , *département de* , *à Demoiselle* (nom et prénoms), *en vertu de l'autorisation ministérielle qui lui en a été accordée le* *188* .

A , *le* *188* .

(Suivent les signatures.)

Vu :

Le Maréchal de camp commandant la subdivision.

(Signature.)

Vu :

Le Lieutenant-général commandant la *division militaire.*

(Signature.)

[a] Membres du Conseil d'administration du (indication du corps), ou du chef d'état-major de la division militaire.
[b] Du corps ou de la division.
[c] Audit corps ou en non-activité.

II. Prorogation de délai pour l'envoi de l'extrait du contrat de mariage et du certificat qui en constate la célébration. (Bur. de la Corresp. gén.)

« Paris, le 19 avril 1844.

« La circulaire du 3 juillet 1840 prescrit aux officiers « autorisés à se marier d'adresser au ministre, dans un dé- « lai de quinze jours, le certificat constatant la célébration « de leur mariage. La circulaire du 17 décembre 1843 « accorde aux mêmes officiers un délai d'*un mois* pour « transmettre l'extrait de leur contrat de mariage.

« Afin de concilier ces dispositions, le Président du « Conseil, ministre secrétaire d'État de la guerre, a décidé, « le 16 avril 1844, que désormais les officiers, dans la « position dont il s'agit, auraient *un mois* pour produire « le certificat et l'extrait du contrat exigé, et que ces « deux pièces devraient lui parvenir par un seul et même « envoi. »

III. Transmission des avis de mariages contractés par les officiers de santé employés dans les hôpitaux militaires et postes sédentaires, et par les officiers d'administration des hôpitaux, des subsistances militaires, de l'habillement et du campement. (Dir. de l'Adm.)

« Paris, le 23 juillet 1840.

« Une circulaire ministérielle, en date du 3 juillet « 1840, a prescrit qu'à l'avenir les avis de mariages con- « tractés par les officiers seraient donnés au ministre de la « guerre, au moyen de *simples certificats, sans lettre d'envoi.*

« Les dispositions de cette circulaire sont applicables « aux officiers de santé employés dans les hôpitaux mili- « taires et postes sédentaires, ainsi qu'aux officiers d'ad- « ministration des hôpitaux, des subsistances militaires, « de l'habillement et du campement.

« Les certificats seront délivrés par le fonctionnaire de « l'intendance militaire en exercice dans la résidence où « se trouve l'officier de santé ou d'administration ; ils « devront être conformes au modèle ci-joint.

« MM. les intentants militaires sont chargés d'assurer « l'exécution de cette disposition. »

MODÈLE DE CERTIFICAT DE MARIAGE.

Je soussigné [a] *certifie, d'après l'extrait des registres de l'état civil qui est déposé dans les archives* [b] *que M.* (nom, prénoms, grade et emploi) *s'est marié le à la mairie de , arrondissement de , département de , à Demoiselle* (nom et prénoms), *en vertu de l'autorisation ministérielle qui lui en a été accordée le 188 .*

A , le 188 .

(Suit la signature.)

Vu :

L'Intendant militaire de la division.

(Suit la signature.)

[a] L'intendant ou sous-intendant militaire (indication de la résidence).
[b] De l'hôpital ou de la place.

IV. Dispositions relatives à la justification des mariages des officiers de gendarmerie. (Bur. de la Gend.)

« Le Pair de France, ministre sécrétaire d'État de la « guerre, à MM. les chefs de légion et membres des con- « seils d'administration des corps de la gendarmerie.

« Paris, le 24 juillet 1840.

« Messieurs, les dispositions renfermées dans l'instruc- « tion du 19 mars 1830 ont été déclarées applicables à « tous les officiers de l'armée, quels que soient leur grade « et l'arme à laquelle ils appartiennent.

« Cette instruction prescrit, notamment aux conseils « d'aministration, d'adresser au ministre de la guerre des « certificats constatant la célébration des mariages que les « officiers ont été autorisés à contracter, ce qui n'a pas été « généralement exécuté par les conseils d'administration « des corps et compagnies de gendarmerie.

« Voulant que cette omission soit promptement réparée, « et désirant en prévenir le retour, j'ai arrêté ce qui suit :

« 1° Le mariage de tout officier en activité dans l'arme, « à l'époque de ce jour, sera constaté par un certificat in- « dividuel rédigé conformément au modèle ci-après :

Nous soussignés, membres du Conseil d'administration d , *certifions, d'après l'extrait des registres de l'état civil qui est déposé dans les archives de la compagnie* (ou du corps), *que M.* (nom, prénoms, grade et résidence) *s'est marié le* *à la mairie de* , *arrondissement de* , *département de* , *à Demoiselle* (nom et prénoms), *en vertu de l'autorisation ministérielle qui lui en a été accordée le*

A , *le* *188* .

(Suivent les signatures.)

Vu :

Le Chef de légion.

(Suit la signature.)

« Les certificats concernant les officiers qui sont mariés « antérieurement seront rassemblés par MM. les chefs de « légion, pour m'être expédiés par leur intermédiaire le « 1er septembre prochain ; ces officiers supérieurs donne-

« ront les ordres les plus précis pour que leurs subordon-
« nés se procurent les pièces nécessaires, dans le cas où
« elles n'existeraient pas aux archives de la compagnie.

« 2° Désormais, de semblables certificats seront établis,
« au fur et à mesure du mariage de chaque officier, au vu
« de l'acte de l'état civil, dûment légalisé, et ils me seront
« transmis par MM. les chefs de légion, sans lettre d'envoi,
« dans la quinzaine[1] qui suivra la célébration.

« 3° Le modèle qui précède et le même mode d'envoi
« successif seront suivis (sauf la suppression du mot : *mi-
« nistérielle*) pour ce qui concerne le mariage des sous-offi-
« ciers et gendarmes, dont il doit m'être également rendu
« compte, aux termes de la circulaire du 4 juillet 1836[2].

V. Dispositions relatives à la justification des mariages des sous-officiers de gendarmerie et gendarmes. (Bur. de la Gend.)

« Paris, le 11 mars 1841.

« Une circulaire du 24 juillet 1840 indique la forme des
« certificats à adresser au ministre de la guerre pour cons-
« tater le mariage des militaires du corps de la gendar-
« merie.

« Une autre circulaire, du 22 septembre suivant, rap-
« pelle que, d'après l'article 19 (*dernier* §) de la loi du
« 11 avril 1831, les permissions de mariage devront être
« délivrées dans les formes prescrites par le décret du
« 16 juin 1808 ; c'est-à-dire par les conseils d'administra-
« tion pour ce qui concerne les *sous-officiers et gendarmes*.

« Enfin, le modèle adopté pour les certificats dont il
« s'agit comporte le *visa du chef de légion*, à raison du prin-
« cipe posé dans l'article 123 de l'ordonnance du 29 octo-
« bre 1820[3], qui confère à ces officiers supérieurs la sur-
« veillance de l'ensemble du service, de l'administration,
« etc., dans l'étendue de leur légion.

« Cependant, quelques chefs de légion et même des com-
« mandants de compagnie n'ont point reconnu dans le
« nouveau modèle établi par les circulaires précitées, la

1. Dans le délai d'un mois. V. n° 636-II.
2. V. l'arrêté suivant, du 11 mars 1841.
3. Aujourd'hui, art. 539 du décret du 1er mars 1854. V. *suprà*, n° 624-VII.

« dérogation que la loi du 11 avril 1831 avait apportée à « l'article 272 de l'ordonnance de 1820.

« Pour lever toute incertitude à cet égard, le ministre « de la guerre arrête :

« 1° Que désormais les certificats de mariage[1] se termi- « neront, pour les *sous-officiers et gendarmes*, par ces mots : « *en vertu de l'autorisation que nous lui en avons accordée* « *le sous l'approbation de M. le chef de légion.*

« 2° Que ces autorisations devront être littéralement « conçues ainsi qu'il suit :

Conformément à la loi du 11 avril 1831 et à l'article 2 du décret du 16 juin 1808 ;

Et sous l'approbation de M. le chef de la légion de gendarmerie,

Nous soussignés, membres du Conseil d'administration d , autorisons le sieur (nom. prénoms, grade et résidence) *à contracter mariage avec Demoiselle* (nom et prénoms), *fille de et de , domiciliée à , canton de , arrondissement de , département de*

A , le 188 .

VU ET APPROUVÉ :
Le Chef de légion.
(Signature.)

« MM. les chefs de légion et chefs de corps de la gendar- « merie devront tenir sévèrement la main à l'exécution de « ces dispositions et s'y conformer eux-mêmes très-scru- « puleusement. ».

VI. De la justification du mariage des militaires. (Dir. de l'Adm. dép. et com., 1re div., 1er bur.)

« Versailles, le 8 janvier 1874.

« Monsieur le Préfet, les conseils d'administration des « corps de troupe reçoivent fréquemment des avis d'auto- « risations de mariage délivrées à des militaires renvoyés

1. Ces certificats doivent être transmis au ministre, sans lettre d'envoi, par les chefs de légion, aussitôt après qu'ils les ont revêtus de leur visa. V. *suprà*, n° 628-IV.

« dans leurs foyers, en attendant leur passage dans la ré-
« serve ; mais n'étant pas informés de l'accomplissement ni
« de la date du mariage, ils se trouvent ainsi dans l'obli-
« gation de réclamer aux administrations municipales les
« renseignements qui leur sont nécessaires pour tenir leurs
« matricules au courant.

« Afin d'éviter cette correspondance, M. le Ministre
« de la guerre demande que des *extraits*, sur papier libre,
« des actes constatant les mariages contractés par des
« militaires renvoyés dans leurs foyers, en attendant leur
« passage dans la réserve, soient adressés à l'avenir par
« les maires aux conseils d'administration des corps de
« troupe dont ces militaires font partie.

« Je vous invite, Monsieur le Préfet, à donner des ins-
« tructions dans ce sens à MM. les maires de votre dépar-
« tement[1]. »

SECTION VII.

Du mariage des condamnés transportés dans les colonies françaises.

637. Les individus condamnés aux *travaux forcés* et transportés dans les établissements pénitentiaires créés dans les colonies françaises, en vertu de la loi du 31 mai 1854, et les personnes condamnées subissant leur peine dans les *maisons centrales de France*, qui auront demandé à être transférées dans ces colonies, sont, s'ils veulent y contracter mariage, dispensés des obligations imposées par les articles 151, 152 et 153 du Code civil[2].

Les publications faites dans la colonie seront suffisantes pour la régularité du mariage, même dans le cas où le domicile des parties ne serait pas établi par un séjour de six mois[3].

---

1. *Bull. off. Int.*, année 1874, p. 26.
2. Décret, 24 mars 1866, art. 1er. — La dégradation civique ne constitue pas un empêchement au mariage. Les effets de cette peine doivent être limités à la privation des droits énumérés dans l'article 34 du Code pénal. Lettre du min. Just. au proc. de la Rép. à Paris, 16 août 1878. — (1079, B, 78.) *Bull. off.*, p. 84. V. *suprà*, nos 558, 562 et 564.
3. *Ibid.*, art. 2. V. *infrà*, n° 704.

Les actes de l'état civil exigés par le Code civil pour pouvoir contracter mariage pourront être remplacés, soit par un certificat délivré par l'autorité judiciaire du lieu de condamnation, soit, à défaut, par un acte de notoriété[1].

SECTION VIII.

Du mariage des étrangers.

§ Ier. — *Des conditions imposées aux étrangers qui veulent contracter mariage en France.*

638. En principe, les lois qui régissent l'état et la capacité des personnes, ou, autrement dit, leurs *statuts personnels* les suivent partout où elles jugent à propos de résider[2].

Mais, si la capacité personnelle des étrangers se détermine par la loi de leur pays, ils ne peuvent néanmoins invoquer cette loi pour se soustraire aux empêchements prohibitifs ou dirimants établis par les lois françaises, qui obligent tous ceux qui habitent le territoire et devant lesquelles les statuts personnels doivent fléchir, notamment en ce qui concerne leur mariage célébré en France[3]. C'est, au surplus, ce qui résulte d'une circulaire de M. le ministre de la justice aux procureurs généraux, du 16 février 1855, ainsi conçue :

« Les mariages contractés en France par des étrangers
« ne sont valables, dans quelques pays, qu'autant qu'ils
« ont été précédés de formalités spéciales et notamment
« de l'autorisation du Gouvernement auquel ces étrangers
« sont soumis.

---

1. Décret précité, art. 3. V. *infrà*, nos 732 à 736.
2. Chambéry, 15 juin 1869.
3. Paris, 3 avril 1878. — Jugé même que les époux étrangers résidant en France sont soumis aux obligations de la loi civile française en ce qui touche les droits dérivant du droit naturel (Seine, 31 août 1878). Jugé aussi que le mariage contracté entre une Française et un étranger est nul lorsqu'il a été célébré dans l'hôtel d'un agent diplomatique étranger, et suivant les formes prescrites par la loi étrangère. (Seine, 2 juillet 1872. Lettre du min. Just. au min. des Aff. étr., 16 sept. 1878. — 1175, B, 78. *Bull. off.*, p. 89. Décision ancienne. V. Cass. 10 août 1819). Aux termes de l'article 7 du décret du 22 août 1860, sont valables dans les territoires réunis, sauf les droits acquis aux tiers, les mariages contractés en France, conformément à la loi française, par des sujets sardes, à quelque époque que ces mariages aient été célébrés.

« Afin de ne point exposer des Français aux graves in-« convénients qui pouvaient résulter pour eux de pareils « mariages, une circulaire de l'un de mes prédécesseurs, « en date du 4 mars 1831, avait recommandé aux officiers « de l'état civil d'exiger des étrangers qui voulaient se « marier la justification de leur aptitude suivant leur statut « personnel[1].

« A défaut de cette justification, quelques officiers de « l'état civil s'étant refusés à marier des étrangers, plusieurs « tribunaux et, sur l'appel, les cours impériales, ont fait « cesser ce refus, en se fondant sur ce qu'en France on ne « pouvait exiger que les formalités prescrites par la loi « française[2].

« Cette jurisprudence, fondée sur le Code Napoléon, ne « permettant plus d'invoquer la circulaire de 1831, plu-« sieurs gouvernements étrangers et particulièrement les « puissances allemandes voisines de nos frontières et les « cantons suisses se plaignent de la facilité avec laquelle « leurs nationaux contractent mariage en France sans leur « autorisation.

« Pour faire cesser, autant que possible, les plaintes de « ce genre, il importe, lorsqu'il s'agira du mariage soit de « deux étrangers, notamment de ceux qui sont originaires « de la *Suisse*, de *Bade*, de la *Bavière*, du *Wurtemberg* et de « la *Hesse*, soit d'un des ces étrangers avec une Française, « de rappeler aux futurs époux les dangers auxquels ils « s'exposent en négligeant de se pourvoir de l'autorisation « préalable des autorités dont ils dépendent[3].

« Cette précaution est surtout indispensable à l'égard « des Françaises qui perdraient leur nationalité en épou-« sant des étrangers sans participer à la nationalité de ceux-« ci, et qui ne seraient considérées que comme *concubines* « dans le pays de leurs maris.

---

1. Cette circulaire, non insérée, exigeait de l'étranger non naturalisé la justification, par un certificat des autorités du lieu de naissance ou de son domicile d'origine, qu'il était apte dans sa patrie à contracter mariage avec la personne qu'il se proposait d'épouser.

2. Rouen, 29 janvier 1842; Strasbourg, 4 avril 1842; Metz, 14 janvier 1848.

3. Au cas où les deux conjoints sont étrangers, ils ne peuvent invoquer le bénéfice de la loi du 10 déc. 1850 (Déc. minist. du 18 juillet 1877. — *Bull. off.*, 1877, p. 91). En ce qui concerne les Italiens, V. *infrà*, nº 1040.

« Veuillez donc adresser, *sans retard,* des instructions « dans ce sens aux maires des diverses communes de votre « ressort et charger vos substituts de veiller à ce que ces « fonctionnaires s'y conforment *exactement.* »

L'étranger qui veut contracter mariage en France n'est donc pas tenu de présenter un certificat émané des autorités de son pays d'origine pour constater sa capacité d'après son statut personnel; mais l'officier de l'état civil doit s'assurer avec le plus grand soin que cet étranger remplit toutes les conditions légales, et exiger la production de toutes les justifications prévues par la loi française[1].

Néanmoins, le futur né d'un père étranger n'a pas besoin, pour contracter mariage en France, de justifier de sa libération du service militaire ; la célébration de son mariage ne saurait être arrêtée faute d'une telle justification[2].

Ainsi, pour contracter mariage en France, les étrangers doivent remplir les formalités prescrites par le Code civil, sinon l'officier de l'état civil doit se refuser à passer outre à la célébration de leur mariage, et, au cas où les futurs ou les parents qui les assistent ne connaissent pas la langue française, ils doivent être assistés d'un interprète choisi par eux[3].

Aux termes d'une dépêche de M. le ministre des affaires étrangères du 9 juin 1881 (dossier 833 — B, 81), « le « gouvernement français n'a pas qualité pour servir d'in- « termédiaire entre les étrangers résidant en France et « l'administration du pays auquel ils appartiennent. C'est « seulement dans des cas exceptionnels où l'intérêt d'un

1. Lettre min. Just. au proc. gén. à Nancy, 10 avril 1876 (308, B, 76).

2. Avis du proc. de la Rép. à Paris, 31 mars 1852. V. *suprà*, n° 629, note 2.

3. En effet, il est de règle très-ancienne que l'interprète soit produit par les parties. Cependant si elles se trouvent dans l'impossibilité de le faire, cet interprète peut être nommé par le juge ordinaire du lieu où le mariage doit être célébré, au bas d'une requête à lui présentée à cet effet. Par analogie à l'article 322 du Code d'instruction criminelle, l'interprète ne peut, à peine de nullité, être pris parmi les témoins, il doit être âgé de 21 ans au moins, et prêter serment de traduire fidèlement les discours à transmettre entre ceux qui parlent des langages différents. — Jugé cependant qu'un acte fait essentiellement foi jusqu'à inscription de faux, bien qu'il y soit dit que l'un des témoins a servi d'interprète. (Cass. 19 déc. 1815.) — Dans tous les cas, l'officier de l'état civil ne peut lui-même servir d'interprète : la loi ne lui reconnaît pas cette qualité.

« Français se trouverait engagé, que le département des « affaires étrangères peut intervenir officieusement pour « presser la délivrance d'un acte à l'étranger et faciliter « le règlement des difficultés qui en retarderaient la pro- « duction.

« En règle générale, c'est aux parties étrangères elles- « mêmes qu'il convient de laisser le soin de se pourvoir « directement auprès des autorités compétentes. Il doit « notamment en être ainsi à l'égard des pièces nécessaires « au mariage des étrangers qui résident en France, alors « même que ceux-ci se trouveraient en état d'indigence.

« Les intéressés doivent donc s'adresser soit à la légation « de leur pays à Paris, soit au consul de leur nation le « plus rapproché de leur résidence. Lorsqu'il s'agit d'un « mariage entre *Français* et *étranger*, auquel cas la loi du « 10 décembre 1850 est applicable (art. 9), cette communi- « cation peut être faite par les officiers de l'état civil ou « les membres du parquet.

« Il y a, dans un grand nombre de cas, utilité à ce que « les représentants des nations étrangères en France soient « instruits des intentions de leurs nationaux et des modi- « fications qu'ils se proposent d'apporter à leur état civil. « Il ne peut également qu'être avantageux pour ces der- « niers de se mettre en rapport direct avec les consuls, qui « sont à même, par des conseils donnés à ce propos, de les « empêcher parfois d'accomplir des actes qui pourraient « les mettre dans une situation irrégulière au point de vue « de la législation de leur pays. »

639. Les étrangers qui se marient en France sont soumis comme les Français à la nécessité d'obtenir des dispenses dans les cas déterminés par la loi, quand même celle de leur pays ne leur imposerait pas cette obligation, par la raison que le mariage étant un contrat du droit des gens, est toujours, quant à la forme, régi par la loi du pays où il se passe ; il n'y a pas de distinction à établir entre le cas d'un mariage contracté entre deux étrangers et celui contracté entre un étranger et un Français[1]. En conséquence, l'officier de l'état civil peut et *doit même* se refuser à procéder au mariage entre étrangers,

---

1. Circ. G. des Sc. 10 mai 1824.

beau-frère et belle-sœur, qui n'auraient pas obtenu de dispenses préalables du gouvernement français[1].

640. L'officier de l'état civil ne doit procéder au mariage de *sujets italiens* qu'autant que les publications en ont été faites au lieu de leur dernier domicile en Italie. C'est ce qui résulte d'une circulaire de M. le ministre de la justice aux procureurs généraux, du 26 janvier 1876, dont la teneur suit :

« Monsieur le Procureur général, mon attention a été « appelée, à différentes reprises, sur les difficultés aux- « quelles ont donné lieu les mariages que des sujets italiens « demandent à contracter en France devant nos officiers de « l'état civil.

« Le Code italien, qui a emprunté à notre Code civil « beaucoup de ses dispositions, s'en est écarté sur des points « spéciaux, et notamment en n'admettant pas la formalité « des actes respectueux. Il a seulement réservé aux ascen- « dants le droit de former opposition au mariage, lorsque « le fils majeur de vingt-cinq ans et la fille majeure de vingt « et un ans ne sont plus tenus de justifier du consentement « de leurs auteurs.

« Il m'a paru qu'un sérieux intérêt s'attachait à ce que « les Italiens ne pussent être admis à contracter mariage « en France, sans qu'au préalable leurs ascendants eussent « été avertis et mis à même d'user des moyens que leur « propre législation leur offre pour former opposition à « l'union projetée.

« J'ai entretenu de cette pensée M. le minitre des « affaires étrangères, qui a bien voulu en référer au gou- « vernement italien.

« Nous avons reconnu que la loi italienne nous offre un « seul moyen de garantir, dans une certaine mesure, les « droits des ascendants[2] ; l'article 100 du Code civil italien « prescrit aux sujets de ce royaume qui veulent se ma- « rier à l'étranger de faire procéder, dans le lieu de leur

1. Lettres min. Just. au proc. gén. à Amiens, et au proc. de la Rép. à Cusset, 18 et 26 juillet 1877 (1809, B, 77 et 613, B, 75).

2. Ces droits sont également garantis par la loi française, puisque les étrangers, de même que les Français, sont obligés de produire le consentement de leurs ascendants. Il suffirait d'exiger ce consentement, quel que fût l'âge des époux.

« dernier domicile en Italie, aux publications prescrites « par les articles 70 et 71 du même Code. Cette obligation subsiste, quel que soit l'âge des époux et quel que « soit le temps depuis lequel ils ont pris résidence à l'étranger.

« Nos officiers de l'état civil devront, avant de procéder « au mariage, exiger un certificat en due forme, constatant « que cette obligation a été remplie ; ils s'assurent ainsi « que, par ce moyen, les ascendants auront pu, dans beaucoup de cas, sinon toujours être avertis.

« Les consuls italiens faciliteront à leurs nationaux la « délivrance et la production de ces certificats[1].

« Je vous invite, Monsieur le Procureur général, à faire porter cette décision, par l'intermédiaire de vos substituts, à la connaissance des officiers de l'état civil . . . . »

M. le ministre de la justice, dans une lettre adressée au procureur général d'Aix, le 1er mars 1877 (2911-B), disait :

« L'obligation de se conformer à ces instructions sub« siste alors même qu'il serait justifié que les ascendants, « résidant eux-mêmes en France, ont connaissance du « projet de mariage et y donnent leur consentement.

« La nécessité des publications à faire en Italie n'a pas « seulement, en effet, pour objet de permettre aux ascen« dants d'user du droit d'opposition que la loi leur confère, « elle est encore une garantie que les futurs se trouvent, à « tous les points de vue, dans les conditions de capacité « exigées pour contracter mariage.

« La circulaire du 26 janvier 1876 n'a fait, au surplus, « que consacrer, dans un but spécial, l'exécution des pres« criptions qui sont prévues par la loi italienne pour tous « les cas et dont l'accomplissement peut seul assurer, « dans ce royaume, la validité du mariage contracté à l'é« tranger. »

641. Un étranger ne saurait être réputé légalement do-

---

1. Ces certificats ne doivent pas être directement réclamés des officiers de l'état civil du royaume d'Italie. Les consuls italiens résidant en France ont reçu des instructions pour faciliter à leurs nationaux la délivrance et la production de ces certificats, et c'est entre leurs mains que les demandes doivent être déposées. Lettre min. Just. au proc. de la Rép. à Lille, 26 sept. 1878, (2911-B.)

micilié en France, quelque prolongée que soit sa résidence en ce pays, s'il n'a pas obtenu l'autorisation du Gouvernement d'y établir son domicile, conformément à l'article 13 du Code civil[1].

Jugé cependant que l'autorisation, pour un étranger, d'établir son domicile en France n'est soumise à aucune forme, et peut simplement résulter des faits et circonstances[2].

642. L'étranger qui veut contracter mariage en France doit justifier de son identité par la production d'une expédition en due forme de son acte de naissance, ou de son acte de baptême, si la tenue de l'état civil dans son pays est confiée au clergé; mais, dans ce dernier cas, l'officier de l'état civil ne doit accepter cet acte que s'il contient la date de la naissance[3].

Celui des époux qui serait dans l'impossibilité de se procurer son acte de naissance pourra le suppléer, en rapportant un acte de notoriété délivré en conformité de l'article 70 du Code civil[4].

643. La femme étrangère divorcée d'après la loi de son pays ne peut contracter un autre mariage en France qu'après dix mois révolus de son divorce, alors même que cette loi lui permettrait de se remarier aussitôt après le divorce : l'article 228 du Code civil, qui interdit à la femme de contracter un second mariage avant dix mois révolus depuis la dissolution du premier, édicte une prohibition d'ordre public qui ne peut fléchir devant un statut personnel étranger[5].

644. L'étranger légalement divorcé, c'est-à-dire conformément aux lois de son pays, peut se remarier en France[6],

---

1. Douai, 12 juillet 1844; Paris, 29 juillet 1872. — Cet article est ainsi conçu : « L'étranger qui aura été admis par l'autorisation du « Président de la République à établir son domicile en France, y « jouira de tous les droits civils, tant qu'il continuera d'y résider. »
2. Alger, 21 mars 1860; Besançon, 25 juin 1860. V. en ce sens : Valette sur Proudhon, *Ét. des pers.*, t. I, p. 190 et suiv.
3. Lettre du proc. imp. à Paris, nov. 1851.
4. Circ. min. Just. 24 février 1808. V. *infrà*, n° 732.
5. Paris, 13 fév. 1872.
6. Cass., 15 juillet 1878. En sens contraire : Paris, 28 mars 1843; Douai, 8 janv. 1877.

même avec une Française, et du vivant de son conjoint. Peu importe que le premier mariage ait été contracté avec une Française[1].

645. Les étrangers *immigrants,* d'origine inconnue, ou appartenant à des pays dans lesquels la famille civile n'est pas constituée, pourront être admis à contracter mariage dans la colonie de la *Guyane française,* avec l'autorisation du gouverneur en conseil privé[2].

646. Il sera justifié des conditions d'âge, de célibat ou de veuvage, exigées par les articles 144 et 147 du Code civil, au moyen de pièces dont le conseil privé appréciera la valeur et l'authenticité, et, à défaut de pièces, par un acte de notoriété dressé sur les lieux en la forme ordinaire[3].

647. Les publications faites avec l'autorisation du gouverneur, conformément à l'article 1er, seront affichées devant la porte du bureau de l'état civil, et suffisantes, dans tous les cas, pour la régularité des mariages[4].

648. Les étrangers immigrants appartenant à des États dans lesquels la famille civile est constituée seront admis à contracter mariage dans la colonie, lorsque, étant mineurs et sous la puissance de parents, ils justifieront de leur capacité à contracter mariage, et du consentement de leurs parents, suivant les règles de leur statut personnel[5].

649. Les immigrants indiqués dans l'article 4 seront admis à contracter mariage lorsque, étant majeurs, et n'étant pas sous la puissance d'autrui, ils produiront un acte de notoriété constatant leur âge, leur aptitude et l'impossibilité où ils sont de rapporter, soit le consentement de leurs ascendants, soit la preuve de leur décès[6].

650. Dans le cas où les immigrants seraient dépourvus de ressources, et où ils seraient, par ce fait, dans l'impos-

---

1. Amiens, 15 avril 1880.
2. Déc. 20 juillet 1861, art. 1er.
3. *Ibid.*, art. 2.
4. *Ibid.*, art. 3.
5. *Ibid.*, art. 4.
6. *Ibid.*, art. 5.

sibilité de se procurer les pièces nécessaires à la célébration de leur mariage, ils pourront obtenir le bénéfice de la loi du 10 décembre 1850, sur le mariage des indigents[1].

651. Le gouvernement local réglera, par des arrêtés pris en conseil privé, tout ce qui se rattache à l'exécution du décret précité[2].

652. Toute personne née dans l'esclavage avant l'ordonnance du 4 août 1833, qui prescrivait aux maîtres d'esclaves de faire inscrire sur les registres la naissance des enfants nés sur leurs possessions, doit, pour contracter mariage en France, produire l'acte de notoriété prescrit par l'article 70 du Code civil.

653. Les tribunaux français sont incompétents pour statuer sur la demande en mainlevée de l'opposition formée par un père étranger au mariage de sa fille en France[3]. La raison est que les juges seraient obligés, pour connaître de cette opposition et en juger le mérite, d'appliquer les lois étrangères.

§ 2. — *De la légalisation et de la traduction des actes faits en pays étranger.*

654. Les actes ou expéditions d'actes que les étrangers produisent pour contracter mariage en France ne peuvent être admis par les autorités françaises et faire foi devant elles, qu'autant qu'ils ont été légalisés par les agents diplomatiques ou consulaires français en résidence dans le pays d'où ces actes émanent et par le ministre des affaires étrangères en France, ou par les fonctionnaires qu'il aura délégués à cet effet. Ce principe, établi d'une manière formelle par les ordonnances de 1681 et de 1728, a été confirmé par l'ordonnance du 25 octobre 1833[4].

Mais cette légalisation n'est obligatoire qu'à l'égard des

1. Décret précité, art. 6. V. *suprà*, nos 601 et suiv.
2. *Ibid.*, art. 7.
3. Rennes, 16 mars 1842.
4. Circ. du proc. gén, à Paris, du 10 août 185[illegible]. V. *infrà*, nos 983 et 984.

actes qui émanent des pays où il y a des consuls français[1].

Il en est de même lorsqu'il n'a pas tenu aux parties intéressées de se la procurer et lorsque, d'ailleurs, il n'existe aucun motif de suspecter l'authenticité des actes produits[2].

Quant aux actes de l'état civil, documents judiciaires et autres actes analogues délivrés dans le grand-duché de Luxembourg, en Alsace-Lorraine ou en Belgique, et produits en France, et réciproquement, ils n'ont besoin d'être légalisés que par le président d'un tribunal ou par un juge de paix. Aucune autre légalisation ne doit être exigée, hormis le cas où il y aurait lieu de mettre en doute l'authenticité des pièces produites[3].

Hors ces exceptions, l'officier de l'état civil doit exiger la légalisation, car il pourrait y avoir des inconvénients graves à déclarer d'une manière générale les étrangers exempts des formalités ordinaires[4].

655. Les actes ou expéditions d'actes dont s'agit doivent être traduits en français, s'ils sont écrits en langue étrangère.

L'officier de l'état civil doit exiger que cette traduction soit faite par un traducteur assermenté, soit auprès du ministère des affaires étrangères, soit auprès de la Cour de cassation, d'une cour d'appel ou d'un tribunal de première instance. Autrement il pourrait arriver que la traduction manquât de fidélité, sans qu'il lui fût possible de s'en assurer. Aussi M. le ministre des finances a-t-il décidé que les parties qui requièrent l'enregistrement d'actes ou jugements venant de l'étranger doivent y joindre une traduction faite par un traducteur assermenté[5].

La signature du traducteur doit être légalisée.

---

1. Ordonnance de 1681, art. 23. Lettre du proc. gén. à Paris, du 23 janv. 1856.
2. Lettre min. Just. 29 déc. 1817, rappelée par le proc. imp. à Paris, les 9 avril 1853 et 31 déc. 1855.
3. V. *suprà*, n° 32 et la note.
4. Lettre min. Just. 27 mars 1841. V. *suprà*, n° 228, dernier alinéa.
5. Décis. min. Fin. 7 mars 1833. I. G., 1425, § 1. Pour faire foi devant le tribunal civil de la Seine, les traductions de pièces étrangères doivent être faites par des traducteurs assermentés, qui sont choisis par une commission nommée par les membres de ce tribunal. (Décision du 24 février 1823.)

Si la partie intéressée est indigente, l'officier de l'état civil, pour lui éviter des frais de voyage, de recherches, peut transmettre ces actes au procureur de la République de son arrondissement, qui les lui renverra traduits, sauf à elle à payer les frais nécessaires à leur traduction[1].

§ 3. — *Des effets du mariage entre Français et étrangers quant à la nationalité de l'épouse.*

656. Une femme française qui épousera un étranger suivra la condition de son mari.

Si elle devient veuve, elle recouvrera la qualité de Française, pourvu qu'elle réside en France[2], ou qu'elle y rentre avec l'autorisation du Président de la République, et en déclarant qu'elle veut s'y fixer[3].

Jugé que la femme *Savoisienne*, dont le mari, de même nationalité, et devenu comme elle Français par suite de l'annexion de la Savoie à la France, se fait naturaliser en pays étranger, ne perd pas pour cela la qualité de Française, parce qu'en principe, les effets de la naturalisation sont *exclusivement personnels* à celui qui l'a obtenue. Sa femme et ses enfants conservent la nationalité que la loi leur confère[4].

657. L'étrangère qui aura épousé un Français suivra la condition de son mari[5].

Jugé que l'étrangère devenue Française par son mariage ne redevient pas étrangère par le décès de son mari[6].

---

1. Lettre min. Just. 13 juillet 1811. Loi du 10 déc. 1850, art. 1 et 2.
2. Dans ce cas, elle recouvre de plein droit la qualité de Française. (Arrêt de la Cour suprême, du 19 mai 1830.)
3. C. civ., art. 19.
4. Toulouse, 27 juillet 1874 ; Cass., 19 juillet 1875 ; Chambéry, 27 août 1877.
5. C. civ., art. 12.
6. Cass., 22 juillet 1863.

SECTION IX

Des mariages prohibés entre parents ou alliés [1].

§ 1er. — *Des prohibitions dans la ligne directe.*

658. La proximité de parenté s'établit par le nombre de générations ; chaque génération s'appelle un *degré*[2].

659. La suite des degrés forme la ligne : on appelle *ligne directe* la suite des degrés entre personnes qui descendent l'une de l'autre.

On distingue la ligne directe, en ligne directe *descendante* et en ligne directe *ascendante.*

La première est celle qui lie le chef avec ceux qui descendent de lui ; la deuxième est celle qui lie une personne avec ceux dont elle descend[3].

660. En ligne directe, le mariage est prohibé entre tous les ascendants et descendants *légitimes ou naturels,* et les *alliés* dans la même ligne[4].

La maxime que les enfants naturels, même reconnus, n'ont point de famille ne s'applique qu'aux rapports civils : les rapports naturels résultant du lien du sang sont les mêmes entre les enfants naturels ou leurs descendants et les parents de leurs pères et mères qu'entre les enfants légitimes et ces mêmes parents.

La parenté naturelle dont parle cet article embrasse même la parenté *adultérine ou incestueuse*[5].

---

1. Ces prohibitions ne viennent pas des lois ecclésiastiques ; on retrouve les plus anciennes dans les lois grecques et romaines : celle du mariage entre la tante et le neveu a été faite par Théodose. Les lois ecclésiastiques ne les adoptèrent que bien plus tard ; jusque-là les souverains seuls en accordaient les dispenses. Les princes n'eurent recours au pape que parce qu'il leur parut inconvenant de se dispenser eux-mêmes des lois qu'ils avaient établies ; mais ils n'en conservèrent pas moins leurs droits. On trouve encore dans Cassiodore et dans Marculfe les formules dont ils se servaient. Les prohibitions et les dispenses appartiennent donc en entier au droit civil. (Portalis, Exp. des mot.) En effet, l'empereur Claude fut obligé d'obtenir un décret du Sénat pour épouser sa nièce Agrippine.
2. C. civ., art. 735.
3. *Ibid.*, art. 736.
4. *Ibid.*, art. 161.
5. Cass. 9 avril 1809.

661. La parenté en ligne directe s'arrête aux ascendants et descendants. Ainsi une femme veuve peut se remarier avec le frère de la femme de son fils, et un homme veuf avec la sœur du mari de sa fille. La même faculté existe pour un homme veuf qui veut contracter mariage avec la belle-fille de sa femme[1], et réciproquement pour une femme veuve et le beau-fils de son mari.

662. L'alliance ou l'affinité est la liaison qui existe entre l'un des conjoints, par mariage, et les parents de l'autre conjoint : ainsi tous les parents de la femme sont alliés du mari, et *vice versa*.

663. L'alliance ne se prend point en droit commun comme on le prend dans l'usage ordinaire de parler; et les parents du mari ne sont point alliés aux parents de la femme, de même que ceux-ci ne sont point alliés aux parents du mari ; le fils même de l'un des époux n'est point parent ni allié à la fille de l'autre, et ils peuvent se marier ensemble.

664. L'empêchement au mariage résultant de l'alliance qui existe entre deux personnes n'est point détruit par la dissolution du mariage qui a produit cette alliance, même alors qu'il n'existe point d'enfant de ce mariage[2].

2. — *Des prohibitions dans la ligne collatérale.*

665. On appelle *ligne collatérale* la suite des degrés entre personnes qui ne descendent pas les unes des autres, mais qui descendent d'un *auteur commun*[3].

Elle est composée de lignes directes qui descendent à côté les unes des autres en partant de l'auteur commun, qui est le point de leur union.

666. En ligne collatérale, le mariage est prohibé entre le frère et la sœur légitimes ou naturels, et les alliés au même degré[4].

---

1. Lettre min. Just. 12 therm. an XIII.
2. Vienne, 28 déc 1865. — Massé et Vergé sur Zachariæ, t. I, § 126; Aubry et Rau, t. IV, § 461, p. 52; Demolombe, t. I, n° 117; Toullier, *Th. du C. civ.*, t. I. p. 274.
3. C. civ., art. 736.
4. *Ibid.*, art. 162.

Cette alliance ne s'étend pas aux maris des belles-sœurs et aux femmes des beaux-frères. *Exemple* : Si ma femme et son frère viennent à mourir, je puis me marier sans dispense avec la veuve de celui-ci. En effet, le frère de ma femme était bien mon beau-frère, mais sa femme n'était pas, en droit, ma belle-sœur.

667. Le mariage est encore prohibé entre l'oncle et la nièce, la tante et le neveu[1].

Mais la loi n'admettant, *hors mariage*, d'autre parenté que celle existant entre le frère et la sœur et leurs père et mère, il n'existe pas de prohibition, en ligne collatérale, au mariage d'un enfant naturel avec le frère ou la sœur de son père ou de sa mère[2], de même qu'au mariage d'un enfant légitime avec le frère ou la sœur naturels de l'un de ceux-ci.

La prohibition de mariage établie par l'article 163 du Code civil ne s'étend pas non plus aux alliés du même degré[3]. *Exemple :* Un oncle peut contracter mariage avec la fille de la sœur ou du frère de sa femme, de même qu'un neveu peut contracter mariage avec la veuve de son oncle[4].

668. Le mariage entre un grand-oncle et sa petite-nièce ne peut avoir lieu qu'en conséquence de dispenses accordées conformément à l'article 164 du Code civil[5], et réciproquement, entre une grand'tante et son petit-neveu.

---

1. C. civ., art. 163.

2. Lettre min. Just. 22 frim. an XIII; Av. Cons. d'Ét. 3 avril 1825; Décis. min. 30 janv. 1836. Circ. min. Just. 11 nov. 1875. V. *infrà*, n° 674.

3. Cass. 10 mai 1858; Grenoble, 21 juin 1858. — Marcadé, sur l'art. 163; Toullier, *Th. du C. civ.*, t. I, p. 281; Duchesne, *Du Mar.*. p. 109; Allemand, *Tr. du mar.*, t. Ier, n° 68; Demante, *Cours analyt.*, t. I. p. 220 et 318; Demolombe. t. III, n° 111; Massé et Vergé, sur Zachariæ, t. I, § 156, note 9; Merlin, *Rép.*, t. XVI, v° *Emp.*, § 4, art. 1er, n° 3; Malleville, t. I, p. 179; Toullier, t. I, p. 321, n° 538; Vazeille, *Tr. du Mar.*, t. I, n° 113; Gilbert, *C. civ. ann.*, sur l'art. 163, n°s 3 et 4, cite une lettre du Garde des Sceaux au proc. du roi à Riom. C. min. Just. 11 nov. 1875. V. *infrà*, n° 674.

4. Décis. min. Just. 21 fév. 1815.

5. Décret en date, au camp de Bayonne, du 7 mai 1808. — Caen, 16 août 1876; — Cass. 28 nov. 1877. V. *infrà*, n° 695.

§ 3. — *De la prohibition entre parents adoptifs*[1].

669. Le mariage est également prohibé :

1° Entre l'adoptant, l'adopté et ses descendants ;

2° Entre les enfants adoptifs du même individu ;

3° Entre l'adopté et les enfants qui pourraient survenir à l'adoptant ;

4° Entre l'adopté et le conjoint de l'adoptant, et réciproquement, entre l'adoptant et le conjoint de l'adopté[2].

SECTION X.

Des dispenses de parenté et d'alliance.

670. Il est loisible au Président de la République de lever, pour des causes graves, les prohibitions portées par l'article 162 du Code civil aux mariages entre beaux-frères et belles-sœurs, par l'article 163 du même Code, aux mariages entre l'oncle et la nièce, la tante et le neveu[3], et par le décret du 7 mai 1808, aux mariages entre le grand-oncle et la petite-nièce et entre la grand'tante et le petit-neveu[4].

671. Les dispenses pour se marier dans les degrés prohibés par la loi seront délivrées par le Gouvernement, sur le rapport du grand-juge[5].

672. Le Procureur de la République près le tribunal de première instance de l'arrondissement dans lequel les impétrants se proposent de célébrer le mariage, mettra son avis au pied de la pétition tendant à obtenir ces dispenses, et elle sera de suite adressée au grand-juge[6], par l'intermédiaire du procureur général[7].

---

1. V. *suprà*, nos 476 et suiv.
2. C. civ., art. 348.
3. *Ibid.*, art. 164. (Loi du 16 avril 1832.)
4. V. *suprà*, n° 668.
5. A. G., 20 prairial an XI (9 juin 1803), art. 1er. Circ. min. Just. 10 mai 1824. — En 1879, il a été accordé 161 dispenses de parenté et 1,322 dispenses d'alliance. (*Bull. off. Just.*, 1881, p. 110.)
6. *Ibid.*, art. 2.
7. Décis. min. Just. 22 février 1833.

673. L'arrêté du Gouvernement portant la dispense dans les degrés prohibés sera, à la diligence du procureur de la République, et en vertu de l'ordonnance du président, enregistré au greffe du tribunal civil de l'arrondissement dans lequel le mariage sera célébré. Une expédition de cet arrêté, dans laquelle il sera fait mention de l'enregistrement, demeurera annexée à l'acte de célébration du mariage [1]. Cette expédition ne pourra être délivrée par le conseil du sceau des titres, que le droit d'enregistrement n'ait préalablement été payé [2].

674. Les dispenses dont s'agit doivent être motivées par des circonstances graves et toutes particulières. Ainsi l'a décidé M. le garde des sceaux dans une circulaire en date du 28 août 1832, ainsi conçue : « La loi exige que « toute dispense soit justifiée par des causes graves. Mon « intention, conforme aux vœux manifestés par les Cham- « bres, est de suivre à la rigueur cette prescription de la « loi. Il ne faut pas oublier qu'entre beaux-frères et belles- « sœurs, comme entre oncles et nièces, la prohibition est « la règle et la dispense l'exception. Elles ont besoin d'être « motivées par des circonstances toutes particulières. »

Ces circonstances ont été définies par M. le ministre de la justice, dans une circulaire adressée aux procureurs généraux, le 22 octobre 1848, et dont la teneur suit :

« Les demandes de dispenses de parenté ou d'alliance, « à l'effet de contracter mariage, sont très-fréquentes. « Toutes, à de rares exceptions, sont appuyées par les « magistrats. Il importe cependant de ne jamais oublier « que, si la loi a permis de lever quelques-unes des prohi- « bitions qui s'opposent au mariage, elle a expressément « restreint cette faculté au cas où des causes graves ren- « dent nécessaire une pareille dérogation au droit commun. « Ces causes peuvent être de divers genres, et de là résulte « l'impérieux devoir de se livrer à l'examen approfondi de « chaque demande. On va rappeler les principales consi- « dérations qui peuvent porter, soit à ajourner ou à rejeter « les demandes, soit à les accueillir. Quand l'une des par- « ties a été précédemment mariée, les convenances exigent

---

1. A. G. précité, art. 5.
2. Loi du 28 avril 1816, art. 55, dernier alinéa.

« qu'on ne statue qu'après l'expiration d'une année au « moins de veuvage[1]. L'inconduite de l'une d'elles doit « être ordinairement un motif de rejet. Toutefois, dans « l'intérêt public comme dans celui des familles, il con- « vient souvent de faciliter la réparation d'une faute, de « faire cesser un scandale déplorable et de donner un appui « à des enfants nés ou à naître, en permettant le mariage. « La grande différence d'âge, particulièrement quand la « femme est plus âgée, doit le plus souvent s'opposer à la « dispense. L'intérêt des jeunes enfants qui doivent obte- « nir d'un oncle ou d'une tante la protection et les soins « dont ils ont été privés par le décès de leur père ou de « leur mère, est une des causes les plus propres à appuyer « les demandes[2]. L'attachement des parties mérite une « sérieuse attention; mais ce motif seul n'est pas suffisant « pour légitimer une exception. Il faut en outre que l'union « projetée doive faciliter des arrangements de famille ten- « dant, soit à prévenir des procès ou des partages onéreux, « soit à conserver l'exploitation d'un établissement rural, « industriel ou commercial, soit à procurer à l'une des « parties ou à sa famille une position ou une assistance « qu'autrement on ne pourrait obtenir[3]. Les magistrats « doivent vérifier avec soin chacune de ces causes de dis- « pense, sans se fier aux simples assertions des parties.

« Les dispenses de parenté auxquelles s'oppose souvent « la disproportion d'âge ne doivent pas être autorisées « facilement.

« Les dispenses d'alliance sont plus favorables, mais il « ne faut cependant pas les admettre légèrement. La possi- « bilité d'un mariage plus ou moins éloigné pourrait en- « traîner à de funestes excès, à raison de la grande familia- « rité qui s'établit souvent entre beaux-frères et belles- « sœurs.

« On doit toujours se montrer rigoureux pour l'obten- « tion des dispenses; mais il faut être inflexible quand « on a raison de croire qu'il y a eu entre les parties un

---

1. La demande des futurs peut être transmise avant l'expiration de l'année de veuvage. C'est au Gouvernement qu'il appartient de juger de l'opportunité de l'ajournement. (Décis. min. Just. 22 janv. 1856.)

2. Si l'union future peut blesser les intérêts de l'enfant, la dispense ne sera pas accordée. (Décis. min. Just. 5 fév. 1835.)

3. V. dans le même sens, circ. G. des Sc. 10 mai 1824.

« commerce *illégitime* pendant la durée du premier ma-« riage[1]. »

Les prescriptions de la Chancellerie relatives aux demandes de dispenses d'âge[2], de parenté et d'alliance ont été rappelées par M. le ministre de la justice, dans une circulaire adressée aux procureurs généraux le 11 novembre 1875, afin que, bien précisées dans leur sens et leur portée, elles soient exécutées de même partout, et concourent ainsi à faire expédier plus promptement des affaires qui touchent à des intérêts si graves et quelquefois si urgents.

Cette circulaire retrace notamment les instructions suivantes :

« *Dispenses de parenté.* — Les dispenses de parenté, bien « plus que les dispenses d'alliance, doivent être motivées « sur des causes graves, car, indépendamment des liens « du sang qui unissent les parties et qui, d'après les don-« nées de la science, peuvent être une cause de dégéné-« ration, il existe le plus souvent entre l'oncle et la nièce, « la tante et le neveu, une assez grande différence d'âge ; « enfin, la parenté suppose des sentiments de protection et « d'autorité, d'une part, de déférence et de respect, de « l'autre, qui s'accordent mal avec l'affectueuse égalité qui « doit régner entre les époux.

« Je crois devoir vous rappeler, Monsieur le Procureur « général, qu'aux termes d'une décision prise en Conseil « d'État par l'Empereur, le 7 mai 1808, la prohibition por-« tée par l'article 163 du Code civil s'étend au mariage en-« tre le grand-oncle et la petite-nièce, et, par voie de consé-« quence, au mariage entre la grand'tante et le petit-neveu. « Je vous ferai remarquer encore que les dispositions de « l'article 163, à la différence de celles de l'article 162, ne « s'étendent pas aux liens d'une parenté naturelle; enfin « que le mariage d'un oncle ou d'une tante ne crée aucun « lien de parenté entre son conjoint et ses neveux.

« *Dispenses d'alliance.* — Pour les dispenses d'alliance, « la cause la plus grave qui puisse être invoquée est la « situation des enfants d'un premier lit, auxquels il im-

1. L'adultère est un obstacle péremptoire à la concession des dispenses que rien ne peut faire disparaître. (Décis. min. Just. 9 fév. 1855.)

2. V. *suprà*, n° 512.

« porte d'assurer la protection d'un oncle qui deviendra « pour eux un second père, les soins d'une tante qui leur « servira de mère.

« Les autres motifs qui peuvent être invoqués sont: « l'amélioration de position constituée par le mariage en « faveur de l'un des futurs; l'assistance assurée aux ascen- « dants; les intérêts d'une exploitation agricole, industrielle « ou commerciale; une indivision avantageuse maintenue; « des liquidations, des partages, des procès même évités « ou terminés.

« *Relations incestueuses. Enfants nés ou à naître de ces rela- « tions.* — Dans les demandes de dispenses de toute na- « ture, l'union projetée a trop souvent pour objet de donner « une situation régulière à des enfants nés ou à naître de « relations illégitimes des futurs. S'il importe de se mon- « trer rigoureux contre le vice et la débauche, les circons- « tances de la faute peuvent néanmoins en atténuer la gra- « vité, et parfois l'indulgence est imposée par l'intérêt « d'enfants qui se trouveraient sans famille si le mariage « subséquent de leurs père et mère ne venait leur assurer, « conformément à la jurisprudence de la Cour de cassation, « le bénéfice de la légitimation. (Arrêts du 22 janvier 1867.)

« *Séparation.* — Il faut toutefois éviter que l'inconduite « ne paraisse être un titre à la faveur, et, à moins que des « motifs sérieux n'y mettent obstacle, les futurs doivent se « séparer pour donner satisfaction à la morale publique.

« Mais il n'appartient qu'à moi seul de prescrire cette « mesure et ses conditions.

« Les magistrats peuvent conseiller la séparation au « cours de l'instruction, mais ils ne peuvent jamais l'im- « poser de leur propre autorité; et ils ont toujours à se « garder d'en prendre motif pour retarder l'envoi du dos- « sier à la Chancellerie. J'insiste sur ces prescriptions qui « n'ont été que trop souvent oubliées.

« Quand je croirai devoir exiger une séparation, je vous « recommande de veiller avec le plus grand soin à ce que « je sois informé sans le moindre retard de cette séparation « aussitôt qu'elle sera effectuée, ou dès que le délai que « j'aurai fixé sera accompli.

« *Adultère.* — Les relations qui se sont établies du vivant « du conjoint décédé sont une cause absolue de rejet, même « lorsqu'il existe un enfant adultérin, auquel la loi refuse

« d'ailleurs le bénéfice de la reconnaissance et de la légi-
« timation. (Art. 331 et 335 du Code civil.)

« Les magistrats devront surtout s'attacher à m'édifier « sur ce point capital, et je n'ai pas besoin de vous faire « remarquer, Monsieur le Procureur général, que, si la « recherche de la paternité est interdite judiciairement, « rien ne s'oppose à ce que la position des parties soit « établie par tous les moyens extrajudiciaires pour être « ensuite portée confidentiellement à ma connaissance.

« *Délai de convenance.* — L'article 228 du Code civil dé-« fend à la femme de contracter un nouveau mariage moins « de dix mois après la dissolution du mariage précédent. « Aucun délai n'est imposé à l'homme ; mais la jurispru-« dence de la Chancellerie, basée sur des raisons de con-« venance, n'admet pas que des dispenses puissent être « accordées avant l'expiration d'une année de veuvage.

« Cette règle ne doit toutefois être appliquée, en matière « d'alliance, qu'autant qu'il s'agit de la dissolution de l'u-« nion qui a produit l'alliance.

« Lors même que la règle est applicable, une dérogation « est permise lorsqu'on invoque certaines considérations « importantes et, notamment, l'intérêt de jeunes enfants « dont l'âge ou l'état réclame impérieusement une protec-« tion, des soins affectueux, dévoués et intelligents ; aussi, « bien que l'année de deuil ne soit pas accomplie, tout « dossier dont l'instruction est terminée devra m'être « transmis avec des renseignements qui me permettront « de décider s'il y a lieu de maintenir le délai de conve-« nance.

« *Différence d'âge.* — Une union disproportionnée pré-« sente peu de garanties pour l'avenir ; une grande diffé-« rence d'âge entre les futurs, surtout quand c'est la femme « qui est plus âgée, constitue généralement une raison de « refuser les dispenses.

« Mais la règle n'est pas absolue à ce point qu'elle ne « puisse recevoir des exceptions déterminées par des mo-« tifs sérieux, tels qu'ils sont indiqués plus haut, quelque-« fois même par les usages et les habitudes d'un pays ; « l'importance et la portée de ces considérations sont lais-« sées à l'appréciation des magistrats.

« *Moralité des futurs. Liberté du consentement. Opinion pu-« blique.* — La conduite et la moralité des parties, la con-

« naissance qu'elles ont réciproquement de leur situation, « le consentement libre et dénué de toute influence étran-« gère qu'elles donnent à l'union projetée, les dispositions « de l'opinion publique réclamant leur mariage comme un « moyen de faire cesser leurs relations illicites, sont des « éléments essentiels de la décision. Je ne saurais trop en-« gager les magistrats à les recueillir et à les contrôler « avec le plus grand soin.

« *Consentement des parents.* — Le consentement des pa-« rents des futurs est une des conditions légales pour la « validité du mariage.

« Il importe que je ne sois pas exposé à provoquer du « Chef du Gouvernement des dispenses qui n'auraient pas « d'application possible, si le mariage qui en est l'objet ne « pouvait s'accomplir.

« Les magistrats devront donc s'assurer du consente-« ment donné à l'union projetée par les père et mère ou « ascendants des futurs, le conseil de famille quand il doit « intervenir, le tuteur *ad hoc* dans le cas de l'article 159 « du Code civil.

« *Distinction à établir suivant l'âge des futurs.* — Mais une « distinction doit être établie suivant que, d'après l'âge « des futurs, le consentement exigé par la loi est ou n'est « pas une des conditions indispensables pour la célébration « du mariage.

« Si le défaut de consentement constitue un empêche-« ment absolu au mariage (art. 148 du Code civil), ce con-« sentement doit être exigé. Son absence rend le mariage « et par conséquent les dispenses impossibles.

« Si, au contraire, le refus de consentement ne constitue « au mariage qu'un obstacle qui peut être levé au moyen « d'actes respectueux (art. 151, 152 et 153 du Code civil), « il n'est plus qu'une considération généralement défavo-« rable, mais soumise de la part des magistrats à un exa-« men dont ils ont seulement à me rendre compte, et ce « refus ne doit pas arrêter l'instruction.

« *Inutilité d'actes spéciaux de consentement.* — Dans tous « les cas, il suffit que le consentement soit consigné sur la « demande même de dispenses.

« *Militaires.* — Lorsque le futur appartient aux armées « de terre ou de mer, il doit justifier du consentement de « ses chefs, qui est indispensable pour que l'officier de

« l'état civil puisse procéder au mariage. (Décret du 16 juin « 1808.)

« *Étrangers.* — Si l'un des futurs est d'une nationalité « étrangère, ou si les deux futurs sont étrangers, le magis- « trat instructeur doit exiger les dispenses délivrées par le « gouvernement étranger, ou la preuve que les lois du pays « d'origine des futurs ou de l'un d'eux ne défendent pas le « mariage projeté.

« *Distinction à établir.* — La règle est absolue lorsqu'il « s'agit du mariage d'une Française avec un étranger ; la « loi française doit, en effet, protéger les femmes d'origine « française contre l'application d'une loi étrangère qui, « dans le pays d'origine du futur mari, ferait une concubine « d'une femme à laquelle, en France, notre législation as- « surerait la qualité de femme légitime.

« Dans le cas, au contraire, où il s'agit d'une femme « étrangère qui aspire à devenir Française par le mariage, « si une difficulté naissait, soit de la différence des légis- « lations, soit du refus des dispenses du gouvernement « étranger, cette situation ne constituerait pas une raison « absolue de suspendre toute instruction ; le magistrat ins- « tructeur devrait en référer, par votre intermédiaire, à « mon appréciation.

« *Alsaciens et Lorrains.* — Il en est de même pour nos an- « ciens compatriotes originaires d'Alsace ou de Lorraine « qui ont perdu, faute d'option faite régulièrement ou en « temps utile, la nationalité française.

« *Droits de sceau.* — La question des droits de sceau tou- « che à la fois aux intérêts du Trésor public et à ceux des « parties. Je la recommande à votre attention : car si, d'une « part, les intérêts du Trésor doivent être sauvegardés, « d'autre part, il faut prendre en considération la position « de fortune des postulants pour modérer les droits ou en « accorder même la remise totale.

« Vous voudrez bien veiller à ce que des renseignements « soient pris avec le plus grand soin sur les ressources que « les parties peuvent retirer de valeurs mobilières, du pro- « duit de leurs propriétés, de leur industrie, de leur travail, « sur celles qui leur sont assurées par leurs familles ou « qu'elles peuvent en attendre, sur les charges qu'elles ont « à supporter.

« Vos rapports et ceux de vos substituts devront toujours

« indiquer si la totalité des droits, qui s'élèvent à 300 fr., « plus 25 cent. pour le timbre de la quittance, paraît devoir « être laissée à la charge des postulants, ou s'il y a lieu « d'accorder la remise entière ou une réduction partielle de « ces droits. Dans ce dernier cas, la quotité de la remise à « accorder doit toujours être fixée par dixièmes ou vingtièmes.

« *Certificats d'indigence.* — La loi du 10 décembre 1850 « assure le bénéfice de la gratuité aux personnes qui justifient d'un certificat d'indigence. Son effet ne se borne « pas aux droits de sceau, la loi prescrit de délivrer aux « porteurs desdits certificats tous les actes sur papier libre « et sans frais; aussi, chaque fois que des demandeurs sont « présumés indigents, il importe, pour leur épargner des « frais inutiles, que tout d'abord, et avant la réunion des « pièces du dossier, il soit procédé à un examen sérieux de « leur position et de leurs ressources.

« Les certificats d'indigence sont délivrés, sur le certificat « du percepteur, à toute personne qui ne paye pas 10 fr. « de contributions, par le commissaire de police, ou par « le maire des communes, à défaut du commissaire de police; en outre, pour éviter les abus qui sont surtout à « craindre dans les villes, où la fortune mobilière est plus « répandue, la loi exige le visa du juge de paix, et la mention par ce magistrat que l'indigence est à sa connaissance « personnelle.

« J'appelle votre attention sur la délivrance de ces certificats dont la présence dans un dossier affranchit le demandeur de toute espèce de charges pécuniaires, et je « désire que vous donniez à vos substituts les instructions « nécessaires pour qu'ils fassent annuler, dès le début de « l'instruction, les certificats d'indigence, lorsqu'il leur « sera démontré que les individus auxquels ils ont été délivrés, bien qu'ils ne figurent pas sur les rôles des contributions ou qu'ils y soient portés pour une somme inférieure à 10 fr., ont néanmoins des ressources assurées « qui leur permettent de payer la totalité ou une partie des « droits.

« *Observations générales.* — Je vous recommande, Monsieur le Procureur général, d'insister auprès de vos substituts pour qu'ils s'abstiennent d'exiger des parties la production de pièces complétement inutiles, telles que : actes

« de décès des ascendants des futurs, actes de naissance et « de décès de leurs enfants (mais en leur faisant remarquer « sur ce point que, s'il y avait eu reconnaissance d'enfants « nés incestueux, cette reconnaissance illégale devrait m'ê- « tre signalée, afin que je puisse, dans le cas où les dis- « penses seraient refusées, prescrire des poursuites pour « son annulation), extraits des rôles des contributions (si « ce n'est dans le cas d'indigence légalement constatée), « certificats de bonne vie et mœurs délivrés par les maires, « et trop souvent contredits par les faits, extrait du casier « judiciaire, etc.

« La réunion de ces pièces, qui s'élèvent parfois à un « nombre considérable, a pour résultat de ralentir l'ins- « truction des affaires, de retarder la délivrance des dis- « penses et d'entraîner pour les parties des frais relative- « ment élevés.

« MM. les Procureurs de la République chargés de l'ins- « truction ne doivent pas perdre de vue que les dispenses « ont pour objet la levée d'une prohibition légale, et par « conséquent la possibilité du mariage, non sa célébration ; « que les seules pièces indispensables sont celles qui cons- « tatent l'âge, la parenté, l'alliance des demandeurs ; que, « pour l'irrégularité ou le manque de concordance des « actes de l'état civil, l'avis du Conseil d'État du 30 mars « 1808 rend inutiles, au point de vue du mariage, des rec- « tifications judiciaires; que les magistrats doivent m'éclai- « rer, par leurs rapports, sur la mesure à provoquer du « Chef du Gouvernement ; qu'ils ont à se renseigner par « eux-mêmes, et non au moyen de pièces produites par les « futurs, auprès des autorités locales judiciaires, religieu- « ses, municipales et administratives (juges de paix, mai- « res, curés, receveurs des contributions, etc.) ; que l'ins- « truction de ces affaires délicates leur est confiée sous leur « responsabilité personnelle, et que leur avis, contrôlé par « vous, sert de base à mes décisions, sans qu'il soit néces- « saire pour eux de produire la justification matérielle des « éléments de leurs propositions. »

675. Pour obtenir des *dispenses de parenté* entre oncle et nièce, tante et neveu, grand-oncle et petite-nièce, grand'-tante et petit-neveu, les futurs doivent adresser une demande *collective* au Président de la République.

A cette demande[1] doivent être joints, suivant les cas :

1° Leur acte de naissance ou, si ces actes n'ont pas été inscrits sur les registres de l'état civil, des actes de notoriété délivrés en conformité des articles 70, 71 et 72 du Code civil[2] ;

2° Le consentement de leurs pères et mères, ou, s'ils sont morts, absents ou incapables, les consentements des aïeuls qui existent. Dans ce dernier cas, l'absence et l'incapacité des père et mère doivent être dûment constatées[3] ;

3° Si les pères, mères, aïeuls et aïeules sont décédés, absents ou incapables, et que les futurs soient mineurs, enfants légitimes, le consentement du conseil de famille prescrit par l'article 160 du Code civil[4] ; si les futurs sont mineurs, enfants naturels non reconnus ou si, l'ayant été, les père et mère sont décédés ou se trouvent dans l'impossibilité de manifester leur volonté, le consentement d'un tuteur *ad hoc*, en conformité de l'article 159 du même Code[5] ; et si les futurs sont mineurs, élèves des hospices, le consentement du conseil d'administration de l'hospice où ils ont été élevés[6], ou du directeur de l'administration générale de l'assistance publique[7] ;

4° Si l'un des futurs est veuf, l'acte de décès de son conjoint ;

5° L'acte de mariage des auteurs communs, ou les actes de mariage d'un auteur commun (suivant qu'il s'agit de parenté germaine, consanguine ou utérine), ou l'acte de mariage des parents de l'un des futurs conjoints qui établit l'état légitime d'oncle et nièce, ou de tante et neveu.

676. Pour obtenir des *dispenses d'alliance* entre beaux-frères et belles-sœurs, les futurs doivent également adresser une demande *collective* au Président de la République[8].

A cette demande doivent être joints, selon les cas :

1° Leur acte de naissance ou, si ces actes n'ont pas été

1. Cette demande doit être faite sur papier timbré à 1 fr. 80 c.
2. V. *infrà*, nos 732, 733 et 735.
3. V. *suprà*, nos 537 et suivants.
4. *Ibid.*, n° 576.
5. *Ibid.*, n° 592.
6. *Ibid.*, n° 576.
7. *Ibid.*, n° 598.
8. Cette demande doit être faite sur papier timbré à 1 fr. 80 c.

inscrits sur les registres de l'état civil, des actes de notoriété, comme il est dit au n° 675 qui précède ;

2° L'acte de mariage du futur ou de la future qui établit l'alliance ;

3° L'acte de décès du conjoint du futur ou de la future ;

4° Le consentement de leurs pères et mères, ou, s'ils sont morts, absents ou incapables, les consentements des aïeuls existants, ainsi qu'il est dit au n° 675 qui précède ;

5° Si les pères, mères, aïeuls et aïeules sont décédés, absents ou incapables, et que les futurs soient mineurs, le consentement du conseil de famille, du tuteur *ad hoc*, du conseil d'administration de l'hospice où ils ont été élevés ou du directeur de l'administration générale de l'assistance publique, ainsi qu'il est expliqué au n° 675 qui précède.

677. Les demandes de dispenses de parenté ou d'alliance, ainsi que toutes les pièces produites à l'appui, doivent être légalisées.

678. Les frais de ces dispenses sont ainsi fixés :

1° Droits de sceau.	200f,00[1]
2° Honoraire du référendaire	50 ,00[1]
3° Droits d'enregistrement	75 ,00[2]
4° Timbre de la quittance.	0 ,25[3]
Soit au total.	325f,25

La remise de tout ou partie des droits de sceau et d'enregistrement pourra être accordée par le Président de la République, sur la proposition du garde des sceaux, ministre de la justice, ainsi qu'il est dit *suprà* n° 518 pour les dispenses d'âge.

679. Les dispenses de parenté sont accordées par le gouverneur, conformément aux règles établies, savoir :

1° A la Guyane[4] ;

---

1. Ord. roy. 8 oct. 1814, art. 4.
2. Lois du 28 avril 1816, art. 45, et du 28 fév. 1872, art. 4.
3. Loi du 8 juillet 1865, art. 4.
4. Ord. 27 août 1828, art. 38, § 1.

2° A l'île Bourbon[1] ;
3° Aux îles de la Martinique et de la Guadeloupe[2] ;
4° Au Sénégal et dépendances[3] ;
5° Dans les établissements français dans l'Inde[4].

680. La faculté de lever, pour des causes graves, les prohibitions portées aux mariages entre beaux-frères et belles-sœurs sera exercée dans les colonies par le gouverneur en conseil[5].

---

1. Déc. 22 août 1833, art. 37, § 1.
2. Ord. 9 fév. 1827, art. 39, § 1.
3. Ord. 7 sept. 1840, art. 27.
4. Ord. 23 juillet 1840, art. 22, § 1.
5. Ord. 7 juin 1832, art. 2.

CHAPITRE II.

DES OPPOSITIONS A MARIAGE.

681. Le droit de former opposition à la célébration du mariage appartient à la personne engagée par mariage avec l'une des deux parties contractantes[1].

682. Le père et, *à défaut du père,* la mère, et, *à défaut de père et mère,* les aïeuls et aïeules, peuvent former opposition au mariage de leurs enfants et descendants, encore que ceux-ci aient vingt-cinq ans accomplis[2].

Il résulte de cet article que le droit d'opposition n'est accordé aux ascendants que *graduellement,* et *à défaut les uns des autres.* Jugé cependant que la mère qui n'a pas été consultée sur le mariage de sa fille mineure peut y former opposition, bien que le père consente à ce mariage et que, d'après l'article 148 du Code civil, il ait voix prépondérante en cas de dissentiment[3]. Dans ce cas, l'officier de l'état civil doit exiger la production, soit du consentement de la mère, soit de la mainlevée de l'opposition[4].

Cette opposition ne peut être accueillie par les tribunaux si elle est fondée non sur une cause légale d'empêchement au mariage, mais seulement sur de simples motifs de convenance sociale ou de famille[5].

L'opposition dont s'agit n'a pas besoin d'être motivée, attendu : que l'officier de l'état civil n'en est pas le juge et

---

1. C. civ., art. 172. — L'opposition peut être faite jusqu'au moment de la célébration. Monpellier, 12 août 1839. — Vazeille, t. I, n° 177 ; Aubry et Rau, t. IV, p. 258 ; Massé et Vergé, t. I, p. 194.
2. *Ibid.,* art. 173.
3. Le Puy, 3 juin 1817, confirmé par arrêt de la Cour royale de Riom, du 30 du même mois.
4. Delvincourt, t. I, p. 58, note 4 ; Duranton, t. I, p. 60, note 3 ; Vazeille, t. 1, n° 119 ; Massé et Vergé, t. I, p. 208.
5. Bordeaux, 22 mai 1806 ; Pau, 18 juin 1867 ; Cass. 30 juin 1879.

que les motifs de l'opposition ne doivent être déduits que devant le tribunal ; que cette formalité serait illusoire parce que l'exposant serait libre de ne pas exprimer ses véritables motifs ; qu'il pourrait au surplus en exister auxquels, par des raisons d'honnêteté publique, il serait inconvenant de donner ainsi une sorte de publicité ; et que si les motifs devaient être exprimés, on serait obligé d'énoncer dans un acte permanent des causes diffamatoires, tandis que souvent l'objet de l'opposition est de se ménager le temps de ramener des jeunes gens égarés à la raison et au devoir[1].

683. A défaut d'aucun ascendant, le frère ou la sœur, l'oncle ou la tante, le cousin ou la cousine germaine, majeurs, ne peuvent former aucune opposition que dans les deux cas suivants :

1° Lorsque le consentement du conseil de famille, requis par l'article 160 du Code civil, n'a pas été obtenu ;

2° Lorsque l'opposition est fondée sur l'état de démence du futur époux : cette opposition, dont le tribunal pourra prononcer mainlevée pure et simple, ne sera jamais reçue qu'à la charge, par l'opposant, de provoquer l'interdiction et d'y faire statuer dans le délai qui sera fixé par le jugement[2].

684. Dans les deux cas prévus par le précédent article, le tuteur ou curateur ne pourra, pendant la durée de la tutelle ou curatelle, former opposition qu'autant qu'il y aura été autorisé par un conseil de famille, qu'il pourra convoquer[3].

685. Les dispositions de l'article 174 du Code civil étant *limitatives*, des enfants n'ont pas le droit de former opposition au mariage de leur père ou beau-père, même sous prétexte de démence[4].

---

1. Thibaudeau, Exp. des mot. (Séance du 14 fruct. an IX.)
2. C. civ., art. 174.
3. *Ibid.*, art. 175.
4. Bruxelles, 22 avril 1806 et 25 déc. 1812; Nîmes, 13 août 1823; Toulouse, 9 janv. 1833; Lyon, 11 déc. 1850; Cass. 28 août 1872. — Delvincourt, t. V, p. 296; Toullier, t. I, n° 585; Duranton, t. II, n° 193, note.

Il en est de même des neveux et nièces à l'égard du mariage de leurs oncles et tantes[1].

Dans tous les cas, le droit d'opposition à mariage est également refusé aux frères et sœurs lorsqu'il existe un ascendant[2].

Quant au mineur, il n'est pas admis à former opposition à mariage.

686. Tout acte d'opposition énoncera la qualité qui donne à l'opposant le droit de la former ; il contiendra élection de domicile dans le lieu où le mariage devra être célébré ; il devra également, à moins qu'il ne soit fait à la requête d'un ascendant, contenir les motifs de l'opposition : le tout à peine de nullité, et de l'interdiction de l'officier ministériel qui aurait signé l'acte contenant opposition[3].

L'élection de domicile que l'opposant est tenu de faire dans le lieu où le mariage doit être célébré, est attributive de juridiction au tribunal de ce lieu ; dès lors, la demande en mainlevée peut être portée devant ce tribunal. Il n'est pas nécessaire pour que l'opposant puisse faire cette élection de domicile, que la personne qui doit contracter mariage ait une résidence de six mois dans l'endroit où ce mariage doit être célébré[4].

687. Les actes d'opposition à mariage seront signés sur l'original et sur la copie par les opposants ou par leurs fondés de procuration spéciale et authentique ; ils seront *signifiés*, avec la copie de la procuration, à la personne ou au domicile des parties, et à l'officier de l'état civil, qui mettra son visa sur l'original[5].

La loi exige que les opposants signent sur l'original et

---

1. Aix, 16 mars 1818 ; Bourg-en-Bresse, 20 fév. 1870. — Marcadé, sur l'art. 174, n° 1 ; Bioche, *Dict. de proc.*, v° *Mar.*, n° 9 ; Ducaurroy, Bonnier et Roustain, t. I, n° 295.
2. Nîmes, 30 déc. 1806.
3. C. civ., art. 176.
4. Paris, 19 oct. 1809 ; Bruxelles, 6 déc. 1830 ; Bordeaux, 7 janv. 1840 ; Paris, 27 mars 1841 ; Douai, 15 nov. 1841 (P. R. G.) ; Orléans, 28 août 1845 ; Cass. 5 juill. 1859.
5. C. civ., art. 66. — V. *infrà*, n° 688, et *suprà*, n° 292. — Si l'opposant ne savait pas signer, il faudrait qu'il chargeât un fondé de pouvoirs, par acte authentique, de satisfaire pour lui à cette condition. — Demolombe, t. I, p. 255, n° 154.

sur la copie, afin qu'ils ne puissent nier qu'ils ont provoqué cette mesure, et à cause surtout de l'importance de l'acte ; mais le défaut de signature de la partie opposante n'entraîne pas la nullité de l'acte[1].

Cette opposition est signifiée aux deux futurs époux, parce qu'ils ont intérêt, l'un et l'autre, à connaître les causes qui mettent obstacle à la célébration du mariage, et que si nonobstant l'opposition, le mariage, était célébré, il deviendrait nul si elle était maintenue.

Elle doit être également signifiée à l'officier de l'état civil, parce qu'il ne peut célébrer le mariage avant qu'on lui ait remis la mainlevée[2].

688. Les actes d'opposition à mariage doivent être signifiés par le ministère d'huissier. Le désistement qui en est donné par acte sous signature privée n'est pas valable, parce que l'on ne pourrait en délivrer une expédition, ainsi que le prescrit l'article 67 du Code civil[3]. Ce désistement doit donc être donné soit par acte notarié, soit dans la forme de l'opposition, c'est-à-dire par une signification revêtue de la signature de l'opposant, soit encore au moyen du consentement de celui-ci au mariage.

689. L'officier de l'état civil fera, sans délai, sur le registre des publications, une mention sommaire des oppositions, des jugements ou des actes de mainlevée, ainsi qu'il est indiqué *suprà* n° 146. Ces actes seront joints aux pièces annexées.

690. La demande en mainlevée de l'opposition doit être portée, non devant le tribunal du domicile de l'opposant, mais devant celui du lieu où le mariage doit être célébré et où l'opposant est tenu de faire élection de domicile[4].

---

1. Bourg-en-Bresse, 20 fév. 1870, précité.
2. V. *suprà*, n° 292.
3. Besançon, 31 déc. 1824. V. *suprà*, n° 146. Demolombe, t. III, p. 161.
4. Cass., 5 juillet 1859 ; Paris, 26 déc. 1859 ; Rouen, 12 nov. 1878. V. *suprà*, n° 686. — Demante, t. I, p. 347 ; Chardon, *Puiss. pat.*, n° 249 ; Allemand, t. I, p. 320 et s. ; Mourlon, *Rép. éc.*, t. I, p. 322, n° 642 ; Demolombe, t. I, n°s 157 et 158 ; Delsol, t. I, p. 157 (*C. civ. exp.*). V. *suprà*, n° 292, la pénalité édictée contre l'officier de l'état civil qui aurait procédé à la célébration du mariage, avant qu'on lui ait remis la mainlevée de l'opposition.

Cette demande est dispensée du préliminaire de conciliation[1].

691. Le tribunal de première instance prononcera dans les dix jours sur la demande en mainlevée[2].

Si le jugement qui ordonne la mainlevée a été rendu par défaut, l'officier de l'état civil ne doit procéder à la célébration du mariage que sur la production d'un certificat délivré, en conformité de l'article 164 du Code de procédure civile, par le greffier du tribunal, constatant qu'aucune opposition n'a été formée à ce jugement[3].

692. S'il y a appel, il y sera statué dans les dix jours de la citation[4].

Il faut remarquer que cet article ne déclare point l'instance périmée, faute d'y être statué dans les dix jours, et que ce délai n'est qu'en faveur de ceux qui provoquent le mariage[5]. D'où il résulte que, passé ce délai, il peut être procédé à la célébration du mariage, sans attendre l'expiration du délai de trois mois accordé par l'article 443 du Code de procédure civile pour interjeter appel[6].

693. Si l'opposition est rejetée, les opposants, autres néanmoins que les ascendants, pourront être condamnés à des dommages-intérêts[7].

694. Le pourvoi en cassation contre un arrêt qui a rejeté une opposition à mariage n'est pas suspensif et le président, statuant en référé, est compétent pour ordonner qu'il sera, nonobstant les défenses faites à l'officier de

---

1. Bourges, 10 janv. 1810; Douai, 22 avril 1819; Bruxelles, 29 mars 1820; Grenoble, 21 juin 1858. — En sens contraire : Bordeaux, 12 fruct. an XIII; C. pr. civ., art. 49, portant que cette dispense est accordée aux demandes qui requièrent célérité.
2. C. civ., art 177.
3. C. proc. civ., art. 163: « Il sera tenu au greffe un registre sur lequel l'avoué de l'opposant fera mention sommaire de l'opposition... »
4. C. civ., art 178.
5. Cass. 4 nov. 1808. P. R. G., v° *Mar.*, n°s 300 et 301; Roll., t. I, p. 96, n° 28.
6. Lettre min. Just. 14 therm. an XIII. Aucun appel d'un jugement non exécutoire par provision ne pourra être interjeté dans la huitaine à dater du jugement. L'exécution en sera suspendue pendant ladite huitaine (art. 449 et 450, C. pr. civ.).
7. C. civ., art. 179.

l'état civil par la partie qui s'est pourvue en cassation, passé outre à la célébration du mariage[1].

L'assignation à l'effet d'obtenir mainlevée de ces défenses est valablement signifiée à l'opposant au domicile par lui élu dans son acte d'opposition[2].

695. Le ministère public a le droit de former opposition à un mariage alors qu'il invoque un motif qui ferait annuler le mariage, comme, par exemple, l'existence d'un premier mariage, attendu que l'article 46 de la loi du 20 avril 1810 charge le ministère public de surveiller l'exécution des lois et de poursuivre d'office cette exécution dans les dispositions qui intéressent l'ordre public ; que la disposition de la loi qui défend de contracter un second mariage avant la dissolution du premier intéresse l'ordre public au plus haut degré ; que le ministère public, qui, aux termes de l'article 148 du Code civil, a le droit d'agir pour faire prononcer en justice la nullité du second mariage, doit avoir à plus forte raison le droit de s'opposer à l'accomplissement de ce mariage, et de prévenir ainsi la consommation d'un crime devant les tribunaux criminels[3].

Le ministère public a également qualité pour s'opposer au mariage entre un grand-oncle et sa petite-nièce[4], ou à tout autre mariage prohibé par la loi, tel, par exemple, que celui d'un prêtre[5].

696. S'il n'y a point d'opposition, il en sera fait mention dans l'acte de mariage ; et si les publications ont été faites dans plusieurs communes, les parties remettront un certificat délivré par l'officier de l'état civil de chaque commune, constatant qu'il n'existe point d'opposition[6].

Lorsque les publications ont été faites en pays étranger, le certificat de non-opposition ne peut être délivré que dans les formes usitées dans le pays dont il émane ; l'officier de l'état civil doit donc le recevoir lorsqu'il présente tout caractère d'authenticité[7].

---

1. Rouen, 7 déc. 1859. (P. R. G.)
2. Paris, 26 déc. 1859.
3. Cass. 2 décembre 1851 ; 21 mai 1856 ; Paris, 30 juin 1877.
4. Cass. 28 novembre 1877. V. *suprà,* n° 668.
5. Bordeaux, 20 juillet 1807 ; Limoges, 17 janv. 1846 ; Cass. 26 février 1878. V. *suprà,* n° 523.
6. C. civ., art 69.
7. Avis du comité de législation du 28 déc. 1823 ; C. civ., art. 47 ; Circ. min, Just. 14 mars 1831.

CHAPITRE III.

DES FORMALITÉS RELATIVES AU MARIAGE.

SECTION I.

Des publications de mariage.

§ Ier. — *Du but et de la forme des publications.*

697. Le but des publications est de donner de la publicité au mariage avant qu'il soit célébré.

« Le mariage (disait Thibaudeau) serait clandestin, il ne « pourrait y être formé d'opposition, si le public n'était « instruit d'avance, par la loi, du jour auquel les publica« tions doivent être faites exclusivement. On a toujours « choisi des jours solennels pour remplir cette importante « formalité, tels que les fêtes et dimanches. C'est aussi la « raison qui a fait proposer le décadi comme le seul jour « solennel aux yeux de la loi civile. On a même cru devoir « ajouter encore l'affiche des publications pour prévenir « les abus. La détermination d'un jour fixe est essentielle « à la formalité des publications, parce qu'autrement les « tiers intéressés n'ont plus de moyen de vigilance. Cet « intérêt doit l'emporter sur l'intérêt d'abréger le délai, « lequel, d'ailleurs, ne serait diminué que de peu de jours « et pourrait l'être par des dispenses[1]. »

---

1. Séance du 14 fruct. an VII. — Ces publications étaient autrefois appelées bans de mariage. Leur usage remonte à plusieurs siècles : il en est fait mention dans l'épître décrétale du pape Innocent III à l'évêque de Beauvais, vers le commencement du XIIIe siècle. Les conciles de Latran et de Trente avaient également consacré cet usage dans l'Église, et l'Ordonnance de Blois (mai 1579, art. 40) lui avait donné force de loi. La loi du 20 sept. 1792, tit. IV, sect. 2, art. 1 et 3, n'exigeait qu'une seule publication.

698. Avant la célébration du mariage, l'officier de l'état civil fera deux publications, à huit jours d'intervalle, un jour de dimanche, devant la porte de la maison commune. Ces publications, et l'acte qui en sera dressé, énonceront les prénoms, noms, professions et domiciles des futurs époux, leur qualité de *majeurs* ou de *mineurs*, et les prénoms, noms, professions et domiciles de leurs pères et mères. Cet acte énoncera, en outre, les jours, lieux et heures où les publications auront été faites : il sera inscrit sur un seul registre, qui sera coté et paraphé comme il est dit en l'article 41 du Code civil[1], et déposé, à la fin de chaque année, au greffe du tribunal de l'arrondissement[2].

Ces publications doivent être faites deux dimanches de suite ; elles ne peuvent être confondues en une seule[3]. Partant il ne suffit pas de mentionner la seconde publication sur le registre en marge de la première ; ces deux publications forment l'objet de deux actes séparés et distincts qui doivent être inscrits en entier et à leur date.

A défaut de maison commune, les publications seront faites devant le local qui en tient lieu[4], ou devant la porte du maire[5], ou bien encore devant la porte de l'adjoint spécial nommé dans une fraction de commune[6].

La qualité de majeurs ou de mineurs que les publications doivent énoncer n'est pas celle qui est spécialement relative au mariage, mais la majorité ou la minorité qui s'acquiert, pour les hommes comme pour les femmes, à l'âge de vingt-un ans[7].

La loi n'indiquant pas l'heure à laquelle ces publications seraient faites, l'officier de l'état civil doit choisir celle qui lui paraît la plus favorable à leur publicité ; en général, ces publications ont lieu à midi.

699. Les publications de mariage doivent toujours être faites conformément aux notes remises par les *parties* aux

---

1. V. *suprà*, n° 152.
2. C. civ., art. 63. V. *suprà*, n°s 172 et suiv. et n° 293.
3. Déc. min. Just. 5 déc. 1822.
4. Lettre du G. des Sc. au proc. gén. à Paris, 21 juillet 1809.
5. A. G. 7 therm. an VIII.
6. V. *suprà*, n° 10. — Loi du 18 flor. an X, art. 3.
7. Décis. G. des Sc. 28 avril 1836 ; C. civ., art. 488.

officiers de l'état civil[1]. Cependant ceux-ci doivent engager les futurs à produire promptement les actes nécessaires pour contracter mariage[2]; car s'ils étaient produits tardivement, et qu'il s'y trouvât des erreurs graves, le mariage ne pourrait être célébré avant qu'elles fussent rectifiées. Mais une simple erreur dans les publications, soit dans l'orthographe des noms, soit dans la suppression ou l'addition d'un prénom, ne pourrait empêcher l'officier de l'état civil de passer outre au mariage s'il n'avait aucun doute sur l'identité des pièces produites[3].

L'officier de l'état civil doit donc exiger la présence des parties, surtout si le futur qui se présente lui est inconnu; et si elles sont mineures, il doit, en outre, exiger la présence ou le consentement des personnes sous la puissance desquelles elles se trouvent[4], par la raison que l'inexécution d'une promesse de mariage peut donner lieu à des dommages-intérêts, surtout quand la promesse non exécutée a été suivie d'affiches et de publications[5] et qu'aux termes de l'article 1384 du Code civil le père, et la mère après le décès du mari, sont responsables du dommage causé par leurs enfants mineurs habitant avec eux.

700. Un extrait de l'acte de publication sera et restera affiché à la porte de la maison commune[6] pendant les huit jours d'intervalle de l'une à l'autre publication. Le mariage ne pourra être célébré avant le troisième jour depuis et non compris celui de la seconde publication[7], c'est-à-dire avant le mercredi qui suit cette dernière publication. Ainsi, un mariage dont la seconde publication aurait été faite le dimanche 14 janvier ne pourrait être célébré avant le mercredi 17, mais, en cas de dispense de

---

1. Avis Cons. d'Ét. 30 mars 1808, avant-dernier alinéa. — V. *suprà*, n° 103.
2. V. *infrà*, nos 782 et suiv.
3. Avis du proc. imp. à Paris, oct. 1854.
4. C. civ., art 372 : « L'enfant reste sous l'autorité de ses père et mère jusqu'à sa majorité ou son émancipation. »
5. Colmar, 29 juillet 1806; Trèves, 5 fév. 1808; Amiens, 30 mai 1812. Cass. 21 déc. 1814; 6 juin 1821, 27 juin 1833; Poitiers, 29 mai 1834; Cass. 7 mai 1836, 5 mars et 11 juin 1838; Nîmes, 25 janv. 1839.
6. C. civ., art. 64. — En cas de dispense, le mariage ne pourra être célébré avant le 3e jour de la publication unique. Duranton, t. I, n° 229; Zachariæ, t. III, p. 296; Demolombe, n° 186, p. 292; Aix, 18 août 1870. (Dalloz, 1871, t. II, p. 249.)
7. *Ibid.*

la seconde publication, il pourrait être célébré le mercredi 10, même avant midi, attendu que ce délai se compte par jour et non par heure[1].

701. Si le mariage n'a pas été célébré dans l'année à compter de l'expiration du délai des publications, il ne pourra plus être célébré qu'après que de nouvelles publications auront été faites dans la forme ci-dessus prescrite[2].

L'année se compte à partir du jour où le mariage aurait pu être célébré, car c'est alors seulement que les publications ont produit leur effet; ce serait donc une erreur de faire partir le délai du jour de la deuxième publication. Exemple: si le jour où le mariage aurait pu être célébré était le mercredi 17 janvier, l'année expirerait le 16 janvier de l'année suivante; autrement on trouverait deux fois le 17 janvier dans la même année. Ce délai doit donc se compter par jour et non par heure[3].

702. Lorsque les publications de mariage devront être faites dans d'autres communes que celle où le mariage doit être célébré, l'officier de l'état civil remettra aux parties une note sur papier non timbré, pour chacune de ces communes, reproduisant le contenu de la publication inscrite sur son registre[4]. Dans ce cas, les parties devront produire pour se marier, le certificat de non-opposition prescrit par l'article 69 du Code civil[5].

§ 2. — *Des communes où doivent être faites les publications.*

703. Les deux publications ordonnées par l'article 63 du Code civil seront faites à la municipalité du lieu où chacune des parties contractantes aura son domicile[6].

704. Néanmoins, si le domicile *actuel* n'est établi que

1. Décis. min. Just. 7 fév. 1851. V. *suprà*, nº 326.
2. C. civ., art. 65.
3. Coin-Delisle, sur l'art. 65, nº 2; Marcadé, t. I, p. 395, nº 570 (6e éd.); Hutteau d'Origny, tit. VII, chap. 3, nº 25, § 2; Toullier, t. I, nº 507; Delvincourt, t. I, p. 69, note 2; Rieff, sur l'art. 65, nº 161; Garnier-Dubourgneuf, p. 143, nº 265; Le Molt, p. 54, § 5; Bost, p. 43, nº 441; Collier, p. 247, nº 295.
4. Décis. min. Just. 5 août 1848. V. *suprà*, nº 699.
5. V. *suprà*, nº 696 et *infrà*, nº 723, note 8.
6. C. civ., art. 166. V. *infrà*, nº 723, note 8.

par six mois de *résidence*, les publications seront faites en outre à la municipalité du dernier domicile[1].

Le domicile actuel dont parle cet article est le domicile *spécial* où, en vertu de l'article 74 du Code civil, les futurs époux peuvent contracter mariage après y avoir résidé pendant six mois[2], et non le domicile réel acquis en exécution de l'article 102 du même Code[3].

Il ne faut donc pas confondre la résidence avec le domicile réel. Lorsqu'une personne a son domicile réel depuis six mois dans une commune, il est inutile qu'elle fasse publier son mariage à son dernier domicile; si, au contraire, elle n'a qu'une résidence de six mois continus dans le lieu où elle se propose de contracter mariage, les publications doivent être faites tant dans la commune de sa résidence que dans celle de son domicile réel.

705. Le domicile de tout Français, quant à l'exercice de ses droits civils, est au lieu où il a son principal établissement[4].

706. Lorsque l'habitation est située sur les limites de deux communes, c'est la principale porte d'entrée qui détermine le lieu du domicile[5].

707. On ne peut avoir qu'un seul domicile réel[6]. Ce domicile est de deux espèces: le domicile originaire que l'on conserve toujours tant qu'on n'a pas manifesté nulle part l'intention de le changer[7], et le domicile de choix; c'est pourquoi il ne faut pas confondre le domicile réel avec la résidence; l'un est un droit dont on ne peut nous priver; l'autre au contraire n'est qu'un fait; aussi perd-on les priviléges dont il peut faire jouir, en cessant de résider.

708. Le changement de domicile s'opérera par le fait

---

1. C. civ., art. 167.
2. V. *infrà*, n° 743.
3. *Ibid.*, n° 705.
4. C. civ. art., 102.
5. Toullier, t. I, n° 378; Duparc-Poullain, *Princ. du dr.*, t. II, p. 202.
6. Locré, t. II, p. 211. V. discours du tribun Malherbe lors de l'Exp. des motifs.
7. Cass. 12 déc. 1877. V. *suprà*, n° 708, et *infrà*, n° 709.

d'une habitation réelle dans un autre lieu, joint à l'intention d'y fixer son principal établissement[1].

La résidence la plus longue ne prouve rien, si elle n'est pas accompagnée de la volonté, tandis que, si l'intention est constante, elle opère le changement avec la résidence la plus courte, ne fût-elle que d'un jour; car du moment que le fait concourt avec l'intention il forme ou change le domicile sans aucun délai; en un mot, il faut pour consommer un changement de domicile, la réunion du fait et de l'intention, tandis que pour conserver le domicile acquis, il suffit de l'intention[2].

709. La preuve de l'intention résultera d'une déclaration expresse, faite tant à la municipalité du lieu qu'on quittera qu'à celle du lieu où l'on aura transféré son domicile[3].

Malgré cette déclaration, l'intention de changer de domicile n'opère légalement changement de domicile qu'autant que le fait s'en est suivi[4].

710. A défaut de déclaration expresse, la preuve de l'intention dépendra des circonstances[5]. Dans ce cas, ces circonstances doivent témoigner à la fois de l'abandon *complet* de l'ancien domicile et de l'adoption *définitive* du nouveau[6]. D'où il faut conclure que le domicile réel se conserve tant que l'intention d'en adopter un nouveau n'est pas prouvée d'une manière positive[7]. C'est d'ailleurs d'après les circonstances qu'il faut se régler pour remplir le vœu de la loi sur les publications, en les faisant, soit dans le lieu de naissance des futurs, soit dans les communes où ils ont résidé le plus longtemps dans l'année[8].

Il appartient à l'officier de l'état civil de reconnaître si les futurs époux, ou l'un d'eux, ont réellement transféré leur domicile dans sa commune, suivant les règles posées par les articles 103 et 105 du Code civil, à défaut de la

---

1. C. civ., art. 103.
2. Toullier, t. I, n° 372.
3. C. civ., art. 104.
4. Cass. 18 déc. 1855, 21 août et 17 déc. 1862; Paris, 1er fév. 1870.
5. C. civ., art. 105.
6. Douai, 13 déc. 1873; Cass. 12 déc. 1877 et 28 mai 1879.
7. Lettre min. Just. 31 août 1812.
8. *Ibid.*, 6 nov. 1812.

double déclaration prescrite par l'article 104[1]. Lorsque l'un des futurs n'habite pas la commune où le mariage doit être célébré, l'officier de l'état civil doit exiger qu'il lui justifie qu'il est domicilié dans telle commune, depuis telle époque. Cette justification est ordinairement faite au moyen de la production d'un certificat délivré par le commissaire de police, ou par le maire, dans les communes où il n'existe pas de commissaire de police.

711. Le citoyen appelé à une fonction publique temporaire ou révocable conservera le domicile qu'il avait auparavant, s'il n'a pas manifesté d'intention contraire[2].

La preuve qu'un fonctionnaire révocable ou amovible n'a pas entendu changer de domicile en se rendant au lieu où il exerce ses fonctions, résulte des circonstances dont l'appréciation appartient souverainement aux juges du fait[3].

712. L'acceptation de fonctions conférées à vie emportera *translation immédiate* du domicile du fonctionnaire dans le lieu où il doit exercer ces fonctions[4].

Cet article ne s'applique point aux sénateurs, hauts dignitaires de l'État bien plutôt que fonctionnaires publics, qui ne sont appelés à Paris que pendant la durée des sessions législatives, et qui peuvent d'ailleurs remplir, à d'autres titres, des fonctions publiques et permanentes dans d'autres départements[5].

713. Une résidence d'été et l'acceptation de fonctions municipales dans cette résidence ne détruisent pas le domicile dans lequel on a conservé un établissement permanent[6].

714. La femme *mariée* n'a point d'autre domicile que celui de son mari[7].

Ce domicile, pendant l'instance en séparation de corps

1. Lettre du proc. de la Rép. à Paris, 6 nov. 1850.
2. C. civ., art. 106.
3. Cass. 28 mai 1872.
4. C. civ., art 107; art. 11 de la loi du 9 avril 1831; Cass. 11 mars 1812.
5. Grenoble, 29 déc. 1829; Cass. 16 juin 1830.
6. Jug. du trib. civ. de la Seine, 4 fév. 1876.
7. C. civ., art. 108.

pouvant exister entre les époux, n'en reste pas moins la *maison conjugale* dans le sens de la loi, tant que la séparation de corps n'est pas prononcée[1]. En conséquence, les publications prescrites par l'article 168 du Code civil doivent être faites au domicile conjugal seulement, jusqu'au moment de la séparation de corps prononcée judiciairement[2], et à partir de cette époque, au domicile de chaque époux.

715. Le mineur *non émancipé* aura son domicile chez ses père ou mère ou tuteur[3]. S'il n'a ni père, ni mère, ni tuteur, son domicile sera celui du dernier décédé de ses père et mère[4].

Dans le cas où les père et mère d'un enfant naturel sont morts, absents ou incapables, les publications de son mariage doivent être faites au domicile du tuteur nommé spécialement pour consentir au mariage, et non au lieu où s'est assemblé le conseil de famille qui a désigné le tuteur[5], parce qu'une réunion de parents et d'amis ne peut avoir de domicile[6].

716. Le mineur *émancipé* n'est pas domicilié chez ses père et mère ou tuteur : son domicile légal est où il a son principal établissement ; mais dès le jour où l'émancipation aura été révoquée, il rentrera en tutelle et y restera jusqu'à sa majorité accomplie[7].

717. Le majeur *interdit* aura son domicile chez son tuteur[8]. Le mari est, de droit, le tuteur de sa femme interdite[9].

718. Le fils majeur de *vingt et un ans*, quoique placé sous la puissance de ses père et mère, quant au mariage, jus-

---

1. Orléans, 25 nov. 1848; Rennes, 21 janv. 1851 ; Cass. 12 déc. 1857; Bordeaux, 21 avril 1858. — Demolombe, t. IV, n° 376.
2. V. *infrà,* n° 723.
3. C. civ., art, 108.
4. Toullier, t. I, n° 371. — Metz, 7 mars 1867.
5. Lettre du proc. imp. à Paris, mai 1853.
6. Agen, 10 déc. 1806. *Contrà :* Delvincourt, t. I, p. 68, note 3; Duranton, t. II, n° 230 ; Zachariæ, t. III; § 465 ; Valette sur Proudhon, t. I. p. 377 ; Toullier, n° 562, p. 334 et 335.
7. C. civ., art. 486. V. chap. III, tit. X, C. civ.
8. *Ibid.,* art. 108.
9. *Ibid.*, art. 506. — V. *infrà,* n° 722.

qu'à l'âge de 25 ans accomplis, a son domicile personnel et distinct de celui de ses parents[1].

719. L'enfant *trouvé* a, jusqu'à sa majorité, son domicile dans l'hospice où il a été recueilli, à moins qu'il n'ait été réclamé par ses père et mère, attendu qu'aux termes de l'article 4 de la loi du 15 pluviôse an XIII, la commission administrative de cet hospice jouit, à l'égard des enfants placés sous sa tutelle, des droits attribués aux pères et mères par le Code civil[2].

720. Les majeurs qui *servent ou travaillent* habituellement chez autrui, auront le même domicile que la personne qu'ils servent ou chez laquelle ils travaillent, lorsqu'ils demeureront avec elle dans la même maison[3].

Ces dispositions sont applicables aux mineurs émancipés : ceux qui ne sont pas émancipés conservent leur domicile chez leurs père et mère ou tuteur.

Néanmoins, les ouvriers et autres citoyens qui voyagent habituellement une partie de l'année, conservent leur domicile dans la commune où ils rentrent après cette absence périodique[4].

A l'égard des comédiens, saltimbanques ou colporteurs qui n'auront point de domicile fixe, leurs publications de mariage doivent être faites, tant dans la commune où ils exercent leurs professions que dans celle où est situé leur domicile d'origine.

721. L'Hôtel des Invalides est le véritable domicile des militaires qui y sont admis[5].

722. Le *condamné* aux travaux forcés à temps ou à la

---

1. Lettres min. Just. 26 mai 1820 et 3. fév. 1854.
2. V. *suprà,* nº 372.
3. C. civ., art 109.
4. Inst. min. Int. 22 juin 1848, art. 2, sur la formation des tableaux communaux des citoyens mobilisables.
5. Cass. 20 vend. an XIII et 8 juillet 1813. — C'est en 1674 que Louis XIV fonda cet établissement. — En principe, les militaires invalides ne peuvent se marier. Il n'est dérogé à cette règle que dans des circonstances et pour des motifs tout à fait exceptionnels. Les mariages n'ont lieu qu'en vertu d'une autorisation du ministre de la guerre, accordée sur la proposition du gouverneur. Tout militaire invalide qui contracte mariage sans l'autorisation du ministre est renvoyé de l'Hôtel. (Règlem. sur l'institution et l'organisation de l'Hôtel des Invalides, 29 juin 1863, art. 241, 242 et 243.)

réclusion à temps a son domicile chez son tuteur, conformément à l'article 506 du Code civil.

Celui qui, après la libération de sa peine, se trouve soumis à la surveillance de la haute police, conserve le domicile qu'il avait au moment de sa condamnation : ce domicile n'est point transféré dans le lieu qui lui a été fixé pour résidence, alors surtout qu'une intention contraire ne résulte ni d'une déclaration du condamné libéré, ni des circonstances de la cause[1].

723. Si les parties contractantes, ou l'une d'elles, sont, relativement au mariage, sous la puissance d'autrui, les publications seront encore faites à la municipalité du domicile de ceux sous la puissance desquels elles se trouvent[2], et ce lors même que ces derniers seraient domiciliés en pays étranger[3], à moins qu'aucun consul français ne réside dans ce pays et qu'elles n'y soient pas en usage. Dans ce cas, il a été décidé que ces publications pourraient ne pas être exigées lorsque le consentement des parents serait représenté, parce que l'accomplissement de cette formalité au lieu de leur domicile ne serait évidemment utile à personne[4].

724. En ce qui concerne le mariage des Français résidant aux îles de la Société, à la Nouvelle-Calédonie et dans les autres établissements français de l'Océanie, le conseil du gouvernement de la colonie pourra, lorsqu'il résultera des pièces produites qu'il n'existe entre les futurs époux aucun empêchement provenant de la parenté ou de l'alliance, et qu'ils ne sont engagés ni l'un ni l'autre dans les liens d'un mariage antérieur, leur accorder dispense des publications auxquelles il serait nécessaire de procéder en Europe, en conformité des articles 167 et 168 du Code civil.

1. Paris, 19 juillet 1862. V. *suprà*, nos 134 et 717.
2. C. civ., art. 168. V. *suprà*, nos 537, 545, 576, 594, et 598.
3. Circ. min. 14 mars 1831.
4. Décis. min. Just. 21 mai 1850. — En cas de guerre, si les publications exigées par les articles 63, 64 et 168 du Code civil ne peuvent être faites aux domiciles indiqués par les articles 166, 167 et 168, ou s'il n'est pas possible de produire la preuve qu'elles ont eu lieu, la déclaration de cette impossibilité sera faite dans l'acte de mariage par les futurs conjoints et par les personnes dont le consentement est requis. Déc. 23 déc. 1870.

Les publications faites avec l'autorisation du conseil de gouvernement, et affichées devant la porte du bureau de l'état civil, seront, dans tous les cas, suffisantes pour la régularité du mariage [1].

§ 3. — *Des dispenses de la seconde publication.*

725. Il est loisible au Président de la République ou aux officiers qu'il préposera à cet effet, de dispenser, pour des *causes graves*, de la seconde publication [2].

726. Ces dispenses seront accordées, s'il y a lieu, au nom du Gouvernement, par le procureur de la République près le tribunal de première instance, dans l'arrondissement duquel les impétrants se proposent de célébrer leur mariage, et il sera rendu compte, par ce magistrat, au grand-juge, ministre de la justice, des causes graves qui auront donné lieu à chacune de ces dispenses [3].

727. La dispense d'une seconde publication sera déposée au secrétariat de la commune où le mariage sera célébré. L'officier de l'état civil en délivrera une expédition dans laquelle il sera fait mention du dépôt, et qui demeurera annexée à l'acte de célébration du mariage [4].

728. Pour obtenir cette dispense, les futurs doivent adresser au procureur de la République une demande collective sur papier timbré ou sur papier non timbré, s'ils sont dans l'indigence, et joindre à cette demande une copie de la première publication et, s'il y a lieu, un certificat du médecin constatant que l'un des époux est dangereusement malade. La signature de ce médecin doit être légalisée par le maire de sa commune.

1. Déc. des 24 mars 1852, art. 1er, et 28 juin 1877, art. 4.
2. C. civ., art. 169.
3. A. G. 20 prair. an XI (9 juin 1803), art. 3.
4. *Ibid.*, art. 4. — Il a été reconnu que les dispenses de seconde publication sont des actes d'administration publique exempts du timbre et de l'enregistrement. Fessart, *Dict.*, p. 41, n° 11. V. *suprà*, n° 244-15, note 8.

SECTION II.

De la célébration du mariage.

§ 1er. — *De l'officier de l'état civil compétent pour procéder à la célébration du mariage.*

729. Le mariage sera célébré publiquement devant l'officier civil du domicile de l'une des deux parties[1], sauf l'exception portée au n° 731 ci-après.

730. L'officier de l'état civil doit refuser de procéder à la célébration du mariage de personnes majeures qui ne sont plus domiciliées dans sa commune, même alors que leurs ascendants y demeurent; mais il n'en est pas de même des personnes mineures, *non émancipées,* parce que, quoique demeurant de fait dans une autre commune, elles n'en conservent pas moins leur domicile de droit chez leurs pères et mères ou tuteurs, jusqu'à leur majorité[2].

731. Lorsqu'une personne sur le point de se marier tombe subitement et gravement malade dans une commune voisine de la sienne, et que toutes les formalités voulues par la loi ont été remplies, l'officier de l'état civil de la commune où le mariage devait être célébré peut se transporter au lieu où se trouve le malade et procéder à la célébration du mariage, surtout si les époux vivent en concu-

---

1. C. civ., art. 165. V. *suprà,* n° 290. — L'élection d'un nouveau maire faite en exécution de la loi du 12 août 1876, et son installation ne permettent plus à l'ancien maire de procéder valablement, au lendemain de l'élection de son successeur, à la célébration d'un mariage. — L'installation du nouveau maire et son entrée en fonctions résultent du procès-verbal constatant que, dans la séance même de l'élection, présidée par le conseiller municipal doyen d'âge, conformément à l'article 2, § 4, de la loi du 12 août 1876, le nouveau maire élu a été installé dans ses fonctions. — La qualité de conseiller municipal de l'ancien maire ne pouvait l'autoriser à procéder à la célébration qu'en vertu d'une délégation spéciale, et en cas d'empêchement du maire, de l'adjoint et des conseillers municipaux qui le précédaient sur le tableau. — Lorsque l'acte ne mentionne aucune de ces circonstances et constate, au contraire, que celui qui l'a reçu a agi comme maire, il y a lieu de le déférer au tribunal, à l'effet de provoquer une décision sur sa validité. (Lettre min. Just. au procureur gén. de Besançon, du 5 déc. 1876. — 1158, B, 76.)

2. V. *suprà,* n° 715.

binage, et si leurs enfants doivent être légitimés par ce mariage[1].

Jugé qu'un mariage célébré dans ces conditions ne pourrait être attaqué[2], et que les juges ne peuvent pas prononcer la nullité d'un mariage lorsqu'elle n'est pas prononcée par la loi[3].

En cas de refus de la part de l'officier de l'état civil de la commune où devait avoir lieu le mariage, l'officier de l'état civil de celle où se trouve le malade peut également procéder à la célébration du mariage. Consulté à ce sujet, M. le procureur de la République près le tribunal civil de première instance séant à Versailles écrivait au maire de la ville de Saint-Germain-en-Laye, le 13 mai 1875 : « Je n'ai pas le pouvoir d'accorder de dispense pour « la question de domicile : c'est la loi qui attribue compé- « tence à l'officier de l'état civil du domicile d'un des « futurs époux. La loi n'a pas prévu le cas d'un futur époux « retenu à l'hospice pour une maladie qui menace sa vie et « l'empêche de se rendre à son domicile. J'estime qu'à « raison des circonstances très-intéressantes de l'affaire, « de la légitimation d'un enfant, vous agirez *sagement* en « procédant au mariage, tout en prévenant les parties ver- « balement de la situation dans laquelle elles se trou- « vent. »

Jugé également que la publicité, condition essentielle du mariage s'établissant par le concours des faits et circonstances, dont l'appréciation appartient aux juges, la circonstance que le mariage aurait été célébré devant un officier d'état civil *incompétent* ne suffirait pas à elle seule, et en l'absence de toute fraude, pour faire prononcer la nullité de ce mariage, alors d'ailleurs que la célébration a réuni toutes les autres conditions de publicité exigée pour la validité des mariages[4].

---

1. Lettre du sous-secrétaire d'État au ministère de la justice, 24 juin 1810, et du proc. imp. à Paris, 30 mai 1854. En pareil cas, le ministère public a toujours conseillé à l'officier de l'état civil de se transporter au lieu où se trouvait momentanément son administré.
2. Liège, 16 mars 1823 et 19 mars 1824 ; Cass. 31 août 1824.
3. Arrêts des 12 fruct. an X et 12 prair. an XI. Bruxelles, 21 juin 1809 ; Grenoble, 27 fév. 1817 ; Riom, 10 juillet 1829.
4. Paris, 5 janv. 1852 ; Colmar, 27 fév. 1852. (P. R. G.)

§ 2. — *Des pièces que les futurs doivent produire pour pouvoir contracter mariage.*

732. L'officier de l'état civil se fera remettre l'acte de naissance de chacun des futurs époux. Celui des époux qui serait dans l'impossibilité de se le procurer pourra le suppléer, en rapportant un acte de notoriété délivré par le juge de paix du lieu de sa *naissance,* ou par celui de son *domicile*[1].

Ces dispositions sont applicables dans tous les cas et spécialement aux personnes nées hors de France, qui ne peuvent rapporter les actes que la loi exige[2].

En cas de guerre, l'acte de notoriété énoncé en cet article pourra être délivré par le juge de paix de la résidence de l'un des futurs conjoints[3].

733. L'acte de notoriété contiendra la déclaration faite par sept témoins, de l'un ou de l'autre sexe, parents ou non parents, des prénoms, nom, profession et domicile du futur époux, et de ceux de ses père et mère, s'ils sont connus; le lieu et, autant que possible, l'époque de sa naissance, et les causes qui empêchent d'en rapporter l'acte. Les témoins signeront l'acte de notoriété avec le juge de paix; et s'il en est qui ne puissent ou ne sachent signer, il en sera fait mention[4].

734. En principe, les effets des actes de notoriété doivent toujours être restreints au fait même qu'il s'agissait de constater et à la circonstance pour laquelle ils ont été requis[5]. Ainsi l'acte de notoriété ne peut suppléer à l'acte de naissance que pour le mariage seulement[6] et ne peut, par conséquent, former titre en faveur de celui qui l'obtient[7]. Hors le cas de mariage, il ne peut suppléer au silence des registres de l'état civil; il est même insuffi-

---

1. C. civ., art. 70.
2. Circ. min. Just. 1er juin 1821.
3. Déc. 23 déc. 1870.
4. C. civ., art. 71.
5. Metz, 4 mars 1817.
6. Colmar, 11 janv. 1831.
7. Toullier, t. I, nos 355 et 358. V. *suprà,* no 574, Circ. min. Just. 11 messidor an XII.

sant pour autoriser la rectification de ces registres, un jugement est indispensable[1].

735. L'acte de notoriété ne peut être délivré en *brevet*, d'après cette disposition générale de la loi, qui veut qu'il soit gardé minute des actes et procès-verbaux du ministère du juge[2].

736. L'acte de notoriété sera présenté au tribunal de première instance du lieu où doit se célébrer le mariage. Le tribunal, après avoir entendu le procureur de la République, donnera ou refusera son homologation, selon qu'il trouvera suffisantes ou insuffisantes les déclarations des témoins, et les causes qui empêchent de rapporter l'acte de naissance[3].

L'homologation est l'approbation ou confirmation donnée par la justice à un acte, qui reçoit ainsi une force exécutoire et une autorité légale qu'il n'aurait pas sans cela.

L'acte de notoriété dressé en exécution de l'article 1er de la loi du 10 juillet 1871, relative au mode de suppléer aux actes de l'état civil du département de la Seine détruits pendant l'insurrection de la Commune, est affranchi de toute homologation[4].

737. Lorsque les futurs époux sont nés dans la commune où le mariage doit être célébré, il n'est pas nécessaire d'exiger la production de leur acte de naissance; il suffit, dans ce cas, que l'officier de l'état civil en prenne connaissance sur le registre même et qu'il constate dans l'acte de mariage qu'il a fait cette vérification[5].

Il en est de même des actes de décès des ascendants et des conjoints des futurs.

---

1. Bourges, 31 août 1819.
2. Lettre du G. des Sc. 18 juin 1821. C. proc., art. 1040 : « Tous actes et procès-verbaux du ministère du juge seront faits au lieu où siége le tribunal; le juge sera toujours le greffier qui gardera les minutes et délivrera les expéditions. . . . . »
3. C. civ., art 72. — L'acte de notoriété ne pourra produire son effet qu'autant qu'il aura été homologué par justice. Turin, 19 janvier 1807.
4. V. *suprà*, no 196-IV.
5. Décis. min. Just. 10 août 1818. — Cette décision est conforme à la raison; les auteurs sont d'avis que les registres sur lesquels ces actes sont inscrits font pleine foi de ce qu'ils contiennent aussi bien que les extraits qui en sont délivrés, et que l'officier de l'état civil peut et doit s'y reporter. — En sens contraire : Déc. min. Just. 13 mai 1851.

738. L'officier de l'état civil se fera également remettre, selon les cas, les pièces dont la désignation suit :

1° L'acte de consentement de tous ceux dont il est requis[1] ;

2° L'acte notarié constatant le dissentiment pouvant exister entre les ascendants[2] ;

3° Le jugement ou l'acte de notoriété constatant leur absence[3] ;

4° Le certificat du médecin constatant l'impossibilité dans laquelle ils se trouvent de pouvoir manifester leur volonté[4].

5° Le jugement prononçant leur interdiction en vertu de l'article 489 du Code civil[5] ;

6° Le jugement qui les condamne à une peine emportant la privation des droits civils[6] ;

7° Les procès-verbaux des actes respectueux[7] ;

8° Les actes de décès des pères, mères, aïeuls et aïeules[8] ;

9° L'acte de décès des conjoints des futurs[9] ;

10° Le jugement qui a prononcé la nullité du précédent mariage[10] ;

11° Les dispenses d'âge, de parenté et d'alliance[11] ;

12° La dispense de la seconde publication[12] ;

---

1. V. *suprà,* nos 537, 576 et 592.
2. *Ibid.,* n° 555.
3. *Ibid.,* n° 538.
4. *Ibid.,* n° 556.
5. Cet article est ainsi conçu : « Le majeur qui est dans un état « habituel d'imbécillité, de démence ou de fureur, doit être interdit, « même lorsque cet état présente des intervalles lucides. » V. *suprà,* n° 542.
6. V. *suprà,* n° 542.
7. V. *suprà,* nos 562 et suiv.
8. *Ibid.,* nos 545 et 573. (Avis du Cons. d'Ét., 4 therm. an XIII).
9. *Ibid.,* n° 521. — Les personnes résidant aux îles de la Société et dans les autres établissements français de l'Océanie justifieront de leur condition de veuvage, de la manière suivante : 1° les militaires et marins de tous grades, fonctionnaires et autres agents au service de l'État, par les matricules du corps et les rôles d'équipage ; 2° les autres résidents, par pièces dont le conseil appréciera la valeur et l'authenticité avant d'accorder son consentement ; et, à défaut de pièces, par un acte de notoriété dressé sur les lieux en la forme ordinaire. (Déc. 24 mars 1852, art. 2.)
10. V. *Infrà,* nos 788 et suiv.
11. V. *suprà,* nos 515 et 673.
12. *Ibid.,* n° 727.

13° Les certificats de non-opposition prescrits par l'article 69 du Code civil[1];

14° La mainlevée des oppositions au mariage[2];

15° Le certificat de libération du service militaire[3];

16° La permission de mariage accordée par l'autorité militaire[4];

17° Le certificat constatant le domicile des futurs[5];

18° Les actes ou bulletins de naissance des enfants qui devront être légitimés par le mariage[6];

19° Et le certificat délivré en conformité de l'article 1394 du Code civil, constatant qu'il a été fait un contrat de mariage[7].

739. A l'égard des Français résidant aux îles de la Société, à la Nouvelle-Calédonie et dans les autres établissements français de l'Océanie, le conseil du gouvernement de la colonie pourra dispenser les futurs époux originaires d'Europe de la production, prescrite par l'article 70 du Code civil, de leur acte de naissance, pourvu que l'identité et l'âge paraissent suffisamment établis par des pièces de toute nature, matricules, actes de notoriété ou autres dont le conseil appréciera la valeur et l'authenticité[8].

740. Dans le cas où l'un des futurs époux aurait antérieurement contracté mariage, s'il est établi par des docu-

---

1. V. *suprà*, n° 696.
2. *Ibid.*, n° 292.
3. *Ibid.*, n° 629 et la note.
4. *Ibid.*, nos 620, 621, 622, 623, 626 et 628.
5. *Ibid.*, n° 710.
6. *Ibid.*, n° 428.
7. C. civ., art. 1394 (loi du 10 juillet 1850), dernier alinéa : « Le « notaire délivrera aux parties, au moment de la signature du contrat, « un certificat sur papier libre et sans frais, énonçant ses nom et lieu « de résidence, les noms, prénoms, qualités et demeures des futurs époux, « ainsi que la date du contrat. Ce certificat indiquera qu'il doit être « remis à l'officier de l'état civil avant la célébration du mariage. » V. *suprà*, n° 267. — Toutes les pièces produites à l'effet de contracter mariage doivent être annexées à l'acte de célébration, à l'exception du certificat de libération du service militaire, et paraphées par la personne qui les aura produites, et par l'officier de l'état civil, ainsi qu'il est prescrit par l'article 44 du Code civil. V. *suprà*, n° 174. — M. le ministre de l'intérieur, dans une circulaire du 21 ventôse an VII, disait : « Les pièces produites pour contracter mariage doivent être « annexées aux registres. C'est une obligation essentielle de l'officier « de l'état civil, de retenir les pièces dont il a fait lecture. »
8. Déc. des 24 mars 1852, art. 2, et 28 juin 1877, art. 3.

ments produits que ce mariage a été dissous par la mort de l'autre conjoint, le conseil pourra dispenser le conjoint survivant de la production de l'acte de décès dressé en Europe[1].

741. Le conseil devra, dans sa délibération, mentionner les pièces produites et motiver sa décision[2].

742. Le consentement au mariage et les dispenses de publication ou de production des actes authentiques accordés par le conseil resteront annexés aux actes de mariage pour tenir lieu des justifications exigées par le Code civil[3].

§ 3. — *De la commune où doit être célébré le mariage.*

743. Le mariage sera célébré dans la commune où l'un des deux époux aura son *domicile*. Ce domicile, quant au mariage, s'établira par six moix d'habitation *continue* dans la même commune[4].

Ce domicile est celui de la résidence, ainsi qu'il est expliqué *suprà*, n° 704, et non le domicile réel dont parle l'article 102 du Code civil, où le Français jouit de tous ses droits civils et où il peut toujours contracter mariage sans y avoir résidé pendant un certain espace de temps, pourvu qu'il fasse faire les publications aux domiciles abandonnés depuis moins de six mois. C'est ce qui résulte d'une circulaire, en date du 21 décembre 1871, adressée par M. le ministre de la justice aux procureurs généraux et dont la teneur suit :

« Monsieur le Procureur général, plusieurs membres de « l'Assemblée nationale, croyant voir dans l'article 74 du « Code civil un obstacle à ce que ceux de nos compatriotes « d'Alsace et de Lorraine, qui veulent demeurer fidèles à « la fortune de la France, puissent se marier avant six mois « dans le nouveau domicile qu'ils s'y seront choisi, avaient « déposé un projet de loi dont l'article unique portait que : « pour les Alsaciens et Lorrains qui ont choisi la nationa-

1. Déc. 28 juin 1877, art. 5.
2. *Ibid.*, art. 6.
3. *Ibid.*, art. 7.
4. C. civ., art. 74. — V. *suprà*, n° 632.

« lité française ou qui sont encore dans le délai d'option, « le domicile, quant au mariage, s'établira par un mois de « résidence continue dans la même commune française. »

« La commission de l'Assemblée à laquelle ce projet de « loi a été renvoyé, a reconnu, après un examen sérieux « de la question, que l'article 74 ne créait nullement l'obs- « tacle au mariage dont les auteurs du projet s'étaient « préoccupés ; qu'il résultait de la combinaison des articles « 74, 102, 165 et 167 du Code civil, que l'article 74 n'avait « d'autre portée que de permettre de procéder au mariage « dans le lieu où l'un des futurs époux avait une simple « habitation ou résidence, pourvu que cette habitation ou « résidence se fût prolongée pendant six mois ; que le droit « des futurs époux de se marier là où l'un d'eux avait son « domicile proprement dit, quelque court que fût le temps « écoulé depuis qu'il avait acquis ce domicile, demeurait « intact ; qu'il fallait seulement, lorsque l'acquisition du « domicile ne remontait pas à six mois, que les publica- « tions fussent faites à la fois au domicile actuel et au do- « micile antérieur.

« Cette interprétation, conforme à la doctrine et à la « jurisprudence, a été consignée dans un rapport écrit, « présenté par M. Courbet-Poulard, au nom de la commis- « sion, dont la conclusion était : 1° qu'il n'y avait pas lieu « de donner suite au projet de loi, puisque, de par les lois « en vigueur et moyennant la jurisprudence acquise, les « auteurs du projet ont ce qu'ils demandent et, même le « cas échéant, plus qu'ils ne demandent ; 2° qu'il sera su- « perflu, en conséquence, d'édicter une loi nouvelle dont « rien ne justifierait la nécessité.

« En présence de ce rapport, M. Courbet-Poulard a pu « annoncer, dans la séance du 11 décembre 1871, que les « auteurs du projet de loi l'avaient retiré d'un commun « accord avec la commission et le Gouvernement.

« Je considère cette interprétation, à laquelle l'Assem- « blée entière a adhéré, comme de tous points juridique, et « je vous prie, Monsieur le Procureur général, de donner « des instructions à MM. les officiers de l'état civil pour que « toute personne, notamment les Alsaciens ou les Lorrains, « qui aura acquis en France un domicile proprement dit « par l'un des moyens énoncés aux articles 103, 104, 105 « et 107 du Code civil, puisse y contracter mariage sans

« avoir besoin d'attendre un délai de six mois depuis l'ac-« quisition de ce domicile. Seulement, jusqu'à l'expiration « de cette période, elle sera tenue de justifier des publica-« tions faites à son domicile actuel et aussi à son domicile « antérieur. »

Cette importante question avait déjà été résolue dans le même sens par un décret d'ordre du jour du 22 germinal an II, ainsi conçu : « La Convention nationale, après avoir « entendu le rapport de son comité de législation sur la « question qu'elle lui a envoyée et qui consiste à savoir si « l'acte de mariage peut être reçu dans la maison commune « du lieu du domicile actuel de l'une des parties, lorsqu'il « n'y a pas six mois qu'elle y réside, et cependant lorsque « les promesses de mariage ont été publiées dans le dernier « domicile où chacune des parties a demeuré six mois « avant le mariage ;

« Considérant que l'esprit de la loi ne saurait être d'em-« pêcher que l'acte de mariage soit reçu dans le lieu du « domicile actuel de l'une des parties qui veulent se ma-« rier, pourvu qu'elles aient rempli les formalités de la « publication des promesses dans le dernier domicile où « les parties contractantes ont demeuré au moins six mois, « passe à l'ordre du jour. Le présent décret ne sera point « imprimé, il sera inséré au bulletin de correspondance et « cette insertion tiendra lieu de promulgation. »

Cette solution est, en effet, conforme à la pensée du législateur, et pour s'en convaincre il suffit de se reporter à la séance du 4 vendémiaire an X, dans laquelle Tronchet répondit à Bonaparte, qui demandait si une personne pourrait célébrer son mariage dans le lieu de son domicile, quoique depuis six mois elle ait résidé ailleurs : « On ne « perd pas le droit de célébrer son mariage dans le lieu de « son domicile, pour avoir acquis le droit de le célébrer « ailleurs. »

744. Dans les communes divisées en plusieurs mairies, les six mois peuvent se compléter par l'habitation dans divers arrondissements[1] ; c'est-à-dire qu'il ne sera pas nécessaire d'avoir six mois d'habitation dans le même arrondissement pour pouvoir y contracter mariage.

1. Lettre G. des sc. à un maire de Paris, 10 juill. 1817.

745. Le mineur, quoiqu'ayant son domicile de droit chez ses père et mère ou tuteur, peut, en fait, avoir ailleurs sa résidence, surtout s'il exerce une profession ; dans ce cas, il peut contracter mariage dans la commune où il réside[1], à la condition que cette résidence ait le caractère d'une habitation continue[2] et que les publications soient faites au domicile des personnes dont il dépend[3].

746. Le Code civil n'ayant pas fait connaître par qui serait fixée l'heure du mariage, il est d'usage de suivre à cet égard les dispositions de l'article 2, titre IV, section IV, de la loi du 20 septembre 1792, portant que : « le jour où « les parties voudront contracter mariage sera par elles dé- « signé, et l'heure indiquée par l'officier de l'état civil « chargé d'en recevoir la déclaration. »

747. La célébration pourra avoir lieu le soir, mais non la nuit, parce que l'heure indue est un des éléments de la clandestinité, à moins qu'elle n'ait rien d'insolite dans la localité, et s'explique par des usages[4].

748. Le mariage pourra être célébré même un dimanche ou un jour de fête légale, sans toutefois que l'officier de l'état civil puisse y être contraint[5].

749. Le jour désigné par les parties après les délais des publications, l'officier de l'état civil, dans la maison commune, en présence de quatre témoins, parents ou non parents, fera lecture aux parties des pièces ci-dessus mentionnées, relatives à leur état et aux formalités du mariage[6], et du chapitre VI du titre du *mariage, sur les droits et les devoirs respectifs des époux* (212 à 226).

Il interpellera les futurs époux, ainsi que les personnes qui autorisent le mariage, si elles sont présentes, d'avoir à déclarer s'il a été fait un contrat de mariage, et, dans le

---

1. Lettre G. des sc. 12 juin 1841.
2. Lettre du proc. imp. à Paris, 1er août 1857.
3. *Ibid.*, 11 juin 1856.
4. Paris, 13 août 1851.
5. V. *suprà*, n° 23, note 5. Hutteau d'Origny, tit. VII, chap. 4, § 1er, n° 8; Lagarde, n° 589; Coin-Delisle, sur l'art. 75, n° 2.
6. V. *suprà*, nos 732 et suiv. — Tels que les actes de naissance, les consentements des pères et mères, l'avis de la famille, les publications, oppositions et jugements de mainlevée. (Loi du 12 sept. 1792.)

cas de l'affirmative, la date de ce contrat, ainsi que les noms et le lieu de résidence du notaire qui l'aura reçu. (L. 10 juillet 1850 et 1er janvier 1851.)

Il recevra de chaque partie, l'une après l'autre, la déclaration qu'elles veulent se prendre pour mari et femme; il prononcera, au nom de la loi, qu'elles sont unies par le mariage, et il en dressera acte sur-le-champ[1], dont il donnera lecture aux parties et témoins, conformément à l'article 38 du Code civil.

750. Le défaut de célébration du mariage dans la maison commune n'est pas une cause de nullité, lorsque d'ailleurs il a été suffisamment public, par exemple s'il a été contracté devant l'officier de l'état civil compétent, en présence de quatre témoins, du sexe masculin, et inscrit sur les registres[2].

En principe, il est laissé à la prudence des tribunaux d'apprécier, d'après les circonstances, si la célébration du mariage hors de la maison commune doit en entraîner la nullité[3]. Jugé, au contraire, qu'ils ne peuvent pas prononcer la nullité d'un mariage, lorsqu'elle n'est pas prononcée par la loi[4].

751. Les quatre témoins prescrits par l'article 75 du Code civil ne peuvent être que du sexe masculin, âgés de vingt et un ans au moins[5].

La disposition de l'article 37 du même Code, portant

---

1. C. civ., art. 75. Lorsque l'acte de mariage contiendra une légitimation, l'officier de l'état civil donnera lecture aux parties et témoins des articles 331 et 333 du Code civil. — Cet article prescrit de donner lecture du chapitre VI du titre du mariage; mais il est d'usage de ne donner lecture que des articles 212, 213 et 214, relatifs aux devoirs respectifs des époux.

2. Cass. 13 fruct. an X; Paris, 4 vent. an XIII; Agen, 10 déc. 1806; Cass. 22 juillet 1807; Bruxelles, 18 fév. 1809; Cass. 21 juin. 1814; Grenoble, 23 fév. 1815 et 27 fév. 1817; Bourges, 23 mai 1822; Toulouse, 26 mars 1824; Cass. 21 août 1824; Riom, 10 juillet 1829; Lyon, 25 août 1831. — Toullier, t. I, nº 642; Locré. t. III, p. 401; Duranton, t. II, nº 335; Proudhon, t. I, p. 220; Vazeille, t. I, p. 395 et suiv.; Fav., *Rép.*, vº *Mar.*, t. III, p. 478 et suiv.; Coin-Delisle et Royer, p. 66 et 67; Malleville, sur l'art. 193, nº 206. V. *suprà*, nº 287, la pénalité contre l'officier de l'état civil qui aurait procédé à la célébration d'un pareil mariage.

3. Cass. 22 juillet 1807; Bruxelles, 18 fév. 1809; Cass. 21 juin 1814, précités.

4. V. *suprà*, nº 731, 2e alinéa.

5. C. civ., art. 37. V. *suprà*, nº 42.

que les témoins produits aux actes de l'état civil ne pourront être que du sexe masculin, doit être observée à peine de nullité[1].

752. Lorsque les pères, mères, aïeuls, aïeules ou tuteurs *ad hoc* dont le consentement est requis, sont présents à la célébration du mariage, l'officier de l'état civil doit les interpeller et leur demander s'ils consentent au mariage. Ensuite, il demande au futur s'il consent à prendre une telle pour épouse, et à la future si elle consent à prendre un tel pour époux. Les réponses doivent être faites à haute et intelligible voix, et mentionnées dans l'acte de célébration[2].

Après quoi, l'officier de l'état civil, en conformité de l'article 75 du Code civil, prononce l'union en ces termes : « Au nom de la loi, je déclare que M..... et Mad..... sont unis par le mariage. »

Enfin, il interpelle directement les époux pour savoir s'ils sont ou non parents au degré de cousins germains et même de cousins issus de germains[3].

§ 4. — *De la rédaction de l'acte de mariage.*

753. On énoncera, dans l'acte de mariage,

1° Les prénoms, noms, professions, âge, lieux de naissance et domiciles des époux ;

2° S'ils sont majeurs ou mineurs ;

3° Les prénoms, noms, professions et domiciles des pères et mères ;

4° Le consentement des pères et mères, aïeuls et aïeules, et celui de la famille, dans les cas où ils sont requis ;

5° Les actes respectueux, s'il en a été fait ;

6° Les publications dans les divers domiciles ;

---

1. Caen, 13 juin 1819. — L'article 3 de la section IV de la loi du 20 sept. 1792 portait : « Les parties se rendront dans la salle publique de la « maison commune avec quatre témoins majeurs, parents ou non pa- « rents sachant signer, s'il peut s'en trouver aisément dans le lieu qui « sachent signer. »

2. L'article 4 de la même section portait qu'après la lecture de l'acte le mariage serait contracté par la déclaration que ferait chacune des parties à haute voix, en ces termes : « Je déclare prendre (le nom) en mariage. » Aujourd'hui il suffit de répondre simplement : Oui.

3. Cir. min. Agric. Comm. et Trav. publ., 30 oct. 1863 (sur le mouvement annuel de la population).

7° Les oppositions, s'il y en a eu; leur mainlevée, ou la mention qu'il n'y a pas eu d'opposition;

8° La déclaration des contractants de se prendre pour époux, et le prononcé de leur union par l'officier public;

9° Les prénoms, noms, âge, professions et domiciles des témoins, et leur déclaration s'ils sont parents ou alliés des parties, de quel côté et à quel degré;

10° La déclaration faite, sur l'interpellation prescrite par l'article 75 du Code civil, qu'il a été ou qu'il n'a pas été fait de contrat de mariage, et, autant que possible, la date du contrat, s'il existe, ainsi que les nom et lieu de résidence du notaire qui l'aura reçu; le tout à peine, contre l'officier de l'état civil, de l'amende fixée par l'article 50.

Dans le cas où la déclaration aurait été omise ou serait erronée, la rectification de l'acte, en ce qui touche l'omission ou l'erreur, pourra être demandée par le procureur de la République, sans préjudice du droit des parties intéressées, conformément à l'article 99[1].

Aux termes du dernier alinéa de l'article 1391 du Code civil, « si l'acte de célébration du mariage porte que les « époux se sont mariés sans contrat, la femme sera réputée, à l'égard des tiers, capable de contracter dans les « termes du droit commun, à moins que, dans l'acte qui « contiendra son engagement, elle n'ait déclaré avoir fait « un contrat de mariage. »

En raison de l'importance que peut avoir l'énonciation de cette déclaration dans l'acte de célébration de mariage, M. le ministre de la justice adressait, le 13 novembre 1850, à MM. les procureurs généraux, une circulaire ainsi conçue :

« Le contrat de mariage est l'un des actes les plus importants de la vie civile : il détermine le régime sous « lequel les époux sont unis et, par cela même, affecte « plus ou moins leur capacité à l'égard des tiers. Aussi « depuis longtemps a-t-on reconnu que l'incertitude sur « l'existence de ce contrat peut faciliter la fraude ou faire « naître des inquiétudes qui rendent plus difficiles et plus

---

1. C. civ., art. 76. Loi du 10 juillet 1850. V. *suprà*, nos 82, 92, 267 et 738-19°. — On énoncera également dans l'acte de mariage, lorsqu'il y aura lieu, la reconnaissance des enfants naturels des époux. — V. *suprà*, nos 267 et 427.

« onéreuses les transactions relatives aux biens dont les « femmes mariées sont propriétaires, et les engagements « que celles-ci pourront dès lors contracter.

« Il importait, dans l'intérêt du crédit privé, source du « crédit public, de faire cesser ces incertitudes. Tel est « l'objet de la loi votée par l'Assemblée nationale le 17 juin « et les 2 et 10 juillet 1850.

« Cette loi, par des dispositions additionnelles aux ar- « ticles 75, 76, 1391 et 1394 du Code civil, impose aux « officiers de l'état civil et aux notaires des obligations sur « lesquelles il m'a paru convenable d'appeler votre atten- « tion et celle de vos substituts.

« Afin de suivre l'ordre des faits, je m'occuperai d'abord « des notaires.

« Chaque fois qu'un notaire sera chargé de la rédaction « d'un contrat de mariage, il devra donner lecture aux « parties du nouvel article 1391 du Code civil, ainsi que « du dernier alinéa de l'article 1394; il fera mention de « cette lecture dans le contrat à peine de dix francs d'a- « mende; de plus, il délivrera, au moment de la signature, « un certificat sur papier libre et sans frais, énonçant son « nom et le lieu de sa résidence, les noms, prénoms, qua- « lités et demeure des futurs époux, ainsi que la date du « contrat. Le certificat indiquera, en outre, qu'il doit être « remis à l'officier de l'état civil avant la célébration du « mariage. Ces formalités devront être remplies pour tous « les contrats de mariage, quelle que soit la profession des « parties; mais le notaire devra, en outre, continuer à se « conformer exactement aux articles 67 et 68 du Code de « commerce, lorsqu'un des époux sera commerçant[1].

« Quant à l'*officier de l'état civil*, lorsque les futurs « époux se présenteront devant lui, il les interpellera ainsi « que les personnes qui autoriseront le mariage, si elles « sont présentes, d'avoir à déclarer s'il a été fait un con- « trat de mariage, et, dans le cas de l'affirmative, la date « de ce contrat, ainsi que les nom et lieu de résidence du « notaire qui l'aura reçu. Tous ces renseignements devront « d'abord se trouver énoncés dans le certificat délivré par « le notaire, certificat que les parties produiront ordinaire-

---

1. V. C. comm., art. 67; C. pr., art. 872; C. min. Just. 5 mai 1813, 15 oct. 1816 et 30 avril 1824.

« ment et que l'officier de l'état civil devra réclamer si « l'on omettait de le lui représenter.

« La déclaration, qu'il a été ou qu'il n'a pas été fait de « contrat de mariage, et tous les renseignements relatifs « au contrat, s'il y en a, devront être énoncés dans l'acte « de mariage à la suite des autres énonciations déjà pres- « crites par l'article 76 du Code civil. Les officiers de « l'état civil auront à se conformer avec d'autant plus « d'exactitude à cette prescription, que toute contravention « les rendrait passibles de l'amende déterminée par l'ar- « ticle 50 du Code civil. Il importera de faire remarquer « à ces fonctionnaires, afin de prévenir de fâcheuses diffi- « cultés, que la loi ne les charge d'interpeller les personnes « qui autorisent le mariage qu'autant qu'elles sont pré- « sentes, et que, par conséquent, à l'égard de celles qui « ne comparaîtront pas et qui auront donné leur consen- « tement par écrit, ils devront passer outre sans exiger des « déclarations dont l'obtention entraînerait d'inutiles re- « tards.

« Après avoir tracé les devoirs des notaires et des offi- « ciers de l'état civil, le législateur a dû prévoir le cas où, « malgré les précautions qu'il a prescrites, il y aurait « déclaration inexacte. Ainsi, quand l'acte de mariage « portera que les époux se sont mariés sans contrat, la « femme sera réputée, à l'égard des tiers, capable de con- « tracter dans les termes du droit commun, à moins que « dans l'acte qui contiendra son engagement, elle n'ait « déclaré avoir fait un contrat de mariage : cette déclara- « tion, quoique tardive, suffit en effet pour avertir les « tiers qui pourront alors refuser de traiter jusqu'à ce que, « par la production volontaire du contrat dont l'existence « se trouve révélée, ils puissent vérifier si la femme peut « ou non s'engager valablement envers eux.

« Dans ce cas, comme dans tous ceux où l'existence « d'un contrat de mariage sera reconnue en dehors de « l'énoncé de l'acte de célébration, ou quand il sera reconnu « que la déclaration faite par les parties est erronée, le « ministère public pourra demander d'office la rectifica- « tion de l'acte de célébration, en ce qui touche l'omis- « sion ou l'erreur. Le même droit appartiendra aux parties, « avec cette différence que les frais, d'ailleurs peu consi- « dérables, de la procédure resteront à la charge de l'État,

« conformément à l'article 122 du décret du 18 juin 1811, « quand la rectification sera provoquée d'office, tandis que « les parties devront les acquitter lorsqu'elles poursuivront « cette rectification. Cette différence dans l'acquittement « des frais résulte tant du décret cité que de la discussion « devant l'Assemblé nationale.

« Ainsi l'économie de la nouvelle loi peut se résumer « ainsi :

« Obligation pour le notaire qui reçoit un contrat de « mariage d'avertir les parties de la nécessité de déclarer « l'existence de ce contrat à l'officier de l'état civil, en lui « remettant le certificat délivré à cet effet ;

« Obligation pour l'officier de l'état civil d'interpeller « les futurs époux et les personnes présentes qui autorisent « le mariage sur l'existence d'un contrat de mariage, et « de mentionner la réponse dans l'acte de célébration ;

« Enfin, obligation pour le ministère public de surveil- « ler avec soin, sous ce rapport, les actes des notaires et « des officiers de l'état civil, afin de poursuivre ceux de « ces fonctionnaires qui ne se seraient pas conformés à la « loi, et de provoquer, s'il y a lieu, la rectification des « actes de célébration qui présenteraient soit des omissions, « soit des déclarations erronées.

« L'accomplissement si facile de ces obligations promet « des résultats dont l'avantage sera incontestable. D'une « part, la mauvaise foi ne pourra plus nier un contrat exis- « tant, puisqu'il suffira d'exiger la représentation de l'acte « de célébration de mariage pour savoir à quoi s'en tenir à « ce sujet ; d'autre part, cette même production, lorsqu'elle « établira qu'il n'y a pas eu de contrat de mariage, dis- « pensera les époux, quand ils traiteront avec des tiers, « d'une preuve négative souvent impossible et qui ne sau- « rait rassurer complétement les parties contractantes.

« La loi nouvelle sera donc à la fois une garantie d'or- « dre public, un motif de sécurité pour les engagements « privés et, par suite, une nouvelle facilité au développe- « ment du crédit. A tous ces titres, elle excitera, j'en suis « certain, la vive sollicitude de la magistrature et spécia- « ment de MM. les procureurs de la République, qui sont « plus particulièrement appelés à en surveiller et à en as- « surer l'exécution.

« Les magistrats chargés de la vérification des registres

« de l'état civil devront s'assurer si tous les actes de mariage contiennent la mention de la nouvelle interpellation prescrite aux officiers de l'état civil ; en cas d'omission, ils en rechercheront la cause, et s'il faut l'attribuer à la négligence du notaire aussi bien qu'à celle de l'officier de l'état civil, ils devront les poursuivre à raison des contraventions respectives qu'ils auront commises.

« L'omission d'une déclaration affirmative ou négative dans l'acte de mariage sera probablement très-rare. Mais il est à craindre qu'il arrive plus fréquemment que, soit par inadvertance, soit autrement, on déclare contrairement à la vérité qu'il existe ou qu'il n'existe pas de contrat de mariage : en pareil cas, la détermination à prendre est fort délicate ; il faut sans aucun doute éviter de faire naître des soupçons immérités de fraude et de mensonge. Mais quand il y aura des motifs sérieux de présumer que, nonobstant la déclaration négative des parties, il existe réellement un contrat de mariage, l'intérêt bien entendu des familles, aussi bien que l'intérêt public, ne permettra plus l'hésitation. Le ministère public devra alors employer tous les moyens qui sont en son pouvoir pour découvrir la vérité ; son premier soin sera de rechercher dans quelle étude le contrat de mariage dont on présumera l'existence aura pu être passé. Les renseignements qui auront appelé son attention lui serviront de guide ; il pourra, en outre, faire vérifier par les préposés de l'enregistrement si un contrat de mariage a été ou non reçu par un des notaires de l'arrondissement. A l'aide de ces données et de celles que les circonstances lui fourniront, il parviendra presque toujours à acquérir la certitude de l'existence ou de la non-existence d'un contrat de mariage ; mais ce qu'il ne faudra jamais perdre de vue, c'est que les investigations préalables devront rester complétement secrètes, afin, si elles n'amènent qu'un résultat négatif, de ne point porter atteinte à la considération des personnes dont la bonne foi aurait été mal à propos soupçonnée[1]. »

754. L'officier de l'état civil doit veiller à ce que les signatures soient conformes à l'orthographe des noms ins-

1. V. Cir. min. Just. aux préf., nov. 1850.

crits sur les registres, et à ce que les femmes signent leur nom patronymique, et non celui de leur mari. Les parties doivent faire précéder leurs noms des initiales de leurs prénoms, afin qu'on puisse facilement distinguer la signature de chacune d'elles.

Si, après la célébration du mariage, l'une des parties se refusait à signer, le mariage n'en serait pas moins *indissoluble*[1]. Dans ce cas, l'officier de l'état civil énoncerait simplement le fait, après la mention finale, de la manière suivante : « à l'exception de M....., qui a déclaré ne vouloir signer. »

Il est d'usage dans certaines mairies de faire signer les actes de mariage non-seulement par les personnes dont la signature est exigée, mais aussi par les autres parents ou amis présents à la célébration et auxquels l'on pense faire par là une politesse. Cet abus doit être proscrit d'une manière absolue : ce surcroît de signatures, outre qu'il est inutile, rend fort difficiles, quelquefois impossibles, à cause des similitudes de noms, les vérifications de signatures des parties et des témoins, et peut faire naître de sérieuses difficultés[2].

755. Les pièces produites pour le mariage doivent être paraphées par celui des époux qu'elles concernent, et par l'officier de l'état civil, après avoir été revêtues d'une mention d'annexe[3].

§ 5. — *De la délivrance du certificat constatant la célébration du mariage civil.*

756. Aussitôt après la célébration du mariage, l'officier de l'état civil remettra aux époux le certificat prescrit par l'article 1er du décret du 9 décembre 1810, constatant la célébration du mariage civil, et destiné au ministre du culte[4].

757. Les ministres des cultes ne donneront la bénédiction nuptiale qu'à ceux qui justifieront, en bonne et due

1. Montpellier, 2 février 1840.
2. Hutteau d'Origny, p. 137 ; Charvillac, *Guide des off. de l'ét. civ.* (1812), p. 125. Miroir, *Formulaire municipal,* p. 787 et 788.
3. V. *suprà,* n° 273.
4. V. *suprà,* n° 243-4°

forme, avoir contracté mariage devant l'officier de l'état civil[1].

758. Tout ministre d'un culte qui procédera aux cérémonies religieuses d'un mariage, sans qu'il lui ait été justifié d'un acte de mariage préalablement reçu par les officiers de l'état civil, sera, pour la première fois, puni d'une amende de seize francs à cent francs[2].

Il ne peut également être procédé, en France, au mariage de deux étrangers par un ministre du culte appartenant à la même nationalité que ces étrangers, si l'officier de l'état civil compétent n'a pas été préalablement appelé à recevoir le consentement des parties dans les formes prévues par la loi française. Le ministre du culte qui célébrerait une pareille union tomberait sous l'application de l'article qui précède, dont les dispositions doivent être considérées comme d'ordre public, et sont applicables à tous ceux qui résident sur le territoire français, sans distinction de nationalité[3].

759. En cas de nouvelles contraventions de l'espèce exprimée en l'article précédent, le ministre du culte qui les aura commises sera puni, savoir :

Pour la première récidive, d'un emprisonnement de deux à cinq ans ;

Et pour la seconde, de la détention. (L. 28 avril 1832[4].)

§ 6. — *De la délivrance du livret de famille.*

760. L'officier de l'état civil remettra également aux époux, aussitôt après la célébration du mariage le *livret de famille* prescrit par M. le ministre de l'intérieur dans une circulaire adressée aux préfets le 18 mars 1877, laquelle est conçue comme suit :

« Monsieur le Préfet, M. le préfet de la Seine, accé-
« dant à un vœu exprimé par la commission de recons-
« titution des actes de l'état civil de Paris, a pris l'ini-

1. Loi du 18 germ. an X, art. 54.
2. C. pén., art. 199.
3. Lettres min. Just. au proc. gén. de Pau, 24 avril 1879 (568, B. 79), et au proc. de la Rép. à Paris, 27 août 1879 (1872, B. 79).
4. C. pén., art. 200.

« tiative d'une mesure qui consiste à remettre gratuite-« ment aux époux, lors de la célébration du mariage, « un livret de famille dont je vous adresse ci-joint un exem-« plaire.

« Ce livret est destiné à recevoir, par extraits, les énon-« ciations principales des actes de l'état civil intéressant « chaque famille ; il sera représenté toutes les fois qu'il y « aura lieu de faire dresser un acte de naissance ou de dé-« cès. A chaque nouvelle déclaration, l'officier de l'état « civil apposera à la suite de la mention sommaire con-« signée sur le livret, sa signature et le cachet de la mairie. « Cette mesure, surtout si elle peut être généralisée, est « appelée à rendre d'importants services. Les livrets cons-« titueront en quelque sorte un troisième dépôt des actes « de l'état civil confié à la garde des intéressés et seront « une source de renseignements précieux pour le cas où « les registres viendraient à être détruits. De plus, en se « reportant au livret pour la rédaction de chaque acte nou-« veau intéressant la famille, on évitera les erreurs qui se « glissent trop fréquemment dans l'indication des pré-« noms ou l'orthographe des noms et prénoms[1].

« En signalant cette institution à MM. les Procureurs « généraux, par circulaire du 18 novembre dernier, M. le « garde des sceaux a fait connaître qu'il l'approuvait com-« plétement[2].

« Je vous prie de la porter à la connaissance des maires « et de les informer qu'ils devront, chaque fois qu'ils en « seront requis, porter gratuitement sur les livrets qui leur « seront présentés, la mention des actes reçus en leur mairie.

---

1. De cette manière, il s'établira une exactitude précieuse dans la constatation de l'état civil, et les procédures de reconstitution, qui étaient délicates et coûteuses, deviendront, le cas échéant, plus faciles et plus promptes si chaque chef de famille représente des extraits certifiés des actes constatant son état civil et celui de ses enfants.

2. Cette circulaire porte notamment ce qui suit : « L'accomplisse-« ment des nouvelles formalités ne donnera lieu à aucune difficulté « lorsque les actes de naissance ou de décès seront reçus à Paris ; mais « en province un certain nombre de maires, dans l'ignorance où ils « seraient d'une innovation non encore généralisée, pourraient éprou-« ver quelque hésitation à satisfaire à la demande des déclarants, en « insérant un extrait de l'acte sur le livret qui leur sera présenté. « — Il importe donc, Monsieur le Procureur général, de faire connaî-« tre dès maintenant, à tous les officiers de l'état civil de votre res-« sort, l'existence de ces livrets et la formalité nouvelle à laquelle ils « sont invités à prêter leur concours. »

« D'un autre côté, je verrais avec plaisir que les mun-« cipalités de votre département et principalement celles « des villes de quelque importance, suivissent l'exemple « donné par la préfecture de la Seine.

« La question de dépense ne saurait être ici un empê-« chement, car le prix du livret est fort minime (douze cen-« times au plus pour une livraison de 20,000), et comme il « ne s'agit point de donner à la mesure un effet rétroactif, « le nombre des livrets à fournir ne dépassera pas le nom-« bre des mariages annuellement contractés dans la com-« mune.

« Je désire, Monsieur le Préfet, que vous me rendiez « compte des mesures que vous aurez prises en exécu-« tion de la présente circulaire. »

§ 7. — *Des mariages* in extremis.

761. On appelle mariage *in extremis* celui qui est contracté entre personnes dont l'une est en danger de mort.

Ces sortes de mariages étaient flétris par la déclaration de 1639 et l'édit du mois de mars 1697 qui les privaient des effets civils, soit par rapport aux époux, soit à l'égard des enfants nés antérieurement ou postérieurement à leur célébration. Mais on a pensé (dit Toullier) qu'il n'était pas juste de condamner au désespoir un père mourant, dont le cœur, déchiré par les remords, voudrait, en quittant la vie, assurer l'état d'une épouse ou celui d'une postérité innocente dont il prévoit la misère et le mariage.

La loi du 20 septembre 1792 et le Code civil ne contenant aucune disposition qui empêche ces mariages, M. le ministre de la justice a pris, le 11 mai 1811, la décision suivante :

« Lorsque les deux époux, ou l'un d'eux, se trouvent « dans l'impossibilité d'aller à la maison commune, l'offi-« cier de l'état civil doit en dresser procès-verbal, sur « l'attestation d'un officier de santé, et se rendre ensuite, « pour procéder publiquement à la célébration, dans le lieu « où les futurs, ou l'un d'eux, est retenu par ses infirmi-« tés. Cette célébration ne doit cependant se faire qu'au-« tant que les formalités prescrites par la loi, pour la va-« lidité des mariages, ont été observées. Il n'est pas

« nécessaire, au reste, que le procès-verbal de l'officier de « l'état civil soit fait par un acte séparé ; il est même plus « régulier d'en insérer l'extrait dans l'acte de célébra- « tion[1]. »

Le certificat du médecin constatant l'impossibilité où se trouve l'un des futurs époux de se transporter à la maison commune, doit relater, si ce futur est infirme, qu'il jouit de toutes ses facultés intellectuelles ; s'il est malade, qu'il est sain d'esprit et d'entendement quoique en danger de mort ; car, dans toutes circonstances, l'officier de l'état civil ne peut procéder à la célébration d'un mariage que si les époux sont en état d'y donner leur consentement en connaissance de cause[2]. Si le malade ne remplit pas cette condition, il faut attendre sa guérison[3].

L'officier de l'état civil doit faire mention de ce certificat dans l'acte de mariage, et le déposer à la fin de l'année au greffe du tribunal civil avec les autres pièces y annexées[4].

762. Lorsque l'officier de l'état civil se transporte au domicile des futurs époux ou dans un hospice pour procéder à la célébration du mariage, il doit veiller à ce que les portes du local restent ouvertes, afin que le public puisse être admis à y assister[5].

---

1. Pareilles décisions ont été prises par M. le ministre de la justice les 10 fév. 1818 et 15 oct. 1852.
2. V. *suprà*, n° 535.
3. Décis. min. Just. 21 juillet 1818.
4. *Ibid.*, 28 janv. 1822. V. *suprà*, n° 737-19°, note 1.
5. *Ibid.*, 3 juillet 1811 et 10 fév. 1818.

CHAPITRE IV.

DES OBLIGATIONS QUI NAISSENT DU MARIAGE.

---

763. Les époux contractent ensemble, par le fait seul du mariage, l'obligation de nourrir, entretenir et élever leurs enfants[1].

764. L'enfant n'a pas d'action contre ses père et mère pour un établissement par mariage ou autrement[2].

765. Les enfants doivent des aliments à leurs père et mère et autres ascendants qui sont dans le besoin[3].

766. Les gendres et belles-filles doivent également, et dans les mêmes circonstances, des aliments à leurs beau-père et belle-mère; mais cette obligation cesse : 1° lorsque la belle-mère a convolé en secondes noces, 2° lorsque celui des époux qui produisait l'affinité, et les enfants issus de son union avec l'autre époux sont décédés[4].

767. Les obligations résultant de ces dispositions sont réciproques[5].

768. Les aliments ne sont accordés que dans la proportion du besoin de celui qui les réclame, et de la fortune de celui qui les doit[6].

---

1. C. civ., art. 203.
2. *Ibid.*, art. 204. — Les père et mère ne doivent des aliments à leurs enfants que lorsque ceux-ci sont dans l'impuissance de pourvoir personnellement à leur subsistance. Cass. 7 juillet 1863.
3. *Ibid.*, art 205.
4. *Ibid.*, art. 206. V. Cass. 17 mars 1856.
5. *Ibid.*, art. 207. — Mais l'aïeul ne doit pas d'aliments à l'enfant naturel reconnu par son fils. Cass. 7 juillet 1817.
6. *Ibid.*, art. 208.

769. Lorsque celui qui fournit ou celui qui reçoit des aliments est replacé dans un état tel, que l'un ne puisse plus en donner, ou que l'autre n'en ait plus besoin en tout ou en partie, la décharge ou réduction peut en être demandée[1].

770. Si la personne qui doit fournir les aliments justifie qu'elle ne peut payer la pension alimentaire, le tribunal pourra, en connaissance de cause, ordonner qu'elle recevra dans sa demeure, qu'elle nourrira et entretiendra celui auquel elle devra des aliments[2].

771. Le tribunal prononcera également si le père ou la mère qui offrira de recevoir, nourrir et entretenir dans sa demeure, l'enfant à qui il devra des aliments, devra, dans ce cas, être dispensé de payer la pension alimentaire[3].

---

1. C. civ., art. 209.
2. *Ibid.*, art. 210.
3. *Ibid.*, art. 211.

CHAPITRE V.

DES DEVOIRS ET DES DROITS RESPECTIFS DES ÉPOUX.

SECTION Ire.

Des devoirs respectifs des époux.

772. Les époux se doivent mutuellement fidélité, secours, assistance[1].

773. Le mari doit protection à sa femme, la femme obéissance à son mari[2].

774. La femme est obligée d'habiter avec le mari, et de le suivre partout où il juge à propos de résider : le mari est obligé de la recevoir et de lui fournir tout ce qui est nécessaire pour les besoins de la vie, selon ses facultés et son état[3].

La femme ne peut être tenue d'habiter avec son mari qu'autant que ce dernier, non-seulement lui fournit tout ce qui est nécessaire aux besoins matériels de la vie, selon ses facultés et son état, mais assure en outre sa dignité et sa sécurité[4].

La femme qui, sans cause légitime, refuse de réintégrer le domicile conjugal peut y être contrainte[5].

En conséquence, il appartient aux juges d'ordonner, sur la demande du mari, que la femme ira habiter avec ce dernier, et que, faute par elle d'obéir à cette prescription

---

1. C. civ., art. 212.
2. *Ibid.*, art. 213.
3. *Ibid.*, art. 214. — L'obligation alimentaire subsiste entre époux, même après la séparation de corps. Cass. 8 juillet 1850.
4. Cass. 20 nov. 1860.
5. *Ibid.*, 9 août 1826 ; Nîmes, 20 fév. 1862 ; Pau, 11 mars 1863.

dans un délai fixé, elle sera, à la diligence du procureur de la République, conduite dans le domicile conjugal par la gendarmerie, si l'emploi de la force publique devient nécessaire; cet emploi de la force publique devant d'ailleurs cesser dès que la femme aura rejoint son mari[1].

775. Le ministre de la guerre peut ordonner une retenue du tiers au plus sur la pension ou solde de retraite de tout militaire qui ne remplirait pas, à l'égard de sa femme ou de ses enfants, les obligations qui lui sont imposées par les chapitres v et vi du titre V du livre Ier du Code civil[2]; sauf le recours du mari au Conseil d'État, commission du contentieux, dans le cas où il se croirait lésé par la décision du ministre[3].

SECTION II.

Des droits respectifs des époux.

776. La femme ne peut ester en jugement sans l'autorisation de son mari, quand même elle serait marchande publique, ou non commune, ou séparée de biens[4].

Si une procédure avait été commencée pour ou contre elle pendant qu'elle était célibataire, il faudrait, pour la continuer après son mariage, qu'elle fût autorisée de son mari ou de la justice[5]. Mais le mari qui plaide conjointement avec sa femme est censé, par ce seul fait, l'autoriser à ester en justice[6].

777. L'autorisation du mari n'est pas nécessaire lorsque la femme est poursuivie en matière criminelle ou de police[7].

778. La femme, même non commune ou séparée de

---

1. Pau, 11 mars 1863, précité (P. R. G.).
2. Ces chapitres sont relatifs aux obligations qui naissent du mariage et aux devoirs respectifs des époux.
3. Av. Cons. d'Ét. 22 déc. 1807, approuvé le 11 janvier 1808 et maintenu par un autre Av. Cons d'Ét. 2 fév. 1808.
4. C. civ., art 215.
5. Cass. 22 germ. an XII. — Malleville, sur l'art. 215; Remusson, *Traité de la commun.*, ch. 8, n° 7.
6. *Ibid.*, 26 frim. an XIII; 22 avril 1808; 3 juin 1835; 24 fév. 1841.
7. C. civ., art. 216.

biens, ne peut donner, aliéner, hypothéquer, acquérir à titre gratuit ou onéreux, sans le concours du mari dans l'acte, ou son consentement par écrit[1].

Elle ne peut également accepter ou répudier une succession sans l'autorisation spéciale de son mari, ou, à son refus, sans être autorisée par la justice[2].

779. Si le mari refuse d'autoriser sa femme à ester en jugement, le juge peut donner l'autorisation[3].

780. Si le mari refuse d'autoriser sa femme à passer un acte, la femme peut faire citer son mari directement devant le tribunal de première instance de l'arrondissement du domicile commun, qui peut donner ou refuser son autorisation, après que le mari aura été entendu ou dûment appelé en la chambre du conseil[4].

781. La femme, si elle est marchande publique, peut, sans l'autorisation de son mari, s'obliger pour ce qui concerne son négoce; et, audit cas, elle oblige aussi son mari, s'il y a communauté entre eux.

Elle n'est pas réputée marchande publique si elle ne fait que détailler les marchandises du commerce de son mari, mais seulement quand elle fait un commerce séparé[5].

782. Lorsque le mari est frappé d'une condamnation emportant peine afflictive ou infamante, encore qu'elle n'ait été prononcée que par contumace, la femme, même majeure, ne peut, pendant la durée de la peine, ester en jugement, ni contracter, qu'après s'être fait autoriser par le juge, qui peut, en ce cas, donner l'autorisation, sans que le mari ait été entendu ou appelé[6].

783. Si le mari est interdit ou absent, le juge peut, en connaissance de cause, autoriser la femme, soit pour ester en jugement, soit pour contracter[7].

---

1. C. civ., art. 217.
2. Pothier, *Tr. des succ.*, nº 6; Duparc-Poullain, *Princ. de dr.*, t. V, p. 263.
3. C. civ., art. 218. — Cette autorisation n'emporte pas celle d'interjeter, au cas où elle succombe ; une nouvelle autorisation est indispensable. Cass. 4 mars 1845 et 15 déc. 1847.
4. *Ibid.*, art. 219.
5. *Ibid.*, art. 220.
6. *Ibid.*, art. 221.
7. *Ibid.*, art. 222.

784. Toute autorisation générale, même stipulée par contrat de mariage, n'est valable que quant à l'administration des biens de la femme[1], à moins qu'elle ne contienne une clause spéciale portant autorisation d'aliéner tel ou tel objet, d'emprunter telle somme.

785. Si le mari est mineur, l'autorisation du juge est nécessaire à la femme, soit pour ester en jugement, soit pour contracter[2].

786. La nullité fondée sur le défaut d'autorisation ne peut être opposée que par la femme, par le mari, ou par leurs héritiers[3].

787. La femme peut tester sans l'autorisation de son mari[4].

---

1. C. civ., art. 223. — Cette autorisation ne la dispense pas de se pourvoir d'une autorisation spéciale pour ester en justice. Cass. 24 fév. 1841.
2. *Ibid.*, art. 224.
3. *Ibid.*, art 225. — Les créanciers de la femme peuvent invoquer la nullité résultant du défaut d'autorisation (Cass. 10 mai 1853), à moins toutefois que l'obligation n'ait déjà été ratifiée par les époux. (Cass. 17 août 1853.)
4. *Ibid.*, art. 226.

CHAPITRE VI.

DES DEMANDES EN NULLITÉ DE MARIAGE.

---

788. Le mariage qui a été contracté sans le consentement libre des deux époux, ou de l'un d'eux, ne peut être attaqué que par les époux, ou par celui des deux dont le consentement n'a pas été libre.

Lorsqu'il y a eu erreur dans la personne, le mariage ne peut être attaqué que par celui des deux époux qui a été induit en erreur[1].

Ainsi que nous l'avons déjà dit *suprà*, n° 535, il n'y a point de consentement valable si le consentement n'a été donné que par erreur, ou s'il a été extorqué par violence ou surpris par dol.

789. L'*erreur* n'est une cause de nullité de la convention que lorsqu'elle tombe sur la substance même de la chose qui en est l'objet.

Elle n'est point une cause de nullité lorsqu'elle ne tombe que sur la personne avec laquelle on a intention de contracter, à moins que la considération de cette personne ne soit la cause principale de la convention[2]. L'erreur doit donc porter sur la personne et non sur sa fortune pour annuler le consentement.

L'erreur sur la moralité de la personne peut, selon les circonstances, être une cause d'annulation d'un mariage.

---

1. C. civ., art. 180. — La femme ne peut, sans autorisation de son mari ou de justice, former une demande de nullité de son mariage. (Cass. 31 août 1824, 21 janvier 1845 et 19 mai 1858.) Elle ne peut interjeter appel, au cas où elle succombe, sans une nouvelle autorisation. (Cass. 4 mars 1845, 15 déc. 1847).

2. *Ibid.*, art. 1110. — Jugé cependant que cette nullité n'atteint point le mariage contracté par erreur avec un forçat libéré. Paris, 4 fév. 1860; Orléans, 6 juillet 1861; Cass. 24 avril 1862.

Ainsi, et particulièrement, un mariage peut être annulé pour cause de grossesse dissimulée de la femme au moment de la célébration[1].

790. L'*impuissance naturelle de l'un des époux,* à la différence de l'erreur sur le sexe, n'est point, pour le conjoint, une cause de nullité du mariage, attendu que la loi n'a pas mis l'impuissance au nombre des causes de nullité de mariage, qu'elle soit naturelle ou accidentelle[2].

791. La *violence* exercée contre celui qui a contracté l'obligation est une cause de nullité, encore qu'elle ait été exercée par un tiers autre que celui au profit duquel la convention a été faite[3].

Cependant, le mariage contracté par un ravisseur dans la seule crainte que la fille dont il a abusé ou ses parents portent plainte contre lui ne peut être annulé comme résultat de la violence[4].

792. Il y a violence lorsqu'elle est de nature à faire impression sur une personne raisonnable, et qu'elle peut lui inspirer la crainte d'exposer sa personne ou sa fortune à un mal considérable et présent.

On a égard, en cette matière, à l'âge, au sexe et à la condition des personnes[5].

793. La violence est une cause de nullité du contrat, non-seulement lorsqu'elle a été exercée sur la partie contractante, mais encore lorsqu'elle l'a été sur son époux ou sur son épouse, sur ses descendants ou ses ascendants[6].

794 La seule crainte révérentielle envers le père, la mère, ou autre ascendant, sans qu'il y ait eu de violence exercée, ne suffit point pour annuler le contrat[7].

795. Le *dol* est une cause de nullité de la convention

1. Chaumont, 9 juin 1858; V. Boulogne, 26 août 1853.
2. Gênes, 7 mars 1811; Riom, 30 juin 1828; Besançon, 28 août 1840; Toulouse, 10 mars 1858; Nîmes, 29 nov. 1869. — V. en sens contraire : Trèves, 1er juill. 1808.
3. C. civ., art. 1111.
4. Duranton, t. II, no 51.
5. C. civ., art. 1112.
6. *Ibid.*, art. 1113.
7. *Ibid.*, art. 1114.

lorsque les manœuvres pratiquées par l'une des parties sont telles, qu'il est évident que, sans ces manœuvres, l'autre partie n'aurait pas contracté.

Il ne se présume pas, et doit être prouvé[1].

796. Dans le cas de l'article 180 du Code civil, la demande en nullité n'est plus recevable, toutes les fois qu'il y a eu cohabitation continuée pendant six mois depuis que l'époux a acquis sa pleine liberté ou que l'erreur a été par lui reconnue[2], à moins qu'il ne prouve que la découverte de l'erreur ne remonte pas à six mois[3].

797. Le mariage contracté sans le consentement des père et mère, des ascendants, ou du conseil de famille, dans les cas où ce consentement était nécessaire, ne peut être attaqué que par ceux dont le consentement était requis, ou par celui des deux époux qui avait besoin de ce consentement[4].

Il résulte de cet article que c'est l'ascendant dont le consentement était requis au moment où le mariage a été contracté, qui peut seul, à l'exclusion de tous les autres, proposer la nullité. Cet ascendant venant à mourir avant de l'avoir proposée, son droit ne passe point aux autres, qui n'ont point à venger l'injure faite à leur autorité méprisée. Si même l'ascendant vient à mourir pendant l'instance, l'action ne pourra être continuée par ses héritiers.

Il en résulte encore qu'aucun des collatéraux n'a, individuellement, le droit de proposer la nullité : ce droit n'appartient qu'au conseil de famille ; le tuteur même n'a pas ce droit, si ce n'est comme délégué de la famille, et comme exécuteur de sa délibération.

Si l'époux venait à décéder avant que le conseil de famille eût pris sa délibération, la demande en nullité ne

---

1. C. civ., art. 1116. — Il n'altère pas, à beaucoup près, le consentement comme la violence, ni surtout comme l'erreur, à moins qu'il ne produise l'erreur dans la personne. — Le dol et la fraude peuvent être prouvés par témoins ou à l'aide de présomptions graves, précises, et concordantes. Cass. 20 fév. 1811 ; 18 août 1813 ; 1er fév. 1832 ; 4 fév. 1836 ; 12 mars 1839.
2. *Ibid.*, art. 181. — Mais si les époux n'avaient pas demeuré, n'avaient pas cohabité ensemble, la demande serait recevable, même après six mois, même après six ans. Cass. 4 nov. 1822.
3. Cass. 20 avril 1869. V. Bordeaux, 20 fév. 1867. — Duranton, t. II, n° 277 ; Demolombe, l. III, n° 262 ; Toullier, t. I, n° 610.
4. C. civ., art. 182.

pourrait plus être formée en son nom; car, un individu mort n'a plus ni conseil de famille, ni tuteur: il paraît donc qu'en ce cas le décès du mineur couvre la nullité[1].

798. L'action en nullité ne peut plus être intentée ni par les époux, ni par les parents dont le consentement était requis, toutes les fois que le mariage a été approuvé expressément ou tacitement par ceux dont le consentement était nécessaire, ou lorsqu'il s'est écoulé une année sans réclamation de leur part, depuis qu'ils ont eu connaissance du mariage. Elle ne peut être intentée non plus par l'époux, lorsqu'il s'est écoulé une année sans réclamation de sa part, depuis qu'il a atteint l'âge compétent pour consentir par lui-même au mariage[2].

Il résulte de cet article que l'approbation tacite, pourvu qu'elle soit certaine, a les mêmes effets et la même force que l'approbation expresse.

Elle est expresse quand elle est consignée dans des actes publics ou même privés qui ont pour but d'approuver le mariage.

Elle est tacite lorsqu'elle résulte d'actions ou même d'écrits qui supposent nécessairement l'approbation du mariage; par exemple, lorsqu'un père, pardonnant l'injure faite à son autorité, reçoit dans sa maison son gendre ou sa bru, les traite comme ses enfants et leur donne ce nom, soit dans sa famille et dans les sociétés, soit dans les lettres qu'il leur écrit, soit lorsqu'il a concouru à l'acte de naissance d'un enfant né de ce mariage[3].

Lorsqu'une femme mineure demande la nullité de son mariage, elle doit procéder, non point sous l'assistance d'un tuteur, mais sous celle d'un curateur, parce qu'aux termes de l'article 476 du Code civil elle est émancipée de plein droit par le mariage[4].

799. La demande en séparation de corps formée par un époux rend celui-ci non recevable à demander ultérieurement la nullité de son mariage[5].

---

1. Toullier, t. Ier, n° 613; Duranton, t. II, p. 189; Zachariæ, t. II, § 462.
2. C. civ., art. 183.
3. Toullier, t. 1, n° 614;
4. Turin, 14 juillet 1807.
5. Paris, 30 déc. 1861, joint à Cass. 9 fév. 1863.

800. Tout mariage contracté en contravention aux dispositions contenues aux articles 144, 147, 161, 162 et 163 du Code civil[1], peut être attaqué soit par les époux eux-mêmes, soit par tous ceux qui y ont intérêt, soit par le ministère public[2].

801. Néanmoins le mariage contracté par des époux qui n'avaient point encore l'âge requis, ou dont l'un des deux n'avait point atteint cet âge, ne peut plus être attaqué : 1° lorsqu'il s'est écoulé six mois depuis que cet époux ou les époux ont atteint l'âge compétent; 2° lorsque la femme qui n'avait point cet âge, a conçu avant l'échéance de six mois[3].

802. Le père, la mère, les ascendants et la famille qui ont consenti au mariage contracté dans le cas de l'article précédent, ne sont point recevables à en demander la nullité[4].

803. Dans tous les cas où, conformément à l'article 184 du Code civil, l'action en nullité peut être intentée par tous ceux qui y ont intérêt, elle ne peut l'être par les parents collatéraux, ou par les enfants nés d'un autre mariage, du vivant des deux époux, mais seulement lorsqu'ils y ont un intérêt né et actuel[5].

Cette action en nullité ne passe aux héritiers de l'époux que lorsqu'il s'agit d'une nullité absolue, et non d'une nullité purement relative. Ainsi, les héritiers d'un époux ne peuvent demander la nullité de son mariage pour cause d'erreur dans la personne du conjoint survivant[6].

---

1. Ces articles sont relatifs à l'âge auquel on peut contracter mariage, à la prohibition de contracter un second mariage avant la dissolution du premier, et aux prohibitions de mariage entre parents et alliés. V. *suprà*, nos 511, 521, 666 et 667.

2. C. civ., art. 184. — Les ascendants d'un enfant qui a contracté mariage avec une personne engagée dans les liens d'un premier mariage, peuvent même demander la nullité de ce second mariage, bien qu'ils n'aient pas un intérêt pécuniaire né et actuel. Cass. 15 nov. 1848. Les collatéraux ne sont pas recevables à attaquer un mariage hors des cas déterminés par les articles 184 et 187 du Code civil. Cass. 9 janv. 1821; 18 août 1841; 12 nov 1844. — Les poursuites doivent se faire devant les tribunaux du lieu où a été célébré le premier mariage. Cass. 19 pluv. an XII, 2 avril 1807, 8 avril et 15 juill. 1811.

3. *Ibid.*, art. 185.

4. *Ibid.*, art. 186.

5. *Ibid.*, art. 187. V. *suprà*, n° 800 et la note.

6. Toulouse, 24 fév. 1879. V. pour les nullités relatives les art. 180 et 182 du C. civ.

804. L'époux au préjudice duquel a été contracté un second mariage peut en demander la nullité, du vivant même de l'époux qui était engagé avec lui[1].

805. L'époux absent dont le conjoint a contracté une nouvelle union sera seul recevable à attaquer ce mariage par lui-même ou par son fondé de pouvoirs, muni de la preuve de son existence[2].

806. Si les nouveaux époux opposent la nullité du premier mariage, la validité ou la nullité de ce mariage doit être jugée préalablement[3].

807. Le procureur de la République, dans tous les cas auxquels s'applique l'article 184 du Code civil, et sous les modifications portées en l'article 185 du même Code, peut et doit demander la nullité du mariage, du vivant des deux époux, et les faire condamner à se séparer[4].

808. Tout mariage qui n'a point été célébré *publiquement*, et qui n'a point été célébré devant l'officier public *compétent*, peut être attaqué par les époux eux-mêmes, par les père et mère, par les ascendants et par tous ceux qui y ont un intérêt né et actuel, ainsi que par le ministère public[5].

Cet article dit seulement que le ministère public peut attaquer le mariage, et non pas qu'il le doit. Il est, au contraire, de son devoir de n'user de cette faculté qu'avec la plus grande circonspection, et seulement lorsqu'il y a scandale notoire, lorsque l'ordre public est troublé[6].

809. Nul ne peut réclamer le titre d'époux et les effets civils du mariage, s'il ne représente un acte de célébration

---

1. C. civ., art. 188.
2. *Ibid.*, art. 139.
3. *Ibid.*, art. 189. Pothier, *Du Mar.*, n° 107; Pirringh, n° 158; Lacombe, v° *Empêch.*, n° 6; d'Aguesseau, t. II, p. 183.
4. *Ibid.*, art. 190. — Dans ce cas, le ministère public ne peut demander la nullité du second mariage avant la dissolution du premier, sans appeler dans l'instance le second époux et les enfants issus du mariage, s'il y en a. Cass. 30 mai 1846.
5. *Ibid.*, art 191. — V. *suprà*, n° 638, note 3.
6. Bruxelles, 1er août 1808; Pau, 28 janv. 1809. — Toullier, t. I, n° 647. — Cette action doit être intentée pendant la durée du mariage et non après. Locré, t. III, p. 388, 391 et 395; Demante, t. I, n° 228.

inscrit sur le registre de l'état civil, sauf les cas prévus par l'article 46 du Code civil[1].

810. La possession d'état ne pourra dispenser les prétendus époux qui l'invoqueront respectivement, de représenter l'acte de célébration du mariage devant l'officier de l'état civil[2].

811. Lorsqu'il y a possession d'état et que l'acte de célébration du mariage devant l'officier de l'état civil est représenté, les époux sont respectivement non recevables à demander la nullité de cet acte[3], alors même que ce mariage aurait été célébré en pays étranger[4].

812. Si néanmoins, dans le cas des articles 194 et 195 du Code civil, il existe des enfants issus de deux individus qui ont vécu publiquement comme mari et femme, et qui soient tous deux décédés, la légitimité des enfants ne peut être contestée sous le seul prétexte du défaut de représentation de l'acte de célébration, toutes les fois que cette légitimité est prouvée par une possession d'état qui n'est point contredite par l'acte de naissance[5].

La possession d'état admise par cet article comme moyen de preuve pour établir, à défaut de représentation de l'acte de célébration du mariage de ses père et mère, la légitimité de l'enfant qui est en possession de cet état, peut être invoquée non-seulement par l'enfant lui-même, mais aussi, après son décès, par des collatéraux, dans le but d'établir les rapports de parenté résultant de ce même état civil, à l'effet d'exercer les droits que la loi y attache[6].

Mais l'acte de naissance qui énoncerait la filiation et la légitimité ne suffirait pas pour établir sa légitimité, si, malgré sa possession d'état, l'enfant ne prouvait pas, à défaut de l'acte de célébration du mariage de ses père et mère, qu'ils ont vécu publiquement comme mari et femme[7].

---

1. C. civ., art. 194.
2. *Ibid.*, art. 195.
3. *Ibid.*, art. 196.
4. Cass. 8 nov. 1853 et 26 juillet 1865.
5. C. civ., art. 197; Cass. 11 août 1841.
6. Cass. 28 fév 1872. (P. R. G.)
7. Paris, 9 mars 1811. (P. R. G.)

813. Lorsque la preuve d'une célébration légale du mariage se trouve acquise par le résultat d'une procédure criminelle, l'inscription du jugement sur les registres de l'état civil assure au mariage, à compter du jour de sa célébration, tous les effets civils, tant à l'égard des époux qu'à l'égard des enfants issus de ce mariage[1].

814. Si les époux ou l'un d'eux sont décédés sans avoir découvert la fraude, l'action criminelle peut être intentée par tous ceux qui ont intérêt de faire déclarer le mariage valable, et par le procureur de la République[2].

815. Si l'officier public est décédé lors de la découverte de la fraude, l'action sera dirigée au civil contre ses héritiers par le procureur de la République, en présence des parties intéressées et sur leur dénonciation[3].

816. Le mariage qui a été déclaré nul est considéré comme n'ayant point existé[4], mais il produit néanmoins les effets civils, tant à l'égard des époux qu'à l'égard des enfants, lorsqu'il a été contracté de bonne foi[5].

Dans tous les cas, lorsque la légitimité de l'enfant issu du mariage a été reconnue dans un acte authentique par une partie qui avait intérêt à la contester, les ayants droit de cette partie sont désormais non recevables à prétendre que cet enfant est illégitime à raison de la nullité du mariage de ses auteurs[6].

817. Si la bonne foi n'existe que de la part de l'un des deux époux, le mariage ne produit les effets civils qu'en faveur de cet époux et des enfants issus du mariage[7].

Jugé que la bonne foi peut résulter d'une erreur de droit aussi bien que d'une erreur de fait[8].

---

1. C. civ., art. 198.
2. *Ibid.*, art. 199.
3. *Ibid.*, art. 200.
4. Toullier, t. I, n° 652.
5. C. civ., art. 201. Ce mariage est appelé mariage putatif, *matrimonium putativum*.
6. Limoges, 5 janv. 1842.
7. C. civ., art. 202. V. d'Aguesseau, t. IV, p. 277.
8. Aix, 11 mars 1858; Paris, 9 fév. 1860.

CHAPITRE VII.

DE LA DISSOLUTION DU MARIAGE.

818. Le mariage se dissout :

1° Par la mort de l'un des époux[1] ;

2° Par le divorce légalement prononcé[2] ;

3° Par la condamnation devenue définitive de l'un des époux à une peine emportant mort civile[3].

819. L'amnistie accordée à des condamnés morts civilement revalide de plein droit leur mariage qui avait été dissous par l'effet de la mort civile[4].

820. Par suite de l'abolition du divorce et de la mort civile, le mariage n'est plus dissous aujourd'hui que par la mort de l'un des époux.

Dans le droit romain et dans l'ancienne législation française, le mariage n'était point dissous, quant aux liens, par la mort civile.

L'indissolubilité du mariage fut combattue, au sein du Conseil d'État, par le premier Consul. « D'après ce sys« tème, disait-il, il serait donc défendu à une femme pro« fondément convaincue de l'innocence de son mari, de

---

1. D'après un avis du Conseil d'État, en date des 12 et 17 germinal an XIII, « les femmes de militaires absents ne peuvent se remarier « sans administrer la preuve légale du décès de leurs maris : la « preuve qui résulterait d'un acte de notoriété n'est pas suffisante. » V. dans ce sens : Trèves, 19 janvier 1807 ; Colmar, 12 août 1814.

2. Le divorce est aboli. (Loi du 8 mai 1816 art. 1.) Un nouveau projet de loi sur le divorce a été mis aux voix dans la séance des députés du 9 février 1881 et à la majorité de 261 voix contre 225 sur 486 votants, n'a pas été adopté.

3. C. civ., art 227. — La mort civile est abolie. (Loi du 31 mai 1854.)

4. Cass. 11 août 1812 et 31 juillet 1850.

« suivre dans sa déportation l'homme auquel elle est le « plus étroitement unie, ou si elle cédait à sa conviction, « à son devoir, elle ne serait plus qu'une concubine ; pour- « quoi ôter à ces infortunés le droit de vivre l'un auprès « de l'autre sous le titre honorable d'époux légitimes ?

« La société est assez vengée par la condamnation, lors- « que le coupable est privé de ses biens, lorsqu'il se trouve « séparé de ses amis, de ses habitudes. Faut-il étendre la « peine jusqu'à la femme et l'arracher avec violence à une « union qui identifie son existence avec celle de son « époux ? Elle vous dirait : Mieux valait lui ôter la vie, du « moins me serait-il permis de chérir sa mémoire ; mais « vous ordonnez qu'il vive et vous ne voulez pas que je le « console !..... »

Pendant des siècles, la législation qui a gouverné la France avait consacré la doctrine de l'indissolubilité du mariage, si éloquemment enseignée par la religion chrétienne et par la morale : la loi du 31 mai 1854, qui a aboli la mort civile est donc, comme l'a dit le Rapporteur, conforme à l'humanité, à la justice et à la raison, destinée à moraliser le châtiment, non à l'affaiblir.

TITRE V.

Des décès.

« La mort rompt les liens qui attachaient
« l'homme à la société : en cessant de vi-
« vre, il transmet des droits. »
THIBAUDEAU (*Exp. des mot.*).

CHAPITRE Ier.

DES ACTES DE DÉCÈS.

SECTION I.

Du mode de constater les décès.

821. L'officier de l'état civil doit, aux termes de l'article 77 du Code civil, se transporter auprès de la personne décédée, pour s'assurer du décès [1].

Pour éviter ce déplacement, il est d'usage dans les grandes villes, notamment à Paris, de faire constater le décès à domicile par des médecins de l'état civil nommés par le préfet sur la proposition du maire [2]. A Saint-Germain-en-Laye et dans un grand nombre de localités, le décès est constaté par le médecin qui a donné des soins

---

1. Toullier, t. I, p. 226, n° 323, note 1, disait : « Rien n'est plus mal « exécuté, du moins à Paris, que ces ordres, donnés aux officiers ci- « vils, de se transporter pour vérifier les décès. » Ce à quoi Malleville (t. I, p. 104) répondait : « Il faut convenir qu'ils y sont presque inexé- « cutables. »

2. V. *suprà,* n° 535, l'arrêté du préf. de la Seine du 29 déc. 1868, art. 4.

au défunt, et qui délivre un bulletin imprimé fourni par la mairie, lequel contient : 1° le nom du médecin ; 2° les nom et prénoms du défunt ; 3° son âge ; 4° sa profession ; 5° le jour et l'heure de son décès ; 6° son domicile ; et 7° la cause de son décès. Ce dernier mode de constatation, qui est, selon nous, le plus simple et le moins dispendieux, a d'ailleurs été prescrit par M. le ministre de l'intérieur dans une circulaire adressée aux préfets, le 29 décembre 1852, sur le mouvement annuel de la population ; laquelle contient notamment ce qui suit :

« Les maires d'un certain nombre de grandes villes, en « France, ont, avec mon autorisation, pris des arrêtés aux « termes desquels les médecins appelés à soigner les dé- « cédés dans leur dernière maladie sont tenus de remettre « aux parents ou aux amis du défunt, qui le déposent en- « tre les mains de l'officier de l'état civil, un bulletin fai- « sant connaître la nature de sa maladie, sa durée et divers « autres détails analogues. Il s'agit aujourd'hui, Monsieur « le Préfet, de *généraliser* cette mesure et de l'étendre à « toutes les communes de votre département. Dans ce but, « vous voudrez bien, dès la réception de cette circulaire, « prendre un arrêté (que vous adresserez immédiatement « à tous les maires, en leur recommandant d'y donner, « sans le moindre retard, toute la publicité possible) par « lequel vous prescrirez qu'à partir du 1er janvier 1853, « tout docteur en médecine ou officier de santé, ayant « donné ses soins, dans la dernière maladie, à une per- « sonne décédée, devra remettre aux parents ou amis du « défunt, qui le feront parvenir, par les témoins de l'acte « de décès, à l'officier de l'état civil, un bulletin consta- « tant la nature de la maladie ayant occasionné le décès. « Ce certificat sera distinct de toute autre déclaration de « même nature qui, dans un intérêt de haute police, aurait « été ou serait exigée ultérieurement par l'autorité muni- « cipale.

« Tous les bulletins des causes de décès seront conser- « vés avec le plus grand soin par MM. les maires, pour « qu'ils puissent faire exactement, au commencement de « l'année suivante, la récapitulation prescrite par la pré- « sente instruction. Ils devront, à cet effet, les placer dans « un lieu sûr et à l'abri de toute chance de détérioration « ou d'adirement. »

Dans le cas où la forme obligatoire de constater la nature de la maladie ayant occasionné le décès paraîtrait devoir rencontrer des difficultés ou provoquer des susceptibilités, MM. les préfets ont été autorisés par une lettre circulaire qui leur a été adressée par M. le ministre de l'intérieur, le 15 janvier 1853, à inviter MM. les membres du corps médical exerçant dans le département, à fournir ce renseignement, au nom du ministre et dans l'intérêt de la science.

« Ils leur feraient connaître (y est-il dit) que la même « invitation adressée en Prusse et en Angleterre aux mé- « decins et chirurgiens de ces deux pays, a obtenu un « succès complet; les médecins français ne seront pas « moins jaloux de donner un concours dévoué aux recher- « ches les plus importantes, au point de vue scientifique, « dont le mouvement annuel de la population puisse être « l'objet. MM. les préfets joindront à leur lettre un « exemplaire de la classification des causes des décès telle « qu'elle se trouve dans les tableaux annexés à la circu- « laire du 29 décembre 1852, en les invitant à s'y con- « former, autant que possible, pour l'indication des ma- « ladies.

« Si leur arrêté était déjà publié, ils n'en devraient pas « moins adresser aux médecins de leur département la « lettre circulaire dont il s'agit. Seulement, ils feraient « observer, en leur adressant un exemplaire dudit arrêté, « qu'il a été pris dans un intérêt *exclusivement scienti- « fique,* et que l'administration attache le plus grand prix « à ce qu'il reçoive son exécution. Ils n'omettraient pas, « d'ailleurs, de leur faire remarquer que, dans tous les « cas où il ne conviendrait pas aux familles que la mala- « die cause des décès de leurs membres fût connue, leur « vœu à cet égard devra toujours être respecté. »

822. Lorsqu'il y aura des signes ou indices de mort violente, ou d'autres circonstances qui donneront lieu de le soupçonner, on ne pourra faire l'inhumation qu'après qu'un officier de police[1], assisté d'un docteur en médecine

1. C. civ., art. 81. — Aucune loi n'impose aux maires l'obligation d'écrire de leur propre main les procès-verbaux qu'ils dressent en leur qualité d'officiers de police judiciaire. Cass. 8 fév. 1878.

ou en chirurgie, aura dressé procès-verbal de l'état du cadavre et des circonstances y relatives, ainsi que des renseignements qu'il aura pu recueillir sur les prénoms, nom, âge, profession, lieu de naissance et domicile de la personne décédée.

Dans ce cas, l'officier de l'état civil doit, en sa qualité d'officier de police judiciaire, lorsqu'il n'y a pas de commissaire de police dans sa commune, ou si ce magistrat qui y est en fonctions est absent[1], donner avis du décès immédiatement au procureur de la République[2]. C'est pourquoi nous avons cru utile de donner ici un extrait des instructions du parquet de la Seine sur les constatations à faire en pareil cas :

« Si une mort violente paraît avoir été l'effet d'un suicide, il n'en faut pas moins recueillir avec soin les circonstances qui ont précédé, accompagné ou suivi cette mort. L'état du cadavre, la description des instruments qui ont donné la mort, la déposition des témoins, enfin toutes preuves qu'on pourra acquérir, seront consignés dans le procès-verbal comme en cas d'homicide. Les hommes de l'art décideront, d'après le genre de mort, la nature, le nombre, la situation et la gravité des blessures, si la personne décédée a pu se donner elle-même la mort. L'officier de police recueillera de son côté tout ce qui peut éclairer la justice sur ce point.

« Si la personne suicidée a laissé, comme cela arrive fréquemment, un écrit explicatif de sa mort, on aura la plus grande attention non-seulement de recueillir cet écrit, mais encore de rechercher et d'annexer au procès-verbal d'autres pièces écrites de la main du défunt, afin qu'elles servent de pièces de comparaison : on saisira de préférence les pièces authentiques ; mais on ne négligera pas les écritures privées. Si l'on ne trouve pas de pièces de comparaison, ou si elles sont insuffisantes, il est né-

---

1. C. inst. cr., art. 14 : « Dans les communes où il n'y a qu'un commissaire de police, s'il se trouve légitimement empêché, le maire « ou, au défaut de celui-ci, l'adjoint au maire, le remplacera tant que « durera l'empêchement. »

2. V. *suprà*, n° 11. — Ce magistrat se fera assister d'un ou de deux officiers de santé, qui feront leur rapport sur les causes de la mort et sur l'état du cadavre, en leur âme et conscience et après serment par eux prêté. (C. inst. crim., art. 44).

cessaire d'entendre des témoins pour reconnaître l'écrit relatif à la mort. Toutes ces précautions sont indispensables afin de s'assurer que cet écrit est de la main du défunt, et pour empêcher toute fraude qui tendrait à dissimuler un crime.

« Il importe de rechercher et constater si le décédé avait des motifs de se déterminer au suicide, ces motifs établissant le genre de mort en l'expliquant. En cas de suicide, plusieurs des maires des communes rurales se bornent à déclarer qu'il résulte des enquêtes auxquelles ils ont procédé, que la mort a été le résultat d'un suicide. Cet usage est vicieux. On doit toujours dresser des procès-verbaux constatant les renseignements qui ont pu être recueillis sur les circonstances et les causes de la mort, et les déclarations de toutes les personnes qui peuvent déposer de faits de nature à établir et à expliquer le genre de mort. Il est convenable, il est indispensable même que les magistrats qui prononcent sur le genre de mort, et déclarent s'il y a ou s'il n'y a pas lieu de diriger des poursuites, puissent apprécier par eux-mêmes tous les renseignements qu'il a été possible de recueillir, et les déclarations des témoins.

« Dans les cas où l'officier de police est appelé à constater une mort que l'on considère comme purement accidentelle ou subite, il doit toujours s'attacher à décrire, avec la plus grande exactitude, l'état du cadavre ; se faire assister à cet effet par des gens de l'art; recevoir leur rapport; veiller à ce qu'ils examinent scrupuleusement si le cadavre ne présenterait pas quelques lésions extérieures ou autres signes de mort violente, entendre les personnes qui déposeront des circonstances de la mort. »

Enfin, l'officier public doit constater toutes les circonstances qui peuvent constituer le meurtre en légitime défense, l'homicide par imprudence, le meurtre involontaire, l'assassinat, le suicide; en outre, il doit rechercher et constater les crimes qui ont pu accompagner ou déterminer l'homicide.

Si le prévenu est saisi, on ne doit pas négliger de le confronter immédiatement avec le cadavre, avec les témoins, avec les pièces saisies, les traces constatées et qui peuvent s'effacer; pour la régularité des actes de l'état civil, il faut toujours procéder à la reconnaissance du cadavre et transmettre les renseignements recueillis sur l'identité de la victime à l'officier de l'état civil[1].

823. Lorsqu'un individu a disparu dans un accident, tel que *naufrage, incendie, explosion*, etc., et qu'il y a impossibilité de représenter son cadavre, il y a lieu, pour constater son décès, de recourir, par analogie, aux dispositions du décret du 3 janvier 1813 ci-après énoncées, parce que ces événements ont, avec le cas prévu par ce décret, une analogie parfaite et qu'il y a, pour en appliquer les dispositions, complète identité de motifs.

En conséquence, le maire de la commune où l'accident est arrivé doit en dresser procès-verbal et le transmettre au procureur de la République, à la diligence duquel, et sur l'autorisation du tribunal, cet acte sera annexé au registre de l'état civil.

On ne saurait, en ce cas, suivre les règles établies par le Code civil pour la constatation de l'absence, le décès de l'individu disparu étant constant[2].

824. Il est expressément prescrit aux maires et autres officiers de police de se faire représenter les corps des ouvriers qui auraient péri par accident dans une exploitation de *mines*, et de ne permettre leur inhumation qu'après que le procès-verbal de l'accident aura été dressé, conformément à l'article 81 du Code civil, et sous les peines portées dans les articles 358 et 359 du Code pénal[3].

825. Lorsqu'il y aura impossibilité de parvenir jusqu'au lieu où se trouvent les corps des ouvriers qui auront péri dans les travaux, les exploitants, directeurs et autres ayants cause, seront tenus de faire constater cette circonstance par le maire ou autre officier public, qui en dressera procès-verbal et le transmettra au procureur de la République,

---

1. Inst. min. Int. à MM. les commissaires de police, 21 juillet 1858. (Homicide.)

2. Besançon, 30 juillet 1878 ; art. 87 C. civ. — Marcadé, t. I, nº 277 ; Mourlon, t. I, p. 173, nº 306 ; Demolombe, t. I, nº 308 ; Dutruc, *Mémorial du Min. public*, vº *Actes de l'état civil*, nº 34 *bis* ; Bertin, *Ch. du cons.*, t. II, nº 118 ; Collier, nº 458, dernier alinéa. Toullier, t. I, nº 360 ; Duranton, t. I, nº 330 ; Demante, t. I, nº 117 *bis*, 21.

3. Décret relatif à l'exploitation des mines, 3 janvier 1813, art. 18. — V. *infra*, nºs 887 et 888.

à la diligence duquel, et sur l'autorisation du tribunal, cet acte sera annexé au registre de l'état civil[1].

826. De quelque manière que soit arrivé un accident, les ingénieurs des mines, maires et autres officiers de police, transmettront immédiatement leurs procès-verbaux aux sous-préfets et aux procureurs de la République. Les procès-verbaux devront être signés et déposés dans les délais prescrits[2].

SECTION II.

De la déclaration de décès et de la rédaction de l'acte.

827. Le Code civil ne fixe pas dans quel délai la déclaration de décès devra être faite, mais il résulte des dispositions des articles 77, 80, 83, 84 et 86 de ce Code, de la loi du 20 septembre 1792 (tit. V, art. 1er), du décret du 19 décembre suivant (section 1re, art. 1er, et section 2, art. 4), et du règlement intérieur des dépôts de mendicité, du 19 décembre 1808, que cette déclaration doit avoir lieu dans les *vingt-quatre heures du décès*, et au plus tard dans les trois jours[3].

828. L'acte de décès sera dressé par l'officier de l'état civil, sur la déclaration de deux témoins. Ces témoins seront, s'il est possible, les deux plus proches parents ou voisins, ou, lorsqu'une personne sera décédée hors de son domicile[4],

---

1. Décret précité, art. 19. — Le tribunal ordonnera que le procès-verbal sera transcrit sur les deux doubles des actes de décès de la commune où a eu lieu l'accident, et que mention sommaire en sera faite en marge de l'acte le plus rapproché, par sa date, de cet accident. Besançon, 30 juillet 1878; C. civ., art. 101.

2. *Ibid.*, art. 21.

3. L'article 1er du décret du 19 décembre 1792 portait que la déclaration aurait lieu avant l'inhumation et dans les trois jours du décès, sous peine de deux mois de prison pour la 1re fois, et de six mois en cas de récidive; et, aux termes de l'article 4 de la section 2 du même décret, la déclaration devait être faite, dans les communes au-dessus de 50,000 âmes, dans les vingt-quatre heures.

4. Il est bien entendu que, pour faire la déclaration du décès, cette personne doit avoir les qualités requises par l'article 37 du Code civil. Demolombe, t. I, nº 303, p. 494; Ducaurroy, Bonnier et Roustaing, t. I, nº 142; Toullier, t. I, nº 309, p. 220. V. *suprà*, nº 42. *Contrà :* Rieff, nº 267; Aubry et Rau, t. I, p. 184; Locré, t. II, p. 20. — Cet article, qui est tout spécial à la rédaction de l'acte de décès, n'obli-

la personne chez laquelle elle sera décédée, et un parent ou autre[1].

Lorsque l'inhumation aura eu lieu avant que la déclaration de décès ait été faite à la mairie, l'officier de l'état civil ne devra inscrire l'acte de décès sur les registres que s'il y est autorisé par un jugement provoqué, à moins d'intérêt public, par les parties intéressées[2].

En conséquence de ces dispositions, aussitôt qu'un militaire sera décédé à la caserne ou dehors, quel que soit le genre de sa mort, la déclaration en sera faite de suite à l'officier de l'état civil du lieu, pour qu'il puisse opérer conformément à la loi.

L'officier, quel que soit son grade, qui commandera la compagnie dont ce militaire faisait partie, sera tenu, après avoir fait aussitôt la déclaration du décès à l'officier de l'état civil, de veiller à ce que deux officiers ou sous-officiers, ou au moins un officier ou sous-officier et un soldat, se tiennent à portée de servir de témoins de l'acte à dresser par l'officier de l'état civil[3].

829. L'acte de décès contiendra les prénoms, nom, âge, profession et domicile de la personne décédée; les prénoms et nom de l'autre époux, si la personne était mariée, ou veuve ; les prénoms, noms, âge, professions et domiciles des déclarants; et, s'ils sont parents, leur degré de parenté.

Le même acte contiendra de plus, autant qu'on pourra le savoir, les prénoms, noms, profession et domicile des père et mère du décédé, et le lieu de sa naissance[4].

Cet acte doit aussi indiquer le jour et l'heure du décès, bien que cette énonciation ne soit pas prescrite par la loi;

---

geant pas que la personne chez laquelle a eu lieu le décès soit du sexe masculin et majeure, et cette personne possédant, dans ce cas, la double qualité de déclarante et de témoin, il n'est pas douteux que si l'on prend la loi à la lettre, la déclaration de décès peut être valablement faite, le cas échéant, par une personne du sexe féminin, même mineure; mais nous reconnaissons qu'il est préférable, comme étant plus dans l'esprit de la loi, d'exiger que les deux témoins possèdent les qualités requises par l'article 37 du Code civil; c'est, du reste, ce qui a généralement lieu dans l'usage.

1. C. civ., art. 78.
2. Circ. min. Just. 28 mai 1822. → V. *suprà*, n° 81.
3. Circ. min. G. 8 mars 1823, p. 23.
4. C. civ., art. 79.

cette omission a toujours été signalée comme grave par tous les auteurs : en effet, l'article 718 du Code civil porte que les successions s'ouvrent par la mort naturelle, c'est donc au moment du décès que le défunt transmet des droits. D'ailleurs, cette énonciation ne fait foi que jusqu'à preuve du contraire et non jusqu'à inscription de faux[1].

830. Lorsque le cadavre d'un enfant dont la naissance n'a pas été enregistrée sera présenté à l'officier de l'état civil, cet officier n'exprimera pas qu'un tel enfant est décédé, mais seulement qu'il lui a été *présenté sans vie*. Il recevra de plus la déclaration des témoins, touchant les noms, prénoms, qualités et demeures des père et mère de l'enfant, et la désignation des an, jour[2] et heure auxquels l'enfant est sorti du sein de sa mère[3].

831. Cet acte sera inscrit à sa date sur les registres des décès, sans qu'il en résulte aucun préjugé sur la question de savoir si l'enfant a eu vie ou non[4].

832. En cas de décès dans les *hôpitaux militaires*[5], *civils* ou *autres maisons publiques*, les supérieurs, directeurs, administrateurs et maîtres de ces maisons seront tenus d'en donner avis, dans les *vingt-quatre heures*, à l'officier de l'état civil, qui s'y transportera pour s'assurer du décès[6], et en dressera l'acte conformément à l'article 79 du Code civil, sur les déclarations qui lui auront été faites et sur les renseignements qu'il aura pris.

Il sera tenu en outre, dans lesdits hôpitaux et maisons, des registres destinés à inscrire ces déclarations et ces renseignements[7].

L'officier de l'état civil enverra l'acte de décès à celui

1. Aubry et Rau, § 61, note 3; Hutteau d'Origny, tit. VIII, chap. Ier, § 2; Richelot, t. I, n° 180; Coin-Delisle, art. 79, n° 10; Rieff, n° 266; Ducaurroy, Bonnier et Roustaing, t. I, n° 143; Demante, t. I, n° 109 *bis*, 1.
2. C'est-à-dire la date de la naissance.
3. Déc. 4 juillet 1806, art 1er. V. *infrà*, 3e partie, n° 59 du Formulaire.
4. *Ibid.*, art. 2. V. *suprà*, n° 330.
5. V. Règlem. gén. sur le service des hôp. milit., du 1er avril 1831, art. 728 à 732.
6. V. *suprà*, n° 821.
7. Les extraits qui en sont délivrés ne peuvent être transcrits sur les registres de l'état civil. Circ. G. des sc. 19 mai 1823. — Les actes de décès délivrés par les comptables des hôpitaux et visés pour légalisa-

du dernier domicile de la personne décédée, qui l'inscrira sur les registres[1].

S'il s'agit du décès d'un *militaire*, un double de cet acte sera remis au corps dont faisait partie le militaire décédé, s'il se trouve sur les lieux. Le conseil d'administration dudit corps en fera faire mention sur ses *registres matricules*, ainsi que sur les états de mutations qu'il doit adresser chaque mois au ministre de la guerre.

Si le corps avait changé de position, l'officier de l'état civil enverrait *directement* cette expédition au ministre[2].

Afin de permettre aux parents qui désireraient assister aux obsèques de leurs enfants qui viennent à mourir sous les drapeaux, de se déplacer en temps opportun, M. le ministre de la guerre a arrêté les mesures suivantes :

« Les avis de décès seront adressés, par le *télégraphe*, « aux maires des communes où sont domiciliés les parents « des militaires décédés.

« La dépense qui résultera de l'envoi des dépêches télé- « graphiques sera imputée sur les fonds du budget ordi- « naire, service des hôpitaux, au titre des *dépenses diverses*[3]. »

---

tion par les sous-intendants militaires, sont valables pour constater les décès des militaires auprès des corps et du ministère de la guerre, ainsi que pour appuyer toutes les réclamations que les familles peuvent être dans le cas d'adresser à ce ministère; mais ils ne sont pas valables auprès des autorités civiles et des tribunaux. Règlem. gén. sur le service des hôp. milit. du 1er avril 1831, art. 737. — V. *infrà*, n° 1030, note 2. — Ces registres ne sont établis que pour l'ordre de la maison, les mentions qui y sont faites ne sont pas des actes et ne peuvent constater légalement le décès. (Circ. min. Int. aux préfets, 31 octobre 1808.)

1. C. civ., art. 80. V. *suprà*, n° 131. — Les maires, chacun en ce qui concerne sa commune, adresseront ces actes au préfet de leur département. Celui-ci les transmettra au préfet du département dans lequel est la commune où le décédé avait son dernier domicile. Les paquets devront être sous bandes, contre-signés par les préfets et marqués des mots *Actes de décès*. — Il sera ouvert, dans les bureaux de chaque préfecture, un registre où seront mentionnés la date de la réception de chaque acte, celle de l'envoi au préfet d'un autre département, le nom et la commune du décédé. Cet ordre est nécessaire pour l'intérêt des familles. (Circ. min. Int. 25 février 1812.) — En cas de mort dans les hôpitaux civils d'un prévenu ou condamné, le commandant de la brigade de gendarmerie se fait délivrer une expédition de l'acte de décès pour être réunie aux autres pièces qui peuvent concerner le décédé, et il fait l'envoi du tout, dans les 24 heures, au commandant de la gendarmerie de l'arrondissement; cet officier transmet ces pièces au commandant de la compagnie. (Décret 1er mars 1854, art 393.)

2. Circ. min. G. 8 mars 1823, sous l'article 82, p. 25.

3. Circ. min. Int. 7 mars 1881.

833. La réclamation des corps des personnes décédées dans les hospices sera consignée sur un registre tenu par les préposés de l'administration hospitalière et indiquera les noms et prénoms des décédés, les noms, prénoms et adresses des réclamants.

Les amis et les corporations ne seront admis à réclamer les corps des décédés que s'ils se sont engagés, au moment de l'admission, à solder les frais de journées du malade. Sans cette garantie, il pourrait arriver que des corps fussent réclamés, moins dans le but respectable de rendre les derniers devoirs à un ami ou un membre du même corps d'état ou d'une même société de secours mutuels, qu'avec le dessein de provoquer des manifestations qui renouvelleraient le scandale des enterrements civils[1].

834. Lorsqu'il y aura des signes ou indices de *mort violente,* ou d'autres circonstances qui donneront lieu de le soupçonner, l'officier de police sera tenu de transmettre *de suite* à l'officier de l'état civil du lieu où la personne sera décédée, tous les renseignements énoncés dans son procès-verbal, d'après lesquels l'acte de décès sera rédigé[2].

L'officier de l'état civil en enverra une expédition à celui du domicile de la personne décédée, s'il est connu; cette expédition sera inscrite sur les registres[3].

835. Les greffiers criminels seront tenus d'envoyer, dans les *vingt-quatre heures* de l'exécution des jugements portant *peine de mort,* à l'officier de l'état civil du lieu où le condamné aura été exécuté, tous les renseignements énoncés en l'article 79 du Code civil, d'après lesquels l'acte de décès sera rédigé[4].

836. Le commissaire près un tribunal militaire, qui aura requis l'exécution à mort en vertu d'un jugement, sera tenu d'envoyer, dans les *vingt-quatre heures* de l'exécution, le procès-verbal qu'il en aura dressé, au conseil d'administration du corps auquel appartenait le condamné, et le décès sera relaté tant sur les registres matricules que

1. Lettre ministérielle du 12 janvier 1874. V. *Bull. off. Int.*, année 1874, p. 42, n° 5.
2. V. *suprà*, n° 822.
3. C. civ., art. 82. V. *suprà,* n° 132.
4. *Ibid.,* art. 83.

sur les états de mutations, sans faire mention du genre de mort.

Ce commissaire enverra aussi dans les *vingt-quatre heures* de l'exécution des jugements portant *peine de mort*, à l'officier de l'état civil du lieu où le condamné aura été exécuté, tous les renseignements énoncés en l'article 79 du Code civil, d'après lesquels l'acte de décès sera rédigé.

Les conseils d'administration des corps dans l'intérieur veilleront à ce que les formalités exigées par la loi soient *strictement exécutées*; ils ne négligeront rien, surtout pour qu'il se commette le moins possible d'erreurs de nature à faire naître des doutes sur l'identité des individus; et ils auront soin de relater toujours sur leurs registres matricules et sur les états de mutations, la date et le lieu de la mort des militaires [1].

837. En cas de décès dans les *prisons* ou *maisons de réclusion* et *de détention*, il en sera donné avis *sur-le-champ*, par les concierges ou gardiens, à l'officier de l'état civil, qui s'y transportera comme il est dit en l'article 80 du Code civil et rédigera l'acte de décès [2].

S'il s'agit du décès d'un militaire, une expédition de cet acte de décès sera adressée au lieu du dernier domicile du décédé, et une autre au ministre de la guerre [3].

838. En cas de décès dans un *dépôt de mendicité*, le directeur en donnera avis, dans les *vingt-quatre heures*, à l'officier public, qui dressera l'acte de décès sur les déclarations qui lui seront faites et sur les renseignements qu'il aura pu prendre concernant les nom, prénoms, âge, lieu de naissance, profession et domicile du décédé; à l'effet

---

1. Circ. min. G., 8 mars 1823, sous l'article 85, p. 26.
2. C. civ., art. 84. V. *suprà*, n° 821.
3. Circ. min. G. précitée, sous l'article 84, p. 25. — Lorsqu'un prisonnier meurt entre les mains des gendarmes de l'escorte, ou à la chambre de sûreté, ils doivent en prévenir immédiatement le maire de la commune dans laquelle ce prisonnier est décédé, et l'inviter à faire procéder à son inhumation, après les délais voulus par la loi; ils signent l'acte de décès, dont ils se font délivrer une copie, et la joignent au procès-verbal qu'ils dressent pour constater cet événement; ils y joignent également l'ordre de conduite et les pièces concernant le prisonnier; ils font l'envoi du tout au commandant de l'arrondissement, lequel se conforme à ce qui est prescrit pour les prisonniers morts dans les hôpitaux civils ou militaires. (Décret 1er mars 1854, art. 389.) V. *suprà*, n° 382.

de quoi, le directeur assurera l'exécution de l'article 5 de la loi du 20 septembre 1792 et des articles 80, 81, 82 et 83 du Code civil[1].

839. En cas de décès dans un *lazaret*, une expédition de cet acte sera adressée, dans les *vingt-quatre heures*, par le directeur de la santé, à l'officier de l'état civil de la commune où sera situé l'établissement, lequel en fera la transcription, ainsi qu'il est dit *suprà*, n° 133.

840. Dans tous les cas de *mort violente*, ou dans les *prisons et maisons de réclusion, ou d'exécution à mort*, il ne sera fait sur les registres aucune mention de ces circonstances, et les actes de décès seront simplement rédigés dans les formes prescrites par l'article 79 du Code civil[2].

« La mention, sur les registres, du genre de mort a toujours été considérée comme étant une rigueur inutile, à « cause de l'espèce de flétrissure qui pouvait en rejaillir « sur les familles[3].

---

1. Règlem. int. des dép. de mend., adressé par M. le min. de l'Int. aux préf. le 19 déc. 1808 (art. 47).

2. C. civ., art. 85. — Les préfets sont invités à prendre toutes les précautions nécessaires pour empêcher que les individus décédés dans les prisons soient l'objet d'un double acte de décès à la fois dans la commune de leur dernière résidence et dans celle de la situation de la prison. Circ. min. Int. 29 déc. 1852.

3. Les rédacteurs du projet du Code voulaient que, dans les cas de mort violente, en prison ou par suite de condamnation, les procès-verbaux de l'officier de police et du greffier criminel fussent envoyés à l'officier de l'état civil et inscrits sur les registres pour tenir lieu d'acte de décès. Mais la section a pensé, au contraire, que cette inscription ne devait pas être faite sur les registres, à cause de l'espèce de flétrissure qui pouvait en rejaillir sur les familles, et qu'il serait impolitique et injuste de rétablir à cet égard l'ancienne législation, dont la réforme a été un bienfait de la Révolution. — « Les actes de nais« sance, de mariage et de décès ne devant contenir que ce qui est « essentiel à la preuve des faits (disait Siméon), le genre de mort sera « rigoureusement exclu des actes de décès : il ne s'agit point de re« cueillir des notes pour l'éloge ou la censure du défunt, on ne veut, « on ne doit constater que le jour où il a cessé de vivre. On n'affli« gera donc pas les familles d'une mention qui irait hors de ce but. « L'infamie du supplice ne poursuivra pas dans le tombeau l'homme « qui a satisfait à la loi. » — Lors de la discussion de cet article (séance du Conseil d'État du 14 fructidor an IX), Thibaudeau et Réal étaient également de cet avis. « Dans ces trois cas (disait Thibau« deau), ce serait une rigueur inutile que de faire mention, sur les « registres, du genre de mort; il ne faut pas même que les procès« verbaux soient adressés à l'officier de l'état civil, qui pourrait les « annexer au registre; il suffit qu'il ait les renseignements nécessaires

« L'officier de l'état civil doit même éviter avec le « plus grand soin d'insérer dans l'acte de décès, aucune « énonciation qui puisse faire connaître les causes de la « mort [1].

« Il en est de même lorsque la mort survient à la suite « d'un *duel;* l'acte de décès énoncera seulement qu'un tel « est mort, tel jour, à tel endroit [2].

« Les tables alphabétiques annuelles de l'état civil qui « sont annexées aux registres et qui en font partie inté- « grante, ne doivent pas non plus rappeler le genre de « mort [3]. »

841. Les *autopsies* doivent être faites dans les *maisons centrales,* dans tous les cas de *mort subite,* de *mort par accident ou par suicide,* et, en outre, toutes les fois qu'elles ont un intérêt scientifique ou endémique de la maladie, ou de toute autre circonstance. Les résultats de l'autopsie doivent être consignés avec les détails convenables dans le bulletin individuel statistique et médical [4].

842. Dans les maisons centrales où il y a deux médecins, les autopsies seront faites par chacun d'eux pour les détenus décédés dans leurs services respectifs [5].

« pour rédiger l'acte de décès dans les formes prescrites pour tous « les autres individus. » Réal insista pour que les détails relatifs au genre de mort fussent étrangers à l'acte de décès. « C'est (disait-il) « dans le procès-verbal seul que ces détails doivent se trouver. . . . . « L'acte de décès est pour le public aussi bien que pour la famille. « Le procès-verbal n'est utile qu'à la famille ; il lui servira sans la « déshonorer, au lieu que le suicide constaté sur le registre public « des décès, en éternisant le souvenir des causes souvent peu hono- « rables qui l'ont provoqué, flétrirait sans utilité la mémoire du « décédé. C'est pour constater un décès, et non pour spécifier un « genre de mort, que ces registres sont établis : on ne les appelle « pas registres des *morts,* mais registres des *décès.* »

1. Cass. 12 et 20 frim. an VII. — Delvincourt, t. I, p. 37, note 2; Fav., v° *Décès,* n° 9; Proudhon, t. I, p. 113; Duranton t. I, p. 324; Toullier, t. I, p. 330; Hutteau d'Origny, p. 389; Le Molt, p. 95 et 96, sous l'article 85; Collier, p. 424.
2. Circ. min. G. 24 brumaire an XII et 8 mars 1823, sous l'article 84, p. 25.
3. Décis. min. Just. 10 mars 1841.
4. Règlem. 5 juin 1860, art. 32.
5. *Ibid.,* art. 33.

SECTION III.

Des fonctionnaires publics qui doivent être avisés des décès.

§ 1er. — *Du décès de toute personne laissant des pupilles, des mineurs ou des absents.*

843. Dans chaque commune où ne réside pas le juge de paix, le maire et, à son défaut, son adjoint, sont tenus de donner avis, *sans aucun délai* et sous peine d'être suspendus de leurs fonctions [1], au juge de paix résidant dans le canton ou, à son défaut, à son assesseur (*suppléant*) le plus voisin, de la mort de toute personne de son arrondissement qui laisse :

1° Des enfants mineurs ayant un tuteur légal, père, mère ou aïeul survivant [2];

2° Des mineurs sans tuteur ou dont le tuteur est absent ou non présent sur les lieux [3] ;

3° Une femme enceinte [4] ;

4° Des héritiers majeurs connus, absents ou non présents sur les lieux, notamment un militaire [5];

5° Des interdits ou incapables [6] ;

6° Des héritiers inconnus [7] ;

7° Des héritiers irréguliers, tels qu'un enfant naturel [8]; un époux survivant, absent ou non présent sur les lieux, à défaut d'enfant ou de parent connu [9] ; l'État, à défaut d'enfant, d'époux et de parent connu [10].

§ 2. — *Du décès des dépositaires et fonctionnaires publics.*

844. L'officier de l'état civil doit informer le juge de paix de son canton du décès d'un dépositaire public, ou

1. C'est-à-dire avant l'inhumation. — C. civ., art. 819, et C. pr., art. 911 et 913. V. *suprà,* n° 274.
2. C. civ., art. 420 et 1442.
3. *Ibid.*, art. 405; C. pr., art. 911-1°.
4. *Ibid.*, art. 393.
5. *Ibid.*, art. 819; C. pr., art. 911-2°; Décis. G. des Sc., 29 juillet 1828.
6. *Ibid.*, art. 489 et 509.
7. *Ibid.*, art. 529, 768 et 811.
8. *Ibid.*, art. 756 et 758.
9. *Ibid.*, art 767 et 769.
10. *Ibid.*, art. 768. — A. G., 22 prair. an V, art. 1 et 2. V. *suprà,* n° 274.

d'un fonctionnaire public[1], qui par la nature de ses fonctions a pu être dépositaire des secrets de l'État ou de titres appartenant au Gouvernement[2].

Sont compris dans le nombre des dépositaires publics, les curés, évêques et archevêques[3], les officiers généraux ou autres officiers supérieurs de toute arme.

845. Aussitôt après le décès d'un officier général ou officier supérieur de toute arme, d'un intendant ou sous-intendant militaire, officier de santé en chef des armées, retirés ou en activité de service, les scellés seront apposés sur les papiers, cartes, plans et mémoires militaires autres que ceux dont le décédé est l'auteur, par le juge de paix du lieu du décès, en présence du maire de la commune ou de son adjoint, lesquels sont respectivement tenus d'en instruire de suite le général commandant la division militaire et le ministre de la guerre[4].

Ces dispositions ont été rappelées par M. le garde des sceaux dans une circulaire adressée à MM. les procureurs généraux, le 31 mai 1844, circulaire dont la teneur suit :

« Monsieur le Procureur général, aux termes de l'arrêté « du 13 nivôse an X, aussitôt après le décès d'un officier « général ou supérieur, ou d'un fonctionnaire militaire de « rang correspondant, les juges de paix doivent apposer « les scellés sur les papiers du défunt, et en instruire le « général commandant la division militaire et le ministre « de la guerre.

« Souvent les juges de paix ne se conforment pas à cette « prescription, soit faute de savoir par qui seront payés les « frais d'apposition de scellés, quand les familles ne re-

---

1. C. pr., art. 911-3°. — Le scellé n'est apposé que pour raison de ce dépôt et sur les objets qui le composent, soit à la diligence du min. public, soit sur la déclaration du maire ou adjoint de la com. et même d'office par le juge de paix.

2. Paris, 8 mai 1829.

3. Déc. réglem. du 6 déc. 1813, art. 16.

4. A. G. 23 nivôse an X, art. 1er; Inst. min. de la G. 8 mars 1823, tit. III, p. 22. — Une circ. min. Just., du 9 juin 1876 (*Bull. off.* 1876, p. 10), rappelle ces instructions; elle ajoute que, quelles que soient les circonstances particulières, les juges de paix ne peuvent, sans engager leur propre responsabilité, différer l'exécution des mesures conservatrices confiées à leur ministère par l'arrêté de l'an X. — V. *suprà*, n° 274.

« quièrent pas cette mesure, soit parce que le caractère « public des décédés ne leur est pas connu.

« Lorsque l'apposition des scellés ne peut être attribuée « à une autre cause qu'à l'exécution de l'arrêté du 13 ni- « vôse an X, c'est l'administration de la guerre, seule in- « téressée à l'accomplissement de cette formalité, qui doit « en supporter les frais. Jamais elle n'a refusé d'acquitter « les dépenses de cette nature.

« Il importe d'en donner avis à MM. les juges de paix, « afin de mieux assurer, à l'avenir, l'exécution de la loi. « Ces magistrats devront être invités, en même temps, à « recommander aux *maires* des diverses communes de « leur canton de les informer exactement, *et sans le moindre* « *retard,* du décès de tous les officiers et fonctionnaires « militaires auxquels l'arrêté du 13 nivôse an X est ap- « plicable.

« D'après les termes de cet arrêté, il appartient aux juges « de paix d'examiner quels sont, parmi les papiers du « fonctionnaire décédé, ceux qui doivent être mis sous les « scellés et ceux qu'il convient d'en affranchir; mais ils « ne sauraient, sans manquer à leurs devoirs, se dispenser « de procéder à l'apposition des scellés, lorsqu'il ne résulte « pas, d'une manière évidente, de l'examen des papiers « du défunt, qu'il ne s'en trouve aucun de nature à être « réclamé par l'État. Dès l'instant que des doutes peuvent « s'élever à cet égard, l'autorité militaire doit être appelée « à intervenir pour apprécier le caractère et l'importance « des documents dont il s'agit.

« Vous voudrez bien, en transmettant un exemplaire de « cette dépêche à vos substituts près les tribunaux de pre- « mière instance, les charger d'adresser à chacun de MM. « les juges de paix de leur ressort, les instructions néces- « saires pour qu'à l'avenir ils se conforment exactement « aux dispositions de l'arrêté du 13 nivôse an X. »

Afin de mieux assurer l'exécution de cet arrêté, M. le ministre de la guerre prit, le 13 février 1848, la décision suivante :

De l'apposition des scellés.

« 1° Aussitôt après le décès d'un officier général, d'un « officier supérieur chef de corps ou de service, d'un in-

« tendant militaire, en retraite ou en activité de service, « le *maire* en informe le juge de paix.

« 2° Toutefois, si l'autorité militaire est la première ins-« truite du décès, ce qui arrive fréquemment pour les mi-« litaires en activité, elle s'empresse d'en donner avis au « juge de paix.

« 3° Ce magistrat appose les scellés sur les papiers, « cartes, plans et mémoires militaires, *autres que ceux dont* « *le décédé est l'auteur,* et prévient le général commandant « la division du jour où ces scellés sont levés.

« 4° Il appartient au juge de paix d'examiner quels sont, « parmi les papiers du défunt, ceux qui doivent être mis « sous les scellés et ceux qu'il convient d'en affranchir ; il « sera guidé dans cet examen par l'étude du catalogue ci-« annexé ; mais il ne saurait se dispenser de procéder à « l'apposition des scellés, dès qu'il n'est pas évident pour « lui qu'aucun des papiers du défunt ne peut être réclamé « par le département de la guerre.

« 5° Lorsque l'apposition des scellés n'aura d'autre but « que l'exécution de l'arrêté du 13 nivôse an X, l'adminis-« tration de la guerre supportera seule les frais de l'opé-« ration, comme seule intéressée à son accomplissement.

« 6° Hors du territoire français, l'apposition des scellés « est faite par les sous-intendants militaires, employés dans « le pays occupé par l'armée.

De la levée des scellés.

« 7° A la réception de l'avis du juge de paix, le général « commandant la division désigne un officier pour assister « à la levée des scellés et à l'inventaire des objets ci-dessus « mentionnés.

« 8° Cette mission est confiée de préférence à un officier « du corps royal d'état-major, s'il s'en trouve dans le lieu « de la résidence du décédé ou à portée.

« L'officier désigné procède à cette opération en sui-« vant de point en point le texte de l'article 3 de l'arrêté du « 13 nivôse an X[1].

---

1. Les scellés doivent être apposés sur les papiers, etc., de tous les officiers supérieurs, décédés en activité ou en retraite, quelles qu'aient été leurs fonctions ou positions. Décis. min. de la G. 30 avril 1874. —

« 9° Dans tous les cas, le général veille à ce qu'aucun « retard dans la levée des scellés ne provienne de l'autorité « militaire.

De l'examen des documents scellés.

« 10° A la levée des scellés, l'officier délégué procède « avec soin à l'examen et au tri des documents militaires.

« 11° Le choix de ces documents est déterminé d'après « le catalogue ci-annexé.

« 12° Les objets ou documents reconnus appartenir au « département de la guerre, ou qui seraient de nature à « l'intéresser, sont inventoriés séparément, avec indication « de ceux qui seraient la propriété particulière du décédé; « tous sont remis à l'officier délégué, dont le reçu est ap- « posé sur l'inventaire.

« 13° Le général commandant la division adresse tous « ces objets au ministre de la guerre, avec ampliation de « l'inventaire et du reçu de l'officier délégué.

« 14° Après l'examen, le ministre ordonne le classement « aux dépôts de la guerre, de l'artillerie, des fortifications « ou dans les bureaux de l'administration centrale, de ceux « de ces documents qui ont été reconnus bons à conserver. « Il renvoie les autres à la famille.

« 15° Si, parmi les premiers, il s'en trouve qui appar- « tiennent en propre au décédé, le ministre, après esti- « mation à l'amiable, en fait acquitter la valeur à qui de « droit.

L'article 3, qui s'applique exclusivement aux papiers mis sous les scellés, est ainsi conçu : « Lors de l'inventaire de ces objets, ceux qui « seront reconnus appartenir au Gouvernement, ou que l'officier « nommé par le général commandant la division jugera devoir l'inté- « resser, seront inventoriés séparément et remis audit officier, sur son « reçu. Il sera rendu compte au ministre de la guerre de ceux de ces « objets qui appartiendront en propre au décédé. L'estimation en sera « faite; et la valeur en sera acquittée à qui de droit, sur les fonds « affectés au Dépôt de la guerre. Le surplus desdits objets provenant « du défunt sera délivré de suite, et sans frais, à ses héritiers ou « ayants droit; copies de l'inventaire et du reçu de l'officier seront « adressées au ministre de la guerre, qui veillera à ce que les objets « ainsi recouvrés ou acquis soient remis, sans délai, dans les dépôts « respectifs qui les concernent. »

Dispositions particulières.

« 16° Lorsque le décédé est un officier supérieur de l'ar-« tillerie ou du génie, chef du service de son arme, l'offi-« cier délégué remet immédiatement au successeur provi-« soire, intérimaire ou titulaire du décédé, les papiers, « cartes, plans et mémoires qui se rattachent au service « local de l'arme. L'inventaire spécial en est fait et signé « par les deux officiers ; une expédition de cet inventaire « est jointe au rapport à envoyer au ministre sur les résul-« tats de l'opération.

« 17° Les dispositions de l'article 136 de l'Instruction « du 7 juillet 1836, sur le service du génie, sont abrogées « en ce qu'elles auraient de contraire à la présente ins-« truction. »

Catalogue des pièces de toute nature à remettre au département de la guerre, après le décès des officiers généraux, des officiers supérieurs chefs de corps ou de service et des intendants militaires [1].

« 1° Les arrêtés de l'*Assemblée nationale ou constituante* et « la correspondance [2] de chacun de ses membres comme « fonctionnaires, en original ou en copie.

« 2° Les arrêtés de l'*Assemblée législative* et la correspon-« dance de chacun de ses membres comme fonctionnaires [3].

« 3° Les arrêtés de la *Convention nationale* et la correspon-« dance de chacun de ses membres [3].

« 4° Les arrêtés du *Comité de salut public* et la correspon-« dance de chacun de ses membres [3].

« 5° La correspondance des *délégués du Comité de salut* « *public* ou du *représentant du peuple* près les armées de la « République avec le Comité lui-même, et pour tout ce qui « se rattache à leurs fonctions [3].

« 6° La correspondance des *Comités central révolutionnaire*,

1. Cette notice ne comprend que les pièces de la période de 1790 à nos jours. Il doit être entendu que tous les papiers de même nature appartenant à des périodes antérieures seront pareillement recueillis. On a cru inutile d'allonger cette nomenclature, de pareils documents historiques ne devant se rencontrer que beaucoup plus rarement.

2. Par ce mot, on entend ici, comme dans tous les articles suivants, les lettres, soit politiques, soit militaires, soit administratives, reçues et adressées tant en minute qu'en expédition.

3. En original ou en copie.

« *de défense, de sûreté générale* et *de surveillance à l'intérieur,*
« et celle particulière à chacun de leurs membres comme
« fonctionnaires[1].

« 7° La correspondance des douze *commissaires* institués
« par le Comité de salut public, en remplacement des
« ministres[1].

« 8° La correspondance des membres du *Conseil exécutif*[1].

« 9° Les arrêtés du *Directoire exécutif* et la correspondance
« de chacun de ses membres comme fonctionnaires[1].

« 10° La correspondance des membres du *Conseil des*
« *Anciens*, relatifs à leurs actes comme représentants[1].

« 11° La correspondance des membres du *Conseil des Cinq-*
« *Cents,* relative à leurs actes comme représentants[1].

« 12° La correspondance des *commissaires du Directoire*
« près les départements et en Italie ou autres pays conquis,
« soit avec le Directoire, soit avec les généraux en chef ou
« autres des armées de la République, ministres, etc.[1].

« 13° La correspondance des *administrateurs des dépar-*
« *tements* avec le Directoire, pour tout ce qui concerne
« leurs fonctions[1].

« 14° La correspondance des *Consuls de la République*
« *française* près des cours étrangères avec le Directoire ou
« les généraux commandant les armées, corps d'armée,
« etc[1].

« 15° Les arrêtés et la correspondance des *trois Consuls*
« *de la République*[1].

« 16° Les arrêtés et la correspondance du *premier Consul*
« *Bonaparte* jusqu'à l'époque de son couronnement comme
« empereur[1].

« 17° La correspondance de l'*Empereur Napoléon,* soit
« militaire, soit politique, soit administrative, tant pour
« l'intérieur que pour l'extérieur[1].

« Tout ce qui porte soit une signature, soit une annota-
« tion, soit un simple approuvé de l'Empereur.

« 18° La correspondance des *Souverains, princes ou alliés*
« *de la famille Impériale,* provenant de l'intérieur ou de
« l'extérieur[1].

« 19° La correspondance des *Souverains et princes étran-*
« *gers,* alliés ou ennemis de la France[1].

---

1. En original ou en copie.

« 20° La correspondance du *major général Alexandre Berthier* tant pour l'intérieur que pour l'extérieur [1].

« 21° La correspondance du *ministre de la guerre* [1].

« 22° La correspondance des *maréchaux de l'Empire, généraux commandants en chefs,* tant pour l'intérieur que « pour l'extérieur [1].

« 23° La correspondance des *généraux de division, généraux de brigade,* de toutes armes, *adjudants généraux, adjudants commandants,* tant pour l'intérieur que pour l'extérieur [1].

« 24° La correspondance des *colonels chefs d'état-major, colonels et chefs de corps* de toutes armes, tant pour l'intérieur que pour l'extérieur [1].

« 25° La correspondance des *commandants d'armes, de places, de postes,* etc., tant pour l'intérieur que pour l'extérieur [1].

« 26° La correspondance des *intendants généraux d'armée* et *intendants des provinces conquises ou alliées* [1].

« 27° La correspondance des *commissaires ordonnateurs en chef* des guerres, *commissaires ordonnateurs et ordinaires* des guerres et *adjoints,* tant pour l'intérieur que pour l'extérieur [1].

« 28° La correspondance des *inspecteurs en chef* aux revues, *inspecteurs, sous-inspecteurs* et *adjoints,* tant pour l'intérieur que pour l'extérieur [1].

« 29° La correspondance des *payeurs généraux d'armée,* corps d'armée, *payeurs divisionnaires* et *payeurs dans les places,* tant pour l'intérieur que pour l'extérieur [1].

« 30° La correspondance des *ministres ayant département* et *ministres d'État,* tant pour l'intérieur que pour l'extérieur [1].

« 31° La correspondance des *directeurs généraux* et *sous-directeurs* des différents *services publics, secrétaires généraux, administrateurs généraux* et *autres,* tant à l'intérieur qu'à l'extérieur [1].

« 32° La correspondance des *préfets, sous-préfets, maires* et *adjoints,* etc., etc.

« 33° La correspondance des *ambassadeurs français à l'étranger* [1].

---

1. En original ou en copie.

« 34° La correspondance des *chargés d'affaires français à* « *l'étranger* [1].

« 35° La correspondance des *ambassadeurs étrangers* [1].

« 36° La correspondance des *chargés d'affaires étrangers* [1].

« 37° La correspondance des *officiers généraux* et *officiers* « *de tout grade des armées alliées ou ennemies de la France* [1].

« 38° La correspondance des *officiers généraux* et *officiers* « *de tout grade des armées étrangères* [1].

« 39° Tous les *registres de correspondance, d'ordres*, etc., « de quelque nature qu'ils soient, provenant des armées « ou corps d'armée des places françaises ou places enne- « mies occupées par nos troupes, soit ceux provenant des « armées, corps d'armée ennemis ou places occupées par « leurs troupes.

« 40° Les *bulletins d'armées*, corps d'armée, corps expé- « ditionnaires, *manuscrits ou imprimés*.

« 41° Les *ordres du jour d'armées*, corps d'armée, corps « expéditionnaires, *manuscrits ou imprimés*.

« 42° Les *traités, conventions, capitulations* [1], *manuscrits* « *ou imprimés*.

« 43° Les *procès-verbaux de remises de territoires* et *de* « *places* avec les états joints à ces procès-verbaux.

« 44° Les *journaux d'opérations des armées*, corps d'armée, « corps expéditionnaires, divisions, brigades, etc., cartes, « croquis ou calques joints à ces journaux d'opérations.

« 45° Les *mémoires historiques* des demi-brigades, régi- « ments, bataillons, etc., cartes, croquis, calques, etc.

« 46° Les *états de situations d'armée*, corps d'armée, corps « de troupes et fractions de corps de toutes armes, tant « pour l'intérieur que pour l'extérieur [1].

« 47° Les *tableaux d'organisation* et *de formation d'armées*, « corps d'armée, corps de troupes et fractions de corps de « toutes armes, tant pour l'intérieur que pour l'extérieur.

« 48° Les *registres de greffe, de cours prévôtales, conseils* « *de guerre*, etc. Les libellés des jugements rendus et ex- « péditions de ces jugements, soit imprimés, soit ma- « nuscrits.

« Et subsidiairement :

« Les *mémoires* accompagnés de leurs cartes, plans,

---

1. En original ou en copie.

« croquis et calques; les précis, les notes, les reconnais« sances, etc., se rapportant, soit à des projets non suivis « d'exécution, inventions ou essais, soit à des faits accom« plis, tant à l'intérieur qu'à l'extérieur, en Europe ou « hors d'Europe, avec ou sans nom d'auteur, de quelque « nature que soient ces documents et à quelque époque « qu'ils appartiennent.

« Enfin, *toute pièce portant timbre*, soit du ministère de « la guerre, soit du dépôt général de la guerre, soit des cabi« nets topographiques de l'Empereur et du Roi, et qui, par « conséquent, doivent faire retour à ces administrations. »

Les prescriptions qui précèdent n'étant pas toujours bien observées, M. le ministre de l'intérieur adressa, le 9 juin 1876, à MM. les procureurs généraux une circulaire ainsi conçue :

« Monsieur le Procureur général, le département de la « guerre m'a signalé, à diverses reprises, le défaut d'exé« cution de l'arrêté du 13 nivôse an X, qui ordonne aux « juges de paix d'apposer les scellés sur les papiers des « officiers généraux ou supérieurs, ou des fonctionnaires « militaires d'un rang correspondant, aussitôt après leur « décès.

« L'inobservation de ces prescriptions légales n'est pas « toujours le résultat d'un oubli. Il peut arriver parfois que « les juges de paix se trouvent en présence de circonstances « qui rendent leur mission délicate et commandent certains « égards.

« Plusieurs magistrats, obéissant en pareil cas à d'hono« rables scrupules, ont pensé que notamment dans le cas « de l'absence de la famille du fonctionnaire décédé, pour « concilier les exigences de leurs devoirs avec le respect « dû à des familles éprouvées, ils devaient attendre le re« tour des parents momentanément éloignés, afin de ne pas « procéder, hors de leur présence, à la recherche dans les « papiers du défunt, des documents intéressant l'État.

« Ces tempéraments, que je n'entends pas absolument « proscrire, ne sauraient cependant être admis qu'avec une « extrême réserve. « Ils ont eu en effet trop souvent pour « résultat d'empêcher le retour à l'État de documents im« portants, soit parce que l'absence de la famille se pro« longeait indéfiniment, soit parce que le magistrat n'était « pas informé de son retour en temps utile. Il importe en

« conséquence de faire savoir aux juges de paix que la « sauvegarde des intérêts de l'État doit être dans tous les « cas assurée, et que lorsqu'ils diffèrent l'exécution des « mesures conservatrices confiées à leur ministère, ils en« gagent leur propre responsabilité.

« Par une circulaire du 31 mai 1844, un de mes prédé« cesseurs a déjà pris soin de rappeler l'intérêt que le dé« partement de la guerre attache à l'accomplissement des « formalités prescrites par l'arrêté de nivôse an X. Les « juges de paix ne doivent pas perdre de vue que les mêmes « devoirs sont imposés lors du décès des officiers ou fonc« tionnaires de la *marine*, aux termes de l'article 633 de « l'ordonnance du 25 mars 1765, dont les dispositions sont « rappelées dans une seconde instruction de la chancellerie, « en date du 3 janvier 1866 [1]. »

846. En ce qui concerne l'apposition des scellés sur les papiers trouvés, après décès, au domicile des officiers, fonctionnaires ou agents de la marine, l'instruction et le catalogue dont la teneur suit furent adressés, le 21 novembre 1865, par M. le ministre de la marine et des colonies, à MM. les préfets maritimes; directeurs des établissements hors des ports; gouverneurs et commandants des colonies; commandant de la marine en Algérie.

Envoi d'une instruction et d'un catalogue relatifs à l'apposition des scellés sur les papiers trouvés, après décès, au domicile des officiers, fonctionnaires ou agents de la marine. (6e direction : Comptabilité générale; 6e bureau : Conservation des archives).

« Paris, le 21 novembre 1865.

« Messieurs, j'ai l'honneur de vous transmettre des « exemplaires d'une instruction relative à l'apposition des « scellés sur les papiers trouvés, après décès, au domicile

1. L'article 1er de cette instruction est ainsi conçu : « Aussitôt après « le décès d'un officier général, supérieur ou autre, d'un fonction« naire ou agent du département de la marine et des colonies, mort « en retraite ou en activité de service, le maire en informe le juge « de paix. — Ce dernier doit en donner immédiatement avis, soit à « l'autorité maritime la plus voisine, soit au général commandant la « division militaire, etc., etc. » Circ. min. Int. aux préfets, 10 janvier 1866.

« des officiers généraux, supérieurs ou autres, et des fonc-« tionnaires ou agents du département de la marine.

« Cette instruction, basée sur l'article 633 de l'ordon-« nance du 25 mars 1765, et analogue à celle du dépar-« tement de la guerre, qui a régularisé l'application de « l'arrêté du 13 nivôse an X, est accompagnée d'un cata-« logue des divers papiers sur lesquels les scellés doivent « être apposés, pour être remis au département de la « marine.

« Autant que possible, il est à désirer que l'officier ou « l'agent qui sera délégué pour assister aux opérations des « scellés soit pris, de préférence, dans le lieu ou à proxi-« mité de la résidence du décédé, afin d'éviter ou de di-« minuer les frais de déplacement.

« Je vous prie de faire la répartition des exemplaires ci-« joints de l'instruction dont s'agit, de veiller à l'exacte « observation des dispositions qu'elle renferme et de m'ac-« cuser réception de la présente dépêche. »

Instruction

Pour l'exécution de l'article 633 de l'ordonnance de la marine du 25 mars 1765, relative à l'apposition des scellés sur les papiers des officiers de la marine, de l'administration et autres agents attachés au département de la marine et des colonies.

1° De l'apposition des scellés[1].

ART. 1er. — Aussitôt après le décès d'un officier général, supérieur ou autre, d'un fonctionnaire ou agent du département de la marine et des colonies, mort en retraite ou en activité de service, le maire en informe le juge de paix.

Ce dernier doit en donner immédiatement avis, soit à l'autorité maritime la plus voisine, soit au général commandant la division militaire, sans que cet avis puisse

---

1. Ordonnance du 25 mars 1765, art. 633 : « L'intendant, ou le com-« missaire ordonnateur en son absence, fera apposer le scellé, par le « commissaire chargé du détail des revues, sur les effets des officiers « de la marine, de l'administration et autres entretenus qui mourront « dans les ports, ainsi que sur ceux des commis des trésoriers géné-« raux, *du munitionnaire*, et autres comptables de la marine, et en « fera faire l'inventaire, sauf, en cas de contestation entre les héri-« tiers ou créanciers de la succession, à les renvoyer devant les juges « ordinaires pour y être par eux pourvu. »

suspendre l'apposition des scellés, dont il est parlé à l'article 3.

Art. 2. — Si l'autorité maritime est la première instruite du décès, elle s'empresse d'en donner avis au juge de paix.

Art. 3. — Ce magistrat appose les scellés sur les papiers, cartes, plans et mémoires relatifs à la marine, trouvés au domicile du défunt, et autres que ceux dont celui-ci est l'auteur; il prévient l'autorité maritime du jour où ces scellés sont levés.

Art. 4. — L'autorité maritime peut se faire représenter à l'apposition des scellés par un officier ou agent délégué par elle.

Mais, lorsqu'elle ne se trouve pas à portée du lieu de résidence du décédé, c'est le département de la guerre qui opère pour le compte du département de la marine, conformément aux instructions concertées à ce sujet entre les deux départements.

Art. 5. — Les papiers sur lesquels le juge de paix appose les scellés sont indiqués dans la nomenclature annexée à la présente instruction.

Art. 6. — Les papiers non compris dans cette nomenclature sont également mis sous les scellés, lorsque le délégué de la marine le réclame.

Si le juge de paix croit devoir, dans l'intérêt de la famille, se refuser à communiquer ou à inventorier certains papiers, le conflit est vidé, par voie de référé, devant le président du tribunal de l'arrondissement.

Art. 7. — Dans le cas où l'apposition des scellés n'a d'autre but que l'exécution de l'ordonnance de 1765[1], l'administration de la marine supporte les frais de l'opération comme étant seule intéressée à son accomplissement.

Art. 8. — L'officier ou l'agent délégué pour assister à l'apposition des scellés est désigné d'après la localité où elle a lieu, savoir :

Dans le département de la Seine ou de Seine-et-Oise, par le ministre de la marine et des colonies ;

Dans la circonscription d'un arrondissement maritime, par le préfet de cet arrondissement ;

---

1. C'est-à-dire la revendication des papiers appartenant à la marine.

Dans les établissements hors des ports, par les directeurs de ces établissements ;

Dans les colonies françaises, par les gouverneurs ;

En Algérie, par le commandant de la marine.

L'officier ou l'agent désigné doit, autant que possible, être choisi parmi ceux du corps dont le décédé faisait partie.

Art. 9. — Quand un officier général, officier supérieur ou autre, un fonctionnaire ou agent du département de la marine et des colonies, décède à bord d'un bâtiment de l'État, le commandant désigne un officier pour assister à l'inventaire et mettre de côté les papiers qu'il y a lieu de revendiquer pour le département, à l'exception de ceux qui intéressent la mission ou le service du bâtiment.

Une copie de cet inventaire particulier est annexée à l'inventaire général des effets et papiers destinés à être remis à la famille.

2° De la levée des scellés et de l'examen des documents scellés.

Art. 10. — L'autorité maritime délègue un officier ou un agent pour être présent à la levée des scellés ; cet officier ou cet agent doit être, autant que possible, le même que celui qui a assisté à leur apposition.

Art. 11. — L'autorité maritime doit faire en sorte qu'aucun retard ne soit apporté, par le fait de son représentant, dans l'opération de la levée des scellés.

Art. 12. — Dans le cas où le juge de paix, par des circonstances quelconques, se verrait obligé de lever les scellés avant l'arrivée du délégué de l'autorité maritime, il devra séparer des autres papiers ceux qui peuvent intéresser la marine et les placer sous de nouveaux scellés.

Art. 13. — S'il est présent à la levée des scellés, le délégué de l'autorité maritime procède avec soin à l'examen et au tri des documents à mettre de côté, conformément à la nomenclature ci-dessus mentionnée.

Art. 14. — Les objets ou documents reconnus appartenir au département de la marine, ou qui sont de nature à l'intéresser, sont inventoriés séparément, avec indication de ceux qui sont la propriété particulière du décédé. Tous sont remis au délégué de l'autorité maritime, dont le reçu est apposé sur l'inventaire.

Ce délégué adresse ensuite ces papiers, avec ampliation de l'inventaire et du reçu, à l'autorité maritime qui l'a désigné pour cette mission. Celle-ci transmet le tout au ministre dans le plus bref délai possible.

Dans le cas où la remise des papiers est refusée à l'officier délégué, le conflit est vidé, par voie de référé, devant le président du tribunal de l'arrondissement.

ART. 15. — Après l'examen, le ministre ordonne le classement, dans les divers services de son département, de ceux de ces documents qui lui ont été reconnus bons à conserver. Il renvoie les autres à la famille.

ART. 16. — Dans le cas où, parmi les documents inventoriés, il s'en trouve qui, bien que traitant de sujets intéressant la marine ou les colonies, sont reconnus être l'œuvre ou la propriété personnelle du défunt, le ministre peut en prescrire l'acquisition après estimation amiable, sauf recours devant les tribunaux en cas de contestation.

Paris, le 4 novembre 1865.

APPROUVÉ :

Le Ministre secrétaire d'État de la marine et des colonies,

Signé : P. DE CHASSELOUP-LAUBAT.

Catalogue des pièces de toute nature et de toute date[1] à remettre au département de la marine, après le décès des officiers et agents de ce département.

Section I. — Actes du Gouvernement.

ART. 1er. — Lois, ordonnances, arrêts, édits, déclarations, décrets, arrêtés, règlements.

ART. 2. — Rapports au Roi, à la Convention nationale, au Directoire exécutif, au premier Consul, à l'Empereur.

ART. 3. — Rapports au ministre de la marine, arrêtés et décisions ministérielles.

ART. 4. — Traités, conventions avec les puissances étrangères.

Section II. — Actes, avis et délibérations de divers conseils.

ART. 5. — Conseil du Roi.

ART. 6. — Conseil de marine.

---

1. En original ou en copie.

Art. 7. — Conseil d'amirauté.
Art. 8. — Conseil des travaux.
Art. 9. — Conseils ou comités divers.

Section III. — Correspondance (souverains et princes)[1].

Art. 10.—Des chefs du pouvoir exécutif (rois ou autres).
Art. 11. — Du premier consul Bonaparte.
Art. 12. — De l'empereur Napoléon Ier.
Art. 13. — Tout ce qui porte soit une signature du roi ou de l'empereur, soit une annotation, soit un simple approuvé de sa main[2].
Art. 14. — Des souverains, princes et alliés de la famille impériale ou royale.
Art. 15. — Des souverains et princes étrangers alliés ou ennemis de la France.

Section IV. — Correspondance (ministres, agents diplomatiques, pairs et députés).

Art. 16. — Des ministres, du contrôleur général des finances, des intendants du commerce, des directeurs généraux, etc.
Art. 17. — Des ministres, ambassadeurs et consuls de France dans les pays étrangers.
Art. 18. — Des ministres, ambassadeurs et consuls des nations étrangères en France.
Art. 19. — Des membres des conseils des Anciens et des Cinq-Cents, de la Chambre des pairs et de la Chambre des députés, des commissaires de la Convention nationale, des représentants du peuple en mission dans les ports, près des armées navales et dans les colonies.

Section V. — Correspondance (clergé, parlements, autorités militaires et civiles dans les provinces).

Art. 20. — Des cardinaux, archevêques, évêques et autres ecclésiastiques.

---

1. Par correspondance on entend ici, comme dans les articles suivants, les lettres adressées, soit au ministre de la marine, ou à des officiers ou agents sous ses ordres, soit par le ministre lui-même aux personnes indiquées dans chaque paragraphe du catalogue.
2. A l'exception, toutefois, des lettres patentes et autres documents qui constituent des titres et sont la propriété de la famille.

ART. 21. — Des présidents, procureurs, avocats généraux des parlements, cours et tribunaux.

ART. 22. — Des gouverneurs et lieutenants généraux des provinces du royaume, des généraux commandant les divisions militaires dans les départements.

ART. 23. — Des intendants des généralités ou provinces du royaume, des préfets, sous-préfets, maires, jurats, syndics, échevins, etc.

ART. 24. — Des officiers de tous grades de l'armée de terre.

Section VI. — Correspondance (officiers et agents de la marine).

ART. 25. — Des grands maîtres, chefs et intendants de la navigation et du commerce.

ART. 26. — Des amiraux, vice-amiraux, lieutenants généraux des armées navales, chefs d'escadre, contre-amiraux, chefs de division, capitaines de vaisseau, etc.

ART. 27. — Des généraux des galères, lieutenants généraux des galères, chefs d'escadre des galères, capitaines des galères [1].

ART. 28. — Des commandants de la marine dans les ports, commandants des armes, préfets maritimes.

ART. 29. — Des intendants dans les ports, ordonnateurs dans les ports, commissaires généraux de la marine, commissaires de la marine, commissaires des classes, etc.

ART. 30. — Des constructeurs, ingénieurs de la marine, aumôniers, chirurgiens de la marine, autres agents entretenus.

ART. 31. — Des gouverneurs des colonies françaises.

ART. 32. — Des commissaires généraux d'artillerie, commissaires ordinaires d'artillerie, officiers de galiotes, officiers d'artillerie, directeurs des forges et fonderies, officiers d'infanterie de la marine.

ART. 33. — Des officiers des amirautés de France.

Section VII. — Correspondance (commerce).

ART. 34. — Des armateurs et capitaines de navires de commerce.

1. Dans les articles 26 et 27 sont nécessairement compris les instructions données aux commandants d'escadres, de divisions navales ou de bâtiments isolés, les comptes rendus par eux de leur mission; les combats et événements de guerre qui ont eu lieu, etc.

Art. 35. — Des directeurs des compagnies de commerce, savoir :

Compagnie	de Saint-Christophe. . . .	créée en	1626.
—	du Canada	—	1628.
—	de Madagascar.	—	1637.
—	d'Orient	—	1642.
—	de Cayenne.	—	1651.
—	de la Chine	—	1660.
—	des Indes occidentales. . .	—	1664.
—	d'Afrique.	—	1673.
—	du Sénégal	—	1679.
—	de la Guinée	—	1685.
—	de Saint-Dominique . . .	—	1698.
—	du Sud ou de l'Assiente. .	—	1698.
—	de la Chine	—	1705.
—	de l'Occident	—	1717.
—	des Indes	—	1719.
—	perpétuelle des Indes. . .	—	1720.

Section VIII. — Documents divers.

Art. 36. — Tous les registres de correspondance, d'ordres, etc., provenant des armées navales, escadres, etc., ou corps de troupes employés à des opérations militaires dans les colonies ou dans tout autre pays d'outre-mer.

Art. 37. — Les journaux de navigation, ordres du jour, bulletins, mémoires sur les tactiques navales, signaux de côte et de reconnaissance, rôles d'équipage, états de revue, matricules, etc.

Art. 38. — Les états de situation des bâtiments armés, en armement ou en construction, ceux des magasins et arsenaux dans les ports et dans les colonies.

Art. 39. — Les rapports des inspecteurs généraux des différents corps de la marine.

Art. 40. — Les registres ou cahiers relatifs à l'état civil, aux greffes, au notariat des colonies appartenant ou ayant appartenu à la France.

Art. 41. — Les annuaires de la marine, manuscrits sur parchemin se rapportant aux règnes de Louis XIV et de Louis XV.

Et subsidiairement :

Les mémoires accompagnés de leurs cartes, plans, croquis et calques, les pièces, les notes se rapportant soit à des projets non suivis d'exécution, inventions ou essais, soit à des faits accomplis avec ou sans nom d'auteur, à quelque époque qu'ils appartiennent [1].

Enfin, toute pièce portant, soit un numéro d'enregistrement, soit un cachet ou timbre quelconque du département de la marine ou indiquant par son contenu qu'elle est adressée au ministre de la marine et des colonies.

Paris, le 4 novembre 1865.

APPROUVÉ.

Le Ministre secrétaire d'État de la marine et des colonies,

Signé : P. DE CHASSELOUP-LAUBAT.

§ 3. — *Du décès des membres de la Légion d'honneur et des médaillés militaires.*

847. Les officiers de l'état civil doivent toujours, lors de la déclaration des décès, s'informer si les décédés étaient membres de la Légion d'honneur; mentionner, s'il y a lieu, l'une ou l'autre de ces qualités sur l'acte de décès; et notifier, sans délai, au procureur de la République, les décès des légionnaires et des médaillés.

Cette notification est faite au moyen de la transmission d'une expédition, sur papier libre, de l'acte de décès [2].

Du reste, la loi du 15 mai 1850 ayant subordonné les admissions dans la Légion d'honneur, en ce qui concerne les services civils, aux extinctions survenues parmi les légionnaires, et la répartition des croix et des médailles militaires étant basée, d'après la loi du 25 juillet 1873, sur le nombre de ces extinctions, il importe que M. le grand chancelier soit exactement informé des décès qui surviennent parmi les membres de l'ordre et les personnes décorées de la médaille militaire.

Ce but ne pourra être atteint qu'autant que les officiers de l'état civil mettront la plus grande diligence à signaler les extinctions dont s'agit [3].

1. A l'exception toutefois de ceux dont le décédé est l'auteur.
2. Circ. min. Just. 10 juillet 1817, et min. Int. 19 déc. 1874, 6 mars 1877 et 8 janv. 1880.
3. Circ. min. Int. 30 sept. 1873. V. aussi les lois des 25 janv. 1875 et 10 juin 1879.

MM. les préfets ont été invités par M. le ministre de l'intérieur, les 22 janvier 1818, 26 août 1820, 16 mars 1838, 11 septembre 1839, 5 juin 1851, 24 octobre 1853 et 30 septembre 1873, à prendre des mesures pour que le grand chancelier fût exactement informé du décès des membres de l'ordre, à réunir et à lui transmettre *directement* les avis de décès, avec indication des qualités de chaque décédé et de son grade dans la Légion.

Ces relevés et états nominatifs doivent être adressés par les préfets à M. le ministre de l'intérieur, tous les trois mois, en double original, dans le courant du mois qui suit l'expiration de chaque trimestre, en y comprenant tous les avis de décès parvenus depuis le dernier envoi et sans attendre les extinctions connues et survenues pendant ce trimestre.

Dans le cas où des décès de légionnaires n'auraient pas été notifiés en temps utile, ces décès devront figurer en tête de l'état du trimestre suivant.

En outre, si aucun décès n'était signalé pendant le cours d'un trimestre, il en sera donné connaissance au moyen d'un avis *négatif*.

Ces prescriptions ne pourront être complétement remplies qu'avec le concours réel de MM. les maires, lesquels doivent se conformer aux instructions précédemment données [1].

Indépendamment des relevés et états nominatifs dont il est ci-dessus question, MM. les préfets doivent avoir soin de faire parvenir à M. le ministre de l'intérieur, à la fin de chaque semestre, un état général comprenant la liste des légionnaires *civils* décédés dans leur département [2].

848. Lorsque le légionnaire est décédé dans une ville de garnison, l'officier de l'état civil doit en donner avis immédiatement au commandant de place, afin que les honneurs funèbres soient rendus au défunt, conformément à l'article 1er du titre XXVI du décret du 24 messidor an XII [3].

---

1. Circ. min. Int. 11 sept. 1839 et 24 oct. 1853.
2. *Ibid.*, 24 oct. 1853, précitée. V. circ. min. Just. du 13 sept. 1863, prescrivant de donner avis immédiatement à la Chancellerie du décès de chaque légionnaire magistrat.
3. Circ. min. G. 2 nov. 1874.

§ 4. — *Du décès des militaires.*

849. En cas de décès de militaires dans les hôpitaux civils ou autres maisons publiques, l'officier de l'état civil devra envoyer deux doubles de l'acte de décès à M. le ministre de la guerre, par l'intermédiaire du sous-intendant militaire. Il aura soin d'y relater le numéro du registre-matricule qu'il aura trouvé sur le billet d'entrée ou sur les autres papiers du militaire [1].

850. A l'égard des hôpitaux militaires, les directeurs de ces hôpitaux remettront tous les mois un extrait du registre des décès au sous-intendant militaire, qui l'adressera à M. le ministre de la guerre, avec une double expédition de l'acte de mort.

Le numéro que chaque militaire avait sur le registre-matricule de son corps sera soigneusement relaté sur lesdits extraits [2].

Une note ministérielle, en date du 13 septembre 1866, relative à l'inscription des mutations de décès sur les registres-matricules, contient les prescriptions suivantes :

« Le ministre a eu occasion de remarquer que les mu-« tations relatives aux décès, portées sur les registres-« matricules des corps de troupes, ne sont pas complètes. « C'est ainsi que les mutations suivantes se rencontrent « fréquemment : *mort à la chambre, mort à Paris, mort au* « *camp, noyé dans la Loire*. Il en résulte que quand les « familles demandent au ministre à quelles mairies elles « doivent s'adresser pour obtenir les extraits mortuaires, « il est difficile et parfois impossible de leur donner ce « renseignement.

« Afin déviter cet inconvénient, les conseils d'adminis-« tration veilleront à ce que le lieu du décès soit toujours « indiqué d'une manière exacte et précise. S'il s'agit de « Paris et de Lyon, les matricules désigneront l'arrondis-« sement. En cas de mort par submersion, elles relateront « le nom de la commune sur le territoire de laquelle le « corps a été retrouvé et dont le maire a établi l'acte mor-

---

1. Circ. min. G. 8 mars 1823 (observations sur l'art. 80, p. 24).
2. *Ibid.*

« tuaire. Si le décès a eu lieu dans un hôpital ou à bord « d'un navire, il est également nécessaire qu'elles indiquent « le nom de ce navire ou de cet hôpital. En un mot, il « importe qu'elles contiennent tous les renseignements de « nature à faire connaître par quelles autorités les décès « ont été constatés. »

851. Lorsqu'un engagé volontaire meurt en route, l'acte d'engagement, la feuille de route et les mandats dont il est trouvé porteur, ainsi que son acte de décès, sont envoyés par l'officier de l'état civil au préfet du département où le décès a eu lieu, pour être par ce fonctionnaire transmis, savoir : l'acte d'engagement au maire qui l'a dressé ; la feuille de route et les mandats au sous-intendant militaire qui les a délivrés ; l'acte de décès au conseil d'administration du corps sur lequel l'engagé a été dirigé [1].

852. En cas de décès d'un militaire, par suite de mort violente, un double de l'acte de ce décès sera remis au corps dont faisait partie le militaire décédé, s'il se trouve sur les lieux. Le conseil d'administration dudit corps en fera faire mention sur ses registres-matricules, ainsi que sur les états de mutations qu'il doit adresser chaque mois au ministre de la guerre.

Si le corps avait changé de position, l'officier de l'état civil enverrait directement cette expédition au ministre [2].

853. En cas de décès d'un militaire dans les prisons ou maisons de réclusion et de détention, une expédition de l'acte de décès sera adressée au lieu du dernier domicile du décédé, et une autre au ministre de la guerre [3].

853bis. Dans tous les cas, lorsqu'un militaire appartenant à un corps viendra à décéder sur le territoire français, le juge de paix de l'arrondissement en sera aussitôt prévenu : il mettra le scellé sur les effets du décédé ; le scellé sera levé sous le plus bref délai, en présence d'un officier chargé par le conseil d'administration d'y assister et de signer le procès-verbal de désignation des effets ; la vente en sera faite avec les formalités requises par les lois, et

1. Circ. min. G. 30 nov. 1872.
2. *Ibid.*, 8 mars 1823, sous l'art. 82, p. 25.
3. *Ibid.*, sous l'art. 84, p. 25.

le produit, déduction faite des frais qui seront constatés, remis au conseil d'administration, qui le déposera dans la caisse du corps, et restera responsable envers les héritiers du montant de la succession[1].

§ 5. — *Du décès des hommes de 20 à 40 ans (recrutement).*

854. Lors de la déclaration du décès de tout homme âgé de 20 à 40 ans, l'officier de l'état civil en donnera avis *immédiatement au bureau de recrutement de la subdivision dont relève la commune,* en exécution de la circulaire de M. le ministre de l'intérieur, adressée aux préfets le 20 mars 1877, laquelle est ainsi conçue :

« Monsieur le Préfet, les instructions qui recomman-« dent à la gendarmerie de notifier aux commandants de « recrutement le décès des hommes de la disponibilité, de « la réserve et de l'armée territoriale rencontrent d'assez « sérieuses difficultés d'application dans un certain nombre « de communes et notamment dans les grands centres de « population où la gendarmerie ne peut elle-même se ren-« seigner.

« Il en résulte que des hommes décédés continuent à « figurer sur les contrôles de l'armée, en sorte qu'un écart « considérable peut exister entre l'effectif inscrit et celui « des hommes réellement disponibles. Pour remédier à « cet inconvénient, il a été décidé qu'au moment de la dé-« claration du décès de tout homme âgé de 20 à 40 ans, le « maire de la commune qui dressera l'acte de décès devra « remplir un bulletin conforme au modèle ci-contre[2] et le « transmettre immédiatement au *bureau de recrutement de « la subdivision dont relève la commune.*

« L'officier de l'état civil n'aura donc point à s'inquiéter « du domicile de recrutement du décédé, et il ne remplira « la dernière partie du bulletin, qui est destinée à faire « connaître la situation de celui-ci au point de vue militaire, « que s'il possède ce renseignement et sans être tenu de « le rechercher.

« Dans ces conditions, la mesure que j'ai arrêtée de con-

---

1. Circ. min. G. 8 mars 1823, titre III, *Du décès des militaires*, p. 21 et 22.

2. V. *infrà*, Formulaire, à l'Appendice.

« cert avec M. le ministre de la guerre n'imposera aux « municipalités qu'un surcroît de travail insignifiant.

« Vous voudrez bien, Monsieur le Préfet, donner des « instructions en ce sens aux maires de toutes les commu- « nes de votre département par la voie du *Recueil des actes « administratifs* de la préfecture, et les approvisionner « d'un nombre de formules suffisant pour le service d'une « année. Le prix de ces formules pourra être imputé sur le « fonds des cotisations municipales. »

§ 6. — *Du décès des rentiers et pensionnaires de l'État.*

855. En cas de décès de rentiers et pensionnaires de l'État, les officiers de l'état civil adresseront au juge de paix de leur canton une expédition, sur papier libre, de l'acte de décès.

Ils lui feront connaître en même temps le montant de la rente ou de la pension[1], la date exacte de son dernier paiement et le numéro d'inscription au Trésor[2].

§ 7. — *Du décès des orphelines de la guerre.*

856. Lors du décès des orphelines de la guerre, les officiers de l'état civil transmettront à M. le préfet de leur département, une expédition, sur papier libre, de l'acte de décès, en exécution de la lettre de M. le Directeur général de la Caisse des dépôts et consignations adressée à MM. les préfets, le 8 décembre 1873[3], et dont la teneur suit :

« Monsieur le Préfet, un décret en date du 7 avril der- « nier détermine que, sur le reste libre des offrandes « nationales aux victimes de la guerre, il est attribué une « allocation de 200 francs à chacune des orphelines des « armées de terre et de mer comprises dans un état nomi- « natif soumis à la commission supérieure de secours par

---

1. Circ. G. Sc. 20 nov. 1814.
2. Ces renseignements leur seront fournis par le percepteur dans les communes rurales, et par les payeurs des départements ou par les receveurs particuliers dans les villes où résident ces fonctionnaires.
3. Lettre reproduite au *Bulletin officiel* du min. de l'Int., année 1874, p. 44.

« le comité de l'œuvre des Orphelines, et approuvé par le « ministre de la guerre.

« Le même décret prescrit le versement du capital re- « présentatif de ces allocations à la Caisse des dépôts et « consignations, qui doit en servir l'intérêt à 4 p. 100, « annuellement capitalisé au profit des bénéficiaires.

« Les allocations inscrites au nom des orphelines qui « viendraient à décéder, soit avant d'avoir atteint l'âge de « vingt-cinq ans, soit avant l'époque de leur mariage, ou « enfin celles de ces allocations qui n'auraient pas été ré- « clamées dans le délai d'une année après l'expiration de « ces termes de remboursement, seront réparties avec les « intérêts échus y afférents entre les orphelines sur- « vivantes.

« Pour assurer l'exécution de ces dispositions, il est « nécessaire que mon administration, à laquelle incombe « ce soin, soit informée, aussi exactement que possible, « des décès survenus parmi les orphelines, et M. le « ministre des finances m'invite, par sa dépêche du « 24 novembre dernier, à recommander à MM. les Préfets « d'informer la Caisse des dépôts et consignations des décès « de l'espèce qui seraient portés à leur connaissance par « les comités départementaux avec lesquels ils doivent « avoir soin de se tenir en rapport.

« J'ai, en conséquence, l'honneur de vous prier, Mon- « sieur le Préfet, de vouloir bien concourir, en ce qui vous « concerne, à mettre mon administration à même de satis- « faire aux prescriptions dudit décret et aux intentions du « ministre, en me transmettant sans retard les actes de « décès dont vous serez informé. »

§ 8. — *Du décès des étrangers.*

857. Les officiers de l'état civil sont également tenus de transmettre à M. le préfet de leur département, une expédition, sur papier libre, de l'acte de décès de tout étranger qui meurt dans leur commune, ainsi qu'il a été prescrit par M. le ministre de l'intérieur dans les circulaires adressées à MM. les préfets, les 26 janvier 1836, 10 mars 1855, 4 juin 1863, 17 mai 1864, 28 janvier 1865 et 21 juin 1869, ainsi conçues :

« Paris, le 26 janvier 1836.

« Monsieur le Préfet, conformément à l'article 80 du « Code civil, une expédition des actes constatant le décès « des individus qui meurent hors de leur domicile doit « être envoyée à la mairie de leur arrondissement (domicile). « Par analogie, et en vertu d'instructions données aux « préfets, les actes de décès de tous les étrangers qui meu- « rent en France, soit dans les maisons publiques, soit « même dans les maisons particulières, doivent être adres- « sés, d'office et sur papier libre, au département des « affaires étrangères pour être transmis aux différentes « légations. Mais cette disposition n'est plus observée avec « exactitude aujourd'hui, et plusieurs des ambassadeurs « étrangers ont été chargés par leurs gouvernements d'ap- « peler sur cet objet l'attention du ministère français, en « promettant d'ailleurs une entière réciprocité.

« Je vous prie, en conséquence, d'inviter les maires de « votre département à vous transmettre exactement à l'ave- « nir les actes de décès de tous les étrangers qui vien- « draient à mourir dans leurs communes : vous me les « adresseriez immédiatement, afin que je pusse les faire « parvenir au ministre des affaires étrangères.

« Il n'est pas inutile de rappeler que ces sortes d'actes « n'ont pas besoin, comme ceux qui intéressent les natio- « naux, d'être légalisés par le président du tribunal : le visa « du préfet est suffisant[1]. »

« Paris, le 10 mars 1855.

« Monsieur le Préfet, les actes de décès des étrangers « qui meurent en France doivent être transmis aux agents « diplomatiques de leur patrie, par analogie avec la for- « malité prescrite au dernier paragraphe de l'article 80 du « Code Napoléon.

« A cet effet, les expéditions de ces actes, délivrées sur « papier libre, sont adressées par les maires aux préfets « qui, à leur tour, me les font parvenir, après avoir légalisé « la signature du *fonctionnaire municipal*.

« La transmission de ces documents n'est pas faite avec « la régularité qui devrait y être apportée. Il est même des

1. V. *suprà*, n° 235.

« départements dont les envois ont complétement cessé. « Je viens vous rappeler, à cet égard, les instructions con- « tenues dans une circulaire de l'un de mes prédécesseurs, « du 26 janvier 1836, et vous prier de recommander de la « manière *la plus expresse* aux maires de votre départe- « ment de vous envoyer désormais, sans retard, les actes « de décès de tous les étrangers qui mourront dans leurs « communes. De votre côté, Monsieur le Préfet, vous « aurez le soin de me transmettre ces actes à l'expiration « de chaque trimestre, afin que je les adresse à M. le « ministre des affaires étrangères, qui les fera parvenir « aux légations compétentes.

« Dans le cas où nul décès d'étranger n'aurait été « constaté pendant le trimestre écoulé, vous m'en donne- « rez avis. »

« Paris, le 4 juin 1863.

« Monsieur le Préfet, il arrive fréquemment que des « *enfants abandonnés, des aliénés ou des indigents étrangers* « *à la France* décèdent dans nos *établissements charitables* « pendant que leur *rapatriement* est demandé par la voie « diplomatique.

« Les gouvernements étrangers auxquels ces décès sont « ultérieurement notifiés sous la forme d'un simple avis, « réclament avec raison la production des actes qui en « font foi.

« Vous voudrez donc bien, à l'avenir, Monsieur le « Préfet, chaque fois qu'un enfant, un *aliéné* ou un *indi-* « *gent étranger* dont vous aurez sollicité le rapatriement « viendra à décéder, joindre à la dépêche qui m'en in- « formera un extrait sur papier libre du registre de l'état « civil.

« Je demanderai les mêmes justifications dans l'intérêt « de nos nationaux.

« Quelques préfectures attendent, pour m'aviser des « décès, que la nationalité de l'indigent ait été constatée. « J'ai même reçu plusieurs demandes de rapatriement con- « cernant des enfants qui déjà n'existaient plus. Il y a là « une négligence d'autant plus fâcheuse que les puissances « étrangères peuvent avoir à s'en plaindre.

« Vous veillerez, Monsieur le Préfet, à ce que ce service « soit fait avec la plus grande exactitude, et je recommande

« à vos soins l'exécution de la présente circulaire qui a « pour but de sauvegarder les légitimes intérêts des fa- « milles. »

« Paris, le 17 mai 1864.

« Monsieur le Préfet, aux termes des règlements et « notamment d'après les dispositions rappelées dans la cir- « culaire ministérielle du 10 mars 1855, les actes de décès « des étrangers qui meurent en France doivent être trans- « mis aux agents diplomatiques de leur patrie par l'inter- « médiaire de mon département, et vous devez, à cet effet, « réclamer des maires des expéditions sur papier libre des- « dits actes que vous avez ensuite à me faire parvenir « trimestriellement après légalisation.

« La transmission de ces documents se fait, en général, « avec assez de régularité, mais elle laisse néanmoins à dé- « sirer sur plusieurs points et particulièrement à l'égard « d'une certaine catégorie d'étrangers. C'est ainsi que, dans « ces derniers temps, un certain nombre d'ouvriers *belges*, « occupés en France dans des travaux agricoles ou in- « dustriels, sont décédés, sans qu'une expédition de leur « acte de décès ait été transmise aux lieux d'origine des « défunts.

« Les omissions de ce genre, occasionnant des embarras « sérieux aux familles, je vous prie, Monsieur le Préfet, « de vouloir bien rappeler aux maires de votre département « les formalités qu'ils ont à remplir, conformément aux « prescriptions de l'article 80 du Code Napoléon, pour que « les actes de décès d'étrangers me soient régulièrement « envoyés par votre intermédiaire. »

« Paris, le 28 janvier 1865.

« Monsieur le Préfet, aux termes d'une convention con- « sulaire, conclue le 26 juillet 1862, entre le gouverne- « ment français et celui d'Italie, il a été arrêté (art. 9) : « Qu'en cas de décès d'un sujet de l'une des parties con- « tractantes, sur le territoire de l'autre, les autorités locales « devront en donner immédiatement avis au consul gé- « néral, consul, vice-consul ou agent consulaire dans la « circonscription duquel le décès aura eu lieu. »

« Afin d'assurer, d'une part, l'exécution de cette con- « vention et pour répondre, de l'autre, au désir du gouver-

« nement italien, je viens de décider, d'accord avec M. le « ministre des affaires étrangères, qu'indépendamment « de l'envoi des actes de décès d'étrangers, envoi fait « conformément à la circulaire du 10 mars 1855, il serait « transmis, à l'avenir et sans délai, aux consuls et agents « consulaires italiens, un *avis* du décès de chaque sujet « italien avec les indications de noms et d'origine conte- « nues dans l'acte mortuaire.

« Je vous prie, en conséquence, Monsieur le Préfet, « d'adresser aux municipalités de votre département les « instructions nécessaires pour assurer à cette mesure son « plein et entier effet.

Tableau de la circonscription territoriale des consulats italiens en France.

SIÉGE DES CONSULATS.	CIRCONSCRIPTION DES ARRONDISSEMENTS CONSULAIRES.
BORDEAUX	Les départements de la Charente, de la Gironde, des Landes et des Basses-Pyrénées.
NANTES.	Les départements du Finistère, du Morbihan, de la Loire-Inférieure et de la Vendée.
HAVRE-DE-GRACE.	Les départements de la Seine-Inférieure (excepté les arrondissements de Rouen et de Neufchâtel), de l'Eure, du Calvados, de la Manche, d'Ille-et-Vilaine et des Côtes-du-Nord.
ROUEN	Les arrondissements de Rouen et de Neufchâtel (détachés du département de la Seine-Inférieure).
LILLE	Les départements du Nord, du Pas-de-Calais, de la Somme et des Ardennes.
CETTE	Les départements des Pyrénées-Orientales, de l'Aude et de l'Hérault.
MARSEILLE. . . .	Les départements du Gard, des Bouches-du-Rhône et de Vaucluse.
TOULON..	Les départements du Var et des Basses-Alpes.
GRENOBLE	Les départements de l'Isère, des Hautes-Alpes et de la Drôme.
NICE.	Le département des Alpes-Maritimes.
CHAMBÉRY	Les départements de la Haute et de la Basse-Savoie.
PARIS	Les départements de la Seine, de Seine-et-Oise, de Seine-et-Marne et de l'Oise.
MULHOUSE	Les départements du Bas et du Haut-Rhin, de la Meurthe, des Vosges, de la Haute-Saône et du Doubs.
BASTIA.	Toute l'île de Corse.
ALGER	Toute l'Algérie.
LYON.	Le département du Rhône, de la Loire, de Saône-et-Loire et de l'Ain.

« Le bulletin de décès dont il s'agit devra vous être « envoyé par les maires pour être ensuite transmis à l'agent « consulaire italien, soit directement par vous, si l'agent

« consulaire habite le chef-lieu de votre département, soit « par les soins de votre collègue du chef-lieu de la cir- « conscription consulaire, suivant le tableau ci-joint.

« Dans le cas où votre département n'appartiendrait à « aucune circonscription consulaire italienne, ce bulletin « devra être transmis à mon ministère pour être adressé à « M. le ministre des affaires étrangères, qui se chargera « de le faire parvenir à la légation italienne.

« Vous aurez, de plus, à fournir, s'il y a lieu, tous les « renseignements qui pourraient vous être ultérieurement « demandés sur la succession du défunt, par les agents « consulaires de la circonscription dont dépend votre dé- « partement. »

« Paris, le 21 juin 1869.

« Monsieur le Préfet, une circulaire en date du 28 jan- « vier 1865 vous a fait connaître les mesures à prendre « pour assurer l'exécution d'une convention conclue, le « 26 juillet 1862, entre le gouvernement français et celui « d'Italie, et dont l'article 9 dispose qu'en cas de décès « d'un sujet de l'une des parties contractantes sur le terri- « toire de l'autre les autorités locales devront en donner « immédiatement avis au consul général, consul, vice-con- « sul ou agent consulaire dans la circonscription duquel « le décès aurait lieu.

« Il a été décidé alors qu'indépendamment de l'envoi des « actes de décès d'étrangers recommandé par la circulaire « du 10 mars 1855, il serait transmis, à l'avenir et sans « délai, aux consuls et agents consulaires d'Italie un avis « du décès de chaque sujet de ce pays, avec les indications « de noms et d'origine contenues dans l'acte mortuaire.

« S. Exc. le ministre des affaires étrangères vient de « porter à ma connaissance la liste complète des traités « existant, au 1er janvier 1868, entre la France et les puis- « sances étrangères et en vertu desquels les consuls respec- « tifs sont autorisés à administrer et à liquider les succes- « sions de leurs nationaux [1].

1. A cette liste il y a lieu d'ajouter la convention consulaire signée entre la France et la Grèce le 7 janvier 1876, approuvée par une loi du 22 février 1878 et promulguée par un décret du 2 mars suivant (V. circ. min. Just. *Bull. off.* 1878, p. 136) et la convention consulaire signée entre la France et la République du Salvador, le 5 juin 1878, promulguée par décret du 7 août 1879.

« J'ai l'honneur de vous adresser ci-après la copie de « cette liste :

AUTRICHE. — Convention du 11 décembre 1866, art. 3 et 6.
BRÉSIL. — Convention consulaire du 10 décembre 1860, art. 7.
COSTA-RICA. — Traité de commerce du 12 mars 1868, art. 1er.
RÉPUBLIQUE DOMINICAINE. — Traité du 8 mai 1852, art. 24.
ÉQUATEUR. — Traité de commerce du 6 juin 1843, art. 22.
ESPAGNE. — Convention consulaire du 7 janvier 1862, art. 20, 21 et 22.
GUATEMALA. — Traité de commerce du 8 mars 1848, art. 22.
HONDURAS. — Traité de commerce du 22 février 1856, art. 22.
ITALIE. — Convention consulaire du 22 juillet 1862, art. 9, 10 et 11.
MASCATE. — Traité de commerce du 17 novembre 1844, art. 7.
NICARAGUA. — Traité de commerce du 11 avril 1859, art. 22.
PERSE. — Traité du 12 juillet 1855, art. 6.
PORTUGAL. — Convention consulaire du 11 juillet 1866, art. 8.
PÉROU. — Traité de commerce du 9 mars 1861, art. 37.
RUSSIE. — Traité de commerce et de navigation du 14 juin 1857.
SALVADOR. — Traité de commerce du 2 janvier 1858, art. 26.
ILES SANDWICH. — Traité de commerce du 29 oct. 1867, art. 20.
SIAM. — Traité de commerce du 24 août 1857, art. 24.
TURQUIE. — Capitulations de 1535 et de 1740.
VÉNÉZUÉLA. — Convention consulaire du 24 octobre 1856, art. 8.

« Il conviendra, en conséquence, d'étendre aux États « précités les règles que je viens de rappeler concernant « les sujets italiens et je vous laisse le soin d'adresser aux « municipalités de votre département les instructions né- « cessaires pour assurer aux traités dont il s'agit leur plein « et entier effet.

« Comme les puissances comprises dans la liste précitée « ne se trouvent pas toutes représentées, soit dans les prin- « cipales localités de votre département, soit même dans « le chef-lieu, vous aurez soin de recommander aux « maires de vous adresser *directement* les renseignements « énoncés dans la circulaire du 28 janvier 1865, en ce qui « concerne le décès de chacun des étrangers appartenant « à l'une des puissances énoncées ci-dessus. Et, dans le « cas où vous ne seriez pas à même de remettre directe- « ment ces renseignements aux agents consulaires inté- « ressés, vous voudriez bien me les faire parvenir pour que « je puisse les faire tenir à qui de droit. »

§ 9. — *De la notice des décès.*

858. Enfin, en exécution de l'article 55 de la loi du 22 frimaire an VII (12 décembre 1798), les officiers de l'état civil sont tenus de fournir au receveur de l'enregistrement de leur arrondissement, dans les mois de *janvier*, *avril*, *juillet et octobre*, un relevé, par eux certifié, des actes de décès reçus pendant chaque trimestre, et ce sous peine d'une amende de dix francs pour chaque mois de retard [1].

Cette notice, ainsi que le récépissé qu'ils en retireront, seront délivrés sur papier non timbré [2].

---

1. V. *suprà*, n° 296.
2. L. 22 frim. an VII, art. 55. V. *suprà*, n° 244-30.

CHAPITRE II.

DES INHUMATIONS.

SECTION Ire.

Du permis d'inhumer.

859. Aucune inhumation ne sera faite sans une autorisation, sur papier libre et sans frais, de l'officier de l'état civil, qui ne pourra la délivrer qu'après s'être transporté auprès de la personne décédée, pour s'assurer du décès[1], et que *vingt-quatre heures* après le décès, hors les cas prévus par les règlements de police[2].

Lorsqu'il y aura danger pour la salubrité publique de conserver le corps de la personne décédée, l'officier de l'état civil pourra faire procéder *d'urgence* à l'inhumation avant le délai fixé par cet article, et, dans ce cas, la nécessité de l'inhumation sera indiquée sur le bulletin du médecin qui a constaté le décès[3].

Mais s'il s'agit d'une mort *violente*, ou d'une mort dont la cause soit inconnue et suspecte, on ne pourra procéder à l'inhumation qu'après qu'un officier de police, assisté d'un docteur en médecine ou en chirurgie, aura dressé procès-verbal de l'état du cadavre, conformément à l'article 81 du Code civil[4]. Dans ce cas, le permis d'inhumation sera délivré par le procureur de la République ; cependant, s'il y a urgence, l'officier de police peut, après les constatations extérieures, faire procéder à l'inhumation, à la charge

---

1. V. *suprà*, no 821.
2. C. civ., art. 77. — Règlem. gén. sur le service des hôp. mil. du 1er avril 1831, art. 739.
3. Arrêté du préfet de la Seine, 25 janvier 1841, art. 3.
4. V. *suprà*, no 822, 2e alinéa, et la note.

d'en prévenir sur-le-champ le procureur de la République, et de veiller à ce qu'il y ait toujours moyen de procéder, avec certitude, à l'exhumation si elle est jugée nécessaire[1].

SECTION II.

Des mesures prescrites pour éviter les inhumations précipitées.

860. Les formalités prescrites par l'article 77 du Code civil qui précèdent doivent être rigoureusement observées. Ainsi l'a décidé M. le ministre de l'intérieur dans une circulaire adressée aux préfets le 2 septembre 1863, et dont la teneur suit :

« Monsieur le Préfet, le Sénat, dans sa séance du 2 mai « dernier, a cru devoir prononcer le renvoi au ministre de « l'intérieur de pétitions présentées en vue d'appeler « l'attention sur les dangers résultant des inhumations « précipitées.

« Les préoccupations du public semblent, en effet, de- « puis quelque temps déjà éveillées à ce sujet. Je ne sau- « rais donc trop vous recommander de veiller avec le plus « grand soin à la stricte observation de toutes les pres- « criptions concernant les inhumations.

« Aux termes de l'article 77 du Code Napoléon, aucune « inhumation ne doit avoir lieu (etc.). . . . .

« En prescrivant un délai de *vingt-quatre heures au moins* « entre le décès et l'inhumation, en exigeant la déclaration « de deux témoins, en ordonnant la vérification du décès « par l'officier de l'état civil en personne, ou par un méde- « cin spécialement chargé de constater la cause et la réalité « du décès, le législateur a voulu donner aux familles et « à la société toutes les garanties désirables.

« Il importe, Monsieur le Préfet, que les formalités pres- « crites par le Code Napoléon, en vue d'assurer la sincé- « rité des déclarations de décès, afin de ne pas rendre « illusoire même le délai de vingt-quatre heures que la loi « a fixé, soient *rigoureusement observées*. Je crois donc de- « voir vous inviter à appeler à cet égard toute l'attention de

---

1. Instr. min. Int. aux commissaires de police, 21 juillet 1858. (Inhumation du cadavre.)

« MM. les maires de votre département, en leur recom-
« mandant *expressément* de se conformer *strictement* aux
« prescriptions de la loi relatives à la constatation des
« décès. »

861. Afin d'éviter les *inhumations précipitées*, il est nécessaire d'observer les mesures prescrites par M. le ministre de l'intérieur dans une circulaire adressée aux préfets le 24 décembre 1866, laquelle est ainsi conçue :

« Monsieur le Préfet, à la suite d'un vote du Sénat, et
« par une circulaire en date du 2 septembre 1863, mon
« prédécesseur a appelé votre attention sur la nécessité
« de veiller, avec le plus grand soin, à la stricte observation
« des formalités prescrites par le Code Napoléon, en vue
« de prévenir le danger des inhumations précipitées.

« Les préoccupations du public, à cet égard, ont continué
« à se manifester par de nouvelles pétitions dont le Sénat
« a également ordonné le renvoi au ministre de l'inté-
« rieur.

« Plusieurs pétitionnaires avaient cru devoir indiquer
« les divers systèmes à l'aide desquels on pouvait, selon
« eux, distinguer la mort apparente de la mort réelle et
« rendre impossible l'inhumation d'une personne dont le
« décès n'aurait pas été reconnu certain.

« Le conseil d'hygiène publique et de salubrité, à l'exa-
« men duquel je me suis empressé de soumettre les dif-
« férentes combinaisons proposées au Gouvernement, n'en
« a pas conseillé l'adoption ; mais il a émis, dans cette
« importante question, des avis basés sur une longue expé-
« rience et sur l'observation scientifique des faits.

« J'ai pris en grande considération l'opinion exprimée
« par des hommes que leurs lumières, leur autorité et la
« solidité de leurs appréciations désignaient à la confiance
« de l'administration ; aussi, Monsieur le Préfet, j'ai été
« amené à penser avec eux que les systèmes proposés par
« la plupart des pétitionnaires n'étaient pas susceptibles
« d'être acceptés et que, au surplus, la législation existante
« donnait des moyens de sécurité très-sérieux contre le
« danger des inhumations précipitées.

« La science est en possession de signes certains de mort,
« à la condition, toutefois, que ces signes seront constatés
« par des médecins et seulement par eux. On comprend,

« en effet, que la déclaration faite par les témoins appelés « à la rédaction de l'acte de décès ne suffit pas à donner « la certitude de la mort, puisque ces mêmes témoins ne « peuvent par eux-mêmes la constater avec une confiance « absolue.

« Les hommes éminents que j'ai appelés à étudier la « question ont établi qu'il existe deux signes de mort que « l'on peut considérer comme *infaillibles* : ce sont la *putré-* « *faction* et la *rigidité cadavérique*.

« En ce qui concerne les indices fournis par la putré- « faction, vous n'ignorez pas que le public attache une « grande valeur à ce signe ; il semble que ce caractère « peut être évident pour tous et qu'il ne soit pas possible « de s'y tromper. Aussi, bon nombre de pétitionnaires de- « mandaient-ils que le corps fût conservé jusqu'au dévelop- « pement de ce phénomène.

« Or, cette opinion si répandue n'est point acceptée par « le conseil de salubrité et d'hygiène. En effet, qu'un in- « dividu soit atteint de *gangrène* ou de *pourriture d'hôpital*, « *de fièvre jaune*, et qu'alors un état syncopal, comateux « ou léthargique se montre, l'erreur sur la mort sera pos- « sible pour le vulgaire ; il prendra pour la putréfaction ce « qui ne sera que l'effet de la gangrène ou de la pourriture « d'hôpital. Le médecin seul peut reconnaître la putré- « faction cadavérique, parce que cette putréfaction a ses « lois de développement, son point de départ différent sur « le corps, suivant le genre de mort, sa physionomie et « son évolution toutes spéciales, ses caractères distinctifs.

« Ainsi, ce que tout le monde indique comme caractère « de la mort pourrait entraîner à de regrettables erreurs « si le médecin n'intervenait pas.

« Quant à la rigidité cadavérique, d'après la déclaration « formelle du conseil d'hygiène, ce signe est tout aussi « certain que la putréfaction, mais beaucoup plus prompt « à se développer. La rigidité cadavérique commence au « moment même du décès, ou le suit à une distance de « plusieurs heures, selon le genre de mort, la température « extérieure, la saison, etc. ; en un mot, sa manifestation, « quoique ayant toujours lieu, est variable quant à l'instant « où on peut s'en rendre compte.

« Ce phénomène, très-simple à constater, serait même « accessible à toute personne intelligente qui l'aurait

« observé une seule fois. C'est assez dire que la médecine « le reconnaît aisément.

« Quelle que soit la position que le corps et les membres affectent au moment du décès, les articulations, qui « étaient souples à ce moment de manière à ce qu'on pût « facilement étendre ou infléchir, par exemple, les avant-« bras sur les bras, deviennent rigides ; il faut quelque-« fois un effort très-grand pour vaincre la raideur des « articulations. Mais, aussitôt vaincue, l'articulation re-« prend la souplesse qu'elle avait pendant la vie, lors-« qu'on abandonne les membres au moindre effort de « flexion ou d'extension.

« S'il s'agit d'un individu vivant, dans un état convulsif « ou tétanique, et qu'on parvienne à vaincre la raideur de « la convulsion, alors, si l'on abandonne le membre à lui-« même il revient brusquement et spontanément à la po-« sition contractée qu'il occupait auparavant.

« Il n'est donc pas possible de confondre la *rigidité ca-« davérique* avec l'état convulsif de la vie.

« S'il arrivait que la rigidité cadavérique eût cessé « d'exister avant la visite du médecin vérificateur du décès, « la putréfaction deviendrait alors le signe certain de la « mort.

« Ces deux moyens ou caractères sont donc propres à « constater le décès, et, employés dans les conditions où « ils doivent l'être, ils ne laissent aucune incertitude sur « la mort.

« La question étant en quelque sorte suffisamment ré-« solue au point de vue scientifique, il reste à examiner « quels doivent être les devoirs qui incombent à l'autorité « administrative pour assurer, d'une manière efficace, « l'exécution de la loi.

« L'article 77 du Code Napoléon fait peser sur l'officier « de l'état civil la responsabilité de la constatation des décès ; « or, Monsieur le Préfet, cette responsabilité implique « l'obligation de s'entourer de tous les moyens propres à « obtenir ce résultat strictement exigé.

« L'ordre public, l'intérêt de l'humanité et celui des « familles commandent donc que les déclarations de décès « soient entourées de la certitude la plus complète.

« Pour atteindre plus sûrement ce but, il m'a paru utile « de prescrire les mesures suivantes :

« Le maire de chaque commune fera choix d'un ou de « plusieurs docteurs en médecine ou en chirurgie, et, à « leur défaut, d'officiers de santé, qui seront chargés de « constater les décès dont la déclaration aura été faite à la « mairie conformément aux prescriptions de la loi.

« Ces médecins seront assermentés.

« Dès que la déclaration d'un décès aura été faite, le « maire fera parvenir au médecin vérificateur du décès « une feuille en double expédition, conforme au modèle « ci-joint, et sur laquelle il inscrira les nom, prénoms, « sexe, âge, profession de la personne décédée, la nature « de la maladie à laquelle elle a succombé et, autant que « possible, sa durée et ses complications ; le nom du mé- « decin qui a soigné le malade, celui du pharmacien qui « a délivré les médicaments et, autant que possible, les « conditions hygiéniques du domicile.

« Dans le cas où il paraîtrait douteux, l'officier de l'état « civil retarderait la délivrance du *permis d'inhumer*, jus- « qu'à certitude complétement acquise de la mort, par une « visite nouvelle et un rapport spécial du médecin vérifi- « cateur [1].

« Il devra être recommandé aux personnes qui entourent « le malade au moment de son décès, de ne faire aucun « changement dans l'état du corps avant l'arrivée du mé- « decin vérificateur. Ainsi, le corps doit être laissé dans « le lit et ne point être déposé sur un sommier de paille « ou de crin.

« La figure du défunt devra rester à découvert jusqu'au « moment de la mise en cercueil.

« Devront être formellement interdits tous usages ou « coutumes adoptés dans quelques pays et qui seraient « contraires aux présentes prescriptions.

« Il ne pourra être procédé à l'inhumation qu'après vingt- « quatre heures expirées depuis la déclaration faite à la « mairie.

« Pourront être exceptés les cas de putréfaction cada- « vérique avancée ou de toutes autres conditions préjudi-

---

1. Afin d'éviter de dresser l'acte de décès d'une personne encore vivante, l'officier de l'état civil ne doit rédiger cet acte qu'autant que le décès est dûment constaté par un médecin. C'est du reste le mode adopté dans un grand nombre de communes.

« ciables à la santé de la famille, et dans ces cas exceptionnels, le médecin vérificateur fera un rapport spécial « au maire.

« Il est défendu de procéder au moulage, à l'autopsie « ou à l'embaumement du corps de l'individu décédé, « avant la vérification du décès par le médecin vérificateur, « et sans une déclaration préalable à l'autorité municipale, « qui devra se faire représenter à l'opération. Aucun de « ces actes ne pourra être pratiqué que vingt-quatre heures « après la déclaration du décès faite à la mairie, sauf les « cas exceptionnels dont il est fait mention dans le paragraphe précédent.

« Lorsqu'il y aura des signes ou indices de mort violente « ou d'autres circonstances qui pourraient la faire soupçonner, le médecin vérificateur du décès en donnera « immédiatement avis à l'officier de l'état civil, qui surseoira à la délivrance du permis d'inhumer et informera « immédiatement l'autorité judiciaire [1].

« Ces prescriptions me semblent devoir entourer de « garanties suffisantes la pratique de la constatation des « décès, et je vous invite à prendre les dispositions nécessaires pour en assurer l'observation dans votre département. »

MODÈLE DU CERTIFICAT ANNEXÉ A LA CIRCULAIRE PRÉCÉDENTE.

VILLE ou COMMUNE DE

Certificat de décès.

« Je, soussigné, docteur en (médecine ou chirurgie), d'après le « mandat de visite délivré par M. le Maire,

« Certifie avoir fait à heure du [a] la visite du corps de [b] , âgé de , natif de , département de , exerçant la profession de [c] ; décédé le jour du mois de , à heure du , demeurant rue , n° , dans un logement situé à

a. Indiquer le jour et l'heure de la visite.
b. Indiquer les nom et prénoms, sexe; si la personne décédée est mariée, non mariée ou veuve.
c. Désigner la profession personnelle, s'il y a lieu, celle du mari, en cas de décès de la femme, ou celle des père ou mère, en cas de décès des enfants.

---

1. V. *suprà*, n° 11.

et à l'exposition [d].

Je déclare que le décès est constant et paraît avoir été causé par [e].

Je déclare, en outre, qu'il a été attesté par . que pendant la durée de la maladie, M. [f] *, rue , n°, a été appelé à donner des soins au décédé et que les médicaments ont été fournis par M. , rue , n° ,*

Fait à , le 18 .

d. Faire connaître l'étage et l'exposition (nord, sud, est, ouest) du logement.

e. Relater la nature de la maladie, les causes antécédentes ou complications, la durée de la maladie, et s'il y a eu ouverture du corps. — Dans le cas où il s'agirait d'un enfant sorti vivant du sein de la mère, mais décédé avant que la déclaration de naissance ait pu être faite, indiquer, d'après les déclarations, quelle a été la durée de son existence.

f. Enfin inscrire le nom et le sexe des personnes, ayant titre ou non, qui ont donné des soins à la personne décédée et de celles qui ont fourni des médicaments.

INSTRUCTION.

Pour acquérir la certitude d'un décès, il faut donc constater sur le corps la présence de l'un des deux signes suivants :

La *rigidité cadavérique* ou la *putréfaction commençante.*

Le premier de ces signes de mort est facile à reconnaître, puisque, si l'on vient à vaincre la raideur d'une articulation, en fléchissant ou étendant l'avant-bras, par exemple, l'articulation du coude reprend sa souplesse, comme cela a eu lieu dans l'état de relâchement des muscles, tandis que si la raideur des membres était le résultat d'un état convulsif, le membre, après la raideur vaincue, reprendrait sa contraction primitive. Cette épreuve doit être répétée sur plusieurs articulations. Quant à la putréfaction, le médecin ne saurait la confondre avec la gangrène, la pourriture d'hôpital, etc.

Le doute sur le décès est très-rare lorsqu'il s'agit d'une personne qui a parcouru les phases d'une maladie.

C'est dans le cas de mort subite, ou dans les états nerveux suivis de mort, tels que l'hystérie, la syncope, les états léthargiques, l'éclampsie des femmes en couche, que l'incertitude pourrait exister ; il faut alors attendre le développement de la rigidité cadavérique, afin d'éviter toute erreur. Dans ces circonstances, la rigidité cadavérique paraîtra toujours tardivement.

Un examen tout particulier doit être fait lors des décès

des enfants nouveau-nés, à l'effet de rechercher si la mort ne serait pas le résultat d'un crime.

862. Les officiers de l'état civil doivent adresser périodiquement aux sous-préfets un état mensuel très-simple des individus décédés, et y annexer les certificats des médecins qui ont constaté les décès, ainsi qu'il est prescrit par M. le ministre de l'intérieur dans une circulaire adressée à MM. les préfets, le 5 mars 1875, laquelle est conçue dans les termes suivants :

« Monsieur le Préfet, le ministre de l'intérieur a eu « l'occasion plusieurs fois déjà, et notamment en 1863, à la « suite d'un renvoi de pétitions ordonné par le Sénat, « d'appeler l'attention des autorités départementales sur le « danger résultant des inhumations précipitées et sur « l'obligation qui s'impose conséquemment aux municipa- « lités de se conformer strictement aux prescriptions de la « loi relative à la constatation des décès.

« La sollicitude de l'administration vient d'être éveillée « de nouveau à ce sujet par la communication d'un rapport « fait à l'Académie de médecine sur un concours ayant pour « objet la *constatation de la mort réelle*.

« Après avoir passé en revue les symptômes indiqués « par les concurrents comme devant fournir la certitude « absolue du décès, et tout en proclamant la valeur scien- « tifique de plusieurs des moyens de vérification proposés, « l'Académie de médecine a dû reconnaître, non sans « regret, que malheureusement la plupart de ces procédés « ne sauraient être applicables à la pratique journalière de « la constatation des décès. Aussi a-t-elle cru devoir, en « terminant, émettre le vœu que l'administration veille, « du moins en tant qu'il dépend d'elle, à ce que la loi qui « régit la matière reçoive une plus exacte exécution.

« Les discussions qui ont eu lieu à ce sujet au Sénat, « en 1863, ont démontré, en effet, dit le rapport, que sur « trente et quelques mille communes de France, il en est « peut-être vingt-cinq mille dans lesquelles la constatation « des décès n'est pas opérée par suite de manque de péna- « lité et de contrôle. Mais s'il n'existe point de pénalité « dans l'espèce, ajoute l'Académie, il serait possible du « moins d'établir un contrôle, en imposant aux maires « l'obligation d'adresser périodiquement aux sous-préfets,

« pour être transmis par ceux-ci à la commission d'hygiène « de l'arrondissement, un état mensuel très-simple des « individus décédés, en annexant audit état tous les certi- « ficats des médecins qui auraient constaté les décès ; et « par là se trouverait acquise la certitude que la loi a été « observée [1].

« En présence du grave intérêt qui s'attache à cette « question, l'administration ne peut que s'efforcer de se- « conder par tous les moyens dont elle dispose les désirs « exprimés par l'Académie de médecine. Je vous invite, « en conséquence, à adresser à MM. les maires, par la « voie du *Recueil administratif*, des instructions conformes « aux indications qui précèdent, en en recommandant la « scrupuleuse observation à toute leur sollicitude. »

SECTION III.

Des frais d'inhumation des naufragés sur le littoral.

863. Les frais d'inhumation d'un individu dont le cadavre est trouvé sur le territoire d'une commune doivent, en principe, être supportés par la caisse municipale, lorsque la famille est indigente ; quant à la caisse des invalides de la marine, elle ne se substitue aux communes, pour faire face aux frais funéraires des naufragés retirés sur leur territoire, que dans le cas où les ressources de ces dernières sont insuffisantes pour couvrir la dépense [2].

---

1. Le médecin appelé à constater un décès doit délivrer le certificat de décès en double expédition, conformément à la circulaire de M. le ministre de l'intérieur, du 24 décembre 1866, rapportée au numéro précédent.

2. *Bull. offi. Int.*, année 1852, p. 386 et 387. — Les inventeurs d'épaves sur le rivage doivent informer immédiatement l'autorité maritime de la découverte des cadavres ; il leur est interdit de les dépouiller ou de les enfouir. — Le commissaire de l'inscription maritime prend, avec le maire, tous les soins qu'il y a lieu : 1° pour faire constater l'état du cadavre par un officier de police judiciaire et un médecin ; 2° pour établir, si c'est possible, l'identité de la personne ; 3° pour faire dresser l'acte de décès ; 4° pour faire inhumer le corps. Il établit d'ailleurs l'inventaire minutieusement descriptif des objets trouvés sur le cadavre. — Les frais d'inhumation sont payés au moyen des produits d'inventaire ; à défaut, sur le budget des communes, ou même sur les fonds de la caisse des invalides. (*Cours d'administration des élèves-commissaires de la marine*, par Fournier et Bajon, p. 388. Berger-Levrault et Cie, éditeurs).

SECTION IV.

Des frais d'inhumation des condamnés qui décèdent dans les maisons centrales.

864. Les frais d'inhumation des condamnés décédés dans les maisons centrales seront couverts par un prélèvement sur leur pécule, et, à défaut, seront supportés par l'administration. C'est ce qui résulte d'une circulaire adressée à MM. les préfets par M. le ministre de l'intérieur, le 25 mai 1853, et contenant ce qui suit :

« Une décision ministérielle du 10 décembre 1845 a « permis que les condamnés détenus dans certaines maisons « centrales missent en réserve, sur leur pécule, une retenue « de quelques centimes par mois, afin de procurer un cer- « cueil particulier à chaque détenu qui viendrait à décéder « dans les établissements.

« J'ai décidé que désormais cette retenue n'aura plus « lieu. Il sera fourni par l'administration un cercueil « particulier pour chaque détenu décédé. Cette dépense « sera couverte par un prélèvement effectué sur le pécule « laissé par le défunt; en cas d'insuffisance ou de défaut « de pécule, la dépense sera supportée par l'administration. « Dans les établissements en régie, elle fera l'objet d'un « article spécial; dans ceux où les services économiques « sont l'objet d'un marché, elle figurera à l'avenir parmi « les charges des nouveaux traités. En attendant, il y sera « pourvu au moyen du fonds réservé aux dépenses acci- « dentelles.

« Je désire que MM. les aumôniers catholiques et « ministres des cultes dissidents attachés au service des « maisons centrales se fassent une obligation constante « d'accompagner à leur dernière demeure, avec l'un des « principaux employés de la maison les restes des détenus « décédés, et que tout concoure à donner à ce suprême « devoir la décence que commande le respect des morts.

« Le directeur ou l'inspecteur de l'établissement doit « assister à la levée du corps, ainsi qu'à l'office religieux, « et suivre les restes du décédé jusqu'au cimetière, ou « tout au moins jusqu'à la porte de la maison centrale lors- « que le cimetière est trop éloigné.

« Le corps du défunt doit toujours être accompagné d'un « certain nombre de détenus jusqu'à la porte de l'établis- « sement.

« Dans les maisons affectées aux femmes, deux sœurs, « au moins, doivent faire partie du convoi[1]. »

SECTION V.

Des pompes funèbres.

865. Les cérémonies précédemment usitées pour les convois, suivant les différents cultes, seront rétablies, et il sera libre aux familles d'en régler la dépense selon leurs moyens et facultés : mais hors de l'enceinte des églises et des lieux de sépulture, les cérémonies religieuses ne seront permises que dans les communes où l'on ne professe qu'un seul culte, conformément à l'article 45 de la loi du 18 germinal an X[2].

866. Lorsque le ministre d'un culte, sous quelque prétexte que ce soit, se permettra de refuser son ministère pour l'inhumation d'un corps, l'autorité civile, soit d'office, soit sur la réquisition de la famille, commettra un autre ministre du même culte pour remplir ces fonctions ; dans tous les cas, l'autorité civile est chargée de faire porter, présenter, déposer et inhumer les corps[3].

Il importe de remarquer d'abord la corrélation de ces deux articles et d'en rattacher ensuite l'intention et le but au principal objet du décret tout entier, afin de prévenir toute atteinte au principe de la liberté religieuse, qui place sous la sauvegarde des lois la discipline ecclésiastique servant de règle à l'exercice du culte. A ce sujet, M. le ministre de la justice et des cultes, dans une circulaire adressée à MM. les préfets, le 15 juin 1847, s'exprimait ainsi :

« L'article 18 rétablit l'usage des pompes religieuses

---

1. Circ. min. Int. 15 avril 1878 (p. 241).

2. Déc. du 23 prairial an XII (12 juin 1804), art. 18. Cet article est ainsi conçu : « Aucune cérémonie religieuse n'aura lieu hors des « édifices consacrés au culte catholique dans les villes où il y aura des « temples consacrés à différents cultes. »

3. Décret du 23 prairial an XII, art. 19. Circ. min. Int. 26 thermidor an XII.

« dans les convois funéraires. Toutefois, il n'autorise pas « les cérémonies extérieures dans les communes où plu- « sieurs cultes sont professés.

« L'article 19, dans sa première partie, n'a d'autre but « que d'assurer et de régler l'exécution du précédent, sans « perdre de vue que l'ordonnance et la police des inhu- « mations appartiennent à l'autorité civile, et, dans sa « dernière disposition, il définit la mission spéciale qu'il « donne, pour tous les cas, à cette autorité agissant dans « la limite de ses attributions essentielles, et accomplis- « sant par conséquent un acte purement civil, comme le « ministre de l'intérieur, dans les instructions données « par lui sur la mise en vigueur du décret, le 26 ther- « midor an XII, eut grand soin de le faire observer.

« Ainsi l'article 19 charge l'autorité civile de commettre, « lorsqu'un ministre refuse son concours, un autre mi- « nistre du même culte ; mais on n'a jamais prétendu que « cette commission pût être obligatoire : car c'eût été « donner au décret une signification légalement impossible « dans un pays où la plus large indépendance est assurée « aux convictions religieuses par toutes les lois constitution- « nelles. Il peut donc arriver que les cérémonies auxquelles « les ministres du culte seuls ont le droit de présider « fassent défaut aux funérailles. Il peut arriver aussi, il « doit arriver en certains cas, que ces cérémonies soient « restreintes dans l'enceinte même des temples et des lieux « de sépulture. Le service des inhumations ne peut souffrir « dans aucun cas ; et c'est pour cela que, quoi qu'il ad- « vienne, l'autorité civile est chargée de faire porter, « présenter, déposer et inhumer les corps. Mais le décret « a bien garde de lui imposer le devoir ou de lui conférer « le droit de les introduire dans l'église ou dans le temple « contre le gré des ministres du culte, car ce serait violenter « les consciences et empiéter sur la discipline ecclésias- « tique ; ce ne serait plus accomplir une œuvre purement « civile. L'autorité se bornera donc à faire présenter les « corps à l'entrée des lieux consacrés au culte lorsque le « prêtre n'aura point accompagné le convoi après son dé- « part de la maison mortuaire, afin que là le prêtre puisse « les recevoir et procéder aux cérémonies conformes au « rite de sa communion ; et, s'il y a eu refus de sépulture « ecclésiastique, refus persévérant manifesté par l'absten-

« tion formelle de l'ordinaire du lieu et de tout ministre « commis à son défaut, l'autorité devra faire transporter les « corps au lieu des inhumations et veiller à ce que jamais « on ne force les portes du temple.

« Tel est, Monsieur le Préfet, le sens vrai du décret du « 23 prairial an XII. Toute autre interprétation serait « fausse et évidemment attentatoire à la liberté religeuse et « à la protection promise à chacun pour l'exercice de son « culte. Je vous prie de donner à ces instructions, dans « votre département, toute la publicité nécessaire.

« Si les refus de sépulture ecclésiastique étaient inspirés « par des sentiments autres que ceux du devoir, les familles « trouveraient dans les dispositions des articles 6 et sui- « vants de la loi du 18 germinal an X les moyens d'obtenir « la répression de tels abus [1]. »

867. Les frais et rétributions à payer aux ministres des cultes et autres individus attachés aux églises et temples, tant pour leur assistance aux convois que pour les services requis par les familles, seront réglés par le Gouvernement, sur l'avis des évêques, des consistoires et des préfets, sur la proposition du conseiller d'État chargé des affaires concernant les cultes. Il ne sera rien alloué pour leur assistance à l'inhumation des individus inscrits aux rôles des indigents [2].

868. Le mode le plus convenable pour le transport des

---

1. Loi du 18 germinal an X, art. 6 : « Il y aura recours au Conseil « d'État dans tous les cas d'abus de la part des supérieurs et autres per- « sonnes ecclésiastiques. Les cas d'abus sont : l'usurpation ou l'excès « de pouvoir, la contravention aux lois et règlements de la Républi- « que, l'infraction des règles consacrées par les canons reçus en « France, l'attentat aux libertés, franchises et coutumes de l'Église gal- « licane, et toute entreprise ou tout procédé qui, dans l'exercice du « culte, peut compromettre l'honneur des citoyens, troubler arbitrai- « rement leur conscience, dégénérer contre eux en oppressions, ou « en injure ou en scandale public. »

L'article 8 porte : « Le recours compétera à toute personne inté- « ressée. A défaut de plainte particulière, il sera exercé par les pré- « fets. Le fonctionnaire public, ecclésiastique, ou la personne qui « voudra exercer ce recours, adressera un mémoire détaillé et signé « au conseiller d'État chargé de toutes les affaires concernant les cul- « tes, lequel sera tenu de prendre, dans le plus court délai, les ren- « seignements convenables et, sur son rapport, l'affaire sera suivie et « définitivement terminée dans la forme administrative, ou renvoyée, « selon l'exigence des cas, aux autorités compétentes. »

2. Déc., 23 prair. an XII, art 20.

corps sera réglé, suivant les localités, par les maires, sauf l'approbation des préfets [1].

869. Les fabriques des églises et les consistoires jouiront seuls du droit de fournir les voitures, tentures, ornements, et de faire généralement toutes les fournitures quelconques nécessaires pour les enterrements et pour la décence ou la pompe des funérailles.

Les fabriques et consistoires pourront faire exercer ou affermer ce droit, d'après l'approbation des autorités civiles sous la surveillance desquelles ils sont placés [2].

870. L'emploi des sommes provenant de l'exercice ou de l'affermage de ce droit sera consacré à l'entretien des églises, des lieux d'inhumation, et au paiement des desservants : cet emploi sera réglé et réparti sur la proposition du conseiller d'État chargé des affaires concernant les cultes, et d'après l'avis des évêques et des préfets [3].

871. Il est expressément défendu à toutes autres personnes, quelles que soient leurs fonctions, d'exercer le droit susmentionné, sous telle peine qu'il appartiendra, sans préjudice des droits résultant des marchés existants et qui ont été passés entre quelques entrepreneurs et les préfets ou autres autorités civiles, relativement aux convois et pompes funèbres [4].

872. Les frais à payer par les successions des personnes décédées, pour les billets d'enterrement, le prix des tentures, les bières et le transport des corps, seront fixés par un tarif proposé par les administrations municipales et arrêté par les préfets [5].

873. Dans les villages et autres lieux où le droit précité ne pourra être exercé par les fabriques, les autorités locales y pourvoiront, sauf l'approbation des préfets [6].

874. Les dispositions de l'article 77 du Code civil,

---

1. Déc. 23 prair. an XII, art 21.
2. *Ibid.*, art. 22. V. *infrà*, n° 878.
3. *Ibid.*, art. 23.
4. *Ibid.*, art. 24.
5. *Ibid.*, art. 25.
6. *Ibid.*, art. 26.

combinées avec celles des décrets des 23 prairial an XII (art. 16) et 4 thermidor an XIII (art. 1er), en défendant toute inhumation sans une autorisation de l'officier de l'état civil et en soumettant les lieux de sépulture à l'autorité, police et surveillance des administrations municipales, confèrent implicitement aux maires le droit de participer à la fixation de l'heure des convois. Mais ce droit résulte également, pour les curés, de l'article 9 de la convention du Gouvernement avec le Saint-Siége en date du 26 messidor an IX, portant que le culte catholique sera exercé sous la direction des curés dans leurs paroisses. En effet, quand une inhumation doit être accompagnée de cérémonies religieuses, le droit de diriger ces cérémonies implique celui d'intervenir pour fixer l'heure de l'inhumation. Cette intervention, d'ailleurs, est justifiée par les exigences du culte, et elle est nécessaire, notamment, pour empêcher la coïncidence fâcheuse des baptêmes ou des cérémonies nuptiales avec les cérémonies funèbres.

Le maire et les curés ont un droit égal d'intervention à raison des intérêts différents qu'ils représentent. D'un autre côté, ils ne sauraient exercer ce droit sans le concours, non-seulement de l'administraton des pompes funèbres chargée de pourvoir au besoin du service qui lui est confié, mais encore des familles, dont les convenances doivent être respectées.

Il est donc nécessaire d'insérer dans le règlement des pompes funèbres une disposition portant que l'heure des inhumations devra être concertée entre l'autorité municipale, le curé de la paroisse, la famille des décédés et l'administration des pompes funèbres, ce qui a lieu d'ailleurs, sans soulever de difficultés, dans les villes importantes et notamment à Paris [1].

SECTION VI.

Du service pour les morts dans les églises.

875. Dans toutes les églises, les curés, desservants et vicaires feront gratuitement le service exigé pour les morts

1. *Bull. off. Int.*, année 1869, p. 566 et 567, n° 37.

indigents ; l'indigence sera constatée par un certificat de la municipalité [1].

876. Si l'église est tendue pour un convoi funèbre et qu'on présente ensuite le corps d'un indigent, il est défendu de détendre jusqu'à ce que le service de ce mort soit fini [2].

877. Les règlements dressés par les évêques, sur cette matière, seront soumis par le ministre des cultes à l'approbation du Chef de l'Etat [3].

878. Les fabriques feront par elles-mêmes, ou feront faire par entreprise aux enchères, toutes les fournitures nécessaires au service des morts dans l'intérieur de l'église et toutes celles qui sont relatives à la pompe des convois, sans préjudice aux droits des entrepreneurs qui ont des marchés existants. Elles dresseront à cet effet des tarifs et des tableaux gradués par classe; ils seront communiqués aux conseils municipaux et aux préfets pour y donner leur avis, et seront soumis par le ministre des cultes, pour chaque ville, à l'approbation du Chef de l'État, auquel le ministre de l'intérieur transmettra pareillement, à cet égard, les avis des conseils municipaux et des préfets [4].

Aux termes de cet article, les fabriques ne sont pas aussi rigoureusement tenues de procéder par voie d'adjudication, lorsqu'elles font par elles-mêmes les fournitures nécessaires au service des inhumations, que lorsqu'elles les font faire par entreprise.

En conséquence, s'il paraît bien démontré que les fabriques ont plus d'intérêt à se procurer ces fournitures au

---

1. Déc. 18 mai 1806, art. 4.
2. *Ibid.*, art. 5.
3. *Ibid.*, art. 6.
4. *Ibid.*, art. 7. — Les préfets doivent à ce veiller que les classes des convois soient, autant que possible, composées d'une manière invariable, sauf à en augmenter le nombre pour les proportionner à la variété des fortunes. Il importe que la fixité des classes et leur ordonnance simple et claire préviennent les obsessions et les artifices dont les familles sont souvent l'objet de la part des entrepreneurs auxquels les fabriques afferment le service des pompes funèbres (Circ. min. Int., 5 mai 1852). Pour atteindre ce but, ils ont la faculté de réserver leur approbation, en indiquant les conditions auxquelles ils la donneraient. *Bull. off. Int.*, 1862, p. 83, nº 17.

moyen de traités de *gré à gré*, rien ne s'oppose à ce que le préfet leur en accorde l'autorisation [1].

879. Dans les grandes villes, toutes les fabriques se réuniront pour ne former qu'une seule entreprise [2].

SECTION VII.

Des lieux interdits aux inhumations.

880. Aucune inhumation n'aura lieu dans les églises, temples, synagogues, hôpitaux, chapelles publiques, et généralement dans aucun des édifices clos et fermés où les citoyens se réunissent pour la célébration de leurs cultes, ni dans l'enceinte des villes et bourgs [3].

En principe, aucune inhumation ne doit être tolérée dans les lieux consacrés à la célébration du culte, et cette règle ne souffre d'exception qu'à l'égard des évêques et archevêques qui peuvent être inhumés dans leurs cathédrales, en vertu d'une décision spéciale du Chef de l'État [4]; mais cette dérogation, justifiée par la haute dignité de ceux qui en sont l'objet, n'a point et ne peut avoir pour conséquence d'exciter les particuliers, quelle que soit leur position sociale, à réclamer en leur faveur une distinction de ce genre [5].

Ces prohibitions d'inhumer dans les édifices du culte sont absolues et s'appliquent aux chapelles dépendant des églises comme aux églises elles-mêmes [6].

881. Les inhumations dans l'intérieur des hospices sont interdites aussi bien que dans les églises, et les monu-

1. Réponse concertée avec l'admin. des cultes; *Bull. off. Int.*, 1862, p. 82, nº 16. — La connaissance des contestations entre un entrepreneur du service des pompes funèbres et une fabrique au sujet de certaines clauses du marché entre eux, est attribuée aux conseils de préfecture, jugeant au 1er degré, sauf recours contre leurs décisions devant le Conseil d'État. Décis. min. Int. 1860.

2. Déc. 18 mai 1806, art. 8.

3. Déc. 23 prair. an XII, art. 1er. Circ. min. Inst. publ. 14 déc. 1831; Avis du comité de législation 6 avril 1840.

4. *Bull. off. Int.*, 1861, p. 161, nº 47.

5. *Ibid.*, 1860, p. 431, nº 65.

6. *Ibid.*, 1862, p. 315, nº 50; Avis du comité de législation, 12 fév. 1841.

ments que les maires sont autorisés à élever dans l'enceinte des hôpitaux pour les fondateurs et bienfaiteurs [1], sont purement commémoratifs et ne reçoivent pas de sépulture [2].

882. Toute personne pourra être enterrée dans sa propriété, pourvu que cette propriété soit hors et à la distance prescrite des villes et bourgs, c'est-à-dire hors de l'enceinte des communes et à la distance d'au moins 35 à 40 mètres de cette enceinte [3], à la condition d'en référer préalablement à l'autorité administrative et de n'agir que sous sa direction [4].

Mais on ne saurait admettre qu'en exécution de cet article il soit permis de fonder une sépulture de famille dans un terrain de peu d'étendue qui aurait été acheté uniquement pour la réalisation de ce projet, et dans le but d'éviter le paiement des droits de concession. Non-seulement on priverait les communes des revenus provenant du produit des concessions, mais encore on rendrait la police des cimetières illusoire, si chacun avait la faculté de se faire enterrer dans sa propriété [5].

En effet, par cet article le législateur n'a entendu accorder de privilége qu'au propriétaire personnellement, *et non à sa famille*. Autrement, il se serait exprimé comme il l'a fait dans l'article 10 du même décret, relatif aux concessions de terrains dans les cimetières, lequel dispose que les concessionnaires pourront y fonder leur sépulture et celle de leurs parents et successeurs. Du reste, il résulte de la jurisprudence de la Cour de cassation que l'article en question doit être entendu dans le sens le plus restrictif [6], et la législation sur les sépultures ne permet pas la création de cimetières privés [7].

883. Par application de l'article qui précède, l'adminis-

---

1. Déc. du 23 prair. an XII, art. 13.
2. *Bull. off. Int.*, 1862, p. 315, n° 50.
3. Déc., 23 prair. an XII, art. 14.
4. Cass. 11 juillet et 10 oct. 1856.
5. *Bull. off. Int.*, 1859, p. 107, n° 33, et 1860, p. 431, n° 64; Cons. d'Ét. 27 déc. 1860.
6. *Ibid.*, 1866, p. 249, n° 74, et 1861, p. 380, n° 63; Cass. 14 avril 1838.
7. *Ibid.*, 1859, p. 143, n° 50.

tration locale peut permettre aux communautés religieuses, sur une demande formée à chaque décès, des inhumations *individuelles* dans une de leurs propriétés réunissant les conditions légales de distance et de salubrité[1].

884. En principe, toute personne doit être inhumée dans le cimetière de la commune où elle est décédée. Les inhumations dans un autre lieu sont des exceptions à la règle générale. Ces exceptions ne doivent être autorisées que dans des circonstances particulières et lorsqu'il s'agit notamment de donner satisfaction à des habitudes résultant de la situation topographique des localités[2].

Est obligatoire le règlement municipal qui interdit toute inhumation particulière dans un lieu autre que le cimetière communal, sans l'autorisation du maire[3]; mais il n'existe dans la législation, notamment dans le décret du 23 prairial an XII et l'ordonnance du 6 décembre 1843, aucun texte qui permette à l'autorité municipale d'établir une taxe de concession sur les personnes qui se font inhumer dans leurs propriétés. Des perceptions de cette nature impliquent nécessairement la délivrance d'un terrain communal[4].

885. Il résulte de l'ensemble de la législation sur les sépultures que c'est aux communes à pourvoir aux frais des inhumations, et c'est ainsi que l'acquisition et la clôture des cimetières sont une charge entièrement communale. La sépulture donnée aux morts n'est pas d'ailleurs seulement un devoir de convenance et de religion, c'est aussi une affaire de salubrité, et, dès lors, il y a pour la commune un intérêt positif à faire ensevelir tout individu trouvé mort sur son territoire, lors même qu'il n'appartient pas à la circonscription. Les administrations municipales se refuseraient donc à tort à admettre dans leurs budgets cette nature de dépenses[5].

---

1. *Bull. off. Int.*, 1860, p. 431, n° 63.
2. *Ibid.*, 1859, p. 107, n° 33, et 1860, p. 431, n° 64.
3. Cass. 14 avril 1838; 24 janv. 1840; 11 juillet 1856 et 28 mars 1862.
4. *Bull. off. Int.*, 1856, p. 248, n° 71.
5. *Ibid.*

SECTION VIII.

Des infractions aux lois sur les inhumations.

886. Il est défendu à tous maires, adjoints et membres d'administrations municipales, de souffrir les transport, présentation, dépôt, inhumation des corps, ni l'ouverture des lieux de sépulture ; à toutes fabriques d'églises et consistoires, ou autres ayants droit de faire les fournitures requises pour les funérailles, de livrer lesdites fournitures ; à tous curés, desservants et pasteurs, d'aller lever aucuns corps, ou de les accompagner hors des églises et temples, qu'il ne leur apparaisse de l'autorisation donnée par l'officier de l'état civil pour l'inhumation, à peine d'être poursuivis comme contrevenant aux lois [1].

887. Ceux qui, sans l'autorisation préalable de l'officier public, dans le cas où elle est prescrite, auront fait inhumer un individu décédé, seront punis de 6 jours à 2 mois d'emprisonnement, et d'une amende de 16 fr. à 50 fr., sans préjudice de la poursuite des crimes dont les auteurs de ce délit pourraient être prévenus dans cette circonstance.

La même peine aura lieu contre ceux qui auront contrevenu, de quelque manière que ce soit, à la loi et aux règlements relatifs aux inhumations précipitées [2].

Cet article ne peut être appliqué que par les tribunaux correctionnels ; mais il a été jugé qu'il ne s'agit, dans l'espèce, que des personnes ayant intérêt à l'inhumation ; qu'ainsi un *ministre du culte* ne commettrait qu'une *contravention de police* en procédant à une inhumation non autorisée [3].

888. Quiconque aura recélé ou caché le cadavre d'une personne homicidée ou morte des suites de coups ou blessures sera puni d'un emprisonnement de six mois à deux

---

1. Déc. 4 therm. an XIII (23 juillet 1805), art. 1er.
2. C. p., art. 358. Jugé que les dispositions de cet article sont applicables au fait d'inhumation d'un enfant mort-né. Douai, 31 juillet 1829 ; Cass. 2 septembre 1843 et 2 août 1844.
3. Cass. 27 janv. 1853.

ans, et d'une amende de 50 fr. à 400 fr., sans préjudice de peines plus graves, s'il a participé au crime[1].

889. Sera puni d'un emprisonnement de trois mois à un an, et de 16 fr. à 200 fr. d'amende, quiconque se sera rendu coupable de violation de tombeaux ou de sépultures, sans préjudice des peines contre les crimes ou délits qui seraient joints à celui-ci[2].

---

1. C. p., art. 359.
2. *Ibid.*, art. 360. V. *infrà*, nº 954.

CHAPITRE III.

DES CIMETIÈRES OU LIEUX CONSACRÉS AUX SÉPULTURES.

SECTION Ire.

De l'emplacement des cimetières.

890. Il y aura hors des villes et bourgs, à la distance de 35 à 40 mètres au moins de leur enceinte, des terrains spécialement consacrés à l'inhumation des morts[1].

En conséquence, les cimetières qui sont situés à proximité des églises doivent être transférés sur un autre emplacement. En effet, si les églises ne forment pas le centre des habitations, elles sont appelées à le devenir tôt ou tard; dès lors, les communes feraient obstacle au mouvement de la population ou contreviendraient à la loi en laissant subsister des lieux d'inhumation qui se trouvent dans le voisinage de cet édifice[2].

La loi n'ayant fixé aucun délai pour cette opération a laissé ainsi à l'administration, au moins d'une manière implicite, le droit de n'appliquer la nouvelle règle aux communes que successivement, au fur et à mesure que l'urgence s'en fait sentir et en tenant compte tant de leur situation financière que des circonstances plus ou moins favorables dans lesquelles elles se trouvent placées[3]; la suppression d'un cimetière par arrêté préfectoral, sans avis préalable du conseil municipal, doit donc être consi-

---

1. Déc. 23 prair. an XII (12 juin 1804), art. 2; Ord. roy. 6 déc. 1843, art. 1er.
2. *Bull. off. Int.*, année 1857, p. 260, n° 76.
3. *Ibid.*, année 1862, p. 103, n° 25.

dérée comme un excès de pouvoir[1], à moins que cet arrêté n'ait en vue de prévenir un péril imminent[2].

En cas de suppression d'un ancien cimetière placé autour de l'église, la fabrique est en droit d'exiger la réserve d'une place et d'un chemin de ronde pour l'usage des processions. Il en serait de même de la réserve de tout l'espace nécessaire pour la conservation des jours de l'édifice, la circulation de l'air et la liberté des passages qui conduisent à l'église. Ce droit de la fabrique est fondé sur deux avis du Conseil d'État des 20 décembre 1806 et 25 janvier 1807[3].

891. La distance qui doit exister entre le cimetière d'une commune et les habitations *agglomérées* doit se mesurer comme suit : les cours et jardins d'une étendue restreinte dépendant d'une maison sont considérés comme formant une partie intégrante de l'habitation. Dès lors, quand des terrains de cette nature entourent les maisons les plus rapprochées du cimetière communal, c'est de leur clôture qu'il y a lieu de mesurer la distance de 35 à 40 mètres, au moins, qui doit séparer le cimetière de la masse des habitations, conformément aux dispositions qui précèdent. Mais dans le cas où les dépendances des maisons dont il s'agit sont des terrains non clos, des terres arables, des vergers ou des jardins entourés d'une clôture et ayant une étendue considérable qui ne permet pas de les considérer comme faisant intégralement partie des habitations, les maisons seules, avec les bâtiments y attenant, doivent servir de point de départ pour mesurer la distance qu'exigent les dispositions réglementaires précitées. Cette distinction, qui résulte de l'esprit sinon du texte de ces dispositions, est consacrée par la jurisprudence du Conseil d'État délibérant au contentieux[4].

892. Les communes ne peuvent opérer l'agrandissement des cimetières qui sont à moins de 35 mètres de leur enceinte ; elles doivent, au contraire, les transférer, confor-

1. *Bull. off. Int.*, année 1866, p. 37, n° 6.
2. Lois des 22 déc. 1789 et 8 janv. 1790.
3. Dieulin, *Guide des curés*, p. 295.
4. Arrêts des 4 avril 1861, 12 mars 1863, 28 mai 1866 et 21 janv. 1869. *Bull. off. Int.*, année 1869, p. 568, n° 39.

mément aux dispositions du décret du 23 prairial an XII, et il appartient au préfet de faire, au besoin, exécuter d'office cette translation, lorsque le mauvais vouloir de l'administration municipale paraît démontré [1].

Néanmoins, cette prohibition ne s'applique pas aux cimetières situés à plus de 35 mètres de l'enceinte des villes ou communes, alors même qu'il y aurait dans le voisinage des *maisons isolées*, situées à moins de 35 mètres [2].

Lorsqu'un cimetière est situé près de l'église et entouré d'habitations, l'administration supérieure commet un excès de pouvoirs en autorisant la commune à déplacer le mur de ce cimetière et à comprendre dans sa nouvelle enceinte des terrains qui n'en faisaient pas partie précédemment et qui se trouvaient à moins de 35 mètres des habitations [3], à moins qu'il ne soit constaté qu'il n'existe dans la commune aucun autre emplacement propre aux inhumations. Autrement, on perpétuerait indéfiniment un abus que le législateur a entendu faire cesser. Ces principes sont surtout d'une application absolue, lorsqu'il s'agit de recourir à la voie rigoureuse de l'expropriation [4]. On peut donc, à raison de circonstances particulières, tolérer un état de choses irrégulier ; mais une mesure qui aurait pour résultat de le consacrer n'est pas susceptible d'approbation [5].

Les communes rurales, pas plus que les autres communes, ne peuvent opérer l'agrandissement des cimetières qui ne réunissent pas les conditions légales. Cependant, si l'une de ces communes se trouvait absolument hors d'état de pourvoir aux dépenses qu'occasionnerait la translation de son cimetière, l'agrandissement de ce lieu d'inhumation pourrait être autorisé comme présentant déjà une amélioration sensible sous le rapport de la salubrité publique [6].

893. En principe, et d'après la jurisprudence du Con-

---

1. *Bull. off. Int.*, année 1857, p. 283, n° 84.
2. *Ibid.*, années 1869, p. 568, n° 40, et 1881, p. 479, n° 117; arrêt du 13 avril 1881.
3. Arrêts des 12 juillet 1860 et 19 mai 1865; *Bull. off. Int.*, année 1866, p. 44, n° 10.
4. *Bull. off. Int.*, année 1856, p. 58, n° 4.
5. *Ibid.*, année 1862, p. 82, n° 15.
6. *Ibid.*, années 1857, p. 170, n° 46, et 1861, p. 380, n° 63.

seil d'État, les communes doivent être propriétaires des cimetières. Cette jurisprudence est fondée sur ce que les lieux publics de sépulture sont affectés à l'inhumation de tous les habitants d'une commune sans distinction de culte; qu'ils sont soumis exclusivement à l'autorité, police et surveillance de l'administration municipale; qu'enfin le produit des concessions de terrain dans les cimetières doit être versé dans la caisse communale, sauf le droit des pauvres. C'est d'après ces considérations qu'il a été décidé depuis longtemps que les fabriques des églises catholiques ne peuvent être autorisées à accepter les donations de terrains destinés à servir de lieux de sépulture[1].

Aux termes des articles 1 et 2 du décret du 23 prairial an XII, il doit y avoir, il est vrai, hors des villes et bourgs, à la distance de 35 à 40 mètres au moins de leur enceinte, des terrains spécialement consacrés à l'inhumation des morts; mais on ne saurait voir dans ces articles, ni dans les autres dispositions qui régissent la matière, l'obligation pour chaque commune d'avoir à elle seule un cimetière; on n'y trouve que des conditions prescrites dans l'intérêt de la salubrité et de la décence publiques. Il est sans doute préférable, au point de vue d'une bonne police, que toute commune possède exlusivement un lieu de sépulture, mais rien ne s'oppose à ce que plusieurs se réunissent pour établir un seul cimetière, lorsque leur situation financière ou d'autres circonstances qu'il appartient à l'administration supérieure d'apprécier, justifient cette réunion[2].

Dans ce cas, il n'y a pas d'obstacle légal à ce qu'une commune obtienne l'autorisation de faire usage du cimetière d'une autre commune, sauf à lui payer un prix de location établi d'après le chiffre de la population de chacune d'elles[3].

Si les deux communes sont propriétaires du cimetière et suportent les charges y relatives en raison de leurs droits, elles doivent partager dans la même proportion le produit des concessions de terrain[4]. Mais, dans le cas où

---

1. *Bull. off. Int.*, années 1859, p. 31, n° 9, et 1861, p. 308, n° 51.
2. *Ibid.*, années 1856, p. 169, n° 35, et 1868, p. 160, n° 22.
3. *Ibid.*, année 1857, p. 171, n° 48.
4. *Ibid.*, années 1859, p. 143, n° 49, et 1869, p. 343, n° 26.

l'une d'elles ayant établi le cimetière avec ses propres ressources, accorderait à l'autre la faculté d'en faire usage à titre gratuit ou moyennant une simple redevance locative, il n'y aurait pas de motifs pour que la première ne recueillît pas seule le même produit.

Quant à la compétence, la difficulté qui pourrait exister entre elles sur leurs droits à la propriété du cimetière devrait être portée devant l'autorité judiciaire ; si, au contraire, la difficulté était relative au produit des concessions, il appartiendrait à l'autorité administrative de statuer sur la répartition de ce produit par application des règlements sur la matière[1].

894. Les terrains les plus élevés et exposés au nord seront choisis de préférence ; ils seront clos de murs de 2 mètres au moins d'élévation. On y fera des plantations, en prenant les précautions convenables pour ne point gêner la circulation de l'air[2].

En cas d'obstacles provenant de la disposition des localités, on pourrait certainement, à défaut d'autre, choisir un emplacement situé dans des conditions différentes[3].

Les obligations respectives des communes et des fabriques paroissiales, relativement aux murs de clôture du cimetière et à leur entretien, sont déterminées par la loi du 18 juillet 1837 et par le décret du 30 décembre 1809. Il importe d'abord de distinguer, en pareille matière, s'il s'agit de travaux de grosses réparations ou de simple entretien. Dans le premier cas, la dépense présentant le caractère *de frais de clôture*, devrait être acquittée exclusivement par la ville (loi du 18 juillet 1837, art. 30, n° 17). Dans le second, la dépense se rattachant à l'entretien du cimetière, la fabrique serait tenue d'y pourvoir, aux termes de l'article 37 du décret du 30 décembre 1809, si elle avait des ressources suffisantes. Il est vrai que l'article précité de la loi de 1837 range également l'entretien des cimetières au nombre des dépenses obligatoires des communes, sans rappeler que cette obligation incombe en premier lieu aux fabriques. Mais il ressort d'un avis du Conseil d'État

---

1. *Bull. off.*, années 1859, p. 143, n° 49, et 1864, p. 295, n° 34.
2. Déc. 23 prair. an XII, art. 3.
3. *Bull. off. Int.*, 6 déc. 1863.

du 21 août 1839 que l'article 30 de la loi de 1837 a eu seulement pour objet de résumer et de coordonner les dépenses mises à la charge des communes par différents actes de la législation antérieure, et il faudrait se garder de conclure de son silence à l'égard des fabriques qu'elle ait voulu modifier les obligations respectives que le décret du 30 décembre 1809 a imposées aux unes et aux autres.

Enfin, il doit être bien entendu que les règles rappelées ci-dessus ne s'appliquent qu'aux cimetières ou portions de cimetières affectés à l'inhumation des catholiques ; et que la commune n'est affranchie, dans aucun cas, de l'obligation de pourvoir aux frais d'entretien de la partie du cimetière réservée aux protestants [1].

895. Lorsque les communes, comme cela arrive le plus souvent, comprennent la pose d'une croix dans les frais d'établissement de leur cimetière, l'administration supérieure n'a pas de motifs pour s'y opposer ; mais, dans le cas contraire, elle ne saurait user à cet égard d'aucun moyen coercitif, par la raison que l'obligation imposée par la loi aux communes d'assurer le service des inhumations a spécialement un caractère *civil*, les cimetières étant destinés à recevoir les restes de tous les décédés sans acception de culte. On ne voit pas, dès lors, comment il serait possible de contraindre une commune qui s'y refuserait à décorer son cimetière d'un signe distinctif particulier au culte chrétien, ni surtout comment une dépense de cette nature pourrait être mise d'office à sa charge [2].

896. Les communes ne sont pas tenues de remettre au curé une clé du cimetière. En effet, le décret du 23 prairial an XII porte (art. 16) que les cimetières, soit qu'ils appartiennent aux communes, soit qu'ils appartiennent aux particuliers, sont soumis à la police et à la surveillance de l'autorité municipale [3]. Or, il est évident que cette mission ne pourrait pas être exactement remplie et que l'administration municipale serait fondée à décliner la responsabilité qui en résulte, si elle était tenue de remettre au curé une clé du cimetière.

---

1. *Bull. off. Int.*, année 1868, p. 295, nº 40.
2. *Ibid.*, année 1857, p. 170, nº 147.
3. V. *infrà*, nº 924.

Il existe bien, quelquefois, dans les cimetières des chapelles où l'on célèbre des services religieux, mais ces chapelles ne se trouvent guère que dans les grandes villes, et, en pareil cas, il est permis de croire que les maires s'empressent de faciliter l'accès des lieux de sépulture pour l'accomplissement des services religieux[1].

897. Chaque inhumation aura lieu dans une fosse séparée ; chaque fosse qui sera ouverte aura 1 mètre 5 décimètres de profondeur sur 8 décimètres de largeur, et sera ensuite remplie de terre bien foulée[2].

La jurisprudence, après avoir varié à différentes époques, admet aujourd'hui que plusieurs corps peuvent être déposés, même en pleine terre, dans un terrain de 2 mètres seulement, à la condition d'observer strictement les règles tracées par le décret précité (art. 4, 5 et 6), dans l'intérêt de la décence et de la salubrité publiques, pour le creusement, l'espacement et le renouvellement des fosses[3].

898. Les fosses seront distantes les unes des autres de 3 à 4 décimètres sur les côtés, et de 3 à 5 décimètres à la tête et aux pieds[4].

899. Pour éviter le danger qu'entraîne le renouvellement trop rapproché des fosses, l'ouverture des fosses pour de nouvelles sépultures n'aura lieu que de cinq années en cinq années. En conséquence, les terrains destinés à former les lieux de sépulture seront cinq fois plus étendus que l'espace nécessaire pour y déposer le nombre de morts qui peuvent y être enterrés chaque année[5].

900. Aux termes du décret du 23 prairial an XII, dont les dispositions ont force de loi, certaines mesures de police doivent être prises à l'égard des cimetières, dans l'intérêt, soit de la salubrité et de la décence publiques, soit de la liberté des cultes. Lorsque le maire d'une commune refuse de les prescrire, l'article 15 de la loi du

---

1. *Bull. off. Int.*, année 1856, p. 249, n° 77.
2. Déc. 23 prair. an XII, art. 4.
3. *Bull. off. Int.*, année 1860, p. 430 et 431, n° 62. V. en sens contraire : *Bull. off. Int.*, année 1863, p. 27, n° 3.
4. Déc. 23 prair. an XII, art. 5.
5. *Ibid.*, art. 6.

18 juillet 1837 confère à l'autorité préfectorale le droit de suppléer d'office à son abstention. Or, on peut ranger au nombre de ces mesures celle qui consiste à régler l'ordre des inhumations dans les diverses parties du cimetière, de manière à prévenir le renouvellement trop rapproché des fosses. Il appartiendrait donc au préfet de prendre un arrêté à cet égard, si le maire persistait à ne pas le faire. Quant à la désignation des terrains réservés aux concessions, le maire ne serait tenu d'y procéder, et elle ne saurait, par suite, donner lieu à l'application de l'article 15 de la loi du 18 juillet 1837, que si les concessions avaient été votées en principe par le conseil municipal et régulièrement autorisées [1].

901. Lorsqu'une famille aura négligé de s'assurer la possession d'une sépulture dans laquelle un autre corps aura été inhumé, elle ne pourra en demander la concession ni se livrer à des fouilles qui troubleraient la sépulture du prédécédé [2].

SECTION II.

Des concessions de terrains dans les cimetières pour fondation de sépultures privées.

902. Lorsque l'étendue des lieux consacrés aux inhumations le permettra, il pourra y être fait des concessions de terrains aux personnes qui désireront y posséder une place distincte et séparée pour y fonder leur sépulture et celle de leurs parents ou *successeurs*, et y construire des caveaux, monuments ou tombeaux [3].

Par l'expression *successeurs*, précédée de celle de parents, l'on entend ordinairement les héritiers qui, n'étant pas parents, succèdent au défunt en vertu de dispositions testamentaires et non pas les personnes qui remplacent le concessionnaire dans les fonctions publiques dont il était revêtu, ou dans ses biens par voie d'acquisition, car elles peuvent lui être étrangères [4].

---

1. *Bull. off. Int.*, année 1865, p. 135, n° 23.
2. *Ibid.*, année 1863, p. 318, n° 50.
3. Décret précité, art. 10.
4. *Bul. off. Int.*, année 1856, p. 321, n° 87.

A s'en tenir strictement aux termes de cet article, l'emplacement dont une famille est concessionnaire à perpétuité dans un cimetière communal ne peut servir à l'inhumation d'une personne étrangère à cette famille.

Mais, dans la pratique, la loi est souvent interprétée d'une manière moins rigoureuse, et il est admis que le propriétaire d'un emplacement peut y faire inhumer, outre les membres de sa famille, des personnes auxquelles l'attachaient des liens d'affection ou de reconnaissance.

C'est seulement au cas où les concessionnaires abuseraient de cette latitude dans un but de spéculation que l'autorité locale serait fondée à intervenir et à empêcher toute inhumation que ne justifieraient ni les termes, ni l'esprit de ces dispositions[1].

Les dispositions de l'article qui précède n'étant pas absolues, on ne peut exiger la concession d'un terrain dans un cimetière pour la sépulture d'une famille lorsque l'administration municipale croit avoir intérêt à ne pas l'accorder; c'est une simple faculté qui lui est attribuée, et l'autorité supérieure ne saurait la contraindre à en user[2].

903. L'intervention des notaires, comme l'a indiqué la circulaire du 19 décembre 1840, n'est pas nécessaire pour la validité des ventes de biens communaux; or, le recours à ces officiers ministériels est bien moins utile encore pour la délivrance des concessions, que l'on ne saurait assimiler à des ventes proprement dites, puisqu'elles ne confèrent pas un droit réel de propriété, mais seulement un droit de *jouissance* et *d'usage* avec affectation *spéciale et nominative*.

De plus, comme la présence d'un notaire en pareille circonstance pourrait faire supposer que la commune entend opérer une translation ordinaire de propriété, il convient d'engager l'autorité municipale à délivrer exclusivement dans la forme administrative les concessions dont il s'agit[3]. D'où il suit que les familles qui les ont obtenues ne sauraient les transmettre à des tiers par voie de vente, d'échange, etc., qu'elles soient temporaires ou perpétuelles.

1. *Bull. off. Int.*, année 1863, p. 289, nº 42.
2. *Ibid.*, année 1861, p. 256, nº 43.
3. *Ibid.*, année 1856, p. 248, nº 72.

En effet, on ne saurait trouver, dans les droits conférés par ces concessions, aucun des caractères du droit de propriété proprement dit, qui comprend en première ligne celui d'user et d'abuser. D'une part, il n'appartient pas au concessionnaire de changer l'affectation que le terrain concédé a reçue par l'acte de concession même ; de l'autre, la première condition de la propriété est de pouvoir se transmettre ; or, les terrains acquis par voie de concession ne sont pas transmissibles de leur nature, et ne peuvent entrer dans le commerce. Les lois sur l'expropriation, sur les partages, sur les hypothèques, ne leur sont point applicables : en un mot, ils sont placés tout à fait en dehors du droit commun [1].

Mais rien ne s'oppose en principe à ce que la commune qui a concédé des terrains dans son cimetière à des familles consente, sur la demande de celles-ci, à les reprendre en retour d'autres terrains situés dans le même cimetière et devant recevoir la même destination. Un échange de cette nature, à des conditions sauvegardant les intérêts de la commune, ne serait donc susceptible d'aucune objection, surtout si les familles n'avaient pas déposé de corps dans les terrains qu'elles voudraient délaisser. Il pourrait en être autrement si des inhumations y avaient déjà été opérées. Dans ce cas, l'échange ne devrait être admis qu'autant que les exhumations auxquelles il donnerait lieu ne présenteraient pas d'inconvénients au point de vue de la décence et de la salubrité publiques [2].

904. Les communes ne sont pas tenues de mettre un *caveau provisoire* à la disposition des familles pour leur laisser le temps d'établir des sépultures définitives ; et lorsqu'elles en font construire un, afin d'éviter les formalités toujours pénibles de l'exhumation, elles ont le droit d'attacher un prix à ce service rendu [3].

Il n'est pas douteux que l'autorité municipale ait le droit d'exiger, dans l'intérêt de la police, de la décence et de la salubrité, que les corps dont l'inhumation définitive doit être ajournée plus ou moins longtemps soient déposés dans un local spécialement approprié à cette destination. D'un

1. Circ. min. Int. 20 juillet 1841 (p. 263).
2. *Bull. off. Int.*, année 1868, p. 252, n° 28.
3. *Ibid.*, année 1863, p. 175, n° 32.

autre côté, la commune ne saurait être tenue de mettre *gratuitement* ce local à la disposition des familles et il est naturel que celles qui voudront en faire usage payent un droit de location fixé par un tarif régulièrement approuvé[1].

905. Les concessions de terrains dans les cimetières communaux, pour fondation de sépultures privées, seront, à l'avenir, divisées en trois classes :

1° Concessions perpétuelles ;

2° Concessions trentenaires ;

3° Concessions temporaires.

Aucune concession ne peut avoir lieu qu'au moyen du versement d'un capital, dont deux tiers au profit de la commune et un tiers au profit des pauvres ou des établissements de bienfaisance. Les concessions trentenaires seront renouvelables indéfiniment, à l'expiration de chaque période de trente ans, moyennant une nouvelle redevance qui ne pourra dépasser le taux de la première[2]. A défaut du paiement de cette redevance, le terrain fera retour à la commune ; mais il ne pourra cependant être repris par elle que deux années révolues après l'expiration de la période pour laquelle il avait été concédé, et, dans l'intervalle de ces deux années, les concessionnaires ou leurs ayant-cause pourront user de leur droit de renouvellement. Les concessions temporaires seront faites pour quinze ans au plus, et ne pourront être renouvelées[3].

---

1. *Bull. off. Int.*, année 1863, p. 288, n° 41.

2. Il est bien évident que ces concessions peuvent être renouvelées avant l'expiration de chaque période. En effet, le législateur en accordant aux concessionnaires deux années révolues après l'expiration de chaque période a voulu leur accorder toutes les facilités pour les renouveler, et les communes ont intérêt à ces renouvellements anticipés ; d'ailleurs, ce qui n'est pas défendu est permis.

3. Ord. roy. 6 déc. 1843, art. 3, modifiant l'article 3 du décret du 23 prair. an XII, ainsi conçu : « Les concessions ne seront néanmoins « accordées qu'à ceux qui offriront de faire des fondations ou dona- « tions en faveur des pauvres et des hôpitaux, indépendamment d'une « somme qui sera donnée à la commune, et, lorsque ces fondations et « donations auront été autorisées par le Gouvernement, dans les « formes accoutumées, sur l'avis des conseils municipaux et la pro- « position des préfets. » — La délibération d'un conseil municipal qui admettrait le renouvellement des concessions temporaires serait entachée d'illégalité. (*Bull. off. Int.*, année 1869, p. 295, n° 14.)

Les concessions de terrains dans les cimetières communaux sont assujetties à la formalité de l'enregistrement.

Le droit de 4 p. 100 doit être appliqué aux concessions perpétuelles et trentenaires, par le motif que si elles n'emportent pas un

On a demandé si les conseils municipaux sont libres de n'adopter qu'une des trois classes de concessions à l'exclusion des deux autres, ou s'ils sont tenus absolument de diviser ces concessions en trois catégories, pour que les habitants puissent choisir celle qui leur convient le mieux.

Cette dernière interprétation est la seule conforme à l'esprit et aux termes de l'ordonnance précitée, et le préfet doit refuser son approbation à toute délibération qui tendrait à s'en écarter[1].

En conséquence, un conseil municipal n'a pas la faculté d'établir un règlement qui n'admet que des concessions perpétuelles et il doit nécessairement y faire figurer les deux autres catégories. On ajoutera même que l'économie de ce règlement devrait tendre à imposer aux familles une préférence pour les concessions *trentenaires* ou *temporaires*, qui ne présenteraient pas les mêmes inconvénients que les concessions perpétuelles au point de vue de l'envahissement des cimetières.

D'un autre côté, d'après les principes de la matière et de la jurisprudence, le prix du mètre de terrain doit être fixé invariablement pour chaque classe de concession et ne pas changer, suivant que les familles demanderaient, par exemple, une concession plus ou moins étendue[2].

906. Il est préférable, en général, d'affecter dans les cimetières un emplacement spécial à chacune des trois classes de concession. Mais cette affectation n'est prescrite par aucune disposition de loi ou de règlement d'administration publique ; rien ne s'oppose, dès lors, à ce que le maire soit autorisé, lorsque des circonstances particulières le justifient, à délivrer des concessions sur tous les points du cimetière où peuvent se faire les inhumations[3].

En effet, l'article 1er (n° 6) de la loi du 24 juillet 1867

---

droit réel de propriété, elles confèrent du moins aux concessionnaires un droit d'usage immobilier pour un temps qui, pour la 1re catégorie, est illimité, et peut le devenir pour la 2e. (Décis. min. Fin. 12 mai 1846; J. E. 12,723; I. G. 1757.)

Quant aux concessions appelées temporaires, on ne peut leur appliquer que le droit de 20 cent. p. 100, déterminé pour les baux à durée limitée. (Déc. min. Fin. 12 mai 1846; J. E. 12,723 ; I. G. 1757.)

1. *Bull. off. Int.*, années 1856, p. 249, n° 76, et 1868, p. 494, n° 62.
2. *Ibid.*, année 1859, p. 32, n° 10. V. *infrà*, n° 908.
3. *Ibid.*, année 1869, p. 127, n° 2.

a conféré aux conseils municipaux le droit de régler par leurs délibérations le tarif des concessions dans les cimetières, et ce droit implique pour eux, non-seulement le droit de fixer le prix des emplacements réservés pour la fondation de sépultures privées, mais encore celui d'apprécier si l'étendue des cimetières permet d'en consacrer une partie à cet usage, et quel espace il convient d'affecter à chacune des trois classes de concessions indiquées par l'Ordonnance réglementaire du 6 décembre 1843 (art. 3). Les délibérations prises en pareille matière par les conseils municipaux, d'accord avec les maires, n'ont besoin d'aucune approbation pour devenir exécutoires. Mais l'article 6 de la loi du 24 juillet 1867 les soumet au contrôle établi par l'article 18 de la loi du 18 juillet 1837.

Ce contrôle appartient aux préfets et non aux sous-préfets, les pouvoirs que le décret du 13 avril 1861 avait conférés à ces derniers en ce qui concerne le tarif des concessions leur ayant été enlevés par la loi du 24 juillet 1867 (art. 1er).

Il en résulte que les préfets ont le droit d'annuler les délibérations qui seraient entachées d'illégalité, et notamment celles qui méconnaîtraient les prescriptions du décret du 23 prairial an XII (art. 6), en ne laissant pas dans les cimetières, en dehors des terrains affectés aux concessions, un espace suffisant pour permettre de ne rouvrir que tous les cinq ans au plus tôt les fosses occupées par les sépultures ordinaires.

Il est certain, d'ailleurs, que les conseils municipaux ne sont pas tenus de se conformer, pour la fixation des tarifs, aux *minima* déterminés par les arrêtés préfectoraux en exécution du décret du 13 avril 1861. Ces arrêtés, pris en vue des pouvoirs que le même décret attribuait aux sous-préfets en pareille matière, sont tombés avec ces pouvoirs et les entraves qu'ils avaient apportées à l'initiative des conseils municipaux.

Il est également hors de doute que la disposition finale de l'article 1er de la loi du 24 juillet 1867 est applicable à tous les objets énoncés dans cet article[1], et que, par consé-

1. Cet article se termine ainsi : « En cas de désaccord entre le maire et le conseil municipal, la délibération ne sera exécutoire qu'après « approbation du préfet. »

quent, les délibérations relatives aux concessions de terrains dans les cimetières demeurent, en cas de dissentiment entre les conseils municipaux et les maires, subordonnées à l'approbation des préfets[1].

907. La subdivision des concessions en trois classes doit être opérée en raison combinée du chiffre de la population, de l'étendue du cimetière et du nombre des concessions de chaque classe supputé selon les besoins présumés[2].

908. Il est plus rationnel de fixer le prix du terrain à tant le mètre que de forcer les familles à prendre une portion déterminée à l'avance. En effet, les familles peuvent être plus ou moins nombreuses, et, dans certains cas, elles achèteraient plus de terrain qu'il ne leur en faudrait ; dans d'autres, elles n'en auraient pas assez. L'objection tirée souvent, en pareille matière, de ce qu'il est nécessaire d'espacer les concessions, n'est pas fondée ; car on peut élever le prix du mètre, sauf à l'administration municipale à laisser, comme elle y est obligée par l'ordonnance du 6 décembre 1843, un terrain libre autour des sépultures[3].

Il demeure entendu que les dispositions de cette ordonnance, ne statuant que pour l'avenir, n'affectent en rien les concessions anciennes qui, bien que faites à des conditions différentes, n'en doivent pas moins être scrupuleusement respectées ; et que les tarifs, anciennement approuvés par ordonnances royales, continueront d'être exécutoires, à moins que les conseils municipaux n'en votent la modification dans le sens du nouveau règlement[4].

909. La disposition d'un règlement qui prescrit le paiement d'une somme pour chaque superposition de corps

---

1. *Bull. off. Int.*, année 1867, p. 553, n° 41. — Aux termes de l'art. 7 de l'ord. de 1843, les tarifs des concessions étaient proposés par les conseils municipaux et approuvés par arrêtés des préfets et, pour les communes dont les revenus dépassaient 100,000 fr., par le Gouvernement. Ensuite, le droit d'approuver ces tarifs a été attribué aux préfets, quels que fussent les revenus des communes, et d'après le décret du 13 avril 1861, les sous-préfets ont aussi le droit d'homologuer les tarifs dont s'agit, quand ils étaient établis d'après les conditions fixées par arrêté préfectoral.
2. Circ. min. Int. 30 déc. 1843 (p. 256).
3. *Bull. off. Int.*, année 1858, p. 316 (n° 74).
4. Circ. min. Int. précitée (p. 256 et 259).

dans les terrains concédés ne présente, en réalité, rien d'illicite ; mais il est plus conforme à l'esprit des lois sur la matière, et d'ailleurs favorable, sous plusieurs rapports, de fixer un prix unique à raison de tant le mètre, en laissant aux familles la libre disposition du terrain, pourvu qu'au moyen des précautions nécessaires l'intérêt de la salubrité et de la décence publiques se trouve suffisamment sauvegardé.

Néanmoins, il a été décidé que le prix des concessions doit être basé exclusivement sur le nombre de mètres de terrain qu'elles comportent. Une fois ce prix acquitté, les familles peuvent inhumer successivement les membres qu'elles perdent, sans être astreintes à d'autre obligation que celle de se conformer aux mesures prescrites dans l'intérêt de la décence et de la salubrité.

Il y a des règlements anciens qui contiennent des dispositions qui s'écartent de cette jurisprudence ; mais l'administration supérieure, sans infirmer ces anciens règlements, tend à imposer à l'avenir une règle uniforme pour toutes les communes[1].

910. Les communes ne doivent pas venir en aide aux indigents en leur abandonnant gratuitement des biens qui peuvent être amodiés ou vendus au profit de la caisse municipale, et aucune mesure de ce genre ne saurait être autorisée sans inconvénient.

Au lieu de voter la cession gratuite de parcelles de terrain dans un but d'assistance, les conseils municipaux pourraient consentir des baux à long terme, moyennant de légères redevances[2].

Les délibérations des conseils municipaux assignant aux concessions un tarif trop peu élevé ne sont pas susceptibles d'annulation, si elles sont d'ailleurs régulières[3].

911. Le prix d'une concession réservée peut être remplacé par le don d'un terrain à la commune, mais la part destinée aux pauvres doit être payée soit par le donateur, soit par la commune[4].

---

1. *Bull. off. Int.*, année 1859, p. 107, nº 32.
2. *Ibid.*, p. 206, nº 58.
3. *Ibid.*, année 1869, p. 128, nº 3.
4. *Ibid.*, année 1859, p. 31, nº 8.

912. Les conseils municipaux ne doivent, en aucun cas, diminuer, dans le tarif du prix des concessions, la part dévolue au droit des pauvres. On ne saurait, en effet, déroger dans une espèce particulière, quelque intéressante qu'elle soit, à une prescription générale établie d'une manière absolue par un règlement d'administration publique, comme, par exemple, s'il n'y avait point ou peu d'indigents dans la commune. D'un autre côté, si celle-ci a besoin de nouvelles ressources, rien ne s'oppose à ce qu'elle avise à d'autres moyens pour améliorer sa situation financière[1].

Le droit des pauvres peut être attribué exclusivement soit au bureau de bienfaisance, soit à l'hospice, ou réparti entre ces deux établissements par portions égales ou inégales[2].

Il appartient au préfet de répartir entre les différents établissements charitables d'une même commune, le tiers du produit des concessions dans les cimetières revenant aux pauvres ou aux établissements de bienfaisance.

L'ordonnance du 6 décembre 1843 dispose qu'aucune concession de terrain dans les cimetières communaux, pour fondation de sépultures privées, ne peut avoir lieu qu'au moyen du versement d'un capital, dont les deux tiers au profit de la commune et *un tiers au profit des pauvres ou des établissements de bienfaisance.*

A la suite des réclamations formées par les commissions administratives de divers hospices ou bureaux de bienfaisance, qui n'avaient pas été compris dans la répartition des sommes provenant du tiers du produit des concessions, la question s'est posée de savoir à qui il appartient de procéder à cette répartition.

Les conseils municipaux étant chargés de régler, par leurs délibérations, le tarif des concessions, plusieurs d'entre eux ont pensé qu'il leur appartenait, par voie de conséquence, de répartir la part des pauvres entre les établissements charitables de la commune.

Mais le droit de régler le tarif n'emporte nullement avec lui le droit de répartition dont il s'agit. Aucune disposition législative ou réglementaire n'ayant conféré cette

1. *Bull. off. Int.*, circ. du 7 août 1865 (p. 68, n° 13).
2. *Ibid.*, année 1862, p. 82, n° 14.

dernière attribution aux conseils municipaux, c'est aux préfets à statuer en vertu du décret de décentralisation du 25 mars 1852. (Tableau A, § 55.)

Il ne s'agit pas d'ailleurs d'un don bénévole fait aux pauvres par la commune, qui justifierait l'intervention du conseil municipal, mais d'un prélèvement obligatoire, et il est tout naturel que le préfet, chargé de la tutelle des établissements de bienfaisance et qui connaît parfaitement leurs besoins, soit appelé à régler la part qui doit leur revenir.

Au surplus, il suffirait, pour justifier le droit du préfet, d'appliquer, par analogie, les dispositions de l'arrêté du 7 fructidor an VII, portant que le produit des droits établis sur les spectacles, bals, etc., continuera d'être affecté aux besoins des hôpitaux et aux secours à domicile, d'après la répartition qui leur en sera faite par le préfet, sur la proposition du sous-préfet[1].

Il n'est pas inutile d'ajouter ici que le tiers du prix des concessions, attribué par l'ordonnance précitée aux pauvres ou aux établissements de bienfaisance, ne peut être considéré que comme un *minimum*, que le concessionnaire demeure parfaitement libre de dépasser, pourvu toutefois que la commune reçoive au moins la somme qui lui est due aux termes du tarif. A cet égard, il est virtuellement dérogé par le nouveau règlement, en ce qui touche les donations de cette nature, aux dispositions de l'article 1er de l'ordonnance royale du 2 avril 1817. Le préfet pourra donc en autoriser l'acceptation à quelque somme qu'elles s'élèvent. Seulement, il conviendra de prescrire, en pareil cas, et comme règle générale, l'emploi en achat de rentes sur l'État, au nom de l'établissement charitable, du montant de ces libéralités[2].

913. Afin d'éviter un trop prompt envahissement des cimetières, les terrains concédés à perpétuité ne pouvant plus faire retour à la commune, ces sortes de concessions ne devront être accordées qu'à des prix très-élevés. Il y a d'autant moins de raisons de craindre de les taxer trop haut, qu'elles constituent un véritable privilége au profit

1. Décis. min. Int. 28 oct. 1874. V. *Bull. off. Int.*, année 1875, p. 234.
2. Circ. min. Int. 30 déc. 1843 (p. 256).

des classes riches, et qu'il est désirable, vu les inconvénients inhérents aux concessions perpétuelles, que la préférence des familles se porte sur les deux autres classes de concessions.

Les concessions trentenaires ont une grande analogie avec les concessions perpétuelles, puisque la faculté de les renouveler *indéfiniment* tend effectivement à en perpétuer la jouissance ; elles ont toutefois sur les premières l'avantage de ne pas engager absolument l'avenir, le défaut de paiement de la redevance fixée, à l'expiration de chaque période de renouvellement, donnant à la commune le droit de remettre le terrain en service. Il importe donc d'établir une différence notable dans le prix de ces concessions par rapport à celui qui sera réglé pour les concessions perpétuelles proprement dites, afin, comme il est dit plus haut, de déterminer la préférence des familles en faveur d'un mode qui leur présente, à moins de frais, des résultats à peu près équivalents[1].

914. Lorsqu'il n'existe dans les cimetières aucun emplacement réservé spécialement aux sépultures particulières, et que les familles sollicitent des concessions n'excédant pas les dimensions déterminées par l'article 4 du décret du 23 prairial an XII, pour l'ouverture des fosses, il semble équitable de fixer, comme point de départ des concessions, l'époque à laquelle expirent les cinq années pendant lesquelles l'article 6 du même décret interdit le renouvellement des fosses. En effet, c'est seulement à l'expiration de ce délai que les concessions attribuent aux familles une jouissance exclusive, un privilége leur permettant de s'opposer à ce que les terrains qui en sont l'objet servent à d'autres inhumations qu'à celles en vue desquelles ils ont été concédés. Les concessions, en pareil cas, ne devraient avoir pour point de départ l'époque des inhumations qu'à l'égard des terrains qu'elles comprendraient en dehors des limites fixées par l'article 4 du décret de l'an XII.

Mais quand les concessions sont faites dans une partie des cimetières qui leur est affectée exclusivement, elles confèrent aux familles, pour tout le terrain qu'elles com-

1. Circ. min. Int. 30 déc. 1843 (p. 254).

prennent, une jouissance privative à partir du moment où le terrain est mis à leur disposition, moment qui n'est jamais postérieur à l'inhumation et qui peut la précéder. Dans ce cas, dès lors, il y a lieu de fixer comme point de départ des concessions l'époque où elles sont livrées aux familles, soit pour les inhumations, soit pour la construction des caveaux, monuments ou tombeaux.

Il importe donc, lorsque les cimetières ont une étendue suffisante, d'y assigner, en dehors des terrains indispensables pour le service ordinaire des inhumations, des emplacements affectés spécialement à chacune des trois catégories de concessions, et l'autorité préfectorale doit user de son influence pour déterminer les communes à adopter un semblable aménagement : il a le double avantage d'augmenter leurs ressources ainsi que celles des établissements de bienfaisance, et de prévenir les difficultés auxquelles donne lieu la fixation du point de départ des concessions dans les cimetières où cet aménagement n'existe pas [1].

915. Les administrations municipales sont en droit de se refuser à la conversion des concessions à temps en concessions à perpétuité, ou de n'y consentir qu'à la condition du paiement intégral du prix fixé pour les concessions perpétuelles. Toutefois, quand les cimetières sont assez vastes pour permettre de délivrer sans inconvénient toutes les concessions de cette dernière catégorie que sollicitent les familles, il serait rigoureux de repousser les demandes de conversion, et de ne pas défalquer du prix des concessions à perpétuité une somme égale à la valeur que représenteraient les concessions primitives, à raison du temps restant encore à courir jusqu'à leur expiration. L'ordonnance du 6 décembre 1843 ne paraît pas s'opposer à cette espèce de compensation. Mais lorsqu'une concession temporaire ou trentenaire est entièrement expirée, la concession perpétuelle qui la remplacerait devrait toujours être payée intégralement.

Dans cette hypothèse, une réduction de prix constituerait pour le concessionnaire un avantage purement gratuit et serait contraire non-seulement à l'esprit et au texte de

1. *Bull. off. Int.*, année 1867, p. 210 et 211, n° 25.

l'ordonnance précitée, mais encore à la règle générale qui interdit aux communes de faire des libéralités[1].

916. Les concessions de terrains pour sépultures privées dans des cimetières non transférés n'y sont pas interdites. En effet, la législation, loin d'interdire la délivrance de concessions dans les cimetières situés irrégulièrement, a pris soin de déterminer les obligations imposées aux communes dans le cas où la translation de ces lieux d'inhumation vient à être opérée (ordonnance du 6 décembre 1843, art. 5); ainsi, il n'y a pas de motifs pour s'opposer, en principe, à ce que des terrains soient concédés dans de pareils cimetières. Toutefois, si le déplacement du cimetière paraissait devoir être effectué dans un délai rapproché, il conviendrait d'engager l'administration municipale à ne pas y laisser établir de sépultures particulières, afin d'éviter à la commune les embarras et les frais de leur translation[2].

917. Le terrain nécessaire aux séparations et passages établis autour des concessions devra être fourni par la commune[3].

Cet article a pour but de rendre applicables aux emplacements concédés les dispositions de l'article 5 du décret du 23 prairial an XII, relatif à l'espacement des fosses. Cet espacement étant, dans l'un comme dans l'autre cas, prescrit comme mesure d'ordre public, c'est à la commune que doit nécessairement incomber la charge d'y pourvoir[4].

SECTION III.

Des monuments funèbres et autres signes indicatifs de sépulture.

918. Il n'est point dérogé par le décret du 23 prairial an XII aux droits qu'a chaque particulier, *sans besoin d'autorisation*, de faire placer sur la tombe de son parent ou de

---

1. *Bull. off. Int.*, année 1866, p. 40 et 41, nº 4.
2. *Ibid.*, année 1867, p. 98 et 99, nº 12.
3. Ord. roy. 6 déc. 1843, art. 4.
4. Circ. min. Int. 30 déc. 1843 (p. 256).

son ami, une pierre sépulcrale ou autre signe indicatif de sépulture[1].

919. Aucune inscription ne pourra être placée sur les pierres tumulaires ou monuments funèbres sans avoir été préalablement soumise à l'approbation du maire[2].

Cette disposition est l'application générale d'une règle de jurisprudence établie par une ordonnance rendue au contentieux à la date du 7 janvier 1842. Déjà, et en vertu de l'article 16 du décret du 23 prairial an XII, l'autorité municipale était investie d'un droit de police et de surveillance sur les cimetières qui emportait implicitement celui de prévenir les atteintes à la morale publique ou religieuse, à l'ordre et aux lois qui pourraient résulter des inscriptions de cette nature.

Il faut reconnaître avec le Conseil d'État qu'en pareille matière la plus grande latitude doit être laissée au pouvoir municipal. Une inscription même inoffensive, par cela seul qu'elle pourrait servir de prétexte à des désordres et devenir une occasion de scandale et de trouble, doit pouvoir être interdite : c'est au maire qu'il appartient de juger s'il doit la permettre ou la défendre ; ce qu'il importe de considérer avant tout, ce sont les conséquences qui pourraient résulter de l'autorisation réclamée, et si, abstraction faite de toute intention, les paroles gravées sur une tombe ne seraient pas de nature à provoquer des manifestations contraires au bon ordre et au respect dû aux lieux de sépulture ; conséquences que l'autorité municipale est seule en état d'apprécier[3].

920. En principe, les inhumations doivent être opérées dans le sol à une profondeur de 1 mètre 5 décimètres au moins et à une certaine distance les unes des autres[4]. Mais l'usage admet une exception à l'égard des sépultures déposées dans des monuments funèbres établis de manière à sauvegarder les intérêts de la salubrité et de la décence publiques[5].

921. L'ouverture d'un chemin dans un cimetière,

---

1. Déc. 23 prair. an XII, art. 12.
2. Ord. roy. 6 déc. 1843, art. 6.
3. Circ. min. Int. 30 déc. 1843 (p. 257 et 258).
4. V. *suprà*, n° 897.
5. *Bull. off. Int.*, année 1866, p. 486, n° 65.

ordonnée par le maire de la commune, pour s'assurer, au moyen d'une circulation plus libre, la conservation des sépultures, constitue, non un fait intéressant la fortune communale, mais un acte de police accompli par le maire comme magistrat spécialement chargé de la surveillance des cimetières.

En conséquence, une telle mesure ne peut être déférée à la juridiction civile et notamment servir de base à l'action possessoire de la part du particulier troublé dans sa possession de la grille d'un monument funèbre dont la création du nouveau chemin a nécessité le déplacement[1].

Cependant, il est de principe que le repos des morts ne doit pas être troublé, sauf les cas de nécessité *absolue*. Or, on ne saurait procéder dans les cimetières comme sur des terrains libres, et s'il importe d'y introduire de la régularité, au point de vue de la circulation, cette régularité doit être obtenue *graduellement* et sans porter atteinte à des situations acquises. Par conséquent, on ne peut déplacer un monument funèbre pour la rectification d'un chemin d'accès sans le consentement du propriétaire[2].

922. L'article 3 de l'ordonnance du 6 décembre 1843 exige que les terrains concédés par périodes trentenaires ne soient repris par la commune que deux années révolues après l'expiration du terme de renouvellement. Il en sera de même à l'égard des matériaux non réclamés provenant des tombes et monuments élevés sur ces terrains.

Aux termes de l'article 3 de la loi des 22 novembre-1er décembre 1790, et des articles 539 et 713 du Code civil, ces objets devaient revenir au domaine de l'État comme biens vacants et sans maître, mais M. le ministre des finances a décidé, le 18 décembre 1843, vu le peu d'importance de leur valeur en général, qu'ils seraient abandonnés aux communes pour être employés à l'entretien des cimetières.

L'exécution de cette décision entraîne deux obligations essentielles que les administrations municipales devront observer soigneusement :

La première c'est de mettre les familles en demeure par

---

1. Cass. 24 août 1864; *Bull. off. Int.*, année 1866, p. 10.
2. *Bull. off. Int.*, année 1861, p. 308, nº 52.

tous les moyens ordinaires de publicité, d'enlever dans un délai fixé les constructions existantes sur les terrains dont la concession est expirée, et de n'en prendre possession qu'après avis itératif et une année révolue à compter du jour du premier avertissement ;

La seconde c'est de ne faire emploi des matériaux provenant des tombes abandonnées que pour l'entretien et l'amélioration des cimetières. Des raisons de convenance sur lesquelles il n'est pas besoin d'insister ne permettraient pas qu'ils fussent vendus au profit de la commune pour être employés à un autre usage [1].

Quant aux pierres sépulcrales ou autres signes indicatifs de sépulture, il a été décidé qu'ils pouvaient subsister tant que le service des inhumations ne nécessiterait pas la réouverture des fosses. Il n'est dû d'ailleurs aucune taxe pour le maintien de ces signes indicatifs ; mais ils ne peuvent être maintenus indéfiniment, parce que les familles n'auraient aucun intérêt à acheter des concessions, et qu'il en résulterait un préjudice réel pour la commune et pour les pauvres [2].

923. En cas de translation d'un cimetière, les concessionnaires ont droit d'obtenir, dans le nouveau cimetière, un emplacement égal en superficie au terrain qui leur avait été concédé, et les restes qui y avaient été inhumés seront transportés aux frais de la commune [3].

Dans ce cas, les concessionnaires n'ont droit qu'au remplacement du terrain qui leur avait été concédé par un autre terrain d'une égale superficie dans le cimetière nouveau. Ces dispositions consacrent le principe que les concessions faites à titre perpétuel ne constituent point des actes de vente, et n'emportent pas un droit réel de propriété en faveur du concessionnaire, mais simplement un droit de jouissance et d'usage avec affectation spéciale et nominative [4], quelle que soit la nature de la concession [5].

D'où il faut conclure que les concessions perpétuelles ne donnent qu'un droit de jouissance ou d'usage avec

1. Circ. min. Int. 30 déc. 1843 (p. 255).
2. *Bull. off. Int.*, année 1860, p. 380, n° 52.
3. Ord. 6 déc. 1843, art. 5.
4. V. *suprà*, n° 903.
5. *Bull. off. Int.*, année 1863, p. 318, n° 49.

affectation *spéciale et nominative*, et que tout ce que les concessionnaires peuvent exiger, en cas de translation du cimetière, c'est qu'on leur assure la jouissance, aux mêmes conditions, d'une égale portion de terrain dans le cimetière nouvellement établi [1].

En conséquence de ce principe, qui régit le passé comme l'avenir, les concessions anciennement faites ne peuvent être un obstacle à ce que les cimetières existants, dont la translation serait reconnue nécessaire, soient interdits, et, plus tard, aliénés au profit des communes dans les délais prescrits par le décret de prairial an XII [2], sous la seule réserve du remplacement dont il est parlé plus haut. Mais il en résulte un autre droit pour l'administration : c'est celui de s'opposer à ce que les terrains concédés qui, dépourvus du caractère de la propriété, sont conséquemment inaliénables de leur nature, soient l'objet de ventes ou de transactions particulières.

Quant à la prescription qui termine l'article qui précède, et en vertu de laquelle les restes inhumés dans les terrains concédés doivent être transportés, aux frais de la commune, dans le cimetière nouvellement établi, les administrations locales doivent d'abord prendre toutes les précautions nécessaires pour que les familles soient averties, afin que les exhumations et réinhumations soient opérées, s'il est possible, par leurs soins ou avec leur concours, avec tout le respect en même temps qu'avec toutes les précautions de salubrité qu'exigent ces opérations, et aussitôt que les familles l'exigent [3].

A l'égard des frais que les communes auront à supporter dans ce cas, il ne peut être question que des frais matériels tels que creusement des fosses et transport des restes, et, au besoin, des matériaux des tombes érigées sur les terrains abandonnés, toute dépense accessoire de pompe funèbre ou autre devant rester à la charge des familles [4].

Aux termes de l'article 5 de l'ordonnance qui précède, les communes sont uniquement obligées de mettre à la disposition des concessionnaires, dans le nouveau cimetière, des terrains de la même dimension que ceux qui leur

1. Circ. min. Int., 20 juillet 1841 (p. 263).
2. V. *infrà*, n° 931.
3. *Bull. off. Int.*, année 1858, p. 229, n° 65.
4. Circ. min. Int., 30 déc. 1843 (p. 257).

ont été délivrés dans l'ancien et de faire transférer à leurs frais les restes qui y sont déposés.

Mais, d'après la jurisprudence basée sur la circulaire du 30 décembre 1843, il est admis qu'en pareil cas les communes doivent également pourvoir au transport des matériaux des tombes existantes sur les terrains abandonnés, si les concessionnaires le requièrent, les frais de reconstruction restant d'ailleurs à la charge de ceux-ci.

D'un autre côté, l'article 5 de l'ordonnance dont s'agit n'ayant établi aucune distinction entre les concessions perpétuelles et celles dont la durée est limitée, il en résulte que les communes ont les mêmes obligations à remplir à l'égard des unes et des autres [1].

A l'égard des frais d'exhumation ils doivent être supportés par la commune. Il importe de remarquer, en effet, que c'est le déplacement du cimetière qui a nécessité cette opération dans l'intérêt de la salubrité et de la décence publiques [2].

SECTION IV.

De la police des lieux de sépulture.

924. Les lieux de sépulture, soit qu'ils appartiennent aux communes, soit qu'ils appartiennent à des particuliers, seront soumis à l'autorité, police et surveillance des administrations municipales [3].

Toutes les fois que le cimetière d'une commune est situé sur son propre territoire, le droit d'y exercer la police appartient entièrement et exclusivement au maire. Si la commune n'a point de dépendances rurales, ou si son territoire n'offre aucun emplacement convenable pour l'établissement de son cimetière, il n'y a point d'obstacle légal à ce que ce cimetière soit établi sur le territoire d'une commune voisine. Mais, dans ce cas, le droit de police attribué au maire de la commune propriétaire du sol du cimetière est restreint à ce qui concerne les inhumations. A celui de la commune du lieu reste dévolue la juridiction de po-

1. *Bull. off. Int.*, années 1863, p. 318, n° 49, et 1861, p. 160, n° 14.
2. *Ibid.*, année 1861, p. 160, n° 14.
3. Déc. 23 prair. an XII, art. 15. V. Paris, 18 juillet 1879.

lice municipale comme sur les autres parties du territoire communal dont cet emplacement ne cesse pas de faire partie, c'est-à-dire qu'en cas de désordre, de tumulte, ou de tout autre délit ou crime qui pourrait s'y commettre, c'est à ce dernier magistrat d'intervenir, de verbaliser et de provoquer les poursuites nécessaires [1].

L'autorité municipale a bien pour mission de surveiller les lieux d'inhumation au point de vue général de la police, de la décence et de la salubrité, mais l'entretien et la conservation des sépultures *particulières* échappent à ses attributions, et on ne verrait, par conséquent, aucun motif de la faire intervenir pour cet objet [2].

925. Dans les communes où l'on professe plusieurs cultes, chaque culte doit avoir un lieu d'inhumation particulier; et, dans le cas où il n'y aurait qu'un seul cimetière, on le partagera par des murs, haies ou fossés, en autant de parties qu'il y a de cultes différents, avec une entrée particulière pour chacun, et en proportionnant cet espace au nombre d'habitants de chaque culte [3].

SECTION V.

De l'entretien des cimetières.

926. Les charges de la fabrique de l'église sont de veiller à l'entretien des cimetières [4].

Celles des communes relativement au culte sont de suppléer à l'insuffisance des revenus de la fabrique de l'église pour les charges portées en l'article 37 du 30 décembre 1809 [5].

Aux termes des dispositions qui précèdent, les fabriques sont tenues de pourvoir à l'entretien des cimetières, sauf à réclamer le concours des communes, lorsqu'elles n'ont pas de ressources suffisantes. Il est vrai que l'article 30 de la loi du 18 juillet 1837, en faisant l'énumération des

---

1. *Bull. off. Int.*, année 1857, p. 170, n° 45.
2. *Ibid.*, p. 283, n° 85.
3. Déc. 23 prair. an XII, art. 16. — Cet article a été abrogé expressément par la loi du 14 novembre 1881, promulguée le lendemain.
4. Déc. 30 déc. 1809, art. 37-4°.
5. *Ibid.*, art. 92-1°.

dépenses communales obligatoires, y a compris l'entretien des cimetières sans rappeler l'obligation imposée en premier lieu aux fabriques [1]; mais dans cette énumération, ainsi que l'a reconnu un avis du Conseil d'État du 21 août 1839, relatif aux indemnités de logement dues aux curés ou desservants, la loi n'a eu pour objet que de résumer et de coordonner les dépenses mises à la charge des communes par les différents actes de la législation antérieure, et il est impossible de conclure de son silence à l'égard des fabriques qu'elle ait voulu modifier la situation que leur avait faite le décret du 30 décembre 1809. L'entretien du cimetière incombe donc en premier lieu à la fabrique, et la commune n'est tenue d'y subvenir que subsidiairement, en cas d'insuffisance des revenus de l'établissement religieux. Celui-ci, d'ailleurs, trouve une compensation à cette charge dans les *produits spontanés* du lieu de sépulture, que lui attribue l'article 36 (n° 4) du même décret de 1809 [2].

SECTION VI.

Des produits spontanés des terrains servant de cimetières.

927. Les revenus de chaque fabrique se forment notamment du *produit spontané* des terrains servant de cimetières [3].

On doit entendre par *produits spontanés*, dans le sens de l'article qui précède, les *herbages, arbustes et buissons* qui ont crû spontanément, c'est-à-dire qui sont venus sans semence ni culture.

A l'égard des arbres, plusieurs distinctions sont à faire. Ceux qui ont crû spontanément dans les cimetières, ainsi que tous leurs fruits et émondages, appartiennent aux fabriques ; ceux qui ont été plantés par les communes conformément aux prescriptions du décret du 23 prairial

1. *Bull. off. Int.*, année 1864, p. 319 et 320, n° 41.
2. Aux termes de l'article 37 de ce décret (§ 14), les secours aux fabriques des églises, en cas d'insuffisance de leurs revenus, justifiés par leurs comptes et budgets, font partie des dépenses obligatoires des communes.
3. Déc. 30 déc. 1809, art. 36.

an XII ; les arbres qui ont crû au milieu des haies servant de clôture aux cimetières, et enfin ceux qui existaient sur le sol du cimetière à l'époque où il a été acquis à la commune, appartiennent aux communes, ainsi que leurs fruits et émondages [1].

En cas de difficultés entre les communes et les fabriques au sujet de la propriété des arbres dans les cimetières, les tribunaux ordinaires sont seuls compétents, à l'exclusion des conseils de préfecture, pour statuer sur ces difficultés [2].

928. On ne peut considérer comme produits spontanés d'un cimetière, les rejetons de la souche d'un arbre que la commune y avait planté et qu'elle a abattu. En effet, ces rejetons sont comme les branches de l'arbre, ils en dépendent et y restent incorporés, quel que soit leur développement. D'où il suit qu'ils appartiennent par droit d'accession au propriétaire de la souche qui leur donne naissance, c'est-à-dire, dans l'espèce, à la commune propriétaire du cimetière, et qu'ils ne sauraient être rangés parmi les produits spontanés attribués à la fabrique par l'article qui précède [3].

929. Le décret du 30 décembre 1809 étant exclusivement applicable au culte catholique, l'article 36 de ce décret n'a pour effet que d'assurer aux fabriques les produits spontanés des cimetières catholiques ; elles n'ont aucun droit aux produits spontanés des cimetières *protestants*.

On doit poser en règle générale que les cultes qui possèdent un lieu d'inhumation particulier dont l'entretien est exclusivement à leur charge jouissent, à titre de compensation, des produits dont il est question dans l'article 36 du décret précité de 1809 ; les mêmes charges existant de part et d'autre, il est juste d'attribuer par analogie aux protestants les avantages conférés aux catholiques [4].

930. Les seuls produits spontanés de propriétés com-

1. Avis du Conseil d'État 22 janv. 1841.
2. *Ibid.*, 24 mars 1849.
3. *Bull. off. Int.*, année 1862, p. 161, n° 31.
4. *Ibid.*, année 1857, p. 169, n° 44.

munales qui aient été attribués aux fabriques sont ceux des terrains servant actuellement de cimetières. Or, quand un terrain communal qui était affecté aux inhumations cesse d'avoir cette destination, on ne saurait le considérer comme servant encore de cimetière. Il perd le caractère qu'il avait reçu ; les règles de l'Église ne permettent plus d'y faire de cérémonies religieuses, la fabrique n'a plus à intervenir à aucun point de vue, et la commune reprend sur ce terrain l'exercice de son droit de propriété, limité seulement, dans un simple intérêt de police, par l'interdiction d'en faire usage pendant cinq années. Il en résulte que les produits spontanés cessent d'appartenir à la fabrique, qui se trouve d'ailleurs affranchie de l'obligation de pourvoir aux frais d'entretien du cimetière supprimé, obligation qui lui était imposée antérieurement à sa fermeture, à raison de la perception de ces produits [1].

SECTION VII.

De la translation des cimetières.

931. Les communes qui seront obligées, en vertu des articles 1 et 2 du décret du 23 prairial an XII, d'abandonner les cimetières actuels et de s'en procurer de nouveaux, hors de l'enceinte de leurs habitations, pourront, sans autre autorisation que celle qui leur est accordée par la déclaration du 10 mars 1776, acquérir les terrains qui leur seront nécessaires, en remplissant les formes voulues par l'arrêté du 7 germinal an IX [2], modifiées par les décrets des 18-22 juillet 1837 et 25-30 mars 1852.

932. La translation du cimetière, lorsqu'elle deviendra nécessaire, sera ordonnée par un arrêté du préfet, le conseil municipal entendu. Le préfet déterminera également le nouvel emplacement du cimetière, sur l'avis du conseil municipal, et après enquête *de commodo et incommodo* [3].

---

1. *Bull. off. Int.*, année 1868, p. 452, n° 55.
2. Déc. 23 prair. an XII, art. 7.
3. Ord. roy. 6 déc. 1843, art. 2. — Doit être rejetée la requête tendant à l'annulation, pour excès de pouvoirs, de l'arrêté préfectoral ayant autorisé la translation du cimetière d'une commune et ayant

La nécessité de la translation, si elle est contestée par l'administration locale, doit être préalablement établie par un rapport circonstancié d'hommes de l'art chargés par le préfet de constater les dangers ou les inconvénients résultant, soit de la disposition topographique, soit de l'insuffisance d'étendue, soit de la nature du sol du cimetière ou de toute autre cause.

C'est sur ce rapport, et après que le conseil municipal en a délibéré, que le préfet prend un arrêté pour déclarer qu'il y a lieu à la suppression de l'ancien cimetière.

Mais avant de déterminer le nouvel emplacement, une formalité préliminaire est obligatoire : c'est l'enquête *de commodo et incommodo*, qui doit porter uniquement sur le choix du terrain. Cette enquête est d'autant plus rigoureusement exigible que l'établissement des nouveaux cimetières a pour effet de grever les propriétés avoisinantes de servitudes assez onéreuses, et qu'il importe, dès lors, que les propriétaires intéressés soient mis en état de faire valoir leurs motifs d'opposition, que le conseil municipal est ensuite appelé à examiner.

Ces formalités accomplies, le préfet prend un nouvel arrêté, le conseil municipal entendu, pour déterminer l'emplacement sur lequel le nouveau cimetière sera transféré.

Quant aux formes de l'enquête, elles ont été prescrites par M. le ministre de l'intérieur dans une circulaire adressée aux préfets, le 20 août 1825, laquelle est ainsi conçue :

Enquêtes administratives de commodo et incommodo.

« Les enquêtes administratives *de commodo et incommodo* « auxquelles il est procédé sur les demandes des conseils « municipaux en autorisation d'aliéner les propriétés com- « munales, ont pour objet de constater l'opinion des tiers

---

décidé qu'à partir du moment où le nouveau cimetière serait en état de recevoir les inhumations, on ne pourrait plus enterrer, dans le cimetière actuel, que les membres des familles possédant des concessions trentenaires ou à perpétuité, sans que de nouvelles concessions puissent être accordées, lorsqu'il est établi que l'arrêté attaqué a été pris après l'accomplissement des formalités prescrites par l'article 2 de l'ordonnance du 6 décembre 1843 et que, notamment, le conseil municipal de la commune a été entendu tant sur la nécessité de la translation que sur le choix du nouvel emplacement. (Arrêt du 17 juin 1881 ; *Bull. off. Int.*, année 1881, p. 850, n° 131.)

« intéressés au sort de cette propriété, et d'éclairer l'auto-
« rité supérieure sur le mérite des projets qui lui sont
« soumis.

« Il importe donc que les habitants, qui sont les tiers
« intéressés à la conservation des propriétés communales
« dont ils jouissent par des voies plus ou moins directes,
« soient mis à même de s'expliquer librement sur les
« inconvénients et les avantages des aliénations projetées,
« et que leurs déclarations soient assez motivées pour
« qu'on puisse y trouver le moyen de les apprécier à leur
« véritable valeur.

« Cependant ces conditions sont rarement remplies.

« Le comité de l'intérieur a remarqué, et j'ai eu sou-
« vent occasion d'observer, que les enquêtes *de commodo*,
« trop négligées et presque toujours irrégulières dans les
« communes rurales, n'offrent aucune des garanties qu'on
« y cherche, et se réduisent alors à une vaine formalité.
« Les unes sont rédigées par le maire sous les yeux des
« déclarants, qu'ont dû gêner la présence de ce fonction-
« naire et la crainte de blâmer un projet qui est ordinaire-
« ment sa pensée. D'autres ne contiennent que des décla-
« rations sans motifs, ou dont le nombre, insignifiant par
« rapport à la masse des intéressés, ne peut être considéré
« comme l'expression du vœu général. Souvent même, on
« voit figurer dans une série de votes, déjà insuffisante,
« les noms des membres du conseil municipal qui ont
« délibéré sur le projet en question, et qui, formant ici
« double emploi, ne servent qu'à dissimuler le vide réel
« de l'enquête.

« Il n'est pas rare non plus que des informations *de*
« *commodo*, effectuées sans avoir été annoncées, ne renfer-
« ment que des votes émis par un choix de personnes
« nominativement appelées, et dont le dire est bien moins
« l'effet de la conviction personnelle que d'une complai-
« sance convenue. De pareils actes ne peuvent ni éclairer
« la religion, ni mériter la confiance de l'autorité, et je
« les signale ici comme autant de vices qu'on doit s'atta-
« cher à écarter d'une information franche et légale.

« Les règles à suivre en cette circonstance sont d'ail-
« leurs simples, et n'ont rien qui puisse gêner l'adminis-
« tration dans aucune localité.

« L'enquête dont il s'agit est faite par les moyens pro-

« pres à l'autorité administrative, et ordinairement sans « frais, surtout lorsque l'objet de cet acte n'est pas de « nature à justifier ou à nécessiter, par son importance, « des formalités onéreuses.

« Elle doit être annoncée *huit jours* à l'avance, à son de « trompe ou de tambour, et par voies d'affiches placardées « au lieu principal de réunion publique, afin que les inté- « ressés ne puissent en ignorer, et parce que cette publi- « cité autorise à compter le silence des absents comme un « vote affirmatif.

« J'ajouterai que l'annonce doit toujours être faite le « *dimanche*, qui est le jour où les intéressés se trouvent « habituellement réunis ; et qu'à l'égard de l'exécution, le « moment préférable est celui où la suspension du travail « laisse plus de liberté à ceux qui doivent y prendre « part.

« Il est essentiel que le préambule du procès-verbal, « dont il est donné communication aux déclarants, con- « tienne un exposé exact de la nature des motifs et des « fins du projet annoncé.

« Tous les habitants appelés et admis sans distinction « à émettre leurs vœux sur l'objet de l'enquête, doivent « expliquer librement ce qu'ils en pensent, et déduire les « motifs de leur opinion, principalement quand elle est « opposée aux vues de l'administration qui les consulte.

« Les déclarations sont *individuelles*, et se font successi- « vement ; elles sont signées des déclarants, ou certifiées « conformes à la déposition orale, pour ceux qui ne savent « point écrire, par la signature du commissaire enquêteur, « qui les reçoit et en dresse immédiatement procès-verbal.

« Lors même que les déclarations sont *identiques*, elles « doivent être consignées distributivement dans le procès- « verbal, indépendamment les unes des autres, avec leurs « raisons respectives, et, autant qu'il est possible, dans les « termes propres aux déclarants.

« Quant au *commissaire enquêteur*, l'inconvénient qui « s'attache au choix du maire, dans bien des circonstan- « ces, est facile à sentir, et vous apprécierez l'observation « que j'en ai déjà faite. D'un autre côté, rien n'empêche « que le soin de l'enquête ne soit confié au *juge de paix*, « non pas comme juge, mais comme personne capable et « habituée à ces sortes de fonctions.

« Dans les communes où il n'y a pas de justice de paix, « c'est au sous-préfet à déléguer tout autre fonctionnaire « dont la capacité et le désintéressement personnel dans « la cause lui sont assez connus pour garantir l'exactitude « de sa mission.

« Quoique la formalité de l'enquête ne soit strictement « nécessaire que dans le cas où la commune dispose de ses « droits de propriété, qui appartiennent au corps des habi- « tants, il est des circonstances où ces derniers peuvent « être utilement consultés sur des projets d'acquisition, « soit à raison de l'importance de l'acte, soit parce que la « publicité du projet ferait naître une concurrence avan- « tageuse pour l'administration entre plusieurs proprié- « taires qui offriraient également de traiter avec elle. Mais, « l'utilité de cette précaution n'étant que relative, c'est à « vous à l'apprécier dans votre sagesse, et à n'ordonner « l'information qu'autant qu'elle vous paraîtra propre à « fortifier les garanties que présente l'instruction ordinaire « en matière d'acquisitions communales. Alors il devra « y être procédé dans les formes ci-dessus établies. »

Le maire procède ensuite comme en matière d'acquisitions ordinaires. Ainsi, il fait faire l'estimation du terrain à acquérir ; il en fait lever le plan dans lequel doivent être indiqués les confins, la situation et l'éloignement du terrain de l'enceinte des habitations, et il fait souscrire une promesse de vente par le propriétaire, lequel se trouve ainsi engagé vis-à-vis de la commune.

Si le propriétaire du terrain désigné refusait de le céder à l'amiable, il devrait être procédé suivant les règles tracées par la loi du 3 mai 1841 sur l'*expropriation pour cause d'utilité publique*. Néanmoins, on ne doit recourir à cette extrémité qu'avec la plus grande réserve et qu'autant qu'il serait absolument impossible de trouver à acheter amiablement dans la commune aucun autre terrain propre aux inhumations ; car la convenance ou l'avantage que trouvera la commune à prendre tel terrain ne serait pas un motif suffisant pour en exproprier le propriétaire.

Lors donc qu'il s'agit de procéder par voie d'expropriation, il devient indispensable de produire, à l'appui du procès-verbal d'enquête, dressé dans les formes prescrites par l'ordonnance du 23 août 1835, un certificat du maire et du commissaire enquêteur, attestant qu'il n'existe, en effet, sur le territoire de la commune, aucun autre emplacement également convenable pour servir de cimetière, et que le propriétaire consentirait à céder à l'amiable.

Cette expropriation s'opère par autorité de justice[1].

Elle ne peut être prononcée par les tribunaux qu'autant que l'utilité en a été constatée et déclarée dans les formes prescrites par l'article 2 de la loi du 3 mai 1841, et qui consistent :

1° Dans la loi ou l'ordonnance qui autorise l'exécution des travaux pour lesquels l'expropriation est requise ;

2° Dans l'acte du préfet qui désigne les localités ou territoires sur lesquels les travaux doivent avoir lieu, lorsque cette désignation ne résulte pas de la loi ou de l'ordonnance ;

3° Dans l'arrêté ultérieur par lequel le préfet détermine les propriétés particulières auxquelles l'expropriation est applicable.

Cette application ne peut être faite à aucune propriété particulière qu'après que les parties intéressées ont été mises en état d'y fournir leurs contredits selon les règles suivantes :

Les ingénieurs ou autres gens de l'art chargés de l'exécution des travaux lèvent, pour la partie qui s'étend sur chaque commune, le plan parcellaire des terrains ou des édifices dont la cession leur paraît nécessaire[2].

Le plan desdites propriétés particulières, indicatif des noms de chaque propriétaire, tels qu'ils sont inscrits sur la matrice des rôles, reste déposé, pendant huit jours, à la mairie de la commune où les propriétés sont situées, afin que chacun puisse en prendre connaissance[3].

Ce délai ne court qu'à dater de l'avertissement, qui est donné collectivement aux parties intéressées, de prendre communication du plan déposé à la mairie.

Cet avertissement est publié à son de trompe ou de caisse dans la commune, et affiché tant à la principale porte de l'église du lieu qu'à celle de la maison commune.

Il est en outre inséré dans l'un des journaux publiés

1. L. 3 mai 1841, art. 1er.
2. *Ibid.*, art. 4.
3. *Ibid.*, art. 5.

dans l'arrondissement ou, s'il n'en existe aucun, dans l'un des journaux du département[1].

Le maire certifie ces publications et affiches ; il mentionne sur un procès-verbal qu'il ouvre à cet effet, et que les parties qui comparaissent sont requises de signer, les déclarations et réclamations qui lui ont été faites verbalement et y annexe celles qui lui sont transmises par écrit[2].

Sur le vu de ce procès-verbal et des documents y annexés, le préfet détermine, par un arrêté motivé, les propriétés qui doivent être cédées, et indique l'époque à laquelle il sera nécessaire d'en prendre possession.

L'administration supérieure peut, suivant les circonstances, ou statuer définitivement, ou ordonner qu'il soit procédé de nouveau à tout ou partie des formalités qui précèdent[3].

Les contrats de vente, quittances et autres actes relatifs à l'acquisition des terrains peuvent être passés dans la forme des actes *administratifs* ; la minute reste déposée au secrétariat de la préfecture : expédition en est transmise à l'administration des domaines[4].

Les plans, procès-verbaux, certificats, significations, jugements, contrats, quittances et autres actes faits en vertu de la loi du 3 mai 1841, sont visés pour *timbre et enregistrés gratis*, lorsqu'il y a lieu à la formalité de l'enregistrement.

Il n'est perçu aucuns droits pour la transcription des actes au bureau des hypothèques.

Les droits perçus sur les acquisitions amiables faites antérieurement aux arrêtés du préfet sont restitués, lorsque, dans le délai de deux ans, à partir de la perception, il est justifié que les immeubles acquis sont compris dans ces arrêtés. La restitution des droits ne peut s'appliquer qu'à la portion des immeubles qui a été reconnue nécessaire à l'exécution des travaux[5].

Lorsque la translation d'un cimetière est devenue indispensable et que la commune se propose d'acquérir un

---

1. Loi précitée, art. 6.
2. *Ibid.*, art. 7.
3. *Ibid.*, art. 11.
4. *Ibid.*, art. 56. V. *infrà*, n° 934.
5. *Ibid.*, art. 58.

terrain dépendant d'une autre commune, à défaut d'aucun emplacement convenable sur son territoire pour l'établissement d'un nouveau lieu d'inhumation, il est nécessaire de consulter le conseil municipal de cette dernière commune et d'ouvrir une enquête dans la localité, afin de mettre toutes les parties intéressées à même de présenter leurs observations. Néanmoins, l'administration supérieure a pour devoir de s'opposer à cette acquisition, s'il ne lui est pas clairement démontré que la commune qui se propose d'acquérir est dans l'impossibilité absolue d'établir le nouveau cimetière sur son propre territoire[1].

933. Les délibérations des conseils municipaux ayant pour objet des acquisitions d'immeubles sont exécutoires par elles-mêmes lorsque la valeur de l'immeuble acquis, ne dépasse pas le dixième des revenus de la commune[2].

Le calcul est basé non sur le total des recettes ordinaires figurant au budget de l'exercice courant, mais sur la moyenne de ces recettes établies d'après les comptes administratifs des *trois dernières années*[3].

Si le prix de l'immeuble acquis excède ce dixième, la délibération est exécutoire sur arrêté du préfet, en conseil de préfecture[4].

934. Lorsque toutes les formalités qui précèdent ont été remplies, et que l'approbation a été donnée par l'autorité supérieure, dans le cas où elle est nécessaire, le maire est chargé de passer le contrat de vente. Ce contrat peut être fait soit par *acte sous seing privé*, soit par *acte notarié* ; s'il est fait par acte notarié, le maire est absolument libre de choisir le notaire chargé d'instrumenter pour la commune[5].

Dans tous les cas, qu'il soit fait sous seing privé ou par acte notarié, l'acte de vente est définitif, même avant qu'il soit approuvé par le préfet.

Le Conseil d'État a décidé que le préfet commettrait un excès de pouvoirs s'il changeait quelque chose à un acte de vente passé en vertu d'une délibération du conseil

---

1. *Bull. off. Int.*, année 1861, p. 256, nº 42.
2. L. 24 juillet 1867, art. 1er.
3. Circ. min. Int. 3 août 1867. (*Bull. off.*, p. 382.)
4. J. C., t. XL, p. 19.
5. Circ. min. Int. 27 octobre 1864.

municipal approuvée par lui. En effet, aucune disposition de loi ou de règlement ne confère à l'administration supérieure le droit de suspendre l'effet des actes dont s'agit. La vérification à opérer par l'autorité préfectorale ne saurait, par conséquent, avoir ce résultat. Elle a seulement pour but de lui faire connaître si les actes sont réguliers, et de l'éclairer sur le point de savoir s'il conviendrait d'inviter les communes à en poursuivre la rescision à raison des irrégularités dont ils seraient entachés[1].

935. Les maires doivent adresser à la préfecture, immédiatement après les acquisitions, ventes, etc., deux copies des actes qui les constatent, l'une pour être transmise sans délai au receveur des finances de l'arrondissement, l'autre pour permettre à l'autorité préfectorale de vérifier si les conditions insérées dans les actes sont bien celles qui ont été prévues dans les arrêtés d'autorisation[2].

Cet envoi doit avoir lieu avant l'enregistrement de ces actes[3].

936. Les actes des autorités administratives portant transmission de propriété sont assujettis au timbre et à l'enregistrement[4].

Le délai pour l'enregistrement des actes de vente sous seing privé rédigés par les maires ou adjoints est de vingt jours, parce que ce sont des actes *administratifs*[5]. S'ils sont passés devant notaire, ce délai est de dix ou quinze jours, selon que le notaire rédacteur réside ou non dans la commune où le bureau d'enregistrement est établi[6].

Le jour de l'acte ne sera point compté dans ces délais.

Si le dernier jour du délai se trouve être un décadi (dimanche) ou un jour de fête nationale, ces jours-là ne seront point comptés non plus[7].

Les actes dont s'agit sont sujets au droit d'enregistre-

---

1. J. C., t. XXXVIII, p. 205.
2. Circ. min. Int. 27 oct. 1864.
3. J. C., t. XXXVIII, p. 205 et 206.
4. Loi du 15 mai 1818, art. 78.
5. Loi du 22 frim. an VII, art. 7. — Instruction 2,315.
6. *Ibid.*, art. 20.
7. *Ibid.*, art. 25.

ment proportionnel de *deux* francs par cent francs[1], non compris le double décime et demi[2].

937. Les acquisitions faites par les communes sont réglées par le droit commun ; en conséquence, les formalités prescrites pour la purge des hypothèques légales doivent être remplies.

Dans le cas où l'immeuble acquis par la commune appartiendrait à des mineurs, et où l'on ne pourrait, sans préjudice pour elle, remplir les formalités prescrites par les articles 457, 458 et 459 du Code civil, il a été décidé qu'il serait nécessaire de faire déclarer l'utilité publique de l'acquisition[3].

938. La clôture des cimetières, les frais de premier établissement, leur translation dans les cas déterminés par les lois et règlements, sont des dépenses obligatoires à la charge des communes. L'agrandissement des cimetières, quand il n'a pour objet que de pourvoir à une insuffisance de terrain pour la sépulture des morts, doit également être considérée comme une dépense obligatoire. Dès lors, d'après les articles 40 et 46 de la loi du 18 juillet 1837, le préfet est compétent pour statuer sur les projets d'acquisition et d'imposition de la commune[4].

En principe, il n'est pas douteux que l'initiative des acquisitions intéressant les communes appartient aux conseils municipaux, et que l'administration supérieure, doit se borner, en pareille matière, à accorder ou à refuser l'approbation dont leurs délibérations ont besoin d'être revêtues. (Loi du 18 juillet 1837, art. 19, 20 et 26; décret du 25 mars 1852, tableau A, § 41.) Mais cette règle souffre exception en ce qui touche la translation des cimetières. En effet, d'après les dispositions du décret du 23 prairial an XII, et de l'ordonnance réglementaire du 6 décembre 1843, combinées avec l'article 30 (n° 17) de la loi de 1837, lorsque la translation d'un lieu de sépulture est devenue nécessaire, le préfet a le droit non-seulement de la prescrire et de désigner l'emplacement du

1. Loi du 22 frim. an VII, art. 69, § V-1°.
2. V. *suprà*, n° 253, dernier alinéa.
3. Avis du comité de l'intérieur du 9 mai 1834.
4. *Bull. off. Int.*, année 1859, p. 317, n° 89.

nouveau cimetière, mais encore d'autoriser d'office l'acquisition de ce nouvel emplacement, si le conseil refuse de la voter. Dans le cas, toutefois, où celui-ci se prononcerait en même temps pour l'adoption d'un autre emplacement réunissant les conditions légales de situation et d'étendue, l'autorité préfectorale n'aurait plus de motifs pour recourir aux voies coercitives. Enfin, il est à peine besoin d'ajouter que son pouvoir ne s'étendrait pas au cas où la translation du cimetière nécessiterait, soit une imposition d'office, soit une expropriation pour cause d'utilité publique, et qu'un décret deviendrait alors indispensable[1].

939. Aussitôt que les nouveaux emplacements seront disposés à recevoir les inhumations, les cimetières existants seront fermés et resteront dans l'état où ils se trouveront sans que l'on puisse en faire usage pendant *cinq ans*[2].

Ces dispositions sont formelles. Les familles des décédés sont donc fondées à invoquer cet article pour empêcher que les tombes de ces derniers ne soient troublées avant l'expiration du délai de cinq années, et le préfet ne peut, dans l'espèce, qu'inviter l'administration municipale à respecter leur volonté[3].

940. A partir de cette époque, les terrains servant maintenant de cimetières peuvent être affermés par les communes auxquelles ils appartiennent, mais à condition qu'ils ne seront qu'ensemencés ou plantés, sans qu'il puisse y être fait aucune fouille ou fondation pour des constructions de bâtiment, jusqu'à ce qu'il en soit autrement ordonné[4].

Aux termes des dispositions combinées de la loi du 15 mai 1791 (art. 9)[5] et du décret du 23 prairial an XII (art. 8 et 9), tout usage des anciens cimetières est interdit pendant cinq ans à partir de leur suppression; les

---

1. *Bull. off. Int.*, année 1865, p. 134 et 135, n° 22.
2. Déc. 23 prair. an. XII, art. 8.
3. *Bull. off. Int.*, année 1859, p. 261, n° 77.
4. Déc. précité, art. 9.
5. Cet article est ainsi conçu: « Les cimetières ne peuvent être mis « dans le commerce qu'après dix années, à compter depuis les dernières « inhumations. »

cinq années suivantes, on a la faculté de les ensemencer et de les planter, et c'est seulement à l'expiration de cette période de dix ans qu'il est permis d'y faire des fouilles ou fondations pour construire des bâtiments[1].

Telles sont, d'après la jurisprudence et conformément à un avis du Conseil d'État du 13 nivôse an XIII, les conditions sous lesquelles les communes peuvent être autorisées à échanger et à vendre les cimetières dont la fermeture ne remonte pas au delà de dix ans. Il importe, dès lors, que l'administration municipale, aussitôt la réalisation de la vente ou de l'échange, veille soigneusement à ce que les nouveaux propriétaires exécutent les conditions qui précèdent[2].

En conséquence, l'établissement d'une place publique sur un ancien cimetière avant l'expiration des dix années qui suivraient la dernière inhumation serait entaché d'illégalité s'il nécessitait dans cet ancien lieu de sépulture des travaux de fouilles ou de fondations. Il n'aurait au contraire rien d'illicite, si de simples travaux de remblai suffisaient pour approprier le cimetière supprimé à sa nouvelle destination. Seulement, même dans ce cas, l'autorité supérieure pourrait avoir des motifs de s'opposer à l'exécution du projet, si elle paraissait pouvoir entraîner des inconvénients, soit au point de vue de la décence ou de la salubrité publique, soit en froissant la population dans des sentiments toujours extrêmement respectables[3].

941. Les adjudications faites par les communes étant volontaires et soumises à des formalités spéciales, personne, à moins d'une réserve expresse dans le cahier des charges, n'a le droit de *surenchérir* après ces adjudications : c'est un principe d'administration consacré implicitement par l'article 537 du Code civil. On ne saurait invoquer les dispositions de la législation civile applicables aux ventes forcées et à celles de biens de mineurs, les communes n'étant jamais passibles de l'expropriation et ne se trouvant, d'un autre côté, assimilées aux mineurs qu'à certains

---

1. *Bull. off. Int.*, années 1859, p. 317, n° 88 ; 1861, p. 76, n° 3, et 1866 p. 435, n° 51.
2. *Ibid.*, année 1860, p. 74, n° 9.
3. *Ibid.*, année 1868, p. 296, n° 41.

égards. S'il s'élevait, au surplus, une contestation à ce sujet, elle serait du ressort de l'autorité judiciaire[1].

SECTION VIII.

Des servitudes aux abords des cimetières.

942. Nul ne pourra, sans autorisation, élever aucune habitation, ni creuser aucun puits, à moins de 100 mètres des nouveaux cimetières transférés hors des communes, en vertu des lois et règlements[2].

943. Les bâtiments existants ne pourront également être restaurés ni augmentés sans autorisation. Les puits pourront, après visite contradictoires d'experts, être comblés en vertu d'ordonnance du préfet du département, sur la demande de la police locale[3].

Les dispositions du décret du 7 mars 1808 ont un caractère exceptionnel : elles s'appliquent exclusivement aux cimetières établis ou transférés en exécution soit de la déclaration royale, en date du 10 mars 1776, soit du décret du 23 prairial an XII.

Il résulte d'un avis de la section de l'intérieur du Conseil d'État que ces dispositions sont également applicables à l'égard d'un cimetière non transféré, lorsque, d'une part, ce dernier a été agrandi au moyen d'acquisitions de terrains situés à la distance légale des habitations, et que, d'autre part, la portion du cimetière qui se trouvait trop rapprochée de celles-ci a été définitivement interdite aux inhumations[4].

Mais un maire ne peut, en vertu de ces dispositions, empêcher de construire des maisons d'habitation et de creuser des puits à moins de 100 mètres de distance du cimetière communal, situé à proximité de l'église, agrandi *irrégulièrement* et dont la translation n'a jamais été opérée[5].

---

1. *Bull. off. Int.*, année 1863, p. 26, n° 2.
2. Déc. 7 mars 1808, art. 1er.
3. *Ibid.*, art. 2.
4. *Bull. off. Int.*, années 1863, p. 289, n° 43; 1864, p. 295, n° 34, et 1866, p. 652, n° 54. Arrêt du Cons. d'Ét. 6 janv. 186..
5. *Ibid.*, année 1863, p. 289, n° 43, précité.

944. L'ordonnance de 1843 garde le silence sur la distance à observer pour la construction des habitations et le creusement des puits aux abords des cimetières transférés, distance portée à 100 mètres par le décret du 7 mars 1808, tandis que celui du 23 prairial an XII exige seulement que les nouveaux cimetières soient éloignés de 35 à 40 mètres des enceintes habitées.

Malgré l'espèce de contradiction que semblent présenter l'article 2 du décret de prairial an XII et le décret du 7 mars 1808, les dispositions de ces deux décrets sont toujours en vigueur et s'étendent à toutes les communes, sans distinction, en vertu de l'article 1er de l'ordonnance du 6 décembre 1843 ; mais, dans la pratique, il y a une distinction essentielle à observer.

Ainsi, pour la plupart des cas, et à moins de circonstances tout à fait exceptionnelles, lorsqu'une commune a satisfait à l'obligation que lui impose le décret de l'an XII, et qu'elle a transporté son cimetière à 35 ou 40 mètres de ses murs, il ne serait ni juste ni d'ailleurs vraiment utile d'étendre les prohibitions prononcées par le décret du 7 mars 1808 sur un rayon de 100 mètres, du côté des habitations que la translation du cimetière a dû avoir pour effet d'exonérer de toute servitude : c'est donc seulement du côté des terrains non bâtis que doivent porter les prohibitions qui ont pour objet non-seulement de garantir la salubrité publique, mais de ménager autour des cimetières transférés une zone de terrain libre qui en facilite l'agrandissement, si c'était plus tard reconnu nécessaire.

Dans tous les cas, aux termes du décret du 7 mars 1808, ces prohibitions ne sont pas absolues et elles se bornent à la défense d'élever des habitations ou de creuser des puits sans une autorisation préalable dont il appartient au préfet d'apprécier l'opportunité[1], et, quand l'intérêt de la décence ou de la salubrité publique ne doit pas être compromis, le refus d'accorder cette autorisation ne semblerait pas justifié[2].

Les servitudes dont s'agit grèvent seulement les propriétés voisines des cimetières transférés hors des com-

---

1. Circ. min. Int. 6 déc. 1843.
2. *Bull. off. Int.*, année 1868, p. 495, n° 63.

munes. Quant aux bâtiments situés aux abords des anciens cimetières, les propriétaires en ont le libre usage et peuvent à leur gré les réparer ou les augmenter : il est de principe, en effet, que les servitudes ne s'étendent point[1].

Cependant, l'autorité municipale a le droit, en vertu des pouvoirs qui lui sont conférés par le décret de prairial an XII, d'enjoindre au propriétaire d'un enclos contigu au cimetière communal, de faire murer une porte donnant accès de sa propriété dans le cimetière alors même que la communication existerait de temps immémorial ; cette circonstance, qui ne pourrait d'ailleurs, en admettant qu'elle offrît les caractères d'une exception préjudicielle, être constatée par le juge de police, serait à tort considérée par le juge comme enlevant à la décision du maire sa forme obligatoire[2].

945. Lorsqu'un cimetière nouveau est établi dans une commune, les propriétaires voisins ne sont pas fondés à demander des dommages-intérêts pour le préjudice résultant de la dépréciation causée à leurs propriétés par les servitudes légales qui sont les conséquences légales de l'établissement de ce cimetière[3].

SECTION IX.

De la conservation des tombes des soldats morts pendant la dernière guerre.

946. Les terrains dépendant des cimetières communaux qui servent actuellement à l'inhumation des soldats français ou allemands morts pendant la dernière guerre, et les terrains qui seraient ultérieurement requis dans le même but, seront, sur la demande du préfet, cédés à l'État au prix du tarif en vigueur pour les concessions perpétuelles.

Dans les communes où il n'existe pas de tarif approuvé, le prix de la concession sera fixé par le préfet en conseil

1. *Bull. off. Int.*, année 1856, p. 249, nº 75.
2. *Ibid.*, année 1864, p. 223, nº 48 ; Cass. 20 juin 1863.
3. Nancy, 30 mai 1843. V. *infrà*, nº 953, les termes du rapport relatif à la loi du 3 mai 1841.

de préfecture, après avoir pris l'avis du conseil municipal[1].

947. L'État est autorisé à acquérir, par voie d'expropriation pour cause d'utilité publique, les terrains non clos, situés en dehors des cimetières, dans lesquels se trouvent une ou plusieurs tombes militaires, et les terrains nécessaires pour les exhumations et les chemins d'accès ; ces acquisitions sont déclarées d'utilité publique.

Les terrains à acquérir et les terrains occupés temporairement jusqu'aux exhumations, qui ne pourront avoir lieu qu'après un délai de cinq années, seront désignés après enquête par des arrêtés du préfet approuvés par le ministre de l'intérieur. Ces arrêtés décideront dans quelle mesure les terrains environnants seront soumis aux servitudes établies par les décrets du 23 prairial an XII et du 7 mars 1808[2].

948. Sur la production de l'arrêté rendu par le préfet et approuvé par le ministre, l'expropriation sera prononcée et suivie conformément aux dispositions de la loi du 3 mai 1841[3].

949. Les indemnités dues pour l'expropriation des terrains d'inhumation, pour l'occupation temporaire de terrains jusqu'à l'exhumation et pour les servitudes dont pourront être frappés les terrains environnants, seront réglées par le jury, conformément aux dispositions de la loi du 21 mai 1836[4].

950. Les dispositions de l'article 58 de la loi du 3 mai 1841 sont applicables à la loi du 4 avril 1873[5].

951. Les lois et règlements relatifs à la police et à la conservation des cimetières sont applicables à tous les terrains affectés à des tombes militaires[6].

En conséquence, procès-verbal devra être dressé contre tous ceux qui dégraderaient les tombes, enlèveraient les

1. Loi du 4 avril 1873, art. 1er.
2. *Ibid.*, art. 2.
3. *Ibid.*, art. 3.
4. *Ibid.*, art. 4. — Ces dispositions sont relatives à l'enregistrement.
5. *Ibid.*, art. 5.
6. *Ibid.*, art. 6.

signes qui les distinguent, ou qui tenteraient de faire disparaître les travaux des sépultures [1].

952. Les dépenses nécessitées par l'application de la loi du 4 avril 1873 seront prélevées sur les crédits mis à la disposition du ministère de l'intérieur pour les dépenses de guerre non classées [2].

953. Pour faciliter l'exécution de la loi du 4 avril 1873, M. le Ministre de l'Intérieur adressa aux préfets, le 6 mai suivant, la circulaire dont la teneur littérale suit :

« Monsieur le Préfet, l'article 16 du traité de paix signé à Francfort, le 10 mai 1871, stipule que « les deux « Gouvernements français et allemand s'engagent réci-« proquement à faire respecter et entretenir les tombeaux « des soldats ensevelis sur leurs territoires respectifs. »

« Par une loi du 2 février 1872, le Gouvernement allemand a pris, en ce qui concerne les provinces d'Alsace et Lorraine, les dispositions nécessaires pour l'accomplissement de ses obligations.

« J'ai l'honneur de vous transmettre ci-joint, annexe n° 1, le texte de la loi votée, le 4 avril 1873, par l'Assemblée nationale pour assurer la conservation des tombes des soldats des deux nations belligérantes morts pendant la dernière guerre et inhumés sur le territoire français.

« La loi divise les inhumations en deux groupes : celles qui ont eu lieu dans les cimetières, celles qui ont eu lieu sur les champs de bataille. Elle contient des dispositions spéciales à chacune de ces situations.

« J'examinerai les mesures à prendre dans les deux cas.

I. — Tombes situées dans les cimetières.

« Les terrains qui renferment les sépultures placées dans les cimetières seront cédés à l'État aux prix fixés par les tarifs pour les concessions perpétuelles. Il en sera de même des terrains dont l'acquisition deviendra nécessaire,

---

1. Circ. min. Int. 9 nov. 1874.
2. Loi précitée, art. 7.

soit par le transfèrement dans les cimetières, après le délai de cinq années, fixé par le décret du 23 prairial an XII, des sépultures isolées situées en dehors, soit par la réunion, après le même délai, dans une tombe commune et définitive, de plusieurs sépultures disséminées dans le même cimetière.

« S'il n'existe pas de tarifs approuvés pour les concessions perpétuelles, le prix de la concession sera fixé par le préfet en conseil de préfecture, après avis du conseil municipal.

« Telle est l'économie de l'article 1er.

« Pour en assurer l'exécution, vous inviterez MM. les maires à faire dresser à l'échelle d'un millimètre par mètre, en quadruple expédition, un plan du cimetière communal, sur lequel seront figurées par un rectangle, à la même échelle, toutes les tombes militaires.

« Les tombes françaises seront teintées en bleu et les tombes allemandes en rouge.

« Sur le plan, on indiquera en légende : 1° la surface occupée par chaque espèce de tombe ; 2° le prix du tarif en vigueur pour les concessions perpétuelles ; 3° les signes distinctifs placés sur les tombes.

« S'il n'existe pas dans la commune de tarif approuvé, vous inviterez le maire à réunir extraordinairement le conseil municipal et à proposer un tarif à votre approbation. Vous l'arrêterez, en conseil de préfecture, en prenant pour base le prix déjà fixé dans les communes d'importance et de situation analogues. Vos arrêtés ne pourront être attaqués devant le Conseil d'État que pour incompétence ou excès de pouvoir.

« Vous m'adresserez les quatre expéditions du plan et je vous ferai connaître quelles sont les concessions perpétuelles qu'il conviendra d'acquérir, et les tombes qui devront être réunies après l'expiration du délai de cinq ans, c'est-à-dire au commencement de 1876.

II. — Tombes situées en dehors des cimetières.

« L'article 2 de la loi s'applique aux inhumations qui ont été ou qui seront faites dans des terrains appartenant à des particuliers et situés en dehors des cimetières. Les dispositions qu'il contient ont pour but d'assurer l'exécution complète des engagements stipulés dans le traité de Francfort ; il autorise l'État à acquérir les terrains de sépulture par voie d'expropriation, et il déclare ces acquisitions d'utilité publique. Comme en plusieurs localités, les tombes sont isolées ou disséminées dans une multitude de parcelles, sur lesquelles une surveillance quelconque eût été impraticable, et qu'il en existe dans des propriétés closes, attenant à des habitations où la police ne s'exercerait qu'avec une extrême difficulté, le législateur a pensé que l'administration devait procéder, autant que possible, par voie d'exhumation et de concentration.

« Les exhumations n'auront lieu qu'après le délai de cinq ans, fixé par l'article 6 du décret du 23 prairial an XII, sauf celles qui pourraient être exceptionnellement autorisées dans les conditions ordinaires, si elles étaient demandées, avant l'expiration du délai, par des familles françaises ou allemandes. Pour désintéresser les propriétaires des terrains occupés et protéger les sépultures contre toute dégradation ou profanation, la loi garantit dès aujourd'hui, pour occupation temporaire, le paiement d'une indemnité qui sera réglée après l'exhumation. Les ossements seront alors réunis et, autant que possible, transférés dans les cimetières, ou placés au dehors dans une tombe commune acquise par voie d'expropriation.

Désignation des terrains à acquérir.

« Vous remarquerez, Monsieur le Préfet, que l'autorisation d'acquérir par voie d'expropriation et la déclaration d'utilité publique ne sont pas précédées de l'enquête administrative prescrite par l'article 3 de la loi du 3 mai 1841 ; vous n'aurez pas non plus, pour la désignation des terrains à acheter, à recourir aux formalités prescrites par le titre II ; la loi du 4 avril vous confère le pouvoir de désigner, après une simple enquête dont je vais faire connaître les conditions, les terrains à exproprier et ceux qui devront être occupés temporairement jusqu'à l'exhumation. L'arrêté que vous prendrez à cet effet ne deviendra définitif qu'après avoir reçu mon approbation.

« Voici comment vous devrez procéder :

« Vous inviterez les maires des communes sur le territoire desquelles sont situées les tombes militaires à prévenir, dans la forme ordinaire, les propriétaires intéressés qu'ils auront à déclarer à la mairie : 1° le nombre de tombes françaises et allemandes placées sur leurs terrains ; 2° la surface qu'elles occupent en mètres carrés ; 3° les signes distinctifs qu'elles contiennent ; 4° le prix qu'ils réclameraient dans le cas où le sol serait acheté ; 5° l'indemnité pour l'occupation étendue jusqu'au 31 décembre 1875.

« Ces déclarations seront reçues sur un registre *ad hoc* (annexe n° 2) qui restera ouvert pendant quinze jours.

« A l'expiration de ce délai, une commission composée du maire et de deux conseillers municipaux examinera les déclarations, se transportera au besoin sur les lieux pour en contrôler l'exactitude et fera remplir les colonnes du tableau annexe n° 3. Le registre d'enquête avec certificat que l'enquête a été ouverte pendant quinze jours, et le tableau indicatif des parcelles occupées par des tombes vous seront adressés pour m'être transmis avec votre avis particulier.

« Sur le vu de ces pièces, je vous indiquerai les terrains dont il conviendra de faire l'achat (annexe n° 4) et ceux qui ne seront occupés que jusqu'à la fin de 1875 (annexe n° 5). Vous prendrez alors un arrêté (annexe n° 6) pour désigner les propriétés à acquérir et sur lesquelles les tombes militaires seront maintenues à perpétuité et celles qui ne seront occupées que temporairement. Votre arrêté précisera dans quelle mesure les terrains environnant les nouveaux cimetières seront soumis aux servitudes résultant des décrets des 23 prairial an XII et 7 mars 1808.

« Je n'ai pas besoin de vous faire observer que ces servitudes ne seront établies que dans des cas exceptionnels, car les inhumations ne devront pas se renouveler ; en un très-court espace de temps, tous les corps réduits à l'état d'ossements ne présenteront aucun danger pour la salubrité publique.

« Vous m'adresserez cet arrêté en double expédition et je vous renverrai l'une d'elles revêtue de mon approbation.

Expropriation.

« Lorsque cette formalité aura été remplie, vous entrerez en relations avec les propriétaires et vous les mettrez en mesure de se prononcer sur la question de savoir s'ils consentent à la vente des terrains et s'ils acceptent le prix d'après l'évaluation fixée par la commission d'enquête (annexe n° 3, colonne 14).

« A défaut de convention amiable, il y aura lieu de recourir à l'expropriation.

« Conformément à l'article 3 de la loi du 4 avril 1873, vous transmettrez l'arrêté, dûment revêtu de mon approbation, au procureur de la République dans le ressort duquel les biens sont situés, et l'expropriation sera prononcée et suivie suivant les dispositions de la loi du 3 mai 1841. L'intervention de l'autorité judiciaire se réduira le plus souvent à l'accomplissement d'une simple formalité, puisque les tribunaux n'auront qu'à viser l'arrêté de désignation et l'approbation ministérielle, avant de prononcer la dépossession au profit de l'État.

« Il est à espérer, d'ailleurs, que des concessions amiables seront fréquemment conclues entre l'État et les particuliers, à cause du peu d'importance des intérêts en jeu de part et d'autre.

Règlement des indemnités.

« L'article 4 de la loi détermine l'autorité qui sera chargée de la fixation des indemnités aux propriétaires. Par dérogation à la loi du 3 mai 1841, il en attribue le règlement à un jury spécial qui sera composé conformément aux dispositions de l'article 16 de la loi du 21 mai 1836.

« Ces indemnités s'appliqueront, suivant le cas, soit aux terrains acquis par l'État, soit à ceux qui seront seulement assujettis à l'occupation temporaire, soit aux servitudes dont pourront être frappés les terrains environnant les cimetières.

« Je crois devoir vous faire observer que l'allocation d'une indemnité pour ces servitudes est un fait tout exceptionnel, et que la nouvelle loi laisse subsister, sans y porter la moindre atteinte, le principe en vertu duquel les dommages indirects ne donnent droit à aucun dédommagement. C'est ce que le rapporteur de la loi a formellement déclaré ; afin de lever tous les doutes à cet égard, je crois devoir rappeler ici les termes mêmes de son rapport :

« En principe, dit M. Mazeau, les servitudes d'utilité

« publique, et notamment celles qui peuvent atteindre les « propriétés entourant les cimetières, n'ouvrent à ceux « qui en souffrent aucune porte à l'indemnité. Ces servi- « tudes sont une conséquence de la vie civilisée, qui « expose tous les jours les immeubles à des variations de « valeur, selon que le cours imprévu des événements « place dans leur voisinage des établissements publics, « qui tantôt leur nuisent et tantôt leur profitent. La néces- « sité de donner la sépulture aux morts étant d'ailleurs « absolue, les propriétaires des terrains situés à proximité « des centres habités, ont dû nécessairement faire entrer « dans leurs prévisions la possibilité d'avoir à subir le « voisinage d'un cimetière, et les mutations de propriété « se sont effectuées en tenant compte de cette éventualité. « Il est donc raisonnable de n'accorder aucun dédomma- « gement aux propriétaires atteints par les dispositions « des décrets de 1808 et de l'an XII, à l'occasion soit de « l'agrandissement, soit de la translation d'un cimetière[1].

« Votre commission n'a nullement entendu qu'il fût « dérogé à cette règle dans les circonstances ordinaires où « elle doit continuer à recevoir son application.

« Mais deux motifs lui ont paru justifier cette déroga- « tion dans la loi actuelle et seulement pour le cas qu'elle « prévoit :

« D'une part, en effet, il s'agit ici non d'un intérêt « administratif ordinaire, mais de l'exécution de stipula- « tions diplomatiques qui s'imposent, et dont nous devons « nous efforcer d'obtenir, en prévenant toute difficulté, le « rigoureux accomplissement.

« D'autre part, il faut reconnaître que, dans l'origine, « la création des lieux consacrés aux sépultures n'a pas pu « entrer ici dans les prévisions des propriétaires voisins.

« Par ces divers motifs, le principe de l'indemnité pour « les servitudes dont peuvent être affectés les terrains « environnant les tombes militaires nous a paru justifié. »

Timbre et droits d'enregistrement. Actes de vente.

« L'article 5 dispense du timbre et des droits d'enregis- trement tous les plans, procès-verbaux, certificats, signi-

---

1. V. *suprà*, no 945.

fications, jugements, contrats, quittances et autres actes faits en vertu de la loi du 4 avril 1873.

« Les contrats de vente à intervenir seront passés dans la forme des actes administratifs, en quadruple expédition : l'une me sera transmise, l'autre restera déposée aux archives de la préfecture, la troisième sera annexée au mandat de paiement, la quatrième sera remise au propriétaire.

« Je n'ai pas besoin de vous faire remarquer que l'exécution de la loi comporte en elle-même une dérogation forcée aux prescriptions de l'article 53 de la loi du 3 mai 1841, relatives au paiement de l'indemnité préalablement à la prise de possession. Ces prescriptions ne peuvent être observées, puisque l'occupation est un fait de guerre auquel il était impossible aux intéressés de se soustraire. »

ANNEXE N° 1.

LOI

relative à la conservation des tombes des soldats morts pendant la dernière guerre[1].

ANNEXE N° 2.

DÉPARTEMENT d

ARRONDISSEMENT d

CANTON d

COMMUNE d

(Loi du 4 avril 1873.)

REGISTRE

destiné à recevoir les déclarations faites à la mairie de la commune d , en exécution de l'article 2 de la loi du 4 avril 1873, par des propriétaires, usufruitiers ou autres intéressés dans les immeubles situés sur le territoire de cette commune et sur lesquels sont établies des tombes militaires.

CERTIFICAT D'ENQUÊTE.

L'an mil huit cent , le , en exécution de la décision de M. le Préfet, en date du

Nous, Maire de la commune d , certifions : 1° avoir fait ouvrir à la mairie le présent registre, destiné à recevoir les déclarations des propriétaires des terrains sur lesquels sont situées des tombes de soldats morts pendant la dernière guerre ; 2° avoir invité nos administrés, par des publications et par des affiches, à nous faire connaître leurs déclarations et observations.

Nous certifions, en outre, que le présent registre est resté ouvert pendant quinze jours, du au .

A , le 18 .

Le Maire,

1. V. *suprà*, nos 946 et suiv.

DÉPARTEMENT

ARRONDISSEMENT

COMMUNE

ANNEXE N° 3.

TO[illegible]IRES.

Tableau des terrains sur les[illegible] des tombes militaires.

OMS, PRÉNOMS, professions et demeures des propriétaires d'après la matrice cadastrale.	NOMS, PRÉNOMS, professions et demeures des propriétaires actuels, de leurs fermiers ou locataires.	NOMBRE DE TOMBES.	DÉSIGNATIONS cadastrales.			NATURE des terrains à acquérir.	[illegible]TION DES INDEMNITÉS.				DISTANCE moyenne des tombes au cimetière communal.	ÉVALUATION de l'indemnité pour l'occupation jusqu'au 31 décembre 1875.	OBSERVATIONS. (Indiquer si la propriété est close.)
			Section.	Quartiers ou lieux-dits.	N° du plan cadastral.		[illegible]	Indication des causes d'augmentation et objets donnant lieu à une indemnité spéciale, tels que dommages, murs de clôture, plantations.	Montant des augmentations.	Montant total des indemnités proposées.			
TOTAUX.													

Le présent tableau dressé par Nous, Maire de la commune [illegible]
assisté de MM.
conseillers municipaux, conformément aux déclarations [illegible] *enquête et à nos constatations personnelles.*
A , *le* 18

ANNEXE N° 4.

MINISTÈRE
DE L'INTÉRIEUR.

DÉPARTEMENT
d

ARRONDISSEMENT
d

COMMUNE
d

TO[illegible]TAIRES.

([illegible])

État des terrains à acquérir pour les [illegible]es dans la commune d

NOMS, PRÉNOMS, professions et demeures des propriétaires d'après la matrice cadastrale.	NOMS, PRÉNOMS, professions et demeures des propriétaires actuels, de leurs fermiers ou locataires.	NOMBRE de tombes.	[illegible]		NATURE des terrains à acquérir.	SURFACE occupée par les tombes.	OBSERVATIONS.
			Section.	Qu[illegible] lieu[illegible]			

Arrêté par le Ministre de l'intérieur.

, le 18 .

DÉPARTEMENT
d

ANNEXE N° 5.

MINISTÈRE DE L'INTÉRIEUR.

ARRONDISSEMENT
d

TOMBES MILITAIRES.

Commune d

État des parcelles à occuper temporairement par les tombes.

NUMÉROS d'ordre du plan.	CADASTRE.		DÉSIGNATION des propriétaires.	DOMICILE.	CANTONS ou lieux-dits.	NOMBRE de tombes.	SURFACE OCCUPÉE.
	Section.	Numéros.					

Arrêté par le Ministre de l'intérieur.

A *, le* *18*

MINISTÈRE DE L'INTÉRIEUR.

TOMBES MILITAIRES.

ANNEXE N° 6.

DÉPARTEMENT d

ARRONDISSEMENT d

CANTON d

COMMUNE d

Arrêté déterminant les propriétés sur lesquelles sont situées des tombes militaires et qui doivent être cédées à l'État.

Nous, Préfet du département d

Vu la loi du 4 avril 1873, relative à la conservation des tombes militaires ;

Vu le certificat dressé par le maire de la commune d , constatant qu'un avis a été publié à son de trompe ou de caisse dans ladite commune, et affiché tant à la principale porte de l'église du lieu qu'à celle de la mairie, le mil huit cent pour prévenir les intéressés qu'ils doivent faire connaître le nombre de tombes situées sur leurs propriétés ;

Vu le registre de l'enquête ouverte pendant quinze jours dans ladite commune du au ;

Vu le tableau des terrains sur lesquels sont situées des tombes militaires et dressé par la commission d'enquête ;

Vu la dépêche de M. le ministre de l'intérieur, en date du , indiquant les terrains à acquérir;

ARRÊTONS :

ART. 1er. — Les propriétés désignées dans l'état ci-annexé seront cédées à l'État pour la conservation des tombes des soldats morts pendant la dernière guerre.

ART. 2. — Seront soumis aux servitudes établies par les décrets des 23 prairial an XII et 7 mars 1808 les terrains indiqués ci-après :

Fait et arrêté à , en l'hôtel de la préfecture, le mil huit cent

Le Préfet,

APPROUVÉ :

A , le 18 .

Le Ministre de l'intérieur,

MINISTÈRE
DE L'INTÉRIEUR.

TOMBES MILITAIRES.

(Loi du 4 avril 1873.)

ANNEXE N° 7.

DÉPARTEMENT d

ARRONDISSEMENT d

CANTON d

COMMUNE d

Tableau indicatif des terrains à acquérir par l'État pour les tombes des soldats morts pendant la guerre de 1870-1871.

CADASTRE.		LIEUX-DITS.	NATURE des propriétés.	NOMS, PRÉNOMS et domiciles des propriétaires		NOMBRE des tombes de soldats		SURFACE à acquérir pour les tombes.	
Sections.	Numéros.			inscrits à la matrice des rôles.	actuels ou présumés tels.	français.	allemands.	Français.	Allemands.

Dressé et approuvé par Nous, Préfet du département d
, soussigné.

A , le 18 .

Le Préfet,

APPROUVÉ :

A , le 18 .

Le Ministre de l'intérieur.

CHAPITRE IV.

DES EXHUMATIONS ET DES TRANSPORTS DE CORPS.

SECTION I.

Des exhumations.

954. Les autorités locales sont spécialement chargées de maintenir l'exécution des lois et règlements qui prohibent les exhumations non autorisées, et d'empêcher qu'il ne se commette, dans les lieux de sépulture, aucun désordre, ou qu'on s'y permette aucun acte contraire au respect dû à la mémoire des morts[1].

Ainsi, l'arrêté municipal qui interdit toute exhumation sans autorisation du maire, ou qui prescrit les mesures d'ordre et de salubrité à observer pendant l'opération de l'exhumation est légal et obligatoire[2]. De même, un maire, en refusant l'autorisation d'exhumer un corps pour le transporter dans une commune voisine ne commet pas d'excès de pouvoir, et son refus ne peut donner lieu à un recours au Conseil d'État[3].

Dans tous les cas, l'exhumation d'un cadavre, quelle que soit sa destination, ne peut avoir lieu qu'en vertu d'une autorisation spéciale du maire[4].

955. Les exhumations peuvent avoir lieu: 1° pour transporter le corps dans un autre cimetière, soit dans la même localité, soit dans une autre commune; 2° pour opérer la réinhumation par suite de conversion de conces-

1. Déc. 23 prairial. an XII, art. 17.
2. Cass. 21 août 1835 et 4 déc. 1847.
3. Avis Cons. d'État 23 févr. 1861.
4. Circ. min. Int. 10 mars 1856 (p. 88). V. *suprà*, n° 889.

sion de terrain ; 3° en cas de crime, pour opérer l'autopsie du cadavre ; 4° pour le renouvellement des fosses après le délai de cinq années fixé par l'article 6 du décret du 23 prairial an XII[1], et en exécution d'un arrêté spécial pris en vertu des articles 16 et 17 de ce décret et de l'article 11, n° 1, de la loi du 18 juillet 1837, arrêté qui doit, conformément au droit commun, être notifié administrativement à la personne connue pour y avoir intérêt.

Dans ce dernier cas, comme le domicile des intéressés peut être inconnu, il est d'usage de faire cette notification au moyen d'annonces faites dans la commune, tant à son de caisse que par voie d'affiches.

Jugé que l'exhumation d'un corps à laquelle un maire ou adjoint fait procéder, en l'absence d'un arrêté autorisant ou prescrivant cette autorisation, et notifié à la personne connue pour y avoir intérêt, constitue le délit de *violation de sépulture,* alors même qu'elle serait la suite de l'ouverture des anciennes fosses pour des sépultures nouvelles, faite après cinq ans en vertu de l'article 17 du décret précité[2], surtout si cette exhumation est accompagnée de l'ouverture violente du cercueil et de l'extraction du cadavre pour le rejeter dépouillé dans la terre[3].

Et un tel délit ne saurait être excusé ni par le but, ni par l'intention, ni même par la qualité de maire du prévenu[4].

956. Toute demande d'exhumation doit être faite sur une feuille de papier timbrée à 60 cent.[5] et revêtue de la signature du plus proche parent du défunt.

Jugé que les parents d'une personne décédée, autres que ses héritiers (*même ses père et mère*), sont sans droit pour contester le choix fait par le conjoint survivant du lieu de la sépulture du défunt. Et spécialement, lorsque celui-ci a été, sans opposition de leur part, inhumé, par les soins du conjoint survivant, au lieu du décès ; ils n'ont point qualité pour demander que les restes du défunt soient exhumés et transférés au lieu de sépulture de leur

---

1. V. *suprà,* n° 899.
2. V. *Ibid.,* n° 954.
3. C. pén., art. 360. V. *suprà,* n° 889.
4. Angers, 18 nov. 1862.
5. Loi du 13 brum. an VII, art. 1er.

propre famille, situé dans une autre commune .., alors d'ailleurs qu'ils n'invoquent aucun fait de nature à motiver une mesure aussi grave [1].

La jurisprudence a proclamé le principe qu'en cas de conflit entre l'époux survivant et la famille du conjoint décédé, quant au choix du lieu de la sépulture de celui-ci, c'est le droit de l'époux qui est prépondérant [2].

Néanmoins, ce droit n'est pas absolu. D'un côté, il peut être balancé par le droit égal qui appartient aux héritiers du *de cujus*, et, dans ce cas, c'est aux tribunaux à décider à qui le choix du lieu de sa sépulture doit appartenir de préférence [3]. Et d'un autre côté, le droit de l'époux survivant doit fléchir, même vis-à-vis des parents de son conjoint décédé autres que ses héritiers, lorsque l'inhumation a été faite par les soins de ceux-ci dans un lieu convenable, soit de son consentement, soit même en vertu d'une autorisation subrepticement obtenue de l'administration municipale ; dans ce cas, l'époux ne peut obtenir l'exhumation des restes du défunt et leur transport dans un autre lieu, si d'ailleurs il n'éprouve en réalité aucun préjudice ni aucune gêne du choix fait par la famille de son conjoint du lieu où il a été inhumé [4].

957. Lorsqu'un agent de la commune (par exemple, un commissaire de police, un sergent de ville, un conservateur de cimetière, ou un garde champêtre) a dirigé et surveillé des opérations d'exhumation autorisées par l'administration municipale dans un intérêt purement privé, il a droit à une rémunération qui soit en rapport avec la valeur du service rendu. Et cette rémunération est due toutes les fois qu'il est appelé à prêter son concours à l'exhumation, à l'enlèvement, à l'arrivée ou à la réinhumation du corps. Elle doit être fixée par l'autorité municipale, soit au moyen d'un tarif permanent, soit au moyen d'une taxe arrêtée pour chaque cas particulier [5].

Dans les villes dont la population excède 4,000 habi-

---

1. Cour imp. Paris, 27 juin 1862.
2. Lyon, 5 avril 1851 ; Limoges, 7 mars 1852 ; Trib. de la Seine, 1er avril 1852 et 4 août 1858.
3. Paris, 3 avril 1857 et 23 août 1858.
4. Lyon, 5 avril 1851 et Paris, 1er avril 1852, précités.
5. *Bull. off. Int.*, année 1860, p. 75, n° 12, et p. 209, n° 39.

tants, il appartient aux préfets, en vertu de l'article 30 de la loi du 5 mai 1855, de déterminer la rétribution due aux commissaires de police pour leur assistance à ces diverses opérations[1].

En cas d'exhumation par suite de translation du cimetière, cette rétribution est à la charge de la commune[2].

SECTION II.

Des transports de corps.

§ Ier. — *Des mesures sanitaires.*

958. La translation du corps d'un individu récemment décédé ne pourra être effectuée hors du département où a eu lieu le décès, que dans un cercueil en bois de chêne, dont les compartiments auront *quatre centimètres* d'épaisseur, seront fixés avec des clous à vis et maintenus par trois frettes en fer serrées à écrou[3].

959. Quand le trajet à parcourir excédera *deux cents kilomètres,* le corps devra être placé dans un cercueil en plomb, renfermé lui-même dans une bière en chêne. Le cercueil en plomb sera alors confectionné avec des feuilles de plomb laminé de *deux millimètres,* au moins, d'épaisseur et solidement soudées entre elles.

Le cercueil de plomb pourra également être exigé, même pour des distances moindres, toutes les fois que des circonstances exceptionnelles rendront cette mesure nécessaire[4].

960. Dans tous les cas, le fond du cercueil contenant le corps devra être rempli par une couche de *six centimètres* d'un mélange pulvérulent, composé d'une partie de poudre de *terre* et de deux parties de *charbon de bois pulvérisé.* Le corps devra ensuite être entièrement couvert de cette même poudre, avant la fermeture du cercueil[5].

---

1. *Bull. off. Int.*, année 1860.
2. *Ibid.*, année 1861, p. 160, n° 14. V. *suprà*, n° 923.
3. Circ. min. Int. 8 août 1859 ; Inst. du préf. de pol. 1er mai 1860.
4. *Ibid.*, 8 août 1859, n° 2.
5. *Ibid.*, n° 3.

961. Les autorisations de transport ne doivent être accordées qu'après l'accomplissement de ces formalités[1].

§ 2. — *Des transports de corps dans l'intérieur de la France ou à destination étrangère.*

962. L'article 16 du décret du 23 prairial an XII porte que « toute personne pourra être enterrée sur sa propriété « et à la distance prescrite de l'enceinte des villes ou « bourgs ». Les citoyens ont encore la faculté, dont ne parle pas le décret, de faire transférer, d'un département dans un autre, le corps de leurs parents et amis[2].

L'exercice de ce droit naturel, qui doit être précédé des opérations nécessaires pour empêcher la putréfaction de ces corps réclame des mesures administratives contre l'abus qu'on pourrait en faire, en les soustrayant, par ce moyen, à la surveillance de l'autorité publique. Lors de la déclaration du décès à l'officier public de la commune où il a eu lieu, on doit donc faire mention dans l'acte des intentions, soit du décédé, soit de ses parents et amis. L'officier public doit, en outre, dresser procès-verbal de l'état du corps au moment où on l'enlève, ou à l'instant où on l'enferme dans la bière ; il délivre ensuite un passe-port motivé au conducteur du corps, et il adresse directement au maire du lieu où il doit être déposé, et ce, aux frais des parents ou amis du décédé, une expédition de l'acte de décès et du procès-verbal de l'état du corps, afin que le maire de cette dernière commune veille à l'exécution du décret[3].

Les prescriptions qui précèdent, bien que n'ayant jamais été rapportées d'une manière expresse, ont été modifiées comme suit :

Le transport d'un cadavre, d'un lieu à un autre, doit être autorisé, savoir :

Dans l'étendue de la même commune, par le maire[4]; dans le même arrondissement, par le sous-préfet[5]; dans

1. Circ. min. Int. 3 août 1859, n° 3.
2. V. *suprà*, n°s 958 à 961.
3. Circ. min. Int. 26 therm. an XII. Il est d'usage de n'insérer dans les actes de décès, que les énonciations prescrites par l'art. 79 du Code civil. V. *suprà*, n° 829.
4. *Ibid.*, 10 mars 1856.
5. *Ibid.*

un autre arrondissement, dans le même département[1], d'un département dans un autre, ou à l'étranger, par le préfet[2].

Les autorisations accordées dans les limites ci-dessus indiquées ne changent rien, du reste, aux mesures prescrites dans l'intérêt de la salubrité publique ; les précautions d'usage à prendre pour l'enlèvement des corps durant le trajet ou à l'arrivée, conformément à la circulaire du 28 thermidor an XII, doivent toujours être observées[3].

963. Les demandes relatives aux transports de corps doivent être faites sur papier timbré à 60 cent. et revêtues de la signature du plus proche parent du défunt.

§ 3. — *Des transports de corps venant de l'étranger.*

964. Lorsque le corps d'une personne décédée à l'étranger est ramené en France par la voie de *terre*, le transport du cercueil jusqu'au lieu d'inhumation doit être préalablement autorisé par le ministre de l'intérieur, ou, en cas d'urgence, par le préfet du département frontière par où doit s'effectuer l'entrée sur le territoire français[4].

Les retards, préjudiciables dans certains cas, qu'entraînait l'obligation absolue de l'autorisation préalable, ayant donné lieu à des réclamations qui ont paru devoir être prises en considération, il a été décidé, en vue de simplifier les formalités exigées en pareille circonstance, que les agents de l'administration française seraient, jusqu'à nouvel ordre, autorisés à laisser entrer, avec le concours de la douane, les cercueils apportés en France, lorsqu'ils seront accompagnés :

1° D'une attestation de l'agent diplomatique ou consulaire français du lieu de départ, constatant la nature de la maladie qui a précédé le décès, ainsi que l'accomplissement des mesures de précaution prescrites, en pareil cas, pour la conservation des corps ;

---

1. Circ. min. Int. 10 mars 1856, précitée.
2. Déc. 13 avril 1861. art. 1er, n° 13 ; Circ. min. Int. 8 juill. 1874, 16 novembre 1875 et 19 mars 1881. — V. *Bull. off. Int.* 1874, p. 445 ; 1875, p. 573, et 1881, p. 54.
3. Circ. min. Int. 10 mars 1856, précitée.
4. *Ibid.*

2° D'un acte établissant l'identité de la personne décédée et ramenée en France[1].

965. Les agents diplomatiques ou consulaires français devront, autant que possible, subordonner la délivrance de leurs attestations aux déclarations préalables d'hommes de l'art par eux commis à la vérification des faits accomplis, sous la direction des autorités locales du lieu du départ.

Ils devront, en outre, en délivrant l'attestation susmentionnée, faire observer aux intéressés que l'admission à la frontière peut toujours être refusée, à moins qu'un permis de transport n'ait été préalablement accordé par l'administration française, qui demeure seule juge de l'opportunité d'autoriser ou d'interdire, dans certains cas exceptionnels, l'introduction du corps sur le territoire français[2].

966. A l'arrivée à la frontière, le commissaire spécial devra informer télégraphiquement le préfet du département de l'admission du cercueil, afin que le maire du lieu de destination puisse être averti par la voie la plus prompte.

En cas de doute sur les bonnes conditions de salubrité du cercueil, le commissaire spécial devra consulter un homme de l'art, autant que possible, un membre du conseil d'hygiène de la localité, et, au besoin, retenir le cercueil en attendant les instructions du préfet, auquel, dans ce cas, il en sera référé d'urgence[3].

967. La constatation des formalités légales à l'embarquement des corps ou à leur passage à la frontière est une des obligations de service qui incombent aux commissaires spéciaux de police et doit être, par conséquent, accomplie gratuitement par eux, leur qualité de fonctionnaire de l'État leur interdisant de percevoir aucune rémunération des particuliers[4].

---

1. Circ. min. Int. 22 sept. 1868.
2. *Ibid.* Des recommandations conformes ont été adressées par M. le min. des aff. étr.
3. *Ibid.*, 22 sept. 1868, précitée.
4. Les préfets ont été invités à rappeler aux commissaires spéciaux

968. A l'arrivée en France d'un navire à bord duquel se trouveront les restes d'une personne morte hors du territoire continental, le capitaine de ce navire devra justifier au directeur de la santé que la translation a été régulièrement autorisée. Il lui remettra, de plus, un acte constatant, dans les formes voulues, l'identité de l'individu (c'est-à-dire le procès-verbal de mise en bière).

Ce procès-verbal devra constater, en outre, l'état dans lequel le corps a été trouvé, et les précautions qui auront été mises en pratique pour son exhumation et son transport. Si le corps a été embaumé, il devra indiquer avec quelle substance l'embaumement a été effectué[1].

969. Le cercueil sera examiné à bord ou déposé au lazaret. Le directeur de la santé vérifiera l'état du cercueil. Il s'assurera si le cachet apposé au départ n'a pas été brisé pendant le voyage ; si le cercueil se trouve dans de bonnes conditions de construction et de fermeture, et s'il ne s'en échappe aucune exhalaison putride ; s'il ne peut, en un mot, présenter aucun danger sous le rapport de la salubrité.

Le directeur de la santé apposera son sceau sur le cercueil et en autorisera l'admission. Toutefois, il retiendra le cercueil dans l'intérieur du lazaret jusqu'à ce que le préfet du département où l'inhumation devra être opérée lui ait fait connaître que le cercueil peut être transporté. A cet effet, le directeur de la santé avertira immédiatement cet administrateur de sa décision, en même temps que le préfet du département du port d'arrivée.

Dans tous les cas, le navire sera admis à la pratique, à moins que, pour d'autres motifs, il n'y ait lieu de le tenir en état de réserve ou de *quarantaine*[2].

970. Si le cercueil ne se trouvait pas dans les conditions indiquées par l'article précédent, le directeur de la

---

de la police des chemins de fer les instructions reçues à ce sujet, et à veiller à ce qu'elles soient rigoureusement observées. (Circ. min. 29 juill. 1873.)

1. Inst., du min. de l'Ag., du Com. et des Travaux publics sur l'admission dans les lazarets, le transport et la réinhumation, dans l'intérieur de la France, des personnes mortes hors du territoire continental, 25 janvier 1856, art. 1er. Circ. min. Int. 29 fév. 1855.

2. *Ibid.*, art. 2.

santé devrait, suivant les circonstances, et sous la réserve des mesures à prendre à l'égard des capitaines de navire qui ne se seraient pas conformés aux règles prescrites par les autorités compétentes, soit de faire ouvrir et faire procéder à l'ensevelissement du corps dans un nouveau cercueil, avec les précautions qui seront ci-après déterminées, soit le faire inhumer provisoirement dans le cimetière du lazaret, en attendant que la famille du défunt, ou l'autorité supérieure, ait pourvu aux dispositions nécessaires pour que l'exhumation puisse avoir lieu et que le transport puisse être opéré.

Si un cercueil arrivait au lazaret dans des conditions tout à fait exceptionnelles ou imprévues, le directeur de la santé devrait en informer sans retard le ministre de l'agriculture, du commerce et des travaux publics, lui soumettre des propositions, adopter des mesures provisoires et attendre des instructions[1].

971. Le cercueil dans lequel, le cas échéant, un cadavre ou des débris de cadavre devront être transférés, par les soins de l'autorité sanitaire, sera confectionné avec des lames de plomb de *trois millimètres*, au moins, d'épaisseur, parfaitement soudées entre elles.

Le cercueil en plomb sera renfermé lui-même dans une bière en chêne, ou en tout autre bois présentant une égale solidité. Les parois auront au moins *quatre centimètres* d'épaisseur; elles seront fixées avec des clous à vis et maintenues par trois freins en fer, serrés à écrou.

On introduira dans le cercueil en plomb un mélange désinfectant fait, à parties égales, de sciure de bois bien desséchée et de sulfate de zinc (*couperose blanche*), dont on recouvrira tout le corps sur une épaisseur moyenne de *quatre à cinq millimètres*. Ce cercueil sera placé dans le cercueil extérieur, sur une couche de *deux ou trois centimètres* du même mélange.

Il sera ensuite procédé comme il est dit au second paragraphe de l'article 969 qui précède[2].

972. Le cercueil ne pourra sortir du lazaret ou du

---

1. Instruction min. précitée, art. 3.
2. *Ibid.*, art. 4.

navire sans une permission de la douane. Il ne sera remis au représentant de la famille du défunt que lorsqu'il aura été pourvu au paiement des frais que le placement des restes du corps dans un nouveau cercueil pourrait nécessiter, et sur un engagement écrit de transporter immédiatement ce cercueil au lieu de sa dernière destination, et de se conformer aux dispositions qui pourraient être prescrites par les autorités compétentes, pour le transport et la réinhumation dudit cercueil[1].

973. Le sceau apposé par l'autorité sanitaire ne pourra être rompu, même après l'arrivée du cercueil dans la localité où l'inhumation doit avoir lieu, sauf le cas de force majeure. Il ne pourra être procédé, sous aucun prétexte, à l'ouverture du cercueil, sans une autorisation préalablement concertée entre le ministre de l'intérieur et celui de l'agriculture, du commerce et des travaux publics[2].

---

1. Inst. min. précitée, art. 5.
2. *Ibid.*, art. 6.

TROISIÈME PARTIE

De l'état civil hors du territoire français.

CHAPITRE Ier.

DES NAISSANCES ET DES DÉCÈS SUR MER.

SECTION I.

Des naissances sur mer.

974. S'il naît un enfant pendant un voyage de mer, l'acte de naissance sera dressé dans les *vingt-quatre heures*, en présence du père, s'il est présent, et de deux témoins pris parmi les officiers du bâtiment, ou, à leur défaut, parmi les hommes de l'équipage. Cet acte sera rédigé, savoir, sur les bâtiments de l'État, par l'officier d'administration de la marine ; et sur les bâtiments appartenant à un armateur ou négociant, par le capitaine, maître ou patron du navire. L'acte de naissance sera inscrit à la suite du *rôle d'équipage*[1].

La compétence de l'officier de l'état civil à bord des navires du commerce est cependant restreinte, quant à la durée, au temps où la communication avec une autorité française est impossible, et, quant à la nature de son objet, aux actes de naissance, de reconnaissance d'enfants naturels et de décès, c'est-à-dire aux constatations qui ne

1. C. civ., art. 59. Le rôle d'équipage n'est autre chose que l'état dressé de toutes les personnes embarquées, et du mouvement de ces personnes. V. *infrà*, n° 975.

pourraient être ajournées sans danger de grave compromission d'intérêt[1].

Les conditions dans lesquelles il opère sont les mêmes que celles qui ont été indiquées pour les bâtiments de l'État; elles sont énumérées en détail dans l'instruction du 2 juillet 1828, dont un exemplaire est délivré à chaque navire, et que nous allons rappeler ici très-sommairement :

1. *La compétence du capitaine* est entière quand l'éloignement, ou bien un motif légal ou de force majeure, empêche le bâtiment de communiquer, pendant le délai des déclarations, avec une terre sur laquelle se trouve une autorité française, soit métropolitaine, soit coloniale, soit consulaire. Dans les pays étrangers où il ne se trouve pas d'autorité consulaire compétente, les actes de naissance et de reconnaissance peuvent être dressés soit à bord, soit à terre, dans les formes légales du pays. (V. Liste des agents consulaires autorisés à dresser des actes de l'état civil; Circ. 16 janvier 1872, 56; 9 janvier 1877, 10; Annuaire.)

2. *L'âge requis* pour dresser un acte de l'état civil est 21 ans.

3. *L'acte est rédigé dans les 24 heures sur le rôle d'équipage*[2], où le capitaine apostille, en outre, à la case des intéressés, la date du fait d'état civil.

4. *Deux expéditions de l'acte sont remises*, dans le premier port de relâche, au commissaire de l'inscription maritime ou au consul, qui les fait parvenir au maire du lieu du dernier domicile.

5. *Le capitaine qui n'a pas compétence* pour dresser les actes, doit donner avis des faits d'état civil au fonctionnaire compétent.

6. *La sanction de sa responsabilité* consiste dans l'application possible d'une amende de 100 fr. au maximum, et dans les réparations civiles auxquelles il peut être condamné envers les parties.

7. *Le contrôle immédiat de cette responsabilité* est exercé par tout commissaire de l'inscription maritime ou consul

---

1. *Cours d'admin. des élèves-commissaires de la marine*, par Fournier et Bajon (Berger-Levrault, éditeurs), p. 252.
2. Rappelé par Circ. du 11 janvier 1878, 33.

du port où le navire arrive, et par le commissaire de l'inscription maritime du port du désarmement administratif.

8. *Les patrons des bateaux qui font la pêche du poisson frais*, restant toujours à portée des côtes, ne dressent jamais d'actes à bord.

975. Le *rôle d'équipage* est obligatoire pour tous bâtiments ou embarcations exerçant une navigation *maritime*. La navigation est dite *maritime*, sur la mer, dans les ports, sur les étangs et canaux où les eaux sont salées, et, jusqu'aux limites de l'inscription maritime, sur les fleuves et rivières affluant directement ou indirectement à la mer[1].

976. Au premier port où le bâtiment abordera, soit de relâche, soit pour toute autre cause que celle de son désarmement, les officiers de l'administration de la marine, capitaine, maître ou patron, seront tenus de déposer deux expéditions authentiques des actes de naissance qu'ils auront rédigés, savoir, dans un port français, au bureau du préposé à l'inscription maritime ; et dans un port étranger, entre les mains du consul[2].

L'une de ces expéditions restera déposée au bureau de l'inscription maritime ou à la chancellerie du consulat; l'autre sera envoyée au ministre de la marine, qui fera parvenir une copie, de lui certifiée, de chacun desdits actes, à l'officier de l'état civil du domicile du père de l'enfant, ou de la mère, si le père est inconnu : cette copie sera inscrite de suite sur les registres[3].

---

1. Déc. 19 mars-16 avril 1852, art. 1er. — En principe, les rôles d'équipage doivent être renouvelés, savoir : soit à la fin du voyage, pour les bâtiments armés au long court ou au grand cabotage ; soit à l'expiration de l'année, pour tous les bâtiments et bateaux faisant le petit cabotage ou la pêche du poisson frais. Si, pour le petit cabotage, l'année se trouve révolue en cours de voyage, le renouvellement du rôle est fait d'office, à moins que le bâtiment ne soit en charge pour retourner au port d'armement. Une exception est admise en faveur des paquebots transatlantiques. Les rôles de ces paquebots ne sont renouvelés que tous les six mois. — Inst. gén. sur la comptabilité de l'établissement des Invalides de la marine, 19 déc. 1859, art. 31. Le rôle d'équipage est déposé, dans les 24 heures de chaque arrivée, au bureau de l'inscription maritime ou à la chancellerie du consulat. Il y reçoit un visa d'arrivée, et, plus tard, un visa de réexpédition (D. 24 mars 1852, comp. 195).

2. V. *infrà*, n° 980.

3. C. civ., art. 60. — V. Ord. roy. 29 octobre 1833, art. 16.

977. A l'arrivée du bâtiment dans le port de désarmement, le rôle d'équipage sera déposé au bureau du préposé à l'inscription maritime, qui enverra une expédition de l'acte de naissance, de lui signée, à l'officier de l'état civil du domicile du père de l'enfant, ou de la mère, si le père est inconnu ; cette expédition sera inscrite de suite sur les registres[1].

SECTION II.

Des décès sur mer.

978. En cas de décès pendant un voyage de mer, il en sera dressé acte dans les *vingt-quatre heures*, en présence de deux témoins pris parmi les officiers du bâtiment, ou, à leur défaut, parmi les hommes de l'équipage. Cet acte sera rédigé, savoir, sur les bâtiments de l'État, par l'officier d'administration de la marine, et sur les bâtiments appartenant à un négociant ou armateur, par le capitaine, maître ou patron du navire. L'acte de décès sera inscrit à la suite du rôle d'équipage[2].

Lorsqu'une personne *disparaît à la mer*, l'officier de l'état civil à bord du navire doit également dresser un procès-verbal circonstancié du fait, en vue de faciliter ultérieurement aux intéressés l'obtention de la constatation judiciaire soit de l'absence, soit du décès. Il constate encore par procès-verbal, à titre d'officier de police judiciaire, toutes les circonstances et particularités qui se rattachent aux cas de mort violente[3].

Les *patrons de bateaux qui font la pêche du poisson frais* sont tenus de faire les déclarations de décès à l'officier de l'état civil, et les déclarations de disparition au commis-

---

1. C. civ., art. 61. L'enfant né en mer sur un navire français est réputé né sur le sol même de la France, par ce principe que tout navire français, n'importe où il se trouve, représente le sol de la France, qui est partout où est son drapeau, et si cet enfant a pour père un étranger, il pourra, à sa majorité, réclamer la qualité de Français, conformément à l'article 9 du Code civil. Dans ce dernier cas, l'acte de naissance ne pouvant être inscrit sur les registres de l'état civil, reste déposé dans les archives de la marine.
2. *Ibid.*, art. 86. V. *suprà*, nº 975.
3. *Cours d'administration des élèves-commissaires de la marine*, par Fournier et Bajon, p. 252 (Berger-Levrault, éditeurs).

saire de l'inscription maritime, qui en dresse procès-verbal circonstancié[1].

Quant aux *pertes de bâtiments corps et biens*, elles doivent aussi, pour l'ordre, être constatées par un procès-verbal du commissaire du quartier d'armement qui devient, dans ce cas, le quartier de désarmement. Ce soin est surtout utile lorsqu'on a pu recueillir quelque indice de nature à influer sur la décision des juges qui auront à statuer sur l'absence ou le décès[2].

979. Au premier port où le bâtiment abordera, soit de relâche, soit pour toute autre cause que celle de son désarmement, les officiers de l'administration de la marine, capitaine, maître ou patron, qui auront rédigé des actes de décès, seront tenus d'en déposer deux expéditions, conformément à l'article 60 du Code civil[3].

A l'arrivée du bâtiment dans le port du désarmement, le rôle d'équipage sera déposé au bureau du préposé à l'inscription maritime ; il enverra une expédition de l'acte de décès, de lui signée, à l'officier de l'état civil du domicile de la personne décédée ; cette expédition sera inscrite de suite sur les registres[4].

980. Dans le cas où le décès aurait eu lieu sur un

---

1. Inst. précitée, 2 juillet 1828. V. *suprà*, n° 974.
2. *Ibid.* — V. *suprà*, n° 823.
3. V. *suprà*, n°s 974 et 976.
4. C. civ., art. 87. — L'apposition des scellés à bord des navires sur les effets des passagers décédés en mer doit être faite par les administrateurs de la marine.

La compétence de la marine en pareille matière est établie par l'ordonnance de 1681, liv. III, tit. II, par des édits et règlements de décembre 1712, juillet 1720, août 1739, toutes lois consacrées par les lois postérieures rappelées dans l'ordonnance du roi du 17 juillet 1816, et qui ne laissent aucun doute sur l'initiative qui appartient dans ces circonstances aux administrateurs de la marine. C'est à eux à recevoir la déclaration des capitaines, à se transporter à leur bord pour recueillir les effets des marins ou passagers morts en mer, et les papiers qui intéressent leurs familles. C'est à eux à surveiller le dépôt dans les magasins de la marine pendant le délai légal, pour être remis, sur la production des titres, à leurs héritiers ou ayants cause, ou vendus au profit de la Caisse des gens de mer, s'il ne se présente pas d'héritiers. Circ. min. Just. aux proc. gén. près les cours d'appel, 10 juillet 1819. — *Bull. off. Just.*, t. I, p. 93. — Aux termes d'une circulaire du ministre de l'intérieur, en date du 27 mars 1865, les parents de militaires des troupes de la marine, de marins et autres agents, doivent être informés *sans délai* de la réception des actes mortuaires dans les mairies. — V. *Bull. off. Int.*, 1865, p. 65.

navire de commerce, le capitaine doit remettre au consul, dans les lieux de destination et dans ceux où la relâche se serait prolongée au delà de *vingt-quatre heures*, deux expéditions des actes de naissance ou de décès qui auraient été rédigés. Si l'individu décédé est un *marin*, le consul doit faire parvenir, par la voie la plus prompte, une expédition de l'acte mortuaire à l'administration du port où l'embarquement de ce marin aura eu lieu, ou, s'il avait été engagé hors de France, à l'administration du port auquel il appartenait[1].

981. Lorsqu'un marin français sera décédé, soit à terre, soit sur le navire dans le port, le capitaine devra en donner sur-le-champ avis au consul, qui dressera l'acte de décès. Dans ce cas et dans celui où, le marin étant décédé en rade, le capitaine aurait dressé l'acte mortuaire, le consul fera les communications prescrites ci-dessus[2].

982. Dans tous les cas, les officiers de l'état civil sont tenus de conserver dans les archives de la commune les actes de décès, après qu'ils en ont opéré la transcription, et de ne délivrer aux intéressés que des extraits des registres de l'état civil[3]. C'est au surplus ce qui résulte d'une circulaire du ministre de l'intérieur aux préfets, en date du 7 juillet 1866, ainsi conçue :

« Le ministre de la marine et des colonies reçoit fré-
« quemment des demandes de duplicata d'actes de décès
« concernant des marins, militaires ou autres, embarqués
« sur les bâtiments de l'État et morts en pays étrangers
« soit à terre, soit à bord desdits bâtiments.

« Presque toujours, une expédition des actes dont il
« s'agit a été envoyée en temps utile aux maires des com-
« munes dans lesquelles les défunts avaient leur domi-
« cile ; mais, au lieu de transcrire cette pièce sur les regis-
« tres des décès de la commune, en exécution de l'article
« 87 du Code civil, les officiers de l'état civil se contentent
« de la remettre en *original* aux familles intéressées, chez
« lesquelles elle ne peut plus ensuite être retrouvée.

1. Ord. roy. des 29 oct., 21 novembre 1833 (sur les fonctions des consuls dans leurs rapports avec la marine commerciale), art. 16.
2. *Ibid.*, art. 38.
3. Circ. min. Mar. 6 juillet 1866. Circ. min. Int. aux préfets, 28 avril 1868.

« Or, ces réclamations se produisent, le plus souvent, « en vue de donner satisfaction à des intérêts immédiats « et urgents, tels que l'exemption d'un jeune soldat, frère « du défunt, un partage de succession à faire, un mariage « à contracter.

« Il est souvent fort difficile de se procurer une nouvelle « expédition de l'acte dont la première copie a été égarée, « et, dans tous les cas, l'envoi de ce document exige de « longs délais pendant lesquels les intérêts engagés res- « tent en souffrance. Ce résultat fâcheux serait évité si les « maires observaient strictement la transcription immé- « diate des actes de décès et si, conformément à l'article 45 « du Code civil, ils ne délivraient aux intéressés que des « extraits des registres de l'état civil. »

CHAPITRE II.

DES ACTES DE L'ÉTAT CIVIL DES FRANÇAIS EN PAYS ÉTRANGER.

---

983. Tout acte de l'état civil des Français et des étrangers, fait en pays étranger, fera *foi*, s'il a été rédigé dans les formes usitées dans ledit pays[1]. Mais il ne peut faire foi en France qu'autant qu'il a été légalisé dans le pays par l'agent diplomatique français (à moins qu'il ne soit délivré dans le grand-duché de Luxembourg, en Alsace-Lorraine, en Belgique ou dans la principauté de Monaco)[2]; ce n'est que dans le cas où il n'en existe pas que la légalisation peut se faire à Paris, par le représentant de la nation étrangère[3].

Les consuls ont qualité pour légaliser les actes délivrés par les autorités ou fonctionnaires publics de leur arrondissement ; dans ce cas, ils doivent avoir soin de mentionner la qualité du fonctionnaire ou de l'autorité dont l'acte sera émané, et d'attester qu'il est à leur connaissance que ce fonctionnaire a actuellement, ou avait, lorsque l'acte a été passé, la qualité qu'il y prend[4].

En tout cas, si les actes de l'état civil faits en pays étranger suivant les lois et usages du pays ont force et valeur en France, les conséquences de ces actes, en tant qu'elles s'appliquent aux questions de filiation, d'état et de capacité, demeurent régies par la loi française[5].

984. Tout acte de l'état civil des Français en pays

---

1. C. civ., art. 47.
2. V. *suprà*, nº 654, avant-dernier alinéa, et *infrà*, nº 1039.
3. Colmar, 1er avril 1862. Merlin, *Rép.*, vº *Légalisation;* Roll., *Rép. du not.*, vº *Légalisation*, nºs 39 et 41. Circ. du proc. gén. à Paris, 10 août 1854.
4. Ord. roy. 25 oct. 1833, art. 6 et 7.
5. Paris, 2 août 1876.

étranger sera *valable*, s'il a été reçu, conformément aux lois françaises, par les agents diplomatiques ou par les consuls[1].

Dans les deux cas qui précèdent, la signature du consul doit être légalisée par le ministre des affaires étrangères en France, ou par les fonctionnaires qu'il aura délégués à cet effet[2].

985. Les consuls se conformeront, pour la réception et la rédaction des actes de l'état civil des Français, qu'ils sont autorisés à recevoir par l'article 48 du Code civil, aux règles prescrites par ce Code et par les lois sur cette matière[3].

986. Ces actes, sans distinction, seront tous inscrits de suite et sans aucun blanc, par ordre de date, sur un ou plusieurs registres tenus doubles, qui seront cotés par première et dernière, et paraphés sur toutes les pages par le consul. Une expédition en sera en même temps dressée et immédiatement transmise au ministre des affaires étrangères[4].

987. Les expéditions des actes de l'état civil, faites par les chanceliers et visées par les consuls, feront la même foi que celles qui sont délivrées en France par les dépositaires de l'état civil[5].

988. Les consuls se feront remettre, par les capitaines des bâtiments qui aborderont dans le port de leur résidence, deux expéditions des actes de naissance ou de décès qui auraient été rédigés pendant le cours de la navigation, et ils se conformeront dans ce cas aux articles 60 et 87 du Code civil[6].

---

1. C. civ., art. 48. — Ainsi, la loi permet aux Français qui sont momentanément à l'étranger, de suivre les formes usitées dans les pays où ils se trouvent ou de profiter du bénéfice de la loi française en s'adressant aux agents diplomatiques de leur nation qui sont considérés comme officiers de l'état civil. En conséquence, un mariage contracté en Espagne est valablement constaté par l'acte de célébration religieuse. Bastia, 7 mai 1859.
2. Ord. roy. 25 octobre 1833, art. 9. — Cette légalisation est soumise à un droit de 1 fr. par acte. — V. *suprà*, n° 654.
3. Ord. roy. 23 oct. 1833, art. 1er.
4. *Ibid.*, art. 2. V. *suprà*, n° 243-13°.
5. *Ibid.*, art. 3. V. *suprà*, n° 221 et les notes.
6. *Ibid.*, art. 4. V. *suprà*, nos 976 et 979.

989. Lorsque, dans le cas prévu par le précédent article, les consuls recevront le dépôt d'un acte de naissance ou de décès survenu pendant une traversée, ils auront soin, dans leur procès-verbal, de constater, à telles fins que de droit, les différentes irrégularités qu'ils y auront remarquées[1].

990. Si les consuls découvrent, soit par le rapport, soit par l'interrogatoire des gens de l'équipage, ou par tout autre moyen, qu'un capitaine a négligé de dresser des actes de naissance ou de décès arrivés pendant la traversée, ils en rédigeront procès-verbal, dont expédition sera envoyée au ministre de la marine, pour être pris, à l'égard du contrevenant, telles mesures qu'il appartiendra. Ils recueilleront aussi les renseignements qui pourraient servir à constater ces naissances ou décès, et feront signer le procès-verbal par les témoins qui leur auront révélé les faits, et l'adresseront au ministre des affaires étrangères, pour que les avis nécessaires soient donnés, par ses soins, aux personnes intéressées[2].

991. Aucun acte de l'état civil reçu dans les consulats ne pourra, sous prétexte d'omission, d'erreur ou de lacune, être rectifié que d'après un jugement émané des tribunaux compétents[3]. De même, lorsque, par une cause quelconque, des actes n'auront pas été portés sur les registres, le consul ne pourra y suppléer, sauf également à être statué ce que de droit par les tribunaux compétents[4]. Toutefois, les consuls recueilleront avec soin, et transmettront au ministre des affaires étrangères, soit au moyen d'actes de notoriété, soit de toute autre manière, les renseignements qui pourraient être utiles pour rectifier les actes dressés dans leurs consulats, ou pour y suppléer[5].

Afin de lever tous les doutes qui pouvaient s'élever sur la question de savoir quels étaient, en matière de rectifications d'actes de l'état civil, les tribunaux *compétents* dont parle cet article, M. le garde des sceaux adressait, le

---

1. Ord. roy. 23 octobre 1833, art. 5.
2. *Ibid.*, art. 6.
3. V. *suprà*, nos 80 et suivants.
4. *Ibid.*, no 78.
5. Ord. roy. 23 oct. 1833, art. 7.

10 août 1836, aux procureurs généraux, la circulaire dont la teneur suit :

« La marche à suivre pour procéder aux rectifications des actes de l'état civil ou suppléer à leur omission, est tracée par les articles 855 et suivants du Code de procédure civile[1]. Mais quel est le tribunal *compétent* pour statuer sur ces rectifications ?

« La loi ne s'est pas expliquée sur ce point, et l'usage, fondé sur le bon sens, a prévalu de saisir le tribunal dans l'arrondissement duquel est la commune où l'acte a été reçu, lorsqu'il s'agit de régulariser des actes passés en France.

« Ici, l'acte étant reçu à l'étranger, la raison, dans le silence de la loi, indique également que celui qui veut faire régulariser son état civil doit s'adresser au tribunal de son domicile d'origine, et, s'il est né à l'étranger, au tribunal du domicile de ses père et mère ou aïeuls. C'est, en effet, dans l'arrondissement de ce tribunal que l'on trouvera les actes de naissance, de mariage et de décès de ses parents, à l'aide desquels on pourra reconnaître et faire cesser les erreurs ou omissions ; c'est aussi là que l'on trouvera les autres documents écrits et les témoins que les magistrats peuvent juger à propos de consulter ou d'entendre.

« Cette doctrine, toute rationnelle, a déjà reçu l'approbation de la Cour de cassation dans une espèce où il s'agissait de la constatation du décès d'un émigré français, faite par l'aumônier d'un régiment de l'armée de Condé. Voici l'un des *considérants* de cet arrêt qui a été rendu le 10 mars 1813 : « Attendu que l'acte de décès de.........
« *n'ayant pas été passé en France*, les rectifications auxquelles il a été procédé ne pouvaient être faites que de
« l'autorité du tribunal de son *domicile d'origine* ou de celui
« de sa mère ; que l'acte ainsi rectifié pouvait être inscrit
« sur les registres de l'état civil de la municipalité de
« Paris, dans l'arrondissement de laquelle résidait sa
« mère, et que le tribunal de l'autorité de qui a été faite
« l'inscription, *était seul compétent* pour l'ordonner..... »

« Cette nécessité de recourir à nos tribunaux ne peut avoir de grands inconvénients lorsqu'il s'agit de rectifier les actes de décès et de naissance, à l'égard desquels il y

---

[1] V. *suprà*, nos 83, 87 et 103.

a rarement utilité de décider promptement. Il en serait autrement pour les mariages, que, dans beaucoup de cas, il est urgent de célébrer. Aussi, la faveur accordée à ces actes a-t-elle fait fléchir la rigueur des principes, dans plusieurs cas exceptionnels prévus par un avis du Conseil d'État du 30 mars 1808, qu'il est utile de rappeler aux consuls qui pourraient l'ignorer, à raison de sa date déjà ancienne[1].

« L'on demande encore si les ambassades doivent continuer à copier, sur les registres de l'état civil, les actes de mariage passés en pays étrangers devant les autorités locales, et que les parties présentent à la transcription pour leur donner une espèce d'authenticité.

« Il est vrai que, si l'acte est régulier parce qu'il aura été reçu suivant les formes usitées dans le lieu où il a été dressé, il fait foi par lui seul, aux termes de l'article 47 du Code civil[2] ; il est certain encore que, si cet acte est irrégulier, la rectification n'est possible que par jugement, aux termes des articles 99, 100 et 101 du même Code[3]; cependant, les copies de titres font preuve ou commencement de preuve, dans les cas déterminés par l'article 1335 du Code civil[4], lorsque le titre original est perdu. Cette perte peut être un accident fréquent pour des personnes qui voyagent ou qui habitent des pays étrangers. Je ne vois donc que de l'avantage et ne trouve pas d'inconvénient dans la transcription exacte et littérale que l'on continuera à faire sur les registres des chancelleries, et dans le meilleur ordre possible, des actes de l'état civil, qui intéressent des Français et qui auraient été reçus par des autorités étrangères.

« Je crois inutile d'ajouter que ces transcriptions, tout à fait officieuses et qu'aucune loi n'ordonne, ne dispenseront pas de celles exigées par l'article 171 du Code civil pour les actes de mariage. »

992. Les jugements de rectification des actes de l'état civil seront inscrits sur les registres courants, par les consuls, aussitôt qu'ils leur seront parvenus, et mention en

1. V. *suprà*, n° 104.
2. *Ibid.*, n° 983.
3. *Ibid.*, n°s 82, 99 et 101.
4. *Ibid.*, n° 206.

sera faite en marge de l'acte rectifié[1]. Le ministre secrétaire d'État des affaires étrangères tiendra la main à ce que la mention de la rectification soit faite d'une manière uniforme sur les deux registres tenus en double, et, s'il y a lieu, sur les registres de l'état civil de la commune française où une expédition de l'acte aura été transcrite[2].

993. Le 1er janvier de chaque année, les consuls arrêteront, par procès-verbal, les doubles registres des actes de l'état civil de l'année précédente. L'un de ces doubles restera déposé à la chancellerie, et l'autre sera expédié, dans le mois, si faire se peut, au ministre des affaires étrangères. Si les consuls n'ont rédigé aucun acte, ils en dresseront certificat, qu'ils transmettront de même à ce ministre[3].

994. Lorsque l'envoi sera fait par *voie de mer,* le consul consignera les registres entre les mains du capitaine ; il fera mention du dépôt sur le rôle d'équipage, et procès-verbal en sera dressé en chancellerie[4].

995. Lorsque les envois devront avoir lieu par *voie de terre,* les consuls prendront les précautions qui leur seront spécialement indiquées, suivant les lieux et les circonstances, par le ministre secrétaire d'État des affaires étrangères[5].

996. Le ministre des affaires étrangères chargera un ou plusieurs commissaires de dresser des procès-verbaux de vérification des registres de l'état civil déposés à ses archives, et, en cas de contravention, il prendra, contre le consul qui l'aura commise, telle mesure qu'il appartiendra[6].

997. En cas d'accident qui aurait détruit les registres, le consul en dressera procès-verbal, et il l'enverra au ministre des affaires étrangères, dont il attendra les ins-

1. V. *suprà,* nos 146 et 147.
2. Ord. roy. précitée, art. 8.
3. *Ibid.,* art. 9.
4. *Ibid.,* art. 10.
5. *Ibid.,* art. 11.
6. *Ibid.,* art. 12.

tructions sur les moyens à prendre pour réparer cette perte[1].

998. Les publications et affiches de mariage prescrites par le Code civil seront faites dans le lieu le plus apparent de la chancellerie du consulat. Les publications seront transcrites à leur date sur un registre coté et paraphé comme il est dit ci-dessus. Les consuls se conformeront à cet égard aux règles prescrites par le Code civil[2].

999. Aucun consul ne pourra célébrer un mariage entre Français, s'il ne lui a été justifié des publications faites dans le lieu de sa résidence, en outre de publications faites en France, lorsque les deux futurs, ou l'un d'eux, ne seront pas résidants et immatriculés depuis six mois dans le consulat, ou si les parents, sous la puissance desquels l'une ou l'autre des parties se trouverait relativement au mariage, ont leur domicile en France[3].

1000. Aux termes des articles 31 et 37 de la loi fédérale du 24 décembre 1874, la publication et la célébration du mariage que des étrangers se proposent de contracter en Suisse ne peuvent avoir lieu que sur une déclaration des autorités étrangères constatant que le mariage sera reconnu avec toutes ses suites légales.

Pour donner, dans la limite du possible, satisfaction au vœu de la loi fédérale, il a été convenu, de concert entre le département des affaires étrangères et celui de la justice, que notre ambassade à Berne délivrerait à nos nationaux, qui voudraient contracter mariage devant les autorités suisses, l'attestation suivante, dont les termes ont été préalablement soumis à l'approbation du Conseil fédéral :

« Nous, Ambassadeur de France en Suisse, sur la demande qui nous en est faite, déclarons qu'il résulte des pièces qui nous ont été présentées :

« 1° Que M... est Français ;

« 2° Que les publications à fin de mariage, prescrites par la loi française, ont été régulièrement faites en France ;

« 3° Qu'aucune opposition ne s'étant produite, et toutes

---

1. Ord. roy. précitée, art. 13.
2. *Ibid.*, art. 14.
3. *Ibid.*, art. 15.

les formalités légales ayant été accomplies, M.... serait admis à contracter mariage en France.

« Déclarons, en outre, qu'il résulte des articles ci-après énoncés du Code civil, ce qui suit, savoir :

« Art. 170. Le mariage contracté en pays étranger entre Français et entre Français et étranger, sera valable, s'il a été célébré dans les formes usitées dans le pays, pourvu qu'il ait été précédé des publications prescrites par l'article 63 du Code civil » combiné avec les articles 166 à 170 du même Code, et que le Français n'ait pas contrevenu aux dispositions contenues dans les articles 144 et 164 relatifs aux conditions d'âge, à l'obligation de rapporter le consentement préalable des père et mère et aux prohibitions entre parents rapprochés.

« Art. 12. L'étrangère qui aura épousé un Français suivra la condition de son mari. »

« Art. 10. Tout enfant né d'un Français en pays étranger est Français » (s'il est né dans le mariage ou dûment reconnu).

« En foi de quoi, nous avons délivré la présente déclaration pour servir et valoir ce que de raison.

« A Berne, le..... [1].

« *L'Ambassadeur de France.* »

1001. Les procurations, consentements et autres pièces qui doivent demeurer annexées aux actes de l'état civil, après y avoir été énoncés, seront paraphés par la personne qui les aura produits et par le consul, pour rester déposés en la chancellerie du consulat[2].

1002. Les consuls sont autorisés à dispenser, pour des cas graves dont l'appréciation est confiée à leur prudence, de la seconde publication, lorsqu'il n'y aura pas eu d'opposition à la première, ou qu'une mainlevée leur aura été représentée[3].

1003. Les consuls généraux résidant dans des pays situés au delà de l'Océan Atlantique sont également autorisés à accorder des dispenses d'âge, à la charge de rendre compte immédiatement au ministre des affaires étran-

---

1. *Bull. off. Just.*, années 1876-1877, p. 124 et 125.
2. Ord. roy. précitée, art. 16.
3. *Ibid.*, art. 17.

gères des motifs qui les auront portés à accorder ces dispenses.

Les mêmes pouvoirs pourront être conférés par ordonnance spéciale, aux consuls de première et de seconde classe résidant au delà de l'Océan Atlantique, lorsqu'il sera jugé nécessaire[1].

1004. Sauf les exceptions qui pourront être autorisées par le Chef de l'État, dans l'intérêt du service, les vice-consuls et agents consulaires ne recevront aucun dépôt et ne feront aucun des actes attribués aux consuls en qualité d'officiers de l'état civil et de notaires.

Ils pourront toutefois délivrer des certificats de vie, des passe-ports et des légalisations ; mais ces actes devront être visés par le consul chef de l'arrondissement, sauf les exceptions qui auront été spécialement autorisées par le ministre des affaires étrangères[2].

1005. Lorsque des vice-consuls et agents consulaires auront été autorisés à faire des actes de la compétence des notaires ou des *officiers de l'état civil*, une copie des arrêtés rendus à cet effet sera affichée dans leur bureau.

Ils se conformeront dans ce cas, pour la tenue et la conservation de leurs registres, à ce qui est prescrit par les ordonnances, ainsi qu'aux instructions spéciales qui leur seront transmises par le ministre des affaires étrangères ou en son nom[3].

1006. Le mariage contracté en pays étranger entre Français, et entre Français et étrangers, sera valable s'il a été célébré *dans les formes usitées dans le pays*, pourvu qu'il ait été précédé des publications prescrites par l'article 63 du Code civil, au titre *Des actes de l'état civil*[4], et que le Français n'ait point contrevenu aux dispositions contenues au chapitre Ier du titre V, sur les qualités et conditions requises pour pouvoir contracter mariage[5].

---

1. Ord. roy. précitée, art. 18.
2. *Ibid.*, 26 oct. 1833, art. 7.
3. *Ibid.*, art. 8.
4. V. *suprà*, n° 698.
5. C. civ., art. 170. — V. *suprà*, nos 511 et suiv. Les consuls sont incompétents pour recevoir les actes de mariage d'un Français avec une étrangère ou d'une Française avec un étranger, Circ. min. Aff. étr. 4 nov. 1833. Lettre min. Just. au min. Aff. étr. 16 sept. 1878, 1275, B, 78. V. Cass. 10 août 1819.

Jugé que le mariage d'un Français célébré en pays étranger est nul pour défaut de publications préalables en France, lorsque cette formalité a été omise à dessein et dans l'intention d'éluder les dispositions de la loi française[1].

Et que le défaut de publications, non plus que l'absence de consentement des ascendants ou d'actes respectueux, ne constituent pas une nullité absolue et d'ordre public; qu'ainsi le mariage contracté dans ces conditions à l'étranger par un Français, âgé de plus de vingt-cinq ans, n'est frappé de nullité qu'autant que les publications ont été omises, ou que les actes respectueux n'ont pas été faits dans le but de faire fraude à la loi et de soustraire le mariage à la connaissance des parties intéressées[2].

En effet, la jurisprudence et la doctrine sont d'accord pour reconnaître que les prescriptions de l'article 170, en ce qui touche les publications, ne sont point indispensables pour la validité des mariages contractés en pays étranger.

1007. Au cas d'un mariage célébré en pays étranger sans publications préalables en France, l'action en nullité que les père et mère des époux ont le droit de former n'est plus recevable après une année écoulée sans réclamation de leur part, depuis le jour où ils ont eu connaissance du mariage : il en est dans ce cas comme dans celui où l'action en nullité du mariage serait motivée sur le défaut du consentement des ascendants[3]. Et cette nullité est couverte à l'égard des père et mère, quand ils ont approuvé expressément ou tacitement le mariage[4].

---

1. Paris, 9 juillet 1853. Cass. 28 mars 1854. V. *suprà,* nº 723.
2. Bordeaux, 14 mars 1850; Caen, 22 mai 1850; Nîmes, 23 févr. 1858; Pau, 24 mars 1859; Bastia, 7 mai 1859; Cass. 28 déc. 1874 et 8 mars 1875; Paris, 27 juin 1878. — Demolombe, t. III, nºs 222 à 225; Massé et Vergé, sur Zachariæ, t. I, § 114, note 13; Gilbert, *C. civ. ann.*, sur l'art. 170, nºs 1 et suiv.; Marcadé, sur le même article, nº 2; V. Rivière, *Jurisprudence de la Cour de cass.*, nºs 46 et suiv. — Les publications en France ne sont nécessaires, selon nous, que dans les cas suivants :
1º Si le Français qui se marie à l'étranger a conservé son domicile en France (art. 166);
2º Si son domicile actuel n'est établi que par six mois de résidence (art. 167);
3º S'il est, par rapport au mariage, sous la puissance d'autrui (art. 168). V. *suprà,* nº 999.
3. Paris, 9 juillet 1853. V. *suprà,* nº 798.
4. *Ibid.*, 24 avril 1874.

Quant aux collatéraux d'un époux marié en pays étranger, ils sont sans droit et sans qualité, même après son décès, pour demander la nullité de son mariage pour défaut soit de publications en France, soit de transcription de l'acte de mariage dans le délai prescrit par la loi[1], soit même pour cause de démence[2].

1008. Dans les *trois mois* après le retour du Français sur le territoire français, l'acte de célébration du mariage contracté en pays étranger sera transcrit sur le registre public des mariages du lieu du domicile[3].

Passé ce délai, la transcription dont s'agit ne peut avoir lieu qu'en vertu d'un jugement[4].

Jugé au contraire que cette transcription peut avoir lieu après les trois mois du retour en France, et même après le décès de l'un des époux[5]. Que le défaut d'accomplissement de cette formalité n'entraîne pas la nullité du mariage, et ne peut influer que sur le régime des biens, sur les droits et les obligations des époux vis-à-vis des tiers qui auraient contracté avec eux dans l'ignorance absolue de leur mariage[6]. D'où il résulte que la transcription n'ajoute ni ne retranche rien à la validité de l'acte de mariage. En effet, cette transcription est une espèce de dépôt ayant pour but de mettre cet acte à la portée de ceux qui ont intérêt à le connaître[7]; mais elle ne peut être faite qu'autant que l'acte est dûment légalisé et traduit en français, s'il y a lieu, par un traducteur juré.

1009. En cas de décès d'un Français, les agents consulaires se borneront à requérir, s'il y a lieu, l'apposition

1. Bordeaux, 14 mars 1850; Nîmes, 23 févr. 1858.
2. Colmar, 27 février 1852.
3. C. civ., art. 171. Nous ferons remarquer ici que la loi n'exige pas la présence de témoins pour cette transcription.
4. Lettre du grand juge, min. Just., 2 germ. an XII, rapportée par Merlin, *Rép.*, v° *Mariage*, § 1er, n° 3. Avis du comité de législation 24 mars 1819. Circ. G. des Sc. 7 mai 1822. Seine, 3 juillet 1850, 12 déc. 1852, 19 mai 1854 et 5 janvier 1855.
5. Nîmes, 23 févr. 1852, précité.
6. Rouen, 11 juill. 1827; Cass. 16 juin 1829; Montpellier, 3 juin 1830; Cass. 12 févr. 1833; Bordeaux, 14 mars 1850; Nîmes, 23 févr. 1858; Lyon, 21 juin 1871; Nice, 1er déc. 1873; Cass. 28 déc. 1874. Toullier, t. I, n° 579; Duranton, t. II, n° 240; Demolombe, t. I, p. 357, n° 228; Demante, t. I, n° 243 *bis*-11°; Aubry et Rau, t. IV, p. 113; Massé et Vergé, t. I, p. 182; Merlin, *Quest. de dr.*, t. VIII; v° *Mar.*, § 14.
7. V. *suprà*, nos 983 et 984.

des scellés de la part des autorités locales ; à assister à toutes les opérations qui en seront la conséquence, et à veiller à la conservation de la succession, en tant que l'usage et les lois du pays l'autorisent.

Ils auront soin de rendre compte aux consuls des mesures qu'ils auront prises en exécution de cet article, et ils attendront leurs pouvoirs spéciaux pour administrer, s'il y a lieu, la succession[1].

Nous avons cru devoir indiquer ici, pour clore ce chapitre, les résidences des Ambassadeurs et Ministres français, ainsi que les consulats généraux de France à l'étranger.

I. Résidences des Ambassadeurs et Ministres français à l'étranger.

ALLEMAGNE (Empire d'). — Berlin.
AUTRICHE. — Vienne.
BAVIÈRE. — Munich.
BELGIQUE. — Bruxelles.
BRÉSIL. — Rio-de-Janeiro.
CHILI. — Santiago.
CHINE. — Pékin.
CONFÉDÉRATION ARGENTINE. — Buénos-Ayres.
DANEMARK. — Copenhague.
ESPAGNE. — Madrid.
ÉTATS-UNIS. (Amérique septentrionale). — Washington.
GRANDE-BRETAGNE et IRLANDE — Londres.
GRÈCE. — Athènes.
ITALIE. — Rome.
JAPON. — Yokohama.
MAROC. — Tanger.
MEXIQUE. — Mexico.
PAYS-BAS. — La Haye.
PÉROU. — Lima.
PERSE. — Téhéran.
PORTUGAL. — Lisbonne.
RUSSIE. — Saint-Pétersbourg.
SAINT-SIÉGE. — Rome.
SUÈDE ET NORVÉGE. — Stockholm.
SUISSE. — Berne.
TUNISIE. — Tunis.
TURQUIE. — Constantinople.

II. Consulats généraux de France dans les villes et ports à l'étranger.

ALLEMAGNE — Dantzick, Stettin, Cologne, Francfort, Darmstadt, Brême, Breslau, Düsseldorf, Hambourg, Leipzig, Mannheim, Stuttgard.
AMÉRIQUE CENTRALE. — Guatemala.
AUTRICHE. — Trieste, Pesth.
BELGIQUE. — Anvers.
BRÉSIL. — Bahia, Fernambouc, Rio.

1. Ord. roy., sur les fonctions des vice-consuls et agents consulaires, 26 oct. 1833, art. 6.

CHILI. — Valparaiso.
CHINE. — Sang-Haï, Canton, Fou-Tchéou, Tien-Tsin.
CONFÉDÉRATION ARGENTINE. — Buénos-Ayres.
DANEMARK. — Elseneur.
ÉQUATEUR. — Quito.
ESPAGNE. — Sainte-Croix de Ténériffe, Cadix, Santander, Malaga, Barcelone, Carthagène, St-Sébastien, Bilbao, Santiago de Cuba, Porto-Rico, Manille, Havane.
ÉTATS-UNIS. — New-York, Chicago, Charleston, Nouvelle-Orléans, San-Francisco.
ÉTATS-UNIS DE COLOMBIE. — Panama, Bogota.
GRANDE-BRETAGNE ET IRLANDE. — Londres, Cardiff, Dublin, Glascow, Liverpool, New-castle, Gibraltar, Malte, Cap de Bonne-Espérance, Bombay, Port-Louis, Calcutta, Singapour, Sidney, Melbourne, Québec, Hong-Kong.
GRÈCE. — Syra, Corfou, Athènes.
HAÏTI. — Port-au-Prince.
ITALIE. — Rome, Gênes, Gagliari, Milan, Ancône, Florence, Livourne, Naples, Palerme, Messine, Venise, Turin.
MADAGASCAR. — Tananarive.
MAROC. — Mogador, Tanger.
MEXIQUE. — Tampico, Vera-Cruz.
NORVÉGE-SUÈDE. — Christiania.
PAYS-BAS. — Amsterdam, Rotterdam, Batavia, La Haye.
PERSE. — Téhéran.
PORTUGAL. — Lisbonne.
RUSSIE. — St-Pétersbourg, Riga, Odessa, Varsovie, Tiflis, Moscou.
SAINT-SIÉGE. — Rome.
SANDWICH (Iles). — Honolulu.
SIAM. — Bangkok.
SUISSE. — Genève, Bâle.
TURQUIE, BARBARIE ET MAROC, Salonique, Smyrne, La Canée, Trébizonde, Bagdad, Larnaca, Beyrouth, Alep, Damas, Jérusalem, Tripoli de Barbarie, Tunis, Andrinople, Bosna-Séraï, Scutari (Albanie), Constantinople, Philippopolis, Sofia.
URUGUAY. — Montévidéo.
VÉNÉZUÉLA. — Caracas.
VILLES ANSÉATIQUES. — Brême.
ZANZIBAR. — Zanzibar.

CHAPITRE III.

DES ACTES DE L'ÉTAT CIVIL DES MILITAIRES HORS DU TERRITOIRE FRANÇAIS.

SECTION I.

Des fonctions d'officier de l'état civil.

1010. Le quartier-maître dans chaque corps d'un ou de plusieurs bataillons ou escadrons [1], et le capitaine commandant dans les autres corps, rempliront les fonctions d'officier de l'état civil : ces mêmes fonctions seront remplies, pour les officiers sans troupe et pour les employés de l'armée, par l'inspecteur aux revues attaché à l'armée ou au corps d'armée [2].

1011. L'intendant militaire attaché au grand quartier général et celui de chaque corps d'armée ou, à défaut de l'un d'eux, le sous-intendant qui le remplace, doivent, en principe, remplir les fonctions d'officier de l'état civil seulement pour les officiers sans troupe et les employés de leurs corps d'armée respectifs [3].

1012. Un sous-intendant supplée de droit un intendant, dans les fonctions d'officier de l'état civil, toutes les fois

---

1. D'après un arrêté du 1er vendémiaire an XII, c'est le major qui remplit les fonctions attribuées par cet article au quartier-maître.
2. C. civ., art. 89. — Les corps des inspecteurs aux revues et des commissaires des guerres ont été supprimés et remplacés par un corps d'administrateurs militaires créé sous la dénomination d'intendants militaires, de sous-intendants militaires et d'adjoints sous-intendants militaires, exerçant les mêmes fonctions que celles attribuées aux corps supprimés. V. Ord. roy. 29 juillet 1817, art. 1, 5 et 9.
3. Inst. min. G. 8 mars 1823, sous l'art. 96, p. 27.

qu'il n'y a pas d'intendant attaché au corps d'armée; et par ces mots, on doit entendre un corps ou division sous les ordres séparés d'un général, et trop éloignés du grand quartier général pour que l'on puisse, sans inconvénient, faire intervenir dans les actes à passer pour ce corps, l'intendant ou sous-intendant attaché au grand quartier général. Ce ne sont pas les intendants seuls, mais chacun des officiers composant le corps des intendants et sous-intendants militaires, qui sont chargés de remplir les fonctions d'officier de l'état civil : la loi ne leur assigne pas un territoire déterminé ; tous les actes qu'ils dressent en cette qualité, avec les formalités requises, sont légaux et valables, et ce n'est que par une mesure d'ordre, dont l'observation n'influe pas sur la validité de l'acte, qu'un intendant ou sous-intendant doit se borner à dresser ceux relatifs aux individus qui sont momentanément sous sa police administrative. Une ligne de démarcation absolue n'est, à cet égard, ni rigoureusement nécessaire, ni toujours possible. Lorsque, par suite d'un des cas prévus dans le paragraphe précédent, il vient à être ouvert un registre particulier pour une division détachée, le sous-intendant doit être autorisé à le tenir, par le chef d'état-major du corps d'armée dont cette division faisait partie ; et l'intendant, ou celui qui le remplace, doit en être prévenu[1].

1013. S'il arrivait qu'un événement devant donner lieu à la rédaction d'un acte de l'état civil se passât à une distance telle, que les témoins fussent dans l'impossibilité de se rendre auprès de l'officier de l'état civil le plus à portée, ou ne pussent pas le faire dans les délais prescrits par la loi, le sous-intendant militaire, ou, à défaut, l'officier présent le plus élevé en grade, recevrait par écrit la déclaration des témoins, en dresserait procès-verbal qu'ils signeraient avec lui, et l'enverrait à l'officier de l'état civil, qui transcrirait cette pièce sur son registre et l'y annexerait.

S'il s'agissait de militaires isolés et éloignés de l'officier militaire remplissant les fonctions d'officier de l'état civil, l'événement pourrait être constaté par les autorités locales, et dans les formes usitées dans le pays[2].

---

1. Inst. min. G. 8 mars 1823, p. 7.
2. *Ibid.*, p. 6 et 7.

1014. Les intendants et sous-intendants militaires, les officiers supérieurs et autres appelés à exercer, hors du territoire français, les fonctions d'officier de l'état civil, ne doivent pas oublier l'importance des mesures dont l'exécution leur est confiée. Ils doivent apporter l'exactitude la plus rigoureuse jusque dans les moindres détails, et prévenir, par une attention soutenue, des erreurs qui deviendraient extrêmement préjudiciables à ceux qui en seraient l'objet, et qui les mettraient eux-mêmes dans le cas d'encourir les peines prononcées par la loi [1].

SECTION II.

Des registres de l'état civil.

1015. Il sera tenu, dans chaque corps de troupes, un registre pour les actes de l'état civil relatifs aux individus de ce corps, et un autre à l'état-major de l'armée ou d'un corps d'armée, pour les actes civils relatifs aux officiers sans troupe et aux employés : ces registres seront conservés de la même manière que les autres registres des corps et états-majors, et déposés aux archives de la guerre, à la rentrée des corps ou armées sur le territoire français [2].

1016. Les registres de l'état civil seront établis suivant le modèle annexé à l'instruction du ministre de la guerre, en date du 8 mars 1823 [3]. Il importe qu'ils soient établis de manière à se détériorer le moins possible, écrits très-lisiblement, et composés d'un assez grand nombre de feuilles pour qu'il ne soit pas besoin de les renouveler pendant la campagne.

Ils doivent être fournis par les corps et états-majors ; et aussitôt la rentrée sur le territoire français, ils seront envoyés au ministre de la guerre, sauf à en établir de nouveaux, dans le cas où ces mêmes corps ou détachements quitteraient encore le territoire français.

Ces registres doivent être continués si l'armée ne change que de dénomination, et l'on se bornera à faire mention de

---

1. Inst. min. G. précitée, p. 36, avant-dernier alinéa.
2. C. civ., art. 90. — V. *suprà*, n° 243-13°.
3. V. *infrà*, Formulaire des actes.

ce changement ; mais si, par l'effet d'une dislocation générale, un corps d'armée, ou une division, venait à être dissous, les registres qui auraient servi à cette division seraient déposés à l'état-major général, pour être renvoyés au ministre de la guerre.

Il doit en être de même pour ceux de chaque régiment ou portion de régiment qui serait amalgamé dans d'autres corps.

En cas de renouvellement des registres de l'état civil, ou lorsque l'armée rentre sur le territoire français, ces registres doivent être renvoyés par les chefs d'état-major et les conseils d'administration, puisque ce sont eux que la loi charge de veiller à leur conservation : l'officier qui a rempli les fonctions d'officier de l'état civil doit provoquer cet envoi, au besoin le requérir, et en rendre compte directement au ministre [1].

1017. L'intendant militaire chargé à l'état-major de la tenue de ces registres en enverra tous les mois au ministre de la guerre un extrait collationné.

Il sera également adressé tous les mois, au ministre de la guerre, extrait collationné des registres de l'état civil, pour les divers corps ou détachements, par les officiers chargés de leur tenue [2].

1018. Les registres de l'état civil tenus à l'état-major sont sous la garde et la surveillance du chef de l'état-major, et doivent rester en dépôt dans ses bureaux. Cependant, s'il arrivait que des circonstances exigeassent qu'ils fussent momentanément confiés à l'intendant ou sous-intendant militaire, pour faciliter la prompte inscription de quelques actes, ou les transporter chez un malade dont la signature serait nécessaire, le chef de l'état-major pourrait en autoriser le déplacement.

C'est dans ses bureaux que les témoins et celui qui remplit les fonctions d'officier de l'état civil doivent, en général, se rendre, pour que l'acte soit dressé ; mais cette mesure, qui a pour objet de prévenir des difficultés, n'est pas indispensable pour la légalité de l'acte.

Les registres de l'état civil, dans chaque corps de troupe,

---

1. Inst. min. G. 8 mars 1823, p. 6.
2. *Ibid.*

doivent également rester, autant qu'il sera possible, entre les mains du conseil d'administration, et dans la caisse à trois clefs, lorsqu'il y en aura une. Dans le cas contraire, le président du conseil en a la garde et la surveillance. Il pourra, si les circonstances venaient à y donner lieu, les confier momentanément à l'officier chargé de leur confection[1].

Les registres de l'état civil doivent, autant que possible, être tenus à une distance telle de l'état-major ou des corps de troupe que les actes puissent être faits dans les délais prescrits par la loi. On doit surtout assurer leur conservation avec le plus grand soin, et celui qui remplit les fonctions d'officier de l'état civil doit, à ce sujet, provoquer journellement les mesures nécessaires auprès de l'autorité compétente[2].

1019. Les registres seront cotés et paraphés, dans chaque corps, par l'officier qui le commande ; et à l'état-major, par le chef de l'état-major général[3].

Dans les compagnies isolées et dans les petits détachements, il serait convenable que les registres de l'état civil fussent cotés et paraphés par le sous-intendant militaire attaché à ce corps, comme tous les registres relatifs à l'administration. La loi, au surplus, n'a rien prévu à cet égard ; l'article 91 du Code, qui désigne pour cet objet l'officier commandant le corps, ne peut être applicable dans cette circonstance, puisque, suivant l'article 89, cet officier doit lui-même rédiger les actes, et qu'il ne peut être sous sa propre surveillance. En général, dans le cas dont il s'agit ici, les registres doivent être cotés et paraphés, avant la séparation du détachement, par le commandant du corps ; si cette formalité a été omise, ils le seront par le commandant de place, ou autre officier supérieur de l'officier commandant le détachement, dans le lieu où il se trouve ; ou enfin, par un sous-intendant militaire ou celui qui le remplace : car le vœu de la loi sera toujours rempli lorsque l'identité du registre sera établie de manière à ne pouvoir être contestée[4].

---

1. Inst. min. G. précitée, p. 7 et 8.
2. *Ibid.*, p. 36.
3. C. civ., art. 91.
4. Inst. min. G. 8 mars 1823, p. 8, dernier alinéa.

SECTION III.

De la rédaction des actes de l'état civil.

1020. Les actes de l'état civil faits hors du territoire français, concernant des militaires ou autres personnes employées à la suite des armées, seront rédigés dans les formes prescrites par le Code civil, sauf les exceptions contenues dans les articles formant l'objet du chapitre V du titre II du même Code [1].

1021. Les trésoriers, capitaines, commandants ou autres officiers chargés de la rédaction des actes, seront surveillés, dans les fonctions d'officier de l'état civil, par le conseil d'administration et les intendants militaires [2].

Les obligations relatives aux actes de l'état civil qui sont imposées aux trésoriers devront, en leur absence, être remplies par l'officier, quel que soit son grade, qui sera chargé à l'armée de la tenue des contrôles nominatifs [3].

SECTION IV.

De la naissance des enfants des militaires hors du territoire français.

1022. Les déclarations de naissance à l'armée seront faites dans les *dix jours* qui suivront l'accouchement [4].

Cet article fait exception à l'article 55, qui n'accorde que trois jours pour les déclarations : quant aux autres formalités, elles devront être les mêmes hors du territoire que dans l'intérieur, et les officiers de l'état civil se conformeront à cet effet aux dispositions générales relatives aux actes de naissance énoncées au chapitre II du titre II des actes de l'état civil (art. 56 et 57) [5].

1023. L'officier chargé de la tenue du registre de l'état

1. C. civ., art. 88.
2. Inst. min. G. précitée, p. 6.
3. *Ibid.*, p. 7.
4. C. civ., art. 92.
5. Inst. min. G. précitée, sous l'art. 92, p. 11. V. le Formulaire des actes, modèle n° 2.

civil devra, dans les *dix jours* qui suivront l'inscription d'un acte de naissance audit registre, en adresser un extrait à l'officier de l'état civil du dernier domicile du père de l'enfant, ou de la mère si le père est inconnu[1], et au ministre de la guerre[2].

Afin d'éviter les erreurs que pourraient commettre des bataillons ou escadrons qui, étant détachés du corps, n'ont point sous les yeux les registres matricules, l'officier de l'état civil enverra l'extrait mentionné en l'article précédent au dépôt du corps, où il sera confronté avec le signalement du père de l'enfant, s'il est connu, et transmis par le conseil d'administration au lieu de son dernier domicile, ou de celui de sa mère, dans le cas où le père serait inconnu. Un double de cet extrait sera en outre envoyé au ministre de la guerre, et le numéro du registre matricule sous lequel le père aura été signalé, sera relaté avec soin sur ledit acte de naissance.

Dans le cas où des corps entiers se trouveraient hors du territoire français, ils transmettraient directement lesdits extraits ainsi qu'il est prescrit ci-dessus[3].

SECTION V.

Du mariage des militaires hors du territoire français.

1024. L'article 88 du Code civil porte que les actes de l'état civil faits hors du territoire français, concernant des militaires ou autres personnes employées à la suite des armées, seront rédigés dans les formes prescrites par ce Code.

Les officiers appelés à remplir les fonctions d'officier de l'état civil devront donc se bien pénétrer des formalités exigées dans l'intérieur. Ils n'y dérogeront que dans les cas prévus par la loi, et pour lesquels elle a admis des exceptions. Ils deviennent dès lors personnellement responsables de leur entière exécution, et la moindre infraction de leur part les exposerait aux peines prononcées à l'égard des officiers publics qu'ils représentent[4].

---

1. C. civ., art. 93.
2. Av. Cons. d'Ét. 4e jour complém. an XIII.
3. Inst. min. G. précitée, sous l'art. 93, p. 11 et 12. — Ces extraits devront être conformes au modèle nº 4 du Formulaire.
4. *Ibid.*, p. 20. — V. *suprà*, Notions générales, nos 263 et suiv.

1025. Les publications de mariage des militaires et employés à la suite des armées seront faites au lieu de leur dernier domicile : elles seront mises en outre, *vingt-cinq jours* avant la célébration du mariage, à l'ordre du jour du corps, pour les individus qui tiennent à un corps; et à celui de l'armée ou du corps d'armée, pour les officiers sans troupe et pour les employés qui en font partie[1].

Cet article fait exception aux articles 63 et 64 du Code civil, concernant le délai, le mode de publication et la durée des affiches dans l'intérieur; il devra donc être seul suivi hors du territoire français, en observant cependant que les enfants de troupe n'ayant souvent pas eu d'autre domicile que sous les drapeaux, les publications faites dans l'endroit où se trouve le corps sont les seules exigibles à leur égard : quant aux autres militaires, ils devront déclarer quel a été leur dernier domicile, qui, à défaut de tout autre, sera censé être le lieu de leur naissance et de leur domicile ordinaire [2].

1026. Immédiatement après l'inscription sur le registre, de l'acte de célébration du mariage, l'officier chargé de la tenue du registre en enverra une expédition à l'officier de l'état civil du dernier domicile des époux [3].

Pour prévenir l'inexactitude des renseignements, les officiers de l'état civil dans les corps opéreront à cet égard ainsi qu'il est prescrit pour les actes de naissance; ils transmettront cette expédition au conseil d'administration, qui, après l'avoir comparée à ses registres matricules, l'enverra à l'officier de l'état civil du dernier domicile du mari; et quant à la femme, l'officier chargé de la tenue des registres pourra toujours prendre sa déclaration pour connaître son dernier domicile.

En général, tous les officiers remplissant hors du territoire français les fonctions d'officier de l'état civil observeront exactement si les qualités et conditions requises

---

1. C. civ., art. 94. — Le militaire qui se marie en France, bien qu'il appartienne à un corps stationné en pays étranger, ne peut être astreint à fournir la copie de l'ordre du jour de son corps, relatif aux publications de son mariage. Cette formalité ne concerne que les mariages célébrés hors du territoire français. Décis. min. 22 juillet 1837.

2. Inst. min. G. précitée, sous l'art. 94, p. 20. V. pour la rédaction des actes de mariage, le modèle n° 1 du Formulaire.

3. C. civ., art. 95.

pour contracter mariage sont, dans les futurs époux, conformes en tout point au vœu de la loi[1]; ils se rappelleront surtout que la reconnaissance des enfants naturels (excepté le cas où elle serait faite par un individu non marié, au moment de la présentation de l'enfant pour constater sa naissance, et celui où deux personnes libres, en se mariant, reconnaîtraient les enfants qu'elles auraient eus précédemment, déclaration de reconnaissance que celui qui fait les fonctions d'officier public pour l'acte de mariage peut aussi recevoir et inscrire)[2], que le désaveu fait par le père de l'enfant présenté sous son nom, sont des cas dont il ne leur est pas permis de connaître. Les parties devront, pour être autorisées à ces divers actes et pour les faire, se mettre en instance devant les tribunaux compétents; et ce n'est conséquemment que lors de leur rentrée sur le territoire français qu'elles pourront faire les diligences convenables, quels que soient d'ailleurs les droits qu'elles puissent avoir et dont elles auront toujours pu faire des actes conservatoires[3].

SECTION VI.

Du décès des militaires et employés de l'armée hors du territoire français.

1027. Les actes de décès seront dressés, dans chaque corps, par le quartier-maître; et pour les officiers sans troupe et les employés, par l'inspecteur aux revues de l'armée[4], sur l'attestation de *trois témoins;* et l'extrait de ces registres sera envoyé, dans les *dix jours,* à l'officier de l'état civil du dernier domicile du décédé[5].

---

1. V. *suprà,* nos 511 à 535.
2. V. à cet égard le modèle no 1 du Formulaire.
3. Inst. min. G. précitée, sous l'art. 95, p. 21.
4. V. *supra,* no 1010 et la note.
5. C. civ., art. 96. — A l'égard des officiers décédés en campagne ou sur le champ de bataille, les intendants ou sous-intendants militaires exerceront les fonctions attribuées aux juges de paix par l'article 1er de l'arrêté du Gouvernement du 13 nivôse an X, relatives à l'apposition et à la levée des scellés; et les chefs de l'état-major sont autorisés à commettre un adjoint à l'état-major, ou un officier particulier, pour remplir les formalités énoncées aux articles 2 et 3 de cet arrêté : ils en informeront de suite le ministre de la guerre. Arrêté du Gouv. 13 nivôse an X, art. 3; Ord. 29 juillet 1817. — V. *suprà,* no 845.

L'officier remplissant les fonctions d'officier de l'état civil observera que cet article fait exception, quant au nombre de témoins, à l'article 78 du Code civil, qui n'en exige que deux dans l'intérieur. C'est donc sur l'attestation de trois témoins qu'il devra rédiger les actes de décès, en se conformant d'ailleurs aux autres formalités indiquées en ce Code.

Pour les militaires appartenant à un corps, lesdits extraits de mort seront envoyés à l'officier de l'état civil du dernier domicile du décédé, et au ministre de la guerre, par l'intermédiaire du conseil d'administration, après qu'ils auront été relatés sur les registres matricules. Il devra aussi en être fait mention dans les états de mutations qu'il doit adresser chaque mois.

A l'égard des militaires tués sur le champ de bataille, l'officier de l'état civil se fera rendre compte, à la suite de chaque action, par les sergents-majors des compagnies, du nom des militaires manquants. Il fera appeler ensuite, pour chaque individu, les trois témoins voulus par la loi, et qui attesteront les causes de l'absence; il constatera par ce moyen, par des actes séparés, la mort ou la prise par l'ennemi des hommes absents; et, après avoir établi les actes de décès, il en enverra des extraits, conformément aux dispositions ci-dessus énoncées.

L'officier de l'état civil, avant de rédiger un acte de décès, doit requérir les témoins qu'il sait exister, s'ils ne se présentent pas volontairement; et, en cas de refus de comparaître, il doit avoir recours à l'autorité supérieure pour les y contraindre [1].

1028. S'il arrivait que quelque officier sans troupe ou agent civil vînt à mourir étant momentanément employé à un autre corps d'armée que le sien, l'acte de son décès devrait, dans ce cas, être rédigé par l'intendant ou sous-intendant militaire du corps d'armée où il se trouvait alors, et copie de cet acte serait adressée à l'intendant militaire de son ancien corps, qui, en transcrivant cette pièce sur son registre, ferait mention des causes qui auraient donné lieu à cette manière d'opérer [2].

---

1. Inst. min. G. précitée, sous l'art. 96, p. 27. V. Formulaire ci-après, modèles nos 3 et 5.
2. *Ibid.*

1029. En ce qui concerne les actes de décès des militaires hors du territoire français, les officiers de l'état civil doivent se conformer à l'instruction du ministre de la guerre, en date du 8 novembre 1855, et dont la teneur suit :

« Le Ministre secrétaire d'État de la guerre à MM. les « officiers généraux et supérieurs chefs d'état-major ; les « intendants et sous-intendants militaires ; et les membres « des conseils d'administration des corps de troupe, aux « armées hors du territoire français. (Bureau des lois et « archives.) »

« Messieurs, les dispositions du Code Napoléon, en ce « qui concerne les actes de décès des militaires hors du « territoire de l'Empire, celles de l'instruction du 8 mars « 1823 et du règlement du 1er avril 1831 [1], sur le service « des hôpitaux, doivent tout particulièrement fixer votre « attention dans les circonstances présentes, afin d'éviter « des erreurs ou des omissions qui peuvent être très- « préjudiciables aux intérêts des familles et qui exposeraient « les officiers chargés de la tenue des registres de l'état « civil à encourir les peines portées par la loi [2].

« Il convient donc que les extraits mortuaires soient « toujours établis conformément aux modèles n° 5, annexé « à l'instruction du 8 mars 1823, et n° 32 *bis*, dont le spé- « cimen vous sera adressé ultérieurement. Il importe, en « outre, qu'ils ne contiennent que des indications exactes, « afin de ne rien perdre de la validité qu'ils doivent avoir « en justice. Vous n'ignorez pas, Messieurs, que tel est « l'unique moyen d'éviter de nombreuses et dispendieu- « ses demandes de rectification sur lesquelles il appartient « aux tribunaux seuls de statuer, et que, d'ailleurs, l'ab- « sence ou l'insuffisance de renseignements tardivement « recueillis ne permet pas toujours d'opérer ces rectifica- « tions.

« Quelquefois, cependant, les conseils d'administration « peuvent, par suite des événements de guerre, se trouver « dans l'impossibilité de constater le décès d'un militaire, « et, conséquemment, de dresser son acte mortuaire. Il ne « faut pas omettre, dès lors, si les plus grandes présomp-

---

1. Remplacé par le règlement du 4 avril 1867.
2. V. *suprà*, nos 267, 268 et 269.

« tions sont effectivement acquises au décès, de les établir, « conformément à l'instruction du 8 mars 1823, puisque « la pièce qui les fera connaître peut être un jour déférée « à la sanction des tribunaux et devenir un titre légal.

« Quelques officiers remplissant les fonctions d'officier « de l'état civil peuvent ne pas encore se croire en droit « d'établir l'acte de décès d'un militaire, lorsqu'un long « intervalle s'est écoulé depuis l'époque où ce décès a eu « lieu jusqu'au jour où il est possible de réunir les trois « témoins appelés à l'attester.

« Cette dernière considération ne saurait être une diffi- « culté, puisqu'une solution donnée par le ministre de la « justice, le 6 septembre 1813, a posé en principe que le « décès peut être constaté à quelque époque que ce soit, « du moment que se présente le nombre de témoins voulu « par la loi. Dans ce cas, je vous ferai remarquer que rien « n'est changé à la rédaction de l'acte, qui s'opère toujours « conformément aux modèles en usage.

« Il est un autre point très-important sur lequel j'appel- « lerai votre attention : je veux parler de l'envoi des extraits « mortuaires à l'officier de l'état civil du dernier domicile « de tout militaire décédé, pour que la transcription en soit « effectuée sur les registres des mairies. Cet envoi, qu'il « convient de faire dans les *dix jours* qui suivent la rédac- « tion de l'acte, est prescrit par les articles 96 et 97 du « Code Napoléon, articles dont l'exécution ne peut ren- « contrer d'obstacles, car, à défaut de déclaration contraire, « le lieu de naissance du décédé doit être considéré comme « celui de son dernier domicile.

« Mais afin de rendre plus général l'accomplissement « des formalités imposées par la loi à cet égard, et pour « mettre mon administration à même de renseigner les « familles qui désirent savoir à quelles autorités munici- « pales elles doivent réclamer les expéditions d'actes dont « elles ont besoin, j'ai décidé que les extraits mortuaires « destinés à être conservés aux archives de mon ministère « contiendraient toujours, au bas de l'acte, l'annotation « suivante qui devra être remplie :

« *Un duplicata de cette pièce a été adressé le . . . . . à* « *M. le maire de . . . . . . , département de . . . . .*

« Je n'ai pas besoin, Messieurs, de vous faire sentir « combien il est essentiel que l'état civil des militaires soit

« l'objet de tous vos soins. Il vous suffira d'ailleurs de vous « reporter à l'instruction de 1823 et de vous pénétrer des « prescriptions qu'elle renferme. Parmi ces prescriptions, « vous ne perdrez pas de vue celles qui ont trait aux « moyens à prendre pour constater au besoin le décès des « militaires français morts en captivité, non plus que les « recommandations relatives à l'envoi aux archives de la « guerre des registres d'état civil, lors de la rentrée des « corps ou armées sur le territoire de l'Empire.

« En un mot, c'est en vous attachant à suivre fidèlement « la ligne de conduite que tracent sur cette matière les « dispositions légales et les instructions ministérielles, que « vous parviendrez à donner à mon ministère les moyens de « toujours justifier du décès des militaires morts aux armées « actives. Je ne doute pas que vos efforts ne s'associent « aux miens pour remplir ce devoir essentiel d'une bonne « administration. »

A la suite de la guerre franco-allemande M. le ministre de la guerre prescrivit les mesures suivantes, relatives à la constatation du décès ou de la disparition des militaires, par une circulaire, en date du 29 mars 1871, adressée à MM. les fonctionnaires de l'intendance militaire et aux conseils d'administration des corps de troupe.

« Messieurs, au moment où les prisonniers français ren- « trent de captivité, l'intérêt des familles, de même que « celui de l'administration, exige que la plus grande vigi- « lance soit apportée dans la constatation du sort des mi- « litaires décédés, disparus ou présumés morts, soit pen- « dant les opérations de la guerre, soit sur le territoire « étranger.

« A cet effet, je vous rappelle que, conformément aux « dispositions générales de l'instruction ministérielle du « 8 mars 1823 (titre V), sur l'état civil de l'armée, les mi- « litaires rentrant de captivité doivent être invités, soit par « les fonctionnaires de l'intendance militaire, soit par les « conseils d'administration, suivant leur position, à faire la « déclaration des décès ou des disparitions dont ils auraient « été les témoins.

« Toutefois, en ce qui concerne les décès, il n'y aura « lieu de s'occuper que de ceux qui ne seraient pas cons- « tatés légalement par les officiers remplissant aux armées « les fonctions d'officier de l'état civil, ainsi que de ceux

« dont les actes n'auraient pas été rédigés à l'étranger selon
« les formes usitées dans le pays.

« Il sera dressé procès-verbal des déclarations de décès « pour chacun des militaires dont on parviendra à connaître « la mort.

« Pour les officiers et les *hommes de troupe,* les procès-« verbaux seront établis, d'après le modèle ci-annexé, par « le trésorier du corps, ou, à son défaut, par l'adjoint au « trésorier. Ils seront signés par l'officier qui les aura « rédigés et par les témoins, puis certifiés par le conseil « d'administration, et visés par le sous-intendant militaire « chargé de la surveillance administrative du corps.

« Pour les officiers sans troupe ou assimilés, les procès-« verbaux seront dressés, selon le même modèle, par le « fonctionnaire de l'intendance militaire dans l'arrondisse-« ment duquel les témoins seront employés ou en rési-« dence.

« Quant aux disparitions et aux présomptions de décès, « elles doivent être constatées dans la forme indiquée par « la décision ministérielle du 12 juin 1857[1].

« Les procès-verbaux des déclarations de décès et les « actes de disparition dont il s'agit seront envoyés au mi-« nistre, au fur et à mesure de leur établissement, pour « être déposés aux archives de la guerre. A défaut d'actes « de décès dressés selon les prescriptions du Code civil, « ces documents pourront servir de base aux jugements « des tribunaux.

« Je recommande expressément la ponctuelle exécution « de ces mesures. »

Procès-verbal de déclaration de décès.

Aujourd'hui (date, mois et an, en toutes lettres), *à* (indiquer le lieu), *devant nous* (nom, prénoms, grade et corps de l'officier ou du fonctionnaire rédacteur du procès-verbal), *sont comparus les sieurs* (noms, prénoms, grades et corps des témoins), *lesquels nous ont déclaré que le sieur* (nom, prénoms, grade, corps et numéro matricule du décédé), *fils de* (prénoms du père), *et de* (prénoms et nom de la mère), *né le* (date, mois et an, en toutes lettres), *à* (indiquer le lieu), *département de* (nom du département), *est décédé à*

1. V. *infrà*, n° 1037.

(indiquer le lieu), *le* (date, mois et an, en toutes lettres), *par suite de* (maladie, accident ou blessure).

De tout quoi nous avons dressé le présent procès-verbal, qui a été signé par nous et les témoins, après lecture faite.

Certifié par le Conseil d'administration.

VU :

Le Sous-Intendant militaire.

1030. En cas de décès dans les hôpitaux militaires, ambulants ou sédentaires, l'acte en sera rédigé par le directeur desdits hôpitaux et envoyé au quartier-maître du corps, ou à l'inspecteur aux revues[1] de l'armée ou du corps d'armée dont le décédé faisait partie : ces officiers en feront parvenir une expédition à l'officier de l'état civil du dernier domicile du décédé[2] et au ministre de la guerre[3].

Les directeurs des hôpitaux, chargés de rédiger les actes de décès, devront se conformer, quant au nombre des témoins, aux dispositions prescrites par l'article 96 du Code civil[4]. L'extrait du registre que doivent tenir les directeurs des hôpitaux sera en outre remis chaque mois, en double expédition, au sous-intendant militaire, qui fera de suite passer au ministre ces deux actes mortuaires, avec un bordereau nominatif pour chaque hôpital.

Dans le cas où, pendant un mois, il n'y aurait eu aucun décès dans un hôpital, le sous-intendant militaire qui en a la police aurait soin d'adresser au ministre un état négatif. Les officiers de l'état civil auront soin de réclamer des directeurs des hôpitaux, et particulièrement des hôpitaux ambulants, les actes de décès des individus qu'ils sauraient y avoir été transportés.

Ils relateront le genre de mort, dans les actes de décès relatifs aux individus morts sur le champ de bataille ou des suites de blessures reçues en combattant l'ennemi, ou de maladies provenant des fatigues de la guerre, ou enfin morts de maladies ordinaires, et dont le genre sera spécifié par les officiers de santé.

---

1. V. *suprà*, n° 1010 et la note.
2. C. civ., art. 97.
3. Av. Cons. d'Ét. 4e jour complém. an XIII. — Dans ce cas, ces actes de décès doivent être considérés comme actes authentiques légaux de l'état civil. Règlem. gén. sur le service des hôp. mil. du 1er avril 1831, art. 737.
4. V. *suprà*, n° 1027.

Les événements de la guerre empêchent souvent de réunir le nombre de témoins nécessaire pour constater le décès d'un militaire, ou de le faire dans les délais exigés, ou enfin de se conformer, dans la rédaction de l'acte, à toutes les dispositions prescrites par la loi. On ne doit pas néanmoins négliger de le dresser, en ayant soin d'indiquer, dans cette pièce, les irrégularités qui s'y trouvent, et les motifs qui se sont opposés à ce qu'on y apportât plus d'exactitude, afin que, dans aucun temps, ce défaut de forme ne puisse être considéré comme un oubli. Ces espèces d'actes deviennent pour les familles un commencement de preuve, et les tribunaux fixent ensuite le degré de valeur qu'on doit y donner.

En principe général, on ne doit donc jamais manquer de constater le décès d'un individu mort à l'armée, indépendamment de toutes les circonstances, puisque la pièce qui en résultera, et dont la non-existence serait irréparable, peut un jour obtenir de la sanction des tribunaux un caractère légal et devenir alors un titre positif.

Les officiers de l'état civil ne doivent cependant pas conclure de cette observation, qu'il est quelquefois permis de ne pas s'astreindre à toutes les formalités prescrites par la loi : les moyens indiqués ci-dessus ne peuvent être employés que dans une nécessité absolue ; et la responsabilité des officiers serait gravement compromise si la rédaction d'une pièce de cette nature donnait lieu de découvrir que quelque défaut dans les formes peut être attribué à leur négligence ou au peu d'efficacité des moyens dont ils auraient cru devoir se servir. C'est par cette raison qu'ils doivent toujours avoir le soin d'énoncer, d'une manière claire et détaillée, les motifs qui les ont empêchés de se conformer, en tout point, aux dispositions prescrites par les différents articles du Code civil [1].

SECTION VII.

De l'apposition des scellés après le décès des militaires hors du territoire.

1031. Lorsqu'un militaire appartenant à un corps vieu-

---

1. Inst. min. G. 8 mars 1823, sous l'article 97, p. 27, 28 et 29.

dra à décéder hors du territoire, le chef du corps ou l'officier le plus élevé en grade, présent sur les lieux, commettra un officier pour apposer les scellés sur les effets du décédé et signer le procès-verbal de désignation desdits effets; les scellés seront levés sous le plus bref délai; la vente de ces effets sera faite avec les formalités requises par les lois, et le produit, déduction faite des frais qui seront constatés, remis au conseil d'administration, qui le déposera dans la caisse du corps, et restera responsable envers les héritiers du montant de la succession.

A l'égard des scellés à apposer sur les effets des officiers généraux ou supérieurs, intendants et sous-intendants militaires décédés hors du territoire, les sous-intendants militaires seront chargés de l'apposition des scellés, et les chefs de l'état-major sont autorisés à commettre un officier d'état-major ou un officier particulier pour assister à la levée de ces scellés et à l'inventaire des effets du décédé.

Lors de l'inventaire de ces objets, ceux qui seront reconnus appartenir au Gouvernement, ou que l'officier désigné par le chef de l'état-major jugera devoir l'intéresser[1], seront inventoriés séparément et remis audit officier sur son reçu. Il sera rendu compte au ministre de la guerre de ceux de ces objets qui appartiendront en propre au décédé. Le surplus desdits objets provenant du défunt sera délivré de suite et sans frais à ses héritiers ou ayants droit. Copies de l'inventaire et du reçu de l'officier seront de suite adressées au ministre de la guerre, qui aura dû également être préalablement instruit du nom de cet officier.

Si les héritiers ne sont pas sur les lieux, ils seront de suite prévenus du décès par le sous-intendant militaire chargé de l'apposition des scellés, qui leur fera également passer copie de l'inventaire; si les héritiers ne sont pas connus, ces renseignements seront donnés au juge de paix de l'arrondissement du lieu où est né le décédé; si, dans les délais jugés suffisants, leur réponse n'est point parvenue, ou qu'elle n'indique pas une destination pour les effets non susceptibles d'être conservés, tels que chevaux, hardes et équipages, il sera procédé de suite à leur vente, et le montant en sera versé entre les mains du payeur de la division, ainsi que l'argent provenant de la succession,

1. V. *suprà*, nos 845 et 846.

pour être transmis par lui à la caisse d'amortissement; les armes, décorations et autres effets du décédé, seront déposés à l'état-major.

Dans tous les cas, aucun des objets appartenant à la succession d'un militaire décédé ne peut être remis qu'au porteur d'une procuration légale et authentique ; et s'il est seul, cette pièce devra énoncer qu'il agit au nom et comme représentant de la totalité des héritiers.

Ces différentes manières d'opérer ne doivent évidemment être mises en usage, qu'autant qu'il n'existerait point de testament contenant des dispositions contraires; dans ce cas, on devrait se conformer ponctuellement aux intentions du testateur, et s'entendre pour l'exécution avec le juge de paix du lieu de naissance du décédé[1].

SECTION VIII.

Dispositions générales.

1032. Les dispositions relatives aux militaires hors du territoire français sont applicables non-seulement à ceux réunis en corps d'armée au delà des frontières du territoire, ou qui y sont employés dans des corps détachés, mais aussi aux corps qui, dans un cas d'invasion ou de révolte, se trouveraient dans l'impossibilité de recourir aux officiers publics ordinaires, pour constater le décès des militaires qui seraient morts sur le champ de bataille, ou pour faire divers actes relatifs à l'état civil. Dans tous les autres cas, les militaires sont assujettis aux mêmes lois que le reste des citoyens.

A l'égard de l'envoi qui doit être fait au dernier domicile des parties des actes de naissance, de mariage et de décès concernant des militaires hors du territoire français, ce dernier domicile doit être le lieu de naissance de l'individu, à moins d'une déclaration contraire[2].

1033. Quant aux militaires qui mourraient prisonniers de guerre, les actes en seront rédigés dans les formes usitées dans les pays où ils viendraient à décéder. Comme ils

1. Inst. min. G. 8 mars 1823, titre III, p. 22 et 23.
2. *Ibid.*, dispositions générales, art. 1er, p. 33 et 34.

se trouvent alors éloignés de leurs drapeaux, l'article 47 du Code civil leur est applicable sous tous les rapports : il porte que tout acte de l'état civil des Français et des étrangers, fait en pays étranger, fera foi, s'il a été rédigé dans les formes usitées dans ledit pays.

Une lettre du ministre de la guerre, du 23 fructidor an IX, prescrit en outre aux conseils d'administration des corps de recevoir la déclaration des prisonniers de guerre rentrants, sur le sort des individus en captivité avec eux, et de la mort de qui ils pourraient avoir été témoins.

Il devra être dressé procès-verbal de ces déclarations pour chacun des militaires dont on parviendra, par ce moyen, à connaître le décès. Ce procès-verbal sera dressé à l'état-major par l'intendant ou sous-intendant militaire; aux bataillons ou escadrons de guerre, par l'officier remplissant les fonctions d'officier de l'état civil, et aux dépôts des corps, par le trésorier : il pourra, en cas de nécessité absolue, l'être encore par tous ceux désignés comme destinés à suppléer au besoin les officiers de l'état civil. Il sera signé par les témoins, par celui qui l'aura rédigé, certifié par le conseil d'administration et visé par le sous-intendant militaire.

A défaut d'acte légal, cette pièce pourra devenir un titre authentique, après que les parties intéressées auront obtenu, à cet égard, la sanction des tribunaux.

Il devra toujours être envoyé de suite au ministre une copie de ces procès-verbaux[1].

1034. Dans le cas où un militaire, hors du territoire français, laisserait en mourant, dans le corps dont il ferait partie, un ou plusieurs enfants, sans que leur mère fût présente, le conseil d'administration nommera de suite, parmi les officiers dudit corps, un tuteur temporaire, dont les fonctions se borneront à régler provisoirement les intérêts du mineur avec le corps. Cet officier se hâtera de prévenir la famille du décès du père de l'enfant, afin que, conformément aux lois, il puisse lui être nommé un tuteur dans le plus court délai. Aussitôt la nomination de ce dernier, les fonctions du tuteur temporaire seront terminées

---

1. Inst. min. G. précitée, art. 2.

de droit, après cependant qu'il aura rendu les comptes que pourrait nécessiter sa gestion [1].

1035. Les articles 2 et 3 de la loi du 16 fructidor an II, additionnelle à celle du 11 ventôse, portent que les militaires qui se trouveront en pays ennemi ou au bivouac, à défaut de notaire pour recevoir leur procuration, pourront s'adresser au conseil d'administration du corps auquel ils appartiennent, et qu'il suffira que cette procuration soit signée par les membres du conseil d'administration et revêtue du sceau du corps.

On peut en conclure, par induction, que les intendants ou sous-intendants militaires, qui tiennent lieu du conseil d'administration pour les officiers sans troupe et les employés, doivent agir de même à leur égard. Dans ce cas, la procuration est dressée par l'intendant ou sous-intendant militaire, qui la signe avec le requérant; et si ce dernier ne sait ou ne peut signer, il en est fait mention, qui est attestée par deux témoins.

Les certificats de vie, également à délivrer par les intendants ou sous-intendants militaires, ne sont, relativement à eux, assujettis à aucune formalité particulière; seulement ils doivent avoir soin de faire signer ces sortes de pièces par le requérant, dont les nom, prénoms, grade ou qualité et époque de naissance, seront clairement énoncés, et par les témoins; et si quelqu'un d'eux ne savait signer, ils devront ne pas oublier de le relater dans le certificat.

Les procurations, les certificats de vie et les testaments que les officiers et les intendants militaires sont autorisés à recevoir [2], doivent être enregistrés sur un mémorial, sans entrer dans aucun détail, en énonçant seulement que tel jour il a été fait une procuration ou un certificat de vie pour un tel, ou qu'on a reçu le testament d'un tel.

Ces registres d'ordre devront être envoyés au ministre de la Guerre, lors de la rentrée sur le territoire français [3].

1036. L'officier de l'état civil du domicile des parties,

---

1. Inst. précitée, art. 3.
2. V. *infrà,* à la suite du Formulaire, les dispositions relatives aux testaments.
3. Inst. min. G. 8 mars 1823, dispositions générales, art. 4, p. 35.

auquel il aura été envoyé de l'armée expédition d'un acte de l'état civil, sera tenu de l'inscrire de suite sur les registres[1], et d'en donner immédiatement avis aux familles intéressées[2].

SECTION IX.

Du mode de constater la disparition des militaires hors du territoire.

1037. Le mode de constater la disparition des militaires hors du territoire français a été établi par M. le ministre de la guerre dans une circulaire, en date du 12 juin 1857, adressée à MM. les généraux commandant les divisions et subdivisions militaires; les intendants et sous-intendants militaires et aux conseils d'administration de toutes armes, laquelle est conçue comme suit :

« Messieurs, les actes qui sont dressés, à la suite des « expéditions hors du territoire de l'Empire, pour constater la disparition des militaires dont le sort est inconnu, « ne sont pas toujours régulièrement établis, ni assez explicites.

« Le maréchal de France, ministre secrétaire d'État de « la guerre, afin de remédier aux inconvénients qui peuvent résulter de cet état de choses, a décidé qu'il y aurait « lieu d'adopter à l'avenir, pour ces sortes d'actes, un modèle uniforme qui, en permettant de certifier le fait de « la disparition, obligerait d'en faire connaître toutes les « circonstances.

« Ci-après le modèle auquel il est prescrit de se conformer[3]. »

Indépendamment de ces actes de disparition, un état nominatif des militaires tués, blessés ou disparus, doit être adressé au ministre de la guerre, ainsi qu'il est prescrit par la note ministérielle du 25 août 1840, et conformément aux modèles annexés à la circulaire du ministre de la guerre, du 15 juillet 1870, dont la teneur suit :

« Messieurs, il importe que le département de la guerre,

---

1. C. civ., art. 98.
2. Circ. min. Int. 27 mars 1865.
3. V. *infrà*, le Formulaire à la 3e partie, n° 109.

« dans l'intérêt du service et des familles, soit très-promptement tenu au courant de toutes les mutations qui surviennent dans les corps en campagne.

« Dans ce but, une note ministérielle du 25 août 1840 « a prescrit qu'après chaque affaire un état nominatif des « militaires tués, blessés ou disparus, serait adressé directement au ministre.

« D'un autre côté, aux termes du règlement du 6 mai « 1859 sur les prisonniers de guerre, les corps ou fractions « de corps en campagne doivent lui faire parvenir de même « les états des militaires tombés au pouvoir de l'ennemi ou « *disparus*.

« Afin d'assurer une meilleure et plus facile exécution « de ces diverses dispositions, j'ai décidé que les états à « fournir par application des prescriptions ci-dessus rappelées seraient imprimés, réglés à l'avance et établis « distinctement, ainsi qu'il suit :

« 1° *Tués ou blessés ;*

« 2° *Militaires tombés au pouvoir de l'ennemi ;*

« 3° *Militaires disparus ;*

« 4° *État rectificatif ou complémentaire.*

« L'impression préalable de ces états abrégera le travail « tout en le rendant plus sûr et plus facile.

« J'appelle toute votre attention sur l'exactitude que réclament de semblables renseignements.

« Il est bien entendu, d'ailleurs, que les états qui font « l'objet de la présente circulaire, et dont l'envoi conserve « en toute circonstance un caractère d'urgence qui ne vous « échappera pas, ne peuvent remplacer aucun des autres « documents exigés par les instructions en vigueur (états « de mutations des conseils centraux d'administration, actes « de disparition, signalements de désertion, etc).

« Les commandants de batterie ou de compagnie d'artillerie continueront à transmettre, comme par le passé « (*service de l'artillerie*), l'état mensuel tableau B, et ils « n'adresseront pendant la guerre (*Bureau de la justice militaire*) que les états concernant les militaires français faits « prisonniers ou *disparus*, ainsi que l'état rectificatif, quand « il y aura lieu [1]. »

---

1. V. *infrà*, au Formulaire, les modèles de ces états.

1038. Aux termes de l'article unique d'une loi du 9 août 1871 (*Journal officiel du 12 août*) « les dispositions de la loi du 13 janvier 1817 sont remises en vigueur pour constater *judiciairement* le sort des Français ayant appartenu aux armées de terre et de mer, à la garde nationale mobile ou mobilisée, à un corps reconnu par le ministère de la guerre, qui ont disparu depuis le 19 juillet 1870 jusqu'au traité de paix du 31 mai 1871.

« Les mêmes dispositions pourront être appliquées par les tribunaux à tous autres Français qui avaient disparu dans le même temps par suite de faits de guerre. »

Loi relative aux moyens de constater le sort des militaires absents (13 janvier 1817).

Art. 1er. — Lorsqu'un militaire ou un marin en activité pendant les guerres qui ont eu lieu depuis le 21 avril 1792 jusqu'au traité de paix du 20 novembre 1815, aura cessé de paraître, avant cette dernière époque, à son corps et au lieu de son domicile ou de sa résidence, ses héritiers présomptifs ou son épouse pourront dès à présent se pourvoir au tribunal de son dernier domicile, soit pour faire déclarer son absence, soit pour faire constater son décès, soit pour l'une de ces fins au défaut de l'autre.

Art. 2. — Leur requête et les pièces justificatives seront communiquées au procureur du roi, et par lui adressées au ministre de la justice, qui les transmettra au ministre de la guerre ou au ministre de la marine, selon que l'individu appartiendra au service de terre ou à celui de mer, et rendra publique la demande, ainsi qu'il est prescrit à l'égard des jugements d'absence par l'article 118 du Code civil[1].

Art. 3. — La requête, les extraits d'actes, pièces et renseignements recueillis au ministère de la guerre ou de la marine, sur l'individu dénommé dans ladite requête seront renvoyés, par l'intermédiaire du ministre de la justice, au procureur du roi.

---

1. C. civ., art. 118 : « Le procureur de la République enverra, aussitôt qu'ils seront rendus, les jugements tant préparatoires que définitifs, au ministre de la justice, qui les rendra publics. » — On appelle jugement préparatoire, celui qui ordonne l'enquête, parce qu'il sert à éclairer le juge pour statuer sur la déclaration d'absence, qui est le jugement définitif.

Si l'acte de décès a été transmis au procureur du roi, il en fera immédiatement le renvoi à l'officier de l'état civil, qui sera tenu de se conformer à l'article 98 du Code civil [1].

Le procureur du roi remettra le surplus des pièces au greffe, après en avoir prévenu l'avoué des parties requérantes, et, à défaut d'acte de décès, il donnera ses conclusions.

Art. 4. — Sur le vu du tout, le tribunal prononcera.

S'il résulte des pièces et renseignements fournis par le ministre que l'individu existe, la demande sera rejetée.

S'il y a lieu seulement de présumer son existence, l'instruction pourra être ajournée pendant un délai qui n'excédera pas une année.

Le tribunal pourra aussi ordonner les enquêtes prescrites par l'article 116 du Code civil [2], pour confirmer les présomptions d'absence résultant desdites pièces et renseignements.

Enfin l'absence pourra être déclarée, ou sans autre instruction, ou après ajournement et enquêtes, s'il est prouvé que l'individu a disparu sans qu'on ait eu de ses nouvelles, savoir : depuis deux ans, quand le corps, le détachement ou l'équipage dont il faisait partie servait en Europe ; et depuis quatre ans, quand le corps, le détachement ou l'équipage se trouvait hors de l'Europe [3].

---

1. V. *suprà*, n° 1036.

2. C. civ., art. 116 : « Pour constater l'absence, le tribunal, d'après « les pièces et documents produits, ordonnera qu'une enquête soit « faite contradictoirement avec le procureur de la République, dans « l'arrondissement du domicile, et dans celui de la résidence, s'ils « sont distincts l'un de l'autre. » — Les parties intéressées présentent requête au président du tribunal, lequel doit commettre un juge pour faire le rapport ; et, après avoir entendu le ministère public, le tribunal ordonne l'enquête ou la refuse (C. pr., art. 859). — Le pouvoir judiciaire étant circonscrit dans une certaine limite, il s'ensuit qu'il ne peut ordonner l'enquête dans l'arrondissement de la dernière résidence ; il charge le tribunal de cette résidence d'en faire une : c'est ce qu'on appelle une commission rogatoire.

3. Si, à défaut de preuve directe du décès d'un marin disparu en cours de voyage, des présomptions peuvent être admises pour établir le décès, il faut au moins que ces présomptions résultant d'un cours de circonstances ne laissent aucune incertitude dans l'esprit du juge. — Ainsi la preuve du décès ne résulte pas de l'absence de nouvelles pendant plusieurs années, tant du marin que du navire, ni des agissements de l'autorité maritime, de l'armateur du navire et des assureurs, ni de certaines circonstances de navigation, telles qu'une violente tempête ayant sévi dans les parages où devait se trouver le

Art. 5. — La preuve testimoniale du décès pourra être ordonnée, conformément à l'article 46 du Code civil [1], s'il est prouvé, soit par l'attestation du ministre de la guerre ou de la marine, soit par toute autre voie légale, qu'il n'y a pas eu de registres, ou qu'ils ont été perdus ou détruits en tout ou en partie, ou que leur tenue a éprouvé des interruptions.

Dans le cas du présent article, il sera procédé aux enquêtes contradictoirement avec le procureur du roi.

Art. 6. — Dans aucun cas, le jugement définitif portant déclaration d'absence ou de décès ne pourra intervenir qu'après le délai d'un an, à compter de l'annonce officielle prescrite par l'article 2 [2].

Art. 7. — Lorsqu'il s'agira de déclarer l'absence ou de constater en justice le décès des personnes mentionnées en l'article 1er de la présente loi, les jugements contiendront uniquement les conclusions, le sommaire des motifs et le dispositif, sans que la requête puisse y être insérée. Les parties pourront même se faire délivrer, par simple extrait, le dispositif des jugements interlocutoires; et s'il y a lieu à enquêtes, elles seront mises en minute sous les yeux des juges.

Art. 8. — Le procureur du roi et les parties requérantes pourront interjeter appel des jugements soit interlocutoires, soit définitifs.

L'appel du procureur du roi sera, dans le délai d'un mois à dater du jugement, signifié à la partie au domicile de son avoué.

---

navire. Il faut qu'avant tout, la cause de la perte du navire et les circonstances de cette perte soient directement établies. Bordeaux, 2 juin 1875 et 25 juillet 1876.

1. V. *suprà*, n° 189.

2. La déclaration d'absence est subordonnée à deux conditions préalables qui doivent être l'une et l'autre rigoureusement observées, à savoir : 1° la publication du jugement qui a ordonné l'enquête; 2° le laps d'une année entre la date de ce jugement et celle du jugement définitif. A défaut de l'une et de l'autre de ces conditions, et notamment tant que la première n'a pas été remplie, l'absence ne saurait être déclarée. (Cass. 15 juillet 1878.) — Lorsque l'absence a été déclarée par application de la procédure spéciale de la loi du 13 janvier 1817, le jugement de déclaration d'absence ne doit pas être publié au *Journal officiel*. La loi précitée n'exige la publicité que pour la requête introductive d'instance. (Circ. min. 2 mars 1874; Lettres min. Just. aux proc. gén. de Riom (29 janv. 1877. — 15 D 4), d'Orléans (21 mars 1877. — 47 D 3), d'Amiens (24 mars 1877, 2 D 5), de Paris (24 mars 1877. — 29 D 5). — Nombreuses décisions.

Les appels seront portés à l'audience sur simple acte et sans aucune procédure.

ART. 9. — Dans le cas d'absence déclarée en vertu de la présente loi, si le présumé absent a laissé une procuration, l'envoi en possession provisoire sous caution pourra être demandé, sans attendre le délai prescrit par les articles 121 et 122 du Code civil [1], mais à la charge de restituer en cas de retour, sous les déductions de droit, la totalité des fruits perçus pendant les *dix premières* années de l'absence.

Les parties requérantes qui posséderont des immeubles reconnus suffisants pour répondre de la valeur des objets susceptibles de restitution en cas de retour, pourront être admises par le tribunal à se cautionner sur leurs propres biens.

ART. 10. — Feront preuve en justice, dans les cas prévus par la présente loi, les registres et actes de décès des militaires, tenus conformément aux articles 88 et suivants du Code civil [2], bien que lesdits militaires soient décédés sur le territoire français, s'ils faisaient partie des corps ou détachements d'une armée active ou de la garnison d'une ville assiégée.

ART. 11. — Si les héritiers présomptifs ou l'épouse négligent d'user du bénéfice de la présente loi, les créanciers ou autres personnes intéressées pourront, un mois après l'interpellation qu'ils seront tenus de leur faire signi-

---

1. C. civ., art. 121 : « Si l'absent a laissé une procuration, ses hé« ritiers présomptifs ne pourront poursuivre la déclaration d'absence « et l'envoi en possession provisoire qu'après dix années révolues « depuis sa disparition ou depuis ses dernières nouvelles. » — Si la procuration ne portait que sur un objet spécial, empêcherait-elle la déclaration d'absence d'être provoquée avant ces dix années ? Non, à moins qu'elle n'indiquât le dessein de s'éloigner pendant un long temps. Toullier, t. I, n° 424; Delvincourt, t. I, p. 83; Duranton, n° 412; de Moly et Talandier, p. 104. — Dans tous les cas l'administrateur constitué par la volonté de l'absent doit être préféré à celui que la loi pourrait lui donner. (Discussion du Conseil d'État.) — C. civ., art. 122 : « Il en sera de même si la procuration vient à « cesser; et dans ce cas, il sera pourvu à l'administration des biens « de l'absent, comme il est dit au chapitre 1er du présent titre. » — Si au moment que la procuration cesse, il y a quatre années que l'on a reçu des nouvelles de l'absent, ses héritiers présomptifs pourront poursuivre la déclaration d'absence et se faire envoyer en possession provisoire. Toullier dit que c'est la conséquence de l'article 115 du Code civil.

2. V. *suprà*, nos 1010 et suiv.

fier, se pourvoir eux-mêmes en déclaration d'absence ou de décès.

ART. 12. — Les dispositions de la présente loi sont applicables à l'absence ou au décès de toutes les personnes inscrites aux bureaux des classes de la marine, à celles attachées par brevets ou commissions aux services de santé, aux services administratifs des armées de terre et de mer, ou portées sur les contrôles réguliers des administrations militaires.

Elles pourront être appliquées par nos tribunaux à l'absence et au décès des domestiques, vivandiers et autres personnes à la suite des armées, s'il résulte des rôles d'équipage, des pièces produites et des registres de police, permissions, passe-ports, feuilles de route et autres registres déposés aux ministères de la guerre et de la marine, ou dans les bureaux en dépendant, des preuves et des documents suffisants sur la profession desdites personnes et sur leur sort.

ART. 13. — Les dispositions du Code civil relatives aux absents, auxquelles il n'est pas dérogé par la présente loi, continueront d'être exécutées [1].

---

1. V. C. civ., art. 112 à 143 inclus. — La loi du 13 janvier 1817 ne s'applique qu'aux militaires en activité de service avant le 20 nov. 1815. Av. Cons. d'Ét. 24 juillet 1819; Cass. 9 mars 1819. — Circ. min. Just. 12 mai 1820.

CHAPITRE IV.

DE L'ÉCHANGE DES ACTES DE L'ÉTAT CIVIL ENTRE LA FRANCE ET DIVERSES PUISSANCES ÉTRANGÈRES.

1039. Par conventions passées les 13 janvier et 14 juin 1875, 25 août 1876 et 24 mai 1881, les gouvernements français, italien, luxembourgeois, belge et la principauté de Monaco, désirant assurer la communication des actes de l'état civil intéressant leurs nationaux respectifs, se sont engagés à se délivrer, réciproquement, des *expéditions* conformes aux registres [1], dûment légalisées, des *actes de naissance, de mariage et de décès* qui les concernent.

Ces expéditions, exemptes des droits de timbre et d'enregistrement [2], doivent être adressées par les officiers de l'état civil, à la préfecture ou à la sous-préfecture de leur arrondissement, au commencement de chaque semestre. Chacune d'elles doit indiquer exactement par une note marginale, *indépendamment de leur destination spéciale :*

1° Pour les actes de naissance, le lieu d'origine ou le dernier domicile à l'étranger des père ou mère ;

2° Pour les actes de mariage, le lieu de naissance ou le domicile à l'étranger, soit du conjoint, soit de ses père ou mère ;

3° Pour les actes de décès, le lieu de naissance ou le dernier domicile à l'étranger de la personne décédée.

A défaut d'acte dressé pendant le cours d'un semestre, les officiers de l'état civil enverront un bordereau négatif.

Il est bien entendu que cet envoi ne doit pas être con-

---

1. Circ. min. Int. aux préf., 4 mars 1879. *Bull. off. Int.*, p. 61.
2. V. *suprà*, n° 244-22°. — Lettre min. Just. au min. Int., 20 janv. 1879. 379, B, 78 ; *Bull. off. Int.*, 1879, p. 65.

fondu avec l'envoi trimestriel des actes de décès concernant tous les étrangers morts en France prescrit par les circulaires ministérielles des 26 janvier 1836, 10 mars 1855 et 17 mai 1864[1]; celui dont il s'agit ici concerne exclusivement les Italiens, Luxembourgeois, Belges et la principauté de Monaco.

Les actes de naissance des enfants nés en France d'étrangers qui eux-mêmes y sont nés ne doivent pas être compris au nombre des actes dont les conventions conclues avec l'Italie, le Luxembourg, la Belgique et la principauté de Monaco stipulent la communication réciproque. Ces enfants doivent, en effet, aux termes des lois des 7 février 1851 et 16 décembre 1874, être considérés comme étant Français à partir de leur naissance.

Toutefois la qualité de Français n'est acquise à ces enfants que *sous condition résolutoire*. Ils peuvent, aux termes de l'article 1er de la loi de 1851, réclamer la qualité d'étrangers dans l'année qui suit leur majorité ; dans ce dernier

---

1. Lettre g. des sc. au min. des aff. ét., 7 déc. 1878. 379, B. 78. — En exécution de l'article 9 d'une convention conclue le 26 juillet 1862 entre le gouvernement français et celui de l'Italie, en cas de décès d'un sujet de l'une des parties contractantes sur le territoire de l'autre, les autorités locales devront en donner immédiatement avis au consul général, consul, vice-consul ou agent consulaire dans la circonscription duquel le décès aurait lieu. V. circ. min. Int., 21 juin 1869. — En outre, les procureurs de la République et leurs auxiliaires devront faire connaître aux consuls toutes les circonstances se rapportant personnellement aux décédés et leur fournir les renseignements que l'autorité judiciaire pourra posséder, tant sur leur situation de famille que sur l'état de leurs affaires ou de leur fortune. Convention du 26 juillet 1862. Circ. min. Just., 31 déc. 1862, t. II, p. 536. — Un décret du 2 mars 1878, inséré le lendemain au *Journal officiel*, a promulgué la convention consulaire signée entre la France et la Grèce le 7 janvier 1876, qui avait été approuvée par une loi du 22 février 1878. — Les articles 12 et suivants prévoient le cas où un citoyen de l'un des deux pays décède sur le territoire de l'autre pays. Dans ce cas, aux termes de l'article 12, l'autorité locale compétente doit immédiatement avertir le consul ou agent, et ces agents doivent, de leur côté, s'ils ont connaissance du décès les premiers, donner le même avis aux autorités locales. Les scellés seront apposés par le consul en présence de l'autorité locale ou celle dûment appelée. Cette autorité pourra croiser de ses scellés ceux du consulat, et dès lors les doubles scellés ne pourront plus être levés que d'un commun accord ou par ordre de justice. Dans le cas où le consul ne procéderait pas à l'apposition des scellés, l'autorité locale devra les apposer après lui avoir adressé une simple invitation. Ces avis et invitation seront donnés par écrit et un récépissé en constatera la remise. — L'article 13 règle les formalités relatives à la levée des scellés et à l'inventaire. — La convention est faite pour une durée de dix années (art. 26). V. *Bull. off.*, 1878, p. 136, 137 et 138.

cas, ils sont réputés avoir été toujours étrangers, et il y aurait lieu à communiquer au gouvernement étranger les actes de l'état civil qui les intéressent [1].

1040. Les actes de l'état civil dressés en pays étranger et concernant des Français, devront être transcrits sur les registres de l'état civil aux lieux d'origine des Français que ces actes concerneront, en exécution de l'article 2 de l'ordonnance royale du 23 octobre 1833 [2] et de la circulaire de M. le ministre de la justice, en date du 11 mai 1875 [3].

Cette transcription devra être opérée sur les registres courants, aussitôt que ces actes auront été reçus par les officiers de l'état civil.

Afin de mieux faire connaître à ces derniers les devoirs qui leur incombent, nous allons rapporter ici la teneur littérale des conventions précitées et des circulaires ministérielles qui s'y rattachent :

I. — Décret qui approuve la déclaration signée à Rome le 13 janvier 1875, entre la France et l'Italie, pour assurer la communication réciproque des actes de l'état civil [4].

Le Président de la République française,
Sur la proposition du ministre des affaires étrangères,

Décrète :

Art. 1er. — Une déclaration ayant été signée à Rome, le 13 janvier 1875, entre la France et l'Italie, pour assurer la communication des actes intéressant l'état civil de leurs ressortissants respectifs, ladite déclaration, dont la teneur suit, est approuvée et sera insérée au *Journal officiel*.

Déclaration.

Le gouvernement de la République française et le gouvernement italien, désirant assurer la communication des actes intéressant l'état civil de leurs ressortissants respectifs, s'engagent à se délivrer réciproquement des expédi-

1. Lettre du g. des sc. au min. des aff. étr., 7 déc. 1878, 379, B 78. V. *suprà*, n° 857.
2. V. *suprà*, n° 986.
3. V. *infrà*, II.
4. Annexe n° 1 à la circ. du 30 juin 1875.

tions, dûment légalisées, des *actes de naissance, de mariage et de décès* qui les concernent.

Cette communication aura lieu sans frais, en la forme usitée dans chaque pays.

Tous les six mois, les expéditions desdits actes dressés pendant le semestre précédent seront remises par le gouvernement italien à la légation de France, à Rome, et par le gouvernement français à la légation d'Italie, à Paris.

Il est expressément entendu que la délivrance ou l'acceptation desdites expéditions ne préjugera pas les questions de nationalité.

La présente déclaration sortira ses effets à dater du 1er janvier 1875.

Fait, en double expédition, à Rome, le 13 janvier 1875.

ART. 2. — Le ministre des affaires étrangères est chargé de l'exécution du présent décret.

Fait à Versailles, le 17 février 1875.

II. — Circulaire du ministre de la justice (11 mai 1875)[1].

Monsieur le Procureur général, aux termes de l'article 2 de l'ordonnance du 23 octobre 1833, nos agents diplomatiques et consulaires sont tenus d'adresser au ministère des affaires étrangères une expédition de tous les actes de l'état civil qu'ils reçoivent, afin que la transcription puisse en être opérée sur les registres de la commune d'attache des Français qu'ils concernent.

Je n'ai point à vous rappeler l'utilité qu'offre cette prescription, tant pour la sauvegarde des droits des intéressés qu'au point de vue spécial du recrutement. La loi du 27 juillet 1872, en décrétant que tout Français devra désormais le service militaire personnel, a donné à ces transmissions une importance plus sérieuse encore. Aussi a-t-il paru désirable que la transcription s'étendît, non-seulement aux actes reçus par nos agents, mais encore aux actes émanant des autorités étrangères.

Pour arriver à ce résultat, M. le ministre des affaires étrangères, après entente préalable avec mon département et celui de l'intérieur, a bien voulu adresser à

---

1. Annexe n° 2 à la circ. du 30 juin 1875.

divers États des ouvertures relatives à la transmission réciproque et gratuite, par la voie diplomatique, d'extraits de ces actes dûment légalisés.

Une première convention, approuvée par décret du 17 février 1875, a été signée à Rome, entre la France et le gouvernement italien, le 13 janvier précédent. Elle a été publiée au *Journal officiel* du 23 février suivant, par les soins de M. le ministre des affaires étrangères, et insérée au *Bulletin des lois* du 10 mai 1875, n° 251. Des négociations sont actuellement ouvertes avec la Suisse et la Belgique. Elles aboutiront, nous pouvons l'espérer, à des conventions de même nature, et nous devons, dès à présent, nous préoccuper des moyens d'en assurer l'exécution. Les mesures à prendre présentent principalement un certain caractère d'urgence en ce qui concerne l'Italie. Nos officiers de l'état civil devant, aux termes de la déclaration, nous mettre à même de communiquer au Gouvernement italien, dès le mois de juillet, les actes dressés à partir du 1er janvier 1875, dans l'intérêt des étrangers qui déclareront être de nationalité italienne.

Les envois périodiques des actes reçus dans les mairies de France seront faits, tous les six mois, par l'intermédiaire des sous-préfets et préfets, au ministre de l'intérieur, qui les transmettra, à son tour, au ministère des affaires étrangères. Le même mode de transmission sera employé à l'égard des actes venant de l'étranger.

Bien que la loi n'exige pas, comme pour le mariage, la transcription sur les registres de l'état civil français des actes de naissance et de décès de Français reçus à l'étranger, plusieurs auteurs enseignent que cette transcription est une précaution utile et légale, et que le maire qui est requis de l'opérer ne peut s'y refuser. (*Sic :* Rieff, *Commentaire de la loi sur les actes de l'état civil,* n° 89 ; — Grün, nos 176 et 285 ; — Dalloz, *Répertoire,* v° *Actes de l'état civil,* n° 350.) Cette appréciation est d'ailleurs conforme aux instructions adressées par mes prédécesseurs dans des cas particuliers[1].

1. En effet, cette mesure est d'un grand intérêt, non-seulement pour les Français à l'étranger, mais aussi pour le gouvernement français, et puisque la loi admet que tout acte de l'état civil des Français, fait en pays étranger, fera foi, s'il a été rédigé dans les formes usitées dans ledit pays, il n'existe aucun inconvénient à ce qu'il soit transcrit en France, de même que ceux reçus par les agents diplomatiques ou par les consuls.

Je n'ai pu cependant me dissimuler que, généralisées, ces instructions sont de nature à soulever quelques critiques, que leur valeur légale peut même être contestée ; et j'ai dû, dès lors, me demander s'il ne serait pas opportun et même nécessaire d'en assurer pour l'avenir l'exécution par une loi spéciale.

Après réflexion, il ne m'a pas paru qu'il fût indispensable, au moins quant à présent, de recourir à l'intervention du pouvoir exécutif.

Les instructions qu'il s'agit d'adresser aux officiers de l'état civil n'ont, en effet, rien de contraire aux principes généraux sur la matière. Elles s'inspireront, au contraire, de l'esprit de la loi pour justifier de l'utilité des transcriptions qu'il s'agit de faire opérer.

Il importera surtout de rappeler aux maires que les communications stipulées sont réclamées dans un intérêt d'ordre public et administratif ; que la transcription des actes de naissance aura notamment pour effet de mettre en mesure d'appeler au service militaire les nombreux jeunes gens nés à l'étranger de parents français. J'ai, dès lors, peine à croire, en me plaçant à ce point de vue, que des instructions ministérielles soient de nature à présenter quelque difficulté dans leur application, et que des officiers de l'état civil français, prétendant exciper du silence de la loi, hésitent à nous prêter le concours que nous sommes en droit d'attendre de leur dévouement.

Les transcriptions devront être opérées aux lieux d'origine des Français que les actes concerneront, toutes les fois que les communes d'attache pourront nous être connues ou révélées.

Pour beaucoup, pour le plus grand nombre, peut-être, il nous sera difficile de recueillir l'indication précise du lieu d'origine. Dans ce cas, le Gouvernement a pensé qu'il y avait lieu de rendre générales les mesures déjà adoptées au point de vue de la loi du recrutement, et d'après lesquelles les Français nés en pays étranger, et dont les ascendants sont nés hors de France, ou, en France, dans un lieu inconnu, sont inscrits :

1° Ceux qui résident en Angleterre, Belgique, Suède et Norwége, Russie (sauf le littoral de la mer Noire), Autriche-Hongrie (sauf le littoral de l'Adriatique) et en Allemagne, *à la mairie du 6e arrondissement de Paris* ;

2° Ceux qui résident en Suisse, *à la mairie de Besançon (Doubs)*;

3° Ceux qui résident en Moldo-Valachie, en Turquie, et généralement dans tous les pays d'Europe, d'Asie ou d'Afrique (à l'exception toutefois de l'Espagne) qui sont baignés, soit par la Méditerranée, soit par des mers adjacentes, *à la mairie de Marseille;*

4° Ceux qui résident en Espagne, au Portugal, dans l'Amérique du Sud et sur les côtes occidentales et orientales de l'Afrique, *à la mairie de Bordeaux;*

5° Enfin, *à la mairie du Hâvre*, ceux qui résident dans l'Amérique du Nord.

Alors même que l'échange réciproque des actes de l'état civil concernant les nationaux des deux pays n'a été stipulé jusqu'à ce jour qu'avec l'Italie, j'ai cru devoir, Monsieur le Procureur général, vous rappeler ces dispositions, en prévision des conventions de même nature à intervenir avec d'autres puissances. L'insertion de ces conventions au *Journal officiel* et au *Bulletin des lois* vous renseignera, en temps opportun, sur l'extension qu'il conviendra de donner aux mesures dont il s'agit.

Je vous envoie des exemplaires de cette circulaire en nombre suffisant pour que vous puissiez en adresser un à chacun des parquets de votre ressort, Si son exécution rentre plus particulièrement dans les attributions de M. le ministre de l'intérieur, et si les rapports fréquents existant entre les mairies et les représentants de l'administration doivent en assurer, par l'intermédiaire des préfectures, une exécution plus rapide, les magistrats seront sans doute souvent consultés sur les difficultés auxquelles elle peut donner naissance; et dès lors, ils doivent être en mesure d'éclairer les officiers de l'état civil de leurs conseils et de leur expérience.

Je me suis, au surplus, concerté avec M. le ministre de l'intérieur pour que ces mêmes instructions soient portées, par leur insertion dans le *Bulletin des communes*, dans le *Bulletin officiel* de son ministère et dans le *Recueil des actes administratifs* des préfectures, à la connaissance des maires de toutes les communes de France.

Je vous prie de m'accuser réception de la présente circulaire.

Recevez, etc. »

III. — Circulaire du ministre de l'intérieur (30 juin 1875).

« Monsieur le Préfet, par une convention signée à Rome, le 13 janvier dernier et approuvée par décret du 17 février, les Gouvernements français et italien, désirant assurer la communication des actes intéressant l'état civil de leurs nationaux respectifs, se sont engagés à se délivrer réciproquement des expéditions dûment légalisées des actes de naissance, de mariage et de décès qui les concernent.

Vous trouverez ci-après le texte de cette convention, qui a déjà été insérée au *Journal officiel* du 23 février 1875 et au *Bulletin des lois*. Je vous transmets en même temps copie des instructions adressées, le 11 mai dernier, par M. le garde des sceaux à MM. les procureurs généraux, pour les inviter à assurer, en ce qui les concerne, l'exécution de ce traité.

Je dois de mon côté vous indiquer les nouvelles obligations que cet acte impose aux autorités administratives. Comme vous le remarquerez, la convention dispose expressément que l'échange des expéditions aura lieu tous les six mois pour les actes dressés pendant le semestre précédent. Elles seront remises par le Gouvernement italien à la légation de France à Rome, et par le Gouvernement français à la légation d'Italie. La première communication devra avoir lieu dans le commencement du mois prochain.

A cet effet, les maires de votre département devront vous envoyer *sur feuilles séparées* les expéditions des actes de l'état civil de toute nature : *actes de naissance, de reconnaissance, de mariage ou de décès* reçus par eux depuis le 1er janvier dernier et concernant des sujets italiens. Ces copies, classées par communes et arrondissements, et accompagnées d'un bordereau en double exemplaire indiquant très-exactement les noms des communes, ceux des parties et la nature de l'acte, me seront transmises par vos soins, à Versailles, sous le timbre : *Direction départementale et communale, — 1re Division, — 1er Bureau*, avant le 15 août. La même transmission aura lieu dans la première quinzaine des mois de janvier et juillet de chaque année. Si aucun acte n'avait été dressé pendant le cours d'un semestre, dans votre département, vous m'adresseriez un bordereau négatif.

Vous ne devez pas confondre cet envoi avec celui qui doit se faire, par périodes trimestrielles, conformément aux instructions de mes prédécesseurs, en date des 26 janvier 1836, 20 mars 1855 et 17 mai 1864[1]. La transmission recommandée par ces circulaires s'applique exclusivement aux *actes de décès*, mais s'étend à tous les *étrangers morts en France*; celle qui fait l'objet de la présente instruction concerne tous les actes de l'état civil intéressant seulement les Italiens.

Toutes ces copies sont dispensées du *droit et de la formalité du timbre*, conformément à l'article 16, n° 1, de la loi du 13 brumaire an VII. Elles ne peuvent également donner lieu au paiement d'aucun *droit d'expédition*. Enfin, elles n'auront point besoin d'être légalisées par le président du tribunal civil. Il suffira que la signature du maire soit légalisée par le sous-préfet et par vous-même. Cette dernière formalité est *indispensable*.

J'aurai soin, de mon côté, de vous adresser les expéditions des actes reçus en Italie et concernant des Français originaires de votre département. Je vous donnerai, en même temps, des instructions pour la transcription de ces actes sur les registres de l'état civil.

Vous remarquerez qu'aux termes de la même convention, il est expressément entendu que la délivrance ou l'acceptation des expéditions ne préjugera pas les questions de nationalité. Les contestations qui s'élèveraient à cet égard restent dans la compétence exclusive des tribunaux civils.

Vous aurez soin d'assurer à cette circulaire et à ses annexes la plus grande publicité possible, en la faisant insérer au *Recueil des actes administratifs* de votre préfecture.

Je vous en adresse un nombre d'exemplaires suffisant pour que vous puissiez en mettre à la disposition de chacun de MM. les sous-préfets.

Recevez, etc. »

---

1. V. *suprà*, n° 857.

IV. — Décret qui approuve la déclaration signée à Paris, le 14 juin 1875, entre la France et le grand-duché de Luxembourg, pour assurer la communication réciproque des actes de l'état civil (17 juin 1875).

« Le Président de la République française,
Sur la proposition du ministre des affaires étrangères,

Décrète :

ART. 1er. — Une déclaration ayant été signée à Paris, le 14 juin 1875, entre la France et le grand-duché de Luxembourg, pour assurer la communication des actes intéressant l'état civil de leurs ressortissants respectifs, ladite déclaration, dont la teneur suit, est approuvée et sera insérée au *Journal officiel*.

Déclaration.

Le Gouvernement français et le Gouvernement du grand-duché de Luxembourg, désirant assurer la communication des actes intéressant l'état civil de leurs ressortissants respectifs, s'engagent à se délivrer réciproquement des expéditions dûment légalisées des *actes de naissance, de mariage et de décès* qui les concernent. Les actes dressés dans le grand-duché en langue allemande seront accompagnés d'une traduction française, dûment certifiée par l'officier de l'état civil.

Cette communication aura lieu sans frais, en la forme usitée dans chaque pays.

Tous les six mois, les expéditions des actes dressés en France pendant le semestre précédent seront remises, par la voie diplomatique, au représentant du Gouvernement grand-ducal à Paris, qui, de son côté, remettra au ministre des affaires étrangères de la République française celles des actes dressés dans le grand-duché.

Il est expressément entendu que la délivrance ou l'acceptation desdites expéditions ne préjugera pas les questions de nationalité.

La présente déclaration sortira ses effets à dater du 1er juillet 1875.

Fait en double expédition, à Paris, le 14 juin 1875.

ART. 2. — Le ministre des affaires étrangères est chargé de l'exécution du présent décret. »

V. — Circulaire du ministre de l'intérieur (7 octobre 1875).

« Monsieur le Préfet, je vous ai communiqué, le 30 juin dernier, le texte d'un décret du 17 février, portant approbation d'une déclaration signée à Rome entre la France et l'Italie, pour assurer la communication réciproque des actes de l'état civil. Je vous ai transmis, en même temps, copie des instructions adressées, le 11 mai, par M. le garde des sceaux à MM. les procureurs généraux pour les inviter à assurer, en ce qui les concerne, l'exécution de ce traité.

Une déclaration analogue dont vous trouverez le texte ci-après, a été signée à Paris, le 14 juin 1875, entre la France et le grand-duché de Luxembourg. Elle a été approuvée le 17 juin et publiée au *Journal officiel* du 19 du même mois.

Toutes les dispositions de ma circulaire du 30 juin s'appliquent donc aux actes de l'état civil dressés en France et concernant des personnes originaires du grand-duché de Luxembourg, et réciproquement aux actes reçus dans le grand-duché et relatifs à des Français.

Comme vous le remarquerez, les effets de la convention signée entre la France et le Gouvernement grand-ducal remontent au 1er juillet dernier. Vous aurez donc à me transmettre, pour la première fois, en janvier prochain, les actes reçus dans les diverses communes de votre département, pendant le cours du second trimestre de cette année.

Je vous prie de donner, dès à présent, aux maires de votre département, les instructions nécessaires. »

(Suit la teneur de la déclaration.)

VI. — Circulaire du ministre de l'intérieur (27 décembre 1875).

« Monsieur le Préfet, je vous ai transmis, le 30 juin et le 7 octobre, le texte de deux conventions passées entre la France, l'Italie et le grand-duché de Luxembourg, dont le but est d'assurer la communication réciproque et gratuite des actes de l'état civil. Par ces traités, le Gouvernement français s'est engagé, vis-à-vis des Gouvernements italien et grand-ducal, à leur communiquer, tous les six mois, les expéditions dûment légalisées des actes de naissance, de mariage et de décès intéressant leurs nationaux et dressés en France pendant le semestre précédent.

La convention concernant les sujets italiens va être exécutée, pour la deuxième fois, au commencement du mois prochain. La seconde recevra, à la même époque, sa première application.

Une circulaire du 30 juin vous a exposé avec détail comment les expéditions doivent être dressées, légalisées et transmises des mairies aux sous-préfectures, des sous-préfectures aux préfectures, et des préfectures au ministère. Je me borne donc à me référer à ces instructions.

J'appelle seulement votre attention sur la nécessité de réunir, dans le plus bref délai, les actes que vous aurez à m'adresser. Je désire les recevoir avant le 15 janvier et je verrais avec regret se renouveler les retards qui se sont produits lors du premier envoi.

J'ai remarqué, en outre, que, dans certains départements, les bordereaux que je vous ai recommandé de joindre en double exemplaire à vos envois faisaient défaut ou étaient dressés d'une manière incomplète. Afin de faciliter le travail de vérification, je joins à cette circulaire un modèle de bordereau auquel je vous prie de vouloir bien vous conformer à l'avenir [1]. »

VII. — Circulaire du ministre de l'intérieur (28 juin 1876).

« Monsieur le Préfet, je vous rappelle que par deux conventions dont je vous ai transmis le texte, les 30 juin et 7 octobre 1875, le Gouvernement français s'est engagé, vis-à-vis des gouvernements d'Italie et du grand-duché de Luxembourg, à leur communiquer, tous les six mois, les expéditions dûment légalisées des actes de l'état civil intéressant leurs nationaux et dressés en France pendant le semestre précédent.

Je vous serais obligé de réunir et de m'adresser, dans le plus bref délai possible, les actes reçus dans votre département pendant le 1er semestre 1876.

Vous voudrez bien, pour faciliter le travail de transmission, me les faire parvenir en un seul envoi accompagné

1. V. *infrà*, à l'appendice, à la suite du tableau des communes séparées du territoire français.

du bordereau en double expédition, conforme au modèle annexé à ma circulaire du 27 décembre 1875.

A la suite d'une communication de M. le ministre d'Italie, M. le ministre des affaires étrangères m'a fait remarquer que, parmi les actes reçus en France et transmis à la légation, il en est un certain nombre qui ne contiennent pas d'indications suffisantes sur le *lieu d'origine* ou le *dernier domicile* des individus qu'ils concernent.

Je vous prie, Monsieur le Préfet, de veiller à ce que dans tous les cas où cela sera possible, les officiers de l'état civil mentionnent avec soin ces indications, qui sont d'ailleurs prescrites par le Code civil. La communication des actes perdrait son utilité si le gouvernement étranger auquel on les adresse ne savait sur quelle province, sur quelle ville il doit les diriger. Comme l'omission signalée se rencontre surtout dans les actes de décès, vous devrez recommander particulièrement aux maires de rechercher, par tous les moyens dont ils disposent, *le lieu d'origine des étrangers* décédés dans leur commune et de faire figurer ces mentions en note à la suite des copies, si elles n'avaient point été insérées dans le corps même de l'acte. »

VIII. — Décret qui approuve une déclaration signée, le 25 août 1876, entre la France et la Belgique, pour assurer la communication réciproque des actes de l'état civil (3 septembre 1876).

« Le Président de la République française,

Sur la proposition du ministre des affaires étrangères,

Décrète :

Art. 1er. — Une déclaration ayant été signée à Bruxelles, le 25 août 1876, entre la France et la Belgique, pour assurer la communication des actes intéressant l'état civil de leurs ressortissants respectifs, ladite déclaration, dont la teneur suit, est approuvée et sera insérée au *Journal officiel*.

Déclaration.

Le Gouvernement de la République française et le Gouvernement de S. M. le Roi des Belges, désirant assurer la communication des actes intéressant l'état civil de leurs ressortissants respectifs, sont convenus de ce qui suit :

Art. 1er. — Les deux Gouvernements contractants s'engagent à se remettre réciproquement, aux époques déterminées et sans frais, des *expéditions*, dûment légalisées, des *actes de naissance*, des *actes de reconnaissance d'enfants naturels*, lorsque ces actes auront été reçus par un officier de l'état civil, des *actes de mariage* et des *actes de décès* dressés sur leur territoire et concernant des citoyens de l'autre État.

Art. 2. — La transmission des actes de décès s'étendra, en outre, aux personnes mortes en France et qui étaient nées ou qui avaient, d'après les renseignements fournis aux autorités locales, leur domicile en Belgique.

Il en sera de même pour les actes de décès des personnes mortes en Belgique et qui étaient nées ou qui avaient, d'après les renseignements fournis aux autorités locales, leur domicile en France.

Art. 3. — Les officiers de l'état civil, en France et en Belgique, se donneront mutuellement avis, par la voie diplomatique, des reconnaissances et légitimations d'enfants naturels inscrites dans les actes de mariage.

Art. 4. — Tous les six mois, les *expéditions* desdits actes dressés pendant le semestre précédent seront remises par le Gouvernement français à la légation de Belgique à Paris, et par le Gouvernement belge à la légation de France à Bruxelles.

Par dérogation à ce qui précède, la première remise d'actes ne comprendra que le dernier trimestre de l'année 1876.

Art. 5. — Il est expressément entendu que la délivrance ou l'acceptation des expéditions desdits actes ne préjugera pas les questions de nationalité.

Les actes de l'état civil demandés, de part et d'autre, à la requête des particuliers non pourvus d'un certificat d'indigence, resteront soumis au paiement des droits exigibles dans chacun des deux pays.

Art. 6. — La présente déclaration sortira ses effets à dater du 1er octobre 1876.

En foi de quoi, les soussignés, dûment autorisés, l'ont signée en double original, le 25 août 1876. (Suivent les signatures.)

Art. 2. — Le ministre des affaires Étrangères est chargé de l'exécution du présent décret. »

IX. — Circulaire du ministre de l'intérieur (16 octobre 1876).

« Monsieur le Préfet, par une convention signée à Bruxelles, le 25 août 1876, et approuvée par décret du 3 septembre, les Gouvernements français et belge, désirant assurer la communication des actes intéressant l'état civil de leurs nationaux respectifs, se sont engagés à se délivrer réciproquement des *expéditions* de ces actes, dûment légalisées[1].

Cette convention a été insérée au *Journal officiel* du 5 septembre.

Ce traité est presque identique à ceux qui existent déjà entre la France, d'une part, l'Italie et le grand-duché de Luxembourg, d'autre part. Je me borne donc à me référer, en principe, aux instructions ministérielles des 30 juin, 7 octobre et 27 décembre 1875, qui vous ont indiqué les obligations imposées par ces actes aux autorités administratives.

Je dois cependant appeler votre attention sur certaines dispositions de la nouvelle convention, qui s'écartent des précédentes :

1° Aux termes de l'article 1er, les deux Gouvernements s'obligent à se communiquer non-seulement les actes de naissance, de décès et de mariage, mais encore les actes de reconnaissance d'enfants naturels, dans le cas où ils auraient été reçus par l'officier de l'état civil (les actes de reconnaissance reçus par d'autres personnes ne sont point compris dans l'échange) ;

2° La transmission des actes de décès s'applique tant aux personnes nées en Belgique qu'à celles qui, d'après les renseignements fournis aux autorités locales, avaient leur domicile dans ce pays (art. 2).

L'échange des expéditions aura lieu tous les six mois, au 1er janvier et au 1er juillet, pour les actes dressés pendant le semestre précédent. Mais, le traité ne produisant ses effets qu'à partir du 1er octobre courant, le premier

1. Il faut remarquer que ce sont des expéditions littérales des actes que les officiers de l'état civil doivent délivrer, et non de simples extraits. Ces expéditions doivent être certifiées conformes aux registres.

envoi ne comprendra, par dérogation à la règle générale, que les actes dressés pendant le dernier trimestre 1876.

Je vous prie de donner, dès à présent, aux maires de votre département, les instructions nécessaires pour qu'ils vous envoient très-exactement les copies que vous aurez à me transmettre légalisées et accompagnées d'un bordereau en double dans le courant de janvier et de juillet de chaque année. »

X. — Circulaire du ministre de l'intérieur (26 décembre 1876).

« Monsieur le Préfet, je vous rappelle que par deux conventions des 13 janvier et 14 juin 1875, le Gouvernement français s'est engagé, vis-à-vis des gouvernements d'Italie et du grand-duché de Luxembourg, à leur communiquer tous les six mois les expéditions, dûment légalisées, des actes de l'état civil intéressant leurs nationaux et dressés en France pendant le semestre précédent.

Je vous ai transmis, le 16 octobre dernier, le texte d'un nouveau traité conclu avec la Belgique, le 25 août 1876, qui impose à l'administration un devoir analogue. Mais cette convention ne devant recevoir son effet qu'à partir du 1er octobre (art. 6), le premier envoi ne comprendra, par dérogation à la règle générale, que les actes dressés pendant le dernier trimestre 1876.

Vous voudrez donc bien réunir et m'adresser, dans le plus bref délai possible et, au plus tard, avant le 15 janvier, les actes reçus dans votre département dans le cours du deuxième semestre 1876, en ce qui concerne les sujets italiens et luxembourgeois, et les actes relatifs aux sujets belges dressés pendant le quatrième trimestre de la même année.

Je vous prie, pour faciliter le travail, de me faire parvenir en un seul envoi tous les actes intéressant les individus d'une même nationalité, et de joindre à chaque liasse un bordereau *en double expédition*, conforme au modèle annexé à ma circulaire du 27 décembre 1875. Vous veillerez à ce que les actes concernant des personnes de nationalité différente ne soient pas confondus.

Je vous serais obligé d'inscrire, à l'*encre rouge*, au coin supérieur gauche de chaque acte, un numéro d'ordre correspondant à celui qui doit être porté dans la première colonne du bordereau.

Comme je vous l'ai déjà fait remarquer le 16 décembre, les obligations de l'administration sont un peu plus étendues envers la Belgique qu'à l'égard des deux autres États contractants. Vous voudrez bien vous référer, sur ce point, à mes précédentes instructions. »

XI. — Décret qui approuve la déclaration concernant la communication réciproque des actes de l'état civil, signée entre la France et la principauté de Monaco, le 24 mai 1881.

Le Président de la République française,

Sur la proposition du ministre des affaires étrangères,

Décrète :

Art. 1er. — Une déclaration concernant la communication réciproque des actes de l'état civil ayant été signée, le 24 mai 1881, entre la France et la principauté de Monaco, ladite déclaration, dont la teneur suit, est approuvée et sera insérée au *Journal officiel*[1].

Déclaration.

Le Gouvernement de la République française et le Gouvernement de Son Altesse sérénissime le prince de Monaco, désirant assurer la communication réciproque des actes intéressant les actes de l'état civil de leurs ressortissants respectifs, sont convenus de ce qui suit :

Art. 1er. — Les deux Gouvernements contractants s'engagent à se remettre réciproquement, aux époques déterminées et sans frais, des expéditions, dûment légalisées, des actes de *naissance*, des actes de *reconnaissance d'enfants naturels*, lorsque ces actes auront été reçus par un officier de l'état civil, des *actes de mariage* et des *actes de décès* dressés sur leur territoire et concernant des citoyens de l'autre État[2].

---

1. V. *Journal officiel*, 31 mai 1881, page 3000. *Bull. off. Int.*, 1881, p. 231 et 232.

2. Pour la transmission des actes concernant les nationaux des deux pays, il y aura lieu de se référer à la circulaire du 11 mai 1875 relative à l'exécution d'une convention analogue conclue entre la France et l'Italie, ainsi qu'aux instructions relatées dans le *Bulletin officiel*, années 1878, page 128, et 1879, page 6. V. *Bulletin officiel*, min. Just., année 1881, note, page 34.

Art. 2. — La transmission des actes de décès s'étendra, en outre, aux personnes mortes dans la principauté de Monaco et qui étaient nées ou qui avaient, d'après les renseignements fournis aux autorités locales, leur domicile en France.

Il en sera de même pour les actes de décès des personnes mortes en France, qui étaient nées ou qui avaient, d'après les renseignements fournis aux autorités locales, leur domicile dans la principauté de Monaco.

Art. 3. — Les officiers de l'état civil en France et dans la principauté de Monaco se donneront mutuellement avis, par la voie diplomatique, des reconnaissances et légitimations d'enfants naturels inscrits dans les actes de mariage.

Art. 4. — Tous les trois mois, les expéditions desdits actes, dressés pendant le trimestre précédent, seront remises par le Gouvernement monégasque au vice-consulat de France à Monaco, et par le Gouvernement français à la légation de Monaco à Paris.

Art. 5. — Il est expressément entendu que la délivrance ou l'acceptation des expéditions desdits actes ne préjugera pas les questions de nationalité.

Les actes de l'état civil demandés, de part et d'autre, à la requête des particuliers non pourvus d'un certificat d'indigence, resteront soumis au paiement des droits exigibles dans chacun des deux pays.

Art. 6. — La présente déclaration sortira ses effets à dater du 1er juillet 1881.

En foi de quoi, etc.

Art. 2. — Le ministre des affaires étrangères est chargé de l'exécution du présent décret.

Fait à Paris, le 30 mai 1881.

Signé : Jules GRÉVY.

1041. Les expéditions des actes de l'état civil délivrées par les fonctionnaires français compétents à un gouvernement étranger pour constater l'état civil d'étrangers, et les expéditions délivrées par un fonctionnaire étranger au Gouvernement français pour constater l'état civil de nos nationaux, sont exemptes du timbre et même de l'enregistrement lorsqu'il s'agit d'expéditions d'actes de naissance ou de mariage renfermant des reconnaissances d'enfants naturels[1].

Mais il est bien entendu que le droit commun fiscal demeurera toujours applicable aux expéditions d'actes de l'état civil délivrées par les fonctionnaires français, dans l'intérêt des particuliers, à moins que ceux-ci ne soient admis à profiter d'une dispense exceptionnelle établie par la loi générale de l'impôt[2].

1042. Les expéditions des actes de l'état civil demandées par les autorités françaises et délivrées en Alsace-Lorraine, ou demandées par les autorités d'Alsace-Lorraine et délivrées en France, sont également exemptes de tous frais de timbre, aux termes d'une déclaration signée, le 4 novembre 1872, entre ces deux gouvernements et approuvée par un décret du 8 du même mois, ainsi conçu :

« Le Président de la République française,

Sur la proposition du ministre des affaires étrangères,

Décrète :

Art. 1er. — Une déclaration ayant été signée à Paris, le 4 novembre 1872, entre la France et l'Empire d'Allemagne, ladite déclaration, dont la teneur suit, est approuvée et sera insérée au *Journal officiel*.

Déclaration.

Les soussignés, agissant au nom de leurs gouvernements respectifs, ont arrêté d'un commun accord et déclaré ce qui suit :

« Les expéditions des actes de l'état civil demandées par les autorités françaises et délivrées en Alsace-Lorraine, ou demandées par les autorités d'Alsace-Lorraine et délivrées en France, seront, à l'avenir, exemptées de tous frais de timbre.

Le présent arrangement est conclu pour une période de *cinq années* à compter de ce jour, mais il sera renouvelé de plein droit et continuera d'être observé, si aucune

---

1. Circ. min. Fin., 6 janvier 1879; Lettre min. Just. au min. Int., 20 janv. 1879. 379, B, 78 et 9006, B, 3.
2. *Ibid.* — V. *suprà*, nos 244 et 262.

des deux parties n'a notifié une intention contraire trois mois au moins avant l'expiration de ce terme. »

Fait en double, à Paris, le 4 novembre 1872.

ART. 2. — Le ministre des affaires étrangères est chargé de l'exécution du présent décret. »

1043. Depuis, une nouvelle loi, rendue dans l'Empire d'Allemagne, le 6 février 1875, a décidé que les extraits des registres de l'état civil seraient délivrés exempts de tous droits aux parties qui justifieraient de leur indigence.

Cette loi a été rendue exécutoire en Alsace-Lorraine le 1er janvier 1876, et, par décision du procureur général de la province, du 24 novembre suivant, ses dispositions ont été déclarées applicables aux actes délivrés sur la demande des autorités françaises [1].

---

1. V. *suprà*, n° 654, avant-dernier alinéa, et *infrà*, à la suite du formulaire, le tableau des communes qui ont été séparées du territoire français par suite du traité de paix du 10 mai 1871.

QUATRIÈME PARTIE

Du mode de constater l'état civil des indigènes musulmans.

1044. Nous avons cru devoir compléter cet ouvrage en reproduisant ici la loi du 23 mars 1882 (1) sur l'état civil des indigènes musulmans.

Cette loi est ainsi conçue :

TITRE Ier.

CONSTITUTION DE L'ÉTAT CIVIL DES INDIGÈNES MUSULMANS.

ART. 1er. — Il sera procédé à la constitution de l'état civil des indigènes musulmans de l'Algérie.

ART. 2. — Dans chaque commune et section de commune, il sera fait préalablement, par les officiers de l'état civil ou, à leur défaut, par un commissaire désigné à cet effet, un recensement de la population indigène musulmane.

Le résultat de ce recensement sera consigné sur un registre-matrice tenu en double expédition, qui mentionnera les noms, prénoms, profession, domicile et, autant que possible, l'âge et le lieu de naissance de tous ceux qui y seront inscrits.

ART. 3. — Chaque indigène n'ayant ni ascendant mâle dans la ligne paternelle, ni oncle paternel, ni frère aîné,

1. V. *Journ. off.*, 24 mars 1882, p. 1601.

sera tenu de choisir un nom patronymique, lors de l'établissement du registre-matrice.

Si l'indigène a un ascendant mâle dans la ligne paternelle, ou un oncle paternel, ou un frère aîné, le choix du nom patronymique appartient successivement au premier, au deuxième, au troisième.

Si l'indigène auquel appartiendrait le droit de choisir le nom patronymique est absent de l'Algérie, le droit passe au membre de la famille qui vient après lui. S'il est mineur, le droit appartient à son tuteur.

ART. 4. — Dans le cas où la famille qui doit être comprise sous le même nom patronymique ne se composerait que de femmes, le droit de choisir le nom patronymique appartient à l'ascendante, et, à défaut d'ascendante, à l'aînée des sœurs, conformément au principe posé par l'article 3.

ART. 5. — En cas de refus ou d'abstention de la part du membre de la famille auquel appartient le droit de choisir le nom patronymique, ou de persistance dans l'adoption du nom précédemment choisi par un ou plusieurs individus, la collation du nom patronymique sera faite par le commissaire à la constitution de l'état civil.

ART. 6. — Le nom patronymique est ajouté simplement, sur le registre-matrice, aux noms actuels des indigènes.

Lorsque le travail de l'officier de l'état civil ou du commissaire aura été homologué conformément aux dispositions de l'article 13 ci-après, le registre-matrice deviendra le registre de l'état civil, les deux doubles seront envoyés au maire de la commune, qui y inscrira les actes de l'état civil des indigènes musulmans reçus depuis sa confection, gardera un des doubles et enverra l'autre au greffe du tribunal civil de l'arrondissement.

Une carte d'identité, ayant un numéro de référence à ce registre et indiquant le nom et les prénoms qui y seront portés, sera ensuite délivrée sans frais à chaque indigène.

ART. 7. — Lorsqu'un nom patronymique devra être commun à un chef de famille domicilié dans une circonscription et à des descendants ou collatéraux domiciliés hors de ladite circonscription, avis du nom adopté par le premier sera donné auxdits descendants ou collatéraux, à la diligence du fonctionnaire chargé de la consti tution de l'état civil, et par l'intermédiaire de l'autorité administrative de leur commune.

Ils seront inscrits dans cette dernière suivant cette indication. La notification sera accompagnée de la remise de la carte d'identité.

Si, au contraire, l'indigène à qui le choix du nom patronymique appartient est domicilié dans une circonscription autre que la circonscription actuellement recensée, il sera mis en demeure, par le maire ou par l'administrateur de la commune, à la diligence du commissaire, d'avoir à faire choix du nom patronymique sous lequel sera inscrit le groupe familial.

Une carte d'identité sera ensuite adressée à tous les membres du groupe.

ART. 8. — Dans les circonscriptions où la loi du 26 juillet 1873, sur la constitution de la propriété individuelle, aura été exécutée, le nom patronymique donné à l'indigène propriétaire, en vertu de l'article 17 de cette loi, ne sera attribué à la famille que s'il est choisi par ceux auxquels ce droit est réservé par les articles 3 et 4 de la présente loi.

Si ces individus ont fait choix d'un autre nom, l'indigène propriétaire, membre de la même famille, ajoutera ce nom à celui qui lui a été donné précédemment.

Mention de cette addition sera faite sur son titre de propriété, ainsi qu'au bureau des hypothèques en marge du titre y déposé, ou du registre sur lequel la transcription a eu lieu.

ART. 9. — Les dispositions qui précèdent sont applicables au fur et à mesure de la constitution de l'état civil dans le lieu de leur domicile :

Aux indigènes musulmans présents sous les drapeaux ;

A ceux qui se trouvent dans les hôpitaux ou hospices ;

A ceux qui sont détenus dans une prison de France ou d'Algérie.

Dans ces cas, les chefs de corps, les directeurs des hôpitaux et hospices, les directeurs de prison remplissent les attributions conférées au maire ou à l'administrateur pour l'exécution de la présente loi.

ART. 10. — A la demande des intéressés, ou sur les réquisitions du procureur de la République, mention sera faite en marge des actes de l'état civil, dressés antérieurement, des noms patronymiques attribués en vertu de la présente loi ou de la loi du 26 juillet 1873.

Pareille mention sera faite, à la diligence du procureur de la République, sur les bulletins n° 1, classés au casier judiciaire.

Art. 11. — Lorsque le travail de constitution de l'état civil sera terminé dans une circonscription, avis en sera donné dans le *Mobacher* et par affiches placardées dans la commune.

Un délai d'un mois est accordé à tous les intéressés pour se pourvoir, en cas d'erreur ou d'omission, contre les conclusions du commissaire à la constitution de l'état civil.

Art. 12. — Dans le mois qui suit l'expiration de ce délai, ledit commissaire rectifie, s'il y a lieu, les omissions et les erreurs signalées.

Art. 13. — A l'expiration de ce dernier délai, le travail du commissaire est provisoirement arrêté par lui, transmis au gouverneur général civil qui, le conseil de gouvernement entendu, prononce sur les conclusions dudit commissaire.

Au cas où l'opposition des parties soulèverait une question touchant à l'état des personnes, cette question sera réservée et renvoyée devant les tribunaux compétents, soit par le commissaire, soit par le gouverneur général, sans que, pour le surplus, l'homologation du travail de constitution de l'état civil soit retardée.

Art. 14. — A partir de l'arrêté d'homologation, l'usage du nom patronymique devient obligatoire pour les indigènes compris dans l'opération.

Dès ce moment, il est interdit aux officiers de l'état civil, aux officiers publics et ministériels, sous peine d'une amende de 50 à 200 fr., de désigner lesdits indigènes, dans les actes qu'ils sont appelés à recevoir ou à dresser, par d'autres dénominations que celles portées dans leurs cartes d'identité.

Art. 15. — Tout indigène musulman qui ne sera pas en possession d'un nom patronymique, et qui établira son domicile dans une circonscription déjà soumise à la constitution de l'état civil, devra, dans le délai d'un mois, faire sa déclaration au maire ou à l'administrateur qui en tient lieu. Celui-ci procédera à son égard comme il a été dit aux articles précédents. L'indigène sera ensuite inscrit sur le registre-matrice, avec le nom patronymique qu'il aura choisi ou qui lui aura été attribué.

A défaut de déclaration, il sera procédé d'office, par le maire ou l'administrateur, comme il est dit ci-dessus.

TITRE II.

DES ACTES DE L'ÉTAT CIVIL.

Art. 16. — Les déclarations de naissance, de décès, de mariage et de divorce deviennent obligatoires pour les indigènes musulmans, à partir du jour où, conformément à l'article 14, l'usage du nom patronymique devient lui-même obligatoire.

Les déclarations sont appuyées de la carte d'identité des intervenants à l'acte.

Les noms portés dans ledit acte sont rigoureusement reproduits suivant l'orthographe de la carte d'identité.

Art. 17. — Les actes de naissance ou de décès concernant les indigènes musulmans sont établis dans les formes prescrites par la loi française.

Les actes de mariage et de divorce sont établis sur une simple déclaration, faite dans les trois jours, au maire de la commune ou à l'administrateur qui en remplit les fonctions, par le mari et par la femme, ou par le mari et par le représentant de la femme, aux termes de la loi musulmane, en présence de deux témoins.

Toutefois, lorsque les distances ne permettront pas de faire les déclarations au siége de la commune ou d'une section française de ladite commune, elles seront reçues par l'adjoint de la section indigène.

Ces déclarations seront faites en arabe, suivant des formules imprimées sur des registres visés pour timbre et paraphés par le juge de paix. Ces registres contiendront une souche et un volant reproduisant les mêmes mentions.

Les actes seront revêtus de la signature de l'adjoint indigène ou de son cachet et de la signature des parties et témoins, si ceux-ci savent écrire; s'ils déclarent ne pas savoir écrire, mention en sera faite.

Art. 18. — Les volants des actes de l'état civil sont

détachés de leur souche et adressés, dans les huit jours, à l'officier de l'état civil français, pour être transcrits sur les registres tenus au chef-lieu de la commune.

Art. 19. — Il sera statué sur les rectifications à opérer dans les actes de l'état civil, conformément à la loi française.

Par exception, et pendant cinq années à partir de la délivrance des cartes d'identité, ces rectifications seront faites sans frais à la diligence du procureur de la République.

Pendant le même délai, les extraits des actes de l'état civil seront délivrés aux indigènes musulmans sur papier libre avec un droit unique de 25 centimes.

DISPOSITIONS GÉNÉRALES.

Art. 20. — Les crimes, délits et contraventions en matière d'état civil sont punis conformément à la loi française.

Art. 21. — La fabrication, la falsification d'une carte ou l'usage d'une carte d'identité fausse est réprimée conformément aux articles 153 et 154 du Code pénal, sous réserve de l'application de l'article 463 du même Code.

Art. 22. — Un règlement d'administration publique déterminera les conditions d'exécution de la présente loi, qui sera immédiatement appliquée à toute la région du Tell algérien, tel qu'il est délimité au plan annexé au décret du 20 février 1873 sur les circonscriptions cantonales.

En dehors du Tell, des arrêtés du gouverneur général détermineront successivement les territoires où elle deviendra exécutoire.

Art. 23. — Sont abrogées toutes dispositions contraires à la présente loi.

APPENDICE

I

FORMULAIRE DES ACTES DE L'ÉTAT CIVIL

ET DES ACTES QUI S'Y RATTACHENT.

Ce formulaire est divisé en trois paragraphes :

§ 1er. — Formules des actes de l'état civil en France[1].

§ 2. — Modèles annexés aux circulaires ministérielles des 8 mars 1823, 12 juin 1857 et 15 juillet 1870, concernant les militaires hors du territoire français.

§ 3. — Formules des actes concernant l'état civil.

1. L'uniformité dans la rédaction des actes de l'état civil ayant été prescrite depuis pour la ville de Paris, nous avons cru devoir ajouter, à la suite de notre Formulaire, les formules employées dans toutes les mairies de Paris, à partir du 1er janvier 1881.

PRÉAMBULE

Avant de commencer ce Formulaire, nous ferons remarquer que l'uniformité des actes de l'état civil avait été prescrite par l'article 10 de l'arrêté des Consuls, du 19 floréal an VIII, ainsi conçu : « Le Ministre de l'intérieur « enverra aux préfets, qui les adresseront aux sous-préfets « pour les faire passer aux maires et adjoints, des modèles « des actes de naissances, décès, mariages, divorces et « adoptions, pour assurer l'*uniformité des actes de l'état civil* « dans toute la République. Ces modèles seront conformes « à ceux annexés au présent arrêté. »

Par suite de changements survenus dans la législation sur l'état civil, de nouvelles formules adoptées par le Conseil d'État furent adressées par le Ministre de l'intérieur aux préfets, le 25 fructidor an XII (12 septembre 1804), avec les instructions suivantes :

« Le Ministre de l'intérieur aux préfets :

« Je vous envoie un exemplaire de formules d'actes de « naissance, de mariage, de décès, de divorce et d'a- « doption.

« Ces formules sont rédigées, pour les différents cas, « sur les changements qui sont survenus dans la législa- « tion sur l'état civil.

« L'Administration générale, en adoptant ces formules, « n'a pas entendu en prescrire textuellement la rédaction, « de manière que l'emploi de toute autre fût interdit et « pût compromettre la substance même des actes. Le Gou- « vernement a voulu éviter ces inconvénients en n'insé- « rant point de formules spéciales dans le Code civil. « Celles-ci ont principalement pour objet d'offrir des « guides à une classe nombreuse de fonctionnaires qui « n'ont pas tous un égal degré d'expérience. Elles devront « tenir lieu de *conseils* et non de préceptes, d'*exemples* et « non de dispositions strictement obligatoires.

« Veuillez les faire réimprimer au nombre d'exem-

« plaires suffisant pour en envoyer au moins un à chacun « des maires de votre département, et faire en sorte qu'ils « le reçoivent avant le commencement de l'année pro- « chaine, avec les instructions que vous leur adresserez « suivant les dispositions de ma lettre. »

Ces instructions furent rappelées aux préfets dans une lettre du Ministre de l'intérieur, du 22 février 1822, et dont la teneur suit :

« Monsieur le Préfet, les actes de naissance, de mariage « et de décès ne sont pas toujours rédigés par les officiers « publics avec l'exactitude désirable. Cela provient de ce « que les formules de ces actes, qui furent adoptées par « le Conseil d'État et qui furent adressées aux préfets « par circulaire ministérielle du 12 septembre 1804, avec « recommandation d'en faire passer au moins un exem- « plaire dans chaque commune, pour servir de modèle, ne « se trouvent plus dans les mairies, ou ne sont plus con- « sultées.

« Il importe, dans l'intérêt des familles, que les maires « soient à même d'y recourir pour les actes de naissance, « de mariage et de décès qu'ils sont chargés de dresser; « et je vous prie de leur faire distribuer deux nouveaux « exemplaires de ces formules qui seraient imprimées et « insérées dans le *Recueil de vos actes :* l'un resterait dé- « posé dans les archives de la mairie; l'autre serait à la « disposition de l'officier public pour son usage.

« Vous aurez le soin de rappeler aux maires, comme « l'énonçait la circulaire ministérielle du 12 septembre « 1804, que l'Administration, en les adoptant, n'a pas « entendu en prescrire textuellement la rédaction, de ma- « nière que l'emploi de tout autre fût interdit, et qu'elles « doivent tenir lieu de conseil et non de préceptes, « d'exemple et non de dispositions strictement obliga- « toires. »

Enfin, le 27 août 1840, dans une lettre rapportée dans notre préface, le Ministre de l'intérieur se plaignait que cette partie si importante du service public laissait encore beaucoup à désirer, soit sous le rapport de la *bonne et intelligente rédaction des actes,* soit sous le rapport de la conservation même de ces précieuses archives de la société.

Nous avons la conviction que si l'on arrivait à obtenir l'uniformité prescrite par l'arrêté précité, dans la rédaction des actes de l'état civil, ces graves inconvénients disparaîtraient[1] : il y aurait alors moins d'actes défectueux, partant moins de contraventions de la part des officiers de l'état civil; c'est dans ce but que nous avons rédigé ce Formulaire, dans lequel nous avons prévu les nombreux cas qui pouvaient se présenter, tout en nous écartant le moins possible de la rédaction adoptée par le Conseil d'État, et à la suite duquel nous avons ajouté les modèles annexés aux circulaires ministérielles des 8 mars 1823, 12 juin 1859 et 15 juillet 1870, concernant les militaires hors du territoire français, ainsi que les formules des actes qui, par leur connexité avec les actes de l'état civil, forment le complément naturel de ce Formulaire.

1° Procès-verbal de cote et paraphe des registres de l'état civil.

V. n° 152 du texte.

L'an mil huit cent....., *le*....., *le présent registre contenant*..... *feuillets a été coté par premier et dernier, et paraphé sur chaque feuillet, par nous, Président du tribunal civil de première instance séant à*..... (ou par nous, *Juge délégué par Monsieur le Président du tribunal civil de première instance séant à*....), *en conformité de l'article 41 du Code civil, pour inscrire les actes de* (naissance, publications de mariage, mariage ou décès) *dans la commune de*..... *pendant l'année mil huit cent*.....

Fait à....., *les jour, mois et an que dessus*[2].

2° Arrêté portant délégation par le maire à l'un de ses adjoints, de ses fonctions d'officier de l'état civil.

V. nos 2 et 3 du texte.

Nous, Maire de la commune de.....,

Vu la loi du 25 pluviôse an VIII;

---

1. Voy. *Bull. off. Int.*, année 1846, p. 368, et année 1847, p. 49.

2. Lorsqu'il y aura lieu d'ajouter un supplément aux registres, le procès-verbal de cote et paraphe de ce supplément sera rédigé comme suit :

L'an mil huit cent.....*le*....., *le présent registre contenant*..... *feuillets a été coté par premier et dernier, et paraphé sur chaque feuillet, par nous, Président du tribunal civil de première instance séant à*....., *en conformité de l'article 41 du Code civil, pour servir de supplément aux registres des actes de*.....*de la commune de*....., *pour l'année*.....

Fait à....., *les jour, mois et an que dessus.*

Vu le décret du 4 juin 1806;

Vu la circulaire de M. le Ministre de l'intérieur, en date du 30 juillet 1807 ;

Considérant que la multiplicité des affaires administratives ne nous permet pas de remplir efficacement nos fonctions d'officier de l'état civil, et que dans l'intérêt de ce service il y a lieu d'en confier le soin à l'un de nos adjoints ;

ARRÊTONS :

ART. 1er. — *M.* (prénoms et nom), *premier* (ou deuxième) *adjoint au maire de cette commune, est par nous délégué dans nos fonctions d'officier de l'état civil, à l'effet de recevoir soit en notre présence, soit en notre absence, tous les actes concernant lesdites fonctions.*

ART. 2. — *Expédition du présent arrêté sera délivrée à M....., qui devra en effectuer le dépôt au greffe du tribunal, avec le double des registres, conformément à l'article 44 du Code civil.*

Fait à....., le....., mil huit cent.....

3° Certificat de naissance, délivré par un docteur en médecine ou une sage-femme.

V. n° 335, à la suite de la circ. du 9 avril 1870.

COMMUNE
d

( )

N°
du registre des déclarations.

Nous, soussigné (prénoms et nom), *docteur en médecine* (ou sage-femme), *demeurant à.....*

Certifions que Mme Ernestine Martin, sans profession, épouse de M. Léon Henri Leblanc, entrepreneur de peinture, *demeurant à.....*, *est accouchée en son domicile* (ou à .....), *rue....., n°....., le....., à..... heures du....., d'un enfant du sexe....*

En foi de quoi, nous avons délivré le présent certificat pour tenir lieu seulement de la présentation de l'enfant à l'officier de l'état civil, et non de la déclaration prescrite par l'article 55 du Code civil.

A....., le..... mil huit cent.....

Avis important. — Les déclarations de naissance seront faites dans les 3 jours de l'accouchement par le père, ou, à son défaut, par les docteurs en médecine ou en chirurgie, sages-femmes, officiers de santé ou autres personnes qui auront assisté à l'accouchement, et lorsque la mère sera accouchée hors de son domicile, par la personne chez qui elle sera accouchée (art. 55 et 56 du C. civ.); sous peine d'un emprisonnement de 6 jours à 6 mois, et d'une amende de 16 fr. à 300 fr. (Art. 346 du C. pén.)

4° Bulletin de demande de constatation de naissance à domicile.

(Annexe n° 2 à la circ. du 9 avril 1870. V. n° 335.)

VILLE DE PARIS.

MAIRIE DU e ARRONDISSEMENT.

Bulletin de demande de constatation de naissance à domicile.

Je soussigné [1]. . . . ., *domicilié dans cet arrondissement, rue* . . . . ., *numéro*. . . . ., *exerçant la profession d*. . . . ., *déclare qu'il est né le*. . . . ., *à*. . . . . *heure*. . *d*. . . . ., *de* [2]. . . . ., *et de* [3]. . . . ., [4]. . . . ., *un enfant du sexe* [5]. . . . ., *et* [6]. . . . ., *demander que ladite naissance soit constatée à domicile par un médecin de l'état civil.*

Paris, le. . . . . *18*. . .

5° Mandat de visite.

(Annexe n° 3 à la circ. du 9 avril 1870. V. n° 335.)

VILLE DE PARIS.

MAIRIE DU e ARRONDISSEMENT.

Mandat de visite.

Nous, maire du *arrondissement de Paris,*

Vu la demande par laquelle (indiquer les nom, prénoms, profession et domicile du signataire de la demande), *donne avis qu'un*

1. Indiquer les nom et prénoms du signataire.
2. Dans le cas où le père serait décédé, inconnu, absent ou empêché, et où la demande serait faite par un parent ou toute personne au nom du père empêché, ou au nom de la mère, indiquer les nom, prénoms et profession du père décédé, absent ou empêché, ou, s'il est inconnu, en faire mention.
3. Indiquer les nom, prénoms et profession de la mère et si elle est l'épouse du père.
4. Indiquer le domicile où la naissance a eu lieu.
5. Indiquer en toutes lettres le sexe.
6. Dans le cas où la demande serait faite par toute personne au lieu du père décédé, inconnu, absent ou empêché, indiquer qu'elle se présente au nom du père empêché ou au nom de la mère.

enfant du sexe..... est né au domicile ci-dessus indiqué, le (indiquer les jour et heure de la naissance), *et demande qu'il soit procédé à la constatation à domicile de ladite naissance par un médecin commis par nous ;*

Vu l'arrêté de M. le Sénateur, préfet de la Seine, en date du 29 décembre 1868, portant qu'à l'avenir la constatation des naissances sera faite à domicile, sans frais d'aucune espèce pour les parents, sur leur demande écrite, par un médecin de l'état civil délégué par le maire ;

*Mandons au S*r*....., médecin de l'état civil, attaché, dans cet arrondissement, au quartier d....., de se transporter immédiatement au domicile susindiqué, de se faire présenter le nouveau-né, d'en constater le sexe, d'indiquer la date probable de la naissance et de dresser du tout un certificat dans les formes prescrites, lequel devra être déposé immédiatement par lui à la mairie de cet arrondissement.*

Paris, le..... 18...

Avis important — Le mandat de visite doit toujours être rapporté à la mairie par le médecin de l'état civil, en même temps qu'a eu lieu le dépôt du certificat de constatation.

6° Certificat de constatation de naissance à domicile.

(Annexe nº 4 à la circ. du 9 avril 1870. V. nº 335.)

VILLE DE PARIS.

MAIRIE DU e ARRONDISSEMENT.

Je soussigné, docteur en médecine, médecin de l'état civil, commis à cet effet par M. le maire de cet arrondissement,

Certifie avoir constaté aujourd'hui qu'il est né le....., à heure du....., de M. (nom et prénoms), *exerçant la profession d.....*, *et de M*me (nom et prénoms), *son épouse, exerçant la profession d....., domiciliés dans cet arrondissement, rue....., nº.....*, *un enfant du sexe....., au domicile susindiqué.*

Paris, le..... 18...

Le Médecin de l'état civil,
attaché au quartier d..... dans le e arrondissement.

Formule à remplir par l'employé de la mairie :

Date du dépôt du présent certificat à la mairie du arrondissement : Le...., 18.., à... heure du....

Avis important. — MM. les médecins de l'état civil sont invités expressément, lors de chaque visite pour la constatation des naissances à domicile, à rappeler à la famille que le présent certificat tient seulement lieu de la présentation de l'enfant à la mairie, mais ne dispense pas le père ou les autres personnes désignées dans l'article 56 du Code Napoléon de l'obligation de la déclaration, qui doit y être faite dans les termes et délais légaux.

7° Acte de naissance d'un enfant légitime.

(Déclaration faite par le père[1].)

V. *suprà*, nos 334 à 351.

N°
—
Georges-Émile
Leblanc
—

Du premier mai mil huit cent quatre-vingt-deux, dix heures du matin, *acte de naissance de* Georges-Émile, *du sexe* masculin, *né le* vingt-neuf avril dernier, à deux heures du matin, chez ses père et mère *à. . . . ., rue. . . . . numéro. . . . .*, fils de Monsieur Léon-Henri Leblanc, *âgé de* vingt-huit ans, entrepreneur de peinture, *et de* Madame Ernestine Martin, *âgée de* vingt ans, sans profession, *mariés à. . . . ., le. . . . ., mil huit cent. . . . .*

Dressé par Nous (prénoms et noms du maire), *maire de la commune d. . . . ., officier de l'état civil, sur la déclaration qui nous en a été faite par le père de l'enfant; en présence de* Messieurs Jules-Alfred Martin, *âgé de* trente ans, propriétaire, chevalier de la Légion d'honneur, *demeurant à. . . . .*, oncle maternel de l'enfant, *et* Alfred-Louis Legros, *âgé de* vingt-six ans, mécanicien, *demeurant à. . . . .* (ou demeurant tous deux en cette commune). *Et ont, le déclarant et les témoins, signé avec nous,* après lecture.

CET ACTE SERA TERMINÉ AINSI QU'IL SUIT :

1° Si le père ne peut signer pour cause d'in-

---

1. Rédaction adoptée par le Conseil d'État. (Formule n° 1er.)
L'an mil huit cent. . . . . le. . . . . du mois d. . . . ., à. . . . . heure du. . . . . par-devant Nous (énoncer ici la qualité du fonctionnaire public, s'il est maire ou adjoint de maire, ou s'il les remplace), *officier de l'état civil de la commune d. . . . ., canton d. . . . ., département d. . . . . est comparu N.* (mettre les nom, prénoms, âge, profession et domicile du déclarant), *lequel nous a présenté un enfant du sexe* (masculin ou féminin), *né* (indiquer le jour et l'heure) *de lui déclarant et de* (prénoms et nom de la femme), *son épouse, et auquel il a déclaré vouloir donner les prénoms de. . . . . Lesdites déclaration et présentation faites en présence de* (prénoms, nom, âge, profession, domicile du premier témoin), *et de* (même formalité pour le second témoin); *et ont les père et témoins signé avec nous le présent acte de naissance, après qu'il leur en a été fait lecture.* (Si un des comparants ne sait ou ne peut signer, il en sera fait mention.)

firmité : *Et ont, les témoins, signé avec nous; à l'égard du père de l'enfant, il a déclaré le savoir, mais ne le pouvoir à cause de la cécité* (ou de toute infirmité) *dont il est atteint, de ce interpellé, après lecture ;*

2° Si le père ne sait pas signer : *Et ont, les témoins, signé avec nous ; à l'égard du père de l'enfant, il a déclaré ne le savoir, de ce interpellé, après lecture ;*

3° Si l'un des témoins ne sait pas signer, *ou* si le sachant, ne peut le faire pour cause d'infirmité : *Et ont, le déclarant et le* (premier ou second témoin), *signé avec nous; à l'égard du* (premier ou second témoin), *il a déclaré ne le savoir* (ou le savoir, mais ne le pouvoir à cause de telle infirmité dont il est atteint), *de ce interpellé, après lecture;*

4° Si les deux témoins ne savent pas signer : *Et a, le déclarant, signé avec nous; à l'égard des témoins, ils ont déclaré ne le savoir, de ce interpellés séparément, après lecture;*

5° Si le déclarant et les témoins ne savent pas signer : *Et avons seul signé, le déclarant et les témoins ayant déclaré ne le savoir, de ce interpellés séparément, après lecture.*

Lorsque le maire aura délégué un adjoint pour recevoir les actes de l'état civil, ou s'il est absent sans avoir fait de délégation, la rédaction de l'acte sera ainsi modifiée : *Dressé par Nous* (prénoms et nom), *adjoint au maire de la commune de....., faisant fonctions d'officier de l'état civil, par délégation du maire* (ou pour cause d'absence ou d'empêchement du maire), *sur la déclaration de, etc.....*

Si l'acte est reçu par le conseiller municipal premier inscrit au tableau, comme délégué ou pour cause d'absence ou d'empêchement du maire et de ses adjoints, l'acte sera rédigé de la manière suivante : *Dressé par Nous* (prénoms et nom), *conseiller municipal premier inscrit au tableau, faisant fonctions d'officier de l'état civil par délégation préfectorale* (ou pour cause d'absence ou d'empêchement du maire et des adjoints de la commune de.....), *sur la déclaration de, etc.....*

8° Acte de naissance d'un enfant légitime.

(Déclaration faite par l'accoucheur ou la sage-femme, ou par la personne chez laquelle a eu lieu l'accouchement[1].)

V. *suprà*, nos 336, 337 et 338.

N°
—
Léonie-Louise
LEBLANC.
—

Du deux mai mil huit cent quatre-vingt-deux, dix heures un quart du matin, *acte de naissance de* Léonie-Louise, *du sexe* féminin, *née le* premier de ce mois, à deux heures du soir, *chez ses père et mère à.....,* *rue.....,* *numéro.....,* *fille de* Monsieur Léon-Henri Leblanc, *âgé de* vingt-huit ans, *et de* Madame Ernestine Martin, *âgée de* vingt ans, marchands merciers, *mariés en cette commune* (ou à.....), *le.....* (ou chez Monsieur ou Madame..... *ci-après nommée, à.....,* *rue.....,* *numéro.....,* *fille de* Monsieur Léon-Henri Leblanc, *âgé de* vingt-huit ans, *et de* Madame Ernestine Martin, *âgée de* vingt ans, marchands merciers, *domiciliés à.....,* *rue.....,* *numéro.....,* *mariés à.....,* *le.....*) *Dressé par Nous* (prénoms et nom du maire), *maire de la commune de.....,* *officier de l'état civil, sur la déclaration qui nous en a été faite, pour cause d'absence momentanée ou de maladie du père de l'enfant, par* Monsieur Léon Rouget, *âgé de* cinquante ans, docteur en médecine, *demeurant à.....,* *ou par la* dame Louise Gillet, épouse Legros, *âgée de* trente ans, sage-femme, *demeurant à.....,* *lequel* (ou laquelle) *a procédé à l'accouchement; ou par* Monsieur ou Madame (prénoms, nom, âge et profession de la personne

1. Rédaction adoptée par le Conseil d'État. (Formule n° 2.)
L'an mil huit cent. . . . ., le. . . . . du mois d. . . . ., à. . . . . heure. du. . . . ., par-devant Nous (énoncer ici la qualité du fonctionnaire public, s'il est maire ou adjoint de maire, ou s'il le remplace), *est comparu N.* (mettre les nom, prénoms, profession, domicile du déclarant), *lequel* (ou laquelle) *nous a déclaré que le. . . . . du mois d. . . . . an. . . . . heure de. . . . . est né un enfant du sexe* (masculin ou féminin), *en sa maison sise* (désigner la rue, la section, l'arrondissement dans lequel se trouve la maison), *qu'* (il ou elle) *nous présente et auquel* (il ou elle) *a déclaré donner les prénoms d. . . . ., lequel enfant est né de* (nom, prénoms, profession, demeure de la mère), *épouse ou veuve ou divorcée, de* (nom, prénoms, demeure, profession du mari) *: ladite déclaration faite en présence de* (prénoms, nom, âge, profession, domicile du premier témoin), *et de* (même formalité pour le second témoin); *et ont les déclarants et témoins signé avec nous le présent acte de naissance, après qu'il leur en a été fait lecture.* (Si un des comparants ne sait ou ne peut signer, il en sera fait mention.)

chez laquelle a eu lieu l'accouchememt), *ci-dessus domicilié, lequel* (ou laquelle) *a assisté à l'accouchement ; en présence de* Messieurs (la suite comme en la formule n° 7).

9° Acte de naissance d'un enfant posthume.

(Déclaration faite par la sage-femme.)

V. *suprà*, n° 351.

N°
—
Charles-Amédée
LEBLANC.
—

Du trois mai mil huit cent quatre-vingt-deux, heure de midi, *acte de naissance de* Charles-Amédée, *du sexe* masculin, né aujourd'hui, à deux heures du matin, *chez sa mère, à......, rue......*, n°......, *fils posthume de* Monsieur Léon-Henri Leblanc, *décédé à....., le.....*, *et de* Madame Ernestine Martin, *âgée de* vingt ans, couturière, *mariés à....., le..... Dressé par Nous* (prénoms et nom du maire), *maire de la commune de....., officier de l'état civil, sur la déclaration qui nous en a été faite par la* demoiselle Célestine Gillet, *âgée de* vingt-neuf ans, sage-femme, *demeurant à...... laquelle a procédé à l'accouchement; en présence de* Messieurs (la suite comme en la formule n° 7).

10° Acte de naissance d'un enfant naturel dont les père et mère sont désignés.

(Déclaration faite par le père [1].)

V. *suprà*, n° 356.

N°
—
Jeanne-Berthe
LEBLANC.
—

Du quatre mai mil huit cent quatre-vingt-deux, une heure du soir, *acte de naissance de* Jeanne-Berthe, *du sexe* féminin, *née le* deux de ce mois, à minuit, *chez ses père et mère* (ou chez sa mère), *à....., rue......, numéro.....,*

---

1. Rédaction adoptée par le Conseil d'État. (Formule n° 3.)
L'an mil huit cent....., le..... du mois d. . . . . à. . . . . heure. . du . . . . ., par-devant Nous (énoncer ici la qualité du fonctionnaire public, s'il est maire ou adjoint de maire, ou s'il les remplace), *officier de l'état civil de la commune d. . . . ., canton d. . . . ., département d . . . . ., est comparu N.* (mettre les nom, prénoms, âge, profession, demeure), *lequel nous a déclaré que le. . . . . heure. . de. . . . ., il est*

fille de Monsieur Léon-Henri Leblanc, *âgé de* vingt-cinq ans, tonnelier[1], *et de* Mademoiselle Ernestine Martin, *âgée de* vingt ans, couturière, non mariés. *Dressé par Nous* (prénoms et nom du maire), *maire de la commune d. . . . ., officier de l'état civil, sur la déclaration qui nous en a été faite par le père de l'enfant, lequel a déclaré le reconnaître pour être de ses œuvres; en présence de* Messieurs (la suite comme en la formule n° 7).

10bis Acte de naissance d'un enfant naturel dont les père et mère sont désignés.

(Déclaration faite par un fondé de procuration du père[2].)

V. *suprà*, n° 356.

N°

—

Julien-Gaston LEBLANC.

—

Du cinq mai mil huit cent quatre-vingt-deux, trois heures du soir, *acte de naissance de* Julien-Gaston, *du sexe* masculin, *né* hier, à une heure un quart du matin (la suite comme en la formule n° 10). *Dressé par Nous* (prénoms et nom du maire), *maire de la commune de. . . . ., officier*

---

né un enfant du sexe (masculin ou féminin), *qu'il nous présente et auquel il déclare donner les prénoms de. . . . . se reconnaissant pour être le père de cet enfant et l'avoir eu de* (prénoms, nom, demeure, âge de la mère). Si le père déclare les noms de la mère, il en sera fait mention comme ci-dessus ; mais s'il les tait, on ne peut le forcer à les déclarer); *lequel enfant est né en la maison sise* (désigner la rue, la section ou l'arrondissement): *la présente déclaration et présentation faites en présence de* (prénoms, nom, âge, profession, domicile du premier témoin), *et de* (même formalité pour le second témoin) ; *et ont les père et témoins signé avec nous le présent acte de naissance, après qu'il leur en a été fait lecture.* (Si un des comparants ne sait ou ne peut signer, il en sera fait mention.)

1. Si les père et mère ne demeurent pas ensemble, indiquer le domicile du père.

2. Rédaction adoptée par le Conseil d'État. (Formule n° 5.)
L'an mil huit cent. . . . ., le. . . . . du mois d. . . . ., à. . . . heure du. . . . ., par-devant Nous (énoncer ici la qualité du fonctionnaire public, s'il est maire ou adjoint de maire, ou s'il les remplace), *officier de l'état civil de la commune de. . . . ., canton d. . . . ., département d. . . . ., est comparu N.* (mettre les nom, prénoms, âge, profession et domicile du déclarant), *lequel, en vertu de la procuration spéciale et authentique du. . . . . passée à. . . . ., le. . . . . du mois d. . . . . par-devant. . . . ., notaire à. . . . ., enregistrée à. . . . . le . . . . . de lui paraphée et annexée au présent registre, nous a déclaré que le. . . . ., à. . . . . heure. . de. . . . ., il est né en la maison* (désigner la maison, la rue, la section et l'arrondissement), *un enfant naturel du sexe* (masculin ou féminin), *né de. . . . ., lequel enfant il nous présente et auquel il donne les nom et prénoms de. . . . . Lesdites déclaration et*

de l'état civil, sur la déclaration qui nous en a été faite par Monsieur Léon Lebrun, *âgé de* trente ans, tapissier, *demeurant à.....*, *rue....*, *numéro..*, *léquel a déclaré reconnaître cet enfant pour être des œuvres du sieur* Leblanc, *susnommé, aux termes de la procuration spéciale et authentique que ce dernier lui a donnée à cet effet, suivant acte passé en minute devant* M[e] *, notaire à.....*, *le....., enregistré, et dont une expédition en due forme est demeurée ci-annexée après avoir été paraphée, conformément à la loi; en présence de* Messieurs (la suite comme en la formule n° 7.)

11° Acte de naissance d'un enfant naturel dont le père seul est désigné.

(Déclaration faite par le père.)

V. *suprà*, n° 360.

N°
—
Claire-Alice
LEBLANC.
—

Du six mai mil huit cent quatre-vingt-deux, dix heures du matin, *acte de naissance de* Claire-Alice, *du sexe* féminin, *née le* trois de ce mois, à une heure du soir, *chez son père à.....*, *rue.....*, *numéro.....*, fille de Monsieur Léon-Henri Leblanc, *âgé de* dix-huit ans, menuisier, *et de* mère non désignée. *Dressé par Nous* (la suite comme en la formule n° 7).

12° Acte de naissance d'un enfant naturel reconnu par son père avant la naissance.

(Déclaration faite par la sage-femme.)

V. *suprà*, n° 447.

N°
—
Blanche-Eugénie
LEBLANC.
—

Du sept mai mil huit cent quatre-vingt-deux, onze heures du matin, *acte de naissance de* Blanche-Eugénie, *du sexe* féminin, *née* hier, à deux heures vingt minutes du matin, *chez sa mère à.....*, *rue.....*, *numéro.....*, *fille de* Monsieur Léon-Henri Leblanc, *âgé de* vingt-cinq ans,

---

présentation *faites en présence de* (prénoms, nom, âge, profession et domicile du premier témoin), *et de* (même formalité pour le second témoin); *et ont les déclarant et témoins signé avec Nous le présent acte, après que lecture leur en a été faite.*

soldat au douzième régiment d'artillerie, sixième batterie, en garnison à....., *lequel a déclaré la reconnaître pour être de ses œuvres, aux termes d'un acte passé en cette mairie le.....* (ou *en la mairie de....., le....., ou devant Me.....; notaire à....., le.....*), *enregistré, et dont une expédition qui nous a été représentée par la* Demoiselle Gillet, *ci-après nommée, est demeurée ci-annexée après avoir été paraphée, conformément à la loi, et de* Mademoiselle Ernestine Martin, *âgée de* vingt ans, cuisinière, non mariés. *Dressé par Nous* (la suite comme en la formule n° 9).

13° Acte de naissance d'un enfant naturel dont la mère seule est désignée.

(Déclaration faite par la sage-femme [1].)

V. *suprà*, nos 357, 361 et 465.

N°
—
Julie-Aimée
MARTIN.
—

Du huit mai mil huit cent quatre-vingt-deux, cinq heures du soir, *acte de naissance de* Julie-Aimée, *du sexe* féminin, *née* aujourd'hui, à deux heures du matin, *chez sa mère à....., rue....., numéro....., fille de* Demoiselle Ernestine Martin, *âgée de* vingt ans, lingère, *native de....., et de père non désigné. Dressé par Nous* (la suite comme en la formule n° 9), *ou si l'accouchement a eu lieu chez la sage-femme : née* aujourd'hui, à deux heures du matin, *chez la* Demoiselle Gillet, *ci-après nommée, à....., rue....., numéro....., fille de* Demoiselle Ernestine Martin, *âgée de* vingt ans, lingère, *native de....., domiciliée à.....,*

---

1. Rédaction adoptée par le Conseil d'État. (Formule n° 4.)
L'an mil huit cent....., le..... du mois d....., à..... heure du....., par-devant Nous (énoncer ici la qualité du fonctionnaire public, s'il est maire ou adjoint de maire, ou s'il les remplace), *officier de l'état civil de la commune d....., canton d....., est comparu N.* (prénoms, nom, âge, profession, demeure du déclarant), *lequel nous a déclaré que le..... heure. . d..... la dame* ou *demoiselle* (prénoms, nom, profession, demeure de la mère), *est accouchée dans la maison* (désigner la maison), *d'un enfant du sexe* (masculin ou féminin), *qu'* (il ou elle) *nous présente, et auquel* (il ou elle) *donne les nom et prénoms de..... lesdites déclaration et présentation faites en présence de* (prénoms, nom, âge, profession, domicile du premier témoin), *et de* (même formalité pour le second témoin) ; *et ont les déclarant et témoins signé avec nous le présent acte de naissance après qu'il leur en a été fait lecture.* (Si un des comparants ne sait ou ne peut signer, il en sera fait mention.)

rue. . . . ., numéro. . . . ., et de père non désigné. Dressé par Nous, etc., sur la déclaration qui nous en a été faite par la Demoiselle Marie Gillet, *âgée de* trente ans, *sage-femme, ci-dessus domiciliée, laquelle a procédé à l'accouchement; en présence de* Messieurs (la suite comme en la formule n° 7).

14° Acte de naissance d'un enfant naturel dont les père et mère ne sont pas désignés.

(Déclaration faite par l'accoucheur.)

V. *suprà*, n° 360.

N°
—
Georges
MILON.
—

Du neuf mai mil huit cent quatre-vingt-deux, trois heures du soir, *acte de naissance de* Georges Milon, *du sexe* masculin, *né le* sept de ce mois, à cinq heures du soir, *à. . . . ., fils de père et mère non désignés. Dressé par Nous* (prénoms et nom du maire), *maire de la commune de. . . . ., officier de l'état civil, sur la déclaration qui nous en a été faite par* Monsieur Ernest-Jules Leblond, *âgé de* trente-cinq ans, docteur en médecine, *demeurant à. . . . ., rue. . . . ., numéro. . . . ., lequel a procédé à l'accouchement; en présence de* Messieurs (prénoms, nom, âge, profession et domicile). *Et ont, le déclarant et les témoins, signé avec Nous, après lecture.*

15° Actes de naissance d'enfants jumeaux.

V. *suprà*, n° 331.

(PREMIER NÉ).

N°
—
Jules-Anatole
LEBLANC.
—
Jumeau. — 1er né.

Du dix mai mil huit cent quatre-vingt-deux, onze heures du matin, *acte de naissance de* Jules-Anatole, du sexe masculin, *né aujourd'hui à* une heure du matin, *chez ses père et mère* (ou *chez sa mère*) *à. . . . ., rue. . . . ., numéro. . . . ., fils jumeau* (*premier né*) *de* Monsieur Léon-Henri Leblanc, *âgé de* trente ans, forgeron, *et de* Madame Ernestine Martin, *âgée de* vingt-six ans, femme de ménage, *mariés à. . . . ., le. . . . .* (ou *de* Mademoiselle Julie Leblanc, *âgée de* vingt ans, couturière, *native de. . . et de père non désigné. Dressé par Nous, etc.*

(DEUXIÈME NÉ).

N°
—
Céline-Adèle
LEBLANC.
—
Jumelle. — 2e née.

Du dix mai mil huit cent quatre-vingt-deux, onze heures et demie du matin, *acte de naissance de* Céline-Adèle, *du sexe* féminin, *née aujourd'hui*, à une heure trente-cinq minutes du matin, *chez ses père et mère* (ou *chez sa mère*) *à*....., *rue*....., *numéro*....., fille jumelle (*deuxième née*) *de M*....., *etc.*

16° Acte de naissance d'un enfant dont le sexe n'a pu être déterminé.

V. *suprà*, n° 333.

N°
—
Candide-Irénée
LEBLANC.
—

Du onze mai mil huit cent quatre-vingt-deux, une heure du soir, *acte de naissance de* Candide-Irénée, *dont le sexe n'a pu être déterminé, né le* dix de ce mois, à deux heures vingt-cinq minutes du matin, *chez ses père et mère* (ou *chez sa mère*) *à*....., *rue*....., *numéro*....., *issu des œuvres de* Monsieur Léon-Henri Leblanc, *âgé de* trente ans, forgeron, *et de* Madame Ernestine Martin, *âgée de* vingt-six ans, femme de ménage, *mariés à*....., *le*..... (ou *issu des œuvres de* Demoiselle Julie Leblanc, *âgée de* vingt ans, couturière, *native de*....., *et de père non désigné. Dressé par Nous* (la suite comme aux formules nos 7 ou 9).

17° Procès-verbal constatant l'abandon d'un enfant[1].

V. *suprà*, nos 365 à 368 inclus.

N°
—
Jules
LEBRUN.
—
Procès-verbal d'abandon.

L'an mil huit cent quatre-vingt-deux, le douze mai, à dix heures du matin, *par-devant Nous* (prénoms et nom du maire), *maire de la commune de*....., *officier de l'état civil, a comparu Monsieur* ou *Madame* (prénoms, nom, âge, profession et domicile), *lequel* (ou *laquelle*) *nous a remis un enfant emmailloté ou vêtu des* (détailler les vêtements, et s'il se trouve dans ses vêtements quelque

---

1. Rédaction adoptée par le Conseil d'État. (Formule n° 6.)
L'an mil huit cent....., *le*..... *du mois d*....., *à*..... *heure*

écrit ou marque destinés à le faire reconnaître, désigner ce qu'on y a trouvé), *et nous a déclaré avoir trouvé cet enfant* (désigner exactement le lieu où il a été trouvé et les prénoms, noms, profession et domicile des personnes qui pouvaient être présentes). *Après avoir visité l'enfant, nous avons reconnu qu'il était âgé de....., du sexe...,* *et qu'il portait* (désigner les marques qu'il peut avoir sur le corps); *ensuite nous lui avons donné les noms de* Jules Lebrun[1], *et avons ordonné qu'il fût remis à* (indiquer l'autorité civile ou la personne à laquelle l'enfant est remis). *De tout ce que dessus Nous avons dressé le présent procès-verbal, en exécution de l'article 58 du Code civil, en présence de* Messieurs (énoncer les prénoms, noms, âge, profession et domicile des témoins). *Et ont, le comparant et les témoins, signé avec nous, après lecture.* (Si l'un d'eux ne sait ou ne peut signer, il en sera fait mention.)

18° Reconnaissance faite par le père avant la naissance de l'enfant.

V. *suprà*, n° 417.

N°
—
(Enfant conçu)
LEBLANC.
—
Reconnaissance.

Le treize mai mil huit cent quatre-vingt-deux, à dix heures vingt minutes du matin, *par-devant Nous* (prénoms et nom du maire), *maire de la commune de....., officier de l'état civil, a com-*

---

d....., *par-devant Nous* (énoncer ici la qualité du fonctionnaire public, s'il est maire ou adjoint de maire, ou s'il les remplace), *officier de l'état civil de la commune d...... canton d....., département d.....,* *est comparu N.* (prénoms, nom, âge, demeure et profession), *qui nous a déclaré que le. . . . . heure d. . . . . étant seule* (ou *en compagnie de*) (désigner les noms, prénoms, etc., de ceux qui y étaient présents), *il* (ou *elle*) *a trouvé dans la rue* (ou *au lieu du*) (désigner avec exactitude la rue, la place ou le lieu où a été trouvé l'enfant), *un enfant, tel qu'* (*il* ou *elle*) *nous le présente, emmailloté ou vêtu des* (détailler les vêtements) *et du linge marqué des lettres. . . . .* (ou *des chiffres. . . . .*). *Après avoir visité l'enfant, avons reconnu qu'il était du sexe. . . . ., qu'il paraissait âgé de. . . . .* (désigner l'âge apparent, vérifier si l'enfant a quelques marques sur le corps, ou s'il se trouve dans ses vêtements quelque écrit ou marque destinés à le faire reconnaître; dans ce cas, désigner ce qu'on y a trouvé, ou exprimer qu'on y a rien trouvé) : *de suite avons inscrit l'enfant sous les nom et prénoms de. . . . . et avons ordonné qu'il fût remis à. . . . . De quoi avons dressé procès-verbal, en présence de. . . . . et de. . . . . qui ont signé avec Nous, après que lecture leur a été faite du contenu au présent procès-verbal.*

1. V. *suprà*, n° 368, Circ. Min. Int., 30 juin 1812.

paru Monsieur Léon-Henri Leblanc, âgé de dix-neuf ans, soldat au onzième régiment de....., en garnison à.....; *lequel a, par ces présentes, reconnu que l'enfant dont* la demoiselle Ernestine Martin, âgée de dix-sept ans, couturière, *demeurant à....., rue....., numéro....., est enceinte présentement, est le fruit de leurs œuvres communes. En conséquence, il consent que cet enfant, lors de sa naissance, soit inscrit comme tel sur les registres de l'état civil. De laquelle déclaration Nous avons dressé le présent acte, en présence de* Messieurs (prénoms, noms, âge, profession et domicile des témoins). *Et ont, le comparant et les témoins, signé avec Nous, après lecture.* (Si l'un d'eux ne sait ou ne peut signer, il en sera fait mention.)

19° Reconnaissance faite par le père ou la mère après l'inscription de l'enfant sur les registres de l'état civil[1].

V. *suprà*, nos 442 à 457 inclus.

N°
—
Gabriel-Henri.
—
Reconnaissance.

Le quatorze mai mil huit cent quatre-vingt-deux, à une heure du soir, *par-devant Nous* (prénoms et nom du maire), *maire de la commune de.....*, *officier de l'état civil, a comparu Monsieur* (Mademoiselle ou Madame)..... (prénoms, nom, âge, profession et domicile), *lequel* (ou *laquelle*) *a, par ces présentes, déclaré volontairement reconnaître pour être de ses œuvres, un enfant du sexe* masculin, *né en cette commune* (ou *à.....*), *le* premier avril dernier, *et inscrit le lendemain sous les prénoms de* Gabriel-Henri, *comme* fils *de* (prénoms et nom). *De laquelle déclaration Nous avons dressé le présent acte, en présence de* Messieurs (prénoms, noms, âge, profession et domicile des

---

1. Rédaction adoptée par le Conseil d'État. (Formule n° 7.)
L'an mil huit....., le..... du mois d....., à..... heure.. du ....., *par-devant Nous* (énoncer ici la qualité du fonctionnaire public, s'il est maire ou adjoint de maire, ou s'il les remplace), *officier de l'état civil de la commune d....., canton d....., département d.....*, *est comparu N.* (nom, prénoms, âge, profession et domicile), *lequel* (ou *laquelle*) *nous a déclaré qu'* (*il* ou *elle*) *se reconnaît père* (ou *mère*) *d'un enfant du sexe qui nous a été présenté le..... et que nous avons inscrit sur les registres de l'état civil sous les noms de.....*, *lequel il* (ou *elle*) *a eu avec N.* (nom, prénoms, âge, profession et demeure. Le déclarant est libre de ne pas désigner la personne avec laquelle il a eu l'enfant) : *ladite déclaration faite en présence de* (prénoms, nom, âge, profession et

témoins). *Et ont, le comparant* (ou la *comparante*) *et les témoins, signé avec Nous, après lecture.* (Si l'un d'eux ne sait ou ne peut signer, il en sera fait mention.)

20° Reconnaissance faite conjointement par les père et mère (mariés ou non mariés)[1].

V. suprà, n°s 412 à 457 inclus.

N°
—
Virginie-Rose
LEBLANC.
—

Le quinze mai mil huit cent quatre-vingt-deux, *à* quatre heures un quart du soir, *par-devant Nous* (prénoms et nom du maire), *maire de la commune de. . . . ., officier de l'état civil, a comparu* Monsieur Léon-Henri Leblanc, *âgé de* vingt-cinq ans, tapissier, *et* Mademoiselle (ou Madame) Ernestine Martin, *âgée de* vingt-deux ans, employée de commerce, *demeurant* ensemble *à . . . . ., rue . . . ., numéro. . . . .* (s'ils ne demeurent pas

---

domicile du premier témoin), *et de* (même formalité pour le second témoin); *et ont les déclarant et témoins signé avec Nous le présent acte, après qu'il leur en a été fait lecture.* (Si un des comparants ne sait ou ne peut signer, il en sera fait mention.)

Certificat de reconnaissance.

Le Maire de. ... certifie que l'enfant né à. . . . ., le. . . . ., a été reconnu par sa mère, la nommée. . . . ., domiciliée en cette commune, rue. . . . . numéro. . . . ., conformément à l'article 334 du Code civil.

Le présent certificat délivré seulement pour l'administration de l'assistance publique.

A. . . ., le. . . . .

Nota. — A défaut du Maire, ce certificat peut être signé par le secrétaire, chef des bureaux, ou par l'employé chargé d'enregistrer les actes de naissance. Le cachet de la mairie devra, dans tous les cas, y être apposé.

Attendu l'urgence présumée du secours réclamé, Messieurs les employés des mairies sont priés de faciliter le plus possible l'accomplissement de cette formalité.

1. Rédaction adoptée par le Conseil d'État. (Formule n° 8.)
L'an mil huit cent. . . . ., le. . . , . du mois d. . . . ., à. . . . . heure du. . . . ., par-devant Nous (énoncer la qualité du fonctionnaire public, s'il est maire ou adjoint de maire, ou s'il les remplace), *officier de l'état civil de la commune d. . . . ., canton d. . . . ., département d. . . . ., sont comparus N.* (prénoms, nom, etc.), *et la N.* (prénoms, nom, etc.), *lesquels ont déclaré qu'ils se reconnaissent père et mère d'un enfant du sexe. . . . . qui nous a été présenté le. . . . . et que nous avons inscrit sur les registres de l'état civil, sous les nom d. . . . ., lequel enfant né d'eux le. . . . . du mois d. . . . . l'an. . . . .; la dite déclaration faite en présence de* (prénoms, nom, âge, etc., du premier témoin), *et de* (même formalité pour le second témoin); *et ont les père, mère et témoins, signé avec Nous le présent acte, après qu'il leur en a été fait lecture.* (Si un des comparants ne sait ou ne peut signer, il en sera fait mention.)

ensemble, indiquer le domicile de chacun d'eux); non mariés (ou mariés *à. . . . ., le. . . . .*); *lesquels ont, par ces présentes, déclaré volontairement reconnaître, pour être de leurs œuvres communes, une enfant, du sexe féminin, née en cette commune* (ou à. . . . .), *le* vingt mars mil huit cent soixante-dix-huit, *et inscrite le surlendemain sous les prénoms de* Virginie-Rose, *comme* fille de la comparante. *De laquelle déclaration nous avons dressé le présent acte, en présence de* Messieurs (prénoms, noms, âge, profession et domicile des témoins). *Et ont, les comparants et témoins, signé avec Nous, après lecture.* (Si l'un d'eux ne sait ou ne peut signer, il en sera fait mention.)

21° Première publication de mariage.

Majeur demeurant avec ses père et mère et majeure ne demeurant pas avec ses père et mère [1].

V. *suprà*, nos 697 à 700 et 705.

N°
—
1re Publication.
Louis-Raoul
LEBLANC
et
Ernestine
MARTIN.
—

Le dimanche sept mai mil huit cent quatre-vingt-deux, *à* midi, *Nous* (prénoms et nom du maire), *maire de la commune de. . . . ., officier de l'état civil, avons publié pour la première fois, devant la porte de la maison commune, le mariage projeté entre : Monsieur* Louis-Raoul Leblanc, tapissier, *demeurant* avec ses père et mère, *à. . . . ., rue. . . . ., numéro. . . . ., né à. . . . ., le. . . . .*; majeur, *fils de* Julien-Hector Leblanc, ébéniste, *et de* Rose-Henriette Petit, son épouse, couturière, *— d'une part. Et Mademoiselle* Ernestine Martin, couturière, *demeurant à. . . .*,

---

1. Rédaction adoptée par le Conseil d'État. (Formule n° 9.)
L'an mil huit cent. . . . . le. . . . . dimanche du mois d. . . . ., Nous (qualité du fonctionnaire), *officier de l'état civil de la commune d. . . . ., département d. . . . ., canton et municipalité d. . . . ., après nous être transporté devant la principale porte d'entrée de la maison commune à l'heure de. . . . ., avons annoncé et publié pour la première fois* (si c'est la seconde publication, pour la seconde publication) *qu'il y a promesse de mariage entre* (prénoms, nom, âge, profession, domicile de l'homme), *majeur, fils de* (prénoms, nom, profession du père) *et de* [même formalité pour la mère] (s'il est veuf ou divorcé, il sera fait mention de son précédent mariage), *et Demoiselle* (prénoms, nom, âge, profession et demeure), *fille majeure, née de* (prénoms, nom, professions des père et mère); *laquelle publication, lue à haute et intelligible voix, a été de suite affichée à la porte de la maison commune. De quoi avons dressé acte.*

rue. . . . . , numéro. . . . . , née à. . . . . , le . . . . . ; majeure, *fille de* Joseph-Alexis Martin, *et de* Célestine-Blanche Legros, son épouse, marchands de vin, *demeurant à. . . . . , rue. . . . . , numéro. . . . . , — d'autre part. De laquelle publication nous avons dressé le présent acte, dont un extrait a été affiché à la porte de la maison commune pour y rester pendant le délai prescrit par la loi.*

22° Première publication de mariage.

Majeur n'ayant pas 6 mois de domicile, demeurant avec ses père et mère, et majeure, veuve, dont les père et mère sont décédés.

V. *suprà*, n°s 697 à 700, 704 et 576.

Le dimanche sept mai mil huit cent quatre-vingt-deux, *à* midi, *Nous* (prénoms et nom du maire), *maire de la commune de. . . . . , officier de l'état civil, avons publié pour la première fois, devant la porte de la maison commune, le mariage projeté entre : Monsieur* Louis-Raoul Leblanc, tapissier, *demeurant* avec ses père et mère, *à. . . . . , rue. . . . . , numéro. . . . . , et précédemment à. . . . . , rue. . . . . , numéro. . . . . , né à. . . . . , le. . . . .*; majeur, *fils de*, etc., etc., — *d'une part. Et Madame* Ernestine Martin, couturière, *demeurant à. . . . . , rue. . . . . , numéro. . . . . , née à. . . . . , le. . . . .*; majeure, *fille de* Joseph-Alexis Martin *et de* Célestine-Blanche Legros, *son épouse, décédés, et veuve en premières noces de* Magloire Leblond, *et en secondes de* Germain Legris, — *d'autre part. De laquelle publication* (la suite comme en la formule n° 21).

23° Première publication de mariage.

Majeur, veuf, dont le père est absent et la mère décédée, et majeure, dont le père est décédé et la mère existante.

V. *suprà*, n°s 697 à 700, 545 et 537.

Le dimanche sept mai mil huit cent quatre-vingt-deux, *à* midi, *Nous* (prénoms et nom du maire), *maire de la commune de. . . . . , officier de l'état civil, avons publié pour la première fois, devant la porte de la maison commune, le mariage projeté entre : Monsieur* Louis-Raoul Leblanc, tapissier, *demeurant à. . . . . , rue. . . . . , numéro. . . . . , né à. . . . . , le. . . . .*; majeur, *fils de* Julien-Hector Leblanc, ébéniste, absent, *et de* Rose-

Henriette Petit, *son épouse décédée, et veuf en premières noces de* Joséphine Laplanche, — *d'une part. Et Mademoiselle* Ernestine Martin, couturière, *demeurant à. . . . ., rue. . . . ., numéro. . . . ., née à. . . . ., le. . . . .*; majeure, *fille de* Joseph-Alexis Martin, décédé, *et de* Célestine-Blanche Legros, sa veuve, lingère, *demeurant à. . . . ., rue. . . . ., numéro. . . . .,* — *d'autre part. De laquelle publication* (la suite comme en la formule n° 21).

24° Première publication de mariage.

Majeur, fils adoptif, demeurant avec ses père et mère, et majeure, dont les père et mère ne demeurent pas ensemble.

V. *suprà*, nos 697 à 700, 551 et 714.

Le dimanche sept mai mil huit cent quatre-vingt-deux, *à* midi, *Nous* (prénoms et nom du maire), *maire de la commune de. . . . ., officier de l'état civil, avons publié pour la première fois, devant la porte de la maison commune, le mariage projeté entre : Monsieur* Louis-Raoul Leblanc-Copeau, tapissier, *demeurant avec ses père et mère à. . . . ., rue. . . . ., numéro. . . . ., né à. . . . ., le. . . . .*; majeur, *fils de* Julien-Hector Leblanc *et de* Henriette Petit, son épouse, marchands merciers, *et fils adoptif de* Victor Copeau *et de* Julienne Robert, son épouse, rentiers, *demeurant à. . . . ., rue. . . . ., numéro. . . . .,* — *d'une part. Et Mademoiselle* Ernestine Martin, employée de commerce, *demeurant à. . . . ., rue. . . . ., numéro . . . . ., née à. . . . ., le. . . . .*; majeure, *fille de* Joseph-Alexis Martin, serrurier, *demeurant à. . . . ., rue. . . . ., numéro. . . . ., et de* Célestine-Blanche Legros, son épouse, cuisinière, *demeurant à. . . . ., rue. . . . ., numéro. . . . .,* — *d'autre part. De laquelle publication* (la suite comme en la formule n° 21).

25° Première publication de mariage.

Majeur reconnu par ses père et mère, et majeure, dont les père et mère sont inconnus.

V. *suprà*, nos 697 à 700, 592, 593 et 594.

Le dimanche sept mai mil huit cent quatre-vingt-deux, *à* midi, *Nous* (prénoms et nom du maire), *maire de la commune de. . . . ., officier de l'état civil, avons publié pour la première fois, devant la porte de la maison commune, le mariage projeté entre : Monsieur* Louis-Raoul Leblanc, tapissier, *demeurant avec ses père et mère à. . . . ., rue. . . . ., numéro. . . . ., né à. . . . ., le. . . . .*; majeur, *fils naturel reconnu de* Julien-Hector Leblanc *et de* Henriette Petit, rentiers, — *d'une part. Et Mademoiselle* Joséphine Fabiole, lingère, *demeurant à....., rue.....,* *numéro.....,* *née à.....,* *le.....;* majeure, *fille de père et de mère non désignés,* — *d'autre part. De laquelle publication* (la suite comme en la formule n° 21.)

26° Première publication de mariage.

Majeur reconnu par son père et non reconnu par sa mère, et majeure, reconnue seulement par sa mère.

V. *suprà*, nos 697 à 700, 592, 593 et 594.

Le dimanche sept mai mil huit cent quatre-vingt-deux, *à* midi, *Nous* (prénoms et nom du maire), *maire de la commune de.....,* *officier de l'état civil, avons publié pour la première fois, devant la porte de la maison commune, le mariage projeté entre : Monsieur* Louis-Raoul Leblanc, tapissier, *demeurant à...,* *rue.....,* *numéro.....,* *né à.....,* *le.....;* majeur, *fils naturel reconnu de* Julien-Hector Leblanc, boulanger, *demeurant à.....,* *rue.....,* *numéro.....,* *et non reconnu de* Henriette Petit, — *d'une part. Et Mademoiselle* Ernestine Martin, couturière, *demeurant avec sa mère à.....,* *rue.....,* *numéro.....,* *née à.....,* *le.....;* majeure, *fille naturelle reconnue de* Célestine-Blanche Martin, lingère, *et de* père non désigné, — *d'autre part. De laquelle publication* (la suite comme en la formule n° 21).

27° Première publication de mariage.

Majeur dont le père est en démence ou condamné à une peine afflictive et infamante, et la mère existante, et majeure ayant perdu la qualité d'enfant légitime par suite d'un jugement.

V. *suprà*, nos 697 à 700, 542, 363 et 364.

Le dimanche sept mai mil huit cent quatre-vingt-deux, *à* midi, *Nous* (prénoms et nom du maire), *maire de la commune de.....,* *officier de l'état civil, avons publié pour la première fois, devant la porte de la maison commune, le mariage projeté entre : Monsieur* Louis-Raoul Leblanc, tapissier, *demeurant avec sa mère à.....,* *rue.....,* *numéro.....,* *né à.....,* *le.....;* majeur, *fils de* Julien-Hector Leblanc, menuisier, dont l'incapacité est dûment constatée, *et de* Henriette Petit, son épouse, modiste, — *d'une part. Et Mademoiselle* Ernestine, lingère, *demeurant à.....,* *rue.....* *numéro.....,* *née à.....,* *le.....,* majeure, *fille de* père *et* mère non désignés, — *d'autre part. De laquelle publication* (la suite comme en la formule n° 21).

28° Première publication de mariage.

Mineur demeurant avec ses père et mère et mineur ne demeurant pas avec les siens[1].

V. *suprà*, 697 à 700 et 715.

Le dimanche sept mai mil huit cent quatre-vingt-deux, *à* midi, *Nous* (prénoms et nom du maire), *maire de la commune de. . . . ., officier de l'état civil, avons publié pour la première fois, devant la porte de la maison commune, le mariage projeté entre : Monsieur* Louis-Raoul Leblanc, tapissier, *demeurant avec ses père et mère à. . . . ., rue. . . . ., numéro . . . .,* où il est né (ou *né à. . . . .*), *le. . . . .;* mineur, *fils de* Julien-Hector Leblanc, chaudronnier, *et de* Henriette Petit, son épouse, blanchisseuse, — *d'une part. Et Mademoiselle* Ernestine Martin, raccommodeuse de dentelle, *demeurant* de droit *chez ses père et mère à. . . . ., rue. . . . ., numéro. . . . .,* et de fait *à. . . . ., rue. . . . ., numéro. . . . ., née à. . . . ., le. . . . .;* mineure, *fille de* Joseph-Alexis Martin *et de* Célestine-Blanche Legros, son épouse, marchands merciers, — *d'autre part. De laquelle publication* (la suite comme en la formule n° 21).

29° Première publication de mariage.

Mineur dont les père et mère sont décédés, et mineure dont le père est existant et la mère décédée.

V. *suprà*, n°s 697 à 700, 576 et 577.

Le dimanche sept mai mil huit cent quatre-vingt-deux, *à* midi, *Nous* (prénoms et nom du maire), *maire de la commune*

---

1. Rédaction adoptée par le Conseil d'État. (Formule n° 10.)
L'an mil huit cent. . . . . le. . . . . dimanche du mois d. . . . ., Nous (qualité du fonctionnaire), *officier de l'état civil de la commune d. . . . ., département d. . . . ., canton et municipalité d. . . . ., après nous être transporté devant la principale porte d'entrée de la maison commune, à l'heure de. . . . ., avons annoncé et publié pour la première fois* (si c'est la seconde publication, pour la seconde publication), *qu'il y a promesse de mariage entre* (prénoms, nom, profession, âge, domicile de l'homme), *mineur assisté de* (prénoms, nom, âge, domicile, profession), son père, *et de* (même formalité), sa mère (s'il n'y a que le père présent, il ne sera fait mention que de lui ; si le père était décédé, l'officier de l'état civil se fera représenter l'acte de décès et en fera mention ; si le père et la mère sont décédés, et que l'aïeul ou l'aïeule soient encore vivants, il sera fait mention du consentement de ceux-ci ; il en sera de même si les époux ne sont assistés que par des tuteurs); *et Demoiselle* (nom, prénoms, etc.), *fille de* (même formalité pour les parents de la future épouse); *laquelle publication lue à haute et intelligible voix, a été de suite affichée à la porte de la maison commune. De quoi avons dressé acte.*

de. . . . ., officier de l'état civil, avons publié pour la première fois, devant la porte de la maison commune, le mariage projeté entre : Monsieur Louis-Raoul Leblanc, tapissier, *demeurant* de droit *chez son tuteur à. . . . ., rue. . . . ., numéro. . . . .,* et de fait *à. . . . ., rue. . . . ., numéro. . . . ., né à. . . . ., le. . . . .;* mineur, *fils de* Julien-Hector Leblanc *et de* Henriette Petit, son épouse, décédés, — *d'une part. Et Mademoiselle* Ernestine Martin, brodeuse, *demeurant avec son père à. . . . ., rue. . . . ., numéro. . . . ., née à. . . . ., le. . . . .;* mineure, *fille de* Joseph-Alexis Martin, maçon, *et de* Célestine-Blanche Legros, son épouse décédée, — *d'autre part. De laquelle publication* (la suite comme en la formule n° 21).

30° Première publication de mariage.

Mineur dont les père et mère ne demeurent pas ensemble, et mineure dont le père est décédé et la mère interdite.

V. *suprà*, nos 697 à 700, 714 et 576.

Le dimanche sept mai mil huit cent quatre-vingt-deux, *à* midi, *Nous* (prénoms et nom du maire), *maire de la commune de. . . . ., officier de l'état civil, avons publié pour la première fois, devant la porte de la maison commune, le mariage projeté entre : Monsieur* Louis-Raoul Leblanc, mécanicien, *demeurant* de droit *chez son père à. . . . ., rue. . . . ., numéro. . . . .,* et de fait *avec sa mère à. . . . ., rue. . . . ., numéro . . . . ., né à. . . . ., le. . . . .;* mineur, *fils de* Julien-Hector Leblanc, maçon, *et de* Henriette Petit, son épouse, cuisinière, — *d'une part. Et Mademoiselle* Ernestine Martin, fileuse, *demeurant* de droit et de fait *chez son tuteur à. . . . ., rue. . . . ., numéro. . . . .,* (ou de droit chez son *tuteur à. . . . ., rue. . . . ., numéro. . . . .*[1], et de fait *à. . . . ., rue. . . . ., numéro. . . . .,*) *née à. . . . ., le. . . . .;* mineure, *fille de* Joseph-Alexis Martin, *décédé, et de* Célestine-Blanche Legros, sa veuve, sans profession, dont l'incapacité est dûment constatée, — *d'autre part. De laquelle publication* (la suite comme en la formule n° 21).

---

1. Si l'enfant n'a pas de tuteur, indiquer le domicile de droit au lieu où la tutelle s'est ouverte, c'est-à-dire le lieu où le père est décédé. V. *suprà*, n° 579.

31° Première publication de mariage.

Mineur reconnu par son père et non reconnu par sa mère, et mineure reconnue seulement par sa mère.

V. *suprà*, nos 697 à 700, 593 et 715.

Le dimanche sept mai mil huit cent quatre-vingt-deux, *à* midi, *Nous* (prénoms et nom du maire), *maire de la commune de. . . . ., officier de l'état civil, avons publié, pour la première fois, devant la porte de la maison commune, le mariage projeté entre : Monsieur* Louis-Raoul Leblanc, clerc de notaire, *demeurant* de droit *chez son père à. . . . ., rue. . . . ., numéro. . . . .*, et de fait *à. . . . ., rue. . . . ., numéro. . . . ., né à. . . . ., le. . . . .;* mineur, *fils naturel reconnu de* Julien-Hector Leblanc, papetier, *et non reconnu, de* Blanche-Virginie Legros, — *d'une part. Et Mademoiselle* Ernestine Martin, sans profession, *demeurant avec sa mère à. . . . ., rue. . . . ., numéro. . . . ., née à. . . . ., le. . . . .;* mineure, *fille* naturelle reconnue *de Demoiselle* Célestine-Rose Martin, rentière, *et de* père non désigné, — *d'autre part. De laquelle publication* (la suite comme en la formule n° 21).

32° Première publication de mariage.

Mineur dont le père est absent et la mère décédée, et mineure, enfant trouvée.

V. *suprà*, nos 697 à 700, 541, 542 et 598.

Le dimanche sept mai mil huit cent quatre-vingt-deux, *à* midi, *Nous* (prénoms et nom du maire), *maire de la commune de. . . . ., officier de l'état civil, avons publié, pour la première fois, devant la porte de la maison commune, le mariage projeté entre : Monsieur* Louis-Raoul Leblanc, corroyeur, *demeurant* de droit *à. . . . ., rue . . . . ., numéro. . . . .* (indiquer le domicile du tuteur et à défaut de tuteur le dernier domicile connu du père) et de fait *à. . . . ., rue. . . . ., numéro. . . . ., né à. . . . ., le. . . . .;* mineur, *fils de* Julien-Hector Leblanc, artiste dramatique, dont l'absence est dûment constatée, *et de* Marine-Louise Legros, son épouse, *décédée, — d'une part. Et Mademoiselle* Justine-Alice, repasseuse, *demeurant* de droit et de fait *à. . . . . rue. . . . ., numéro. . . . .* (indiquer le lieu de l'hospice qui l'a recueillie et où elle a été élevée), *âgée d'environ. . . . .* ans, *présentée à la mairie de la commune de. . . . ., le. . . . .;* mineure, *fille de* père *et* mère inconnus, — *d'autre part. De laquelle publication* (la suite comme en la formule n° 21).

33° Première publication de mariage.

Mineur reconnu par ses père et mère, et mineure dont le 1er mariage a été dissous, reconnue par sa mère, remariée.

V. *suprà*, nos 697 à 700, 521 et 539.

Le dimanche sept mai mil huit cent quatre-vingt-deux, *à* midi, *Nous* (prénoms et nom du maire), *maire de la commune de. . . . ., officier de l'état civil, avons publié, pour la première fois, devant la porte de la maison commune, le mariage projeté entre : Monsieur* Louis Raoul Leblanc, clerc d'huissier, *demeurant avec ses père et mère à. . . . ., rue. . . . ., numéro. . . . ., né à. . . . ., le. . . . .;* mineur, *fils naturel reconnu de* Julien-Hector Leblanc *et de* Henriette Petit, marchands pâtissiers, — *d'une part. Et Madame* Ernestine Martin, sans profession, *demeurant avec sa mère à. . . . ., rue. . . . ., numéro. . . . .,* (*ou* de droit chez sa mère *à. . . . ., rue. . . . ., numéro. . . . .,* et de fait *à. . . . ., rue. . . . ., numéro. . . . .*), *née à. . . . ., le. . . . .,* mariée en premières noces avec le sieur Guillaume Blanchet, et dont le mariage a été légalement dissous; mineure, *fille naturelle reconnue de* dame Caroline-Aglaé Martin, couturière, épouse de Lucien-Georges Lucas, *avec lequel elle demeure à. . . . ., rue. . . . ., numéro. . . . .* (ou *ci-dessus domiciliée*), *et de* père non désigné, — *d'autre part. De laquelle publication* (la suite comme en la formule n° 21).

34° Seconde publication de mariage.

V. *suprà*, nos 697 à 700.

N°
—
2e *publication.*
—
Louis-Raoul LEBLANC et Ernestine MARTIN.
—

Le dimanche quatorze mai mil huit cent quatre-vingt-deux, *à* midi, *Nous* (prénoms et nom du maire), *maire de la commune de. . . . ., officier de l'état civil, avons publié, pour la seconde fois, devant la porte de la maison commune, où il est demeuré affiché pendant le délai prescrit par l'article 64 du Code civil, le mariage projeté entre : Monsieur* Louis-Raoul Leblanc, tapissier, *demeurant avec ses père et mère à. . . . ., rue. . . . ., numéro. . . . ., né à. . . . ., le. . . . .;* majeur, *fils de* Julien-Hector Leblanc, ébéniste, *et de* Rose-Henriette Petit, son épouse, couturière, — *d'une part. Et Mademoiselle* Ernestine Martin, couturière, *demeurant à. . . . ., rue. . . . ., numéro. . . . ., née à. . . . ., le. . . . .;* majeure, *fille de* Joseph-

Alexis Martin *et de* Célestine-Blanche Legros, son épouse, marchands de vin, *demeurant à. . . .*, *rue. . . . .*, *numéro. . . . .*, — *d'autre part. De laquelle publication nous avons dressé le présent acte, conformément à la loi.*

35° Acte de mariage.

Majeur dont les père et mère sont présents, et majeure dont les père et mère ont donné leur consentement[1]. — Dispense de parenté, rectification de noms et reconnaissance d'enfants naturels.

V. *suprà*, nos 537, 546, 547, 670, 103 et 427.

N°
—
Louis-Raoul
LEBLANC.
et
Ernestine
MARTIN.
—

Le vingt-quatre mai mil huit cent quatre-vingt-deux, *à* onze heures du matin, *Nous* (prénoms et nom du maire), *maire de la commune de. . . .*, *officier de l'état civil, sur la réquisition qu'ils nous en ont faite, avons procédé comme suit, en la salle publique de cette mairie, à la célébration du mariage de Monsieur* Louis-Raoul Leblanc, tapissier, *demeurant avec ses père et mère à. . . .*, *rue. . . . .*, *numéro. . . . .*, *né à. . . . .*, *arrondissement de. . . . .*, *département de. . . . .*, *le. . . . .*; majeur, *fils de Monsieur* Julien-Hector Leblanc, ébéniste, *et de Madame* Rose-Henriette Petit, son épouse, couturière, *ci-dessus domiciliés; procédant à son mariage en présence de ses père et mère, qui ont déclaré y consentir,* — *d'une part. Et Made-*

---

1. Rédaction adoptée par le Conseil d'État. (Formules nos 11 et 17.) *L'an mil huit cent. . . .*, *le. . . . . du mois de. . . . .*, *par-devant Nous* (la qualité du fonctionnaire public), *officier de l'état civil de la commune d. . . . .*, *département d. . . . . sont comparus N.* (prénoms, nom, âge, lieu de naissance, profession, domicile), majeur, *fils de* (nom, prénoms, profession du père), *ci-présent et consentant* (ou bien *consentant, ainsi qu'il résulte de sa procuration passée à. . . .*, *le. . . . .*, *devant N.*, notaire, *laquelle sera annexée au présent acte.* Si le père est mort, mettre *décédé à. . . .*, *le. . . . .*, *comme il est constaté par l'acte de décès délivré à. . . .*, *le. . . . . ou par acte de notoriété dressé à. . . . par le juge de paix, le. . . . . et homologué par le président du tribunal de première instance séant à. . . . .*), *et de dame* (nom, prénoms de la mère). En cas de décès du père, mentionner de la même manière le consentement ou le décès de la mère); *et demoiselle* (nom, prénoms, âge, lieu de naissance, profession, domicile), *fille majeure de N. et N.* (noms, prénoms, etc., du père et de la mère de la femme, avec les énonciations et distinctions indiquées ci-dessus pour les père et mère du mari); *lesquels nous ont requis de procéder à la célébration du mariage projeté entre eux, et dont les publications ont été faites devant la principale porte de notre maison com-*

moiselle Ernestine Martin, *sa nièce* (ou sa petite nièce), couturière, *demeurant à. . . . ., rue. . . . ., numéro. . . . ., née à. . . . ., arrondissement de . . . . ., département de. . . . ., le. . . . .;* majeure, *fille de Monsieur* Joseph-Alexis Martin, *et de Madame* Célestine-Blanche Leblanc, son épouse, marchands de vins, *demeurant à. . . . ., rue. . . . ., numéro. . . . .; procédant à son mariage en vertu du consentement donné par ses père et mère suivant acte passé devant Mᵉ. . . . .,* notaire *à. . . . ., le. . . . ., enregistré, — d'autre part. Lesdits époux procédant en outre à leur mariage en vertu d'un arrêté portant dispenses de parenté à eux accordées le. . . . ., par Monsieur le Président de la République française, en conformité de l'article 163 du Code civil* (ou *du décret du sept mai mil huit cent huit*), *enregistrées et transcrites au greffe du tribunal civil de. . . . ., le. . . . ., en exécution d'une ordonnance de Monsieur le président dudit tribunal, en date du. . . . . Les actes préliminaires de ce mariage sont les publications qui en ont été faites en cette commune, où sont domiciliés les époux, les dimanches sept et quatorze de ce mois, sans qu'il soit survenu d'opposition. Les époux nous ont représenté : 1° l'acte de naissance de l'époux ; 2° celui de l'épouse ; 3° le brevet original du consentement donné par ses père et mère ; et 4° une expédition de l'arrêté susénoncé, portant dispenses de parenté entre les époux ; lesquelles pièces, en due forme, sont demeurées ci-annexées*

---

mune; savoir : *la première, le. . . . . du mois d. . . . . de l'an. . . . . à l'heure d. . . . . et la seconde, le. . . . . du mois d. . . . . de l'an. . . . . à l'heure d. . . . .* (s'il a été fait des publications en d'autres lieux que dans la commune où se célèbre le mariage, il en sera fait mention). *Aucune opposition audit mariage ne nous ayant été signifiée, faisant droit à leur réquisition, après avoir donné lecture de toutes les pièces ci-dessus mentionnées, et du chapitre VI du Code civil intitulé* Du Mariage, *avons demandé au futur époux et à la future épouse s'ils veulent se prendre pour mari et pour femme : chacun d'eux ayant répondu séparément et affirmativement, déclarons au nom de la loi que N. . . . . et la demoiselle. . . . . sont unis par le mariage. Et aussitôt lesdits époux ont déclaré qu'il est né d'eux un ou des enfants inscrits sur le registre de l'état civil de la commune d. . . . . en date du. . . . . et sous les noms de. . . . . lequel* (ou *laquelle* ou *lesquelles*) *ils reconnaissent pour leur fils* (ou *leur fille* ou *leurs filles*). *De tout ce* (ou *de quoi*) *avons dressé acte, en présence de* (noms, prénoms, âge et domicile des témoins). Si les témoins sont parents, il sera fait mention du degré de parenté, et duquel des époux ils sont parents ou alliés; *lesquels, après qu'il leur en a été aussi donné lecture, ont signé avec Nous et les parties contractantes.*

après avoir été paraphées. En conformité de l'avis du Conseil d'État du trente mars mil huit cent huit, les père et mère de l'époux attestent ici que c'est à tort et par erreur que dans son acte de naissance le nom patronymique de son père a été orthographié Leblant *au lieu de* Leblanc *qui est la véritable manière de l'écrire* (si le père représente son acte de naissance à l'appui de son attestation, on ajoutera : *ainsi qu'il appert de l'acte de naissance du père de l'époux, inscrit aux registres de l'état civil de la commune de. . . . ., le. . . . ., et dont une expédition est demeurée ci-annexée après avoir été paraphée,* ou *dont une expédition nous a été représentée, et que nous avons à l'instant rendue*[1]. *L'époux nous a représenté un certificat, que nous lui avons rendu, constatant son envoi dans la disponibilité de l'armée active, dans la réserve de l'armée active (dans ses foyers en attendant son passage dans la réserve de l'armée active,* ou *constatant sa libération du service militaire). Sur l'interpellation que nous leur en avons faite, les parties nous ont représenté un certificat, qui est demeuré ci-annexé après avoir été paraphé, constatant que le contrat de mariage des époux a été passé devant M*e. . . . ., notaire *à. . . . ., le. . . .,* (ou, s'il n'a pas été fait de contrat, *les parties nous ont déclaré que les époux n'ont pas fait de contrat de mariage). Les époux ont déclaré volontairement reconnaître ici, pour être de leurs œuvres communes, deux enfants : le premier, du sexe masculin, né à. . . . ., le. . . . ., enregistré le lendemain sous les nom et prénoms de* Martin, Louis-Alexis, *et le second, du sexe féminin, née à. . . . ., le. . . . ., enregistrée le surlendemain sous les nom et prénoms de* Martin, Rose-Aline ; *afin de les faire jouir des droits de légitimité, en conformité des articles trois cent trente-un et trois cent trente-trois du Code civil, dont lecture a été faite aux parties et témoins. Et, après avoir également donné lecture des actes précités et du chapitre VI du titre* Du Mariage, *sur les droits et les devoirs respectifs des époux, nous avons reçu la déclaration de Mon-*

1. Lorsque les ascendants sont décédés, l'attestation est faite par les quatre témoins de l'acte de mariage, ainsi qu'il suit : Les quatre témoins ci-après nommés attestent ici, comme étant à leur parfaite connaissance, que c'est à tort et par erreur, etc.

sieur Louis-Raoul Leblanc, *qu'il prend, pour sa légitime épouse, Mademoiselle* Ernestine Martin, *et celle de cette demoiselle, qu'elle prend, pour son légitime époux, Monsieur* Leblanc. *En conséquence, nous avons déclaré, au nom de la loi, que Monsieur* Louis-Raoul Leblanc *et Mademoiselle* Ernestine Martin, *ici présents, sont unis par le mariage. De laquelle célébration de mariage nous avons dressé acte sur-le-champ, en présence de Messieurs* Jules-Marin Leblanc, frère de l'époux, *âgé de* . . . . ., menuisier, *demeurant à. . . . ., et* Joseph-Théodore Petit, cousin germain de l'époux, *âgé de. . . . .,* sabotier, *demeurant à. . . . .; et de Messieurs* Alexandre Henri Martin, oncle paternel de l'épouse, *âgé de. . . . .,* typographe, *demeurant à. . . . ., et* Anatole Rondeau, ami de l'épouse, *âgé de. . . . .,* tapissier, *demeurant à* . . . . . *Et ont, les parties et témoins, signé avec Nous, après lecture.* (Et, si l'un d'eux ne sait ou ne peut signer, il en sera fait mention.)

36° Acte de mariage.

Majeur, officier ou soldat, dont le père est décédé et la mère incapable de manifester sa volonté, procédant à son mariage en vertu du consentement donné par son aïeule maternelle, et majeure, veuve, dont les père et mère sont présents. — Incapacité de la mère de l'époux, constatée par un certificat médical. — Dispense d'alliance[1].

V. *suprà*, nos 620, 621, 556, 670 à 681 inclus et 162.

Le vingt-quatre mai mil huit cent quatre-vingt-deux, à onze heures du matin, *Nous* (prénoms et nom du maire), *maire de la commune de. . . . ., officier de l'état civil* (ou *adjoint au maire de*

---

1. Rédaction adoptée par le Conseil d'État. (Formule n° 18.)
L'an mil huit cent. . . . . le. . . . . du mois d. . . . . devant Nous (la qualité du fonctionnaire), *officier de l'état civil de la commune d. . . . . département d. . . . . canton et municipalité d. . . . . est comparu N.* (prénoms, nom, âge, profession et domicile). *fils de* (nom, prénoms et profession du père), *et de* (nom et prénoms de la mère; les détails ordinaires comme aux formules précédentes); *lequel nous a déclaré qu'il est dans l'intention de s'unir en mariage avec N. . . . .* sa nièce ou tante, *avec l'autorisation de la dispense de degré que lui a accordée S. M. R. le. . . . . enregistrée au greffe du tribunal de première instance de l'arrondissement d. . . . . et dont il nous a été présenté une expédition délivrée par le greffier dudit tribunal, le. . . . . Est aussi comparue N. . . . .* (prénoms, nom, âge, profession et domicile), *fille de. . . . .* (nom, prénoms et profession du père), *et de* (nom et prénoms de la mère); *laquelle nous a déclaré qu'elle est dans*

la commune de. . . . ., faisant fonctions d'officier de l'état civil, par délégation du maire, ou pour cause d'absence ou d'empêchement du maire), *sur la réquisition qu'ils nous en ont faite, avons procédé comme suit, en la salle publique de cette mairie, à la célébration du mariage de Monsieur* Louis-Raoul Leblanc, capitaine (ou soldat) au onzième régiment de. . . . ., en garnison à. . . . ., où il est domicilié, *né à. . . . ., arrondissement de. . . . ., département de. . . . ., le. . . . .;* majeur, *fils de Monsieur* Julien-Hector Leblanc, décédé, *et de Madame* Rose-Henriette Petit, sa veuve, sans profession, *laquelle est dans l'impossibilité absolue de manifester sa volonté, ainsi que le constate un certificat délivré par Monsieur. . . . .*, docteur en médecine, *demeurant à. . . . .; procédant à son mariage en vertu du consentement donné par Madame* Françoise-Agathe Leblé, rentière, *veuve de Monsieur* Arthur-Gaëtan Petit, *demeurant à. . . . ., son aïeule maternelle et sa seule ascendante existante, suivant acte passé devant M*e. . . . ., notaire *à. . . . ., le. . . . ., enregistré, et de la permission qui lui en a été accordée par Monsieur le Ministre de la Guerre* (ou par les membres du conseil d'administration de son régiment) *le. . . . .,* — *d'une part. Et Madame* Ernestine Martin, sa belle-sœur, rentière, *demeurant avec ses père et mère à. . . . ., rue. . . . ., numéro . . . . ., née à. . . . ., arrondissement de. . . . ., département de . . . . ., le. . . . .;* majeure, *fille de Monsieur* Joseph-Alexis Martin, *et de Madame* Célestine-Blanche Legros, son épouse, propriétaires, *ci-dessus domiciliés; et veuve en premières noces de Monsieur* Alphonse-César Leblanc; *procédant à son mariage en présence de ses père et mère, qui ont déclaré y consentir, — d'autre part. Lesdits époux procédant en outre à leur mariage en vertu d'un arrêté portant dispenses d'alliance à eux accordées le. . . . ., par Monsieur le Président de la République française, en conformité de l'article cent soixante-deux du Code civil, enregistrées et transcrites au greffe du tribunal civil de. . . . ., le. . . . ., en exécution d'une ordonnance de Monsieur le président dudit tribunal, en date du. . . . . Les actes préliminaires de ce mariage sont les publications qui en ont été faites en cette commune, où sont domiciliés les époux, les*

---

l'intention de s'unir en mariage avec N. . . . . en vertu de la dispense de degré ci-dessus mentionnée, lesquels nous ont requis de procéder à la célébration du mariage projeté entre eux, et dont les publications ont été faites devant la principale porte de notre maison commune; savoir : *la première, le. . . . . du mois d. . . . . de l'an. . . . . à l'heure de. . . . . et la seconde, le. . . . .* (S'il a été fait des publications en d'autres lieux que dans la commune où se célèbre le mariage, il en devra être fait mention.) *Aucune opposition audit mariage ne nous ayant été signifiée, faisant droit à leur réquisition, après avoir donné lecture de toutes les pièces ci-dessus mentionnées et du chapitre VI du titre du Code civil intitulé* Du Mariage, *avons demandé au futur époux et à la future épouse s'ils veulent se prendre pour mari et pour femme* (le surplus comme en la formule n° 11).

dimanches sept et quatorze mai présent mois, sans qu'il soit survenu d'opposition. Les époux nous ont représenté : 1° l'acte de naissance de l'époux ; 2° l'acte de décès de son père, à. . . . ., du. . . . .; 3° le certificat médical susénoncé; 4° l'acte de décès de Jean-Baptiste Leblanc, son aïeul paternel, *à. . . . ., du. . . . .; 5° celui de* Véronique Rochet, son aïeule paternelle, *à. . . . ., du. . . . .; 6° celui de* Arthur-Gaëtan Petit, son aïeul maternel, *à. . . . ., du. . . . .; 7° la permission de mariage susénoncée; 8° l'acte de naissance de l'épouse; 9° l'acte de décès de son premier mari, à. . . . ., du. . . . .; et 10° une expédition de l'arrêté susénoncé, portant dispense d'alliance entre les époux; lesquelles pièces, en due forme, sont demeurées ci-annexées après avoir été paraphées. Sur l'interpellation que nous leur en avons faite, les parties nous ont représenté un certificat, qui est demeuré ci-annexé après avoir été paraphé, constatant que le contrat de mariage des époux a été passé devant M*e*. . . . .,* notaire *à. . . . ., le. . . . . Et, après avoir donné lecture des actes précités* (la suite comme en la formule n° 35).

37° Acte de mariage.

Majeur n'ayant pas 6 mois de domicile ou ayant 6 mois de résidence, dont le père seul a donné son consentement, la mère ayant refusé le sien, et majeure, veuve, dont les père et mère, aïeule paternelle et aïeul maternel sont décédés. — Étranger. — Dissentiment. — Consentement des aïeuls.

V. *suprà*, nos 638, 704, 555 et 545.

Le vingt-quatre mai mil huit cent quatre-vingt-deux, *à* onze heures du matin, *Nous* (prénoms et nom du maire), *maire de la commune de. . . . ., officier de l'état civil, sur la réquisition qu'ils nous en ont faite, avons procédé comme suit, en la salle publique de cette mairie, à la célébration du mariage de Monsieur* Louis-Raoul Thadal, rentier, *demeurant à. . . . ., rue. . . . ., numéro. . . . ., et précédemment à. . . . ., rue. . . . ., numéro. . . . ., né à. . . . ., arrondissement de. . . . ., département de. . . . ., le. . . . .;* majeur, *fils de Monsieur* Julien-Hector Thadal *et de Madame* Rose-Blanche Celsa, son épouse, négociants, *demeurant à. . . . ., rue. . . . ., numéro. . . . .; procédant à son mariage en présence de son père qui a déclaré seul y consentir* (ou *en vertu du consentement donné seulement par son père suivant acte passé devant M*e*. . . . .,* notaire *à. . . . ., le. . . . ., enregistré*) *la mère de l'époux ayant refusé de donner son consentement, ainsi qu'il est constaté par un acte passé devant le même notaire le. . . . ., enregistré; ledit époux procédant en outre à son mariage, à défaut de connaître la langue française, avec l'assistance de Monsieur* (prénoms, nom, âge, profession et domicile), *qu'il a choisi pour lui servir d'interprète et traduire ses volontés en français, lequel interprète a promis par serment prêté entre nos mains de remplir fidèlement la mission qui lui est confiée*, ou (si l'interprète est nommé judiciairement) *avec l'assistance de Monsieur* (prénoms, nom, âge, profession et domicile), *interprète nommé par le président du tribunal civil de. . . . .* ou *par le juge de paix du canton de. . . . ., au bas de la requête à lui présentée par l'époux, le. . . . ., et dont l'original est demeuré ci-annexé après avoir été paraphé, à l'effet de traduire en français les volontés de ce dernier, ledit interprète ayant promis par serment de remplir fidèlement la mission qui lui est confiée), — d'une part. Et Madame* Ernestine Martin, propriétaire, *demeurant à. . . . ., rue. . . . ., numéro. . . . ., née à. . . . ., arrondissement de. . . . ., département de. . . . ., le. . . . .;* majeure, *fille de Monsieur* Joseph-Alexis Martin *et de Madame* Célestine-Blanche Legros, son épouse, *tous deux décédés, ainsi que son aïeule paternelle et son aïeul maternel; et veuve en premières noces de* Léon-Auguste Lucas, *et en secondes noces de* Philippe François; *procédant à son mariage en présence de Monsieur* Adolphe-Justin Martin, son aïeul paternel, rentier, *demeurant à. . . . ., rue. . . . ., numéro. . . . ., qui a déclaré y consentir, et en vertu du consentement donné par Madame* Aglaé-Céleste Leroux, son aïeule maternelle, *veuve de Monsieur* Jules-Gaston Legros, rentière, *demeurant à. . . . ., rue. . . . ., numéro. . . . ., suivant acte passé devant Me. . . . .,* notaire *à. . . . ., le. . . . ., enregistré, — d'autre part. Les actes préliminaires de ce mariage sont les publications qui en ont été faites en cette commune et à. . . . . les dimanches sept et quatorze mai présent mois* (ou si les publications n'ont pas été faites en même temps dans les deux communes), *qui en ont été faites en cette commune, les dimanches. . . . . et à. . . . ., les dimanches. . . . ., sans qu'il soit survenu d'opposition. Les époux nous ont représenté : 1° l'acte de naissance de l'époux, joint à la traduction qui en a été faite en français le. . . . ., par Monsieur . . . . ., traducteur assermenté près la Cour d'appel de. . . . .; 2° l'acte notarié par lequel la mère de l'époux a refusé de donner son consentement; 3° l'acte de naissance de l'épouse; 4° l'acte de décès de son père, à. . . . ., du. . . . .; 5° celui de sa mère, au même lieu, du. . . . .; 6° celui de* Joséphine Carré, son aïeule paternelle, *à. . . . ., du. . . . .; 7° celui de* Jules-Gaston Legros, son aïeul maternel, *à. . . . ., du. . . . .; 8° celui de son premier mari, à. . . . ., du. . . . .; 9° celui de son second mari, à. . . . ., du. . . . .; 10° le brevet original du consentement donné par son aïeule maternelle; et 11° le certificat de non-opposition constatant les publications faites à. . . . .; lesquelles pièces, en due forme, sont demeurées ci-annexées après avoir été paraphées. Le futur nous a représenté un certificat, que nous lui avons rendu, constatant sa libération du service militaire* (ou *le futur nous a déclaré n'avoir pas satisfait à la loi sur le recrutement, en raison de sa qualité d'étranger). Sur l'interpellation que nous leur en avons faite, les parties nous ont représenté un certificat, qui est demeuré ci-annexé, après avoir été paraphé, constatant que le contrat de mariage des époux a été passé devant Me. . . . .,* notaire *à. . . . ., le. . . . .,* (ou *les parties nous ont déclaré que les époux n'ont pas fait de contrat de mariage*). *Et, après avoir donné lecture des actes précités* (la suite comme en la formule n° 35). *Et ont, les parties, les témoins et l'interprète, signé avec Nous, après lecture du présent acte, faite par ledit interprète, en langue. . . . ., et par nous, en français,* Si l'étranger signe en caractères étrangers, on ajoutera : *étant fait observer que l'époux a signé son nom dans les caractères de sa langue.*

38° Acte de mariage.

Majeur dont le père est absent et la mère décédée, et majeure dont le père est décédé et la mère opposante. — Sourd-muet. — Actes de notoriété constatant la naissance de l'époux et l'absence de son père. — Opposition[1]. — Serment concernant le décès des aïeuls.

V. *suprà*, nos 732 à 735, 574, 544, 682 à 694 et 292.

Le vingt-quatre mai mil huit cent quatre-vingt-deux, à onze heures du matin, *Nous* (prénoms et nom du maire), *maire de la commune de. . . . ., officier de l'état civil, sur la réquisition qu'ils nous en ont faite, avons procédé comme suit, en la salle publique de cette mairie, à la célébration du mariage de Monsieur* Louis-Raoul Leblanc, tourneur en fer, *demeurant à. . . . ., rue. . . . ., numéro. . . . ., né à. . . . ., arrondissement de. . . . ., département de. . . . ., le. . . . .* (ou *âgé d'environ. . . . ., dont on ignore le lieu et la date de la naissance*), *ainsi qu'il appert d'un acte de notoriété dressé par Monsieur le juge de paix du canton de . . . . ., le. . . . ., en présence de sept témoins, et homologué par le tribunal civil de. . . . . suivant jugement rendu le. . . . ., con-*

---

1. Rédaction adoptée par le Conseil d'État. (Formule n° 16.)
L'an mil huit cent le. . . . . du mois d. . . . ., par devant Nous (la qualité du fonctionnaire), *est comparu N. . . . . fils de. . . . . et de . . . . ., est aussi comparue N. . . . ., fille de. . . . . et de. . . . .* (mettre les énonciations ordinaires, comme dans les formules précédentes); *et vu l'opposition à nous signifiée le. . . . . par. . . . . huissier près le tribunal . . . . . au nom de. . . . . ou de. . . . .* (prénoms, nom, profession et domicile de l'opposant), *par laquelle il* (ou *elle*) *nous déclare s'opposer à ce qu'il soit procédé à la célébration du mariage de. . . . ., laquelle opposition a été levée par sa déclaration en date du. . . . . passée devant. . . . .* notaire *à. . . . .* (ou, si l'opposition a été levée par jugement, *a été levée par jugement du tribunal de. . . . . en date du. . . . . signifiée à nous le. . . . ., par. . . . ., huissier*). *Après avoir donné lecture aux parties et aux témoins de toutes les pièces ci-dessus mentionnées* (la suite comme en la formule n° 11).

formément à la loi, pour suppléer l'acte de naissance de l'époux dont l'inscription a été omise sur les registres de l'état civil de la commune de. . . . . (ou *pour suppléer l'acte de naissance de l'époux, que celui-ci n'a pu produire, faute de connaître le lieu et la date de sa naissance*); majeur, *fils de Monsieur* Julien-Hector Leblanc, serrurier, *absent et dont on ignore l'existence et le domicile, ainsi qu'il est constaté par un acte de notoriété dressé par Monsieur le juge de paix du canton de. . . . . le. . . . ., en présence de quatre témoins, en exécution de l'article cent cinquante-cinq du Code civil* (ou *par un jugement rendu par le tribunal civil de . . . . . le. . . . .*); *et de Madame* Rose-Henriette Petit, son épouse, *décédée, de même que les aïeuls et aïeules paternels et maternels de l'époux; ledit époux sourd-muet de naissance, sachant parfaitement lire et écrire, nous a représenté une réquisition écrite par lui sur une feuille de papier timbré, énonçant ses intentions, et dont l'original est demeuré ci-annexé après avoir été paraphé et certifié véritable* (ou, si le sourd-muet est assisté d'un interprète, *ledit époux sourd-muet de naissance, ne sachant ni lire ni écrire, procédant à son mariage avec l'assistance de Monsieur* [prénoms, nom, âge, profession et domicile], *interprète choisi par lui pour connaître par la dactylologie et la mimique les volontés du contractant, les rendre et expliquer ici, lequel interprète a promis par serment prêté entre nos mains de remplir fidèlement la mission qui lui est confiée*), — *d'une part. Et Mademoiselle* Ernestine Martin, brodeuse, *demeurant à. . . . ., rue. . . . ., numéro. . . . ., née à. . . . ., arrondissement de. . . . ., département de. . . . ., le. . . . .;* majeure, *fille de Monsieur* Joseph-Alexis Martin, *décédé, et de Madame* Célestine-Blanche Legros, sa veuve, rentière, *demeurant à. . . . ., rue. . . . ., numéro. . . . ., laquelle a formé opposition à ce mariage aux termes d'un acte passé devant M*[e]. . . . ., notaire *à. . . . ., le. . . . .* (ou *par exploit de. . . . ., huissier à. . . . ., en date du. . . . .*); *ladite épouse procédant à son mariage en présence de sa mère qui a déclaré y consentir, voulant que ladite opposition soit considérée comme nulle et non avenue* (ou, si la mère n'assiste pas au mariage, *de laquelle opposition elle a donné mainlevée aux termes d'un acte passé devant M*[e]. . . . ., notaire *à. . . . ., le. . . . .* [ou *par exploit de. . . . .,* huissier *à. . . . ., en date du. . . . .*], et si la mainlevée a été donnée par le tribunal, *de laquelle opposition il a été donné mainlevée aux termes d'un jugement rendu par le tribunal civil de. . . . ., le . . . . .,* ou, si le jugement qui ordonne la mainlevée a été rendu par défaut, *de laquelle opposition il a été donné mainlevée aux termes d'un jugement rendu par défaut par le tribunal civil de . . . . ., le. . . . ., et contre lequel il n'a été formé aucune opposition ni appel, ainsi que le constate un certificat délivré par le greffier dudit tribunal, le. . . . .*), — *d'autre part. Les actes préliminaires de ce mariage sont les publications qui en ont été faites à. . . . . et à. . . . . .* (indiquer les endroits où ces publications ont eu lieu), *les dimanches sept et quatorze de ce mois, sans qu'il soit survenu d'opposition autre que celle précitée. Les époux nous ont représenté : 1° l'acte de notoriété suppléant l'acte de naissance de l'époux ; 2° l'acte de notoriété constatant l'absence de son père ; 3° l'acte de décès de sa mère, à. . . . ., du. . . . .; 4° l'acte de naissance de l'épouse ; 5° l'acte de décès de son père, à. . . . . ., du. . . . .; 6° la mainlevée de l'opposition susénoncée, et* (s'il y a lieu) 7° *le certificat de non-opposition constatant les publications faites à. . . . .; lesquelles pièces, en due forme, sont demeurées ci-annexées après avoir été paraphées. En conformité de l'avis du Conseil d'État du quatre thermidor an treize, serment est ici individuellement prêté,* savoir : *par l'époux, qu'il ignore le lieu du décès et celui du dernier domicile de ses aïeuls et aïeules paternels et maternels, et par les quatre témoins ci-après nommés, que, quoiqu'ils connaissent ledit époux, ils ignorent également le lieu du décès et celui du dernier domicile de ses ascendants. Le futur nous a représenté un certificat, que nous lui avons rendu, constatant sa libération du service militaire. Sur l'interpellation que nous leur en avons faite* (le surplus comme en la formule n° 35). *Et ont, les parties et témoins, signé avec Nous, après que lecture du présent acte a été prise par l'époux, et après que nous en avons nous-même fait lecture,* ou, si l'époux ne sait signer : *Et ont, les parties, les témoins et l'interprète, signé avec nous, à l'exception de l'époux qui a déclaré ne le savoir, de ce interpellé, après que lecture du présent acte lui en a été donné en signes mimiques par son interprète, et que nous en avons nous-même fait lecture.*

39° Acte de mariage.

Majeur, âgé de 31 ans, et majeure, âgée de 24 ans, dont les pères et mères refusent de donner leurs consentements. — Actes respectueux [1].

V. *suprà*, nos 558, 562 et 564.

Le vingt-quatre mai mil huit cent quatre-vingt-deux, *à* onze heures du matin, *Nous* (prénoms et nom du maire), *maire de la commune de. . . . ., officier de l'état civil, sur la réquisition qu'ils nous en*

---

1. Rédaction adoptée par le Conseil d'Etat. (Formule n° 15.)
L'an mil huit cent. . . . . est comparu N. . . . ., fils de. . . . . et de dame. . . . ., lequel nous a exhibé l'acte respectueux fait le. . . . . du mois d. . . . . an. . . . . par. . . . ., notaire, *adressé à. . . . . et le second, fait le. . . . . du mois d. . . . . an. . . . . par. . . . .,* notaire, *adressé à* (mettre le nom de l'ascendant, et s'il est père, aïeul ou bisaïeul) ; *est aussi comparue N.* (prénoms, nom, âge, lieu de naissance et domicile

ont faite, avons procédé comme suit, en la salle publique de cette mairie, à la célébration du mariage de Monsieur Louis-Raoul Leblanc, jardinier, *demeurant à. . . . ., rue. . . . ., numéro. . . . ., né à. . . . ., arrondissement de. . . . ., département de. . . . ., le. . . . .;* majeur, *fils de Monsieur* Julien-Hector Leblanc *et de Madame* Rose-Henriette Petit, son épouse, cultivateurs, *demeurant à. . . . ., rue. . . . ., numéro. . . . .; procédant à son mariage hors la présence et sans le consentement de ses père et mère, en conformité de l'article cent cinquante-trois du Code civil, par suite des demandes respectueuses qu'il leur a adressées par acte passé devant M*[e]*. . . . .,* notaire *à. . . . ., le . . . ., et dont notification leur en a été faite suivant procès-verbal dressé par le même notaire* (ou *par M*[e]*. . . . .,* notaire *à. . . . .), le. . . . ., — d'une part. Et Mademoiselle* Ernestine Martin, fleuriste, *demeurant à. . . . ., rue. . . . ., numéro. . . . ., née à. . . . ., arrondissement de . . . . ., département de. . . . ., le. . . . .;* majeure, *fille de Monsieur* Joseph-Alexis Martin *et de Madame* Célestine-Blanche Legros, son épouse, maraîchers, *demeurant à. . . . ., rue. . . . ., numéro. . . . .; procédant à son mariage hors la présence et sans le consentement de ses père et mère, en conformité de l'article cent cinquante-deux du Code civil, par suite des demandes respectueuses qu'elle leur a adressées par actes passés devant M*[e]*. . . . .,* notaire *à. . . . ., les. . . . ., et dont notification leur en a été faite suivant procès-verbaux dressés par le même notaire* (ou *par M*[e]*. . . . .,* notaire *à. . . . .) les. . . . ., — d'autre part. Les actes préliminaires de ce mariage sont les publications qui en ont été faites en cette commune, où sont domiciliés les époux* (ou *en cette commune et à. . . . .) les dimanches sept et quatorze de ce mois, sans qu'il soit survenu d'opposition. Les époux nous ont représenté : 1° l'acte de naissance de l'époux ; 2° l'acte respectueux fait à ses père et mère ; 3° l'acte de naissance de l'épouse ; 4° les trois actes respectueux faits à ses père et mère ; et* (s'il y a lieu) *5° le certificat de non-opposition constatant les publications faites à. . . . ., le. . . . . Le futur nous a représenté un certificat, que nous lui avons rendu,*

---

de la future épouse), *assistée de. . . . . et de. . . . .* (son père, sa mère; ou l'ascendant, ou le tuteur qui l'assistera, ou, s'il y a eu des actes respectueux, en faire mention dans les mêmes termes que de ceux du futur époux) : *lesquels nous ont requis de procéder à la célébration du mariage projeté entre eux, et dont les publications ont été faites devant la principale porte de notre maison commune ;* savoir : *la première, le. . . . . et la seconde, le. . . . . Nulle autre opposition n'étant survenue audit mariage, Nous* (la qualité du fonctionnaire public), *officier de l'état civil de la commune de. . . . ., vu les actes respectueux mentionnés ci-dessus, desquels il résulte que les formalités requises par la loi ont été remplies, et que les délais sont expirés ; après avoir donné lecture des actes ci-dessus relatés et du chapitre VI du titre* Du Mariage *du Code civil, faisant droit aux réquisitions des parties, déclarons, au nom de la loi, que N. . . . . et N. . . . . sont unis par le mariage. De tout ce avons dressé acte, en présence de, etc.*

constatant sa libération du service militaire. Sur l'interpellation que nous leur en avons faite, les époux nous ont déclaré n'avoir pas fait de contrat de mariage (la suite comme en la formule n° 35).

40° Acte de mariage.

Majeur dont le père seul est présent, la mère ayant donné son consentement, et majeure dont la mère seule est présente, le père ayant donné son consentement. — Enfant adoptif.

V. *suprà*, nos 485, 573 et 537.

Le vingt-quatre mai mil huit cent quatre-vingt-deux, *à* onze heures du matin, *Nous* (prénoms et nom du maire), *maire de la commune de. . . . ., officier de l'état civil, sur la réquisition qu'ils nous en ont faite, avons procédé comme suit, en la salle publique de cette mairie, à la célébration du mariage de Monsieur* Louis-Raoul Leblanc-Copeau, tapissier, *demeurant à. . . . ., rue. . . . ., numéro. . . . ., né à. . . . ., arrondissement de. . . . ., département de. . . . ., le. . . . .*; majeur, *fils de Monsieur* Julien-Hector Leblanc *et de Madame* Henriette Petit, son épouse, marchands merciers, *demeurant à. . . . ., rue. . . . . numéro. . . . ., et fils adoptif de Monsieur* Victor Copeau *et de Madame* Julienne Robert, son épouse, rentiers, *demeurant à. . . . ., rue. . . . ., numéro. . . . ., en vertu d'un jugement rendu par le tribunal civil de. . . . ., le. . . . ., enregistré, et confirmé par arrêt de la Cour d'appel de. . . . ., en date du. . . . ., enregistré; procédant à son mariage en présence de son père, qui a déclaré y consentir, et en vertu du consentement donné par sa mère suivant acte passé devant Me. . . . .*, notaire *à. . . . ., le. . . . ., enregistré, — d'une part. Et Mademoiselle* Ernestine Martin, employée de commerce, *demeurant avec ses père et mère à. . . . ., rue. . . . ., numéro . . . . ., née à. . . . ., arrondissement de. . . . ., département de. . . . ., le. . . . .*; majeure, *fille de Monsieur* Joseph-Alexis Martin, serrurier, *et de Madame* Célestine-Blanche Legros, son épouse, cuisinière, *ci-dessus domiciliés; procédant à son mariage en vertu du consentement donné par son père, suivant acte passé devant Me. . . . .*, notaire *à. . . . ., le. . . . ., et en présence de sa mère, qui a déclaré y consentir, — d'autre part. Les actes préliminaires de ce mariage sont les publications qui en ont été faites en cette commune, où sont domiciliés les époux, les dimanches . . . . ., sans qu'il soit survenu d'opposition. Les époux nous ont représenté : 1° l'acte de naissance de l'époux; 2° le brevet original du consentement donné par sa mère; 3° l'acte de naissance de l'épouse; et 4° le brevet original du consentement donné par son père; lesquelles pièces, en due forme, sont demeurées ci-annexées, après avoir été paraphées* (la suite comme en la formule n° 35).

41° Acte de mariage.

Majeur reconnu par ses père et mère, et majeure dont les père et mère sont inconnus. — Enfant naturel reconnu et enfant naturelle non reconnue.

V. *suprà*, n° 592 et 576.

Le vingt-quatre mai mil huit cent quatre-vingt-deux, *à* dix heures du matin, *Nous* (prénoms et nom du maire), *maire de la commune de. . . . ., officier de l'état civil, sur la réquisition qu'ils nous en ont faite, avons procédé comme suit, en la salle publique de cette mairie, à la célébration du mariage de Monsieur* Louis-Raoul Leblanc, ébéniste, *demeurant à. . . . ., rue. . . . ., numéro. . . . ., né à. . . . ., arrondissement de. . . . ., département de. . . . ., le. . . . .;* majeur, *fils naturel reconnu de Monsieur* Julien-Hector Leblanc, ébéniste, *et de Madame* Rose-Henriette Petit, couturière, *demeurant à. . . . ., rue. . . . ., numéro. . . . .; procédant à son mariage en présence de ses père et mère qui ont déclaré y consentir, — d'une part. Et Mademoiselle* Ernestine Fabiole, lingère, *demeurant à. . . . ., rue. . . . ., numéro. . . . ., née à . . . . ., arrondissement de. . . . ., département de. . . . ., le . . . . .;* majeure, *fille de père et mère non désignés, — d'autre part. Les actes préliminaires de ce mariage sont les publications qui en ont été faites en cette commune* (et, s'il y a lieu, *à. . . . .*) *les dimanches. . . . ., sans qu'il soit survenu d'opposition. Les époux nous ont représenté : 1° l'acte de naissance de l'époux ;* 2° *celui de l'épouse ;* (et, s'il y a lieu, 3° *le certificat de non-opposition constatant les publications faites à. . . . .*) *: lesquelles pièces, en due forme, sont demeurées ci-annexées après avoir été paraphées. L'époux nous a représenté un certificat, que nous lui avons rendu, constatant qu'il a été dispensé du service militaire. Sur l'interpellation que nous leur en avons faite* (la suite comme en la formule n° 35).

42° Acte de mariage.

Majeur dont le père a donné son consentement, et majeure dont la mère est présente. — Enfant naturel reconnu seulement par son père, et enfant naturelle reconnue par sa mère dans l'acte même de célébration de mariage.

V. *suprà*, nos 593, 443 et 445.

Le vingt-quatre mai mil huit cent quatre-vingt-deux, *à* onze heures du matin, *Nous* (prénoms et nom du maire), *maire de la commune de. . . . ., officier de l'état civil, sur la réquisition qui nous en a été faite, avons procédé comme suit, en la salle publique de cette mairie, à la célébration du mariage de Monsieur* Louis-Raoul Leblanc, forgeron, *demeurant avec son père à. . . . ., rue. . . . ., numéro. . . . ., né à. . . . ., arrondissement de. . . . ., département de. . . . ., le. . . . .*; majeur, *fils naturel reconnu de Monsieur* Julien-Hector Leblanc, serrurier, *ci-dessus domicilié, et de mère non désignée* (ou *non reconnu de Demoiselle* Rose-Henriette Petit); *procédant à son mariage en présence de son père, qui a déclaré y consentir, — d'une part. Et Mademoiselle* Ernestine Martin, lingère, *demeurant avec sa mère, à. . . . ., rue. . . . ., numéro . . . . ., née à. . . . ., arrondissement de. . . . ., département de. . . . ., le. . . . .*; majeure, *fille naturelle non reconnue de Demoiselle* Célestine-Blanche Martin, modiste, *ci-dessus domiciliée, et de père non désigné; procédant à son mariage en présence de sa mère, laquelle a déclaré volontairement la reconnaître ici pour être de ses œuvres, et consentir à son mariage*[1], — *d'autre part. Les actes préliminaires de ce mariage sont* (la suite comme en la formule n° 41).

43° Acte de mariage.

Mineur dont les père et mère sont présents, et mineure dont le père seul est présent, la mère ayant donné son consentement. — Dispenses d'âge.

V. *suprà*, nos 537 et 512.

Le vingt-quatre mai mil huit cent quatre-vingt-deux, *à* dix heures et demie du matin, *Nous* (prénoms et nom du maire), *maire de la commune de. . . . ., officier de l'état civil, sur la réquisition qu'ils nous en ont faite, avons procédé comme suit, en la salle publique de cette mairie, à la célébration du mariage de Monsieur* Louis-Raoul Leblanc, bijoutier, *demeurant avec ses père et mère à. . . . ., rue . . . . ., numéro. . . . ., né à. . . . ., arrondissement de. . . . ., le. . . . .*; mineur, *fils de Monsieur* Julien-Hector Leblanc *et de Madame* Rose-Henriette Petit, son épouse, marchands bijoutiers, *ci-dessus domiciliés; procédant à son mariage en présence de ses père et mère qui ont déclaré y consentir, — d'une part. Et Mademoiselle* Ernestine Martin, lingère, *demeurant de droit chez ses père et mère à. . . . ., rue. . . . ., numéro. . . . ., et de fait à. . . . ., rue. . . . ., numéro. . . . ., née à. . . . ., arrondissement de . . . . ., département de. . . . ., le. . . . .*; mineure, *fille de Monsieur* Joseph-Alexis Martin, facteur, *et de Madame* Célestine-Blanche Legros, son épouse, femme de ménage, *ci-dessus domiciliés; procédant à son mariage en présence de son père, qui a déclaré y consentir, et en vertu du consentement donné par sa mère*

---

1. V. *suprà*, n° 445.

suivant acte passé devant Me. . . . . , notaire à. . . . . , le. . . . . , enregistré ; ladite épouse procédant en outre à son mariage en vertu d'un arrêté portant dispenses d'âge à elle accordées le. . . . . , par Monsieur le Président de la République française, en conformité de l'article 145 du Code civil, enregistrées et transcrites au greffe du tribunal civil de. . . . . , le. . . . . , en exécution d'une ordonnance de Monsieur le Président de ce tribunal, en date du. . . . . , — d'autre part. Les actes préliminaires de ce mariage sont les publications qui en ont été faites en cette commune et à. . . . . , le . . . . . , les dimanches. . . . . , sans qu'il soit survenu d'opposition. Les époux nous ont représenté : 1° une expédition de l'arrêté susénoncé, portant dispenses d'âge en faveur de l'épouse ; 2° l'acte de naissance de l'époux ; 3° celui de l'épouse ; 4° le brevet original du consentement donné par sa mère ; et 5° le certificat de non-opposition constatant les publications faites à. . . . . ; lesquelles pièces, en due forme, sont demeurées ci-annexées après avoir été paraphées. Sur l'interpellation que nous leur en avons faite, les parties nous ont déclaré que les époux n'ont pas fait de contrat de mariage (la suite comme en la formule n° 35).

44° Acte de mariage.

Mineur, enfant légitime, dont les père, mère, aïeuls et aïeules sont décédés, et mineure, dont le père est présent et la mère décédée[1]. — Consentement du conseil de famille.

V. *suprà*, nos 576 et 537.

Le vingt-quatre mai mil huit cent quatre-vingt-deux, *à* onze heures du matin, *Nous* (prénoms et nom du maire), *maire de la commune*

---

1. Rédaction adoptée par le Conseil d'État. (Formule n° 12.)
L'an mil huit cent. . . . . , le. . . . . jour du mois d. . . . . par-devant Nous (qualité du fonctionnaire), *officier de l'état civil de la commune d. . . . . département d. . . . . , canton et municipalité d. . . . . , sont comparus N. . . . . fils mineur ; assisté de. . . . . son père et de dame. . . . . sa mère, et Demoiselle . . . . . fille mineure, assistée de. . . . . son père, et de. . . . . sa mère* (si le père de l'un des deux époux est mort, on mettra *assisté de. . . . . sa mère seulement, son père étant décédé, comme il est constaté par acte de décès délivré à. . . . . , le. . . . . , par acte de notoriété adressé à. . . . . , par le juge de paix de. . . . . et homologué par le président du tribunal de première instance séant à. . . . .*); *lesquels nous ont requis de procéder à la célébration du mariage projeté entre eux, et dont les publications ont été faites devant la principale porte de notre maison commune ;* savoir : *la première, le. . . . . du mois d. . . . . , l'an. . . . . , à l'heure de. . . . . et la seconde, le . . . . .* (s'il a été fait des publications dans d'autres lieux que dans la commune où se célèbre le mariage, il devra en être fait mention). *Aucune opposition audit mariage ne nous ayant été signifiée, faisant droit à leur réquisition* (la suite comme en la formule n° 11).

de. . . . ., officier de l'état civil, sur la réquisition qu'ils nous en ont faite, avons procédé comme suit, en la salle publique de cette mairie, à la célébration du mariage de Monsieur Louis-Raoul Leblanc, tapissier, *demeurant de droit chez son tuteur à. . . . ., rue . . . . ., numéro. . . . ., et de fait à. . . . ., rue. . . . ., numéro. . . . .* (ou *de droit et de fait à. . . . ., rue. . . . ., numéro. . . . .*), *né à. . . . ., arrondissement de. . . . ., département de. . . . ., le. . . . .*; mineur, *fils de Monsieur* Julien-Hector Leblanc *et de Madame* Rose-Henriette Petit, son épouse, *tous deux décédés, de même que ses aïeuls et aïeules paternels et maternels; procédant à son mariage en vertu du consentement donné par son conseil de famille suivant délibération tenue sous la présidence de Monsieur le juge de paix du canton de. . . . ., le. . . . ., — d'une part. Et Mademoiselle* Ernestine Martin, couturière, *demeurant de droit chez son père à. . . . ., rue. . . . ., numéro. . . . ., et de fait à. . . . ., rue. . . . ., numéro. . . . ., née à. . . . ., arrondissement de. . . . ., département de. . . . ., le. . . . .*; mineure, *fille de Monsieur* Joseph-Alexis Martin, blanchisseur, *ci-dessus domicilié, et de Madame* Célestine-Blanche Legros, son épouse, *décédée; procédant à son mariage en présence de son père, qui a déclaré y consentir, — d'autre part. Les actes préliminaires de ce mariage sont les publications qui en ont été faites en cette commune, à* (indiquer le lieu de domicile du tuteur de l'époux), *et à* (indiquer le lieu de domicile du père de l'épouse), *les dimanches . . . . ., sans qu'il soit survenu d'opposition. Les époux nous ont représenté : 1° l'acte de naissance de l'époux; 2° l'acte de décès de son père, à. . . . ., du. . . . .; 3° celui de sa mère, à. . . . ., du. . . . .; 4° celui de* Philippe-Antoine Leblanc, *son aïeul paternel, à. . . . ., du. . . . .; 5° celui de* Joséphine Guéret, *son aïeule paternelle, à. . . . ., du. . . . .; 6° celui de* Léon Legros, *son aïeul maternel, à. . . . ., du. . . . .; 7° celui de* Céline Larose, *son aïeule maternelle, à. . . . ., du. . . . .; 8° le consentement donné par son conseil de famille; 9° l'acte de naissance de l'épouse; 10° l'acte de décès de sa mère, à. . . . ., du. . . . .; et 11° les certificats de non-opposition constatant les publications faites à. . . . . et à. . . . .; lesquelles pièces, en due forme, sont demeurées ci-annexées après avoir été paraphées. Sur l'interpellation que nous leur en avons faite, les parties nous ont représenté un certificat, qui est demeuré ci-annexé après avoir été également paraphé, constatant que le contrat de mariage des époux a été passé devant* Me. . . . ., notaire *à. . . . ., le. . . . . Et, après avoir donné lecture des actes susénoncés* (la suite comme en la formule n° 35).

45° Acte de mariage.

Mineur dont les père et mère sont séparés judiciairement, et mineure dont le père est privé de ses droits civils, et la mère décédée. — Incapacité légale d'un ascendant. — Consentement du tuteur *ad hoc.*

V. *suprà*, nos 715, 593 et 594.

Le quatorze mai mil huit cent quatre-vingt-deux, *à* onze heures un quart du matin, *Nous* (prénoms et nom du maire), *maire de la commune de. . . . ., officier de l'état civil, sur la réquisition qu'ils nous en ont faite, avons procédé comme suit, en la salle publique de cette mairie, à la célébration du mariage de Monsieur* Louis-Raoul Leblanc, menuisier, *demeurant de droit chez son père à. . . . ., rue. . . . ., numéro. . . . , et de fait avec sa mère, à. . . . ., rue. . . . ., numéro. . . . ., né à. . . . ., arrondissement de . . . . ., département de. . . . ., le. . . . .;* mineur, *fils de Monsieur* Julien-Hector Leblanc, menuisier, *et de Madame* Rose-Henriette Petit, son épouse, couturière, *ci-dessus domiciliés; procédant à son mariage en vertu du consentement donné par son père suivant acte passé devant Me. . . . .,* notaire *à. . . . ., le. . . . ., enregistré, et en présence de sa mère, qui a déclaré y consentir, — d'une part. Et Mademoiselle* Ernestine Martin, lingère, *demeurant de droit chez son tuteur à. . . . ., rue. . . . ., numéro. . . . ., et de fait à. . . . ., rue. . . . ., numéro. . . . ., née à. . . . ., arrondissement de. . . ., département de. . . . ., le. . . . .;* mineure, *fille de Monsieur* Joseph-Alexis Martin, maçon, *dont l'incapacité légale est dûment constatée par un jugement dont une expédition, qui nous a été représentée, est demeurée ci-annexée après avoir été paraphée, et de Madame* Célestine-Blanche Legros, son épouse, *décédée; procédant à son mariage en présence de Monsieur* Louis-Ernest Lafleur, maçon, *demeurant à. . . . ., rue . . . . ., son tuteur* ad hoc, *fonction qui lui a été conférée et qu'il a acceptée aux termes d'une délibération tenue sous la présidence de Monsieur le juge de paix du canton de. . . . ., le. . . . .; lequel, ès dite qualité, a déclaré y consentir, — d'autre part. Les actes préliminaires de ce mariage sont les publications qui en ont été faites en cette commune, à* (indiquer le lieu du domicile du père de l'époux), *à* (indiquer le lieu du domicile de l'époux, s'il y a lieu) *et à* (indiquer le lieu du domicile de son tuteur), *les dimanches . . . . ., sans qu'il soit survenu d'opposition. Les époux nous ont représenté : 1° l'acte de naissance de l'époux ; 2° le brevet original du consentement donné par son père ; 3° l'acte de naissance de l'épouse ; 4° l'acte de décès de sa mère, à. . . . ., du. . . . .; 5° une expédition de la délibération susénoncée; et 6° les certificats de non-opposition constatant les publications faites à. . . . . et à. . . . .;*

lesquelles pièces, en due forme, sont demeurées ci-annexées après avoir été paraphées. Sur l'interpellation que nous leur en avons faite (la suite comme en la formule n° 35).

46° Acte de mariage.

Mineur dont le père a donné son consentement, et mineure dont la mère est présente. — Enfants naturels reconnus.

V. *suprà*, n° 592.

Le quatorze mai mil huit cent quatre-vingt-deux, *à* dix heures du matin, *Nous* (prénoms et nom du maire), *maire de la commune de. . . . ., officier de l'état civil, sur la réquisition qu'ils nous en ont faite, avons procédé comme suit, en la salle publique de cette mairie, à la célébration du mariage de Monsieur* Louis-Raoul Leblanc, chapelier, *demeurant de droit chez son père, à. . . . ., rue . . . . ., numéro . . . . ., et de fait à. . . . ., né à. . . . ., arrondissement de. . . . ., département de. . . . ., le. . . . .;* mineur, *fils naturel reconnu de Monsieur* Julien-Hector Leblanc, bourrelier, *ci-dessus domicilié, et de mère non désignée* (ou *non reconnu de* Cécile-Aglaé Lagarde) ; *procédant à son mariage en vertu du consentement donné par son père suivant acte passé devant M*e. . . . ., notaire *à. . . . ., le. . . . .,— d'une part. Et Mademoiselle* Ernestine Martin, sans profession, *demeurant avec sa mère à. . . . ., rue. . . . ., numéro. . . . ., née à. . . . ., arrondissement de. . . . ., le. . . . .;* mineure, *fille naturelle reconnue de Demoiselle* Julia-Léontine Martin, rentière, *ci-dessus domiciliée, et de père non désigné; procédant à son mariage en présence de sa mère qui a déclaré y consentir, — d'autre part. Les actes préliminaires de ce mariage sont les publications qui en ont été faites en cette commune et à* (indiquer le lieu du domicile du père de l'époux), *les dimanches. . . . ., sans qu'il soit survenu d'opposition. Les époux nous ont représenté : 1° l'acte de naissance de l'époux; 2° le brevet original du consentement donné par son père; 3° l'acte de naissance de l'épouse ; et 4° le certificat de non-opposition constatant les publications faites à. . . . .; lesquelles pièces, en due forme, sont demeurées ci-annexées après avoir été paraphées. Sur l'interpellation que nous leur en avons faite* (la suite comme en la formule n° 35).

47° Acte de mariage.

Mineur dont les père, mère et aïeuls sont décédés, et mineure dont la précédente union a été dissoute par jugement. — Consentement par des aïeules.

V. *suprà*, nos 715 et 522.

Le quatorze mai mil huit cent quatre-vingt-deux, *à* onze heures du matin, *Nous* (prénoms et nom du maire), *maire de la commune de. . . . ., officier de l'état civil, sur la réquisition qu'ils nous en ont faite, avons procédé comme suit, en la salle publique de cette mairie, à la célébration du mariage de Monsieur* Louis-Raoul Leblanc, ferblantier, *demeurant de droit chez son tuteur, à. . . . ., rue. . . . ., numéro. . . . ., et de fait à. . . . ., né à. . . . ., arrondissement de. . . . ., département de. . . . ., le. . . . .;* mineur, *fils de Monsieur* Julien-Hector Leblanc *et de Madame* Rose-Henriette Petit, son épouse, *tous deux décédés, de même que ses aïeuls paternels et maternels; ainsi qu'il est attesté par ses aïeules ci-après nommées, en conformité de l'avis du Conseil d'État du quatre thermidor an treize; procédant à son mariage en présence de Mesdames* Virginie-Cécile Legras, veuve *de Monsieur* François-Joseph Leblanc, rentière, *demeurant à. . . . ., rue. . . . ., numéro. . . . ., et* Isabelle-Agathe Letort, veuve *de Monsieur* Maurice Petit, sans profession, *demeurant à. . . . ., rue. . . . ., numéro. . . . ., ses aïeules paternelle et maternelle, lesquelles ont déclaré y consentir, — d'une part. Et Madame* Ernestine Martin, lingère, *demeurant chez ses père et mère à. . . . ., rue. . . . ., numéro. . . . ., née à. . . . ., arrondissement de. . . . ., département de. . . . ., le. . . . ., et dont le précédent mariage avec le sieur* Casimir Lenoble *a été dissous en vertu d'un jugement rendu par le tribunal civil de première instance séant à. . . . ., le. . . . ., enregistré, dont une expédition, qui nous a été représentée, est demeurée ci-annexée après avoir été paraphée;* mineure, *fille de Monsieur* Joseph-Alexis Martin *et de Madame* Célestine-Blanche Legros, son épouse, marchands de vin, *ci-dessus domiciliés; procédant à son mariage en présence de ses père et mère, qui ont déclaré y consentir, — d'autre part. Les actes préliminaires de ce mariage sont les publications qui en ont été faites : 1° en cette commune; 2° à* (indiquer le lieu du domicile du tuteur de l'époux); *3° à* (indiquer celui du domicile de l'aïeule paternelle); *et 4° à* (indiquer celui du domicile de l'aïeule maternelle), *les dimanches. . . . ., sans qu'il soit survenu d'opposition. Les époux nous ont représenté : 1° l'acte de naissance de l'époux; et 2° les certificats de non-opposition constatant les publications faites à. . . . .; lesquelles pièces, en due forme, sont demeurées ci-annexées après avoir été para-*

phées. Vu l'acte de naissance de l'épouse, inscrit aux registres de l'état civil de cette commune. Sur l'interpellation que nous leur en avons faite (la suite comme en la formule n° 35).

48° Acte de mariage.

Mineur dont le père est absent et la mère décédée, et mineure dont les père et mère sont inconnus. — Enfant trouvée. — Consentement par le conseil d'administration de l'hospice.

V. *suprà*, n°s 576 et 598.

Le quatorze mai mil huit cent quatre-vingt-deux, *à* onze heures du matin, *Nous* (prénoms et nom du maire), *maire de la commune de. . . . ., officier de l'état civil, sur la réquisition qu'ils nous en ont faite, avons procédé comme suit, en la salle publique de cette mairie, à la célébration du mariage de Monsieur* Louis-Raoul Leblanc, jardinier, *demeurant de droit chez son tuteur, à. . . . ., rue. . . . ., numéro. . . . .* (ou, s'il n'y a pas de tuteur de nommé) *à. . . . .* (indiquer le lieu où la tutelle s'est ouverte), *et de fait à. . . . ., rue. . . . ., numéro. . . . ., né à. . . . ., arrondissement de. . . . ., département de. . . . ., le. . . . .;* mineur, *fils de Monsieur* Julien-Hector Leblanc, fileur, *absent, dont on ignore l'existence et le domicile, et dont l'absence est dûment constatée par un jugement rendu par le tribunal civil de. . . . ., le . . . . ., enregistré, dont une expédition est demeurée ci-annexée après avoir été paraphée, et de Madame* Rose-Henriette Petit, son épouse, *décédée, de même que ses aïeuls et aïeules paternels et maternels; procédant à son mariage en vertu du consentement donné par son conseil de famille aux termes d'une délibération tenue sous la présidence de Monsieur le juge de paix du canton de. . . . ., le. . . . ., enregistrée* (ou, si l'époux est enfant naturel, *en présence de Monsieur* Léon-Claude Labiche, jardinier, *demeurant à . . . . ., rue. . . . ., numéro. . . . ., son tuteur* ad hoc, *fonction qui lui a été conférée et qu'il a acceptée aux termes d'une délibération tenue sous la présidence de Monsieur le juge de paix du canton de. . . . ., le. . . . ., enregistrée), — d'une part. Et Mademoiselle* Justine-Alice, repasseuse, *demeurant de droit à* (indiquer le lieu de l'hospice qui l'a recueillie et où elle a été élevée), *âgée d'environ. . . . ., présentée à la mairie de la commune de. . . . ., où elle a été inscrite le. . . . .;* mineure, *fille de père et mère inconnus; procédant à son mariage en vertu du consentement donné par les membres du conseil d'administration de l'hospice de. . . . ., le . . . . ., enregistré* (et, si l'épouse est élève d'un hospice de Paris : *en vertu du consentement donné par le directeur général de l'Assistance publique, le. . . . ., enregistré, — d'autre part. Les actes préliminaires de ce mariage sont les publications qui en ont été faites en cette commune, à* (indiquer le lieu du domicile du tuteur de l'époux, ou, à défaut, le lieu où la tutelle s'est ouverte), *et à* (indiquer le lieu de l'hospice où l'épouse a été élevée), *les dimanches. . . . ., sans qu'il soit survenu d'opposition. Les époux nous ont représenté : 1° l'acte de naissance de l'époux ; 2° l'acte de décès de sa mère, à. . . . ., du. . . . .; 3° le consentement donné par son conseil de famille* (s'il y a lieu) *; 4° l'acte inscrit sur les registres de l'état civil de la commune de. . . . ., pour tenir lieu d'acte de naissance à l'épouse ; 5° le consentement donné par les membres du conseil d'administration de l'hospice de. . . . .* (ou *par le Directeur général de l'Assistance publique*) *; et 6° les certificats de non-opposition constatant les publications faites à. . . . . et à . . . . .; lesquelles pièces, en due forme, sont demeurées ci-annexées après avoir été paraphées. Sur l'interpellation que nous leur en avons faite* (la suite comme en la formule n° 35).

49° Acte de mariage.

Mineur, né de parents non désignés[1] (ou enfant ayant perdu la qualité d'enfant légitime par suite d'un jugement), et mineure dont le père est décédé et la mère remariée.

V. *suprà*, n°s 450, 463 et 539.

Le quatorze mai mil huit cent quatre-vingt-deux, *à* onze heures du matin, *Nous* (prénoms et nom du maire), *maire de la commune de. . . . ., officier de l'état civil, sur la réquisition qu'ils nous en ont faite, avons procédé comme suit, en la salle publique de cette mairie, à la célébration du mariage de Monsieur* Louis Raoul, cocher, *demeurant de droit chez son tuteur, à. . . . ., rue. . . . ., numéro. . . . .* (à défaut de tuteur, indiquer le lieu d'origine, c'est-à-dire le lieu de naissance), *et de fait à. . . . ., rue. . . . .,*

---

1. Rédaction adoptée par le Conseil d'État. (Formule n° 13.)
L'an mil huit cent. . . . ., le. . . . . du mois d. . . . ., devant Nous (qualité du fonctionnaire), *officier de l'état civil de la commune d. . . . ., département d. . . . ., canton et municipalité d. . . . ., sont comparus N. . . . . mineur, fils de parents inconnus, suivant son acte de naissance inscrit sur le registre de la commune d. . . . ., le. . . . ., accompagné de N. . . . . nommé par jugement du. . . . ., du mois d. . . . ., de l'an. . . . ., rendu par le tribunal de première instance d. . . . ., département d. . . . ., tuteur pour assister ledit mineur dans la célébration de son mariage, et N. . . . ., assistée de N* (nom, prénoms, âge, profession, domicile), son père, *et de N.* (nom, prénoms), sa mère, *lesquels nous ont requis de procéder au mariage projeté entre eux, et dont les publications ont été faites devant la principale porte de notre maison commune*; savoir: (la suite comme en la formule n° 11).

numéro. . . . ., né à. . . . ., arrondissement de. . . . ., département de. . . . ., le. . . . .; mineur, *fils naturel de père et mère non désignés ; procédant à son mariage en présence de Monsieur* Léon-Claude Labiche (la suite comme en la formule n° 48), — *d'une part. Et Mademoiselle* Ernestine Martin, cuisinière, *demeurant avec sa mère à. . . . ., rue. . . . ., numéro. . . . ., née à . . . . ., arrondissement de. . . . ., département de. . . . ., le . . . . .;* mineure, *fille de Monsieur* Joseph-Alexis Martin, *décédé, et de Madame* Célestine-Blanche Legros, sa veuve, modiste, *ci-dessus domiciliée,* épouse en secondes noces *de Monsieur* Benjamin-César Lecoq ; *procédant à son mariage en présence de sa mère, qui a déclaré y consentir, — d'autre part. Les actes préliminaires de ce mariage sont les publications qui en ont été faites en cette commune et à* (indiquer le lieu du domicile du tuteur de l'époux et, à son défaut, le lieu d'origine de l'époux), *les dimanches . . . . ., sans qu'il soit survenu d'opposition. Les époux nous ont représenté : 1° l'acte de naissance de l'époux ; 2° la délibération susénoncée ; 3° l'acte de naissance de l'épouse ; 4° l'acte de décès de son père à. . . . ., du. . . . .; et 5° le certificat de non-opposition constatant les publications faites à. . . . .; lesquelles pièces, en due forme, sont demeurées ci-annexées après avoir été paraphées. Sur l'interpellation que nous leur en avons faite* (la suite comme en la formule n° 35).

50° Acte de mariage.

Majeur, enfant naturel, dont les père et mère sont décédés, et majeure dont le père est présent et la mère décédée. — Cas où le consentement des aïeuls n'est pas nécessaire. — Mariage *in extremis.* Dispense de la seconde publication[1]. — Reconnaissance d'enfant naturel.

V. *suprà,* nos 545, 761, 762, 725 à 728 inclus, et 427.

Le quatorze mai mil huit cent quatre-vingt-deux, *à* onze heures *du* matin, *Nous* (prénoms et nom du maire), *maire de la commune de. . . . ., officier de l'état civil, vu : 1° la décision prise par*

---

1. Rédaction adoptée par le Conseil d'État. (Formule n° 14.)
L'an mil huit cent. . . . ., le. . . . ., du mois d. . . . ., devant Nous (la qualité du fonctionnaire), *officier de l'état civil de la commune d. . . . ., département d. . . . ., canton et municipalité d. . . . ., sont comparus N.* (nom, prénoms, âge, profession, domicile), *fils de* (nom, prénoms, profession du père), *et de dame* (nom, prénoms de la mère), *et N.* (nom, prénoms, âge, profession, domicile), *fille de. . . . . et de* (mettre les énonciations ordinaires comme dans les formules précédentes) ; *lesquels nous ont requis de procéder à la célébration du mariage projeté entre eux, et dont la première publication a été faite devant la principale porte de notre maison commune, le. . . . ., du mois d. . . . ., l'an. . . . ., à l'heure de. . . . ., et dont la seconde*

Monsieur le Ministre de la justice, les onze mai mil huit cent onze et quinze octobre mil huit cent cinquante-deux ; et 2° le certificat délivré le. . . . . par Monsieur. . . . ., docteur en médecine, *demeurant à. . . . ., rue. . . : ., numéro. . . . ., constatant que la Demoiselle* Martin, *ci-après nommée, se trouve, par suite de son état maladif, dans l'impossibilité absolue de quitter le lit ; sur la réquisition qui nous en a été faite, nous sommes transporté au domicile de cette Demoiselle, à. . . . ., rue. . . . ., numéro . . . . ., au* 3e étage, *où nous l'avons trouvée malade de corps, mais saine d'esprit, mémoire et entendement, et avons procédé comme suit, les portes ouvertes, à la célébration du mariage de Monsieur* Louis-Raoul Leblanc, corroyeur, *demeurant à. . . . ., rue. . . . ., numéro. . . . ., né à. . . . ., arrondissement de. . . . ., département de. . . . ., le. . . . . ;* majeur, *fils naturel reconnu de Monsieur* Julien-Hector Leblanc, *et de Madame* Rose-Henriette Petit, *tous deux décédés, — d'une part. Et Mademoiselle* Ernestine Martin, couturière, *demeurant avec son père à. . . . ., rue. . . . ., numéro. . . . ., née à. . . . ., arrondissement de. . . . ., département de. . . . ., le. . . . . ;* majeure, *fille de Monsieur* Joseph-Alexis Martin, tanneur, *ci-dessus domicilié, et de Madame* Céles-tine-Blanche Legros, son épouse, *décédée ; procédant à son mariage en présence de son père, qui a déclaré y consentir, — d'autre part. Lesdits époux procédant en outre à leur mariage en vertu de la dispense de la seconde publication à eux accordée par Monsieur le Procureur de la République, à. . . . ., le. . . . ., et déposée au secrétariat de cette mairie. Les actes préliminaires de ce mariage sont la première publication qui en a été faite en cette commune, où sont domiciliés les époux, le dimanche. . . . ., sans qu'il soit survenu d'opposition, et la dispense de la seconde publication susénoncée. Les époux nous ont représenté : 1° le certificat médical énoncé en tête des présentes ; 2° une copie de la dispense précitée ; 3° l'acte de naissance de l'époux ; et 4° celui de l'épouse ; lesquelles pièces, en due forme, sont demeurées ci-annexées après avoir été paraphées. Vu l'acte de décès de la mère de l'épouse, inscrit aux registres de l'état civil de cette commune à la date du. . . . . L'époux nous a représenté un certificat, que nous lui avons rendu, constatant sa libération du service militaire. Sur l'interpellation que nous leur en avons faite, les parties nous ont déclaré que les époux n'ont pas fait de contrat de mariage. Les époux ont déclaré*

---

n'a pas eu lieu, en vertu de la dispense délivrée, au nom du Gouvernement par le procureur du Roi près le tribunal de première instance de l'arrondissement d. . . . ., laquelle dispense nous ayant été présentée, est restée déposée au secrétariat de la commune. Aucune opposition audit mariage ne nous ayant été signifiée, faisant droit à leur réquisition, après avoir donné lecture de toutes les pièces et du chapitre VI du titre du Code civil intitulé Du Mariage, *avons demandé* (la suite comme en la formule n° 11).

volontairement reconnaître ici, pour être de leurs œuvres communes, une enfant, du sexe féminin, née en cette commune le. . . . . , enregistrée le lendemain sous les nom et prénoms de Martin, Juliette-Césarine; *afin de la faire jouir des droits de légitimité, en conformité des articles trois cent trente-un et trois cent trente-trois du Code civil dont lecture a été faite aux parties et témoins. Et, après avoir également donné lecture des actes précités* (la suite comme en la formule n° 35). *Et ont, les parties et témoins, signé avec Nous, à l'exception de l'épouse qui a déclaré ne le savoir* (ou *qui a déclaré le savoir, mais ne le pouvoir à cause de sa grande faiblesse*), *de ce interpellée, le tout après lecture du présent acte, faite par nous au domicile de l'épouse, dont les portes sont demeurées constamment ouvertes pendant toute la durée de la célébration du mariage.*

51° Acte de mariage.

Majeur dont les père et mère, enfants naturels, sont décédés, et majeure dont les père et mère sont présents. — Célébration dans une commune autre que celle où sont domiciliés les époux.

V. *suprà*, n° 731.

Le quatorze mai mil huit cent quatre-vingt-deux, *à* onze heures du matin, *Nous* (prénoms et nom du maire), *maire de la commune de. . . . . , officier de l'état civil, avant de procéder à la célébration du mariage formant l'objet des présentes, avons exposé que ce mariage devait avoir lieu en la commune de. . . . . , mais que le sieur* Leblanc, *ci-après nommé, étant tombé malade subitement, a été transporté en l'hospice de. . . . . qu'il ne peut quitter sans danger pour retourner à son domicile, ainsi qu'il est constaté par un certificat délivré le. . . . . , par Monsieur. . . . .*, docteur en médecine, *demeurant à. . . . . ; vu les pièces produites et dûment en forme; considérant que toutes les formalités préliminaires ont été légalement remplies; considérant que par ce mariage les époux ont l'intention de légitimer un enfant issu de leurs œuvres communes, et qu'il importe dans l'intérêt de cet enfant, comme aussi dans l'intérêt de la morale publique, que le mariage dont s'agit soit célébré sans retard; sur la réquisition qui nous en a été faite, nous sommes transporté audit hospice, salle. . . . . , où nous avons trouvé ledit sieur* Leblanc, *malade de corps, mais sain d'esprit, mémoire et entendement, et avons procédé comme suit, les portes ouvertes, à la célébration du mariage de Monsieur* Louis-Raoul Leblanc, couvreur, *demeurant à. . . . . , rue. . . . . , numéro. . . . . , né à . . . . . , arrondissement de. . . . . , département de. . . . . , le . . . . .;* majeur, *fils de Monsieur* Julien-Hector Leblanc, *et de Madame* Rose-Henriette Petit, son épouse, *tous deux décédés, enfants naturels, ainsi qu'il appert de leurs actes de décès ci-après énoncés, — d'une part. Et Mademoiselle* Ernestine Martin, couturière, *demeurant avec ses père et mère à. . . . ., rue. . . . ., numéro . . . . ., née à. . . . ., arrondissement de. . . . ., département de. . . . ., le. . . . .;* majeure, *fille de Monsieur* Joseph-Alexis Martin, charpentier, *et de Madame* Célestine-Blanche Legros, son épouse, lingère, *ci-dessus domiciliés ; procédant à son mariage en présence de ses père et mère, qui ont déclaré y consentir, — d'autre part. Les actes préliminaires de ce mariage sont les publications qui en ont été faites en la commune de. . . . ., où sont domiciliés les époux, les dimanches. . . . ., sans qu'il soit survenu d'opposition. Les époux nous ont représenté : 1° le certificat médical énoncé en tête des présentes ; 2° l'acte de naissance de l'époux ; 3° l'acte de décès de son père, à. . . . ., du. . . . .; 4° celui de sa mère, au même lieu, du. . . . .; 5° l'acte de naissance de l'épouse ; et 6° le certificat de non-opposition constatant les publications faites à. . . . .; lesquelles pièces, en due forme, sont demeurées ci-annexées après avoir été paraphées. L'époux nous a représenté un certificat, que nous lui avons rendu, constatant son envoi dans la réserve de l'armée active. Sur l'interpellation que nous leur en avons faite* (la suite comme en la formule n° 50).

52° Acte de décès[1].

Enfant légitime, mineur.

V. *suprà*, nos 827, 828 et 829.

N°
—
Louis-Raoul
LENOIR.
—

Du deux juin mil huit cent quatre-vingt-deux, neuf heures du matin. *Acte de décès de* Louis-Raoul Lenoir, *né en cette commune* (ou *à. . . . .*), *arrondissement de. . . . ., département de. . . . .,* le vingt mars dernier, *décédé* hier, à cinq heures du soir, chez ses père et mère, *rue. . . . ., numéro. . . . .,* fils de *Monsieur* Julien-Hector Lenoir *et de Madame* Rose-Henriette Legrand, son épouse. *Dressé par Nous* (prénoms et nom du

---

1. Rédaction adoptée par le Conseil d'État. (Formule n° 19.)
L'an mil huit cent. . . . ., le. . . . ., du mois d. . . . ., par-devant Nous (qualité du fonctionnaire public), *officier de l'état civil de la commune d. . . . ., département d. . . . ., canton et municipalité d. . . . ., sont comparus N. . . . ., et N.* (on fera mention si les déclarants sont parents ou voisins), *lesquels nous ont déclaré que, le. . . . ., du mois d. . . . ., heure de. . . . ., N.* (nom, prénoms, âge, profession et domicile ; si le défunt était garçon, marié au veuf ou divorcé ; mettre, s'il se peut, les noms, prénoms et domicile de ses père et mère), *est décédé le . . . . ., du mois d. . . . ., heure de. . . . ., en la maison n°. . . . ., rue* (ou arrondissement ou section); *et les déclarants ont signé avec Nous le présent acte, après que lecture leur en a été faite.*

maire), *maire de la commune de. . . . ., officier de l'état civil*[1], *sur la déclaration qui nous en a été faite par ledit sieur* Lenoir, *père du défunt, âgé de* vingt-cinq *ans*, serrurier, *ci-dessus domicilié, et Monsieur* Léon-Jules Legrand, oncle maternel du défunt, *âgé de* vingt-deux *ans*, menuisier, *demeurant à. . . . ., numéro . . . . Et ont, les déclarants, signé avec Nous, après lecture* (si l'un deux ne sait ou ne peut signer, il en sera fait mention[2]).

53° Acte de décès.

Enfant naturel, mineur.

V. *suprà*, nos 827, 828 et 829.

Du deux juin mil huit cent quatre-vingt-deux, dix heures du matin. *Acte de décès de* Louis-Raoul Lenoir, *né à. . . . ., arrondissement de. . . . ., département de. . . . .,* le vingt-neuf août dernier, *décédé* hier, à cinq heures du soir, chez sa mère, *rue . . . . ., numéro. . . . ., fils naturel reconnu* (ou *non reconnu*) *de mademoiselle* Rose-Henriette Lenoir *et de père non désigné. Dressé par Nous* (prénoms et nom du maire), *maire de la commune de. . . . ., officier de l'état civil, sur la déclaration qui nous en a été faite par Messieurs* Jules-Ernest Legrand, *âgé de* trente *ans*, serrurier, *demeurant à. . . . ., rue. . . . ., numéro . . . . ., et* Anatole Petit, *âgé de* vingt-cinq *ans*, maçon, *demeurant à. . . . ., rue. . . . ., numéro. . . . .* (ou *demeurant tous deux en cette commune, le premier, rue. . . . ., numéro. . . . ., et le second, rue. . . . ., numéro. . . . .*). *Et ont, les déclarants, signé avec Nous, après lecture.*

54° Acte de décès.

Célibataire.

V. *suprà*, nos 827, 828 et 829.

Du deux juin mil huit cent quatre-vingt-deux, onze heures du matin. *Acte de décès de* Louis-Raoul Lenoir, *célibataire*, menuisier, *né à. . . . ., arrondissement de. . . . ., le . . . . ., décédé aujourd'hui, à* une heure du matin, en son domicile, *rue . . . . ., numéro. . . . ., fils de Monsieur* Julien-Hector Lenoir,

---

1. V. *suprà*, formule no 7, avant-dernier alinéa.
2. *Ibid.*

domicilié à. . . . ., rue. . . . ., numéro. . . . .[1], *et de Madame* Rose-Henriette Petit, son épouse, *décédée. Dressé par Nous* (la suite comme en la formule n° 53).

55° Acte de décès.

Homme marié.

V. *suprà*, nos 827, 828 et 829.

Du deux juin mil huit cent quatre-vingt-deux, heure de midi. *Acte de décès de* Louis-Raoul Lenoir, serrurier, *né à. . . . ., arrondissement de. . . . ., département de. . . . ., le. . . . .*, *décédé* hier, *à* huit heures du soir, en son domicile, *rue. . . . ., numéro. . . . .; fils de Monsieur* Julien-Hector Lenoir *et de Madame* Rose-Henriette Petit, *son épouse, domiciliés à. . . . ., rue . . . . ., numéro. . . . .*, *et époux de Dame* Ernestine Martin. *Dressé par Nous* (la suite comme en la formule n° 53).

56° Acte de décès.

Homme veuf.

V. *suprà*, nos 827, 828 et 829.

Du deux juin mil huit cent quatre-vingt-deux, une heure du soir. *Acte de décès de Monsieur* Louis-Raoul Lenoir, plombier, *né à. . . . ., arrondissement de. . . . ., le. . . . ., décédé* hier, *à* onze heures du matin, en son domicile, *rue. . . . ., numéro . . . . .; fils de Monsieur* Julien-Hector Lenoir, *et de Madame* Rose-Henriette Petit, *son épouse, domiciliés à. . . . ., rue. . . . ., numéro. . . . .;* veuf en premières noces *de Dame* Ernestine Martin et en secondes *de Dame* Blanche Legros (si le défunt était remarié on ajoutera : *et époux en troisièmes noces de Dame* (prénoms et nom). *Dressé par Nous* (la suite comme en la formule n° 53).

57° Acte de décès.

Décès survenu dans un hôpital civil et militaire ou autre maison publique, ou dans une prison ou maison de réclusion et de détention, ou dans un lazaret[2].

V. *suprà*, nos 827, 828, 829, 832, 835, 836, 838 et 839.

Du deux juin mil huit cent quatre-vingt-deux, une heure et

---

1. Si les père et mère sont inconnus, on ajoutera : *dont les noms et prénoms des père et mère sont inconnus des déclarants.*

2. Même formule en cas de mort violente ou d'exécution.

demie du soir. *Acte de décès de Monsieur* Louis-Raoul Lenoir, couvreur, *domicilié à. . . . ., rue. . . . ., numéro . . . . ., né à . . . . ., arrondissement de. . . . ., décédé aujourd'hui, à* une heure du matin, *en cette commune, rue. . . . ., numéro. . . . .; fils de* (la suite comme aux précédentes formules).

57bis Avis de décès.

MODÈLE Nº 40.
(Art. 514 du Règlement.)

e CORPS D'ARMÉE.

PLACE d

Mois d

188 .

Nº

du registre des décès tenu à l'hôpital.

NOTA. Conformément aux dispositions de l'article 80 du Code civil, et à celles de l'article 514 du règlement sur le service de santé, on doit adresser cette déclaration dans les *vingt-quatre heures* à l'officier de l'état civil. Toutes les indications doivent être soigneusement remplies ; la date de l'entrée du malade à l'hôpital et celle de la mort seront inscrites en toutes lettres.

Cette déclaration sera certifiée par l'officier de santé qui a suivi le traitement et par l'officier d'administration comptable ou l'administrateur.

Nº 211 de la Nomenclature.

SERVICE DES HOPITAUX MILITAIRES.

(*) Civil *ou* militaire.

HÔPITAL (*). . . . . d. . . . .

Je soussigné[1] *. . . . . de l'hôpital. . . . . d. . . . ., pour me conformer aux dispositions de l'article* 80 *du Code civil, qui détermine le mode de constater l'état civil des citoyens, déclare. . . . ., officier public, chargé de recevoir les actes de naissance, mariage et décès, que le sieur*[2] *. . . . ., fils d. . . . . et de. . . . ., né le. . . . ., à. . . . ., canton d. . . . ., département d. . . . ., entré audit hôpital le. . . . ., du mois d. . . . ., y est mort cejourd'hui à. . . . . heures du. . . . ., par suite d. . . . .*

Fait à. . . . ., le. . . . . du mois d. . . . . mil huit cent quatre-vingt. . . . .

Vu par nous, Sous-Intendant militaire chargé de la police et surveillance de l'hôpital. . . . . d. . . . .

Le Médecin traitant,

L'Officier d'administration comptable,

1. Désigner le grade et la qualité.
2. Nom et prénoms, grade, corps, bataillon (ou escadron), compagnie ou batterie et numéro matricule.

58° Acte de décès.

Inconnu.

V. *suprà*, nos 827, 828, 829 et 839.

Le deux juin mil huit cent quatre-vingt-deux, *à* deux heures du soir, *par-devant Nous* (prénoms et nom du maire), *maire de la commune de. . . . ., officier de l'état civil, sont comparus Messieurs* Joseph-Alexis Martin, *âgé de* trente *ans,* herboriste, *demeurant à . . . . ., rue. . . . ., numéro . . . . ., et* Grégoire Leroux, *âgé de* vingt-sept *ans,* champignonniste, *demeurant à. . . . ., rue . . . . ., numéro. . . . .; lesquels nous ont déclaré que ce* matin, *à* six heures, *ils ont trouvé* (ou *il a été trouvé*) *sur le territoire de cette commune, au lieu dit. . . . ., un individu mort, du sexe* masculin, *paraissant âgé de* quarante *ans, dont l'état civil n'a pu être constaté, et dont le signalement suit : taille* un mètre soixante-cinq centimètres, *cheveux* grisonnants, *front* haut, *sourcils* châtains, *yeux* gris, *nez* long et arqué, *bouche* petite, *oreilles* longues, *menton* pointu, *visage* long ; *revêtu d'une chemise en* coton à petites fleurs rouges, *et marquée des initiales* C. H., *un pantalon en* drap noir, *un gilet en* drap bleu foncé, *un paletot en* drap marron, *dans lequel se trouvait un mouchoir de poche en* coton blanc *et marqué des mêmes initiales, une casquette plate en* drap noir, *une paire de chaussettes en* coton. *De laquelle déclaration nous avons dressé le présent acte, après que le décès a été dûment constaté. Et ont, les comparants, signé avec nous après lecture.* (Si l'un d'eux ne sait ou ne peut signer, il en sera fait mention.)

59° Acte de décès.

Enfant mort dont la naissance n'a pas été enregistrée.

V. *suprà*, nos 830 et 831.

N°

—

LENOIR.
(Présentation sans vie.)

—

Le deux juin mil huit cent quatre-vingt-deux, à trois heures du soir, *par-devant Nous* (prénoms et nom du maire), *maire de la commune de. . . . ., officier de l'état civil, sont comparus Messieurs* Louis-Raoul Lenoir, *âgé de* trente *ans,* forgeron, *demeurant à. . . . ., rue. . . . ., numéro. . . . ., et* Alphonse-Célestin Martin, *âgé de* vingt-huit *ans,* serrurier, *demeurant à. . . . ., rue. . . . ., numéro. . . . .; lesquels nous ont déclaré que la Dame* Ernestine Martin, *âgée de* vingt *ans,* couturière, *épouse du sieur* Lenoir, *susnommé, est accouchée* aujourd'hui, à huit heures du matin, en son domicile, *d'un enfant, du sexe* masculin, *qu'ils nous ont présenté sans vie. De laquelle déclaration nous avons dressé le présent acte que les comparants ont signé avec Nous, après lecture.* (Si l'un des témoins ne sait ou ne peut signer, il en sera fait mention.)

60° Transcription d'acte de naissance, mariage[1] ou décès.

(Transcription faite d'office par l'officier de l'état civil.)

V. *suprà*, nos 126 à 133, 976, 977, 979, 980, 1023, 1026, 1030, 1039 et 1040.

Le deux juin mil huit cent quatre-vingt-deux, à quatre heures du soir, *Nous* (prénoms et nom du maire), *maire de la commune de* . . . . ., *officier de l'état civil, avons procédé d'office, en exécution de* (indiquer l'article du Code, de la loi, ou la circulaire), *à la transcription de l'acte de naissance* (mariage ou décès) *dont la teneur littérale suit, et dont une expédition est demeurée ci-annexée.* (Copier l'acte dans son entier avec les mentions de légalisation.)

61° Transcription de jugement d'adoption[2] ou de rectification d'acte.

I. Transcription faite à la réquisition amiable de la partie intéressée.

V. *suprà*, nos 134 à 140 inclus.

Le deux juin mil huit cent quatre-vingt-deux, à quatre heures du soir, *Nous* (prénoms et nom du maire), *maire de la commune*

---

1. Cette transcription peut aussi être faite à la réquisition amiable de la partie intéressée. V. la formule n° 61.

2. Rédaction adoptée par le Conseil d'État. (Formule n° 20.)

L'an mil huit cent. . . . .; le. . . . ., du mois d. . . . ., par-devant Nous (qualité du fonctionnaire), *officier de l'état civil de la commune d. . . . ., département d. . . . ., canton et mairie d. . . . ., sont comparus N.* (nom, prénons, etc., de l'adoptant) *et N.* (même formalité pour l'adopté); *lesquels nous ont représenté le jugement du tribunal de première instance séant à. . . . ., rendu le. . . . ., portant homologation de l'acte fait devant le juge de paix d. . . . ., canton d. . . . ., mairie d. . . . ., le. . . . ., par lequel N. . . . . déclare adopter N. . . . ., et ledit N. . . . ., accepte l'adoption à lui offerte par N. . . . ., ensemble le jugement de la cour d'appel séant à. . . . ., rendu le. . . . ., portant confirmation du jugement du tribunal de première ins-*

de. . . . ., officier de l'état civil, avons procédé[1], *sur la réquisition qui nous en a été faite par Monsieur* Lous-Raoul Leblanc, *âgé de* trente *ans*, tapissier, *demeurant à. . . . ., rue. . . . ., numéro . . . . ., et en exécution de l'article 101* (ou *359*) *du Code civil, à la transcription du jugement dont la teneur littérale suit, et dont il nous a représenté une expédition, en due forme, qui est demeurée ci-annexée, après avoir été paraphée*, ou (s'il y a lieu) *que nous lui avons rendue.* (Copier le jugement dans son entier.) *Et a, le requérant, signé avec Nous, après lecture.*

N. B. — Cette formule peut servir de guide pour la transcription d'actes de mariage passés à l'étranger et de jugements rectificatifs.

II. Transcription faite à la réquisition judiciaire de la partie intéressée.

V. *suprà*, nos 134 à 140 inclus.

Le deux juin mil huit cent quatre-vingt-deux, à quatre heures du soir, *Nous* (prénoms et nom du maire), *maire de la commune de. . . . ., officier de l'état civil, avons procédé, en exécution de l'article 101* (ou *359*) *du Code civil, à la transcription du jugement dont la teneur littérale suit, et dont une expédition, en due forme, qui est demeurée ci-annexée, nous a été signifiée par exploit de . . . . ., huissier à. . . . ., en date du. . . . .* (copier le jugement dans son entier: *République française. Au nom du peuple français, etc.*).

62° Mention de reconnaissance.

Acte passé devant l'officier de l'état civil.

V. *suprà*, no 444.

Suivant acte passé en cette mairie (ou *en la mairie de. . . . .*), *le. . . . .*, Julien-Hector Leblanc *et* Rose-Henriette Petit *ont reconnu l'enfant dont l'acte de naissance est ci-contre. Fait à. . . . ., le. . . . . Pour mention: Le Maire, officier de l'état civil* (ou *l'adjoint délégué, faisant fonctions d'officier de l'état civil*).

---

tance; et lesdits N. . . . . et N. . . . ., nous ayant requis de procéder à la célébration de l'adoption qui doit avoir lieu entre eux en conformité des jugements ci-dessus relatés; nulle opposition ne nous étant été survenue, nous déclarons, au nom de la loi, que N. . . . ., a adopté et adopte N. . . . ., ici présent et acceptant, dont acte en présence de. . . . ., et de. . . . ., lesquels ont signé avec nous, après que lecture leur en a été faite.

1. Si le jugement est signifié par exploit d'huissier, l'officier de l'état civil se reportera à la rédaction de la formule no 60.

63° Mention de reconnaissance.

Reconnaissance faite par la mère dans l'acte de célébration de mariage de l'enfant.

V. *suprà*, n° 445 et formule n° 42.

Suivant acte de mariage célébré en cette mairie (ou *en la mairie de.....*), *le.....*, *la Demoiselle* Célestine-Blanche Legros *a reconnu l'enfant dont l'acte de naissance est ci-contre. Fait à ....., le..... Pour mention : Le maire, officier de l'état civil.*

64° Mention de reconnaissance.

(Acte passé devant notaire.)

V. *suprà*, n° 446.

*Suivant acte passé devant M*e*....., notaire à....., le ....., enregistré, et dont une expédition est demeurée ci-annexée,* Julien-Hector Leblanc *et* Rose-Henriette Petit *ont reconnu l'enfant dont l'acte de naissance est ci-contre. Fait à....., le..... Pour mention : Le maire, officier de l'état civil.*

65° Mention de légitimation.

V. *suprà*, nos 427 et 444.

Par acte de mariage célébré en cette mairie (ou *en la mairie de .....*), *le.....*, Julien-Hector Leblanc *et* Rose-Henriette Petit *ont reconnu et légitimé l'enfant dont l'acte de naissance est ci-contre. Fait à....., le..... Pour mention : Le maire, officier de l'état civil.*

66° Mention d'adoption.

V. *suprà*, nos 135 et 484.

Suivant jugement rendu par le tribunal civil de....., le..... et confirmé par arrêt de la Cour d'appel de....., en date du ....., transcrit aux registres de la commune de....., arrondissement de....., département de....., le....., Victor Copeau *et* Julienne Robert, propriétaires, *demeurant à....., ont adopté l'enfant dont l'acte de naissance est ci-contre. Fait à ....., le..... Pour mention : Le maire, officier de l'état civil.*

67° Mention de désaveu de paternité.

V. *suprà*, nos 135 et 400.

Suivant jugement rendu par le tribunal civil de première instance de. . . . ., le. . . . ., transcrit aux registres de l'état civil de cette mairie le. . . . ., ledit tribunal a admis la demande en désaveu de l'enfant dont l'acte de naissance est ci-contre, formée par Julien-Hector Leblanc, propriétaire, *demeurant à. . . . ., et a ordonné que. . . . . Fait à. . . . ., le. . . . . Pour mention : Le maire, officier de l'état civil.*

68° Mention de rectification d'acte.

V. *suprà*, no 135.

Suivant jugement rendu par le tribunal civil de première instance de. . . . ., le. . . . ., transcrit aux registres de l'état civil de cette mairie le. . . . ., ledit tribunal a ordonné que l'acte de naissance (mariage ou décès) *ci-contre, serait rectifié en ce sens que . . . . . Fait à. . . . ., le. . . . . Pour mention : Le maire, officier de l'état civil.*

69° Mention d'acte omis sur les registres.

V. *suprà*, nos 81 et 135.

D'un jugement rendu par le tribunal civil de première instance de. . . . ., le. . . . ., transcrit aux registres de l'état civil de cette mairie, le. . . . ., il appert que Louis-Raoul Leblanc, *fils de* Julien-Hector Leblanc *et de* Rose-Henriette Petit, son épouse, *est né* (ou décédé) *en cette commune, le. . . . . Fait à. . . . ., le . . . . . Pour mention : Le maire, officier de l'état civil.*

70° Mention d'opposition à mariage.

V. *suprà*, nos 145 et 689.

Par acte passé devant Me. . . . ., notaire à. . . . ., le. . . . . (ou *par exploit de . . . . huissier à. . . . ., en date du. . . . .*) *le sieur* Julien-Hector Leblanc, cultivateur, *demeurant à. . . . ., a formé opposition au mariage dont s'agit ci-contre. Fait à. . . . ., le. . . . . Pour mention : Le maire, officier de l'état civil.*

71° Mention de mainlevée d'opposition à mariage.

V. *suprà*, n° 689.

Par acte passé devant Me. . . . ., notaire à. . . . ., le. . . . . (ou par exploit de. . . . ., huissier à. . . . ., en date du. . . . .), le sieur Julien-Hector Leblanc, cultivateur, *demeurant à. . . . ., a donné mainlevée de l'opposition susénoncée* (ou, *si la mainlevée a été ordonnée par le tribunal: Par jugement rendu par le tribunal civil de. . . . ., le. . . . ., ledit tribunal a ordonné mainlevée de l'opposition susénoncée*). *Fait à. . . . ., le. . . . . Pour mention: Le maire, officier de l'état civil.*

72° Procès-verbal de clôture des registres de l'état civil.

V. *suprà*, nos 155 et 156.

L'an mil huit cent quatre-vingt-deux, *le* trente-un décembre, *Nous, maire de la commune de. . . . ., officier de l'état civil, en exécution de l'article 43 du Code civil, avons clos et arrêté le présent registre contenant. . . . . actes de naissance* (publication de mariage, mariage ou décès).

73° Tables annuelles et décennales des registres de l'état civil.

V. *suprà*, nos 158 et 166.

I. Tables annuelles.

Nos D'ORDRE.	NOMS ET PRÉNOMS.	DATES DES ACTES.

La présente table certifiée véritable par Nous, maire de la commune de. . . . ., officier de l'état civil.

Fait à. . . . ., le. . . . . janvier mil huit cent quatre-vingt-trois.

(Cachet de la mairie.) (Signature.)

II. Tables décennales. — Table décennale des actes de mariage de la commune. . . . . du 21 septembre 1802 au 1er janvier 1813, dressée en exécution du Décret impérial du 20 juillet 1807 [1].

NOMS ET PRÉNOMS des mariés.	DATES DES ACTES ou des registres.
Aubert (Claude), marié à Françoise Chalais.	Le 2 vendémiaire an II, ou le 3 janvier 1806, etc.

74° Procès-verbal de vérification annuelle (ou accidentelle) des registres de l'état civil pour l'année 18 .

V. *suprà*, nos 180 à 187 inclus.

L'an mil huit cent. . . . ., le. . . . ., Nous, procureur de la République près le tribunal de première instance séant à. . . . ., agissant en exécution de l'article 53 du Code civil et de l'Ordonnance royale en date du 26 novembre 1823 [2], *et après avoir fait transporter du greffe dans notre parquet, sous notre récépissé, les registres de l'état civil des communes de l'arrondissement pour l'année. . . . ., nous avons procédé à la vérification des actes inscrits auxdits registres, et, en conséquence de cette opération, reconnu et constaté les contraventions dont le détail suit :*

1. Modèle annexé à ce décret.

2. S'il s'agit d'une vérification accidentelle faite par suite d'un transport dans une commune, on mettra : « *Nous sommes transporté au secrétariat* « *de la mairie de la commune de. . . . . à l'effet de vérifier si les actes* « *inscrits aux registres de l'état civil depuis le. . . . . jusqu'à ce jour, ont* « *été rédigés conformément à la loi et aux instructions que nous avons* « *données pour son exécution ; et les registres nous ayant été repré-* « *sentés, etc.* »

Canton de .

Commune de .

REGISTRE DE NAISSANCES.

Indiquer :

1° S'ils sont tenus conformément aux articles 40 et 52 du Code civil, et s'ils ne sont pas inscrits sur des registres timbrés, ainsi qu'il est prescrit par les lois des 13 brumaire an VII (3 novembre 1798) et 28 avril 1816 ;

2° Le numéro de l'acte où se trouverait quelque contravention;

3° Si l'inscription des actes a été faite sur une feuille volante et autrement que sur les registres à ce destinés : s'il s'y trouve des indices de faux ou d'altération (art. 52, Code civil) ;

4° Si l'inscription des actes n'a pas été faite sur les deux registres, ou n'a pas été faite d'une manière uniforme (art. 40, Code civil) ;

5° Si l'on a laissé des blancs ou des intervalles sur les registres ; si les renvois et les ratures n'ont pas été approuvés et signés de la même manière que le corps de l'acte ; si l'on s'est servi d'abréviations, de dates en chiffres (art. 41 et 42, Code civil) ;

6° Si l'on a omis de parapher et d'annexer les pièces produites, d'en faire mention à la marge (art. 44, 49, 98, 99 et 101, Code civil), de faire les tables (loi du 20 septembre 1792 et décret du 20 juillet 1807) ;

7° Si l'on a omis d'énoncer l'année, le jour et l'heure où les actes ont été reçus ; les prénoms, nom, âge, profession et domicile de tous ceux qui y sont dénommés (art. 34 et 57, Code civil),

8° Si la déclaration a été faite tardivement, ou par des personnes non préposées ou non autorisées ; si l'on a omis de présenter l'enfant, d'indiquer son sexe ; si l'acte renferme des énonciations proscrites et illégales (art. 35, 36, 55, 56 et 57, Code civil) ;

9° Si l'acte a été rédigé tardivement, en l'absence du nombre de témoins requis, ou devant des témoins incapables par leur âge ou par leur sexe, ou non choisis par les parties intéressées (art. 37 et 56, Code civil) ;

10° S'il n'a pas été fait de lecture et de mention de lecture de l'acte ; s'il n'a pas été signé, ou fait mention que tels n'ont pu signer (art. 38 et 39, Code civil) ;

11° S'il n'a pas été dressé procès-verbal de remise d'un enfant trouvé et de ses vêtements et effets ; si l'on n'a pas énoncé les circonstances du temps et du lieu où il a été trouvé, et indiqué l'autorité à laquelle il a été remis (art. 58, Code civil) ;

12° Si l'on n'a pas inscrit sur les registres l'acte de naissance d'un enfant né sur mer ou à l'armée (art. 61, 62, 93, 98, Code civil), ou l'arrêt qui aurait confirmé une adoption (art. 359, Code civil).

REGISTRE DES PUBLICATIONS DE MARIAGE.

(Voyez ci-dessus pour les formalités matérielles et générales des actes.)

Indiquer en outre, pour les formalités spéciales :

1° S'il n'y a pas eu d'affiches, si les publications étaient anticipées ou surannées, si elles ont été faites un autre jour que le dimanche et ailleurs qu'à la porte de la mairie ; si le mariage a été célébré sur une seule publication, sans preuve qu'on ait obtenu de dispenses (art. 63, 64 et 65, Code civil) ;

2° S'il n'a pas été fait mention des oppositions, des jugements ou actes de mainlevée, d'annexe des pièces requises (art. 66 et 67, Code civil).

REGISTRE DES MARIAGES.

(Voyez ci-dessus pour les formalités matérielles et générales des actes.)

Indiquer en outre, pour les formalités spéciales, si l'on a omis de faire mention :

1° Des deux publications dans les divers domiciles, ou des dispenses de la deuxième publication (art. 76, 165, 166, 167, 168 et 169, Code civil) ;

2° De la mainlevée d'opposition, ou de l'énonciation qu'il n'y a point eu d'opposition (art. 68, 69 et 76, Code civil);

3° Des dispenses d'âge ou de parenté obtenues (art. 144, 145, 163 et 164, Code civil) ;

4° De la remise des actes de naissance des futurs, ou des actes de notoriété homologués, d'indication des lieux de naissance et domiciles des époux (art. 70, 71, 72, 74, 76, et 147, Code civil);

5° Du consentement soit des ascendants, soit du conseil de famille ou de tuteur *ad hoc ;* soit, à défaut de consentement obtenu, des actes respectueux qui ont dû être faits (art. 73, 76, 148, 149, 150, 151, 152, 163, 154, 155, 158, 159, 160, Code civil) ;

6° De la célébration publique du mariage à la mairie ou dans une maison ouverte, le cas échéant, en présence de quatre témoins (art. 73, 75 et 76, Code civil) ;

7° De la lecture du chapitre VI du Code civil, au titre du Mariage (art. 75) ;

8° De la déclaration réciproque des futurs (art. 75 et 76, Code civil) ;

9° Du prononcé de l'union par l'officier de l'état civil (art. 75 et 76, Code civil) ;

10° De la déclaration de quel côté et à quel degré les témoins produits sont parents ou alliés des parties, pour le cas où ils ne sont pas étrangers (art. 76, Code civil) ;

11° De la légitimation d'enfants naturels légalement reconnus, s'il y a lieu (art. 331, Code civil) ;

12° Si l'on a omis de transcrire sur les registres un acte de célébration de mariage reçu à l'armée ou à l'étranger (art. 95, 98 et 171, Code civil).

REGISTRE DES DÉCÈS.

(Voyez ci-dessus pour les formalités matérielles et générales des actes.)

Indiquer en outre, pour les formalités spéciales :

1° Si les déclarations ont été faites par d'autres personnes que celles qui sont chargées de les faire (art. 77, 78, 80, 82, 83, 84, 96, Code civil) ;

2° Si l'état civil du défunt n'a pas été déclaré, si l'on n'a pas énoncé les nom et prénoms du conjoint, s'il y a lieu ; le lieu de sa naissance, les noms des père et mère, la qualité des déclarants, leur degré de parenté (art. 79, Code civil) ;

3° Si les actes contiennent quelques mentions illégales et proscrites, relatives au genre de mort (art. 85, Code civil) ;

4° Si l'on a omis d'inscrire sur les registres les actes de décès envoyés d'ailleurs (art. 86, 87, 96 et 98, Code civil).

NOMS		NATURE des registres.	NOMBRE des actes		NUMÉROS des actes défectueux correspondant aux registres.	LOIS et ordonnances particulières auxquelles il a été contrevenu.	ARTICLES du Code civil dont les dispositions ont été violées.	NATURE DES CONTRAVENTIONS			OBSERVATIONS.
								1° Relatives à l'état matériel des registres.	2° Relative aux actes inscrits		
des cantons.	des communes.		inscrits.	défectueux.					dans les formalités matérielles et générales.	dans les formalités spéciales.	

NOMS des cantons.	RÉCAPITULATION du nombre des communes par canton.			RÉCAPITULATION du nombre des registres par canton.			OBSERVATIONS.
	Nombre total.	Nombre des communes dont les registres sont		Nombre total.	Nombre des registres		
		réguliers.	défectueux.		réguliers.	défectueux.	

NOM du canton.	RÉCAPITULATION DU NOMBRE DES ACTES PAR CANTON.												TOTAUX DES ACTES par canton.			OBSERVATIONS.
	NAISSANCES. Nombre des actes			PUBLICATIONS. Nombre des actes			MARIAGES. Nombre des actes			DÉCÈS. Nombre des actes						
	inscrits.	réguliers.	défectueux.	inscrits.	réguliers.	défectueux.	inscrits.	réguliers.	défectueux.	inscrits.	réguliers.	défectueux.	inscrits.	réguliers.	défectueux.	
Total général.																

Et, après avoir vérifié successivement lesdits registres et actes dans l'ordre ci-dessus établi, nous avons[1], *par une lettre d'instruction par nous adressée à l'officier de l'état civil de la commune de ....., indiqué celles des irrégularités ci-dessus relevées qui peuvent et doivent être réparées tant par son fait que par celui des parties, déclarants et témoins, sans nuire à la substance des actes ; avons aussi rappelé à l'exécution des mesures propres à prévenir le retour des contraventions à la loi ; de tout quoi nous avons rédigé et clos le présent procès-verbal.*

Clos et arrêté au parquet, à ....., le ..... 18.. et avons signé.

75° Formules adoptées pour la reconstitution des actes de l'état civil de Paris.

V. *suprà*, n° 197-VIII, dernier alinéa.

DÉCLARATION

Reçue par le maire de la commune de ....., département de ....., en exécution de la loi du 12 février 1872, sur la reconstitution des actes de l'état civil de Paris.

I. — ACTE DE NAISSANCE.

Je soussigné
demande le rétablissement de l'acte de naissance de

Date :
Lieu :
Nom et prénoms :
Sexe :
Nom et prénoms du père :
Age et profession :
Nom et prénoms de la mère :
Age et profession :
Date du mariage des père et mère :
Domicile des père et mère :
Pièces et indications à l'appui de la déclaration :
A....., le.....

(Signature du déclarant.) (Signature de l'officier de l'état civil.)

---

1. Si le Procureur de la République s'est transporté, l'on mettra : « *Nous avons, en faisant appeler près de nous l'officier de l'état civil et les personnes intéressées auxdits actes, tant comme parties que comme déclarants et témoins, fait réparer et régulariser, en leur présence, ceux des actes défectueux qui ont pu être régularisés par leur fait et sans nuire à la substance des actes.* »

II. — ACTE DE RECONNAISSANCE.

Je soussigné
demande le rétablissement de l'acte de reconnaissance de

Date :
Nom et prénoms du déclarant :
Age et profession :
Domicile :
Nom et prénoms de la déclarante :
Age et profession :
Domicile :
Nom et prénoms de l'enfant :
Date de l'inscription :
Arrondissement ou commune :
Nom et prénoms du père :
Nom et prénoms de la mère :
Pièces et indications à l'appui de la déclaration :
A....., le..... 18....

(Signature du déclarant.) (Signature de l'officier de l'état civil.)

III. — ACTE DE MARIAGE.

Je soussigné
demande le rétablissement de l'acte de mariage de

Date :
Nom et prénoms de l'époux :
Age et profession :
Domicile :
Lieu et date de naissance :
Majeur ou mineur :
Fils légitime ou naturel :
Nom, prénoms et profession du père :
Domicile :
Décédé à....., le.....
Nom, prénoms et profession de la mère :
Domicile :
Décédée à....., le.....
Veuf de :
Nom et prénoms de l'épouse:
Age et profession :
Domicile :

Lieu et date de naissance :
Majeure ou mineure :
Fille légitime ou naturelle :
Nom, prénoms et profession du père :
Domicile :
Décédé à....., le.....
Nom, prénoms et profession de la mère :
Domicile :
Décédée à....., le.....
Veuve de :
S'il a été fait un contrat de mariage :
Nom et résidence du notaire :
Pièces et indications à l'appui de la déclaration :
A....., le..... 18....

(Signature du déclarant.) (Signature de l'officier de l'état civil.)

IV. — ACTE DE DÉCÈS.

Je soussigné
demande le rétablissement de l'acte de décès de

Date :
Lieu :
Nom et prénoms :
Age et profession :
Lieu de naissance :
Domicile :
Veu de :
Marié à :
Nom et prénoms du père :
Age et profession :
Nom et prénoms de la mère :
Age et profession :
Pièces et indications à l'appui de la déclaration :
A....., le..... 18....

(Signature du déclarant.) (Signature de l'officier de l'état civil.)

76° Extraits des registres de l'état civil.

V. *suprà*, nos 198 à 220 inclus.

DÉPARTEMENT d — COMMUNE de — ARRONDISSEMENT d

ÉTAT CIVIL.

I. — Extrait du registre des actes de naissance (mariage ou décès).

ANNÉE 18 .

Copier la teneur littérale de l'acte que l'on expédie. Signé au registre : (rapporter les signatures).

Certifié conforme au registre et délivré par Nous, maire, officier de l'état civil[1].

A. . . . ., le. . . . . mil huit cent. . . . .

Le Maire,
(Signature.)

II. — Extrait du registre des actes de naissance (mariage ou décès) de la commune de. . . . ., déposé au greffe du tribunal civil de . . . . ., pour l'année. . . . .

Copier la teneur littérale de l'acte que l'on expédie. Signé au registre : (rapporter les signatures).

Certifié conforme au registre et délivré par Nous, greffier soussigné.

A. . . . ., le. . . . . (Signature.)

III. — Extrait des actes annexés aux registres des mariages de la commune de, ... pour l'année. . . . . (N°).

Copier la teneur littérale de l'acte que l'on expédie. (Rapporter à la suite la mention de légalisation.)

Pour extrait conforme délivré par Nous, maire, officier de l'état civil.

A. . . . ., le. . . . . (Signature.)

IV. — Extrait des actes annexés au registre des mariages de la commune de. . . . ., déposé au greffe du tribunal civil de. . . . ., pour l'année. . . . . (N°).

Copier la teneur littérale de l'acte que l'on expédie. (Rapporter à la suite la mention de légalisation.)

Pour extrait conforme délivré par Nous, greffier soussigné.

A. . . . ., le. . . . .

(Signature.)

---

1. Lorsque l'expédition est exempte du droit de timbre, il faut ajouter ici : *en exécution de* (indiquer la loi).

V. — Extrait du registre des actes de l'état civil tenu au consulat de France à. . . . ., pour l'année. . . . .

Copier la teneur littérale de l'acte que l'on expédie. (Rapporter les signatures.)

Certifié conforme au registre et délivré par Nous, consul de France, remplissant les fonctions d'officier de l'état civil.

A. . . . ., le. . . . .

(Signature.)

VI. — État des droits perçus pour expéditions d'actes de l'état civil de la commune de. . . . ., délivrées pendant le trimestre 18. . .

V. *suprà*, n° 212.

Nos D'ORDRE.	DATE de la délivrance.	NOMS et prénoms.	DATE des actes.	NATURE DES ACTES. Naissance.	Mariage ou adoption.	Décès.	DROITS perçus.
		TOTAUX. . .	. . . . .				

Le présent état montant à la somme de. . . . ., certifié conforme au registre, et délivré par Nous, maire, officier de l'état civil.

A. . . . ., le. . . . .

(Cachet de la mairie.) (Signature.)

77° Mentions de légalisation.

V. *suprà*, nos 223 à 235 inclus.

Vu par Nous, président du tribunal civil de..... (ou *par Nous, juge, pour empêchement de Monsieur le Président du tribunal civil de.....*, ou *par Nous, juge de paix ou suppléant au juge de paix du canton de.....*) *pour légalisation de la signature de Monsieur....., maire* (ou *adjoint au maire*) *de la commune de.......... , le..... 18...*

78° Bulletin de naissance.

(Délivré en exécution de la loi du 23 décembre 1874.)

V. *suprà*, nos 379 et 388.

ANNÉE 18 .

N° DU REGISTRE.

DÉPARTEMENT de

COMMUNE de

ARRONDISSEMENT de

ÉTAT CIVIL.

AVIS IMPORTANT.

Tout enfant naturel dont la mère est désignée dans l'acte de naissance n'est légalement reconnu par elle que par acte spécial passé soit devant l'officier de l'état civil, soit devant notaire.

Il peut être légitimé par le mariage subséquent de ses père et mère, lorsque ceux-ci les auront légalement reconnus avant leur mariage, ou qu'ils les reconnaîtront dans l'acte même de célébration.

BULLETIN DE NAISSANCE

délivré à titre de simple renseignement.

Naissance de
né le
enregistré le
fil de M.
et de Mad
demeurant à....., rue....., numéro....

Le Maire,

Extrait de la loi du 23 décembre 1874[1].

(Circulaire de M. le Ministre de l'intérieur du 15 juin 1877.)

Toute personne qui place un enfant en nourrice, en sevrage ou en garde, moyennant salaire, est tenue d'en faire la déclaration à la mairie de la commune où a été faite la déclaration de

1. Cet extrait doit être reproduit au verso du bulletin de naissance.

naissance ou à la mairie de la résidence actuelle du déclarant, en indiquant, dans ce cas, le lieu de la naissance de l'enfant, et de remettre à la nourrice ou à la gardeuse un bulletin contenant un extrait de l'acte de naissance de l'enfant qui lui est confié. (Art. 7.)

Toute personne qui a reçu chez elle, moyennant salaire, un nourrisson ou un enfant en sevrage ou en garde, est tenue : 1° d'en faire la déclaration à la mairie de la commune de son domicile dans les 3 jours de l'arrivée de l'enfant, et de remettre le bulletin susmentionné ; 2° de faire, en cas de changement de résidence, la même déclaration à la mairie de sa nouvelle résidence ; 3° de déclarer, dans le même délai, le retrait de l'enfant par ses parents ou la remise de cet enfant à une autre personne, pour quelque cause que cette remise ait lieu ; 4° en cas de décès de l'enfant, de déclarer ce décès dans les 24 heures. (Art. 9.)

Le tout, sous peine de 6 jours à 6 mois de prison et d'une amende de 16 fr. à 300 fr.

79° Avis à donner :

1° Au maire de la commune où l'enfant est envoyé en nourrice ;
2° Au maire de la commune où la déclaration a été faite par les parents ou ayants droit ;
3° Aux parents ou ayants droit ;
4° Au médecin inspecteur de la circonscription.

V. *suprà*, n° 388.

DÉPARTEMENT de	COMMUNE de	ARRONDISSEMENT de

LOI DU 23 DÉCEMBRE 1874.

(Déclaration en conformité des articles 7 et 9.)

Du registre tenu à la mairie de .
il appert que l'enfant nommé
prénommé . *né à*
département de *le*
fil de *profession de*
demeurant à *et de*
baptisé à l'église de
placé chez la nommée *femme*
domiciliée à *département de*
aux conditions ci-après :

est arrivé le
a été retiré de placement le

est parti le *avec la nommée*
pour aller à *département de*
est décédé le *à*
des suites d
Délivré à *le*

Le Maire,

(Cachet de la mairie.) (Signature.)

Monsieur le *à* *département de*
sous le couvert de Monsieur le Préfet de

80° Note de publication de mariage.

V. *suprà*, nos 104 et 699.

DÉPARTEMENT de | COMMUNE de | ARRONDISSEMENT de

ÉTAT CIVIL.

NOTE DE PUBLICATION DE MARIAGE.

Monsieur le Maire de la commune de....., *est invité à faire les publications du mariage projeté entre : Monsieur* Louis-Raoul Leblanc, tapissier, *demeurant avec ses père et mère à....., rue....., numéro....., né à....., le.....;* majeur, *fils de* Julien-Hector Leblanc, ébéniste, *et de* Rose-Henriette Petit, son épouse, couturière, — *d'une part. Et Mademoiselle* Ernestine Martin, couturière, *demeurant à....., rue....., numéro ....., née à....., le.....;* majeure, *fille de* Joseph-Alexis Martin *et de* Célestine-Blanche Legros, son épouse, marchands de vin, *demeurant à....., rue....., numéro....., — d'autre part.*

La présente note délivrée en vertu de l'avis du Conseil d'État du 30 mars 1808, dernier paragraphe.

A....., le.....

Le Maire,

(Cachet de la mairie.) (Signature.)

81° Certificat de non-opposition à mariage.

V. *suprà*, nos 215, 243-5° et 24° et 696.

DÉPARTEMENT de — COMMUNE de — ARRONDISSEMENT de

ÉTAT CIVIL.

CERTIFICAT DE NON-OPPOSITION.

Nous, Maire de la commune de.....,
certifions que les publications du mariage projeté entre : Monsieur Louis-Raoul Leblanc, tapissier, *demeurant avec ses père et mère à....., rue....., numéro....., né à....., le.....;* majeur, *fils de* Julien-Hector Leblanc, ébéniste, *et de* Rose-Henriette Petit, son épouse, couturière, — *d'une part. Et Mademoiselle* Ernestine Martin, couturière, *demeurant à....., rue....., numéro....., née à....., le.....;* majeure, *fille de* Joseph-Alexis Martin *et de* Célestine-Blanche Legros, son épouse, marchands de vin, *demeurant à....., rue....., numéro....., — d'autre part. Ont été faites à la porte de la mairie les dimanches* quatre et onze juin mil huit cent quatre-vingt-deux, *et affichées pendant les huit jours d'intervalle, conformément aux articles 33 et 64 du Code civil; et qu'il n'est survenu aucune opposition audit mariage.*

Fait à....., le quatorze juin mil huit cent quatre-vingt-deux.

Le Maire,

(Cachet de la mairie.) (Signature.)

82° Dispense de la seconde publication de mariage.

V. *suprà*, nos 243-15°, 725 et 726.

Nous, Procureur de la République près le Tribunal civil de première instance séant à.....,

Vu la pétition à nous présentée le....., par le sieur Louis-Raoul Leblanc, ébéniste, *et la Demoiselle* Ernestine Martin, couturière, *domiciliés à.....;*

Vu l'article 169 du Code civil ;

Vu les articles 3 et 4 de l'arrêté du Gouvernement du 20 prairial an XI;

Considérant que les motifs allégués dans cette pétition sont graves et urgents ;

Dispensons, au nom du Gouvernement, les susnommés de la seconde publication du mariage projeté entre eux, et ce en vertu des pouvoirs qui nous sont attribués par l'article 3 de l'arrêté du Gouvernement du 20 prairial an XI.

En conséquence, Monsieur le Maire de la commune de..... est autorisé à procéder à la célébration du mariage dont s'agit, après l'accomplissement des formalités prescrites par la loi.

Ordonnons en outre que la présente dispense sera déposée au secrétariat de la commune où le mariage sera célébré, et que le maire de cette commune en délivrera une expédition dans laquelle il sera fait mention de ce dépôt, et qui demeurera annexée à l'acte de célébration du mariage, conformément à l'article 4 de l'arrêté précité.

Fait au parquet du Tribunal le..... mil huit cent quatre-vingt-deux.

83° Certificat médical aux fins d'un mariage in extremis.

V. *suprà*, n° 556.

Je soussigné (nom et prénoms), *docteur en médecine, demeurant à....., certifie que le sieur* Louis-Raoul Leblanc, tapissier, *domicilié à..... en ce moment malade à l'hôpital de cette ville, est atteint de....., affection qui met ses jours en péril, et qu'il est sain d'esprit, mémoire et entendement quoique en danger de mort.*

En foi de quoi le présent certificat a été délivré pour servir et valoir ce que de droit.

A....., le..... mil huit cent quatre-vingt-deux.

(Signature.)

83° *bis* Certificats de non-imposition et d'indigence.

(Loi du 10 décembre 1850.)

I. — CERTIFICAT DE NON-IMPOSITION.

Le Percepteur des contributions directes de....., soussigné, certifie que..... demeurant à...... n'est pas imposé.

Fait à....., le..... 18...

II. — CERTIFICAT D'INDIGENCE.

Le Commissaire de police ou le Maire de.....

Vu la loi du 10 décembre 1850 ;

Vu le certificat qui précède, et renseignements pris, certifie l'indigence de..... ci-dessus prénommé, qualifié et domicilié.

En foi de quoi le présent certificat lui a été délivré à l'effet d'obtenir en franchise de tous droits de greffe, de timbre et d'enregistrement, les pièces nécessaires à son mariage avec.....

Fait à....., le..... 18...

Vu et approuvé par Nous, Juge de paix du canton de....., en exécution de la loi du 10 décembre 1850.

Fait à....., le..... 18...

84° Certificat de mariage civil.

V. *suprà*, nos 243-4° et 757.

DÉPARTEMENT de	COMMUNE de	ARRONDISSEMENT de
	ÉTAT CIVIL.	

CERTIFICAT DE MARIAGE.

Nous, Maire de la commune de....., officier de l'état civil,

Certifions que le mariage entre :

Monsieur Louis-Raoul Leblanc

Et Mademoiselle Ernestine Martin,

a été célébré aujourd'hui en la salle publique de cette mairie.

En foi de quoi, nous avons délivré le présent certificat, en conformité de l'article 1er du décret du 9 décembre 1810, pour servir au mariage religieux.

Fait à....., le..... mil huit cent quatre-vingt-deux.

Le Maire,
officier de l'état civil,

85° Concession de terrain dans un cimetière.

V. *suprà*, nos 902 à 917.

N° DU REGISTRE.	VILLE DE
CONCESSION POUR *la Sépulture particulière de M*	(OU COMMUNE DE)
	CONCESSION (Indiquer la nature de la concession) *de* (indiquer la quantité) *mètres de terrain dans le cimetière.*

Le Maire de la commune de.....

Vu la demande faite par M. (prénoms, nom et

profession), *demeurant à....., rue....., numéro....., à l'effet d'obtenir une concession..... de..... mètres de terrain dans le cimetière, pour y fonder la sépulture particulière de M.* (prénoms, nom, degré de parenté, date et lieu du décès);

Vu le décret du 23 prairial an XII (12 juin 1804);

Vu l'ordonnance du 16 décembre 1843 ;

Vu l'instruction du Ministre de l'Intérieur du 30 décembre 1843 ;

Vu le décret du 1er avril 1851 ;

Vu les délibérations du Conseil municipal....;

Vu le règlement approuvé le.....;

CONCÈDE (pour 15 ans, pour 30 ans, ou à perpétuité) *à M..... susnommé..... mètres superficiels de terrain dans le cimetière, pour y fonder la sépulture de M.....*

Cette concession est accordée à la charge par M..... de se conformer aux conditions imposées par les décrets, ordonnance, instruction, délibérations et règlement susvisés, et notamment de payer la somme de..... francs dont..... francs dans la Caisse municipale et..... francs dans celle du Bureau de bienfaisance.

Plus la somme de..... pour les frais du présent arrêté, dont une expédition sera délivrée à M.....

A l'Hôtel de Ville, le..... mil huit cent.....

(Signature.)

La copie de cet acte de concession sera terminée comme suit :

En marge (ou *ensuite*) *est cette mention :*

Enregistré à....., le..... reçu.....

(Signature.)

Pour copie conforme :

Le Maire,

En exécution des lois des 13 brumaire et 22 frimaire an VII, 8 juin 1864, 25 août 1871 et 30 décembre 1873 et des ordonnances royales des 5 mai et 6 décembre 1843, les frais de timbre et d'enregistrement de chaque nature de concession se trouvent ainsi fixés :

NATURE DES CONCESSIONS.		DROITS D'ENREGISTREMENT.	TIMBRE DE LA MINUTE et de 3 expéditions.	TOTAL.
Perpétuelles	2 mètres	26f » c	6f 60c	32f 60c
	4 mètres	51 »	6 60	57 60
	6 mètres	77 »	6 60	83 60
30 ans	2 mètres	9 »	6 60	15 60
	4 mètres	18 »	6 60	24 60
	6 mètres	27 »	6 60	33 60
15 ans	2 mètres	» 32	6 60	6 92
	4 mètres	» 45	6 60	7 05
	6 mètres	» 70	6 60	7 30
Autorisation d'inhumation dans un terrain déjà concédé [1]		3 75	6 60	10 35

85° bis Inhumation dans un terrain concédé.

V. suprà, n° 909.

N° DU REGISTRE.

INHUMATION

de M
dans le *terrain concédé par arrêté du*
n°
pour *la sépulture* de M

VILLE DE

INHUMATION DANS UN TERRAIN CONCÉDÉ.

Le Maire d.....,

Vu la demande présentée par M....., demeurant à.....

A l'effet d'être autorisé à faire inhumer dans un terrain concédé le corps de M.....

Vu l'arrêté du..... n°..... portant concession

---

1. V. *suprà*, n° 909.

..... de..... mètres de terrain dans le cimetière pour la sépulture de M.....

Vu le décret du 1er avril 1851 et les délibérations du Conseil municipal des....., d'après lesquels il peut être construit, dans les terrains concédés pour 30 ans ou à perpétuité, *des caveaux à cases superposées ou autres, pour inhumer tous les membres de la famille, à la charge de payer pour les concessions trentenaires..... francs, et pour les concessions à perpétuité..... francs, pour chaque inhumation excédant le nombre fixé pour la concession ;*

Considérant que M..... était (indiquer le degré de parenté) *de M.....;*

AUTORISE l'inhumation du corps de M..... dans le terrain de..... mètres concédé..... par l'arrêté susvisé ;

Cette autorisation est donnée à la charge par M..... de se conformer aux conditions imposées par la délibération du..... et par le règlement approuvé le....., notamment de verser la somme de..... francs, pour deux tiers, ou..... francs dans la Caisse municipale, et pour le dernier tiers, ou..... francs dans la Caisse du Bureau de bienfaisance.

M..... payera en outre la somme de..... pour frais du présent arrêté dont il lui sera délivré expédition.

A l'Hôtel de Ville, le.....

Signé :

Ensuite est cette mention :

Enregistré à....., le....., f°..... c°.....
Reçu.....

Signé :

Pour copie conforme :

Le Maire,

85° ter Permis d'inhumation.

V. *suprà*, nos 859 et 962.

DÉPARTEMENT de — COMMUNE de — ARRONDISSEMENT de

ÉTAT CIVIL.

PERMIS D'INHUMATION.

(Délivré en exécution de l'article 77 du Code civil.)

Le Maire de la commune de..... autorise l'inhumation du corps de Monsieur Louis-Raoul Leblanc, *âgé de....., décédé en cette commune, rue....., numéro....., le.....*

Cette inhumation aura lieu le.....

Fait à....., le.....

Le Maire,

86° Permis d'inhumation d'un corps arrivant d'une autre localité.

V. *suprà*, nos 859 et 962.

DÉPARTEMENT de — COMMUNE de — ARRONDISSEMENT de

ÉTAT CIVIL.

PERMIS D'INHUMATION.

(Délivré en exécution de l'article 77 du Code civil.)

Le Maire de la commune de

Vu le permis de transport accordé par Monsieur le Préfet (ou *Sous-préfet*) *de....., le.....*

Autorise l'inhumation, dans le cimetière de cette commune, du corps de Monsieur Louis-Raoul Leblanc, *décédé à....., le.....*

Cette opération aura lieu en présence du commissaire de police (ou autre agent) *que nous déléguons à l'effet d'en dresser procès-verbal, dont une copie sera adressée à Monsieur le Maire de la commune de.....*

Fait à....., le.....

Le Maire,

87° Permis d'exhumation et de réinhumation.

V. *suprà*, n° 954.

DÉPARTEMENT de | COMMUNE de | ARRONDISSEMENT de

ÉTAT CIVIL.

PERMIS D'EXHUMATION ET DE RÉINHUMATION.

Le Maire de la commune de.....,

Vu la demande formée le....., par Monsieur....., à l'effet de faire exhumer le corps de Monsieur Louis-Raoul Leblanc, *décédé en cette commune le....., pour le faire réinhumer dans un caveau de famille ;*

Vu l'article 17 du décret du 23 prairial an XII ;

Autorise ledit sieur..... à faire procéder à l'exhumation et à la réinhumation des restes mortels qui font l'objet de sa demande.

Ces opérations auront lieu en présence du commissaire de police (ou tout autre agent) *que nous déléguons à cet effet, lequel nous en transmettra le procès-verbal.*

Fait à....., le.....

Le Maire,

88° Procès-verbal d'inhumation d'un corps arrivant d'une autre localité.

V. *suprà*, nos 859 et 962.

DÉPARTEMENT de | COMMUNE de | ARRONDISSEMENT de

COMMISSARIAT DE POLICE.

PROCÈS-VERBAL D'INHUMATION.

L'an mil huit cent quatre-vingt-deux, *le* vingt-huit juin,

Nous, Commissaire de police de.....,

Vu le permis de transport accordé le....., par Monsieur le Préfet (ou Sous-préfet) *de.....;*

Vu le permis d'inhumation délivré par le Maire de cette commune le.....;

Certifions que le corps de Monsieur Louis-Raoul Leblanc, *âgé*

de....., *décédé à.....*, *le.....*, *nous a été représenté à son arrivée dans un cercueil en bois de chêne, cerclé en fer, et qu'après avoir reconnu son identité, il a été inhumé aujourd'hui, à* onze heures du matin, *en notre présence, dans une concession de* 2 mètres (ou 4 mètres) *prise pour* 15 *ans* (ou pour 30 ans ou à perpétuité) *le.....*

De tout quoi nous avons dressé le présent procès-verbal en double expédition, dont l'une sera remise à Monsieur le Maire de cette commune, et l'autre à Monsieur le Maire de la commune de.....

Fait à....., *le.....*

(Sceau.) (Signature.)

89° Procès-verbal d'exhumation.

V. *suprà*, n° 954.

DÉPARTEMENT de	COMMUNE de	ARRONDISSEMENT de

COMMISSARIAT DE POLICE.

PROCÈS-VERBAL D'EXHUMATION.

L'an mil huit cent quatre-vingt-deux, *le* vingt-huit juin,

Nous, Commissaire de police de.....,

Agissant en vertu de la délégation que nous en a faite Monsieur le Maire de cette commune par le permis d'exhumation délivré par lui le.....,

Certifions que le corps de Monsieur Louis-Raoul Leblanc, *décédé à.....*, *le.....*, *a été exhumé de sa fosse et, après avoir été renfermé dans un nouveau cercueil en chêne, réinhumé aujourd'hui,* à onze heures du matin, *en notre présence, dans une concession de* 4 mètres à perpétuité, *prise le.....*

De tout quoi nous avons dressé le présent procès-verbal, les jour, mois et an susdits.

(Sceau.) (Signature.)

90° Procès-verbal constatant la mise en cercueil et le départ d'un corps.

V. *suprà*, nos 958 à 961 inclus.

DÉPARTEMENT de — COMMUNE de — ARRONDISSEMENT de

COMMISSARIAT DE POLICE.

PROCÈS-VERBAL CONSTATANT LA MISE EN CERCUEIL ET LE DÉPART DU CORPS DE MONSIEUR LEBLANC.

L'an mil huit cent quatre-vingt-deux, *le* vingt-huit juin, *à midi*,

Nous, Commissaire de police de.....,

Vu les décrets des 23 prairial an XII et 13 avril 1861, sur la police des sépultures et la décentralisation administrative;

Vu les circulaires ministérielles des 26 thermidor an XII, 10 mars et 25 avril 1856 et 8 août 1859;

Ensemble l'arrêté de Monsieur le Préfet (ou Sous-préfet) *de ....., en date du....., autorisant le transport à..... du corps de Monsieur* Louis-Raoul Leblanc, *décédé en cette commune, rue ....., numéro....., le.....*

Nous sommes transporté en la maison mortuaire et avons fait procéder à la mise en cercueil du corps du défunt, laquelle opération a été faite avec toute la décence et le respect dus à la mémoire des morts.

Et, après avoir apposé notre sceau à la cire noire aux extrémités du cercueil, avons remis les restes mortels du défunt à la famille qui s'est chargée de les faire transporter à..... où l'inhumation doit avoir lieu.

De tout quoi nous avons dressé le présent procès-verbal qui devra être remis à Monsieur le Maire de la commune de....., lequel vérifiera l'intégrité des sceaux.

Fait à....., les jour, mois et an que dessus.

(Signature.)

91° Permis de transport de corps, d'un lieu à un autre, dans l'étendue de la même commune.

V. *suprà*, n° 962.

DÉPARTEMENT de — COMMUNE de — ARRONDISSEMENT de

PERMIS DE TRANSPORT DE CORPS.

Le Maire de la commune de.....,

Vu la demande à lui présentée par Monsieur....., à l'effet d'ob-

tenir l'autorisation de faire transporter à....., le corps de Monsieur Louis-Raoul Leblanc, *décédé à....., le....., pour le faire inhumer dans un caveau de famille ;*

Vu l'acte de décès dudit sieur Leblanc ;

Vu les circulaires de Monsieur le Ministre de l'Intérieur en date des 26 thermidor an XII et 10 mars 1856 ;

Autorise le transport à....., des restes mortels dudit feu sieur Leblanc, *et invite les autorités civiles et militaires à laisser librement circuler Monsieur....., susnommé, qu'il délègue pour accompagner le corps du défunt et rapporter, en cette mairie, le procès-verbal d'inhumation.*

Fait à....., le.....

Le Maire,

(Cachet de la mairie.)

92° Permis de transport de corps, d'une commune à une autre, dans le même arrondissement.

V. *suprà*, n° 962.

SOUS-PRÉFECTURE DE L'ARRONDISSEMENT d

PERMIS DE TRANSPORT DE CORPS.

Nous, Sous-Préfet de l'arrondissement de.....,

Vu la demande à nous présentée, tendant à obtenir l'autorisation de faire transporter à....., le corps de Monsieur Louis-Raoul Leblanc, *âgé de....., décédé à....., le.....;*

Vu les décrets des 23 prairial an XII et 13 avril 1861, sur la police des sépultures et la décentralisation administrative ;

Vu les circulaires ministérielles des 26 thermidor an XII, 29 février et 10 mars 1856, et 28 janvier 1857 ;

Autorisons le transport à..... du corps dudit feu sieur Leblanc, *pour y être inhumé, après autorisation de l'autorité compétente, et invitons les autorités civiles et les agents de la force publique à le laisser passer librement jusqu'à sa destination.*

Fait à....., le.....

Le Sous-Préfet,

93° Permis de transport de corps, délivré par le Préfet.

V. suprà, n° 952.

PRÉFECTURE d

PERMIS DE TRANSPORT DE CORPS.

Nous, Préfet du département de.....,

Vu la demande à nous présentée, tendant à obtenir l'autorisation de faire transporter à....., le corps de Monsieur Louis-Raoul Leblanc, *âgé de....., décédé à....., le.....;*

Vu les décrets des 23 prairial an XII et 13 avril 1861, sur la police des sépultures et la décentralisation administrative;

Vu les circulaires ministérielles des 26 thermidor an XII, 29 février et 10 mars 1856, 28 janvier 1857 et 8 août 1859;

Autorisons le transport à....., du corps dudit feu sieur Leblanc, *pour y être inhumé, après autorisation de l'autorité compétente, et invitons les autorités civiles et les agents de la force publique à le laisser passer librement jusqu'à sa destination.*

Fait à....., le.....

Le Préfet,

Extrait de la circulaire de M. le Ministre de l'Intérieur, en date du 8 août 1859.

1° La translation d'un corps d'un individu récemment décédé ne pourra être effectuée hors du département où a eu lieu le décès, que dans un cercueil en bois de chêne, dont les compartiments ayant quatre centimètres d'épaisseur seront fixés avec des clous à vis et maintenus par trois frettes en fer serrées à écrou;

2° Quand le trajet à parcourir excédera deux cents kilomètres, le corps devra être placé dans un cercueil en plomb, renfermé lui-même dans une bière en chêne. Le cercueil en plomb sera alors confectionné avec des feuilles de plomb laminé de deux millimètres, au moins, d'épaisseur et solidement soudées entre elles;

Le cercueil de plomb pourra également être exigé, même pour des distances moindres, toutes les fois que des circonstances exceptionnelles rendront cette mesure nécessaire;

3° Dans tous les cas, le fond du cercueil contenant le corps devra être rempli par une couche de six centimètres d'un mélange pulvérulent, composé d'une partie de poudre de tan et de deux parties de charbon de bois pulvérisé. Le corps devra ensuite être entièrement couvert de cette même poudre, avant la fermeture du cercueil.

94° Avis de décès, à fournir par le Maire, pour tout individu âgé de 20 à 40 ans.

V. *suprà*, n° 854.

DÉPARTEMENT DE

ARRONDISSEMENT DE

CANTON DE

(Exécution de la circulaire ministérielle du 20 mars 1877.)

Le Maire de la commune d ...., canton d....., département d....., a l'honneur d'informer Monsieur le Commandant du recrutement de la subdivision d....., à....., que le nommé[1]..... *né le....., à....., canton d....., département d....., est décédé le*[2]..... *dans ladite commune, ainsi qu'il résulte de l'acte dressé aujourd'hui même en notre mairie.*

RENSEIGNEMENTS COMPLÉMENTAIRES[3].

A concouru au tirage au sort dans le canton d....., département d..... (classe de 18...).

Faisait partie de l'armée[4].....

A....., le..... 18...

Le Maire,

Cachet

Monsieur le Commandant du dépôt de recrutement, à.....

---

1. Noms, prénoms, surnoms.
2. Date en toutes lettres.
3. Le maire ne remplira cette partie du bulletin que lorsque les renseignements seront portés à sa connaissance, sans qu'il soit tenu à aucune recherche.
4. Armée active (régiments), — réserve (corps d'affectation), — armée territoriale (régiments).

95° Notoriété à l'effet de recueillir les successions des militaires ou des employés des armées.

MODÈLE N° 69.

Art. 718 du règlement.

SOMMES DE CINQUANTE FRANCS ET AU-DESSOUS.

Je soussigné, Maire de la commune d
arrondissement d
département d

certifie que le nommé [1]

est décédé à [2]
le
qu'il a laissé pour seul héritier [3]

et que le dit susnommé seul droit de retirer les effets et de toucher toutes les sommes qui peuvent revenir et appartenir à la succession dudit

En foi de quoi j'ai délivré le présent certificat, pour servir et valoir au susnommé ce que de raison.

Fait à ce

Vu pour légalisation de la signature de Monsieur le Maire de la commune d

A le

Le Préfet,

NOTA. Ce certificat pourra être rédigé sur papier libre, mais la signature du Maire sera légalisée par le Préfet du département, ou le Sous-Préfet de l'arrondissement.

1. Énoncer les noms, prénoms et qualité du décédé.

2. On indiquera ici l'hôpital militaire où le décès a eu lieu.

3. Énoncer les noms, prénoms et qualités des héritiers, et distinguer les majeurs des mineurs, dénommer leurs tuteurs et indiquer le degré de parenté, ainsi que la date de la délibération du conseil de famille par laquelle le tuteur aura été nommé.

96° Certificat de non-divorce et de non-séparation de corps.

DÉPARTEMENT DE

MAIRIE DE

MODÈLE DE CERTIFICAT A PRODUIRE PAR LES VEUVES EN INSTANCE DE PENSION[1].

CERTIFICAT DE NON-SÉPARATION DE CORPS ET DE JOUISSANCE DES DROITS CIVILS.

Le Maire d département de
sur l'attestation des sieurs

CERTIFIE :

1° Que le mariage contracté à
département d le , entre le sieur
et la demoiselle ;
n'a pas été dissous par le divorce ;

2° Qu'aucune séparation de corps n'a été prononcée judiciairement contre la femme ;

3° Que la veuve du sieur .
est en possession de ses droits civils ;

4° Que le sieur n'a laissé aucun enfant mineur issu d'un mariage antérieur[2]

Fait à , le 18 .

Les témoins, Le Maire,

Vu pour la légalisation de la signature de M
apposée ci-dessus, à laquelle foi doit être ajoutée.
A , le 18 .

1. Modèle annexé à la circ. min. int. du 6 juin 1880, et auquel les maires voudront bien se conformer à l'avenir.
2. Dans le cas où le mari aurait été veuf d'une première ou d'une deuxième femme et où il existerait des enfants mineurs de ses précédents mariages, le maire devra modifier la formule en désignant quels sont ces enfants et en indiquer leur groupement par lit.

Note des pièces à produire à M. le sous-intendant militaire du département pour l'instruction des demandes de pensions :

I. *Dans l'armée de terre,*

1° Demande de pension adressée au ministre de la guerre, apostillée (signature légalisée) par le maire de la commune ou de l'arrondissement si le domicile est à Paris, et énonçant le lieu où la veuve désire jouir de sa pension ;

2° Acte de naissance de la veuve ;

3° Acte de célébration de mariage (cet acte doit faire connaître la date de l'autorisation et l'autorité militaire qui l'a donnée) ;

4° Acte de décès du mari ;

Ces trois dernières pièces doivent être légalisées par le président du tribunal de première instance de l'arrondissement du domicile (ou par le juge de paix), si elles ne sont pas délivrées dans le département de la Seine. (V. *suprà*, nos 225 et suiv.)

5° L'état de service ou la lettre de pension du mari, ou, à leur défaut, un bulletin indicatif de l'époque de la cessation d'activité. Ce bulletin sera demandé directement au ministre de la guerre ;

6° Certificat délivré par l'autorité civile sur la déclaration de trois témoins et constatant qu'il n'y a eu entre les époux ni divorce ni séparation de corps, et que la veuve est en possession de ses droits civils ; ces deux dernières constatations seront seules nécessaires pour les mariages postérieurs à la loi du 8 mai 1816, qui a aboli le divorce ;

7° Enfin, si le mari est décédé en jouissance de la pension de retraite, un certificat du ministère des finances (Dette inscrite) ou du payeur du département qui servait les arrérages de la pension, constatant l'époque du dernier paiement[1].

Si le militaire a été tué sur le champ de bataille ou dans un service commandé, les deux dernières pièces seront remplacées par des certificats justificatifs de l'époque, du lieu et des circonstances, soit de l'événement de guerre, soit du service commandé où le mari a été tué. Elles seront délivrées par le conseil d'administration du corps et par les médecins qui ont traité.

Dans le cas où les pièces produites présenteraient des différences, soit dans l'orthographe des noms, soit dans l'ordre ou le nombre des prénoms, soit dans l'indication des dates et lieux de naissance, ces différences feront l'objet d'un acte d'individualité fait sur l'attestation de trois témoins, constatant l'identité de la personne, devant un maire ou un notaire, et en prenant l'acte de naissance pour base des rectifications, attendu que cet acte peut seul faire foi, tant qu'il n'est pas lui-même rectifié par jugement.

Toutes les pièces peuvent être établies sur papier non timbré et sans frais, conformément à l'article 64 de la loi du 28 fructidor an VII, à la décision du ministre des finances du 15 janvier 1823 et aux dispositions qui régissent l'impôt du timbre. (V. *suprà*, n° 244-29°.)

Celles qui sont délivrées en pays étranger doivent être accompagnées d'une traduction exacte et être légalisées par l'agent diplomatique français ; autrement elles ne sont pas susceptibles d'être revêtues, au ministère des affaires étrangères, du visa sans lequel elles ne peuvent faire foi dans l'administration française.

Les demandes pour les orphelins doivent être formées par le tuteur. Elles doivent être accompagnées, outre les pièces 2, 3, 4, 5 et 7 :

1° De l'acte de décès de la mère ; 2° de l'acte de naissance des orphelins ; 3° de leur certificat de vie ; 4° d'un extrait de la délibération du conseil de famille réuni pour la nomination du tuteur, ou, à défaut, d'un

1. La production de ce dernier certificat a été supprimée par décis. minist. du 15 janvier 1876.

certificat du sous-intendant militaire chargé de l'instruction, attestant que cet extrait lui a été présenté.

II. *Dans l'armée de mer,*

Par les veuves,

1° L'acte de naissance de la veuve ;
2° L'acte de mariage ;
3° Un certificat de non-séparation de corps (et de non-divorce, si le mariage est antérieur à la loi du 8 mai 1816), établi d'après le modèle annexé à la circulaire du 31 octobre 1850 ;
4° L'acte de décès du mari (si le décès a eu lieu par suite d'un événement de mer, la justification en est faite dans la forme indiquée par la circulaire du 23 août 1842) ;
5° L'acte de naissance de chacun des enfants au-dessous de l'âge de 10 ans, s'il y a lieu.

Par les orphelins,

1° L'acte de naissance de chacun des orphelins au-dessous de l'âge de 14 ans ;
2° L'acte de mariage de leurs parents ;
3° L'acte de décès du père, ou, s'il y a lieu, les justifications prescrites par la circulaire du 23 août 1842 ;
4° L'acte de décès de la mère ;

Par les pères et mères de marins tués à la guerre,

1° L'acte de naissance du père ;
2° L'acte de naissance de la mère ;
3° L'acte de mariage du père et de la mère ;
4° L'acte de naissance du fils ;
5° L'acte de décès du fils. (Inst. min. mar. 21 novembre 1854.)

97° État des anciens militaires de la République et de l'Empire, décédés dans le trimestre 18 .

V. suprà, n° 855.

DÉPARTEMENT d

COMMUNE de

ARRONDISSEMENT d

État des anciens militaires de la République et de l'Empire, décédés pendant le. . . trimestre 18. . . .

NOMS ET PRÉNOMS.	DATES et lieux de naissance.	DATES DES DÉCÈS.

(Cachet de la mairie.)

Dressé par Nous, Maire,

A. . . . ., le. . . . . 18. . .

98° État des membres de la Légion d'honneur, décédés dans le trimestre 18 .

V. *suprà*, n° 847.

DÉPARTEMENT d	COMMUNE de	ARRONDISSEMENT d

État des membres de la Légion d'honneur, décédés pendant le. . . trimestre 18. . . .

NOMS ET PRÉNOMS.	DATES et lieux de naissance.	DATES des décès.	GRADES.

Dressé par Nous, Maire,

(Cachet de la mairie.)

A. . . . ., le. . . . . 18. . .

99° État des médaillés militaires, décédés dans le trimestre 18 .

V. *suprà*, n° 847.

DÉPARTEMENT d

COMMUNE de

ARRONDISSEMENT d

État des militaires en activité, en réforme ou en retraite, décorés de la médaille militaire, et décédés pendant le trimestre 18 .

NOMS ET PRÉNOMS.	DATE du brevet.	DATE du décès.	POSITION au jour du décès.

Dressé par Nous, Maire,

(Cachet de la mairie.

A....., le..... 18...

100° Bordereau des actes de l'état civil inscrits pendant le trimestre 18 , et concernant des sujets italiens, luxembourgeois, belges ou de la principauté de Monaco.

V. *suprà*, nos 1039 et 1040.

DÉPARTEMENT d — COMMUNE de — ARRONDISSEMENT d

Bordereau des actes de l'état civil inscrits pendant le trimestre 18 , et concernant des sujets. . . . .

Nos du registre.	NOMS ET PRÉNOMS.	DATES DES ACTES.		
		Naissance.	Mariage.	Décès.

(Cachet de la mairie.)

Dressé par Nous, Maire,

A. . . . ., le. . . . . 18. . .

31° Bordereau des actes de l'état civil concernant des suje[ts] luxembourgeois, belges, ou de la principauté de Monaco reçus dans un dépar[tement pendan]t le semestre 18 .

V. [...]

ÉCHANGE [de]s actes de l'état civil entre la France

PRÉFEC[TURE]

EXÉCUTION des circulaires des 30 juin, 7 octobre et 27 décembre 1875.

Bordereau des actes de l'état civil concernant des sujets [...] les mairies pendant le. . . semestre 18. . .

Nos D'ORDRE.	COMMUNE où ont été reçus les actes.	NOMS ET PRÉNOMS des parties [1].	NATURE des actes [2].	DATE [...]	LIEU D'ORIGINE [3] (ville ou province).	OBSERVATIONS.

Arrêté le présent bordereau au nombre de..... actes de l'état civil.

A....., le..... 18... *Le Préfet d.....*

1. Lorsqu'il s'agit d'un acte de mariage, prendre 2 lignes et indiquer le nom de [...]
2. Naissance, décès, mariage, reconnaissance, légitimation.
3. Indiquer autant que possible, pour les actes de décès, le lieu de naissance [...] domicile à l'étranger de la personne décédée ; pour les actes de mariage, le lieu [de] naissance ou le domicile soit du conjoint, soit de ses père ou mère ; pour les [...]ance, le lieu d'origine ou le dernier domicile des père ou mère.

102e [illegible]ès.

V. *suprà*, n° [illegible]

État *remis en exécution de l'article 55 de la loi du 22 frimaire an* V[illegible]aire *de la commune de..... à M. le Receveur de l'enregistrement de....., des actes de décès reçus pendant le* tr[illegible] (avril, juillet *ou* octobre) *18.....*

Folio et n° de la table des successions. (*Colonne à remplir par le Receveur.*)	N° d'ordre du registre de l'état civil.	INDIVIDUS DÉCÉDÉS. (Les enfants, *quel que soit leur âge*, doivent être portés sur cet état.) NOM DE FAMILLE. (*En gros caractère très-lisible.*)	PRÉNOMS.	PROFESSION.	AGE 1.	DÉSIGNATION DE LA COM[illegible] OU LE DÉFUNT: ÉTAIT NÉ. — Si elle est située hors du canton où a eu lieu le décès, indiquer le département où elle se trouve.	ÉTAIT DOMICILIÉ. — Indiquer la rue et le no ou bien le village, le hameau, etc.	[illegible] MORT.	[illegible]ATE DE L'ACTE de décès.	SON ÉTAT d'époux ou d'épouse d. . . . de veuf ou de veuve d. . . . ou de célibataire. (Ne jamais omettre les noms et prénoms de l'époux survivant ou prédécédé.)	NOMS ET PRÉNOMS DES PÈRE ET MÈRE DU DÉCÉDÉ. — (A la suite des prénoms de *chacun* des père et mère, *ne pas manquer* d'exprimer s'il est vivant ou s'il est mort. Énoncer, s'il y a lieu, qu'ils sont inconnus, cas fort rare. Si le décédé était enfant *naturel*, des hospices, etc., le faire savoir.)	NOMS, PRÉNOMS, DEMEURE et DEGRÉ DE PARENTÉ DES HÉRITIERS. (Désigner de *préférence* ceux à qui les droits pourraient être demandés.)	OBSERVATIONS. — Indiquer sommairement les meubles et immeubles qu'a délaissés le décédé, ainsi que le nom des communes où les immeubles sont situés. S'il n'a rien délaissé ou s'il était réellement *indigent*, en faire mention expresse en faisant connaître sa position lors de son décès.
	1	2	3	4	5	6	7		10	11	12	13	14

1. S'il s'agit d'un jeune enfant, indiquer dans cette colonne, selon le cas, le no[illegible] [illegible]urs, d'heures, etc., ou faire mention : **mort-né.**

(*) Lorsqu'il n'aura été inscrit aucun décès *pendant le trimestre* sur le registre de [illegible]dra mettre ce mot : **Néant** sur le présent état qui devra être ensuite dat[é,] *signé* et *renvoyé* à M. le Receveur de l'enregistrement.

(Ca[illegible])

Certifié exact et véritable par le Maire soussigné, *A* , *le* *18* .

103° Certificat de non-inscription d'acte.

V. *suprà*, n° 262-3°.

DÉPARTEMENT d	COMMUNE de	ARRONDISSEMENT d

Nous, Maire de la commune de.....,

Certifions que, compulsion faite des registres de l'état civil de cette commune depuis l'année..... jusques et y compris l'année ....., nous n'avons trouvé sur ces registres aucun acte de baptême (naissance, mariage ou décès) *concernant le nommé.....*

En foi de quoi nous avons délivré le présent certificat pour servir et valoir ce que de droit.

A....., le..... mil huit cent.....

Le Maire,

(Cachet de la mairie.) (Signature.)

104° Certificat de perte des registres.

V. *suprà*, n° 262-3°.

DÉPARTEMENT d	COMMUNE de	ARRONDISSEMENT d

Nous, Maire de la commune de.....,

Certifions que les registres des actes de naissance (mariage ou décès) *des années..... et..... n'ont pu être retrouvés dans les archives de cette mairie, malgré les nombreuses recherches faites dans ce but, et que la cause de leur disparition est demeurée inconnue* (ou *ont été détruits par l'incendie survenu en cette mairie le.....*).

En foi de quoi nous avons délivré le présent certificat, pour servir et valoir ce que de droit.

A....., le..... mil huit cent.....

Le Maire,

(Cachet de la mairie.) (Signature.)

105° Acte de naissance.

Formule n° 2 annexée à la circulaire du ministre de la guerre, du 8 mars 1823.

V. *suprà*, nos 1020 à 1023 inclus.

Aujourd'hui (date du mois et de l'an, indication du jour, de l'heure et du lieu), *devant Nous* (prénoms, nom et grade de l'officier remplissant les fonctions d'officier de l'état civil, avec la désignation du corps auquel il appartient), *s'est présenté* (prénoms, nom, âge du requérant, et désignation de son grade, ainsi que de la compagnie et du bataillon auxquels il appartient, et du numéro sous lequel il est signalé au registre-matricule, s'il est sous-officier ou soldat); *lequel nous a requis de dresser l'acte de naissance de* (nom et prénoms que l'on donne à l'enfant), *son fils* ou *sa fille* (si l'enfant est présenté par toute autre personne que le père, indiquer les nom et prénoms de cette personne, et sa profession), *auquel a donné le jour* (prénoms, âge et nom de famille de l'épouse), *son épouse* (indiquer le jour et l'heure de l'accouchement). *Il nous a, en conséquence, représenté cet enfant, en nous déclarant qu'il produit pour témoins de cet acte* (nom, prénoms et âge des deux témoins, lesquels doivent toujours être majeurs et du sexe masculin, avec l'indication des compagnies et bataillons auxquels ils appartiennent, ou de leur profession); *sur quoi Nous, remplissant les fonctions d'officier de l'état civil, et ci-dessus dénommé; après avoir, en présence desdits témoins, examiné l'enfant, avons reconnu qu'il est du sexe* (désigner le sexe de l'enfant).

De tout quoi nous avons dressé le présent acte, qui a été signé sur le registre par le requérant, les témoins et Nous, après qu'il leur en a été donné lecture, lesdits jour et an.

(Si quelque témoin ne savait signer, il faudrait en faire mention.)

106° Acte de mariage.

Formule n° 1, annexée à la circulaire du ministre de la guerre, du 8 mars 1823.

V. *suprà*, nos 1020, 1021, 1024, 1025 et 1026.

Aujourd'hui (date du mois et de l'an, indication du jour, de l'heure et du lieu), *devant Nous* (prénoms, nom et grade de l'officier remplissant les fonctions d'officier de l'état civil, avec la désignation du corps auquel il appartient), *se sont présentés* (prénoms, nom, âge et lieu de naissance du futur, le corps auquel il appartient, le bataillon et la compagnie ainsi que le numéro sous lequel il est signalé au registre-matricule), *fils* (majeur ou mineur) *de* (prénoms, nom, profession, âge et domicile des père et mère du futur), *d'une part, et* (prénoms, nom, âge, lieu de naissance, profession et domicile de la future), *fille* (majeure ou mineure) *de* (prénoms, nom, domicile, âge et profession des père et mère de la future), *d'autre part; lesquels, en présence de* (prénoms, nom, âge et grade des quatre témoins, corps, bataillons et compagnies auxquels ils appartiennent, ou leurs professions), *leurs témoins* (désigner séparément chaque témoin, en énonçant s'il est parent, et à quel degré), *et sous l'autorisation et consentement de leur père et mère* (ou aïeuls et aïeules; s'il a été fait des actes respectueux, en faire mention), *nous ont requis de procéder à la célébration de leur mariage.*

A quoi Nous, remplissant les fonctions d'officier de l'état civil, et ci-dessus dénommé, déférant, avons donné lecture :

1° Des actes de naissance des futurs;

2° Des actes des publications mises à l'ordre du jour du corps, dans les délais prescrits par l'article 94 du Code civil, sur lesquels il n'est survenu aucune opposition;

3° Des actes des publications faites en la commune de (nom de la commune), *lieu du dernier domicile du futur, et en celle de* (nom de la commune), *lieu du dernier domicile de la future, les* (dates des publications);

4° Des certificats délivrés les (dates des certificats), *par les officiers de l'état civil desdites communes, constatant qu'il n'est survenu aucune opposition;*

5° Des actes contenant les consentements voulus par la loi pour chacun des futurs (ou des actes respectueux, s'il en a été fait);

6° De la permission de mariage exigée par l'article (indiquer le numéro de l'article, suivant le grade du militaire) *du décret du 16 juin 1808;*

7° Enfin du chapitre VI du titre Du Mariage, *sur les droits et devoirs des époux. Après quoi Nous avons demandé audit futur époux qui il entend prendre pour sa femme; il nous a répondu, à haute et intelligible voix, qu'il demande à s'unir à* (prénoms et nom de la future). *Avons ensuite demandé à la future qui elle entendait prendre pour époux; elle nous a répondu, aussi à haute et intelligible voix, qu'elle désirait avoir pour mari* (prénoms et nom du futur). *En conséquence, Nous avons prononcé, au nom de la loi, que* (prénoms et noms des futurs) *sont unis par le mariage.*

(Si quelqu'un ne sait signer, en faire mention.)

NOTA. — S'il existait un enfant naturel, et que les époux fussent dans l'intention de le reconnaître, conformément aux dispositions de l'article 331 du Code civil, l'acte de mariage devrait alors être suivi de la déclaration ci-dessous :

Lesdits époux nous ayant déclaré qu'il existe un enfant naturel, fruit de leurs œuvres; que cet enfant n'a pas été reconnu lors de sa naissance, et qu'il a été présenté à l'officier remplissant les fonctions d'officier de l'état civil à (désigner le corps ou la commune, si c'est dans l'intérieur), *sous les prénoms et nom de* (indication des prénoms et nom qui ont été donnés à l'enfant); *qu'ils désirent le reconnaître pour leur enfant, attendu qu'il n'est ni adultérin ni incestueux, et qu'à cet effet ils nous le présentent : sur quoi Nous, remplissant les fonctions d'officier de l'état civil, après avoir examiné cet enfant, que nous attestons être du sexe* (indiquer le sexe de l'enfant), *enfant naturel desdits* (prénoms et noms des époux), *est légitimé, et que mention de la présente légitimation sera faite en marge de son acte de naissance*[1].

De tout ce que dessus nous avons dressé acte, qui a été signé par les parties, les témoins, et par Nous, après lecture faite, lesdits jours et an.

107° Acte de décès.

Formule n° 3, annexée à la circulaire du ministre de la guerre, du 8 mars 1823.

V. *suprà*, n°s 1020, 1021 et 1027 à 1030 inclus.

Aujourd'hui (date du mois et de l'an, indication du jour, de l'heure et du lieu), *devant Nous* (prénoms, nom et grade de l'officier remplissant les fonctions d'officier de l'état civil, désignation du corps auquel il appartient), *sont comparus* (prénoms, nom, âge et grade des trois témoins voulus par l'article 96 du Code; corps, bataillons et compagnies auxquels ils appartiennent, ou leur profession); *lesquels nous ont déclaré que* (prénoms, nom et grade du militaire décédé; corps, bataillon et compagnie auxquels il appartient; numéro sous lequel il est signalé au registre-matricule, s'il est sous-officier ou soldat), *est décédé ce jour à* (désigner l'heure et le lieu), *par suite de* (indication du genre de mort, lorsqu'il y a lieu). *Ce militaire était marié à* (désigner le nom de la veuve et son domicile), *et était fils de* (noms des père et mère du décédé et leur domicile).

De tout quoi nous avons dressé le présent acte, qui a été signé par Nous et les trois témoins, après lecture faite, lesdits jour et an.

---

1. Il serait utile d'indiquer la date et le lieu de naissance.

108° Extraits des actes de l'état civil.

Formules n°s 4 et 5, annexées à la circulaire du ministre de la guerre, du 8 mars 1823.

I. — EXTRAIT D'ACTE DE NAISSANCE.

(Numéro et désignation du corps.)

Nous soussigné (prénoms, nom et grade de l'officier), *remplissant les fonctions d'officier de l'état civil, certifions qu'il résulte du registre destiné à l'inscription des actes de l'état civil faits hors du territoire français, pour le* (désignation du corps ou état-major de l'armée), *que le nommé* (prénoms et nom du père ou de la personne qui a présenté l'enfant ; désignation de sa profession ou du corps, du bataillon et de la compagnie auxquels il appartient, ainsi que du numéro sous lequel il est signalé), *Nous a déclaré, en présence de deux témoins mâles et majeurs voulus par la loi, que le* (date de la naissance de l'enfant), *son épouse* ou *épouse de* (nom et état du père, prénoms et nom de la mère), *est accouchée à* (indiquer le lieu et l'heure) *d.....* (d'un garçon ou d'une fille), *à qui ils ont donné les prénoms de* (prénoms de l'enfant); *et ont le père* (ou celui qui a présenté l'enfant) *et les témoins signé avec Nous au registre.*

A (désigner le lieu), *le* (la date du mois et de l'an).

Pour extrait conforme :

II. — ACTE DE MARIAGE.

On ne doit point envoyer extrait de ces sortes d'actes, mais bien une copie littérale du registre, conformément aux dispositions de l'article 95 du Code civil.

III. — EXTRAIT D'ACTE DE MORT.

(Numéro et désignation du corps.)

Nous soussigné (prénoms, nom et grade de l'officier), *remplissant les fonctions d'officier de l'état civil, certifions qu'il résulte du registre destiné à l'inscription des actes de l'état civil faits hors du territoire français, pour le* (désigner le corps ou l'état-major de l'armée), *que le nommé* (prénoms, nom et grade du décédé, désignation du corps, du bataillon et de la compagnie), *fils de.....* *et de.....* (prénoms et noms des père et mère), *natif de* (lieu de naissance), *marié à* (prénoms et nom de la veuve, ainsi que son domicile), *signalé au registre matricule sous le n°* (indiquer le numéro), *est décédé à* (indiquer le lieu), *par suite de* (déterminer le genre de mort, lorsqu'il y a lieu), *le* (la date et l'heure du décès), *d'après la déclaration à Nous faite le* (indiquer la date), *par les trois témoins mâles et majeurs voulus par la loi, lesquels ont signé au registre avec Nous.*

A (indiquer le lieu), *le* (date du mois et de l'an).

Pour extrait conforme :

109° Modèle d'acte de disparition.

(Annexé à la circulaire du ministre de la guerre, du 12 juin 1857.)

V. *suprà*, n° 1037.

---

[1]

Nous soussignés [2]

Certifions que le nommé [3]

fils de [4] *et de*

né le [5] *à*

département d [6]

inscrit sous le n° *du registre matricule, a disparu le* [7] *et que depuis cette époque toutes les recherches auxquelles il a été procédé pour découvrir son sort sont demeurées infructueuses.*

Circonstances de la disparition [8]

Fait à *le* *18* .

Suivent les signatures :

Vu :

Le Sous-Intendant militaire,

Format. . . { Hauteur 0m,29.
Largeur 0m,20.

---

1. Désignation du corps ou du service administratif.
2. Qualité des signataires de l'acte. *Exemple :* Membres du Conseil d'administration du, etc.
3. Nom et prénoms.
4. Nom et prénoms des père et mère.
5. Date et lieu de naissance.
6. Grade.
7. Date et lieu de la disparition.
8. Donner tous les détails possibles ; mentionner s'il y a présomption de décès, et les témoignages, etc.

110° [1] État nominatif des militaires tués ou blessés.

(Annexé à la circulaire du ministre de la guerre, du 15 juillet 1870.)

V. *suprà*, n° 1037.

[2]

NUMÉROS matricules.	NOMS et prénoms [3].	GRADE.	LIEU.	DATE.	RENSEIGNEMENTS particuliers. (Préciser autant que possible les blessures et leur degré de gravité.)

Terminer l'état par l'indication des lieu et date, et grade du signataire.

A....., le..... 18...

1. Numéroter les états successifs, afin de prévenir les lacunes.
2. Indiquer en gros caractères et chiffres les noms et numéros des corps ou fractions de corps.
3. Mettre les noms de famille en grosses lettres, par grade, dans chaque compagnie ou escadron.

111°[1] État nominatif des militaires français tombés au pouvoir de l'ennemi.

(Modèle n° 7 du règlement sur les prisonniers de guerre.)

Cet état ne doit contenir que les noms des militaires dont la captivité est certaine.

2

Nos MATRICULES.	NOMS et prénoms [3].	GRADE.	LIEU de la capture.	DATE de la capture.	BLESSURES et circonstances particulières.	DERNIERS renseignements connus. (Préciser les dates et les informations.)	OBSERVATIONS.

Terminer l'état en indiquant les lieu et date, et grade du signataire.

A....., le..... 18...

1. Numéroter les états successifs, afin de prévenir les lacunes.
2. Indiquer en gros caractères et chiffres les noms et numéros des corps ou fractions de corps.
3. Mettre les noms de famille en grosses lettres, par grade, dans chaque compagnie ou escadron.

112°[1] État nominatif des militaires disparus.

(Modèle n° 8 du règlement sur les prisonniers de guerre.)

Tous ces militaires doivent être l'objet d'un acte de disparition conforme au modèle prescrit le 12 juin 1857.

2

Nos MATRICULES.	NOMS et prénoms[3].	GRADE.	DATE et lieu de naissance.	DATE de la disparition.	CIRCONSTANCES connues.	ENVOI des actes de disparition.	OBSERVATIONS.

Terminer l'état en indiquant les lieu et date, et grade du signataire.

A ...., le..... 18...

1. Numéroter les états successifs, afin de prévenir les lacunes.
2. Indiquer en gros caractères et chiffres les noms et numéros des corps ou fractions de corps.
3. Mettre les noms de famille en grosses lettres, par grade, dans chaque compagnie ou escadron.

113° État rectificatif ou complémentaire concernant[1]

(Modèle n° 9 du règlement sur les prisonniers de guerre.)

[2]

NUMÉROS matricules.	NOMS ET PRÉNOMS[3].	GRADE.	RENSEIGNEMENTS.

Terminer l'état en indiquant les lieu et date, et grade du signataire.

A....., le..... 18...

N. B. — A l'égard des testaments des militaires, des agents ou employés des administrations militaires dans les armées hors du territoire français, la circulaire du ministre de la guerre, du 8 mars 1823, contient les instructions suivantes, sur la destination à donner à ces actes, ainsi que sur l'usage qu'il convient d'en faire pour qu'ils soient mis à exécution : « 1° Aussitôt après le dépôt de ces testaments, les fonctionnaires autorisés à recevoir ces sortes d'actes, conformément aux articles 981 et 982 du Code civil, devront les transmettre, par la première voie sûre, à l'intendant général de l'armée, lequel saisira pareillement la première occasion convenable pour en faire l'envoi au ministre de la guerre ; 2° après la réception de ces actes, le ministre en fera faire le dépôt au greffe de la justice de paix du dernier

1. Indiquer la catégorie à laquelle appartiennent les militaires dont il s'agit : tués, blessés ou disparus.
2. Indiquer en gros caractères et chiffres les noms et numéros des corps ou fractions de corps.
3. Mettre les noms de famille en grosses lettres, par grade, dans chaque compagnie ou escadron.

domicile du testateur, dont l'officier qui aura reçu le testament aura toujours grand soin de s'informer; 3° les dépôts successifs mentionnés aux deux articles précédents seront faits clos ou cachetés, avec une enveloppe portant pour suscription les nom, prénoms, qualités et fonctions du testateur, et, autant que possible, l'indication du lieu de son dernier domicile en France; 4° avant la mort du testateur et l'ordonnance rendue par le président du tribunal de première instance du lieu du dernier domicile du décédé, il ne pourra être donné communication de ses dispositions testamentaires, même aux parties intéressées; 5° le sous-intendant militaire ou l'officier qui aura rédigé l'acte concernant les dernières volontés d'un militaire ou d'un employé à la suite des armées, devra, aussitôt après la mort du testateur et le dépôt du testament, en donner avis, quand il se trouvera à portée de le faire, aux personnes qu'il saura y avoir intérêt, pour qu'elles aient à se mettre en règle à cet égard. » (V. art. 909, 968, 970, 972, 974, 975, 981, 982, 983, 984, 999, 1000 et 1001 du Code civil.)

114° Requête pour obtenir la rectification d'un acte de l'état civil.

V. *suprà*, n° 87.

A Monsieur le Président du tribunal civil de première instance séant à.....

Le Sieur (prénoms, nom, âge, profession et domicile), *ayant Me....., pour avoué,*

A l'honneur de vous exposer (énoncer l'erreur qu'il s'agit de rectifier); *qu'enfin il lui importe de faire rectifier cette erreur;*

Par ces motifs, l'exposant requiert qu'il vous plaise, Monsieur le Président, vu les pièces jointes à la présente requête, vu l'erreur qui est contenue dans l'acte de naissance (mariage ou décès), *inscrit sur les registres de la commune de..... à la date du....., ordonner la communication de la présente requête à Monsieur le Procureur de la République, et notamment au juge rapporteur pour être, par le jugement à intervenir, ordonné que ledit acte de naissance* (mariage ou décès) *sera rectifié en ce sens que.....; que ledit jugement sera transcrit sur les registres de l'état civil de la commune de....., et que mention en sera faite en marge de l'acte rectifié, conformément à la loi; enfin faire défense à tous dépositaires desdits registres de délivrer aucun extrait ou expédition dudit acte, sans transcrire littéralement ladite mention de rectification, à peine de tous dépens et dommages-intérêts.*

Présenté au Palais de justice, à....., le.....

(Signature de l'avoué.)

115° Acte d'appel d'un jugement rendu sur une demande en rectification d'acte d'état civil, quand il n'y a pas d'autre partie en cause que le demandeur.

V. *suprà*, n° 95.

A Monsieur le premier Président de la Cour d'appel de.....

Le Sieur (prénoms, nom, âge, profession et domicile), *ayant Me....., pour avoué,*

A l'honneur de vous exposer (énoncer l'erreur qu'il s'agit de rectifier, l'avis du conseil de famille, s'il y a lieu, les dispositions du jugement qui a été rendu et les motifs pour lesquels ce jugement est attaqué) ;

En conséquence, l'exposant conclut à ce qu'il vous plaise, Monsieur le premier Président, indiquer un jour auquel la cause sera appelée devant telle chambre de la Cour qu'il vous plaira choisir pour que l'exposant y soit reçu appelant du jugement du..... dont il déclare par ces présentes interjeter formellement appel[1] ; *que ledit jugement soit mis à néant, et que la Cour, faisant ce que les premiers juges auraient dû faire, ordonner que l'acte de naissance* (mariage ou décès) *susénoncé sera rectifié en ce sens que.....; que Monsieur le maire de la commune de..... sera tenu de transcrire l'arrêt à intervenir sur les registres courants de l'état civil de cette commune, et que mention en sera faite en marge de l'acte rectifié, conformément à la loi ; enfin que les dépositaires desdits registres ne pourront à l'avenir délivrer extrait ou expédition dudit acte sans transcrire littéralement la mention rectificative, à peine de tous dépens et dommages-intérêts.*

Présenté au Palais de justice, à....., le.....

(Signature de l'avoué.)

116° Désistement de l'instance en réclamation d'état.

V. *suprà*, nos 102 et 458.

Par-devant Me....., notaire à.....,

A COMPARU :

Monsieur (prénoms, nom, profession et domicile) ;

Lequel a, par ces présentes, déclaré se désister expressément de l'action en réclamation d'état qu'il a formée comme se présentant

---

1. Les parties qui n'ont pas poursuivi le jugement ou qui n'y ont pas été appelées ne peuvent pas l'attaquer par voie d'appel.

enfant légitime de Monsieur (prénoms et nom), *en son vivant marchand épicier, demeurant à....., rue....., numéro....., où il est décédé le....., contre Monsieur* (prénoms, nom, profession et domicile), *frère et seul héritier dudit feu sieur....., suivant exploit introductif d'instance devant le tribunal civil de première instance de....., signifié par le ministère de Me....., huissier à....., en date du.....*

Voulant, le comparant, que l'instance dont s'agit soit considérée comme nulle et non avenue.

DONT ACTE :

Fait et passé en l'étude,

L'an mil huit cent....., le.....

En présence de Messieurs (prénoms, noms, professions et domicile).

Et a, le comparant, signé avec les témoins et le notaire, après lecture.

117° Désistement de paternité par acte notarié.

V. *suprà*, nos 400 et suivants.

Par-devant Me....., notaire à.....,

A COMPARU :

Monsieur (prénoms, nom, profession et domicile) ;

Lequel, préalablement au désaveu de paternité faisant l'objet des présentes, a exposé ce qui suit :

(Exposer les faits et les causes du désaveu.)

En conséquence, le comparant, usant du bénéfice qui lui est accordé par l'article 312 du Code civil, déclare, par ces présentes, repousser la paternité de cet enfant, et le désavouer de la manière la plus formelle.

DONT ACTE :

(La suite comme en la formule n° 116).

118° Désaveu de paternité par acte extrajudiciaire.

V. *suprà*, nos 400 et suivants.

L'an mil huit cent....., le.....,

A la requête de Monsieur (prénoms, nom, profession et domicile), *qui a signé le présent,*

J'ai....., huissier près le tribunal civil de....., demeurant à....., rue....., numéro....., soussigné, déclaré à la Dame (prénoms et nom), *épouse du requérant, domiciliée de droit avec lui et résidant de fait à....., rue....., numéro....., chez* (prénoms et nom de la personne chez laquelle la femme s'est retirée ou a été autorisée à se retirer, si l'acte de désaveu n'a lieu qu'après que l'action en séparation de corps a été intentée. Lorsque l'action en désaveu est postérieure à la séparation, on assigne la femme au domicile qu'elle a choisi), *audit domicile provisoire, en parlant à....., que le requérant désavoue par le présent, l'enfant du sexe..... dont ladite Dame est accouchée le....., et qui a été inscrit sur les registres de l'état civil de la commune de ....., le....., sous les prénoms de....., et comme issu du légitime mariage du requérant et de ladite Dame; lui déclarant, en outre, que le requérant se propose d'intenter en justice son action en désaveu de paternité dans le délai et conformément aux prescriptions de l'article 318 du Code civil.*

Et j'ai, audit domicile, parlant comme dessus, laissé copie du présent signée par le requérant, et dont le coût est de.....

(Signatures du requérant et de l'huissier.)

119° Nomination d'un tuteur « ad hoc » en cas de désaveu de paternité.

V. *suprà*, n° 407.

L'an mil huit cent....., le.....,

Par-devant Nous (prénoms et nom), *juge de paix du canton de ....., assisté du greffier, en notre cabinet sis à.....,*

A COMPARU :

Monsieur (prénoms, nom, profession et domicile) ;

Lequel nous a exposé :

Que la Dame (prénoms et nom), *son épouse, dont il est séparé judiciairement de corps* (ou dont il est séparé de fait), *depuis le ....., a fait inscrire sur les registres de l'état civil de la commune de....., le....., comme étant né d'elle et de lui comparant, un enfant du sexe....., auquel ont été donnés les prénoms de.....;*

Que cet enfant est né plus de trois cents jours après l'ordonnance rendue en conformité de l'article 878 du Code de procédure civile, par Monsieur le Président du tribunal civil de première instance séant à....., le.....;

Que ledit enfant a été désavoué par le comparant par acte extrajudiciaire du ministère de....., huissier à....., en date du....., enregistré (ou *par acte passé devant Me....., notaire à.....*, *le....., enregistré*) ;

Qu'aujourd'hui, il entend donner suite à ce désaveu de paternité; mais que, préalablement, il doit faire nommer à cet enfant un tuteur ad hoc, *contre lequel sera dirigée l'action en désaveu ;*

Qu'à cet effet, il nous a adressé une requête pour obtenir la réunion du conseil de famille qui doit être appelé à procéder à la nomination de ce tuteur ;

Qu'à cette requête, il a été répondu par une ordonnance par nous rendue le....., enregistrée, et qui est demeurée ci-annexée ainsi que ladite requête, aux termes de laquelle nous avons fixé pour ces lieu, jour et heure, la réunion du conseil de famille, dont les membres par nous désignés sont :

1°.....; 2°.....; 3°..... (prénoms, nom, profession, domicile et degré de parenté) ;

Ces trois membres représentant la ligne paternelle, en leur qualité de plus proches parents et alliés dudit mineur du côté paternel.

4°.....; 5°.....; 6°..... (prénoms, nom, profession, domicile et degré de parenté) ;

Ces trois derniers membres représentant la ligne maternelle, Messieurs..... en qualité de parents du côté maternel, et Monsieur..... en qualité d'ami, celui-ci appelé à défaut d'autres parents dans cette ligne domiciliés dans la distance légale ;

Que pour se conformer à l'ordonnance précitée, le comparant a, par exploit de....., huissier à....., en date du....., enregistré, fait sommer pour ces lieu, jour et heure, les membres du conseil de famille ci-dessus dénommés, ainsi que la Dame son épouse;

Que, dans ces circonstances, l'exposant nous requiert de faire délibérer ce conseil de famille, et de retenir acte de la délibération qu'il va prendre, si tous les membres comparaissent, et, dans le cas où quelques-uns ne comparaîtraient pas, de procéder conformément à la loi.

Et a, le comparant, signé après lecture.

A l'instant, se sont présentés devant nous les membres du conseil de famille ci-dessus dénommés, qualifiés et domiciliés (ou *si l'un d'eux est représenté par un fondé de pouvoirs : à l'exception toutefois de Monsieur..... qui est ici représenté par Monsieur.....* (prénoms, nom, profession et domicile), *aux termes de la procuration qu'il lui a donnée suivant acte passé devant Me....., notaire à....., le....., enregistré* (ou *suivant acte sous signature privée en date à....., du....., enregistrée à....., le....., par..... qui a reçu trois francs soixante-quinze centimes*, ou, si la procuration n'est pas enregistrée : *dont le brevet original sera enregistré avant ou en même temps que ces présentes auxquelles il est demeuré annexé*).

La Dame..... ne s'étant pas présentée, ni personne pour elle, quoique dûment sommée, nous avons donné défaut contre elle et ordonné qu'il serait passé outre.

Le conseil de famille ainsi formé, nous l'avons constitué sous notre présidence, ensuite nous lui avons donné connaissance du motif de sa convocation par la lecture que le greffier a faite de l'exposé qui précède, et délibérant avec nous ;

Considérant que, par acte extrajudiciaire du ministère de....., huissier à....., en date du..... (ou *par acte passé devant M[e] ....., notaire à....., le.....), Monsieur....., susnommé, a désavoué l'enfant du sexe..... prénommé....., né à....., le ....., et inscrit comme fils légitime de Monsieur et Madame.....;*

Considérant que Monsieur..... est dans l'intention de donner suite à son action en désaveu de paternité, et qu'aux termes de l'article 318 du Code civil cette action doit être dirigée contre un tuteur ad hoc *donné à l'enfant ;*

Que dès lors, il y a lieu de procéder à la nomination de ce tuteur ;

Par ces motifs : Le conseil de famille, procédant en vertu de la loi, nomme à l'unanimité, pour remplir ces fonctions, Monsieur ....., l'un des membres du présent conseil, qui accepte (ou, *ce qui est accepté pour lui par Monsieur..... son mandataire*).

Et a, ledit sieur....., signé après lecture.

De tout quoi nous avons dressé le présent procès-verbal, à....., les jour, mois et an que dessus.

Et ont, les membres du conseil de famille, signé avec Nous et le greffier (si l'un d'eux ne sait pas signer, on ajoutera : *à l'exception de..... qui a déclaré ne le savoir, de ce interpellé*), *après lecture.*

Le procès-verbal sera rédigé comme suit :

1° Si l'un des membres ne comparaît pas par suite d'une convocation faite à l'amiable :

A l'instant se sont présentés devant nous, etc. ;

Et, attendu que Monsieur....., ci-dessus dénommé, ne s'est pas présenté, ni personne pour lui,

Nous, juge de paix, ordonnons pour qu'il soit délibéré sur l'objet de la présente convocation, que le conseil de famille se réunira au même lieu, sous notre présidence, le....., à..... heures du soir (ou du matin) ;

Disons que ledit sieur..... sera sommé d'avoir à se trouver à cette réunion ;

Intimons aux membres du conseil de famille ici présents, à se trouver également à ladite réunion ;

Déclarant que, faute par ces derniers et par le sieur..... de comparaître, soit en personne, soit par fondé de pouvoirs, les peines portées par la loi leur seront appliquées.

De tout quoi, nous avons dressé le présent procès-verbal, etc.

Dans ce cas, le procès-verbal de la nouvelle réunion est dressé à la suite du précédent, ainsi qu'il suit :

Et l'an mil huit cent....., le.....
Par-devant Nous, etc.,

A COMPARU :

Monsieur (prénoms, nom, profession et domicile) ;
Lequel nous a exposé que, pour se conformer à l'ordonnance par nous rendue le....., ainsi qu'il est constaté au procès-verbal qui précède, il a, par exploit de....., huissier à....., en date du ....., enregistré, fait sommation à Monsieur..... d'avoir à se trouver à ces lieu, jour et heure ;
Et que tous les autres membres ayant été régulièrement convoqués, le comparant, ès nom qu'il agit, nous requiert de faire délibérer le conseil de famille, si tous les membres comparaissent, et, au cas contraire, de procéder conformément à la loi.
Et a, le comparant, signé après lecture.
A l'instant se sont présentés devant Nous, etc.

2° Si la convocation a eu lieu sur ordonnance et après sommation par exploit d'huissier :

L'an mil huit cent....., le.....
Par-devant Nous, etc.,

A COMPARU :

Monsieur (prénoms, nom, profession et domicile) ;
Lequel nous a exposé :
(Comme en la formule n° 118.)
Que, suivant ordonnance par nous rendue le....., enregistrée, laquelle est demeurée ci-annexée, nous avons fixé pour ces lieu, jour et heure, la réunion des membres du conseil de famille dudit mineur par nous désignés, et qui sont :
1°.....; 2°.....; 3°.....; 4°.....; 5°.....; 6°.....; (prénoms, nom, profession, domicile et degré de parenté) ;
Que, pour se conformer à cette ordonnance, le comparant, a, par exploit de....., huissier à....., en date du....., enregistré, fait sommation aux susnommés d'avoir à se trouver à ces lieu, jour et heure, à l'effet de délibérer aux fins de ladite réquisition ;
Que, dans ces circonstances, le comparant, ès-nom qu'il agit, nous requiert de faire délibérer le conseil de famille et de lui délivrer acte de sa délibération au cas où tous les membres seraient présents, et, au cas contraire, de procéder conformément à la loi.
Et a, le comparant, signé après lecture.
A l'instant se sont présentés devant nous, etc.

Et si l'un des membres ne comparaît pas :

A l'instant se sont présentés devant nous, etc.
Attendu que Monsieur..... ne s'est pas présenté, quoique dûment sommé, et que nous ignorons les raisons qui ont pu le dispenser d'assister à la présente réunion, Nous, juge de paix, après une heure d'attente après celle fixée pour cette réunion, donnons défaut

contre ledit sieur..... et le condamnons à cinquante francs d'amende, conformément aux dispositions de l'article 413 du Code civil ;

Et attendu que les trois quarts des membres sont présents et suffisent pour assurer la validité de la délibération, nous avons constitué lesdits membres en conseil de famille, sous notre présidence, etc.

3° Si le conseil de famille n'est pas en nombre suffisant pour délibérer, le juge de paix ajournera la réunion ou la prorogera. (Art. 414 du Code civil.)

120° Assignation en désaveu de paternité.

V. *suprà*, nos 400 et suivants.

L'an mil huit cent....., le.....,

A la requête de Monsieur (prénoms, nom, profession et domicile), *qui élit domicile à....., rue....., numéro....., dans l'étude de Me....., avoué près le tribunal civil de....., qu'il constitue et qui occupera pour lui sur la présente demande,*

J'ai....., huissier près le tribunal civil de....., demeurant à....., rue....., numéro....., soussigné, donné assignation :

1° A Monsieur (prénoms, nom, profession et domicile), *en sa qualité de tuteur* ad hoc *du mineur..... né à....., le....., nommé par délibération du conseil de famille dudit mineur tenu sous la présidence de Monsieur le juge de paix du canton de....., le....., enregistrée, audit domicile, en parlant à.....;*

2° *A Madame* (prénoms, nom et profession), *demeurant de droit avec le requérant, son mari, mais résidant de fait à....., rue ....., numéro....., à ladite résidence, en parlant à.....;*

A comparaître d'aujourd'hui à huitaine franche, outre un jour par cinq myriamètres de distance, à l'audience et devant Messieurs les président et juges composant le tribunal civil de....., au palais de justice, à....., heures du....., pour, attendu (énoncer les faits et les motifs du désaveu) ;

Attendu que par acte extrajudiciaire du ministère de....., huissier à....., en date du..... et notifié par lui à ladite dame son épouse, le..... (ou *par acte passé devant Me....., notaire à....., le....., notifié par lui à ladite dame son épouse par exploit de....., huissier à....., en date du.....*), *le requérant a désavoué ledit enfant; voir déclarer recevable dans la forme et bien fondé au fond le désaveu formé par le requérant ; ordonner, en conséquence, que l'enfant dont s'agit ne pourra porter le nom du requérant, qui n'est pas son père, et à la famille duquel il ne peut appartenir ; que l'officier de l'état civil de la commune de..... sera tenu d'inscrire le jugement à intervenir sur les registres de l'état civil de cette commune, et de le mentionner en marge de l'acte de naissance de cet enfant, dont aucune expédition ne pourra être délivrée sans contenir la teneur littérale de la mention rectificative, et pour s'entendre, en outre, condamner aux dépens.*

Et j'ai auxdits domicile et résidence, parlant comme dessus, laissé à chacun des susnommés, copie séparée de la délibération du conseil de famille susénoncée et du présent, dont le coût est de.....

(Signature de l'huissier.)

121° Signification du jugement qui admet le désaveu.

V. *suprà*, n° 146.

République française. Au nom du peuple français (suit la teneur littérale du jugement).

L'an mil huit cent....., le.....,

A la requête de Monsieur (prénoms, nom, profession et domicile), *pour lequel domicile est élu à....., rue....., numéro....., en l'étude de Me....., avoué près le tribunal civil de.....,*

J'ai....., huissier près le tribunal civil de....., demeurant à....., rue....., numéro....., soussigné, commis à cet effet,

Signifié et, en tête des présentes, laissé copie à Monsieur le maire de la commune de....., en son cabinet à la mairie, où étant et parlant à sa personne, lequel a visé l'original des présentes,

De la grosse, dûment en forme exécutoire, d'un jugement rendu au profit du requérant, et par défaut contre Madame (prénoms et nom), *son épouse, et Monsieur* (prénoms, nom, profession et domicile) *ès noms, y dénommés et qualifiés, par la chambre du tribunal civil de première instance séant à....., le....., enregistré, aux termes duquel ledit tribunal a admis le désaveu de paternité formé par le requérant;*

A ce que Monsieur le Maire n'en ignore, et ait à exécuter ledit jugement en ce qui le concerne, je lui ai, étant et parlant comme dessus, laissé la présente copie. Le coût est de.....

(Signature de l'huissier.)

122° Procuration pour reconnaître un enfant naturel.

V. *suprà*, nos 38 et 446.

Par-devant Me....., notaire à.....,

A COMPARU :

Monsieur (prénoms, nom, profession et domicile);

Lequel a, par ces présentes, constitué pour son mandataire spécial, Monsieur.....

Auquel il donne pouvoir de, pour lui et en son nom, reconnaître pour être des œuvres du comparant, un enfant du sexe....., né à....., le....., et inscrit le..... sur les registres de l'état civil sous les nom et prénoms de..... (ou si l'enfant n'est que simplement conçu : *un enfant dont la Demoiselle* (prénoms, nom, profession et domicile) *est actuellement enceinte, voulant que cet enfant porte son nom.*

En conséquence, se présenter devant tous notaires ou officiers de l'état civil, passer et signer tous actes de reconnaissance, en requérir mention en marge de l'acte de naissance de l'enfant, et généralement faire tout ce qui sera nécessaire, promettant l'avouer.

DONT ACTE :

(La suite comme en la formule n° 116.)

123° Reconnaissance d'enfant naturel, après la naissance.

V. *suprà*, n° 446.

Par-devant M^e....., notaire à.....,

A COMPARU :

Monsieur (prénoms, nom, profession et domicile) ;

Lequel a, par ces présentes, déclaré volontairement reconnaître pour être de ses œuvres un enfant du sexe....., né à....., le ....., et inscrit le..... sous les prénoms de....., comme fils (ou fille) *de* (prénoms et nom), *et de père non dénommé ; voulant, le comparant, que cet enfant porte son nom.*

Pour faire mentionner cette reconnaissance partout où besoin sera, notamment en marge de l'acte de naissance dudit enfant, tous pouvoirs sont donnés au porteur d'une expédition des présentes.

DONT ACTE :

(La suite comme en la formule n° 116.)

Et a, le comparant, signé avec les témoins et le notaire, après lecture faite du présent acte en la présence réelle desdits témoins instrumentaires.

124° Reconnaissance d'un enfant naturel, simplement conçu.

V. *suprà*, n° 447.

Par-devant M^e....., notaire à.....,

A COMPARU :

Monsieur (prénoms, nom, profession et domicile) ;

Lequel a, par ces présentes, déclaré volontairement reconnaître que l'enfant dont la Demoiselle (prénoms, nom, profession et domicile), *est actuellement enceinte* (ou *enceinte de..... mois*), *est le fruit de leurs œuvres communes.*

En conséquence, il consent que cet enfant, lors de sa naissance, soit inscrit comme tel sur les registres de l'état civil ; voulant qu'il porte son nom.

DONT ACTE :

(La suite comme en la formule n° 123.)

125° Acte de notoriété aux fins d'adoption.

V. *suprà*, nos 476 et 478.

L'an mil huit cent....., le.....,

Par-devant Nous (prénoms et nom), *juge de paix du canton de....., assisté du greffier, en notre cabinet sis à.....,*

ONT COMPARU :

1°.....; 2°.....; 3°.....; 4°.....; 5°.....; 6°.....; et 7°..... (prénoms, nom, profession et domicile), *tous majeurs et Français ;*

Lesquels ont, par ces présentes, attesté pour vérité et comme étant à leur parfaite connaissance,

Que, Monsieur (prénoms, nom, profession et domicile de la personne qui se propose d'adopter), *est âgé de plus de cinquante ans, comme étant né à....., le.....;*

Qu'il est célibataire (ou *qu'il est marié à Dame*) [prénoms et nom] ;

Qu'il ne possède ni enfants ni descendants légitimes ;

Et que (prénoms et nom de l'adopté), *né à....., le....., fils de* (prénoms, nom, profession et domicile de ses père et mère), *a reçu dans sa minorité et pendant..... années consécutives depuis..... jusqu'à..... des secours et des soins non interrompus de Monsieur..... ci-dessus prénommé, qualifié et domicilié* (ou *a sauvé la vie à Monsieur....., ci-dessus prénommé, qualifié et domicilié, soit dans un combat, soit en le retirant des flammes ou des flots* (indiquer le lieu et la date, et dans quelles circonstances).

En foi de quoi nous avons dressé le présent acte que les comparants ont signé avec Nous et le greffier, après lecture, pour servir de notoriété à tous ceux qu'il appartiendra, et valoir ce que de droit.

126° Consentement à adoption par le conjoint de l'adoptant[1].

V. *suprà*, n° 477.

*Par-devant M*e....., *notaire à*.....,

A COMPARU :

Madame (prénoms, nom et profession), *épouse de Monsieur* ..... (prénoms, nom et profession), *avec lequel elle demeure à* ....., *rue*....., *numéro*.....;

Laquelle a, par ces présentes, déclaré formellement consentir à l'adoption que ledit sieur....., *son mari, se propose de conférer à* (prénoms, nom et domicile), *né à*....., *le*.....; *promettant l'avoir pour agréable.*

En conséquence, la comparante autorise tous juges de paix à recevoir l'acte d'adoption dont s'agit sur la seule représentation des présentes.

DONT ACTE :

(La suite comme en la formule n° 116.)

127° Consentement à adoption par les père et mère de l'adopté.

V. *suprà*, n° 479.

*Par-devant M*e....., *notaire à*.....,

ONT COMPARU :

Monsieur (prénoms, nom et profession), *et Madame* (prénoms et nom), *son épouse, de lui autorisée, demeurant ensemble à*....., *rue*....., *numéro*.....;

Lesquels ont, par ces présentes, déclaré formellement consentir à l'adoption que Monsieur (prénoms, nom, profession et domicile), *se propose de conférer à* (prénoms, nom et domicile), *leur fils, né à*....., *le*.....; *promettant l'avoir pour agréable.*

En conséquence, les comparants autorisent tous juges de paix à recevoir l'acte d'adoption dont s'agit sur la seule représentation des présentes.

DONT ACTE :

(La suite comme en la formule n° 116.)

---

1. Le consentement prescrit par l'article 345 du Code civil pourra être donné dans les mêmes termes par le conjoint de l'adopté. — V. *suprà*, n° 478.

128° Acte respectueux aux fins d'adoption.

V. *suprà*, n° 479.

L'an mil huit cent....., le.....,

Par-devant Me....., notaire à.....,

Assisté de Messieurs (prénoms, nom, profession et domicile), *témoins instrumentaires,*

A COMPARU :

Monsieur (prénoms, nom, profession et domicile);

« *Majeur de plus de vingt-cinq ans, étant né à....., le.....,* « *ainsi qu'il en a justifié par la représentation d'une expédition, en* « *due forme, de son acte de naissance, que nous lui avons à l'ins-* « *tant rendue.* »

Lequel, en conformité de l'article 346 du Code civil, a, par ces présentes, déclaré requérir respectueusement Monsieur (prénoms, nom et profession), *et Madame* (prénoms et nom), *son épouse, demeurant à....., rue....., numéro....., père et mère du comparant, de vouloir bien lui donner leur conseil sur l'adoption que Monsieur* (prénoms, nom, profession et domicile), *se propose de lui conférer.*

Et il a requis Me....., notaire soussigné, de se transporter au domicile desdits Sieur et Dame....., pour leur faire la notification du présent acte respectueux.

DONT ACTE :

Fait et passé en l'étude du notaire soussigné,

Les jour, mois et an susdits.

Et a, le comparant, signé avec les témoins et le notaire, après lecture.

Et le même jour..... à..... heures du.....,

En conséquence de la réquisition contenue en l'acte respectueux en date de ce jour, dont la minute précède,

Me....., notaire à....., assisté de Messieurs (prénoms, nom, profession et domicile), *témoins instrumentaires,*

S'est transporté avec les témoins au domicile de Monsieur et Madame (prénoms, nom et domicile),

Et il leur a notifié, en parlant à leurs personnes, l'acte respectueux précité, par lequel Monsieur (prénoms, nom, profession et domicile), *leur fils, les requiert respectueusement de vouloir bien lui donner leur conseil sur l'adoption que Monsieur* (prénoms, nom, profession et domicile), *se propose de lui conférer.*

Sur l'interpellation que le notaire soussigné leur en a faite, Monsieur et Madame..... ont répondu, savoir :

Monsieur.....

Et Madame.....

Et ont, lesdits Sieur et Dame....., signé après lecture.

(Signatures.)

De tout ce que dessus il a été dressé le présent procès-verbal en la demeure de Monsieur et Madame.....

Les jour, mois et an susdits.

A l'instant, M^e....., notaire soussigné, a laissé à Monsieur et Madame..... séparément, une copie signée par lui et les témoins, tant du présent procès-verbal que de l'acte respectueux qui précède.

Et ont, le notaire et les témoins, signé après lecture.

129° Acte d'adoption.

V. *suprà*, n° 490.

L'an mil huit cent....., le.....,

Par-devant Nous (prénoms et nom), *juge de paix du canton de ....., assisté du greffier, en notre cabinet sis à.....,*

ONT COMPARU :

1° *Monsieur* (prénoms, nom, profession et domicile de l'adoptant), *né à....., le....., ainsi qu'il appert de son acte de naissance dont il nous a représenté une expédition dûment légalisée, que nous lui avons rendue ;*

2° *Et Monsieur* (prénoms, nom, profession et domicile de l'adopté), *né à....., le....., fils de Monsieur* (prénoms et nom) *et de Madame* (prénoms et nom), *son épouse, tous deux décédés, le mari, à....., le....., et la femme, à....., le....., le tout ainsi qu'il est constaté tant par son acte de naissance que par les actes de décès de ses père et mère, dont il nous a représenté des expéditions en due forme, que nous lui avons rendues ;*

Lesquels nous ont déclaré, savoir :

1° *Monsieur.....,*

Qu'il est célibataire (ou veuf sans enfants ni descendants légitimes) ; *et qu'il a fourni des secours et donné des soins non interrompus à M....., susnommé, dans sa minorité et pendant..... années depuis le..... jusqu'à.....* (ou *que Monsieur....., susnommé, lui a sauvé la vie, soit dans un combat, soit en le retirant des flammes ou des flots*), *ainsi qu'il est constaté par un acte de notoriété dressé par Nous le....., enregistré, dont une expédition nous a été remise ;*

Enfin qu'il veut, par ces motifs, adopter ledit sieur....., comme de fait il l'adopte par ces présentes, et demande, en conséquence, qu'il nous plaise lui donner acte de sa déclaration.

2° Et Monsieur.....,

Qu'il accepte avec reconnaissance l'adoption que vient de lui conférer Monsieur....., et s'engage à remplir fidèlement envers lui les devoirs que cette nouvelle qualité lui impose.

En foi de quoi nous avons dressé le présent acte que les comparants ont signé avec nous et le greffier, après lecture.

Cet acte sera rédigé comme suit :

I. — Si l'adoptant est marié [1],

1° Monsieur..... (énonciations relatives à l'adoptant, comme en la formule qui précède) ;

2° Madame (prénoms et nom), *épouse dudit sieur....., avec lequel elle demeure ;*

3° Monsieur..... (énonciations relatives à l'adopté, comme en la formule qui précède) ;

Lesquels nous ont déclaré, savoir :

1° Monsieur....., qu'il n'a ni enfants ni descendants légitimes (la suite comme en la formule qui précède) ;

2° Madame....., qu'elle donne son consentement à l'adoption conférée par son mari audit sieur.....;

3° Monsieur....., qu'il accepte (la suite comme en la formule qui précède).

II. — Si les père et mère de l'adopté sont présents et consentent à l'adoption,

1° Monsieur..... (énonciations relatives à l'adoptant, comme en la formule qui précède) ;

2° Monsieur..... (énonciations relatives à l'adopté, comme en la formule qui précède) ;

3° Monsieur et Madame..... (père et mère de l'adopté), *ci-dessus prénommés, qualifiés et domiciliés ;*

Lesquels nous ont déclaré, savoir :

1° Monsieur..... (l'adoptant ou les adoptants) ;

2° Monsieur..... (l'adopté) ;

3° Monsieur et Madame....., qu'ils consentent à l'adoption que Monsieur..... veut bien conférer audit sieur....., leur fils.

III. — Si les père et mère ont donné leur consentement par un acte spécial,

1° Monsieur..... (l'adoptant ou les adoptants) ;

---

1. Si l'adoption est faite conjointement par les deux époux, on l'exprime en leur faisant faire une déclaration commune.

2° *Monsieur.....* (l'adopté), *agissant tant en son nom personnel qu'en vertu du consentement donné par ses père et mère suivant acte passé devant Me....., notaire à....., le....., enregistré, dont une expédition est demeurée ci-annexée, après avoir été par lui certifiée véritable.*

Lesquels nous ont déclaré, etc.

IV. — Si l'enfant a requis le conseil de ses père et mère par acte respectueux,

1° *Monsieur.....* (l'adoptant ou les adoptants) ;

2° *Monsieur.....* (l'adopté), *agissant en son nom personnel et hors le concours de ses père et mère dont il n'a pu obtenir le consentement, mais desquels il a requis le conseil, ainsi qu'il résulte d'un acte passé devant Me....., notaire à....., le....., qui leur a été notifié le même jour suivant procès-verbal dressé par ledit Me....., le même jour, et dont une expédition est demeurée ci-annexée, après avoir été par le comparant certifiée véritable.*

Lesquels nous ont déclaré, etc.

130° Requête à l'effet d'obtenir l'homologation de l'acte d'adoption.

V. *suprà*, n° 491.

A Messieurs les président et juges composant le tribunal civil de première instance séant à......

Le Sieur (prénoms, nom, profession et domicile), *ayant Me....., pour avoué,*

A l'honneur de vous exposer que par acte reçu par Monsieur le juge de paix du canton de....., le....., il a adopté Monsieur (prénoms, nom, profession et domicile), *qui a accepté ladite adoption; et qu'une expédition de cet acte, produite à l'appui de la présente requête, constate que les conditions prescrites par la loi ont été remplies.*

En conséquence, l'exposant requiert qu'il vous plaise, Messieurs, conformément aux articles 354, 355 et 356 du Code civil, homologuer l'acte dont s'agit, et prononcer qu'il y a lieu à adoption.

Fait au Palais de justice, à....., le.....

(Signature de l'avoué.)

131° Jugement d'homologation de l'acte d'adoption.

V. *suprà*, nos 492 et 493.

Le Tribunal civil de première instance séant à....., première chambre, réuni en chambre du conseil, où étaient présents Messieurs (noms des président, juges et greffier),

Vu la requête en date du....., présentée par Me....., avoué à....., au nom du sieur..... (prénoms, nom, profession et domicile), *ensemble les pièces produites à l'appui, et notamment l'acte reçu par Monsieur le juge de paix du canton de....., le....., enregistré, aux termes duquel Monsieur* (prénoms, nom, profession et domicile), *a déclaré vouloir adopter ledit sieur.....;*

Vu les articles 343 et suivants, 355 et 356 du Code civil;

Vu les conclusions écrites de Monsieur le Procureur de la République, sur le rapport de Monsieur....., juge en ce tribunal;

Attendu que toutes les conditions voulues par la loi ont été fidèlement remplies, et que la personne qui se propose d'adopter jouit d'une bonne réputation, ainsi que le Tribunal s'en est assuré;

Ledit Tribunal homologue purement et simplement l'acte d'adoption reçu par Monsieur le juge de paix du canton de....., le.....;

En conséquence, dit qu'il y a lieu à adoption.

Fait et jugé à....., le.....

(Signatures des président, juges, rapporteur et greffier.)

132° Requête à l'effet d'obtenir la confirmation du jugement d'adoption.

V. *suprà*, n° 494.

A Messieurs les premier président, président et conseillers composant la Cour d'appel de......

Le Sieur (prénoms, nom, profession et domicile), *ayant Me....., pour avoué,*

A l'honneur de vous exposer que, sur la requête par lui présentée au tribunal civil de première instance séant à....., à l'effet d'obtenir l'homologation de l'acte reçu par Monsieur le juge de paix du canton de....., le....., contenant adoption par l'exposant de Monsieur (prénoms, nom, profession et domicile), *ledit tribunal a rendu le..... un jugement portant qu'il y a lieu à adoption; et désirant remplir toutes les formalités prescrites par la loi, l'exposant requiert, qu'il vous plaise, Messieurs, attendu que l'adoption dont s'agit est régulière dans la forme et quant au fond, ainsi que le prouvent les pièces jointes à la présente requête, lesquelles con-*

sistent en (énoncer successivement les pièces produites); *confirmer purement et simplement le jugement dont s'agit; dire, en conséquence, qu'il y a lieu à adoption; ordonner que l'arrêt sera inséré et affiché conformément à la loi. Et ce sera justice.*

Présenté au Palais de justice, à....., le.....

(Signature de l'avoué.)

133° Arrêt confirmatif prononçant l'adoption.

V. *suprà*, n° 494.

La Cour d'appel de....., première chambre,

Vu, en la chambre du conseil : 1° la requête à elle présentée par Monsieur (prénoms, nom, profession et domicile), *laquelle requête signée par M^{e}....., avoué, sera déposée au greffe de la Cour, et est ainsi conçue : « ..... Soit communiqué à Monsieur le procureur général et commettons Monsieur le conceiller..... pour faire le rapport. Paris, le..... Le premier président, signé..... Le procureur général conclut à ce qu'il plaise à la Cour confirmer le jugement et dire, en conséquence, qu'il y a lieu à adoption. Au Parquet, le..... Pour le procureur général, signé : ....., avocat général; 2° l'ordonnance de soit communiqué mise par Monsieur le premier président au bas de la requête, le......, et portant commission de Monsieur le conseiller..... pour faire le rapport; 3° les conclusions de Monsieur....., avocat général, étant ensuite de ladite ordonnance, à la date du..... et par lesquelles il estime qu'il y a lieu à l'adoption; 4° les pièces jointes à la requête et y énoncées. Ouï, en la chambre du conseil, en son rapport, Monsieur le conseiller....., ensemble en ses conclusions Monsieur....., avocat général, tous renseignements pris et vérifications faites, et après en avoir délibéré conformément à la loi,*

La Cour prononçant à l'audience publique, confirme le jugement du tribunal civil de....., en date du..... En conséquence, dit qu'il y a lieu à adoption, ordonne que le présent arrêt sera imprimé au nombre de..... exemplaires et affiché : 1° aux portes principales du Palais de justice; 2° aux portes des premier président, président, conseiller rapporteur et procureur général en la Cour, des président et procureur de la République au tribunal de première instance de....., des justices de paix de....., de la préfecture et de la mairie de..... Et, pour exécuter le présent arrêt, commet à....., l'un des huissiers audienciers de la Cour, et à....., l'huissier premier requis de la justice de paix de ladite commune.

Fait et prononcé en la Cour d'appel de....., le....., à l'audience publique de la première chambre où étaient présents et sié-

geaient Messieurs (noms des premier président, président et conseillers). *En présence de Monsieur....., avocat général. Tenant la plume Monsieur....., greffier d'audience.*

(Suivent les signatures.)

134° Signification de l'arrêt d'adoption.

V. *suprà*, nos 137 et 497.

République française, au nom du Peuple français. La Cour d'appel (transcrire littéralement la grosse de l'arrêt).

L'an mil huit cent....., le.....,

A la requête de Monsieur (prénoms, nom, profession et domicile), *pour lequel domicile est élu à....., rue....., numéro....., en l'étude de Me....., avoué près la Cour d'appel de.....;*

J'ai (prénoms et nom), *huissier près le tribunal civil de première instance séant à....., demeurant à....., rue....., numéro ....., soussigné,*

Signifié et laissé copie à Monsieur le Maire de la commune de .....; en son cabinet, à la mairie, où étant et parlant à sa personne, qui a visé l'original, de la grosse, dûment en forme exécutoire, d'un arrêt rendu par la Cour d'appel de....., le....., portant adoption par le requérant de Monsieur (prénoms, nom, profession et domicile);

Déclarant à Monsieur le Maire que la présente signification lui est ainsi faite afin qu'il ait à opérer l'inscription de cet arrêt d'adoption sur les registres de l'état civil de la commune de....., conformément aux prescriptions de l'article 359 du Code civil.

Et, à ce que Monsieur le Maire n'en ignore, j'ai, en la mairie et parlant comme dessus, laissé la présente copie. Le coût est de.....

(Signature de l'huissier.)

135° Acte de tutelle officieuse d'un mineur ayant ses père et mère.

V. *suprà*, n° 503.

L'an mil huit cent....., le....., à..... heures du.....,

Par-devant Nous (prénoms et nom), *juge de paix du canton de* ..... (du domicile de l'enfant), *assisté du greffier, en notre cabinet sis à.....,*

ONT COMPARU :

1° Monsieur (prénoms, nom, profession et domicile du tuteur officieux), *âgé de plus de cinquante ans comme étant né à....., le*

....., *ainsi qu'il appert de son acte de naissance dont il nous a représenté une expédition en due forme, que nous lui avons rendue ;*

2° *Madame* (prénoms, nom et profession), *épouse dudit sieur ..... avec lequel elle demeure ;*

3° *Monsieur et Madame* (prénoms, noms, professions et domicile des père et mère de l'enfant) [1] ;

Lesquels nous ont déclaré, savoir :

1° *Monsieur....., qu'étant marié, mais sans enfants ni descendants légitimes, il désire s'attacher par un titre légal le mineur* (prénoms et nom), *né à....., le....., fils légitime des Sieur et Dame susnommés, ainsi qu'il appert de son acte de naissance dont une expédition, en due forme, Nous a été représentée, et devenir son tuteur officieux, s'engageant, le comparant, à remplir toutes les obligations imposées par la loi ;*

2° *Madame....., qu'elle consent à ce que son mari soit déclaré tuteur officieux dudit mineur.... ;*

3° *Monsieur et Madame....., qu'ils consentent avec reconnaissance à ce que Monsieur..... soit déclaré tuteur officieux de....., leur fils mineur, aux seules charges et conditions imposées aux tuteurs officieux par le Code civil, ajoutant qu'ils s'en rapportent pour tous autres avantages, à la libéralité dudit Sieur..... et à l'affection qu'il porte à leur fils.*

En foi de quoi Nous avons donné acte aux parties de leurs déclarations et consentement; et dressé le présent procès-verbal qu'elles ont signé avec Nous et le greffier, après lecture.

136° Acte de tutelle officieuse d'un mineur orphelin.

V. *suprà*, nos 501 et 503.

L'an mil huit cent....., le....., à..... heures du.....,

Par-devant Nous (prénoms et nom), *juge de paix du canton de* ..... (du domicile de l'enfant), *assisté du greffier, en notre cabinet sis à.....,*

A COMPARU :

Monsieur (prénoms, nom, profession et domicile), *âgé de, etc.* (comme en la formule qui précède) ;

Lequel nous a déclaré qu'étant célibataire (ou veuf), *sans enfants ni descendants légitimes, et que désirant s'attacher par un titre légal le mineur* (prénoms et nom), *né à....., le....., fils de* (pré-

---

1. Si l'enfant n'a pas de parents connus, ce sont les administrateurs de l'hospice où il se trouve, représentés par le président, délégué par une délibération de la commission administrative, ou bien le maire du lieu de sa résidence, qui comparaît et consent à la tutelle officieuse.

noms et noms), *tous deux décédés, le mari, à....., le....., et la femme, à....., le....., ainsi qu'il appert tant de l'acte de naissance de ce mineur que des actes de décès de ses père et mère, dont expéditions, en due forme, Nous ont été représentées, et devenir son tuteur officieux, il a, pour ces motifs et en vertu de l'indication verbale par Nous donnée, convoqué à l'amiable et sans citation préalable, pour comparaître devant Nous à ces jour, lieu et heure, les plus proches parents paternels et maternels dudit mineur, au nombre prescrit par la loi, à l'effet de se réunir en conseil de famille avec Nous et sous notre présidence, et de délibérer sur la demande qu'il fait de la tutelle officieuse dudit mineur, sous son offre de remplir envers cet enfant toutes les obligations imposées par la loi aux tuteurs officieux; desquelles déclarations il nous a requis de lui donner acte.*

Et a, le comparant, signé après lecture.

(Signature.)

A l'instant sont comparus :

1°.....; 2°.....; 3°..... (prénoms, nom, profession, domicile et degré de parenté dans la ligne paternelle); *4°.....; 5°.....; 6°.....* (mêmes énonciations pour les parents maternels);

Lesquels, réunis en conseil de famille sous notre présidence, après avoir entendu la lecture que Nous leur en avons faite de l'exposé qui précède, et délibéré avec Nous sur l'objet de leur convocation, considérant qu'il est du plus grand intérêt pour le mineur..... d'avoir pour tuteur officieux, Monsieur....., susnommé, aux seules charges et conditions imposées aux tuteurs officieux par le Code civil, ont été unanimement d'avis d'y consentir, comme de fait ils y consentent formellement.

En conséquence, Nous avons donné acte aux comparants de leurs déclarations et consentements respectifs, et dressé le présent procès-verbal que ledit sieur..... et les membres du conseil de famille ont signé avec Nous et le greffier, après lecture.

137° Acceptation d'adoption testamentaire.

V. *suprà*, n° 506.

Par-devant M^e....., notaire à.....,

A COMPARU :

Monsieur (prénoms, nom, profession et domicile);

Lequel a, par ces présentes, exposé ce qui suit :

Suivant procès-verbal dressé par Monsieur le juge de paix du canton de....., assisté de son greffier, le....., enregistré, Mon-

sieur (prénoms, nom, profession et domicile), *a obtenu la tutelle officieuse du comparant.*

Aux termes de son testament reçu par Me....., notaire à....., le....., en présence de quatre témoins (ou *par lui fait olographe, en date à....., du....., enregistré à....., le....., et dont l'original a été déposé pour minute à Me....., notaire à....., le....., par ordonnance du président du tribunal civil de première instance de....., contenue en son procès-verbal d'ouverture et de description dudit testament, en date du.....), Monsieur....., susnommé, dans la prévision de son décès avant la majorité du comparant, lui a conféré l'adoption.*

Mondit Sieur..... est décédé à....., le....., pendant la minorité du comparant, sans laisser de descendants légitimes nés ou conçus, ainsi que le constate un acte de notoriété reçu par Me....., notaire à....., le....., enregistré.

Ceci exposé, Monsieur....., comparant, déclare accepter expressément l'adoption à lui conférée par ledit feu Sieur.....

DONT ACTE :

(La suite comme en la formule n° 116.)

138° Réquisition aux fins d'adoption, faite par un pupille, devenu majeur, à son tuteur officieux.

(V. *suprà*, n° 509.

Transcrire en tête l'acte de tutelle officieuse :

L'an mil huit cent....., le.....,

A la requête de Monsieur (prénoms, nom, profession et domicile du pupille),

J'ai (prénoms et nom), *huissier à....., soussigné, requis Monsieur* (prénoms, nom, profession et domicile du tuteur officieux), *d'avoir à déclarer dans un délai de..... s'il entend adopter le requérant qui, pendant sa minorité, est devenu son pupille officieux, ainsi qu'il résulte d'un procès-verbal dressé par Monsieur le juge de paix du canton de....., le....., enregistré, dont copie est donnée en tête des présentes, avertissant le Sieur....., susnommé, que, faute par lui de faire procéder à l'adoption du requérant dans le délai fixé par la loi, ce dernier se pourvoira devant les tribunaux pour obtenir l'application de l'article 369 du Code civil, et faire condamner ledit Sieur..... à lui fournir des secours suffisants pour que le requérant devienne apte à exercer une profession qui lui permette de pourvoir à sa subsistance.*

Et j'ai, audit domicile et parlant comme dessus, laissé copie du présent, dont le coût est de.....

(Signature de l'huissier.)

139° Consentement à mariage.

V. *suprà*, nos 537 et 547.

Par-devant Me....., notaire à.....,

ONT COMPARU :

Monsieur (prénoms, nom et profession) *et Madame* (prénoms et nom), *son épouse, demeurant ensemble à....., rue....., numéro .....;*

Lesquels ont, par ces présentes, déclaré consentir au mariage que Monsieur (prénoms, nom, profession et domicile), *leur fils, né à....., le....., se propose de contracter avec Mademoiselle* (prénoms, nom et profession), *demeurant avec ses père et mère à ....., rue....., numéro....., née à....., le.....*

En conséquence, les comparants autorisent tous officiers de l'état civil compétents à procéder à la célébration de ce mariage, sur la seule représentation des présentes.

DONT ACTE :

(La suite comme en la formule n° 116.)

140° Acte respectueux reçu par un notaire et notifié par un autre notaire.

V. *suprà*, n° 558.

Par-devant Me....., notaire à.....,

Assisté de Messieurs (prénoms, nom, profession et domicile), *majeurs, témoins instrumentaires,*

A COMPARU :

Monsieur (prénoms, nom, profession et domicile), *majeur de plus de..... ans comme étant né à....., le....., ainsi qu'il en a justifié par la représentation d'une expédition, en due forme, de son acte de naissance, que nous lui avons rendue.*

Lequel a, par ces présentes, déclaré demander respectueusement à Monsieur (prénoms, nom et profession) *et à Madame* (prénoms et nom), *son épouse, ses père et mère, demeurant ensemble à....., rue....., numéro....., de vouloir bien lui donner leur conseil sur le mariage qu'il se propose de contracter avec Mademoiselle* (prénoms, nom, profession et domicile), *née à....., le.....*

Et il a requis Me....., notaire soussigné, de faire opérer la notification du présent acte respectueux à Monsieur et Madame

....., ses père et mère, en leur domicile susindiqué, par le ministère de Me....., notaire à.....

DONT ACTE :

Fait et passé en l'étude du notaire soussigné,

L'an mil huit cent....., le.....

Et a, le comparant, signé avec les témoins et le notaire, après lecture.

Le procès-verbal de notification de l'acte respectueux qui précède sera rédigé comme suit :

1° Si les père et mère sont présents,

L'an mil huit cent....., le....., à..... heure du.....;

En conséquence de la réquisition contenue en l'acte respectueux ci-après énoncé ;

Me....., notaire à....., soussigné,

Assisté de Messieurs (prénoms, nom, profession et domicile), *témoins instrumentaires requis, et aussi soussignés,*

A notifié à Monsieur (prénom, nom et profession) *et à Madame* (prénoms et nom), *son épouse, demeurant à....., rue....., numéro....., en leur demeure susindiquée et en parlant à eux-mêmes, la copie d'un acte reçu par Me....., notaire à....., le....., enregistré, et dont une expédition demeurera annexée à la minute des présentes, par lequel le requérant demande respectueusement à ses père et mère de vouloir bien lui donner leur conseil sur le mariage qu'il se propose de contracter avec Mademoiselle* (prénoms, nom, profession et domicile), *née à....., le....., et requiert ledit Me..... de faire opérer la notification de cet acte respectueux auxdits Sieur et Dame....., en leur domicile, et par le ministère de Me....., notaire soussigné.*

Sur l'interpellation faite à Monsieur et Madame..... de répondre à la demande respectueuse de leur fils, ils ont dit, savoir :

Monsieur....., qu'il refuse son consentement à ce mariage (énoncer le motif) ;

Requis de signer, Monsieur..... s'est refusé de le faire.

Madame....., qu'elle refuse également son consentement pour le même motif.

Et requise de signer, Madame..... a déclaré ne point vouloir le faire.

De tout ce que dessus il a été dressé le présent procès-verbal, en présence desdits témoins, les jour, mois et an que dessus, en la demeure de Monsieur et Madame....., à chacun desquels le notaire soussigné a laissé séparément copie signée des notaire et témoins, tant dudit procès-verbal que de l'expédition de l'acte respectueux qui en fait l'objet.

Et ont, les témoins et le notaire, signé après lecture.

2° Si la mère est absente,

L'an mil huit cent, etc.

En conséquence de la réquisition, etc.

*M*e....., *notaire à*....., *soussigné.*

Assisté de Messieurs, etc.,

S'est transporté avec lesdits témoins au domicile de Monsieur (prénoms, nom et profession) *et de Madame* (prénoms et nom), *son épouse, demeurant ensemble à*....., *rue*....., *numéro*....., *où ils n'ont trouvé que Monsieur*....., *lequel a déclaré que son épouse était absente et qu'il ne pouvait préciser le moment de son retour,*

Et il a notifié à Monsieur..... *susnommé, parlant à sa personne, la copie d'un acte reçu par M*e....., *etc.*

Sur l'interpellation faite à Monsieur..... *de répondre à la demande respectueuse de son fils, il a dit, etc.*....., *et a signé après lecture.*

(Signature.)

De tout ce que dessus il a été dressé le présent procès-verbal, en présence desdits témoins, les jour, mois et an que dessus, en la demeure de Monsieur et Madame.....

*Et, à l'instant, M*e....., *notaire soussigné, a laissé à Monsieur*....., *deux copies séparées, signées des notaires et témoins, tant dudit procès-verbal que de l'acte respectueux qui en fait l'objet, dont l'une pour lui, et l'autre pour la Dame son épouse.*

Et ont, les témoins et le notaire, signé après lecture.

3° Si les copies sont remises à un serviteur, pour cause d'absence des père et mère,

L'an mil huit cent, etc.,

S'est transporté avec lesdits témoins au domicile de Monsieur et Madame (comme ci-dessus), *où, en l'absence de ces derniers, et sans qu'il y ait d'autres parents à leur demeure, ils ont trouvé Mademoiselle* Marie Larose, *laquelle a dit être au service de Monsieur et Madame*....., *absents de leur demeure, et qu'elle ne pouvait préciser l'instant de leur retour.*

Et il a notifié à Monsieur et Madame....., *en parlant à ladite demoiselle* Larose, *leur domestique, la copie d'un acte reçu par M*e....., *etc.*

Requise de signer, la Demoiselle Larose *s'y est refusée.*

De tout ce que dessus il a été dressé le présent procès-verbal, en présence desdits témoins, les jour, mois et an que dessus, en la demeure de Monsieur et Madame.....

*Et, à l'instant, M*e....., *notaire soussigné, a laissé entre les mains de la Demoiselle* Larose *deux copies séparées, signées des notaire et témoins, tant dudit procès-verbal que de l'acte respec-*

tueux qui en fait l'objet, dont l'une pour être remise à Monsieur ....., et l'autre, à la Dame son épouse.

Et ont, les notaire et témoins, signé après lecture.

4° Si les copies sont remises au maire, par suite du refus du voisin,

L'an mil huit cent, etc.,

S'est transporté avec lesdits témoins au domicile de Monsieur et Madame (comme ci-dessus), *où n'ayant trouvé ni Monsieur et Madame....., ni parents, ni personne attachée à leur service, les portes étant fermées, et aucune réponse n'ayant été faite, le notaire s'est rendu avec les témoins en la demeure de Monsieur....., plus proche voisin des époux....., lequel a refusé de signer la minute des présentes, pourquoi le notaire s'est transporté avec les témoins en la maison commune de.....*

Et il a notifié à Monsieur et Madame....., en parlant à Monsieur....., maire de ladite commune, la copie d'un acte reçu par Mᵉ....., etc.

Après lequel, Monsieur..... a signé pour valoir de visa de l'original.

(Signature.)

De tout ce que dessus il a été dressé le présent procès-verbal, en présence desdits témoins, les jour, mois et an que dessus, en la maison commune.

Et, à l'instant, Mᵉ....., notaire soussigné, a laissé à Monsieur ....., maire de ladite commune, etc.

Et ont, les témoins et le notaire, signé après lecture.

141° Acte respectueux notifié en présence de l'enfant.

V. *suprà*, n° 558.

L'an mil huit cent....., le....., à..... heures du matin,

Par-devant Mᵉ....., notaire à.....

Assisté de Messieurs, etc.,

A COMPARU :

Monsieur (comme en la formule n° 140) ;

Lequel, en présence des notaire et témoins soussignés, a, par ces présentes, demandé respectueusement à Monsieur et Madame (prénoms, nom, profession et domicile), *ses père et mère, de vouloir bien lui donner leur conseil, etc.*

Et a, le comparant, signé après lecture.

(Signature.)

Sur l'interpellation qui leur en a été faite, Monsieur et Madame ..... ont répondu, savoir :

Monsieur....., qu'il refuse, etc., et il a signé après lecture.

Et Madame...., qu'elle refuse, etc., et elle a signé après lecture.

De tout ce que dessus il a été dressé le présent procès-verbal, en présence des témoins, les jour, mois et an que dessus, en la demeure de Monsieur et Madame.....

Et, à l'instant, pour valoir notification, Me....., notaire soussigné, a laissé séparément à chacun d'eux, une copie des présentes, signée des notaire et témoins.

Après lecture, Monsieur..... comparant, a signé avec les témoins et le notaire.

142° Renouvellement de l'acte respectueux.

V. *suprà*, n° 562.

L'an mil huit cent....., le....., à..... heures du.....,

Par-devant Me....., notaire à.....

Assisté de Messieurs, etc.,

A COMPARU :

Monsieur (comme en la formule n° 140);

Lequel a, par ces présentes, demandé respectueusement pour la seconde (ou troisième) *fois à Monsieur et Madame.....* (la suite comme en la formule n° 140).

Et il a requis Me....., notaire soussigné, de se transporter avec les témoins au domicile des père et mère du comparant à l'effet de leur notifier le présent acte respectueux.

Après lecture, le comparant a signé avec les témoins et le notaire.

(Signatures.)

Et le même jour, à..... heures du.....

En conséquence de la réquisition contenue en l'acte respectueux, en date de ce jour, dont la minute précède,

Me....., notaire à....., soussigné,

Assisté de Messieurs, etc.,

S'est transporté avec les témoins, etc. (La suite comme aux formules précédentes.)

143° Acte de notoriété pour suppléer à un acte de naissance.

V. *suprà*, nos 732, 733 et 734.

L'an mil huit cent....., le....., à..... heures du.....,

Par-devant Nous (prénoms et nom), *juge de paix du canton de ....., assisté du greffier, en notre cabinet sis à.....*

A COMPARU :

Monsieur (prénoms, nom, profession et domicile), *né à.....*, *le.....*, *majeur*, *fils de* (prénoms et nom des père et mère) ;

Lequel nous a exposé qu'étant sur le point de contracter mariage, et se trouvant dans l'impossibilité absolue de se procurer son acte de naissance (énoncer le motif), *il avait, sur l'indication verbale faite par Nous de ces lieu, jour et heure, convoqué les sept témoins ci-après dénommés, pour qu'il Nous plût recevoir leurs déclarations et attestations à l'effet de suppléer à son acte de naissance, conformément à la loi.*

Et a, le comparant, signé après lecture.

(Signature.)

A l'instant sont comparus :

1°.....; 2°.....; 3°.....; 4°.....; 5°.....; 6°.....; 7°..... (prénoms, nom, profession, domicile et qualité de parents ou amis avec le comparant)[1] ;

Lesquels, après avoir entendu la lecture que Nous leur avons faite de l'exposé qui précède, et des articles 70 et 71 du Code civil, Nous ont, par ces présentes, déclaré et attesté pour servir de notoriété à tous ceux qu'il appartiendra, et comme étant à leur parfaite connaissance, que Monsieur....., susnommé, est né à....., canton de....., arrondissement de....., département de....., le..... (ou *vers le*)*....., du mariage entre Monsieur* (prénoms et nom) *et Madame* (prénoms et nom); *qu'il a été prénommé.....; et qu'il lui est impossible, en effet, de produire l'acte de sa naissance, pour le mariage qu'il est sur le point de contracter, parce que* (rappeler le motif).

En conséquence, Nous avons donné acte aux comparants de leurs déclarations et attestations, et avons renvoyé le Sieur....., susnommé, à se pourvoir en homologation, conformément à l'article 72 du Code civil.

Et ont, les témoins, signé avec Nous, après lecture.

144° Requête aux fins d'homologation de l'acte de notoriété qui précède.

V. *suprà*, n° 735.

A Messieurs les président et juges composant le tribunal civil de.....

---

1. Ces témoins doivent être majeurs et jouir de leurs droits civils.

Le Sieur (prénoms, nom, profession et domicile), *ayant M*e *....., pour avoué;*

A l'honneur de vous exposer qu'étant sur le point de contracter mariage et n'ayant pu se procurer son acte de naissance (énoncer le motif), *il a dû, pour y suppléer, se pourvoir devant Monsieur le juge de paix du canton de....., qui a dressé, à cet effet, à la date du....., et en présence de sept témoins, l'acte de notoriété prescrit par l'article 70 du Code civil, dont expédition est jointe à la présente requête.*

En conséquence, l'exposant requiert qu'il vous plaise, Messieurs, homologuer ledit acte de notoriété, en exécution de l'article 72 du même Code, afin qu'il produise son plein et entier effet.

Fait au Palais de justice, à....., le.....

(Signature de l'avoué.)

145° Acte de notoriété pour constater l'absence d'un ascendant.

V. *suprà*, n° 574.

L'an mil huit cent....., le....., à..... heures du.....,

Par-devant Nous (prénoms et nom), *juge de paix du canton de ....., assisté du greffier, en notre cabinet sis à.....,*

A COMPARU :

Monsieur (prénoms, nom, profession et domicile), *né à....., le.....; majeur, fils de* (prénoms et noms des père et mère);

Lequel Nous a exposé qu'étant sur le point de contracter mariage et se trouvant dans l'impossibilité de se procurer le consentement de son père, lequel est absent de son domicile depuis..... années sans avoir jamais donné de ses nouvelles et sans qu'on ait pu découvrir sa résidence actuelle, il avait, sur l'indication faite par Nous de ces lieu, jour et heure, convoqué les quatre témoins ci-après nommés, pour qu'il Nous plût recevoir leurs déclarations et attestations pour constater l'absence du père du comparant, conformément à la loi.

Et a, le comparant, signé après lecture.

(Signature.)

A l'instant sont comparus :

1°.....; 2°.....; 3°.....; 4°..... (prénoms, nom, profession, domicile et qualité de parents ou amis avec le comparant)[1];

Lesquels, après avoir entendu la lecture que Nous leur avons faite de l'exposé qui précède et de l'article 155 du Code civil, Nous

---

1. Ces témoins doivent être majeurs et jouir de leurs droits civils.

ont, par ces présentes, déclaré et attesté, pour servir de notoriété à tous ceux qu'il appartiendra, et comme étant à leur parfaite connaissance, savoir : que Monsieur (prénoms, nom et profession), *dont le dernier domicile connu était à....., époux* (ou veuf) *de Dame* (prénoms, nom, profession et domicile), *est absent de son domicile depuis..... années sans avoir jamais donné de ses nouvelles et sans qu'on ait pu découvrir sa résidence actuelle, malgré toutes les recherches qui ont été faites dans ce but; et que jusqu'à ce jour, sa famille n'a fait aucune démarche pour faire constater légalement son absence, dans l'espoir de son retour.*

En conséquence, Nous avons donné acte aux comparants de leurs déclarations et attestations, en conformité de l'article 155 du Code civil, pour servir à Monsieur....., susnommé, à l'effet de contracter mariage.

Et ont, les comparants, signé avec Nous et le greffier, après lecture.

(Signatures.)

146° Procuration pour assister à un conseil de famille.

V. *suprà*, n° 585.

Par-devant Me....., notaire à.....,

A COMPARU :

Monsieur (prénoms, nom, profession et domicile) ;

« *Agissant en qualité de membre du conseil de famille du mineur* « (prénoms et nom), *son neveu, né à....., le....., fils de* (pré- « noms et noms des père et mère), *tous deux décédés, le mari,* « *à....., le....., et la femme, à....., le.....* » ;

Lequel a, par ces présentes, constitué pour son mandataire spécial, Monsieur.....;

Auquel il donne pouvoir de, pour lui et en son nom, le représenter à toutes les réunions du conseil de famille dudit mineur.....; prendre part à toutes délibérations et à tous votes; nommer pour tuteur et subrogé-tuteur telles personnes qu'il lui plaira choisir; accepter celle de ces fonctions qui serait conférée au constituant; régler tout mode de gestion; donner ou refuser toutes autorisations; signer tous procès-verbaux; et généralement faire tout ce qui sera nécessaire, promettant l'avouer.

DONT ACTE :

(La suite comme en la formule n° 116.)

147° Consentement à mariage par le conseil de famille.

V. *suprà*, n° 576.

L'an mil huit cent....., *le.....,* *à.....* *heures du.....,*

Par-devant Nous (prénoms et nom), *juge de paix du canton de .....,* *assisté du greffier, en notre cabinet sis à.....,*

A COMPARU :

Monsieur (prénoms, nom, profession et domicile) ;

« *Agissant au nom et en qualité de tuteur datif de* (prénoms, « nom, profession et domicile), *née à.....,* *le.....,* *fille de* (pré- « noms et nom des père et mère), *tous deux décédés, nommé à « cette fonction, qu'il a acceptée, suivant délibération du conseil de « famille de ladite mineure, prise devant Nous* (ou *devant le juge « de paix du canton de.....,* *le.....,* *enregistrée*) » ;

Lequel nous a exposé :

Que ladite mineure....., *sa pupille, est dans l'intention de contracter mariage avec Monsieur* (prénoms, nom, profession et domicile), *mais qu'ayant moins de vingt-un ans et n'ayant plus ni père, ni mère, ni aïeuls ou aïeules paternels et maternels, elle ne peut, aux termes de l'article 160 du Code civil, contracter mariage sans le consentement de son conseil de famille ;*

Que, dans le but de délibérer sur le point de savoir s'il y a lieu d'autoriser le mariage dont s'agit, le comparant a, de notre agrément verbal, convoqué pour ces lieu, jour et heure, les membres du conseil de famille de ladite mineure par Nous désignés, et dont les noms suivent :

1°.....; *2°.....;* *3°.....* (prénoms, nom, profession, domicile et degré de parenté).

Ces trois membres représentant la ligne paternelle ;

4°.....; *5°.....;* *6°.....* (mêmes énonciations);

Ces trois derniers membres représentant la ligne maternelle.

Enfin qu'il Nous requiert de faire délibérer ce conseil de famille, de retenir acte de la délibération qu'il va prendre, si tous les membres comparaissent, et, dans le cas où quelques-uns ne comparaîtraient pas, de procéder conformément à la loi.

Et a, le comparant, signé après lecture.

(Signatures.)

A l'instant se sont présentés devant Nous les membres du conseil de famille, ci-dessus dénommés, qualifiés et domiciliés [1].

Le conseil de famille ainsi formé, Nous l'avons constitué sous notre présidence, ensuite Nous lui avons donné connaissance du

1. V. la formule n° 119.

motif de sa convocation par la lecture que le greffier leur a faite de l'exposé qui précède, et délibérant avec Nous,

Considérant qu'aux termes de l'article 160 du Code civil, l'autorisation du conseil de famille est indispensable à ladite mineure ....., pour contracter mariage ;

Considérant que l'union projetée entre elle et le Sieur..... paraît assurer l'avenir de ladite mineure ;

Par ces motifs : le conseil de famille, après en avoir délibéré, a été d'avis, à l'unanimité des voix, qu'il y avait lieu de consentir à ce mariage, comme de fait il y consent ; autorisant tous officiers de l'état civil compétents à procéder à sa célébration, sur la seule représentation d'un extrait des présentes.

Et, délibérant ensuite sur les conventions civiles dudit mariage, toujours à l'unanimité des voix, d'après les explications et les documents qui ont été fournis, arrête les clauses et conventions du contrat de mariage, ainsi qu'il suit :

Art. 1er. — (Copier le projet de contrat.)

Et, à l'effet d'assister ladite mineure..... pour passer le contrat de mariage, le conseil de famille, toujours à l'unanimité des voix, fait toutes délégations et donne tous pouvoirs à cet effet à Monsieur ....., qui accepte et promet de remplir fidèlement la mission qui lui est confiée.

Et a, ledit Sieur....., signé aux fins de son acceptation, après lecture.

De tout quoi Nous avons dressé le présent procès-verbal, à....., les jour, mois et an que dessus.

Et ont, les membres du conseil de famille, signé avec Nous et le greffier (si l'un d'eux ne sait pas signer, on ajoutera : *à l'exception du Sieur..... qui a déclaré ne le savoir, de ce interpellé*), *après lecture.*

148° Nomination d'un tuteur « ad hoc », à l'effet de consentir au mariage d'un enfant naturel reconnu, et dont la mère est décédée.

V. *suprà*, n° 594.

L'an mil huit cent....., le....., à..... heures du.....,

Par-devant Nous (prénoms et nom), *juge de paix du canton de ....., assisté du greffier, en notre cabinet sis à.....,*

A COMPARU :

Monsieur (prénoms, nom, profession et domicile) ;

Lequel Nous a exposé :

Que le nommé (prénoms, nom, profession et domicile) *est né à....., le....., de Demoiselle* (prénoms et nom), *décédée à ......, le ...., et de père non dénommé;*

Qu'il a été reconnu par sa mère suivant acte reçu en la mairie de la commune de..... (ou *par Me....., notaire à.....*), *le .....;*

Que cet enfant se propose de contracter mariage avec la Demoiselle (prénoms, nom, profession et domicile), *mais qu'il ne le peut, en raison de sa qualité de mineur, sans le consentement d'un tuteur* ad hoc, *qui doit lui être nommé par son conseil de famille, conformément aux dispositions de l'article 159 du Code civil;*

Que, par suite, il y a lieu de procéder à la nomination de ce tuteur ad hoc ;

Que, dans ce but, le comparant a, de notre agrément verbal, convoqué pour ces lieu, jour et heure, les membres du conseil de famille dudit mineur par Nous désignés, et dont les noms suivent : (la suite comme en la formule n° 147) ;

Considérant que l'union que se propose de contracter ledit mineur..... avec la Demoiselle..... paraît offrir les garanties désirables dans l'intérêt de l'avenir de ce mineur ;

Que, dès lors, il y a lieu de procéder à la nomination du tuteur ad hoc *dont s'agit ;*

Par ces motifs : le conseil de famille, après en avoir délibéré, a été d'avis, à l'unanimité des voix, qu'il y avait lieu de nommer, comme de fait il nomme, pour tuteur ad hoc *au mineur....., Monsieur....., susnommé, à l'effet d'assister ledit mineur au contrat qui doit régler les conditions civiles de son union, s'il y a lieu, et à l'acte civil de célébration de son mariage, conformément aux dispositions des articles 159 et 1398 du Code civil.*

A l'instant, Monsieur....., nous a déclaré accepter les fonctions de tuteur ad hoc *qui viennent de lui être conférées, et a promis de s'en acquitter fidèlement.*

Et il a signé aux fins de son acceptation, après lecture.

(Signature.)

De tout quoi (la suite comme en la formule n° 147.)

149° Nomination d'un tuteur « ad hoc », à l'effet de consentir au mariage d'un enfant naturel reconnu, et dont la mère a disparu [1].

V. *suprà*, n° 594.

L'an mil huit cent....., le....., à..... heures du.....,

Par-devant Nous (prénoms et nom), *juge de paix du canton de....., assisté du greffier, en notre cabinet sis à.....,*

---

1. Cette formule peut servir de guide au cas où l'enfant n'aurait pas été reconnu.

A COMPARU :

Monsieur (prénoms, nom, profession et domicile) ;

Lequel Nous a exposé :

Que le nommé (prénoms, nom, profession et domicile), *est né à....., le....., de Demoiselle* (prénoms, nom et profession), *dont le domicile est inconnu, et de père non dénommé ;*

Qu'il a été reconnu par sa mère suivant acte passé devant Me....., notaire à....., le....., enregistré (ou *suivant acte reçu en la mairie de la commune de....., le.....*) ;

Que la Demoiselle....., susnommée, qui demeurait en dernier lieu à....., rue....., numéro....., a quitté son domicile depuis ..... années sans avoir jamais donné de ses nouvelles et sans qu'on ait pu découvrir sa résidence actuelle, malgré toutes les recherches qui ont été faites dans ce but, ainsi qu'il est constaté par un acte de notoriété dressé par Nous (ou *par le juge de paix du canton de.....*), *le....., enregistré ;*

Qu'aujourd'hui le mineur....., susnommé, est sur le point de contracter mariage avec la Demoiselle (prénoms, nom, profession et demeure) ;

Qu'aux termes de l'article 159 du Code civil l'enfant naturel reconnu, dont les père et mère ne peuvent manifester leur volonté, ne peut, avant l'âge de vingt-un ans révolus, se marier qu'après avoir obtenu le consentement d'un tuteur ad hoc *qui lui sera nommé ;*

Que la mère dudit mineur..... ne peut être mise en demeure de manifester sa volonté, puisqu'on est dans l'ignorance complète de savoir ce qu'elle est devenue ;

Que le mariage que ce mineur se propose de contracter paraît avantageux pour lui ;

Que, dès lors, il y a lieu de procéder à la nomination du tuteur ad hoc *dont s'agit ;*

Que, dans ce but, le comparant a, de notre agrément verbal, convoqué pour ces lieu, jour et heure, les membres du conseil de famille dudit mineur par Nous désignés, et dont les noms suivent : (la suite comme en la formule n° 147).

Considérant qu'il est constant, pour chacun des membres du conseil de famille, que la Demoiselle..... a abandonné son domicile depuis..... années, et qu'on est sans nouvelles d'elle depuis cette époque, et, par cette raison, dans l'impossibilité d'obtenir son consentement au mariage que son fils est sur le point de contracter ;

Considérant, en outre, qu'il est à la connaissance de chacun d'eux que le mariage dont s'agit paraît être avantageux et devoir assurer l'avenir dudit mineur.....;

Que, dès lors, il y a lieu de nommer un tuteur ad hoc *à ce mineur, à l'effet de consentir à son mariage.*

Par ces motifs : (la suite comme en la formule n° 148).

150° Acte respectueux à l'effet de constater le dissentiment existant entre les père et mère au sujet du mariage de leur enfant.

V. *suprà*, nos 537, 543 et 555.

L'an mil huit cent....., le.....,
Par-devant Me....., notaire à.....,
Assisté de Messieurs (prénoms, nom, profession et domicile), *majeurs, témoins instrumentaires requis,*

A COMPARU :

Monsieur (prénoms, nom, profession et domicile) ; *né à....., le....., fils de....., demeurant à.....;*

Lequel, préalablement à la demande respectueuse formant l'objet des présentes, a exposé :

Qu'il est sur le point de contracter mariage avec la Demoiselle (prénoms, nom, profession et domicile), *née à....., le.....;*

Qu'il ne peut contracter ce mariage sans le consentement de ses père et mère, ou, en cas de dissentiment, sans celui de son père;

Que Monsieur....., son père, consent à son mariage, mais que Madame....., sa mère, refuse d'y consentir ;

En conséquence, le comparant, dans le but de faire constater légalement le dissentiment prévu par l'article 148 du Code civil, a, par ces présentes, déclaré demander respectueusement à ladite Dame....., sa mère, de vouloir bien donner son consentement au mariage qu'il se propose de contracter avec la Demoiselle....., et il a requis Me....., notaire soussigné, de se transporter à....., au domicile de cette Dame, pour lui faire la notification du présent acte respectueux.

DONT ACTE :

Fait et passé en l'étude du notaire soussigné,
Les jour, mois et an que dessus.
Et a, le comparant, signé avec les témoins et le notaire, après lecture.

(Signatures.)

Et le même jour, à..... heures du.....,
En conséquence de la réquisition contenue en l'acte respectueux ci-après énoncé ;
Me....., notaire à.....,
Assisté de Messieurs (comme ci-dessus),
S'est transporté à....., rue....., numéro....., au domicile

de Monsieur et Madame (prénoms, nom et profession), *et il a notifié à ladite Dame, en parlant à sa personne, l'acte respectueux reçu par lui aujourd'hui, dont la minute précède, et qui sera enregistré en même temps que ces présentes, par lequel Monsieur* (prénoms, nom, profession et domicile), *demande à sa mère de vouloir bien donner son consentement au mariage qu'il se propose de contracter avec la Demoiselle* (prénoms, nom, profession et domicile).

Sur l'interpellation faite à Madame..... de répondre à la demande respectueuse de son fils, elle a dit, etc., et a signé (ou refusé de signer), *après lecture.*

(Signature.)

De tout ce que dessus il a été dressé le présent procès-verbal, en présence desdits témoins, et en la demeure de Monsieur et Madame ....., les jour, mois et an que dessus.

Et à l'instant, Me ....., notaire soussigné, a laissé à la Dame ....., une copie, signée des notaire et témoins, tant dudit procès-verbal que de l'acte respectueux qui en fait l'objet.

Et ont, les témoins et le notaire, signé après lecture.

(Signatures.)

151° Opposition à mariage.

V. *suprà*, nos 681 à 689.

L'an mil huit cent....., le.....,

A la requête de Monsieur (prénoms, nom, profession, domicile et qualité de l'opposant : parent, tuteur ou curateur)[1], *qui fait élection de domicile à.....* (lieu où le mariage doit être célébré), *chez.....,*

J'ai (prénoms et nom), *huissier près le tribunal civil de....., demeurant à....., soussigné,*

Signifié et déclaré : 1° à Monsieur (prénoms, nom, profession et domicile du futur), *en son domicile, parlant à.....; 2° à Mademoiselle* (prénoms, nom, profession et domicile de la future), *en son domicile, parlant à.....; 3° à Monsieur le Maire de la commune de....., dans son cabinet à la mairie, en parlant à..... qui a visé le présent original* (ou l'original du présent) ;

Que le requérant s'oppose formellement au mariage projeté entre le Sieur..... et la Demoiselle....., susnommés, et que son opposition est motivée sur (en déduire les motifs)[2], *déclarant, en outre,*

---

1. Si l'opposant est représenté par un mandataire, il faut donner en tête de l'opposition, copie de la procuration, laquelle doit être authentique et spéciale ; s'il est tuteur ou curateur, il faut relater l'autorisation du conseil de famille qui l'autorise à former opposition.

2. Lorsque l'opposition est faite à la requête d'un ascendant, l'on ne doit pas en énoncer les motifs.

aux susnommés qu'il attaquerait comme nul tout ce qui serait fait au mépris de la présente opposition, sous toutes réserves de dommages-intérêts à réclamer contre l'officier de l'état civil qui passerait outre à la célébration de ce mariage.

Et j'ai, aux susdits domiciles et parlant comme dessus, laissé à chacun des susnommés copie du présent signé (ou la présente copie signée) *par le requérant, et dont le coût est de.....*

(Signatures de l'opposant ou de son fondé de procuration, et de l'huissier, sur l'original et la copie.)

Vu et reçu copie du présent, à....., le.....

(Cachet de la mairie.) (Signature du maire.)

152° Mainlevée d'opposition à mariage.

V. *suprà*, nos 292 et 689.

Par-devant Me....., notaire à.....,

A COMPARU :

Monsieur (prénoms, nom, profession et domicile);

Lequel a, par ces présentes, déclaré donner mainlevée pure et simple de l'opposition qu'il a formée, par exploit du ministère de ....., huissier à....., en date du....., enregistré, au mariage projeté entre Monsieur et Mademoiselle (prénoms, noms, professions et domiciles).

Voulant, le comparant, que cette opposition soit considérée comme nulle et non avenue et que mention des présentes soit faite partout où besoin sera.

DONT ACTE :

(La suite comme en la formule n° 116.)

153° Demande en mainlevée d'opposition à mariage.

V. *suprà*, n° 690.

L'an mil huit cent....., le.....,

A la requête de (prénoms, nom, profession et domicile), *pour lequel domicile est élu à....., rue....., numéro....., en l'étude de Me....., avoué près le tribunal civil de....., qu'il constitue, et qui occupera pour lui sur l'assignation ci-après,*

J'ai (prénoms et nom), *huissier près ledit tribunal, demeurant à....., soussigné,*

Donné assignation à Monsieur (prénoms, nom, profession et domicile de l'opposant), *au domicile par lui élu*[1] *dans son opposition à mariage ci-après énoncée, à....., rue....., numéro....., chez....., en parlant à.....;*

A comparaître d'aujourd'hui à huitaine franche, outre un jour par cinq myriamètres de distance, à l'audience et devant Messieurs les président et juges composant le tribunal civil de première instance de.....[2]*, au palais de justice, à..... heures du....., pour, attendu que l'opposition formée par ledit Sieur....., par exploit de....., huissier à....., en date du....., au mariage que le requérant se propose de contracter avec la Demoiselle* (prénoms, nom, profession et domicile), *ne repose sur aucun motif sérieux, attendu que* (combattre les motifs d'opposition allégués par l'opposant); *entendre prononcer la mainlevée pure et simple de cette opposition; ordonner, en conséquence, que, nonobstant ladite opposition, Monsieur le Maire de la commune de....., sera tenu, sur la signification du jugement à intervenir*[3]*, de faire mention de ce jugement sur le registre des publications de mariage, en marge de l'inscription de cette opposition, et de procéder à la célébration du mariage projeté entre le requérant et la Demoiselle .....; s'entendre, en outre, condamner aux dépens.*

Et j'ai audit domicile élu, parlant comme dessus, laissé copie du présent, dont le coût est de.....

(Signature de l'huissier.)

---

1. L'élection de domicile contenue dans l'acte d'opposition, quoique attributive de juridiction, n'empêche pas le demandeur, s'il le préfère, de porter la demande en mainlevée devant le tribunal du domicile de l'opposant.

2. Les opposants, autres que les ascendants, pouvant être condamnés aux dépens, il faut alors prendre des conclusions spéciales dans l'assignation (art. 179 du C. civ. V. *suprà*, n° 693).

3. La signification doit être faite dans le même sens que la formule n° 134.

ÉTAT CIVIL DE LA VILLE DE PARIS.

L'uniformité dans la rédaction des actes de l'état civil de Paris ayant été prescrite, à partir du 1er janvier 1881, par une circulaire de M. le Préfet de la Seine, du 20 novembre 1880, insérée au n° 38 du *Recueil des actes administratifs* du département de la Seine (année 1880), nous avons cru utile, dans l'intérêt même de notre ouvrage, de reproduire ici le numéro de ce recueil, dans lequel les officiers de l'état civil trouveront les modèles adoptés pour les actes de l'état civil de Paris.

SOMMAIRE.

N. B. — Il y a un maire et trois adjoints pour chacun des vingt arrondissements de Paris (loi du 14 avril 1871, art. 16). — Il pourra être nommé deux adjoints en sus du nombre fixé par l'article 16 de la loi du 14 avril 1871, dans ceux des arrondissements de la ville de Paris dont la population dépasse 120,000 habitants (loi du 9 août 1882).

SOUS-DIRECTION DES AFFAIRES MUNICIPALES.

(1re DIV. — 2e BUR.). — **État civil.** — Unification des formules à employer pour la rédaction des actes dans les mairies de Paris.

Paris, le 20 décembre 1880.

MONSIEUR LE MAIRE,

Depuis longtemps on se plaignait que la rédaction des actes de l'état civil ne fût pas uniforme dans toutes les mairies de Paris. A la demande des maires et adjoints de Paris, j'ai institué, au mois de mai dernier, une commission administrative où figuraient plusieurs de ces officiers municipaux et qui s'est réunie sous ma présidence. Cette commission a adopté diverses formules que j'ai l'honneur de vous envoyer, après les avoir soumises à l'examen de M. le procureur de la République, qui a bien voulu les approuver, sous quelques réserves qui feront l'objet d'observations consignées dans la présente circulaire.

Ces formules, qui devront être employées dans toutes les mairies de Paris, à partir du 1er janvier prochain, ont été rédigées avec des variantes s'appliquant à la généralité des cas. Si l'acte de mariage, à raison des nombreuses exceptions qu'il comporte, est moins complet que les autres actes, vous pourrez, du moins, vous rendre facilement compte de la place à donner aux énonciations spéciales que vous aurez à y insérer.

Pour donner aux formules plus de clarté et en rendre la lecture et l'application faciles aux employés des bureaux de l'état civil, on a dû les diviser en alinéas séparés par des interlignes. Mais ces dispositions typographiques ne devront pas être reproduites dans la rédaction des actes. L'article 42 du Code civil porte, en effet, que « les actes seront inscrits sur les registres, *de suite, sans aucun blanc* ». Cette règle, qui, littéralement, ne vise que les actes considérés dans leur ensemble, a toujours été étendue aux énonciations qu'ils renferment.

Les décisions de la commission ressortent de la disposition et de la rédaction mêmes des formules. Je me bornerai donc à vous signaler, parmi ces décisions, celles qui donnent lieu à des recommandations spéciales et sur lesquelles la commission a désiré que votre attention fût particulièrement appelée.

Observations générales.

Tous les actes, aussi bien ceux de naissance et de décès que ceux de mariage, devront, à l'avenir, énoncer, dans le corps même de leur rédaction, les noms, prénoms et qualités de l'officier de l'état civil.

Si, comme cela arrive nécessairement, à raison du grand nombre de déclarations et des occupations multiples des maires et des adjoints, l'officier de l'état civil n'est pas présent, de fait, au moment même de la signature de l'acte par les parties, il y aura lieu de réserver, dans cet acte, la place voulue pour l'inscription des mentions relatives à sa personne. Pour que cette place puisse être exactement calculée, il sera bon de confier, ainsi que cela se pratique déjà dans plusieurs mairies de Paris, pendant un temps déterminé, six mois ou un an, par exemple, la signature des actes de même nature au même membre de la municipalité.

Enfin, en ce qui concerne les distinctions honorifiques françaises, il conviendra de mentionner, outre le titre de membre de l'ordre de la Légion d'honneur et de décoré de la médaille militaire, celui d'officier d'Académie ou d'officier de l'Instruction publique. Cet usage est suivi dans plusieurs arrondissements et il est conforme à l'esprit de la loi, qui a voulu que la preuve des services rendus à l'État figurât dans les actes publics.

Les articles 63 et 76 du Code civil, qui prescrivent d'indiquer, entre autres énonciations, la profession des pères et mères dans les actes de mariage et de publication de mariage, n'établissent pas de distinction entre le cas où les pères et mères sont vivants et celui où ils seraient décédés. Il convient donc d'indiquer la profession dans l'un et dans l'autre cas. De plus, comme la profession de la mère peut être distincte de celle du père, il y a lieu d'en faire l'objet d'une mention spéciale. Si donc, le père, ou la mère, vivant ou décédé, n'exerce pas ou n'a as exercé de profession, on l'indiquera, pour l'un et pour 'autre, par les mots « *sans profession* ».

J'appellerai, en outre, votre attention sur l'ordre dans equel les signatures doivent être apposées sur les registres. Cet ordre n'est pas arbitraire : il ressort de la nature ême des choses. L'officier de l'état civil doit toujours igner le dernier, après les témoins, sa signature devant lore l'acte. — Celle du déclarant, dans l'acte de naissance, sera reçue la première. — Enfin, pour l'acte de mariage, l'ordre à suivre est celui-ci : l'époux, — l'épouse, — les père et mère de l'époux, — les père et mère de l'épouse, — les témoins de l'époux, ceux de l'épouse, — l'officier de l'état civil.

Aucune signature autre que celles qui viennent d'être indiquées, et qui sont celles déterminées par la loi, ne doit être apposée sur les registres[1].

Je renouvellerai, enfin, les recommandations contenues dans les circulaires préfectorales des 21 juillet 1873, 22 mars 1874, et 3 septembre dernier, relatives à certaines irrégularités souvent relevées par le parquet. Il s'agit des grattages et surcharges, de la division des folios en cases tracées à l'avance, et des signatures en blanc demandées aux témoins sur le second registre. Ce sont là des contraventions sur la gravité desquelles il n'est pas besoin d'insister et dont une surveillance attentive peut, seule, empêcher le retour.

Actes de naissance.

La commission a dû s'occuper, en rédigeant la formule d'acte de naissance, des diverses questions relatives à la dénomination, dans cet acte, des père et mère de l'enfant naturel.

Les principes qui régissent cette matière, et qu'il a paru bon de rappeler, pour qu'ils soient uniformément appliqués dans tous les arrondissements de Paris, peuvent se résumer de la manière suivante :

1° Les père et mère doivent être dénommés, dans l'acte de naissance d'un enfant naturel, lorsqu'ils reconnaissent l'enfant, soit par eux-mêmes, soit par un fondé de pouvoir ;

---

1. V. *suprà*, n° 754.

2° Le père naturel ne doit jamais être désigné lorsqu'il n'est pas lui-même déclarant, ou n'a pas donné procuration authentique à fin de reconnaissance;

3° Le nom de la mère, même sans son aveu, peut être inscrit dans l'acte ;

4° Si les déclarants désignent un enfant naturel comme né d'une femme mariée et d'un autre que son mari, ou d'un homme marié et d'une autre que sa femme, le nom patronymique de la mère doit, seul, être indiqué ;

5° Il en sera de même en cas de déclaration de naissance incestueuse ; la mère seule pourra être dénommée.

Enfin, l'enfant naturel n'a droit au nom de son père ou de sa mère que s'il est reconnu par l'un ou par l'autre ou par les deux à la fois. Dans ce dernier cas, il porte le nom de son père. Si donc, il n'y a pas eu reconnaissance au moment même de la déclaration de naissance, l'enfant naturel ne doit être désigné dans l'acte que par ses prénoms, *quand bien même sa mère y serait dénommée.*

Actes de publication de mariage.

La rédaction collective des actes de publication de mariage, telle qu'elle est pratiquée dans les mairies de Paris, a été, à plusieurs reprises, critiquée par le parquet.

La commission a examiné cette question avec le plus grand soin. Les arguments invoqués par les mairies de Paris ont été reproduits devant elle. Mais elle a dû reconnaître que, pour respecter les prescriptions du Code civil, satisfaction devait être donnée aux observations de M. le procureur de la République.

Les actes de première et de seconde publication devront donc, l'un et l'autre, et pour chaque mariage, être des actes distincts, ouverts et clos dans les formes exigées par la loi. Toutefois, l'acte de seconde publication ne reproduira pas les renseignements déjà contenus dans le premier acte sur la profession, le domicile et la filiation des futurs époux. On y indiquera seulement le numéro de l'acte de première publication, auquel il sera facile de se reporter, puisque les deux actes sont inscrits sur le même registre.

Enfin, la commission a exprimé le désir que les extraits d'actes de publication restassent affichés jusqu'au mardi de la seconde semaine, ainsi, d'ailleurs, que cela se pratique déjà dans plusieurs arrondissements de Paris.

Cette manière de procéder ne résulte pas, il est vrai, d'une prescription de la loi, puisque l'article 64 du Code civil n'exige l'affichage de l'extrait que pendant les huit jours d'intervalle de l'une à l'autre publication. Mais elle a, cependant, son utilité et sa raison d'être. La publication, qui avait lieu autrefois à son de caisse, ne consiste plus aujourd'hui que dans une apposition d'affiche. Il est certain que, faite de cette façon, la seconde publication, qui est réalisée par une simple signature du maire au bas de l'affiche contenant la première publication, resterait occulte si elle n'était suivie d'un affichage d'une certaine durée. Il est naturel de fixer cette durée aux deux jours pleins qui suivent, le lundi et le mardi, après l'expiration desquels le mariage peut être célébré.

La commission a pensé qu'on pourrait facilement procéder à ce double affichage, au moyen de deux cadres placés à la porte de la mairie et surmontés d'inscriptions indiquant que l'un est destiné aux premières publications, et l'autre aux secondes. L'affiche restera pendant huit jours dans le premier cadre, puis, au bout de ce temps, sera revêtue de la mention de seconde publication, et placée dans le second cadre d'où elle sera retirée le mardi suivant, à l'heure de la fermeture des bureaux.

Actes de mariage.

M. le procureur de la République a exprimé le désir que l'on spécifiât, dans l'acte de mariage, lorsqu'au lieu du domicile légal de l'un des époux, il s'agit d'énoncer son domicile privilégié de six mois, quant au mariage, par combien de mois d'habitation dans la commune ce domicile a été établi. Il vous sera facile de vous conformer à cette observation.

Actes de décès.

Il arrive, parfois, que les noms des père et mère du décédé ne sont pas connus. Les officiers de l'état civil l'indiquent, généralement, ainsi : *fils de X. et de X.* Cette rédaction est défectueuse, et M. le procureur de la République demande qu'on y substitue la rédaction suivante : *fils de père et mère dont les noms ne nous sont pas connus.* Cette remarque s'applique également au conjoint du décédé ; si ses noms sont inconnus, on mettra { *marié* ou *veuf* } ; *les noms de l'époux* (ou *de l'épouse*) *ne nous sont pas connus.*

Je dois, en terminant, vous recommander tout particulièrement, Monsieur le Maire, de veiller, avec le plus grand soin, à ce que les formules adoptées soient appliquées, non seulement dans leurs dispositions générales, mais dans leurs moindres détails. Aucun changement, soit dans la rédaction, soit dans l'ordre des énonciations, ne doit être admis par vous, s'il n'a fait l'objet d'instructions adressées à toutes les mairies. On ne tarderait pas, en effet, s'il en était autrement, à perdre tout le bénéfice de l'unification que l'on veut réaliser aujourd'hui, et à revenir à l'état de choses actuel.

Je suis persuadé, Monsieur le Maire, que vous partagez mon sentiment à cet égard, et que les officiers de l'état civil de Paris ne négligeront rien de ce qui pourra assurer le succès d'une mesure dont l'importance et l'utilité sont incontestables [1].

Veuillez recevoir, Monsieur le Maire, l'assurance de ma considération la plus distinguée.

Le Sénateur, Préfet de la Seine,

F. HEROLD.

---

1. V. *suprà*, p. 680 et suiv.

FORMULES

Nota. — La division en alinéas, les blancs et interlignes ne doivent pas être reproduits dans la rédaction des actes; mais il sera bon de faire ressortir, en plus grosse écriture, et en conservant, autant que possible, l'importance relative indiquée par la différence des caractères typographiques, *l'année, — le jour, — la nature de l'acte, — les noms et prénoms,* ainsi que les mots suivants, lorsqu'ils se trouvent au commencement d'un paragraphe : ***Dressé, — En présence, — Dont acte, — Déclaration, — Dont mention, — Transcrit.*** On rendra ainsi la lecture des actes et les recherches plus faciles.

L'italique n'est employé, dans les présentes formules, que pour distinguer les énonciations variables de celles qui constituent le cadre proprement dit. Il n'y a donc pas lieu de s'en préoccuper dans la rédaction.

ACTE DE NAISSANCE D'UN ENFANT LÉGITIME.

L'an *mil huit cent quatre-vingt,* le *seize décembre,* à *midi,*

ACTE DE NAISSANCE de *Jean-Paul-André MARTIN,* du sexe *masculin,* né le *quatorze décembre* [c]*ourant,* à *dix* heures du *matin, au domicile de ses père et mère, fils* de *Louis-Paul MARTIN,* âgé de *trente* ans, [m]*enuisier,* et de *Augustine CARRÉ,* âgée de *vingt-deux* ans, *sans profession,* mariés, domiciliés rue *de Buci, n° 14.*

DRESSÉ par Nous, *Victor-Alfred BONARD,* { Maire ou Adjoint au Maire, } officier de l'état civil du *sixième* arron[d]issement de Paris, *chevalier de la Légion d'honneur, officier d'académie,* sur la présentation de l'enfant et la [d]éclaration faite

Déclaration faite

1° par le père.	par le père.
2° par un médecin ayant assisté à l'accouchement.	le père absent, par *Jacques CHAUVEAU,* âgé de *soixante* ans, docteur en médecine, *chevalier de la Légion d'honneur,* demeurant à *Paris,* rue *de Seine, n° 47,* ayant assisté à l'accouchement.
3° par une sage-femme ayant assisté à l'accou[chement].	le père absent, par *Jeanne-Émilie THOMAS, femme NORMAND,* âgée de *trente-sept* ans, *sage-femme,* demeurant à [illegible]
[illegible] [per]sonne ayant assisté à l'accouchement.	[illegible] demeurant à *Paris,* rue [illegible] [accou]chement.
5° si la mère est accouchée hors de son domicile, par la personne chez qui l'accouchement a eu lieu.	le père absent, par *Jean-Joseph AUBRY,* âgé de *quarante-cinq* ans, *employé,* demeurant à *Paris,* rue *de Sèvres, n° 23,* au domicile *duquel* l'accouchement a eu lieu.

EN PRÉSENCE de *Charles-Nicolas-Louis FOURNIER,* âgé de *trente* ans, *garçon de salle,* demeurant [à] *Paris,* rue *de Buci, n° 29,* et de *François-Michel PETIT,* âgé de *vingt-trois* ans, *journalier,* demeurant à *Paris,* [...]*ème rue, n° 13,* témoins, *qui ont signé avec le déclarant et* Nous, après lecture.

L'an *mil huit cent quatre-vingt*, le *premier décembre*, à *deux* heures du *soir*,

ACTE DE NAISSANCE de *Henriette-Joséphine* { *DURAND*, / *ROBERT*, / ou sans nom patronymique } du sexe *féminin*, née le *vingt-neuf novembre dernier*, à *onze* heures du *soir*, rue *Rochechouart*, *n° 26*, *fille* de

Si, dans l'acte de naissance,

1° le père et la mère sont dénommés.	*Simon-Joseph DURAND*, âgé de *trente-deux* ans, *peintre en bâtiments*, demeurant à *Paris*, rue *Lafayette*, *n° 53*, qui a déclaré la reconnaître, et de *Louise-Madeleine ROBERT*, âgée de *vingt-cinq* ans, *domestique*, demeurant à *Paris*, rue *Le Peletier*, *n° 26*.
2° le père seul est dénommé.	*Simon-Joseph DURAND*, âgé de *trente-deux* ans, *peintre en bâtiments*, demeurant à *Paris*, rue *Lafayette*, *n° 53*, qui a déclaré la reconnaître, et de mère non dénommée.
3° la mère seule est dénommée.	*Louise-Madeleine ROBERT*, âgée de *vingt-cinq* ans, *domestique*, demeurant à *Paris*, rue *Le Peletier*, *n° 26*, et de père non dénommé.

[illegible] Adjoint au Maire, [illegible] civil du *neuvième* arrondissement de Paris, *chevalier de la Légion d'honneur*, sur la présentation de l'enfant et la déclaration faite

Déclaration faite

1° par le père.	par le père.
2° par un médecin ayant assisté à l'accouchement.	par *Pierre-André MATHIEU*, âgé de *quarante-trois* ans, docteur en médecine, demeurant à *Paris*, rue *Drouot*, *n° 34*, ayant assisté à l'accouchement.
3° par une sage-femme ayant assisté à l'accouchement.	par *Eulalie BOIVIN*, âgée de *trente-neuf* ans, sage-femme, demeurant à *Paris*, rue *Le Peletier*, *n° 34*, ayant assisté à l'accouchement.
4° par toute autre personne ayant assisté à l'accouchement.	par *Nicolas-Auguste PERROT*, âgé de *trente-trois* ans, *employé de commerce*, demeurant à *Paris*, rue *Laffite*, *n° 18*, ayant assisté à l'accouchement.
5° si la mère est accouchée hors de son domicile, par la personne chez qui l'accouchement a eu lieu.	par *Henri-Léon VAILLANT*, âgé de *cinquante-quatre* ans, *serrurier*, demeurant à *Paris*, rue *de Châteaudun*, *n° 36*, au domicile *duquel* l'accouchement a eu lieu.

EN PRÉSENCE de *Remi BOURGEOIS*, âgé de *quarante-trois* ans, *commissionnaire*, demeurant à *Paris*, rue *Lafayette*, *n° 25*, et de *Jean-Pierre-Charles DESPREZ*, âgé de *vingt-sept* ans, *ébéniste*, demeurant à *Paris*, *même rue*, *n° 18*, témoins, *qui ont signé avec le déclarant et* Nous, après lecture.

ACTE DE RECONNAISSANCE D'UN ENFANT NATUREL.

L'an *mil huit cent quatre-vingt,* le *seize décembre,* à *trois* heures du *soir,*

ACTE DE RECONNAISSANCE de *Alexandre-Émile* { *GUÉRIN*[1] / *THIBAUD*[2] }, du sexe *masculin,* né le *vingt-cinq octobre mil huit cent soixante et onze,* inscrit sur les registres de l'état civil du *neuvième* arrondissement de Paris, le *vingt-six octobre mil huit cent soixante et onze,* comme *fils* de

dans l'acte de naissance,

1° la mère seule a été dénommée.	*Suzanne-Émilie THIBAUD,* et de père non dénommé.
2° le père, ni la mère n'ont été dénommés.	père et mère non dénommés.
3° le père seul a été dé- [illegible]	[illegible]

[illegible] dissement de Paris, *officier d'académie,* sur la déclaration de

[illegible] la reconnaissance est faite

1° par le père.	*Louis GUÉRIN,* âgé de *quarante et un* ans, *cocher,* demeurant à *Paris, boulevard Malesherbes, n° 78,*
2° par le père et la mère simultanément.	*Louis GUÉRIN,* âgé de *quarante et un* ans, *cocher,* demeurant à *Paris, boulevard Malesherbes, n° 78,* et *Suzanne-Émilie THIBAUD,* âgée de *vingt-neuf* ans, *couturière,* demeurant à *Paris,* rue *de Suresne, n° 42,*
3° par la mère.	*Suzanne-Émilie THIBAUD,* âgée de *vingt-neuf* ans, *couturière,* demeurant à *Paris,* rue *de Suresne, n° 42,*

qui reconnaît (*ou* reconnaissent) le susdit *Alexandre-Émile* { *GUÉRIN* / *THIBAUD* } pour son (*ou* leur) enfant.

EN PRÉSENCE de *Pierre-Joseph-Antoine MERCIER,* âgé de *trente-huit* ans, *domestique,* demeurant à *Paris,* rue *du Faubourg-Saint-Honoré, n° 112,* et de *Joseph PICHON,* âgé de *trente et un* ans, *garçon d'hôtel,* demeurant à *Paris,* rue *Chauveau-Lagarde, n° 17,* témoins, *qui ont signé avec le déclarant* (ou *les déclarants*) et Nous, après lecture.

---

1. Si la reconnaissance est faite par le père, ou par le père et la mère simultanément, ou par la mère seule, lorsque le père déjà reconnu.
2. Si la reconnaissance est faite par la mère seule, le père n'ayant pas reconnu antérieurement.

ACTES DE PUBLICATION DE MARIAGE.

PREMIÈRE PUBLICATION.

L'an *mil huit cent quatre-vingt*, le DIMANCHE *cinq décembre*, à *dix* heures du *matin*,

PREMIÈRE PUBLICATION DE MARIAGE entre : *Jean-Louis DUBOIS*, *épicier*, domicilié à *Paris*, rue *du Chemin-Vert*, *n° 38*, fils *majeur* de *Jean DUBOIS*, *négociant*, *décédé*, et de *Louise-Caroline PRÉVOST*, *son épouse*, âgée de *quarante-cinq* ans, *sans profession*, demeurant à *Lagny*, *arrondissement de Meaux* (*Seine-et-Marne*), et *Zoé-Marguerite JACQUET*, *lingère*, domiciliée à *Saint-Florentin*, *arrondissement d'Auxerre* (*Yonne*), fille *mineure* de *François JACQUET*, âgé de *cinquante* ans, *maçon*, et de *Thérèse LEMOINE*, *son épouse*, âgée de *quarante-deux* ans, *sans profession*, demeurant *ensemble* à *Saint-Florentin*, *arrondissement d'Auxerre* (*Yonne*).

DONT ACTE dressé et affiché, ce présent jour, à la porte de la Mairie, par Nous, *Jacques-Henri RENAUD*, { Maire, ou Adjoint au Maire, } officier de l'état civil du *onzième* arrondissement de Paris, *officier d'académie*.

DEUXIÈME PUBLICATION.

L'an *mil huit cent quatre-vingt,* le DIMANCHE *douze décembre,* à *onze* heures du *matin,*

DEUXIÈME PUBLICATION DE MARIAGE entre : *Jean-Louis DUBOIS* et *Zoé-Marguerite* *CQUET.*

DONT ACTE dressé et affiché, ce présent jour, à la porte de la Mairie, par Nous, *Jacques-Henri* *NAUD,* { Maire, ou Adjoint au Maire, } officier de l'état civil du *onzième* arrondissement de Paris, *officier d'académie.*

DÉCLARATION faite, en outre, qu'un extrait de l'acte de la première publication figurant au présent istre sous le N° 1512 est resté, depuis huit jours, affiché à la porte de la Mairie.

ACTE DE MARIAGE.

L'an ***mil huit cent quatre-vingt,*** le *seize décembre,* à *dix* heures du *matin,*

ACTE DE **MARIAGE** de *Jacques-Léon-Victor AUBERT,* né à *Chartres* (*Eure-et-Loir*), le ***vingt-quatre juin mil huit cent cinquante-six,*** *jardinier,* domicilié à *Paris,* rue *des Orteaux, n° 8,* fils *majeur* de *Jean-Baptiste AUBERT,* âgé **de *cinquante-six*** ans, *cultivateur,* et de *Louise-Amélie GEOFFROY,* son épouse, âgée de *quarante-cinq* ans, ***sans profession,*** demeurant *ensemble* à *Chartres* (*Eure-et-Loir*), présents et consentants, D'UNE PART,

Et de ***Marie-Marguerite*** *MOREAU,* née à *Versailles* (*Seine-et-Oise*), le *quatorze avril mil huit cent soixante et un,* ***couturière,*** **domiciliée,** ***avec ses père et mère,*** à *Versailles,* rue *de l'Orangerie, n° 17,* fille *mineure* de *Jean-Léopold* ***MOREAU,*** **âgé de *cinquante*** ans, *teinturier,* et de *Marianne SIMON,* son épouse, âgée de *quarante-deux* ans, ***sans profession,*** **présents et consentants, D'AUTRE PART.**

DRESSÉ par Nous, *François-Charles VERRIER,* { Maire, ou Adjoint au Maire, } officier de l'état civil du vingtième arrondissement de Paris [illegible]

opposition ; toutes les pièces susmentionnées dûment paraphées ; 3° du chapitre VI, du livre Ier, du Code civil (titre du Mariage), sur les droits et devoirs respectifs des époux ;

Après avoir interpellé les futurs époux et leurs pères et mères, lesquels nous ont déclaré qu'il *a été fait un contrat de mariage, le 13 décembre 1880, devant Me Laurent, notaire à Paris, qui en a délivré certificat à nous produit ;*

Nous avons demandé aux futurs époux s'ils veulent se prendre pour mari et pour femme, et chacun d'eux ayant répondu affirmativement et séparément, à haute voix, nous avons prononcé, AU NOM DE LA LOI, que *Jacques-Léon-Victor AUBERT* et *Marie-Marguerite MOREAU* sont unis par le mariage.

EN PRÉSENCE de *Jean-Baptiste-Denis-Théodore AUBERT,* âgé de *vingt-huit* ans, *serrurier,* demeurant à *Paris,* rue *des Pyrénées, n° 135, cousin germain* de l'époux, *Pierre-Henri LAROCHE,* âgé de *trente-deux* ans, *maraîcher,* demeurant à *Paris,* rue *Saint-Blaise, n° 20, ami* de l'époux, *Louis CHAMPION,* âgé de *cinquante-huit* ans, *sous-officier en retraite, chevalier de la Légion d'honneur, décoré de la médaille militaire,* demeurant à *Paris,* rue *Lecourbe, n° 10, oncle* de l'épouse, et *Nicolas-René-Jules GOSSIN,* âgé de *trente et un* ans, *cordonnier,* demeurant à *Sèvres* (*Seine-et-Oise*), *beau-frère* de l'épouse, témoins, *qui ont signé avec les époux, les père et mère de l'époux, les père et mère de l'épouse, et* Nous, après lecture.

L'an *mil huit cent quatre-vingt, le seize décembre*, à *dix* heures du *matin*;

ACTE DE MARIAGE de *Jacques-Léon-Victor AUBERT*, né à *Chartres* (*Eure-et-Loir*), le *vingt-quatre juin mil huit cent cinquante-six*, *jardinier*, domicilié à *Paris*, rue *des Orteaux*, *n° 8*, fils *majeur* de

Si le futur époux est

- 1° enfant légitime. — *Jean-Baptiste AUBERT, cultivateur*, âgé de *cinquante-six* ans, et de *Louise-Amélie GEOFFROY*, son épouse, âgée de *quarante-cinq* ans, *sans profession*, demeurant *ensemble* à *Chartres* (*Eure-et-Loir*),
- 2° enfant naturel reconnu par son père et sa mère. — *Jean-Baptiste AUBERT*, âgé de *cinquante-six* ans, *cultivateur*, demeurant à *Chartres* (*Eure-et-Loir*), et de *Louise-Amélie GEOFFROY*, âgée de *quarante-cinq* ans, *sans profession*, demeurant *au même lieu*,
- 3° enfant naturel reconnu par son père. — *Jean-Baptiste AUBERT, cultivateur, décédé*, et de mère non dénommée,
- 4° enfant naturel reconnu par sa mère. — *Jeanne-Victorine AUBERT, sans profession, décédée*, et de père non dénommé,
- 5° enfant naturel non reconnu. — père et mère non dénommés.

Si les parents sont

- 1° présents au mariage. — présents et consentants au mariage.
- 2° non présents au mariage. — consentants au mariage, aux termes d'un acte reçu par Me *BORY, notaire à Chartres, le premier décembre mil huit cent quatre-vingt.*

Si le père et la mère sont décédés, et si les aïeuls et aïeules ou quelqu'un d'entre eux sont vivants, on ajoutera après fils de . . . et de . . . tous deux décédés : petit-fils de . . . ., présents et consentants au [illegible]

Avis du Conseil d'État du 4 thermidor an XIII.

- [illegible] et mère du futur époux est attesté par ses aïeuls et aïeules. — [illegible] *Louis-Auguste AUBERT, grand-père paternel*, et *Jeanne-Marie DUPUIS, veuve GEOFFROY grand'mère maternelle* du futur époux, présents et consentants au mariage.
- 2° Si le futur époux, majeur, est dans l'impossibilité de produire l'acte de décès ou la preuve de l'absence de ses père, mère, aïeuls ou aïeules. — fils majeur de *Jean-Baptiste AUBERT, cultivateur*, et de *Louise-Amélie GEOFFROY, son épouse, sans profession*, petit-fils de . . . . et de. . .

  Le futur époux et les témoins du présent acte, lesquels affirment connaître le futur époux, déclarent, avec serment, que tous ses ascendants sont décédés *ou absents*, et qu'ils ignorent le lieu de leur décès *ou leur dernier domicile.*

Si le futur est mineur quant au mariage, et si tous ses ascendants sont décédés, ou dans l'impossibilité de manifester leur volonté,

- 1° enfant légitime. — Ledit futur époux dûment autorisé par délibération, en date du *deux décembre mil huit cent quatre-vingt*, de son conseil de famille réuni sous la présidence du Juge de paix du *vingtième arrondissement de Paris.*
- 2° enfant naturel. — Ledit futur époux autorisé par *Charles-Théodore LEDRU, boucher*, demeurant à *Paris*, rue *des Partants*, *n° 13*, tuteur spécialement désigné, en vue du mariage, par délibération, en date du *deux décembre mil huit cent quatre-vingt*, du conseil de famille réuni sous la présidence du Juge de paix du *vingtième arrondissement de Paris*, D'UNE PART,

Et *Marie-Marguerite MOREAU*, née à *Versailles* (*Seine-et-Oise*), le *quatorze avril mil huit cent soixante et un*, *couturière*, domiciliée, *avec ses père et mère*, à *Versailles*, rue *de l'Orangerie*, *n° 17*, fille *mineure* de (mêmes distinctions que pour le futur époux), D'AUTRE PART.

DRESSÉ par Nous, *François-Charles VERRIER,* { Maire, ou Adjoint au Maire, } officier de l'état civil du *vingtième* arrondissement de Paris, *officier d'académie,* qui avons procédé publiquement, en la Mairie, à la célébration du mariage, dans la forme suivante :

Après avoir donné lecture aux parties : 1° de leurs actes de naissance ; 2° des actes de décès de (indiquer ici les noms des ascendants dont le consentement est requis) ; 3° (s'il a été adressé des actes respectueux) des actes respectueux adressés par { l'époux ou l'épouse } *à ses père et mère,* les *trois septembre, onze octobre et dix-huit novembre mil huit cent quatre-vingt;* 4° des actes des publications faites en cette Mairie et en celle de *Versailles (Seine-et-Oise),* les dimanches *cinq et douze décembre mil huit cent quatre-vingt, sans opposition;* 5° (s'il y a eu opposition) de l'opposition au mariage à nous signifiée le *quinze novembre mil huit cent quatre-vingt,* et du jugement du Tribunal civil de *Versailles* du *vingt-huit novembre,* à nous signifié le *trois décembre,* qui en ordonne la mainlevée ; toutes les pièces susmentionnées dûment paraphées ; 6° du chapitre VI, du livre Ier, du Code civil (titre du Mariage) sur les droits et devoirs respectifs des époux ;

Après avoir interpellé les futurs époux, *les père et mère* de l'époux, *les père et mère* de l'épouse, lesquels ont déclaré *qu'il a été fait, le 13 décembre 1880, un contrat de mariage devant Me Laurent, notaire à Paris, qui en a délivré certificat à nous produit ;*

Si les futurs époux reconnaissent un enfant naturel. { Les futurs époux ayant déclaré reconnaître pour leur *fille,* en vue de la légitimation devant résulter de leur mariage, *Marie-Blanche,* née à *Paris,* le *vingt-quatre mars mil huit cent quatre-vingt,* et enregistrée, le *vingt-cinq du* [illegible] }

[illegible] époux ayant répondu [illegible] LOI, que *Jacques-Léon-Victor AUBERT* et *Marie-Marguerite MOREAU* sont unis par le mariage.

EN PRÉSENCE de *Jean-Baptiste-Denis-Théodore AUBERT,* âgé de *vingt-huit* ans, *serrurier,* demeurant à *Paris,* rue *des Pyrénées, n° 135, cousin germain* de l'époux; *Pierre-Henri LAROCHE,* âgé de *trente-deux* ans, *maraîcher,* demeurant à *Paris,* rue *Saint-Blaise, n° 20, ami* de l'époux ; *Louis CHAMPION,* âgé de *cinquante-huit* ans, *sous-officier en retraite, chevalier de la Légion d'honneur, décoré de la médaille militaire,* demeurant à *Paris,* rue *Lecourbe, n° 10, oncle* de l'épouse, et *Nicolas-René-Jules GOSSIN,* âgé de *trente et un* ans, *cordonnier,* demeurant à *Sèvres (Seine-et-Oise), beau-frère* de l'épouse, témoins, *qui ont signé avec les époux, les père et mère de l'époux, les père et mère de l'épouse, et* Nous, après lecture.

N. B. — Le public s'est souvent plaint de la longue attente imposée, à certains jours, dans les mairies de Paris aux personnes qui se présentent pour la célébration d'un mariage. Le samedi est partout le jour le plus chargé.

Dans certains arrondissements, où la population ouvrière se trouve en majorité, les déclarations reçues ce seul jour sont plus nombreuses que celles de tout le reste de la semaine, et souvent des mariages ne peuvent être célébrés le samedi qu'à une heure assez avancée de l'après-midi.

M. le préfet de la Seine s'est vivement préoccupé de cet état de choses, et, dans une circulaire qu'il vient d'adresser aux maires, il les invite à prendre les mesures nécessaires pour le faire cesser.

Il leur rappelle que, pour éviter ces retards et simplifier les travaux des municipalités, le Gouvernement a bien voulu, sur sa demande, saisir les Chambres de la question de l'augmentation du nombre des officiers de l'état civil.

Une loi promulguée le 9 août 1882 permet de porter de deux à cinq le nombre des adjoints dans les arrondissements comptant plus de 120,000 habitants.

Il les informe qu'afin de mettre à la disposition des maires et adjoints les moyens matériels de procéder simultanément à la célébration de plusieurs mariages, il a obtenu de M. le garde des sceaux, l'autorisation de porter de deux à quatre le nombre des registres de l'état civil destinés à recevoir les actes de mariage.

Il les engage à renoncer à l'ancien usage qui s'est établi de ne célébrer les mariages qu'à certains jours déterminés. Ce mode préjudicie aux droits des parties qui, à l'exception des dimanches et jours fériés, peuvent choisir un jour quelconque de la semaine pour faire procéder à leur union.

Enfin, il les invite à généraliser l'usage établi déjà dans quelques mairies et qui consiste à remettre aux personnes qui se présentent pour faire faire des publications de mariage deux bulletins imprimés et destinés, l'un à recevoir les noms, prénoms, qualités et professions des témoins qui doivent figurer dans l'acte de mariage, l'autre à faire connaître aux intéressés les pièces qu'ils ont à produire avant la célébration de leur mariage.

Ces bulletins rendent de grands services au public et aux employés. Ils préviennent les erreurs qui pourraient se glisser dans la rédaction des actes de mariage et évitent les pertes de temps résultant d'explications souvent fort longues.

ACTE DE DÉCÈS.

L'an *mil huit cent quatre-vingt,* le *seize décembre,* à *deux* heures du *soir.*

ACTE DE DÉCÈS de *Pierre-Armand-Théodore LEFEBVRE,* âgé de *soixante-sept* ans, *rentier,* né à *Rouen* (*Seine-Inférieure*),

Si le défunt est décédé

1° en son domicile. | décédé, en son domicile, rue *Meslay, n° 15,* le *quinze décembre courant,* à *quatre* heures *du soir,*

2° hors de son domicile. | domicilié à *Mantes* (*Seine-et-Oise*), décédé le *quinze décembre courant,* à *quatre* heures *du soir,* rue *Meslay, n° 15,*

fils de *Jacques-Pierre LEFEBVRE, tonnelier, décédé,* et de *Marie-Jeanne DUPONT, son épouse, sans profession,* demeurant à *Rouen* (*ou* de père et mère dont les noms ne nous sont pas connus),

Si le défunt était

1° célibataire. | célibataire.

2° marié. | époux de *Rosalie CORDIER,* âgée de *cinquante-six* ans, *sans profession,* demeurant rue *Meslay, n° 15* (*ou* marié ; les noms de l'épouse ne nous sont pas connus).

3° veuf. | Veuf de *Rosalie CORDIER* (*ou* veuf ; les noms de l'épouse ne nous sont [illegible]

[illegible] arrondissement de Paris, *officier de la Légion d'honneur, officier de l'Instruction publique,* sur la déclaration de *Pierre-Henri LEFEBVRE,* âgé de *vingt-huit* ans, *avocat,* demeurant à *Paris,* rue *Beaubourg, n° 6, fils* (parent, ami ou voisin) du défunt, et de *Jean-Marie-François LEGRAND,* âgé de *trente-six* ans, *propriétaire,* demeurant à *Paris,* rue *Meslay, n° 17* (parent, ami ou voisin) du défunt, *qui ont signé* avec Nous, après lecture.

N. B. — **Constatations après décès.** — M. le préfet de police vient d'adresser la circulaire suivante aux commissaires de police de Paris :

« Messieurs, le 12 août 1880, M. le préfet de la Seine, après s'être concerté avec M. le procureur de la République, a adressé aux maires de Paris une circulaire ayant pour objet de leur rappeler que, dans les cas de mort violente, les prescriptions contenues dans l'article 71 du Code civil doivent être remplies comme dans les cas de décès ordinaires, et que la constatation faite par l'officier de police judiciaire ne saurait tenir lieu de celle qui doit être effectuée par l'officier de l'état civil, ou par le médecin qui le représente.

« En me communiquant cette circulaire, M. le préfet de la Seine me fait observer que, dans les cas dont il s'agit, les familles sont le plus souvent ignorantes des formalités à remplir et croient habituellement que l'inhumation peut avoir lieu dès que l'autorité judiciaire a terminé sa mission ; qu'il serait donc utile de renseigner ces familles et que les commissaires de police pourraient leur faire savoir qu'elles doivent s'adresser à la mairie, où l'acte de décès ne peut être dressé qu'après la constatation à laquelle l'officier de l'état civil est astreint par la loi.

« M. le préfet de la Seine me demande ensuite si, pour simplifier les formalités à remplir, formalités particulièrement pénibles pour les familles dans le cas d'un décès nécessitant l'intervention de l'autorité judiciaire, les commissaires de police ne pourraient pas faire procéder aux constatations médicales, soit par le médecin de l'état civil de la circonscription, soit par l'un des médecins de l'état civil de l'arrondissement. Celui-ci, ayant constaté la mort et en ayant recherché les causes, délivrerait ensuite, comme délégué du maire, le certificat de vérification nécessaire à la rédaction de l'acte de décès et à l'inhumation, sans qu'il soit nécessaire de faire procéder à un nouvel examen du cadavre.

« Je vous invite à déférer, dans la mesure du possible, au vœu de la préfecture de la Seine, et à faire appel de préférence, pour vos constatations médicales, au concours de MM. les médecins de l'état civil. Quand, pour des motifs graves et dont l'appréciation vous est laissée, vous croirez devoir réclamer l'assistance d'un autre médecin que le médecin de l'état civil, vous aurez soin de faire remarquer aux parents des personnes frappées de mort violente qu'ils ne sont pas dispensés de l'accomplissement des prescriptions imposées par la loi dans les cas de décès ordinaires.

« Vous voudrez bien m'accuser réception de la présente circulaire, à laquelle je joins un état du personnel des médecins de l'état civil, contenant l'indication des circonscriptions auxquelles ces médecins sont attachés.

« *Le Préfet de police,* E. CAMESCASSE. »

ACTE DE MARIAGE IN EXTREMIS.

L'an *mil huit cent quatre-vingt*, le *seize décembre*, à *dix* heures du *matin*,

Nous, *François-Charles VERRIER*, { Maire, ou Adjoint au Maire, } officier de l'état civil du *vingtième* arrondissement de Paris, *officier d'académie*,

Agissant en exécution de l'instruction ministérielle du 11 mai 1811 relative aux mariages *in extremis*, sur la production du certificat délivré, le *quatorze décembre mil huit cent quatre-vingt*, par *Raoul-André MASSON*, docteur en médecine, demeurant à *Paris*, rue *de Belleville, n° 46*, et constatant que le sieur *Louis-Auguste-Hippolyte FABRE* est dans l'impossibilité absolue de sortir de sa chambre, nous sommes transporté au domicile dudit *FABRE* que nous avons trouvé malade de corps, mais sain d'esprit et d'entendement.

Ledit *FABRE* nous a requis de procéder à la célébration de son mariage que nous avons prononcé après avoir fait ouvrir les portes de sa maison, et constaté comme suit :

ACTE DE MARIAGE de . . . .

(La suite comme pour l'acte de mariage ordinaire, sauf que l'on mentionnera, parmi les pièces produites et paraphées, *in fine*, le certificat délivré par le médecin, et que, dans le corps de l'acte, après les mots : « *Dressé par nous..... qui avons procédé publiquement* » on ajoutera : « *au domicile du sieur FABRE* » au lieu de « *en la Mairie.* »)

ACTE DE PRÉSENTATION D'UN ENFANT SANS VIE.

L'an *mil huit cent quatre-vingt,* le *seize décembre,* à *onze* heures du *matin.*

ACTE DE PRÉSENTATION D'UN ENFANT SANS VIE, du sexe *masculin, fils* de

Si l'enfant présenté est		
	1° enfant légitime.	*Jean-René BRUN,* âgé de *vingt-neuf* ans, *cordonnier,* et de *Louise PARIZOT,* âgée de *vingt-neuf* ans, *sans profession,* demeurant *ensemble* à *Paris,* rue *de Vaugirard, n° 162,* mariés.
	2° enfant naturel.	père et mère non dénommés.

DRESSÉ par Nous, *Félix-Albert NOEL,* { Maire, ou Adjoint au Maire, } officier de l'état civil du *quinzième* arrondissement de Paris, sur la déclaration de *Jules-François-Léon GÉRARD,* âgé de *trente-quatre* ans, *jardinier,* demeurant à *Paris,* rue *Blomet, n° 25,* et de *Edmond LEFORD,* âgé de *trente* ans, *tourneur en bois,* demeurant à *Paris,* rue *Lecourbe, n° 74,* lesquels ont affirmé que le susdit enfant est sorti du sein de sa mère, le *quinze décembre,* à *dix* heures *du soir, au domicile de celle-ci* (ou *rue Blomet, n° 15*), *et ont signé avec* Nous, après lecture.

MENTION DE RECONNAISSANCE

D'UN ENFANT NATUREL.

PAR ACTE

1° Si la reconnaissance a été faite par acte devant un maire.	inscrit sur les registres de l'état civil du *dix-huitième* arrondissement de Paris (*ou* de la commune de *Longperier*, arrondissement de *Meaux*, département de *Seine-et-Marne*), à la date du *premier décembre mil huit cent quatre-vingt*,
2° Si la reconnaissance a été faite par acte devant un notaire.	devant *Me CAMUS*, notaire à *Dammartin*, arrondissement de *Meaux*, département de *Seine-et-Marne*, à la date du *premier décembre mil huit cent quatre-vingt*, dont expédition nous a été présentée,

I [illegible] *.LALLEMAND* { *et* / ou } *Marie BENOIT* { *ont* / *a* } r [illegible] *ur* / *i* } *fille*, l'enfant dénommée en l'acte ci-contre

DO[illegible]N faite par Nous soussigné, *Louis-Étienne BERTAUD*, { Maire, ou Adjoint au Maire, } officier de l'état civil du *quatorzième* arrondissement de Paris, le *seize décembre mil huit cent quatre-vingt*.

FORMULES RELATIVES

A LA SIGNATURE DES ACTES.

1° Si tous les comparants savent et peuvent signer.

EN PRÉSENCE de (*ou* Sur la déclaration de) *Pierre-Joseph-Antoine MERCIER*, âgé de *trente-huit* ans, *domestique*, demeurant à *Paris*, rue *du Faubourg-Saint-Honoré, n° 112*, et *Joseph PICHON*, âgé de *trente et un* ans, *garçon d'hôtel*, demeurant à *Paris*, rue *Chauveau-Lagarde, n° 16*, témoins, qui ont signé avec *le déclarant et* Nous, après lecture.

2° Si aucun des comparants ne sait ou ne peut signer.

Les comparants ont déclaré ne savoir signer (*ou* ne pouvoir signer pour cause *d'infirmité*) ; le présent acte a été signé par Nous, après lecture.

3° Si quelqu'un des comparants ne sait ou ne peut signer.

Le présent acte a été signé par les comparants, à l'exception de *Pierre-Joseph-Antoine MERCIER*, témoin, qui a déclaré ne savoir signer (*ou* ne pouvoir signer pour cause *d'infirmité*), et par Nous, après lecture.

FORMULE DE TRANSCRIPTION.

L'an *mil huit cent quatre-vingt*, le *seize décembre*.

TRANSCRIPTION d'un acte de (NAISSANCE, MARIAGE, DÉCÈS). (Copier l'acte littéralement.)

TRANSCRIT par Nous soussigné, *François-Nicolas HARDY*, { Maire, ou Adjoint au Maire, } officier de l'état civil du *seizième* arrondissement de Paris, d'après l'expédition à nous présentée.

Paris, le 20 décembre 1880.

Le Secrétaire général de la préfecture,

J.-G. VERGNIAUD.

Tableau rectifié *des communes qui ont été séparées du territoire français par suite du traité de paix entre la France et l'Allemagne, signé à Francfort, le 10 mai 1871.*

NOTA. — L'astérisque (*) indique les communes devenues allemandes qui avaient été omises au tableau annexé au *Bulletin mensuel des Postes* nº 31.

Les astérisques (**) indiquent les rectifications opérées dans la désignation des arrondissements et cantons auxquels appartenaient les communes cédées à l'Allemagne.

Les astérisques (***) indiquent les corrections opérées dans l'orthographe des noms.

COMMUNES.	DÉPARTEMENTS.	ARRONDISSEMENTS.	CANTONS.
		A	
Aboncourt-sur-Seille	Meurthe	Château-Salins	Château-Salins.
Aboncourt	Moselle	Thionville	Metzerwisse.
Abreschwiller	Meurthe	Sarrebourg	Lorquin (**).
Achain	*Idem*	Château-Salins	Château-Salins.
Achatel	Moselle	Metz	Verny.
Achen	*Idem*	Sarreguemines	Rorbach.
Achenheim	Bas-Rhin	Strasbourg	Schiltigheim (**).
Adaincourt	Moselle	Metz	Faulquemont.
Adamswiller	Bas-Rhin	Saverne	Drulingen.
Adelange	Moselle	Metz	Faulquemont.
Ajoncourt	Meurthe	Château-Salins	Delme.
Alaincourt-la-Côte	*Idem*	*Idem*	*Idem*.
Albestroff	*Idem*	*Idem*	Albestroff.
Algolsheim	Haut-Rhin	Colmar	Neuf-Brisach.
Algrange	Moselle	Thionville	Thionville (**).
Allemand-Rombach (L') (***)	Haut-Rhin	Colmar	Ste-Marie-a.-Mines (**)
Allenwiller	Bas-Rhin	Saverne	Marmoutier.
Alsting-Zinzing	Moselle	Sarreguemines	Forbach.
Alt-Eckendorf	Bas-Rhin	Saverne	Hochfelden.
Altenach	Haut-Rhin	Belfort	Dannemarie.
Altenbach	*Idem*	*Idem*	Saint-Amarin.
Altenheim	Bas-Rhin	Saverne	Saverne.
Altenstadt	*Idem*	Wissembourg	Wissembourg.
Altkirch	Haut-Rhin	Mulhouse	Altkirch.
Altorf	Bas-Rhin	Strasbourg	Molsheim.
Altrippe	Moselle	Sarreguemines	Gros-Tenquin.
Altroff	Meurthe	Château-Salins	Albestroff.
Altwiller	Bas-Rhin	Saverne	Saar-Union.
Altwiller	Moselle	Sarreguemines	Saint-Avold.
Alzing	*Idem*	Thionville	Bouzonville.
Amanviller (***)	*Idem*	Metz	Metz (1er).
Amélécourt	Meurthe	Château-Salins	Château-Salins.
Ammerschwihr	Haut-Rhin	Colmar	Kaysersberg.
Ammertswiller	*Idem*	Belfort	Dannemarie.
Ancerville	Moselle	Metz	Pange
Ancy-sur-Moselle	*Idem*	*Idem*	Gorze.

COMMUNES.	DÉPARTEMENTS.	ARRONDISSEMENTS.	CANTONS.
Andlau-au-Val.	Bas-Rhin	Schlestadt	Barr.
Andolsheim.	Haut-Rhin.	Colmar.	Andolsheim.
Angevillers	Moselle	Thionville	Cattenom.
Angwiller.	Meurthe.	Sarrebourg.	Fénétrange.
Antilly	Moselle	Metz	Vigy.
Anzeling	*Idem.*	Thionville	Bouzonville.
Apach.	*Idem.*	*Idem*	Sierck.
Appenwihr	Haut-Rhin.	Colmar.	Neuf-Brisach.
Argancy.	Moselle	Metz	Vigy.
Arraincourt.	*Idem*	*Idem*	Faulquemont.
Arriance	*Idem*	*Idem*	*Idem.*
Arry	*Idem*	*Idem*	Gorze.
Ars-Laquenexy	*Idem*	*Idem*	Pange.
Arschwiller	Meurthe.	Sarrebourg	Phalsbourg.
Ars-sur-Moselle	Moselle	Metz.	Gorze.
Artolsheim	Bas-Rhin	Schlestadt	Marckolsheim.
Artzenheim	Haut-Rhin.	Colmar.	Andolsheim.
Aschbach	Bas-Rhin	Wissembourg.	Seltz.
Aspach	Meurthe.	Sarrebourg.	Lorquin.
Aspach	Haut-Rhin.	Mulhouse.	Altkirch.
Aspach-le-Bas	*Idem*	Belfort.	Cernay.
Aspach-le-Haut	*Idem*	*Idem*	Thann.
Assenoncourt	Meurthe.	Sarrebourg.	Réchicourt.
Asswiller	Bas-Rhin	Saverne	Drulingen.
Attiloncourt	Meurthe.	Château-Salins	Château-Salins.
Attenschwiller.	Haut-Rhin.	Mulhouse.	Huningue.
Aube	Moselle	Metz.	Pange.
Aubure	Haut-Rhin.	Colmar.	Ste-Marie-aux-Mines.
Audun-le-Tiche	Moselle	Briey.	Audun-le-Roman.
Auenheim.	Bas-Rhin	Strasbourg	Bischwiller.
Augny.	Moselle	Metz	Metz (2e).
Aulnois-sur-Seille	Meurthe.	Château-Salins	Delme.
Aumetz	Moselle	Briey.	Audun-le-Roman.
Avenheim.	Bas-Rhin	Strasbourg	Truchtersheim.
Avolsheim.	*Idem*	*Idem*	Molsheim.
Avricourt	Meurthe.	Sarrebourg.	Réchicourt.
Ay	Moselle	Metz	Vigy.
Azoudange	Meurthe.	Sarrebourg	Réchicourt.

B

COMMUNES.	DÉPARTEMENTS.	ARRONDISSEMENTS.	CANTONS.
Bacourt	Meurthe.	Château-Salins	Delme.
Bærendorf.	Bas-Rhin	Saverne	Drulingen.
Bærenthal (*)	Moselle	Sarreguemines	Gros-Tenquin.
Baldenheim.	Bas-Rhin	Schlestadt	Marckolsheim.
Baldersheim.	Haut-Rhin.	Mulhouse.	Habsheim.
Balgau	*Idem*	Colmar.	Neuf-Brisach.
Ballbronn (***)	Bas-Rhin	Strasbourg	Wasselonne.
Ballersdorf (***).	Haut-Rhin.	Mulhouse.	Altkirch.
Balschwiller.	*Idem*	Belfort	Dannemarie.
Baltzenheim.	*Idem.*	Colmar.	Andolsheim.
Bambiderstroff.	Moselle	Metz.	Faulquemont.
Bannay	*Idem.*	*Idem*	Boulay.
Ban-Saint-Martin.	*Idem.*	*Idem*	Metz (1er).
Bantzenheim	Haut-Rhin.	Mulhouse	Habsheim.
Barchain	Meurthe.	Sarrebourg.	Sarrebourg.
Barembach (*).	Vosges.	Saint-Dié.	Schirmeck.
Baroche (La)	Haut-Rhin.	Colmar.	La Poutroye.
Baronville.	Moselle	Sarreguemines	Gros-Tenquin.
Barr	Bas-Rhin	Schlestadt	Barr.
Barst	Moselle	Sarreguemines	Saint-Avold.
Bartenheim	Haut-Rhin.	Mulhouse.	Landser.

COMMUNES.	DÉPARTEMENTS.	ARRONDISSEMENTS.	CANTONS.
Bassemberg	Bas-Rhin	Schlestadt	Villé.
Bassing	Meurthe	Château-Salins	Dieuze.
Battenheim	Haut-Rhin	Mulhouse	Habsheim
Batzendorf	Bas-Rhin	Strasbourg	Haguenau.
Baudrécourt	Meurthe	Château-Salins	Delme.
Bazoncourt	Moselle	Metz	Pange.
Bébing	Meurthe	Sarrebourg	Sarrebourg.
Beblenheim	Haut-Rhin	Colmar	Kaysersberg.
Béchy	Moselle	Metz	Pange.
Behlenheim	Bas-Rhin	Strasbourg	Truchtersheim.
Beinheim	*Idem*	Wissembourg	Seltz.
Bellange	Meurthe	Château-Salins	Château-Salins.
Bellefosse	Bas-Rhin	Schlestadt	Villé.
Bellemagny	Haut-Rhin	Belfort	Fontaine.
Belmont-de-la-Roche	Bas-Rhin	Schlestadt	Villé.
Bendorff	Haut-Rhin	Mulhouse	Ferrette.
Benestroff	Meurthe	Château-Salins	Albestroff.
Benfeld	Bas-Rhin	Schlestadt	Benfeld.
Béning-lès-Rorbach	Moselle	Sarreguemines	Rorbach.
Béning-lès-Saint-Avold	*Idem*	*Idem*	Saint-Avold.
Bennwihr	Haut-Rhin	Colmar	Kaysersberg.
Berentzwiller	*Idem*	Mulhouse	Altkirch.
Berg	Moselle	Thionville	Cattenom.
Berg	Bas-Rhin	Saverne	Drulingen.
Bergheim	Haut-Rhin	Colmar	Ribeauvillé.
Bergbieten (***)	Bas-Rhin	Strasbourg	Wasselonne.
Bergholtz	Haut-Rhin	Colmar	Guebwiller.
Bergholtz-Zell	*Idem*	*Idem*	*Idem.*
Berig	Moselle	Sarreguemines	Gros-Tenquin.
Berlingen	Meurthe	Sarrebourg	Phalsbourg.
Bermering	*Idem*	Château-Salins	Albestroff.
Bernardswiller-Barr	Bas-Rhin	Schlestadt	Barr.
Bernardswiller-Obernai	*Idem*	*Idem*	Obernai.
Bernolsheim	*Idem*	Strasbourg	Brumath.
Bernwiller	Haut-Rhin	Belfort	Cernay.
Berstett	Bas-Rhin	Strasbourg	Truchtersheim.
Berstheim	*Idem*	*Idem*	Haguenau.
Berthelming	Meurthe	Sarrebourg	Fénétrange.
Bertrange	Moselle	Thionville	Metzerwisse.
Bertring (*)	*Idem*	Sarreguemines	Gros-Tenquin.
Berweiller	*Idem*	Thionville	Bouzonville.
Berwiller	Haut-Rhin	Colmar	Soultz.
Bettange	Moselle	Metz	Boulay.
Bettborn	Meurthe	Sarrebourg	Fénétrange.
Bettendorff	Haut-Rhin	Mulhouse	Hirsingen.
Betting	Moselle	Sarreguemines	Saint-Avold.
Bettlach	Haut-Rhin	Mulhouse	Ferrette.
Bettlainville	Moselle	Thionville	Metzerwisse.
Bettwiller	*Idem*	Sarreguemines	Rorbach.
Bettwiller	Bas-Rhin	Saverne	Drulingen.
Beux (Haute et Basse-)	Moselle	Metz	Pange.
Beyren	*Idem*	Thionville	Cattenom.
Bezange-la-Petite (***)	Meurthe	Château-Salins	Vic.
Bibiche	Moselle	Thionville	Bouzonville.
Biblisheim	Bas-Rhin	Wissembourg	Wœrth-sur-Sauer.
Bickenholtz	Meurthe	Sarrebourg	Fénétrange.
Bidestroff	*Idem*	Château-Salins	Dieuze.
Biding	Moselle	Sarreguemines	Gros-Tenquin.
Bieberskirch	Meurthe	Sarrebourg	Sarrebourg.
Biederthal	Haut-Rhin	Mulhouse	Ferrette.
Biesheim	*Idem*	Colmar	Neuf-Brisach.
Bietlenheim	Bas-Rhin	Strasbourg	Brumath.
Biltzheim	Haut-Rhin	Colmar	Ensisheim.

COMMUNES.	DÉPARTEMENTS.	ARRONDISSEMENTS.	CANTONS.
Bilwisheim	Bas-Rhin	Strasbourg	Brumath.
Bindernheim	*Idem.*	*Idem*	Marckolsheim.
Bioncourt (*)	Meurthe.	Château-Salins	Château-Salins.
Bionville	Moselle	Metz.	Boulay.
Birckenwald.	Bas-Rhin	Saverne	Marmoutier.
Birlenbach	*Idem.*	Wissembourg.	Soultz-sous-Forêts.
Bischheim.	*Idem.*	Strasbourg	Schiltigheim.
Bischholtz.	*Idem.*	Saverne	Bouxwiller.
Bischoffsheim	*Idem.*	Schlestadt	Rosheim.
Bischwihr.	Haut-Rhin.	Colmar.	Andolsheim.
Bischwiller	Bas-Rhin	Strasbourg	Bischwiller.
Bisel	Haut-Rhin.	Mulhouse.	Hirsingen.
Bisping	Meurthe.	Sarrebourg.	Fénétrange.
Bissert	Bas-Rhin	Saverne.	Saar-Union.
Bisten-im-Loch	Moselle	Metz	Boulay.
Bistroff.	*Idem.*	Sarreguemines	Gros-Tenquin.
Bitche.	*Idem.*	*Idem*	Bitche.
Bitschhoffen.	Bas-Rhin	Wissembourg.	Niederbronn.
Bitschwiller.	Haut-Rhin.	Belfort.	Thann.
Blæsheim	Bas-Rhin	Strasbourg	Geispolsheim.
Blanche-Eglise.	Meurthe.	Château-Salins	Dieuze.
Blancherupt.	Bas-Rhin	Schlestadt	Villé.
Blienschwiller.	*Idem.*	*Idem*	Barr.
Bliesbrucken	Moselle	Sarreguemines	Sarreguemines.
Blise-Elbersing	*Idem.*	*Idem.*	*Idem.*
Blise-Guerswiller	*Idem.*	*Idem*	*Idem.*
Blodelsheim.	Haut-Rhin.	Colmar.	Ensisheim.
Blotzheim.	*Idem.*	Mulhouse.	Huningue.
Bœrsch	Bas-Rhin	Schlestadt	Rosheim.
Bœsenbiesen	*Idem.*	*Idem*	Marckolsheim.
Bollwiller.	Haut-Rhin.	Colmar.	Soultz.
Bolsenheim	Bas-Rhin	Schlestadt	Erstein
Bonhomme	Haut-Rhin.	Colmar.	La Poutroye.
Boofzheim (***)	Bas-Rhin	Schlestadt	Benfeld.
Bootzheim.	*Idem.*	*Idem*	Marckolsheim.
Borny.	Moselle	Metz.	Metz (2e).
Bosselshausen.	Bas-Rhin	Saverne	Bouxwiller.
Bossendorf	*Idem.*	*Idem*	Hochfelden.
Boucheporn.	Moselle	Metz.	Boulay.
Boulange	*Idem.*	Briey.	Audun-le-Roman.
Boulay	*Idem.*	Metz.	Boulay.
Bourbach-le-Bas.	Haut-Rhin.	Belfort.	Thann.
Bourbach-le-Haut	*Idem.*	*Idem*	*Idem.*
Bourdonnay (*)	Meurthe.	Château-Salins	Vic.
Bourgaltroff.	*Idem.*	*Idem*	Dieuze.
Bourg-Bruche (*).	Vosges.	Saint-Dié.	Saales.
Bourgfelden.	Haut-Rhin.	Mulhouse.	Huningue.
Bourscheid	Meurthe.	Sarrebourg.	Phalsbourg.
Bousbach	Moselle	Sarreguemines	Forbach.
Bousse	*Idem.*	Thionville	Metzerwisse.
Boussewiller.	*Idem.*	Sarreguemines	Volmunster.
Boust	*Idem.*	Thionville	Cattenom.
Boustroff (*).	*Idem.*	Sarreguemines	Gros-Tenquin.
Bouxwiller.	Haut-Rhin.	Mulhouse.	Ferrette.
Bouxwiller.	Bas-Rhin	Saverne	Bouxwiller.
Bouzonville	Moselle	Thionville	Bouzonville.
Bréchaumont	Haut-Rhin.	Belfort.	Fontaine.
Bréhain.	Meurthe.	Château-Salins	Delme.
Breidenbach.	Moselle	Sarreguemines	Volmunster.
Breistroff-la-Grande	*Idem.*	Thionville	Cattenom.
Breitenau (***)	Bas-Rhin	Schlestadt	Villé.
Breitenbach.	*Idem.*	*Idem*	*Idem.*
Breitenbach (***).	Haut-Rhin.	Colmar.	Munster.

COMMUNES.	DÉPARTEMENTS.	ARRONDISSEMENTS.	CANTONS.
Bremmelbach	Bas-Rhin	Wissembourg	Soultz-sous-Forêts.
Brettenach	Moselle	Thionville	Bouzonville.
Bretten	Haut-Rhin.	Belfort	Fontaine.
Brinckheim	*Idem*	Mulhouse	Landser.
Brinighoffen	*Idem*	*Idem*	Altkirch.
Bronvaux	Moselle	Briey	Briey.
Broque (La) (*)	Vosges	Saint-Dié	Schirmeck.
Brouck (*)	Moselle	Metz	Boulay.
Brouderdorff	Meurthe	Sarrebourg	Sarrebourg.
Brouviller	*Idem*	*Idem*	Phalsbourg.
Bruebach	Haut-Rhin.	Mulhouse	Landser.
Bruiange	Moselle	Sarreguemines	Gros-Tenquin.
Brumath	Bas-Rhin	Strasbourg	Brumath.
Brunstatt	Haut-Rhin.	Mulhouse	Mulhouse.
Bruschwickersheim	Bas-Rhin	Strasbourg	Schiltigheim.
Buchy	Moselle	Metz	Verny.
Buding	*Idem*	Thionville	Metzerwisse.
Budling (*)	*Idem*	*Idem*	*Idem.*
Bueswiller	Bas-Rhin	Saverne	Bouxwiller.
Buettwiller	Haut-Rhin.	Belfort	Dannemarie.
Bühl	*Idem*	Colmar	Guebwiller.
Bühl	Meurthe	Sarrebourg	Sarrebourg.
Bühl	Bas-Rhin	Wissembourg	Seltz.
Burbach	*Idem*	Saverne	Drulingen (**).
Burgheim	*Idem*	Schlestadt	Obernai.
Burlioncourt	Meurthe	Château-Salins	Château-Salins.
Burnhaupt-le-Bas (***)	Haut-Rhin.	Mulhouse	Cernay.
Burnhaupt-le-Haut (***)	*Idem*	*Idem*	*Idem.*
Burtoncourt	Moselle	Metz	Vigy.
Buschwiller	Haut-Rhin.	Mulhouse	Huningue.
Büst	Bas-Rhin	Saverne	Drulingen (**).
Bütten	*Idem*	*Idem*	Saar-Union.

C

COMMUNES.	DÉPARTEMENTS.	ARRONDISSEMENTS.	CANTONS.
Capelle	Moselle	Sarreguemines	Saint-Avold.
Carspach	Haut-Rhin.	Mulhouse	Altkirch.
Cattenom	Moselle	Thionville	Cattenom.
Cernay	Haut-Rhin.	Belfort	Cernay.
Chailly-lès-Ennery	Moselle	Metz	Vigy.
Chalampé	Haut-Rhin.	Mulhouse	Habsheim.
Chambre (La)	Moselle	Sarreguemines	Saint-Avold.
Chambrey	Meurthe	Château-Salins	Château-Salins.
Chanville	Moselle	Metz	Pange.
Charleville	*Idem*	*Idem*	Vigy.
Charly	*Idem*	*Idem*	*Idem.*
Château Bréhain	Meurthe	Château-Salins	Delme.
Châteaurouge	Moselle	Thionville	Bouzonville.
Château-Salins	Meurthe	Château-Salins	Château-Salins.
Château-Voué (*)	*Idem*	*Idem*	*Idem.*
Châtel-Saint-Germain	Moselle	Metz	Gorze.
Châtenois	Bas-Rhin	Schlestadt	Schlestadt.
Chavannes-sur-l'Etang (*)	Haut-Rhin.	Belfort	Fontaine.
Chemery	Moselle	Metz	Faulquemont.
Chemery (Les Deux-)	*Idem*	Thionville	Bouzonville.
Cheminot	*Idem*	Metz	Verny.
Chénois	Meurthe	Château-Salins	Delme.
Cherisey	Moselle	Metz	Verny.
Chesny	*Idem*	*Idem*	*Idem.*
Chicourt	Meurthe	Château-Salins	Delme.
Chieulles	Moselle	Metz	Metz (2e).
Cléebourg	Bas-Rhin	Wissembourg	Wissembourg.

COMMUNES.	DÉPARTEMENTS.	ARRONDISSEMENTS.	CANTONS.
Climbach	Bas-Rhin	Wissembourg.	Wissembourg.
Cocheren	Moselle	Sarreguemines	Forbach.
Coincy.	*Idem*	Metz	Pange.
Coin-lès-Cuvry.	*Idem*	*Idem*	Verny.
Coin-sur-Seille.	*Idem*	*Idem*	*Idem.*
Colligny.	*Idem*	*Idem*	Pange.
Colmar	Haut-Rhin.	Colmar.	Colmar.
Colmen (*).	Moselle	Thionville	Bouzonville.
Colroy-la-Roche	Vosges	Saint-Dié.	Saales.
Condé-Northen.	Moselle	Metz	Boulay.
Conthil	Meurthe.	Château-Salins	Château-Salins.
Corny-sur-Moselle	Moselle	Metz	Gorze.
Cosswiller (***)	Bas-Rhin	Strasbourg	Wasselonne.
Coume.	Moselle	Metz	Boulay.
Courcelles-Chaussy.	*Idem*	*Idem*	Pange.
Courcelles-sur-Nied	*Idem*	*Idem*	*Idem.*
Courtavon.	Haut-Rhin.	Mulhouse.	Ferrette.
Coutures.	Meurthe.	Château-Salins	Château-Salins.
Craincourt.	*Idem*	*Idem*	Delme.
Crastatt	Bas-Rhin	Saverne	Marmoutier.
Créhange	Moselle	Metz	Faulquemont.
Creutzwald-la-Croix	*Idem*	Thionville	Bouzonville.
Croettwiller	Bas-Rhin	Wissembourg.	Seltz.
Cutting	Meurthe	Château-Salins	Dieuze.
Cuvry	Moselle	Metz	Verny.

D

COMMUNES.	DÉPARTEMENTS.	ARRONDISSEMENTS.	CANTONS.
Dabo	Meurthe.	Sarrebourg	Phalsbourg.
Dachstein	Bas-Rhin	Strasbourg	Molsheim.
Dahlenheim	*Idem*	*Idem*	Wasselonne.
Dain-en-Saulnois.	Moselle	Metz	Pange.
Dalem.	*Idem*	Thionville	Bouzonville.
Dalhain	Meurthe.	Château-Salins	Château-Salins.
Dalhunden	Bas-Rhin	Strasbourg	Bischwiller.
Dalstein.	Moselle	Thionville	Bouzonville.
Dambach	Bas-Rhin	Wissembourg.	Niederbronn.
Dambach	*Idem*	Schlestadt	Barr.
Dangolsheim	*Idem*	Strasbourg	Wasselonne.
Danne-et-Quatre-Vents.	Meurthe.	Sarrebourg	Phalsbourg.
Dannelbourg (*)	*Idem*	*Idem*	*Idem.*
Dannemarie	Haut-Rhin.	Belfort	Dannemarie.
Daubensand	Bas-Rhin	Schlestadt	Erstein.
Dauendorf.	*Idem*	Strasbourg	Haguenau.
Dedeling	Meurthe.	Château-Salins	Château-Salins.
Dehlingen.	Bas-Rhin	Saverne	Saar-Union.
Delme.	Meurthe.	Château-Salins	Delme.
Denting	Moselle	Metz	Boulay.
Desseling	Meurthe.	Sarrebourg	Réchicourt-le-Château.
Dessenheim	Haut-Rhin.	Colmar.	Neuf-Brisach.
Destrich.	Moselle	Sarreguemines	Gros-Tenquin.
Dettwiller.	Bas-Rhin	Saverne	Saverne.
Devant-les-Ponts.	Moselle	Metz	Metz (1er).
Dianne-Capelle	Meurthe.	Sarrebourg	Phalsbourg.
Dibling	Moselle	Sarreguemines	Forbach.
Didenheim.	Haut-Rhin.	Mulhouse.	Mulhouse.
Diebolsheim.	Bas-Rhin	Schlestadt	Marckolsheim.
Diedendorf	*Idem*	Saverne	Drulingen.
Dieffenbach	*Idem*	Wissembourg.	Wœrth-sur-Sauer.
Dieffenbach	*Idem*	Schlestadt	Villé.
Dieffenthal	*Idem*	*Idem*	Schlestadt.
Dieffmatten	Haut-Rhin.	Belfort	Dannemarie.

COMMUNES.	DÉPARTEMENTS.	ARRONDISSEMENTS.	CANTONS.
Diemeringen	Bas-Rhin	Saverne	Drulingen.
Dietwiller	Haut-Rhin	Mulhouse	Landser.
Dieuze	Meurthe	Château-Salins	Dieuze.
Diffembach	Moselle	Sarreguemines	Gros-Tenquin.
Dimbsthal	Bas-Rhin	Saverne	Marmoutier.
Dingsheim	*Idem*	Strasbourg	Truchtersheim.
Dinsheim	*Idem*	*Idem*	Molsheim.
Distroff	Moselle	Thionville	Metzerwisse.
Dolleren	Haut-Rhin	Belfort	Massevaux.
Dolving	Meurthe	Sarrebourg	Fénétrange.
Domfessel	Bas-Rhin	Saverne	Saar-Union.
Domnom	Meurthe	Château-Salins	Dieuze.
Donjeux	*Idem*	*Idem*	Delme.
Donnelay	*Idem*	*Idem*	Vic.
Donnenheim	Bas-Rhin	Strasbourg	Brumath.
Dorlisheim	*Idem*	*Idem*	Molsheim.
Dornach	Haut-Rhin	Mulhouse	Mulhouse.
Dossenheim	Bas-Rhin	Saverne	La Petite-Pierre.
Dossenheim	*Idem*	Strasbourg	Truchtersheim.
Dourdhal	Moselle	Sarreguemines	Saint-Avold.
Drachenbronn	Bas-Rhin	Wissembourg	Soultz-sous-Forêts.
Drulingen	*Idem*	Saverne	Drulingen.
Drusenheim	*Idem*	Strasbourg	Bischwiller.
Duntzenheim	*Idem*	Saverne	Hochfelden.
Düppigheim	*Idem*	Strasbourg	Geispolsheim.
Durlinsdorff	Haut-Rhin	Mulhouse	Ferrette.
Durmenach	*Idem*	*Idem*	*Idem*.
Düningen	Bas-Rhin	Strasbourg	Truchtersheim.
Dürrenbach	*Idem*	Wissembourg	Wœrth-sur-Sauer.
Dürrenentzen	Haut-Rhin	Colmar	Andolsheim.
Dürstel	Bas-Rhin	Saverne	Drulingen.
Düttlenheim	*Idem*	Strasbourg	Geispolsheim.
E			
Eberbach	Bas-Rhin	Wissembourg	Wœrth-sur-Sauer.
Eberbach	*Idem*	*Idem*	Seltz.
Ebersheim	*Idem*	Schlestadt	Schlestadt.
Ebersmünster	*Idem*	*Idem*	Benfeld.
Eberswiller	Moselle	Thionville	Bouzonville.
Eblange	*Idem*	Metz	Boulay.
Eckartswiller	Bas-Rhin	Saverne	Saverne.
Eckbolsheim	*Idem*	Strasbourg	Schiltigheim.
Eckwersheim	*Idem*	*Idem*	Brumath.
Eglingen	Haut-Rhin	Mulhouse	Altkirch.
Eguelshardt	Moselle	Sarreguemines	Bitche.
Eguisheim	Haut-Rhin	Colmar	Wintzenheim.
Eichhoffen	Bas-Rhin	Schlestadt	Barr.
Eincheville, *mieux* Einschwiller	Moselle	Sarreguemines	Gros-Tenquin.
Elbach	Haut-Rhin	Belfort	Dannemarie.
Elsenheim	Bas-Rhin	Schlestadt	Marckolsheim.
Elvange	Moselle	Metz	Faulquemont.
Elzange	*Idem*	Thionville	Metzerwisse.
Emlingen	Haut-Rhin	Mulhouse	Altkirch.
Enchenberg	Moselle	Sarreguemines	Rorbach.
Engenthal	Bas-Rhin	Strasbourg	Wasselonne.
Engwiller *ou* Hengwiller (***)	*Idem*	Wissembourg	Niederbronn.
Ennery	Moselle	Metz	Vigy.
Enschingen	Haut-Rhin	Mulhouse	Altkirch.
Ensisheim	*Idem*	Colmar	Ensisheim.
Entzheim	Bas-Rhin	Strasbourg	Geispolsheim.
Epfig	*Idem*	Schlestadt	Barr.

COMMUNES.	DÉPARTEMENTS.	ARRONDISSEMENTS.	CANTONS.
Epping	Moselle	Sarreguemines	Volmunster.
Erckartswiller	Bas-Rhin	Saverne	La Petite-Pierre.
Ergersheim	*Idem*	Strasbourg	Molsheim.
Erlenbach	*Idem*	Schlestadt	Villé.
Ernestwiller	Moselle	Sarreguemines	Sarralbe.
Ernolsheim	Bas-Rhin	Saverne	Saverne.
Ernolsheim (*)	*Idem*	Strasbourg	Molsheim.
Ersching	Moselle	Sarreguemines	Volmunster.
Erstein	Bas-Rhin	Schlestadt	Erstein.
Erstroff	Moselle	Sarreguemines	Gros-Tenquin.
Erzange (*)	*Idem*	Thionville	Thionville.
Eschau	Bas-Rhin	Strasbourg	Geispolsheim.
Eschbach	Haut-Rhin	Colmar	Munster.
Eschbach	Bas-Rhin	Wissembourg	Wœrth-sur-Sauer.
Eschbourg	*Idem*	Saverne	La Petite-Pierre.
Eschentzwiller	Haut-Rhin	Mulhouse	Habsheim.
Escherange	Moselle	Thionville	Cattenom.
Eschwiller	Bas-Rhin	Saverne	Drulingen.
Etangs (Les)	Moselle	Metz	Vigy.
Eteimbes	Haut-Rhin	Belfort	Fontaine.
Ettendorff	Bas-Rhin	Saverne	Hochfelden.
Etting	Moselle	Sarreguemines	Rorbach.
Evrange	*Idem*	Thionville	Cattenôm.
Eywiller (***)	Bas-Rhin	Saverne	Drulingen.
F			
Failly	Moselle	Metz	Vigy.
Falck	*Idem*	Thionville	Bouzonville.
Falckwiller	Haut-Rhin	Belfort	Dannemarie.
Fameck	Moselle	Thionville	Thionville.
Fareberswiller	*Idem*	Sarreguemines	Saint-Avold.
Farschwiller	*Idem*	*Idem*	Forbach.
Faulquemont	*Idem*	Metz	Faulquemont.
Faxe	Meurthe	Château-Salins	Delme.
Fegersheim	Bas-Rhin	Strasbourg	Geispolsheim.
Feldbach	Haut-Rhin	Mulhouse	Hirsingen.
Feldkirch	*Idem*	Colmar	Soultz.
Felleringen	*Idem*	Belfort	Saint-Amarin.
Fénétrange	Meurthe	Sarrebourg	Fénétrange.
Ferrette	Haut-Rhin	Mulhouse	Ferrette.
Fessenheim	*Idem*	Colmar	Ensisheim.
Fessenheim (*)	Bas-Rhin	Strasbourg	Truchtersheim.
Fèves	Moselle	Metz	Metz (1er).
Fey	*Idem*	*Idem*	Verny.
Filstroff	*Idem*	Thionville	Bouzonville.
Fislis	Haut-Rhin	Mulhouse	Ferrette.
Fixheim	Moselle	Thionville	Cattenom.
Flastroff (*)	*Idem*	*Idem*	Sierck.
Flaxlanden	Haut-Rhin	Mulhouse	Landser.
Fleisheim	Meurthe	Sarrebourg	Fénétrange.
Flétrange	Moselle	Metz	Faulquemont.
Fleury	*Idem*	*Idem*	Verny.
Flévy	*Idem*	*Idem*	Vigy.
Flexbourg	Bas-Rhin	Strasbourg	Wasselonne.
Flocourt	Moselle	Metz	Pange.
Florange	*Idem*	Thionville	Thionville.
Folgensbourg	Haut-Rhin	Mulhouse	Huningue.
Folking	Moselle	Sarreguemines	Forbach.
Folschwiller	*Idem*	*Idem*	Saint-Avold.
Folsperwiller	*Idem*	*Idem*	Sarreguemines.
Fonteny	Meurthe	Château-Salins	Delme.
Fontoy	Moselle	Briey	Audun-le-Roman.

COMMUNES.	DÉPARTEMENTS.	ARRONDISSEMENTS.	CANTONS.
Forbach	Moselle	Sarreguemines	Forbach.
Forstfeld	Bas-Rhin	Strasbourg	Bischwiller.
Forstheim	*Idem*	Wissembourg	Wœrth-sur-Sauer.
Fort-Louis	*Idem*	Strasbourg	Bischwiller.
Fortschwihr	Haut-Rhin	Colmar	Andolsheim.
Fossieux	Meurthe	Château-Salins	Delme.
Fouchy	Bas-Rhin	Schlestadt	Villé.
Fouday	*Idem*	*Idem*	*Idem.*
Foulcrey	Meurthe	Sarrebourg	Réchicourt-le-Château.
Fouligný	Moselle	Metz	Faulquemont.
Foville	*Idem*	*Idem*	Verny.
Francken	Haut-Rhin	Mulhouse	Altkirch.
Fraquelfing	Meurthe	Sarrebourg	Lorquin.
Frauenberg	Moselle	Sarreguemines	Sarreguemines.
Freistroff	*Idem*	Thionville	Bouzonville.
Fréland	Haut-Rhin	Colmar	La Poutroye.
Frémery	Meurthe	Château-Salins	Delme.
Fremestroff (*)	Moselle	Sarreguemines	Gros-Tenquin.
Fresnes-en-Saulnois	Meurthe	Château-Salins	Château-Salins.
Freybousse	Moselle	Sarreguemines	Gros-Tenquin.
Freyming	*Idem*	*Idem*	Saint-Avold.
Fribourg	Meurthe	Sarrebourg	Réchicourt.
Friedolsheim	Bas-Rhin	Saverne	Hochfelden.
Friesenheim	*Idem*	Schlestadt	Benfeld.
Friessen	Haut-Rhin	Mulhouse	Hirsingen.
Frœningen	*Idem*	*Idem*	Altkirch.
Frœschwiller	Bas-Rhin	Wissembourg	Wœrth-sur-Sauer.
Frohmühl	*Idem*	Saverne	La Petite-Pierre.
Fulleren	Haut-Rhin	Mulhouse	Hirsingen.
Furchhausen	Bas-Rhin	Saverne	Saverne.
Fürdenheim	*Idem*	Strasbourg	Truchtersheim.

G

COMMUNES.	DÉPARTEMENTS.	ARRONDISSEMENTS.	CANTONS.
Galfingen	Haut-Rhin	Mulhouse	Mulhouse.
Gambsheim	Bas-Rhin	Strasbourg	Brumath.
Gandrange	Moselle	Thionville	Thionville.
Garrebourg	Meurthe	Sarrebourg	Phalsbourg.
Garsche	Moselle	Thionville	Cattenom.
Gavisse	*Idem*	*Idem*	*Idem.*
Geishausen	Haut-Rhin	Belfort	Saint-Amarin.
Geispitzen	Haut-Rhin	Mulhouse	Landser.
Geispolsheim	Bas-Rhin	Strasbourg	Geispolsheim.
Geiswasser	Haut-Rhin	Colmar	Neuf-Brisach.
Geiswiller	Bas-Rhin	Saverne	Hochfelden.
Gélucourt	Meurthe	Château-Salins	Dieuze.
Gerbécourt	*Idem*	*Idem*	Château-Salins.
Gerstheim-im-Loch	Bas-Rhin	Schlestadt	Erstein.
Gertwiller	*Idem*	*Idem*	Barr.
Geudertheim	*Idem*	Strasbourg	Brumath.
Gildwiller	Haut-Rhin	Belfort	D nnemarie.
Gimbrett	Bas-Rhin	Strasbourg	Truchtersheim.
Gingsheim	*Idem*	Saverne	Hochfelden.
Givrycourt	Meurthe	Château-Salins	Albestroff.
Glattigny	Moselle	Metz	Vigy.
Gœrlingen	Bas-Rhin	Saverne	Drulingen.
Gœrsdorff	*Idem*	Wissembourg	Wœrth-sur-Sauer.
Gœtzenbruck	Moselle	Sarreguemines	Bitche.
Goin	*Idem*	Metz	Verny.
Goldbach (***)	Haut-Rhin	Belfort	Saint-Amarin.
Gomelange	Moselle	Metz	Boulay.
Gommersdorff	Haut-Rhin	Belfort	Dannemarie.

COMMUNES.	DÉPARTEMENTS.	ARRONDISSEMENTS.	CANTONS.
Gondrexange	Meurthe.	Sarrebourg.	Réchicourt-le-Château.
Gorze.	Moselle.	Metz	Gorze.
Gosselming	Meurthe.	Sarrebourg.	Fénétrange.
Gottenhausen	Bas-Rhin.	Saverne.	Marmoutier.
Gottesheim	*Idem.*	*Idem*	Saverne.
Gougenheim.	*Idem.*	Strasbourg	Truchtersheim.
Goxwiller	*Idem.*	Schlestadt	Obernai.
Grandfontaine.	Vosges.	Saint-Dié.	Schirmeck.
Grassendorff.	Bas-Rhin.	Saverne.	Hochfelden.
Gravelotte.	Moselle.	Metz	Gorze.
Greith *ou* Kruth	Haut-Rhin.	Belfort.	Saint-Amarin.
Gremecey	Meurthe.	Château-Salins	Château-Salins.
Grendelbruch	Bas-Rhin.	Schlestadt	Rosheim.
Grening (*)	Moselle.	Sarreguemines	Gros-Tenquin.
Grentzingen.	Haut-Rhin.	Mulhouse.	Hirsingen.
Gresswiller	Bas-Rhin.	Strasbourg	Molsheim.
Gries	*Idem.*	*Idem*	Brumath.
Griesbach	*Idem.*	Saverne	Bouxwiller.
Griesbach	*Idem.*	Wissembourg.	Niederbronn.
Griesbach	Haut-Rhin.	Colmar.	Munster.
Griesheim.	Bas-Rhin.	Schlestadt.	Rosheim.
Griesheim.	*Idem.*	Strasbourg	Truchtersheim.
Gros-Bliderstroff.	Moselle.	Sarreguemines	Sarreguemines.
Gros-Réderching.	*Idem.*	*Idem*	Rorbach.
Gros-Tenquin	*Idem.*	*Idem*	Gros-Tenquin.
Gründorff (*).	*Idem.*	Thionville	Sierck.
Grundwiller.	*Idem.*	Sarreguemines	Sarreguemines.
Grussenheim.	Haut-Rhin.	Colmar.	Andolsheim.
Guébenhausen.	Moselle.	Sarreguemines	Sarreguemines.
Gueberschwihr.	Haut-Rhin.	Colmar.	Rouffach.
Guébestroff	Meurthe.	Château-Salins	Dieuze.
Guéblange (***)	*Idem.*	*Idem*	*Idem.*
Guéblange.	Moselle.	Sarreguemines	Sarralbe.
Guébling	Meurthe.	Château-Salins	Dieuze.
Guebwiller	Haut-Rhin.	Colmar.	Guebwiller.
Guémar.	*Idem.*	*Idem*	Ribeauvillé.
Guénange (Haute et Basse-).	Moselle.	Thionville	Metzerwisse.
Guenestroff	Meurthe.	Château-Salins	Dieuze.
Guermange	*Idem.*	Sarrebourg	Réchicourt-le-Château
Guerstling.	Moselle.	Thionville	Bouzonville.
Guerswiller (*).	*Idem.*	Sarreguemines	Saint-Avold.
Guerting.	*Idem.*	Metz	Boulay.
Guessling	*Idem.*	Sarreguemines	Gros-Tenquin.
Guevenatten.	Haut-Rhin.	Belfort.	Dannemarie.
Guewenheim.	*Idem.*	*Idem*	Thann.
Guinglange	Moselle.	Metz	Faulquemont.
Guinkirchen.	*Idem.*	*Idem*	Boulay.
Guinzeling	Meurthe.	Château-Salins	Albestroff.
Guirlange	Moselle.	Metz	Boulay.
Gumbrechtshoffen (Nieder-)	Bas-Rhin.	Wissembourg.	Niederbronn.
Gumbrechtshoffen (Ober-)	*Idem.*	*Idem*	*Idem.*
Gundershoffen.	*Idem.*	*Idem*	*Idem.*
Gundolsheim	Haut-Rhin.	Colmar.	Rouffach.
Gungwiller	Bas-Rhin.	Saverne.	Drulingen.
Gunsbach (***).	Haut-Rhin.	Colmar.	Munster.
Gunstett (***)	Bas-Rhin.	Wissembourg.	Wœrth-sur-Sauer.
Guntzwiller	Meurthe.	Sarrebourg	Phalsbourg.

H

COMMUNES.	DÉPARTEMENTS.	ARRONDISSEMENTS.	CANTONS.
Haboudange.	Meurthe.	Château-Salins	Château-Salins.
Habsheim	Haut-Rhin.	Mulhouse.	Habsheim.

COMMUNES.	DÉPARTEMENTS.	ARRONDISSEMENTS.	CANTONS.
Hægen	Bas-Rhin	Saverne	Marmoutier.
Hagen	Moselle	Thionville	Cattenom.
Hagenbach	Haut-Rhin	Belfort	Dannemarie.
Hagenthal-le-Bas	*Idem*	Mulhouse	Huningue.
Hagenthal-le-Haut	*Idem*	*Idem*	*Idem*.
Hagondange (*)	Moselle	Metz	Metz.
Haguenau	Bas-Rhin	Strasbourg	Haguenau.
Hallering	Moselle	Metz	Faulquemont.
Halling	*Idem*	*Idem*	Boulay.
Ham (Basse et Haute-)	*Idem*	Thionville	Metzerwisse.
Ham-sous-Varzberg	*Idem*	Metz	Boulay.
Hambach	*Idem*	Sarreguemines	Volmunster.
Hambach	Bas-Rhin	Saverne	Drulingen.
Hampont	Meurthe	Château-Salins	Château-Salins.
Han-sur-Nied	Moselle	Metz	Faulquemont.
Handschuheim	Bas-Rhin	Strasbourg	Truchtersheim.
Hangenbieten	*Idem*	*Idem*	Schiltigheim.
Hangwiller	Meurthe	Sarrebourg	Phalsbourg.
Hannocourt	*Idem*	Château-Salins	Delme.
Hanwiller	Moselle	Sarreguemines	Bitche.
Haraucourt-sur-Seille	Meurthe	Château-Salins	Château-Salins.
Hargartel-aux-Mines (***)	Moselle	Thionville	Bouzonville.
Harprich	*Idem*	Sarreguemines	Gros-Tenquin.
Harreberg	Meurthe	Sarrebourg	Sarrebourg.
Harskirchen	Bas-Rhin	Saverne	Saar-Union.
Hartmannswiller	Haut-Rhin	Colmar	Soultz.
Hartzwiller (*)	Meurthe	Sarrebourg	Sarrebourg.
Haspelscheidt	Moselle	Sarreguemines	Bitche.
Hatten	Bas-Rhin	Wissembourg	Soultz-sous-Forêts.
Hattigny	Meurthe	Sarrebourg	Lorquin.
Hattmatt	Bas-Bhin	Saverne	Saverne.
Hattstatt	Haut-Rhin	Colmar	Rouffach.
Hauconcourt	Moselle	Metz	Metz (1er).
Hausgauen	Haut-Rhin	Mulhouse	Altkirch.
Haut-Clocher	Meurthe	Sarrebourg	Sarrebourg.
Havange	Moselle	Briey	Audun-le Roman.
Hayange	*Idem*	Thionville	Thionville.
Haye	*Idem*	Metz	Vigy.
Haye-des-Allemands (La)	Meurthe	Sarrebourg	Réchicourt.
Hazelbourg	*Idem*	*Idem*	Phalsbourg.
Hazembourg	Moselle	Sarreguemines	Sarralbe.
Hecken	Haut-Rhin	Belfort	Dannemarie.
Hegeney	Bas-Rhin	Wissembourg	Wœrth-sur-Sauer.
Hegenheim	Haut-Rhin	Mulhouse	Huningue.
Heidolsheim	Bas-Rhin	Schlestadt	Marckolsheim.
Heidwiller	Haut-Rhin	Mulhouse	Altkirch.
Heiligenberg	Bas-Rhin	Strasbourg	Molsheim.
Heiligenstheim	*Idem*	Schlestadt	Barr.
Heimersdorff	Haut-Rhin	Mulhouse	Hirsingen.
Heimsprung	*Idem*	*Idem*	Mulhouse.
Heining (***)	Moselle	Thionville	Bouzonville.
Heiteren	*Idem*	Colmar	Neuf-Brisach.
Helfrantzkirch	*Idem*	Mulhouse	Landser.
Hellering	Meurthe	Sarrebourg	Fénétrange.
Hellimer	Moselle	Sarreguemines	Gros-Tenquin.
Hellocourt	Meurthe	Château-Salins	Vic.
Helstroff	Moselle	Metz	Boulay.
Hémilly	*Idem*	*Idem*	Faulquemont.
Héming	Meurthe	Sarrebourg	Lorquin.
Henflingen	Haut-Rhin	Mulhouse	Hirsingen.
Hengwiller *ou* Engwiller	Bas-Rhin	Saverne	Marmoutier.
Henridorff	Meurthe	Sarrebourg	Phalsbourg.
Henriville (*)	Moselle	Sarreguemines	Saint-Avold.

COMMUNES.	DÉPARTEMENTS.	ARRONDISSEMENTS.	CANTONS.
Hérange (*)	Meurthe.	Sarrebourg	Phalsbourg.
Herbitzheim	Bas-Rhin	Saverne	Saar-Union.
Herbsheim	*Idem.*	Schlestadt	Benfeld.
Hermelange	Meurthe.	Sarrebourg	Lorquin.
Hermerswiller	Bas-Rhin	Wissembourg	Soultz-sous-Forêts.
Herny	Moselle	Metz	Faulquemont.
Herrlisheim	Bas-Rhin	Strasbourg	Bischwiller.
Herrlisheim	Haut-Rhin.	Colmar	Wintzenheim.
Hertzing	Meurthe.	Sarrebourg	Réchicourt.
Hésingen	Haut-Rhin.	Mulhouse	Huningue.
Hesse	Meurthe.	Sarrebourg	Sarrebourg.
Hessenheim	Bas-Rhin	Schlestadt	Marckolsheim.
Hestroff (***)	Moselle	Thionville	Bouzonville.
Hettange-la-Grande	*Idem.*	*Idem*	Cattenom.
Hettenschlag	Haut-Rhin.	Colmar	Neuf-Brisach.
Heywiller	*Idem.*	Mulhouse	Altkirch.
Hilbesheim	Meurthe.	Sarrebourg	Fénétrange.
Hilsenheim	Bas-Rhin	Schlestadt	Marckolsheim.
Hilsprich	Moselle	Sarreguemines	Sarralbe.
Hinckange	*Idem.*	Metz	Boulay.
Hindisheim	Bas-Rhin	Schlestadt	Erstein.
Hindlingen	Haut-Rhin.	Mulhouse	Hirsingen.
Hinsbourg	Bas-Rhin	Saverne	La Petite-Pierre.
Hinsingen	*Idem.*	*Idem*	Saar-Union.
Hipsheim	*Idem.*	Schlestadt	Erstein.
Hirschland	*Idem.*	Saverne	Drulingen.
Hirsingen (***)	Haut-Rhin.	Mulhouse	Hirsingen.
Hirtzbach	*Idem.*	*Idem*	*Idem.*
Hirtzfelden	*Idem.*	Colmar	Ensisheim.
Hochfelden	Bas-Rhin	Saverne	Hochfelden.
Hochstatt	Haut-Rhin.	Mulhouse	Altkirch.
Hochstett	Bas-Rhin	Strasbourg	Haguenau.
Hœnheim	*Idem.*	*Idem*	Schiltigheim.
Hœrdt	*Idem.*	*Idem*	Brumath.
Hoff	Meurthe	Sarrebourg	Sarrebourg.
Hoffen	Bas-Rhin	Wissembourg	Soultz-sous-Forêts.
Hohatzenheim	*Idem.*	Saverne	Hochfelden.
Hohengœfft	*Idem.*	*Idem*	Marmoutier.
Hohfrankenheim	*Idem.*	*Idem*	Hochfelden.
Hohroth	Haut-Rhin.	Colmar	Munster.
Hohwald (*)	Bas-Rhin	Schlestadt	Barr.
Hohwiller	*Idem.*	Wissembourg	Soultz-sous-Forêts.
Holacourt	Moselle	Metz	Faulquemont.
Holling	*Idem.*	*Idem*	Boulay.
Holtzheim	Bas-Rhin	Strasbourg	Geispolsheim.
Holtzwihr	Haut-Rhin.	Colmar	Andolsheim.
Holving	Moselle	Sarreguemines	Sarralbe.
Hombourg ou Hombourg-Kédange	*Idem.*	Thionville	Metzerwisse.
Hombourg	Haut-Rhin.	Mulhouse	Habsheim.
Hombourg (Haut-)	Moselle	Sarreguemines	Saint-Avold.
Hommarting (*)	Meurthe.	Sarrebourg	Sarrebourg.
Hommert (*)	*Idem.*	*Idem*	*Idem.*
Hôpital (L')	Moselle	Sarreguemines	Saint-Avold.
Horbourg	Haut-Rhin.	Colmar	Andolsheim.
Host (Bas et Haut-)	Moselle	Sarreguemines	Saint-Avold.
Hottwiller	*Idem.*	*Idem*	Volmunster.
Housson	Haut-Rhin.	Colmar	Andolsheim.
Hultenhausen	Meurthe.	Sarrebourg	Phalsbourg.
Hunawihr	Haut-Rhin.	Colmar	Ribeauvillé.
Hundling	Moselle	Sarreguemines	Sarreguemines.
Hundsbach	Haut-Rhin.	Mulhouse	Altkirch.
Huningue	*Idem.*	*Idem*	Huningue.
Hunskirch (*)	Meurthe.	Château-Salins	Albestroff.

COMMUNES.	DÉPARTEMENTS.	ARRONDISSEMENTS.	CANTONS.
Hunspach (*).	Bas-Rhin .	Wissembourg. .	Soultz-sous-Forêts.
Hunting (*)	Moselle . .	Thionville . . .	Sierck.
Hürtigheim (*).	Bas-Rhin .	Strasbourg . . .	Truchtersheim.
Hüsseren (*).	Haut-Rhin.	Colmar.	Wintzenheim.
Husseren (*)	*Idem* . . .	Belfort.	Saint-Amarin.
Hüttendorff (*).	Bas-Rhin .	Strasbourg . . .	Haguenau.
Hüttenheim (*).	*Idem* . . .	Schlestadt . . .	Benfeld.
I			
Ibigny.	Meurthe. .	Sarrebourg . . .	Réchicourt.
Ichtratzheim.	Bas-Rhin .	Strasbourg . . .	Geispolsheim.
Illange	Moselle . .	Thionville . . .	Metzerwisse.
Illfurth	Haut-Rhin.	Mulhouse. . . .	Altkirch.
Illhauseren	*Idem* . . .	Colmar.	Ribeauvillé.
Illkirch	Bas-Rhin .	Strasbourg . . .	Geispolsheim.
Illzach.	Haut-Rhin.	Mulhouse. . . .	Habsheim.
Imbsheim	Bas-Rhin .	Saverne	Bouxwiller.
Imling.	Meurthe. .	Sarrebourg . . .	Sarrebourg.
Ingenheim.	Bas-Rhin .	Saverne	Hochfelden.
Ingersheim	Haut-Rhin.	Colmar.	Kaysersberg.
Inglange	Moselle . .	Thionville . . .	Metzerwisse.
Ingolsheim	Bas-Rhin .	Wissembourg. .	Soultz-sous-Forêts.
Ingwiller	*Idem* . . .	Saverne	Bouxwiller.
Innenheim.	*Idem* . . .	Schlestadt . . .	Obernai.
Insming.	Meurthe. .	Château-Salins .	Albestroff.
Insviller	*Idem* . . .	*Idem*.	*Idem*.
Ippling	Moselle . .	Sarreguemines .	Sarreguemines.
Irmstett.	Bas-Rhin .	Strasbourg . . .	Wasselonne.
Issenhausen	*Idem*. . . .	Saverne	Hochfelden.
Issenheim.	Haut-Rhin.	Colmar.	Soultz.
Ittenheim	Bas-Rhin .	Strasbourg . . .	Schiltigheim.
Itterswiller	*Idem* . . .	Schlestadt . . .	Barr.
Ittlenheim.	*Idem* . . .	Strasbourg . . .	Truchtersheim.
J			
Jallaucourt	Meurthe. .	Château-Salins .	Delme.
Jebsheim	Haut-Rhin.	Colmar.	Andolsheim.
Jetterswiller.	Bas-Rhin .	Saverne.	Marmoutier.
Jettingen	Haut-Rhin.	Mulhouse. . . .	Altkirch.
Jouy-aux-Arches.	Moselle . .	Metz	Gorze.
Jury.	*Idem* . . .	*Idem*.	Verny.
Jussy	*Idem* . . .	*Idem*.	Gorze.
Juvelise.	Meurthe. .	Château-Salins .	Vic.
Juville	*Idem* . . .	*Idem*.	Delme.
K			
Kalhausen.	Moselle . .	Sarreguemines .	Rorbach.
Kaltenhausen	Bas-Rhin .	Strasbourg . . .	Haguenau.
Kanfen	Moselle . .	Thionville . . .	Cattenom.
Kappelen	Haut-Rhin.	Mulhouse	Landser.
Kappelkinger	Moselle . .	Sarreguemines .	Sarralbe.
Kauffenheim (***)	Bas-Rhin .	Strasbourg . . .	Bischwiller.
Katzenthal.	Haut-Rhin.	Colmar.	Kaysersberg.
Kaysersberg	*Idem* . . .	*Idem*.	*Idem*.
Keffenach	Bas-Rhin .	Wissembourg. .	Soultz-sous-Forêts.
Kembs.	Haut-Rhin.	Mulhouse. . . .	Habsheim.
Kemplich	Moselle . .	Thionville . . .	Metzerwisse.

COMMUNES.	DÉPARTEMENTS.	ARRONDISSEMENTS.	CANTONS.
Kerbach	Moselle	Sarreguemines	Forbach.
Kerling-lès-Sierck	*Idem.*	Thionville	Metzerwisse.
Kerprich-aux-Bois	Meurthe	Sarrebourg	Sarrebourg.
Kerprich-lès-Dieuze	*Idem.*	Château-Salins	Dieuze.
Kertzfeld	Bas-Rhin	Schlestadt	Benfeld.
Keskastel	*Idem.*	Saverne	Saar-Union.
Kesseldorf	*Idem.*	Wissembourg	Seltz.
Kienheim	*Idem.*	Strasbourg	Truchtersheim.
Kientzheim	Haut-Rhin	Colmar	Kaysersberg.
Kiffis	*Idem.*	Mulhouse	Ferrette.
Kilstett	Bas-Rhin	Strasbourg	Brumath
Kindwiller	*Idem*	Wissembourg	Niederbronn.
Kingersheim	Haut-Rhin	Mulhouse	Mulhouse.
Kintzheim	Bas-Rhin	Schlestadt	Schlestadt.
Kirchberg	Haut-Rhin	Belfort	Massevaux.
Kirchheim	Bas-Rhin	Strasbourg	Wasselonne.
Kirrberg	*Idem.*	Saverne	Drulingen.
Kirrwiller	*Idem.*	*Idem*	Bouxwiller.
Kirsch-lès-Sierck	Moselle	Thionville	Sierck.
Kirschnaumen	*Idem.*	*Idem*	*Idem.*
Kirwiller	*Idem.*	Sarreguemines	Sarralbe.
Kleinfranckenheim	Bas-Rhin	Strasbourg	Truchtersheim.
Kleingœfft	*Idem.*	Saverne	Marmoutier.
Knœrsheim	*Idem.*	*Idem*	*Idem.*
Knoringen	Haut-Rhin	Mulhouse	Huningue.
Knutange	Moselle	Briey	Briey.
Kœnigsmacker	*Idem.*	Thionville	Metzerwisse.
Kœstlach	Haut-Rhin	Mulhouse	Ferrette.
Kœtzingen	*Idem.*	*Idem*	Landser.
Kogenheim	Bas-Rhin	Schlestadt	Benfeld.
Kolbsheim	*Idem.*	Strasbourg	Schiltigheim.
Kontz (Basse-)	Moselle	Thionville	Cattenom.
Kontz (Haute-)	*Idem.*	*Idem*	*Idem.*
Krautergersheim	Bas-Rhin	Schlestadt	Obernai.
Krautwiller	*Idem.*	Strasbourg	Brumath.
Kriegsheim	*Idem.*	*Idem*	*Idem.*
Kruth *ou* Greith	Haut-Rhin	Belfort	Saint-Amarin.
Kuenheim	*Idem.*	Colmar	Andolsheim.
Kühlendorf	Bas-Rhin	Wissembourg	Soultz-sous-Forêts.
Kurtzenhausen	*Idem.*	Strasbourg	Brumath.
Küttolsheim	*Idem.*	*Idem*	Truchtersheim.
Kutzenhausen	*Idem.*	Wissembourg	Soultz-sous-Forêts.

L

COMMUNES.	DÉPARTEMENTS.	ARRONDISSEMENTS.	CANTONS.
Lafrimbole	Meurthe	Sarrebourg	Lorquin (**).
Lagarde	*Idem.*	Château-Salins	Vic.
Lalaye	Bas-Rhin	Schlestadt	Villé.
Lambach	Moselle	Sarreguemines	Rorbach.
Lampertheim	Bas-Rhin	Strasbourg	Schiltigheim.
Lampertsloch	*Idem.*	Wissembourg	Wœrth-sur-Sauer.
Landange	Meurthe	Sarrebourg	Lorquin.
Landrefang (*)	Moselle	Metz	Faulquemont.
Landersheim	Bas-Rhin	Saverne	Marmoutier.
Landonvillers	Moselle	Metz	Pange.
Landroff	*Idem.*	Sarreguemines	Gros-Tenquin.
Landser	Haut-Rhin	Mulhouse	Landser.
Laneuveville-en-Saulnois	Meurthe	Château-Salins	Delme.
Laneuveville-lès-Lorquin	*Idem.*	Sarrebourg	Lorquin.
Langatte	*Idem.*	*Idem*	Sarrebourg.
Langensoultzbach	Bas-Rhin	Wissembourg	Wœrth-sur-Sauer.
Languimberg	Meurthe	Sarrebourg	Réchicourt-le-Château.

COMMUNES.	DÉPARTEMENTS.	ARRONDISSEMENTS.	CANTONS.
Laning	Moselle	Sarreguemines	Gros-Tenquin.
Laquenexy	*Idem.*	Metz	Pange.
Largitzen	Haut-Rhin.	Mulhouse	Hirsingen.
Laubach	Bas-Rhin	Wissembourg	Wœrth-sur-Sauer.
Laumesfeld	Moselle	Thionville	Sierck.
Launstroff	*Idem.*	*Idem*	*Idem.*
Lautenbach	Haut-Rhin.	Colmar	Guebwiller.
Lautenbach-Zell	*Idem.*	*Idem*	*Idem.*
Lauterbourg	Bas-Rhin	Wissembourg	Lauterbourg.
Lauw	Haut-Rhin.	Belfort	Massevaux.
Leimbach	*Idem.*	*Idem*	Thann.
Leiterswiller	Bas-Rhin	Wissembourg	Soultz-sous-Forêts.
Lelling	Moselle	Sarreguemines	Gros-Tenquin.
Lembach	Bas-Rhin	Wissembourg	Wissembourg.
Lemberg	Moselle	Sarreguemines	Bitche.
Lémoncourt	Meurthe	Château-Salins	Delme.
Lemud	Moselle	Metz	Pange.
Lenguelsheim	*Idem.*	Sarreguemines	Volmunster.
Léning	Meurthe	Château-Salins	Albestroff.
Lesse	*Idem.*	*Idem*	Delme.
Lessy	Moselle	Metz	Gorze.
Leutenheim	Bas-Rhin	Strasbourg	Bischwiller.
Lévoncourt	Haut-Rhin.	Mulhouse	Ferrette.
Ley	Meurthe	Château-Salins	Vic.
Leymen	Haut-Rhin.	Mulhouse	Huningue.
Leywiller	Moselle	Sarreguemines	Gros-Tenquin.
Lezey	Meurthe	Château-Salins	Vic.
Lhor	*Idem.*	*Idem*	Albestroff.
Lichtenberg	Bas-Rhin	Saverne	La Petite-Pierre.
Lidrequin	Meurthe	Château-Salins	Château-Salins.
Lidrezing	*Idem.*	*Idem*	Dieuze.
Liebentzwiller	Haut-Rhin.	Mulhouse	Huningue.
Liebsdorff	*Idem.*	*Idem*	Ferrette.
Liederscheidt	Moselle	Sarreguemines	Bitche.
Liehon	*Idem.*	Metz	Verny.
Liepvre	Haut-Rhin.	Colmar	Ste-Marie-aux-Mines.
Ligsdorff	*Idem.*	Mulhouse	Ferrette.
Limersheim	Bas-Rhin	Schlestadt	Erstein.
Lindre (Basse-)	Meurthe	Château-Salins	Dieuze.
Lindre (Haute-)	*Idem.*	*Idem*	*Idem.*
Lingolsheim	Bas-Rhin	Strasbourg	Geispolsheim.
Linsdorff	Haut-Rhin.	Mulhouse	Ferrette.
Linthal	*Idem.*	Colmar	Guebwiller.
Liocourt	Meurthe	Château-Salins	Delme.
Lipsheim	Bas-Rhin	Strasbourg	Geispolsheim.
Littenheim	*Idem.*	Saverne	Saverne.
Lixhausen	*Idem.*	*Idem*	Hochfelden.
Lixheim	Meurthe	Sarrebourg	Phalsbourg.
Lixing	Moselle	Sarreguemines	Gros-Tenquin.
Lixing-lès-Ruhling	*Idem.*	*Idem*	Sarreguemines.
Lobsann	Bas-Rhin	Wissembourg	Soultz-sous-Forêts.
Lochwiller	*Idem.*	Saverne	Marmoutier.
Loglenheim	Haut-Rhin.	Colmar	Neuf-Brisach.
Lohr	Bas-Rhin	Saverne	La Petite-Pierre.
Lommerange	Moselle	Briey	Audun-le-Roman.
Longeville-lès-Metz	*Idem.*	Metz	Metz (1er).
Longeville-lès-Saint-Avold	*Idem.*	*Idem*	Faulquemont.
Lorentzen	Bas-Rhin	Saverne	Saar-Union.
Lorquin (*)	Meurthe	Sarrebourg	Lorquin.
Lorry-devant-le-Pont	Moselle	Metz	Verny.
Lorry-lès-Metz	*Idem.*	*Idem*	Metz (1er).
Lostroff	Meurthe	Château-Salins	Albestroff.
Loudrefing	*Idem.*	*Idem*	*Idem.*

COMMUNES.	DÉPARTEMENTS.	ARRONDISSEMENTS.	CANTONS.
Loupershausen	Moselle	Sarreguemines	Sarreguemines.
Loutremange	*Idem.*	Metz	Boulay.
Loutzwiller	*Idem.*	Sarreguemines	Volmunster.
Louvigny	*Idem.*	Metz	Verny.
Lubécourt	Meurthe	Château-Salins	Château-Salins.
Lucelle	Haut-Rhin	Mulhouse	Ferrette.
Lucy	Meurthe	Château-Salins	Delme.
Luemschwiller	Haut-Rhin	Mulhouse	Altkirch.
Luppy	Moselle	Metz	Pange.
Lupstein	Bas-Rhin	Saverne	Saverne.
Lutran	Haut-Rhin	Belfort	Dannemarie.
Luttange	Moselle	Thionville	Metzerwisse.
Luttenbach	Haut-Rhin	Colmar	Munster.
Lutter	*Idem.*	Mulhouse	Ferrette.
Lutterbach	*Idem.*	*Idem*	Mulhouse.
Lutzelbourg	Meurthe	Sarrebourg	Phalsbourg.
Lutzelhausen	Bas-Rhin	Strasbourg	Molsheim.

M

COMMUNES.	DÉPARTEMENTS.	ARRONDISSEMENTS.	CANTONS.
Macheren	Moselle	Sarreguemines	Saint-Avold.
Mackenheim	Bas-Rhin	Schlestadt	Marckolsheim.
Mackwiller	*Idem*	Saverne	Drulingen.
Mænnolsheim	*Idem*	*Idem*	Saverne.
Magny	Haut-Rhin	Belfort	Dannemarie.
Magny	Moselle	Metz	Verny.
Magstatt-le-Bas	Haut-Rhin	Mulhouse	Landser.
Magstatt-le-Haut	*Idem*	*Idem*	*Idem.*
Mainvillers	Moselle	Metz	Faulquemont.
Maizeroy	*Idem*	*Idem*	Pange.
Maizery	*Idem*	*Idem*	*Idem.*
Maizières-lès-Vic	Meurthe	Château-Salins	Vic.
Maizières-lès-Metz	Moselle	Metz	Metz (1er).
Malaucourt	Meurthe	Château-Salins	Delme.
Malling	Moselle	Thionville	Metzerwisse.
Malmerspach	Haut-Rhin	Belfort	Saint-Amarin.
Malroy	Moselle	Metz	Vigy.
Manderen	*Idem.*	Thionville	Sierck.
Manhoué	Meurthe	Château-Salins	Château-Salins.
Manon	Moselle	Thionville	Thionville.
Manspach	Haut-Rhin	Belfort	Dannemarie.
Many	Moselle	Metz	Faulquemont.
Marange-Sylvange	*Idem.*	*Idem*	Metz (1er).
Marange-Zondrange	*Idem.*	*Idem*	Faulquemont.
Marckolsheim (***)	Bas-Rhin	Schlestadt	Marckolsheim.
Mariculles	Moselle	Metz	Verny.
Marimont	Meurthe	Château-Salins	Albestroff.
Marlenheim	Bas-Rhin	Strasbourg	Wasselonne.
Marly	Moselle	Metz	Verny.
Marmoutier	Bas-Rhin	Saverne	Marmoutier.
Marsal	Meurthe	Château-Salins	Vic.
Marsilly	Moselle	Metz	Pange.
Marspich	*Idem.*	Thionville	Thionville.
Marthil	Meurthe	Château-Salins	Delme.
Massevaux (*)	Haut-Rhin	Belfort	Massevaux.
Mattstall	Bas-Rhin	Wissembourg	Wœrth-sur-Sauer.
Matzenheim	*Idem.*	Schlestadt	Benfeld.
Maxe (La) (*)	Moselle	Metz	Metz.
Maxstadt	*Idem.*	Sarreguemines	Gros-Tenquin.
Mécleuves	*Idem.*	Metz	Verny.
Mégange	*Idem.*	*Idem*	Boulay.
Meisenthal	*Idem.*	Sarreguemines	Bitche.

COMMUNES.	DÉPARTEMENTS.	ARRONDISSEMENTS.	CANTONS.
Meissengott	Bas-Rhin	Schlestadt	Villé.
Meistratzheim	*Idem.*	*Idem*	Obernai.
Melsheim	*Idem.*	Saverne	Hochfelden.
Memelshoffen	*Idem.*	Wissembourg.	Soultz-sous-Forêts.
Menchhoffen	*Idem.*	Saverne	Bouxwiller.
Mercy-lès-Metz (***)	Moselle	Metz	Pange.
Merlebach	*Idem.*	Sarreguemines	Forbach.
Merschweiller	*Idem.*	Thionville	Sierck.
Merten	*Idem.*	*Idem*	Bouzonville.
Mertzen	Haut-Rhin.	Mulhouse.	Hirsingen.
Mertzwiller	Bas-Rhin	Wissembourg.	Niederbronn.
Merxheim	Haut-Rhin.	Colmar.	Soultz.
Métairies-de-Saint-Quirin	Meurthe.	Sarrebourg	Lorquin.
Metting	*Idem.*	*Idem*	Phalsbourg.
Metz	Moselle	Metz	Metz (1er, 2e, 3e).
Metzeral	Haut-Rhin.	Colmar.	Munster.
Metzeresche	Moselle	Thionville	Metzerwisse.
Metzerwisse	*Idem.*	*Idem*	*Idem.*
Metzing (*)	*Idem.*	Sarreguemines	Forbach.
Mey	*Idem.*	Metz	Metz (2e).
Meyenheim	Haut-Rhin.	Colmar.	Ensisheim.
Michelbach	*Idem.*	Belfort.	Thann.
Michelbach-le-Bas	*Idem.*	Mulhouse.	Huningue.
Michelbach-le-Haut	*Idem.*	*Idem*	*Idem.*
Mietesheim	Bas-Rhin	Wissembourg.	Niederbronn.
Minversheim	*Idem.*	Saverne.	Hochfelden.
Mitschdorff	*Idem.*	Wissembourg.	Wœrth-sur-Sauer.
Mittelbergheim	*Idem.*	Schlestadt	Barr.
Mittelbronn	Meurthe.	Sarrebourg.	Phalsbourg.
Mittelhausbergen	Bas-Rhin	Strasbourg	Schiltigheim.
Mittelhausen	*Idem.*	Saverne	Hochfelden.
Mittelmuespach	Haut-Rhin.	Mulhouse.	Ferrette.
Mittelschaeffolsheim	Bas-Rhin	Strasbourg	Brumath.
Mittelwihr	Haut-Rhin.	Colmar.	Kaysersberg.
Mittersheim	Meurthe.	Sarrebourg.	Fénétrange.
Mitzach	Haut-Rhin.	Belfort.	Saint-Amarin.
Mœrnach (***)	*Idem.*	*Idem*	Ferrette.
Mollau	*Idem.*	*Idem*	Saint-Amarin.
Mollkirch	Bas-Rhin	Schlestadt	Rosheim.
Molring	Meurthe.	Château-Salins	Albestroff.
Molsheim	Bas-Rhin	Strasbourg	Molsheim.
Momestroff	Moselle	Metz	Boulay.
Mommenheim	Bas-Rhin	Strasbourg	Brumath.
Moncheux	Moselle	Metz	Verny.
Moncourt	Meurthe.	Château-Salins	Vic.
Mondorff	Moselle	Thionville	Cattenom.
Monneren	*Idem.*	*Idem*	Metzerwisse.
Monswiller	Bas-Rhin	Saverne.	Saverne.
Montbronn	Moselle	Sarreguemines	Rorbach.
Montdidier	Meurthe.	Château-Salins	Albestroff.
Montenach	Moselle	Thionville	Sierck.
Montigny	*Idem.*	Metz	Metz (3e).
Montois-la-Montagne	*Idem.*	Briey	Briey.
Montoy	*Idem.*	Metz	Pange.
Montreux-Jeune	Haut-Rhin.	Belfort.	Fontaine.
Montreux-Vieux	*Idem.*	*Idem.*	*Idem.*
Moos	*Idem.*	Mulhouse.	Ferrette.
Moosch	*Idem.*	Belfort.	Saint-Amarin.
Morhange	Moselle	Sarreguemines	Gros-Tenquin.
Morsbach	*Idem.*	*Idem*	Forbach.
Morsbronn	Bas-Rhin	Wissembourg.	Wœrth-sur-Sauer.
Morschwiller	*Idem.*	Strasbourg	Haguenau.
Mortzwiller	Haut-Rhin.	Belfort.	Massevaux.

COMMUNES.	DÉPARTEMENTS.	ARRONDISSEMENTS.	CANTONS.
Morville-lès-Vic	Meurthe	Château-Salins	Château-Salins.
Morville-sur-Nied	*Idem*	*Idem*	Delme.
Motheren (***)	Bas-Rhin	Wissembourg	Seltz.
Moulins-lès-Metz	Moselle	Metz	Metz (1er).
Moussey	Meurthe	Château-Salins	Réchicourt-le-Château.
Mouterhausen	Moselle	Sarreguemines	Bitche.
Moyenvic	Meurthe	Château-Salins	Vic.
Moyeuvre-la-Grande	Moselle	Thionville	Thionville.
Moyeuvre-la-Petite	*Idem*	*Idem*	*Idem.*
Mühlbach	Haut-Rhin	Colmar	Munster.
Mühlbach	Bas-Rhin	Schlestadt	Rosheim.
Mühlhausen	*Idem*	Saverne	Bouxwiller.
Mulcey	Meurthe	Château-Salins	Dieuze.
Mulhouse	Haut-Rhin	Mulhouse	Mulhouse.
Münchhausen	Bas-Rhin	Wissembourg	Seltz.
Munckhausen	Haut-Rhin	Colmar	Ensisheim.
Mundolsheim	Bas-Rhin	Strasbourg	Schiltigheim.
Munster (*)	Meurthe	Château-Salins	Albestroff.
Munster	Haut-Rhin	Colmar	Munster.
Muntzenheim	*Idem*	*Idem*	Andolsheim.
Munwiller	*Idem*	*Idem*	Ensisheim.
Murbach	*Idem*	*Idem*	Guebwiller.
Mussig	Bas-Rhin	Schlestadt	Marckolsheim.
Müttersholtz	*Idem*	*Idem*	*Idem.*
Mutzenhausen	*Idem*	Saverne	Hochfelden.
Mutzig	*Idem*	Strasbourg	Molsheim.

N

COMMUNES.	DÉPARTEMENTS.	ARRONDISSEMENTS.	CANTONS.
Nambsheim	Haut-Rhin	Colmar	Neuf-Brisach.
Narbéfontaine	Moselle	Metz	Boulay.
Natzwiller	Vosges	Saint Dié	Schirmeck.
Nébing	Meurthe	Château-Salins	Albestroff.
Nechwiller (***)	Bas-Rhin	Wissembourg	Wœrth-sur-Sauer.
Neewiller	*Idem*	*Idem*	Lauterbourg.
Nelling	Moselle	Sarreguemines	Sarralbe.
Neubois	Bas-Rhin	Schlestadt	Villé.
Neuf-Brisach	Haut-Rhin	Colmar	Neuf-Brisach.
Neufchef	Moselle	Briey	Audun-le-Roman.
Neuf-Grange	*Idem*	Sarreguemines	Sarreguemines.
Neuf Moulin	Meurthe	Sarrebourg	Lorquin.
Neuf-Village	*Idem*	Château-Salins	Albestroff.
Neugartheim	Bas-Rhin	Strasbourg	Truchtersheim.
Neuhæusel	*Idem*	*Idem*	Bischwiller.
Neunkirch	Moselle	Sarreguemines	Sarreguemines.
Neunkirchen (*)	*Idem*	Thionville	Bouzonville.
Neuve-Église	Bas-Rhin	Schlestadt	Villé.
Neuviller-la-Roche	Vosges	Saint-Dié	Schirmeck.
Neuwiller	Bas-Rhin	Saverne	La Petite-Pierre.
Neuwiller	Haut-Rhin	Mulhouse	Huningue.
Niederbetschdorf	Bas-Rhin	Wissembourg	Soultz-sous-Forêts.
Niederbronn	*Idem*	*Idem*	Niederbronn.
Niederbruck	Haut-Rhin	Belfort	Massevaux.
Niederentzen	*Idem*	Colmar	Ensisheim.
Niederhaslach	Bas-Rhin	Strasbourg	Molsheim.
Niederhausbergen	*Idem*	*Idem*	Schiltigheim.
Niederhergheim	Haut-Rhin	Colmar	Ensisheim.
Niederhoff	Meurthe	Sarrebourg	Lorquin.
Niederlarg	Haut-Rhin	Mulhouse	Hirsingen.
Niederlauterbach	Bas-Rhin	Wissembourg	Lauterbourg.
Niedermodern	*Idem*	Saverne	Bouxwiller.
Niedermorschwihr	Haut-Rhin	Colmar	Kaysersberg.

COMMUNES.	DÉPARTEMENTS.	ARRONDISSEMENTS.	CANTONS.
Niedermorschwiller	Haut-Rhin.	Mulhouse.	Mulhouse.
Niedermuespach	*Idem.*	*Idem*	Ferrette.
Niedernai	Bas-Rhin	Schlestadt	Obernai.
Niederrœdern	*Idem.*	Wissembourg.	Seltz.
Niederschaeffolsheim	*Idem.*	Strasbourg	Haguenau.
Niederseebach	*Idem.*	Wissembourg.	Seltz.
Niedersoultzbach	*Idem.*	Saverne	Bouxwiller.
Niedersteinbach	*Idem.*	Wissembourg.	Wissembourg.
Niederwisse	Moselle	Metz	Boulay.
Niderstinzel	Meurthe.	Sarrebourg.	Fénétrange.
Niderviller	*Idem.*	*Idem*	Sarrebourg.
Niffer	Haut-Rhin.	Mulhouse.	Habsheim.
Nilvange	Moselle	Briey.	Audun-le-Roman.
Nitting	Meurthe.	Sarrebourg.	Lorquin.
Noisseville	Moselle	Metz	Vigy.
Nordhausen	Bas-Rhin	Schlestadt.	Erstein.
Nordheim	*Idem.*	Strasbourg	Wasselonne.
Norroy-le-Veneur	Moselle	Metz	Metz (1er).
Nothalten	Bas-Rhin	Schlestadt	Barr.
Nouilly	Moselle	Metz.	Vigy.
Noussewiller-lès-Puttelange	*Idem.*	Sarreguemines	Forbach.
Noussewiller-lès-Volmunster	*Idem.*	*Idem*	Volmunster.
Novéant	*Idem.*	Metz	Gorze.

O

COMMUNES.	DÉPARTEMENTS.	ARRONDISSEMENTS.	CANTONS.
Obenheim	Bas-Rhin	Schlestadt	Erstein.
Oberbetschdorf	*Idem.*	Wissembourg.	Soultz-sous-Forêts.
Oberbronn	*Idem.*	*Idem*	Niederbronn.
Oberbruck	Haut-Rhin.	Belfort.	Massevaux.
Oberdorff	Bas-Rhin	Wissembourg.	Wœrth-sur-Sauer.
Oberdorff	Moselle	Thionville	Bouzonville.
Oberdorff	Haut-Rhin.	Mulhouse.	Hirsingen.
Oberentzen	*Idem.*	Colmar.	Ensisheim.
Obergailbach	Moselle	Sarreguemines	Volmunster.
Oberhaslach	Bas-Rhin	Strasbourg	Molsheim.
Oberhausbergen	*Idem.*	*Idem*	Schiltigheim.
Oberhergheim	Haut-Rhin.	Colmar.	Ensisheim.
Oberhoffen	Bas-Rhin	Strasbourg	Bischwiller.
Oberhoffen	*Idem.*	Wissembourg.	Wissembourg.
Oberlarg	Haut-Rhin.	Mulhouse.	Ferrette.
Oberlauterbach	Bas-Rhin	Wissembourg.	Seltz.
Obermodern	*Idem.*	Saverne.	Bouxwiller.
Obermorschwihr	Haut-Rhin.	Colmar.	Wintzenheim.
Obermorschwiller	*Idem.*	Mulhouse.	Altkirch.
Obermuespach	*Idem.*	*Idem*	Ferrette.
Obernai	Bas-Rhin	Schlestadt	Obernai.
Oberrœdern	*Idem.*	Wissembourg.	Soultz-sous-Forêts.
Obersaasheim	Haut-Rhin.	Colmar.	Neuf-Brisach.
Oberschaeffolsheim	Bas-Rhin	Strasbourg	Schiltigheim.
Oberseebach	*Idem.*	Wissembourg.	Seltz.
Obersoultzbach	*Idem.*	Saverne.	Bouxwiller.
Obersteinbach	*Idem.*	Wissembourg.	Wissembourg.
Oberstinzel	Meurthe.	Sarrebourg	Fénétrange.
Obreck	*Idem.*	Château-Salins	Château-Salins.
Oderen	Haut-Rhin.	Belfort	Saint-Amarin.
Odratzheim	Bas-Rhin	Strasbourg	Wasselonne.
Œrmingen	*Idem.*	Saverne.	Saar-Union.
Œting	Moselle	Sarreguemines	Forbach.
Œntrange	*Idem.*	Thionville	Cattenom.
Offendorf	Bas-Rhin	Strasbourg	Bischwiller.
Offenheim	*Idem.*	*Idem*	Truchtersheim.

COMMUNES.	DÉPARTEMENTS.	ARRONDISSEMENTS.	CANTONS.
Offwiller	Bas-Rhin	Wissembourg	Niederbronn.
Ogy	Moselle	Metz	Pange.
Ohlungen	Bas-Rhin	Strasbourg	Haguenau.
Ohnenheim	*Idem.*	Schlestadt	Marckolsheim.
Oltingen	Haut-Rhin	Mulhouse	Ferrette.
Olwisheim	Bas-Rhin	Strasbourg	Brumath.
Ommerey	Meurthe	Château-Salins	Vic.
Orbey	Haut-Rhin	Colmar	La Poutroye.
Oriocourt	Meurthe	Château-Salins	Delme.
Ormersviller (***)	Moselle	Sarreguemines	Volmunster.
Orny	*Idem.*	Metz	Verny.
Oron (*)	Meurthe	Château-Salins	Delme.
Orschwihr	Haut-Rhin	Colmar	Guebwiller.
Orschwiller	Bas-Rhin	Schlestadt	Schlestadt.
Osenbach	Haut-Rhin	Colmar	Rouffach.
Osthausen	Bas-Rhin	Schlestadt	Erstein.
Ostheim	Haut-Rhin	Colmar	Kaysersberg.
Osthoffen	Bas-Rhin	Strasbourg	Truchtersheim.
Ostwald	*Idem.*	*Idem*	Geispolsheim.
Ottange	Moselle	Thionville	Cattenom.
Ottersthal	Bas-Rhin	Saverne	Saverne.
Otterswiller	*Idem.*	*Idem*	Marmoutier.
Ottmarsheim	Haut-Rhin	Mulhouse	Habsheim.
Ottonville	Moselle	Metz	Boulay.
Ottrott	Bas-Rhin	Schlestadt	Rosheim.
Ottwiller	*Idem.*	Saverne	Drulingen.
Oudren	Moselle	Thionville	Metzerwisse.
P			
Pagny-lès-Goin	Moselle	Metz	Verny.
Pange	*Idem.*	*Idem*	Pange.
Peltre	*Idem.*	*Idem*	Verny.
Petersbach	Bas-Rhin	Saverne	La Petite-Pierre.
Petite-Pierre (La)	*Idem.*	*Idem*	*Idem.*
Petite-Rosselle	Moselle	Sarreguemines	Forbach.
Petit-Landeau	Haut-Rhin	Mulhouse	Habsheim.
Petit-Rederching (***)	Moselle	Sarreguemines	Rorbach.
Petit-Tenquin	*Idem.*	*Idem*	Gros-Tenquin.
Pettoncourt	Meurthe	Château-Salins	Château-Salins.
Pevange	*Idem.*	*Idem*	*Idem.*
Pfaffenheim	Haut-Rhin	Colmar	Rouffach.
Pfaffenhoffen	Bas-Rhin	Saverne	Bouxwiller.
Pfalzweyer	*Idem.*	*Idem*	La Petite-Pierre.
Pfastatt	Haut-Rhin	Mulhouse	Mulhouse.
Pfetterhausen	*Idem.*	*Idem*	Hirsingen.
Pfettisheim	Bas-Rhin	Strasbourg	Truchtersheim.
Pfulgriesheim	*Idem.*	*Idem*	*Idem.*
Phalsbourg	Meurthe	Sarrebourg	Phalsbourg.
Piblange	Moselle	Metz	Boulay.
Pierrevillers	*Idem.*	Briey	Briey.
Pistorf	Bas-Rhin	Saverne	Drulingen.
Plaine	Vosges	Saint-Dié	Saales.
Plaine-de-Valsch	Meurthe	Sarrebourg	Sarrebourg.
Plantières	Moselle	Metz	Metz.
Plappeville	*Idem.*	*Idem*	*Idem.*
Plesnois (*)	*Idem.*	*Idem*	*Idem.*
Plobsheim	Bas-Rhin	Saverne	Geispolsheim.
Pommérieux	Moselle	Metz	Verny.
Pont-Pierre	*Idem.*	*Idem*	Faulquemont.
Pontoy	*Idem.*	*Idem*	Verny.
Porcelette	*Idem.*	Sarreguemines	Saint-Avold.

COMMUNES.	DÉPARTEMENTS.	ARRONDISSEMENTS.	CANTONS.
Postroff	Meurthe	Sarrebourg	Fénétrange.
Pouilly	Moselle	Metz	Verny.
Pournoy-la-Chétive	*Idem*	*Idem*	*Idem*.
Pournoy-la-Grasse	*Idem*	*Idem*	*Idem*.
Poutroye (La)	Haut-Rhin	Colmar	La Poutroye.
Preuschdorf	Bas-Rhin	Wissembourg	Wœrth-sur-Sauer.
Prévocourt	Meurthe	Château-Salins	Delme.
Printzheim	Bas-Rhin	Saverne	Saverne (**).
Puberg	*Idem*	*Idem*	*Idem*.
Pulversheim	Haut-Rhin	Colmar	Ensisheim.
Puttelange	Moselle	Sarreguemines	Sarralbe.
Puttelange-lès-Rodemack	*Idem*	Thionville	Cattenom.
Puttigny	Meurthe	Château-Salins	Château-Salins.
Puzieux (***)	*Idem*	*Idem*	Delme.

Q

Quatzenheim	Bas-Rhin	Strasbourg	Truchtersheim.

R

Racrange	Moselle	Sarreguemines	Gros-Tenquin.
Rahling	*Idem*	*Idem*	Rorbach.
Ramersmatt	Haut-Rhin	Belfort	Thann.
Rangen	Bas-Rhin	Saverne	Marmoutier.
Ranguevaux	Moselle	Thionville	Thionville.
Raurupt	Vosges	Saint-Dié	Saales.
Ranspach	Haut-Rhin	Belfort	Saint-Amarin.
Ranspach-le-Bas	*Idem*	Mulhouse	Huningue.
Ranspach-le-Haut	*Idem*	*Idem*	*Idem*.
Rantzwiller	*Idem*	*Idem*	Landser.
Ratzwiller	Bas-Rhin	Saverne	Saar-Union.
Rauwiller	*Idem*	*Idem*	Drulingen.
Raville	Moselle	Metz	Pange.
Réchicourt-le Château	Meurthe	Sarrebourg	Réchicourt-le-Château
Rédange	Moselle	Briey	Longwy.
Réding	Meurthe	Sarrebourg	Sarrebourg.
Reguisheim	Haut-Rhin	Colmar	Ensisheim.
Reichsfeld	Bas-Rhin	Schlestadt	Barr.
Reichshoffen	*Idem*	Wissembourg	Niederbronn.
Reichstett	*Idem*	Strasbourg	Schiltigheim.
Reimering	Moselle	Thionville	Bouzonville.
Reimerswiller	Bas-Rhin	Wissembourg	Soultz-sous-Forêts.
Reinhardsmünster	*Idem*	Saverne	Marmoutier.
Reiningen	Haut-Rhin	Mulhouse	Mulhouse.
Reipertswiller	Bas-Rhin	Saverne	La Petite-Pierre.
Reitwiller	*Idem*	Strasbourg	Truchtersheim.
Rémelfang	Moselle	Thionville	Bouzonville.
Rémelfing	*Idem*	Sarreguemines	Sarreguemines.
Réméling	*Idem*	Thionville	Metzerwisse.
Reméring	*Idem*	Sarreguemines	Sarralbe.
Remilly	*Idem*	Metz	Pange.
Réning	Meurthe	Château-Salins	Albestroff.
Rentgen (Haute et Basse-)	Moselle	Thionville	Cattenom.
Rétonfey	*Idem*	Metz	Pange.
Retschwiller (***)	Bas-Rhin	Wissembourg	Soultz-sous-Forêts.
Rettel	Moselle	Thionville	Sierck.
Retzwiller	Haut-Rhin	Belfort	Dannemarie.
Reutenbourg	Bas-Rhin	Saverne	Marmoutier.
Rexingen	*Idem*	*Idem*	Drulingen.
Reyerswiller	Moselle	Sarreguemines	Bitche.

COMMUNES.	DÉPARTEMENTS.	ARRONDISSEMENTS.	CANTONS.
Rezonville	Moselle	Metz	Gorze.
Rhinau	Bas-Rhin	Schlestadt	Benfeld.
Rhodes	Meurthe	Sarrebourg (**)	Château-Salins (**).
Ribeauvillé	Haut-Rhin	Colmar	Ribeauvillé.
Riche	Meurthe	Château-Salins	Château-Salins.
Richling ou Richeling (*)	Moselle	Sarreguemines	Sarralbe.
Richemont	*Idem*	Thionville	Thionville.
Richtolsheim	Bas-Rhin	Schlestadt	Marckolsheim.
Richeval	Meurthe	Sarrebourg	Réchicourt-le-Château.
Richwiller	Haut-Rhin	Mulhouse	Mulhouse.
Riedisheim	*Idem*	*Idem*	Habsheim.
Riedheim	Bas-Rhin	Saverne	Bouxwiller.
Riedseltz	*Idem*	Wissembourg	Wissembourg.
Riedwihr	Haut-Rhin	Colmar	Andolsheim.
Riespach	*Idem*	Mulhouse	Hirsingen.
Rimbach	*Idem*	Colmar	Guebwiller.
Rimbach	*Idem*	Belfort	Massevaux.
Rimbach-Zell	*Idem*	Colmar	Guebwiller.
Rimeling	Moselle	Sarreguemines	Volmunster.
Rimsdorf	Bas-Rhin	Saverne	Saar-Union.
Ringeldorf	*Idem*	*Idem*	Hochfelden.
Ringendorf	*Idem*	*Idem*	*Idem*.
Riquewihr (***)	Haut-Rhin	Colmar	Kaysersberg.
Rittershoffen (***)	Bas-Rhin	Wissembourg	Soultz-sous Forêts.
Rixheim	Haut-Rhin	Mulhouse	Habsheim.
Rochonvillers	Moselle	Thionville	Cattenom.
Rodalbe	Meurthe	Château-Salins	Albestroff.
Rodemack	Moselle	Thionville	Cattenom.
Roderen	Haut-Rhin	Colmar	Ribeauvillé.
Roderen	*Idem*	Belfort	Thann.
Rœdersdorff	*Idem*	Mulhouse	Ferrette.
Rœdersheim	*Idem*	Colmar	Soultz.
Rœschwoog	Bas-Rhin	Strasbourg	Bischwiller.
Roggenhausen	Haut-Rhin	Colmar	Ensisheim.
Rohr	Bas-Rhin	Strasbourg	Truchtersheim.
Rohrwiller	*Idem*	*Idem*	Bischwiller.
Rolbing	Moselle	Sarreguemines	Volmunster.
Romagny	Haut-Rhin	Belfort	Dannemarie.
Romanswiller	Bas-Rhin	Strasbourg	Wasselonne.
Rombas	Moselle	Briey	Briey.
Romécourt	Meurthe	Sarrebourg	Albestroff.
Romelfing	*Idem*	*Idem*	Fénétrange.
Roncourt	Moselle	Briey	Briey.
Roppenheim	Bas-Rhin	Strasbourg	Bischwiller.
Roppentzwiller	Haut-Rhin	Mulhouse	Ferrette.
Roppewiller	Moselle	Sarreguemines	Bitche.
Rorbach ou Rohrbach	*Idem*	*Idem*	Rorbach.
Rorbach	Meurthe	Château-Salins	Dieuze.
Rorschwihr	Haut-Rhin	Colmar	Ribeauvillé.
Rosbruck	Moselle	Sarreguemines	Forbach.
Rosenau	Haut-Rhin	Mulhouse	Huningue.
Rosenwiller	Bas-Rhin	Schlestadt	Rosheim.
Rosheim	*Idem*	*Idem*	*Idem*.
Rosselange	Moselle	Thionville	Thionville.
Rossfeld	Bas-Rhin	Schlestadt	Benfeld.
Rosteig	*Idem*	Saverne	La Petite-Pierre.
Roth	*Idem*	Wissembourg	Wissembourg.
Rothau	Vosges	Saint-Dié	Schirmeck.
Rothbach	Bas-Rhin	Wissembourg	Niederbronn.
Rottelsheim	*Idem*	Strasbourg	Brumath.
Rouhling (***)	Moselle	Sarreguemines	Sarreguemines.
Rouffach	Haut-Rhin	Colmar	Rouffach.
Roupeldange	Moselle	Metz	Boulay.

COMMUNES.	DÉPARTEMENTS.	ARRONDISSEMENTS.	CANTONS.
Roussy-le-Village	Moselle	Thionville	Cattenom.
Rozerieulles	*Idem.*	Metz	Gorze.
Ruederbach	Haut-Rhin.	Mulhouse	Hirsingen.
Ruelisheim	*Idem.*	*Idem*	Habsheim.
Ruestenhart (*)	*Idem.*	Colmar	Ensisheim.
Rumersheim	*Idem.*	*Idem*	*Idem.*
Rumersheim	Bas-Rhin	Strasbourg	Truchtersheim.
Runtzenheim	*Idem.*	*Idem*	Bischwiller.
Rurange	Moselle	Thionville	Metzerwisse.
Russ	Vosges	Saint-Dié	Schirmeck.
Russange (*)	Moselle	Thionville	Longwy.

S

COMMUNES.	DÉPARTEMENTS.	ARRONDISSEMENTS.	CANTONS.
Saales	Vosges	Saint-Dié	Saales.
Saar-Union	Bas-Rhin	Saverne	Saar-Union.
Saarwerden (Vieux-)	*Idem.*	*Idem*	*Idem.*
Saasenheim	*Idem.*	Schlestadt	Marckolsheim.
Sablon (Le)	Moselle	Metz	Metz (3e).
Sæssolsheim	Bas-Rhin	Saverne	Hochfelden.
Sailly	Moselle	Metz	Verny.
Saint-Amarin	Haut-Rhin.	Belfort	Saint-Amarin.
Saint-Avold	Moselle	Sarreguemines	Saint-Avold.
Sainte-Barbe	*Idem.*	Metz	Vigy.
Saint-Bernard	*Idem.*	Thionville	Bouzonville.
Saint-Blaise-la-Roche	Vosges	Saint-Dié	Saales.
Saint-Côme	Haut-Rhin.	Belfort	Fontaine.
Sainte-Croix-aux-Mines	*Idem.*	Colmar	Ste-Marie-aux-Mines.
Sainte-Croix-en-Plaine	*Idem.*	*Idem*	Colmar.
Saint-Epvre	Meurthe	Château-Salins	Delme.
Saint-François	Moselle	Thionville	Bouzonville.
Saint-George	Meurthe	Sarrebourg	Réchicourt-le-Château.
Saint-Hippolyte	Haut-Rhin.	Colmar	Ribeauvillé.
Saint-Jean-de-Bassel	Meurthe	Sarrebourg	Fénétrange.
Saint-Jean-de-Courtzerode	*Idem.*	*Idem*	Phalsbourg.
Saint-Jean-des-Choux	Bas-Rhin	Saverne	Saverne.
Saint-Jean-Rohrbach ou Rorbach (***)	Moselle	Sarreguemines	Sarralbe.
Saint-Julien-lès-Metz	*Idem.*	Metz	Metz (2e).
Saint-Jure	*Idem.*	*Idem*	Verny.
Saint-Louis	Haut-Rhin.	Mulhouse	Huningue.
Saint-Louis	Meurthe	Sarrebourg	Phalsbourg.
Saint-Louis (*)	Moselle	Sarreguemines	Bitche.
Sainte-Marie-aux-Chênes	*Idem.*	Briey	Briey.
Sainte-Marie-aux-Mines	Haut-Rhin.	Colmar	Ste-Marie-aux-Mines.
Saint-Martin	Bas-Rhin	Schlestadt	Villé.
Saint-Maurice	*Idem.*	*Idem*	*Idem.*
Saint-Médard	Meurthe	Château-Salins	Dieuze.
Saint-Nabor	Bas-Rhin	Schlestadt	Rosheim.
Saint-Pierre	*Idem.*	*Idem*	Barr.
Saint-Pierre-Bois	*Idem.*	*Idem*	Villé.
Saint-Privat-la-Montagne	Moselle	Briey	Briey.
Saint-Quirin	Meurthe	Sarrebourg	Lorquin.
Sainte-Ruffine	Moselle	Metz	Gorze.
Saint-Ulrich (***)	Haut-Rhin.	Mulhouse	Hirsingen.
Salenthal	Bas-Rhin	Saverne	Marmoutier.
Salival	Meurthe	Château-Salins	Château-Salins.
Salmbach	Bas-Rhin	Wissembourg	Lauterbourg.
Salonne	Meurthe	Château-Salins	Château-Salins.
Sand	Bas-Rhin	Schlestadt	Benfeld.
Saury-lès-Vigy	Moselle	Metz	Vigy.
Saury-sur-Nied	*Idem.*	*Idem*	Pange.
Sarralbe	*Idem.*	Sarreguemines	Sarralbe.

COMMUNES.	DÉPARTEMENTS.	ARRONDISSEMENTS.	CANTONS.
Sarraltroff	Meurthe	Sarrebourg	Fénétrange.
Sarrebourg	*Idem.*	*Idem.*	Sarrebourg.
Sarreguemines	Moselle	Sarreguemines	Sarreguemines.
Sarreinsberg (*)	*Idem.*	*Idem.*	Bitche.
Sarreinsming	*Idem.*	*Idem.*	Sarreguemines.
Saulny	*Idem.*	Metz	Metz (1er).
Saulxures	Vosges	Saint-Dié	Saales.
Sausheim	Haut-Rhin	Mulhouse	Habsheim.
Saverne	Bas-Rhin	Saverne	Saverne.
Schæffersheim	*Idem.*	Schlestadt	Erstein.
Schaffhausen	*Idem.*	Saverne	Hochfelden.
Schaffhausen	*Idem.*	Wissembourg	Seltz.
Schalbach	Meurthe	Sarrebourg	Fénétrange.
Schalckendorf	Bas-Rhin	Saverne	Bouxwiller.
Scharrachbergheim	*Idem.*	Strasbourg	Wasselonne.
Scheibenhard	*Idem.*	Wissembourg	Lauterbourg.
Scherlenheim	*Idem.*	Saverne	Hochfelden.
Scherwiller	*Idem.*	Schlestadt	Schlestadt.
Schillersdorff	*Idem.*	Saverne	Bouxwiller.
Schiltigheim	*Idem.*	Strasbourg	Schiltigheim.
Schirmeck	Vosges	Saint-Dié	Schirmeck.
Schirhoffen (***)	Bas-Rhin	Strasbourg	Bischwiller.
Schirrhein	*Idem.*	*Idem.*	*Idem.*
Schleithal	*Idem.*	Wissembourg	Lauterbourg.
Schlestadt	*Idem.*	Schlestadt	Schlestadt.
Schlierbach	Haut-Rhin	Mulhouse	Landser.
Schmittwiller (*)	Moselle	Sarreguemines	Rorbach.
Schneckenbusch	Meurthe	Sarrebourg	Sarrebourg.
Schnersheim	Bas-Rhin	Strasbourg	Truchtersheim.
Schœnau	*Idem.*	Schlestadt	Marckolsheim.
Schœnbourg	Bas-Rhin	Saverne	La Petite-Pierre.
Schœnenbourg	*Idem.*	Wissembourg	Soultz-sous-Forêts.
Schopperten	*Idem.*	Saverne	Saar-Union.
Schorbach	Moselle	Sarreguemines	Bitche.
Schrémange	*Idem.*	Thionville	Thionville.
Schwabwiller	Bas-Rhin	Wissembourg	Soultz-sous-Forêts.
Schweighausen	*Idem.*	Strasbourg	Haguenau.
Schweighausen	Haut-Rhin	Belfort	Cernay.
Schweinheim	Bas-Rhin	Saverne	Marmoutier.
Schwerdorff	Moselle	Thionville	Bouzonville.
Schwindratzheim	Bas-Rhin	Saverne	Hochfelden.
Schwoben	Haut-Rhin	Mulhouse	Altkirch.
Schwobsheim	Bas-Rhin	Schlestadt	Marckolsheim.
Scy	Moselle	Metz	Metz (1er).
Secourt	*Idem.*	*Idem.*	Verny.
Seingbousse	Moselle	Sarreguemines	Saint-Avold.
Seltz	Bas-Rhin	Wissembourg	Seltz.
Sémécourt	Moselle	Metz	Metz (1er).
Sentheim	Haut-Rhin	Belfort	Massevaux.
Sentzich	Moselle	Thionville	Cattenom.
Seppois-le-Bas	Haut-Rhin	Mulhouse	Hirsingen.
Seppois-le-Haut	*Idem.*	*Idem.*	*Idem.*
Sermersheim	Bas-Rhin	Schlestadt	Benfeld.
Servigny-lès-Raville	Moselle	Metz	Pange.
Servigny-lès-Sainte-Barbe	*Idem.*	*Idem.*	Vigy.
Sessenheim	Bas-Rhin	Strasbourg	Bischwiller.
Sewen (***)	Haut-Rhin	Belfort	Massevaux.
Sickert	*Idem.*	*Idem*	*Idem.*
Siegen	Bas-Rhin	Wissembourg	Seltz.
Sierck	Moselle	Thionville	Sierck.
Sierentz	Haut-Rhin	Mulhouse	Landser.
Siersthal	Moselle	Sarreguemines	Rorbach.
Siewiller	Bas-Rhin	Saverne	Drulingen.

COMMUNES.	DÉPARTEMENTS.	ARRONDISSEMENTS.	CANTONS.
Sigolsheim	Haut-Rhin.	Colmar	Kaysersberg.
Sillegny	Moselle	Metz	Verny.
Silly-en-Saulnois	*Idem.*	*Idem.*	*Idem.*
Silly-sur-Nied	*Idem.*	*Idem.*	Pange.
Siltzheim	Bas-Rhin	Saverne	Saar-Union.
Singrist	*Idem.*	*Idem.*	Marmoutier.
Solbach	*Idem.*	Schlestadt	Villé.
Solgne	Moselle	Metz	Verny.
Sondernach	Haut-Rhin.	Colmar	Munster.
Sondersdorff	*Idem.*	Mulhouse	Ferrette.
Soppe-le-Bas	*Idem.*	Belfort	Massevaux.
Soppe-le-Haut	*Idem.*	*Idem.*	*Idem.*
Sorbey	Moselle	Metz	Pange.
Sotzeling	Meurthe	Château-Salins	Château-Salins.
Soucht	Moselle	Sarreguemines	Rorbach.
Souffelweyersheim	Bas-Rhin	Strasbourg	Schiltigheim.
Soufflenheim	*Idem.*	*Idem*	Bischwiller.
Soultzbach	Haut-Rhin.	Colmar	Munster.
Soultz (Haut-Rhin)	*Idem.*	*Idem*	Soultz.
Soultz-les-Bains	Bas-Rhin	Strasbourg	Molsheim.
Soultzmatt	Haut-Rhin.	Colmar	Rouffach.
Soultz-sous-Forêts	Bas-Rhin	Wissembourg	Soultz-sous-Forêts.
Sparsbach	*Idem.*	Saverne	La Petite-Pierre.
Spechbach-le-Bas (***)	Haut-Rhin.	Mulhouse	Altkirch.
Spechbach-le-Haut (***)	*Idem.*	*Idem*	*Idem.*
Spickeren	Moselle	Sarreguemines	Forbach.
Staffelfelden (***)	Haut-Rhin.	Belfort	Cernay.
Stattmatten	Bas-Rhin	Strasbourg	Bischwiller.
Steige	*Idem.*	Schlestadt	Villé.
Steinbach	Haut-Rhin.	Belfort	Cernay.
Steinbourg	Bas-Rhin	Saverne	Saverne.
Steinbrunn-le-Bas	Haut-Rhin.	Mulhouse	Landser.
Steinbrunn-le-Haut	*Idem.*	*Idem.*	*Idem.*
Steinseltz	Bas-Rhin	Wissembourg	Wissembourg.
Steinsoultz	Haut-Rhin.	Mulhouse	Hirsingen.
Sternenberg	*Idem.*	Belfort	Dannemarie.
Stetten	*Idem.*	Mulhouse	Landser.
Still	Bas-Rhin	Strasbourg	Molsheim.
Storckensohn	Haut-Rhin.	Belfort	Saint-Amarin.
Stosswihr	*Idem.*	Colmar	Munster.
Stotzheim	Bas-Rhin	Schlestadt	Benfeld.
Strasbourg	*Idem.*	Strasbourg	Strasbourg. 1. Est. 2. Nord. 3. Ouest. 4. Sud.
Strueth	Haut-Rhin.	Mulhouse	Hirsingen.
Struth	Bas-Rhin	Saverne	La Petite-Pierre.
Stundwiller	*Idem.*	Wissembourg	Seltz.
Sturzelbronn	Moselle	Sarreguemines	Bitche.
Stützheim	Bas-Rhin	Strasbourg	Truchtersheim.
Styring-Wendel (*)	Moselle	Sarreguemines	Forbach.
Suisse (Haute et Basse-) (*)	*Idem.*	*Idem.*	Gros-Tenquin.
Sultzeren	Haut-Rhin.	Colmar	Munster.
Sundhausen	Bas-Rhin	Schlestadt	Marckolsheim.
Sundhoffen	Haut-Rhin.	Colmar	Andolsheim.
Surbourg	Bas-Rhin	Wissembourg	Soultz-sous-Forêts.

T

COMMUNES.	DÉPARTEMENTS.	ARRONDISSEMENTS.	CANTONS.
Tagolsheim	Haut-Rhin.	Mulhouse	Altkirch.
Tagsdorff	*Idem.*	*Idem*	*Idem.*

COMMUNES.	DÉPARTEMENTS.	ARRONDISSEMENTS.	CANTONS.
Talange	Moselle	Metz	Metz.
Tarquinpol	Meurthe	Château-Salins	Dieuze.
Tenteling	Moselle	Sarreguemines	Forbach
Téterchen	*Idem*	Metz	Boulay.
Téting	*Idem*	*Idem*	Faulquemont.
Thal (Drulingen)	Bas-Rhin	Saverne	Drulingen.
Thal (Marmoutier)	*Idem*	*Idem*	Marmoutier.
Thanvillé	*Idem*	Schlestadt	Villé.
Thann	Haut-Rhin	Belfort	Thann.
Tannenkirch	*Idem*	Colmar	Ribeauvillé.
Theding	Moselle	Sarreguemines	Forbach.
Thicourt	*Idem*	Metz	Faulquemont.
Thimonville	*Idem*	*Idem*	Pange.
Thionville	*Idem*	Thionville	Thionville.
Thonville	*Idem*	Metz	Faulquemont.
Tieffenbach	Bas-Rhin	Saverne	La Petite-Pierre.
Tincry	Meurthe	Château-Salins	Delme.
Torcheville (*)	*Idem*	*Idem*	Albestroff.
Trænheim	Bas-Rhin	Strasbourg	Wasselonne.
Tragny	Moselle	Metz	Pange.
Traubach-le-Bas	Haut-Rhin	Belfort	Dannemarie.
Traubach-le-Haut	*Idem*	*Idem*	*Idem.*
Trémery	Moselle	Metz	Vigy.
Tressange	*Idem*	Briey	Audun-le-Roman.
Triembach (***)	Bas-Rhin	Schlestadt	Villé.
Trimbach (***)	*Idem*	Wissembourg	Seltz.
Tritteling	Moselle	Metz	Faulquemont.
Trois-Fontaines	Meurthe	Sarrebourg	Sarrebourg.
Tromborn	Moselle	Thionville	Bouzonville.
Truchtersheim	Bas-Rhin	Strasbourg	Truchtersheim.
Türckheim	Haut-Rhin	Colmar	Wintzenheim.
Turquestein	Meurthe	Sarrebourg	Lorquin.

U

COMMUNES.	DÉPARTEMENTS.	ARRONDISSEMENTS.	CANTONS.
Uberkumen	Haut-Rhin	Belfort	Dannemarie.
Uckange	Moselle	Thionville	Thionville.
Ueberach	Bas-Rhin	Wissembourg	Niederbronn.
Ueberstrass	Haut-Rhin	Mulhouse	Hirsingen.
Uffheim	*Idem*	*Idem*	Landser.
Uffholtz	*Idem*	Belfort	Cernay.
Uhlwiller	Bas-Rhin	Schlestadt	Haguenau.
Uhrwiller	*Idem*	Wissembourg	Niederbronn.
Ungersheim	Haut-Rhin	Colmar	Soultz.
Urbeis	Bas-Rhin	Schlestadt	Villé.
Urbès	Haut-Rhin	Belfort	Saint-Amarin.
Urmatt	Bas-Rhin	Schlestadt	Molsheim.
Urschenheim	Haut-Rhin	Colmar	Andolsheim.
Uttenhoffen	Bas-Rhin	Wissembourg	Niederbronn.
Uttenheim	*Idem*	Schlestadt	Erstein.
Uttwiller	*Idem*	Saverne	Bouxwiller.

V

COMMUNES.	DÉPARTEMENTS.	ARRONDISSEMENTS.	CANTONS.
Vahl	Meurthe	Château-Salins	Albestroff.
Vahl-lès-Faulquemont	Moselle	Metz	Faulquemont.
Vahlébersing	*Idem*	Sarreguemines	Gros-Tenquin.
Valdieu	Haut-Rhin	Belfort	Dannemarie.
Valff	Bas-Rhin	Schlestadt	Obernai.
Vallerange	Moselle	Sarreguemines	Gros-Tenquin.
Valliènes	*Idem*	Metz	Metz (2e).

COMMUNES.	DÉPARTEMENTS.	ARRONDISSEMENTS.	CANTONS.
Valmont	Moselle	Sarreguemines	Saint-Avold.
Valmunster	*Idem.*	Metz	Boulay.
Valtembourg	Meurthe	Sarrebourg	Phalsbourg.
Vannecourt	*Idem.*	Château-Salins	Château-Salins.
Vantoux	Moselle	Metz	Metz (2e).
Vany	*Idem.*	*Idem*	*Idem.*
Varize	*Idem.*	*Idem*	Boulay.
Varsberg	*Idem.*	*Idem*	*Idem.*
Vasperviller	Meurthe	Sarrebourg	Lorquin.
Vatimont	Moselle	Metz	Faulquemont.
Vaudoncourt	*Idem.*	*Idem*	Pange.
Vaudreching	*Idem.*	Thionville	Bouzonville.
Vaux	*Idem.*	Metz	Gorze.
Vaxy	Meurthe	Château-Salins	Château-Salins.
Veckersviller	*Idem.*	Sarrebourg	Fénétrange.
Velving (*)	Moselle	Metz	Boulay.
Vendenheim	Bas-Rhin	Strasbourg	Brumath.
Vergaville	Meurthe	Château-Salins	Dieuze.
Vernéville	Moselle	Metz	Gorze.
Vescheim	Meurthe	Sarrebourg	Phalsbourg.
Veymerange	Moselle	Thionville	Thionville.
Vibersviller	Meurthe	Château-Salins	Albestroff.
Vic-sur-Seille	*Idem.*	*Idem*	Vic.
Vieux-Ferrette	Haut-Rhin	Mulhouse	Ferrette.
Vieux-Lixheim	Meurthe	Sarrebourg	Fénétrange.
Vieux-Thann	Haut-Rhin	Belfort	Thann.
Vigneulles (les Htes et Basses-)	Moselle	Metz	Faulquemont.
Vigny	*Idem.*	*Idem*	Verny.
Vigy	*Idem.*	*Idem*	Vigy.
Village-Neuf	Haut-Rhin	Mulhouse	Huningue.
Villé	Bas-Rhin	Schlestadt	Villé.
Villers-aux-Oies	Meurthe	Château-Salins	Delme.
Villers-Bettnach	Moselle	Metz	Vigy.
Villers-Stoncourt	*Idem.*	*Idem*	Pange.
Villerwald	*Idem.*	Sarreguemines	Sarralbe.
Villing	*Idem.*	Thionville	Bouzonville.
Vilsberg	Meurthe	Sarrebourg	Phalsbourg.
Vintersbourg (*)	*Idem.*	*Idem*	*Idem.*
Virming	*Idem.*	Château-Salins	Albestroff.
Vionville	Moselle	Metz	Gorze.
Vitry	*Idem.*	Thionville	Thionville.
Vittersbourg	Meurthe	Château-Salins	Albestroff.
Vittoncourt	Moselle	Metz	Faulquemont.
Viviers	Meurthe	Château-Salins	Delme.
Vœgtlinshoffen	Haut-Rhin	Colmar	Wintzenheim.
Vœllerdingen	Bas-Rhin	Saverne	Saar-Union.
Vogelgrün	Haut-Rhin	Colmar	Neuf-Brisach.
Voimehaut	Moselle	Metz	Faulquemont.
Volcksberg	Bas-Rhin	Saverne	Drulingen.
Volgelsheim	Haut-Rhin	Colmar	Neuf-Brisach.
Volkrange	Moselle	Thionville	Thionville.
Volmerange	*Idem.*	Metz	Boulay.
Volmerange-lès-Œutrange	*Idem.*	Thionville	Cattenom.
Volmunster	*Idem.*	Sarreguemines	Volmunster.
Volstroff	*Idem.*	Thionville	Metzerwisse.
Voyer	Meurthe	Sarrebourg	Lorquin.
Vrémy	Moselle	Metz	Vigy.
Vry	*Idem.*	*Idem*	*Idem.*
Vuisse	Meurthe	Château-Salins	Château-Salins.
Vulmont	Moselle	Metz	Verny.

COMMUNES.	DÉPARTEMENTS.	ARRONDISSEMENTS.	CANTONS.
		W	
Wahlenheim (***)	Bas-Rhin	Strasbourg	Haguenau.
Walbach.	Haut-Rhin.	Mulhouse.	Landser.
Walbach.	*Idem.*	Colmar.	Wintzenheim.
Walbourg.	Bas-Rhin	Wissembourg.	Wœrth-sur-Sauer.
Walck (La).	*Idem.*	*Idem.*	Niederbronn.
Waldersbach.	Vosges.	Saint-Dié.	Schirmeck.
Waldhausen.	Moselle	Sarreguemines	Volmunster.
Waldighoffen	Haut-Rhin.	Mulhouse.	Hirsingen.
Waldolwisheim	Bas-Rhin	Saverne.	Saverne.
Waldweistroff	Moselle	Thionville	Sierck.
Waldwisse.	*Idem.*	*Idem*	*Idem.*
Walheim.	Haut-Rhin.	Mulhouse.	Altkirch.
Walschbronn.	Moselle	Sarreguemines	Volmunster.
Walscheid.	Meurthe.	Sarrebourg.	Sarrebourg.
Waltenheim.	Haut-Rhin.	Mulhouse.	Landser.
Waltenheim.	Bas-Rhin	Saverne.	Hochfelden.
Wangen.	*Idem.*	Strasbourg	Wasselonne.
Wangenbourg.	*Idem.*	*Idem*	*Idem.*
Wantzenau (La)	*Idem.*	*Idem*	Brumath.
Wasselonne.	*Idem.*	*Idem*	Wasselonne.
Wasserbourg	Haut-Rhin.	Colmar.	Munster.
Wattwiller	*Idem.*	Belfort.	Cernay.
Weckolsheim	*Idem.*	Colmar.	Neuf-Brisach.
Weegscheid (*).	*Idem.*	Belfort	Massevaux.
Weiler.	Bas-Rhin	Wissembourg.	Wissembourg.
Weinbourg.	*Idem.*	Saverne	Bouxwiller.
Weislingen	*Idem.*	*Idem*	Drulingen.
Weitbruch.	*Idem.*	Strasbourg	Haguenau.
Weiterswiller	*Idem.*	Saverne.	La Petite-Pierre.
Welferding	Moselle	Sarreguemines	Sarreguemines.
Wentzwiller.	Haut-Rhin.	Mulhouse.	Huningue.
Werentzhausen.	*Idem.*	*Idem*	Ferrette.
Westhalten	*Idem.*	Colmar.	Rouffach.
Westhausen.	Bas-Rhin	Saverne.	Marmoutier.
Westhausen	*Idem.*	Schlestadt.	Erstein.
Westhoffen.	*Idem.*	Strasbourg	Wasselonne.
Wettolsheim.	Haut-Rhin.	Colmar.	Wintzenheim.
Weyer.	Bas-Rhin	Saverne.	Drulingen.
Weyersheim.	*Idem.*	Strasbourg	Brumath.
Wickerschwihr.	Haut-Rhin.	Colmar.	Andolsheim.
Wickersheim.	Bas-Rhin	Saverne.	Hochfelden.
Widensohlen.	Haut-Rhin.	Colmar.	Andolsheim.
Wieswiller (***).	Moselle	Sarreguemines	Sarreguemines.
Wihr-au-Val.	Haut-Rhin.	Colmar.	Wintzenheim.
Wihr-en-Plaine.	*Idem.*	*Idem*	Andolsheim.
Wildenstein.	*Idem.*	Belfort.	Saint-Amarin.
Wildersbach (***).	Vosges.	Saint-Dié.	Schirmeck.
Willer.	Haut-Rhin.	Mulhouse.	Altkirch.
Willer.	*Idem.*	Belfort.	Thann.
Willer.	Moselle	Sarreguemines	Gros-Tenquin.
Willgottheim.	Bas-Rhin	Strasbourg	Truchtersheim.
Wilshausen	*Idem.*	Saverne.	Hochfelden.
Wilwisheim	*Idem.*	*Idem*	*Idem.*
Wimmenau.	*Idem.*	*Idem*	La Petite-Pierre.
Winckel.	Haut-Rhin.	Mulhouse.	Ferrette.
Windstein.	Bas-Rhin	Wissembourg.	Niederbronn.
Wingen	*Idem.*	Saverne.	La Petite-Pierre.
Wingen	*Idem.*	Wissembourg.	Wissembourg.
Wingersheim.	*Idem.*	Saverne.	Hochfelden.

COMMUNES.	DÉPARTEMENTS.	ARRONDISSEMENTS.	CANTONS.
Wintershausen	Bas-Rhin	Strasbourg	Haguenau.
Wintzenbach	*Idem.*	Wissembourg.	Seltz.
Wintzenheim	*Idem*	Strasbourg	Truchtersheim.
Wintzenheim	Haut-Rhin.	Colmar	Wintzenheim.
Wisches	Vosges	Saint-Dié	Schirmeck.
Wissembourg	Bas-Rhin	Wissembourg	Wissembourg.
Wittelsheim	Haut-Rhin.	Belfort	Cernay.
Wittenheim	*Idem.*	Mulhouse	Mulhouse.
Witternheim	Bas-Rhin	Schlestadt	Benfeld.
Wittersdorff	Haut-Rhin.	Mulhouse	Altkirch.
Wittersheim	Bas-Rhin	Strasbourg	Haguenau.
Wittisheim	*Idem.*	Schlestadt	Marckolsheim.
Wittring	Moselle	Sarreguemines	Sarreguemines.
Wiwersheim	Bas-Rhin	Strasbourg	Truchtersheim.
Wœlfling (*)	Moselle	Sarreguemines	Sarreguemines.
Wœlfling	*Idem.*	Thionville	Bouzonville.
Wœllenheim	Bas-Rhin	Strasbourg	Truchtersheim.
Wœrth-sur-Sauer	*Idem.*	Wissembourg	Wœrth-sur-Sauer.
Woippy	Moselle	Metz	Metz (1er).
Wolfersdorff	Haut-Rhin.	Belfort	Dannemarie.
Wolfgantzen	*Idem.*	Colmar	Neuf-Brisach.
Wolfisheim	Bas-Rhin	Strasbourg	Schiltigheim.
Wolfskirchen	*Idem.*	Saverne	Drulingen.
Wolschheim	*Idem.*	*Idem*	Saverne.
Wolschwiller	Haut-Rhin.	Mulhouse	Ferrette.
Wolxheim	Bas-Rhin	Strasbourg	Molsheim.
Woustwiller	Moselle	Sarreguemines	Sarreguemines.
Wuenheim	Haut-Rhin.	Colmar	Soultz.

X

Xanrey	Meurthe	Château-Salins	Vic.
Xocourt	*Idem.*	*Idem*	Delme.
Xouaxange	*Idem.*	Sarrebourg	Sarrebourg.

Y

Yutz-Basse	Moselle	Thionville	Thionville.

Z

Zæsingen	Haut-Rhin.	Mulhouse	Landser.
Zarbeling	Meurthe	Château-Salins	Dieuze.
Zehnacker	Bas-Rhin	Saverne	Marmoutier.
Zeinheim	*Idem.*	*Idem*	*Idem.*
Zellenberg	Haut-Rhin.	Colmar	Kaysersberg.
Zellwiller	Bas-Rhin	Schlestadt	Obernai.
Zetting	Moselle	Sarreguemines	Sarreguemines.
Zilling	Meurthe	Château-Salins	Phalsbourg.
Zillisheim	Haut-Rhin.	Mulhouse	Mulhouse.
Zimmerbach	*Idem.*	Colmar	Wintzenheim.
Zimmersheim	*Idem.*	Mulhouse	Habsheim.
Zimming	Moselle	Metz	Boulay.
Zinswiller	Bas-Rhin	Wissembourg	Niederbronn.
Zittersheim	*Idem.*	Saverne	La Petite-Pierre.
Zœbersdorf	*Idem.*	*Idem*	Hochfelden.
Zollingen	*Idem.*	*Idem*	Drulingen.
Zommange	Meurthe	Château-Salins	Dieuze.
Zouffgen	Moselle	Thionville	Cattenom.
Zutzendorff	Bas-Rhin	Saverne	Bouxwiller.

ÉCHANGE
des
ACTES DE L'ÉTAT CIVIL
entre
LA FRANCE
et

DÉPARTEMENT
d

EXÉCUTION
des
CIRCULAIRES DES 30 JUIN,
7 OCTOBRE
ET 27 DÉCEMBRE 1875.

Bordereau des actes de l'état civil concernant des sujets[1] reçus dans les mairies pendant le semestre 18 .

Nos D'ORDRE.	COMMUNE où ont été reçus les actes.	NOMS et prénoms des parties [2].	NATURE des actes [3].	DATE des actes.	LIEU d'origine [4] : ville ou province.	OBSERVATIONS.

Arrêté le présent bordereau au nombre de actes de l'état civil.

A , le 18 .

Le Préfet d

1. Indiquer la nationalité.
2. Lorsqu'il s'agit d'un acte de mariage, prendre deux lignes et indiquer le nom des deux époux.
3. Naissance, décès, mariage, reconnaissance, légitimation.
4. Indiquer autant que possible, pour les actes de décès le lieu de naissance, ou le dernier domicile à l'étranger de la personne décédée ; pour les actes de mariage, le lieu de naissance ou le domicile soit du conjoint, soit de ses père ou mère ; pour les actes de naissance, le lieu d'origine ou le dernier domicile des père ou mère.

II

MODE DE CORRESPONDANCE

§ 1er. — *De la franchise postale.*

1. La franchise est l'exemption de taxe accordée par la loi à la correspondance des fonctionnaires publics.

2. La franchise est de deux espèces : celle qui résulte de la qualité seule du destinataire énoncée sur l'adresse de la lettre, et celle qui est accordée à la qualité de l'expéditeur, soit que cet expéditeur puisse écrire en franchise à toute destination, soit qu'il ne puisse écrire qu'à un certain nombre de personnes, soit enfin que la franchise ne soit accordée qu'aux qualités réunies de l'envoyeur et du destinataire.

3. Lorsque la qualité de l'expéditeur doit opérer la franchise dans quelque circonstance que ce soit, l'énonciation de cette qualité ou des fonctions de l'expéditeur doit apparaître sur la suscription de la lettre, d'après un modèle établi : c'est ce qu'on appelle *contre-seing*.

Le contre-seing autorisé opère donc la franchise et il y a des franchises sans condition de *contre-seing*.

Le contre-signataire écrira, sur une ou deux lignes droites et très-exactement, son titre officiel, et signera au-dessous.

4. La correspondance des fonctionnaires publics, exclusivement relative au service de l'État, est admise à circuler en franchise par la poste [1].

5. Il est défendu de comprendre dans les dépêches ex-

1. Ord. roy. 17 nov. 1844, art. 1er. Instr. gén. des postes, art. 356.

pédiées en franchise, des lettres, papiers et objets quelconques étrangers au service de l'État [1].

6. Il est interdit aux maires de s'adresser directement aux divers ministres pour les affaires intéressant leurs communes.

Aux termes d'une décision présidentielle du 12 juin 1873, des ordres ont été donnés par tous les ministres pour qu'il ne soit répondu à aucune communication adressée par les administrations municipales en dehors de la *voie hiérarchique,* c'est-à-dire sans l'intermédiaire des préfets [2].

7. Il est également interdit à tout fonctionnaire ou agent de l'administration d'envoyer dans un paquet administratif, ou de contre-signer, pour les affranchir, des lettres étrangères au service qui lui est confié.

La contravention à cet article sera punie conformément aux dispositions de la loi du 27 prairial an IX, sur le transport des lettres en fraude [3].

8. Toute lettre adressée à une personne ayant la franchise, et qui serait destinée à un tiers, sera immédiatement envoyée au bureau de poste pour y être taxée [4].

9. Sont assimilés à la *correspondance de service,* savoir :

1° Les *actes de l'état civil* concernant les militaires sous les drapeaux, adressés par les maires et les procureurs de la République aux membres des conseils d'administration des corps de troupes et aux membres de l'intendance militaire [5].

La suscription de ces dépêches devra porter la mention suivante : *Actes de l'état civil* [6].

2° La correspondance que les maires ont à entretenir, à titre obligatoire, dans un *intérêt communal* avec les fonctionnaires publics à l'égard desquels leur contre-seing opère la franchise [7].

---

1. Ord. roy. 17 nov. 1844, art. 1er. Instr. gén. des postes, art. 2.
2. Circ. min. Int. 10 avril 1873 et 23 juillet 1875.
3. Déc. 24 août 1848, art. 6.
4. *Ibid.*, art 7.
5. Décis. min. Fin. 2 mai 1847. Circ. min. Int. aux préfets, 25 fév. 1812.
6. *Ibid.*
7. *Ibid.*, 12 nov. 1858.

3° Les *extraits mortuaires* des militaires ou marins morts en activité de service[1].

4° Les registres destinés à l'inscription des *actes de l'état civil*[2].

10. Sont admis à circuler en franchise :

Les correspondances concernant la *reconstitution* des actes de l'*état civil de Paris*, adressées par les juges de paix de Paris à toutes personnes indistinctement, sous le contre-seing du président de la commission de reconstitution des actes de l'état civil de Paris.

Ces dépêches seront soumises sans exception à la formalité du chargement en franchise ; elles devront porter sur la suscription la mention suivante : *Exécution de l'article* 15 *de la loi du* 12 *février* 1872[3].

11. Les demandes de certificats de bonne conduite ou de renseignements, formées par des militaires rentrés dans leurs foyers ne peuvent être adressées aux présidents des conseils d'administration des corps de troupes sous le contre-seing des maires des communes où ces anciens militaires se trouvent en résidence.

L'ordonnance du 17 novembre 1844 n'accorde la franchise postale aux maires pour leur correspondance administrative avec les présidents de ces conseils d'administration que pour la transmission, par ces magistrats municipaux, des actes de l'état civil concernant les militaires sous les drapeaux. Mais la franchise postale réciproque est attribuée, par ladite ordonnance, aux préfets des départements et aux présidents des conseils d'administration des corps de troupes. C'est donc par l'intermédiaire du préfet du département que les maires doivent transmettre aux présidents des conseils d'administration intéressés les réclamations de toute nature qui peuvent être formées par d'anciens militaires domiciliés dans leur commune[4].

§ 2. — *Du contre-seing.*

12. Le contre-seing consiste dans la désignation des fonctions de l'envoyeur, suivie de sa signature.

1. Circ. min. Int. aux préfets, 10 fév. 1860.
2. Ord. roy. 17 nov. 1844, art. 9, n° 4.
3. Décis. min. Fin. 30 mai 1872.
4. Circ. min. Int. 3 mars 1875.

La désignation des fonctions peut être imprimée sur l'adresse ou indiquée par un timbre ; mais, sauf les exceptions établies dans l'article 14 de l'ordonnance précitée, tous les fonctionnaires sont tenus d'apposer de leur main, sur l'adresse des lettres et paquets qu'ils expédient, leur signature au-dessous de la désignation de leurs fonctions [1].

13. Aucun fonctionnaire n'a le droit de déléguer à d'autres personnes le contre-seing qui lui est attribué, si ce n'est les divers agents du Trésor.

Toute dépêche contre-signée en contravention au paragraphe précédent sera assujettie à la taxe.

Lorsqu'un fonctionnaire sera hors d'état de remplir ses fonctions par absence, maladie, ou pour toute autre cause légitime, le fonctionnaire qui le remplacera par intérim contre-signera les dépêches à sa place ; mais en contre-signant chaque dépêche, il énoncera qu'il remplit par intérim les fonctions auxquelles le contre-seing est attribué [2].

En conséquence, les adjoints doivent, lorsqu'ils expédient la correspondance de service, pour le maire absent ou empêché, contre-signer les bandes et ajouter sur la suscription : *Le Maire par intérim,* afin que les dépêches parviennent exemptes de taxe.

14. Les demandes en dégrèvement d'impôts, formées par les contribuables, ne peuvent être expédiées en franchise sous le contre-seing des maires ; elles doivent être adressées par les signataires, et à leurs frais, aux fonctionnaires chargés de les examiner [3].

§ 3. — *Du mode de fermeture des lettres et paquets relatifs au service de l'État.*

15. Les lettres et paquets relatifs au service de l'État s'expédient de deux manières :

1° Par lettres fermées ;

---

1. Ord. roy. précitée, art. 13. Les timbres dont l'usage est admis pour reproduire la désignation des fonctions de l'envoyeur doivent être disposés sur une ou deux lignes horizontales, et non autrement. Décis. min. Fin. 5 oct. 1857.
2. *Ibid.*, art. 7 et 16. Circ. min. Int. 26 juillet 1859.
3. Circ. min. Int. 12 avril 1859 et 15 mai 1872.

2° Sous bandes.

Les lettres fermées peuvent être pliées et cachetées selon la forme ordinaire, ou être mises sous enveloppe[1].

16. La correspondance des maires avec le préfet de leur département et avec le sous-préfet de leur arrondissement pourra avoir lieu par lettres pliées et cachetées selon la forme ordinaire, mais non sous enveloppe, à la condition :

1° Que ces lettres ne dépasseront pas le poids légal d'une lettre simple, c'est-à-dire 7 grammes et demi ;

2° Qu'elles ne renfermeront aucune autre lettre ou pièce quelconque ;

3° Que, indépendamment de son contre-seing, l'expéditeur écrira sur l'adresse, et d'une manière apparente, le mot *confidentiel*.

L'omission d'une seule de ces formalités donnera lieu à l'application de la taxe[2].

17. Ces dispositions ont été modifiées, et la correspondance dont s'agit peut avoir lieu par lettres fermées, à condition :

1° Que ces lettres ne dépasseront pas 15 grammes ;

2° Qu'elles ne renfermeront aucune autre lettre ;

3° Que, indépendamment de son contre-seing, l'expéditeur écrira sur l'adresse, d'une manière apparente, le mot *confidentiel*[3].

18. Les lettres et paquets contre-signés qui devront être mis sous bandes ne pourront être reçus ni expédiés en franchise lorsque la largeur des bandes excédera le tiers de la surface de ces lettres ou paquets[4].

19. Les lettres ou papiers quelconques expédiés sous pli cacheté, sous enveloppes ou sous bandes, ne devront

---

1. Ord. roy. précitée, art. 21.
2. *Ibid.*, art. 24.
3. Décis. min. Fin. 23 mars 1857. — Les préfets et les sous-préfets ont le choix de mettre sur la suscription de celles de leurs dépêches qu'ils jugeront devoir clore, l'une de ces deux annotations : *police* ou *nécessité de fermer*, sans être obligés, comme le pensaient quelques directeurs des postes, de mettre les deux annotations sur la même adresse.
4. *Ibid.*, 11 août 1852. Les bandes fermant les lettres ou paquets contre-signés ne doivent adhérer entre elles qu'au verso de la dépêche et à l'endroit où elle est cachetée.

être intérieurement fermés, de quelque manière que ce soit.

Toutefois, afin de préserver un paquet volumineux des avaries auxquelles il pourrait être exposé dans le transport, le fonctionnaire expéditeur pourra lier ce paquet par une ficelle, à la condition expresse que cette ficelle, placée extérieurement, soit nouée par une simple boucle et puisse être facilement détachée, si les besoins de la vérification l'exigent [1].

§ 4. — *Du dépôt de la correspondance de service dans les bureaux de poste.*

20. Les lettres et paquets relatifs au service devront être remis, savoir : dans les départements, aux directeurs des postes ; et à Paris, au bureau de l'expédition des dépêches, à l'hôtel des Postes.

Ils pourront être également déposés aux guichets des bureaux établis dans Paris jusqu'au poids de 120 grammes seulement [2].

Lorsqu'ils auront été jetés à la boîte, ils seront assujettis à la taxe.

21. Seront toutefois dispensés des conditions ci-dessus et expédiés en *franchise :*

1° Les lettres et paquets trouvés dans les boîtes des bureaux de poste, qui seront adressés à des fonctionnaires ou à des personnes jouissant de la franchise à raison de leur qualité, et sans condition de contre-seing ;

2° Les lettres et paquets valablement contre-signés par des fonctionnaires résidant dans des communes dépourvues d'établissements de poste aux lettres, et qui seront déposés dans les boîtes rurales de ces communes [3].

§ 5. — *Du poids des paquets expédiés.*

22. Sauf les exceptions établies dans l'article ci-après,

---

1. Ord. roy. précitée, art. 26.
2. Déc. min. Fin. 29 juin 1853.
3. Le dépôt peut être également effectué dans les boîtes mobiles des courriers d'entreprise dont la levée doit être faite au bureau de poste dans la circonscription duquel réside le contre-signataire.

le maximum du poids des paquets expédiés en franchise est fixé ainsi qu'il suit, savoir :

1° A 5 kilogrammes, lorsque le transport de ces paquets devra être opéré jusqu'à destination, soit par un service en malle-poste ou en bateau à vapeur, soit sur un chemin de fer ou par un service d'entreprise en voiture ;

2° A 2 kilogrammes, lorsqu'ils seront dirigés sur une route desservie, en quelque point que ce soit, par un service d'entreprise à cheval ;

3° A 1 kilogramme, lorsqu'ils devront être transportés, sur une portion quelconque du trajet à parcourir, par un service d'entreprise à pied[1].

Les dépêches échangées entre les fonctionnaires résidant dans la même ville ne seront admises que jusqu'au poids de 100 grammes inclusivement. Cette limite de poids n'est pas applicable à la correspondance de service des fonctionnaires résidant à Paris[2].

23. Seront acheminés sans limitation de poids :

1° Les paquets revêtus du contre-seing ou expédiés à l'adresse des personnes et des fonctionnaires jouissant de la franchise illimitée ;

2° Les *registres* destinés à l'enregistrement des *actes de l'état civil*[3].

§ 6. — *De la distribution des correspondances circulant en franchise.*

24. Tout paquet contre-signé dont la forme, le poids ou le volume rendrait impossible son introduction dans la boîte ou dans le portefeuille des facteurs de ville ou des facteurs ruraux, ou son transport par le moyen de ces agents, sera conservé au bureau de destination pour y être distribué au guichet[4].

25. Seront également réservés, pour être distribués au guichet du bureau, les paquets contre-signés qui, bien qu'ils puissent être introduits isolément dans les boîtes

1. Ord. roy. précitée, art. 60.
2. Déc. min. Fin. 13 juin 1851 et 9 mai 1856.
3. Ord. roy. précitée, art. 62.
4. *Ibid.*, art. 64.

ou portefeuilles des facteurs, ne pourraient cependant y trouver place, soit en raison de leur nombre, soit en raison du volume des correspondances ordinaires [1].

26. Dans les cas prévus par les deux articles précédents, les directeurs donneront immédiatement avis aux fonctionnaires destinataires de l'arrivée des paquets que leur nombre ou leur forme, leur poids ou leur volume empêchera de faire porter à domicile par les facteurs, et ils inviteront ces fonctionnaires à les envoyer prendre au bureau [2].

§ 7. — *Des procurations.*

27. Tout pouvoir donné par un maire pour retirer d'un bureau de poste des envois d'argent destinés à des *expéditions d'actes de l'état civil* est exempt de timbre [3].

1. Ord. roy. précitée, art. 65
2. *Ibid.*, art. 66.
3. Déc. min. Fin. 28 juin 1827.

TABLEAU DES FRANCHISES

RÉSULTANT

DE LA QUALITÉ DE L'ENVOYEUR ET DE CELLE DU DESTINATAIRE

DÉSIGNATION DES FONCTIONNAIRES ET DES PERSONNES			FORME.	ÉTENDUE
autorisés à contresigner leur corr. de service.	auxquels la correspondance de service des fonctionnaires et des personnes désignés dans la colonne ci-contre doit être remise en franchise.			de la franchise.
Maires.	Adjoints	à l'inspection des finances.	s. b.	T. la Rép.
		à l'intendance militaire.	—	—
		des maires exerçant le ministère public près les tribunaux de simple police.	—	Arrt s.-préf.
	Administrateurs	de l'inscription maritime dans les sous-quartiers.	—	T. la Rép.
		des poudres et salpêtres, à Paris. .	—	—
	Ag.-voyers	d'arrondissement	—	Arrt s.-pr. [1]
		de canton.	—	—[1]
		en chef.	—	Département.
	Capitaines-majors de la garde nationale mobile. .		—	—[2]
	Chefs d'état-major des régions militaires.		—	Région mil.
	Chefs du génie.		—	Département
	Chefs du service de la marine.		—	T. la Rép.
	Commandts	des brigades de gendarmerie. . . .	—	Arrt s.-pr. [5]
		des bureaux de mobilisation. . . .	—	T. la Rép. [3]
		des circonscriptions de remonte de la guerre.	—	Cir. dép. de r.
		des dépôts de recrutement.	—	T. la Rép. [4]
		des dépôts de remonte de la guerre.	—	Cir. dép. de r.
		de la garde de Paris.	—	—
		des régions militaires.	—	Région mil.
		des brigades actives.		
		des corps d'armée.		
		des corps militaires.		
		des divisions actives.	—	T. la Rép. [4]
		de la 20e divison territoriale (Paris).		
		des divisions territoriales d'Alger, Constantine et Oran.		
		des subdivis. de régions militaires.		

1. Cette franchise s'étend même aux arrondissements limitrophes, si le service des destinataires porte sur deux arrondissements, mais sans jamais dépasser les limites du département.
2. Décis. min. Fin. 22 juin 1868.
3. Circ. min. Int. 8 avril 1875.
4. En cas de nécessité, sous plis cachetés. Cir. min. Int. 27 mai 1875; décis. min. Fin. 8 avril 1875.
5. Décis. min. Fin. 26 avril 1843.

DÉSIGNATION DES FONCTIONNAIRES ET DES PERSONNES				
autorisés à contresigner leur corr. de service.	auxquels la correspondance de service des fonctionnaires et des personnes désignés dans la colonne ci-contre doit être remise en franchise.		FORME.	ÉTENDUE de la franchise.
Maires.	Commiss^res	aux armements	s. b.	T. la Rép.
		chargés des bureaux des réservistes de l'armée de mer, à Brest, Cherbourg, Lorient, Rochefort et Toulon	s. b.	T. la Rép.
		généraux de la marine.	s. b.	T. la Rép.
		près les conseils de guerre maritimes permanents.	s. b.	T. la Rép.
		près les conseils de révision maritimes permanents.	s. b.	T. la Rép.
		près les tribunaux de révision maritimes permanents.	s. b.	T. la Rép.
		de l'inscription maritime.	s. b.	T. la Rép.
		de police (sans acception de titre et d'attributions)	—	Arr. cant.
		de police exerçant le ministère public près les tribunaux de simple police	—	Arr. s.-pr.
		aux subsistances	—	T. la Rép.
		voyers	—	Arr. s.-pr.
	Conseillers municipaux exerçant le ministère public près les tribunaux de simple police. . . .		—	—
	Conservateurs	des forêts	—	Conserv. for.
		des hypothèques.	—	Arr. s.-pr.
	Contrôleurs des contributions directes.		—	—[1]
	Curés[2].		—	—
	Délégués	cantonaux	—	Arr. cant.
		communaux	—	Arr. cant.
	Directeurs	d'artillerie	—	Dir. d'art.
		des contributions directes.	—	Département.
		des contributions indirectes	—	—
		de la culture et des magasins de tabacs en France	—	—
		du dépôt central du service des poudres et salpêtres, à Paris.	—	—
		des dépôts d'étalons.	—	Circ. har.
		des écoles normales primaires . . .	—	Ress. éc. n. pr.
		de l'École centrale de pyrotechnie militaire, à Bourges.	—	Dir. d'art.
		des fonderies de la marine.	—	Département.
		du génie	—	Dir. du gén.
		des haras.	—	Circ. har.
		des postes	—	Département.
		des poudreries et raffineries de soufre et de salpêtre	—	Circ. poud. et raff.
	Directrices des écoles normales primaires de filles.		—	Ress. éc. n. pr.
	Gardes	à cheval des forêts	—	Cons. for.
		généraux des forêts	—	Cons. for.
	Ingénieurs	en chef et ordinaires des ponts et chaussées et sous-ingénieurs chargés du service hydraulique . . .	—	Circ. ser. hyd.
		des ponts et chaussées chargés du service vicinal	—	Département.
		faisant fonc. de dir^s de poudreries et raffineries de soufre et salpêtre.	—	Circ. poud. et raff.

1. Dans chacun des arrondissements sur lesquels s'étend le contrôle.
2. Ord. 17 nov. 1844.

DÉSIGNATION DES FONCTIONNAIRES ET DES PERSONNES autorisés à contresigner leur corr. de service.	auxquels la correspondance de service des fonctionnaires et des personnes désignés dans la colonne ci-contre doit être remise en franchise.	FORME.	ÉTENDUE de la franchise.
Maires.	Inspecteurs d'académie	s. b.	Département.
	Inspecteurs des contributions directes	—	—
	Inspecteurs de la culture et des magasins de tabacs	—	—
	Inspecteurs départementaux des enfants assistés et des établissements de bienfaisance.	—	—
	Inspecteurs départementaux des lignes télégraphiques.	—	Insp. dép. télég.
	Inspecteurs divisionnaires des lignes télégraphiques.	—	—
	Inspecteurs des écoles primaires.	—	Département.
	Inspecteurs de l'enregistrement, des domaines et du timbre	—	—
	Inspecteurs des finances.	—	T. la Rép.
	Inspecteurs des forêts.	—	Conserv. for.
	Inspecteurs des haras.	—	Circ. har.
	Inspecteurs des poudreries au dépôt central de l'artillerie, à Paris	—	»
	Inspecteurs du travail des enfants dans les manufactures	—	T. la Rép. [1]
	Inspecteurs généraux de l'instruction publique en tournée.	—	—
	Inspecteurs généraux des finances.	—	—
	Inspecteurs généraux de gendarmerie.	—	—
	Instituteurs primaires publics.	—	Arr. cant.
	Institutrices —	—	—
	Intendants militaires.	—	T. la Rép.
	Juges d'instruction	—	Arr. s.-pr.
	Juges de paix.	—	Arr. cant.
	Maires.	—	—[2]
	Maires exerçant le ministère public près les tribunaux de simple police	—	Arr. s.-pr.
	Officiers de gendarmerie	—	T. la Rép.
	Officier supérieur directeur du matériel de l'école d'artillerie, à Valence (Drôme)	—	»
	Pasteurs des églises réformées.	—	Arr. cons. ref.[3]
	Percepteurs	—	Circ. perc.
	Préfets des départements.	—[4]	Département.
	Préfets maritimes	—	T. la Rép.
	Premiers présidents des cours d'appel.	—	Cours d'app.
	Président du bureau central des élections	l. f.	Département.
	Président de la commission de reconstitution des actes de l'état civil de Paris.	—	T. la Rép. [5]
	Président de la commission d'enquête parlementaire sur la marine marchande	—	—
	Président de la commission d'enquête sur le monopole des tabacs et des poudres	—	—
	Président de la commission d'enquête parlementaire sur le régime économique	—	—

1. Décis. min. fin. 8 avril 1875.
2. Ces droits de franchise ont été étendus aux arrondissements cantonaux limitrophes à l'arrondissement cantonal. Décis. min. fin. 23 octobre 1875.
3. *Idem*, nov. 1849.
4. Les maires sont autorisés à écrire au préfet de leur département et au sous-préfet de leur arrondissement, sous pli fermé ou sous enveloppe, à la condition que leurs lettres n'excéderont point le poids de 15 grammes et qu'elles porteront sur la suscription ces mots : *Lettre confidentielle*.
5. Loi du 12 février 1872, art. 15.

DÉSIGNATION DES FONCTIONNAIRES ET DES PERSONNES		FORME.	ÉTENDUE de la franchise.
autorisés à contresigner leur corr. de service.	auxquels la correspondance de service des fonctionnaires et des personnes désignés dans la colonne ci-contre doit être remise en franchise.		
Maires.	Présidents du conseil d'administration des divisions des équip. de la flotte à Brest.	s. b.	T. la Rép.
	— Cherbourg		
	— Lorient.		
	— Rochefort.		
	— Toulon-sur-Mer. . . .		
	Présidents des conseils d'administration des corps militaires.	—[1]	—
	Présidents des conseils d'administration des corps de troupes de la marine . .	—	—
	Présidents des consistoires départementaux du culte israélite.	—	Cons. dép. culte isr.
	Présidents des consistoires des égl^es réformées.	—	Arr. cons. réf.
	Présidents des consistoires locaux de la Confession d'Augsbourg.	—	Res. cons. loc.
	Présidents des cours d'assises	—	Départ. où se tiennent les ass.[2]
	Présidents des tribunaux.	—	Arr. s.-pr.
	Procureurs généraux.	l. f.	Cours d'app.
	Procureurs de la Rép. près les cours d'assises	—	Cours d'ass.
	Procureurs de la Rép. près les tribunaux de 1re instance .	—	Arr. s.-pr.
	Receveurs de l'enregistrement, des domaines et du timbre[3].	s. b.	—
	Receveurs particuliers des finances[4]		
	Receveurs des postes		
	Recteurs d'académie	—	Arr. acad.
	Sous-directeurs des contributions indirectes . . .	—	Département
	Sous-inspecteurs de la culture des tabacs	—	—
	Sous-inspecteurs des enfants assistés du département de la Charente-Inférieure	—	S.-insp. enf. ass.
	Sous-inspecteurs des enfants assistés du département du Rhône.	—	—
	Sous-inspecteurs des enfants assistés du département de la Gironde.	—	—
	Sous-inspecteurs des enfants assistés du département de la Seine.	—	—
	Sous-inspecteurs des forêts.	—	Conserv. for.
	Sous-intendants militaires	—	T. la Rép.
	Sous-préfets	—[5]	Arr. s.-pr.
	Suppléants des juges de paix exerçant le ministère public près les tribunaux de simple police. . .	—	—
	Syndics des gens de mer.	—	Synd. marit.
	Trésoriers-payeurs généraux[4]	—	Département.

1. Seulement pour l'envoi des actes de l'état civil concernant les militaires sous les drapeaux et à condition qu'il sera fait mention, sur la suscription des dépêches, des mots : *Actes de l'état civil*, Déc. min. fin. 2 mai 1847 ; Circ. G. des sc., 13 juin 1857, non insérée. Cette franchise est indépendante de celle attribuée, à titre spécial, aux maires faisant fonctions de sous-intendants militaires avec les présidents des conseils d'administration des corps militaires.

2. Cette franchise s'étend même au lieu de la résidence ordinaire des présidents des cours d'assises.

3. Pour la correspondance proprement dite, et, en outre, pour le renvoi des avertissements destinés aux redevables de l'enregistrement. Ces avertissements peuvent contenir de l'écriture à la main, mais ils ne doivent être ni cachetés, ni pliés en forme de lettres, ni revêtus d'adresses extérieures.

4. Seulement pour la transmission des documents concernant les recettes et les dépenses communales, mentionnés dans l'art. 512 du décret du 31 mai 1862, sur la comptabilité publique, et pour l'envoi des certificats de vie, brevets et mandats des anciens militaires de la République et de l'Empire, des pensionnaires de l'État, de la Caisse des dépôts et consignations, de la liste civile et de la Caisse des invalides de la marine.

5. V. Préfets, note.

DÉSIGNATION DES FONCTIONNAIRES ET DES PERSONNES autorisés à contresigner leur corr. de service.	auxquels la correspondance de service des fonctionnaires et des personnes désignés dans la colonne ci-contre doit être remise en franchise.	FORME.	ÉTENDUE de la franchise.
Maires	Vérificateurs de l'enregistrement, des domaines et du timbre	s. b.	Département.
	Vérificateurs des poids et mesures	—	Arr. s.-pr.
	Vicaires capitulaires, le siége vacant [1]	—	Circ. dioc.
	Vice-recteurs d'académie	—	Département.
Maires exerçant le ministère public près les tribunaux de simple police.	Commandants des brigades de gendarmerie	—	Arr. s.-pr.
	Juges d'instruction	—	—
	Juges de paix	—	—
	Maires	—	—
	Officiers de gendarmerie	—	—
	Premiers présidents des cours d'appel	—	Cours d'app.
	Présidents des cours d'assises	—	Départ. où se tiennent les ass. [2]
	Procureurs généraux	l. f.	Cours d'app.
	Procureurs de la Rép. près les cours d'assises	—	Département.
	Procureurs de la Rép. près les tribunaux de 1re instance	—	Arr. s.-pr.
	Receveurs de l'enregistrement, des domaines et du timbre	s. b.	—
Maires faisant fonctions de sous-intendants militaires dans les lieux où il n'en existe pas.	Commandants de place, Conseillers de préfecture, Maires, Majors de place faisant fonctions de sous-intendants militaires dans les lieux où il n'en existe pas.	— [3]	Département.
	Présidents des conseils d'administration des ateliers de condamnés militaires; des conseils d'administration des corps militaires; des conseils d'administration des pénitenciers militaires	—	—
	Receveurs particuliers des finances [4]	—	—
	Secrétaires généraux de préfecture faisant fonctions de sous-intendants militaires dans les lieux où il n'en existe pas [5]	—	—
	Sous-préfets faisant fonctions de sous-intendants militaires dans les lieux où il n'en existe pas [5]	—	—
	Trésoriers-payeurs généraux [4]	—	Arr. s.-pr.
Maires en Algérie	Architectes, chef de service des bâtiments civils	—	Algérie.
	Chefs du génie du 19e corps d'armée	—	—
	Commissaires enquêteurs pour la constitution de la propriété indigène en Algérie	—	—
	Contrôleurs des contribut. indirectes en Algérie	—	Département.
	Directeurs central des contributions directes et du cadastre en Algérie	—	Algérie.
	Directeurs des contributions diverses dans les départements de l'Algérie	—	—
	Directeurs du génie	—	Dir. du gén.
	Inspecteurs des bâtiments civils chargés d'un arrondt ou d'une fraction d'arrt	—	Algérie.
	Inspecteurs chefs de service départementaux des contributions directes en Algérie	—	Département.

1. Pour l'envoi des mandements imprimés seulement.
2. Cette franchise s'étend même au lieu de la résidence ordinaire des présidents des cours d'assises.
3. Dans les villes où il existe des sous-intendants militaires, les maires peuvent exercer le contre-seing du sous-intendant absent ou malade.
4. Pour l'envoi des pièces relatives au paiement des allocations de prime et de haute paye seulement.
5. Pour l'envoi des pièces relatives au service des vivres et fourrages seulement.

DÉSIGNATION DES FONCTIONNAIRES ET DES PERSONNES autorisés à contresigner leur corr. de service.	auxquels la correspondance de service des fonctionnaires et des personnes désignés dans la colonne ci-contre doit être remise en franchise.		FORME.	ÉTENDUE de la franchise.
Maires en Algérie.	Inspecteurs des contributions directes en Algérie.		s. b.	Département.
	Présidents des commissions de séquestre en Algérie		—	Algérie.
	Recenseurs des contribut. directes en Algérie . .		—	Département.
Maires des comm^nes situées sur le littoral.	Gardes maritimes		—	Dép. et synd. maritime, insp. pêche.
	Inspecteurs de pêche			
Maires des comm^nes situées sur les routes nation. ou dép.	Directeurs	du dépôt central des poudres et salpêtres, à Paris	—	»
		des poudreries et raffineries de soufre et de salpêtre	—	T. la Rép.
Maires des communes traversées par des chemins de fer.	Ingénieurs	en chef des ponts et chaussées chargés des travaux des sections traversant les comm^nes administrées par les contre-signataires	—	Ch. de fer en cons.
		ordinaires des ponts et chaussées chargés des travaux des sections traversant les communes administrées par les contre-signataires. .		
		en chef des mines ou des ponts et chaussées attachés au service du contrôle et de surveillance des chemins de fer	—	Rés. ch. de fer
Maires, présid. des comités locaux de patronage des salles d'asile.	Déléguées	générales des salles d'asile en tournée.	1	T. la Rép.
		spéciales des salles d'asile.	1	Arr. Acad.

1. Sous le couvert des préfets et des recteurs d'académie.

III

TABLEAU DES CONCORDANCES

DES

CALENDRIERS GRÉGORIEN ET RÉPUBLICAIN

AN PREMIER DE LA RÉPUBLIQUE.

JOURS.	QUANTIÈMES.	MOIS.	QUANTIÈMES.	MOIS.	ANNÉES.
Samedi	1	Vendémiaire. .	22	Septembre. . .	1792
Lundi.	10		1	Octobre. . . .	—
Lundi.	1	Brumaire . . .	22		—
Jeudi	11		1	Novembre. . .	—
Mercredi. . . .	1	Frimaire. . . .	21		—
Samedi	11		1	Décembre . . .	—
Vendredi . . .	1	Nivôse.	21		—
Mardi.	12		1	Janvier	1793
Dimanche . . .	1	Pluviôse. . . .	20		—
Vendredi . . .	13		1	Février	—
Mardi.	1	Ventôse	19		—
Vendredi . . .	11		1	Mars.	—
Jeudi.	1	Germinal . . .	21		—
Lundi.	12		1	Avril	—
Samedi	1	Floréal	20		—
Mercredi. . . .	12		1	Mai.	—
Lundi.	1	Prairial	20		—
Samedi	13		1	Juin.	—
Mercredi. . . .	1	Messidor. . . .	19		—
Lundi.	13		1	Juillet	—
Vendredi . . .	1	Thermidor. . .	19		—
Jeudi	14		1	Août.	—
Dimanche. . .	1	Fructidor . . .	18		—
Dimanche . . .	15		1	Septembre. . .	—

Cinq jours complémentaires, 17, 18, 19, 20, 21 septembre 1793.

AN DEUX.

JOURS.	QUANTIÈMES.	MOIS.	QUANTIÈMES.	MOIS.	ANNÉES.
Dimanche. . .	1	Vendémiaire. .	22	Septembre. . .	1793
Mardi.	10		1	Octobre. . . .	—
Mardi.	1	Brumaire . . .	22		—
Vendredi . . .	11		1	Novembre. . .	—
Jeudi	1	Frimaire. . . .	21		—
Dimanche. . .	11		1	Décembre. . .	—
Samedi	1	Nivôse.	21		—
Mercredi. . . .	12		1	Janvier	1794
Lundi.	1	Pluviôse. . . .	20		—
Samedi	13		1	Février	—
Mercredi. . . .	1	Ventôse	19		—
Samedi	11		1	Mars.	—
Vendredi . . .	1	Germinal . . .	21		—
Mardi.	12		1	Avril	—
Dimanche. . .	1	Floréal	20		—
Jeudi	12		1	Mai	—
Mardi.	1	Prairial	20		—
Dimanche. . .	13		1	Juin.	—
Jeudi	1	Messidor. . . .	19		—
Mardi.	13		1	Juillet.	—
Samedi	1	Thermidor. . .	19		—
Vendredi . . .	14		1	Août.	—
Lundi.	1	Fructidor . . .	18		—
Lundi.	15		1	Septembre. . .	—

Cinq jours complémentaires, 17, 18, 19, 20, 21 septembre 1794.

AN TROIS.

JOURS.	QUANTIÈMES.	MOIS.	QUANTIÈMES.	MOIS.	ANNÉES.
Lundi.	1	Vendémiaire. .	22	Septembre. . .	1794
Mercredi. . . .	10		1	Octobre	—
Mercredi. . . .	1	Brumaire . . .	22		—
Samedi	11		1	Novembre. . .	—
Vendredi . . .	1	Frimaire. . . .	21		—
Lundi.	11		1	Décembre. . .	—
Dimanche. . .	1	Nivôse.	21		—
Jeudi	12		1	Janvier	1795
Mardi	1	Pluviôse. . . .	20		—
Dimanche. . .	13		1	Février	—
Jeudi	1	Ventôse	19		—
Dimanche. . .	11		1	Mars.	—
Samedi	1	Germinal . . .	21		—
Mercredi. . . .	12		1	Avril	—
Lundi.	1	Floréal	20		—
Vendredi . . .	12		1	Mai	—
Mercredi. . . .	1	Prairial	20		—
Lundi.	13		1	Juin.	—
Vendredi . . .	1	Messidor. . . .	19		—
Mercredi. . . .	13		1	Juillet.	—
Dimanche. . .	1	Thermidor. . .	18		—
Samedi	14		1	Août.	—
Mardi	1	Fructidor . . .	19		—
Mardi.	15		1	Septembre. . .	—

Six jours complémentaires, 17, 18, 19, 20, 21, 22 septembre 1795.

AN QUATRE.

JOURS.	QUANTIÈMES.	MOIS.	QUANTIÈMES.	MOIS.	ANNÉES.
Mercredi	1	Vendémiaire	23	Septembre	1795
Jeudi	9		1	Octobre	—
Jeudi	1	Brumaire	23		—
Dimanche	10		1	Novembre	—
Dimanche	1	Frimaire	22		—
Mardi	10		1	Décembre	—
Mardi	1	Nivôse	22		—
Vendredi	11		1	Janvier	1796
Jeudi	1	Pluviôse	21		—
Lundi	12		1	Février	—
Samedi	1	Ventôse	20		—
Mardi	11		1	Mars	—
Lundi	1	Germinal	21		—
Vendredi	12		1	Avril	—
Mercredi	1	Floréal	20		—
Dimanche	12		1	Mai	—
Vendredi	1	Prairial	20		—
Mercredi	13		1	Juin	—
Dimanche	1	Messidor	19		—
Vendredi	13		1	Juillet	—
Mardi	1	Thermidor	19		—
Lundi	14		1	Août	—
Jeudi	1	Fructidor	18		—
Jeudi	15		1	Septembre	—

Cinq jours complémentaires, 17, 18, 19, 20, 21 septembre 1796.

AN CINQ.

JOURS.	QUANTIÈMES.	MOIS.	QUANTIÈMES.	MOIS.	ANNÉES.
Jeudi	1	Vendémiaire	22	Septembre	1796
Samedi	10		1	Octobre	—
Samedi	1	Brumaire	22		—
Mardi	11		1	Novembre	—
Lundi	1	Frimaire	21		—
Jeudi	11		1	Décembre	—
Mercredi	1	Nivôse	21		—
Dimanche	12		1	Janvier	1797
Vendredi	1	Pluviôse	20		—
Mercredi	13		1	Février	—
Dimanche	1	Ventôse	19		—
Mercredi	11		1	Mars	—
Mardi	1	Germinal	21		—
Samedi	12		1	Avril	—
Jeudi	1	Floréal	20		—
Lundi	12		1	Mai	—
Samedi	1	Prairial	20		—
Jeudi	13		1	Juin	—
Lundi	1	Messidor	19		—
Samedi	13		1	Juillet	—
Mercredi	1	Thermidor	19		—
Mardi	14		1	Août	—
Vendredi	1	Fructidor	18		—
Vendredi	15		1	Septembre	—

Cinq jours complémentaires, 17, 18, 19, 20, 21 septembre 1797.

AN SIX.

JOURS.	QUANTIÈMES.	MOIS.	QUANTIÈMES.	MOIS.	ANNÉES.
Vendredi . . .	1	Vendémiaire. .	22	Septembre. . .	1797
Dimanche . . .	10		1	Octobre	—
Dimanche. . .	1	Brumaire . . .	22		
Mercredi. . . .	11		1	Novembre. . .	—
Mardi	1	Frimaire. . . .	21		
Vendredi . . .	11		1	Décembre . . .	—
Jeudi	1	Nivôse.	21		
Lundi.	12		1	Janvier	1798
Samedi	1	Pluviôse. . . .	20		
Jeudi	13		1	Février	—
Lundi.	1	Ventôse	19		
Jeudi	11		1	Mars.	—
Mercredi. . . .	1	Germinal . . .	21		
Lundi.	12		1	Avril	—
Samedi	1	Floréal	20		
Mercredi. . . .	12		1	Mai	—
Lundi.	1	Prairial. . . .	20		
Mercredi. . . .	13		1	Juin.	—
Mercredi. . . .	1	Messidor. . . .	19		
Lundi.	13		1	Juillet.	—
Vendredi . . .	1	Thermidor. . .	19		
Jeudi	14		1	Août.	—
Dimanche. . .	1	Fructidor . . .	18		
Dimanche. . .	15		1	Septembre. . .	—

Cinq jours complémentaires, 17, 18, 19, 20, 21 septembre 1798.

AN SEPT.

JOURS.	QUANTIÈMES.	MOIS.	QUANTIÈMES.	MOIS.	ANNÉES.
Dimanche . . .	1	Vendémiaire. .	22	Septembre. . .	1798
Mercredi. . . .	10		1	Octobre	—
Mardi.	1	Brumaire . . .	22		
Vendredi . . .	11		1	Novembre. . .	—
Jeudi	1	Frimaire. . . .	21		
Dimanche. . .	11		1	Décembre . . .	—
Samedi	1	Nivôse.	21		
Mercredi. . . .	12		1	Janvier	1799
Lundi.	1	Pluviôse. . . .	20		
Samedi	13		1	Février	—
Mercredi. . . .	1	Ventôse	19		
Samedi	11		1	Mars.	—
Vendredi . . .	1	Germinal . . .	21		
Mardi.	12		1	Avril	—
Dimanche. . .	1	Floréal	20		
Jeudi	12		1	Mai	—
Mardi.	1	Prairial	20		
Dimanche . . .	13		1	Juin.	—
Jeudi	1	Messidor. . . .	19		
Mardi.	13		1	Juillet.	—
Samedi	1	Thermidor. . .	19		
Vendredi . . .	14		1	Août	—
Lundi.	1	Fructidor . . .	18		
Lundi.	15		1	Septembre. . .	—

Six jours complémentaires, 17, 18, 19, 20, 21, 22 septembre 1799.

AN HUIT.

JOURS.	QUANTIÈMES.	MOIS.	QUANTIÈMES.	MOIS.	ANNÉES.
Lundi	1	Vendémiaire	23	Septembre	1799
Jeudi	9		1	Octobre	—
Vendredi	1	Brumaire	23		—
Dimanche	10		1	Novembre	—
Dimanche	1	Frimaire	22		—
Mardi	11		1	Décembre	—
Mardi	1	Nivôse	22		—
Vendredi	11		1	Janvier	1800
Mercredi	1	Pluviôse	21		—
Lundi	12		1	Février	—
Samedi	1	Ventôse	20		—
Lundi	10		1	Mars	—
Lundi	1	Germinal	22		—
Mardi	11		1	Avril	—
Lundi	1	Floréal	21		—
Jeudi	11		1	Mai	—
Mercredi	1	Prairial	21		—
Dimanche	12		1	Juin	—
Vendredi	1	Messidor	20		—
Mercredi	12		1	Juillet	—
Dimanche	1	Thermidor	20		—
Vendredi	13		1	Août	—
Mardi	1	Fructidor	19		—
Lundi	14		1	Septembre	—

Cinq jours complémentaires 18, 19, 20, 21, 22 septembre 1800.

AN NEUF.

JOURS.	QUANTIÈMES.	MOIS.	QUANTIÈMES.	MOIS.	ANNÉES.
Mardi	1	Vendémiaire	23	Septembre	1800
Mercredi	9		1	Octobre	—
Jeudi	1	Brumaire	23		—
Samedi	10		1	Novembre	—
Samedi	1	Frimaire	22		—
Lundi	10		1	Décembre	—
Lundi	1	Nivôse	22		—
Jeudi	11		1	Janvier	1801
Mercredi	1	Pluviôse	21		—
Dimanche	12		1	Février	—
Vendredi	1	Ventôse	20		—
Dimanche	10		1	Mars	—
Dimanche	1	Germinal	22		—
Mercredi	11		1	Avril	—
Mardi	1	Floréal	21		—
Vendredi	11		1	Mai	—
Jeudi	1	Prairial	21		—
Lundi	12		1	Juin	—
Samedi	1	Messidor	20		—
Mercredi	12		1	Juillet	—
Lundi	1	Thermidor	20		—
Samedi	13		1	Août	—
Mercredi	1	Fructidor	19		—
Mardi	14		1	Septembre	—

Cinq jours complémentaires, 18, 19, 20, 21, 22 septembre 1801.

AN DIX.

JOURS.	QUANTIÈMES.	MOIS.	QUANTIÈMES.	MOIS.	ANNÉES.
Mercredi. . . .	1	Vendémiaire. .	23	Septembre. . .	1801
Jeudi	9		1	Octobre	—
Vendredi . . .	1	Brumaire . . .	23		—
Dimanche . . .	10		1	Novembre . . .	—
Dimanche . . .	1	Frimaire. . . .	22		—
Mardi	10		1	Décembre . . .	—
Mardi	1	Nivôse.	22		—
Vendredi . . .	11		1	Janvier	1802
Jeudi	1	Pluviôse. . . .	21		—
Lundi.	12		1	Février	—
Samedi	1	Ventôse	20		—
Lundi.	10		1	Mars.	—
Lundi.	1	Germinal . . .	22		—
Jeudi	11		1	Avril	—
Mercredi . . .	1	Floréal	21		—
Samedi	11		1	Mai	—
Vendredi . . .	1	Prairial. . . .	21		—
Mardi.	12		1	Juin.	—
Dimanche . . .	1	Messidor. . . .	20		—
Jeudi	12		1	Juillet.	—
Mardi.	1	Thermidor. . .	20		—
Dimanche . . .	13		1	Août	—
Jeudi	1	Fructidor . . .	19		—
Mercredi. . . .	14		1	Septembre. . .	—

Cinq jours complémentaires, 18, 19, 20, 21, 22 septembre 1802.

AN ONZE.

JOURS.	QUANTIÈMES.	MOIS.	QUANTIÈMES.	MOIS.	ANNÉES.
Jeudi	1	Vendémiaire. .	23	Septembre. . .	1802
Vendredi . . .	9		1	Octobre	—
Samedi.	1	Brumaire . . .	23		—
Lundi.	10		1	Novembre. . .	—
Lundi.	1	Frimaire. . . .	22		—
Mercredi . . .	10		1	Décembre . . .	—
Mercredi . . .	1	Nivôse.	22		—
Samedi	11		1	Janvier	1803
Vendredi . . .	1	Pluviôse. . . .	21		—
Mardi	12		1	Février	—
Dimanche . . .	1	Ventôse	20		—
Mardi.	10		1	Mars.	—
Mardi	1	Germinal . . .	22		—
Vendredi. . . .	11		1	Avril	—
Jeudi	1	Floréal	21		—
Dimanche . . .	11		1	Mai	—
Samedi	1	Prairial	21		—
Mercredi. . . .	12		1	Juin.	—
Lundi	1	Messidor. . . .	20		—
Vendredi . . .	12		1	Juillet.	—
Mercredi. . . .	1	Thermidor. . .	20		—
Lundi.	13		1	Août.	—
Vendredi . . .	1	Fructidor . . .	19		—
Jeudi	14		1	Septembre. . .	—

Cinq jours complémentaires, 18, 19, 20, 21, 22 septembre 1803.

AN DOUZE.

JOURS.	QUANTIÈMES.	MOIS.	QUANTIÈMES.	MOIS.	ANNÉES.
Samedi	1	Vendémiaire. .	24	Septembre. . .	1803
Samedi	8		1	Octobre	—
Lundi.	1	Brumaire . . .	24		—
Mardi.	9		1	Novembre. . .	—
Mercredi. . . .	1	Frimaire. . . .	23		—
Vendredi . . .	10		1	Décembre . . .	—
Vendredi . . .	1	Nivôse.	23		—
Dimanche . . .	11		1	Janvier	1804
Dimanche . . .	1	Pluviôse. . . .	22		—
Mercredi. . . .	12		1	Février	—
Mardi	1	Ventôse	21		—
Jeudi	10		1	Mars.	—
Jeudi	1	Germinal . . .	22		—
Dimanche . . .	11		1	Avril	—
Samedi	1	Floréal	21		—
Mardi	11		1	Mai	—
Lundi	1	Prairial	21		—
Vendredi . . .	12		1	Juin.	—
Mercredi. . . .	1	Messidor. . . .	20		—
Dimanche . . .	12		1	Juillet.	—
Vendredi. . . .	1	Thermidor. . .	20		—
Mercredi. . . .	13		1	Août.	—
Dimanche . . .	1	Fructidor . . .	19		—
Samedi	14		1	Septembre. . .	—

Six jours complémentaires, 18, 19, 20, 21, 22, 23 septembre 1804.

AN TREIZE.

JOURS.	QUANTIÈMES.	MOIS.	QUANTIÈMES.	MOIS.	ANNÉES.
Dimanche . . .	1	Vendémiaire. .	23	Septembre. . .	1804
Lundi.	9		1	Octobre	—
Mardi.	1	Brumaire . . .	23		—
Jeudi	10		1	Novembre . . .	—
Jeudi	1	Frimaire. . . .	22		—
Samedi	10		1	Décembre . . .	—
Samedi	1	Nivôse.	22		—
Mardi.	11		1	Janvier	1805
Lundi.	1	Pluviôse. . . .	21		—
Vendredi . . .	12		1	Février	—
Mercredi . . .	1	Ventôse	20		—
Vendredi . . .	10		1	Mars.	—
Vendredi . . .	1	Germinal . . .	22		—
Lundi.	11		1	Avril	—
Dimanche . . .	1	Floréal	21		—
Mercredi . . .	11		1	Mai	—
Mardi	1	Prairial	21		—
Samedi	12		1	Juin.	—
Jeudi	1	Messidor. . . .	20		—
Lundi.	12		1	Juillet.	—
Samedi	1	Thermidor. . .	20		—
Jeudi	13		1	Août.	—
Lundi.	1	Fructidor . . .	19		—
Dimanche . . .	14		1	Septembre . . .	—

Cinq jours complémentaires, 18, 19, 20, 21, 22 septembre 1805.

AN QUATORZE.					
JOURS.	QUANTIÈMES.	MOIS.	QUANTIÈMES.	MOIS.	ANNÉES.
Lundi.	1	Vendémiaire. .	23	Septembre. . .	1805
Mardi	9		1	Octobre	—
Mercredi. . . .	1	Brumaire . . .	23		—
Vendredi. . . .	10		1	Novembre . . .	—
Vendredi. . . .	1	Frimaire. . . .	22		—
Dimanche . . .	10		1	Décembre . . .	—
Dimanche . . .	1	Nivôse.	22		—
Mardi[1].	10		31		—

1. L'usage du calendrier grégorien a été rétabli à partir du 1er janvier 1806 en vertu d'un décret du 24 fructidor an XIII (11 septembre 1805).

IV

DICTIONNAIRE DES PRÉNOMS

A DONNER AUX ENFANTS

En exécution de la Loi du 11 *germinal an XI et du décret du* 20 *juillet* 1808[1].

Ce dictionnaire est divisé en 3 parties qui contiennent, savoir :

La 1re, les noms tirés de la Vie des saints ;

La 2e, ceux des personnages de l'histoire ancienne, c'est-à-dire jusqu'en l'année 395, époque à laquelle commence l'histoire du moyen âge ;

Et la 3e, ceux des personnages de la Bible, laquelle fait partie de l'histoire ancienne[2].

N. B. — Afin d'abréger ce travail, nous n'avons pas cru devoir répéter dans les 2e et 3e parties les noms qui leur appartiennent et qui figurent dans ceux tirés de la Vie des saints.

---

1. V. *suprà*, no 345.
2. Circ. min. Int. aux préfets, 28 septembre 1813.

1re PARTIE

Noms tirés de la Vie des Saints.

SEXE MASCULIN

A

Aaron.
Abacum.
Abdias *ou* Abdas.
Abdon *ou* Habdon.
Abel.
Aberçe.
Abibe.
Abile.
Abondance.
Abonde *ou* Avond.
Abraham.
Abrosime.
Absalon.
Abudème.
Acace.
Acaire *ou* Achaire.
Accurse.
Acepsimas.
Achard *ou* Aichard.
Achate.
Ache.
Acheul.
Achille.
Achillée.
Aciscle *ou* Asciscle.
Acuce.
Acyllin.
Acyndine.
Adalbaud.
Adalbéron.
Adalbert *ou* Edelbert.
Adam.
Adaucte.
Adauque.
Adelard *ou* Allard.
Adelin.
Adelmar *ou* Adémar.
Adelme.
Adelphe.
Adéodat.
Adérard.
Adjuon,
Adjuteur.
Adobert.
Adolaire.
Adolphe *ou* Adolf.
Adon.
Adrien.
Adrion.
Adulphe.
Aelred.
Afre.
Africain.
Agabus *ou* Agabe.
Agamond.
Agape *ou* Agapit.
Agapet.
Agathange.
Agathodore.
Agathon.
Agathonique.
Aggée.
Agile *ou* Agilée.
Agis.
Aglibert.
Agnan *ou* Aignan.
Agnel.
Agoard.
Agofroi.
Agolin.
Agrice
Agricol *ou* Arègle.
Agripan.
Agrippin.
Agulis.
Aibert.
Aignan. (*V.* Agnan.)
Aigulphe. (*V.* Ayou.)
Aimé.
Aimon. (*V.* Haymon.)
Airy.
Ajoutre.
Alain.
Alban.
Albéric.
Albert.
Albin. (*V.* Aubin.)
Alboin.
Alcée.
Alcibiade.
Alde.
Aldegrin.
Aldéric.
Aldobrand.
Alcaume.
Aleu.
Alexandre.
Alexis.
Alfred.
Algive.
Alipe.
Allard. (*V.* Adelard.)
Allyre.
Almach *ou* Almaque.
Alman.
Almer.
Almire.
Aloir.
Alphée *ou* Alphe.
Alphonse.
Alpin.
Alpinien.
Alton.
Alvin.
Alypius *ou* Alype.
Amable.
Amadour *ou* Amateur.

Amance.
Amand.
Amandis.
Amaranthe.
Amarin.
Amateur. (*V.* Amadour.)
Amatre.
Amaury.
Ambert.
Ambique.
Amboise.
Ambroise *ou* Ambrois.
Amé *ou* Amet.
Amédée.
Amédor.
Amet. (*V.* Amé.)
Amic.
Ammien.
Ammon *ou* Ammone.
Ammonuaire.
Amon. (*V.* Haymon.)
Amos.
Amour.
Ampèle.
Amphiloque.
Amphion.
Anaclet *ou* Clet.
Ananias.
Anasias.
Anastase.
Anatole.
Andéol.
Andoche.
André.
Andronique.
Anect.
Anème.
Anèse.
Anfroy.
Angadrème.
Ange.
Angelaume.
Angilbert.
Anguerrand *ou* Enguerrand.
Anicet.
Anien.
Annon.
Ansan.
Ansbert.
Anschaire.
Anségise.
Anselme.
Ansery *ou* Anseric.
Ansevin.
Ansillon.
Ansut.
Antège.
Anthelme.
Anthime.
Antholein.
Antholien.
Antide.
Antigone.
Antiochus.
Antipas *ou* Antipe.
Antoine.
Antolien.
Antonin.
Août.
Apelles *ou* Apelle.
Aper. (*V.* Evre.)
Aphraate.
Aphrodise.
Apodème.
Apollin.
Apollinaire.
Apollone.
Apollos *ou* Apollo.
Appien.
Apronien.
Apulée.
Aquilas *ou* Aquilla.
Aquilin.
Arator.
Arbogaste.
Arbon.
Arcade.
Archambaud *ou* Archibald.
Archimine.
Arcons.
Ardaing.
Ardouin.
Aré, Arède *ou* Yriez.
Arèce.
Arège.
Arègle. (*V.* Agricol.)
Arétas.
Arez *ou* Arèse.
Argenez *ou* Argenis.
Arien.
Arige.
Arille.
Aristarque.
Ariste.
Aristide.
Aristobule.
Aristoclès.
Ariston.
Aristonnique.
Armand.
Armantaire.
Armogaste.
Arnalt.
Arnaud.
Arnoald.
Arnold.
Arnolphe.
Arnoul.
Arnulfe.
Arpin.
Arsace.
Arsène.
Artaud *ou* Arthaud.
Artème.
Artémidore.
Artémis.
Artémon.
Arthur.
Artique.
Asaphe.
Asceline.
Asciscle. (*V.* Acisclе.)
Asclépiade.
Aselipe.
Aspaïs.
Aspase.
Astère *ou* Astier.
Athanase.
Athénodore.
Athénogène.
Attale *ou* Attalus.
Attique.
Aubert.
Aubery.
Aubeu.
Aubin *ou* Albin.
Aubot.
Aubry.
Aucte.
Audax.
Aude.
Audifax.
Audouin. (*V.* Hardouin.)
Audry.
Augule.
Auguste.
Augustin.
Augute.
Aule *ou* Aulus.
Aunaire.
Aunobert.
Aurée.
Aurèle.
Aurélien.
Ausile.
Ausone *ou* Auzone.
Auspice.
Austrebert.
Austrégisille *ou* Outrille.
Austremoine.
Austriclinien.
Austrille.
Autal.
Authert.
Auteur.
Auxence.
Auxibe.
Aventin.

Avez.
Avit.
Avold.
Avond. (*V.* Abonde.)
Avre.
Aymon.
Ayou *ou* Aigulphe.
Azade.
Azarie.
Azas.

B

Babolein.
Babylas.
Bacque.
Badême.
Balde.
Bale.
Balsame.
Balsème *ou* Baussenge.
Bandriz.
Banthe.
Barachise.
Baradat. (*V.* Varadat.)
Barbat *ou* Barbatien.
Bardomien.
Bardon.
Barlaam.
Barnabé *ou* Barnabas.
Barnard.
Baronce.
Barsabé *ou* Barsabias.
Barsanuphe.
Barsimée.
Barthélemy *ou* Bartholomé.
Barulas.
Bas.
Basile.
Basilée.
Basilide.
Basilisque.
Basin.
Bassien.
Bassus.
Baudille *ou* Baudelle.
Baudouin.
Baudri *ou* Baudry.
Baumet.
Baussange. (*V.* Balsème.)
Bavon.
Baye.
Béan.
Béat.
Bède.
Belin.
Bénédet.
Benezet.
Bénigne *ou* Béroing.
Benized.
Benjamin.
Benoît.
Bérard *ou* Béraud.
Berchaire *ou* Bercaire.
Bérenger.
Bergis.
Bérille.
Bernard.
Bernardin.
Bernier.
Bernon.
Bernouard.
Béroing. (*V.* Bénigne.)
Berthier.
Berthold.
Bertin.
Berton.
Bertrand.
Bertuin.
Bertulphe.
Bès.
Bésas.
Besnard.
Bessarion.
Bethaire.
Beunon.
Beuvon.
Bié.
Bienvenu *ou* Benvenuto.
Birin.
Blaan.
Blaise.
Blanc.
Blanchard.
Blandin.
Blier.
Blimond.
Blitaire.
Boaire.
Bobin.
Bodagiste.
Bodon.
Boëce.
Boème.
Boisil.
Bolcain.
Bon *ou* Bonet.
Bonaventure.
Boniface.
Bonose.
Bourgin.
Brandan.
Brandon.
Braulion.
Briand.
Brice.
Brieuc.
Brinstand.
Britton.
Brivaud.
Brix.
Bruno.
Brunon.
Brutus.
Buêle.
Burchard.
Buzeu.

C

Cade.
Cadoc.
Cagnou. (*V.* Canoald.)
Caïn.
Caïus.
Cajétan. (*V.* Gaëtan.)
Calais.
Calépode.
Calimer.
Caliste.
Callinique.
Calliope.
Calliste *ou* Callista.
Callistrate.
Callixte.
Calocer.
Caloger.
Caltry.
Camélien.
Camerin.
Camille.
Cammin.
Cance.
Candide.
Canion.
Cannat.
Canoald *ou* Cagnou.
Cantidien.
Cantien *ou* Cant.
Canut.
Capiton.
Caprais.
Caradeu.
Carné.
Carpe.
Carpophore.
Casimir.
Cassien.
Cassius.
Cassy.
Caste.
Castor.
Castritien.
Castule.
Catalde.
Caton.
Catulin.
Céadde.
Cécilius *ou* Cécilien.

Cedde.
Célerin.
Céleste.
Célestin.
Célien.
Celse *ou* Celsin.
Céneric.
Censure.
Céran.
Cérase.
Cerbon.
Cerbonéi.
Cerbonney *ou* Cerbonet.
Céréal.
Cérin.
Césaire.
César.
Cessateur.
Ceufrey.
Chadoin.
Chagnoald.
Cham.
Chamans.
Charitaine.
Charlemagne.
Charles *ou* Karl.
Chélidoine. (*V.* Sidoine.)
Cherf.
Chéron.
Chilien.
Chloud.
Chrétien.
Christian.
Christin.
Christophe.
Chrodegand *ou* Chrodegang.
Chromace.
Chronion.
Chrysanthe.
Chrysogone.
Chrysole *ou* Chryseuil.
Chrysostôme.
Ciry.
Cizius.
Clair.
Clarence.
Clars.
Classique.
Clatée.
Claude *ou* Claudius.
Claudien.
Clément.
Clémentin.
Cléomène.
Cléonique *ou* Cléonice.
Cléophas.
Clet. (*V.* Anaclet.)
Climène.
Clotaire.
Cloud *ou* Clou.
Clovis.
Colme *ou* Colman.
Colomb.
Colomban.
Colombin.
Côme *ou* Cosme.
Concorde.
Conon.
Conrad.
Constance.
Constant.
Constantien.
Constantin.
Consul.
Contoste *ou* Contest.
Convoyon.
Corbinien.
Cordule.
Corèbe.
Corentin.
Corneille.
Cosme. (*V.* Côme.)
Cot.
Crémence.
Crépin *ou* Crespin.
Crépinien.
Crescence.
Crescent *ou* Crescentien.
Crispe *ou* Crispin.
Crispule.
Cucuphas.
Culmace.
Cunibert.
Curcodème.
Cuthbert.
Cybard *ou* Cybar.
Cymodocé.
Cyprien *ou* Subran.
Cyr *ou* Cyrique.
Cyran.
Cyriague.
Cyriaque.
Cyrille.
Cyrin *ou* Quirin.
Cyrique. (*V.* Cyr.)
Cythin.

D

Dabert.
Dace.
Dagobert.
Dalmace.
Damarin.
Damase.
Damien.
Daniel.
Darien *ou* Darie.
Darius.
Dase.
Datif.
Daudat.
Dauphin. (*V.* Delphin.)
David.
Davin.
Déel.
Déicole. (*V.* Desle.)
Delphin *ou* Dauphin.
Démètre *ou* Démétrius.
Démocrite.
Denis *ou* Denys.
Déodat. (*V.* Dié.)
Déogratias.
Désir. (*V.* Didier.)
Désiré.
Desle *ou* Déicole.
Deusdedit. (*V.* Dieudonné.)
Didace *ou* Diègue.
Didie.
Didier, Désir *ou* Dizier.
Didyme.
Dié *ou* Déodat.
Diègue. (*V.* Didace.)
Dietrich.
Dieudonné *ou* Deusdedit.
Dioclès.
Diodore.
Diogène.
Diomède.
Dion.
Dioscore *ou* Dioscoride.
Divitien.
Dizier. (*V.* Didier.)
Doctrovée.
Domice.
Domiée.
Dominique.
Domitille.
Dommitien.
Domnin *ou* Domnion.
Domnole.
Donat.
Donatien.
Donnice.
Donoald.
Dorothée.
Dosithée.
Drausin.
Dreux *ou* Druon.
Droctovée.
Drosin.
Drouaud.
Drusus *ou* Druse.
Dulcide.
Dunstan.
Duthac.
Dynamo.

E

Eadburge *ou* Edburge.
Eartongathe.
Éberhard *ou* Éverard.
Edbert.
Édelbert. (*V.* Adalbert.)
Édèse *ou* Édesse.
Edgard. (*V.* Édouard.)
Édibe.
Édilbert *ou* Éthelbert.
Édiste.
Edme.
Edmond.
Édouard *ou* Edgard.
Edwin.
Egbert.
Égelmont.
Égémoine.
Égésippe.
Égobille.
Eibert.
Élaphe.
Éléazar.
Élesbaan.
Éleucade.
Éleusippe.
Éleuthère *ou* Eleuther.
Élian.
Élie.
Élinand.
Éliphe.
Élisée *ou* Elisua.
Elme *ou* Érasme.
Elmer.
Éloi.
Elphège.
Elpide.
Elpidéphore.
Elzéar.
Émebert.
Émery *ou* Émeric.
Émile.
Émilien.
Emmanuel.
Emmeran.
Engelbert.
Engelmar.
Enguerrand. (*V.* Anguerrand.)
Ennemond.
Ennode.
Éon.
Épain.
Épaphras.
Épaphrodite.
Éphèbe.
Éphise.
Éphraïm *ou* Éphrem.
Épictète.
Épigmène.
Épimaque.
Épiphane.
Épipode.
Épistème.
Eptade.
Érambert.
Érasme. (*V.* Elme.)
Éraste.
Erbland. (*V.* Herbland.)
Ercalan.
Erconvalde.
Érenchard.
Érhard.
Éribert.
Éric.
Ermel *ou* Ermin.
Erminold.
Ernest.
Ernié.
Eskill.
Esparge.
Espérat.
Esprit.
Estève.
Étern.
Ethelbert. (*V.* Édilbert.)
Éthelwod.
Étienne.
Etton.
Eubert.
Eubule.
Eucaire *ou* Euchaire.
Eucher.
Eude *ou* Eudes.
Eudon *ou* Odon.
Eudoxe.
Eugène.
Eulampe.
Euloge.
Eumène.
Eunicien.
Eunuce.
Euperge.
Euphraise *ou* Euphrase.
Euphrone.
Euplius.
Eupor.
Euprèpe.
Eupsique.
Eusèbe.
Eusice.
Euspice.
Eustache.
Eustase.
Eustathe.
Eustoche.
Eustorge.
Eustrace.
Euthyche *ou* Eutyche.
Euthyme.
Euverte.
Évagre.
Évangèle.
Évans *ou* Évence.
Évareste.
Évariste.
Évase.
Évence. (*V.* Évans.)
Éverard. (*V.* Éberhard.)
Évergiste.
Évode.
Évrard.
Evre *ou* Aper.
Évremont *ou* Évremond.
Évrols *ou* Évrou.
Évurce.
Ewald.
Exupère. (*V.* Spire.)
Ézéchiel.

F

Fabien *ou* Fabius.
Fabrice *ou* Fabricien.
Fale. (*V.* Fidole.)
Fandilas.
Fantin.
Fargeau.
Faron.
Fascile.
Faust *ou* Fauste.
Faustin.
Faustinien.
Félan. (*V.* Foélan.)
Félice.
Félicien.
Félicissime.
Félix.
Ferdinand.
Forgeon *ou* Ferjeux.
Ferjus.
Fernand.
Ferréol.
Ferrier.
Ferruce.
Festus.
Fiacre.
Fidèle.
Fidence.
Fidole *ou* Fale.
Fingar. (*V.* Guigner.)
Finien.
Firmat.
Firme.
Firmin.
Flaceau.
Flaive.
Flamidien.

Flamien.
Flave.
Flavien, Flavius *ou* Flavy.
Fleury.
Flocel.
Flore
Florent *ou* Florentin.
Florian. (*V.* Florien.)
Floribert.
Floride.
Florien *ou* Florian.
Florus.
Flou.
Flour.
Flovié.
Foëlan *ou* Félan.
Foignan.
Folquin.
Fortunat.
Fortuné.
Foulques.
Foursy.
Fraimbaud.
Francis *ou* Francisque.
François.
Fraterne.
Frédéric.
Fredien. (*V.* Fridien.)
Fréjus.
Frenin.
Fridien *ou* Fredien.
Fridolin.
Frigidien.
Frion.
Frise.
Frobert.
Frodulfe.
Fromont.
Front.
Frontignan.
Frou.
Fructueux.
Frumence.
Fulbert.
Fulcran.
Fulgence.
Fulrad.
Fursy.
Fuscien.

G

Gabin.
Gabriel.
Gaëtan *ou* Cajétan.
Gaïen.
Gal, Gall *ou* Gallus.
Galactoire.
Galdin.
Galdry.
Galène.
Gall. (*V.* Gal.)
Gallican.
Galmier *ou* Geaumier.
Gan.
Gandulphe *ou* Gendulfe.
Gaspard.
Gaston.
Gatien.
Gaubert. (*V.* Walbert.)
Gaucher.
Gaud.
Gaudence.
Gaudens.
Gauderic.
Gaudin.
Gaudiose.
Gausbert.
Gautier.
Geaumier. (*V.* Galmier.)
Gédéon.
Gédouin.
Gelais.
Gelase.
Gemble.
Géminien *ou* Gémine.
Gence.
Gendroux.
Gendulfe. (*V.* Gandulphe.)
Gêne.
Genebaud *ou* Gennebaud.
Généroux.
Genès ou Genis.
Genest.
Genévé.
Gengon.
Gengoul.
Geniez *ou* Geniès.
Genis. (*V.* Genès.)
Gennade.
Gennebaud. (*V.* Genebaud.)
Genou. (*V.* Genulfe.)
Gentien.
Genulfe *ou* Genou.
Geoffroy *ou* Geoffroi.
Georges *ou* George.
Gérald.
Géran.
Gérard.
Gérasime.
Géraud *ou* Gérault.
Gerbaud.
Gerbert.
Gère.
Gérébaud.
Géréon.
Gerlach.
Germain.
German.
Germanique.
Germer.
Germier.
Géroche.
Gérold *ou* Giroal.
Géronce.
Gervais.
Gérin.
Géry.
Gétulius *ou* Gétule.
Gézelin. (*V.* Socelin.)
Gibrien.
Gilbert.
Gildard.
Gildas.
Gilduin.
Gilles.
Gimier.
Girard.
Giroal. (*V.* Gérold.)
Giroux.
Goar *ou* Gohard.
Gobain *ou* Gobin.
Gobert.
Gobrien.
Godard.
Godefroy *ou* Godefroi.
Godemer *ou* Godemar.
Godescalc.
Godrick *ou* Gorry.
Goéric.
Gohard. (*V.* Goar.)
Golvein.
Gombaud. (*V.* Winebaut.)
Gombert.
Gomez.
Gommer.
Gonçalès *ou* Gonzalès.
Gondebert.
Gondèle.
Gonthier.
Gontran.
Gonzalès. (*V.* Gonçalès.)
Gonzalve.
Gorcum.
Gorde.
Gordien.
Gorgon.
Gorry. (*V.* Godrick.)
Gottfried.
Gotthard.
Gotthulf.
Gottlieb.
Gour.
Gourdin.
Goussant.
Gozlin.
Gracilien.

Graimbaud.
Gramas.
Grat.
Gratien.
Gratinien.
Grégoire.
Grimbald *ou* Grimbaud.
Grimoald.
Gualbert.
Gudwald.
Guenard.
Guenau.
Guénébaud. (*V.* Winebaud.)
Guérin.
Gui. (*V.* Guy.)
Guibert.
Guidon.
Guigner *ou* Fingar.
Guignolé.
Guillaume *ou* William.
Guillebaud.
Guillem.
Guillin.
Guimer.
Guion. (*V.* Guyon.)
Guiraud.
Guislain.
Guit.
Gurie.
Gurval.
Gusman.
Gustave.
Guy *ou* Gui.
Guyon *ou* Guion.

H

Habdon *ou* Abdon.
Hadelin.
Hardouin *ou* Audouin.
Haribert. (*V.* Héribert.)
Harman.
Havence.
Haymon, Amon *ou* Aimon.
Hedde.
Hégésippe.
Hélain.
Hélie.
Hélier.
Hélimène.
Héliodore.
Hellade.
Helvert.
Hemme.
Henri *ou* Henry.
Héracle.
Héraclide.
Héraclius.
Herbert.
Herbland *ou* Erbland.
Herculan.
Héribert *ou* Haribert.
Herman *ou* Hermann.
Hermas.
Hermeland.
Hermenfroy.
Hermengaud.
Hermengilde.
Herménigilde.
Hermès.
Hermias.
Hermile.
Hermippe.
Hermocrate.
Hermogène.
Hermol *ou* Hermolas.
Hermon.
Hermyle.
Héron.
Hésique.
Hidulphe.
Hiéronide.
Hiérothée.
Hilaire.
Hilarien.
Hilarion.
Hildébert *ou* Hildevert.
Hildebrand.
Hildegard.
Hildeman.
Hildemarque.
Hildevert (*V.* Hildebert.)
Hilier.
Himère.
Hippolyte.
Hommebon.
Honest.
Honfroy.
Honoire.
Honoré ou Honorat.
Honorius.
Hormisdas.
Hortensius.
Hortulan.
Hospice.
Hubert.
Huges.
Hugolin.
Hugues.
Humbert.
Hyacinthe.
Hygin.
Hypace.

I

Ignace.
Ildefonse.
Ilère *ou* Isère.
Illier.
Illuminat.
Imbert.
Imithère.
Indès.
Innocent.
Ion.
Irénarque.
Irénée.
Irénion.
Iriez *ou* Yriez.
Isaac.
Isaïe.
Isarn *ou* Izarn.
Isaure.
Ischyrion.
Isère. (*V.* Ilère.)
Isidore.
Ismaël.
Israël.
Ithère.
Ityère.
Ived. (*V.* Yvedon.)
Ivon. (*V.* Yvon.)
Izarn. (*V.* Isarn.)

J

Jacinthe.
Jacob.
Jacques.
James.
Jannic.
Janvier.
Jason.
Jean.
Jeaume.
Jérémie.
Jérôme.
Jéron.
Joachim.
Joannice.
Joathas.
Joavan *ou* Jovin.
Jocelyn. (*V.* Joseph.)
Jonas.
Jonathan.
Jordan.
Jore.
Josaphat.
Josceran.
Joseph *ou* Jocelyn.
Josse.
Josué *ou* Joshua.
Jouin. (*V.* Jovien.)
Jovien, Jouin *ou* Jovius.
Jovin. (*V.* Joavan.)
Jovinien.
Jovit *ou* Jovire.

Jucondien.
Jucondin *ou* Jucond.
Jude.
Jules.
Julien.
Junien.
Just *ou* Juste.
Justin.
Justinien.
Juvénal.
Juvence *ou* Juventius.
Juventin.
Juvin.

K

Kanutus.
Karl. (*V.* Charles.)
Kénerin.
Kenny.
Kilain.
Kilian *ou* Kilien.

L

Ladislas.
Lain *ou* Latuin.
Lambert.
Landelin.
Landoald.
Landri *ou* Landry.
Landrice.
Landulphe *ou* Lau.
Lanfranc.
Large.
Largion.
Latin *ou* Latinus.
Latuin. (*V.* Lain.)
Lau. (*V.* Landulphe.)
Laurent.
Laurentin.
Laurien.
Lazare.
Léandre.
Léger.
Légonce.
Léobard.
Léobon.
Léocade.
Léon *ou* Liey.
Léonard *ou* Liénard.
Léonce.
Léone.
Léonidas.
Léonor *ou* Lunaire.
Léopard.
Léopold.
Léovigilde.
Lésin *ou* Lézin.
Létance.
Léthard *ou* Léotard.
Létus.
Leu *ou* Loup.
Leubasse.
Leuce.
Leucone.
Leudomir *ou* Ludmier.
Leufroy *ou* Leufroi.
Lévange.
Lézin. (*V.* Lésin.)
Libéral.
Libérat.
Libère *ou* Libert.
Libérien.
Liboire.
Liborius.
Libre.
Licar. (*V.* Lizier.)
Licère.
Licinio.
Licinius.
Lidoire.
Lié.
Liébaut.
Liénard. (*V.* Léonard.)
Liène *ou* Lienne.
Liévin *ou* Livin.
Liey. (*V.* Léon.)
Lifat.
Ligaire.
Limnée.
Lin.
Linguin.
Lions.
Liphard.
Littée.
Livaire.
Livane.
Livier.
Livin. (*V.* Liévin.)
Lizier *ou* Licard.
Lô.
Lollien.
Loman *ou* Luman.
Lomer.
Longin.
Longis.
Lothaire.
Lotin.
Loubers *ou* Luperque.
Louens.
Louis *ou* Ludovic.
Louitvin. (*V.* Ludvin.)
Loup. (*V.* Leu.)
Louthiern.
Louvent.
Loyer.
Lubais.
Lubin.
Luc *ou* Lucas.
Lucain.
Luce.
Lucide.
Lucien.
Lucilien.
Lucius.
Ludan.
Ludar.
Ludger.
Ludmier. (*V.* Leudomir.)
Ludolphe.
Ludovic. (*V.* Louis.)
Ludre.
Ludvin *ou* Louitvin.
Lugle.
Lulle.
Luman. (*V.* Loman.)
Lunair. (*V.* Léonor.)
Lupancce *ou* Lupence.
Lupercule.
Luperque. (*V.* Loubers.)
Lupicin.
Lupien.
Lupin.
Luxor.
Ly.
Lycarion.

M

Macaire.
Macédon.
Maclou *ou* Malo.
Macorat.
Macre.
Macrobe.
Madir.
Magloire.
Magne *ou* Magnus.
Magnéric.
Magnus. (*V.* Magne.
Maïeul *ou* Mayeul.
Maigrin.
Mainbœuf.
Meixent. (*V.* Maxence.)
Majoric.
Malachie.
Malch.
Male.
Mallulfe.
Malo. (*V.* Maclou.)
Malou.
Mamert *ou* Mammère.
Mamertin.
Mammès *ou* Mamnès.
Mandé.
Mandrier.
Manguille.
Mansu.
Mansuet.

Mansui *ou* Mansuy.
Manuée.
Manuel.
Manvieu.
Marc.
Marcel *ou* Marceau.
Marcelin, Marcellin ou Marcellus.
Marcellien.
Marcien.
Marcolin.
Marcou.
Marie.
Marien.
Marin *ou* Marinus.
Marius.
Marole.
Maron.
Marquard.
Mars.
Marsau.
Martial.
Martin.
Martinien.
Martory.
Martyr *ou* Martyrius.
Mary *ou* May.
Materne.
Mathias.
Mathieu.
Mathurin.
Matronien.
Matur.
Maubille.
Maufroi.
Mauger.
Maur *ou* Maury.
Maurice.
Maurille.
Maurin. (*V.* Morin.)
Mauronce.
Mauront.
Mauve.
Mavile.
Maxe.
Maxence *ou* Maixent.
Maxime *ou* Maximus.
Maximien.
Maximilien.
Maximin.
May. (*V.* Mary.)
Mayeul. (*V.* Maïeul.)
Mayme.
Mazorien.
Mechtide.
Médard.
Médéric *ou* Merry.
Méen.
Meinrad.
Mélaine.
Mélan.
Mélasippe.
Melburgis.
Melchiade.
Mélèce.
Méleusippe.
Méliton.
Mellit.
Mellon.
Même.
Mémier.
Memmie *ou* Menje.
Memnon.
Ménalippe.
Ménalque.
Ménandre.
Ménédème.
Ménéhoud.
Menelée.
Méneusippe.
Menge.
Menje. (*V.* Memmie.)
Menne.
Menou.
Mérault *ou* Méraud.
Mercure.
Mercurial.
Mériadec.
Merre.
Merry. (*V.* Médéric *ou* Merri.)
Mesme.
Mesmin.
Messien.
Méthode.
Métrodore.
Métrophane.
Métron.
Meuris.
Michée.
Michel *ou* Michaël.
Micomer.
Mie.
Milburge.
Milhan.
Milhay.
Millau.
Millès.
Milon.
Minase.
Minervin.
Minnain *ou* Monan.
Mion.
Miroclès.
Misaël *ou* Mizaël.
Misselin.
Mnésithée.
Modéran.
Modeste.
Modoald.
Moïse *ou* Moyse.
Momble.
Mommelin.
Mommole.
Monan. (*V.* Minnain.)
Monas.
Mond *ou* Mund.
Mondolf.
Mondry.
Moniteur.
Monolasche.
Montain.
Montan.
Morand *ou* Moran.
Morin *ou* Maurin.
Mosée.
Mosse.
Muce.
Mucien.
Mund. (*V.* Mond.)
Muritho.
Myron.

N

Naamace.
Nabor.
Nabuchodonosor.
Nahum.
Namase.
Namphanion.
Namphase.
Napoléon.
Narcisse.
Narme.
Narsée.
Narsès.
Narzale.
Narzète.
Natal *ou* Natalis.
Nathanaël.
Naval.
Navigius.
Navit.
Nazaire.
Néade.
Néarque.
Nectaire.
Némèse.
Némésien.
Némésion.
Nennie.
Nennoque.
Néomède.
Néon.
Néophyte.
Néot.
Népomucène.
Népotien.
Nérée.

Néri.
Nestabe.
Nestor.
Nétère.
Nicaise.
Nicandre.
Nicanor.
Nicéas. (*V.* Nicias.)
Nicel.
Nicéphore.
Nicérate.
Nicet *ou* Nicétas.
Nicias *ou* Nicéas.
Nicodème.
Nicolas.
Nicomède.
Nicon.
Nicostrate.
Nil.
Nilammon.
Ninien *ou* Ninyas.
Nivard.
Nizier.
Nizilon.
Noël.
Nom.
Nonce.
Nonnat.
Norbert.
Novat.
Numérien.
Numidique.
Nymphas.

O

Octave.
Octavien.
Odéric.
Odilard.
Odilon.
Odon. (*V.* Endon.)
Odrain.
Odulphe.
Oger.
Olaus, Olaf *ou* Oloff.
Olave.
Olivier.
Olléguier.
Olympe.
Olympiade.
Omer.
Omphre.
Onésime.
Onésiphore.
Onésiphre.
Onnoulé.
Onuphre.
Optat *ou* Optatien.
Oradou.
Orens *ou* Orence.
Oreste.
Orestès.
Oricle.
Oringue.
Oronce.
Orphis.
Ortaire.
Osée.
Ostend.
Ostien.
Oswald.
Othmar.
Othon *ou* Oudocée.
Ouarlux.
Ouen.
Ours.
Out.
Outrille. (*V.* Austrégisile.)
Ovide.
Oyen *ou* Oyant.

P

Pacien.
Pacifique.
Pacôme.
Pair *ou* Patier.
Palamède *ou* Palmace.
Palémon.
Pallais *ou* Pallade.
Palmace. (*V.* Palamède.)
Pamphalon.
Pamphile.
Pancrace.
Pantagape.
Pantagathe.
Pantalémon.
Pantaléon.
Pantène.
Paphnus *ou* Paphuce.
Papias.
Papinien.
Papoul.
Pappole.
Papyle.
Papyre.
Paquier *ou* Pasquier.
Paracode.
Pardou.
Parégorius.
Parfait.
Paris.
Parise.
Parmenas *ou* Parmène.
Parre.
Parthène.
Pascal.
Paschase *ou* Pascase.
Pasquier. (*V.* Paquier.)
Pasteur.
Pataut.
Patémien.
Patère.
Paterne *ou* Paderne.
Paternien.
Patient.
Patier. (*V.* Pair.)
Patrice *ou* Patrick.
Patrobas.
Patrocle.
Paul *ou* Pol.
Paulien.
Paulin.
Pauside.
Pavace.
Pavin.
Paxent.
Pelade.
Pelage.
Pelée.
Pelgrin *ou* Pellegrin.
Pépin.
Pérégrin.
Pergentin.
Perpet.
Perreuse.
Pétrone.
Phal.
Pharnace.
Phébade.
Philadelphe.
Philagre.
Philaret *ou* Philarète.
Philastre.
Philbert.
Philéas.
Philémon.
Philète.
Philibert.
Philippe.
Philocarpe.
Philogone.
Philrome.
Philothée.
Philotère.
Phocas.
Piat.
Pie.
Piens.
Piente.
Pierre.
Pigmène.
Pinien.
Pion.
Pione.
Pipoy.
Pirmin.
Placide.

Plaisis.
Platon.
Platonide.
Plaute.
Pléchemm.
Plutarque.
Poental.
Poins.
Pol. (*V.* Paul.)
Pollion.
Pollux.
Polycarpe.
Polyclet.
Polychrome.
Polyène.
Polyeucte.
Polyxène.
Pompée.
Pompin.
Pompone.
Pompose.
Pons *ou* Ponce.
Pontien.
Poppon.
Porchaire *ou* Porcaire.
Porphyre.
Portien.
Possidius.
Possin.
Potamon.
Potentien.
Pothin.
Pourçain.
Pragmace.
Précorde.
Prétextat.
Preuil.
Prex.
Priam.
Priest. (*V.* Prix.)
Prime.
Primien.
Primitif.
Primole.
Prince.
Principe.
Principin.
Prior.
Priscien.
Priscillien.
Prisque.
Privat.
Prix *ou* Priest.
Probas *ou* Probe.
Processe.
Procle.
Procope.
Procore *ou* Prochore.
Procule.
Prosdocime.
Prosper.
Prot *ou* Protus.
Protade.
Protais *ou* Protaise.
Protère.
Protogène.
Prudence.
Prudent.
Psalmode.
Ptolémée.
Publicien.
Publius.
Pudent.
Pulchrone.
Pucise.
Pyran.

Q

Quadrat.
Quart *ou* Quartus.
Qué.
Quentin.
Quiète.
Quinide.
Quintilien.
Quintin.
Quiriace.
Quiric.
Quirin. (*V.* Cyrin.)

R

Raban-maur.
Rabier.
Rabulas.
Rachon.
Radbod *ou* Ratbod.
Radulphe.
Raimbert.
Raimond *ou* Raymond.
Rambert.
Ramesi.
Ramire.
Randaul.
Raoul, Rudolphe *ou* Rodolphe.
Raphaël.
Rasiphe.
Ratbod. (*V.* Radbod.)
Ravenne.
Raymond. (*V.* Raimon.)
Raynier.
Rédempt.
Réginald.
Régis.
Régnier.
Régulus. (*V.* Rieul.)
Reinhard.
Reinold.
Remacle.
Rembert.
Remèdes *ou* Remédius.
Rémy *ou* Rémi.
Rémo.
Renan.
Renaud.
René.
Renié.
Renobert.
Renon *ou* Ronon.
Réole.
Rephaire.
Respice.
Restitut.
Retice.
Révérent *ou* Révérens.
Révérien.
Révocat.
Rhodopien.
Ribert.
Ribier.
Ricard.
Richard.
Rieu.
Rieul *ou* Régulus.
Rigant.
Rigobert.
Rigomer.
Rioc.
Rion.
Riquier.
Robert *ou* Rupert.
Robustien.
Roch.
Rodolphe. (*V.* Raoul.)
Rodrigue *ou* Roderic.
Rogat.
Rogatien.
Roger *ou* Rudiger.
Roguil.
Rolland *ou* Roland.
Romain.
Roman.
Romaric *ou* Romarique.
Rombaut *ou* Rombaud.
Rombe.
Romphaire.
Romuald.
Romul *ou* Romulus.
Ronon. (*V.* Renon.)
Roques.
Rostaing.
Rouin.
Ruan.
Ruaut.
Rudiger.
Rudolphe. (*V.* Raoul.)
Ruellin.
Ruf *ou* Rufus.

Rufin.
Rufinien.
Ruffle.
Rumold *ou* Rumwold.
Rumon.
Rupert. (*V.* Robert.)
Rusticle.
Rustique.
Ruth.
Rutile.
Rutule.

S

Sabas.
Sabel.
Sabin *ou* Savin.
Sabinien.
Sacerdos.
Sadoc.
Sadoth.
Saëns.
Saffier.
Sagar.
Saintin.
Sallade.
Salluste.
Sallustien.
Salomon *ou* Salone.
Salvator *ou* Salvateur.
Salve *ou* Salvi.
Salvien.
Samone *ou* Samonas.
Samson.
Samuel.
Sanche *ou* Sanchez.
Sanctus.
Sandou.
Sandraz.
Sané.
Sapidique.
Sapor.
Sardon.
Satule.
Satur.
Saturnin.
Satyre.
Sauve *ou* Sauge.
Sauveur.
Savien.
Savin *ou* Sevin.
Savinien.
Sébald.
Sébastien.
Second.
Secondaire.
Secondel.
Secondien.
Secondin.
Secondion.
Segondo.
Séguin.
Seine.
Selve *ou* Silve.
Sempronius.
Sénan *ou* Sennen.
Sénateur.
Sendou. (*V.* Sindulphe.)
Sénère.
Senery.
Sennen. (*V.* Sénan.)
Senoch.
Sens.
Septime.
Séraphin.
Sérapion.
Serdot.
Serein.
Sérène.
Serf.
Serge.
Sérinus.
Serné.
Serneu.
Sernin.
Sernis.
Servais.
Servan *ou* Servand.
Servilien.
Servule.
Seth.
Sevard *ou* Sivard.
Sévère.
Sévérien.
Sévérin.
Sevin. (*V.* Savin.)
Sexte.
Siacre.
Sibert.
Sicaire.
Sidoine.
Siffroy *ou* Sigefride.
Sige.
Sigebert.
Sigefride. (*V.* Siffroy.)
Sigisbaud.
Sigismond.
Sigues.
Silain.
Silas.
Silvain. (*V.* Sylvain.)
Silve. (*V.* Selve.)
Silvère.
Silvestre. (*V.* Sylvestre.)
Silvin.
Siméon.
Similien.
Simon.
Simplice, Simplicien *ou* Simplicius.
Simplide.
Sina.
Sincère.
Sindime.
Sindulphe *ou* Sendou.
Sinice.
Sinier.
Sirice *ou* Syrice.
Siroine.
Sisenan.
Sisine.
Sisinnius.
Sisoès.
Sivard. (*V.* Sévard.)
Sixte. (*V.* Xiste.)
Smaragde.
Soacre.
Sobel.
Socelin *ou* Gézelin.
Socrate.
Sol *ou* Sola.
Solesne *ou* Solenne.
Solomon.
Solon.
Soluteur.
Sonnen.
Sophonie.
Sophrone.
Sosandre.
Sosipater.
Sospice.
Sosthènes *ou* Sosthène.
Soter.
Souleine
Sour.
Space.
Span.
Spé.
Spécieux.
Spérat.
Speusippe.
Spin.
Spire *ou* Exupère.
Spirice.
Spiridion.
Stable.
Stactée.
Stanislas.
Stapin.
Statien.
Statulien.
Stéphan.
Stéphanide.
Stratège.
Straton.
Stratonique.
Sturme.
Stylien.
Styzace.
Subran. (*V.* Cyprien.)

Successe.
Suffroy.
Suibert.
Suillaf *ou* Suillac.
Sulcan.
Sulpice.
Supère ou Supéry.
Suran.
Surin.
Syagre.
Sylvain *ou* Silvain.
Sylve.
Sylvestre *ou* Silvestre.
Symmaque.
Symphorien.
Symphorose.
Symphrone.
Synèse.
Syr.
Syrice. (*V.* Sirice.)

T

Tancon.
Tanneguy *ou* Tanguy.
Taraise.
Taraque *ou* Tharaque.
Tason.
Tasse.
Tatien.
Taurin.
Télémaque.
Télesphore.
Téliou.
Terce.
Térence.
Térentien.
Tertulle.
Tertullien.
Tétrade.
Thaddée *ou* Thadéo.
Thaïs.
Thalaze.
Tharaque. (*V.* Taraque.)
Tharsice.
Thatuel.
Théau.
Thémiste.
Thémistocle.
Théobald.
Théodare.
Théodat.
Théodemir.
Théodorat.
Théodore.
Théodoric.
Théodose.
Théodote.
Théodule.
Théodulphe.
Théofroy.
Théogène.
Théogone.
Théonas.
Théoneste.
Théonitas.
Théophane.
Théophile.
Théophylacte.
Théopiste.
Théopompe.
Théotime.
Théotique.
Théotiste.
Théozone.
Thérapon.
Thérence.
Thergite.
Thespèce.
Thézevin.
Thibaut *ou* Thibaud.
Thien.
Thierri *ou* Thierry.
Thifroy.
Thion.
Thomas.
Thraséas.
Thrason.
Thyrse.
Tibère *ou* Tibéry.
Tiburce.
Tierce.
Tigide.
Tigrius.
Tillon.
Timolas.
Timoléon.
Timon.
Timothée.
Tite *ou* Titus.
Titien.
Tobie.
Tonnolein.
Torquat.
Touchard.
Toussaint.
Tranquille.
Tranquillin.
Trasibule.
Trémoré.
Trésain *ou* Trésin.
Trichinas.
Trièse.
Triphaine.
Triphile.
Triphine.
Triphon *ou* Thryphon.
Tripode.
Trivier *ou* Triviel.
Troade.
Troèse.
Trojan.
Tron ou Trond.
Tropez *ou* Tropès.
Trophime.
Tryphon. (*V.* Triphon.)
Tudy.
Tujan.
Turbons.
Turiafe *ou* Turiaf.
Turibe.
Turpin.
Tychique.
Tygride.
Tyrannion.

U

Ubald *ou* Uladomir.
Udolphe.
Ulbert.
Uldaric.
Ulface.
Ulfrid. (*V.* Wolfred.)
Ulphe.
Ulpien.
Ulpize.
Ulric *ou* Ulrich.
Urbain.
Urbice *ou* Urbis.
Urséole.
Ursicin.
Ursin.
Ursion.
Ursix.
Ursmer *ou* Ursmar.
Usmard.
Usthazade.

V

Vaast *ou* Waast.
Valabonse.
Valbert.
Valburge *ou* Walburge.
Valène.
Valens.
Valentin.
Valentinien.
Valention.
Vallère *ou* Valler.
Valéri *ou* Valéry.
Valérien.
Valfré.
Valier.
Vambert.
Vandelin.
Vandon.
Vandrille.
Vaneng.

Vanne.
Vanon.
Varadat *ou* Baradat.
Varang.
Varc *ou* Varus.
Varique.
Vatther.
Vaudrée.
Vaury.
Venance *ou* Venans.
Venant.
Venceslas *ou* Wenceslas.
Vendimien.
Vénérand.
Vénère.
Vénuste.
Vénustien.
Véran.
Vére.
Vérécon *ou* Vergoin.
Vérédème.
Vérion.
Vérissime.
Vermier *ou* Vernhère.
Vérocien.
Véron.
Vérule.
Véterin.
Vettius.
Vhalen.
Viateur.
Viatre.
Viau.
Victor *ou* Victeur.
Victoric.
Victorien.
Victorin.
Victrix.
Victur.
Victurnien.
Vidien.
Vigile.
Vigor.
Vilmer.
Vinard.
Vincent.
Vindémial.
Vindicien.
Vinebaud *ou* Winebaud.
Vinnox.
Violand.
Virglie.
Vital.
Vitalien.
Vite.
Vitrice.
Vivent.
Viventiole.
Vivien.
Vodoal.
Voel.
Volfang *ou* Wolfgand.
Voltan *ou* Vulstan.
Volusien.
Vorle.
Vozy. (*V.* Évode.).
Vrain.
Vrime.
Vulfilaü.
Vulflix.
Vulfran *ou* Wulfran.
Vulgis.
Vulpan.
Vulphe.
Vulsin.
Vulstan. (*V.* Woltan.)

W

Waast. (*V.* Vaast.)
Walbert *ou* Gaubert.
Wenceslas. (*V.* Venceslas.)
Wérenfrid.
Werner.
Wibert *ou* Wigbert.
Wilfrid. (*V.* Alfred.)
Willebad.
Willebrod *ou* Wilibrod.
Wilebad.
Winebaud. (*V.* Vinebaud,)
Winnin.
Winnoc.
Wistan.
Wilburge.
Wolgand. (*V.* Volfang.)
Wolfred. (*V.* Ulfrid.)
Wulfran. (*V.* Vulfran.)
Wunebaud *ou* Guénebaud.

X

Xavier.
Xiste *ou* Sixte.

Y

Ylpise.
Ymas.
Ymelin.
Ymer.
Yon.
Yriès *ou* Yrieix.
Yriez. (*V.* Arède.)
Ysery.
Ythier.
Yved *ou* Yvedon.
Yves.
Yvon. (*V.* Ivon.)
Yvore.

Z

Zachari *ou* Zacharias.
Zachée.
Zame.
Zanitas.
Zarbel.
Zébinas.
Zéger.
Zélotès.
Zénas.
Zénob.
Zénon.
Zénos.
Zéphire.
Zéphyrin.
Zet.
Zétique.
Zétule.
Zite.
Zoce.
Zoële.
Zoïle.
Zophore.
Zotime.
Zotique.
Zozime *ou* Zosime.

SEXE FÉMININ.

A

Abondance.
Abre.
Abryce.
Acathe.
Adalbade.
Adalseinde.
Adélaïde.
Adèle *ou* Adeline.
Adelelme.
Adelinde.
Adilie *ou* Adile.
Adnette.
Adolphine.
Adriadné.
Adrienne.
Afre.
Agape.
Agathe.
Agathoclie.
Agathonique.
Agetrue.
Agilberte.
Aglaé.
Agnès.
Agrippine.
Aguilberte.
Aimée.
Albertine *ou* Alberte.
Albine.
Alde. (*V.* Aude.)
Aldegonde.
Alène.
Alexandra.
Alexandrée.
Alexandrine.
Alexina.
Alfrédie *ou* Alfrède.
Algive.
Alice.
Aline.
Alix.
Alodie.
Alloïse. (*V.* Louise.)
Alphonsine.
Altigien.
Altrude.
Alvère.
Amalberge.
Amanda.
Amaranthe.
Amatalide.
Ambrois.
Ambroisine.
Ame.
Amée.
Amélie *ou* Amélia.
Amelburge.
Amicie.
Ammone.
Anaïs.
Anastasie.
Anatolie.
Ancratide.
Andrée *ou* Andréa.
Andrésie.
Angadresme.
Angèle.
Angéline *ou* Angélina.
Angélique.
Anne, Anna *ou* Annette.
Anthe.
Anthuse.
Antigone.
Antoinette.
Antonie *ou* Antonia.
Antonine.
Anysie.
Aphrodise.
Apollinaire.
Apoline.
Apollonie.
Appie.
Apronie.
Aquila.
Aquiline.
Argenis.
Ariane *ou* Ariadne.
Aricie.
Armande *ou* Armandine.
Artémie.
Arthélaïde.
Arthémise *ou* Artémise.
Aselle.
Aspasie.
Astérie.
Atale, Athalie *ou* Attale.
Athanasie.
Athénaïs.
Attale. (*V.* Atale.)
Aubierge *ou* Edelburge.
Aude *ou* Alde.
Audry *ou* Etheldrède.
Aufidie.
Auge.
Augusta.
Augustine.
Aure.
Aurée.
Aurèle *ou* Aurélie.
Aussille.
Austrade.
Austreberte.
Avoye *ou* Edwige.
Avrince.
Aya.
Azélie.

B

Balmine.
Balsamie.
Baptista *ou* Baptistine.
Barbe.
Basilide *ou* Basilisse.
Basille.
Basine.
Basse.
Bathilde.
Béate.
Béatrice *ou* Béatrix.
Bée.
Bège.
Beggue.
Bellende.
Belline.
Bénédicte *ou* Bénédictine.
Bénigne.
Bénilde.
Benoîte.
Berengère.
Berlinde.
Bernardine.
Berthe *ou* Berthilde.
Bertille.
Bertoare.
Beuve.
Bibiane.
Bibliade.
Blanche.
Blande *ou* Blandine.
Bonne *ou* Bone.
Bonose.
Brigide.
Brigitte.

C

Calliope.
Calliste.

Callisthène.
Camélie *ou* Camélia.
Camille.
Candide.
Cantianille.
Capitoline.
Carétine.
Carisse. (*V.* Charisse.)
Carite.
Caroline.
Casilde.
Casine.
Cassandre.
Casta.
Castorie.
Catherine.
Cécile, Cécilie *ou* Cécilia.
Célerine.
Céleste *ou* Célestine.
Céline, Célinie, Célina *ou* Célie.
Césarine *ou* Césarie.
Charise *ou* Carise.
Charité.
Charitine.
Charlotte.
Chélidoine. (*V.* Sidoine.)
Chionie.
Chrétienne.
Christète.
Christiane.
Christine.
Claire, Clara *ou* Clarisse.
Clarence.
Claude, Claudie *ou* Claudine.
Clémence.
Clémentine.
Cléomène.
Cléonide.
Cléopâtre.
Climène.
Clotilde.
Colette *ou* Nicole.
Colombe.
Concosse.
Concorde *ou* Concordia.
Consolate.
Consorce.
Constance.
Contesse.
Cordule.
Cornélie *ou* Cornélia.
Couronne.
Crescence.
Crescentienne.
Crispine.
Cunégonde.
Cyprienne.
Cyre.
Cyrène *ou* Cyrénie.
Cyriaque.
Cyrienne.
Cyrille.

D

Dalie.
Daphrose *ou* Dafrose.
Darie.
Dative.
Delphine.
Démètre *ou* Démétrie.
Denise *ou* Denyse.
Désirée.
Dévote.
Diane.
Dié.
Digne.
Dionise *ou* Dionysia.
Disciole.
Doctrovée.
Dode.
Domaine.
Dominique.
Domitille.
Domne *ou* Domnine.
Domniate.
Donate *ou* Donatille.
Donuine.
Dorothée.
Dosithée.
Dulcissime.
Dule.
Dympne.

E

Eanswide.
Ebbe.
Edburge. (*V.* Idaberge.)
Édeltrude.
Edissa. (*V.* Esther.)
Édithe.
Edmée.
Edwige. (*V.* Avoye.)
Élampie. (*V.* Eulampie.)
Éléonore.
Elflède.
Élisabeth, Élisa *ou* Élise.
Élodie.
Elvire.
Émérence *ou* Émérentienne.
Émérite.
Émilie *ou* Émilienne.
Emma *ou* Emmée.
Emmélie *ou* Emmeline.
Énimie.
Ennathe.
Épagathe.
Épbise.
Épicharis.
Épomine.
Érasme.
Éremberte.
Ermance. (*V.* Hormance.)
Ermelinde.
Ermemburge.
Ermengarde.
Ermenilde.
Ermine *ou* Erminie.
Ernestine.
Espérance *ou* Exupérance.
Estelle.
Esther.
Étern.
Étheldrède.
Étiennette.
Eucratide.
Eudoxie *ou* Eudoce.
Eugénie.
Eucratie.
Eulalie.
Eulampie *au* Élampie.
Eunomie.
Euphémie.
Euphrasie.
Euphronie.
Euphrosine.
Euprépie.
Eupure.
Eurose.
Eusébie.
Eustadiode.
Eustadiole.
Eustasie.
Eustelle.
Eustochie.
Eustolie.
Euthalie.
Eutolie.
Eutropie.
Évangélista.
Ève *ou* Éva.
Éveline *ou* Évelina.
Éveride.
Évodie.
Évronie.
Exupérance.
Exupérie.

F

Fabiole.
Faine.
Fale.
Fanny.
Fare.

Fauste, Fausta *ou* Faustine.
Fébronie.
Félicie *ou* Félicienne.
Félicité.
Félissime.
Fercinte.
Fernande.
Fidèle, Fidélia *ou* Fidéline.
Fidès. (*V.* Foi.)
Fine.
Firmine.
Flaminie *ou* Flammine.
Flavie *ou* Flavienne.
Flobarde.
Flore *ou* Florestine.
Florence.
Florentine.
Floride.
Florienne.
Florine.
Foi *ou* Fidès.
Fortunée.
Francine.
Francisque.
Françoise.
Franque.
Frédégonde.
Fructueuse.
Fulvie.
Fusque.

G

Gabrielle.
Gaïenne.
Galathée.
Galle.
Gasparine.
Gauburge.
Gaudence.
Gavine.
Gemne *ou* Gemnes.
Généreuse.
Genèse.
Geneviève.
Georgette.
Georgie *ou* Georgina.
Géraldine.
Gérarde.
Gerbuge.
Germaine.
Gertrude.
Gervaise.
Gilberte.
Gisèle.
Glaphyre.
Glosinde.
Glycère.
Glodeberte.
Godeleine.
Godelièvre.
Gondeine.
Gorgonie.
Grate.
Grégorie.
Grimonie.
Gudélie.
Gudule.
Guiborat.
Guillemine. (*V.* Wilhelmine.
Gustavine.

H

Helconide.
Hélène *ou* Héléna.
Héliade.
Héloïse.
Heltrude.
Hénédine.
Henriette.
Herbertine.
Hérénie.
Herlinde.
Hermance *ou* Ermance.
Herminie *ou* Hermine.
Hermione.
Hérondine.
Hiéronyme *ou* Jéronime.
Hilarie *ou* Hilairie.
Hilde.
Hildegarde.
Hildegonde.
Hildemarque.
Hiltrude.
Hombergе.
Honorate.
Honorée.
Honorine.
Hortense.
Huberte.
Hugoline.
Humilienne.
Humilité.
Hunégonde.
Hyacinthe *ou* Jacinthe.

I

Ida *ou* Ide.
Idaberge *ou* Edburge.
Ildeburge.
Ildegonde.
Illuminée.
Imelda.
Innocence.
Iphigénie.
Iralde.
Irène *ou* Irénée.
Irmine *ou* Irma.
Isabelle.
Isaure.
Isidore.
Ite *ou* Mide.
Ivonne. (*V.* Yvonne.)

J

Jacqueline.
Jacynthe. (*V.* Hyacinthe.)
James.
Janvière.
Jeanne, Jeannette *ou* Jenny.
Joconde.
Joséphine.
Juconde.
Judith.
Julie, Julia *ou* Juliette.
Julienne.
Julitte.
Junille.
Justine *ou* Juste.
Jutte.

K

Kineburge.
Kinedride.

L

Langrade.
Laure.
Laurence *ou* Laurentine.
Laurienne.
Léo *ou* Léa.
Léocadie *ou* Léocade.
Léocrice.
Léonarde.
Léonce *ou* Léontine.
Léonide.
Léonie *ou* Léonille.
Léonore.
Léontine. (*V.* Léonce.)
Léopoldine.
Leutgarde. (*V.* Lutgarde.)
Lewine.
Libérate.
Libière.
Libre.
Libye.
Licière.
Lidwine *ou* Liduine.
Lièbe. (*V.* Liobe.)
Lilieuse.
Liliose.

Lilisse.
Lindruc.
Liobe *ou* Liébe.
Liorade.
Lioubète.
Livéte.
Livrade.
Louise, Louisa, Lise, Aloïse *ou* Lodoïska.
Luce.
Lucée.
Luconce.
Lucie.
Lucile.
Lucine.
Lucrèce.
Ludmille.
Luise.
Lumineuse.
Lutgarde *ou* Loutgarde.
Lydie.

M

Macarie.
Macre *ou* Macrine.
Madeleine *ou* Magdelaine.
Malque.
Mame.
Mamelthe.
Manne *ou* Mannée.
Marane.
Marce *ou* Marcie.
Marcelle *ou* Marceline.
Marcienne.
Marcionille.
Marème.
Marguerite.
Marianne.
Marie *ou* Maria.
Marine.
Marthe *ou* Martha.
Martine.
Mastidie.
Materne.
Mathie.
Mathilde.
Mathurine.
Matrone.
Matutine.
Mauberte.
Mauguille.
Maure.
Maxelende.
Maxence.
Maxime.
Maximilienne.
Mechtide.
Médule.
Mélanie.
Mélitine.
Memmie.
Ménehoud.
Menne.
Ménodore.
Mercurie.
Mesme.
Messence.
Métrodore.
Michelle *ou* Micheline.
Milburge.
Mildréde.
Milguie.
Mindine.
Modeste.
Modette.
Mondane.
Monégonde.
Monique.
Montaine.
Muse.
Musque.
Muste.
Myrope.

N

Nalatine.
Nathalie.
Néomadie.
Néomaie.
Néomise.
Néophyte.
Nétesse.
Nicette.
Nicolle.
Nicomède.
Ninge.
Noéitburge *ou* Notburge.
Noèle.
Noémie.
Noflète.
Nominande.
Notburge. (*V.* Noetburge.)
Noyale.
Numilon.
Nymphe.
Nymphodore.

O

Obdule.
Octavie *ou* Octavienne.
Odde.
Ode *ou* Odette.
Odile *ou* Odille.
Olaïe.
Oldrade.
Olive *ou* Olivia.
Olympe.
Olympiade.
Opportune.
Orbaine.
Osanne.
Osithée.
Osmanne.
Othilde.
Othilie.
Ouine.
Ourse.

P

Pacifique.
Pallade *ou* Palladie.
Pallatiate.
Palmyre.
Panacée.
Parise.
Parthénie.
Pascale *ou* Pascaline.
Paschasie *ou* Pascase.
Pasteure.
Patralie.
Patricie.
Paule, Paula *ou* Pole.
Pauline.
Péchinne.
Pègue.
Pélagie.
Pérégrine.
Perpétue.
Perrine *ou* Pétronille.
Persévérande.
Pharaïde.
Phède.
Philiberte.
Philippine.
Philogone.
Philomène.
Phœbé.
Photine.
Piale.
Pie.
Pience.
Piste.
Placide *ou* Placidie.
Plautille *ou* Plautilde.
Pole. (*V.* Paule.)
Pollène.
Polyxène.
Pome.
Pompose.
Ponce.
Porcaire.
Potamiène *ou* Potamise.
Potentienne. (*V.* Pudentienne.)

Praxède.
Prépédigne.
Preuve.
Primice.
Primitive.
Priscille *ou* Prisce.
Prisque.
Prosdoce.
Protaise.
Prudence.
Publie.
Pudentienne *ou* Potentienne.
Pulchérie.
Pusine.

Q

Quartille.
Quiète.
Quintile *ou* Quintilienne.
Quirille.
Quitère *ou* Quitérie.

R

Rachilde.
Radegonde.
Raingarde.
Rastragène.
Raveneuse.
Rébecca.
Redempe.
Refroie.
Reine *ou* Régina.
Régiole.
Reinoffe.
Renée.
Réparate.
Restitue.
Restitute.
Révocate.
Reynelde.
Rhaïde.
Richarde.
Rictrude.
Ripsime.
Rite *ou* Rita.
Robertine.
Romaine.
Romule.
Rosade.
Rosalie.
Rosamunde.
Rose, Rosa *ou* Rosine.
Rosseline.
Rosule.
Rufine.
Rusticle.
Rustique.

S

Sabine.
Salaberge.
Salomé.
Sara *ou* Sarah.
Saturnine.
Saule.
Savine.
Scholastique.
Sébastienne.
Seconde.
Secondine.
Secondole.
Sédophe.
Ségondille.
Segrette.
Semponie.
Sénorine.
Sérante.
Séraphine.
Serapie.
Sereine.
Serène.
Séronne.
Sérotime.
Séthride.
Sévère *ou* Sévérine.
Sexburge.
Sicaire.
Sidoine *ou* Chélidoine.
Sidonie.
Sigillinde.
Sigismonde.
Sigouleine.
Sigrade.
Silvanie.
Silvie. (*V.* Sylvie.)
Simonne.
Simplicie.
Sisine.
Solange *ou* Soulange.
Soline.
Somnine.
Sopatre.
Sophie.
Sophonie.
Sophronie.
Sotère.
Sothée.
Soulange. (*V.* Solange.)
Souleine.
Spécieuse.
Spérande.
Spère.
Stéphanide.
Stéphanie.
Stratonice.
Suzanne.
Sylvie *ou* Silvie.
Symphorose.
Synclétique.
Syntique.
Syre.

T

Talide.
Tanche.
Tarbe *ou* Tarbule.
Tarcice.
Tarsille *ou* Tharsille.
Tatienne.
Tatte.
Taurette.
Tendide.
Ténestine.
Tertulle.
Teutère.
Thaïs.
Tharsille. (*V.* Tarsille.)
Thècle.
Théeuse.
Thée.
Thelchide.
Théoctiste *ou* Théotiste.
Théodéchilde.
Théodelinde.
Théodeste.
Théodora *ou* Théodorine.
Théodosie.
Théodote.
Théodule.
Théole.
Théonille.
Théontine.
Théophile.
Théotiste. (*V.* Théoctiste.)
Thérèse *ou* Thérésa.
Théside.
Thessalonice.
Thomaïde.
Thuise.
Tobie.
Toscaine.
Trasille *ou* Thrasille.
Triaise.
Triduaine.
Triphine.
Tryphène.
Tryphonie.
Tullie *ou* Tullia.
Tusque.

U

Ubaldesque.

Ulphe.
Ulrique.
Uranie.
Ursule.

V

Valentine.
Valère *ou* Valérie.
Valérienne.
Vaudru.
Vautrude. (*V.* Waltrude.)
Vénérande.
Veneuse.
Verda.
Verdienne *ou* Véridienne.
Vérence.
Vérène.
Vérone.
Véronique.
Vestine.
Véture.
Vicence.
Victoire.
Victorie, Victorine *ou* Victorienne.
Viergue.
Vilhelmine. (*V.* Wilhelmine.)
Vincienne.
Viole.
Virginie.
Visse.
Vitaline.
Vivine.
Vivrède.

W

Walburge.
Waltrude *ou* Vautrude.
Wénéfride.
Werbourg.
Wéréburge.
Wilhelmine *ou* Vilhelmine.
Wulphride.

X

Xantippe.
Xène.

Y

Ybergue.
Yolaine.
Yolande.
Ysoie.
Yvette.
Yvonne *ou* Ivonne.

Z

Zélie, Zélia *ou* Zéline.
Zénaïde.
Zénobie.
Zéphirine.
Zite *ou* Zita.
Zoé.
Zozime *ou* Zosime.

2e PARTIE

Noms des personnages connus de l'histoire ancienne[1].

A

Abantidas, fils de Péas.
Abantus, amiral romain.
Abas, roi d'Argos, fils de Lyncée.
Abassuérus, roi de Médie.
Abazare, roi d'Osrohène.
Abbarus, roi de Tyr.
Abdagèse, gouverneur arménien.
Abdastarte, roi de Tyr, fils et succ. de Baléazar.
Abdolonyme, roi de Sidon.
Abgare, roi d'Édesse.
Abia, roi d'Arabie.
Abibal, 1er roi de Tyr.
Abihal, père d'Hiram.
Ablavivus, chef des Goths.
Abobi, père de Ptolémée.
Abradate, favori de Cyrus.
Acamas, roi de la Chersonèse.
Acaste, archonte d'Athènes, fils de Médon.
*Accia, mère d'Octave et nièce de Jules César.
Acenchères, roi d'Égypte, succ. d'Orus.
Aceseptrès, roi de Memphis.
Aceste, roi de Ségeste (Sicile).
Achæmènes, roi de Perse.
Achæménide, frère d'Artaxerce.
Achée, roi d'Asie.
Acherrès, roi d'Égypte, succ. d'Acenchères.
Achescus, roi de Thèbes.
Achéus, petit-fils d'Hellen.
Achillas, général égyptien.
Achis, roi de Geth, fils de Maacha.
Achoréus, roi de Memphis.
Achoris, roi d'Égypte.
Acilius. (*V.* Glabrion.)
Acmon, prince phrygien.
Acoka, empereur de l'Inde.
Acragas, célèbre graveur grec.
Acrisius, roi de Mycènes, frère de Proétus.
Acron, roi des Céciniens.
Acrotatus, fils d'Aréus; — fils de Cléomène.
Acusilaüs, célèbre historien grec.
Adallas, roi de Thrace.
Adarézer, roi de Soba (Syrie), fils de Rohob.
*Adda, reine de Carie.
Adherbal, fils de Micipsa.
Adimante, capitaine des Athéniens.
Admète, roi des Molossiens.
Adramélech, fils de Sennachérib.
Adraste, roi d'Argos.
Adrymète, roi de Lydie.
Adrysus, roi de Lydie.
Adventus, gouverneur de Rome.
Ægée, 9e roi d'Athènes, fils de Pandion.
Ægialée, 1er roi de Sicyone.
Æginète, roi d'Arcadie.
Æglas, roi de Corinthe.
Ægydrus *ou* Égyre, 6e roi de Sicyone.
Ægyptus, roi de Messénie, fils de Cresphonte.
*Ælia, femme d'Arcadius.
Æmilianus. (*V.* Fulvius.)
Ænéas, roi du Latium, fils de Sylvius.
Ænobarbus (Domitius), père de l'empereur Néron.
Æropas, roi de Macédoine.
Æsanius, roi de Théra.
Æsimédès, archonte d'Athènes, succ. de Charops.

[1] Les noms du sexe féminin sont marqués d'un astérisque.

Ætès, roi de Colchide, fils d'Hélius.
Æthlius, roi d'Élide.
Ætisanès, roi d'Éthiopie.
Ætolus, roi d'Élide.
Afranius Burrhus, lieut.-gén. romain.
Agag, roi des Amalécites.
Agamemnon, roi d'Argos, fils d'Atrée et père d'Électre.
Agamestor, archonte d'Athènes, succ. de Thespiéus.
Agapénor, roi d'Arcadie.
*Agariste, femme de Xantippe et mère de Périclès.
Agatharque, célèbre architecte grec.
Agathoclès, tyran de Syracuse, père de Lanassa.
Agéladas, célèbre statuaire grec.
Agélas, roi de Corinthe, succ. de Bacchis.
Agélaüs, roi de Corinthe, succ. d'Ixion.
Agémon, roi de Corinthe.
Agénor, roi de Phénicie, père de Cadmus et d'Europe.
Agésilas, roi de Sparte, frère d'Agis et fils d'Archidamus.
Agésipolis, fils de Pausanias, roi de Sparte.
*Agiatis, fille de Cylippe et femme d'Archidame.
Agiésopolis, roi de Lacédémone, fils de Cléombrote et père de Cléomènes.
Agilmond, 1er roi des Lombards.
Aglaophon, célèbre peintre grec.
Agnon, père de Théramène.
Agoracrite, célèbre statuaire grec.
Agricola, général romain.
Agrion, roi d'Illyrie.
Agrippa, roi du Latium, succ. de Tibérinus.
Ahasiari, fils d'Assur et de Naara.
Ahénobarbus, consul romain.
Aïdonée, roi des Molosses.
Aïonus, chef des Lombards.
Ajax, fils de Télamon; — fils d'Oïlée.
Alaric, roi des Visigoths. (An 395 après J.-C.)
Alathée, général goth.
Alba *ou* Picus, roi du Latium, père de Latinus.
*Albia *ou* Dominica, femme de l'empereur Valens.
Alcamène, célèbre statuaire grec.
*Alcandra, femme de Polybe.
*Alceste, femme d'Admète.
Alcétas, roi de Macédoine, fils d'Æropas.
Alcibiade, général athénien, fils de Clinias.
Alcidamas, célèbre rhéteur grec.
Alcimaque, célèbre peintre grec.
Alcinoüs, roi des Phéaciens.
Alcmæon, archonte d'Athènes, fils et succ. d'Eschyle.
Alcman, célèbre poète grec.
*Alcmène, mère d'Hercule et fille de Lysidice.
Alcyntas, roi de Macédoine, père d'Amyntas.
Alcyonée, fils d'Antigone.
Alétès, roi de Corinthe, fils d'Hippotès.
Alladius, roi du Latium, succ. d'Agrippa.
Allectus, usurpateur romain.
Altadas, 10e roi d'Assyrie.
*Alvia, femme de Numérien, empereur romain.
Alyatte *ou* Halyatte, roi de Lydie, succ. d'Ardysus et fils de Sadyattes.
Alycus, fils de Sciron.
Amadathi, favori et 1er ministre d'Assuérus.
*Amalasonte, fille de Théodoric le Grand.
Aman, fils d'Amadathi.
Amasis, roi de Lacédémone.
*Amate, femme du roi Latinus.
Ambigatus, roi des Bituriges (Gaule celtique).
Ambiorix, roi des Éburons (pays de Liège).
Amédès, roi de Memphis.
Amendus, usurpateur romain.
Aménophis, roi de Memphis, succ. de Ramsès.
Améristе, célèbre mathématicien grec.
Amersis (Mephrès), roi de Memphis.
*Amestris, seconde fille d'Artaxerce.
Amiclas, roi de Lacédémone.
Amilcar, père d'Annibal.
Amiyès, roi de Memphis.
Ammenémès, roi de Memphis, succ. d'Aménophis.
Ammiud, père de Tholmaï.
Amnéus, sénateur romain.
Amphiaraüs, roi d'Argos.
Amphicrate, orateur athénien.
Amphictyon, roi d'Athènes, beau-fils de Cranaüs.
Amphidas, roi d'Athènes, fils et succ. d'Oxyntès.
Amphion, roi de Thèbes, fils d'Antiope.
Amraphel, roi de Sennaar.
Amulius, roi du Latium, fils et succ. de Procas et frère de Numitor.

Amutantée, roi d'Égypte.
Amychas, célèbre mathématicien grec.
*Amycla, mère de Daphné.
Amyntas, roi de Macédoine, fils et succ. d'Alcyntas.
Amyntès, roi d'Assyrie.
Amyrtée, roi de Perse.
Anabus, roi d'Assyrie.
Anacharsis, célèbre philosophe de Scythe.
Anacréon, célèbre poète lyrique grec, né à Téos.
Anacyndarax *ou* Ocrazarès, roi d'Assyrie.
Anaxagore, célèbre philosophe grec.
Anaxandre, roi de Lacédémone, fils et succ. d'Eurycrate.
Anaxandride, célèbre poète grec.
Anaxidamus, roi de Lacédémone, fils et succ. de Xeuxidamus.
Anaxilas, tyran de Réghio.
Anaximandre, célèbre philosophe grec.
Anaximènes, célèbre phil. ionien.
Anaxis, célèbre historien grec.
Anchise, père d'Énée et petit-fils d'Assaracus.
Anchunius, roi de Thèbes.
Ancus (Martius), roi du Latium, petit-fils de Numa.
Andocide, célèbre orateur grec, fils de Lexagoras.
Andriscus, roi de Macédoine.
Androcle, fils de Codrus.
Androclès, roi de Messénie.
Androcyde, célèbre peintre grec.
Androdamas, célèbre législateur grec.
Androgée, fils aîné de Minos.
Andromachus, père de Timée.
Anicète, amiral de Polémon, roi de Pont.
Annibal, général carthaginois, fils d'Amilcar.
Annibalianus *ou* Hannibalien, roi d'Arménie, neveu de l'empereur Constantin.
Annius (Florianus), empereur romain.
Anoïphès, roi de Thèbes.
Antalcidas, général lacédémonien.
Antandre, gouverneur de Syracuse.
Anténor, prince troyen.
Anthémion, père d'Anytus.
*Antho, fille d'Amulius.
Antigone, roi de Macédoine, fils de Démétrius et de Philla.
Antiochus, roi d'Assyrie, fils et succ. de Séleucus.
*Antiope, fille de Nyctée et mère de Démophoon.
Antiorus, fils de Lycurgue.
Antipater, roi de Macédoine, père d'Hérode et de Phasaël.
Antiphon, célèbre orateur athénien.
Antisthène, disciple de Socrate.
Antistius, préteur romain.
Antomède, célèbre poète mycénien.
Antonius, consul romain.
Antosthène, archonte d'Athènes.
Antyllus, fils aîné d'Antoine et de Fulvie.
Anytus, célèbre rhéteur athénien, fils d'Anthémion.
Apacnas, roi de Memphis.
*Apama, femme de Ptolémée, et fille d'Artabaze.
Apappus, roi de Thèbes.
Apharée, fils adoptif d'Isocrate.
Aphidas, roi d'Athènes.
Aphranius, lieutenant de Pompée.
Apion, roi d'Égypte, fils de Physcon.
Apis, 4e roi de Sicyone.
*Apolia, fille d'Agésilas.
Apollocrate, fils de Denys, tyran de Syracuse.
Apollodore Clodius, gouverneur de Babylone.
Apollonnius, général syrien.
Apophis, roi de Thèbes.
Appius, consul romain, beau-père de Tibérius.
Apriès *ou* Vaphrès, stratège des Achéens.
Apronadius, roi de Babylone, succ. de Bélybus.
Apronius (Césanius), gouverneur de l'Afrique.
Apsander, archonte d'Athènes, succ. de Léocrate.
Aptéras, roi de Crète, fils de Cydon.
Aquilius (Tuscus et Florus), consuls romains.
Arabellus, roi d'Assyrie.
Aracus, amiral spartiate.
Aralius, amiral spartiate, succ. d'Arius.
Aratus, général de la ligue achéenne, fils de Clinias.
Arbace, roi des Mèdes.
Arbianès. (*V.* Arphaxad.)
Arcadius, empereur d'Occident.
Arcas, roi d'Arcadie.
Arcésilaüs, roi de Cyrène.
*Archagathe, fille d'Agathocle.
Archélaüs, roi de Macédoine, fils et succ. de Perdiccas, et frère de Sisenna.
Archenchères, roi de Memphis.

Archésilas, philos. lacédémonien.
Archias, célèbre poète grec.
Archestrate, poète comique grec.
Archidamus, roi de Sparte, fils et succ. d'Agésilas.
Archiloque, poète lyrique de Paros.
Archimède, célèbre géomètre de Syracuse.
*Archippe, fille de Lysandre, et femme de Thémistocle.
Archippus, archonte d'Athènes, succ. d'Acaste.
Architas, philosophe pithagoricien.
Archondes. (V. Pammus.)
Archytas, célèbre philosophe grec.
Arcianes, roi de Babylone, succ. de Mardokempad.
Arctinus, célèbre poète de Milet.
Ardale, célèbre poète de Trézène.
Ardys *ou* Ardysus, roi de Lydie, fils de Gygès.
Arétas, roi d'Arabie.
*Arète, femme de Timocrate.
Aréus, roi de Sparte, père d'Acrotatus.
Argalus, roi de Lacédémone.
Argée, roi de Macédoine, succ. d'Amyntas.
*Argie, fille d'Adraste et femme de Polynice.
*Argistrate, mère d'Agis et sœur d'Agésilas.
Argon, 1er roi de Lydie.
Argus, roi d'Argos, fils d'Apis.
Ariarathe, roi de Cappadoce.
Aridée, fils de Philippe, roi de Macédoine.
Ariobarrane, fils de Philippe, roi de Macédoine.
Arioch, roi de Pont.
Arioviste, roi des Suèves (Germains).
Aristagoras, chef du parti aristocratique grec.
Aristippe, époux de Mésa.
Aristocle, célèbre peintre cydonien.
Aristoclite, père de Lysandre.
Aristocrate, roi d'Arcadie.
Aristodème, roi de Corinthe, succ. d'Eudème.
Aristogiton, conspirateur athénien.
*Aristomaché, femme de Denys, tyran de Syracuse.
Aristomaque, tyran d'Argos.
Aristomène, roi de Messenie.
Aristonicus, roi de Pergame, frère d'Attale.
Aristophane, célèbre poète grec.
Aristophon, orateur athénien.
Aristote, célèbre philosophe grec, fils de Nicomaque.
Aristrate, tyran de Sicyone.
Arius, roi d'Assyrie, succ. de Ninias.
Armaïs. (V. Danaüs.)
Armamithrès, roi de Syrie, succ. de Xerxès.
Arminius, général des Germains.
Arphaxad *ou* Arbianès, roi des Mèdes, père de Jocès.
Arras, chef éduen.
Arsace. (V. Mithridate.)
Arsacès, roi de Perse.
Arsam *ou* Arsès, prétendant au trône de Perse.
*Arsinoé, reine de Macédoine, veuve de Lysimaque.
Artaban, roi des Parthes.
Artabaze, roi de Pont.
Artane, roi d'Arménie.
Artapherne, général persan.
Artaxerce, Artaxercès *ou* Cambyse, roi de Perse, fils de Cyrus et gendre d'Astyage.
Artaxès, roi d'Arménie.
Aruns, fils de Tarquin-Collatin.
Arymbas, frère d'Olympias, mère d'Alexandre le Grand.
*Arystona, fille de Cyrus et femme de Darius.
Ascagne, roi du Latium, fils aîné d'Enée.
Ascalius, fils d'Iphitus.
Ascaric, roi des Francs.
Ascatadès, roi d'Assyrie.
Asclépiade, fils d'Hipparque.
Asdrubal, général carthaginois, fils de Gisgon et gendre d'Amilcar.
Asenaphar, roi d'Assyrie.
Aserimus, roi de Thyr.
Asinius (Pollion), orateur romain.
Asphenez, intendant de Nabuchodonosor.
Assaracus, frère d'Ilus.
Assaradin *ou* Aspar, 3e fils de Sennachérib.
Assar-Haddon, roi de Ninive.
Assourdanil. (V. Nabuchodonosor.)
Assuérus, roi de Perse.
Assur *ou* Ninus, fils de Bélus, roi d'Assyrie.
Assys, roi de Memphis.
Astarte, roi de Tyr, frère d'Abdastarte.
Astarymus, roi de Tyr, frère et succ. d'Astarte.
Astérius, roi de Cures.
Astérope, éphore.
Astyage, roi des Mèdes, fils et succ. de Cyaxare.
Ataric, roi d'Italie.
Atéius, tribun romain.

Athamas, roi d'Orchomène (Béotie).
Athambylus, roi des Topasmes.
Athénée, célèbre grammairien grec.
Athénion, capitaine des esclaves siciliens.
Athénœus, archonte d'Athènes.
Athotis *ou* Phusannus, roi d'Égypte.
Atlas, roi de Mauritanie.
*Atossa *ou* Atosse, sœur de Cyrus et femme de Darius.
Atrée, roi de Mycènes, fils de Pélops.
Atys, fils de Crésus.
Augustule, empereur romain.
Auréolus, général romain.
Autésion, roi de Thèbes, fils de Tisamène.
Autobulus, fils de Plutarque.
Autoléon, roi de Péonie.
Automène, roi de Corinthe.
Avidius (Cassius), usurpat^r romain.
Azaël. (*V.* Hazaël.)
Azize, roi de Messénie.

B

Babius, roi d'Assyrie.
Babrius, poète grec.
Bacchidès, général syrien.
Bacchis, roi de Corinthe, fils de Proymnès.
Bacchylide, poète lyrique grec.
Badézor, roi de Thyr.
Bagoas, général persan.
Balac, roi des Moabites.
Baladan. (*V.* Bélésis.)
Balœus, roi d'Assyrie.
Balator, roi de Tyr.
Balbin (Cœlius), empereur romain.
Balbus, consul romain.
Baléazar, roi de Tyr, fils d'Hiram.
Balès, roi de Syrie.
Balliste *ou* Balista, usurpateur romain.
Balthazar *ou* Évilmérodach, dernier roi de Babylone, fils de Nabuchodonosor et de Nitocris.
Bara, roi de Sodome.
*Barbia. (*V.* Sallustia.)
Barbula, consul romain.
Bardilis, roi d'Esclavonie, père de Bircenna.
*Barsine. (*V.* Statira.)
Bassien surnommé Caracalla, empereur romain, frère de Géta et fils de l'empereur Sévère.
Bassus. (*V.* Ventidius.)
Bathosis, roi de Memphis.
Battus, fondateur et 1er roi de Cyrène.
Bazorus, roi de Tyr, fils et succ. d'Ithobal.
Bélésis *ou* Baladan, roi de Babylone, père de Bérodach.
Belgius, général gaulois.
Bélisaire[1], général romain.
Belleparès, roi d'Assyrie, fils de Belochus.
Bellérophon, fils de Glaucus et petit-fils de Sisyphe.
Bellovèse, général gaulois, frère de Sigovès et neveu d'Ambigatus.
Belochus, roi d'Assyrie, succ. d'Armamithrès.
Bélus, roi d'Assyrie, père d'Assur.
Belybus, roi de Babylone.
Benadad, roi de Syrie, fils d'Hazaël.
Béorix, roi des Cimbres.
*Bérénice *ou* Cléopâtre, reine d'Égypte, femme de Ptolémée Physcon.
Bérodach, fils de Bélésis.
Bérose, historien babylonien.
Bersa, roi de Gomorrhe (Palestine).
Bessus, roi de Perse.
*Bethia, fille de Pharaon.
Bias, roi de Tyr.
Bibulus, consul romain, gendre de Caton d'Utique.
*Bircenna, fille de Bardilis et femme de Pyrrhus.
Birrius, sénateur romain.
Biton, fils de Cydippe.
Blésus, général des Pannoniens.
Bocchoris, roi de Memphis.
Bocchus, roi de Mauritanie, beau-père de Jugurtha.
Boerix, roi des Cimbres.
Botiras, roi de Bithynie.
Brasidas, général lacédémonien.
Brennus, roi des Gaulois Senones.
Britannicus, fils de Claude, empereur romain.
Britomartus, roi des Gaulois.
*Brunehaut, reine d'Austrasie.
*Bruttia, femme de Commode, empereur romain.
Bucolion, père de Phialie.
Bularque, poète polychrome de Lydie.
Burrhus (Afranius), gouverneur de Néron.
Bythys, lieutenant du roi Démétrius.

[1] Ce nom appartient à l'histoire du moyen âge ; il est ordinairement admis, mais légalement il pourrait être refusé, Bélisaire étant décédé en 545.

C

Cadmus, roi de Thèbes, fils d'Agénor.
Cælius Aurélianus, médecin grec.
Calanus, philosophe indien.
Caligula, fils de Germanicus, empereur romain.
Callias, mari d'Elpinice et fils de Hypponicus.
Callicratidas, général lacédémonien.
Callimaque, poète de Cyrène.
Callimédon, orateur athénien.
Callinus, poète grec.
Callipide, tragédien grec.
Callipus, ami de Dion.
Callisthène, officier d'Antiochus.
Callistrate (Caius), général athénien.
*Calpurnia, fille de Pison.
Calpurnius. (*V.* Pison.)
Calpus, fils de Numa.
Cambyse. (*V.* Artaxerce.)
*Candace, reine d'Éthiopie.
Candaule, roi de Lydie, succ. de Mellès.
Canidius, lieutenant de Pompée.
Canicius, capitaine de Spartacus.
Capanée, chef thébain.
Capetus. (*V.* Sylvius.)
Capitolinus. (*V.* Quinctius.)
Capiton, évêque de Jérusalem.
Capys, roi du Latium, succ. de Capetus.
Caracalla. (*V.* Bassien.)
Caranus, fondateur et 1er roi de Macédoine.
*Carausie, femme de Valens, empereur romain.
Carausius, frère de Géta et de Bassien.
Carbon, consul romain.
Cardiccas, roi de Médie, succ. de Médidus.
Carinus, empereur romain, fils de Carus.
*Carito, femme de Jovien, empereur romain.
Carus (Marcus Aurelius), empereur romain.
Carvilius. (*V.* Marinus.)
Cassandre, roi de Macédoine, fils d'Antipater.
Castus, capitaine de Spartacus.
Cathinius, consul romain.
Catilina (Lucius Sergius), conspirateur romain.
Catilius. (*V.* Marc-Aurèle.)
Caton, censeur romain.
Catulus. (*V.* Luctatius.)
Cécina Alienus, général romain.
Cécrops, 1er roi d'Athènes.
Céfonnius Poétus, gouverneur de Syrie.
*Celsa. (*V.* Nonia.)
Celsus, jurisconsulte romain.
Cendébée, gouvernr de la Palestine.
Cendébéus, général assyrien.
Censenès, roi de Memphis.
Censorinus, grammairien latin.
Céphisodote, beau-frère de Phocion.
Cépion, consul romain.
Céraunus, frère de Méléagre.
Certos, roi de Memphis.
Céthégus, consul romain.
Chabrias, général athénien, père de Ctésippus.
Chalaüs, roi d'Assyrie.
*Chalcinia, fille de Leucippus et mère d'Ératus.
Chamoïs, roi de Memphis.
Charès, général athénien.
Chariclès, gendre de Phocion.
Charidème, magistrat de Sicyone.
Charilaüs, roi de Lacédémone, fils de Polydecte.
Charmadas, peintre grec.
Charon, fils de Plutarque.
Charondas, législateur de Catane (Sicile).
Charops, 1er archonte décennal d'Athènes.
Chébron, roi d'Égypte.
Chedorlaomer, roi d'Élam (Asie).
Chelbes, roi de Tyr.
*Chélidonide, fille de Léotychide et femme de Cléonyme.
*Chélonis, fille de Léonidas, roi de Sparte et femme de Cléombrote.
Chenchérès, roi d'Égypte, succ. d'Athoris.
Chéops et Chéphrem, rois d'Égypte.
*Chérestrate, mère d'Épicure.
Cherrès, roi d'Égypte, père de Danaüs.
Chilon, l'un des 7 sages de la Grèce.
Chinaladan. (*V.* Nabuchodonosor.)
Chinzirus, roi de Babylone.
Chiron, astronome thessalien.
Chlore (Constance), empereur romain.
Chnub, roi de Thèbes.
Chœrilus, auteur tragique grec.
Choma-Ephta, roi de Thèbes.
Chosroès, empereur des Perses.
Chrysermus, père de Ptolémée VII.
Chrysippe, philosophe de Cécilie.
Chusan-Rasathaïm, roi de Mésopotamie.
Chuter, roi de Thèbes.

Cicéron (Marcus Tullius), consul romain, fils d'Helvia.
Cilles, général égyptien.
Cimon, général athénien, fils de Miltiade et d'Hégésiphile.
Cincinnatus (Lucius Quintus), sénateur romain.
Cincirus, roi de Babylone, succ. de Nadius.
Cinéas, disciple de Démosthène.
Cinna (Lucius Cornélius), consul romain, beau-père de Jules César.
Cinœthon, poète spartiate.
Cinyre, roi de Chypre.
*Circé, femme de Télémaque.
Cléandre, fils d'Hippocrate.
Cléandride, père de Gylippe.
*Clélie, célèbre romaine.
Cléobis, fils de Cydippe.
Cléobule, l'un des 7 sages de la Grèce.
Cléombrote, roi de Sparte, gendre et succ. de Léonidas.
Cléomène, roi de Sparte, fils de Cléombrote et frère d'Agésipolis.
Cléon, général athénien.
Cléonyme, roi de Sparte, père de Léonidas.
Cléophante, peintre monochrome de Corinthe.
*Cléora, femme d'Agésilas.
Clidicus, arch. décennal d'Athènes, fils et succ. d'Æsimédès.
Clinias, père d'Alcibiade — père d'Aratus.
Clisthène, célèbre démocrate grec, tyran de Sicyone.
Clitus, général romain.
Clodius (Décimus), tribun romain.
Cluilius, dictateur d'Albe.
Clymenus. (*V.* Pélops.)
*Clytemnestre, fille de Tyndare et femme d'Agamemnon.
Cnéius, fils aîné de Pompée et père de Nasica.
Cnixus, chef des esclaves gaulois.
Coclès. (*V.* Horatius.)
Codomanus. (*V.* Darius.)
Codrus, dernier roi d'Athènes, fils de Mélanthe.
Cœlius. (*V.* Balbin.)
Cœnus, roi de Macédoine, succ. de Caranus.
Cofroès, roi des Parthes.
Comètès, roi de Mycènes.
Cominius, consul romain.
Comius, chef éduen.
Commode (Ælius Vérus), empereur romain, fils de Marc-Aurèle et de Faustine.
Concharis, roi de Memphis.
Confidius, général romain.
Conon, capitaine athénien.
*Constantine, femme de Gallien, empereur romain.
Copillus, capitaine des Gaulois Tectosages.
Corax, 16e roi de Sicyone, fils de Coronus.
Corbulon, général romain.
Cordus. (*V.* Crémussius.)
Corinus, disciple de Palamède.
Coriolan (Caius Marcius), général romain.
Cornélius Cossus, tribun romain.
Corœbus, célèbre démocrate grec.
Coronus *ou* Echyréus, 15e roi de Sicyone, succ. de Maratus.
Corréus, beau-père d'Antigone.
Corrhabus, fils de Démétrius et d'Eurydice.
Coruncanius, consul romain.
Corvilius, consul romain.
Corvinus. (*V.* Messala.)
Cosroès, roi des Parthes.
Cossus. (*V.* Cornélius.)
Cotta, général romain.
Cotys, roi de Paphlagonie.
Crassus (Lucius Licinius), consul romain.
Cratère, officier d'Alexandre le Grand, roi de Macédoine.
*Cratésiclée, mère de Cléomène.
*Cratésipolis, femme de Polysperchon.
Cratinus, poète grec.
Crausis, père de Philopémen.
Crémussius Cordus, historien romain.
Créon, roi de Thèbes, beau-frère de Laïus.
Cresphonte, 1er roi de Messénie, mari de Mérope.
Crésus, dernier roi de Lydie, fils d'Alyatte.
*Créuse, femme d'Énée et fille de Priam.
Crispus, fils de Constantin, empereur romain.
Critias, tyran d'Athènes.
Cronus, roi de Byblus, fils de Sanchochus.
Crotopus, roi d'Argos, succ. de Triopas.
Ctésippus, fils de Chabrias.
*Cupienna. (*V.* Hérennia.)
Curcidès. (*V.* Sa.)
Curion, tribun romain.
Curius, consul romain.
Curtius, célèbre romain.

Cyaxare *ou* Darius, roi des Mèdes, fils de Phraortès et père d'Astyage.
*Cydippe, prêtresse d'Argos.
Cydon, roi de Crète.
Cyllabarus, roi d'Argos, fils de Sténélus.
Cylon, conjurateur de Crotone.
Cynippe, roi d'Argos.
*Cynisca, sœur d'Agésilas.
Cynortas, roi de Lacédémone.
Cypsélus, roi de Corinthe, père de Périandre, fils d'Actor et de Milon.
Cyrus, roi des Perses, père d'Artaxerce et fils d'Astyage et de Mandane.
Cyzicénus, roi de Damas, beau-frère de Grypus.

D

Dabir, roi de Moab.
Damagète, roi d'Ialyse et gendre d'Aristomène.
*Damarète, fille de Théron et femme de Gélon.
Dalmatius, roi de Thrace, neveu de l'empereur Constantin.
Damasias, archonte d'Athènes.
Damasichton, roi de Thèbes.
Damon, ami de Phintias.
*Danaé, fille d'Acrisius et mère de Persée.
Danaüs *ou* Armaïs, roi d'Argos, fils de Cherrès.
*Daphné, devineresse grecque, fille d'Amycla.
Dardanus, 1er roi de Troie, gendre de Teucer et père d'Érichtone.
Darès, historien de Phrygie.
Darius *ou* Codomanus, roi de Perse, fils d'Hystape et succ. de Smerdis.
Datis, général persan.
Daunus, père de Turnus.
Davitiacus, chef éduen, frère de Dumnorix.
Dèce *ou* Décius, empereur romain.
Décébale, roi des Daces.
Décence, frère de Magnence.
Décimus. (*V.* Clodius.)
Dédale, sculpteur de Sicyone.
*Déidamie, femme de Démétrius, roi de Syrie, et fille d'Éacide.
Déjocès, 1er roi des Mèdes, père de Phraortès.
Déjotarus, roi de Galatie (Asie).
Démade, orateur athénien.
*Démarate, roi de Lacédémone.
*Démarète, femme de Timodème.
Démas, général agrigentin.
Démodoque, disciple d'Antomède.
Démophoon, roi d'Athènes, fils et succ. de Thésée.
Démosthène, général athénien, célèbre orateur grec.
Démostrate, orateur athénien.
Dercile *ou* Dercylus, roi d'Assyrie, succ. de Thinéus.
Dercyllidas, général spartiate.
Désidérius, frère de Magnence et de Décence.
Deucalion, roi de Thessalie, fils de Deucalion et de Pyrrha et père de Dorus et d'Éolus.
Deucétius, commandant des Sicules.
Dexippe, orateur grec.
*Dexithea, fille de Phorbas.
Diabies, roi de Thèbes.
Diadumène, fils de Macrin.
Diagoras, philosophe grec.
*Dianisse, mère de Lycurgue.
Dicome, roi des Gètes.
Dictys, poète de Cnosse.
Didius (Julianus), empereur romain.
*Didon, sœur de Pygmalion.
Dikran. (*V.* Tigrane.)
Dinias, peintre grec.
*Dinomache, mère d'Alcibiade et fille de Mégaclès.
Dinomène, père de Gélon, Hiéron, Trasybule et Polyzèle.
Dioclétien, empereur romain, fils de Carus.
Diodote. (*V.* Tryphon.)
Diœus, préteur achéen.
Diognétus, archonte d'Athènes, succ. de Mégaclès.
Diomène, père de Gélon.
*Diophane, général des Achéens.
*Diopithe, gouverneur d'Athènes.
Dius, évêque de Jérusalem.
Divitiac, chef des Éduens (Gaulois).
Doédalbus *ou* Dydalsus, roi de Bithynie.
Dolichien, évêque de Jérusalem.
*Domicia, femme d'Élius Adrien, empereur romain.
Domicien, frère de Titus et fils de Vespasien.
*Dominica. (*V.* Albia.)
Domitius Calvinus, consul romain.
*Domna, femme de l'empereur Septime-Sévère.
Dorcis, général spartiate.
Doridas, frère de Hianthidas.
*Doride, femme de Denys, tyran de Syracuse.
Dorus, fils de Deucalion.
Dorymène, père de Ptolémée VI, gouverneur de Chypre.

Dorysse, roi de Lacédémone, fils de Labotas.
Dotardas, roi de Messénie, fils d'Isthmius.
Dracon, législateur athénien.
Dropis, archonte d'Athènes.
*Drusilla, fille d'Agrippa et femme d'Azize.
Drusus, général romain, 2e fils de Livie.
*Drypéris, fille de Darius et femme d'Alexandre le Grand, roi de Macédoine.
Duilius, tribun romain.
Dumnorix, chef éduen, frère de Divitiacus.
Dydalsus. (*V.* Doédalbus.)

E

Éacès, tyran de Samos.
Éacides, roi d'Épire, fils d'Arymbas et de Troiade.
Éaque, roi d'Égine, père de Télamon, Phocus et Pélée.
Échémus, roi des Tégéates.
Échestrale, roi de Lacédémone, fils et succ. d'Agis.
Échyréus. (*V.* Coronus.)
Ecnibal, roi de Tyr.
*Édissa *ou* Esther, femme d'Assuérus.
Égée, roi d'Athènes.
Égérius, fils d'Aruns.
Égisthe, roi de Mycènes.
Églon, roi de Moab.
Égyre. (*V.* Ægydrus.)
Électro, roi de Mycènes, frère de Sthénélus.
Éléus, fils d'Euryptolème.
*Élia, 2e femme de Sylla.
Élianus, empereur à Mayence.
Elien, fils de Cimon.
Elmachuel, roi des Arabes.
*Elpinice, sœur de Cimon.
Émathion, père de Romus.
Émon, 1er roi de Thessalie, fils de Pélasgus.
Empacmès. (*V.* Sardanapale.)
Empédocle. (*V.* Quinctius.)
Énarsphorus, fils de Hippocoon.
*Endride, mère de Pélée et de Télamon.
*Énée, fondateur et roi du Latium, fils d'Anchise.
*Ennius, poète calabrais.
Éolus, fils de Deucalion et frère de Dorus.
Épaminondas, général thébain.
Épératus, général des Athéniens.
Épéus, roi d'Élide.
Ephcachérès, roi d'Assyrie.
Éphialte, orateur athénien.
Éphore, disciple d'Isocrate.
Éphrée, roi de Memphis, fils de Psammis.
Épicharme, poète comique de Syracuse.
Épicure, célèbre philosophe grec.
Épicyde, gouverneur de Syracuse.
Épiménide, célèbre crétois.
*Éponime, femme de Sabinus.
Épopéus, 17e roi de Sicyone.
Éporédorix, chef éduen.
Épycide, général athénien.
Ératosthène, célèbre géographe de Cyrène.
Érat, roi de Sicyone.
Érecthée, roi d'Athènes, fils de Pandion.
Erginus, frère d'Aratus.
Érichtone, roi de Troie, fils de Dardanus.
Érichtonius, roi d'Athènes, fils de Vulcain.
*Érinna, amie de Sapho.
Ermanaric, roi des Ostrogoths.
Éropus, roi de Macédoine.
Éryxias, arch. déc. d'Athènes, succ. d'Apsander.
Eschine, orateur grec.
Eschyle, célèbre poète grec.
Éson, père de Jason.
Ésope, célèbre fabuliste de Mésymbrie.
Étéocle, roi de Thèbes, fils d'Œdipe.
*Éthra, fille de Pitthée et mère de Thésée.
*Étruscilla. (*V.* Hérennia.)
Étruscus, fils de Déce.
Eubulus, poète comique grec.
Euclide, fils d'Hippocrate.
Eucrate, archonte d'Athènes.
Eudamidas, roi de Sparte, fils d'Archidame.
Eudocus, sculpteur grec.
Eudomus, roi de Corinthe.
Eumare, peintre grec.
Eumèle, poète-historien de Corinthe.
Eumène, roi de Pergame, fils d'Attale, succ. de Philétère, son oncle.
Eunomus, roi de Lacédémone, fils de Prytanis, père de Polydecte et de Lycurgue.
Eupalès *ou* Eupacmès, roi d'Assyrie, succ. de Dercile.
Eupalinus, peintre de Mégare.
Euphaès, roi de Messénie, succ. d'Androclès.

Euphron, roi de Sicyone.
*Eupolia, femme d'Archidamus et mère d'Agésilas.
Eupolis, poète comique d'Athènes.
Euripide, poète tragique d'Athènes.
Eurisace, fils d'Ajax.
*Europe, femme d'Astérius et sœur de Cadmus.
Europs, 2e roi de Sicyone.
Eurotas, roi d'Assyrie.
Eurybiade, général spartiate.
*Eurycrate, roi de Lacédémone, fils et succ. de Polydore.
Eurydamus, roi de Sparte.
*Eurydice, reine de Macédoine, femme d'Amyntas.
Eurypon, roi de Lacédémone, fils de Soüs.
Euryptolème, fils de Mégaclès et neveu de Périclès.
Eurysthée, fils de Sthénélus.
Eurysthène, fils d'Aristodème et frère jumeau de Proclès.
*Eurytion, fils de Soüs et père de Prytanis.
*Euterpe, mère de Thémistocle.
Euthydème, roi de la Bactriane.
Évagoras, roi de Salamine, fils de Teucer et père de Nicoclès.
Évalchus, capitaine lacédémonien.
Évandre, roi du Latium.
Évergète, Physcon ou Ptolémée, roi d'Égypte, fils de Ptolémée V et de Bérénice.
Évergétidas, beau-fr. d'Aristomène.
Evhémère, philosophe grec.
Évi, roi des Madianites.
Évilmérodach, roi de Babylone, fils et succ. de Nabuchodonosor II.
Exarthrès, frère de Darius.
Exédarès, roi d'Arménie.

F

Fabatus, sénateur romain.
*Fabia, femme de l'empereur Gordien Ier.
Fabricius, général romain.
*Fadilla, sœur de Commode.
Faunus ou Mercurius Albanus, roi du Latium, fils de Picus.
Fingal, roi de Morven, père d'Ossian.
Firmus, roi des Maures.
Flaccus (Hardéonius), consul romain.
*Flacilla, femme de l'empereur Théodose Ier.
Flamininus, général romain.
Flaminius. (V. Népos.)
Flamintus, tribun romain.
Frugi (Lucius Piso), fils adoptif de Galba.
Fulvius (Émilianus), triumvir romain.
*Fundana, femme de l'empereur Vitellius.
Fundanus (Minucius), gouverneur de l'Asie.
*Furia Sabine, femme de l'empereur Gordien III.
Furius, dictateur romain.
*Furnilla Marcia, femme de l'empereur Titus.
Fyrouz, ou Pacorus, roi arsacide (Parthe), fils d'Artaban.

G

Gabinius, tribun romain.
Gaïobomare, roi des Quades.
Gaïsus, roi des Francs.
Galba (Servius Sulpicius), empereur romain.
Galère ou Galérius, empereur romain, gendre de Dioclétien.
*Galéria, femme du précédent.
Galien, médecin de Pergame.
Gallien, emp. rom., fils de Valérien.
Gallio, frère aîné de Sénèque.
Gallus (Vibius), empereur romain.
Garinius, tribun romain.
Gaüs, amiral persan.
Géléanor, roi d'Argos, fils de Sthénélus.
Gélon, 1er roi de Syracuse, frère d'Hiéron et fils de Dinomène.
Genthius, roi d'Illyrie.
Génucius, tribun romain.
Gérastrate, roi de Tyr.
Germanicus, empereur romain, fils adoptif de Tibère.
Germanion, évêque de Jérusalem.
Géta, frère de Bassien et fils de l'empereur Sévère.
Giscon, père d'Asdrubal.
Glabrion (Acilius), consul romain.
*Glaphyra, femme d'Archélaüs, grand-prêtre en Cappadoce.
Glaucias, roi d'Illyrie.
Glaucippe, fils d'Hypéride.
Glaucus, père d'Isthmius et de Bellérophon; — fils de Sisyphe.
Gordius, évêque de Jérusalem.
Gorgasus, médecin grec, fils de Machaon.
Gorgias, philosophe grec.
Gorgus, fils d'Aristomène.
Gosormiès, roi de Thèbes.
Gracchus, tribun romain, père de Tibérius et de Caius.
Granius, tribun romain.

Grypus, roi de Syrie.
Gulussa, roi de Numidie, fils de Masinissa et frère de Micipsa et de Manastabal.
Gygès, roi de Lydie, succ. de Candaule et père d'Ardysus.
Gylippe, général corinthien, fils de Cléandride.
Gyllippus, père d'Agiatis.

H

Halyatte. (*V.* Alyatte.)
Hannibalien, frère de Dalmatius.
Hannon, lieutenant d'Annibal, fils de Bomilcar.
Harbona, officier d'Assuérus.
Harmodius, conspirateur athénien.
Harpage, vainqueur du tyran Histiée.
Harpalus, gouverneur athénien.
Hazaël *ou* Azaël, roi de Syrie, succ. de Bénadad.
Hécatée, historien grec.
Hector, prince troyen.
Hégéloque, général égyptien.
Hégésias, philosophe cyrénaïque.
*Hégésipyle, femme de Miltiade et fille d'Olorus.
Hégestrate, archonte d'Athènes.
Hélénus, fils de Pyrrhus et de Bircenna.
Héliogabale *ou* Marc-Aurèle, empereur romain.
Hélius, roi de Colchide.
Helladius, grammairien grec.
Hellanicus, historien grec.
*Hellé, fille d'Athamas et de Néphélé.
Hellen[1], fils de Deucalion; — fille de Ménélas.
*Helvia, mère de Cicéron.
Helvie, mère de Sénèque.
Helvidius Priscus, sénateur romain.
*Hénioche, fille de Pitthée.
Héphestios, nom grec de Vulcain.
Héraclite, philosophe grec.
Hercule, fils d'Alexandre le Grand et de Barsine.
Herdonius, général sabin.
*Hérennia *ou* Étruscilla, femme de Dèce.
Hérennius, fils de Dèce.
Hermippus, historien de Smyrne.
Hermocrate, fils d'Hermon.
Hermodore, philosophe d'Éphèse.
Hermon, capitaine syracusain.
*Hérodiade, fille d'Aristobule et de Bérénice.
Hérodien, historien grec.

[1] Des deux genres.

Hérodote, historien grec.
Hérophile, médecin grec.
*Hersilie, femme de Tullus Hostilius.
Hésiode, célèbre poète didactique grec.
*Hésione, fille de Laomédon et sœur de Priam.
Hézion, père de Tabrémon.
Hianthidas, fils de Propodas.
Hicétas, philosophe grec.
Hiempsal, fils de Micipsa.
Hiéron, 2e roi de Syracuse, succ. de Gélon, son frère, et fils de Dinomène.
Hiéronimus, officier d'Anthiocus.
Hilorme, roi des Vaccéens (Tarraconaise).
Himilcon, général carthaginois.
*Hipparète, femme d'Alcibiade.
Hipparinus, roi de Syracuse, fils et succ. de Denys.
Hipparque, tyran d'Athènes, fils de Pisistrate.
Hippérides, orateur athénien.
Hippias, tyran d'Athènes, fils de Pisistrate.
Hippocoon, roi de Lacédémone.
Hippocrate, tyran de Géla.
*Hippodamie, femme de Pélops et mère de Thyeste.
Hippomédon, chef thébain, fils d'Agésilas.
Hippoménès, archonte d'Athènes, succ. de Clidicus.
Hippon, tyran de Messine.
Hiram, roi de Tyr, fils d'Abibal.
Hirtius, général romain.
Histiée, tyran de Milet.
Holopherne, général assyrien.
Homère, célèbre poète grec.
Horace, célèbre poète latin.
Horam, roi de Gazer.
Horatius Coclès, cél. guerrier romain.
Hormidas, roi de Perse, fils et succ. de Sapor.
Hortensius, dictateur romain.
Hostilien, dictateur romain, fils de Dèce.
Hybrilide, archonte d'Athènes.
Hygiémon, peintre grec.
Hyllus, père de Cléodéus.
Hyménée, évêque de Jérusalem.
Hypatius, consul romain.
Hyperbatas, général des Achéens.
Hypéride, orateur athénien.
Hyrodes, roi des Parthes, père de Pacore et de Vologèse.
Hystape, père de Darius Ier.

I

Iabbas, roi de Gétulie (Afrique).
Iboréas, chef des Lombards.
Ibycus, poète lyrique grec.
Icétas, général des Syracusains.
Ichobaal, roi de Sidon.
Icilius, tribun romain.
Ictinus, célèbre architecte grec.
Idoménée, roi de Crète, fils de Deucalion.
Idriéus, roi de Carus.
*Ilia, première femme de Sylla.
Ilus, roi de Troie, fils de Tros.
Inachus, fondateur et premier roi d'Argos.
Inarus, roi de Lydie, fils de Psammétique.
Induciomare, chef gaulois.
*Ino, fille de Cadmus, et deuxième femme d'Athamas.
Iolas, fils d'Antipater.
Iophon, fils de Pisistrate et de Timonassa.
Ioxus, fils de Ménalippe.
Iphicrate, général athénien.
Iphitus, roi d'Élide, père de Protésilas.
Isadas, fils de Phébidas.
Isagoras, chef du parti aristocratique athénien.
Isocrate, célèbre orateur athénien.
*Isodice, femme de Cimon et fille d'Euryptolème.
Isthmius, roi de Messénie, fils de Glaucus.
*Italie, fille de Thémistocle et femme de Panthide.
Ithagène, père de Mélissus.
Ithobal, roi de Tyr, succ. de Phélès.
Iule, fils aîné d'Ascagne.
Ixion, roi de Corinthe, succ. d'Alétès.

J

Jabin, roi d'Asor.
Jabolénus, jurisconsulte romain.
Janias, roi de Memphis.
Janisque *ou* Janiscus, roi de Sicyone.
Janus *ou* Saturnus, premier roi d'Italie.
Japhia, roi de Lachis.
Jason, chef des Argonautes.
Jobates, roi de Lydie, beau-frère de Proétus.
*Jocaste, femme de Laïus.
Jocès, fils d'Arphaxad.
Jotapien, général romain.
Juba, roi de Numidie, fils d'Hiempsal.
Jugoéus, roi de Babylone, succ. de Cinciros.
Jugurtha, roi de Numidie, neveu de Micipsa.
*Junia Fadilla, femme de l'empereur Maxime.
Junius Péra, dictateur romain.

L

Labdacus, roi de Thèbes, fils de Polydore et père de Laïus.
Labéon, général romain.
Labérius, sénateur romain.
Labiénus, sénateur romain.
Labinet. (*V.* Nabonid.)
Laboroso-Archon, roi de Babylone, fils et succ. de Nériglissar.
Laborosochor, roi d'Assyrie.
Labotas, roi de Lacédémone, fils d'Échestrate.
Labynit, roi d'Assyrie.
Lacédémonius, fils d'Euryptolème.
Lacestade, roi de Sicyone.
Lacharès, tyran d'Athènes.
Lachartus, commandant de Corinthe.
Lacidaüs, roi d'Argos, succ. de Médon.
Lacon, capitaine des gardes de Galba.
Lacratidas, éphore.
Laërte, père d'Ulysse.
Lætorius, tribun romain.
Lætus, préfet du prétoire à Rome.
Lævinus, consul romain.
Laïus, roi de Thèbes, fils de Labdacus et père d'Œdipe.
Lamachus, général athénien.
*Lampido, femme d'Archidamus et mère d'Agis.
Lamparès, roi d'Assyrie.
Lamprias, frère de Plutarque.
Lamprides, roi d'Assyrie.
*Lanassa, femme de Pyrrhus et fille d'Agathoclès.
Laodamas, fils d'Étéocle.
*Laodice, femme d'Antiochus Théos et mère de Séleucus Nicator.
Laomédon, roi de Troie, fils d'Ilus, frère de Corax et père de Priam.
Laosthènes, roi d'Assyrie, succ. d'Eupalès.
Lathyre, roi d'Égypte.
Latinus, fils de Faunus et de Marica, roi des Aborigènes.
Lausus, fils de Mézence.
*Lavinia, fille de Latinus et femme d'Énée.
Léarque, fils d'Athamas et d'Ino.
*Léda, femme de Tyndare.
Lélex, premier roi de Lacédémone.

Lélius, préfet de la flotte de Scipion.
Lentulus, consul romain.
Léobote, père d'Acméon, ancêtre d'Alcibiade et fils d'Alcméon.
Léocrate, arch. déc. d'Athènes, succ. d'Hippoménès.
Léosthènes, général athénien.
Léotychide. (*V.* Leutychidas.)
*Lépida, femme de Métellus Scipion.
Lépidus, triumvir romain.
Leptine, amiral sicilien, fils d'Hermocrate.
*Léta, femme de l'empereur Gratien.
Leucippus, 8e roi de Sicyone.
Leucon, roi de Panticapée.
Leutychidas *ou* Léotychide, roi de Sparte, fils du roi Agis et père de Chélidonide.
Libanius, rhéteur grec.
Libon, architecte grec.
*Licinia, fille de Publius Crassus et femme de Caius Gracchus.
Licinius Stolo, consul romain.
*Livie, mère de Tibère, empereur romain.
Livius Salinator, général romain.
Lollianus, consul romain.
Lollius, propréteur romain.
Longinus, préteur et gouverneur de la Dacie.
Lucilius, poète latin.
*Lucilla, fille de Marc-Aurèle.
Lucinius. (*V.* Crassus.)
Luctatius Catulus, fils de Démarate.
Lucullus, consul romain.
Lucumon, fils de Démarate.
Lybis, père de Lysandre.
Lycaon, roi d'Arcadie, fils de Pélasgus et père d'Œnotrus.
Lycaste, père de Minos.
Lycomède, roi de Scyros, fils d'Eunomus et père de Déidamie.
Lycophron, tyran de Phères, fils de Périandre et frère de Thébé.
Lycortas, général achéen, père de Polybe.
Lycurgue, législateur lacédémonien, fils d'Eunomus.
Lycus, roi de Thèbes, frère de Nyctée.
Lyncée, roi d'Argos, succ. de Danaüs.
Lysandre, général lacédémonien, fils d'Aristoclite.
Lysiade, tyran de Mégalopolis.
Lysias, général d'Antiochus.
Lysiclès, général spartiate.
*Lysidice, sœur de Pitthée et mère d'Alcmène.
Lysimaque, ami de Callisthène.
Lysippe, célèbre sculpteur grec.
Lysis, instituteur d'Épaminondas.

M

Maacha, roi de Geth, père d'Achis. (*V.* Maoch.)
Machanidas, tyran de Sparte.
Machaon, médecin grec.
Machanidas, tyran de Lacédémone.
Macharès, fils de Mithridate.
Machée, général carthaginois.
Macrien, tyran romain.
Macrin, empereur romain.
*Maésa, mère d'Héliogabale.
Magæus, frère de Pharnabaze.
Magas, frère de Ptolémée.
*Magna, femme de Carinus.
Magnence, tyran romain.
Magnès, poète comique grec.
Magon, général carthaginois, frère d'Annibal.
Malachus, capitaine numidien.
Malchus, roi d'Arabie.
Malée, premier suffète carthaginois.
Mallobaudes, chef des Francs.
*Malvina, fiancée d'Oscar, fils d'Ossian.
Mamercus, consul romain, fils de Numa.
Mamertin, orateur de Trèves.
*Mamméa *ou* Mamias, mère d'Alexandre-Sévère, empereur romain.
Mamythus, roi d'Assyrie, succ. de Sphérus.
Manastabal, roi de Numidie, fils de Masinissa.
Manchaléus, roi d'Assyrie.
Manchus, roi d'Arabie.
*Mandane, fille d'Astyage et mère de Cyrus le Grand.
Mandaucès. (*V.* Médidus.)
Mandrestal, roi de Numidie.
Mandroclidas, éphore.
Manéthon, historien égyptien.
Manius, dictateur romain, frère de Publicola.
*Manlia, femme de Didius Julianus.
Manlius Torquatus, préteur romain.
Maoch *ou* Maacha, père d'Achis, roi de Geth.
Marathon, 13e roi de Sicyone, succ. d'Orthopolis.
Maratus, 14e roi de Sicyone, succ. du précédent.
Marc-Aurèle. (*V.* Héliogabale.)
*Marciane, sœur de Trajan.
Marcus Crassus, préteur romain.
Mardokempad *ou* Mérodach-Baladan, roi d'Assyrie, succ. de Jugoéus.
Mardonius, général de Darius.
Marès, roi de Thèbes.

Margas, roi de Lydie, beau-frère de Ptolémée.
Margenus, roi de Tyr.
*Marica, femme de Faunus et mère de Latinus.
Marsyas, général égyptien.
*Martia, première femme de Septime-Sévère, empereur romain.
Masistius, général persan.
Massinissa, roi de Numidie, père de Micipsa.
*Matidie, nièce de Trajan.
Mauman, officier d'Assuérus.
Mausole, roi de Carie.
Mazábane, évêque de Jérusalem.
Mazée, lieutenant de Darius.
Mécène, favori de l'empereur Auguste.
*Médée, fille d'Ætès.
Médidus *ou* Mandaucès, roi de Médie, succ. de Sosarnus.
Médon, roi d'Argos, fils de Codrus.
Mégabate, fils de Spithridate.
Mégabyse, général de Darius.
Mégaclès, archonte d'Athènes, père de Didomaque.
Mégapenthe, roi de Tirynthe, fils de Proétus.
*Mégare, fille de Créon.
Mégasthènes, historien grec.
Mégistonus, beau-père de Cléomène.
Mélampsus, roi d'Argos.
Mélanthus, roi d'Athènes.
Méléa, roi de Calydon, fils d'Œnée.
Méléagre, roi de Macédoine, fils d'Œnée.
Mélès *ou* Myrsus, roi de Lydie, succ. d'Alyatte.
Mélicerte, fils d'Athamas et d'Ino.
Mélisandre, poète de Milet.
Mélisipidas, père d'Eupolia.
*Mélissa, sœur et femme d'Inachus.
Mélissipidas, père d'Eupolia.
Mélissus, philosophe de Samos, fils d'Ithagène.
Meltas, roi d'Argos.
*Memmia, femme d'Alexandre-Sévère, empereur romain.
Memmius, tribun romain, beau-frère de Pompée.
Memnon, général persan.
Memphitis, fils de Physcon et de Cléopâtre.
Ménalippe, fils de Thésée et de Périgone.
Ménandre, célèbre poète grec.
Ménécée (*V.* Menœcée.)
Ménéclide, orateur thébain.
Ménécrate, général romain.
Ménélas, roi de Lacédémone, frère d'Agamemnon.
Ménénius. (*V.* Agrippa.)
Ménepta, roi de Memphis, fils et succ. de Ramsès.
Menesthée, roi d'Athènes, fils de Pétéus.
Menœcée, fils de Créon.
Menyllus, capitaine macédonien.
Merbal, roi de Tyr.
Mercurius. (*V.* Faunus.)
Méred, gendre de Pharaon.
Mérione, frère de Jason.
Mérodach-Baladan. (*V.* Mardokempad.)
*Méroé, sœur et femme de Cambyse.
*Mérope, reine de Messénie, femme de Cresphonte, fille d'Érechtée et mère de Dédale.
*Mésa, belle-sœur de l'empereur Septime-Sévère.
Mésapus, 9e roi de Sicyone.
Mésessi-Mordacus, roi de Babylone.
Messala Corvinus, orateur romain.
*Messaline, femme de Claude, empereur romain.
Messius. (*V.* Dèce.)
Mestor, roi de Mycènes, frère de Sthénélus.
Métagénès, architecte grec.
*Métella, femme de Sylla.
Metellus, consul romain, oncle de Lucullus.
Métianus, jurisconsulte romain.
Métinus, roi de Tyr, fils et succ. de Bazorus.
Métius-Suffétius, dictateur d'Albe.
Méton, astronome athénien.
Meuros, roi de Thèbes.
Mézence, roi de Tyr, père de Lausus.
Micion, capitaine macédonien.
Micipsa, roi de Numidie, fils de Massinissa et père adoptif de Jugurtha.
Midas, roi de Phrygie.
Milésius, père de Thucydide.
Milon, général épirote, fils de Cypsélus.
Miltiade, général athénien, père de Cimon.
Mimmerme, poète élégiaque de Colophon.
Mindare, amiral lacédémonien.
*Minervine, femme de Constantin le Grand, empereur romain.
Minos, roi de Crète, fils de Lycaste et d'Ida.
Minucius Rufus, consul romain.
Mirius, oncle de Décébale.

Misithée, préfet du prétoire à Rome.
Mithridate *ou* Arsace, roi des Parthes, fils d'Orode et succ. de Phraate, son frère aîné.
Mitroéus, roi d'Assyrie, succ. de Sosarmès.
Mnaskirès, roi des Parthes.
Mnésiclès, célèbre architecte grec.
*Mnésiptolème, fille de Thémistocle et femme d'Archeptolis.
Mnesthée, roi d'Athènes.
Modestinus, jurisconsulte romain.
Mœris, roi de Thèbes.
Molon, gouverneur de Médie, père d'Apollonius.
*Monime, femme de Mithridate.
Mordacus. (*V.* Mésessi.)
Moschéris, roi de Thèbes.
Moschus, poète grec.
Mucius. (*V.* Scævola.)
Mummius, préteur romain.
Munatius. (*V.* Plancus.)
Muréna, général romain.
Musonius, philosophe de Volsinium.
Musthis, roi de Thèbes.
*Mutia, femme de Pompée.
Mycérinus, roi d'Égypte, fils de Chéops.
Mylès, roi de Lacédémone.
Myron, historien grec.
Mironides, général athénien.
Myrsus. (*V.* Mélès.)
Myrthis, poète grec.
*Myrto, fille de Ménétius, sœur de Patrocle et femme de Socrate.
Mytgonus, roi de Tyr.

N

Naaman, lieutenant de Benadad.
Nabis, tyran de Lacédémone, succ. de Machanidas.
Nabonassar *ou* Nabonadius, roi de Babylone, succ. de Laboroso-Archod.
Nabonid *ou* Labinet, roi de Babylone.
Nabopolassar (le même que Nabonassar).
Nabuchodonosor, Assourdanil *ou* Chinaladan, fils et succ. du précédent.
Nabuzardan *ou* Nébuzar-Addan, général babylonien.
Nadius, général babylonien.
Nævius, poète campanien.
Nanitus, roi d'Assyrie.
Nasica, fils de Cnéius et gendre de Scipion l'Africain.
Nauphlius, roi d'Eubée, père de Palamède.
*Nausicaa, fille d'Alcinoüs.
Néarque, amiral d'Alexandre le Grand.
Néchao Pharaon *ou* Nécos, roi de Memphis, succ. de Nécheptos.
Nécheptos, roi de Memphis, succ. de Stéphanatès.
Nectanébo *ou* Nectanéro, roi d'Égypte, succ. et neveu de Tachos.
Néoclès. (*V.* Nicoclès.)
Néoptolème, roi d'Épire, fils d'Achille.
*Néphélé *ou* Thémisto, première femme d'Athamas.
Néphéréus *ou* Néphérites, roi d'Égypte, succ. de Psammutis.
Népos (Flaminius), consul romain.
Nérégel, officier de Nabuchodonosor.
Nériglissor, roi de Babylone, beau-frère et succ. d'Évilmérodach.
Néron, empereur romain, fils d'Ænobarbus et d'Agrippine.
Nerva, empereur romain.
Nicandre, roi de Lacédémone, fils et succ. de Charilaüs.
Nicanor, général syrien.
Nicator. (*V.* Séleucus.)
Nicératus, père de Nicias.
Nicias, général athénien, fils de Nicératus.
Nicoclès *ou* Néoclès, roi de Chypre, fils et succ. d'Évagoras et père de Thémistocle.
Nicocréon, tyran de Salamine.
Nicolaüs, général égyptien.
*Nicomache, fille de Thémistocle.
Nicomaque, médecin grec, père d'Aristote.
*Nicotelée, mère d'Aristomène.
Niger. (*V.* Pescennius.)
Nigidius Figulus, préteur romain.
Nigrinien, usurpateur romain.
Nilus. (*V.* Thuron.)
Ninus. (*V.* Assur.)
Ninyas, fils de Ninus et de Sémiramis.
*Nitétis, mère de Cambyse et fille d'Apriès.
*Nitocris, reine de Thèbes, mère de Balthazar.
*Nonia, femme de l'empereur Macrin.
Nonnius, consul romain.
Norbanus, consul romain.
Numa Pompilius, 2e roi de Rome, gendre de Tatius.
Numénius, philosophe grec.
Numitor, roi du Latium, fils de Procas et frère d'Amulius.
Nyctée, roi de Thèbes.
Nyctinus, roi d'Arcadie.
*Nyssa, sœur de Mithridate.

O

Obodas, roi des Arabes nabathéens.
Ocellus Lucanus, philosophe grec.
Ochus. (*V.* Artaxerce.)
Ochyras, roi de Memphis.
Ocrazapès, roi d'Assyrie, succ. d'Ophraténès.
Ocrazarès. (*V.* Anacyndarax.)
Octimus. (*V.* Déce.)
Odarès, chef de l'armée de Bacchide.
Odenat, roi de Palmyre.
Odolthée, roi des Goths.
Œagre, roi de Thrace, père d'Orphée.
Œbalus, roi de Lacédémone.
Œdipe, roi de Thèbes, fils de Laïus et de Jocaste et père d'Étéocle.
Œnée, roi de Calydon.
Œnopion, fils de Thésée.
Œnotrus, roi d'Italie, fils de Lycaon.
Og, roi de Basan.
Ogmius, chef gaulois.
Ogulnius Gallus, consul romain.
Ogygès, roi de l'Attique.
Oham, roi d'Hébron.
Oilée, roi des Locriens, père d'Ajax.
Olorus, roi de Thrace, père d'Hégésipyle.
*Olympias, mère d'Alexandre le Grand, roi de Macédoine et fille de Néoptolème.
*Omphale, reine de Lydie.
Onomacrite, législateur crétois.
Onomarchus *ou* Onomarque, général phocéen, frère de Philomèle.
Opheltas, roi de Thessalie.
Ophraténès, roi d'Assyrie, succ. d'Ophratæus.
Ophratæus, roi d'Assyrie, succ. de Pyritiadès.
Oplacus, capitaine italien.
Opimius, consul romain.
Oppius, tribun romain.
*Orbiana. (*V.* Sallustia.)
Orcius, tribun romain.
Ordéonius, général romain.
*Orestille. (*V.* Fabia.)
Orétès, gouverneur de Sardes.
Orface, général parthe.
Orgétorix, chef helvétien.
Ornée, fils d'Érechtée.
Ornytion, père de Thoas.
Orodès *ou* Yrodès, roi des Parthes, fils de Phraate III.
Orœbantius, poète de Trézène.
Orontes, gouverneur de Mysie, gendre d'Artarxercès.
Orphée, poète thrace, fils d'Œagre.
Orthagoras, roi de Sicyone.
Orthopelis, 12e roi de Sicyone, fils de Plemnéus.
Orus, roi de Memphis, succ. d'Aménophis.
Oscar, fils d'Ossian.
Osochor *ou* Euchoréus, roi de Memphis.
Osorchos *ou* Osochot, roi de Memphis.
Osorthon *ou* Osoroth, roi de Memphis.
Ossian, fils de Fingal, célèbre barde écossais.
Ostane, fils de Darius II et de Parysatis, frère d'Artaxerce.
Ostilien, fils de Trébonien.
Ostrogotha, roi des Goths.
Osymandias, roi d'Égypte.
Otacilius Plotus, rhéteur latin.
Oxathre, fils de Darius II et de Parysatis.
Oxyarte, gouverneur de la Perse, père de Roxane.
Oxyle, roi d'Étolie.
Oxynthès *ou* Xynthis, roi d'Athènes, fils et succ. de Démophoon.

P

Pacatien, usurpateur romain.
Pachorus, roi des Parthes. (*V.* Fyrouz.)
Pacore, roi des Mèdes, frère de Vologèse et fils d'Hyrode.
Pacuvius, poète romain.
Pænon, poète d'Amathonte.
Pætius, usurpateur gaulois.
Paléphate, écrivain grec.
Pallas, fils d'Évandre.
Palma, jurisconsulte romain.
Pammus Archondès, roi de Thèbes.
Panarès, gouverneur de Sidon.
Pandion, roi d'Athènes, fils d'Amphictyon et père adoptif d'Égée.
Panénus, frère de Phidias.
Panétius, tyran des Léontins.
Pantagrotus, roi d'Argos, frère de Polycrate.
*Panthée, femme d'Abradate.
Panthide, gendre de Thémistocle.
Panyas, roi d'Assyrie, succ. de Lamparès.
Papirius. (*V.* Corbon.)
*Papyria, première femme de Paul-Émile.
Paras, roi d'Arménie.
Pâris, fils de Priam.
Parménide, philosophe grec.
Parménion, général macédonien.

Parrhasius, peintre d'Éphèse.
Partamaspate, gouvernr de la Syrie.
Parthamasiris, roi d'Arménie, fils aîné de Coïroès.
Parthénopée, chef grec.
*Parysatis, femme de Darius II et mère d'Artaxercès et de Cyrus.
Paséas, père d'Abantidas.
*Pasiphaé, femme de Minos.
Passiénus, orateur romain, second mari d'Agrippine.
Pausanias, roi de Macédoine, succ. de Cléombrote et père de Plistonax.
Pausias, peintre grec.
Pédanius Secundus, gouverneur de Rome.
Pélasgus, 1er roi d'Arcadie, père d'Émon.
Pélée (Peleus), fils d'Éaque et frère de Télamon et de Phocus.
Pélopidas, général thébain.
Pélops, roi de Lydie, fils de Tantale.
Pemphos, roi de Thèbes.
*Pénéloppe, femme d'Ulysse.
Penthé-Athyris, roi de Thèbes, fils d'Échion.
Penthilus, roi de Mycènes, fils d'Oreste et petit-fils d'Agamemnon.
Pératus, 10e roi de Sicyone.
Perdiccas, roi de Macédoine, succ. de Thurimas.
Pérennis, usurpateur romain.
Périandre, tyran de Corinthe, fils de Cypsélus.
*Péribée, mère d'Ajax.
Périclès, général athénien, fils de Xanthippe.
Périphantus, frère de Clinias.
*Pérolla, fille de Pacuvius.
Perpenna, consul romain.
Persée, roi de Mycènes, fils d'Acrisius.
Perthamis, roi de Memphis.
Pertinax (Helvius), empereur romain.
Pescennius *dit* Niger, empereur romain, fils d'Helvius Successus.
*Pescienna Plautiana, femme du précédent.
Pétée, père de Ménesthée et fils d'Ornée.
Pétilius Libo, consul romain.
Pétréius, général romain.
Pétrone, célèbre écrivain latin.
*Pétronia, femme de l'empereur Vitellius.
Pétronius, gouverneur de Syrie.
Pétubatès, roi de Memphis.
Peuceste, gouverneur de la Perse.
*Phædra, femme de Thésée.
Phaéton, 1er roi des Molosses.
Phalante, fondateur de Tarente.
Phalaris, tyran d'Agrigente.
Phanias, historien d'Éphèse.
Pharam, roi de Jérimoth.
Pharasmane, roi d'Ibérie, père de Rhadamiste.
Pharaon. (*V.* Néchao.)
Pharnabathe, général des Parthes.
Pharnabaze, fils d'Artabaze.
Pharnace, roi de Pont, fils de Mithridate V.
Phasaël, fils d'Antipater et frère d'Hérode.
Phasicle, neveu et gendre de Thémistocle.
Phébidas, général spartiate.
*Phédime, femme d'Arsame.
Phédon, philosophe grec.
Phèdre, philosophe épicurien grec.
Phélès, roi de Tyr, fils de Mithridate.
Phémius, musicien d'Ithaque.
*Phémonoé, devineresse grecque.
Phéoclytus, magistrat de Sicyone.
Phéréclès, archonte d'Athènes, succ. de Diognétès.
Phérendate, général persan.
Phérétyme, roi d'Égypte.
Phialie, roi d'Arcadie, fils de Bucolion.
Phidias, célèbre statuaire grec.
Phidon, législateur d'Argos.
*Phila, femme de Démétrius, roi de Syrie.
Philétère, fondateur et 1er roi de Pergame, oncle d'Eumène.
*Philinna, mère d'Aridée.
Philistus, historien sicilien.
*Philla, fille d'Antipater, femme de Cratère.
Philoclès, général athénien.
Philolaüs, législateur corinthien.
Philombrote, archonte d'Athènes.
Philomèle, chef phocéen.
Philométor, fils de Bérénice et frère de Physon.
Philopémen, capitaine des Achéens.
Philotas, fils de Parménion.
Philoxène, fils de Ptolémée.
Phintas, roi de Messénie, fils de Sobytas.
Phintias *ou* Pythias, ami de Damon.
Phocion, général athénien.
Phocus, fils d'Éaque et frère de Télamon et de Pélée.
Phœstus, roi de Sicyone, succ. de Janiscus.
Phorbas, roi d'Argos, fils de Lapithas.
Phormion, philosophe péripatéticien.
Phoronéus, roi d'Argos, fils d'Inachus.
Phraatace, roi des Parthes, fils de Phraate IV.

Phraatte, 1er roi des Parthes, frère de Mithridate et fils d'Orode.
Phraortès, roi des Mèdes, fils de Déjocès.
Phrynichus, général athénien.
Phryxus, fils d'Athamas et de Néphélé.
*Phthie, femme d'Admète.
Phul, roi d'Assyrie, frère de Téglath-Phalasar.
Phusannus. (*V.* Athotis.)
*Phyllis, reine de Thrace.
Physcon. (*V.* Ptolémée.)
Picus. (*V.* Alba.)
Pindare, célèbre poète thébain.
Pinus, fils de Numa.
Pirithoüs, roi des Lapithes, fils d'Ixion.
Piritiadès, roi d'Assyrie.
Pisandre, poète de Camire, beau-frère d'Agésilas.
Pisistrate, tyran d'Athènes.
Pison (Calpurnius), consul romain, beau-père de César.
Pisuthnès, gouverneur de Lydie.
Pithon, gouverneur de Médie.
Pittacus, roi de Corinthe, l'un des sept sages de la Grèce.
Pitthée, père d'Éthra et aïeul maternel de Thésée.
*Plaucine, femme de Pison.
Plancus (Munatius), général romain
Plaute, célèbre poète comique latin.
*Plautiana. (*V.* Poscienna.)
*Plautilla, femme de l'empereur Bassien.
Plemnéus, 11e roi de Sicyone, fils d'Ératus.
Pleuratès, roi d'Illyrie.
Pline, naturaliste et littérateur latin.
Plistarque, roi de Sparte, fils et succ. de Pausanias.
Plisthène, fils d'Atrée et père d'Agamemnon et de Ménélas.
Plistonax, roi de Lacédémone, fils de Pausanias.
*Plotine, femme de l'empereur Trajan.
Plotus. (*V.* Otacilius.)
Podalire, médecin grec.
Poétus. (*V.* Cofonnius.)
Polémon, roi de Pont.
Pollion (Trébellius), historien latin.
Pollique, capitaine syracusain, oncle d'Héraclide.
Polybe, roi de Corinthe père adoptif d'Œdipe.
Polyclès, sculpteur grec.
Polyclète, statuaire de Sicyone.
Polycrate, tyran de Samos.
*Polycrite, fille de Lisimaque, médecin du roi Artaxerce.
Polydamas, général thessalien.
Polydecte, roi de Lacédémone, fils aîné d'Eunomus et frère de Lycurgue.
Polydore, roi de Thèbes, fils de Cadmus.
Polygnote, célèbre peintre grec.
Polymnestor, roi de la Chersonèse, gendre de Priam.
Polymnestre, poète musicien de Colophon.
Polymnis, père d'Épaminondas.
Polynice, fils d'Œdipe et frère d'Étéocle.
Polyphides, roi de Sicyone, succ. d'Adraste.
Polyphron, frère de Jason.
Polysperchon, régent de Macédoine.
*Polyxène, fille de Priam. —, mari de Thesta.
Polyxénidas, amiral syrien.
Polyzèle, frère de Gélon et fils de Dinomène.
*Pompéia. (*V.* Plotine.)
Pompéius Strabo, père de Pompée, consul romain.
*Pompilia, fille de Numa et femme de Martius, père d'Ancus.
*Pomponia, femme de Quintus Cicéron.
Pomponius, préteur romain.
Pompus, roi d'Arcadie.
Pontius, général des Samnites.
Papilius Lænas, consul romain.
*Poppée, femme des empereurs Othon et Néron.
*Porcia, fille de Caton et femme de Marcus Brutus.
Porcius Lecca, tribun romain.
Porphyre, phil. de l'éc. d'Alexandrie.
Porsenna, roi de Clusium.
Porus, roi de Babylone, succ. de Nadius.
Posidonius, philosophe rhodien.
Posthumius, consul romain.
Praxitèle, sculpteur grec.
Priam, dernier roi de Troie, fils de Laomédon.
Primus, général romain.
*Prisca, belle-mère de l'empereur Galérien.
Probus (Aurélius-Valérius), empereur romain.
Procas, roi d'Albe, père de Numitor et d'Amulius.
*Procla, femme de Probus.
Proclès, roi de Lacédémone, fils d'Aristodème.

Proculus *ou* Procus, usurpateur romain.
Prodicus, philosophe grec.
Proétus, roi d'Argos, fils d'Abas.
*Progné, fille de Pandion et femme de Téréus.
*Prolyta, fille d'Agésilas.
Prométhée, père de Deucalion.
Pronapide, grammairien athénien.
Propodas, roi de Corinthe.
Protagoras, poète grec.
Protésilas, roi de Thessalie, fils d'Iphitus et oncle de Jason.
Protogène, célèbre peintre grec.
Proymnès *ou* Prymnès, roi de Corinthe, père de Bacchis et succ. d'Agélaüs.
Prusias, roi de Bithynie, fils et succ. de Zélias.
Prytanis, roi de Lacédémone, fils d'Euripon et père d'Eunomus.
Psamménitus, roi de Memphis, fils et succ. d'Amasis.
Psammétichus *ou* Psammétique, roi de Memphis, fils et succ. de Nechao.
Psammis, roi de Memphis, succ. d'Osorthon.
Psammon, philosophe égyptien.
Psammuthis, roi de Memphis, succ. d'Achoris.
Pseusennès, roi d'Égypte, succ. de Smerdis.
Psinachès, roi d'Égypte, succ. d'Osorchos.
Psusennès, roi d'Égypte, succ. du précédent.
Ptolémée Physcon, fils de Ptolémée V et de Bérénice. (*V.* Évergète.)
*Ptolémeïde, fille de Ptolémée et d'Euridice.
Publicola. (*V.* Valérius.)
Pupien (Claude-Maxime), empereur romain.
Pygmalion, roi de Tyr, fils et succ. de Métinus.
Pylade, fils de Strophius et ami d'Oreste.
Pylémène, roi de Paphlagonie.
Pyritiadès, roi d'Assyrie, succ. de Laosthènes.
*Pyrrha, femme de Deucalion.
Pyrrhon, philosophe grec.
Pyrrus, roi d'Épire, fils d'Éacide.
Pythagore, célèbre philosophe grec.
Pythéas, orateur athénien.
Pythoclès, orateur athénien.
Pytholas, frère de Thébé.

Q

Quadratus, gouverneur de Syrie.
Quadrigarius, historien romain.
Quinctius, Quintius *ou* Empédocle, consul romain.
Quinte-Curce, historien latin.
Quintilien, rhéteur romain.
Quintillus, frère de Claude II, empereur romain.
Quintus (Valéro), usurpateur romain.

R

Rabsacès, général assyrien.
Rabsaris, officier de Sennachérib.
Ramsès, Ramessès *ou* Sésostris, roi de Memphis, succ. de Séthos.
Rasin, roi de Syrie.
Rausimode, roi des Goths.
Ravosis, roi de Thèbes.
*Réa, mère de Sertorius.
Régalien *ou* Régilien, gouverneur de Mésie.
Régulus Serranus, général romain.
Rémus, frère de Romulus.
Rhadamanthe, fils d'Astérius et d'Europe.
Rhadamiste, roi d'Arménie, fils de Pharasmane.
*Rhéa Sylvia, fille de Numitor et mère de Romulus et de Rémus.
Rhémétalcès, roi de Thrace, oncle et succ. de Rhescuporis.
Rhescuporis, roi de Thrace.
Rhésus, roi de Thrace.
Rigébélus, roi de Babylone, succ. d'Apronadius.
*Rodogune, fille de Mithridate et femme de Démétrius Nicator.
Rœsace, général persan.
Rohob, père d'Adarézer, roi de Soba.
Romanus, fils d'Ulysse et de Circé.
Romulus, fondateur de Rome.
Roscius, général romain.
*Roxane, fille d'Oxyarte et femme d'Alexandre le Grand, roi de Macédoine.
Rupilius, consul romain.
Rusticus, historien romain.
Rutilius, consul romain.
Rymétalcus, roi des Pindares.

S

Sa *ou* Curcidès, roi de Memphis.
Sabacon *ou* Schabaka, roi d'Éthiopie.
Sabinus, jurisconsulte romain.
Sacrovir, chef éduen.

Sadyattes, roi de Lydie, fils d'Ardysus et père d'Alyatte.
Salatis, roi de Memphis.
Salinator, lieutenant de Sertorius.
Salivahana, roi de Pratichthana.
Salluste, historien et consul romain.
*Sallustia Orbiana, femme de l'empereur Alexandre-Sévère.
Salmana, roi de Madian.
Salmanasar, roi d'Assyrie, fils et succ. de Téglath-Phalassar.
Salmonicus, jurisconsulte romain.
Salonin, fils de l'empereur Gallien.
*Salonine, femme de l'empereur Gallien.
Salonius, beau-père de Caton.
Salvius, législateur romain.
Salybrès. (*V.* Thuoris.)
Sanchoniathon, historien phénicien.
*Sandace *ou* Sandauce, sœur de Xercès.
Sandochus, père de Cronus.
Saosduchimus, roi de Ninive, fils et succ. d'Assar-Haddon.
*Sapho, poète de Mitylène (Grèce).
Saphrax, général goth.
Sapor, roi de Perse, fils et succ. d'Artaxerce Ier.
Sarac *ou* Chinaladan, dernier roi de Ninive.
Sarazar *ou* Sharaser, 2e fils de Sennachérib.
Sardanapale, Empacmès *ou* Tonos-Concoléros, dernier roi d'Assyrie, succ. d'Ocrazapès.
Sargon, roi d'Assyrie.
Sarpédon, fils d'Astérius et d'Europe, institut. de Caton d'Utique.
Sassan, aïeul d'Artaxerce Ier.
Saturnus. (*V.* Janus.)
Sauromat, roi du Bosphore.
Scævola, jurisconsulte romain.
Scamandre, père de Teucer.
Scantilla. (*V.* Manlia.)
Scaurus, consul romain.
Schabaka. (*V.* Sabacon.)
Scipion, consul romain, fils de Paul-Émile et de Papyria.
Scopas, sculpteur grec.
*Scribonia, mère de Pison.
Scribonius Largus, médecin romain.
Scylax, géographe grec.
Scymnus, géographe grec.
Scythès, roi des Mèdes.
Secundus. (*V.* Pedanius.)
Séhon, roi des Amorrhéens.
Séjan, premier ministre de l'empereur Tibère.
Séleucus Nicator, roi de Syrie, fils d'Antiochus et de Laodice.
Séméber, roi de Séboïm.
*Sémiamira, fille de Mésa et mère d'Héliogabale.
*Sémiramis, reine d'Assyrie, femme de Ninus Ier.
Semphucratès, roi des Thèbes.
Sempronius Sophus, général romain.
Sénèque, célèbre philosophe latin.
Sennaab, roi d'Adama.
Sennachérib, roi d'Assyrie, fils et succ. de Salmanasar.
Sen-Saophis, roi de Thèbes.
Séphor, père de Balac.
Septimius. (*V.* Clodius.)
Sergius, proconsul romain.
Séron, gouverneur d'Anthiocus Épiphane.
Sertorius, général romain.
*Servilia, femme de Lucullus et sœur utérine de Caton d'Utique.
Servilius, consul romain.
Servius Tullius, 6e roi du Latium, gendre de Tarquin l'Ancien.
Sésac, Sésonchis *ou* Sésonchoris, roi de Memphis.
Sésostris. (*V.* Ramsès.)
Séthos *ou* Althadas, roi d'Égypte.
Sévéchus, roi d'Égypte, succ. de Sabacon.
Sextius, tribun romain.
Sextus, fils de Tarquin le Superbe.
Sicinius Bellutrus, tribun romain.
Sicyon, roi de Sicyone.
*Sidra, fille de Danaüs.
Sigovèse, chef gaulois, frère de Bellovèse.
Silanus, consul romain.
Silvus Othon, empereur romain.
Simonide, célèbre poète grec.
Sinatrokès, roi des Parthes.
Siphoas, roi de Thèbes.
Sirius, roi de Thèbes.
Sisenna, frère d'Archélaüs.
Sistori-Chermès, roi de Thèbes.
Sisyphe, roi de Corinthe.
Smédès, roi de Memphis.
Smerdis *ou* Tanaoxare, frère de Cambyse et fils de Cyrus.
Sobach, général syrien.
Sobytas, père de Phintas.
Socrate, célèbre philosophe grec.
*Soémias, mère d'Héliogabale.
Sofius, général romain.
Sogdien, roi de Perse, frère naturel d'Ochus.
Sohème, roi d'Édesse.
Sophac, général syrien.
Sophax, fils d'Hercule et fondateur de la ville de Tingis.

Sophocle, célèbre poète athénien.
*Sophonisbe, femme de Massinissa et fille d'Asdrubal.
Sophus. (*V.* Sempronius.)
Soranus, père d'Attilia.
Sosarès, roi d'Assyrie, succ. de Lampridès.
Sosarmus, roi d'Assyrie, succ. de Panyas.
Sosibe, ministre spartiate.
Sosigène, astronome alexandrin.
Sosithée, poète grec d'Alexandrie.
Sosius Sénécion, lieutenant romain.
*Soso, femme de Périphantus et sœur d'Abantidas.
Sostrate, architecte grec de Cnide.
Sotadès, poète grec.
Soter (Ptolémée VIII), roi d'Égypte, fils et succ. d'Évergète.
Soüs, roi de Lacédémone, fils adoptif de Proclès.
Spanis, roi de Memphis.
Sparétus, roi d'Assyrie, succ. de Nanitus.
Spartacus, célèbre esclave de Thrace.
Sparton, général thébain.
Speusippe, philosophe d'Athènes.
Sphaérus, roi d'Assyrie, succ. de Manchaléus.
Sphodrias, général lacédémonien.
Spithridate, général persan.
Sponsien, usurpateur romain.
Spurius. (*V.* Cassius.)
Staménémis, roi de Thèbes.
Staphylus, fils de Thésée et d'Ariane.
*Statilia, 2e femme de l'empereur Néron.
*Statira *ou* Barsine, fille de Darius et femme d'Alexandre le Grand.
Sténélus, roi de Mycènes, fils de Crotopus.
Stéphanatis, roi d'Égypte.
Stérichore, poète lyrique d'Himère.
Stésagoras, frère de Miltiade.
Stésimbrote, historien grec.
Stilicon, général romain.
Stilphon, philosophe de Mégare.
Stoéchus, roi de Thèbes.
Strabon. (*V.* Pompéius.)
*Stratonice, fille de Démétrius et femme de Séleucus Nicator, puis d'Antiochus.
Strophius, roi de Phocide.
Sua, roi d'Égypte.
Suécus, roi de Memphis.
Suétonius, général romain.
Suffétius. (*V.* Métius.)
Suidas, historien grec.
*Sulpicia. (*V.* Memmia.)
Sulpicius Gallus, consul romain.
*Supéra Cornélia, femme d'Émilien, empereur romain.
Sura, médecin de Trajan.
Suréna, général parthe.
Sybotas, roi de Messénie.
Sylla, dictateur romain.
Syloson, frère de Polycrate.
Sylvius Postumus (Atis *ou* Capétis), roi du Latium, fils d'Énée.
Symmaque, consul romain.
Synalus, général carthaginois.
Synésius, célèbre écrivain grec.
Syphax, roi de Numidie, gendre d'Asdrubal.
Syrmus, roi des Triballiens.

T

Tabrémon, père de Bénadad.
Tacellothis, roi de Memphis, succ. d'Osorthon.
Tacfarinas, chef numide.
Tachos, roi d'Égypte, fils et succ. de Nectanébo.
Tacite, historien latin.
Tanaoxare. (*V.* Smerdis.)
*Tanaquil, femme de l'empereur Tarquin l'Ancien.
Tantale, roi de Sipyle, en Phrygie, père de Pélops.
*Taphnès, reine d'Égypte.
Taraca *ou* Taracus, roi de Memphis, succ. de Sévéchus.
Tarcondémus, roi de la haute Cilicie.
*Tarpéia, fille de Tarpéius.
Tarpéius, gouverneur de Rome.
Tarquin Ier *dit* l'Ancien, 5e roi de Rome, fils de Démarate.
*Tarquinia, fille de Tarquin et femme de Brutus.
Tarquinius, consul romain.
*Tatia, femme de Numa Pompilius.
Tatius, roi de Rome.
Taurinus, sénateur romain.
Tautanès *ou* Teutame, roi d'Assyrie, succ. de Mitréus.
Taxiarque, général athénien.
Taxile, roi de l'Inde septentrionale.
Téglath-Phalasar, roi d'Assyrie, fils de Phul.
Téia *ou* Téias, roi des Ostrogoths en Italie.
Télamon, fils d'Éaque et frère de Phocus et de Pélée.
Télécide, historien grec.
Telchin, 3e roi de Sicyone.
Télècle, roi de Lacédémone, succ. d'Archélaüs.
Télémaque, fils d'Ulysse et mari de Circé.

Télèphe, fils d'Hercule.
*Télésille, grecque célèbre comme poète et comme héroïne.
Télésimus. (*V.* Pontius.)
Télessus *ou* Télestès, roi de Corinthe, fils d'Aristomène.
Téleutias, frère utérin d'Agésilas.
Tellus, général athénien.
Telxion *ou* Télasion, 5e roi de Sycione.
Téménus, roi d'Argos.
Tennès, roi de Sidon.
Térence, poète dramatique romain.
*Térentia, femme de Cicéron.
Térentillus-Arsa, tribun romain.
Térentius Varron, consul romain.
Téréus (Térée), roi de Thrace, gendre de Pandion.
Térille, tyran d'Himère.
Terpandre, poète de Lesbos.
*Tertia, fille de Paul-Émile.
Tétricus, général romain.
Teucer, roi de Phrygie, fils de Scamandre et père d'Évagoras.
*Teuta, reine d'Illyrie, ve d'Agrion.
Teutame. (*V.* Tautanès.)
Teutée *ou* Teutéus, roi d'Assyrie, succ. du précédent.
Thadal, roi des nations.
Thalès, chef de l'école d'Ionie, l'un des sept sages de la Grèce.
Thallus, fils de Cinéas.
Thalma (Juventius), consul romain.
Thamyris, poète grec.
Tharaca, roi d'Éthiopie.
Tharrytas, père d'Alcétas.
Thartan, général assyrien.
Théagène, tyran de Mégare.
*Thébé, femme de Léopidas.
Théléphus, roi de Mysie.
Thémistius, rhéteur grec.
*Thémisto. (*V.* Néphélé.)
Thémistocle, général athénien, fils de Nicoclès.
Théocrite, poète bucolique grec.
Théodotus, roi de Bactrie.
Théon, mathématicien d'Alexandrie.
Théonomus, magistrat de Sicyone.
Théophraste, philosophe grec.
Théopompe, orateur et historien célèbre de Chio. —, roi de Sparte.
Théramène, orateur athénien, fils d'Agnon.
*Thermantie, femme d'Honorius, empereur d'Occident.
Thermus, proconsul romain.
*Thermusa, femme de Phraate IV et mère de Phraatace.
Théron, tyran d'Agrigente, père de Damarète.
Thersandre, fils de Polynice.
Thersippe, archonte d'Athènes, succ. d'Archipus.
Thésée, roi d'Athènes, fils d'Œnée.
Thespicus, archonte d'Athènes, succ. d'Aurithon.
Thespis, créateur de la tragédie grecque.
*Thessalonice, femme de Cassandre.
Thessalus, fils d'Euryptolème. —, fils de Cimon.
*Thesta, femme de Polyxène et sœur de Denys le Jeune.
Thestius, roi d'Étolie, fils d'Agénor.
Thimbron, capitaine lacédémonien.
Thinillus, roi de Thèbes.
Thinœus, roi d'Assyrie.
Thoas, roi de la Chersonèse Taurique, fils d'Ornytion.
Thœnon, capitaine syracusien.
Tholmaï, roi de Gessur, 3e fils d'Énac.
Thoü. (*V.* Toï.)
Thoutmosis *ou* Tutmosis, rois d'Égypte.
Thrasybule, général athénien.
Thucydide, célèbre historien grec, fils de Milésius et beau-frère de Cimon.
Thuoris *ou* Salybrès, roi d'Égypte.
Thurimachus, 7e roi de Sicyone.
Thuron *ou* Nilus, roi d'Égypte.
Thyeste, roi de Mycènes, fils de Pélops et d'Hippodamie.
Thymbron, général spartiate.
Thymétès, roi d'Athènes, fils naturel d'Oxyntès.
Tibérinus, roi du Latium, succ. de Sylvius.
Tibérius Gracchus, tribun romain, père de Tibérius et de Caïus.
Tigellin, favori et ministre de Néron.
Tigrane *ou* Dikran, roi d'Arménie, succ. d'Artane et gendre de Mithridate.
Timagène, historien grec.
Timagoras, ambassadeur athénien.
Timanthe, peintre grec.
*Timéa, femme d'Agis et bru d'Archidamus.
Timée (Timæus), philosophe de Locres, fils d'Andromaque.
Timocrate, beau-frère de Denys, tyran de Syracuse.
Timocréon, poète grec.
Timodème, père de Timoléon et de Timophane.
*Timonasse, seconde femme de Pisistrate.
Timophane, frère aîné de Timoléon, général corinthien.

*Timoxène, femme de Plutarque.
Tiraca, roi d'Assyrie.
Tiridate, roi d'Arménie, frère et succ. de Vologèse.
Tisamène, roi de Thèbes, fils de Thersandre et père d'Autésion.
Tisiphonus, frère de Thébé.
Tissapherne, général persan.
Tithon, père de Memnon et fils de Laomédon.
Tithrauste, général persan.
*Titiana, femme de Pertinax.
Toëgar-Amach, roi de Thèbes
Toï *ou* Thoü, roi d'Hémath.
Tolmide, général athénien, fils de Tolméus.
Tolumnius, capitaine-général des Toscans.
Tonos-Concoléros. (*V.* Sardanapale.)
Toranius, lieutenant de Métellus.
Tortellius, consul romain.
Trajan, empereur romain.
Trasybule, roi de Syracuse, frère et succ. d'Hiéron et fils de Dinomène.
Trasydéus, fils de Théron.
Trébatius, jurisconsulte romain.
Trébellien, usurpateur romain.
Trébonius, lieutenant de César, empereur romain.
Triarius, lieutenant de Lucullus.
Triopas, roi d'Argos, succ. de Phorbas et fils de Xanthus.
Trogus, historien latin.
*Troiade, femme d'Arymbas et mère d'Éacide.
Tros, roi de Troie, père d'Ilus et succ. d'Érichtonius.
*Tryphène, fille de Physcon et femme de Grypus.
Tryphon *ou* Diodote, roi de Syrie.
Tseu-sse, philosophe chinois.
Tubéron, lieutenant de Cicéron, gendre de Paul-Émile.
*Tullie, fille de Servius Tullius, et femme d'Aruns.
Tullius. (*V.* Servius.)
Tullus Hostilius, 3e roi de Rome, succ. de Numa.
Turbon, gouverneur de la Mauritanie.
Turnus, roi des Rutules, fils de Daunus et de Vénilie.
Tutmosis. (*V.* Thoutmosis.)
Tydée, roi de Calydon, fils d'Œnée et père de Diomède.
Tyndare, roi de Lacédémone, fils aîné d'Œbalus et beau-père de Ménélas.
Tynnondas, roi de Nègrepont.
Tyosimarès, roi de Thèbes.
Tyrannion, grammairien géographe de Pont.
Tyrtée, poète athénien.

U

Uchoréus, roi d'Égypte, fondateur de Memphis.
Ulysse, roi d'Ithaque, fils de Laërte et d'Anticlée.
Uranius, usurpateur romain.
*Urbica. (*V.* Magnia.)
Usé, roi de Memphis.

V

Vadomarius, roi des Allemands.
Valérius Publicola, consul romain.
Vannius, roi des Suèves.
Varane, roi de Perse, fils et succ. d'Hormisdas.
Varius, père de l'empereur Alexandre-Sévère.
Varron. (*V.* Térentius.)
Varus, général romain.
*Vasthi, femme de Darius.
Vatinius, lieutenant de l'empereur César.
Velléius Paterculus, historien latin.
*Vénilie, femme de Daunus et mère de Turnus.
Vennéphrès, roi de Memphis.
Ventidius Bassus, lieutenant de l'empereur César.
Vercingétorix, chef des Gaulois.
Vergasillaunus, chef des Avernes.
Vermina, fils de Syphax.
Verrès, consul romain.
Vérus, empereur romain.
Vespasien, empereur romain.
Vétranion, général romain.
*Véturie, mère de Coriolan.
Vibius Gallus, empereur romain.
Vicramaditya, roi des rives de l'Indus.
Vindex, général romain.
Vinicius, gendre de Germanicus.
Virginius, centurion romain.
Viriathe, général lusitanien.
Véridomare, roi des Gaules.
Virdumare, chef éduen.
Vitellius (Aulus), empereur romain.
Vocus, jurisconsulte romain.
Volero, tribun romain.
Vologèse, roi des Parthes, fils et succ. de Vonone.
*Volumnie, femme de Coriolan.
Volusius, jurisconsulte romain.

Vonone, roi des Parthes, père de Vologèse.
Vulcain *ou* Héphestios, père d'Érichtonius.

W

Wen-Wang, empereur chinois.
Wou-Wang, fils du précédent.

X

Xanthippe, général athénien, père de Périclès.
Xanthus, dernier roi de Troie, fils de Triopas.
Xénagoras, fils d'Eumèle.
Xénocrate, philosophe grec.
Xénodame, poète de Cythère.
Xénophane, philosophe grec.
Xénophon, général grec, fils de Gryllus.
Xercès, 5e roi de Perse, fils et succ. de Darius Ier.
Xeuxidamas, roi de Lacédémone, fils d'Archimadus.
Xuthus, fils d'Hellen, et père d'Archéus.
Xynthis. (*V.* Oxyntès.)

Y

Yezdedjerd, rois de Perse.
Yu, empereur chinois.

Z

Zabdas, évêque de Jérusalem.
Zabdiel, roi des Arabes.
Zaleucus, législateur locrien.
Zaméis. (*V.* Ninyas.)
Zarbiénus, roi de la province Gordiane.
Zéla *ou* Zélias, roi de Bithynie, père de Prusias.
Zénodore, tyran de Panéas.
Zeth, roi de Memphis.
Zéthus, fils de Jupiter et d'Antiope.
Zeuxidame, fils de Léotychides, et père d'Archidame.
Zeuxippus, roi de Sicyone, succ. de Pélasgus.
Zeuxis, célèbre peintre d'Héraclée.
Zophyre, satrape.
Zoroastre, célèbre philosophe grec.
Zypoétès, roi de Bithynie.

3e PARTIE

Noms des personnages de la Bible.

(Les noms du sexe féminin sont marqués d'un astérisque.)

A

Aasbaï, père d'Éliphéleth et fils de Machati.
Abdéel, père de Sélémias V.
Abdémelech, général juif.
Abdénago, pontife juif.
Abdias, petit prophète.
Abdiel, fils de Guni.
Abed, fils de Jonathan.
Abésan, 10e juge d'Israël, succ. de Jephté.
Abessalom, père de Maacha, et aïeul d'Abias.
*Abi ou Abia, mère d'Ézéchias, et fille de Zacharie.
Abiam ou Abias, roi de Juda, fils de Roboam.
Abias, fils de Jéroboam, 1er roi d'Israël.
Abiasaph, fils d'Elcana et petit-fils d'Asir.
Abiathar, pontife juif et fils d'Achimélech.
Abiba, fils de Madian.
Abibas, fils de Gamaliel.
Abidan, fils de Gédéon.
Abiel, père de Cis et de Ner et aïeul de Saül.
Abigabaon, père d'Addon.
Abigaïl[1], femme de Nabal et de David. —, frère de Mardochée.
Abimaël, 9e fils de Jectan.
Abimélech, roi de Gérare, fils de Gédéon.
Abinadab, 2e fils d'Isaï. —, 2e fils de Saül.
Abinoëm, père de Barac.
Abiram, fils aîné d'Hiel.

[1] Des deux genres.

Abiron, 3e fils d'Éliab.
Abisaï, général de David et fils de Sarvia.
Abisué, 4e fils de Balé.
*Abital, 6e femme de David et mère de Saphatias.
Abiu, 2e fils d'Aaron et d'Élisabeth et neveu de Moïse.
Abiud, roi de Juda, fils de Zorobabel.
Abizué ou Abiscuab, pontife juif, fils de Phinées.
Abner, fils de Ner et général de Saül.
Absalom, fils de David et de Maacha.
Accub, 4e fils d'Élioénaï.
Accus ou Haccus, père d'Urie et aïeul de Mérimuth.
Achab, 7e roi d'Israël, fils d'Amri et gendre d'Ethbaal.
Achaïque, disciple de saint Paul.
Achar, 3e fils de Ram. —, fils de Charmi.
Achaz, 13e roi de Juda et fils de Joathan.
Achia, 4e fils de Jéraméel.
Achias, 5e fils de Jéraméel.
Achiélech ou Ahija, pontife juif.
Achim ou Achimaas, pontife juif, fils de Sadoc et père d'Éliud.
Achiman, fils aîné d'Énac.
Achimélech, grand-prêtre, fils d'Achitob. —, père d'Abiathar.
Achimoth, 2e fils d'Elcana.
*Achinaam, 1re femme de Saül et mère de Jonathas.
*Achinoam, 2e femme de David.
Achior, chef des Ammonites.
Achisamech, père d'Ooliab.
Achitob ou Achitub, pontife juif, fils d'Amarias et père d'Achimélech.

Achitophel, père d'Éliab et aïeul d Bethsabée.
Achobar, père de Balanan.
Achobor, fils de Micha.
*Achsa, fille de Caleb et de Maacha.
*Ada, 1re femme de Lamech. —, femme d'Ésaü. —, mère de Jabel et de Jubal.
Adad, 4e roi d'Édom, succ. d'Husam et fils de Badad.
Adaïa, père de Maasias et d'Azia.
Adali, père d'Amasa.
Adalia, 5e fils d'Aman.
Adar ou Adab, 8e roi d'Idumée, fils d'Achobar.
Adbéel, 3e fils d'Ismaël.
Addar, fils aîné de Balé.
Addi, fils de Cosan.
Addo, prophète, fils de Joab.
Addon, fils d'Abigabaon.
Adéodatus. (V. Elchanan.)
Adiel, fils d'Asiel,
Adonias, 4e fils de David et d'Haggith.
Adonibézec, prince des Chananéens.
Adonisédech, roi de Jérusalem.
Adoram, 5e fils de Jectan. —, fils de Thoü
Aduram, surintendant des tribus.
Agag, roi des Amalécites.
*Agar, femme d'Abraham et mère d'Ismaël.
Agé, père de Semma.
*Aggith ou Haggith, 5e femme de David.
Ahara, 3e fils de Benjamin.
Aharéhel, fils d'Arum.
Ahaz, 4e fils de Micha et père de Joada.
Aher, père d'Hasim.
Ahi, fils aîné de Somer.
Ahialon, 11e juge d'Israël, succ. d'Abésan.
Ahias ou Ahia, prophète.
Ahicam, fils de Saphan et père de Godolias.
Ahiéser, fils d'Amisaddaï.
Ahija. (V. Achiélech.)
Ahilud, secrétaire de David.
Ahin, fils de Sémida.
Ahinadab, fils d'Addo.
Ahio, 7e fils d'Abigabaon.
Ahira, fils d'Énan.
Ahiram, fils aîné d'Hiel et frère de Ségub
Ahisahar, fils de Balan.
Ahiud, fils de Salomé.
Ahod, 8e fils de Siméon.
Ahoé, 6e fils de Balé.
Ahumaï, fils aîné de Jahath.
Aïa[1], fille aînée de Sébéon et mère de Respha. —, descendant d'Esaü.
Akam, père de Hus.
Alamach, fils de Joada.
Alamath, 2e fils d'Achaz.
Alcime, grand-prêtre.
Aliam, fils aîné de Sobal.
Allon, fils d'Idaïa et père de Séphaï.
Almath, 9e fils de Béchor.
Alohès, père de Sellum.
Alphæus, père de saint Matthieu.
Alvan, gouverneur d'Edom, fils de Sobal.
Amadathi, père d'Aman.
Amal, 4e fils d'Hélem.
Amalec, 6e fils d'Éliphar et de Thamna.
Amarias ou Armaja, pontife juif, fils de Méraïoth.
Amasa, général d'Absalon et fils de Jéthra.
Amasias ou Amatja, roi de Juda, fils de Joas et père d'Azarias.
Amathéus, 11e fils de Chanaan.
Amathi, père de Jonas.
Amelech, père de Joas.
Aminadab, père de Nahasson. —, père de Coré.
Amisaddaï, père d'Ahiéser.
Amizabad, fils de Banaïas.
Ammiel ou Éliam, père de Bethsabée.
Ammiud, fils de Laadan. —, fils d'Amri.
Amnon, fils aîné de David et d'Achinoam.
Amorrhéus, fils de Chanaan.
Ampliat, disciple de Jésus-Christ.
Amram, fils aîné de Caath et mari de Jochabed. —, fils de Bani.
Amraphel, roi de Sennaar.
Amri, roi d'Israël.
Amsi, fils de Zacharie.
Ana, 4e fils de Séir. —, 2e fils de Sébéon et père de Dison.
Ananel, pontife juif.
Anani, 7e fils d'Élioénaï et mari de Saphire.
Ananias, pontife juif.
Ananim, 2e fils de Mesraïm.
Ananus, pontife juif.
Anathoth, 8e fils de Béchor.
Anob, fils de Cos.
Aod, Ahod ou Ehud, juge d'Israël, 4e fils de Siméon.
Apphaim, 2e fils de Nadab, et père de Jési.
Appia[1], disciple de saint Paul. —, femme de Philémon.

[1] Des deux genres.

Ara, 3e fils de Jéther.
Aracæus, 7e fils de Chanaan.
Arad, roi des Chananéens.
Aram, 5e fils de Sem.
Aran, 3e fils de Tharé et père de Loth.
Archélaüs, roi de Juda, fils et succ. d'Hérode.
Archippe, disciple de saint Paul.
Ardon, 4e fils de Caleb et d'Azuba.
Ared, 10e fils de Benjamin.
Arée, fils aîné d'Olla.
Aréli, 7e fils de Gad.
Ariel, dernier fils de Gad.
Armaja (V. Amasias.)
Armoni, fils aîné de Saül et de Respha.
Arnan, fils de Raphaïa et père d'Obdias.
Arod *ou* Arodi, 6e fils de Gad.
Arphaxad, 3e fils de Sem et père de Salé.
Arsa, gouverneur de Thersa.
Artémas, disciple de saint Paul.
Asa, roi de Juda, fils d'Abiam.
Asaa, conseiller de Jonias.
Asaël, 3e fils de Sarvia.
Asaïa, fils d'Haggia.
*Asaléphuni, fille d'Étham.
Asana, père d'Oduia.
Asaph, chancelier d'Ézéchias.
Asaréla, 4e fils d'Asaph.
Asarmoth, 3e fils de Jectan.
Asbaï, père de Naaraï.
Asbel, 2e fils de Benjamin.
Ascénez, fils aîné de Gomer.
Asel, fils d'Élasa, et frère d'Ésec.
Asélias *ou* Esélias, père de Saphan.
*Aséneth, fille de Putipharé et femme de Joseph.
Aser, fils de Jacob et de Zelpha.
Ashur, fils d'Hesron et d'Abia.
Asiel, père de Saraïas.
Asir, fils de Coré. —, fils de Jéchonias. —, fils d'Abiasaph.
Asom, 6e fils d'Isaï.
Asoth, 3e fils de Jéphlat.
Asraël, fils de Jaléléel.
Asriel, fils de Galaad.
Assia, fils de Messulam.
Assur, 2e fils de Sem.
Assurim, fils aîné de Dadan.
Asyncrite, disciple de saint Paul.
Athaïas, descendant de Juda.
*Athalia, fille d'Achab et mère d'Ochosias.
Athanaï, descendant de Gerson.
*Athara, 2e femme de Jéraméel.
*Axa, fille de Caleb et femme d'Othoniel.
Axioramus, pontife juif.
Azariam, fils d'Hazabias.
Azarias *ou* Osias, 10e roi de Juda, fils d'Achimaas. —, fils d'Amarias.
Azau, 5e fils de Nachor et de Melcha.
Azaz, fils de Samma.
Azbaï, l'un des 30 braves de David.
Azboc, père de Néhémie.
Azer, fils de Josué.
Azia *ou* Hazaya, fils d'Adaïa.
Azmoth, 3e fils d'Achaz. —, fils de Joïada.
Azor, fils d'Éliacim.
*Azuba, 1re femme de Calubi. —, femme d'Asa.
Azur, père d'Hananias.

B

Baal, 4e fils d'Abigabaon et de Maacha.
Baalia, l'un des 30 braves de David.
Baaliada, 12e fils de David.
Baalis, roi des Ammonites.
Baana, capitaine d'Isboseth.
Baasa *ou* Bahasca, 3e roi d'Israël. —, fils d'Ahias.
Bacénor, capitaine juif.
Badacer, capitaine de Jéhu.
Badad, roi d'Édom, père d'Adad.
Badan, fils d'Ulam.
Bala[1], fils d'Azaz. —, servante de Rachel.
Balaam, prophète, fils de Béor.
Balaan, fils aîné d'Éser.
Balac, roi des Moabites, fils de Séphor.
Balaïa, fils de Melchia.
Balan, fils de Jahidel.
Balanan, roi d'Idumée, fils d'Achobar.
Bale. (V. Béla.)
Balé, fils de Béor.
Bana, l'un des 30 braves de David.
Banaa, fils de Mosa et père de Rapha.
Banaïas, capitaine des gardes de David et fils de Joïada.
Bani, chef de famille dont les enfants étaient captifs à Babylone.
Bara[1], 2e femme de Saharaim. —, roi de Sodome.
Barac, général des Hébreux et fils d'Abinoëm.
Barachia, 5e fils de Zorobabel.
Baraïa, 8e fils de Séméi.
Barod, 2e fils d'Éphraïm.
Baria, 4e fils d'Aser et père d'Héber.
Barjésu. (V. Élymas.)

[1] Des deux genres.

Barjone, vrai nom de saint Pierre.
Barsabas, disciple de Jésus-Christ.
Barsaïth, fils de Melchiel.
Baruch, prophète, fils de Nérias.
Basaïas, fils de Melchias.
*Basémath, fille d'Élon et 2e femme d'Ésaü.
Bathuel, 8e fils de Nachor et de Melcha et père de Rébecca.
Baül, 4e fils d'Abigabaon.
Bécher, 3e fils d'Éphraïm.
Béchor, 2e fils de Benjamin.
Béeri, père d'Osée.
Béguaï ou Bégoaï, chef du peuple d'Israël.
Bel. (V. Nemrod.)
Béla ou Balé, roi d'Idumée, fils aîné de Benjamin.
Belga, prêtre de la famille d'Éléazar.
Benabinadab, gendre de Salomon.
Bénadad, roi d'Israël, fils d'Hazaël.
Bendécar, intendant de Salomon.
Bengaber, intendant de Salomon.
Benni, père de Réhum.
Benno, fils d'Oziau.
Bénoni ou Benjamin, dernier fils de Jacob et de Rachel.
Benzohet, 2e fils de Jési.
Béor, roi d'Édom, père de Balaam et de Béla.
Béra, 11e et dernier fils de Supha.
*Bérénice, femme d'Aristobule.
Béri, 4e fils de Supha.
Béria, 4e fils d'Aser.
Bersa, roi de Gomorrhe.
Berzellaï, gendre de Saül.
Bésaléel, fils d'Uri et oncle de Moïse.
Bésodia, père de Mosollam.
*Béthia, fille de Pharaon.
*Bethsabée, fille d'Éliam; et 7e femme de David. —, femme de Méred.
Bétrapha, fils aîné d'Esthon.
Betsur, fils de Maon.
Blastus, chambellan d'Hérode Agrippa.
Bocci ou Bukki, pontife juif, fils d'Abizué.
Bochri, père de Séba.
Bochru, 2e fils d'Asel.
Boni, descendant de Mérari.
Booz, fils de Salma et de Rahab et bisaïeul de David.
Brié, 3e fils d'Aser.
Bukki. (V. Bocci.)
Buna, 2e fils de Jéraméel.
Buz, 2e fils de Nachor et de Melcha.
Buzi, père du prophète Ézéchiel.

C

Caath, 2e fils de Lévi et père d'Amram.
Caïnan, patriarche, fils d'Énos et père de Malaléel. —, fils d'Arphaxad.
Caïphas ou Caïphe, grand-prêtre.
Calal ou Chalal, 2e fils de Phahath-Moab.
Calcal ou Chalcol, 3e fils de Mahol, fils de Zaré.
Caleb, lieutenant de Josué et fils de Jéphoné. —, fils d'Hesron et frère de Jéraméel.
Calphi, père de Judas, lieutenant de Jonathas.
Calubi ou Caleb, 3e fils d'Hesron, mari d'Azuba et d'Éphrata.
Camuel, 3e fils de Nachor et de Melcha.
Carée, père de Johanan.
Carpus, disciple de saint Paul.
Casaya, père d'Éthan.
Cased, 4e fils de Nachor et de Melcha.
Casluim. (V. Chasluim.)
*Cassia, 2e fille de Job.
Cédar, 2e fils d'Ismaël.
Cedma, 12e et dernier fils d'Ismaël et petit-fils d'Abraham et d'Agar.
Cedmihel, fils d'Hodovia.
Céila, descendant de Juda, fils de Naham.
Célitha, lévite.
Cénez, 4e fils d'Éliphaz. —, père d'Othoniel et de Caleb. —, fils d'Éla.
Céros, l'un des captifs de Babylone.
Cethim, 3e fils de Javan.
*Cétura ou Cethura, 2e femme d'Abraham, patriarche.
Chalal. (V. Calal.)
Chalcal, 4e fils de Zara.
Chalcol. (V. Calcal.)
Chamaal, 2e fils de Jéphlat.
Chamaam, fils de Berzellaï.
Chanaan, 4e fils de Cham, 2e fils de Noé.
Chanaana, 4e fils de Balan. —, père de Sédécias.
Chanani, lévite.
Charan, 4e et dernier fils de Dison.
Charmi, 4e fils de Ruben.
Chasélon, père d'Élidad.
Chasluim ou Cazluim, 6e fils de Mesraïm, 2e fils de Cham.
Chéléab, fils aîné de David et d'Abigaïl.
Chéliau, 6e fils de Bani.
Chélion, 2e fils d'Élimelech et de Noémi.
Chélub, père d'Ezri.

Chérub, l'un des captifs de Babylone.
*Chloé, disciple de saint Paul.
Chodorlahomor, roi d'Élam.
Cholhoza, père de Sollum.
Chonénias, chef des lévites.
Christ. (*V.* Jésus.)
Chus, fils aîné de Cham et père de Nemrod.
Chusa, intendant d'Hérode-Agrippa.
Chusaï, ami de David.
Chusi, père de Sélémias. —, père du prophète Sophonias.
Cin, chef de la race des Cinéens.
Cis, 3e fils d'Abigabaon et de Maacha. —, fils de Ner et père de Saül.
*Claudia, disciple de saint Paul.
Colaïa, fils de Masia.
Colhosa, fils d'Azia.
Colias, père du faux prophète Achaz.
Coré, 3e fils d'Ésaü et d'Oolibama. —, 5e fils d'Éliphaz. —, fils aîné d'Isaar, fils d'Abiasaph. —, fils aîné d'Hébron.
*Cornustibii, 3e fille de Job.
Cos, père d'Anob et de Sababa.
Cosan, fils d'Elmadan et père d'Addi.
*Cozbi, fille de Zur.
*Cypros, femme d'Antipoted et mère d'Hérode.

D

Dabri, père de Salumith.
Dadan, 2e fils de Regma et petit-fils de Chus. —, 2e fils de Jecsan et petit-fils d'Abraham.
Dalaïa, 6e fils d'Élioénaï. —, fils de Séméias.
Dalaïau, prêtre de la race d'Ithamar.
*Dalila, femme philistine qui trahit Samson.
*Damaris, disciple de saint Paul.
Damascus, fils d'Éliézer.
Dan, patriarche, 5e fils de Jacob et de Bala.
Dara, 5e et dernier fils de Zaré.
Darcon, chef des Nathinéens
Dathan, 2e fils d'Éliab.
Débélaïm, père de Gomer.
*Débora, nourrice de Rébecca. —, prophétesse juive.
Décla, 7e fils de Jectan.
Delphon, 2e fils d'Aman.
Démas disciple de saint Paul.
Dié, 1re fille de Jacob.
Dina, fille de Jacob et de Lia.
Diothrèphe, évêque de Corinthe.
Disan, 7e fils de Séir et père de Hus.
Dison, 5e fils de Séir et père de Jéthram. —, fils d'Ana.
Dodanim, 4e et dernier fils de Javan.
Dodau, père du prophète Éliézer.
Doëg, officier de Saül.
Dorda, 4e fils de Mahol et petit-fils de Zaré.
Duel. (*V.* Laël.)
Duma, 6e fils d'Ismaël.
Dun, père de Josué.

E

Ébal *ou* Hébal, 8e fils de Jectan. —, 3e fils de Sobal.
Ébron. (*V.* Hébron.)
Eccétan, père de Johanan.
Échaïa, chef du peuple.
Échi, 6e fils de Benjamin.
Eddo, commandant des Nathinéens.
Éden, fils de Joab.
Éder, 2e fils de Musi.
Edna, fils aîné de Phahath-Moab. —, général de Josaphat.
Édom. (*V.* Ésaü.)
*Égla, 6e femme de David et mère de Jéthraam.
Éhud. (*V.* Aod.)
Éla, roi d'Édom, père de Phinon. —, père de Séméi. —, 4e roi d'Israël, fils de Baasa, 2e fils de Caleb. —, fils d'Ozi.
Élad, 9e et dernier fils de Suthala.
Élada, fils de Thahath.
Élaï, aïeul de Mérari.
Élam *ou* Ælam, fils aîné de Sem. —, 5e fils de Mésélémia.
Élasa, fils d'Hellès. —, fils de Rapha. —, fils de Saphan.
Elcana, vice-roi de Juda, fils de Jéroham. —, 2e fils de Coré. —, père d'Asa.
Elchanan *ou* Adéodatus, fils de Jaïr.
Elcias *ou* Helcias, pontife juif, fils d'Osa.
Eldaa, 5e fils de Madian.
Eldad *ou* Médad, gouverneur du peuple.
Élia, 2e fils de Jéroboam.
Éliab, fils aîné d'Isaï et de Thohu. —, fils d'Hélon.
Éliachim, grand-prêtre.
Éliacim, Éliakim *ou* Joachim, fils aîné de Josias. —, fils d'Helcias. —, fils d'Abiud.
Éliada, père de Razon. —, général de Josaphat.
Éliam, fils d'Achitophel.
Éliasaph, fils de Laël.
Éliasib, grand-prêtre. —, fils de Joacim. —, père de Johanan.

Éliasub, 2e fils d'Élioénaï.
Éliatha, 8e fils d'Héman.
Élica, l'un des 30 braves de David.
Élidad, fils de Chasélon.
Éliel, fils de Thohu.
Éliézer, 2e fils de Moïse et de Séphora. —, fils de Dodau. —, 3e fils de Béchor. —, fils de Zéchri. —, père de Rahabia.
Élihoreph, fils de Sisa.
Élimélech, mari de Noémi et père de Mahalon et de Chélion.
Élioénaï, fils aîné de Naarias. —, 4e fils de Béchor. —, fils d'Asiel. —, fils de Zarché.
Élionée, pontife juif.
Éliphal, père d'Ur.
Éliphalet, 11e fils de David. —, 3e fils d'Ésec.
Éliphaz, fils aîné d'Ésaü et d'Ada.
Éliphéleth, fils d'Aaasbaï.
Élisama, fils d'Ammiud. —, fils d'Icamia. —, fils de David.
Élisaphan, 2e fils d'Oziel et oncle de Moïse.
Élisaphat, fils de Zéchri.
Élisua, 6e fils de David.
Élisur, fils de Sédéur.
Éliu. (V. Éliab.)
Éliud, fils d'Achim et père d'Éléazar.
Elmadan, fils de Her.
Elmodad, fils aîné de Jectan.
Elnathan, père de Nohesta.
Élon, père de Basémath. —, 2e fils de Zabulon. —, 2e fils de Méhusim.
Elphaal, 2e fils de Méhusim et père de Jobab.
*Elpide, 9e femme d'Hérode.
Éluzaï, l'un des braves de David.
Élymas. (V. Barjésu.)
Elzabad, 4e fils de Séméi.
Elzébad, l'un des braves de David.
Éman, 3e fils de Zara. —, lévite, descendant de Coré.
Emmer, fils de Mosolamith.
Énac, père de Tholmaï.
Énan, père d'Ahira. —, fils de Nachanias et père de Melchia.
Énoch *ou* Hénoch, prophète, fils de Jared et père de Mathusalem. —, fils de Caïn.
Énos *ou* Hénos, petit prophète, fils de Seth. —, père de Caïnan.
Épænétus, disciple de saint Paul.
Épha, fils aîné de Madian. —, 5e fils de Jahaddaï.
Épher, 2e fils de Madian et père de Salphaad.
*Éphrata, 2e femme de Calubi.
Éphron, fils de Séor.
Ésaü *ou* Édom, fils aîné d'Isaac et de Rébecca, et gendre d'Ismaël.
Esbaal, frère de Jonathan et 4e fils de Saül.
Esbon, fils aîné de Béla.
Esdras, docteur juif, fils de Saraïa.
Esdrin, capitaine juif.
Ésében, 2e fils de Dison. —, 4e fils de Gad.
Ésec, fils d'Élasa et frère d'Asel.
Ésélias. (V. Asélias.)
Éser. (V. Ézer.)
Esphata, 3e fils d'Aman.
Esriel, fils aîné de Manassé.
Esron *ou* Hesron, 3e fils de Ruben et père de Jason. —, fils de Pharès.
Esthamo, fils de Jesba.
Esthon, fils de Mahir et petit-fils de Caleb.
Éthaï, fils de Roboam.
Éthamo, fils de Naham et frère de Garmi.
Éthan, 2e fils de Zara. —, fils aîné de Mahol. —, fils de Chusi. —, fis de Zamma.
Ethbaal, roi des Sidoniens, père de Jésabel.
Éthéel, fils d'Isaïe et petit-fils d'Amos.
Éthéi, fils de Jéraa.
Ethnan, 3e fils d'Assur et de Halaa.
Eupolémus, fils de Jean et petit-fils de Jacob.
*Évodia, disciple de saint Paul.
Ézéchias, roi de Juda, fils d'Achaz et d'Abia. —, 2e fils de Naaria. —, fils de Sellum.
Ézer *ou* Éser, 6e fils de Séir et père d'Hoza.
Éziel, fils d'Araïa.
Ézra, père de Jéther.
Ezri, fils de Chélub.
Ezricam, fils aîné d'Asel.
Ezriel, fils de Jéroham. —, père de Saraïa.

G

Gaal, fils d'Obed.
Gaber, fils d'Uri.
Gad, prophète, fils aîné de Jacob et de Zelpha.
Gaddel, chef de famille dont les descendants furent captifs à Babylone.
Gaddi, fils de Susi.
Gadi, roi d'Israël, père de Manahem.
Gaham, 2e fils de Nachor et de Roma.
Gaher, Nathinéen dont les descendants furent captifs à Babylone.

Gaïus, natif de Corinthe, converti et baptisé par saint Paul.
Galaad, fils de Machir et petit-fils de Manassé.
Galal, fils de Micha. —, père de Séméias, et fils d'Idithun.
Galalaï, l'un des captifs de Babylone.
Gamaliel, docteur juif, fils de Phadassur.
Gamarias, fils d'Helcias. —, fils de Saphan.
Gamul, chef de la 22e famille de la race des sacrificateurs.
Gareb, l'un des braves de David.
Garmi, fils de Naham et frère d'Éthamo.
Gaspha, chef des Nathinéens.
Gathan, 4e fils d'Éliphaz et petit-fils d'Ésaü.
Gazam, Nathinéen dont les enfants furent captifs à Babylone.
Gobbaï, descendant de Benjamin.
Gebbar, l'un des captifs à Babylone.
Geddel, l'un des captifs à Babylone.
Geddelthi, 9e fils d'Héman.
Geddiel, fils de Sodi.
Gédélias, fils de Phassur.
Gédor, fils de Phanuel. —, fils de Jared. —, 6e fils d'Abigabaon et de Maacha.
Gémalli, père d'Ammiel.
Gennæus, père d'Apollonius, ennemi des Juifs.
Genthon, captif de Babylone.
Génubath, fils d'Adad.
Géra, 4e fils de Benjamin. —, père d'Aod. —, père de Séméi.
Gergésæus, 8e fils de Chanaan.
Gersam, fils aîné de Moïse et de Séphora, et père de Jonathan.
Gerson, fils aîné de Lévi.
Gésan, 3e fils de Jahaddaï.
Gessur, fils de Machir.
Géther, 3e fils d'Aram. —, 8e fils de Sem.
Gézem, Nathinéen dont les descendants furent captifs à Babylone.
Gézez, fils d'Haran. —, 3e fils de Caleb et d'Éphrata.
Giézi, serviteur d'Élisée.
Gineth, père de Thebni.
*Glaphyra, fille d'Archélaüs.
Godolias, 2e fils d'Idithun. —, fils d'Amarias. —, fils d'Ahicam.
Gog, fils de Samaïa.
Goliath, guerrier philistin.
Gomer[1], fille de Débélaïm et femme d'Osée II. —, fils de Béeri. —, fils aîné de Japheth.
Gorgias, gouverneur de l'Idumée.
Gothoniel, ancêtre d'Holdaï.
Guel, fils de Machi et frère de Tuel.
Guni, 2e fils de Nephtali.

[1] Des deux genres.

H

Haba, 3e fils de Somer.
Habacuc, petit prophète.
Haber *ou* Héber, descendant de Jéthro et mari de Jahel.
Habsanias, père de Jérémie et aïeul de Jézonias.
Haccus. (*V.* Accus.)
Hachamoni, père de Jesbaam.
Hachélaï, père de Néhémie.
Hacupha, chef nathinéen.
Hadad, 8e fils d'Ismaël.
Hadaïa[1], père d'Idida. —, mère de Josias.
Hadriel, fils de Berzellaï et mari de Mérob.
Hagab, chef nathinéen.
Hagaba, chef nathinéen.
Haggi, 2e fils de Gad et petit-fils de Jacob.
Haggia, fils de Sammaa.
Haggith. (*V.* Aggith.)
*Halaa, 1re femme d'Assur.
Hamathæus, 11e fils de Chanaan.
Hamram *ou* Hamdam, fils aîné de Dison.
Hamuel, fils de Masma et père de Zachur.
Hamul, 2e fils de Pharès.
Hanaméel, fils de Sellum.
Hanan, 6e fils d'Asel, père de Rinna.
Hananel, grand sacrificateur.
Hanani, prophète, père de Jéhu. —, 7e fils d'Héman.
Hananias, fils d'Asur, général d'Ozias. —, 6e fils d'Héman —, 2e fils de Zorobabel.
Haniel, 2e fils d'Olla.
Hanni, captif de Babylone.
Hanon, roi des Ammonites, fils de Naas.
Hanum, 6e fils de Séleph.
Hapham, 2e fils de Hir.
*Haphsiba, mère de Manassès.
Happhim, 2e fils de Machir.
Haran, fils de Caleb et d'Éphrata. —, fils de Sem.
Harem, chef de famille dont les descendants furent captifs à Babylone.

[1] Des deux genres.

Hareph, chef de famille dont les descendants furent captifs à Babylone.
Harhur, chef nathinéen.
Harim, chef d'une famille sacerdotale.
Hariph, 3e fils de Caleb.
Harnapher, 2e fils de Supha.
Haromaph, père de Jédaïa.
Harsa, chef nathinéen.
Harus, père de Messalémeth.
Hasaban, 3e fils de Zorobabel.
Hasabias, fils d'Amasias. —, 5e fils d'Idithun. —, fils d'Amram. —, fils de Camuel.
Hasadias, 6e fils de Zorobabel.
Hasébia, lévite, descendant de Mérari.
Hasebna, chef du peuple.
Hasebonias, père de Hattus.
Hasem, chef de famille dont les enfants furent captifs à Babylone.
Hasim, fils d'Aher.
Hasra, père de Thécua.
Hassub, fils d'Ezricam. —, fils de Phahath-Moab.
Hasum, chef de famille dont les enfants furent captifs à Babylone.
Hasupha, chef nathinéen.
Hathath, fils aîné d'Othoniel et frère de Maonathi.
Hatil, chef nathinéen.
Hatipha, chef nathinéen.
Hatita, chef des portiers nathinéens.
Hattus, fils aîné de Séméia. —, fils d'Hasebonias.
Hazaya. (*V.* Azia.)
Hazir, chef du peuple.
Hébal. (*V.* Ébal.)
Héber, patriarche, fils de Salé. —, 4e fils de Béria. —, fils de Caleb. —, fils aîné d'Elphaal. —, 2e fils de Sésac.
Hébri, 6e fils de Mérari.
Hébron *ou* Ébron, fils de Marésa. —, 3e fils de Caath.
Heddaï *ou* Huraï, l'un des 30 braves de David.
*Hégla, 3e fille de Salphaad.
Helci, chef d'une famille sacerdotale.
Helcias. (*V.* Elcias.)
Héloc, 2e fils de Galaad.
Héled, fils de Bana.
Hélem. (*V.* Holdaï.)
Hélès, l'un des braves de David.
Héli, prophète, 14e juge d'Israël.
Hellès, fils d'Azarias et père d'Élasa.
Hélon, père d'Éliab.
Hem. (*V.* Josias.)
Héman, fils de Joël. —, 2e fils de Lotan.
Hémor, père de Sichem.

Hénoch. (*V.* Énoch.)
Hénos. (*V.* Énos.)
Hépher, 6e fils de Galaad. —, 2e fils d'Assur.
Her, fils aîné de Juda. —, fils aîné de Séla. —, père d'Elmadan.
Héran, fils de Suthala.
Héred, fils aîné de Béla.
Héri, 5e fils de Gad.
Hérode, roi de la Judée, fils d'Antipater et frère de Phasaël.
Hérodion, cousin de saint Paul.
Hesli, fils de Naggé et père de Nahum.
Hesron. (*V.* Esron.)
Héthéus, 2e fils de Chanaan.
Hévæus, 6e fils de Chanaan.
Hévila, 2e fils de Chus. —, 12e fils de Jectan.
Hézéchiel, chef d'une famille sacerdotale.
Hézion, père de Tabrémon.
Hézir, chef d'une famille sacerdotale.
Hiel, père d'Ahiram et de Ségub.
Hir, fils de Caleb. —, père de Sépham et d'Hapham.
Hircan, fils de Joseph et petit-fils de Tobie.
*Hodès, femme de Saharaïm.
Hohab, fils de Jéthro et beau-frère de Moïse.
*Holda *ou* Olda, prophétesse, femme de Sellum.
Holdaï *ou* Hélem, prince juif.
Homan, 2e fils de Lotan et petit-fils de Séir.
Hon, fils de Phéleth.
Hoppha, chef d'une famille sacerdotale.
Hori, fils aîné de Lotan.
Hosa *ou* Hoza, fils d'Éser.
Hotham, 3e fils d'Héber.
Hul, 2e fils d'Aram.
Hupham *ou* Ophim, 9e fils de Benjamin.
Hur, fils de Caleb et d'Éphrata et père d'Huri. —, père de Raphaïa.
Huram, 9e fils de Balé.
Huri, fils de Jara et père d'Abihaïl. —, fils de Hur.
Hus *ou* Us, fils aîné de Nachor et de Melcha. —, fils de Disan. —, fils d'Akam.
Husam, roi d'Idumée, succ. de Jobab.
Husi. (*V.* Ozi.)
Husim[1], fils de Dan. —, 1re femme de Saharaïm.

[1] Des deux genres.

Huzal *ou* Usal, 6e fils de Jectan.
Hyrcan, pontife juif, fils de Jannæus.

I

Icamia, fils de Sellum et père d'Élisama.
Ichabod, fils de Phinées et petit-fils du grand-prêtre Héli.
Icuthiel, 3e fils de Méred et de Judaïe.
*Idida, femme d'Amon et mère de Josias.
Idithun, père d'Obédédom, Galal et Godolias.
Idox, aïeul de Judith.
Igal, fils de Joseph.
Ihélom, 2e fils d'Ésaü et d'Oolibama.
Ira, prêtre de David.
Irad, fils d'Hénoc.
Isaar, 2e fils d'Assur et de Halaa. —, 2e fils de Caath. —, père de Salémoth.
Isaïas, fils d'Amos, oncle d'Amasias.
Isboseth *ou* Isbaal, roi d'Israël, fils de Saül.
Issachar, 5e fils de Jacob et de Lia.
Ithamar, 4e fils d'Aaron et d'Élisabeth.
Izrahia, fils d'Ozi et père d'Obadia

J

Jaasia, commissaire nommé par Esdras.
Jaath, père de Jahaziel.
Jabel, fils de Lamech et d'Ada.
Jabès, père de Sellum.
Jacan, roi d'Idumée, fils d'Ézer.
Jachan, 4e fils de Siméon. —, 5e fils d'Abigaïl.
Jachin, 3e fils de Siméon.
Jacim, chef d'une famille sacerdotale.
Jada, 2e fils d'Onam et père de Jéther.
Jadaïa, prêtre.
Jaddo, chef de la demi-tribu de Manassé.
Jaddus. (*V.* Jeddoa.)
Jadihel, 3e fils de Benjamin. —, 2e fils de Messélémia.
Jadon, grand-prêtre.
Jahaddaï, descendant de Caleb.
Jahala, chef de famille de captifs.
Jahath, fils de Lobni. —, fils de Raïa. —, fils de Salémoth.
Jahazia, fils de Thécua.
Jahaziel, 3e fils d'Hébron. —, 3e fils de Jaath. —, prophète, fils de Zacharie.
*Jahel, femme d'Haber.
Jahélel, 3e fils de Zabulon et petit-fils de Jacob.
Jahiel, fils aîné de Lebni. —, 3e fils de Josaphat.
Jaïr, fils de Ségub. —, père de Mardochée.
Jaïrus, chef de synagogue.
Jala, chef nathinéen.
Jalel. (*V.* Jahélel.)
Jalon, 4e fils d'Ezra.
Jambri, homme puissant de Médaba.
Jamin, 2e fils de Siméon. —, 2e fils de Ram.
Jamné *ou* Jemna, fils aîné d'Aser. —, 2e fils d'Hélem. —, père de Coré.
Jamra, 5e fils de Supha.
Jamuel *ou* Namuel, fils aîné de Siméon.
Janaï, fils aîné d'Abigaïl.
Jannæus, roi des Juifs, frère d'Aristobule.
Japhet, patriarche, 3e fils de Noé.
Japhia, 9e fils de David.
Jara, fils de Galaad et père d'Huri.
Jaré, 4e fils de Jectan.
Jared, patriarche, fils aîné de Malaléel et père d'Hénoch.
Jarib, 3e fils de Siméon.
Jaser, fils de Calubi et d'Azuba.
Jasiel *ou* Jésiel, fils aîné de Nephtali.
Jasub, 2e fils d'Issachar.
Jathanaël, 4e fils de Messélémia.
Jaüs, 3e fils de Séméi.
Javan, 4e fils de Japhet.
Jaziel, chantre de David.
Jazis, intendant des troupeaux de David.
Jébahar *ou* Jébaar, fils aîné de David.
Jébanias *ou* Jobonia, fils de Jéroham.
Jebsem, 5e fils de Thola.
Jébus *ou* Jébusæus, 3e fils de Chanaan.
Jécémia, 6e fils de Jéchonias.
*Jéchélia, mère d'Azarias.
Jéchonias *ou* Joachin, 2e fils de Joakim.
Jecmaan, 4e fils de Jaath.
Jecsan, 2e fils d'Abraham et de Céthura, et père de Saba et de Dadan.
Jectan, 2e fils d'Héber et père d'Elmodad, Saleph, Asarmoth, Jaré, Aduram, Usal, Décla, Abimaël, Saba, Ophir, Hévila et Jobab.
Jédaïa, fils d'Haromaph.
Jeddo, fils de Buz et père de Jésési.
Jeddoa *ou* Jaddus, grand-prêtre, fils de Jonathan.

Jeddua, captif de Babylone.
Jédébos, fils d'Éthan et petit-fils de Zara.
Jédiel, prince d'une famille de la demi-tribu de Manassé.
Jédihel, fils de Samri et frère de Joha.
Jedlaph, 7e fils de Nachor et de Melcha.
Jégaal, 2e fils de Séméia et petit-fils de Séchénias.
Jéhédéia, lévite, desct de Subaël.
Jéhéziel, l'un des 30 braves de David.
Jéhias *ou* Jéhiel, lévite, huissier chargé de garder l'arche sainte.
Jéhiel, fils d'Holam.
Jéhiéli, fils de Léodan.
Jéhu, roi d'Israël, fils de Josaphat et petit-fils de Namsi. —, fils d'Obed. —, fils d'Hanani.
Jéhuel, fils de Zara.
Jéhus, 3e fils d'Ésaü et d'Oolibama. —, fils aîné de Balan. —, 5e fils de Saharaïm. —, 2e fils d'Ésée. —, fils de Roboam et d'Abihaïl.
Jémaï, 4e fils de Thola.
Jémida, descendant de Manassé.
Jemla, père de Michée.
Jemlec, fils d'Amasias.
Jemna. (*V.* Jamné.)
Jephdaïa, fils aîné de Sésac.
Jephlat, fils aîné d'Héber.
Jéphoné, père de Caleb. —, fils aîné de Jéther.
Jephté, juge d'Israël, fils de Galaad.
Jéraa, gendre de Sésan.
Jéraméel, fils aîné d'Hesron. —, fils de Cis.
Jercoam, fils de Raham.
Jérémias, père d'Amital. —, père de Jézonias. —, fils d'Helcias.
Jérémiel, fils d'Amélech.
Jérfa, fils d'Amram.
Jérias, fils de Sélémias.
Jériau, fils aîné d'Hébron.
Jéribaï, l'un des braves de David.
Jériel, 3e fils de Thola.
Jérimoth, fils de David, père de Mahalath. —, 4e fils de Bala. —, 6e fils de Bécher. —, 3e fils de Baria. —, 3e fils de Musi. —, 5e fils d'Héman.
Jérimuth, l'un des braves de David. —, fils de Zéthua.
Jérioth, fils de Calubi et d'Azuba.
Jéroboam, 12e roi d'Israël, fils de Joas. —, fils de Nabath.
Jéroham, fils d'Éliab et père d'Elcana.
Jersia, fils aîné de Jéroham.
*Jérusa, fille de Sadoc et mère de Joatham.

Jésaar, 2e fils de Caath.
Jésaïa, musicien du tabernacle.
Jésamari, 4e fils d'Elphaal.
Jesba, 7e fils d'Ezra et père d'Esthamo.
Jesbaam, l'un des braves de David.
Jesbacassa, fils d'Héman.
Jesboam, fils de Zadiel.
Jesboc. 5e fils d'Abraham et de Céthura.
*Jescha, fille d'Aran.
Jéséias, fils de Phaltias et père de Raphaïa.
Jéséma, 2e fils d'Éthan, descendant de Juda.
Jéser, 3e fils de Nephtali et petit-fils de Jacob.
Jésési, fils de Geddo.
Jési, fils d'Applaïm et père de Sésan. —, père de Phaltias.
Jésia *ou* Jésias, 4e fils d'Izrahia. —, 2e fils d'Oziel.
Jésiel. (*V.* Jasiel.)
Jesmachias, garde des greniers du temple.
Jesmaïas, fils d'Abdias.
Jespha, 2e fils de Baria.
Jesphan *ou* Jespham, fils aîné de Sésac.
Jessé *ou* Isaï, grand prophète, fils d'Obed et père de David.
Jessui, 3e fils d'Aser. —, 2e fils de Saül.
Jésu, fils d'Éliézer et père de Her.
Jésua, 2e fils d'Aser.
Jésus, fils de Dieu. —, fils de Josédech. —, fils de Nun. —, fils de Sirac.
Jeth, fils de Jersan et petit-fils de Lévi.
Jéther, fils aîné de Gédéon et petit-fils de Josas. —, père d'Amasa. —, fils aîné de Juda. —, fils d'Ezra. —, père de Jéphoné.
Jétheth, gouverneur d'Idumée.
Jethma, l'un des braves de David.
Jéthraam, 6e fils de David et d'Égla.
Jéthraï *ou* Athanaï, fils de Zara.
Jéthram, 3e fils de Dison. —, 10e fils de Supha.
Jéthro *ou* Raguel, beau-père de Moïse.
Jéthur, 10e fils d'Ismaël.
*Jézabel, fille d'Ethbaal et femme d'Achab.
Jézali *ou* Jezlia, fils d'Elphaal.
Jézatha, dernier fils d'Aman.
Jézer, fils aîné de Galaad.
Jézonias, fils de Maachati. —, fils de Jérémie. —, fils de Saphan. —, fils d'Uzaïa.
Jezra, fils de Mosollam.

Jezraël, fils aîné d'Éthan, descendant de Juda.
Jezraïa, chef de musique.
Joab, général de David et fils de Sarvia.
Joachaz *ou* Joachas, fils de Jéhu. —, fils de Josias. —, père de Joha.
Joacim, pontife juif.
Joad *ou* Joïada, grand-prêtre, fils d'Azarias.
Joada, fils d'Ahaz, fils de Zemma.
*Joadan, mère d'Amasias.
Joaha, 3e fils d'Obédédom.
Joahé, fils d'Asaph.
Joakim, fils de Josias. —, fils de Josué. —, fils d'Helcias.
Joanna[1], fils de Résa. —, femme de Chusa.
Joannès, père de Mathathias, fils aîné de Mathathias, père d'Eupolémus. —, fils de Simon. —, fils de Zacharie.
Joarib, chef d'une famille sacerdotale.
Joas, père de Gédéon. —, fils d'Amélech. —, fils de Joachas. —, 2e fils de Béchor. —, 2e fils de Samaa.
Joasar *ou* Joazar, pontife juif.
Joathan *ou* Joatham, roi de Juda, fils d'Azarias. —, dernier fils de Gédéon. —, 2e fils de Jahaddaï.
Job, patriarche, 3e fils d'Issachar. —, fils de Zara.
Jobab, 2e roi d'Édom, fils de Saharaïm et d'Hodès. —, 13e et dernier fils de Jectan. —, fils d'Elphaal.
Jobania, fils de Jéroham.
*Jochabed, femme d'Amram et fille de Lévi.
Joëd, père de Mosollam.
Joël *ou* Johel, frère de Nathan. —, fils aîné de Samuel. —, fils de Josabia. —, père de Samaïa. —, père de Samma. —, fils de Phatuel.
Joéla, fils aîné de Jéroham.
Jogli, père de Bocci.
Joha, fils de Joachaz. —, 9e fils de Baria. —, fils de Samri.
Johab, fils de Zari.
Johanan, fils aîné de Josias. —, fils de Carée. —, 5e fils d'Élisénaï. —, 6e fils de Messélémia. —, fils de Joïada. —, fils de Tobie.
Joïada, père de Banaïas. —, fils d'Azarias. —, fils d'Éliasob.
Jona, père de saint Pierre.
Jonadab, fils de Semmaa, père de Réchab.

[1] Des deux genres.

Jonathas, fils aîné de Saül et d'Archinoam. —, fils d'Abiathar. —, 5e fils de Mathathias. —, fils d'Absalon.
Jora, chef de famille de captifs de Babylone.
Joraï, chef de famille de la tribu de Gad.
Joram, roi d'Israël, fils de Josaphat. —, fils de Thoü. —, fils d'Achab.
Jorim, fils de Mathat et père d'Éliézer.
Josa, fils d'Amasias.
*Josaba *ou* Josabeth, fille de Joram et femme de Joïada.
Josabhésed, 7e fils de Zorobabel.
Josabia, fils de Saraïa et père de Jéhu.
Josaphat, fils d'Ahilud, fils de Sarué. —, fils et succ. d'Asa, roi de Juda. —, père de Jéhu, roi d'Israël.
Josédec grand-prêtre, fils et succ. de Saraïas.
Josias *ou* Hem, roi de Juda, fils d'Amon. —, fils de Sophonias.
Josphias, père de Sélomith.
Jozabad, fils de Somer. —, 2e fils d'Obédédom.
Jubal, 2e fils de Lamech et d'Ada.
Juchal, fils de Sélémias.
Juda, 4e fils de Jacob et de Lia, patriarche.
*Judaïa *ou* Odaïa, femme de Caleb. —, mère de Jared. —, femme de Méred.
Judas, 2e fils de Mathathias. —, apôtre, fils de Marie.
Junias, parent de saint Paul.

L

Laabim, 3e fils de Mesraïm. —, 2e fils de Cham.
Laad, 2e fils de Jahath et petit-fils de Raïa.
Laada, 2e fils de Séla et père de Marésa.
Laadan, fils de Thaan et petit-fils de Thalé.
Laban, fils de Bathuel et père de Lia et de Rachel.
Laël *ou* Duel, père d'Éliasaph.
Laïs, père de Phalti.
Lamech, patriarche, fils de Mathusalé et mari d'Ada et de Sella.
Laonim, 3e fils de Dadan et petit-fils de Jecsan.
Lapidoth, mari de Débora.
Latussim *ou* Lathusim, 2e fils de Dadan.
Lebana, chef nathinéen.

Lebni *ou* Léedan, fils aîné de Gerson et petit-fils de Lévi.
Locha, fils de Her et petit-fils de Juda.
Léci, 3e fils de Jémida.
Lédan *ou* Léedan. (*V.* Lebni.)
Lévi, 3e fils de Jacob et de Lia et père de Gerson, Caath et Mérari. —, fils d'Alphée. —, ancêtres de Jésus.
*Lia, fille aînée de Laban, femme de Jacob et mère de Ruben, Siméon, Lévi, Juda, Issachar, Zabulon et Dina.
Lobni, 2e fils de Mérari.
*Loïs, aïeule de Timothée.
Lot *ou* Loth, fils d'Aran et neveu d'Abraham.
Lotan, fils aîné de Séir.
Lud, 4e fils de Sem.
Ludim, fils aîné de Mesraïm.
Lysimachus (Lysimaque), fils de Ptolémée de Jérusalem. —, frère de Ménélaüs.

M

Maacha[1], fille de Nachor et de Roma et femme d'Abigabaon. —, femme d'Hesron. —, fille de Tholmaï. —, roi de Geth. —, femme d'Abia et mère d'Ada. —, femme de Machir.
Maachati, père de Jésonias.
Maaddi, fils de Bani.
Maaï, chantre.
*Maala, fille aînée de Salphaad.
Maasaï, fils d'Adiel.
Maasia *ou* Maasias, père de Sophonias. —, fils d'Achas. —, père de Sédécias. —, père de Néri —, fils de Sellum.
Maaziau, chef d'une famille sacerdotale.
Mabsam, 4e fils d'Ismaël. —, fils de Sellum.
Mabsar, gouverneur d'Édom, succ. d'Adad.
Macelloth, 9e et dernier fils d'Abigabaon et de Maacha.
Macénias, chef musicien.
Machabée, disciple d'Éléazar.
Machati, père d'Aasbaï.
Machi, père de Thuel.
Machir, fils aîné de Manassé. —, fils d'Ammiel.
Madaï, 3e fils de Japhet.
Madan, 3e fils d'Abraham et de Céthura.
Madia, prêtre captif.

[1] Des deux genres.

Madian, 4e fils d'Abraham et de Céthura. —, fils de Chus et petit-fils de Cham.
Magdiel, gouverneur d'Idumée, descendant d'Ésaü.
Magog, 2e fils de Japhet et petit-fils de Noé.
*Mahalath, fille de Jérimoth et femme de Roboam, roi de Juda.
Mahalon, fils aîné d'Élimélech.
Maharaï, l'un des braves de David.
Mahath, fils de Mathathias et père de Naggé.
Mahazioth, dernier fils d'Héman.
*Mahéleth, fille d'Ismaël, petite-fille d'Abraham et d'Agar et femme d'Ésaü.
Mahida, chef nathinéen.
Mahir, fils de Caleb et père d'Esthon.
Mahol, fils de Zaré et père d'Héman, Chalcol et Dorda.
Maïman, chef d'une famille sacerdotale.
Malalaï, chantre.
Malaléel, fils de Caïnan et père de Jared. —, père de Saphatias.
Maloch, fils de Hasabias et père d'Abdi.
*Malthacé, 4e femme d'Hérode.
Manahath, 2e fils de Sobal et petit-fils de Séir.
Manahem, 16e roi d'Israël, fils de Gadi et père de Phacéias.
Manassé, fils aîné du patriarche Joseph et d'Aseneth et frère d'Éphraïm.
Manassès, 4e roi de Juda, fils d'Ézéchias et père d'Amon.
Manué, père de Samson.
Maon, fils de Sammaï.
Maonathi, 2e fils d'Othoniel et père d'Ophra.
Maraïoth, fils de Zaraïas.
Mardochée, fils de Jaïr et oncle d'Esther, femme d'Assuérus.
Marésa, fils de Laada. —, fils de Caleb et père d'Hébron.
Marimuth, fils d'Urie.
Marma, fils de Saharaïm.
Masia, descendant de Benjamin et père de Colaïa.
Masma, 5e fils d'Ismaël. —, fils de Mapsan.
Masmana, l'un des braves de David.
Massa, 7e fils d'Ismaël.
*Mathalath, femme de Roboam.
Mathan, fils d'Éléazar et père de Jacob.
Mathanaï, fils de Bani.

Mathanias, fils de Micha. —, fils de Josias.
Mathaniau, 2e fils d'Héman.
Mathat, fils de Lévi et père d'Héli. —, père de Jorim.
Mathata, fils de Nathan et père de Menna.
Mathathias, dernier fils d'Idithun, 2e fils de Nébo. —, fils de Jean et petit-fils de Simon. —, fils aîné de Sellum. —, fils de Simon. —, fils d'Amos.
Mathusaël, fils de Maviaël, descendant de Caïn et père de Lamech.
Mathusalé *ou* Mathusalem, patriarche, fils d'Hénoch et père de Lamech.
*Matred, fille de Mézaab, femme d'Adar et mère de Méetabel.
Maviaël, fils d'Irad et père de Mathusaël.
Médad. (*V.* Eldad.)
Méetabel, fille de Matred et femme d'Adad.
Megbis, chef de famille de captifs de Babylone.
Megphias, chef du peuple.
Méhusim, père d'Achitob et d'Elphaal.
Melca, père d'Éliakim.
*Melcaa, fille d'Aran et femme de Nachor. —, 5e fille de Salphaad.
Melchi, ancêtre de Jésus-Christ.
Melchias, fils d'Athanaï. —, père de Phassur. —, père d'Achitob, fils d'Énan. —, fils d'Hérem. —, fils de Réchab. —, fils d'Améleeh.
Melchiel, 2e fils de Béria et petit-fils d'Aser.
Melchiram, 3e fils de Jéchonias, roi de Juda.
Melchisédech, roi de Salem.
Melchisua, 2e fils de Saül, roi d'Israël.
Méléa, fils de Menna.
Mélech, 2e fils de Micha.
Mellothi, 12e fils d'Héman.
Melluch, fils de Bani.
Ménélaüs, pontife juif, frère de Simon.
Menna, fils de Mathata et père de Méléa.
Mérajoth, fils de Zaraïas et père d'Amasias. —, père d'Achitob et de Sadoc.
Mérari, 3e fils de Lévi et père de Moholi et de Musi. —, fils d'Idox et père de Judith, pere d'Ozian.
Méreb, 2e fils d'Ezra.
Méred, gendre de Naham.
Mérémoth *ou* Mérimuth, fils d'Uurie, prêtre.
Méribbaal. (*V.* Miphiboseth.)
*Mérob, fille aînée de Saül et femme d'Hadriel.
Mes *ou* Mesech, 4e fils d'Aram et petit-fils de Sem.
Mésa, fils aîné de Caleb, frère de Jéraméel.
Mésélémia, fils de Coré.
Mésézabel, petit-fils de Mosollam.
Mésizabel, chef du peuple.
Mesphar, captif de Babylone.
Mesraïm, 2e fils de Cham et petit-fils de Noé.
*Messaméleth, fille de Harus, femme de Manassé et mère d'Amon.
Messulam, père d'Assia et aïeul de Saphan.
Métabéel, fils d'Adar et de Matred et père de Dalaïa.
Méza, 4e fils de Rahuël.
Mézaab, père de Matred.
Micha, fils de Méribbaal. —, père d'Achobor. —, fils de Joël. —, petit-fils d'Asaph. —, père d'Ozias.
Michaa, fils de Jemla.
*Michaïa, fille d'Uriel et mère d'Abia.
*Michol, 2e fille de Saül et femme de Phalti.
Milicho, chef d'une famille sacerdotale.
Miphiboseth *ou* Méribbaal, fils de Saül et de Respha. —, fils de Jonathas.
Misaam, 2e fils d'Elphaad.
Misach, Hébreu, jeté dans la fournaise.
Misaël, fils aîné d'Oziel et petit-fils de Caath.
Mnasson, disciple de Jésus-Christ.
Mnesthéus, père d'Apollonius.
Moab, fils de Loth.
Moadia, chef d'une famille sacerdotale.
Mobonnaï, l'un des 30 braves de David.
Mochori, père d'Ozi.
Mohola, fils de Malket, sœur de Galaad.
Moholi, fils aîné de Mérari. —, fils de Musi.
Molchom, fils de Saharaïm et d'Hodès.
Molid, 2e fils d'Abisur et d'Abihaïl.
Moos, fils aîné de Ram et petit-fils de Jéraméel.
Mophion *ou* Mophim, 8e fils de Benjamin et petit-fils de Jacob.
Mosa, 2e fils de Caleb, frère de Jéraméel. —, 3e fils de Sarahim et d'Hodès. —, fils de Zamri.
Mosallam, grand-prêtre, fils de Sadoc et père d'Helcias.

Mosobab, fils d'Amasias.
Mosoch, 6e fils de Japhet. —, 9e fils de Sem.
Mosollam, fils aîné de Zorobabel et petit-fils de Phadaïa. —, fils d'Elphaal. —, père de Salo.
Mosollamias, père de Zacharie.
Mosollamith, fils d'Emmer et père d'un Mosollam.
Mosollamoth, père de Barachias.
Munim, chef de famille de captifs.
Musi, 2e fils de Mérari.

N

*Naama, femme de Salomon et mère de Roboam.
Naaman, 5e fils de Balé et petit-fils de Benjamin.
*Naara, 2e femme d'Assur et mère d'Oozam et d'Hépher.
Naaraï, père d'Azbaï.
Naaria, 4e fils de Séméia et petit-fils de Séchénias.
Naas ou Nahash, roi des Ammonites. —, père d'Abigaïl et de Sarvia.
Nabajoth, fils aîné d'Ismaël et petit-fils d'Abraham et d'Agar.
Nabal, 1er mari d'Abigaïl.
Nabath, père de Jéroboam.
Nachanias, père d'Énan et aïeul de Melchia.
Nachor, patriarche, fils aîné de Sarug. —, fils de Tharé.
Nadab, roi d'Israël, fils de Jéroboam. —, fils aîné d'Aaron. —, fils aîné de Séméi. —, 5e fils d'Abigabaon.
Nadabia, 8e fils de Jéchonias et petit-fils de Joakim.
Naggé, fils de Mahath.
Nahabi, fils de Vapsi.
Naham, 3e fils de Caleb et petit-fils de Jéphoné. —, père d'Odaïa ou Judaïa, femme de Méred.
Nahamani, captif de Babylone.
Naharaï, l'un des 30 braves de David.
Nahasson, chef de la tribu de Juda, fils d'Aminadab.
Nahath, fils aîné de Rahuel. —, 2e fils de Sophaï.
Namsi, roi d'Israël, père de Jéhu.
Namuel, fils d'Éliab.
Napheg ou Népheg, 9e fils de David.
Naphis, 11e fils d'Ismaël.
Nasia, chef nathinéen.
Nathan, 3e fils de David et de Bethsabée. —, prophète. —, père d'Azarias —, fils d'Ethéi. —, fils de Bani.
Nathanias, père d'Ismaël. —, fils de Salathiel. —, 3e fils d'Asaph.
Nave ou Nun, fils d'Élisama et père de Josué.
Nébaï, chef du peuple.
Néhémias, fils d'Helcias. —, fils d'Azboc.
Nemrod ou Nembrod, fils de Chus et petit-fils de Cham.
Népheg, 2e fils d'Isaar. —, fils de David.
Nephtali, patriarche, 2e fils de Jacob et de Bala.
Nephtuim, 4e fils de Mesraïm et petit-fils de Cham.
Ner, fils d'Abiel. —, père de Cis.
Neri, père de Baruch. —, fils de Melchi et père de Salathiel.
Nérias, père de Saraïas.
Niger, prophète et docteur d'Antioche.
*Noa, 2e fille de Salphaad.
Nobé, descendant de Manassé.
Noé, patriarche, fils aîné de Lamech et père de Sem, Cham et Japhet.
*Noéma, fille de Lamech et de Sella.
Noéman, 2e fils de Béla et petit-fils de Benjamin.
Noga ou Nogé, 4e fils de David.
*Nohesta ou Néhusta, fille d'Elmathan et mère de Joachim.
Nun. (V. Nave.)

O

Obadia, 2e fils d'Ozi. —, fils d'Izrahia.
Obdia ou Obdias, fils d'Arnan et père de Séchénias. —, 5e fils d'Asel, fils de Séméias.
Obed ou Ored, fils de Booz et de Ruth. —, fils d'Ophlal. —, 3e fils de Séméias.
Obédédom, fils d'Idithun.
Ochosias, roi d'Israël, fils et succ. d'Achab. —, fils de Joram, roi de Juda.
Ochran, père de Phégiel.
Odaïa. (V. Judaïa.)
Odeb, père du prophète Azarias.
Odovia ou Hodovia, père de Cedmihel.
Oduia, fils aîné d'Élioénaï. —, père de Mosollam.
Ohol, 4e fils de Zorobabel.
Oholaï, fils de Sésan, et petit-fils de Jési.
Oholi, père de Zabad.
*Olda. (V. Holda.)

Olla, père d'Arée, Haniel et Résia.
Omar, 2e fils d'Éliphaz et de Thamna.
Ombraï, fils de Bonni, et père d'Amri.
Onam, 5e et dernier fils de Sobal. —, fils de Jéraméel et d'Atara.
Onan, fils de Juda et petit-fils de Jacob.
Onias, sacrificateur, fils et succ. de Jaddus.
Ooliab, fils d'Achisamech.
*Oolibama, fille d'Ana, femme d'Ésaü et mère de Jéhus.
Oozam, fils d'Assur et de Naara.
Opher, 2e fils de Madian et petit-fils d'Abraham et de Céthura.
Ophim. (V. Hupham.)
Ophir, 11e fils de Jectan.
Ophlal *ou* Ophlil, fils de Zabad.
Ophni, fils du grand-prêtre Héli.
Ophra, fils de Maonathi.
Oreb, prince des Madianites.
Ored. (V. Obed.)
*Orpha, femme de Chélion.
Osaïas, père de Jésonias.
Osias. (V. Azarias.)
Othéi, fils d'Ammiud.
Othir, 13e fils d'Héman.
Othni, fils aîné de Sémaï.
Othoniel, 2e juge d'Israël, fils de Cénez.
Oza, fils de Séméi. —, fils aîné de Géra.
Ozan, père de Phaltiel.
Ozi *ou* Huzi, 6e pontife juif, fils de Bocci. —, fils aîné de Thola. —, père de Phalel.
Ozias, père d'Uriel. —, fils d'Amasias, fils de Micha.
Oziau, fils de Mérari.
Oziel, 4e fils de Caath. —, 3e fils de Béla. —, 3e fils d'Héman.
Ozni, descendant de Gad.

P

Perside, disciple de saint Paul.
Phacée, fils de Romélias.
Phacéias, 18e roi d'Israël, fils de Manahem.
Phadaïa, père de Zebida. —, 4e fils de Jéchonias.
Phadassur, père de Gamaliel.
Phadon, chef nathinéen.
Phahat-Moab, chef de famille de captifs.
Phaleg, fils d'Héber et père de Réu.
Phaléha, chef du peuple.
Phalel, fils d'Ozi.
Phalet, 4e fils de Jahaddaï. —, 2e fils d'Asmoth.
Phaleth, fils de Jonathan et petit-fils de Juda.
Phallu, 2e fils de Ruben.
Phalti *ou* Phaltiel, fils de Raphu. —, fils de Laïs. —, fils d'Ozan.
Phaltias, fils de Hananias et père de Jéséias. —, fils aîné de Jési.
Phanaclius, pontife juif.
Phanias, grand-prêtre.
Phanuel, fils de Hur. —, 2e fils de Sésac.
Phara, serviteur de Gédéon.
Pharès, fils de Juda et de Thamar. —, fils de Machir et de Maacha.
Pharida, chef nathinéen.
Pharnach, père d'Élisaphan.
Pharos, chef de famille de captifs.
Pharsandatha, fils d'Aman.
Pharué, père de Josaphat.
Phaséa, chef nathinéen.
Phashur, chef d'une famille sacerdotale.
Phaspha, 2e fils de Jéther.
Phassur, fils d'Emmer. —, fils de Melchias.
Phasuel, fils d'Hérodote et de Psallas.
Phatuel, père du prophète Joël.
Phébé, disciple de saint Paul.
Phédaël, fils d'Ammiud.
Phégiel, fils d'Ochran.
Pheldas, 6e fils de Nachor et de Melcha.
Phéléia, 3e fils d'Élioénaï. —, père de Jéroham.
Phéleth, père de Hon.
Phelti, chef d'une famille sacerdotale.
Pheltias, fils de Banaïas.
*Phénenna, 2e femme d'Elcana.
Phermesta, 7e fils d'Aman.
Phessé, 2e fils d'Esthon.
Phétrusim, 5e fils de Mesraïm.
Phicol, général d'Abimélech.
Phidéas, pontife juif.
Philologus *ou* Philologue, disciple de saint Paul.
Phinée, grand-prêtre, fils d'Éléazar. —, 2e fils d'Héli.
Phinon, gouverneur d'Édom, fils d'Éla.
Phiton, fils de Micha
Phlégon, disciple de saint Paul.
Phochéreth, chef nathinéen.
Phollathi, 8e fils d'Obédédom.
Phoratha, 4e fils d'Aman.
Phosée *ou* Phosech, fils aîné de Jéphlat.
Phua [1], 2e fils d'Issachar. —, père de Thola. —, sage-femme.

[1] Des deux genres.

Phuth, 3e fils de Cham.
Phuthiel, aïeul de Phinée et beau-père d'Éléazar.
Phygellus, disciple de saint Paul.
Pilate (Ponce), gouverneur de la Judée.
*Psallas, 3e femme d'Hérode.
Putiphar, grand-prêtre, père d'Asé-neth.

R

Raamias, captif de Babylone.
*Rachel, 2e fille de Laban et femme de Jacob.
Raddaï, 5e fils d'Isaïe.
Ragaü, 2e fils d'Héber.
Ragav. (*V.* Réu.).
Raguel, père de Sara et beau-père de Tobie. (*V.* Jéthro.)
*Rahab, femme de Salmon.
Rahabia, fils d'Éliézer et petit-fils de Moïse.
Raham, fils de Samma et père de Jercaam.
Rahélia, l'un des principaux captifs.
Rahuel, fils d'Ésaü et de Basémath. —, fils de Jabanias et père de Saphatias.
Raïa, fils de Sobal et père de Jahath.
Ram, fils d'Hesron et père d'Aminadab. —. fils aîné de Jéraméel.
Ramoth, fils de Bani.
Rapha, fils de Béria et petit-fils d'Éphraïm. —, 5e fils de Benjamin. —, fils de Banaa.
Raphaïa, fils de Jeséias. —, 3e fils de Jési. —, 2e fils de Thola. —, fils de Hur.
Raphaïm, ancêtre de Judith, fille de Mérari.
Raphu, père de Phalti.
Razias, docteur de la loi, l'un des anciens d'Israël.
Razon, fils d'Éliada.
Rebé, prince madianite.
*Rebecca, fille de Bathuel, femme d'Isaac et mère de Jacob et d'Ésaü.
Récom, 3e fils d'Hébron et père de Sammaï. —, 2e fils de Sarés.
Réchab, fils de Jonadab.
Réema *ou* Regma, 4e fils de Chus et père de Saba et de Dadan.
Régem *ou* Régom, fils aîné de Jahaddaï.
Réhum, fils de Baana. —, fils de Benni.
Réia, fils de Micha et père de Baal.
Réméia, fils de Pharos.
Résa, père de Joanna *ou* Johanna.
Réseph, fils de Béria et petit-fils d'Éphraïm.
Résia, 3e fils d'Olla.
*Respha, fille d'Aïa et mère d'Armoni et de Miphiboseth.
Réu *ou* Ragav, fils de Phaleg et père de Sarug.
Réhum, l'un des principaux captifs.
*Rhodé, servante de Marie, mère de Jean-Marc.
Ribaï, père d'Éthaï.
Rinna, 2e fils de Simon et frère d'Ammon.
Riphat, 2e fils de Gomer et petit-fils de Japhet.
Roaga, 2e fils de Somer.
Roboam, roi de Juda, fils de Salomon et de Naama.
Rohobia, fils unique d'Éliézer et petit-fils de Moïse.
*Roma, concubine de Nachor et mère de Tharé.
Romélias, 18e roi d'Israël, père de Phacée.
Romem-Thiézer, 10e fils d'Héman.
Ros, 7e fils de Benjamin.
Ruben, patriarche, fils aîné de Jacob et de Lia.
*Ruth, femme de Chélion.

S

Saal, descendant de Bani.
Saaph, 6e fils de Jahaddaï.
Saba, fils aîné de Chus. —, 10e fils de Jectan. —, fils aîné de Regma.
Sabatha, 3e fils de Chus.
Sabathaca, 5e fils de Chus.
Sabathaï prince des Lévites.
Saber, fils de Calubi.
Sachar, 4e fils d'Obédédom.
Sadoc *ou* Tsadoc, chef du saducéisme, fils d'Achitob. —, père de Jérusa. —, fils de Marajoth. —, fils d'Azor.
Saharaïm, fils d'Oza.
Salaï. (*V.* Selahi.)
Salamiel, fils de Surisaddaï.
Salathiel, fils de Jéchonias.
Salé, fils de Caïnan et petit-fils d'Arphaxad.
Saled, fils de Nadab.
Salémoth, fils d'Isaar et père de Jahath.
Saleph, 2e fils de Jectan.
Sallem, 4e fils de Nephtali.
Salma *ou* Salmon, fils de Naasson et père de Booz.
Salmana, prince madianite.

Salmia, petit-fils de Banni.
Salmon. (*V.* Salma.)
Salo, fils de Mosollam et petit-fils d'Odaïa.
Salom, fils du grand-prêtre Helcias.
Salomi, père d'Ahiud. —, père de Zamri.
Salomith *ou* Salumith[1], fille de Dabri. —, fille de Zorobabel. —, fils aîné d'Isaar. —, fils aîné de Sémaï. —, fils de Roboam.
Salphaad, fils d'Épher.
Salu, père de Zamri.
Salumith. (*V.* Salomith.).
Salusa, 9e fils de Supha.
Sama *ou* Samad, 7e fils de Jéchonias. —, 3e fils d'Elphaal.
Samaa, fils d'Isaï. —, fils de Zorobabel. —, fils de Macelloth.
Samachias, 6e fils de Séméias et petit-fils d'Obédédom.
Samaïa *ou* Samaïas, père de Semri. —, fils de Joël.
Samaoth, officier de David.
Samaræus, 10e fils de Chanaan.
Samarath, 9e fils de Séméi.
Samgar, fils d'Anath.
Samir, fils de Micha.
Samma. (*V.* Semmaa.)
Sammaï, fils de Récem, père de Maon et petit-fils d'Hébron. —, 5e fils d'Ezra.
Sammoth, l'un des braves de David.
Sammua *ou* Samua, fils de Zéchur. —, fils de David.
Samri, père de Jédihél.
Sanaballat, gouverneur de Samarie.
Saphan, fils d'Assia. —, 2e fils de Machir.
Saphat, fils d'Huri. —, père d'Élisée. —, fils de Séméias.
Saphatia *ou* Séphatia, 5e fils de David et d'Abital.
Saphatias, père de Mosollam, descendant de Benjamin. —, 7e fils de Josaphat. —, fils de Mathan. —, fils de Malaléel.
*Sapphira, femme d'Ananias.
*Sara, Sarah *ou* Jescha, femme d'Abraham et fille d'Aran. —, fille d'Aser. —, fille d'Éphraïm. —, fille de Raguel.
Saraï, fils de Bani.
Saraïa, grand-prêtre, fils d'Azarias. —, fils de Nerias. —, 2e fils de Cénez. —, fils d'Helcias.
Sared, fils aîné de Zabulon.

[1] Des deux genres.

Sarès, 2e fils de Machir et de Maacha et père d'Ulam et de Récem.
Saria, 4e fils d'Asel.
Sarué, intendant de Salomon.
Sarug, patriarche, 2e fils de Réu et père de Nachor.
*Sarva, mère de Jéroboam.
Sarvia[1], fille d'Isaï et mère d'Abisaï, Joab et Asaël. —, frère de Jacob.
Saura, père d'Éléazar.
Scéva, 2e disciple de saint Paul.
Séba, 10e fils de Jectan. —, fils de Bochri.
Sébé, 3e fils d'Abihaïl.
Sébéon, 3e fils de Séir et père d'Aïa et d'Ana.
Sébia[1], mère de Joas. —, 2e fils de Saharaïm et de Hodès.
Séchem, 4e fils de Galaad. —, 2e fils de Sémida.
Séchénias, fils d'Obdia. —, fils de Jéhiel. —, fils d'Arée.
Séchia, 6e fils de Saharaïm et de Hodès.
Sédécias, dernier roi de Juda, fils d'Amithal. —, 2e fils de Joakim. —, fils de Chanaana. —, fils de Maasias. —, fils de Sédéi.
Sédéi, père de Sédécias.
Sédéur, père d'Élisur.
Ségub, dernier fils d'Hiel. —, 2e fils d'Hesron.
Séir, gouverneur d'Édom, père de Lotan.
Séla, 3e fils de Juda.
Sélahi *ou* Salaï, père d'Azuba.
Sélec, l'un des 30 braves de David.
Sélémias, père d'Hananias. —, fils de Chusi. —, fils d'Abdéel. —, père de Juchal. —, père de Jérias.
Sélémith, fils de Zéchri.
Sélóthaï, 5e fils de Séméi.
*Sella, 2e femme de Lamech et mère de Tubalcaïn et de Noéma.
Sellem *ou* Sallem, 4e fils de Nephtali.
Sellès, 3e fils d'Hélem.
Sellum, fils de Jabès. —, fils de Thécuath —, fils de Sisamoï. —, roi de Juda, fils et succ. de Josias. —, fils de Saül et père de Mapsam. —, fils de Sadoc et père d'Helcias. —, 4e fils de Bala. —, père d'Ézéchias. —, fils de Mosollam. —, père d'Hanaméel. —, père de Maasias. —, fils de Coré.
Selmoi *ou* Selmaï, chef nathinéen.
Selmon, l'un des 30 braves de David.

[1] Des deux genres.

Sem, patriarche, fils aîné de Noé.
Sémaï, père d'Othni.
*Sémarith, mère de Jozabad.
Séméi, 2e fils de Gerson. —, fils de Géra. —, fils aîné d'Onam. —, fils de Phadaïa. —, fils de Zachur. —, fils de Gog. — fils de Lobni. —, père de Zamma. —, père de Salomith, Hosiel et Aran. —, fils aîné d'Obédédom. —, fils de Jaïr. —, père du prophète Urie. —. fils de Joseph, père de Mathathias.
Séméias, prophète. —, fils de Séchénias, fils d'Hassub, fils de Galal —, fils de Nathanaël. —, père de Dalaïas.
Sémida, 5e fils de Galaad.
Semla, 5e roi d'Idumée, succ. d'Adad.
Semlaï, chef nathinéen.
Semmaa ou Samma, 4e fils d'Hébron. —, 3e fils d'Isaï et frère de David.
Semran ou Semron, 4e fils d'Issachar.
Semri, fils de Simmaa. —, fils d'Hosa.
Sennéser, 5e fils de Jéchonias.
Sénua, père de Judas.
Séor, père d'Éphron.
Sépham, fils aîné de Hir.
Séphatia. (V. Saphatia.)
Séphéi, fils d'Allon et père de Ziza.
Séphi, 3e fils d'Éliphaz. —, 4e fils de de Sobal.
Séphon ou Séphion, fils aîné de Gad.
*Séphora, femme de Moïse.
Sephthan, père de Camuel.
Séphuphan, fils de Balé.
Sereth, fils d'Assur et de Haala.
Séror, père de Saül et aïeul de Cis.
Sésac, fils de Baria.
Sésan, fils de Jési. —, père d'Oholaï.
Séthri, 3e fils d'Oziel.
Siba, serviteur de Saül.
Sichem, fils d'Hémor.
Sidon, fils aîné de Chanaan.
Sidrach. (V. Ananias.)
Simoni, père d'Asaïa.
Simmaa, 3e fils d'Isaï. —, fils aîné de David et de Bethsabée.
Sinæus, 8e fils de Chanaan.
Sirach, père de Jésus.
Sisa, conseiller de Salomon et père d'Élihoreph.
Sisaï, 2e fils d'Énac.
Sisara, général de Jabin.
Siva, secrétaire de David.
Sizaon, pontife juif.
Soam, fils de Merari.
Soar ou Sohar, 5e fils de Siméon et petit-fils de Jacob.
Sobab, 2e fils de David et de Bethsabée.
Sobaba ou Soboba, 2e fils de Cos.
Sobal, 2e fils de Séir. —, fils de Calubi.
Sobec, chef du peuple.
Sobnas, pontife juif.
Sodi, père de Geddiel.
Sohoria, fils de Jéroham.
Somer, 2e fils d'Heber. —, fils de Moholi et père de Boni.
Somoria ou Sémoria, 2e fils de Roboam.
Sophaï, fils d'Elcana.
Sopher, officier de Sédécias.
Sophonias, petit prophète, fils de Chusi. —, fils de Maasias. —, fils de Thahath.
Sori ou Isari, 2e fils d'Idithun.
Sostrate, commandant de la forteresse de Jérusalem.
Stachis, disciple de saint Paul.
Sua[1], fils d'Ézer. —, fille d'Héber.
Sual, 3e fils de Supha.
Suar, père de Nathanaël.
Subaël, fils de Gerson. —, 4e fils d'Héman.
Sué, 6e et dernier fils d'Abraham et de Céthura. —, fils de Saaph. —, fils de Supha.
Suham, fils de Dan.
Suni, 3e fils de Gad.
Suph, fils d'Elcana et père de Thohu.
Supha, fils d'Hélem et père de Sué.
Supham, 4e fils de Benjamin.
Sur, 2e fils d'Abigabaon.
Suriel, prince des Lévites.
Surisaddaï, père de Salamiel.
Susi, père de Gaddi.
Suthala, fils aîné d'Éphraïm.

T

Tabbaoth, chef nathinéen.
Tabée. (V. Tharé.)
Tabélias, fils d'Oza.
Tahas, 3e fils de Nachor et de Roma.
*Taphet, fille de Salomon et femme de Bénadinadab.
Taphua, 2e fils d'Hébron.
Tertius, disciple de saint Paul.
Thahan, fils de Thalé et père de Laadan.
Thahat, fils d'Asir et père d'Uriel. —, fils d'Éphraïm.
Thalé, fils de Réseph et père de Thahan.
*Thamar, épouse de Her et d'Onan. —, fille de David et de Maacha. —, fille d'Absalon.
Thamna[1], mère d'Amalech. —, prince d'Idumée.

[1] Des deux genres.

Thanchumeth, prince de Saraïa.
Tharaa, 3e fils de Micha.
Tharana, fils de Caleb et petit-fils d'Hesron.
Tharé *ou* Tabée, fils aîné de Nachor et de Roma.
Tharsis, 2e fils de Javan. —, 5e fils de Balan.
Thebni, fils de Gineth.
Thécua, père de Sellum. —, père de Josias.
Théhen, 3e fils d'Éphraïm.
Théma, 9e fils d'Ismaël.
Théman, fils aîné d'Éliphaz.
Thémani, 3e fils d'Assur et de Naara.
Théodas, faux prophète.
*Thersa, 5e fille de Salphaad.
Thilon, fils de Simon, descendant de Caleb.
Thiras, 7e fils de Japhet et petit-fils de Noé.
Thiria, 3e fils de Jaleléel, descendant de Juda.
Thogorma, 3e fils de Gomer.
Thohu[1], fils de Suph. —, femme d'Ésaü.
Thola, fils d'Issachar. —, 7e juge d'Israël, fils de Phua.
Tholmaï, 3e fils d'Énac.
Thubal, 5e fils de Japhet et petit-fils de Noé.
Thubalcaïn, fils de Lamech et de Sella.
Tuel, fils de Machi et père de Guel.

U

Ulam, fils aîné de Sarès et de Maacha. —, fils aîné d'Ésec.
Uraï, 5e et dernier fils de Béla.
Uri, fils de Hur et père de Béséléel. —, père de Gaber.
Uri *ou* Urias, mari de Bethsabée. —, père de Mérémoth. —, fils de Séméi.
Uriel, fils de Thahath. —, père de Michaïa.

V

Vapsi, père de Nahabi.
Vasséni, fils aîné de Samuel.

Z

Zabad, fils de Nathan et père d'Ophlal. —, 6e fils d'Éphraïm. —, fils d'Oholi. —, fils de Semmaath.
Zabadia *ou* Zabadias, 4e fils de Baria. —, fils d'Elphaal. —, fils de Jéroham. —, 3e fils de Mésélémia. —, fils d'Asahel. —, fils d'Ismaël.
Zabulon, 6e fils de Jacob et de Lia.
Zachaï, père de Baruch.
Zacher, 8e fils d'Abigabaon.
Zachur, fils d'Hammel. —, fils d'Amri.
Zambri, roi d'Israël, fils de Salu.
Zamira, fils aîné de Béchor.
Zamma, fils de Jahath et petit-fils de Lobni.
Zamran, fils aîné de David et de Céthura.
Zamri, 5e fils d'Achaz. —, fils aîné de Zara.
Zara, fils d'Addo. —, 2e fils de Rahuel. —, père de Jobab. —, 2e fils de Juda et Thamar. —, roi d'Éthiopie.
Zaraïas *ou* Zarahia, fils d'Ozi et père de Mérajoth.
Zarché, père d'Élioénaï.
Zaré, fils de Juda.
*Zarès, femme d'Aman.
Zathan, fils aîné de Jéhiel.
Zavan, 2e fils d'Éser.
Zeb *ou* Zébée, chef des Madianites.
Zébédée, père des apôtres Jean et Jacques.
*Zébida, fille de Phadaïa et femme de Josias.
Zébul, gouverneur de Sichem.
Zéchri, 3e fils d'Isaar. —, 2e fils de Séméi. —, 5e fils de Sésac. —, fils de Sélémith.
Zéchur, père de Sammua.
*Zelpha, mère d'Aser et de Gad.
Zemma, père de Johab.
Zéthan, 2e fils de Lebni. —, 5e fils de Balan.
Zié, fils d'Abihaïl et petit-fils d'Huri.
Ziph, fils de Caleb, fils aîné de Jaleléel.
Zipha, 2e fils de Jaleléel.
Ziza, 2e fils de Jonathan, —, 3e fils de Roboam.
Zoheth *ou* Zohoth, fils de Jési.
Zoom, 3e fils de Roboam et d'Abihaïl.
Zorobabel, roi de Juda, fils aîné de Phadaïa. —, fils de Salathiel.
Zur, prince des Madianites, père de Cozbi.

[1] Des deux genres.

I

TABLE DES ARTICLES DES CODES

CORRESPONDANT AUX NUMÉROS DE L'OUVRAGE

ART. du Code.	Nos de l'ouvrage.	ART. du Code.	Nos de l'ouvrage.	ART. du Code.	Nos de l'ouvrage.
		Code civil.			
2	531	61	977	91	1019
12	657	62	144 et 444	92	1022
19	656	63	151 et 698	93	1023
34	22	64	700	94	1025
35	36	65	701	95	1026
36	38	66	687	96	1027
37	42 et 751	67	146 et 689	97	1030
38	68	68	292	98	142 et 1035
39	69	69	696	99	82
40	47 et 151	70	732	100	99
41	152	71	733	101	133
42	48	72	736	102	705
43	155 et 472	73	547	103	708
44	174	74	743	104	709
45	198 et 221	75	749	105	710
46	190 et 421	76	267 et 753	106	711
47	983	77	821 et 859	107	712
48	984	78	828	108	714 et 715
49	150	79	829	109	720
50	267	80	129 et 832	116	1038-4
51	297	81	822	118	1032-2
52	268	82	130 et 834	121 et 122	1038-9
53	180	83	835	139	805
54	102	84	837	144	511
55	23 et 326	85	840	145	512
56	336	86	978	146	535
57	344	87	979	147	521
58	366	88	1020	148	537
59	974	89	1010	149	544
60	976	90	1016	150	545

ART. du Code.	Nos de l'ouvrage.	ART. du Code.	Nos de l'ouvrage.	ART. du Code.	Nos de l'ouvrage.
151	558	198	813	328	424
152	562	199	814	329	425
153	564	200	815	330	426
154	566	201	816	331	427
155	574 et 576	202	817	332	439
156	289	203	763	333	440
157	285	204	764	334	443
158	592	205	765	335	450
159	594	206	766	336	466
160	576	207	767	337	469
161	660	208	768	338	468
162	666	209	769	339	474
163	667	210	770	340	459
164	670	211	771	341	460
165	290 et 729	212	772	342	463
166	703	213	773	343	476
167	704	214	774	344	477
168	723	215	776	345	478
169	725	216	777	346	479
170	1006	217	778	347	484
171	140 et 1008	218	779	348	485, 554 et 669
172	681	219	780	349	486
173	682	220	781	350	487
174	683	221	782	351	488
175	684	222	783	352	489
176	686	223	784	353	490
177	691	224	785	354	491
178	692	225	786	355	492
179	693	226	787	356	493
180	788	227	818	357	494
181	796	228	522	358	495
182	797	312	400	359	135
183	798	313	402	360	498
184	800	314	403	361	501
185	801	315	404	362	502
186	802	316	405	363	503
187	803	317	406	364	504
188	804	318	407	365	505
189	806	319	410	366	506
190	807	320	413	367	507
191	808	321	415	368	508
192	293	322	416	369	509
193	290	323	418	370	510
194	809	324	419	372	699
195	810	325	420	395	521 (note 2)
196	811	326	422	405	577
197	812	327	423	406	577

ART. du Code.	Nos de l'ouvrage.	ART. du Code.	Nos de l'ouvrage.	ART. du Code.	Nos de l'ouvrage.
407	578	735	658	1347	419
408	580	736	659 et 665	1351	99
409	581	739	487	1382	149
410	582	1109	536	1383	268
411	583	1110	789	1384	268
412	585	1111	791	1391	753
413	586	1112	792	1394	737-19
414	587	1113	793	1984	39
415	588 et 592	1114	794	1994	6
416	589	1116	795	2008	408
442	590	1123	520	2260	314
486	716	1317	40	2261	315
489	737-5	1334	221		
506	717	1335	206		

Code de procédure civile.

ART. du Code.	Nos de l'ouvrage.	ART. du Code.	Nos de l'ouvrage.	ART. du Code.	Nos de l'ouvrage.
68 et 70	569	853	199	857	147
163	691	855	87	858	103
543	4	856	83	1033	583 et 584

Code d'instruction criminelle.

ART. du Code.	Nos de l'ouvrage.	ART. du Code.	Nos de l'ouvrage.	ART. du Code.	Nos de l'ouvrage.
9	11	365	311	639	321
14	822	635	317	640	322
29	11	636	318	641	323
44	822	637	319	642	324
49	11	638	320		

Code pénal.

ART. du Code.	Nos de l'ouvrage.	ART. du Code.	Nos de l'ouvrage.	ART. du Code.	Nos de l'ouvrage.
1	264	178	273	348	392
2	265	192	269	349	393
3	266	194 et 195	269, 294 et 295	350	394
29	456	196	279 et 288	351	395
28, 34 et 42	43 et 271	197	280	352	396
52	270	198	312	353	397
145	277	199	758	358	887
146	278	200	759	359	888
166	282	259	31	360	889
167	283	317	398	365	574
168	284	340	286	378	339
173	299	345	389	401	313
174	271	346	390	403	313
177	172	317	391		

II

TABLE CHRONOLOGIQUE

DES

LOIS, DÉCRETS, ORDONNANCES, DÉCLARATIONS, ARRÊTÉS, ÉDITS, SÉNATUS-CONSULTES ET STATUTS.

III

TABLE CHRONOLOGIQUE

DES

AVIS DU CONSEIL D'ÉTAT ET DES CIRCULAIRES MINISTÉRIELLES.

IV

TABLE DES TITRES ET CHAPITRES

1re PARTIE. — Notions générales.

CHAPITRE Ier. — Des officiers de l'état civil en France et de leurs incompatibilités.

CHAPITRE II. — Des actes de l'état civil.

CHAPITRE III. — De la rectification des actes de l'état civil.

CHAPITRE III. — DES ENFANTS NATURELS. | Nos de l'ouvr.

Titre III. — De l'adoption et de la tutelle officieuse.

CHAPITRE Ier. — DE L'ADOPTION.

Titre IV. — Du mariage.

CHAPITRE Ier. — DES QUALITÉS ET CONDITIONS REQUISES POUR POUVOIR CONTRACTER MARIAGE.

Titre V. — Des décès.

IIIe PARTIE. — De l'état civil hors du territoire français.

V

TABLE ALPHABÉTIQUE DES FORMULES

M

1. Pareil certificat doit être délivré par le fonctionnaire de l'intendance en exercice dans la résidence de l'époux (officier de santé, des subsistances militaires, e l'habillement, de campement ou de gendarmerie). V. *suprà*, n° 637-III et IV.

O

P

S

T

V

VI

TABLE GÉNÉRALE ALPHABÉTIQUE

ET MÉTHODIQUE

Nos du texte.

R

Nancy, imp. Berger-Levrault et Cie.

www.ingramcontent.com/pod-product-compliance
Lightning Source LLC
LaVergne TN
LVHW020951300926
849160LV00007B/117
9782012628991